2012

南昌县年鉴编纂委员会 编

方志出版社

图书在版编目(CIP)数据

南昌县年鉴. 2012/《南昌县年鉴》编纂委员会编.
——北京:方志出版社,2012. 10
ISBN 978-7-5144-0646-7

Ⅰ. ①南… Ⅱ. ①南… Ⅲ. ①南昌县-2012-年鉴 Ⅳ. ①Z525. 64

中国版本图书馆 CIP 数据核字(2012)第 250654 号

南昌县年鉴(2012)

编　　者:《南昌县年鉴》编纂委员会
责任编辑: 刘方圆

出 版 者: 方志出版社
(北京市东城区夕照寺 14 号院富瑞苑公寓 6 层)
邮编　100061
网址　http://www.fzph.org
发　　行: 方志出版社发行部
(010)67120966-6008
经　　销: 新华书店总店北京发行所
法律顾问: 北京市大禹律师事务所
印　　刷: 江西龙莹印务有限公司

开　　本: 889×1194 毫米　1/16
印　　张: 34. 5
字　　数: 1448 千
版　　次: 2012 年 10 月第 1 版　2012 年 10 月第 1 次印刷
印　　数: 0001—1000 册

ISBN 978-7-5144-0646-7/K·525　定价:228. 00 元

南昌县政区图

南昌县政区图
南昌县在全省的位置
图例
省政府驻地
地级市政府驻地
县级政府驻地
乡(镇)政府驻地
行政村、工矿单位等
市界
县界
乡界
河流与桥梁
水库与水渠
铁路及火车站
高速公路
国道
省道
县乡道
比例尺 1:240000
南昌市
省政府
新建县
进贤县
丰城市
抚州市辖区
东乡县
都昌县
余干县
永修县
安义县
南昌县
莲塘镇
向塘镇
蒋巷镇
塘南镇
泾口乡
幽兰镇
武阳镇
三江镇
广福镇
黄马乡
冈上镇
富山乡
东新乡
八一乡
南新乡
塔城乡
五星垦殖场
320国道
105国道
316国道

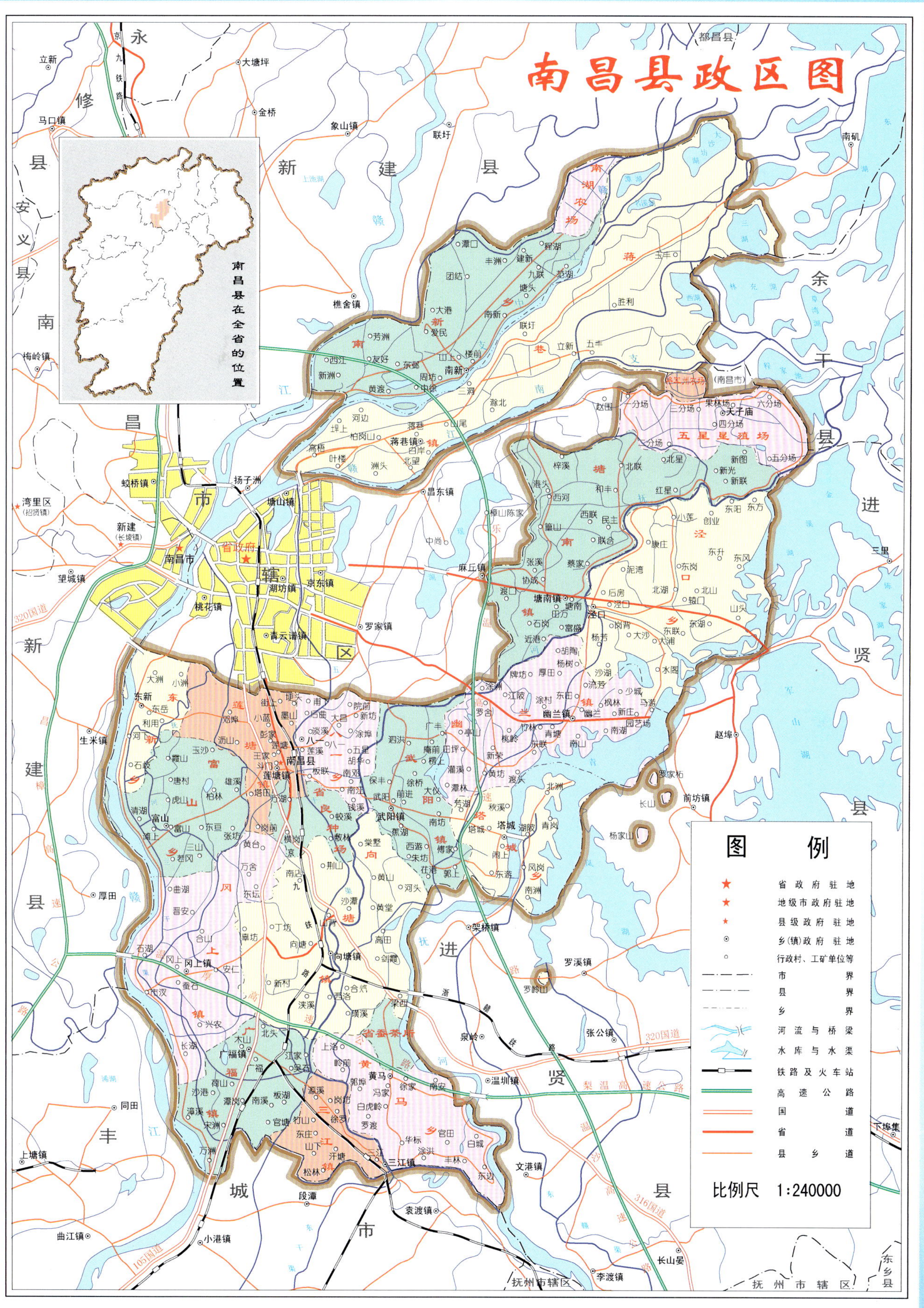

小蓝经济开发区控制性概念规划图

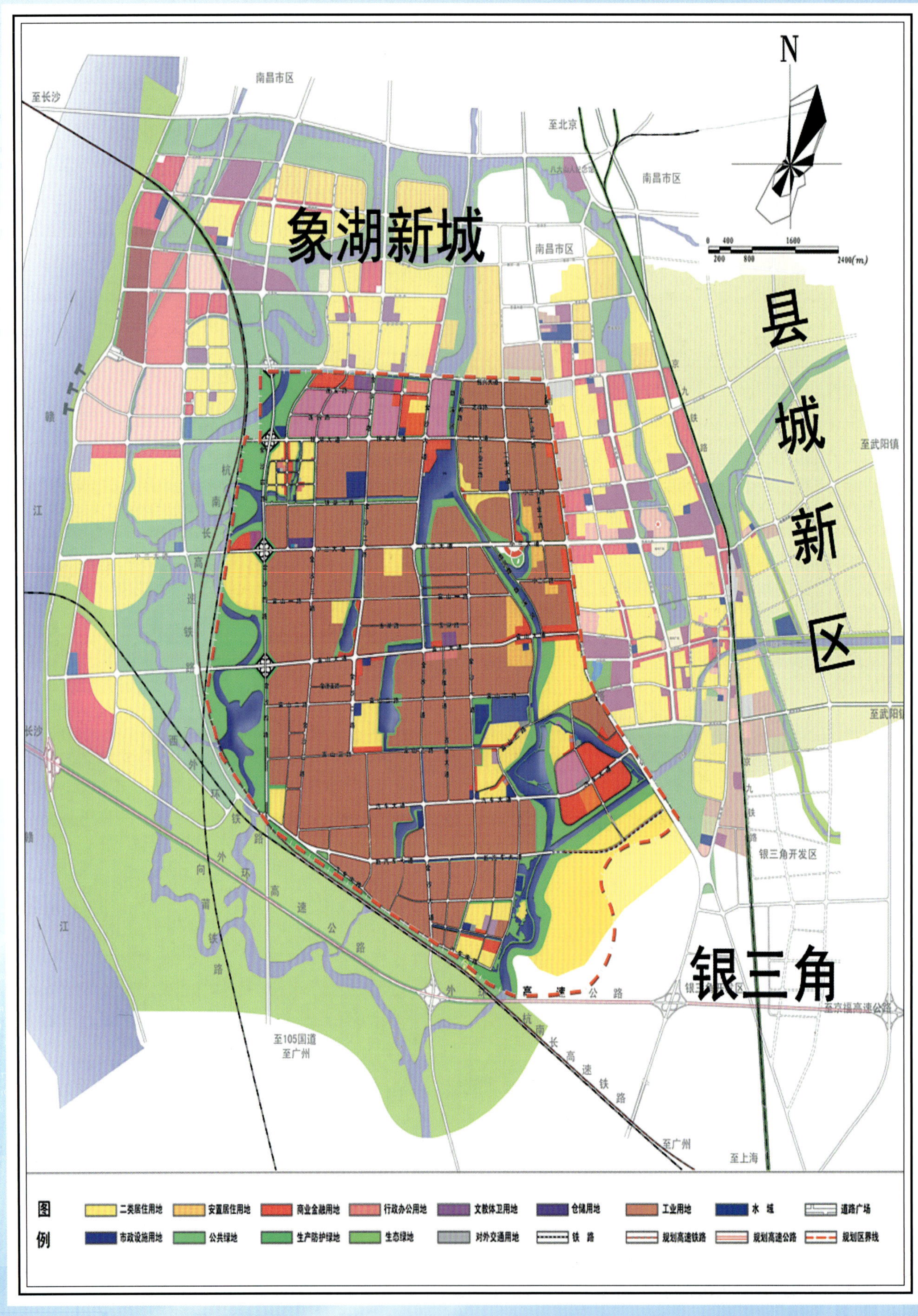

◆2011年11月28日，省委常委、省纪委书记尚勇到小蓝经济开发区泰豪科技园调研

◆2011年12月14日省委常委、市委书记王文涛到南昌县调研

◆2011年9月2日，副省长谢茹到南昌县泾口乡调研

◆2011年12月4日，南昌市长陈俊卿到小蓝经济开发区江铃控股调研

◆2011年12月15日，市人大常委会主任蔡社宝等到南昌县调研

◆2011年11月8日，市委常委、市委组织部部长陈寿德到南昌县调研

◆ 2011年11月18日，全省血防工作会议代表到南昌县指导工作

◆ 2011年12月13日，县委书记郭毅到黄马乡调研

◆ 2011年8月23日，县委书记郭毅到塔城乡调研

◆2011年7月23日，中国共产党南昌县第十二次代表大会开幕

◆2011年8月22日，召开南昌县开展“一看二比三争当，建功昌南我先行”主题实践活动暨选派优秀干部学习锻炼动员大会

◆2011年12月31日，召开全县县级领导干部工作务虚会

◆2011年3月21日，南昌县公推优选乡镇党政正职预备人选竞职答辩大会在县政府会议室召开

◆2011年9月23日，举行江铃集团系列项目集中开工仪式

◆2011年10月18日，南昌亚洲啤酒有限公司60万吨啤酒厂（首期工程）竣工典礼

◆2011年10月14日，江西人民广播电台《政风行风热线》在南昌县直播

◆2011年5月21日，南昌小商品城开业庆典暨首届中部建材采购节开幕式在东新乡举行

◆2011年7月1日，举行南昌县千辆自行车进昌南活动启动仪式

◆2011年1月19日，县委权力公开透明运行有关文件草案民意征集在县会展中心举行

◆2011年3月，“千年古县”标志牌在南昌县澄碧湖广场设置

中共南昌县委统一战线工作部

中共南昌县委统战部是县委主管统一战线工作的职能部门。负责贯彻执行党的统一战线方针、政策；联系各民主党派、无党派代表人士；贯彻执行党领导的多党合作和政治协商制度；做好党外干部工作；联系港、澳、台、侨，开展海外统战工作；联系海内外工商界团体及代表人士和我县非公有制经济代表人士；联系少数民族和宗教界的代表人物；做好统战宣传、调研工作。2011年，全县统战工作在县委的坚强领导和市委统战部的有力指导下，以实施“同心”品牌为龙头，以开展三大主题活动为载体，以服务“拼争全国五十强县市、建设现代化综合新城”为主线，全年工作目标明确，思路清晰，重点突出，推进有力，取得了显著成绩。

◆市委常委、统战部长高鹰群到南昌县调研考察

◆县委常委、纪委书记叶保平向各民主党派、工商联、无党派人士通报南昌县党风廉政建设情况

◆县委统战部领导班子合影（从左到右李朝霞、喻峰俊、王小文、胡炜、范禄根）

◆召开全县特约人员工作现场会

◆组织各民主党派、工商联、无党派人士赴小平小道接受爱国主义教育

◆组织统一战线成员开展三下乡服务活动

共青团南昌县委

◆2011年6月24日下午，由中共南昌县委组织部、共青团南昌县委员会主办的“给力青春紧跟党走”青年红歌合唱赛在南昌县会展中心成功举行。

◆2012年3月2日，团县委、县志愿者协会联合组织的“学雷锋 做先锋 我奉献 我快乐”志愿献血活动在县体育馆内顺利开展。

◆举行江西中可‘花儿朵朵’捐资助学行动南昌县首批贫困学生善款发放仪式。

◆南昌县积极开展青少年平安自护教育,邀请专业辅导员教授急救知识。

迈着青春的铿锵脚步，共青团又迎来了第93个伟大的“五四”运动纪念日。过去的一年，在县委、县政府和团省、市委的坚强领导下，团南昌县委紧紧围绕拼争全国五十强县市，建设现代化综合新城目标，认真履行四项基本职能，深入推进基层团建试点工作，把关注的视野聚焦最广大的普通青少年，把服务的群体锁定最广大的普通青少年，凝聚青春力量，展示青春风华，创建青春功业，树立青春形象，打造青春品牌，共扶持创业青年200余位，帮助解决青年就业1500多名，筹集希望工程建设资金50余万元，募集贫困学子扶助资金8万多元，以组织格局创新为切入点，探索了开发区区企联合、村企联合、企企联合等团建新模式。被评为“全国团建先进县创建单位”、“全省十佳团县（市、区）委”和“全市共青团工作先进县”。

雄关漫道真如铁，而今迈步从头越。新时期，共青团南昌县委将紧扣党政中心工作，深化基层团建试点，着力把团建桥头堡向乡镇延伸，奋力开创具有中部地区百强县特征的共青团工作新格局。

◆2011年10月17日，由共青团南昌县委邀请南昌市“绿色心门”青少年心理援助中心志愿者开展的“12355爱心同行，未成年人权益保护在行动——南昌县青少年心理健康教育进乡村”活动在南昌县蒋巷镇拉开序幕。

南昌县工信委

南昌县工业和信息化委员会于2010年5月在原南昌县经济贸易委员会基础上组建，为县人民政府工作部门，增挂南昌县国有资产管理委员会牌子，正科级建制。机关行政编制31名(含纪检监察编制2名)，工勤事业编制3名。领导职数：主任1名、副主任3名、纪委书记1名；股级职数9名（含监察室主任1名）。设置科室8个，分别为办公室、人事劳资科、经济运行科（行政审批服务科）、个私民营经济管理办公室、财会审计科、综合管理科、国有资产管理科、信息化管理科。

主要职责：

1、拟定工业和信息化地方性政策并组织实施，对政策法规的执行情况进行监督检查。

2、提出新型化工业发展战略和政策，协调解决新型工业化进程中的重大问题，依据全县经济社会发展总体规划，拟定组织实施工业和信息化发展规划，在工业和信息化的融合进程中推进产业结构战略性调整和优化升级。。

3、制订并组织实施工业行业规划和产业政策，提出优化产业布局、结构调整的政策建议，指导行业质量管理工作。

4、监测分析工业、中小企业和非公经济运行态势，进行预测预警和信息引导，协调解决行业运行发展中的有关问题。

5、指导企业技术改造和技术创新，推进产、学、研。结合和重大产业项目的实施，推动先进制造业、信息服务业和战略性新兴产业发展。

6、按照规定权限审批、核准、备案全县工业固定资产投资项目（主要指技术改造投资项目）；承担市工业和信息化委员会审批、核准的投资项目的审核、申报工作。

7、推进工业体制创新和管理创新，提高行业综合素质和核心竞争力；组织实施企业经营管理人员培训工作，加强企业家队伍建设。

8、建立和完善为重点工业企业服务的工作体系；研究提出支持重点工业企业发展的政策措施；着力协调优化重点工业企业生产经营环境。

9、承担综合交通运输协调工作。

10、承担全县节能监察和电力综合管理工作；做好全县的日常节能监察工作，对重点用能单位能源利用状况报告执行情况进行监察，配合上级节能监察中心做好节能专项监察工作，对上级交办的节能违法案件和投诉举报案件进行监察；研究拟订电力行业结构、布局、规划和相关政策；协调全县电力设施建设，实行行业管理和监督；承担电力行政管理职能，实施电力行政执法；承担国家公布的新型墙体材料、淘汰砖瓦企业拆除与补偿、散装水泥推广应用和预拌混凝土、预拌砂浆的行政管理和执法工作；拟订并组织实施工业的能源节约和资源综合利用、清洁生产促进政策，组织协调相关重大示范工程和新产品、新技术、新设备、新材料的推广应用。

11、指导全县中小企业和非公有制经济的发展，贯彻执行促进中小企业和非公有制经济发展的法律、法规和规章，拟订相关地方性政策并组织实施，协调解决中小企业和非公有制经济发展中的重大问题，建立和完善中小企业服务体系。

12、组织协调、指导、推动全县全民创业工作，研究制定全民创业政策、工作目标，组织实施创业企业的扶持、培育工作。

13、负责全县中小企业担保行业管理工作，负责担保机构设立的前期审核、日常业务监管；提出促进担保行业健康发展的政策措施，改善中小企业投融资环境。

14、统筹推进全县信息化工作，组织制订相关政策并协调信息化建设中的重大问题，促进电信、广播电视和计算机网络融合，指导协调电子政务发展，会同通信、广播电视行业管理部门推动跨行业、跨部门的互联互通和信息资源的开发利用、共享和业务协同，推进“数字化”建设。

15、承担相关信息安全管理的责任，负责协调维护信息安全及其保障体系建设，指导监督政府部门、重点行业的重要信息系统与基础信息网络的安全保障工作，协调处理网络与信息安全的重大事件。

16、开展工业和信息化的产业招商和对外交流合作。

17、负责组织实施全县国有企业国有资产管理工作。

18、承办县人民政府交办的其他事项。

EOPLE

煌上煌 HUANGSHANGHUANG GROUP

南昌县人力资源和社会保障局

◆2012年8月10日，南昌市委副书记、政法委书记郭安一行来县人力资源和社会保障局矛盾纠纷调处中心视察工作，县委副书记王小文，县委常委、政法委书记杨春等相关领导陪同。

南昌县人力资源和社会保障局座落于美丽的澄碧湖东面，为县人民政府工作部门，正科级建制，内设7个职能科室和9个下属事业单位。7个职能科室分别为：办公室（财务基金审计科）、信访科、干部管理科、工资福利科、就业和社会保障科（行政审批服务科）、专业技术人员管理科、仲裁监察科（政策法规科）。9个下属事业单位分别为：劳动监察局、人才交流中心、信息中心、社保局、就业局、医保局、农保局、实训基地和离退休职工活动中心。

2011年以来，南昌县人力资源和社会保障局在县委、县政府的正确领导和上级业务主管部门的精心指导下，坚持以“三个代表”重要思想和科学发展观为指导，以深入开展“创先争优”活动为契机，以经济发展为主线，扎实推进人才强县战略，加强机构编制管理，不断统筹城乡就业，进一步完善社会保障体系，继续推动劳动关系和谐稳定，顺利完成了各项工作任务，并创出了省、市“八个第一”的好成绩，为全县“拼争全国五十强县市，建设现代化综合新城”作出了积极贡献。

◆2012年6月5日，县委常委、副县长杨保根出席服务园区企业招工和用工培训工作会，县人社局、县财政局、县就业局相关负责人参加了会议。

◆2012年5月27日，县委书记郭毅、县长陈国辉、县委常委副县长杨保根出席全县被征地农民养老保险工作动员大会，启动被征地农民养老保险工作。

◆县劳动监察局采取有效措施全力做好农民工工资清欠工作，维护了劳动者合法权益和社会稳定。

◆2011年9月23-30日，县人社局组织开展为期一周的城镇居民社会养老保险政策宣传周活动。

南昌县广福镇

◆ 2011年5月28日，中共广福镇第四次代表大会在雄壮的《国歌》声中开幕。

◆ 2011年11月6日在镇综合楼第四楼会议室召开“广福镇第八届村（居）委会换届选举动员大会”。

广福镇位于江西省中北部赣抚平原，地处南昌县最南端，是南昌市的南大门，距南昌市36公里。南与丰城市接壤，北临航道（向塘飞机场），东依青丰山，西傍赣江。全镇面积63平方公里，辖14个村委会，2个居委会，总人口3.83万人。京九铁路、浙赣铁路、向莆铁路穿境而过，105国道贯穿南北与温厚高速立交。铁路、公路、水路、航空四通八达，交通区位优势凸显。镇政府座落在广福老街，地里座标为北纬28.3621度，东经115.914度。

广福春秋属楚地，西汉始属南昌县，民国元年属省管辖，民国21年6月起属第一行政区，至1949年6月15日属南昌专区管辖，1975年10月设立广福人民公社，1984年5月撤社设乡，1995年10月撤乡设镇至今。

广福历史悠久，自然资源丰富，生态环境优美，誉称为“福地”。自清朝道光年间设墟后，商贾云集，故冠名为“广福”。广福境内大部分为平源，地势是南高北低，缓慢倾斜，海拔在17.4-42.3米，属亚热带季风大陆性气候，四季分明，光照充足，气候温和，雨量充沛。广福依山傍水，境内航道水渠纵横交错，河港湖泊星罗棋布，属典型的江南鱼米之乡。

广福人才辈出，文化底蕴深厚，家官乡贤遍布全国各地，历代仁人志士名扬天下。辖区内不但有南昌县十大旅游景点之一“唐永王古墓”和香火鼎盛的千年古刹“海慧寺”，还有集垂钓、休闲、餐饮、娱乐为一体的龙成山庄、清水弯和永木黎古村等景点，旅游事业蓬勃发展。

◆ 2011年12月5日，广福镇召开党员领导干部民主生活会，镇党政领导全体成员参加会议。

◆ 2011年12月5日，广福镇召开党员领导干部民主生活会，镇党政领导全体成员参加会议。

◆ 2011年5月6日在镇第二会议室召开广福镇政府工作会。会议由黄花云镇长主持，常务副镇长刘本清、党委委员、副镇长李绍辉、副镇长张健、镇长助理陈开坤等出席会议。

南昌县三江镇

◆三江中心卫生院

2011年，三江镇以邓小平理论和“三个代表”重要思想为指导，以科学发展观统领经济社会发展全局，紧扣县域南部中心镇的定位，紧紧围绕“把三江建设成为服务全省、辐射全国的重要农副产品集散地和经济发达、生态优美、富裕文明、宜居宜业的中心城镇”这一目标，大力实施“工业强镇、商贸兴镇、产业壮镇”三大战略，全镇经济和社会各项事业取得了长足进步。年实现财政总收入3086.8万元，同比增长25.8%；农民年均纯收入达8797元，同比增长16.7%。

◆教育奖励基金颁奖

◆后万古村

南昌县泾口乡

◆2011年11月16日，原省人大副主任蒋茹铭、万学文，省人大农委副主任严卫、副市长朱志群、市人大副主任李福如，县委副书记、县长陈匡辉，县委副书记王小文、县人大主任胡小明、县政协主席邓炳根等省、市、县领导参加南昌扬芳香食品有限公司新厂区竣工投产仪式。

泾口乡距南昌市中心仅22公里。南靠幽兰镇，西邻塘南镇，东与进贤县三阳集乡隔河相望，北临金溪湖。全乡国土面积138.18平方公里,耕地面积132676亩（其中水田127344亩，旱地5332亩）。全乡辖1个居委会，23个行政村，202个自然村，共17660户，人口6.7万。41个党（总）支部，1820名党员。

泾口乡——鄱湖明珠，历史文化之乡。下马洲、辕门是明朝开国皇帝朱元璋留下的足迹。明朝兵部尚书熊明遇、礼部尚书熊伯团、曾任江西省委常委的革命先烈胡紫寿，南昌八一起义主席团成员舒国潘等人是泾口乡人民的光荣与骄傲。

泾口乡地理位置优越，交通便利，省道昌万公路自西至东贯穿全乡12公里，德昌高速公路泾口站距乡政府6公里，县乡公路63公里，各行政村实现了村级公路水泥硬化。具有承东启西，沟通南北的突出地理位置。

◆泾口乡党政领导班子成员合影（前排左起：李飞雕、李勇峰、黄炳峰、熊衍云、李挺、邓江涛、龚寿平；后排左起：黄莲花、舒特印、姜绍辉、涂凯、陈纯、樊福胜）

◆江西省2011年百万农机闹春耕现场会暨农机购置补贴启动仪式在泾口乡举行。

◆2011年9月2日，副省长谢茹，县委副书记、县长陈匡辉等领导到泾口乡调研血吸虫病综合防治示范区建设工作。

◆2011年10月20日，省卫生厅副厅长万筱明到泾口乡调研鄱阳湖南岸片血防示范区建设工作。

南昌县南新乡

◆2011年8月11日，县委书记郭毅到南新乡调研

南新乡位于南昌市东北角，距市中心20公里，乐温高速穿境而过，赣江主航道依境而行，交通、区位优势明显。全乡人口6.32万，下辖21个行政村和2个居委会，国土面积96.8平方公里，耕地面积8000公顷，可养水面1333.3公顷，草洲666.7公顷，丰富的水、草资源为我乡发展特种养殖业提供了得天独厚的条件。全乡地势平坦，主产粮食，素有“鱼米之乡”的美称。近年来，全乡利用大项目带动大发展，招商引资实现重大突破，工业经济不断壮大成为新亮点。

2011年，全乡固定资产投资完成3.84亿元，同比增长6.53%；全乡财税收入完成2016.2万元，首次突破2000万元大关,同比增长17.67%；一般预算收入完成1479.7万元，超15.7万元；招商引资完成内资2.2亿元。全乡农民人均纯收入达到8476元，较上年同期净增1246元，同比增长17.2%。

2011年在县委、县政府的坚强领导下，南新乡紧紧围绕县委、县政府对南新确定的“新型工业实力板块”的定位，积极实施大开放战略，以推进富民强乡为目标，充分借助县委、县政府的政策支持，以现落户的“益海嘉里”、“建华管桩”项目为龙头，进一步规划实施滨江集中工业园建设，以项目落户带动园区建设，以园区建设促成项目落户；积极引进重大重点项目；切实做好落户企业的服务工作，以奋发有为的精神状态抢抓机遇，以扎实苦干的工作作风推动发展，奋力开创南新经济快速发展的新局面。

◆建华管桩项目示意图

◆中心公路

◆一桥飞架南新，天堑变通途——在建中的楼前大桥

◆南新人工驯养大雁

◆益海嘉里（南昌）粮油食品有限公司

李良东书画

李良东，1973年12月生于南昌县，毕业于江西财大。中国书法家协会会员，江西省书协评审委员。

在中国书协举办的康有为书法创作奖（最高奖）、别克君威全国书赛（书法唯一特等奖）、全国青年国庆书画展（一等奖）、“复圣杯”书赛（唯一一等奖）、新世纪华人书赛、纪念邓小平书展、“小榄杯”书展、“敦煌杯”书赛、“三晋杯”书赛、建党展等重大展（赛）中获大奖。在中国文联、湖南省政府主办的第二届“齐白石奖”中获书法唯一金奖。获第二届书法杂志全国中青年书法百强榜“十强”，《李良东行书三字经》由上海书画出版社出版。

书法作品先后入展全国第七、第八届书法篆刻展，首届、二届中国书法兰亭奖，中国名家工程全国千人千作书法展，名家工程全国五百名家展，一二届杏花村杯电视书法大赛，青年展，行草大展，扇面展，正书展，行书展，新人展，楹联展、草书展、篆书展、手卷展、册页展、流行书风展，二、三届全国百家精品展等三十余次全国大展。

书法作品被中国文字博物馆、水立方等国内外收藏单位及个人收藏。能山水、诗词，被收入《中华诗词文库》等各种典籍。

《南昌县年鉴》编纂委员会

《南昌县年鉴》编辑人员

编辑说明

一、根据国务院《地方志工作条例》、江西省人民政府《江西省实施〈地方志工作条例〉办法》之要求和市委办公厅、市政府办公厅《关于开展县区综合年鉴编纂工作的通知》以及县委办公室、县政府办公室2010年1月8日下发的《关于印发〈南昌县年鉴编纂方案〉的通知》(南办发〔2010〕1号)文件精神,2010年南昌县全面启动了《南昌县年鉴》的编纂工作。

二、《南昌县年鉴》是中共南昌县委、南昌县人民政府主办的综合性地方年鉴。

三、《南昌县年鉴》如实记载南昌县经济建设和社会发展情况,是一部集资料、知识、信息为一体的大型综合性地方年鉴,具有权威性、系统性、连续性的特点。

四、本年鉴采用分类编辑法,以“部类”为单元。“部类”由“分目”和有关“条目”组成。“条目”是本年鉴收录资料信息的主要形式,特约各乡镇、开发区,县委各部门、县直各单位,中央、省、市驻县单位,县属企事业单位熟悉情况的人员撰写,并经撰稿单位负责人审核,由本编辑部精选精编。

五、《南昌县年鉴》2012年卷中的综合性资料、数据,截至2011年底。“统计资料”由南昌县统计局供稿。因统计口径等原因,有关部门所用个别数据与“统计数据”中的数据不尽一致,采用时请予注意。凡涉及南昌县国民经济和社会发展的主要数据,概以南昌县统计局公布的数据为准。

目　录

特　载

大事记

南昌县概览

中国共产党南昌县委员会

南昌县人民代表大会

南昌县人民政府

政协南昌县委员会

中国共产党南昌县纪律检查委员会

群众团体

民主党派·工商联

政　法

军 事

工 业

城乡建设

农 业

交通运输

商贸流通

信息产业

金 融

科学技术

教 育

卫生・体育

文化・传媒・旅游

水利・电力・环保・气象

对外合作·进出口贸易

开发园区建设

财政·税收

经济管理与监督

社会管理与服务

乡镇概况

附 录

重要文献

特　　载

超常发展　进位赶超　全力开辟“拼争全国五十强县市、建设现代化综合新城”历史新征程

——在中国共产党南昌县第十二次代表大会上的报告

中共南昌县委书记　郭　毅

（2011 年 7 月 23 日）

同志们：

中国共产党南昌县第十二次代表大会是在建党 90 周年之际、“十二五”规划起航之年召开的一次重要会议。大会的主要任务是：回顾总结县第十一次党代会以来的工作，研究部署今后五年全县经济社会发展的奋斗目标和工作任务，选举产生新一届县委和县纪委，进一步动员全县各级党组织、全体党员和广大干部群众，超常发展，进位赶超，全力开辟“拼争全国五十强县市、建设现代化综合新城”历史新征程！

现在，我代表中共南昌县第十一届委员会向大会作报告，请予审议。

一、全面回顾、科学总结，在负重前行中坚定超常发展、进位赶超的信心和决心

县第十一次党代会以来，县委在省委、市委的坚强领导下，团结和带领全县各级组织、广大干部和百万人民，积极应对低温雨雪冰冻、国际金融危机和特大洪涝灾害的严峻考验，大力推进新型工业化标志区、新型城镇化试验区、新型农业产业化示范区和低碳生态经济先行区建设，顺利并超额完成了“十一五”时期的各项目标任务，为“十二五”时期的发展奠定了坚实的基础。

——过去的五年，最显著的变化是综合实力强劲提升。2010 年，全县 GDP 完成 306 亿元，人均 GDP 达到 31367 元，年均递增 15.5% 和 13.5%。财政总收入实现 35.7 亿元，地方一般预算收入实现 19 亿元，历史性双双位居全省县（市、区）第一位，分别是“十五”期末的 5 倍和 4.3 倍。在岗职工年均工资和农民人均纯收入分别达到 24164 元和 7400 元，年均增长 14.4% 和 13%，分别比“十五”期末翻了一番。在全省率先挺进全国百强县市，由

五年前194位跨越108位,跃居第86位。

——过去的五年,最难得的变化是发展后劲不断增强。累计投入22亿元推进小蓝经济开发区基础设施建设,开发区落户企业556家,投产企业350家。五年来,全县共招引项目405个,美国福特、伟世通、天纳克、可口可乐、百事可乐等10家世界500强企业以及福建达利、天津宝迪等一大批知名品牌及行业领军企业成功落户。2010年,全县实际利用内资74.1亿元,实际利用外资3.1亿美元,出口创汇4.3亿美元,分别是"十五"期末的2.6倍、2.2倍和13.2倍,实际利用外资和现汇进资均列全省县(市、区)第一位。"十一五"期间,全县固定资产投资累计完成919.8亿元,相当于"十五"期间的10倍。顺利完成国有工业企业改革,有序推进非公企业改革,经济发展的活力和后劲持续增强。

——过去的五年,最突出的变化是产业结构不断优化。坚持"有所为、有所不为",走错位发展、特色发展之路,全县三次产业比优化为12.1∶66.9∶21.0。工业挺起了脊梁。2010年,全县规模以上工业企业205家,规模以上工业增加值87.3亿元,分别是"十五"期末的2.5倍和4.1倍。小蓝经济开发区相继成为全省汽车零部件产业基地和食品产业基地,连续七年获得全省工业崛起园区发展专项奖六大指标综合先进单位,主营业务收入和工业总产值双双突破300亿元大关,在不到1%的国土面积上创造了全县50%的财富。农业擦亮了窗口。成功获批国家现代农业示范区,蒋巷现代农业示范园和黄马"两江"生态农业走廊引领全市乃至全省现代农业发展,粮食、生猪、家禽、水产品等主要农产品有效供给列全省前三甲,在全市三分天下有其一;农业产业化省级以上龙头企业23家,占全省三分之一强;绿色有机产品113个,居全省第一位。三产铺垫了环境。全县新增个体工商户7313家,月星家居生活广场、丽晶酒店、大润发超市、沃尔玛、中国软银投资公司等一批知名商业项目相继落户。

——过去的五年,最直观的变化是城乡面貌焕然一新。编制了昌南组团战略规划,推进了莲塘大道、莲富路、城南路、莲西大道等一批基础设施建设,困扰多年的城市核心区断头路基本打通;医疗、文化、体育、污水处理、管网建设等一批公建配套设施相继投入使用,城市承载和服务能力大幅提升。城市框架实现了从"大县小城"到"一城五区"的跨越,在全省新型城镇化示范镇建设评比中,挺进第一方阵,县城建成区面积和人口分别从"十五"期末的20平方公里、15万人上升到44平方公里、38万人。大力推进小城镇建设和新农村建设,全面启动农村垃圾处理工程,纵深推进"森林城乡、花园南昌"工程,城乡面貌明显改善。

——过去的五年,最可喜的变化是社会事业长足进步。县财政累计投入13.5亿元,推进就业、保障性住房、教育文化、医疗卫生、公共安全等民生工程,社保、医保、低保实现全覆盖,教育均衡化水平不断提高,文化事业繁荣发展,卫生保障体系逐步健全,计生工作跻身全市先进,交通运输、乡村旅游快速发展,新能源、新工艺广泛使用,低碳环保渐入人心。社会治安综合治理和安全生产取得明显成绩,县乡主要领导双休日约访、民情夜访等活动卓有成效,在奥运会、世博会、亚运会、中博会期间,我县群众赴京、赴沪、赴穗、到市上访实现"零"记录。

——过去的五年,最深刻的变化是党的建设全面加强。党的先进性教育、学习实践科学发展观、创先争优等三大主题教育活动,使广大党员尤其是党员领导干部,锤炼了党性,提升了素质,赢得了民心。干部工作常抓常新,基层党建广覆盖、全过程,创新村党组织书记队伍"一选二管三保四训"建设体系,"五个之家"规模化、规范化建设走在全市前列,城乡一体化党建格局加速构建。率先在全市试行县委权力公开透明运行,积极推进干部人事制度改革,全面落实党内关怀机制,大幅提高了农村40年以上党龄老党员津贴和离任"两老"人员生活补助标准。宣传思想工作唱响主旋律,打好主动仗,为加快发展提供了有力的思想保证、精神动力和舆论支持。大力开展"机关效能年"、"创业服务年"等活动,严格执行《廉政准则》,严肃查处各类违纪违法案件,全省一流的公共资源交易中心和全覆盖的便民惠民服务网络顺利建成,全县党风政风进一步好转。

与此同时,党管武装得到加强,群团、统战、对台、史志地名、老干部、档案等各项工作迈上了新台阶。

五年辛勤耕耘,五年春华秋实。五年来,胡锦涛总书记、温家宝总理等党和国家领导人先后莅临我县视察指导,我县先后荣获全国粮食生产先进县、全国农田水利基本建设先进县、全国科技进步先进县、全国文化模范县、全国人民防空先进单位和全省开放型经济发展综合奖、全省统筹城乡发展先进县等100多项省、部级以上荣誉。

此时此刻,我们不会忘记、也不能忘记省委、省政府,市委、市政府历届领导集体的亲切关怀,是他们在改革发展的关键时期为我们指明了前进方向,领导我们跨过了一道又一道难关!我们不会忘记、也不能忘记南昌县历届领导班子和老领导、老同志的艰辛探索,是他们牢记使命,敢于担当,带领全县人民夺取了一次又一次胜利!我们不会忘记、也不能忘记各民主党派、工商联和无党派人士高举民主团结的大旗,为了全县经济社会发展,肝胆相照,凝智聚力,作出了一项又一项贡献!我们不会忘记、也不能忘记广大企业家和外来投资者付出的智慧与辛劳,各驻县部队和单位的大力支持和帮助,推动着南昌县发展的脚步,迈上了一级又一级台阶!我们不会忘记、也不能忘记,是百万南昌县儿女不屈不挠、矢志拼搏,才创造了一个又一个奇迹,成就了改革开放的宏图伟业!

在此,我代表十一届县委,向全县各级党组织、全体共产党员、广大干部群众和社会各界人士,表示衷心的感谢,并致以崇高的敬意!

五年的实践经验弥足珍贵,创造的精神财富值得传承。我们深切体会到,要加快南昌县的发展:

1. 必须始终坚持把解放思想、改革创新作为最强大的发展动力,从打造全市"金三角"最具实力板块,到加快"四区建设",从全国县域经济基本竞争力排名194位到86位,南昌县的每一步崛起都从解放思想中破茧而出,南昌县的每一次跨越都在改革创新中化蛹成蝶。实践证明,只有在解放思想中才能更新观念,只有在先行先试中才能寻求突破,只有在不断创新中才能谋求更大发展。

2. 必须始终坚持把加快发展、转型升级作为最鲜明的发展导向,以加快发展为中心,以转型升级为主线,南昌县成功迈入以工业为主导、以农业为保障的发展“快车道”。财政总收入突破30亿元大关，固定资产投资两年翻番，小蓝经济开发区推进产业转型、腾笼换鸟、二次创业，吹响了进军国家级开发区的冲锋号。实践证明，只有坚定不移地加快发展步伐，不遗余力地加速转型升级，才能迅速走出一条具有南昌县特色的崛起之路。

3. 必须始终坚持把放大优势、扩大开放作为最主要的发展途径，围绕大开放主战略，以国际化的视野、走差异化的道路，深化区域合作，招引国际品牌项目和行业领军企业，汽车及零部件、食品和物流等优势产业集群化、集约化、高效化发展。实践证明，只有放大优势、扩大开放，才能提升核心竞争力，才能占领产业制高点，积蓄跨越发展的强大动力。

4. 必须始终坚持把以人为本、民生优先作为最根本的发展追求，大力实施均衡化、普惠化民生工程，将新增财力的大头投向民生领域，让公共财政的阳光照耀每个百姓的心田。实践证明，只有坚持发展为了人民，发展成果由人民共享，才能赢得人民的拥护和支持，才能促进经济社会快速发展、和谐发展。

5. 必须始终坚持把夯实基础、党建引领作为最重要的发展保障，充分发挥党委总揽全局、协调各方的核心作用，以思想、组织、作风和廉政建设固本强基，以风清气正、心齐气顺、创先争优的良好氛围保民生、促发展、筑稳定。实践证明，事业兴衰，关键在人。只有党的组织坚强有力，党建工作扎实推进，才能保持正确的发展方向，才能凝聚全民力量共创辉煌。

在肯定成绩、总结经验的同时，我们也要看到前进中的困难、发展中的差距。当前，我县经济规模还不够大，仍属于欠发达地区的格局没有根本改变；发展速度还不够快，处在不进则退、慢进也是退、稍有松懈就会掉队的格局没有根本改变；推进城乡统筹、和谐稳定的压力巨大，经济结构调整任重道远，支柱产业支撑还不强特别是现代服务业和高端服务业发展缓慢的格局没有根本改变；少部分干部的知识结构和能力水平跟不上超常发展、进位赶超需要，以及工作标准不高、仅满足一般性要求，精细化管理水平亟待提升的状况还没有根本改变，等等。所有这些，迫切要求我们在今后的工作中创新思路办法，创新机制体制，认真加以解决。

二、认清形势、科学定位，在干事创业中迸发超常发展、进位赶超的激情和活力

今后五年，是我县超常发展、进位赶超的关键五年。历史的接力棒已经传承到我们手上，我们必须认清新形势、明确新任务，把握新机遇、迎接新挑战，以更加高远的发展定位和更加务实的工作举措，推动全县在更高平台上实现新的更大跨越。

——*要在把握大势、抢抓机遇中乘势而上、顺势而为。*国家促进中部崛起、加强“三农”工作、加快城镇建设、鼓励自主创新和结构调整、加大民生投入、继续促进消费等政策导向，鄱阳湖生态经济区建设和山江湖综合开发的全面拉开，以及全县近年来持续不断的扩大投入正在逐步转化为现实发展的不竭动力，等等。可以说，全县发展面临的机遇前所未有，只要充分利用和发挥好这些机遇叠加优势，把它转化为现实生产力，就一定能推动南昌县实现更高水平、更高质量、更长时期的发展。

——*要在正视差距、找准问题中化危为机、挖潜发展。*放眼全国来看，随着世界经济增长格局的深度调整，我国经济发展的条件和动力正在发生深刻变化，各种不确定因素明显增多，保持经济平稳较快发展的任务仍然很重。比照中部来看，同处全国百强县市行列的长沙县，去年财政总收入突破75亿元，工业总产值超千亿元，均为我们的一倍多；巩义、偃师、宁乡等县市发展态势迅猛，竞争更趋激烈。站在省内来看，虽然我县历史性双双夺取全省财政总收入和地方一般预算桂冠，但丰城、贵溪、湖口等县市不甘落后、奋起直追；赣州、九江、井冈山、上饶、萍乡等开发区已相继超越小蓝经济开发区，跻身国家级开发区行列。立足自身来看，经济总量不大、重大项目不多、人均水平相对偏低仍是我们的最大县情，特别是江铃30万辆整车项目还面临市场的检验。因此，全县上下务必增强忧患意识、危机意识，千方百计化危为机，在改革发展大潮中展一番身手、干一番事业。

——*要在拉升标杆、自我加压中激发斗志、奋力赶超。*古语有云：“取法其上，得乎其中；取法其中，必得其下。”要实现超常发展，必须要以“等不起”的紧迫感、“慢不得”的危机感、“坐不住”的责任感，确定一个同强的争、与快的赛、向高的比的目标，思维要更敏捷、眼界要更开阔、信息要更灵通、行动要更迅速，以快人一步的速度、超人一等的胆量、胜人一筹的战略，尽快缩小与周边发达地区差距，为南昌争光，为江西添彩，在“全国百强”进位。

今后五年，我们的主要目标是：力争到2015年，全县主要经济指标较“十一五”期末翻一番，其中财政总收入实现100亿元，地方一般预算收入实现60亿元。城市功能和集聚辐射能力明显提升，产业结构水平和对外开放程度明显提升，群众安全感、满意度和幸福指数明显提升。

今后五年，我们的指导思想是：高举中国特色社会主义伟大旗帜，以邓小平理论和“三个代表”重要思想为指导，以科学发展观统揽全局，围绕一个目标，实施两大战略，推进三项工程，全力开辟“拼争全国五十强县市、建设现代化综合新城”历史新征程！

一个目标：拼争全国五十强县市、建设现代化综合新城。这不仅是对加快建设江西第一县、奋力拼争全国五十强的深化和具体化，还是实现跨越发展、提升发展地位的必然要求，更是挖掘发展潜力、解决现实问题的内在需要。

纵观新世纪以来的十年，南昌县不仅完成了从农业大县到工业强县的华丽转身，更实现从首府首县向江西第一县的强势蜕变。在未来五年甚至十年的征程中，南昌县的发展何去何从？值得我们深思，更需要我们不断探索。如果我们仅仅满足于江西第一县、全国百强县的地位，我们的发展势必裹足不前；如果我们仅仅局限于县城、县域的标准，我们的道路势必越走越窄。“成后来居上之事，须非同寻常之举”。作为江西县域经济发展的龙头，站在新的历史起点，我们唯有冷静分析、自我加压、超常发展，才能不辜负省委、市委的重托，不辜负百万人民的期望。

按照分类指导、统筹发展的原则，拼争全国五十强县市、建设现代化综合新城，它的主要内涵是：

以小蓝经济开发区为核心,以向塘物流基地为重点,打造现代化工业新城;以武阳、南新等乡镇工业集中区为基地,打造中小企业产业园。

以昌南组团莲塘、小蓝经济开发区、昌南新城、向塘、银三角五大片区为重点,完善城市基础设施,提升城市管理水平,繁荣发展城市产业,着力经营城市综合业态,建设南昌大都市圈的重要组成部分,打造与南昌主城区"基础设施一体化、功能定位错位化"的现代化综合新城。

以环南昌绿色蔬菜产业带,蒋巷、黄马核心示范园,优质水稻重点区、生猪标准化规模养殖重点区、水产健康养殖集中区等"一带两园三区"为布局,打造城郊生态型国家现代农业示范区。

以实施普惠化、均衡化民生工程为根本,推进城乡基础设施更加完善,社会事业日益繁荣,群众幸福指数明显提高。

瞄准全国百强县市的平均水平,推进县域综合实力全省领跑、中部领先,冲刺全国五十强县市目标。

两大战略:坚持发展与稳定两手抓、两不误、两促进的科学原理,以经济转型升级战略和社会管理创新战略引领超常发展、进位赶超。

1. *积极实施经济转型升级战略*。按照工业做大做强、农业做精做优、三产做出特色的发展要求,优化产业结构,拓展转型空间。集群式发展工业。以江铃股份30万辆整车项目为龙头,全力以赴建设汽车城,重点打造千亿元汽车产业和百亿元食品产业,力争小蓝经济开发区早日跻身国家级开发区;重点打造千万吨物流产业,以物流业带动产业集聚,力争向塘物流基地成为辐射中部、连接海港的物流中心和交通枢纽中心,在全省当仁不让地扛起汽车工业及食品、物流产业发展大旗。集合式发展农业。在巩固和发展"2+4"产业布局的基础上,集中精力打造一批示范点(种养基地、种养大户、龙头企业、农民合作社、"农家乐"经营体和农产品品牌等)、三条示范线(蒋巷中心公路沿线、莲塔线和320国道至黄马线)和两大示范片(蒋巷现代农业示范园和黄马"两江"生态农业走廊),探索建设芳溪湖优美新村示范片,为全国粮食安全作贡献,为全省现代农业作示范。集聚式发展三产。坚持与南昌主城区错位发展,坚持以城市的标准规划发展商贸服务业,象抓工业招商一样加大现代服务业和高端服务业的招商力度。重点建设"三圈三片"(三圈:以昌南新城为载体,打造东新滨江高端商贸服务圈;以莲塘核心区为重点,打造环澄碧湖综合商贸圈;依托现有重大产业布局,打造银三角商贸休闲服务圈。三片:依托物流基地,打造向塘综合商贸服务片;主动对接南昌航空城产业布局,打造塘南综合商贸服务片;依托城郊现代农业和区位优势,打造蒋巷综合服务片。)以服务业促进工业、以工业带动服务业,不断提高服务业在经济发展中的比重和水平,形成工业、服务业并驾齐驱的发展格局。

2. *积极实施社会管理创新战略*。建立健全党委领导、政府负责、社会协同、公众参与的社会管理格局,形成更为良好的秩序,产生更为理想的政治、经济和社会效益。强化社会治安的控制面。深入推进和谐平安建设,着力强化社会治安综合治理,大力开展严打整治、打黑除恶专项行动,对"两抢一盗"、阻挠施工、强揽工程和非法传销等行为,坚决做到露头就打,依法惩处,进一步增强公众的安全感和满意度。强化群众组织的自治权。坚持用群众工作统揽信访工作,在严格执行领导干部下访、约访制度知民情、疏民意、解民忧的基础上,充分发挥老干部、老模范、老教师、老战士和老专家"五老"人员的作用,充分发挥民情、民意、民声和民智四类代表的作用,充分发挥城市社区、农村老年体协等组织和协会的作用,不断提高群众自治的能力。强化先进文化的引导力。坚持以社会主义核心价值体系为根本,大力弘扬优秀传统文化和红色文化,大力开展文明创建活动,大力规范和完善村规民约等制度,增强社会价值认可,培育奋发进取、积极向上、理性平和、开放包容的社会心态,构建全县人民共同的精神家园。

三项工程:实现宏伟蓝图,围绕目标我们必须以经济大发展、城乡大变样、社会大和谐作为主要抓手,系统推进、重点突破、协调并进,推动全县迈入超常发展轨道。

1. *坚持项目高端化、资金高效化、土地集约化,推动经济大发展*。

以大项目推动大发展。有项目才有财税、就业,才有人气、商机,才有今天的发展、明天的后劲。要推动大发展,必须把项目放在心上,抓在手上,落实在行动上。要集中谋划一批重大项目。每年要精心梳理一批影响全局、支撑长远发展的重大重点项目,按照能落地的尽快开工建设、能开工的尽量加快进度、能竣工的尽早投产达效的原则,分解、细化、落实责任,确保重大重点项目快速推进。要精心招引一批重大项目。按照"产业集群化发展"要求,突出围绕汽车及零部件、绿色食品、商贸物流等重点产业招商,以现有支柱产业、优势产品为依托,大力吸纳与之关联度高、配套性强的企业落户,延伸产业链条。坚持"引大引强引品牌",重点瞄准港台、沿海地区,加强与世界500强、国内200强、台湾100大、行业领军企业的对接,着力引进诸如韦世通、天纳克等前景好、占地少、效益大的优质企业。要大力完善一批基础设施。小蓝经济开发区是全县的开发区,开发区的建设发展是全县工作的重要组成部分。要继续举全县之力支持开发区做优环境,做优服务。按照"区外大配套、区内小配套"的原则,要加快推动小蓝经济开发区与向塘、银三角路网、市政等建设力度,完善功能,聚集人气,吸引项目。

以大融资推动大发展。一方面要加快政府性融资。在加大财政资金投入的同时,进一步做大做强融资平台,使之成为现金流充沛的赢利性经营公司。充分挖掘金融机构潜力,做大政府融资规模。一方面要加快社会性融资。继续扶持重点企业上市融资,积极主动搭建银企沟通合作平台,充分发挥小额贷款公司和担保公司的作用,满足企业生产和扩大再生产的资金需要。积极探索、稳妥推进民间资本以合资、合作、联营、参股、项目融资、特许经营等方式参与到全县项目建设中来。

以大调整推动大发展。规范项目准入程序,调整项目供地政策,把握市场供地节奏,对一般性项目不单独供地;对高端项目或产业链条中不可或缺的项目,严把"投资强度、产出贡献度、投资进度"三道关口,推动落户项目大投入、快建设、早投产。鼓励和引导现有优质项目提高用地容积率,促进内涵增长,最大限度地提高土地集约化水平。强力推动项目重组工作由小蓝经济开发区向全县范围拓展，力争在存量土地上再造一个新小蓝。规范土地管理，严格经营性土地"招拍挂"出让方式，明确土地"一级垄断、二级放开"的管理模式，集约节约每一寸土地。

2. 坚持高起点规划、高标准建设、高水平管理，推动城乡大变样。围绕"现代化综合新城、生态社区型新农村"目标，务求在推进城乡统筹发展上为全市、全省探索路径、提供样本。

规划是龙头。昌南组团要按照"对接大南昌、融入大南昌"的思路，在战略性规划的引领下，加快修编完善昌南组团总体规划、五大片区控制性详规或分区规划，以及城市供水排水、综合交通、生态绿化、公共服务等专业性规划，逐步形成功能定位清楚、发展导向明确、开发秩序规范、经济发展与人口资源环境相协调的区域开发格局。农村要按照彰显乡土特色和自然风貌的原则，突出做到"两保护"、"两坚持"、"两不准"、"两体现"，全面推进控制性详规编制和土地利用总体规划修编工作。要高度重视规划论证工作，严格执行技术设计、专家评审、社会公示等制度，特别要广泛听取社会各界的意见和建议，增强规划决策的科学性。要强化规划管理，严格规划执行，进一步明确规划是城乡建设的"宪法"，切实维护规划的权威性。

建设是关键。要按照城市功能完善化的要求，加快启动主要干道等市政路网的建设，全面疏通城市"毛细血管"；加快推进城市供气、供电以及集贸市场、学校、医院、停车场、垃圾处理、公厕等公建项目和商业、商贸等产业配套项目建设，加快推进昌南组团"城中村"改造，进一步完善城市功能、提升城市品位。要按照城乡环境优美化的要求，加快推进造林绿化"一大四小"和"森林城乡、花园南昌"建设工程。大力推进农田水利基本建设，提高防洪减灾能力。不失时机启动小蓝污水处理厂二期工程和莲塘河综合治理工程。继续推行农村垃圾"规划下管两级、运转下管一级"的管理方式和"户集、村收、乡(镇)压缩、县处理"链式处理模式，进一步优化提升城乡环境。要按照资金效益最大化的要求，规范基本建设程序，严格执行项目审批、预决算、招投标、验收等相关规定，力争用有限的建设资金发挥出最大的社会效益。

管理是保证。要转变城市管理方式，按照"内在抓文明文化、外在抓绿化美化"的要求，建立健全数字化城管平台，实现城市管理从静态管理向动态管理，从治理点上脏乱差向提升面上整体形象，从一般号召向提升市民文明素养的三大转变。要推进城市管理体制改革，坚决摒弃"重建设、轻管理"的传统观念，积极探索城市管护社会化的管理模式和管办分离、管养分开的运作机制，逐步形成"责、权、利"相统一的管理体制。要延伸城市管理触角，积极推动城市管理工作向乡镇、社区、村落延伸，加强对城镇乱搭乱建、农村无序建房等违法行为的管控力度，力争在超前管控、全面管控上实现新突破。要创新农村社区管理模式，加大对农村村落社区和村民民居建设的指导监督，建设生态社区型新农村。

3. 坚持民生工程普惠化、社会事业均衡化、政治建设民主化，推动社会大和谐。围绕民生民计，努力使全县人民学有所教、劳有所得、病有所医、老有所养、住有所居。

以民生为本，坚持把新增财力的大头用于改善民生和政策性支出，让人民群众共享发展的成果。全面落实惠农政策，着力推进村级公益事业建设"一事一议"财政奖补试点。坚持把就业作为民生之本，加强职业技能培训和公共就业服务，鼓励和帮助劳动者自主创业、自谋职业，加大对"4050"人员、被征地农民、"零就业家庭"等特殊群体就业帮扶力度。坚持广覆盖、保基本、多层次、可持续的原则，进一步完善城乡社会保障体系。高度关注和全面提升弱势群体、低收入群体的社会保障水平。加强保障性住房建设，逐步解决城镇低收入家庭住房困难。

以民享为先，强化政府公共服务功能、追求公共服务均衡化。坚持优先发展教育，继续加大教育投入，优化城乡教育网点布局，改善农村中小学办学条件，大力发展学前教育，全面提升高中教育质量；大力发展职业教育，依托品牌职业教育机构，为产业发展提供人力资源支撑。深化医药卫生体制改革，加快推进城乡卫生服务机构建设，促进城乡居民医疗卫生服务一体化。大力巩固和完善公共文化服务体系，加快体育事业发展，更好地满足广大群众的精神和文化生活需求。加快推进农村公路、危桥改造、客运站以及农村安全饮水等工程建设。高度重视人口计生工作，稳定低生育水平。

以民主为基，坚持和完善人民代表大会制度、中国共产党领导的多党合作和政治协商制度。深入做好统战工作，充分调动各民主党派、工商联及无党派人士的主动性和创造性。做好民族宗教工作。充分发挥工会、共青团、妇联等群团组织作用。加强法制政府建设，转变政府职能，推进依法行政。规范司法行为，强化司法监督，加强普法教育，促进司法公正。加强人民武装、国防后备力量建设，进一步密切军政军民关系。

三、解放思想、奋发有为，在创先争优中凝聚超常发展、进位赶超的智慧和力量

拼争全国五十强县市、建设现代化综合新城，关键在党，根本在人。广大党员要始终坚持把发展作为第一要务，把人民利益作为第一追求，把学习作为第一需要，把党的建设作为第一保障，自觉争当真抓实干的模范、深入一线的模范、锐意创新的模范、负责担当的模范、艰苦奋斗的模范和淡泊名利的模范，为事业发展提供坚强保证。

1. 在解放思想中增强理解力、执行力、操作力。观念先于行、万事端于思。实现超常发展、进位赶超，需要我们思想上有准备、能力上再提升、行动上高效率，常念知识恐慌的紧迫感、常怀本领恐慌的危机感，自觉地从学习中、从实践中、从群众中获得真知，不断增强理解力、执行力和操作力。要始终把学习作为一种追求、一种情操、一种境界和一种能力来看待，坚定理想信念，牢固树立辩证唯物主义和历史唯物主义世界观和方法论，真正做到学以立德，学以增智，学以创业。要适应超常发展的新形势，不断加强经典理论的学习、岗位专业知识的学习和现代知识的学习，着力提高领导科学发展、推进社会管理创新、依法行政等现代领导必须具备的能力，真正把学习的收获转化为实际本领。要始终把实践作为历练品质、增长才干、创新创业的最好课堂和广阔舞台，珍惜自己的工作岗位，珍惜自己的工作际遇，真正在实践的土壤中提升能力、建功立业。要敢于担当，危

难时刻挺身而出,疑难问题及时解决,突发事件果断处置;要勇于争先,自觉在全县大局中找坐标、定目标、争座次;要真抓实干,层层抓落实,级级作表率,事事求量化,不断提高推进工作的执行力和操作力。要始终把政治智慧的增长、执政本领的增强深深扎根于服务群众的创造性实践之中。只有我们把群众放在心上,群众才会把我们放在心上;只有我们把群众当亲人,群众才会把我们当亲人。要高度重视并切实做好新形势下群众工作,坚持问政于民、问需于民、问计于民,真诚倾听群众呼声,真实反映群众愿望,真情关心群众疾苦,切实为群众解决问题,诚心为群众排忧解难,做到知民情、解民忧、暖民心,进一步密切党同人民群众的血肉联系。

*2. 在奋发有为中埋头苦干、用心实干、借脑巧干。*实干兴邦,空谈误国。拼争全国五十强县市、建设现代化综合新城,目标高远、任务艰巨、使命光荣,迫切的需要全县广大党员干部团结一致、团结向前、团结奋斗,把宏伟蓝图变成美好现实。要把埋头苦干当作一种常态。实践证明,超常发展、进位赶超是等不到、要不来的。面对高远的目标,实现超常的发展,就必须要比别人付出更多的时间、更多的精力和更多的心力。要继续保持和发扬艰苦奋斗的作风,始终牢记"两个务必",自觉克服小富即安、小进则满的小农意识,自觉克服沾沾自喜、养尊处优的自满情绪,自觉克服官僚主义、形式主义的不良倾向,以"5+2"、"白+黑"的拼搏精神,以不达目的誓不休的韧性干劲,推动全县各项事业不断迈上新台阶。要把用心实干当作一种精神。宏伟目标的实现,不是只停留在嘴上,书写在纸上,关键是要落实到行动上,体现在少说多做、求真务实,不搞花架、狠抓落实的实践上。全县各级领导干部务必要坚持以身作则、率先垂范,做到听到不如看到,看到不如走到,少拿"遥控器",多到一线去,了解工作落实情况,掌握工作实施进度,遇到问题不畏缩,碰到矛盾不回避,用扎实的作风推动问题的解决,推动工作的落实。要严格实行对照标准零差距、每次检查零起点、各项工作零差错的"三零工作法",敢于碰硬,勇于较真,提高"精细化"管理意识,以"做一等工作、创一流业绩"的理念,做好各项工作。要把借脑巧干当作一种能力。坚持五湖四海、任人唯贤,以更宽的视野、更高的境界、更大的气魄,广开进贤之路,精心建设党政人才、企业经营管理人才、专业技术人才"三支人才队伍"。要坚持先人一步、快人一拍,充分利用发展的机遇争取上级支持,充分利用全县"十百千"家官乡贤的人脉资源,为南昌县经济社会的发展,争取政策支持、资金支持。只要是符合"三个有利于"的原则,我们就要大胆放手去干,我们允许失败、宽容失败,但决不允许假借名目、损公肥私的行为,影响南昌县的形象,影响全县发展的大局。

*3. 在创先争优中营造风清气正、心齐气顺的良好氛围。*超常发展、进位赶超,要有强有力的组织基础,要有干事创业的干部队伍,更要有科学正确的用人导向。要以深入开展创先争优活动为契机,大力提高基层党建科学化水平。一是要扩大党建工作的覆盖面。加大力度推行民情夜访促和谐、"四议两公开"工作法、社区党建"一站式"服务、"党旗引领科学发展,党企携手和谐共进"等一批党建工作主打品牌,提高农村、社区、非公企业等各领域基层组织统筹建设水平和覆盖面,着力建设一支素质优良、结构合理、作用突出的党员队伍,不断增强党组织的战斗力、凝聚力和创造力。二是要提高选人用人的公信度。要旗帜鲜明地树立以德修身、以德服众、以德领才、以德润才、德才兼备的用人导向,以干事识别干部,用实效检验干部,凭德才使用干部,真正让那些想干事、会干事、干成事、好共事的干部有机会、有地位、有舞台,让那些只混事、不干事甚至还坏事的干部只有危机、没有市场。要着力推行县直单位和乡镇之间双向考核、分类考核机制,着力建立干部量化考核评价体系,以量化考核的结果衡量干部的优劣,做到干好干坏不一样。坚持"有为才有位"的用人机制,人尽其才,才尽其用,决不以党的事业、人民的福祉来换个人的面子。三是要筑牢廉洁从政的防火墙。深入推行县委权力公开透明运行,建立健全各项管理规定,狠抓落实,依法行政,确保公共权力在阳光下运行。坚持标本兼治、综合治理、惩防并举、注重防预的方针,把项目化管理模式引入反腐倡廉工作中,推进教育、制度、监督并重的惩治和预防腐败体系建设,从源头上遏制腐败,以党风带政风,以政风促民风。全县广大党员干部要坚持讲党性、重品行、作表率,做到立身不忘做人之本、为政不移公仆之心、用权不谋一己之私,永葆共产党人的政治本色。

各位代表,同志们,南昌县的发展正处在继往开来的重要历史时期。昨天的成就已经载入史册,未来的辉煌需要我们共同谱写。让我们更加紧密地团结在以胡锦涛同志为总书记的党中央周围,在省委、市委的正确领导下,以更加大气开放的思路,更加诚信图强的精神,更加求真务实的作风,团结带领全县百万人民,为拼争全国五十强县市、建设现代化综合新城而不懈奋斗!

政　府　工　作　报　告

——2011年7月26日在南昌县第十五届人民代表大会第一次会议上的报告

中共南昌县委副书记、县长　陈匡辉

各位代表：

现在，我代表县人民政府，向大会作政府工作报告，请予审议，并请各位政协委员和其他列席会议的同志提出意见。

一、本届政府工作回顾

本届政府任期的五年，是我县科学发展、进位赶超、加速崛起的五年，也是我县攻坚克难、砥砺奋进、艰苦创业的五年，更是我县综合实力提升最快、城乡面貌变化最大、人民群众受益最多的五年。五年来，在市委、市政府和县委的正确领导下，深入贯彻落实科学发展观，团结和带领全县人民围绕“加快建设赣鄱第一县，奋力拼争全国五十强”的战略目标，大力推进新型工业化标志区、新型城镇化试验区、新型农业产业化示范区和低碳生态经济先行区建设，成功应对国际金融危机、特大洪涝灾害和低温雨雪冰冻的严峻考验，顺利完成了县十四届人大历次会议和“十一五”规划确定的各项目标任务，开创了全县经济社会发展的新局面。

——五年来，我们始终坚持发展方式转变，着力优化经济结构，提升经济发展质量，县域经济综合实力取得了新突破

始终坚持发展第一要务，高起点定目标，超常规促发展，县域经济综合实力显著增强。经济总量实现提升。2010年，全县地区生产总值突破300亿元，达到306亿元，是2006年的2倍。今年上半年，全县地区生产总值预计达到150亿元，同比增长13%。财政收入实现提速。2010年，全县财政总收入在全省率先突破35亿元，达到35.7亿元，一般预算收入完成19亿元。两项指标历史性双双位居全省100个县(市、区)第一，总量分别为2006年的3.5倍和3倍，以全省平均水平衡量，均相当于4个县的总和。今年上半年，财政总收入和一般预算收入分别达到23.3亿元和12.8亿元，两项指标继续稳居全省第一，同比分别增长32.1%和44.3%。投资需求实现提高。2010年，全县固定资产投资首次突破300亿元，达到322.3亿元，社会消费品零售总额达到57.4亿元，分别是2006年的4.8倍和2倍。今年上半年，全县固定资产投资预计达到133.9亿元，社会消费品零售总额预计达到33.4亿元，同比分别增长26.9%和21%。产业结构实现提质。三次产业比由2006年的16.5∶60.8∶22.7调整为12.1∶66.9∶21，工业主导地位更加突出。百强进位实现提档。在全国县域经济基本竞争力排名中，我县从2006年的第140位跃升至2009年的第86位，连续三年实现百强进位，2010年将继续前移。

——五年来，我们始终坚持工业经济主导，倾力壮大园区实力，做大做强产业集群，现代工业新城建设取得了新突破

坚持以小蓝开发区为工业主战场，强力推进“五年新跨越”及“大提升、大重组、大推进”工程，促进产业优化升级，唱响了“小蓝制造”品牌，工业经济强势崛起。

1. 工业总量不断做大。全力实施重大项目，加大政策激励力度，扶持技改创新，培育优势企业，壮大支柱产业。2010年，全县规模以上工业企业达206家，完成规模以上工业增加值87.3亿元，分别是2006年的1.7倍和2.5倍。年销售收入超十亿元企业发展到2家，超亿元企业发展到108家。实现了规模以上工业企业主营业务收入、增加值、税收等三大指标“三年翻番、五年翻两番”目标，工业对经济增长的贡献率达59.3%。

2. 园区功能不断做强。小蓝开发区基础设施不断完善,园区承载能力不断增强。投入建设资金22亿元,“八横八纵”89公里路网基本形成;建成区面积由4.5平方公里扩大到18平方公里,规划面积达到40平方公里;昌南水厂、小蓝污水处理厂、3座110千伏的变电站建成投入使用,雄溪河改造、富山大道商务大街建设有序推进,区内银行、餐饮、公交线路布局不断完善,工业园区正在向工业新城蜕变。南新、武阳、八一工业集中区建设成效明显。

3. 特色产业不断做精。始终坚持“有所为,有所不为”,走错位发展的特色之路,打造省级汽车及零部件和食品饮料两大特色产业基地。编制了15.6平方公里的江西省汽车及零部件产业基地概念性规划,全面启动了7平方公里的小蓝汽车城建设,吸引了美国福特、上海宝钢、福耀玻璃等91家汽车及零部件生产企业落户,形成了以美国福特、李尔内饰、伟世通、上海宝钢、江铃汽车为龙头的汽车及零部件产业集群,“江西汽车看南昌,南昌汽车在小蓝”的品牌效应基本形成。唱响一流水质品牌,吸引了可口可乐、百事可乐、亚洲啤酒、福建达利、天津宝迪等一批世界500强、国内行业龙头、知名品牌企业落户,迈入了全国食品工业百强县行列。2010年,两大支柱产业实现工业总产值112.9亿元,主营业务收入113.5亿元,税收13.3亿元,分别占小蓝开发区工业总产值的40.5%、主营业务收入的40.9%、税收的79.1%。

4. 集约发展不断做优。按照“增量求质量,存量求重组”的思路,制定投资强度、投资速度、投资贡献度的评判标准,采取法律、行政、经济、舆论等手段,强势推进了小蓝开发区闲置用地清理暨项目重组工作,清理项目用地4068亩,收回闲置用地751亩,促进了集约、高效发展。

——五年来,我们始终坚持机制体制优化,奋力推进各项改革,深入扩大对外开放,创新型经济发展取得了新突破

坚定不移地实施大开放主战略,搞活机制,优化体制,发展内生活力不断增强。

1. 深化改革添活力。不断创新机制体制,水管体制和林权制度改革全面完成;县属国有工业企业改革基本完成,非工业七大系统国有企业和建筑企业改革有序推进;行政审批制度改革稳妥推进;原英雄开发区南园移交我县代管,成立了银三角管委会;投融资体制改革不断深化,组建了五大投资公司;政府机构改革有序推进,乡镇换届工作全面结束;新型农村金融改革稳步推进,成立了大丰村镇银行;财政、医药卫生体制改革扎实推进;公务员工资制度改革、农技推广体系改革和教育、文化、卫生等事业改革顺利推进。

2. 扩大开放增后劲。按照“一切围绕重大项目,一切围绕外资项目,一切围绕产业延伸配套项目”的招商思路,强化重点招商、产业招商、以商招商等举措,引进项目373个,新批外商投资企业88家,投资5000万元以上的重大制造业项目196个。可口可乐、中粮集团、天纳克、益海嘉里(金龙鱼)等10家世界500强企业落户,上市公司达到16家。实际利用外资10.9亿美元,实际利用内资253.3亿元,年均分别增长23.2%和18%。对外贸易快速增长,实现出口创汇14亿美元,年均增长111.5%。

3. 优化环境强基础。进一步完善行政审批服务体系,取消调整行政审批事项183项,审批事项办理更加高效便捷。开展民主评议基层站所和“百名科长”工作,推出“十条禁令”,部门工作作风明显好转,政务管理逐步规范。以“创业服务年活动”为切入点,规范对企业的经济检查行为,实行招商引资项目代办服务制,企业发展环境进一步宽松,发展基础进一步夯实。

——五年来,我们始终坚持城市品位提升,着力完善城市功能,不断优化人居环境,新型城镇化建设取得了新突破

按照对接大南昌的发展思路,坚持新区开发与老城改造并重,基础设施与产业发展互动,完善功能与强化管理齐抓,加快了昌南组团城市化大发展步伐。

1. 抓规划构框架。坚持规划先行,大气魄、高起点编制了128平方公里的昌南组团战略规划、县城总体规划、向塘总体规划,编制了昌南商务中心区、旧城区改造、南高公路两侧、昌南新城、小蓝银湖片区等6个控制性详规,完成了城区基础设施、排水管网、小蓝开发区公建布点、住房建设等6个专项规划,银三角分区规划正在编制,城市框架由老县小城逐步走向宜居新城。全县城镇人口达46.9万,城镇化水平49%;县城建成区面积由2006年的20平方公里扩大到44平方公里,城区人口由15万增加到38万。

2. 抓配套增功能。按照“区内抓完善、区外抓对接”的要求,以五大功能片区为载体,狠抓市政路网、公建配套建设。投入60多亿元用于推进基础设施项目建设,修建骨干道路近200公里,新增公园绿地1805亩。启动了6平方公里的昌南绿城商务中心区建设。莲塘大道改造、莲西大道、莲富路、小街小巷改造、富山五路、金沙二路、八月湖路、东莲路、星城大道、县文化中心、县城污水处理厂等一大批项目竣工投入使用,规划路网逐步对接,困扰多年的“断头路”难题得到初步缓解,昌南组团已形成“八纵四横”的主路网体系,主要干道基本实现了黑化、亮化、绿化、美化,城市承载能力和服务功能进一步增强。

3. 抓管理提品位。坚持在摸索中前行,在借鉴中成长,管理重心下移,城管体制基本理顺,成立了县城市管理委员会。坚持不懈抓好控违拆违等工作,开展了“奋战180天,县城市容环境五大整治”活动,环境卫生、绿化亮化、临街建筑物立面及店招、交通秩序、集贸市场等专项整治取得明显成效。完成了澄碧湖公园景观灯整体升级改造;加强了莲塘综合市场等5个市场的综合整治和消防安全管理;启动县城道路畅通工程,非法营运“五车”专项治理效果明显;实施“千辆自行车进昌南”工程,在全省县级城市率先引进了免费环保公共自行车;新增社区巴士线路5条,调整优化了昌南组团公交线路,构建了“四横五纵两环绕”的城区公共交通新格局。

4. 抓产业强支撑。以繁荣城市、培育新的经济增长点为目标,紧紧抓住工业化、城镇化快速推进的有利时机,积极培育和壮大城市产业。传统商贸业不断繁荣,南高路商务大街初步建成,奔驰、现代、雪铁龙等品牌汽车4S店进驻营业;江西农机大市场、家百特家居建材广场、大润发大卖场、南昌小商品城一期建成开业;恒大五星级酒店和华润苏果超市主体封顶;丽晶大酒店、澄湖国际街区一期、鹿鼎?爱丁堡商业街、茵梦湖国际旅游度假区、平兰物流市场等项目进展顺利。生产服务业不断提升,招商银行、南昌银行、九江银行、申银万国、人保寿险等金融单位在我县设立分支

机构;省交通设计院、江西中煤建工、江西中联等企业总部成功落户。现代物流业不断发展,推进了向塘铁路—公路枢纽型物流基地建设,江西奇佳(农资)物流中心、南昌国际商贸城一期等项目竣工开业。全县货运物流产业不断壮大,规模以上货运物流企业发展到27家。实施“三下乡、两换新”工程,为12.4万台家电下乡产品发放补贴3896.4万元,为1.2万辆汽车、摩托车发放补贴2700万元,为1.5万台家电以旧换新发放补贴412万元。

——五年来,我们始终坚持城乡统筹发展,努力增加农业投入,不断改善农村环境,农业产业化发展取得了新突破

围绕“市场化、规模化、组织化、生态化、科技化”的思路,加快推进农业产业化示范区建设,促进了农业增效、农民增收。农民年人均纯收入从2006年的4555元提高到2010年的7400元,年均增长12.9%。

1. *主导产品争份额*。粮食和生猪等两大传统产业得到巩固,家禽、特种水产、蔬菜、苗木等四大特色优势产业不断发展壮大。粮食总产连续五年稳定在16亿斤左右,蔬菜总产、生猪出栏数、家禽饲养量、水产品起水量比2006年分别增长4.7%、20.1%、15.7%和15.1%,主要农产品有效供给列全省前三位,占全市三分之一。

2. *基础建设强保障*。加大了以水利为重点的农业基础设施建设力度,投入资金13.2亿元,实施了鄱阳湖二期防洪工程第六个单项、7座大型泵站更新改造、153公里圩堤应急防渗、莲塘河防洪治涝、80公里血防护坡、400公里大型排涝沟渠清淤整治等一批水利工程项目;特别是今年上半年一次性投资6680万元实施了207.4公里堤顶公路硬化,全县外洪圩堤堤顶公路硬化率100%;围绕基础设施建设和特色主导产业培植,蒋巷现代农业示范园和黄马现代生态农业示范园建设成效初显;实施扶贫项目429个;流转土地12.3万亩;解决了22.1万农村人口饮水安全问题;改造中低产田11.3万亩,建设标准农田6万亩;免除了由农民负担的赣抚平原灌区灌溉水费;成立了全省首家农业产业化政府融资平台——南昌县现代农业投资发展有限公司;开展了全国第一次水利普查工作;在全省率先开展了水稻种植、能繁母猪、奶牛保险补贴工作;农业机械化率由2006年的40%提高到59%。

3. *产业水平稳提升*。成为了全国51个国家现代农业示范区之一,组织申报了全省唯一的全国农村改革试验区;创建了6个水稻高产万亩示范片、6个国家级农业标准化示范区;培育发展了108家市级以上农业产业化龙头企业、594个规模以上特色种养基地、54个无公害农产品基地、574家农民专业合作社、106个“一村一品”专业村、25家“农家乐”经营体、14个国家绿色(有机)无公害农产品品牌、126个产品,产品数位列全省第一。

4. *新村建设添亮点*。自2006年启动新农村建设试点工作以来,完成了864个村点4万余户农户的改水、改厕、改路工作和庭院、村旁、村道绿化工作,打造了蒋巷埠上魏家、黄马南安桐树下、向塘山背、塔城青岚等四个市级综合示范点;全力推进了造林绿化“一大四小”和“森林城乡、花园南昌”工程建设,累计完成造林绿化面积16.8万亩,森林覆盖率提升至10.4%;创造性实行了农村垃圾“规划下管两级、处理下管一级”的运行模式,18座压缩式垃圾中转站投入运行,集中发放垃圾清运车108辆,农村垃圾“收集、运输、处理”体系逐步完善,农村面貌明显改变。

——五年来,我们始终坚持发展成果共享,大力发展社会事业,加快增进百姓福祉,民生工程普惠化取得了新突破

县本级投入资金14.5亿元,大力实施民生工程,坚持将改革和发展成果更多地惠及于民,人民群众幸福感明显增强。就业创业。新增城镇就业3.3万人,新增农村劳动力转移4.5万人,“零就业家庭”就业安置率100%,城镇在岗职工年平均工资达到24164元,是2006年的1.9倍;建立了斗柏路创业示范一条街,在所有乡镇设立创业服务窗口,开辟了自主创业“绿色通道”。社会保障。设立17个乡镇(开发区)劳动保障事务所,配备了村(居)劳动保障协管员。基本养老、失业、工伤、生育、职工医疗等社会保险覆盖面不断扩大;启动了新型城镇居民医疗保险;2010年基本养老保险基金征缴居全省第一,企业离退休人员养老金发放率100%;2010年顺利成为全国第二批新型农村社会养老保险试点县;低保专项治理取得明显成效;城镇低保标准从2006年的每人每月150元提高到310元,农村低保标准从2006年的每人每月80元提高到170元;城乡医疗救助面不断扩大,发放城乡医疗救助资金4972万元;妥善做好各种自然灾害救助工作,救助受灾群众16.5万人次;启动了孤儿基本生活费发放工作;15所农村敬老院建成投入使用,农村五保户集中供养率达到80%;县社会福利院等民生项目顺利推进。科技教体。大力推动企业自主创新和技术研发,科技对经济社会发展贡献率进一步提高;全面落实义务教育“两免一补”、民办学校义务教育阶段学生学杂费补助、贫困生补助等政策;县城教育资源得到优化,完成县城中学初高中剥离,组建了莲塘四中、五中、六中;农村学校基础设施得到改善,投入资金1.2亿元,完成了农村中小学危房改造项目123个,建成了南新明德小学、泾口东风小学、昌南第二学校等一批农村寄宿制学校,促进了城乡教育均衡发展。大力实施全民健身工程,完成了县体育馆改造工程和200个农民体育健身场所建设,启动了莲塘酒厂游泳馆改造等一批健康城市建设项目。文化旅游。不断加强公共文化服务体系建设,新建改建乡镇综合文化站11所、村文化活动室230个,农家书屋发展到176家;在全省率先推行了县城有线电视数字化转换;设立了旅游产业发展专项基金,黄马凤凰沟风景区成功申报国家3A级旅游景区,旅游产业蓬勃发展;县档案馆晋升为国家二级馆。卫生事业。健全三级卫生网络,完成了县医院住院部、县妇幼保健院改扩建工程,县中医院新院和县医院门诊医技综合大楼工程推进顺利;新建、改建乡镇卫生院18所、村卫生所255所,基本形成了“城镇卫生15分钟服务圈、农村卫生30分钟服务圈”;新型农村合作医疗参合率达到95.9%,为34.6万人次补助资金2.8亿元;国家基本药物制度在全县乡镇卫生院全面铺开。环境保护。“十一五”期间污染减排任务全面完成;小蓝污水处理厂、县城污水处理厂投入运行,建成了全国一流的环境自动监控中心;国家级生态示范区建设顺利通过验收,小蓝开发区被评为全省首批生态示范园区,黄马乡被评为国家级生态乡镇,13个镇(村)被评为省级生态镇(村)。食品药品。建立健全三级食品药品安全长效监管机制,重大食品药品安全事故实现“零记录”,

成为全国食品安全示范县和全省农村药品“两网”建设首批示范县。电力建设。全县用电量连续4年位居全省第一;110千伏莲塘输变电站、110千伏银三角输变电站、220千伏西斗线改造等项目全面完工,220千伏斗梧线、110千伏斗梧龙线搬迁改造工程即将完工;总投资4432万元的109项城网改造和总投资6862万元的665项农网改造升级工程进展顺利。住房保障。城东幸福庄园444套廉租房和748套经济适用房竣工投入使用;为全县1534户低收入家庭和低保户发放住房补贴920万元。交通运输。硬化农村公路1024公里,是2006年的5.2倍,实现了100%行政村和46.8%自然村通水泥公路,公路密度进入全国先进行列;公路管护能力明显提升,顺利通过了全国公路管护检查;改造桥梁96座,9个改渡建桥项目总体完成;启动了“城乡公交一体化”工程,14个乡镇开通公交车;新建乡镇客运站16个,候车亭77个;制约我县南部乡镇发展的银三角甲、乙收费站顺利撤除;全力支持了向莆铁路、京九铁路电气化改造、杭长客运专线、德昌高速公路建设。计划生育。人口年均出生率、自然增长率分别为15.7‰和8.7‰,低生育水平保持稳定,计生工作甩掉了落后帽子,跻身全市先进行列。国土资源。县土地利用总体规划(2006—2020年)和土地整治专项规划全面完成,乡(镇)土地利用规划修编扎实推进;全面启动了农村土地整治工作,实施了12个共10万亩的农村整治示范项目,完成了50个小面积土地开发项目;开展了城乡建设用地增减挂钩试点工作,使用周转建新指标807亩。统计工作。先后开展了第二次全国农业普查、第二次全国经济普查和第六次全国人口普查。武装工作。完成了全省“整县推进”试点任务,民兵预备役部队遂行任务能力不断提高,民兵基层建设质量全面提升。

——五年来,我们始终坚持社会管理创新,全力维护社会稳定,群众安全指数攀升,和谐平安昌南建设取得了新突破

以社会管理创新为切入点,扎实推进平安昌南、法治昌南建设,依法行政、社会治安综合治理、信访工作和安全生产工作得到加强,全县社会保持和谐稳定。政府建设不断加强。认真贯彻执行中央和省、市关于反腐倡廉的各项规定,扎实开展了纠风治乱工作;政务公开和政府信息公开工作规范有序,行政效能显著提升;自觉接受人大及其常委会的法律监督和政协的民主监督。信访形势持续平稳。建立健全了矛盾纠纷排查调处、县级领导包案协调和维稳信息督查通报等多项机制,设立了专项维稳基金。稳步开展了“用群众工作统揽信访工作”试点,着力抓好初访、重访化解工作,依法解决了群众合理诉求,取得了京访、省访、市访下降及无省市有影响群体事件的可喜成绩。综合治理全面深入。以“大走访”开门评警活动为契机,开展矛盾隐患排查调处工作,及时化解各类不稳定因素;进一步完善治安防控体系,“天网工程”建成监控点160个,加大了对重大恶性案件、“两抢一盗”和“黄赌毒”的打击力度,综合治理工作扎实推进。法治创建步伐加快。办理行政复议案件241件,深入推进规范性文件审查清理工作;法律服务和法律援助工作进一步加强,全面完成“五五”普法规划目标。安全生产基础夯实。组建了县综合应急救援大队,小蓝消防站建成投入使用;严格落实安全生产工作责任制,加大排查整改力度,全力消除各种隐患,有效遏制了安全生产事故的发生。

国防教育、征兵、人防和双拥工作不断加强,审计、物价、粮食、物资、供销、物业、质监、工商、邮政、通讯、外事侨务、对台、史志地名、妇女儿童、残联、老龄、湖管、气象等各项工作取得了新成绩。

各位代表!走过的历程铭记于心,取得的成绩鼓舞人心。五年来,我县先后被授予全国粮食生产先进县、全国农田水利基本建设先进县、全国食品工业百强县、全国第二次农业普查先进县、国家科技进步示范县、全国科技进步考核先进县、全国文物工作先进县、全国供销合作工作先进县、全国无公害农产品标志推广与监管示范县、全省财政收入超三十亿元先进县、全省开放型经济发展综合奖、全省工业崛起六大指标综合先进单位、全省统筹城乡发展先进县、全省无赴京非正常上访先进县、全省依法行政先进县、全省主要污染物总量减排先进县、全省“两基”工作先进县、全省新农村建设试点工作先进县、全省造林绿化“一大四小”工程建设先进县、全省水管体制改革先进县、全省双拥模范县“五连冠”、全省社会救助工作先进县、全省新型城镇化建设先进县等荣誉称号。

这些成绩的取得,得益于市委、市政府和县委的坚强领导,得益于人大、政协的监督支持,得益于全县上下的团结拼搏,得益于于社会各界的热情帮助。在此,我谨代表县人民政府,向全县广大干部群众,向各位人大代表、政协委员和各民主党派、工商联、无党派人士、人民团体和离退休老同志,向驻县单位、人民解放军、武警官兵,向所有关心、支持和帮助南昌县发展的社会各界人士和海内外朋友,表示最崇高的敬意和最衷心的感谢!

回顾五年来的历程,我们深深地体会到:无论形势如何变化,牢牢把握南昌县县情,扭住经济建设不放松,坚持加快发展不动摇,始终是政府工作的第一要务;无论环境如何复杂,充分发挥南昌县的区位、资源等比较优势,千方百计引企业、上项目、增投入,全力以赴推进现代化综合新城建设,始终是政府工作的主要抓手;无论困难如何巨大,善于危中寻机,勇于逆中求进,用创新推动发展,用改革激发活力,始终是政府工作的重要法宝;无论社会如何发展,坚持把人民利益放在首位,着力抓好惠及百姓的民生大事,始终是政府工作的根本目标;无论任务如何繁重,紧紧围绕县委的决策部署,集中精力抓推进、抓落实,奋发有为干实事、求实效,始终是政府工作的关键所在。

回顾五年来的历程,我们也清醒地认识到,我县经济社会发展仍存在一些问题和困难,主要表现在:与全国“五十强县市”相比,我县发展速度还不够快,经济总量仍然偏小,财政增收难度增大;支柱产业不强,服务业所占比重依然偏低,经济结构还需优化;资金、土地、能源等制约发展的瓶颈仍然存在;节能减排和环境保护的任务艰巨;农村基础设施相对薄弱,农村发展、农民增收面临新的课题;低收入群体生产生活条件还有待改善,社会保障工作仍需加强;影响和谐稳定的因素还不少,社会建设和管理面临新的压力;一些政府部门服务意识尚待增强,行政效能尚待提高。对此,我们将予以高度重视,认真研究,采取切实有效的措施,努力加以解决。

二、今后五年工作总体思路和举措

各位代表，今后五年是我县全面实现“十二五”规划、大力推进产业转型升级的重要时期，更是我县“拼争全国五十强县市、建设现代化综合新城”战略目标的关键时期；既是难得的战略机遇期，更是既定的攻坚决战期。从机遇看，今后五年，我们仍然大有可为。全球经济整体复苏上升，我国发展基本面总体向好，国内外产业加速转移，为我县承接国内外资本和产业转移提供了重大的历史机遇；中央扩大内需和中部地区崛起战略深入实施，为推动我县加快发展提供了有力的政策支撑；江西鄱阳湖生态经济区战略全面推进，南昌“山江湖”综合开发不断加快，昌南组团开发建设上升为全市战略，为我县充分发挥比较优势提供了广阔的发展平台；县域经济综合实力壮大，经济发展方式转变，投资环境不断优化，为我县科学发展、进位赶超、绿色崛起提供了重要保证。从挑战看，今后五年，我们更需迎难而上。百强进位赶超的压力，生产资源和要素的制约，相关支柱产业政策的不确定性，服务业活力不够以及基础设施的不完善，征地拆迁工作难度加大，这些不利因素对我县今后的工作提出了新的更高要求。面对各地千帆竞发、百舸争流的逼人发展态势，我们必须牢牢抓住机遇，积极应对挑战，以奋发有为的士气，志在必得的勇气，创先争优的锐气，因势利导、顺势而为、乘势而上，将南昌县放在全国、全省、全市发展大局中去思考、去谋划、去定位，努力在新一轮区域比拼中把握先机、争取主动，开创南昌县下一个五年的辉煌！

基于以上对形势的基本分析和判断，今后五年政府工作的总体思路：全面贯彻落实科学发展观，以加快转变经济发展方式为主线，以保障和改善民生为落脚点，大力实施经济转型升级、社会管理创新两大战略，推进经济大发展、城乡大变样、社会大和谐等三大工程，拼争全国五十强县市，建设现代化综合新城。

未来五年全县经济社会发展主要预期目标为：

地区生产总值年均增长 15%；

财政总收入年均增长 23%；

地方一般预算收入年均增长 23%；

规模以上工业增加值年均增长 22%；

全社会固定资产投资年均增长 22%；

社会消费品零售总额年均增长 20%；

实际利用外资年均增长 18%；

实际利用内资年均增长 18%；

城镇在岗职工平均工资年均增长 12.5%；

农民人均纯收入年均增长 13%；

单位生产总值能耗比年均下降 3.2%；

人口自然增长率控制在 8.9‰以内；

城镇居民登记失业率控制在 3.9%以内。

为实现上述目标，今后五年我们将抓好以下几方面工作：

（一）坚持转型升级，促进经济大发展

加快转变经济发展方式，推进工业集群化、农业产业化、三产特色化、改革创新化，促进经济大发展。

1. 工业集群化。大力实施工业强县战略，围绕改造传统优势产业、做强核心支柱产业、培育战略新兴产业。集中力量、集中资源，促进汽车及零部件、绿色食品、商贸物流等三大支柱产业集群发展；加快培育节能环保、电子信息、动漫等新兴产业，推动新兴产业集聚化、规模化发展；大力发展南新、武阳、蒋巷、八一工业基地，着力构建“一区多基地”格局。

2. 农业产业化。按照“点、线、片”相结合的要求，大力推进城郊生态型现代农业示范区建设，进一步巩固稳定粮食、生猪等两大传统产业，培育发展蔬菜、家禽、特种水产、苗木等四个具有比较优势的特色产业；着力打造一批规模以上生态种养基地、传统种养大户、市级以上龙头企业、示范性农民合作社、规模以上“农家乐”经营体和农产品品牌等；大力推进蒋巷中心公路沿线、莲塔线沿线、320 国道至黄马线等三条示范线建设；继续推进以蒋巷现代农业示范园和黄马现代生态农业示范园为中心的两个示范片建设，探索建设芳溪湖畔优美新农村建设示范圈。为国家粮食安全作贡献，为全省现代农业发展作示范。

3. 三产特色化。精心打造昌南新城商贸圈、环澄碧湖综合商贸圈、银三角都市型休闲服务圈和向塘、塘南、蒋巷三大综合商贸服务片，增强商贸流通集聚和辐射功能，完善城镇和农村现代流通服务体系；发展以货运中转枢纽、集散仓储、配送为一体的新型物流业态，全力把向塘铁路—公路枢纽型物流基地打造成全省乃至中部地区商品集散地；以优势产业为依托，积极发展总部经济和现代金融业，加快发展生产性服务业；以黄马 4A 级国家旅游景区建设为重点，大力发展休闲农业和乡村旅游业。

4. 开放创新化。坚持以大招商促大开放，以大开放促大发展。围绕三大支柱产业及产业延伸配套项目招商，不断增强经济发展的外源推力和内生活力；招引一批亩均税收、产值高的项目，推动集约节约发展；在重点领域和关键环节稳步推进改革，破除开放障碍，化解开放难题。

（二）坚持统筹发展，促进城乡大变样

以城乡规划、基础设施、公共服务等城乡一体化为目标，坚持城乡统筹发展，初步形成“核心城－中心镇－特色乡镇”的新型城镇体系架构，增强城市功能和集聚辐射能力，促进城乡大变样。

1. 科学规划。按照“建设现代化综合新城”的定位，加强城市发展战略谋划，合理布局城市空间，科学配置资源要素，构建具有前瞻性、时代性的高水平综合规划体系。重点完善昌南组团总体规划、五大功能片区分区规划及各类专业规划；进一步优化昌南新城、昌南绿城等详细规划；完成小蓝开发区以及 16 个乡镇详细规划的编制，实现控制性详规覆盖率达 90%以上；编制防震防灾、燃气输送及医疗教育布局等详细规划。

2. 统筹建设。以环澄碧湖、莲塘河、赣江三大核心区域为龙头，以莲塘、小蓝开发区、昌南新城、银三角、向塘五大功能片区为立足点，依托雄溪河，构建一河两岸生态工业新城，努力实现南昌县“江河湖”综合开发。按照“着眼全局、统筹规划、适度超前、精品建设”的要求，加快昌南新城与朝阳新城、莲塘与青云谱梅湖的道路、排水、排污系统无缝对接，重点推进南高路南段改造、迎富大道等连接东西、沟通南北的主干道建设，将公共设施优先布局在新城区，力争把昌南组团建设成生态宜居的现代化综合新城。

3. 精细管理。坚持大力度、精细化管理,集中整治与长效管理相结合,突出抓好净化、绿化、亮化、美化、道路畅通等五大工程。进一步完善违法建设治理联动机制,努力实现违法建设零增量。建设数字化城市管理平台,整合管理资源,理顺管理体制,建立全社会参与、全过程监控、全方位覆盖的管理网络,构建高效统一的"大城管"格局。

4. 打造特色。以建设生态社区型新农村为目标,着力完善农业基础设施和公共服务设施,创新管理模式,努力改善农村生活环境。重点推进三江、塘南、蒋巷等中心镇建设,促进周边农村人口和产业向中心镇集聚,增强中心镇对周边乡镇的辐射带动能力;立足资源条件和发展基础,集中力量打造一批特色突出、环境优美、经济繁荣的现代宜居宜业小城镇,打造黄马、武阳、幽兰、南新、冈上、广福、塔城等乡镇的休闲农业和乡村旅游业、特色农业,使之成为城郊型特色乡镇。

(三)坚持管理创新,促进社会大和谐

坚定不移地实施社会管理创新工程,以改革的精神,创新的观念,全面提高社会管理水平,全面加快各项社会事业发展,为经济发展创造良好的社会环境,促进社会大和谐。

1. 改革创新激发活力。继续深化行政管理体制改革,转变政府职能,提高行政效率;积极推进事业单位分类改革、农村综合配套改革以及农村集体林权、户籍、农村土地使用、产权、股份合作、社会保障、农村金融、农业支持保护等重大制度改革;深化医药卫生体制改革,不断推进投融资体制和财政体制、要素市场建设等改革;完善社会服务体系,支持和引导民营经济快速发展。

2. 统筹兼顾社会事业。强化社会保障体系建设,实施积极的就业政策,加强政府引导,完善市场机制,促进城乡劳动力充分就业、平等就业;以社会保险、社会救助、社会福利为基础,以基本养老、基本医疗、最低生活保障制度为重点,构建覆盖城乡居民的社会保障体系;加强廉租住房建设,探索开展公共租赁住房建设工作,切实保障人民群众基本住房需求;坚持科技是第一生产力,积极实施富民强县科技工程;坚持教育优先发展,促进城乡教育均衡发展,不断提高教育质量;积极发展体育事业,努力建设健康城乡,促进人民身心健康;加快发展医疗卫生事业,全面落实国家基本药物制度,建立健全覆盖城乡居民的基本医疗卫生制度;健全完善三级文化网络,发展壮大文化旅游产业;加强国防教育,深化"整县推进"民兵基层建设;加强环境保护工作,积极创建生态县、生态乡镇、生态村,唱响绿色发展品牌;加强人口和计划生育工作,促进人口长期均衡发展;加快形成"11横7纵2环6圈"主骨架公路网,实现城乡一体化路网体系。

3. 强基固本维护稳定。用群众工作统揽信访工作,建立和完善县群众工作部、乡群众工作站、村(居)群众工作室、村小组群众工作点四级网络体系;充分发挥乡村干部"第一防线"的基础作用,完善和落实社会稳定风险评估工作,重视探索信访稳定工作新机制新体制;全面加强社会治安综合治理,完善社会治安防控体系,严厉打击各类违法犯罪行为,建立健全突发事件、群体性事件应急机制,有效应对各类突发事件;实施"六五"普法规划,推进法治县创建工作;全面落实安全生产责任制,确保安全生产形势持续稳定;健全灾害预警和应急处置机制。

三、今年下半年工作安排

我们将紧紧围绕年初确定的工作目标,加强领导,明确责任,强化措施,狠抓落实,确保全面完成全年各项工作目标任务。

(一)在重大项目推进上狠抓落实

抓对接促落户。紧紧抓住承接产业梯度转移的重大机遇,主动承接对接,实现"招大引强";充分发挥企业的招商主体作用,鼓励企业利用现有生产要素对外招商,增资扩股。力争美国通贝电气、法国佛吉亚、日本小松、天津汽车试验场、欧派斯润滑油、雄塑集团等项目尽快落户。

抓服务促开工。分类组建项目前期工作班子,扎实做好新建项目的立项、环评、规划设计、征地拆迁、土地平整、招投标等前期工作,确保项目成熟一个、开工一个。重点加快佳旺新能源光伏产业园、联强国际、江西龚杏、富源投资、华电新能源、江铃专用车辆厂、皇朝家私生产基地、移动通讯枢纽大楼等项目开工建设。

抓协调促投产。进一步完善重大项目责任制度,做到"一个项目、一套班子、一个目标、一抓到底";进一步细化重大项目推进工作制度,完善项目推进操作规程;进一步健全重大项目督查制度,确保项目按照计划要求有序推进,力促益海嘉里(金龙鱼)一期、建华管桩一期、直方数控一期、江铃改装厂二期、昊业科技等项目年底竣工投产。

(二)在工业经济提升上狠抓落实

聚力主导产业。梳理三大支柱产业上下游客户、合作企业情况,以产业链缺失环节为突破口,加大产业缺失环节的招商力度,完善主导产业链条。突出抓好江铃股份30万辆整车、福耀玻璃、直方数控、江铃新动力、福建达利、天津宝迪等重大产业项目建设。

严格项目重组。严把投资强度、产出贡献度、投资进度等"三度"关口,最大限度地提高单位土地投入产出效益,促进集约高效发展;大力发展以标准厂房为核心的工业地产,向空中要地、向挖潜要地;项目重组范围由小蓝开发区向全县特别是昌南组团五大片区范围延伸,由工业项目重组向商业及其他产业项目重组拓展,促进集约节约用地。

完善配套设施。启动迎富大道建设,促进小蓝开发区与县城莲塘、银三角路网无缝贯通,着力推进莲安路、成安路、小蓝大道、工业一路、振铃东路等延伸工程,实现主干路网、管网全面对接;加快富山大道商务大街、小蓝生态工业博览园等项目建设,不断完善商业配套。

(三)在城市功能完善上狠抓落实

突出城市配套功能化。投资1.4亿元启动莲塘大道南段、莲西大道北段、小蓝南路东延、康乐路、伍龙路等9个项目建设,投资6300万元提升改造澄湖北大道、莲西大道、澄湖西路、澄湖中路、五一路、府前路、农贸路等7条道路;加快推进城南路、金沙大道南延、滨江大道、澄碧湖大厦、县人防指挥中心、星城大厦等22个续建项目建设;力争澄碧湖公园北苑绿地广场、站前路改造、小蓝北路西段、澄湖东路北段、河滨路北段、湖东一路、溪南路、桃花东路、象湖四路、抚生路、向西大道等49个项目年底竣工。以推进全省统筹城乡发展综合配套改革试点县为契机,启动小蓝村、沥山村等"中心村"改造试点工作。

突出城市管理精细化。深入推进"城市管理提升年"活动,启动数字城管指挥中心建设,推进澄碧湖沿湖安装安全护栏、周边临街建筑亮化等环澄碧湖综合改造工程;继续抓好莲塘综合市场管理,加大对澄湖东路集贸市场、恒达集贸市场、昌南新城"马路市场"的整治,加快锦绣江南市场、平兰物流市场建设,规划定岗、昌南新城集贸市场;集中力量抓好城市渣土清运管理和迎宾大道占道经营整治;加快昌南公交枢纽总站规划建设、南昌长途客运站南迁对接、出租车管理站建设、城东客运站和停车场建设等工作;加大非法营运"五车"打击力度;加大违章建筑控制查处力度。

突出城市产业特色化。依托交通区位优势,规划打造汽车销售城,加快软银丰田、广汽和北联斯巴鲁等汽车4S店项目建设;全力推进玺悦城商业综合体、盛汇城市广场、月星家居生活广场、皇朝家私旗舰店、南昌国际商贸城二期、江西农机大市场二期、南昌小商品城二期、泰豪国际动漫产业基地等项目建设。以向塘铁路—公路枢纽型物流基地为载体,重点引进机械设备、建材、钢铁、粮食等大型物流项目,加快建设物资循环利用基地,力争启动电煤基地和粮油城项目建设。

(四)在做好"三农"工作上狠抓落实

抓基础项目推进。完成堤顶公路硬化、蒋巷联圩五房矶险段应急抢险等工程扫尾工作;实施好国家重点工程林业血防、退耕还林、2011年度小农水重点县建设工程、农村安全饮水工程等项目;继续抓好全国第一次水利普查工作;全面启动国家新增千亿斤粮食标准粮田建设、姜家湖高标准农田建设示范工程和农业综合开发18个产业化经营项目;加快推进大型农业综合开发土地整治项目、县农产品质量安全检验检测站、县水生动物疫病防疫站、21个扶贫重点村的基础设施项目、6个农业技术推广综合服务站建设。

抓现代农业发展。启动实施现代农业示范园核心示范区、10个万亩水稻高产创建示范区、15个国家蔬菜标准园区、200个标准化低碳生猪养殖区、5万亩标准化水产健康养殖区、南昌现代农业科技产业园区等六区建设;力争将蒋巷、黄马、三江、幽兰、向塘、武阳、塔城规模以上蔬菜基地列入市级重点基地;支持龙头企业、专业村、专业合作社、特种种养基地和农家乐经营体做大做强,组织申报一批无公害、绿色农产品品牌。

抓生态农村建设。启动国家农村改革试验区建设,加快推进183个新农村村点和5个市级新农村综合示范点建设;着力打造10个农村社区亮点;继续抓好15个集镇22条国、省、县、乡主干道道路周边1819个村环境整治;全面完成3.9万亩今冬明春造林绿化任务。

(五)在民生事业发展上狠抓落实

就业创业方面。继续做好高校毕业生、困难群体、残疾人和破产企业失业人员就业工作;以实训基地为载体,加大工业园区定向培训、创业培训等工作力度;充分发挥小额贷款扶持创业、促进就业的作用,实现以创业促就业的倍增效应。

社会保障方面。认真做好城镇职工基本养老保险关系转移,返城未安置就业知青、未参保城镇小集体企业职工参加养老保险,国有企业改革及养老保险扩面征缴工作;继续扩大失业保险覆盖范围,将未参保的事业单位和规模较大的私营、民营企业全部纳入参保范围,启动城镇居民养老保险工作;推进工伤、生育保险,实施好"平安计划"二期工程,加强农民工参加工伤保险工作。稳步推进第八届村(居)委员会换届选举工作;抓好乡镇勘界工作,力争完成80%的乡镇界线勘定工作;抓好城乡低保"回头看"和城乡医疗救助扩面工作。

教育体育方面。结合农村中小学D类危房拆建,推进农村撤校并点工作;加快推进昌南新城教育园区建设,完成莲塘二中教学科技大楼建设,启动莲塘四中体育场建设,力争莲塘四小、莲塘三中在今年新学年开学前投入使用;以"七城会"在南昌举办为契机,扎实推进全民健身工程,尽快完成县游泳中心改造、莲塘一中体育场免费开放等健康城市建设项目。

卫生事业方面。加强基本药物抽检抽验,保障基本药物质量安全;加快推进县中医院整体搬迁、县医院门诊医技综合大楼、县卫生监督所业务用房建设;启动试点乡镇卫生院周转房建设。

文化旅游方面。加快启动建设县采茶剧团大楼;完成新建扩建莲塘、八一、富山、塔城等乡镇综合文化站大楼;着力打造以黄马、蒋巷、幽兰和塔城为主的精品旅游线路。

环境保护方面。抓好节能减排工作,确保完成年度减排任务;做好省级生态县创建验收工作;加快推进小蓝污水处理厂二期工程建设;增加环境自动监控点,初步建成环境自动监控"五位一体"数字化平台;深入开展整治违法排污企业,保障群众健康环保专项行动;加大重金属排放企业、水环境、大气污染和农村环境污染综合整治力度;开展农村畜禽养殖和生活污水处理示范工程试点工作。

电力建设方面。完成小蓝安居小区电力线路搬迁改造工程;完成220千伏斗梧线、110千伏斗梧龙线改造工程;启动东新、象湖、南新、蒋巷四座变电站建设;完成柏林变电站增容和站前路电力线路下地改造工程;做好城网改造扫尾工作,今年9月底前完成农网改造任务。

住房保障方面。全力推进城南幸福庄园1456套廉租房建设,力争今年年底完成主体工程;加快推进全县8个城市棚户区改造项目建设,启动全县农村危房改造工作;开展乡镇教育、文化、卫生等事业单位人员缴存住房公积金工作。

计划生育方面。加大社会抚养费征收力度,严格征收标准;抓好党员干部、公职人员和富人违法生育清查工作;严查"两非"行为;落实长效节育措施,做好35周岁以内育龄妇女和小孩3周岁左右的农村二女户结扎;强化计生利导政策措施。

国土资源方面。加快推进土地开发整理,完成2010年度增减挂钩拆旧区土地整理复垦验收,建新区周转指标的消化和验收;做好农村土地整治示范项目和小面积土地开发项目的立项和开发工作;严格土地执法监察,认真开展2010年度土地矿产卫片执法检查;推进农村土地使用制度改革,做好农村土地确权登记发证。

交通运输方面。抓紧完成17公里、10个项目的农村公路国改工程建设的扫尾工作;全力推进武阳、富山等乡镇28.5公里通乡公路、万冈公路等市级农村公路养护大中修工程;重点抓好泾口大桥等24座市级重点危桥改造及新联大桥、新武大桥改造工作,推进蒋巷黄渡渡口码头标准化建设;加快推进莲塘城东客运站和4个乡镇客运站、160个候车亭以及泾口、富山、塔城等货运站建设;尽快启动昌南组团公交枢纽总站选址、建设,进一步优化昌南组团公交线路。

信访稳定方面。深入推进社会治安防控体系建设,启动南新、塘南、塔城、黄马、广福等五个派出所建设;集中力量做好集访、重访和信访积案化解工作;全面启动“六五”普法,做好行政复议工作;深化安全隐患排查治理,坚决防止重特大安全事故的发生;加强应急救援和消防工作,启动莲东消防站建设。

(六)在政府自身建设上狠抓落实

新形势、新任务、新目标,对政府工作提出了更高的要求,我们将以“发展提升年”活动为抓手,切实转变职能,增强服务意识,提高推动科学发展的能力。强化依法行政。自觉接受人大及其常委会的法律监督、政协民主监督和社会舆论监督,强化审计、监察等专门监督,加强行政执法监督,健全完善重大事项社会公示、听证和专家咨询制度,不断推进依法治县进程。强化服务职能。完善公共服务体系,提高公共服务水平。全力推进行政审批“两集中、三到位”和公务用车制度改革,加强政务公开和政府信息公开,完善政府网站建设。围绕企业增效、群众增收目标,提高服务时效,提升服务质量。强化廉洁执政。全面落实党风廉政建设责任制,严格规范工程招投标、政府采购、土地出让等公共资源管理,严肃查处各类违法违纪行为。加强党风廉政教育,严格执行廉洁自律各项规定,真正做到为民、务实、清廉。

各位代表,回顾过去,辉煌成就让人欣喜;展望未来,宏图伟业催人奋进。让我们紧密团结在以胡锦涛同志为总书记的党中央周围,高举中国特色社会主义伟大旗帜,深入贯彻落实科学发展观,在市委、市政府和县委的坚强领导下,以扎实苦干的作风、跨越发展的勇气、只争朝夕的精神,抢抓机遇、乘势而上,凝心聚力、开拓创新,谱写出无愧于时代要求、无愧于人民期望的科学发展新篇章!为拼争全国五十强县市、建设现代化综合新城而努力奋斗!

大　事　记

2011 年大事记

1 月份

4 日

上午，南昌县在县综合楼组织收听收看全省创业服务年活动总结暨发展提升年活动动员电视电话会。县委书记肖玉文，县委常委、常务副县长涂仕华，县委常委、纪委书记、政法委书记熊运浪，向塘开发区管委会主任黄志清等参加收听收看。

▲由市委创先争优活动领导小组办公室副主任、综合组长、第一检查组组长邹艾民率领的市委创先争优检查考评组到南昌县，就 2010 年创先争优活动进行检查考评。县委书记肖玉文，县委常委、统战部长胡炜，县委常委、组织部长王小文等陪同。

5 日

下午，市委副书记蔡社宝到南昌县视察造林绿化“一大四小”工程建设推进情况。副市长张根水，市政府副秘书长、市委农工部部长王肇赣，市林业局局长樊三宝，县委书记肖玉文，县委常委、农工部部长魏根金，副县长程雷佬等陪同。

▲下午，南昌县 2010 年综合目标管理考评动员大会在县综合楼召开。县委常委、常务副县长涂仕华，县委常委、组织部部长王小文等出席。

6 日

上午，市委常委、副市长卢晓健到南昌县视察旅游工作，市长助理高鹰群，市政府副秘书长陈武，市旅游局副局长佟焕哲，县委书记肖玉文，县委常委、统战部长胡炜等陪同。

▲下午，以市建委副主任王向阳为组长的全市 2010 年第三次推进小城镇建设现场督查组到南昌县，对推进小城镇建设工作进行督导。县委书记肖玉文，县委常委、常务副县长涂仕华，县委常委、统战部长胡炜，县人大常委会副主任王三毛，向塘开发区管委会主任黄志清，县长助理熊国爱等陪同。

7 日

上午，江西江盐实业有限公司在小蓝经济开发区举行开业庆典仪式。省盐业集团董事长、党委书记胡世平，省盐业集团党委副书记兼纪委书记王卓，县委书记肖玉文，县委常委、小蓝经济开发区党工委书记徐海波，副县长章光文等出席庆典仪式。

8 日

上午，中共南昌县委提高选人用人公信度交心谈话会在县综合楼举行。会议通报 2010 年县委选人用人工作情况，强调县乡换届工作纪律，切实提高县委选人用人公信度。县委书记肖玉文，县人大常委会主任胡小明，县政协主席邓炳根，县委常委、常务副县长涂仕华，县委常委、副县长杨保根，县委常委、纪委书记、政法委书记熊运浪，县委常委、统战部长胡炜，县委常委、组织部长王小文，县委常委、农工部长魏根金，县委常委、人武部长汪火明，副县长、县公安局局长张增和，县法院院长李红刚，县检察院检察长张振川，向塘开发区管委会主任黄志清等出席。

10 日

上午，南昌县“创先争优”活动“领导点评”会在莲塘镇召开。省委常委、市委书记余欣荣就南昌县“创先争优”活动进行点评。省工信委党组书记李春燕，省法制办主任张玉印，省农业开发办主任章康华，市委常委、秘书长凌学仁，县委书记肖玉文等出席会议。

▲上午，省委常委、市委书记余欣荣到南昌县走访慰问老党员、困难群众和基层信访干部，代表省委、省政府向他们致以新年的祝福，送去党和政府的关怀与温暖。省委副秘书长、省信访局局长朱荣辉，省工信委党组书记李春燕，省法制办主任张玉印，省农业开发办主任章康华，市委常委、市委秘书长凌学仁，县委书记肖玉文等陪同。

11 日

下午，市委常委、纪委书记刘东

明,市纪委副书记杜志刚,市纪委常委、监察局副局长李联明,市纪委党风廉政室主任刘志勇等到南昌县调研县委权力公开透明运行工作。县委书记肖玉文,县委常委、纪委书记、政法委书记熊运浪,县委常委、统战部长胡炜,县委常委、小蓝经济开发区党工委书记徐海波等陪同。

12日

下午,市委常委、组织部长杨人平到南昌县视察重大重点项目建设进展情况。市政府副秘书长罗增明,市外经贸委主任涂宗勤,县委书记肖玉文,县长陈匡辉,县委常委、组织部长王小文,县委常委、小蓝经济开发区党工委书记徐海波,副县长涂莉华等陪同。

13日

上午,县委书记肖玉文在小蓝经济开发区主持召开全县重大重点产业项目及推进工作领导小组2011年第一次会议,就全县重点产业项目的招商及推进工作进行研究部署。县长陈匡辉,县委常委、小蓝经济开发区党工委书记徐海波,副县长涂莉华,县长助理熊国爱等出席会议,向塘开发区管委会主任黄志清列席有关议题的研究讨论。

▲下午,县第十四届人大常委会第二十四次会议在县综合楼召开。县人大常委会主任胡小明,副主任黄连科、李木旺、陈秀梅、王三毛、伍曦等出席会议。会议审议了县人民政府关于提请审议将南昌县土地储备中心收储用地及基础设施建设项目资金列入财政预算的议案。会议以投票的方式补选了陈匡辉为南昌市第十三届人民代表大会代表等有关事项。

15日

上午,县委深入开展"创先争优"活动领导小组(扩大)会议在县综合楼召开。会议认真学习贯彻中组部副部长王秦丰的重要指示精神和省委常委、市委书记余欣荣在南昌县"创先争优"活动点评会上的讲话精神,总结全县"创先争优"活动前一阶段开展情况,安排部署下一步"创先争优"活动有关工作。县委书记肖玉文,县委副书记、县长陈匡辉,县人大常委会主任胡小明,县政协主席邓炳根,县委常委涂仕华、熊运浪、胡炜、王小文、徐海波、魏根金、汪火明等出席。

▲上午,澄碧湖北苑广场景观设计方案讨论会和汽车大道走向方案协调会在县综合楼举行。县委书记肖玉文,县委副书记、县长陈匡辉,县委常委、常务副县长涂仕华,县委常委、小蓝经济开发区党工委书记徐海波,省城市规划设计院副院长、县规划顾问万敏等出席。

17日

上午,南昌县在县综合楼组织收听收看省纪委十二届八次全会电视电话会议。县委书记肖玉文,县委副书记、县长陈匡辉,县人大常委会主任胡小明,县政协主席邓炳根,县领导涂仕华、杨保根、胡炜、王小文、徐海波、魏根金、汪火明、熊鹰、张增和、程雷佬、赵泽华、章光文、吴克芳,县法院院长李红刚,县检察院检察长张振川,向塘开发区管委会主任黄志清等参加收听收看。

▲下午,县委书记肖玉文参加小蓝经济开发区业务研讨会。会议围绕2010年12月8日全县开放型经济工作务虚会议精神,就推动工业地产和产业转型升级进行广泛研讨。县委常委、小蓝经济开发区党工委书记徐海波等出席。

18日

上午,县公安局2010年总结表彰大会在县文化会展中心举行。会议总结了全县2010年度公安工作,表彰了先进,安排部署了2011年公安工作。县委书记肖玉文作重要讲话,市公安局副局长叶琳,县人大常委会主任胡小明,县政协主席邓炳根,副县长、县公安局局长张增和,县法院院长李红刚,县检察院检察长张振川,县公安局政委周庆鲁等出席。

▲全县离退休老干部座谈会在县政府会议室举行。县长陈匡辉出席并讲话。县委常委、组织部长王小文等出席。

▲县领导邓炳根、杨保根、徐海波、熊鹰、涂莉华、章光文,县法院院长李红刚,县检察院检察长张振川等分别到泾口乡、武阳镇、小蓝经济开发区、冈上镇开展"创先争优"点评工作。

19日

县领导胡小明、王小文、魏根金、汪火明、李木旺、陈秀梅、王三毛等分别到塔城乡、八一乡、南新乡、黄马乡、银三角、广福镇、幽兰镇开展"创先争优"点评工作。

▲晚上,县委书记肖玉文在小蓝经济开发区主持召开2011年第一次县委常委会议,会议首先研究并原则同意了县政府党组提交的《南昌县国民经济和社会发展第十二个五年规划纲要》(征求意见稿)。会议审议了县政府党组织提交的《南昌县申报全国农村改革试验区及推进中心村改造试点实施方案》等有关事项。县委副书记、县长陈匡辉,县委常委涂仕华、杨保根、熊运浪、胡炜、王小文、徐海波、魏根金、汪火明等出席。县人大常委会主任胡小明,县政协主席邓炳根等列席会议。

20日

上午,县政协主席邓炳根,县人大常委会副主任李木旺,县政协副主席吴克芳等走访慰问部分困难职工,向他们致以新春祝福和问候。

▲下午,县人大常委会主任胡小明,副主任王三毛,副县长胡显勇,县公安局政委周庆鲁等走访慰问部分困难职工,向他们送去党和政府的关怀与温暖。

▲下午,驻县96647部队官兵,向塘镇60多名村民以及20多名城管队员到沪昆高速向塘段清扫积雪,确保高速公路车辆顺畅通行。县长陈匡辉到现场察看和指导清扫积雪。

21日

上午,县人大常委会主任胡小明,县政协副主席万德珍到塔城乡走访慰问困难老党员、五保户和困难群众,为他们送去党和政府的关怀与温暖。

▲上午,县政协主席邓炳根,县委常委、县人武部部长汪火明,县人大常委会副主任李木旺,县政协副主席吴克芳等先后走访小蓝经济开发区南昌宝迪农业科技有限公司,江西直方数控动力有限公司,江西绿滋肴实业有限公司等企业,向企业致以新春的祝福和问候。

▲上午,县政协主席邓炳根,县委常委、人武部部长汪火明,县人大常委

会副主任李木旺，县政协副主席吴克芳等先后走访驻县96647、96634部队，向部队官兵致以新春问候和祝福。

▲下午，县人大常委会主任胡小明，副主任王三毛，副县长胡显勇等到94829部队进行走访，向部队官兵致以节日的问候和祝福。

▲下午，县委书记肖玉文，县委常委、小蓝经济开发区党工委书记徐海波，县人大常委会副主任黄连科，副县长张增和，县政协副主席万德珍等到94836部队进行走访，向他们致以亲切的问候和美好的祝愿。

22日

上午，中共南昌县委十一届九次全体（扩大）会议在县综合楼召开。会议回顾总结了2010年及“十一五”时期工作，审议《南昌县国民经济和社会发展第十二个五年规划纲要（草案）》，研究部署2011年及今后五年的工作任务，动员全县上下进一步统一思想，创新实干，为“建设赣鄱第一县、拼争全国五十强”而不懈奋斗。县委书记肖玉文主持会议并代表县委常委会作工作报告，县委副书记、县长陈匡辉就《南昌县国民经济和社会发展第十二个五年规划纲要（草案）》编制情况作说明。县领导胡小明、邓炳根、涂仕华、杨保根、熊运浪、胡炜、王小文、徐海波、魏根金、汪火明等出席会议。

▲上午，南昌县干部选拔任用工作“一报告三评议”工作会议在县综合楼召开。县委书记肖玉文作2010年度干部选拔任用工作专题报告。县委副书记、县长陈匡辉主持会议，县领导胡小明、涂仕华、熊运浪、胡炜、王小文、徐海波、魏根金、汪火明等出席。

24日

下午，出席市十三届人大六次会议的代表在江西前湖迎宾馆分组审议讨论《政府工作报告》和《十二五规划纲要（草案）》。省委常委、市委书记余欣荣参加南昌县代表团的审议。副市长罗慧芬，市人大常委会原副主任余根水，县领导肖玉文、陈匡辉、胡小明、徐海波、伍曦、胡显勇、吴克芳等参加。

25日

上午，省委常委、政法委书记、省公安厅厅长舒晓琴到南昌县视察基层司法所建设，看望慰问基层司法干部。副省长朱虹，省司法厅厅长马承祖，市委常委、政法委书记、市公安局局长胡焯，市司法局局长吕建民，县领导肖玉文，熊运浪、徐海波等陪同。

26日

上午，全县圩堤应急防渗处理工程建设现场调度会在三江镇召开，会议就加快推进重点圩堤应急防渗处理工程建设工作进行调度，部署安排下一步的工作。县长陈匡辉主持会议并讲话，副县长程雷佬等出席。

28日

下午，县长陈匡辉在县综合楼主持召开县政府第三十七次常务会议。审议并讨论《政府工作报告》（征求意见稿）等事项。县委常委、常务副县长涂仕华，县委常委、副县长杨保根，副县长胡显勇、张增和、涂莉华、程雷佬、赵泽华、章光文，县长助理熊国爱等出席会议；县政协副主席姜润根等列席会议。

29日

下午，县长陈匡辉带着党和政府的关怀和温暖，走访慰问南昌县部分离退休老干部、困难职工、农村困难党员、特困户、军烈属、五保户、计生户等，向他们表示亲切的问候和新春的祝福。县委常委、组织部长王小文，副县长涂莉华，向塘开发区管委会主任黄志清，县长助理熊国爱等随同走访。

▲晚上，由小蓝经济开发区和江西移动南昌分公司共同主办的2011年迎新春联欢晚会在小蓝经济开发区举行。县委书记肖玉文，县长陈匡辉，县人大常委会主任胡小明，市文化新闻出版局局长杨文斌，县领导胡炜、徐海波、章光文，向塘开发区管委会主任黄志清等观看演出。

30日

上午，县长陈匡辉到县环保局小蓝经济开发区环保分局，协调小蓝经济开发区污水处理厂二期工程建设筹备工作。县委常委、副县长杨保根等参加。

▲上午，县委书记肖玉文察看县委权力公开运行宣传栏、电子显示屏等公开平台的建设情况，县委常委、统战部长胡炜等陪同。

▲上午，南昌县在县文化会展中心举行全县各界人士迎春茶话会。县六套班子领导肖玉文、陈匡辉、胡小明、涂仕华、杨保根、熊运浪、胡炜、王小文、徐海波、魏根金、汪火明等与全县各界人士欢聚一堂，共叙辉煌成就，展望美好未来。

▲上午，县城第二批“社区巴士”开通仪式在县文化会展中心广场举行。县委书记肖玉文出席并宣布第二批社区巴士开通。市政公用集团董事长熊一江，市公交总公司总经理郑克一等出席并为仪式剪彩。县领导胡小明、涂仕华、杨保根、熊运浪、胡炜、王小文、魏根金、汪火明、姜清波、李木旺、陈秀梅、王三毛、熊鹰、伍曦、胡显勇、张增和、程雷佬、赵泽华、章光文、万德珍、吴克芳、李信谆、姜润根、伍目连、李植，县法院院长李红刚，县检察院检察长张振川，县人武部副部长尹头根、张晓伟，县公安局政委周庆鲁等出席。

▲县委书记肖玉文为开发区雄溪村村民饮水安全工程竣工通水。县委常委、小蓝经济开发区党工委书记徐海波，副县长章光文等参加通水仪式。

▲下午和晚上县委书记肖玉文在小蓝经济开发区主持召开2011年第2次县委常委会．会议首先审议并原则同意了县政府党组提交的2011年《政府工作报告（送审稿）》，《南昌县2010年国民经济和社会发展计划执行情况与2011年国民经济和社会发展计划草案的报告（送审稿）》以及《南昌县2010年财政预算执行情况和2011年财政预算草案的报告（送审稿）》。会议研究并同意了县政府党组提交的《南昌县深化乡镇机构改革实施意见》；听取了县水务局党委提交的《全县农田水利基本建设情况汇报》；会议审议并同意了县人大党组提交的《关于召开南昌县十四届人大五次会议的请示》和县政协党组提交的《关于召开政协南昌县十届五次会议的请求》等有关事项。县委副书记、县长陈匡辉，县委常委涂仕华、杨保根、熊运浪、胡炜、王小文、徐海波、魏根金、汪火明等出席；县人大常委会主任胡小明，县政协主席邓炳根，县人大常委会副主任黄连科、李木旺、陈秀

梅、王三毛、伍曦,副县长胡显勇、张增和、涂莉华、程雷佬、赵泽华、章光文,县政协副主席万德珍、吴克芳、李信谆、姜润根、伍目连、李植,县法院院长李红刚,县检察院检察长张振川,向塘开发区管委会主任黄志清,县长助理熊国爱等列席会议。

31日

上午,县委书记肖玉文,县委常委、小蓝经济开发区党工委书记徐海波,县人大常委会副主任黄连科,副县长、县公安局局长张增和,县政协副主席万德珍等走访慰问离退休老干部、困难职工、信访干部和企业,给他们送去了党和政府的关怀和新年的祝福。

▲上午,县委书记肖玉文在县委农工部会议室听取南昌县申报全国农村改革试验区工作情况汇报,并参加南昌县申报全国农村改革试验区方案研究讨论。县委常委、农工部长魏根金,副县长程雷佬等出席。

2月份

1日

上午,县委副书记、县长陈匡辉带着县委、县政府的关怀和问候,分别走访慰问江西陆军预备役步兵师、南昌预备役高炮团官兵、新型城镇化建设拆迁一线的莲塘镇镇村干部以及坚守岗位的环卫、园林职工,向他们致以新春美好的祝愿。县委常委、副县长杨保根,县委常委、统战部部长胡炜,县检察院检察长张振川,向塘开发区管委会主任黄志清等陪同。

2日

上午,农历大年三十,县委书记肖玉文,县长陈匡辉,县人大常委会主任胡小明,县政协主席邓炳根,县委常委、纪委书记、政法委书记熊运浪,县委常委、人武部部长汪火明等县六套班子领导先后到县公安局"110"指挥中心、县人民医院、县电信局澄碧湖营业厅、昌南水厂、县供电公司莲塘配网运行中心等地,向坚守在工作岗位上的干部职工致以亲切的慰问和新年的美好祝愿。

8日

上午,蒋巷镇举行2011年振兴家乡经济恳谈会。县委副书记、县长陈匡辉,县政协副主席李信谆,向塘开发区管委会主任黄志清,市人大常委会原副主任肖永正,省工商局副巡视员肖长角,省工商局副巡视员、市工商局局长刘东庚,青云谱区委书记熊桂金等出席。

9日

上午,县六套班子领导肖玉文、陈匡辉、胡小明、邓炳根、杨保根、熊运浪、胡炜、王小文、徐海波、魏根金、汪火明等与县直机关1000多名干部,到莲塔公路武阳段开展义务植树。

▲上午,县委书记肖玉文,县长陈匡辉到县委农工部参加南昌县申报全国农村改革试验区工作研究讨论。县委常委、农工部长魏根金,副县长程雷佬,县公安局政委周庆鲁等参加。

▲上午,市委副书记蔡社宝到南昌县视察温厚高速沿线通道及连接线的造林绿化"一大四小"工程建设推进情况。市委常委、秘书长凌学仁,市委常委刘建洋,副市长张根水,县长陈匡辉,县委常委、农工部部长魏根金,副县长程雷佬,向塘开发区管委会主任黄志清等陪同。

▲下午,县长陈匡辉到向塘镇,就重大重点项目推进工作进行调研。县委常委、农工部部长魏根金,副县长程雷佬,向塘开发区管委会主任黄志清等陪同。

10日

下午,县长陈匡辉到小蓝经济开发区、泾口乡和向塘镇视察水利工程建设进展情况。县委常委、农工部部长魏根金,县人大常委会副主任王三毛,向塘开发区管委会主任黄志清等陪同。

11日

下午,省水利厅厅长孙晓山到南昌县,就农村饮水安全工程建设工作进行调研。市委常委刘建洋,市政府副秘书长、市委农工部部长王肇赣,市水务局局长李克荣,党委书记沈杰,县长陈匡辉,县委常委、农工部部长魏根金,副县长程雷佬等陪同。

12日

上午,县政协十届二十次常委会在县综合楼召开。会议协商通过了县政协十届五次会议有关事项、县政协十届委员会常务委员工作报告(草案)和县政协十届委员会常务委员会关于十届四次会议以来提案工作情况报告(草案)等有关事项。县政协主席邓炳根,副主席万德珍、吴克芳、李信谆、姜润根、伍目连、李植,县政协调研员况志强、张斗等出席。

13日

上午,南昌县振兴家乡财政联谊会在黄马乡白浪湖度假村举行。省财政厅副厅长毛祖逊、辜华龙,助理巡视员程明龙,市财政局副局长万小平、万翌元,县长陈匡辉,县委常委、常务副县长涂仕华,县人大常委会副主任陈秀梅,县政协副主席姜润根等出席。南昌县籍省、市财政系统的家官乡贤等参加了联谊会。

▲下午,中组部干部一局副巡视员、新疆维吾尔自治区党委组织部副部长张明平到莲塘一中,看望在这里学习的新疆克州高中班学生,了解他们的学习生活情况。省教育厅副厅长程祥国,省人力资源和社会保障厅副厅长刘滇明,省对口支援新疆前方指挥部总指挥刘金接,副总指挥黄式贤、郭新宇,县长陈匡辉,市委组织部副部长郑志军,县委常委、统战部部长胡炜,县委常委、组织部部长王小文,副县长赵泽华,市教育局副局长邵梅珍,市人力资源和社会保障局副局长伍三根,市编办副主任黄云松等陪同。

17日

上午,县委书记肖玉文在小蓝经济开发区会见深圳车仆汽车用品发展有限公司总经理王刚。县委常委、小蓝经济开发区党工委书记徐海波等会见时在座。

▲上午,县长陈匡辉在县政府会议室主持召开迎接全省新型城镇化综合指标考核调度会。县委常委、统战部长胡炜等出席。

18日

上午,省委组织部副部长杨伟东到南昌县莲塘镇调研党委联系服务群众和基层党建工作。市委常委、组织部长杨人平，市委组织部副部长朱东，市委基层办主任邹艾民，县委书记肖玉文，县委常委、组织部长王小文等陪同。

▲上午，以省建设厅副巡视员曾绍平为组长的2010年度全省推进新型城镇化和城市考核组到南昌县，就推进新型城镇化建设工作进行考核。市政府副秘书长、市建委主任龚亚立，县委书记肖玉文，县长陈匡辉，县委常委、统战部部长胡炜等陪同。

19日

上午，县政协在桂花村大酒店举行2011年省、市、县政协乡亲新春联谊会。原省政协第十届委员会、秘书长胡剑平，省政协副秘书长、人员资源环境委员会专职副主任龚林儿，省政协办公厅副巡视员熊宝华，省政协办公厅副主任曾粮，省政协教科文卫委员会专职副主任陈坚，县政协主席邓炳根，副主席万德珍、吴克芳、张军、李信谆、姜润根、伍目连、李植，县政协调研员况志强、张斗等参加联谊会。

▲下午，省委常委、市委书记余欣荣，市委副书记、市长陈俊卿，市委副书记蔡社宝，市人大常委会主任雷武江，市政协主席王样生等率领市委、市人大、市政府、市政协领导班子成员，市法检两长，市纪委副书记，各县区（开发区、新区）党政主要领导和市委各部门、市直各单位党政主要领导到南昌县，全面开展“看变化、看思路、看作风”活动。县委书记肖玉文，县长陈匡辉，县政协主席邓炳根等随同参加“三看”活动。

20日

省水利厅副厅长曾晓旦率领调研组到南昌县调研水利改革发展工作。省委农工部农业处处长肖月清，省政府金融办综合规划处副处长许忠华，市委农工部副部长陶森民，市水务局局长李克荣，县领导陈匡辉、魏根金、程雷佬、姜润根等陪同。

23日

中午，县委书记肖玉文在小蓝经济开发区会见广东彩艳股份有限公司主席邱德厚一行。县委常委、小蓝经济开发区党工委书记徐海波等会见时在座。

▲下午，2011年度全县武装工作会议在县人武部召开。会议传达贯彻了上级会议精神，总结了2010年度武装工作，安排部署了2011年的工作任务。县委书记肖玉文作讲话，县委常委、常务副县长涂仕华，县委常委、小蓝经济开发区党工委书记徐海波，县委常委、人武部长汪火明，县人武部政委姜清波，向塘开发区管委会主任黄志清，县人武部副部长尹头根等出席会议。

▲晚上，县委书记肖玉文在小蓝经济开发区主持召开第4次县委常委会，县委副书记、县长陈匡辉，县委常委涂仕华、杨保根、胡炜、王小文、徐海波、魏根金、汪火明等出席会议；县人大常委会主任胡小明，县政协主席邓炳根等列席会议。会议传达学习了市委常委会议精神，通报了全市“三看”活动情况，审议了县政府党组提交的《政府工作报告》、研究讨论了《全县“三看三比”活动工作方案》。

24日

上午，以樊耀为组长的省委第一巡视组到南昌县开展巡视回访督查工作。县领导肖玉文、陈匡辉、邓炳根、徐海波、汪火明、李木旺、陈秀梅、王三毛、熊鹰、伍曦、胡显勇、张增和、章光文、万德珍、吴克芳、张军、姜润根、伍目连、李植以及县检察院检察长张振川，县公安局政委周庆鲁，县长助理熊国爱等出席汇报会。

24～25日

省委第一巡视组在组长樊耀的带领下，到南昌县部分重大重点项目、三产服务业和民生工程现场，实地了解南昌县经济社会发展情况。24日下午，在县委书记肖玉文，县委常委、统战部长胡炜，县人大常委会主任王三毛的陪同下，巡视组先后到澄碧湖公司、澄碧湖大厦、永通商业街、莲塘大道、县污水处理厂、城东幸福庆园廉租住房、茵梦湖、恒大超五星级酒店等地视察。25日上午，在县长陈匡辉，县委常委、小蓝经济开发区党工委书记徐海波的陪同下，巡视组先后到江铃股份、县环境监控中心、县行政服务中心、天纳克、达利集团、亚洲啤酒、省委机关干部宿舍、东新大洲安居一期工程等地视察。

25日

下午，副省长孙刚到小蓝经济泰豪（南昌）国际动漫产业园、泰豪动漫学院小蓝校区实训中心，就发展动漫产业开展调研。省政府副秘书长肖任根，省委宣传部副部长、省文化厅党组书记、厅长李玉英，团省委书记王少玄，省委教育工委委员、省教育考试院党委书记万普海，县长陈匡辉，县委常委、小蓝经济开发区党工委书记徐海波等陪同调研。

▲下午，县委书记肖玉文在小蓝经济开发区会见到南昌县考察的江西长运股份有限公司董事长葛黎明一行，双方就南昌公路物流港项目进行磋商。县长助理熊国爱等会见时在座。

26～28日

政协南昌县十届五次会议在县文化会展中心召开。县委书记肖玉文作重要讲话。会议听取并审议了县政协主席邓炳根代表政协常务委员会所作的《政协南昌县第十届委员会常务委员会工作报告》；听取并审议了县政协副主席李信谆所作的《政协南昌县第十届委员会常务委员会关于十届四次会议以来提案工作情况的报告》。县领导陈匡辉、胡小明、邓炳根、涂仕华、杨保根、熊运浪、胡炜、王小文、徐海波、魏根金、汪火明、姜清波、黄连科、李木旺、陈秀梅、王三毛、熊鹰、伍曦、胡显勇、张增和、涂莉华、程雷佬、章光文、万德珍、吴克芳、张军、李信谆、姜润根、伍目连、李植，县政协调研员刘东平、况志强、张斗，县法院院长李红刚，县检察院检察长张振川，向塘开发区管委会主任黄志清，县人武部副部长尹头根、张晓伟，县公安局政委周庆鲁，县长助理熊国爱等出席。

27日

上午，县长陈匡辉到银三角管委会，就有关银三角片区项目推进工作进行调度。县委常委、常务副县长涂仕华，县人大常委会副主任李木旺，副县长涂莉华、程雷佬，县政协调研员刘东平等参加。

▲下午，南昌县组织参加县“两会”的县人大代表和政协委员先后到象湖新城和小蓝经济开发区参观。县人大常委会主任胡小明，县委常委、常

务副县长涂仕华,县人大常委会副主任王三毛、熊鹰、陈秀梅、伍曦,县政协副主席李植,县政协调研员况志强、张斗等参加参观活动。

27 日~3 月 1 日

南昌县第十届人民代表第五次会议在县文化会展中心召开。县委书记肖玉文作重要讲话。会议听取和审议了南昌县人民政府工作报告;听取和审议了南昌县国民经济和社会发展第十二个五年规划纲要;审查和批准了南昌县 2010 年国民经济和社会发展计划执行情况的报告与 2011 年国民经济和社会发展计划;审查批准了南昌县 2010 年县本级财政总预算执行情况的报告和 2011 年县本级财政总预算;听取审议了南昌县人大常委会工作报告、南昌县人民法院工作报告和南昌县人民检察院工作报告;会议还通过了以上工作报告的决议。县领导陈匡辉、胡小明、邓炳根、涂仕华、杨保根、熊运浪、胡炜、王小文、徐海波、魏根金、汪火明、姜清波、黄连科、李木旺、陈秀梅、王三毛、熊鹰、伍曦、胡显勇、张增和、涂莉华、程雷佬、章光文、万德珍、吴克芳、张军、李信谆、姜润根、伍目连、李植,县政协调研员刘东平、况志强、张斗,县法院院长李红刚,县检察院检察长张振川,向塘开发区管委会主任黄志清,县人武部副部长尹头根、张晓伟,县公安局政委周庆鲁,县长助理熊国爱等出席。

28 日

下午,县政协在洁惠花园宾馆召开十届二十一次常委会议。会议听取了县政协十届五次会议秘书处关于会议讨论情况的汇报,讨论通过了政协南昌县十届五次会议决议草案。县政协主席邓炳根,副主席万德珍、吴克芳、张军、李信谆、姜润根、伍目连、李植等出席。

3 月份

2 日

下午,市审计局副局长陈国广率领市审计组到南昌县,就政府性债务情况进行审计。县长陈匡辉,县委常委、常务副县长涂仕华,县政协副主席姜润根等出席座谈会。

3 日

县委书记肖玉文,县长陈匡辉率领县委委员、候补委员和副县级以上领导干部分别到东新乡、小蓝经济开发区、莲塘镇、向塘镇、冈上镇、广福镇、三江镇、黄马乡全面开展"看变化比实绩、看思路比创新、看作风比形象"的三看三比活动。县人大常委会主任胡小明,县政协主席邓炳根,县领导涂仕华、杨保根、熊运浪、胡炜、王小文、徐海波、魏根金、汪火明等参加活动。

5~6 日

县委书记肖玉文,县长陈匡辉率领县委委员、县委候补委员和副县级以上领导干部,先后到塔城乡、南新乡、蒋巷镇、幽兰镇、泾口乡、塘南镇、武阳镇、八一乡和富山乡等 9 个乡镇全面开展"看变化比实绩、看思路比创新、看作风比形象"活动。县领导胡小明、邓炳根、涂仕华、杨保根、熊运浪、胡炜、王小文、徐海波、魏根金、汪火明等参加活动。

6 日

下午,全县乡镇领导班子换届工作动员大会在小蓝经济开发区召开。会议全面贯彻落实省委、市委关于乡镇领导班子换届工作精神,安排部署本县乡镇领导班子换届工作,进一步统一思想,明确任务,精心组织,确保换届工作任务顺利完成。县委书记肖玉文作讲话,县长陈匡辉主持会议,县人大常委会主任胡小明,县政协主席邓炳根,县领导涂仕华、杨保根、熊运浪、胡炜、王小文、徐海波、魏根金、汪火明等出席会议。

▲下午和晚上,南昌县在小蓝经济开发区召开全县"三看三比"活动评议暨总结大会,集中听取各乡镇(开发区)、县直有关职能部门情况汇报,并进行大会评分。县委书记肖玉文主持全县"三看三比"活动评议暨总结大会,县长陈匡辉,县人大常委会主任胡小明,县政协主席邓炳根,县领导涂仕华、杨保根、熊运浪、胡炜、王小文、徐海波、魏根金、汪火明、姜清波、黄连科、陈秀梅、王三毛、熊鹰、伍曦、胡显勇、张增和、涂莉华、程雷佬、章光文、万德珍、吴克芳、张军、李信谆、姜润根、伍目连、李植,县法院院长李红刚,县检察院检察长张振川,向塘开发区管委会主任黄志清,县人武部副部长尹头根、张晓伟,县公安局政委周庆鲁等出席会议。

7 日

上午,南昌县在天一大酒店举行"三八"国际妇女节"新百年畅想"为主题的庆祝联谊大会。县委书记肖玉文,市妇联主席梅梅,县人大常委会主任胡小明,县政协主席邓炳根,市妇联副主席周笑蓓、盛爱凤,县委常委、县人武部部长汪火明,县人大常委会副主任陈秀梅、熊鹰、伍曦,副县长胡显勇、涂莉华,县政协副主席万德珍、吴克芳、伍目连等出席。

▲下午,县委书记肖玉文在小蓝经济开发区会见到小蓝经济开发区考察投资的金红叶纸业集团总经理徐锡土一行。县委常委、小蓝经济开发区党工委书记徐海波会见时在座。

▲下午,县长陈匡辉在县政府会议室主持召开一季度财税收入调度会。县委常委、常务副县长涂仕华等出席。

▲晚上,省委常委、市委书记余欣荣,市委常委、组织部长杨人平,市委常委、市委秘书长凌学仁,市委副秘书长、市委办公厅主任李福如,市委组织部常务副部长朱东等到八一乡新坊村,参加村民情夜访理事会的"民情夜访"活动。县委书记肖玉文,县长陈匡辉,县委常委胡炜、王小文等陪同。

8 日

下午,县长陈匡辉在县综合楼会见室会见建华管桩集团副总裁杨余明一行,双方就南昌建华管桩项目推进进行洽谈。副县长赵泽华会见时在座。

9 日

上午,市委常委、组织部长杨人平,市委基层办主任邹艾民,市委基层办副主任、市委组织部基层办主任张六顺等到南昌县,就推行"三民两承诺"工作机制、探索乡镇党委联系服务群众工作的新模式开展调研。县委书记肖玉文，县委常委、组织部长王小文，向塘开发区管委会主任黄志清等陪同。

▲上午，县委书记肖玉文在县综合楼主持召开第五次县委常委（扩大）会议。会议学习传达省委常委、市委书记余欣荣在南昌县“民情夜访”活动中的重要讲话精神，研究在全县组建“民情夜访”理事会有关工作，并就深入开展“民情夜访”活动、进一步加强和改进群众工作进行专题部署。县委常委涂仕华、杨保根、熊运浪、胡炜、徐海波、魏根金、汪火明等出席会议，县人大常委会主任胡小明，县政协副主席邓炳根等列席会议。

10 日

下午和晚上，县委书记肖玉文在县综合楼主持召开 2011 年县规划委员会第 2 次会议。县人大常委会主任胡小明，县政协主席邓炳根，县委常委、常务副县长涂仕华，县委常委、副县长杨保根，县委常委、统战部长胡炜，县委常委、小蓝经济开发区党工委书记徐海波，副县长张增和、涂莉华，县政府首席规划顾问陈振寿，规划顾问万敏、高霞等出席。

11 日

国家电网江西南昌供电公司与县政府举办的共同推进南昌县电网发展会谈仪式在县文化会展中心举行。省电力公司党组成员、副总经理、南昌供电公司总经理肖黎春，县委书记肖玉文，县长陈匡辉，南昌供电公司党委书记王迪卿，县人大常委会主任胡小明，县政协主席邓炳根，县委常委、副县长杨保根，县委常委、小蓝经济开发区党工委书记徐海波，南昌供电公司副总经理张伟光、邓南平，市项目专干办第三组组长江丰等出席会谈仪式。

12 日

上午，国家土地督察南京局局长刘天增率领省国土资源厅党组副书记、副厅长刘定明，国家规划院地籍所所长姜栋，国家土地督察南京局调研处处长王钊等组成的国土资源“破两难、促转变”部省联合调研组一行到南昌县，深入基层、摸实情，对南昌县合理利用土地资源“破两难、促转变”工作开展情况进行调研。副市长张根水，市政府副秘书长、市委农工部长王肇赣，县委书记肖玉文，县长陈匡辉，市国土局局长徐茂辉，县委常委、小蓝经济开发区党工委书记徐海波，副县长程雷佬，市国土局党组成员、执法监察支队支队长吉伟伟等陪同调研。

13 日

上午，县长陈匡辉到蒋巷镇接访群众，当面倾听群众心声，帮助化解矛盾，协调解决问题。县委常委、纪委书记、政法委书记熊运浪，县委常委、农工部部长魏根金，副县长、县公安局局长张增和等参加接访。

14 日

上午，县长陈匡辉到向塘镇沙潭村视察土地开发项目推进工作。

▲下午，县长陈匡辉到县信访局公开约访，倾听社情民意，解决群众的难题。县委常委、副县长杨保根，副县长涂莉华、程雷佬、赵泽华等参加接访。

15 日

下午，县长陈匡辉在小蓝经济开发区主持召开项目重组工作调度会暨 2011 年县项目重组领导小组第一次会议，对全县项目重组工作进行再动员、再部署、再调度。县领导熊运浪、徐海波、涂莉华、程雷佬、章光文等出席。

▲晚上，县委书记肖玉文在小蓝经济开发区主持召开第六次县委常委会议。县委副书记、县长陈匡辉，县委常委涂仕华、杨保根、熊运浪、胡炜、王小文、徐海波、魏根金、汪火明等出席会议；县人大常委会主任胡小明等列席会议。会议审议并通过了《关于召开全县组织、宣传、统战工作会议的请示》、《关于召开中共南昌县第十一届纪律委员会第四次全体会议的请示》等。

16 日

上午，南昌县在县综合楼组织收听收看全省领导干部电视电话会议。县领导肖玉文、胡小明、邓炳根、涂仕华、杨保根、熊运浪、徐海波等参加收听收看。

▲下午，安徽省马鞍山市人大常委会副主任陈苏汉率市人大考察团到南昌县，参观考察农业产业化发展情况。县人大常委会主任胡小明，副主任李木旺、王三毛等陪同。

17 日

晚上，南昌县在桂花村大酒店就奥特莱斯名牌折扣城商业项目招商进行洽谈和对接。县长陈匡辉，县人大常委会副主任李木旺，副县长涂莉华等出席。

18 日

上午，全市严肃换届纪律保证换届风清气正视频会议在南昌召开。省委常委、市委书记余欣荣，市委副书记蔡社宝，市委常委、纪委书记刘东明，市委常委、组织部长杨人平等出席会议。县委书记肖玉文在南昌主会场参加会议并作发言。县领导胡小明、邓炳根、涂仕华、熊运浪、王小文、徐海波、黄连科、李木旺、陈秀梅、王三毛、熊鹰、涂莉华、章光文、吴克芳、伍目连、李植以及县法院院长李红刚、县检察院检察长张振川、向塘开发区管委会主任黄志清等在南昌县分会场收听收看视频会议。

▲晚上，县委书记肖玉文在小蓝经济开发区主持召开 2011 年第 7 次县委常委会议。县委副书记、县长陈匡辉，县委常委涂仕华、杨保根、熊运浪、王小文、徐海波、魏根金、汪火明、程雷佬等出席会议；县人大常委会主任胡小明，县政协主席邓炳根等列席会议。会议听取了县政府党组提交的全县财税工作汇报，听取了县政府党组提交的全县国土工作汇报，会议审议并同意了县人大党组提交的《关于县乡两级人民代表大会换届选举有关问题的请示》，审议了县委农工部提交的《关于召开全县农业农村暨人口计划生育工作会议的请示》，研究并原则同意了县公安局党委提交的《关于南昌县公安局机构设置工作意见的报告》等。

19 日

上午，由新疆克州州委书记、州人大常委会主任闫汾新率领的新疆克州党政代表团到南昌县考察经济社会发展情况并看望莲塘一中新疆克州高中班的全体学生。省委副秘书长潘东军，省教育厅副巡视员杨慧文，市委副书记蔡社宝，市政府副秘书长朱敏华，县长陈匡辉，县人大常委会主任胡小明，县委常委、小蓝经济开发区党工委书记徐海波，市教育局副局长邵梅珍，副县长赵泽华等随同考察。

▲上午，南昌县在县文化会展中心召开全县组织、宣传、统战、政法工作会议。会议总结了2010年全县组织、宣传、统战、政法工作取得的成绩，安排部署2011年各项工作的主要任务。县委书记肖玉文出席会议并作重要讲话。县领导杨保根、熊运浪、胡炜、王小文、熊鹰、伍曦、胡显勇、吴克芳、伍目连、李植，县法院院长李红刚，县检察院检察长张振川，向塘开发区管委会主任黄志清，县公安局政委周庆鲁等出席会议。

▲上午，中共南昌县第十一届纪律检查委员会第四次全体会议在县综合楼召开。会议学习第十七届中央纪委六次全会、省纪委十二届八次全会和市纪委九届七次全会精神，总结2010年全县党风廉政建设和反腐败工作，研究部署2011年的工作任务。县委书记肖玉文，县委副书记、县长陈匡辉，县领导胡小明、邓炳根、杨保根、熊运浪、胡炜、王小文、徐海波等出席会议。

20日

南昌县在小蓝经济开发区举行公推优选乡镇党政正职乡镇长预备人选竞职答辩大会。竞职答辩大会评委组实行大评委制，考场设85名评委，其中有关领导53名，专家评委16名，基层乡镇干部群众评委16名。县委书记肖玉文担任主评委，县委副书记、县长陈匡辉，县人大常委会主任胡小明，县政协主席邓炳根，县委常委涂仕华、杨保根、熊运浪、胡炜、王小文、徐海波、魏根金、汪火明、程雷佬，县人大常委副主任黄连科、李木旺、陈秀梅、王三毛、熊鹰、伍曦，副县长胡显勇、张增和、涂莉华、赵泽华、章光文，县政府党组成员吴文卫，县政府副主席万德珍、吴克芳、张军、李信谆、姜润根、伍目连、李植，县法院院长李红刚，县检察院检察长张振川，向塘开发区管委会主任黄志清，县公安局政委周庆鲁等担任评委。

21日

上午，南昌县县、乡两级人大换届工作会在县综合楼召开。县人大常委会主任胡小明，县委常委、纪委书记、政法委书记熊运浪，县委常委、组织部长王小文，县人大常委会副主任黄连科、李木旺、陈秀梅、王三毛、熊鹰、伍曦等出席会议。

▲晚上，南昌县在小蓝经济开发区举行公推优选乡镇党委书记预备人选竞职答辩大会，共有16人参加答辩。竞职答辩实行大评委制，83名评委，其中有关领导52名，专家评为15名，基层乡镇干部群众评委16名。县委书记肖玉文担任主评委，县委副书记、县长陈匡辉，县人大常委会主任胡小明，县政协主席邓炳根，县委常委涂仕华、杨保根、熊运浪、胡炜、王小文、徐海波、魏根金、汪火明、程雷佬，县人武部政委姜清波，县人大常委会副主任黄连科、李木旺、陈秀梅、王三毛、熊鹰、伍曦，副县长胡显勇、张增和、涂莉华、赵泽华、章光文，县政府党组成员吴文卫，县政协副主席万德珍、吴克芳、张军、李信谆、姜润根、伍目连、李植，县法院院长李红刚，县检察院检察长张振川，向塘开发区管委会主任黄志清，县人武部副部长尹头根、张晓伟，县公安局政委周庆鲁等担任评委。

23日

上午，县委书记肖玉文在小蓝经济开发区会见江西省广东商会会长赖桂添、皇朝家俬常务副总经理谢焕章一行。双方就皇朝家俬项目推进进行洽谈。副县长涂莉华，向塘开发区管委会主任黄志清等会见时在座。

▲县长陈匡辉到银三角和县城莲塘核心片区，就县采茶剧团规划选址进行现场办公。县委常委、统战部长胡炜等参加现场办公。

▲下午，县委书记肖玉文在县综合楼主持召开2011年县城市规划委员会第3次会议。县长陈匡辉，县政协主席邓炳根，县委常委、常务副县长涂仕华，县委常委、副县长杨保根，县委常委、统战部长胡炜，县委常委程雷佬，副县长涂莉华，县政府规划顾问万敏、高霞等出席。

▲下午，县第十四届人大常委会第二十次会议在县综合楼召开。县人大常委会主任胡小明，副主任黄连科、李木旺、陈秀梅、王三毛、熊鹰、伍曦等出席。会议审议了县人大常委会主任会议《关于提请设立县乡两级选举委员会的议案》和《关于提请重新确定乡镇人民代表大会名额的议案》，讨论了县人大常委会2011年工作要点和常委会议议题安排等。

25日

下午，南昌县组织收听收看国务院召开第四次廉政工作电视电话会议。县领导陈匡辉、涂仕华、熊运浪、涂莉华、章光文、吴文卫等参加收听收看。

26日

县委书记肖玉文在小蓝经济开发区主持召开第8次县委常委会，县委副书记、县长陈匡辉，县委常委涂仕华、杨保根、熊运浪、胡炜、王小文、魏根金、汪火明、程雷佬等出席会议。县人大常委会主任胡小明，县政协主席邓炳根等列席会议。会议听取了县项目重组工作领导小组提交的《关于小蓝经济开发区项目重组工作情况汇报》，会议审议了县防汛抗旱总指挥部、县委农工部、县计生委等提交的《关于全县农业农村、防汛抗旱、人口计生会议有关事项的请示》，会议审议并同意县政府党组提交的《关于鼓励金融机构支持县域经济发展的有关政策措施的请示》，会议还审议了县政府党组提交的《关于开展建设健康城市活动有关问题的请示》等。

30日

上午，市委常委、常务副市长赵东亮到南昌县视察汽车及零部件产业发展情况。县委书记肖玉文，县委常委、常务副县长涂仕华，副县长涂莉华，县政协副主席李植等陪同。

▲县人大常委会主任胡小明，县委常委、常务副县长涂仕华，县委常委、副县长杨保根，县委常委、农工部长魏根金，县人大常委会副主任王三毛，副县长张增和，县政协副主席张军、姜润根、李植，县公安局政委周庆鲁等分别到挂点乡镇参加村民民情夜访理事会的“民情夜访”活动，了解农民群众的生产生活状况，帮助他们解决实际困难和问题。

31日

下午，由市委副秘书长、市委政策

研究室主任赵海东，省委党校组织处处长廖清成，省委党校研究室主任潘泽林，市委政研室副调研员陈电子等组成的市委“民情夜访”工作调研组到南昌县调研“民情夜访”开展情况。县委书记肖玉文，县委常委、组织部长王小文等陪同。

4 月份

1 日

上午，五一路桥改造工程顺利竣工。县委书记肖玉文出席竣工通车仪式并宣布五一路桥正式竣工通车。县人大常委会主任胡小明，县政协主席邓炳根，县委常委、常务副县长涂仕华，县委常委、副县长杨保根等出席竣工通车仪式。

2 日

下午，全县防汛抗旱暨农业农村、人口计生工作会议在县文化会展中心召开。会议总结了 2010 年的全县防汛抗旱、农业农村、人口计生工作，安排部署 2011 年各项工作的主要任务。县委书记肖玉文出席并作重要讲话。县长陈匡辉主持会议。县人大常委会主任胡小明，县政协主席邓炳根，县委常委涂仕华、杨保根、熊运浪、胡炜、王小文、徐海波、魏根金、汪火明、程雷佬，县人大常委会副主任黄连科、李木旺、陈秀梅、王三毛、熊鹰、伍曦，副县长涂莉华、赵泽华、章光文，县政府党组成员吴文卫，县政协副主席万德珍、吴克芳、张军、李信谆、姜润根、伍目连、李植，县法院院长李红刚，县检察院检察长张振川，向塘开发区管委会主任黄志清，县人武部副部长尹头根、张晓伟，县公安局政委周庆鲁等出席会议。

6 日

下午，由省委严肃换届纪律第一督查组组长、省政法委副书记宋才火带队的督查组到南昌县，对严肃换届纪律情况进行督促检查。县委书记肖玉文，县人大常委会主任胡小明，县政协主席邓炳根，县委常委、纪委书记、政法委书记熊运浪，县委常委、组织部部长王小文等陪同。

▲下午，县长陈匡辉到县城棚户区和廉租二期工程工地，进行现场调度和指导。县委常委、常务副县长涂仕华，县委常委、小蓝经济开发区党工委书记徐海波，县委常委程雷佬等参加调度。

▲晚上，县长陈匡辉在县综合楼主持召开县政府第三十八次常务会议。县委常委、常务副县长涂仕华，县委常委、副县长杨保根，县委常委程雷佬，副县长胡显勇、张增和、涂莉华、赵泽华、章光文，县政府党组成员吴文卫、涂爱国、刘小毛等出席。县人武部政委姜清波，县政协副主席姜润根等列席会议。

7 日

下午，县委副书记、县长陈匡辉就南昌县健康城市建设工作进展情况进行调研。县委常委、副县长杨保根，副县长胡显勇等参加调研。

8 日

县人大常委会主任胡小明，副主任黄连科、李木旺、陈秀梅、王三毛、熊鹰、伍曦分别到全县 16 个乡镇，督查乡镇人大换届选举工作的进展情况。

▲下午，全县就业和社会保障暨新农保工作会议在县综合楼召开。会议传达贯彻全国和全省人力资源和社会保障工作会议精神，回顾总结 2010 年的全县就业和社会保障暨新农保工作，安排部署 2011 年内的工作任务。县委书记肖玉文作重要批示，县长陈匡辉，县委常委、副县长杨保根，县人大常委会副主任陈秀梅，县政协副主席万德珍等出席会议。

12 日

下午，县长陈匡辉视察县城莲塘新型城镇化建设项目进展情况。县委常委、常务副县长涂仕华，县委常委、副县长杨保根，县委常委、统战部长胡炜等随同考察。

14 日

上午，中央党校副校长孙庆聚到南昌县，就如何加强县级党校建设开展调研。省委党校常务副校长龚培兴、副校长陈春明，市委常委、组织部长杨人平，市委党校校长赵刚平，县委书记肖玉文，县委常委、组织部长王小文等陪同调研。

▲上午，县委书记肖玉文到小蓝经济开发区就服务企业发展，完善开发区各类配套设施等进行调研。县委常委、小蓝经济开发区党工委书记徐海波等随同调研。

▲上午，县长陈匡辉先后到蒋巷、泾口、塔城 3 个乡镇检查指导抗旱保春耕工作。县委常委、农工部长魏根金，县委常委程雷佬随同检查指导。

▲下午，县委书记肖玉文在县综合楼主持召开 2011 年县城市规划委员会第 4 次会议。县长陈匡辉，县人大常委会主任胡小明，县政协主席邓炳根，县委常委、常务副县长涂仕华，县委常委、副县长杨保根，县委常委、统战部长胡炜，县委常委、小蓝经济开发区党工委书记徐海波，县政府规划顾问高霞等出席。

▲下午，县长陈匡辉在县政府会议室就迎接全省县级综合应急救援现场会在南昌县召开，做好相关筹备工作进行调度。县委常委、常务副县长涂仕华，副县长、县公安局长张增和等出席调度会。

15 日

上午，县委书记肖玉文到莲塘三中新校区察看项目建设进展情况。县委常委、统战部长胡炜，副县长胡显勇等陪同。

▲上午，县长陈匡辉在县政府综合楼主持召开全县安全生产工作会。县委常委、常务副县长涂仕华，县委常委、副县长杨保根，县委常委、纪委书记、政法委书记熊运浪，县委常委程雷佬，副县长胡显勇、张增和、涂莉华、赵泽华，县政府党组成员吴文卫，县公安局政委周庆鲁等出席。

▲下午，省水利厅厅长孙晓山到南新乡和蒋巷镇，视察指导抗旱保春耕工作。副市长张根水，市水务局局长李克荣，县长陈匡辉，县委常委、农工部部长魏根金，县委常委程雷佬等陪同。

16 日

下午，县委书记肖玉文在小蓝经济开发区会议室主持召开第 10 次县委常委会，县长陈匡辉，县委常委涂仕华、杨保根、熊运浪、胡炜、王小文、徐海波、魏根金、汪火明、程雷佬等出席会议,县人大常委会主任胡小明,县政协主席邓炳根等列席会议。

17日

上午,第二期小蓝青年论坛暨健康小蓝知识讲座在小蓝经济开发区举行。县委书记肖玉文,县委常委杨保根、胡炜、徐海波、程雷佬等出席。

19日

下午,省委形势政策报告会在县综合楼举行。省委形势政策专家宣讲团成员、省委宣传部常务副部长陈东有为南昌县300多名机关干部作精彩的形势政策报告。县委书记肖玉文主持报告会。县领导胡小明、邓炳根、熊运浪、胡炜、王小文、徐海波、魏根金、程雷佬、姜清波、陈秀梅、王三毛、胡显勇、张增和、涂莉华、赵泽华、吴文卫、万德珍、张军、姜润根、伍目连,县人武部副部长胡文俊,县法院院长李红刚,县检察院检察长张振川,向塘开发区管委会主任黄志清,县公安局政委周庆鲁等出席报告会。

20日

上午,市委常委、常务副市长赵东亮带领市政府副秘书长王肇赣、胡晓海,市委农工部副部长韩匡楷,市金融办主任李水平,市工信委副主任何彦军等到南昌县汇仁集团、煌上煌集团开展调研。县委书记肖玉文,县长陈匡辉,县委常委徐海波、魏根金、程雷佬等陪同。

▲上午,市委常委、纪委书记刘东明到南昌县调研县委权利公开透明运行工作。市纪委副书记杜志刚,市纪委廉政室主任刘志勇随同调研。县委书记肖玉文,县委常委、纪委书记、政法委书记熊运浪等陪同。

▲下午,县委书记肖玉文在小蓝经济开发区会见日本株式武藏野化学研究董事长砂原三利一行。县委常委、小蓝经济开发区党工委书记徐海波会见时在座。

21日

上午,副省长孙刚到南昌县,就昌南新城教育园区建设工作进行调研。他要求南昌县加快昌南教育园区建设,全面提升办学质量,办人民满意教育。省政府副秘书长叶磊,省委教育工委书记、省教育厅厅长虞国庆,副市长罗慧芬,市教育局局长熊晓武,县委书记肖玉文,副县长胡显勇等陪同。

22日

上午,由湖北省潜江市市委书记朱汉桥,市委副书记、市长张桂华率领的潜江市党政代表团到南昌县参观考察。县委书记肖玉文,县人大常委会主任胡小明,县委常委、纪委书记、政法委书记熊运浪,县委常委、小蓝经济开发区党工委书记徐海波等陪同。

▲上午,县第十四届人大常委会第二十七次会议在县综合楼召开。县人大常委会主任胡小明,副主任黄连科、李木旺、陈秀梅、王三毛、熊鹰、伍曦等出席会议。县委常委、副县长杨保根,县法院院长李红刚,县检察院检察长张振川等列席会议。会议经审议通过任命吴文卫为南昌县人民政府副县长,免去程雷佬南昌县人民政府副县长职务。会议听取和审议了《关于安全生产监督管理工作报告》,听取和审议了《宗教事务工作报告》等有关事项。

23日

下午,县委书记肖玉文到塔城商会进行调研,他希望商会充分发挥作用,带领会员企业凝心聚力、共同发展,继续为家乡发展、为南昌县“加快建设赣鄱第一县、奋力拼争全国五十强”作出更大的贡献。

▲下午,县长陈匡辉在县政府主持会议,就银三角和小蓝经济开发区发展中存在的有关问题进行协调。县委常委、小蓝经济开发区党工委书记徐海波,县委常委程雷佬,县人大常委会副主任李木旺等出席会议。

25日

上午,县委书记肖玉文在调研定岗“城中村”改造和莲塘河整治改造工作时强调:要按照统一规划、分期建设、基础先行的原则,加快推进定岗梅湖区域城中村改造和莲塘河整治改造工作,推动南昌县城市化进程逐步从澄碧湖时代迈入莲塘河时代、赣江时代。县委常委徐海波、程雷佬,县人大常委会副主任王三毛,副县长吴文卫等陪同。

26日

下午,市人大常委会主任雷武江,副主任姚燕平、连樟寿、何友德、戴和旺、白波等到南昌县视察基层人民法庭建设情况,市中级人民法院院长赖永芳,县委书记肖玉文,县人大常委会主任胡小明,县法院院长李红刚等陪同。

27日

上午,县委书记肖玉文到小蓝经济开发区邓埠村,就村级集体经济发展和与南昌市主城区无缝对接工作开展调研。县委常委、小蓝经济开发区党工委书记徐海波等陪同。

▲上午,县委书记肖玉文到南昌印钞厂调研,就有关合作事宜和项目推进进行沟通与交流。县委常委、小蓝经济开发区党工委书记徐海波等陪同。

▲上午,县政协主席邓炳根率领县政协老同志视察芳溪湖、大沙湖内涝圩堤整治情况。

28日

下午,省委常委、市委书记王文涛到南昌县调研时指出,近年来,南昌县紧紧抓住发展第一要务,呈现了科学发展、快速崛起的良好态势,尤其是在聚精会神抓产业发展上取得了显著成绩。市委常委、市委秘书长凌学仁,市委副秘书长、市委办公厅主任李福如,县委书记肖玉文,县长陈匡辉等陪同调研。县人大常委会主任胡小明,县政协主席邓炳根,县委常委涂仕华、杨保根、熊运浪、胡炜、王小文、徐海波、魏根金、汪火明、程雷佬等参加调研座谈会。

29日

上午,全县“建功立业大竞赛、和谐企业大创建、温暖万家大帮扶”总结表彰暨全县工会工作会议在县综合楼召开。会议总结去年的工作,表彰先进,安排2011年的工作任务。县委书记肖玉文,县长陈匡辉,县政协主席邓炳根,县委常委杨保根、胡炜、王小文、徐海波、魏根金、程雷佬等出席会议。

5 月份

4 日

上午,县委书记肖玉文在县综合楼主持召开县委(扩大)会议,会议对从乡镇事业编制干部和村党组织书记公选产生的乡镇领导班子成员差额初步提名人选进行了民主推荐。县委副书记、县长陈匡辉,县委常委熊运浪、胡炜、王小文、徐海波、魏根金、汪火明、程雷佬等出席会议,县人大常委会主任胡小明,县政协主席邓炳根等应邀列席会议。

▲下午,南昌县与南昌工业控股集团交流协商会在小蓝经济开发区举行,双方就相关事宜进行协商。县委书记肖玉文,县长陈匡辉,县领导涂仕华、徐海波、程雷佬、涂莉华,向塘开发区管委会主任黄志清以及南昌工业控股集团有限公司董事、总经理葛彬林等南昌工业控股集团的领导班子成员出席协商会。

▲晚上,县长陈匡辉在县综合楼主持召开县政府第三十九次常务会议。县委常委、常务副县长涂仕华,县委常委、副县长杨保根,县委常委程雷佬,副县长胡显勇、张增和、涂莉华、赵泽华、章光文、吴文卫等出席。县委常委、统战部长胡炜,县人武部部长胡文俊,县人大常委会副主任陈秀梅,县政协副主席姜润根、李植等列席会议。

6 日

上午,县委书记肖玉文主持召开第 11 次县委常委会议,专题学习贯彻落实省委常委、市委书记王文涛在南昌县视察调研时的重要讲话精神。肖玉文强调:全县上下要切实把认识统一到工作上来,深入开展"发展大竞赛、稳定大比拼、作风大转变"活动,以开拓创新的勇气、务实进取的作风,狠抓"五个始终坚持",朝着"加快建设赣鄱第一县、奋力拼争全国五十强"的目标加力奋进。县委副书记、县长陈匡辉,县委常委涂仕华、杨保根、熊运浪、王小文、徐海波、魏根金、汪火明、程雷佬等出席会议,县人大常委会主任胡小明,县政协主席邓炳根等列席会议。

7 日

上午,县委书记肖玉文以约访的方式,在县信访局接待来访群众,协调解决群众所反映的问题。县委常委、纪委书记、政法委书记熊运浪,副县长胡显勇、张增和、涂莉华、赵泽华等参加接访。

9 日

上午,县长陈匡辉到县信访局,以约访的方式接待来访群众,协调解决群众反映的有关问题。县委常委程雷佬,副县长赵泽华等参加接访。

10 日

上午,市法制办主任廖南萍等到南昌县,就依法行政工作进行调研。县长陈匡辉,副县长、县公安局局长张增和等陪同。

12 日

上午,全县乡镇换届集中谈话在县综合楼召开。会议对乡镇领导班子换届和部分县直单位人事调整涉及人员进行集体谈话。县委书记肖玉文作重要讲话,县委副书记、县长陈匡辉主持会议,县人大常委会主任胡小明,县政协主席邓炳根,县委常委涂仕华、杨保根、熊运浪、胡炜、王小文、徐海波、魏根金、汪火明、程雷佬等出席会议。

▲上午,县第十四届人大常委会第二十八次会议在县综合楼召开。县人大常委会主任胡小明,副主任黄连科、李木旺、陈秀梅、王三毛、熊鹰、伍曦等出席。会议补选了王文涛为南昌市第十三届人民代表大会代表,审议通过了县人大常委会主任会议提请审议关于调整县乡选举委员会组成人员的议案。

13 日

上午,南昌县在县综合楼组织收听收看全省县乡两级人大换届选举工作电视电话会。县人大常委会主任胡小明,县委常委、统战部长胡炜,县委常委、组织部部长王小文,县人大常委会副主任黄连科等参加收听收看。

16 日

以省督学汪国珠为组长的省政府教育工作督导评估组到南昌县,检查指导教育工作。县委书记肖玉文主持汇报会,县长陈匡辉汇报南昌县教育工作,市教育局长熊晓武,副局长邵梅珍,县领导胡小明、邓炳根、胡炜、伍曦、胡显勇、万德珍以及县公安局政委周庆鲁等出席汇报会。

▲晚上,县委书记肖玉文在小蓝经济开发区主持召开第 13 次县委常委会。会议研究了县委组织部提交的《关于召开乡镇党代会有关问题的请示》,审议了县政府党组提请的《关于城市管理工作有关问题的请示》等有关事项。县委副书记、县长陈匡辉,县委常委涂仕华、熊运浪、胡炜、王小文、徐海波、魏根金、程雷佬等出席会议,县人大常委会主任胡小明等列席会议。

17 日

下午,由南昌市人民政府主办,南昌县人民政府承办的 2011 年南昌(香港)汽车零部件产业投资环境说明会,在富豪香港酒店召开。副市长曾光辉,市政府副秘书长罗增明,县长陈匡辉,副县长涂莉华,向塘开发区管委会主任黄志清等出席会议。

19 日

上午,县委书记肖玉文,县长陈匡辉视察澄碧湖大厦、澄碧湖北苑广场、金瀚丽晶酒店等重大项目建设进展情况。县委常委、纪委书记、政法委书记熊运浪,县人大常委会副主任王三毛,副县长赵泽华等陪同。

21 日

上午,"浙赣互动·喜结硕果"——南昌小商品城开业庆典暨首届中部建材年购节开幕式在昌南新城举行。省政协副主席刘晓庄,省社科院院长汪玉奇,浙江金华市委副书记黄锦朝,市委常委、常务副市长赵东亮,县委书记肖玉文,县长陈匡辉,县政协主席邓炳根等出席开幕式并为南昌小商品城开业剪彩。

▲上午,由省督学汪国珠为组长的省政府教育督导评估组先后到县特殊教育学校、县第三幼儿园进行督导检查,县长陈匡辉,县委常委、统战部部长胡炜,副县长胡显勇等陪同。

▲晚上,由县委、县政府主办,昌南新城管委会、南昌小商品城承办的璀璨昌南文艺焰火晚会在南昌小商品

城举行。县政协主席邓炳根,副县长涂莉华等观看晚会。

22 日

上午,县政府教育工作迎接省政府督导评估反馈会在县综合楼召开。省政府督学、赣州市人大教科文卫委员会原主任、督导评估组组长汪国珠,县委书记肖玉文,县长陈匡辉,县政协主席邓炳根,县委常委、统战部部长胡炜,市教育局副局长邵梅珍,县人大常委会副主任伍曦,副县长胡显勇,县政协副主席万德珍,县公安局政委周庆鲁等出席反馈会。

23 日

下午,县长陈匡辉到向塘镇,就经济社会发展和城镇建设情况进行调研。县委常委程雷佬,向塘开发区管委会主任黄志清等陪同。

25 日

下午,县委书记肖玉文在小蓝经济开发区主持召开乡镇换届待安排干部座谈会。县委常委、纪委书记、政法委书记熊运浪,县委常委、组织部长王小文等出席。

26 日

上午,在县综合楼第二会议室内,县委书记肖玉文,县人大常委会主任胡小明,县政协主席邓炳根,县委常委、常务副县长涂仕华,县委常委、副县长杨保根,县委常委、统战部长胡炜,县委常委程雷佬,县人大常委会副主任黄连科、李木旺、陈秀梅、王三毛、熊鹰、伍曦,副县长胡显勇、赵泽华,县政协副主席张军、李信谆、伍目连、李植等以普通选民的身份参加县第十五届人大代表选举莲塘镇第20选区、莲塘镇十五届人大代表选举第56选区的县、乡人大代表选举活动。

▲上午,县长陈匡辉到县公安局就当前急需解决的有关问题进行现场办公。副县长、县公安局局长张增和等陪同。

▲上午,县委书记肖玉文到南新、蒋巷就重大重点项目推进和新型农业产业化发展进行调研。

▲下午,全县电网建设改造升级暨有序用电工作会在县综合楼召开。县长陈匡辉,县委常委、副县长杨保根出席并讲话,县委常委、小蓝经济开发区党工委书记徐海波,县人大常委会副主任陈秀梅,副县长涂莉华,县政协副主席李信谆等出席会议。

26 日下午~27 日上午

县委书记肖玉文先后在泾口乡、塘南镇和黄马乡进行调研。肖玉文强调:要加快社会民生事业的建设,真正地为老百姓办实事、办好事,切实保障改善民生,促进社会和谐稳定。

27 日

上午,县委书记肖玉文,县委常委、纪委书记、政法委书记熊运浪等应邀参加莲塘镇第十次党代会。肖玉文代表县委向大会的召开表示祝贺,希望各位党员代表要站在讲政治、讲大局的高度,切实增强责任感和使命感,正确处理民主与集中、民主与法纪、权利与义务、发扬民主与加强党的领导、贯彻县委意图与表达个人意愿的关系,保证民主的正确方向,全力以赴开好这次大会。

▲上午,县委副书记、县长陈匡辉,向塘开发区管委会主任黄志清出席向塘镇第十次党代会并作讲话。

▲上午,县领导胡小明、邓炳根、涂仕华、杨保根、胡炜、王小文分别出席塔城、泾口、塘南、武阳、东新、八一等乡镇的党代会并讲话。

28 日

上午,省委常委、市委书记王文涛在滨江宾馆会见新加坡丰益国际集团董事长郭孔丰一行。市委常委、市委秘书长凌学仁,副市长曾光辉,县委书记肖玉文,县长陈匡辉,市外办主任陈吉炜,副县长涂莉华会见时在座。

▲晚上,县委书记肖玉文在小蓝经济开发区主持召开第14次县委常委会。县委副书记、县长陈匡辉,县委常委涂仕华、杨保根、熊运浪、胡炜、王小文、徐海波、魏根金、程雷佬等出席会议。县人大常委会主任胡小明,县政协主席邓炳根等列席会议。会议传达贯彻了省委、省政府有关通知精神,会议强调,发展是第一要务,稳定是第一责任。各级既要抓好经济发展,也要抓好社会稳定,实行一岗双责,实现两手抓、两手都要硬。要按照用群众工作统揽信访工作的要求,实行重心下移,切实把问题解决在基层,把矛盾化解在萌芽状态;要不断加强信访维稳的自身建设,形成支持信访维稳工作的强大合力。

29~30 日

塔城乡、东新乡、黄马乡、三江镇、广福镇分别召开新一届人大一次会议,选举产生新一届乡镇人大主席和乡镇政府组成人员。县领导胡小明、胡炜、姜清波、黄连科、陈秀梅、伍目连等分别出席并讲话。

30 日

上午,南昌帑德实业有限公司人民币纸币包装箱及安全防伪印务项目在小蓝经济开发区开工建设。县委书记肖玉文,县人大常委会主任胡小明,县委常委、小蓝经济开发区党工委书记徐海波等出席项目开工典礼。

▲下午,市长陈俊卿在市政府贵宾厅会见到南昌市考察的福耀集团董事长曹德旺一行,双方就在汽车产业等方面的投资合作事宜进行交流。副市长曾光辉,市政府副秘书长吴长金,县委书记肖玉文,县长陈匡辉,县委常委、小蓝经济开发区党工委书记徐海波,副县长涂莉华等会见时在座。

31 日

上午,省委常委、市委书记王文涛到南昌县蒋巷镇视察农业产业发展和防汛抗旱工作。市委常委、市委秘书长凌学仁,市委常委刘建洋,副市长张根水,市委副秘书长、办公厅主任李福如,市政府、副秘书长、市委农工部部长王肇赣,市水务局局长李克荣,县领导肖玉文、陈匡辉、魏根金、程雷佬等陪同。

▲上午,南昌县青少年"学党史、颂党恩、跟党走"纪念建党90周年歌咏会在县体育馆举行。市关工委主任田新芳,县人大常委会主任胡小明,县委常委、纪委书记、政法委书记熊运浪,县委常委、统战部部长胡炜,县委常委、组织部部长王小文,县人大常委会副主任伍曦,副县长胡显勇,县政协副主席万德珍等观看演出。

6月份

2日

下午，南昌县创业服务年活动、民主评议政风行风、优化投资环境工作总结表彰暨发展提升年活动再部署大会在县综合楼召开。县委副书记、县长陈匡辉，县委常委、常务副县长涂仕华，县委常委、纪委书记、政法委书记熊运浪等出席。

3日

上午，县长陈匡辉在县政府会见室会见佳旺集团授权董事邵亨一行。县委常委、小蓝经济开发区党工委书记徐海波，副县长涂莉华等会见时在座。

▲下午，县委书记肖玉文在县综合楼主持召开2011年县城市规划委员会第五次会议。县长陈匡辉，县人大常委会主任胡小明，县委常委、副县长杨保根，县委常委、统战部长胡炜，县委常委、小蓝经济开发区党工委书记徐海波，县委常委程雷佬，副县长涂莉华，省城乡规划设计研究院院长，县政府首席规划顾问陈振寿，省城乡规划设计研究院副院长、县政府规划顾问万敏等出席。

6日

下午，县委书记肖玉文，县长陈匡辉，县政协主席邓炳根，县委常委、纪委书记、政法委书记熊运浪，县委常委、统战部长胡炜等先后到莲塘一中、莲塘二中、莲塘四中3个考点，巡视2011年南昌县高考各项准备工作情况。肖玉文要求全县各级各部门要在思想认识上再提高、措施上再强化、组织领导上再加强，千方百计改善考试环境，让广大考生安心应考，确保2011年南昌县高考工作顺利进行。

7日

上午，全县2010年市容环境“五大整治”活动总结暨2011年“城市管理提升年”活动动员大会在县文化会展中心举行。会议总结了去年市容环境“五大整治”活动所取得的成绩，表彰了先进，安排部署了2011年的城市管理工作任务。县委书记肖玉文作重要讲话，县长陈匡辉主持会议，县领导邓炳根、杨保根、熊运浪、胡炜、王小文，徐海波、魏根金、程雷佬等出席会议。

▲下午，县长陈匡辉在小蓝经济开发区主持召开福耀玻璃项目前期推进工作会。县委常委、小蓝经济开发区党工委书记徐海波，县委常委程雷佬，副县长涂莉华等出席。

8日

上午，县长陈匡辉在县综合楼会见室会见武汉鑫飞达环保节能科技有限公司董事长刘纯启一行。县委常委、副县长杨保根等会见时在座。

▲下午，县长陈匡辉在主持召开全县经济运行调度会时强调：全县上下要认清形势、坚定信心、明确目标、强化举措，始终抓住经济运行各项工作不放松，确保实现上半年“时间过半，任务过半”。县委常委、副县长杨保根，副县长张增和、涂莉华、赵泽华等出席会议。

9日

上午，县委书记肖玉文到小蓝经济开发区的部分企业开展调研，详细了解企业的开工建设、生产经营等情况，协调解决企业生产、建设中遇到的困难和问题。县长陈匡辉，县委常委、小蓝经济开发区党工委书记徐海波，副县长涂莉华随同调研。

▲上午，县委书记肖玉文在小蓝经济开发区会见美国BD公司总监麦克莫一行。县委常委、小蓝经济开发区党工委书记徐海波会见时在座。

▲下午，县委书记肖玉文到小蓝经济开发区部分汽车零部件企业开展调研，详细了解企业的开工、建设、投产和生产经营等情况，协调解决企业目前面临的困难和问题。县长陈匡辉，县委常委、小蓝经济开发区党工委书记徐海波等随同调研。

10日

上午，全县人防工作会议在县综合楼会议室召开。会议主要是贯彻全国和省、市人防工作会议精神，总结南昌县“十一五”期间的人防工作，安排部署“十二五”期间特别是2011年南昌县人防工作目标任务。省人防办副主任王少东，市人防办主任鞠锦璋，县长陈匡辉，县人武部部长胡文俊，副县长胡显勇等出席。

▲上午，省直12家新闻媒体“千百十”大型采访报道活动组到小蓝经济开发区采访。省委宣传部机关党委专职副书记李曜，县长陈匡辉，县委常委、统战部长胡炜，县委常委、小蓝经济开发区党工委书记徐海波，省委宣传部新闻出版处副处长朱彦等出席座谈会。

14日

下午，副市长张根水到南昌县就“用群众工作统揽信访工作”推进情况进行调研。市政府副秘书长、市信访局局长黄耀华，市信访党组副书记，正县级信访督察员张国兴，市信访局副局长黄玖金等随同调研。县长陈匡辉，县委常委、纪委书记、政法委书记熊运浪，副县长赵泽华等陪同。

16日

县人大常委会主任胡小明，县政协主席邓炳根，县委常委、统战部部长胡炜，县委常委、县人武部政委姜清波，县人大常委会副主任伍曦，副县长胡显勇，县政协副主席万德珍等先后到莲塘一中、莲塘二中、莲塘四中等5个考点巡视中考准备工作。

17日

下午，县长陈匡辉到蒋巷镇赣江中支联圩五房矶河段视察塌方后的处置修复情况。

▲下午，县长陈匡辉到蒋巷镇就农业产业化发展、新农村建设、信访维稳和水利设施建设等工作进行调研。

22日

上午，由湖北省咸宁市委常委、嘉鱼县委书记刘海军率领的湖北省咸宁市嘉鱼县党政代表团到南昌县参观考察。市委副秘书长、办公厅主任李福如，县委书记肖玉文，县委常委、小蓝经济开发区党工委书记徐海波等陪同。

▲下午，县长陈匡辉在县政府会议室主持召开综合治理出生人口性别比工作领导小组会议，听取“两非”案件查办工作汇报，研究部署下一步打击“两非”工作任务。县委常委、农工

部长魏根金,县委常委程雷佬等出席。

24 日

上午,省水利厅副厅长文林到南昌县视察莲塘河防洪治涝工程建设推进情况。县长陈匡辉,市水务局副局长周洪都等陪同。

▲上午,南昌县组织县人大、政协离退休的30多名老党员干部参观驻县部队和茵梦湖旅游景区建设现场。县人大常委会主任胡小明,县政协主席邓炳根,县人大常委会副主任李木旺,县政协副主席李信谆等陪同。

▲县委召开全县领导干部大会,宣布省委、市委关于南昌县委、县政府主要领导职务任免的决定,郭毅任南昌县委委员、常委、书记;肖玉文不再担任南昌县委书记、常委、委员职务,另有任用。陈匡辉继续担任南昌县委副书记、县长。市委常委、组织部长杨人平出席大会并作重要讲话。肖玉文、郭毅、陈匡辉分别讲话,陈匡辉主持会议,市委组织部部务委员杨晓波,县人大常委会主任胡小明,县政协主席邓炳根,县委常委涂仕华、杨保根、熊运浪、胡炜、王小文、徐海波、魏根金、程雷佬、姜清波等出席会议。

27 日

上午,县委书记郭毅在小蓝经济开发区调研时强调:要务实创新,敢于担当,举全县之力做大、做强、做实小蓝经济开发区。县长陈匡辉,县委常委、小蓝经济开发区党工委书记徐海波,副县长涂莉华等随同调研。

28 日

上午,省林业厅长罗勤,计财处处长倪修平,森防局书记吴宗仁,市林业局局长樊三宝,副局长涂传建等到南昌县检查指导造林绿化"一大四小"工程建设。县委书记郭毅,县长陈匡辉,县委常委、农工部长魏根金,县委常委程雷佬等陪同。

▲下午,县委书记郭毅在县综合楼会议室主持召开第15次县委常委会。会议审议并通过了县委组织部提交的《关于召开全县纪念中国共产党成立九十周年暨表彰大会有关事项》的请示。县委副书记、县长陈匡辉,县委常委涂仕华、杨保根、熊运浪、胡炜、王小文、徐海波、魏根金、程雷佬、姜清波等出席会议。县人大常委会主任胡小明,县政协主席邓炳根等列席会议。

▲下午,县委书记郭毅在县综合楼会见室会见到南昌县考察投资的亚洲富源投资集团董事长、江西省广东商会会长赖桂添一行,双方就有关项目推进情况进行洽谈和协商。省商务厅巡视员沈运煊,县长陈匡辉,副县长涂莉华,向塘开发区管委会主任黄志清等会见时在座。

29 日

上午,县委书记郭毅到莲塘镇走访慰问生活困难的老党员,为他们送去党和政府的关怀和温暖。

30 日

上午,县委书记郭毅到县财政局,就全县财政工作进行专题调研。县委常委、常务副县长涂仕华,县政协副主席姜润根等随同调研。

▲上午,县长陈匡辉到向塘镇南店村、剑霞村慰问老党员,向他们送去党和政府的关怀和温暖。向塘开发区管委会主任黄志清等陪同。

▲上午,县长陈匡辉到向塘镇视察南昌国际商贸城一期建设和经营情况。向塘开发区管委会主任黄志清等陪同。

7 月份

1 日

上午,南昌县在县文化会展中心广场举行"千辆自行车进昌南"活动启动仪式。县委书记郭毅,县委副书记、县长陈匡辉,县人大常委会主任胡小明,县政协主席邓炳根,县委常委、副县长杨保根,县委常委、统战部部长胡炜,县委常委、组织部长王小文,县委常委、农工部部长魏根金,县委常委程雷佬,武汉鑫飞达集团董事长刘纯启,武汉公共自行车项目总指挥刘习华,县领导黄连科、李木旺、伍曦、赵泽华、吴文卫、万德珍、吴克芳、张军、李信谆、伍目连、李植,县检察院检察长张振川,县公安局政委周庆鲁等出席启动仪式。

▲上午,南昌县各地组织干部群众收听收看中共中央庆祝中国共产党成立90周年大会电视实况直播,认真聆听胡锦涛总书记在会在上的重要讲话。县委副书记、县长陈匡辉,县委常委、常务副县长涂仕华,县委常委、副县长杨保根,县委常委程雷佬等参加收听收看。

▲下午,县委书记郭毅到县城镇管理局、县城乡规划建设局就城市管理和城市规划建设工作进行调研。县委常委、常务副县长涂仕华,县委常委、副县长杨保根等陪同。

2 日

上午,县委书记郭毅在小蓝经济开发区主持召开全县开放型经济发展专题调度会。县委常委、小蓝经济开发区党工委书记徐海波,副县长涂莉华,向塘开发区管委会主任黄志清等出席。

▲下午,县委书记郭毅就全县民生工程实施情况进行调研。县委常委、常务副县长涂仕华,县委常委、副县长杨保根,县委常委、统战部长胡炜,县委常委、农工部长魏根金,县委常委程雷佬,副县长赵泽华等参加调研。

▲下午,县委书记郭毅就全县社会管理创新工作进行调研。县委常委、纪委书记、政法委书记熊运浪,副县长、县公安局长张增和,副县长赵泽华,县法院院长李红刚,县检察院检察长张振川,县公安局政委周庆鲁等参加调研。

3 日

上午,中共南昌县委群众工作部揭牌仪式在县信访接待中心举行。这是南昌县"用群众工作统揽信访工作"的一项重要举措,也是加强和创新社会管理的一项重要内容。县委书记郭毅,县委副书记、县长陈匡辉,县人大常委会主任胡小明,县政协主席邓炳根,县委常委、副县长杨保根,县委常委、纪委书记、政法委书记熊运浪,县委常委、统战部长胡炜,县委常委、组织部长王小文,县委常委、小蓝经济开发区党工委书记徐海波,县委常委、农工部长魏根金,县委常委程雷佬,县委常委、县人武部政委姜清波,副县长赵泽华等出席揭牌仪式。

▲下午,县委书记郭毅在县委会议室分别主持召开昌南组团城市建

设、城市管理专题调研会。县委常委、常务副县长涂仕华,县委常委、副县长杨保根,县委常委、统战部长胡炜,县委常委、小蓝经济开发区党工委书记徐海波,县委常委程雷佬,副县长、县公安局长张增和,副县长赵泽华,县政协副主席李植,向塘开发区管委会主任黄志清等出席专题调研会。

6日

下午,县委书记郭毅在县综合楼主持召开第16次县委常委会。县委副书记、县长陈匡辉,县委常委杨保根、熊运浪、胡炜、王小文、徐海波、魏根金、程雷佬、姜清波等出席会议;县人大常委会主任胡小明,县政协主席邓炳根等列席会议。会议传达了上级有关会议精神,并就南昌县积极应对当前用电高峰的严峻形势进行专题研究,审议了县委组织部提交的《关于召开县委十一届十次全体会议》有关事项的请示。

▲下午,中共南昌县委十一届十次全体会议在县综合楼召开。会议审议并表决通过了《关于召开中国共产党南昌县第十二次代表大会的决议》(草案)。县委书记郭毅主持会议,县委副书记、县长陈匡辉,县委常委杨保根、熊运浪、胡炜、王小文、徐海波、魏根金、程雷佬、姜清波等出席会议。

▲下午,县委书记郭毅在县综合楼会见室会见到南昌县考察的客商江西圣棋园实业有限公司总裁徐敏、福建永辉超市股份有限公司市拓展部经理韩国胜。南昌市人民政府驻厦门办事处主任闵清源、副县长涂莉华等会见时在座。

8日

上午,南昌县在县综合楼召开全县有序用电调度会。县长陈匡辉出席并讲话,县委常委、纪委书记、政法委书记熊运浪,副县长赵泽华,向塘开发区管委会主任黄志清,县公安局政委周庆鲁等出席。

▲下午,县委书记郭毅到向塘镇,就经济社会发展、向塘开发区发展目标定位等进行调研。向塘开发区管委会主任黄志清等陪同。

▲下午,县委书记郭毅在银三角调研时强调:银三角是连接莲塘、向塘两大片区的核心纽带,要努力成为昌南组团的重要经济增长极,为全县拼争五十强、努力建设现代化中等城市作出应有的贡献。

▲下午,县长陈匡辉在县综合楼主持召开会议,就国企改革工作进行调研。县委常委、纪委书记、政法委书记熊运浪,县委常委、农工部长魏根金,副县长涂莉华等出席。

▲晚上,县长陈匡辉到县供电公司,现场督查指导全县电力迎峰度夏工作。

9日

上午,县委书记郭毅主持召开全县新农村、村镇建设管理专题调研会。县委常委、常务副县长涂仕华,县委常委、副县长杨保根,县委常委、农工部长魏根金,县委常委程雷佬等出席。

▲下午,县委书记郭毅主持召开昌南组团商贸服务业和加强党建工作专题调研会。县委常委、纪委书记、政法委书记熊运浪,县委常委、组织部长王小文,副县长涂莉华,向塘开发区管委会主任黄志清等出席。

12日

上午,县委书记郭毅,县长陈匡辉先后到东新、莲塘、八一等地视察群众工作站、群众工作室的建设情况。县委常委、纪委书记、政法委书记熊运浪,副县长赵泽华等陪同。

▲上午,县长陈匡辉在小蓝经济开发区主持召开调度会,就莲富大道、福耀玻璃移沙造地项目推进过程中存在的问题进行协调。县委常委、小蓝经济开发区党工委书记徐海波,县委常委程雷佬,副县长涂莉华等出席。

▲晚上,县委中心组(扩大)理论学习会议在县综合楼举行,认真学习胡锦涛总书记在庆祝中国共产党成立90周年大会上的重要讲话。省委党校教研部副主任胡长生应邀作专题辅导报告。县委书记郭毅主持学习会议,县委副书记、县长陈匡辉,县人大常委会主任胡小明,县政协主席邓炳根,县领导涂仕华、杨保根、熊运浪、胡炜、王小文、徐海波、程雷佬、姜清波等出席。

▲晚上,县第十二次党代会代表选举工作会议在县综合楼召开。县委书记郭毅作讲话,县委副书记、县长陈匡辉,县人大常委会主任胡小明,县政协主席邓炳根,县领导涂仕华、杨保根、熊运浪、胡炜、王小文、徐海波、程雷佬、姜清波等出席。

13日

下午,县委书记郭毅到泰豪集团进行调研,就项目推进等有关事项进行交流和沟通。县委常委、小蓝经济开发区党工委书记徐海波陪同。

14日

下午,县委书记郭毅在县综合楼会见室会见中国民生银行南昌分行副行长窦杰一行,就民生银行与南昌县加强合作等事宜进行磋商。县委常委、常务副县长涂仕华,县政协副主席姜润根等会见时在座。

15日

上午,县委书记郭毅在昌南新城(东新乡)调研时强调:要加强学习,提升城市建设的能力和管理水平,以现代化中等城市建设的标准和要求去推动昌南新城(东新乡)的发展。

▲上午,县第十四人大常委会第二十九次会议在县综合楼召开。县人大常委会主任胡小明,副主任黄连科、李木旺、陈秀梅、王三毛、熊鹰、伍曦等出席会议。县委常委、常务副县长涂仕华,县法院院长李红刚,县检察院检察长张振川,市高新区法院副院长蒋卫民等列席会议。会议审议并通过了有关人事任免事项,审议了县人民政府关于提请审议调整昌南商务区控规性详细规划的议案。审议了县十五届人大一次会议有关事项及会议材料,审议了《南昌县人民代表大会常务委员会关于召开南昌县第十五届人民代表大会第一次会议的决定(草案)》,审议了县十五届人大一次会议建议议程,审议决定了县十五届人大一次会议列席人员名单,讨论了县人大常委会工作报告等。

▲县长陈匡辉在县综合楼主持召开县政府第四十次常务会议。县委常委、常务副县长涂仕华,县委常委、副县长杨保根,县委常委程雷佬,副县长胡显勇、张增和、涂莉华、赵泽华、吴文卫等出席,县人武部部长胡文俊,县人大常委会副主任李木旺、熊鹰,县政协副主席姜润根,县政协调研员张斗等列席会议。

18 日

上午,南昌市公交总公司、县人民政府在县文化会展中心广场举行南昌市首条近郊新能源空调车公交201、203线路开通仪式。副市长刘家富,市政府副秘书长曹志清,县委书记郭毅,县长陈匡辉,市政公用集团董事长熊一江,市政公用集团副总经理、南昌公交总公司经理李明、党委书记袁敏,县人大常委会主任胡小明,县政协主席邓炳根,县委常委、纪委书记、政法委书记熊运浪,县委常委、统战部长胡炜,县委常委、组织部长王小文,县委常委、县人武部政委姜清波,市交通运输局副局长吴久铭等出席开通仪式。

▲上午,副市长刘家富到南昌县,就南昌县商业三产项目建设工作进行调研。市政府副秘书长陈武,县长陈匡辉,副县长涂莉华等陪同。

▲上午,县长陈匡辉在县信访局接待来访群众。

▲下午,县委书记郭毅,县长陈匡辉率领相关部门负责人到昌南客运站,就承接南昌长途汽车总站搬迁以及公交车、出租车停放等规划、管理问题进行现场办公,协调解决有关问题。副县长张增和、赵泽华等参加。

19 日

上午,县委书记郭毅走访慰问曾担任正县级以上实职的离退休干部,向他们表达深情的祝福和亲切的问候。县人大常委会主任胡小明,县委常委、组织部长王小文等随同走访。

20 日

上午,市委到南昌县宣布县级领导班子换届人选会议在县综合楼召开。会议宣布了对南昌县县级领导班子换届的人事安排。市委常委、常务副市长赵东亮作讲话,市委组织部副部长、市直机关工委书记莫继明宣读市委有关决定,县委书记郭毅主持会议。县长陈匡辉,县委副书记王小文,县人大常委会主任胡小明,县政协主席邓炳根等出席会议。

▲晚上,南昌县召开第十二次党代会筹备工作会议,就做好县第十二次党代会的各项准备工作进行部署。县委副书记王小文,县委常委陈圣栋等出席会议。

22 日

上午,县委书记郭毅在县综合楼主持召开县委十一届十一次全体会议。县委副书记、县长陈匡辉,县委副书记王小文,县委常委叶保平、杨斯、杨保根、陈圣栋、徐海波、周仁斌、杨春、程雷佬、姜清波、涂莉华等出席。会议审议通过了十一届县委工作报告(草案)和纪委工作报告(草案);审议了中共南昌县第十二次代表大会选举办法(草案)、中共南昌县纪律检查委员会第一次全体会议选举办法(草案)和中共南昌县第十二届委员会第一次全体会议选举办法(草案)等有关事项。

▲下午,县领导郭毅、陈匡辉、王小文、胡小明、邓炳根、叶保平、杨斯、杨保根、陈圣栋、徐海波、周仁斌、杨春、涂莉华等到828宾馆,看望出席县第十二次党代会的代表。

▲下午,由国土资源部土地整理中心副主任范树印为组长的国务院检查组到南昌县蒋巷镇,检查城乡建设用地增减挂钩试点和农村土地整治清理工作。副市长张根水,市政府副秘书长、农工部长王肇赣,县委副书记、县长陈匡辉,县委常委程雷佬,副县长吴文卫等陪同。

22~25 日

中国共产党南昌县第十二次代表大会在828宾馆召开。会议选举产生了新一届南昌县委员会和南昌县纪律检查委员会。县委书记郭毅代表中共南昌县第十一届委员会向大会作题为《超常发展、进位赶超、全力开辟"拼争全国五十强县市、建设现代化综合新城"历史新征程》的工作报告,全面总结过去五年的辉煌成就,绘制今后五年的宏伟蓝图。市委常委、常务副市长赵东亮,市委组织部副部长、市直机关工委书记莫继明应邀到会指导。县领导郭毅、陈匡辉、王小文、胡小明、邓炳根、叶保平、杨斯、杨保根、陈圣栋、徐海波、周仁斌、杨春、程雷佬、姜清波、涂莉华、胡炜、胡文俊、陈秀梅、王三毛、熊鹰、胡金华、江振国、黄连科、李木旺、李荣、吴文卫、刘光荣、刘廷爱、熊明泉、万德珍、李信谆、姜润根、张军、李红刚、张振川、黄志清、周庆鲁等出席。

23 日

下午,中国建设银行江西省分行与县委、县政府在银三角管委会举行银政合作洽谈会,双方就进一步加强银政合作进行交流与磋商。建行江西分行行长段超良、副行长万国平、工会主席邹春生,建行洪都支行行长夏安民、副行长徐松,县领导郭毅、叶保平、杨斯、徐海波、姜润根,向塘开发区管委会主任黄志清等出席银政合作洽谈会。

24 日

上午,南昌县第十四届人大常委会第三十次会议在县综合楼召开。县人大常委会主任胡小明出席并讲话,县人大常委会副主任黄连科、李木旺、陈秀梅、王三毛、熊鹰、伍曦等出席会议。会议听取和审议了县人大常委会代表资格审查委员会关于县十五届人大代表的代表资格审查报告,审议了县十五届人大一次会议主席团和秘书长建议名单。

24~27 日

政协南昌县十一届委员会第一次会议在县综合楼召开。县委书记郭毅作重要讲话。会议听取并审议了县政协主席邓炳根代表政协十届委员会常务委员会所作的《政协南昌县第十届委员会常务委员会工作报告》,听取并审议了县政协副主席李信谆所作的《政协南昌县第十届委员会常务委员会关于提案工作报告》,选举产生了新一届政协主席、副主席、秘书长、常务委员。市政协党组副书记、副主席王水苟,市政协副秘书长、办公厅主任龚代如,县领导陈匡辉、王小文、胡小明、邓炳根、叶保平、杨斯、杨保根、陈圣栋、徐海波、周仁斌、杨春、程雷佬、姜清波、涂莉华、胡炜、陈秀梅、李植、王三毛、熊鹰、胡金华、江振国、黄连科、李木旺、伍曦、李荣、刘光荣、刘廷爱、康健、熊明泉、杨楼锐、樊方平、李成星、万德珍、吴克芳、李信谆、姜润根、伍目连、张军、刘东平、况志强、张斗、李红刚、张振川、周庆鲁等出席。

25 日

上午,中共南昌县委十二届一次全会在828宾馆二号主会场召开,县委书记郭毅主持会议。十二届县委委员、候补委员出席会议，县纪委委员列席会议。会议以举手表决的方式，审议通过了《选举办法》和监票人名单。会议选举产生了新的县委常委会和县委书记、副书记，郭毅当选为中共南昌县委书记，陈匡辉、王小文当选为副书记，郭毅、陈匡辉、王小文、叶保平、杨斯、杨保根、陈圣栋、徐海波、周仁斌、杨春、程雷佬、姜清波、涂莉华等13位同志当选为中共南昌县第十二届委员会常务委员。

▲下午，县委书记郭毅，县委副书记、县长陈匡辉，县委副书记王小文，县人大常委会主任胡小明等到县政协委员的驻地澄湖洲际大酒店，看望出席县政协十一届一次会议的全体委员，邓炳根等县政协领导陪同。

25～28日

南昌县第十五届人民代表大会第一次会议在县文化会展中心召开。县委书记郭毅作重要讲话。大会通过了《南昌县第十五届人民代表大会第一次会议关于政府工作报告的决议(草)》,《南昌县第十五届人民代表大会第一次会议关于南昌县人大常委会工作报告的决议(草)》,《南昌县第十五届人民代表大会第一次会议关于南昌县人民法院工作报告的决议(草)》,《南昌县第十五届人民代表大会第一次会议关于南昌县人民检察院工作报告的决议(草)》。大会选举产生了新一届人大常委会主任、副主任、常务委员会委会；县人民政府县长、副县长；县人民法院院长、县人民检察院检察长和县出席南昌市第十四届人民代表大会的代表。县领导陈匡辉、王小文、胡小明、邓炳根、叶保平、杨斯、杨保根、陈圣栋、徐海波、周仁斌、杨春、程雷佬、姜清波、涂莉华、胡炜、胡文俊、黄连科、李木旺、陈秀梅、王三毛、熊鹰、伍曦、李植、胡金华、江振国、李荣、吴文卫、刘光荣、刘廷爱、康健、熊明泉、杨楼锐、樊方平、李成星、万德珍、吴克芳、李信谆、姜润根、伍目连、张军、刘东平、况志强、张斗、李红刚、张振川、黄志清、周庆鲁等出席。

28日

上午，伟梦·清水湾南区一期项目举行开工典礼。省交通运输厅副厅长孙茂刚、总工程师胡钊芳，县委副书记、县长陈匡辉，县政协主席邓炳根等出席开工典礼并为项目剪彩。

▲上午，全县信访工作调度会在桂花村召开，会议由县委副书记王小文主持，县委副书记、县长陈匡辉作讲话。县委常委杨保根、徐海波、杨春，副县长吴文卫等出席。

▲下午，县委书记郭毅主持召开县委(扩大)会议时强调：要认真学习贯彻落实县党代会、人大会、政协会精神，以更快、更强、更高、更实的工作推动全县超常发展，进位赶超，为实现拼争全国五十强县市、建设现代化综合新城而努力奋斗。县委副书记、县长陈匡辉，县委副书记王小文，县委常委叶保平、杨斯、杨保根、徐海波、周仁斌、杨春、程雷佬、姜清波等出席会议。县人大常委会主任胡小明，县政协主席邓炳根等列席会议。

29日

上午，南昌县庆祝建军94周年军地座谈会在县人武部举行。县领导郭毅、王小文、胡小明、邓炳根、杨保根、姜清波等出席。

▲县委书记郭毅，县长陈匡辉，县委副书记王小文，县人大常委会主任胡小明，县政协主席邓炳根，县委常委、纪委书记叶保平，县委常委、常务副县长杨斯，县委常委、组织部长陈圣栋，县委常委、小蓝经济开发区党工委书记徐海波，县委常委周仁斌、杨春、程雷佬，县委常委、县人武部政委姜清波，县委常委涂莉华，县人武部部长胡文俊，县人大常委会副主任陈秀梅、李植、王三毛、熊鹰、江振国，副县长李荣、吴文卫、刘光荣，县政协副主席刘廷爱、康健、杨楼锐、李成星，县法院院长李红刚，县检察院检察长张振川，向塘开发区管委会主任黄志清，县人武部副部长郑华等分别走访驻县部队官兵，向他们致以节日的问候和美好祝福。

30日

上午，县长陈匡辉，县委常委、县人武部政委姜清波，县人武部部长胡文俊等走访慰问南昌警备区官兵。市委常委、南昌警备区政委宋增建，南昌警备区司令员李克强、参谋长刘静波、政治部主任汪健康、后勤部长黄泉勇等参加座谈。

8月份

1日

上午，县委书记郭毅，县长陈匡辉，县领导杨斯、杨保根、杨春、刘光荣等深入一线，亲切慰问在高温天气下坚守在工作一线的交警、建筑工人、供电职工和环卫工人，并向他们送去解暑降温的慰问品。

2日

下午，江苏省江阴市人大常委会主任吴崇翟、副主任王一飞率领人大考察团到南昌县，就县、乡人大换届选举工作进行考察。县人大常委会主任胡小明，县人大常委会党组副书记、调研员黄连科等陪同。

▲晚上，第22次县委常委(扩大)会在县综合楼会议室召开。县委书记郭毅主持会议并讲话，县委副书记、县长陈匡辉传达中共南昌市委九届十二次全体(扩大)会议精神。县委副书记王小文，县委常委叶保平、杨斯、杨保根、陈圣栋、徐海波、周仁斌、杨春、程雷佬、姜清波、涂莉华等出席会议。县人大常委会主任胡小明，县政协主席邓炳根等列席会议。

4日

下午，县委书记郭毅，县长陈匡辉率领南昌县党政代表团赴青山湖区学习考察。县领导王小文、叶保平、杨斯、徐海波、程雷佬、涂莉华、胡金华、刘光荣、熊明泉等参加学习考察。市委常委、统战部长、青山湖区委书记李小豹，青山湖区委副书记、区长李松殿，区委副书记孙毅，区领导邹晓东、万卫国、余颖、邹艾民、熊冬燕、胡燕琴、何华新、秦三友、张东林等出席两县区交流座谈会或陪同考察。

5日

县委副书记王小文到莲塘四小现场办公，协调解决学校建设中遇到的困难和问题。县委常委周仁斌，县人大调研员黄连科，副县长伍曦等参加现场办公。

▲下午，县委书记郭毅到小蓝经济开发区就有关项目推进工作进行调

度。县委常委、小蓝经济开发区党工委书记徐海波,县人大常委会副主任胡金华,副县长李荣等参加调度。

▲下午,进贤县县委副书记李林,县委常委、政法委书记陈建华,副县长万利平率领信访工作人员到南昌县参观群众工作部。县委副书记王小文,县委常委杨春等陪同。

6日

上午,县委书记郭毅主持召开昌南组团"融入大南昌、对接大南昌"座谈会。县长陈匡辉,县委常委、常务副县长杨斯,县委常委、小蓝经济开发区党工委书记徐海波,县委调研员、统战部部长胡炜,县人大常委会副主任胡金华,向塘开发区管委会主任黄志清等出席座谈会。

8日

上午,县委书记郭毅在县地税局开展调研时强调:要认真做好税收征管工作,培植涵养税源,推动全县经济超常发展,为全县百强进位提供强大的财力支撑。

▲上午,市卫生局党委书记、局长魏国华到南昌县调研新型农村合作医疗和医疗基础设施建设工作。县长陈匡辉,县委副书记王小文,副县长伍曦等陪同。

▲下午,县委书记郭毅先后到县国土资源局、县工商局、县供电有限责任公司,就服务全县经济社会发展情况进行调研。

▲晚上,县委书记郭毅主持召开县委中心组理论学习(扩大)会议。县领导陈匡辉、王小文、胡小明、邓炳根、叶保平、杨斯、杨保根、陈圣栋、徐海波、周仁斌、杨春、程雷佬、姜清波、涂莉华等参加学习。

9日

上午,县委书记郭毅到县信访接待中心公开约访,协调解决群众的有关诉求。县委副书记王小文,县委常委、常务副县长杨斯,县委常委杨春,副县长吴文卫,县政协副主席刘廷爱等参加接访。

▲下午,县委书记郭毅在八一乡、富山乡调研时强调:要创新发展思路、高标准做好规划,努力把区位优势转化成经济优势,全力打造亿元乡镇。县委副书记王小文,县委常委、组织部长陈圣栋,县委调研员胡炜等参加调研。

▲下午,县长陈匡辉在县综合楼主持召开县政府第一次常务会议。县委常委、常务副县长杨斯,县委常委、副县长杨保根,副县长伍曦、李荣、吴文卫、刘光荣等出席会议。县人武部部长胡文俊,县人大常委会副主任胡金华,县政协副主席刘廷爱,县政协调研员姜润根等列席会议。

10日

下午,副市长黄春平率领市建委、市规划局、市房管局、市轨道公司、市城投公司的主要负责人到南昌县现场办公,协调解决南昌县的城镇化建设问题。市政府副秘书长、市建委主任龚亚立,县领导郭毅、陈匡辉、杨斯、胡炜、胡金华、刘光荣、刘廷爱,向塘开发区管委会主任黄志清等参加。

11日

县委书记郭毅到蒋巷镇、南新乡就贯彻落实市委全会及县党代、人大、政协"三会"精神进行调研,了解两个乡镇的发展思路和工作举措。

13日

上午,南昌县在小蓝经济开发区举行综合应急救援工作模拟实战演练,省政府办公厅党组成员、省政府应急办专职副主任万建生,省消防总队总队长房凌春、政委王林波,市消防支队支队长徐伟保、政委凌学军,县委书记郭毅,县长陈匡辉,县委常委、常务副县长杨斯,县委常委杨春,副县长李荣,县人武部部长胡文俊等观摩演练。

▲上午,县长陈匡辉在小蓝经济开发区主持召开"赣台南昌台湾周"活动南昌县筹备工作调度会。副县长刘光荣等出席。

15日

上午,全省综合应急救援工作推进现场会在南昌县召开,会议贯彻落实国务院关于加强应急救援队伍建设的部署要求,总结和推广南昌县等地加强应急救援工作的经验,动员各地加快推进公安消防队应急救援工作。省委常委、常务副省长凌成兴,省政府秘书长谭晓林,省政府副秘书长朱希,市委副书记、市长陈俊卿,省政府办公厅副主任喻晓社,省政府应急办专职副主任万建生,省公安厅副厅长曹根水,省消防总队总队长房凌春、政委王林波、副总队长邓晓均,副市长刘家富,市消防支队支队长徐伟保、政委凌学军等到南昌县,观摩应急救援现场实战演练。县领导郭毅、陈匡辉、杨斯、徐海波、杨春、李荣,县人武部部长胡文俊等一道观摩模拟演练。

17日

上午,新建县县委书记胡敏、县长黄耀华等新建县党政领导到南昌县访问。县委书记郭毅,县委副书记王小文等与新建县党政领导进行亲切会谈,共商两县发展大计。县领导胡小明、邓炳根、叶保平、杨斯、杨保根、姜清波、伍曦、刘光荣、李成星以及新建县领导凌菲、徐才保、曾志毅、丁俊昌、熊墨明等参加会谈。

18日

上午,全县市容环境综合整治大会在县文化会展中心举行。会议动员和号召全县上下,按照县委、县政府的统一部署,进一步坚定信心,开拓创新,真抓实干,以改善城乡环境,提升城市形象为具体内容,扎实开展"城乡大变样"工程,着力构建大城管管护格局,提高城乡环境质量,推进城市管理各项事业稳步发展。县领导陈匡辉、王小文、胡小明、邓炳根、杨斯、杨保根、徐海波、周仁斌、杨春、姜清波、涂莉华、胡炜、李植、王三毛、熊鹰、江振国、伍曦、李荣、刘光荣、刘廷爱、康健、熊明泉、杨楼锐、樊方平、李成星、吴克芳、李信谆、姜润根、伍目连、张军、况志强、李红刚、张振川,向塘开发区管委会主任黄志清,县公安局政委周庆鲁,县人武部副部长郑华等出席。

▲上午,以省监察厅执法室副主任史国珍为组长的省耕地保护责任目标考核组到南昌县考核耕地保护工作。市国土局副局长陈献忠,县长陈匡辉,县委常委、纪委书记叶保平,副县长吴文卫等陪同。

▲下午,县长陈匡辉到县信访接待中心公开约访,现场协调解决群众反映的有关诉求。县委常委杨春,县政协副主席刘廷爱等参加约访。

▲下午,南昌县在县综合楼组织

收听收看全国窗口单位和服务行业为民服务创先争优视频会。县委副书记王小文，县委常委、组织部长陈圣栋，县委常委周仁斌等参加收听收看。

▲晚上，第24次县委常委会议在县综合楼召开。县委书记郭毅主持会议，县委副书记、县长陈匡辉，县委副书记王小文，县委常委叶保平、杨斯、杨保根、陈圣栋、徐海波、周仁斌、杨春、程雷佬、姜清波、涂莉华等出席会议。县人大常委会主任胡小明，县政协主席邓炳根等列席会议。会议审议了县政府党组提交的《关于进一步加强高层次人才队伍建设的若干意见的请示》、《关于开展实施城镇居民养老保险有关问题的请示》，研究了县纪委提交的《南昌县推进重大工作项目督查办法》，审议了县委组织部、县委宣传部提交的《关于组织开展贯彻落实市委九届十二次全会和县第十二次党代会精神学习宣传活动的实施方案》，审议了县委组织部提交的《选派优秀干部学习锻炼实施方案》、《南昌县出席市第十次党代会代表候选人初步人选名单》、《关于召开县委十二届二次全体会有关事项》、《南昌县开展"一看二比三争当，建功昌南我先行"主体实践暨选派优秀干部学习锻炼大会方案》等。

19日

下午，市委常委、南昌警备区政委宋增建等带着党和政府的关怀与温暖到南昌县，为军属家庭颁发光荣牌。市长助理高鹰群，市民政局党委书记梁礼伦，县委书记郭毅，县委常委、人武部政委姜清波，副县长李荣，向塘开发区管委会主任黄志清等陪同。

▲下午，县委副书记王小文在县信访局主持召开会议，调度全市用群众工作统揽信访工作现场推进会筹备情况。县委常委杨春，副县长吴文卫等出席会议。

20日

上午，南昌县组织开展全县规模的"爱我家园、美我新城"环境卫生集中清扫活动。县委书记郭毅，县长陈匡辉，县委副书记王小文，县人大常委会主任胡小明，县政协主席邓炳根等县四套班子领导带领机关干部参加活动。

22日

上午，全县开展"一看二比三争当，建功昌南我先行"主题实践活动暨选派优秀干部学习锻炼动员大会在县综合楼召开。会议动员和激励锻炼全县各级党组织、广大干部自觉投入到创先争优和学习锻炼活动中来，为加快南昌县"超常发展、进位赶超"步伐凝聚力量、增添动力。县委书记郭毅，县长陈匡辉，县委副书记王小文，县人大常委会主任胡小明，县政协主席邓炳根，县委常委叶保平、杨斯、杨保根、陈圣栋、周仁斌、杨春、程雷佬、涂莉华等出席会议。

▲县委书记郭毅主持召开会议，就全县保障性住房建设情况进行调度。县长陈匡辉，县委常委、常务副县长杨斯等出席会议。

▲下午，县长陈匡辉到泾口乡就鄱阳湖南岸片区血吸虫病综合防治示范区建设及基础教育网点布局调整工作进行调研。副县长伍曦随同调研。

23日

上午，南昌县推进"城乡大变样"工程老干部座谈会在县人大会议室召开。县委副书记王小文，县委常委周仁斌，县政协副调研员张军等出席座谈会。

▲下午，县委书记郭毅在武阳镇、塔城乡调研时强调：要充分利用科技、智力资源，大力发展现代特色农业，全力打造莲塔线"生态特色农业示范线"。

▲下午，县长陈匡辉在县综合楼主持召开县政府第二次常务会议。县委常委、常务副县长杨斯，县委常委、副县长杨保根，副县长伍曦、李荣、吴文卫等出席会议。县人武部部长胡文俊，县人大常委会主任胡金华，县政协副主席刘廷爱、熊明泉等列席会议。会议听取并审议了《关于制定全县招商引资管理办法》、《关于促进全县村级集体经济发展的若干意见的请示》等有关事项。

24日

上午，副省长谢茹到蒋巷国鸿公司，就"七城会"食品安全保障工作进行调研。她强调：要用最严格的食品监管、最严密的组织体系，确保"七城会"举办期间食品安全工作万无一失。省政府副秘书长晏驹腾，省卫生厅副厅长程关华，县长陈匡辉，县委常委、农工部部长程雷佬等陪同。

▲上午，县委书记郭毅在小蓝经济开发区会见江铃汽车集团董事长王锡高一行，双方就加强小蓝经济开发区汽车城建设进行座谈。县委常委、常务副县长杨斯，县委常委、小蓝经济开发区党工委书记徐海波，县人大常委会副主任、小蓝经济开发区管委会主任胡金华，县政协副主席、县工信委主任熊明泉等参加会议。

▲上午，省信访局副局长孙解生应邀到南昌县，为上挂下派学习锻炼的干部授课。县委副书记王小文主持。

▲下午，中共南昌县委十二届二次全体会议在县综合楼召开。会议主要是圈选出席市第十次党代会代表初步人选。县委书记郭毅，县委副书记、县长陈匡辉，县委副书记王小文，县人大常委会主任胡小明，县政协主席邓炳根，县委常委叶保平、杨斯、杨保根、陈圣栋、徐海波、周仁斌、程雷佬、姜清波、涂莉华等出席。

▲下午，南昌县在县综合楼举行省委组织部下派挂职锻炼干部欢迎会。省委组织部干部教育处调研员程子亮，省委组织部机关人事处处长申道义，省委组织部干部综合处副处长宁满林，县委书记郭毅，县长陈匡辉，县委副书记王小文，县人大常委会主任胡小明，县政协主席邓炳根，县委常委、组织部长陈圣栋，省委组织部下派到南昌县挂职锻炼干部钱洁等出席欢迎会。

▲下午，为期两天的南昌县第一批下派学习锻炼干部培训班在县委党校圆满结业。县委副书记王小文，市委组织部基层办主任张六顺等出席结业典礼。

25日

上午，县长陈匡辉到向塘，就加快向塘开发区发展和加快向塘棚户区改造工作进行调研。向塘开发区管委会主任黄志清等陪同。

▲上午，县委书记郭毅到泾口乡，现场调度泾口乡辕门村村民与南昌市第一医院因医患纠纷而发生的冲突事件。县委副书记王小文，县委常委、政法委书记杨春等参加。

▲下午,县委书记郭毅在塘南镇调研时强调:要充分发挥滨湖乡镇的优势,因地制宜大力发展特色种植、养殖业,增加农民收入,促进镇域经济发展。

26 日

上午,“明门慈善基金”便携式儿童轮椅江西省暨南昌县捐赠发放仪式在县文化会展中心举行。“明门慈善基金”向江西省捐赠150辆便携式残疾儿童轮椅,其中向南昌县捐赠20辆。原省军区副司令员、省残疾人福利基金会名誉会长季崇武,省残疾理事长徐效钢,县长陈匡辉,省残疾人福利基金会理事长沈东华、副理事长龚国华,市残联理事长魏小俊、副调研员姜为平,副县长李荣等出席捐赠仪式。

▲上午,湖北省秭归县政协副主席王大生率领秭归县文化部门的负责人到南昌县,就南昌县农村公共文化服务体系建设情况进行考察。县政协主席邓炳根等陪同。

▲下午,2011年人大代表建议政协提案交办会在县综合楼召开。县长陈匡辉,县人大常委会主任胡小明,县政协主席邓炳根出席并讲话,县委常委、常务副县长杨斯主持会议,县人大调研员黄连科,县政协副主席杨楼锐等出席。

29 日

上午,县人大常委会主任胡小明到县信访局公开接待群众来访,为群众排忧解难。

▲下午,县长陈匡辉到富山乡就经济社会发展、民生工程项目推进等进行调研,并协调解决小蓝经济开发区电力规划设计、企业用电等问题。县委常委、小蓝经济开发区党工委书记徐海波等随同调研。

▲下午,全市2011年大学生村官岗前培训班在南昌县开班。市委人才办主任杨艳,县委副书记王小文,市委组织部基层办主任张六顺等出席开班仪式。

30 日

下午,中国共产党南昌县代表大会在县文化会展中心举行,会议选举南昌县出席中国共产党南昌市第十次代表大会代表。县领导郭毅、陈匡辉、王小文、胡小明、邓炳根、叶保平、杨斯、杨保根、陈圣栋、徐海波、杨春、程雷佬、姜清波、钱洁、胡炜、胡文俊、陈秀梅、王三毛、熊鹰、胡金华、江振国、黄连科、李木旺、李荣、吴文卫、刘廷爱、熊明泉、万德珍、李信谆、张军,县法院院长李红刚,县检察院检察长张振川,向塘开发区管委会主任黄志清,县公安局政委周庆鲁等出席。

31 日

上午,南昌县在澄碧湖畔玺园悦城举行2011年县商贸暨总部经济七大项目开工仪式。县领导郭毅、陈匡辉、王小文、胡小明、邓炳根、杨斯、杨保根、陈圣栋、徐海波、杨春、姜清波、钱洁、胡炜、陈秀梅、李植、王三毛、熊鹰、胡金华、江振国、黄连科、李木旺、伍曦、李荣、吴文卫、刘廷爱、康健、熊明泉、杨楼锐、樊方平、李成星、吴克芳、李信谆、姜润根、伍目连,县法院院长李红刚,县检察院检察长张振川,向塘开发区管委会主任黄志清,县公安局政委周庆鲁等出席开工仪式。

▲上午,南昌县在昌南新城举行东新·象湖输变电工程开工仪式。县委书记郭毅,县长陈匡辉,县委副书记王小文,县人大常委会主任胡小明,县政协主席邓炳根,省电力公司副总工程师余晓寒和省市供电公司的有关负责人,县六套班子成员等出席开工仪式。

9 月份

1 日

上午,省老年体协主席、原副省长张逢雨到南昌县调研指导老年体协工作。市老年体协主席、原市人大常委会副主任孔炯,县长陈匡辉,县政协副调研员、县老年体协主席张军等陪同。

▲下午,南昌县信访稳定工作例会在县综合楼召开。县长陈匡辉,县委常委、政法委书记杨春,县人大常委会副主任胡金华,副县长李荣等出席会议。

4 日

上午,总投资额超过50亿元的江铃集团11个项目集中开工仪式在南昌县小蓝经济开发区举行。省委常委、市委书记王文涛,市委副书记、市长陈俊卿,市委常委、市委秘书长凌学仁,县领导郭毅、陈匡辉、王小文、胡小明以及江铃集团董事长王锡高、江铃集团党委书记蒋林生等出席并为项目开工剪彩、奠基培土。

5 日

下午,参加市第十次党代会的南昌县代表团举行全体会议,集中讨论中国共产党南昌市第九届委员会工作报告和南昌市纪律检查委员会工作报告。省委常委、市委书记王文涛在参加南昌县代表团讨论时强调:南昌的发展关键靠产业支撑,要紧紧抓住发展这个第一要务,把加快发展作为首要任务,做强做大产业,推动超常规、跨越式发展。市、县领导凌学仁、古丽·吐依洪、李福如、肖玉文、赵海东、郭毅、陈匡辉、王小文、叶保平、陈圣栋、徐海波、黄志清等参加讨论。

6 日

上午,南昌县举办县行政机关和事业单位干部职工教育培训动员大会暨第一期培训班开班仪式。县委副书记王小文出席并作重要讲话,县委常委、组织部部长陈圣栋出席并作动员报告。

▲上午,县政协主席邓炳根到八一乡就农村公路升级改造进行调研。县政协副主席杨楼锐、樊方平,县政协调研员万德珍、吴克芳、李信谆、姜润根、伍目连等参加调研。

▲出席中国共产党南昌市第十次代表大会的南昌县代表团举行全体会议,继续讨论王文涛代表中共南昌市第九届委员会所作的工作报告和卢作全所作的中共南昌市纪律检查委员会工作报告。市、县领导古丽·吐依洪,郭毅、陈匡辉、王小文、叶保平、陈圣栋、黄志清等参加讨论。

▲下午,国家统计局江西调查总队总队长邓盛平率检查组到南昌县检查指导统计调查工作。县长陈匡辉,县委常委、副县长杨保根等陪同。

7 日

中国共产党南昌市第十次代表大会南昌县代表团举行全体会议,预选第十届市委委员、市纪委委员候选人和省第十三次党代表候选人；讨论有关决议草案等。省委常委、市委书记王文涛，市、县领导古丽·吐依洪、肖玉文、郭毅、陈匡辉、王小文、叶保平、陈圣栋、徐海波、黄志清等出席南昌县代表团全体会议。

8 日

晚上，南昌县在澄碧湖公园文化广场举行“幸福澄湖”系列群众文体活动启动仪式暨我们的节日——中秋文艺晚会。县委书记郭毅，县长陈匡辉，县委副书记王小文，县人大常委会主任胡小明，县领导杨保根、陈圣栋、徐海波、周仁斌、程雷佬、涂莉华、钱洁、胡炜、王三毛、熊鹰、胡金华、黄连科、伍曦、吴文卫、刘光荣、万德珍、李信谆、姜润根、张军，向塘开发区管委会主任黄志清等与群众一起观看文艺演出。

9 日

上午，省纪委常务副书记、监察厅厅长汪毓华到南昌县，就深化政务公开、加强政务服务工作进行调研。省监察厅副厅长何建洋，市委常委、纪委书记卢作全，县委书记郭毅，县长陈匡辉，市政府副秘书长、市行政服务中心主任胡小洪，县委常委、纪委书记叶保平，县委常委、常务副县长杨斯等随同调研。

▲上午，南昌县在洁惠花园宾馆举行各界人士迎中秋茶话会。来自全县担任副县级以上实职的离退休老干部和社会各界人士欢聚一堂，庆佳节、叙友情、话发展，共同展望南昌县美好未来。县委书记郭毅，县长陈匡辉，县委副书记王小文，县人大常委会主任胡小明，县政协主席邓炳根，县委常委周仁斌、涂莉华、钱洁，县委调研员胡炜等出席。

▲下午，市委常委、常务副市长张鸿星到南昌县调研。市政府副秘书长胡小洪，县领导郭毅、陈匡辉、王小文、胡小明、邓炳根、叶保平、杨斯、杨保根、陈圣栋、周仁斌、杨春、程雷佬、涂莉华、钱洁、伍曦、李荣、吴文卫、刘光荣等陪同。

10 日

上午，县摄影协会成立大会在银三角管委会召开。市委宣传部副部长、市摄影协会主席罗水长，县委副书记王小文等到会祝贺并讲话。

▲全国第 27 个教师节，县委书记郭毅，县长陈匡辉到莲塘一小、莲塘一中走访慰问教师，代表县委、县政府向在教育一线辛勤耕耘的全体职工表示节日的祝贺和诚挚的问候。县委副书记王小文，县委常委、宣传部长周仁斌，副县长伍曦等参加走访。

12 日

上午，县委书记郭毅到三江镇、广福镇开展调研，县委常委、纪委书记叶保平随同调研。

13 日

下午，县长陈匡辉在银三角管委会主持召开省种鸡场、省良种场改制工作调度会，就下一步改制工作进行部署和调度。县人大常委会副主任熊鹰，副县长吴文卫，县政协副主席熊明泉，县政协调研员刘东平、张斗等出席会议。

▲下午，南昌县信访稳定工作调度会在县信访局召开。县委副书记王小文，县委常委、政法委书记杨春，县人大常委会副主任胡金华等出席。

14 日

上午，省委常委、市委书记王文涛，市委副书记、市长陈俊卿，市领导郭安、雷武江、蔡社宝、凌学仁等到泰耐克大酒店，看望南昌县出席市十四届人大一次会议的代表。县领导郭毅、陈匡辉、胡小明、徐海波、胡文俊、李植、伍曦、樊方平、吴克芳等陪同看望。

15 日

下午，出席市十四届人大一次会议的代表们对市政府工作报告进行分组审议。省委常委、市委书记王文涛在参加南昌县代表团讨论时强调：要按照市第十次党代会精神的要求，认真落实市政府工作报告部署，真抓实干，抢抓机遇，攻坚克难，求真务实，推动南昌科学发展、进位赶超、绿色崛起。市、县领导凌学仁、罗慧芬、李国根、李福如、肖玉文、郭毅、陈匡辉、胡小明、徐海波、李植、伍曦、樊方平、吴克芳等参加审议。

16 日

上午，全县老科协工作会在县综合楼召开。省老科协副会长兼秘书长陈兰洲、市老科协会长周鑫群、市老科协常务副会长肖永正等出席，县委副书记王小文，县老科协会长王火生出席并讲话，县人大常委会党组副书记、调研员、县老科协常务副会长黄连科主持会议。

▲市委副书记、市长陈俊卿以普通代表的身份，与南昌县出席市十四届人大一次会议的代表们一起认真审议市政府工作报告。市、县领导李国根、李福如、肖玉文、郭毅、陈匡辉、胡小明、徐海波、李植、伍曦、樊方平、吴克芳等参加审议。

▲晚上，县长陈匡辉在县综合楼主持召开县政府第三次常务会议。县委常委、常务副县长杨斯，副县长伍曦、李荣、刘光荣等出席会议。县人大常委会副主任胡金华，县政协副主席刘廷爱，县政协调研员姜润根等列席会议。会议讨论并通过了县科技局提请的《关于成立南昌国家农业科技园区管理委员会的请示》，研究讨论了县国土局提请的《关于请求县政府公布南昌县城区划拨用地基准地价的请示》，研究了黄马乡提请的《关于协调解决近期拟开工的国营南昌县项目的有关问题的请示》，讨论并通过了县金融办提请的关于拟出台《南昌县(关于促进企业改制上市的工作意见)的请示》等有关事项。

19 日

下午，省供销社党组书记吴优生到南昌县，就“新网工程”网点建设工作进行调研。省供销社副主任欧阳太来，县长陈匡辉，市供销社主任李小保、副主任樊林乔，县委常委、副县长钱洁等陪同。

▲下午，南昌县第一批平移长沙县学习锻炼干部欢送会在县综合楼举行。县委副书记王小文，县委常委、组织部长陈圣栋出席并讲话。

20 日

上午，县长陈匡辉到黄马乡察看白虎岭林场危旧房改造推进情况。

▲晚上，县委书记郭毅在县综合楼主持召开第 25 次县委常委会议。县委副书记、县长陈匡辉，县委副书记

王小文,县委常委叶保平、杨斯、杨保根、徐海波、杨春、程雷佬、姜清波、涂莉华、钱洁等出席会议。县人大常委会主任胡小明等列席会议。会议审议了县政府党组提交的《关于南昌县招商引资项目管理办法的请示》,审议并同意了县政府党组提交的《关于加快全县农业"一带两园三区"建设的实施意见的请示》,审议并同意了县委农工部提交的《关于加快推进现代生态农业示范区建设的实施意见》等有关事项。

21 日

上午,省地税局党组书记、局长王平到南昌县调研。市委常委、常务副市长张鸿星,市地税局局长黄正逊,县领导郭毅、陈匡辉、杨斯、徐海波等陪同。

▲上午,以省林业厅信息中心王春为组长的省造林绿化验收组到南昌县,检查验收造林绿化"一大四小"工程建设工作。县长陈匡辉,市林业局副局长涂传建,县委常委、农工部长程雷佬,副县长吴文卫等出席汇报会。

▲上午,市委政研室副主任廖云生,市委组织部基层办主任张云顺等到南昌县,就村"两委"班子科学选配和村级组织工作健康运行等进行调研。县委副书记王小文等陪同。

22 日

上午,国家农业部发展计划司巡视员、现代农业示范区管理办公室主任张辉到南昌县蒋巷镇,调研国家现代农业示范区建设的推进情况。省农业厅副巡视员邓建平,县长陈匡辉,市农业局局长程其调、副局长郭子东,县委常委、农工部长程雷佬等陪同。

▲下午,县委书记郭毅到县水务局开展调研,县委常委、农工部长程雷佬,副县长吴文卫等陪同。

▲下午,国家农业部发展计划司巡视员、现代农业示范区管理办公室主任张辉到南昌县,就推进现代农业示范区建设进行调研。省农业厅副厅长张忠平,副市长朱志群,市农业局局长程其调,县领导郭毅、程雷佬、吴文卫等陪同。

23 日

上午,南昌县在县会展中心召开全面贯彻市党代会、"两会"精神,全力推进各项工作落实大会,会议强调,全市新一轮发展的"集结号"已经吹响,迫切需要南昌县作为首府首县、江西第一县率先发力、勇挑重担,为开创全市科学发展、进位赶超、绿色崛起的宏伟事业作出应有的贡献。县委书记郭毅,县长陈匡辉,县领导王小文、胡小明、邓炳根、杨斯、杨保根、陈圣栋、徐海波、杨春、程雷佬、涂莉华、钱洁、胡炜、陈秀梅、李植、王三毛、熊鹰、胡金华、黄连科、李木旺、伍曦、李荣、吴文卫、熊明泉、万德珍、姜润根、伍目连,县法院院长李红刚,县检察院检察长张振川、向塘开发区管委会主任黄志清、县公安局政委周庆鲁、县人武部副部长郑华等出席。

▲上午,全县城镇居民社会养老保险工作动员大会在县文化会展中心举行。会议安排部署南昌县的城镇居民社会养老保险试点和未参保城镇小集体企业职工参加城镇企业职工基本养老保险工作,动员全县上下统一思想,提高认识,精心组织,把这项利民、惠民、便民的好事落到实处。县委书记郭毅,县长陈匡辉,县人大常委会主任胡小明,县政协主席邓炳根,县委常委、副县长杨保根,县人大常委会副主任陈秀梅,县政协主席康健等出席会议。

▲下午,全县学习锻炼干部第一次工作会议在县文化会展中心召开,会议通报学习锻炼干部活动前一阶段的工作开展情况,安排部署了下一阶段的工作任务。县委书记郭毅出席并讲话,县领导王小文、胡小明、邓炳根、杨斯、杨保根、陈圣栋、徐海波、杨春等出席。

▲下午,南昌县2011年交通基础设施建设工作会在县综合楼召开。县长陈匡辉,县委常委、副县长钱洁,县人大常委会副主任陈秀梅、胡金华,副县长刘光荣,县政协副主席熊明泉,向塘开发区管委会主任黄志清等出席会议。

27 日

上午,县委书记郭毅在县信访局接待来访群众代表。县委常委、政法委书记杨春,副县长李荣、吴文卫等参加。

▲上午,南昌县在洁惠花园宾馆隆重举行"九九"重阳节庆祝大会。县委书记郭毅,县长陈匡辉,县委副书记王小文,县政协主席邓炳根,县委常委叶保平、杨斯、程雷佬等县四套班子在家领导出席会议并与老领导、老干部、老同志们欢聚一堂,共庆重阳佳节,共承敬老美德,共话发展新篇。

28 日

上午,南昌县分别在澄碧湖公园和县政府大院隆重举行纪念县老年体协成立25周年暨重阳节方队、柔力球等展示活动和庆祝"九九"重阳节,喜迎南昌"七城会"开幕。原市人大常委会副主任、市老年体协主席孔炯,县委书记郭毅,县长陈匡辉,县委副书记王小文,县人大常委会主任胡小明,县政协主席邓炳根,副县长伍曦,县政协副调研员张军等分别在澄碧湖公园和县政协大院出席展示活动。

▲上午,县第十五届人大常委会举行第二次会议,审议有关人事任职事项。县委副书记、县长陈匡辉出席并讲话。县人大常委会主任胡小明,县人大常委会党组副书记、调研员黄连科,县人大常委会副主任陈秀梅、李植、王三毛、熊鹰、胡金华、江振国等出席会议。副县长李荣,县人民法院院长李红刚,县人民检察院检察长张振川等列席会议。

▲下午,南昌县在县综合楼会议室组织收听收看全国加强和创新社会管理工作电视电话会议。县委书记郭毅,县长陈匡辉,县委常委、政法委书记杨春,副县长吴文卫,县法院院长李红刚,县公安局政委周庆鲁等参加收听收看。

▲下午,县长陈匡辉到昌南客运站,视察公交枢纽站规划建设情况。县委常委、副县长钱洁,副县长刘光荣等陪同视察。

29 日

上午,座落于澄碧湖边的南昌县首家四星级酒店澄湖洲际大酒店开业。县人大常委会主任胡小明,县委常委、副县长杨保根,县委常委涂莉华,县人大常委会副主任李植、熊鹰,副县长刘光荣,县政协调研员姜润根,南昌市编办副主任黄云松等为澄湖洲际大酒店开业剪彩。

▲上午,座落于南昌县的江西技

师学院技能实训大楼举行奠基仪式。省委组织部副部长、省人力资源和社会保障厅厅长揭赣元,省委巡视组正厅级巡视专员廖龙如,省发改委副主任熊毅,县长陈匡辉等出席奠基仪式并为江西技师学院技能实训大楼项目开工建设奠基培土。

▲上午,南昌县在县综合楼召开创建全国社会主义新农村建设档案工作示范县再推进大会。会议总结推广近年来全县农业农村档案工作的经验,部署创建全国社会主义新农村建设档案工作示范县活动。县委副书记王小文,县委常委、农工部长程雷佬,副县长伍曦等出席会议。

▲上午,全县信访紧急调度会在县综合楼召开,县委常委、政法委书记杨春主持会议,县委副书记王小文,副县长吴文卫等出席。

30 日

上午,全省深化政务公开加强服务现场会在南昌县召开。会议回顾总结全省政务公开、政务服务工作,安排部署当前和今后一个时期政务公开、政务服务工作任务。省委常委、纪委书记尚勇,省政府秘书长、省推进政务公开工作领导小组副组长兼办公室主任谭晓林,省纪委常务副书记、省监察厅厅长、省推行政务公开领导小组副组长兼督查室主任汪毓华,省纪委副书记、省监察厅副厅长刘卫平,省纪委常委、省监察厅副厅长何建洋,市委常委、常务副市长张鸿星,市委常委、市纪委书记卢作全,县委书记郭毅,县长陈匡辉,县领导叶保平、杨斯等出席会议。

10 月份

7 日

晚上,南昌县在澄碧湖公园文化广场举行乡村歌会颁奖晚会。县委副书记王小文,县委常委、宣传部长周仁斌,副县长伍曦,县政协调研员姜润根、伍目连等出席晚会并为获奖的优秀歌手颁奖。

8 日

上午,县领导胡小明、陈秀梅、李植、王三毛、熊鹰、胡金华、黄连科、李木旺出席县人大常委会主任会议和人大机关全体例会。

▲下午,县领导王小文、杨春参加武阳镇信访案件协调会。

▲下午,县委书记郭毅在县综合楼主持召开全县重大重点项目推进工作交账会,总结前一阶段全县一、二、三产项目以及城市基础设施建设和民生社会事业重大重点项目的推进情况,安排部署下一阶段的工作任务。县长陈匡辉,县领导胡小明、邓炳根、叶保平、杨斯、杨保根、陈圣栋、徐海波、涂莉华、钱洁、李木旺、伍曦、吴文卫、刘光荣、熊明泉、黄志清等出席会议。

▲下午,南昌县在县综合楼会议室组织收听收看全省动员部署"七城会"信访维稳安保工作电视电话会议。县委副书记王小文,县委常委、政法委书记杨春,副县长李荣等参加收听收看。

9 日

上午,县政协主席邓炳根到富山乡调研。

10 日

下午,县领导陈匡辉、刘光荣、黄志清出席全县经济运行工作调度会。

▲下午,全县农垦企业危旧房改造工作调度会在县综合楼召开。县长陈匡辉,县委常委、纪委书记叶保平,县委常委、农工部长程雷佬等出席会议。

11 日

上午,市委常委古丽・吐依洪到南昌县调研。县委书记郭毅,县长陈匡辉,县委常委、副县长钱洁,县委调研员、统战部长胡炜,副县长伍曦等陪同。

▲上午,全县河道管理专项整治工作动员大会在县综合楼召开。县长陈匡辉,县委副书记王小文,县委常委、政法委书记杨春,县委常委、农工部长程雷佬,县委常委、副县长钱洁,副县长、县公安局局长李荣等出席会议。

▲上午,市关工委常委副主任经自麟、熊全柏到南昌县,就关心下一代工作进行调研。县委副书记王小文,副县长伍曦等陪同。

▲下午,县领导王小文、杨斯出席澄湖大厦工程调度会。

12 日

上午,以省住建厅副厅长高浪为组长的省信访督查工作组到南昌县督查。市政府副秘书长、市信访局局长熊运浪,县委书记郭毅,县委副书记王小文,县委常委、政法委书记杨春,副县长伍曦、吴文卫,县法院院长李红刚,向塘开发区管委会主任黄志清等陪同。

▲县人大常委会主任胡小明到富山乡调研新农村建设工作。

13 日

上午,南昌县 2011 年"银企对接诚合作、携手并进促发展"银企对接会在县文化会展中心召开。12 家驻县银行与南昌县需融资的中小企业进行面对面的交流、对接,22 家企业当场与银行达成了贷款意向,达成意向资金 5.098 亿元。县长陈匡辉,市金融办主任李水平,县委常委杨斯、杨保根、徐海波、周仁斌、涂莉华,县人大常委会副主任陈秀梅,副县长刘光荣,县政协调研员姜润根等出席银企对接会。

▲上午,南昌县妇女干部培训班在县委党校开班。县委副书记王小文,县委常委、组织部长陈圣栋,副县长伍曦等出席开班仪式。

▲下午,县委书记郭毅在县委会议室会见南昌铁路局常务副局长钟生贵一行,双方就向塘铁路货场项目建设进行商谈。县政协副主席刘廷爱,向塘开发区管委会主任黄志清等会见时在座。

▲下午,全县 2011 年度征兵工作会议在县人武部召开。县长陈匡辉,县委常委、副县长、县征兵领导小组组长杨保根,县人武部部长胡文俊,副县长、县公安局长李荣,县人武部副部长郑华、张恩等出席会议。

14 日

由省政府纠风办、省广播电视局联合主办,江西人民广播电台承办的大型舆论监督类节目"政风行风热线"走进南昌县,在县文化会展中心进行现场直播。县领导陈匡辉、杨斯、杨保根、钱洁、伍曦、李荣、吴文卫、刘光荣以及全县46个职能部门、各乡镇(开发区、新区)、6个行业服务单位的负责同志走进直播现场,就南昌县的政风行风建设、民生与发展等问题与广大听众和现场群众进行广泛交流,直接接受群众的咨询、投诉和求助。市纠风办副主任徐友根,县委常委、纪委书记叶保平等观摩了政风行风热线直播现场。

▲下午,全县信访维稳工作调度会在县信访局召开,县委副书记王小文,县委常委、农工部长程雷佬,副县长吴文卫,县公安局政委周庆鲁等出席会议。

15 日

上午,县长陈匡辉在县综合楼主持召开县政府第四次常务会议。县委常委、常务副县长杨斯,县委常委、副县长杨保根、钱洁,副县长伍曦、李荣、吴文卫、刘光荣等出席会议。县委调研员、统战部部长胡炜,县人武部部长胡文俊等列席会议。会议研究审议了《关于贯彻落实市政府关于加强法治政府建设的实施意见的请示》、《关于在全县公民中开展法制宣传教育的第3个五年规划等事项的请示》、《关于召开全县水利工作会议的请示》等有关事项。

▲上午,八一乡海湾农庄开业。县人大常委会主任胡小明,县政协主席邓炳根,县人大常委会副主任胡金华等出席开业仪式并剪彩。

16 日

"七城会"杭州观摩团团长、杭州副市长陈小平率领观摩团到南昌县参观考察。县领导陈匡辉、王小文、钱洁等陪同。

▲下午,县政协主席邓炳根到泾口乡调研水利建设工作。

17 日

上午,县长陈匡辉到南昌县在建的部分三产重大重点项目施工现场,视察项目推进情况。县委常委、常务副县长杨斯,县委常委、副县长杨保根、钱洁,县人大常委会调研员李木旺,向塘开发区管委会主任黄志清等随同视察工作。

▲上午,杭州市副市长陈小平、市政府副秘书长张连水率杭州市政府观摩团到南昌县考察现代生态农业发展情况。县委副书记王小文等陪同。

▲下午,县长陈匡辉到建设工地视察昌南组团基础设施项目建设情况。县委常委、纪委书记叶保平,县委常委、常务副县长杨斯,县委常委、小蓝经济开发区党工委书记徐海波,县人大调研员李木旺等随同视察。

18 日

上午,市委副书记、政法委书记郭安,市委常委、常务副市长张鸿星,市委常委、纪委书记卢作全,副市长朱志群,省公安厅副厅长、市政府党组成员、市公安局局长王国全,市委副秘书长、政法委书记季智勇,市政府副秘书长、市委农工部部长王肇赣等到南昌县东新乡视察河道管理专项整治工作。县领导陈匡辉、王小文、程雷佬、吴文卫等陪同。

▲上午,南昌亚洲啤酒有限公司60万吨啤酒厂首期工程在小蓝经济开发区竣工并正式投产。市长陈俊卿,市委常委周关,省工信委副主任张小平,省质监局副局长蔡玮,副市长肖玉文,县长陈匡辉,县政协主席邓炳根,南昌亚洲啤酒有限公司董事长陈永栽等出席典礼仪式并为项目竣工剪彩。县领导杨斯、徐海波、涂莉华、刘光荣等参加仪式。

▲上午,县长陈匡辉会见马来西亚联熹集团总裁丹斯里·韩旦·穆罕默德一行。就小蓝经济开发区污水处理厂二期工程项目的合作进行了交流。县委常委、小蓝经济开发区党工委书记徐海波,副县长刘光荣会见时在座。

▲下午,南昌县召开县工会组建、工资集体协商推进会。县委副书记王小文,县人大常委会副主任、县总工会主席熊鹰等出席。

20 日

上午,由东乡县县委副书记吴宜文带领的东乡县党政代表团到南昌县参观考察。县委副书记王小文,县委常委、小蓝经济开发区党工委书记徐海波等陪同。

▲下午,省委教育工委副书记、省教育厅副厅长彭世东到南昌县,就职业教育工作进行调研。县委书记郭毅,县委副书记王小文,县委常委、小蓝经济开发区党工委书记徐海波,县委常委、宣传部长周仁斌,县委常委、副县长钱洁等陪同。

▲下午,省卫生厅副厅长万筱明到泾口乡,就鄱阳湖南岸片血吸虫病综合防治示范区建设工作进行调研。县委副书记、县长陈匡辉,市卫生局副局长陈天鹏,副县长伍曦等陪同调研。

21 日

上午,市政协主席卢晓健,副主席侯捷、李广振、龙国英、熊晓武、陈斌,市政协秘书长王耀等到南昌县调研指导工作。县领导陈匡辉、王小文、邓炳根、徐海波、刘廷爱、熊明泉、杨楼锐、樊方平、李成星等陪同。

▲下午,全县重大重点项目推进总指挥部会议在县综合楼召开。会议总结了前一阶段重大重点项目推进情况,安排部署了下一阶段的工作任务。县委书记郭毅作讲话,县长陈匡辉主持会议。县领导胡小明、叶保平、杨斯、杨保根、陈圣栋、徐海波、程雷佬、涂莉华、李木旺、吴文卫、熊明泉、黄志清等出席会议。

▲下午,县长陈匡辉在县综合楼会见室会见建华管桩集团总裁助理何海平一行,双方就进一步推进建华管桩项目建设有关事宜进行交流与协商。县委常委涂莉华,县政协副主席熊明泉会见时在座。

22 日

上午,副省长姚木根到蒋巷江西国旺实业有限公司,就农业综合开发工作进行调研。省农业综合开发办主任章康华,副市长朱志群,县委书记郭毅,市委农工部副部长、市农业综合开发办主任陶海龙,县委常委、常务副县长杨斯,县委常委、农工部部长程雷佬等陪同。

23 日

上午,县委书记郭毅到县城建局调研。

▲以省人民政府督学、九江市教育局调研员黄福林为组长的省政府教育工作"回头看"专项督导检查组到南昌县检查。副市长姚燕平,市教育局党委书记魏国华、副局长邵梅珍,县领导郭毅、陈匡辉、王小文、胡小明、周

仁斌、钱洁、伍曦、李成星等出席汇报会。

24日

上午，全县人大代表培训班在县委党校开班。县委副书记王小文，县人大常委会主任胡小明，副主任陈秀梅、李植、王三毛、熊鹰、胡金华，县人大调研员黄连科、李木旺等出席开班仪式。

▲上午，县委副书记王小文到县信访接待中心接访，现场协调解决群众反映的有关诉求。

▲晚上，县委书记郭毅在县综合楼主持召开第28次县委常委会议。县委副书记、县长陈匡辉，县委副书记王小文，县委常委叶保平、杨保根、陈圣栋、徐海波、周仁斌、杨春、程雷佬、姜清波、涂莉华、钱洁等出席会议。县人大常委会主任胡小明，县政协主席邓炳根等列席会议。会议审议了县政府党组提请的《2011年南昌县招商引资大推进活动实施方案等相关事宜的请示》、《关于加快全县水务改革发展的实施意见》、《南昌县水利建设基金筹集和使用管理办法》、《关于印发〈关于加强农田水利基本建设的实施方案〉》、《关于调整南昌县农田水利基本建设领导小组的通知》、《关于召开全县水利工作会议》，审议并同意了县政府党组提请的《关于南昌县中长期教育改革和发展规划纲要(2010~2020)》，审议并通过了县政府党组提请的《关于在全县公民中开展法制宣传教育的第六个五年规划》，研究了县委组织部提交的《关于全县村(社区)"两委"换届选举工作有关事项的请示》、《关于调整县委党建工作领导小组成员的通知》、《关于调整县级领导干部挂乡包村点的通知》、《关于推进基层党建工作项目化发展的实施意见》、《关于加强机关企业事业单位人员编制及工资管理的通知》、《关于奖励2008~2010年连续三年考核评定为优秀等次公务员的请示》、《2011年南昌县面向全国公开选拔领导干部的公告》等事项的请示。

25日

上午，省关工委主任周懋平到南昌县调研关心下一代工作。省关工委常务副主任王飚，市关工委第一副主任田新芳，常务副主任经自麟、熊全柏，县委副书记王小文，县关工委常务副主任胡瑞谦等陪同。

▲上午，南昌县旅游工作会在黄马白浪湖宾馆召开。市旅游局局长李芸，县长陈匡辉，县委常委、宣传部长周仁斌，县人大常委会副主任李植，副县长伍曦，县政协副主席刘廷爱等出席。

▲上午，县人大常委会主任胡小明到县信访局公开接待群众来访，为群众排忧解难。

▲下午，全市水利工程建设、高标准农田建设工作推进现场会在南昌县塘南镇召开。副市长朱志群，省水利厅党委委员，副厅长文林，省农业厅总经济师徐金星，市政府副秘书长王肇赣，市农业局局长程其调，市水务局党组书记沈杰，县领导陈匡辉、程雷佬、吴文卫等出席现场会。

26日

上午，县政协主席邓炳根到县信访接待中心接访，现场协调解决群众反映的有关诉求。

▲下午，县委副书记王小文召开省党代会期间全县信访稳定工作调度会。

27日

上午，县长陈匡辉到县信访接待中心公开接访，为群众排忧解难。县委常委、副县长钱洁参加接访。

▲上午，莲塘二中第三十九届田径运动会开幕。县委副书记王小文，县委常委、宣传部长周仁斌，副县长伍曦应邀出席开幕式。

▲下午，全县招商引资暨重大重点项目推进动员大会在县文化会展中心召开。会议动员全县上下要进一步认清形势、坚定信心、统一思想，以超常规的举措、超常规的力度，迅速掀起招商引资和项目推进新高潮，以招商引资和项目推进的大突破推动全县经济大发展。县委书记郭毅出席并讲话，县长陈匡辉主持会议，县领导王小文、胡小明、邓炳根、叶保平、杨保根、陈圣栋、徐海波、周仁斌、杨春、涂莉华、钱洁、胡炜、陈秀梅、李植、王三毛、熊鹰、胡金华、江振国、李木旺、伍曦、李荣、刘光荣、熊明泉、万德珍、吴克芳、李信谆、姜润根，县法院院长李红刚，县检察院检察长张振川，向塘开发区管委会主任黄志清等出席。

28日

上午，省人大常委会原主任万学文，市人大常委会副主任罗慧芬、申少平、李国根，市政府副秘书长胡小洪等率部分省人大代表到南昌县调研。县长陈匡辉，县委副书记王小文，县人大常委会主任胡小明，县委常委、小蓝经济开发区党工委书记徐海波，县委常委、宣传部长周仁斌，县人大常委会副主任陈秀梅，副县长伍曦、刘光荣等陪同。

▲上午，莲塘一中、莲塘三中分别举行第39届、第9届校园田径运动会。县委副书记王小文，县委常委、宣传部长周仁斌等分别出席两个学校的运动会开幕式。县人大常委会副主任李植，副县长伍曦，县政协调研员万德珍等出席并观摩莲塘一中第39届校园田径运动会开幕式。

31日

上午，县长陈匡辉就南昌县的城市管理工作进行调研。县委调研员、统战部长胡炜，副县长刘光荣随同调研。

▲上午，全县村(社区)"两委"班子换届选举工作会在综合楼召开。县委副书记王小文，县委常委、组织部部长陈圣栋，县人大常委会副主任王三毛，副县长李荣等出席会议。

▲下午，县委书记郭毅，县委常委、政法委书记杨春到泾口乡调研维稳工作。

▲下午，县领导王小文、杨斯、陈圣栋等出席干部绩效考核方案讨论会。

11月份

1日

上午，市委常委、常务副市长张鸿星到省农机大市场视察二期项目建设情况。县长陈匡辉，县委常委、常务副县长杨斯，县委常委、副县长杨保根等陪同。

▲上午，"南昌市科技入园工作站"和"南昌市科技金融入园试点单

位”揭牌仪式在小蓝经济开发区举行。副市长姚燕平,省科技厅副厅长王晓鸿,县委书记郭毅,县长陈匡辉,市科技局局长陈喜民、党组书记黄中平、副局长党钢,县委常委、小蓝经济开发区党工委书记徐海波,县委常委、副县长钱洁等出席揭牌仪式。

▲上午,全县乡镇(开发区)纪检组织办公办案设备发放仪式在县文化会展中心举行。市纪委副书记杜志刚,县委书记郭毅,市纪委常委、市纪委信访室主任喻慧平,县委副书记王小文,县委常委、纪委书记叶保平,县委常委、组织部长陈圣栋等出席仪式并向乡镇(开发区)发放办公办案设备和经费。

▲上午,县长陈匡辉在县综合楼主持召开全县经济运行调度会。县委常委、常务副县长杨斯,县委常委涂莉华,副县长刘光荣,向塘开发区管委会主任黄志清等出席。

▲上午,县长陈匡辉对昌南大道东延工程建设进行调度。县委常委、副县长钱洁,副县长吴文卫等出席调度会。

▲上午,南昌县特约人员工作现场会在县法院召开。县委副书记王小文,县委调研员、统战部部长胡炜,县人大常委会副主任李植,县政协副主席樊方平,县法院院长李红刚等出席会议。

▲下午,副省长姚木根,省军区参谋长倪海峰,南昌警备区司令员李克强,副市长刘家富,南昌警备区参谋长刘静波等到南昌县视察征兵体检工作,看望慰问参加体检的医务人员和应征青年。县委书记郭毅,县长陈匡辉,县委常委杨保根、姜清波,县人武部部长胡文俊,副部长郑华、张恩等陪同。

▲下午,省统计局局长王建农到小蓝经济开发区,就南昌县工业经济运行情况进行调研。省统计局副局长孙祥生,县委书记郭毅,县长陈匡辉,市统计局局长万仁如、副局长张根全,县委常委、常务副县长杨斯,县委常委、小蓝经济开发区党工委书记徐海波等陪同。

2日

上午,市人大常委会副主任、市总工会主席万先勇,市总工会副主席何庆华、李美珍等到南昌县,就工会组建和工资集体协商等工作开展调研。县委书记郭毅,县人大常委会副主任、县总工会主席熊鹰等陪同。

▲上午,县长陈匡辉就做好2011年供电迎峰度冬工作进行调度。县委常委、副县长杨保根等出席调度会。

▲上午,省政府驻深圳办事处主任章小刚到小蓝经济开发区调研,县委副书记王小文,县委常委、小蓝经济开发区党工委书记徐海波等陪同。

3日

上午,南昌县第一期科级领导干部轮训班在县委党校开班。县委副书记王小文,县委常委、组织部部长陈圣栋等出席并讲话。

▲由省环境保护厅副厅长雷元江,省政协副秘书长、人口资源环境委员会冷芬俊率领的省级生态县创建考核验收组到南昌县,考核验收省级生态县创建工作。县委书记郭毅,县长陈匡辉,市环保局调研员周启珠,县人大常委会副主任陈秀梅,副县长刘光荣,县政协副主席刘廷爱等陪同。

▲下午,市委常委、统战部长高鹰群到南昌县“全市扶贫重点村”塘南镇北联村调研。县委副书记王小文等陪同。

▲下午,省级生态县创建考核验收组在县综合楼召开反馈意见会,通报对南昌县省级生态县创建进行考核验收情况。省环境保护厅副厅长雷元江,省政协副秘书长、人口资源环境委员会主任冷芬俊,县长陈匡辉,市环保局调研员周启珠,县人大常委会副主任陈秀梅,副县长刘光荣出席反馈意见会。

▲下午,县委书记郭毅在县综合楼主持召开2011年县规划委员会第6次会议。县长陈匡辉,县领导邓炳根、杨斯、杨保根、程雷佬、吴文卫、刘廷爱,县政府规划顾问万敏、高霞等出席。

4日

上午,县河道采砂管理工作领导小组第一次会议在蒋巷镇召开。会议传达了市河道采砂管理工作领导小组第一次会议精神,部署南昌县河道采砂整治工作。县领导陈匡辉、王小文、叶保平、杨春、程雷佬、钱洁、李荣、吴文卫等出席。

▲上午,南昌县在县文化会展中心举行全县首次党务工作社会监督聘请仪式。县委副书记王小文,县委常委、纪委书记叶保平出席仪式并向党务工作社会监督员颁发聘书。

▲下午,全国政协副主席、全国工商联主席黄孟复到南昌县小蓝经济开发区,视察泰豪动漫公司的建设与发展。县委书记郭毅,泰豪公司董事长黄代放等陪同。

▲下午,全县重大重点项目推进总指挥部第二次会议在县综合楼召开,会议总结了前一阶段重大重点项目推进情况,安排部署了下一阶段的工作任务。县委书记郭毅作讲话,县长陈匡辉主持会议,县领导邓炳根、叶保平、杨斯、杨保根、陈圣栋、徐海波、程雷佬、钱洁、李木旺、伍曦、李荣、刘光荣、熊明泉,向塘开发区管委会主任黄志清等出席。

6日

上午,全县领导干部暨水利、普法工作会议在县文化会展中心举行。会议传达学习省第十三次党代会、省委十三届一次全会和全市领导干部会议精神,总结部署全县水利和普法工作,动员全县上下以省党代会和市领导干部会议精神为新的指引,进一步振奋精神,鼓足干劲,真抓实干,开创水利和普法工作的新局面,全力推动各项工作取得新突破。县委书记郭毅作讲话,县长陈匡辉主持会议;县委副书记王小文,县政协主席邓炳根,县委常委叶保平、杨斯、杨保根、陈圣栋、徐海波、周仁斌、杨春、程雷佬、钱洁等出席会议。

▲下午,2011年全县教育工作会议在县综合楼召开。会议学习贯彻全国和省、市教育工作会议精神,动员全社会全面实施《南昌县中长期教育改革和发展规划纲要》,大力推进教育均衡优质发展、加快教育强县和人力资源强县,为拼争全国五十强县市、建设现代化综合新城提供更加有力的人才保证和智力支撑。县委书记郭毅在会上讲话,县长陈匡辉主持会议;县委副书记王小文,县政协主席邓炳根,市教育局副局长万群英,县领导叶保平、杨斯、杨保根、徐海波、周仁斌、钱洁、李植、伍曦、康健,向塘开发区管委会

主任黄志清等出席会议。

8日

上午，市委常委、组织部长陈德寿，市委组织部副部长郑志军等到南昌县，就经济社会发展和党建工作开展调研。县委书记郭毅，县长陈匡辉，县委副书记王小文，县委常委、组织部部长陈圣栋，县委常委、小蓝经济开发区党工委书记徐海波，县委常委、副县长钱洁等陪同调研。

▲上午，南昌县在县综合大楼前举行“慈善一日捐”活动。县委书记郭毅，县长陈匡辉，县委副书记王小文，县政协主席邓炳根，县领导叶保平、杨斯、陈圣栋、徐海波、周仁斌、程雷佬、姜清波、钱洁等参加活动。

▲上午，全县一产重大重点项目推进调度会在县委农工部召开。县政协主席邓炳根，县委常委、农工部部长程雷佬，副县长吴文卫，县政协调研员李信谆等出席调度会。

▲下午，副市长张根水到南昌县，就加强再生资源回收利用体系建设工作进行调研。市政府副秘书长陈武，县长陈匡辉，市商贸委主任喻德火，县委常委、副县长杨保根，县委常委、小蓝经济开发区党工委书记徐海波，向塘开发区管委会主任黄志清等陪同。

▲下午，县委书记郭毅在小蓝经济开发区会见湖南中粮可口可乐饮料有限公司董事兼总经理陈红兵一行。县委常委、小蓝经济开发区党工委书记徐海波会见时在座。

9日

上午，市中级人民法院院长刘邦琰、副院长董浩明到南昌县检查指导法院工作。县委书记郭毅，县委常委、政法委书记杨春，县人民法院院长李红刚等陪同。

▲上午，县长陈匡辉到县城洪客隆（莲塘店），现场督查指导“清剿火患”工作。

▲上午，南昌县党报党刊发行工作会在县综合楼召开。县委副书记王小文，县委常委、宣传部部长周仁斌等出席会议。

▲下午，县长陈匡辉到莲塘镇调度新型城镇化建设推进工作，现场解决莲塘镇新型城镇化建设中遇到的困难和问题。县委调研员胡炜等参加。

10日

上午，南昌县村（社区）两委班子换届选举工作培训班在县委党校开班。县委副书记王小文，副县长、县公安局局长李荣等出席开班仪式。

11日

上午，三江小学蔡冠深教育奖励基金第十五次颁奖、三江中学万修元教育奖励基金第五次颁奖和三江中学“爱心”教育助学金第五次颁发大会在三江中学举行。原江西省委书记、中央统战部部长万绍芬，原济南军区副司令员兼济南空军司令员郭玉祥，原省人大常委会副主任蒋如铭，省委统战部常务副部长黄小华，省文联党组书记部海镭，市委常委、统战部长高鹰群，县委书记郭毅等出席颁奖大会并为获奖师生颁奖。原全国政协委员、省人民政府参事崔琳，省政协常委、提案委员会主任杨斌，副主任华友良，省农业厅原党委书记萧茂普，省体育总会原主席聂明阮，县领导王小文、邓炳根、周仁斌、钱洁、胡炜、伍曦、李荣、康健等出席。

▲上午，秀揾大桥竣工通车仪式在三江镇举行。原江西省委书记、中央统战部部长万绍芬，原济南军区副司令员兼济南空军司令员郭玉祥，省人大常委会原副主任蒋如铭，省委统战部常务副部长黄小华，县委书记郭毅，县委副书记王小文等出席仪式并为大桥竣工通车剪彩，县领导周仁斌、钱洁、胡炜、伍曦、康健等出席通车仪式。

▲上午，全省高标准农田建设南昌分会会场开工仪式在蒋巷镇三洞村举行。市委常委、副市长周关，副市长朱志群，县领导陈匡辉、程雷佬、吴文卫等出席开工仪式。

▲上午，县长陈匡辉，县委常委、农工部部长程雷佬，县委常委涂莉华等到南新乡，就益海嘉里（南昌）粮油食品有限公司和南昌建华管桩项目推进情况进行调研。

▲下午，县委书记郭毅在县政府会见泰豪集团董事长黄代放一行，对泰豪集团在小蓝经济开发区未来发展走向进行探讨研究。县长陈匡辉，县委常委、纪委书记叶保平，县委常委、常务副县长杨斯，县委常委、小蓝经济开发区党工委书记徐海波，副县长吴文卫、刘光荣等会见时在座。

13日

下午，县委书记郭毅，县委副书记王小文，县人大常委会主任胡小明，县政协主席邓炳根等县四套班子领导和各乡镇（开发区）、县委各部门、县直各单位负责人前往南昌警备区教导队，参加“军事日”活动，亲自体验军营生活，接受国防教育。

▲下午，县委书记郭毅在县委会议室会见上海成基械工程集团、江西小松工程机械有限公司董事长韩志敏一行。县委常委、小蓝经济开发区党工委书记徐海波会见时在座。

15日

上午，县长陈匡辉在县信访局约访，副县长吴文卫等参加接访。

▲由安徽省肥西县政协主席孙明权率领的肥西县党政代表团到南昌县参观考察。县委副书记王小文，县委常委、常务副县长杨斯，县委常委、宣传部长周仁斌，县人大常委会副主任陈秀梅，县政协副主席刘廷爱等陪同。

▲下午，南昌县河道采砂管理工作领导小组第二次会议在县综合楼召开。县长陈匡辉，县委副书记王小文，县领导叶保平、程雷佬、钱洁、李荣、吴文卫等出席。

▲下午，县委副书记王小文主持召开泾口乡扬芳食品有限公司新厂区竣工投产仪式调度会。

16日

上午，南昌市总工会推进工资集体协商工作经验交流会在小蓝经济开发区举行。市人大常委会副主任、市总工会主席万先勇，省总工会副主席吴海平，县委副书记王小文，市总工会常务副主席傅玉芳，市总工会调研员李美珍，县人大常委会副主任、县总工会主席熊鹰等出席会议。

▲上午，南昌扬芳香食品有限公司新厂区建成开业仪式在泾口乡举行。省人大常委会原副主任蒋如铭、万学文，市人大常委会副主任李福如，副市长朱志群，市政府副秘书长、市委农工部长樊三宝，县长陈匡辉，县委副书记王小文等出席并为南昌扬芳香食品有限公司新厂区开业剪彩。市公路局党组书记王建华，市人大农委主

任胡友胜,市委农工部调研员利盛生,市委农工部副部长韩匡楷、刘荣根、凌永清,市农业综合开发办副主任易海英,市委组织部基层办主任张六顺,市人大选任联副主任周国繁和县领导胡小明、邓炳根、程雷佬、王三毛、黄连科以及县法院院长李红刚等出席。

▲省教育厅副厅长程祥国等到南昌县视察指导教育工作。省督导室主任王晓阳,省教育厅基教处处长刘雪平,市教育局副局长邵梅珍,县委副书记王小文,县委常委、宣传部长周仁斌,副县长伍曦等陪同。

▲下午,县长陈匡辉在县综合楼会见室会见到南昌县投资考察的美国CB公司副总裁约翰 C. 帕特森一行。县委常委、常务副县长杨斯会见时在座。

▲下午,县人大常委会主任胡小明到金沙大道南延项目工地,现场协调解决项目推进中遇到的困难和问题。

18 日

上午,省政府副秘书长晏驹腾,省卫生厅副厅长万筱明率领出席鄱阳湖南岸片区血吸虫病综合防治示范区建设现场会暨全省血防工作会议的代表到泾口乡,参观鄱阳湖南岸片区血吸虫病综合防治示范区建设情况。副市长姚燕萍,县长陈匡辉,副县长伍曦,市卫生局副局长陈天鹏等陪同。

▲上午,南昌县离退休干部工作培训班在县综合楼举办。县委副书记王小文出席开班仪式并讲话。

▲上午,县委副书记王小文到县信访局接待到访群众,现场协调解决群众诉求。

▲上午,县政协中共界别举行“开展加速发展献一策促进项目牵一线活动”座谈会。县政协主席邓炳根、县政协调研员李信谆、县政协副调研员张军等出席。

22 日

上午,由省林业厅巡视员肖河、纪检组长李晓浩、总工程师胡跃进率领的全省造林绿化“一大四小”工程建设流动现场巡查组到南昌县,巡查乐温高速公路幽兰出入口两侧的高标准造林绿化工程建设情况。副市长朱志群,市林业局局长傅新灿,县长陈匡辉,县委常委、农工部长程雷佬等陪同。

▲上午,县长陈匡辉就加快推进武阳中小企业创业基地建设开展调研。县政协主席邓炳根,县委常委、纪委书记叶保平,县委常委涂莉华,县人大调研员李木旺,县政协副主席熊明泉等陪同。

▲下午,全国政协副主席阿不来提·阿不都热西率领全国政协经济委员会专题调研组到南昌县,围绕“推进现代农业,确保农产品有效安全供给”这一专题,深入小蓝经济开发区江西煌上煌集团进行调研。省政协副主席朱张才,市政协主席卢晓健,省农业厅厅长甘良森,副市长朱志群,市政协副主席辛利杰,县领导陈匡辉、邓炳根、徐海波、钱洁等陪同。

▲下午,县人大常委会主任胡小明率领县人大常委会全体班子成员、调研员等到县看守所视察指导工作。副县长、县公安局长李荣,县公安局政委周庆鲁等陪同。

23 日

上午,县政协常委视察全县重大重点项目建设情况。县政协主席邓炳根、副主席刘廷爱、康健、熊明泉、杨楼锐、樊方平、李成星,县政协调研员万德珍、姜润根、伍目连等参加视察。县委常委、常务副县长杨斯,县人大调研员李木旺等陪同。

24 日

下午,出席全省离退休干部党组和党员创先争优活动推进会代表到南昌县,参观考察县检察院机关退休干部党支部建设工作情况。市老干部局局长袁井红、副局长黄素萍,县委副书记王小文,县检察院检察长张振川等陪同。

▲下午,全县安全生产工作紧急会议在县综合楼召开,会议传达了全市安全生产工作紧急会议精神,安排部署了全县下一阶段安全生产工作。县长陈匡辉,县委常委、副县长钱洁等出席。

▲下午,南昌县在县委会议室召开江西省第七届农民运动会暨省农运会趣味竞赛活动筹备工作调度会。县委副书记王小文,副县长伍曦等出席。

25 日

上午,县长陈匡辉在县信访局接待来访群众,协调解决有关问题。县委常委、副县长杨保根等参加接访。

▲县政协主席邓炳根,副主席康健、樊方平率领部分政协委员就县城教育网点布局情况进行调研。副县长伍曦等陪同。

26 日

江西省第七届农民运动会在南昌县体育场开幕。副省长姚木根,省政府副秘书长谢茂林,省农业厅厅长甘良森,省体育局局长刘鹰,副巡视员杜雅军,省农业厅巡视员彭济民,副市长姚燕萍、朱志群,县领导陈匡辉、王小文、胡小明、李植、王三毛、伍曦、李成星等出席开幕式。

27 日

上午,南昌县武阳曹雪芹祖籍研究会成立大会在武阳镇召开。县委副书记王小文授牌并作讲话,县人大调研员李木旺,副县长伍曦,县政协原主席吴国炳等出席会议。

28 日

上午,省委常委、纪委书记尚勇到南昌县小蓝经济开发区视察泰豪动漫产业的发展情况,省科技厅厅长王海,市长陈俊卿,省纪委常委李建发,省工信委副主任张小平,省科技厅副厅长王晓鸿,市委常委、纪委书记卢作全,市委常委、宣传部长曾光辉,副市长姚燕萍,市政府秘书长杨文斌,县领导郭毅、陈匡辉、叶保平、徐海波、钱洁等陪同。

▲下午,市长陈俊卿率领市直有关部门负责人到南昌县,就加快县域经济发展进行调研。市政府秘书长杨文斌,市发改委主任邓建新,市工信委主任詹水发,市外经贸委主任李伟,市财政局局长陈以获,市统计局局长万昱原,县领导郭毅、陈匡辉、王小文、胡小明、叶保平、杨斯、徐海波、杨春、姜清波、涂莉华、钱洁、伍曦、刘廷爱等出席调研汇报会。

29 日

上午,国投物流投资有限公司副总经理王立民到南昌县商洽向塘路——公路枢纽型物流园区开发建设项目有关事宜。县领导郭毅、陈匡辉、杨斯、黄志清等参加。

▲县委书记郭毅，县长陈匡辉在县政府会议室会见国投物流投资有限公司副总经理王立民以及省投资集团公司的有关负责人，三方就合作投资兴建向塘铁路——公路枢纽型物流园区开发建设项目进行了友好协商。县委常委、常务副县长杨斯向塘开发区管委会主任黄志清会见时在座。

▲下午，县长陈匡辉，县委常委、纪委书记叶保平，县委常委、常务副县长杨斯，县委常委、小蓝经济开发区党工委书记徐海波，县委常委涂莉华等出席全县招商引资工作领导小组会议。

30日

新华社江西分社社长王运才、采访部主任李兴文，市委宣传部副部长李家旺等到南昌县调研。县领导郭毅、陈匡辉、王小文、徐海波、周仁斌等陪同。

12月份

1日

上午，昌南大道东延工程正式开工建设，省委常委、市委书记王文涛，市人大常委会主任蔡社宝，市政协主席卢晓健，市委常委、市委秘书长凌学仁，市委常委、常务副市长张鸿星，市委常委、副市长刘建洋，市政协副主席龙国英等省市领导，在出席昌南大道东延工程开工仪式后，到福银高速幽兰入口视察昌南大道东延工程南昌县段的开工建设情况。县长陈匡辉，县委副书记王小文，县委常委、副县长钱洁等陪同察看。

▲国投物流投资有限公司、江西省投资集团公司和县人民政府战略合作框架协议签约仪式在南昌索菲特泰耐克大酒店举行。市长陈俊卿，国家开发投资公司副总裁李冰，省国资委主任李天鸥，国投物流投资有限公司总经理黄昭沪，副市长张根水，省投资集团公司副总经理唐先卿，国投物流投资有限公司副总经理王立民，南昌铁路局局长助理黄少雄，县领导郭毅、陈匡辉、胡小明、邓炳根、杨斯，向塘开发区管委会主任黄志清等出席签约仪式。

▲下午，省军区副政委戴勇到南昌县视察人防应急指挥中心建设，市警备区司令员李克强，县委副书记王小文，县委常委、副县长杨保根，县委常委、人武部政委姜清波，县人武部长胡文俊等陪同。

2日

上午，县委书记郭毅在县综合楼主持召开县规划委员会第7次会议。县长陈匡辉，县委常委、常务副县长杨斯，县政协副主席刘廷爱等出席。

▲下午，县委书记郭毅在县综合楼主持召开第30次县委常委会。县委副书记、县长陈匡辉，县委副书记王小文，县委常委叶保平、杨斯、徐海波、周仁斌、杨春、姜清波、涂莉华等出席会议。县人大常委会主任胡小明、县政协主席邓炳根等列席会议。

▲下午，县委书记郭毅在县委会议室与到南昌县采访的《江西日报》、《经济日报》、《南昌日报》等省市媒体的负责同志、编辑、记者进行座谈。市委宣传部副部长李家旺、《江西日报》驻南昌记者站站长肖苏萍、《经济日报》驻南昌记者站站长赖永峰、《南昌日报》副总编辑万荣海，县委常委、小蓝经济开发区党工委书记徐海波，县委常委、宣传部长周仁斌等参加座谈。

4日

上午，市长陈俊卿，市委常委周关、古丽·吐依洪，副市长肖玉文率领市直有关部门负责人到小蓝经济开发区，就加快推进汽车产业发展进行调研，并协调解决推进汽车产业发展中遇到的问题。县委书记郭毅，县委常委、常务副县长杨斯，县委常委、小蓝经济开发区党工委书记徐海波，县委常委涂莉华，县政协副主席刘廷爱等陪同。

5日

下午，全县“打黑除恶”专项斗争暨提升公众安全感动员大会在县综合楼召开。县委副书记王小文，县委常委、政法委书记杨春，副县长、县公安局局长李荣，县法院院长李红刚等出席。

6日

上午，市委保密机要局副局长、年终考评调研组组长余俊杰到南昌县考核指导保密机要工作。县委副书记王小文等陪同。

7日

下午，全县重大重点项目推进总指挥部第三次会议在小蓝经济开发区召开，会议总结了前一阶段全县重大重点项目推进情况，安排部署下一阶段的工作任务。县委书记郭毅作重要讲话，县领导胡小明、邓炳根、叶保平、杨斯、徐海波、程雷佬、涂莉华、钱洁、李木旺、伍曦、李荣、吴文卫、刘光荣、熊明泉等出席。

8日

上午，江西省测绘地理信息产业创新基地奠基仪式在南昌县昌南新城举行。国家测绘地理信息局副局长闵宣仁，省政府副秘书长林彬杨，省国土资源厅厅长胡宪，省国土厅党组成员、省测绘地理信息局局长高振华，省发改委副主任曾文明，省消防总队副总队长宋学全，县领导郭毅、杨斯、程雷佬、吴文卫、刘廷爱等出席奠基仪式。

▲上午，省文化厅到南昌县召开学习贯彻中共十七届六中全会和省党代会精神座谈会。省文化厅党组书记舒仁庆出席并讲话，县委副书记王小文，县委常委、宣传部长周仁斌以及省、市有关部门及四县文化广电新闻出版部门的负责干部参加座谈会。

▲上午，市卫生局局长张力等到南昌县调研。县委书记郭毅、县委副书记王小文、副县长伍曦等陪同。

9日

上午，万载县委副书记付小群率领万载县党政代表团到南昌县，参观考察城市化建设和开发区经济发展情况。县委书记郭毅、县委副书记王小文等陪同。

▲上午，县委副书记王小文在县综合楼主持召开全县综合目标管理考核评比领导小组成员会议，对全县2011年度综合目标管理考核评比实施方案和2012年绩效考核方案进行安排部署。

▲下午，南昌县组织全县副科级以上领导干部参加2011年全省领导

干部法律知识考试。市司法局副局长王慧玲，县委副书记王小文，县委常委、政法委书记杨春等巡视部分考点。

10 日

上午，南昌县乒乓球协会成立仪式暨十县(市)乒乓球邀请赛在县体育馆举行。县委副书记王小文，县人大常委会主任、县乒乓球名誉主席胡小明，县委常委、纪委书记、县乒协名誉副主席叶保平，县委常委、宣传部长周仁斌，县委常委、小蓝经济开发区党工委书记、县乒协名誉副主席徐海波，县人大常委会副主任、县乒协执行主席李植，县人大常委会副主任、县乒协名誉副主席熊鹰、胡金华，副县长伍曦，县检察院检察长、县乒协名誉副主席张振川等出席。

▲上午，市委办公厅副主任徐勇强、市扶贫办主任符开辉等到南昌县塔城乡指导扶贫工作。县委副书记王小文等陪同。

▲下午，由县政法委主办，县公安局承办的处置群体性事件应急演练在小蓝经济开发区金沙二路柏林村内举行。县委副书记王小文出席并讲话，县委常委、政法委书记杨春，副县长、县公安局局长李荣等出席。

12 日

上午，全县村(社区)“两委”换届选举工作推进会在县综合楼召开。会议总结了全县村(社区)“两委”换届选举工作的总体进展情况，对下一步的工作进行部署。县委副书记王小文，县委常委、组织部部长陈圣栋，副县长、县公安局局长李荣等出席会议。

13 日

上午，当代江西杂志社社长、总编辑刘元敏，省委外宣办主任欧阳苏勤，省委讲师团团长李江源等到南昌县调研。县委副书记王小文，县委常委、宣传部部长周仁斌，县委常委、副县长钱洁等陪同。

▲下午，县委书记郭毅在黄马乡调研时强调：要打造好的环境，保护好生态，把自然生态资源转化成产业优势，推动黄马生态旅游的发展。努力把南昌县打造成南昌市的后花园，打造成市民生态农业观光休闲的好场所。

14 日

上午，全市县委权力公开透明运行工作现场会在南昌县召开。会议总结交流南昌县和青云谱区推进县委权力公开透明运行试点工作经验，深入推进县委权力公开透明运行工作的开展。省委常委、市委书记王文涛，市委常委、组织部长陈德寿，市委常委、纪委书记卢作全等出席会议。会议开始前，王文涛、陈德寿、卢作全及全市各县区、市直各有关部门负责人，在县领导郭毅、王小文、叶保平、杨斯、钱洁、李荣等陪同下，到县委权力公开透明运行的重要载体和平台——南昌市“十大纳凉广场夜景之一”的澄碧湖公园，参观南昌县推进县委权力公开透明试点工作情况。

▲上午，县政协主席邓炳根，副主席李成星、熊明泉，县政协调研员姜润根、伍目连等到县供电公司，就南昌县城区及小蓝经济开发区电力供应中存在的问题进行调研。县委常委、副县长杨保根等陪同。

15 日

上午，县委副书记王小文在县信访局接待来访群众。

▲由省质监局纪检组长马灵为组长的全省发展提升年活动考核组到南昌县，就南昌县发展提升年活动开展情况进行考察检查。市纪委副书记、监察局局长杜志刚，县委书记郭毅，市纪委常委、市监察局副局长李联明，县委常委、纪委书记叶保平，县委常委、常务副县长杨斯等出席汇报会。

▲下午，市人大常委会主任蔡社宝，市人大常委会副主任罗慧芬、赖永芳、李国根、崇江林、申少平、李福如，市人大常委会党组成员、副秘书长、办公厅主任徐永立等到南昌县调研人大常委会工作情况。县委书记郭毅，副书记王小文，县人大常委会主任胡小明，县政协主席邓炳根，县委常委、小蓝经济开发区党工委书记徐海波，向塘开发区管委会主任黄志清等陪同。

16 日

上午，2011 年度南昌县市十四届人大代表小组活动在江西工商职业技术学院举行。县人大常委会主任胡小明，副主任李植、王三毛，调研员黄连科等出席。

▲上午，县政协十一届一次常委会在县综合楼召开。县政协主席邓炳根，副主席刘延爱、康健、熊明泉、杨楼锐、樊方平、李成星，调研员万德珍、吴克芳、李信淳、姜润根、伍目连等出席会议；副县长伍曦应邀列席会议。会议通报了县政协“加速发展献一策，促进项目牵一线”活动开展情况，听取了县政协教卫文体文史委员会《关于县城及周边区域义务教育网点布局调整规划的调研报告》，听取了县政协经济科技人资环境委员会《关于南昌县电力供应存在的问题及对策的调研报告》。

17～18 日

县委书记郭毅先后到冈上镇、幽兰镇，就经济社会发展等进行调研。

18 日

下午，县长陈匡辉在县综合楼主持召开县长办公会议，审议研究县妇保院医技楼及庭院绿化、莲塘一小新建教学楼等有关事项。县委常委、常务副县长杨斯，县委常委、副县长杨保根、钱洁，副县长伍曦、李荣、吴文卫、刘光荣等出席。

19 日

上午，全县第二期新闻发言人及新闻助理培训班在县委党校开班。县委副书记王小文出席并讲话，县委常委、宣传部部长周仁斌主持开班仪式。

20 日

下午，省委组织部副部长冯桃莲，省委组织部部委委员、研究室主任俞银先等率领省委组织部第五支部全体成员到南昌县，就非公企业党建工作开展调研。县委书记郭毅，县长陈匡辉，县委副书记王小文，县委常委、组织部部长陈圣栋，县委常委、副县长钱洁等陪同。

21 日

上午，富山乡东亘星光生态示范村农民文化娱乐中心举行开工仪式。省人大助理巡视员王光前，省人大办公厅机关工委副书记周建华，县人大常委会主任胡小明，副主任王三毛、江振国等出席开工仪式。

▲下午，市委常委、常务副市长张

鸿星到南昌县昌南新城视察统计学校建设事宜。县委书记郭毅，县委常委、常务副县长杨斯等陪同。

22 日

上午，副市长张根水到南昌县调研旅游产业发展情况。市政府副秘书长陈武、市旅游局局长陈清华，县委副书记王小文，副县长伍曦等陪同。

23 日

下午，省委办公厅副巡视员、省保密局局长胡名义，市委保密机要局副局长余俊杰等到南昌县参加县委保密委员会全体成员会议。县委副书记王小文等陪同。

▲下午，2011 年全县综合目标管理考核动员大会在县综合楼召开。县委副书记王小文出席并讲话，县公安局政委周庆鲁等出席。

24 日

全县财政税收工作务虚会在县会展中心召开。县长陈匡辉，县委常委、常务副县长杨斯出席并讲话。

▲下午，县委常委、宣传部长周仁斌到武阳中小创业园区调研项目推进情况。县政协主席邓炳根，副主席熊明泉等参加调研。

25 日

下午，市委副书记、市委政法委书记郭安，副市长刘家富率领出席全市用群众工作统揽信访工作现场推进会的全体人员到南昌县参观。县长陈匡辉，县委副书记王小文，县委常委、政法委书记杨春，副县长吴文卫等陪同。

26 日

下午，由万载县县委书记胡新明，县长陈虹率领的万载县党政代表团到南昌县参观考察。市委副书记、政法委书记郭安，县长陈匡辉，县领导王小文、胡小明、杨斯、徐海波、刘廷爱等陪同。

27 日

上午，南昌县在县综合楼召开“家官乡贤”座谈会布置协调会，就 2012 年“家官乡贤”座谈会的有关事宜进行安排部署。县委副书记王小文出席并讲话。

▲上午，县政协主席邓炳根，副主席康健、杨楼锐、樊方平、李成星，县政协调研员万德珍、吴克芳、李信谆、伍目连等集中走访慰问高新开发区的县政协委员，征求他们对政协工作的意见和建议。

28 日

上午，县长陈匡辉到蒋巷、幽兰、塘南等镇，就乡镇违章违法建筑拆除工作进行调研。县委常委、纪委书记叶保平，副县长吴文卫等随同调研。

▲上午，县十五届人大常委会第四次会议在县综合楼召开。县人大常委会主任胡小明，副主任陈秀梅、李植、王三毛、熊鹰、胡金华、江振国，县人大调研员黄连科、李木旺等出席会议。副县长李荣、县法院院长李红刚、县检察院检察长张振川等列席会议。会议听取和审议了县人民政府关于流动人员管理工作情况汇报；听取和审议了县法院关于审判监督和案件管理工作情况报告；听取和审议了县检察院关于渎职侵权检察工作报告；听取和审议了县人民政府关于县十四届人大五次会议代表建议意见办理情况报告等有关事项。

▲上午，县委副书记王小文，县委常委、小蓝经济开发区党工委书记徐海波出席江西美兴实业有限公司开业仪式并剪彩。

▲下午，省台办主任阎钢军、省台办机关党委副书记徐建新、调研处调研员刘智华等到南昌县走访企业，了解南昌县工业园区发展情况。市台办主任刘闯，县委书记郭毅，县委副书记王小文，县委常委、小蓝经济开发区党工委书记徐海波，副县长刘光荣，向塘开发区管委会主任黄志清等先后陪同。

▲晚上，县委书记郭毅在县综合楼主持召开第 31 次县委常委会议。县委副书记、县长陈匡辉，县委副书记王小文，县委常委叶保平、杨斯、杨保根、陈圣栋、徐海波、周仁斌、杨春、程雷佬、姜清波、钱洁等出席会议。县人大常委会主任胡小明，县政协主席邓炳根，县委调研员、统战部部长胡炜等列席会议。

29 日

上午，省纪委副书记赵力平到南昌县就党风廉政建设工作开展调研。市委常委、纪委书记卢作全，省纪委党风廉政室副主任熊小华，市纪委副书记李紫敬，县委书记郭毅，县委常委、纪委书记叶保平，市纪委常委傅碧波、刘志勇等陪同调研。

▲上午，县政协就南昌县城市绿化工作开展调研。县政协主席邓炳根、副主席李成星，县政协调研员姜润根、伍目连等参加调研。

▲省委组织部综合处处长雷音，市委组织部副部长郑志军、部务委员杨晓波等到南昌县调研。县委副书记王小文，县委常委、组织部部长陈圣栋等陪同。

▲下午，县委书记郭毅在县综合楼主持召开县城规划委员会第 8 次会议。县委副书记王小文，县人大常委会主任胡小明，县委常委、常务副县长杨斯，县委常委、副县长杨保根，县委常委、小蓝经济开发区党工委书记徐海波，县委调研员、统战部长胡炜，副县长吴文卫、刘光荣，县政协副主席刘廷爱等出席会议。县政府规划顾问陈振寿、高霞应邀参加会议。

30 日

上午，冈上镇举行杨市公路竣工通车暨新公交开通典礼仪式。省委第一巡视员组组长樊耀，市交通局局长黄维象，市公路局党委书记王建华，市公交总公司总经理李明，县领导王小文、邓炳根、钱洁等出席典礼并剪彩。

30～31 日

县级领导干部工作务虚会在黄马白浪湖度假村召开。会议紧扣县第十三次党代会提出的“拼争全国五十强县市、建设现代化综合新城”的目标，围绕“做什么、怎么做、谁来做”这个主题，讨论研究 2012 年全县的工作思路和举措。县委书记郭毅，县委副书记、县长陈匡辉，县委副书记王小文，县人大常委会主任胡小明，县政协主席邓炳根，县领导叶保平、杨斯、杨保根、陈圣栋、徐海波、周仁斌、杨春、程雷佬、涂莉华、钱洁等县四套班子领导出席务虚会。

31 日

上午，省委副书记张裔炯到南昌县蒋巷镇视察农业综合开发工作。省农业综合开发办主任章康华，市县领导周关、朱志群、郭毅、程雷佬等陪同。

南昌县概览

综　述

2011年是“十二五”规划开局之年，也是县乡村三级换届之年。当年，在江西省委、省政府和南昌市委、市政府的坚强领导下，县委、县政府团结带领全县广大干部群众，紧紧围绕“拼争全国五十强县市、建设现代化综合新城”的战略目标，全力实施经济大发展、城乡大变样、社会大和谐三大工程，顺利完成年初的各项目标任务，开创了全县经济社会发展的崭新局面。

2011年，南昌县财政总收入在全省率先跨越40亿元台阶，达到45.5亿元，地方一般预算收入率先跨越25亿元台阶，达到25.9亿元，分别同比增长27.6%和33.5%，两项指标连续两年稳居全省100个县（市、区）第一，实际利用外资3.5亿美元，现汇进资8993万美元，两项指标以及农业总产值、市级以上龙头企业数量等十余项指标位列全省第一，县域经济综合实力继续领跑全省。外贸出口6.5亿美元，实际利用内资86亿元，均列全市第一；固定资产投资完成341.1亿元，增长26%，总量占全市1/6；地区生产总值、规模以上工业增加值分别完成384.3亿元、110.3亿元，分别同比增长15.3%、20.2%，总量均占全市1/7，全面完成市委、市政府下达的19项指标任务。全社会消费品零售总额完成71.1亿元，城镇在岗职工年平均工资达26988元，农民人均年纯收入8621元，分别同比增长18.6%、16.5%和11.2%。2011年，跻身全国百强县第82位，连续四年进位赶超。

南昌县位于江西省中部偏北，赣江、抚河下游，鄱阳湖之滨。位处北纬28°16′~28°58′、东经115°49′~116°19′之间。由东至西宽36公里，从南至北77公里。东接进贤县，南邻丰城市，西、北与新建县隔赣江相望，东北濒鄱阳湖，中西部对南昌市呈抱合之势。

自然资源

水系　南昌县境内水系发达，湖泊、陂塘星罗棋布，沟渠纵横交错，有小型水库15座，湖泊15个，池塘19021个，河港沟沥234条，属鄱阳湖水网区。赣抚平原水利工程的建成和堵支联圩后，使全县形成一个完整的水系。

地下水　南昌县境内的地下水主要有松散岩类孔隙水、红层溶蚀孔隙裂隙水、碳酸盐岩岩溶水、基岩裂隙水4种类型。涌水量约为26万吨/日左右，含水层厚5.1米~62米，水位埋深小于5米，而且分布较均匀。除境北滨湖地区地下水中铁、锰离子含量普遍偏高，如饮用须作处理外，其余地区的地下水水质较好，均为低矿化度淡水，符合饮用标准。由于地表水源丰富，所以南昌县还极少开发利用地下水。

土壤　南昌县的土壤可划分为水稻土、红壤、潮土3个土类；潴育型水稻土、潜育型水稻土、侧渗漂洗型水稻土、耕作红壤、自然红壤、红壤性土和潮土7个亚类；20个土属；69个土种。

水稻土是全县主要耕作土壤，约占总耕地面积的94%。红壤和潮土各占总耕地面积的3%，红壤的成土母质主要是潮砂，因含沙量大，有机质和有机养分分解快，因而保水保肥力差、抗旱力差，是养分贫瘠、耐旱差的旱地土壤。

植被　由于南昌县地处亚热带湿润地区，水稻土壤占绝大多数，因而植物生长环境条件优越，适合各类植物生长。其植物区系组成以杉科、松科、芸香科的常绿种类和以楝科为主的落叶种类为主，其次为山茶科、杨柳科、胡桃科、大戟科、禾本科、玄参科等一些种属组成（全县50个科、80个属、103个树种）。滨湖地区的草甸、季节性草洲多是禾本科草、肉马根、青芬、苔草、马柳等10余种草，还有一些水生植物。岗地、低丘还有一些草地、灌木丛及少量裸石地。

1986年前，全县森林覆被率仅有5%，经过实行植树责任制，调整农业产业结构，扩大果树栽种面积，覆被率超过10%，于1992年被林业部确定为江西省惟一的平原绿化达标县。

动物　全县野生鱼类主要有鲤、鲫、鳊、鲩、鲶、乌、青鱼，还有泥鳅、黄鳝、褶纹冠蚌、瘤丽蚌、湖螺、田螺等水产品。爬虫类的甲鱼、乌龟本属当地盛产，近年多为养殖。靠近幽兰镇的青岚湖畔还盛产名贵鱼种——银鱼，近年大为减少。

全县在水位12米~16米时有临时、季节性草洲12440公顷。这些草洲每年4~6月被洪水浸没2~3个月，平时，由于草洲上的青草生长旺盛，而且靠近鄱阳湖畔，天然饵料丰富，因而也是天然禽类生长栖息的良好场所，每年秋末冬初有大量的天鹅、大雁、灵鸡、野鸭、江鸥等到草洲、沼泽地等水域生活和越冬。

行政区划

西汉高帝五年（前202）始置南昌

县。1949年后，隶属南昌专区。1958年9月，划归南昌市辖。1961年7月，划归宜春专区辖。1967年11月，复划归南昌市辖至今。

2011年，南昌县下辖小蓝经济开发区和莲塘镇、向塘镇（向塘开发区）、蒋巷镇、幽兰镇、塘南镇、武阳镇、冈上镇、广福镇、三江镇、泾口乡、南新乡、八一乡、黄马乡、塔城乡、富山乡、东新乡（昌南新城）等9镇7乡及银三角管委会，共有262个行政村，38个（社区）居委会。主要如下：

小蓝经济开发区　邓埠、沥山、柏岗、虎山、雄溪、柏林、玉沙、唐村、霞山村、塔田、岗前村。

莲塘镇　王家、彭家、莲塘、斗门村，农贸街、府前路、南井路、公园路、体育馆、斗柏路、莲富路、莲垦、莲南、手拖、铁路区居委会、小蓝、埂头、街上、定岗、墨山村。

向塘镇　荆山、河头、棠墅、黄堂、黄山、南店、沙潭、辜坊、丁坊、高田、剑霞、新村、合火气、西洛、涣溪、梁西、璜溪、山背、向塘村，正街、东风路、通站路、民主街东路、民主街西路、团结街、新村、新街居委会。

蒋巷镇　蒋巷、玉丰、胜利、联圩、五丰、立新、三洞、河边、滁北、埕上、山尾、柏岗、高梧、白岸、叶楼、北望、洲头村。

幽兰镇　幽兰、胡陶、杨树、厚田、牌坊、流芳、少城、东田、马游、涂村、枫林、新庄、竹林、青塘、南山、南湖村，幽兰园艺场、渡头、涂洲、江陂、罗舍、桃岭、亭山、新荣、田坪、灌溪、黄坊、潭林、东联村。

塘南镇　塘南、梓溪、北联、和丰、港头、西联、篁山、民主、联合、蔡家、协成、渡口、石岗、富盛、近港、张溪、西河、田万、新联、新图、新光、红星、北星村。

武阳镇　武阳、广丰、庵前、泗洪、楞上、徐桥、大仪、前进、南坊、蕉湖、西游、傅家、朱坊、在港、郭上、保丰村。

冈上镇　冈上、黄台、万舍、东坛、曲湖、晋安、合山、石湖、安仁、蚕石、兴农、长湖村。

广福镇　广福、北头、木山、江家、吴石、荷山、沙港、板湖、南溪、漳溪、潭岗、官塘、宋洲、万洲村。

三江镇　三江、源溪、徐罗、竹山、东庄、汗塘、山下、松林、岗坊村，前后万、乌龙街、大街、河街居委会。

泾口乡　泾口、小莲、康庄、泥湾、后房、北湖、北山、辕门、东湖、岗背、大沙、大浦、杨芳、沙湖、水阁、东岗、山头、东联、东阳、东升、东方、东风、创业村。

南新乡　楼前、程湖、潭口、建新、九联、团结、丰洲、大港、塘头、南新、爱民、芳洲、西江、友好、山上、东邺、新洲、周坊、黄渡、中徐、范湖村。

八一乡　甫下、院前、后曲、新坊、大昌、淡溪、涂埠、八一、五星、胡华、南邓、钱溪、板南、南江、莲溪村。

黄马乡　冯家、上洛、岭前、徐家、南安、郭埠、罗渡、白城、华标、官田、涂洪、丰林、东边村。

塔城乡　南洲、北洲、青岚、凤岗、湖陂、秋溪、芳湖、塔城、东游、闸上村。

富山乡　富山、清湖、滩上、若岗、三山、东亘、张坊村。

东新乡　东岳、大洲、小洲、利用、河下、石岐村。

昌南新城管委会　抚西、象南、象北社区。

银三角管委会　棠左、蛟溪、涂家、敷林、浒南、横岗、万湖、春溪村。

风景名胜

【概况】　南昌县是江西的首府首县，又是建县2000多年的“千年古县”。全县拥有文化遗址近百处，人文景观10余处，自然观景10余处，其中有省市级重点文物保护单位多处。同时，由于南昌县地处赣抚平原，县域内湖汊星罗棋布，水网纵横交织，风景名胜交融于奇妙的自然风光中，秀丽的山水装点着千年古县的独特风貌，构成了南昌县特有的旅游优势。国画大师黄秋园故里，冈上教授村，广福永木黎村，后万古村，东禅古寺，东吴古墓等一大批风景名胜，无不展示着南昌县丰富的旅游资源。

【白虎岭】　位于县境南端的黄马乡境内，曾名白湖岭、白狐岭、狐峰，1963年改为白虎岭。山势为东西走向，东西长11.5公里，南北长1公里。地势或陡或平，山峰峙立其间，气势磅礴巍峨。由北远眺如龙游平川，从西进观如卧虎临水，较之难认真面目的名山峻岭，显其独有姿色。

白虎岭的主峰海拔181米，在西端；螺丝盘顶峰，海拔128.6米，在东南。双峰之巅昔日均有庙宇，为人们观游胜地。白虎岭顶上原先林茂竹修，庙旁有石塔、古井。据传说，古井之水长年不断，与南昌市内的六眼井之水相通，曾有一只在该井下沉的水桶于六眼井内浮出。螺丝盘顶又叫通天烛山，呈圆锥形，山陡岭峻，如巨烛通天。山上古木参天，庙隐其中。山腰叫卧犬山的地方有明皇姑墓，墓碑字迹已驳脱，墓顶有一大圆石覆盖，墓前有石人、石马、石桌、石凳、石香炉，造型雕刻均极精细。相传，明孝宗时，皇太后殇一女，太后极思之，于新建裘坊求得一与其同年同月同日生、相貌又相似的女子为皇女，死后葬于此地，因又名裘皇姑墓。附近有高3米，宽3米的巨石两块俗称“神仙石”。居东那块有66.7厘米长的巴掌印1块，居西那块上有66.7厘米长的脚掌印1个。相传为八仙吕洞宾担石路过此地所留。原在山麓之南北各有大寺庙一座，食南北各村近百里之烟火。铺前庙位于北，在东山门之平丘上，接连4栋，共10殿，两旁有两排厢房供来往信士住宿。鹤林寺位于南，规模更大。每年庙会期间，两地形同集市。以上各处，除了仙石岿然仍存、白虎岭、皇姑墓、鹤林寺尚有部分遗迹外，其余均为日寇所毁。1963年，办林场后，原毁山地又现杉松葱茏，橘、茶树成林，仍为游人秋季登高、旅游之胜地。

【全国最优美乡镇——江西（黄马）两江生态景区】　江西（黄马）两江生态景区地处江西省五大江河之一的抚河上游，南昌县南大门黄马乡境内。是国画大师黄秋园故里，毗邻进贤县和丰城市，其东、南、西三面分别由抚河（盱江）和抚河故道（箭江）两江环绕，总面积86平方公里，其中耕地面积2200公顷，山地面积1867公顷，旱地面积1133公顷，水面573公顷，植被覆盖率达75%，土地肥沃，农业资源十分丰富。黄马乡充分依托南昌植物园的建设，以花卉苗木市场为龙头，集产业、休闲、旅游、生态于一体，打造一个功能齐全、在南昌有影响力、在国内有知名度的生态旅游风景点。黄马人文资源丰富,国画大师黄秋园故里、兄弟部堂、“八大山人”、白虎岭寺庙群、介岗特色民俗文化村等文化资源遍布整个景区。自然环境优美,有着丰富的山水林木等自然资源和生态休闲资源,区内气候温和,雨量充沛,光照充足,四季分明,山清水秀,位于区内中心位置的白虎岭林场,为南昌县最高点,也是鄱阳湖冲击平原唯一的丘陵地区,美丽的十里荷塘,山水相应,水林相育,古木参天,鸟语花香,被评为“首届江西省十佳环境优美乡镇”、“全国环境优美乡镇”。

江西省昌南生态园有限公司位于南昌县黄马乡(省蚕桑茶叶研究所内),离南昌市区大约40分钟车程。全园拥有茶叶、蚕桑、绿化苗木、果业等成熟生态产业体系,其中生态茶园143公顷,标准化高产示范桑园6.7公顷,生态旅游果园43.3公顷,生态景观花卉苗木基地333.3公顷,水面66.7公顷。园区内山清水秀,绿树成荫,环境幽静,空气清新,四季有花,四季有果,候鸟成群,为人们享受绿色、亲近自然、感受欢乐的世外桃源。生态园亦为江西农业公园、南昌植物园、江西现代农业展示区的所在地,属于“两江”生态农业走廊的中心区。先后被评为“江西省可持续农业示范基地”、“江西省青少年科普教育基地”、“江西金韵生态农业示范园”,2008年获“最具开发潜力的旅游景区”称号。

每年10月,秋高气爽,金色飘香,适逢“十一”黄金周及重阳节,此时的黄马乡凤凰沟风景区6万余株桂花竞相盛开。凤凰沟风景区的桂花总面积上千亩,桂树总量近6万株。其中有花色金黄、甜香宜人的金桂;花色银白、清香爽人的银桂;花色赤红、光耀芬芳的丹桂;花色橙红、绚烂艳丽的朱砂桂;以及四季飘香的四季桂。位于景区办公区的“桂花王”树龄已超半百,属金桂品种,树高6米多,树冠的直径有8米多,独具王者风范。

【江西魅力乡镇·蒋巷生态农业与湿地科教旅游区】 “江西魅力乡镇·蒋巷生态农业与湿地科教旅游区”是一个充分利用蒋巷镇独特的自然生态旅游资源优势,整合现有现代农业休闲产业、候鸟湿地保护等资源,打造一个集休闲、观光、度假、商务、科教为一体的AAAA级生态休闲景区。

该景区以“一龙头、一品牌、一轴线”为总体布局。“一龙头”即以国鸿生态农业休闲基地为龙头,“一品牌”即以南矶山鄱阳湖自然保护区为借重之品牌,“一轴线”即将国旺现代农示范开发区、国海湖光山舍田园农庄养生区和高梧陶村新农村建设示范点连成一轴线。

江西国鸿生态园位于江西南昌县蒋巷镇境内,在高新开发区对岸,距省会南昌市中心约10公里,离昌北机场约15公里,距南昌火车站约12公里。园区占地面积66.7公顷,树林密布、山丘起伏、清澈的小溪贯穿全园,集山灵水秀于一体,空气新鲜,气候宜人,这里的空气是洁净的环保型空气,氧离子和负离子是城市空气的10倍以上,是天然的健身休闲胜地,既聚自然风光,又有现代特色。

生态园区内绿树成荫、小桥流水、处处鸟语花香。园区绿化面积达85%,形成了“春有花赏,夏有荫凉,秋有硕果,冬有绿装”的绿化格局。园区内有高档特色瓜果、蔬菜和花卉,如小西红柿、小青瓜、小南瓜、迷你西瓜、网纹甜瓜、蝴蝶兰、大花蕙兰、雪松、广玉兰、老人葵、银杏、紫薇、矮脚柚等100多个品种的花卉、果树、盆景。目前,园共拥有江西省最大的蝴蝶兰生产基地。

九曲黄河灯:2010年2月23日晚,在南昌县蒋巷镇湖光山舍田园农庄亮起了传承千年的黄河灯阵。灯阵由两米多高的竹竿构成,大约每米就竖着1根或红、或绿的竹竿,竹竿上面则有一盏灯泡。据南昌县蒋巷北望村一位长者说:黄河灯阵相传由通天教主金萧、银萧、碧萧三姐妹所创。“千百年来,三萧娘娘被视为平安、幸福的庇佑者,所以黄河灯也叫幸福灯、平安灯。灯阵99个弯,一直走完别回头,象征着幸福和平安。”而在蒋巷镇涂村,对于黄河灯却有另一种说法。涂村一位涂姓长者说,在公元1362年,明朝开国大将邓愈,与陈友谅在鄱阳湖大战,战败后被陈军追杀。邓愈受“三萧娘娘”指点,退到赣江边。涂村渔民为保护邓愈,用渔船和竹竿撑起方灯,摆起迷魂阵迷惑陈友谅官兵,救了邓愈。至朱元璋安定天下后,邓愈升任江西行省右丞,为报答渔民相救之恩,于是下拨银两每年正月在赣江边举行走方灯活动,并改名为黄河灯。相传走黄河灯阵,意味着事业有成,身体健康。

【幽兰马游山风景区】 幽兰镇马游山风景区地处碧波荡漾的青岚湖畔,因朱元璋与陈友琼大战鄱阳湖在此游过战马而得名,总面积200公顷。距南昌市区约30公里,40分钟车距。境内有佛教旅游胜地——岘山东禅寺。寺名乃乾隆皇帝游历此地时御笔亲书,寺内有近0.3公顷翠竹林,有千年银杏、明代古桂和清代老梅等植物珍宝。境内另有在南昌东南一带颇负盛名的地藏寺、龙华寺等佛教圣地,每逢庙会盛节假日,香客如云,游客如潮,蔚为壮观。

【岘山庵】 “岘山庵”位于幽兰镇南湖万村南侧约150米处的一处小山丘上,南临千顷青岚湖,周围古树参天,翠竹茂密,曲径通幽。“岘山庵”是当地群众对“东禅寺”及整座岘山上所有宗教建筑的习惯称呼。1935年版《南昌县志》记载也称其为“岘山庵”。传说“东禅寺”始建于唐高宗咸亨年间,迄今已有1300余年的历史,然因资料不足,难以佐证。1935年版《南昌县志》记载“岘山庵”为明代始建。“东禅寺”屡经兴废,最后一次废于“文化大革命”期间。“文化大革命”后期,此处为“南昌县疗养院”所在地。后疗养院撤出,该处重新成为宗教场所。庵内仅存清乾隆帝亲笔御书“岘山禅林”石匾一块嵌于山门的门楣之上,现所有建筑均为近数十年所建。庵内另有桂树3株,其中一棵清代古桂已有300余年树龄,枝繁叶茂,已列为保护树木。还有多株古樟多为百年以上树龄。“岘山庵”于1983年被南昌县人民政府列为第一批重点文物保护单位。

【广福永木黎村景区】 位于江西省南昌市郊广福镇,为唐永王李璘故居,距省会南昌市35公里。据黎姓家谱记载和地名普查资料所记,从唐始,黎姓已居于此,至明、清已历经数朝而不衰。民国时期虽遭日军轰炸,现仍有房屋37幢,其中34幢为明末清初所建，风格古朴迥异，多为勒马式八字斗门，一般两进四厢或一进两厢带反照堂，有的两旁留有暗走巷。

永木黎村成一扇形，村庄房舍座西朝东，呈半月形排列（古时为了便于观戏），一口新月形池塘环绕村前。据村中老人讲，以前在池塘中有个大戏台，由两个石墩支撑，每当逢年过节，村里便是好戏连台，热闹非凡。

古屋群中的“世科第”，寓意这里有人中了科举或做了大官。在一个刻有“卓越清贞”的牌坊上，虽然部分文字及图案已难以辨认，但被两条盘旋的巨龙拥在正中的“圣旨”二字，还是让人感受到了封建皇权的威严。在闺秀楼前，人们可以遐想当年大户人家的小姐，藏在阁楼上对心仪男子扔绣球时的羞涩与妩媚。

村后有裔山，竹木成林，鸟语花香，而山后的吴家山缓丘上座落的唐永王墓，为这座千年古村平添了几分神秘的色彩。这是江西最早的藩王墓，该墓封土高 2.8 米，直径 16.7 米，宽 12 米，呈椭圆形。据史书记载：“永璘王，唐玄宗李隆基第二十三子，曾封为荆州大都督，及领山南、江西、岭南、黔中节度使。时值安禄山反叛，太子李亨自封为帝。李璘因违背李亨之意而被追杀至死，葬于现在的南昌县广福镇板湖永木黎村。李昕受命在此守墓，并繁衍后代，原此村叫作守墓李家。”随着时间的推移，后裔怕受株连，故取谐音，名为守墓黎家。到了清代，后裔认为“墓”不吉利故又将此村改名永木黎家，该村因此而得名。此墓为南昌市政府重点文物保护单位。永木黎村历史文物、景点众多，有保存完好、雕刻精密，并具有中国古代建筑风格的“大夫第”、“贞节牌坊”等保存完好的古建筑群。

【万村古民居】 南昌县三江镇三江村前、后万自然村，自北宋神宗年间故兵部尚书、爱国先贤万迪公始迁至此，迄八百余载。该自然村地临四县之交，秀挹三江，世代文风蔚然，忠诚义士，人才辈出，历朝金榜题名之进士，有记载就有 15 人，举人秀才数百名。经世代经营，该村村容整肃，绿树芳草，碧水如镜，街巷洁净，古宅民舍，文物胜迹，蔚为省邑望族名胜。如万芳园之迪公铜像、道光古井、必大之门、金榜棋杆石、鲤鱼塘、双节牌坊、十八坡及明、清古建筑群，处处无不展示出三江古文化底蕴。该自然村自宋迄明肇基以来，世代繁衍昌盛，古建筑群蔚为大观。现存的 61 幢古建筑，均系砖木石结构，外墙下砌花岗岩石（角砺岩），上砌青灰色斗砖，室内铺青石地面，内部为木构建筑，梁柱粗大，梁檩均为双合梁，雕刻明窗，宅内布局一般为一、二进，厅堂侧舍，因地取势，布局合理，高大宕明。幢与幢之间巷道规划整齐，水道畅通，房室栉比鳞次，高低有序。2002 年列为县级文物保护单位。

【月池熊氏教授村】 月池村位于冈上镇蚕石村，亦称月池熊家，以村前池塘似半月而得名。明末清初，其组经豫章迁此肇基。历 400 年繁衍生息，遂成冈山月池、兴农及广福下坊 3 支，乃南昌县望族。月池村素以崇尚学教称誉乡里，其先人世昌公淳厚好学，设私塾，开学馆，名曰“心远学堂”。继而设心远教育基金，奖掖族中有成子弟。其曾孙育汤、元锷秉祖先尚学家风，先后兴办“心远小学”、“心远中学”（今南昌三中前身）、“心远大学”，开江西教育之先河，时与天津南开，湖南明德等校同列国中私立名校。熊氏后裔陆续走出月池，奔赴各地参加祖国建设。据不完全统计，月池村有中国人民解放军上将、中科院院士、国家级勘察大师、教授、副教授 300 余名，博士、硕士 40 余名，县处级及其以上干部 130 名，成为闻名遐迩的教授村、人才村。

在月池村，每高中一名进士、举人都要栽植一棵樟树以谢养育之恩，寓意其本人及月池村今后的发展像樟树一样枝繁叶茂、百年长青。至清入末，有 300 多棵古樟立于月池“大夫第”等排房深宅的前后，至 2002 年仅存 12 棵，树龄均在 200～600 年之间，仍参天耸立，生机家：始建于西晋时代，由豫章罗氏始祖罗珠的第盎然。

文化传承

南昌县人文历史源远流长，底蕴深厚，人才辈出。

迄已发现、存留的文物遗址，如向塘镇马井遗址和麻丘镇吕蒙岗遗址发现的石品、陶器，其时代当属新石器时期至商周。已发现的古墓有西汉梅福墓（向塘镇尚谌店）、三国东吴墓（小蓝乡小蓝村）、唐永王李璘墓（广福镇板湖村）等等。现存的古建筑有永木黎村（广福镇板湖村，明清建筑群）、蜚英塔（麻丘镇荷埠周家）、珠子塔（三江镇南街）、普陀佛塔（冈上镇兴农村）等等。古寺庙遗址有岘山庵（幽兰镇南湖村）等。

相传春秋期间，孔子的学生澹台灭明（子羽）曾到南昌讲学，很有名气，死后就葬在南昌东湖总持院后（今南昌市二中校园内）。

据光绪版《南昌县志》和其他有关资料记载，从开设科举制度开始，南昌县历代文科中取的有状元 1 人，榜眼 2 人，进士 598 人，举人 1048 人；武科中取的有探花 1 人；入志并立传的知名人物达 1617 人之多。如“下陈蕃之榻”的徐孺子，出使金国不辱使命的京镗（宰相），以主管国家财政政绩显著而升至副相的陈恕（其子陈执中后承父业，直至位居相职），骁勇善战而令倭寇闻风丧胆的刘显、刘綎父子，以文才冠绝一时并参与编辑四库全书的彭元瑞等等，还有未能收入旧志的明代附舶浮海两下东西洋的航海家汪大渊，都是其中的佼佼者。

至近代和现代，更是英才辈出。内中有著名教育家熊育钖；有人称“找了姚国美，死了都不悔；找了姚稚山，死了也心甘”的江西一代名医姚国美、姚稚山；有全国著名的工程结构力学专家蔡方荫；有开创湖南省大学物理教学之先声的熊正理；有国画大师黄秋园。他们有的是终生坚持在家乡辛勤耕耘，有的是在外省外地专心致志地报效祖国，度过了自己较有价值的一生。至于在对越自卫反击战中不惜盘肠大战，以自己的鲜血捍卫祖国神圣领土与尊严的战斗英雄丁顺茂烈士等等，全县人民更将永远缅怀他们，赞颂他们。

还有更多的人，奋斗几十年，过去已为南昌县的发展与进步，为祖国的统一与繁荣，为社会主义革命与社会主义建设，作出过较大的贡献，现在仍然在继续作贡献。年轻一些的，在不同的岗位上，在奋勇拼搏中崭露头角、脱颖而出的更是大有人在。其中有在祖国和民族处于危亡关头毅然参加新四军,至今雄风犹在的老将军邓迈;有全国第一位女省委书记万绍芬;有老画家胡献雅;有20世纪五六十年代就已闻名全国的诗人公刘、电影表演艺术家祝希娟……等等。随着改革开放的日益深入,更年轻一代的南昌县人中必将有更多的人杰涌现!

民族·宗教

【概况】 南昌县属少数民族散杂居地,全县有满、壮、侗、苗、回、蒙古、黎、佤、土家、哈尼、畲、水、土、白、仫佬、瑶、布依、傈僳、塔塔尔、朝鲜、彝、维吾尔、藏、纳西族共24个少数民族,人口约522人。城市少数民族人口302人,以回、满、壮族居多,其中常住人口258人,流动人口约44人。少数民族较为集中的社区是向塘镇铁路社区居委会,共29户,73人,以彝、苗族为主,其中常住人口49人,流动人口24人。

南昌县有佛教、道教、天主教和基督教四种宗教,经省、市政府宗教部门正式批准登记的宗教活动场所135处,宗教教职人员290人,信教群众2.8万余人。其中:佛教活动场所79处,教职人员158人,信众2万余人;道教活动场所19处,教职人员10人,信众3420余人;南昌县有基督教活动场所36处,教职人员122人,信徒4550余人;天主教活动场所1处,教职人员1人,信众50余人。南昌县现有3个宗教团体:南昌县佛教协会、南昌县道教协会、南昌县基督教“两会”(南昌县基督教协会、南昌县基督教三自爱国运动委员会)。

(主笔:曾红兰　审稿:范禄根)

人口发展

截至2011年末,南昌县共有人口1008684人,其中农业人口816328人,非农业人口192356人。与2010年末相比总人口增加9800人,增长率为0.98%,其中农业人口增加5697人,增长率为0.7%;非农业人口增加4103人,增长率为2.18%。非农业人口增长率比农业人口增长率大。

2011年末,南昌县总人口数与2010年末总人口数增加的主要原因:1.2011年报生人口数10961名,迁入人口数14076名,两项共增加人口数25037名;2.2011年死亡注销人口数4248名,迁出人口数11023名,两项共减少人口数15271名;3.随着国家惠农政策的不断增多,有相当多的原未登记户口的老人均提出补录户口,经调查核实,2011年南昌县共为老人补录入常住户口3000余人。

2011年全县报生人口10961名,而2010年报生人口33374名,是2011年的3倍,其中相当一部分是补报往年出生未上户口人员,在2010年的户口整顿中得到了解决。2010年,南昌县按有关规定补录出生未上户口人员5000余人;其次为配合第六次人口普查工作,计生部门也拿出了一些具体的工作举措,有相当多的计划外生育家庭主动缴纳的社会抚养费,为小孩报后上户;另2010年全年南昌县注销户人员8140名,是2011年4248名的1.92倍。

2011年人口增长率最大的是小蓝经济开发区,全年共增加人口3608,增长率为12.55%,主要原因是因行政区划调整,原莲塘镇的岗前村和塔田村划归小蓝经济开发区管辖;其次是昌南新城,全年共增加人口1303人,增长率为5.08%。

南昌县人口发展是以莲塘镇、向塘镇、蒋巷镇为中心,向周边乡镇幅射(中有莲塘镇、南有向塘镇、北有蒋巷镇)。2011年末,这3个镇的人口共计322686人(其中莲塘镇108921人、向塘镇120321人、蒋巷镇93444人),占全县总人口的31.99%。

表1　**2011年全县各乡镇开发区人口及变动情况**

单位	2010年末人口数			2011年末人口数			2011年人口增减情况		
	农业	非农业	合计	农业	非农业	总计	农业	非农业	总计
莲塘镇	30793	77782	108575	28133	80788	108921	-2660	3006	346
银三角	12500	6179	18679	12468	6972	19440	-32	793	761
八一乡	34526	4553	39079	34821	4568	39389	295	15	310
小蓝工业园	27608	1149	28757	30866	1499	32365	3258	350	3608
东新乡(昌南新城)	22203	1638	23841	22610	2534	25144	407	896	1303
富山乡	21930	1331	23261	22116	1352	23468	186	21	207
岗上镇	42868	3743	46611	42949	3764	46713	81	21	102
向塘镇	76917	44597	121514	77223	43098	120321	306	-1499	-1193
广福镇	37467	2703	40170	38048	2734	40782	581	31	612
三江镇	26489	3875	30364	26826	3928	30754	337	53	390

续表 1

单位	2010 年末人口数			2011 年末人口数			2011 年人口增减情况		
	农业	非农业	合计	农业	非农业	总计	农业	非农业	总计
黄马乡	34164	3406	37570	34347	3429	37776	183	23	206
武阳镇	49298	3744	53042	49494	4007	53501	196	263	459
塔城乡	37664	2554	40218	38044	2608	40652	380	54	434
幽兰镇	69143	6820	75963	69381	6891	76272	238	71	309
泾口乡	63207	3457	66664	63509	3352	66861	302	-105	197
塘南镇	68485	3989	72474	69053	4064	73117	568	75	643
蒋巷镇	86399	6085	92484	87414	6030	93444	1015	-55	960
南新乡	59771	3248	63019	59948	3315	63263	177	67	244
五星垦殖场	9199	7400	16599	9078	7423	16501	-121	23	-98
全县	810631	188253	998884	816328	192356	1008684	5697	4103	9800

（主笔：陈志刚 审稿：胡 偎）

气 候

【概况】 2011 年，南昌县气候主要特点为：气温略偏高，降水异常偏少，日照偏少。年平均气温为 18.3℃，比常年（1981～2010 年，下同）偏高 0.3℃；年降水量为 1083.2 毫米，较常年偏少 613.6 毫米，其中莲塘汛期降水量 634.0 毫米，较常年偏少 290.2 毫米；日照时数 1603.1 小时，较常年偏少 49.5 小时。年无霜期 285 天。年内气象灾害造成损失最重的是冬春连旱、冰冻、暴雨和秋季低温。

【主要气象灾害】 2011 年，主要气象灾害有：冬春连旱、雨雪冰冻、暴雨、秋季低温等。

1. 冬春连旱

2011 年 1 月以后，南昌县降水持续偏少，1～4 月上旬，降水量为 169.7 毫米，比历年偏少 265.4 毫米，特别是 3 月 21 日～4 月 10 日降水量只有 23.6 毫米，比历年同期偏少 137.4 毫米，比 2010 年偏少 116.5 毫米。滨湖乡镇部分早稻田因缺水无法正常播种。

2. 雨雪冰冻

2011 年 1 月 18～20 日，南昌县普降中到大雪，电线结冰直径 60 毫米。1332 公顷的蔬菜、果树、园林等不同程度遭受危害，直接经济损失 96 万元，受灾人口 13568 人。

3. 暴雨

2011 年 6 月 3 日，旱涝急转，全县范围内分别在 6 月 3 日～6 日、10 日～11 日、13 日～15 日、19 日连续出现 4 次暴雨过程，过程降水量分别达到：77.6 毫米～203.2 毫米、42.0 毫米～103.2 毫米、25.2 毫米～180.6 毫米和 23.0 毫米～112.9 毫米。这几次暴雨过程造成全县范围内 13333 公顷早稻受淹，其中受灾面积 5333 公顷。蔬菜受淹面积达到 633 公顷，其中成灾面积 80 公顷。

4. 秋季低温

2011 年 9 月 19 日～23 日和 9 月 30 日～10 月 7 日全县分别出现连续 5 天、8 天日平均气温≤20℃的天气，连续 2 次出现秋季低温（“寒露风”）天气，对处于抽穗扬花的晚稻影响严重，受 2 次“寒露风”天气影响，全县有 8000 公顷晚稻受灾，其中减产 1 到 3 成的 3333 公顷，减产 5 成的 1333 公顷，绝收 373 公顷。

表 2 **2011 年南昌县主要气候要素**

年平均温度（℃）	最热月平均温度（℃）	最冷月平均温度（℃）	年降水量（毫米）	年日照时数（小时）	极端最高气温（℃）	极端最低气温（℃）	年极大风速（米/秒）
18.3	30.5	2.5	1074.3	1603.4	39.1	-3.2	20.1

（主笔：张崇华 审核：张文红）

城乡环境

2011 年，南昌县积极推进生态县建设、污染物总量减排、打击违法排污和环保能力建设等重点工作，全力打造宜居宜业昌南。各项工作走在全省、全市县区前列。当年，南昌县县城空气二氧化硫年均浓度 0.047 毫克/立方米，二氧化氮年均浓度 0.037 毫克/立方米，可吸入颗粒物年均浓度 0.095 毫克/立方米，均达到国家二级标准；饮用水源地Ⅲ类达标率为 100%，跨行政区域河流交界断面考核全部合格；声环境质量得到有效提升，城市区域环境噪声平均值稳中有降。

（主笔： 审稿：罗云浩）

城乡居民生活及民生事业

【概况】 2011年，南昌县把改善民生、创新管理、促进和谐作为社会发展的主要追求，不断提升广大人民群众的满意度、安全感和幸福感，开创社会大和谐的新局面，让老百姓的“腰包”随着经济的发展鼓起来。2011年全县城镇在岗职工年平均工资26988元，同比增长11.4%。据抽样调查显示，全年全县农村居民人均纯收入8621元，同比增长16.5%。农村居民家庭食品消费支出占家庭消费总支出的比重(恩格尔系数)下降到44.5%。2011年，累计投入民生工程资金16.1亿元，人民群众生活水平不断提高，幸福指数稳步提升。

【就业保障】 2011年，新增城镇就业和转移农村劳动力2万人，“零就业家庭”就业安置率100%。

【社会保障】 2011年，启动城镇居民社会养老保险试点县工作，新型农村社会养老保险参保率达92%。全年累计向城镇低保7146户1.72万人发放资金4317万元；累计向农村低保2.12万户3.54万人发放资金5091万元；累计向农村医疗救助4552人救助资金1657万元；累计向城镇医疗救助1803人救助资金370万元。

【教育卫生】 2011年，全县高中招生6151人，在校生16191人，毕业生3872人。全县初中招生13288人，在校生39936人，毕业生13039人。小学招生14638人，在校生78655人，毕业生12886人。特殊教育在校生61人。幼儿园在园幼儿24415人。

全县共有卫生机构26个，其中医院4个，妇幼保健院1个，专科疾病防治院1个，疾病预防控制中心1个，卫生监督所1个，乡镇卫生院19个。卫生技术人员1551人，其中执业医师和执业助理医师580人，注册护士557人，药师155人。医院和卫生院床位1106张。乡镇卫生院床位496张，卫生技术人员869人。参合农民74.29万人，参合率达到95.94%，居民健康档案建设达标。

【文化旅游】 2011年，全县共有民间剧团8个，文化馆1个，乡镇文化站16个，公共图书馆1个，博物馆1个，电影院16个。全年送戏下乡186余场，送电影下乡4000余场，送书下乡1万册。年末有线电视用户8万户；广播电视覆盖率为98.5%；新建、改建塔城、八一等乡镇综合文化站4个，农家书屋发展到176家，在全省率先实现城乡电视和电影数字化建设。

2011年全县接待旅游人数267万人，实现旅游收入10.14亿元。

表3 南昌县国民经济主要指标

指　标	单位	2011年	2010年	较2010年增长(%)
地区生产总值	万元	3843004	3059522	15.1
第一产业	万元	403088	371154	5.1
第二产业	万元	2542943	2045978	11.6
#工业	万元	1992062	1546997	15.8
第三产业	万元	896972	642390	32.3
财政总收入	万元	454978	356524	27.6
地方一般预算收入	万元	258785	190057	33.5
财政支出	万元	457039	311782	46.2
农业总产值(现价)	万元	687724	646472	6.4
规上工业总产值(现价)	万元	4770742	3313848	44.0
固定资产投资	万元	3410895	2706807	26.0
社会消费品零售总额	万元	711246	596316	18.6
实际利用外资	万美元	35014	31324	11.8
实际利用内资	亿元	85	74	14.8
出口创汇	万美元	66257	43130	53.6
金融机构年末存款余额	万元	2552591	1948349	31.1
金融机构年末贷款余额	万元	1554122	1211624	28.3
城镇在岗职工年平均工资	元	26988	24164	11.4
农民人均纯收入	元	8621	7400	16.5

(主笔：刘　欢　审稿：胡渔文)

新农村建设

【概况】 2011年，南昌县坚持把新农村建设和农村环境整治工作作为“统筹城乡”的重要抓手，以“生产发展和村容整洁”为切入点，以“六改四普及”和“三绿一处理”为主要内容，按照“点、线、面”三块扎实推进。点：180个新农村建设点、2006～2010年新农村建设村点、500个非新农村农村清洁工程村点、5个市县两级综合示范点、17个新农村自建村点和9个县级新农村示范点。线：5条“出城四门”道路、18条县乡主干道的环境整治。面：15个乡镇所在地集镇的环境整治；2011年，180个村点共7929户全面完成改水、改厕；硬化道路199.3公里，其中进村道路47.4公里，村内道路151.9公里，硬化率100%；修建排水沟71.3公里，栽树15万余棵，拆旧房8.7万平方米，建新房5.8万平方米，修整屋檐2000余幢，新建沼气池340个，安装有线电视3966户、太阳能1100户，使用宽带1356户，使用电话（含）手机1.3万户，建设科技宣传栏56处、体育休闲类设施135处、医疗卫生点145个、社会治安类设施163个。新购大型自卸式垃圾清运车6辆，人力垃圾清运车1059辆，垃圾桶54419只，聘请保洁人员1237名，建设垃圾池（屋、箱）956个，18座压缩式垃圾中转站均正常运转，2011年申报的2座压缩式垃圾中转站已开工建设，农村垃圾处理覆盖率达65%。

【举办全县新农村建设培训班】 2011年6月22日，全县新农村建设培训班在县委党校举办，市委农工部副部长刘荣根出席并授课，县新村办负责人、各乡镇（开发区、管委会）新农村建设分管领导、新村办主任及各村点理事会共计200余人参加。

培训班上，刘荣根结合新农村建设业务实际，从“怎么看新农村建设、怎么建设新农村和新农村建设中干部怎么做”三个方面深入浅出的进行讲解，让参加培训人员受益匪浅。培训班针对做好2011年的新农村村点建设提出五点要求。一是要绘好村庄规划图；二是要算好资金筹措账；三要抓住“三改”作为新农村村点建设主要切入点；四是要完善村民议事管事机制；五要建立健全一套长效管理制度。各村点要借鉴城市社区服务管理的理念，充分发挥村民理事会作用，采取乡规民约、村规民约等形式，进一步建立健全环境卫生长效管理机制，以保证新农村建设村点和综合示范点建成一批、巩固一批，使新农村建设项目能够长久发挥效益。

【召开新农村、村镇建设管理专题调研会】 2011年7月9日上午，县委书记郭毅主持召开全县新农村、村镇建设管理专题调研会，县委常委、常务副县长涂仕华，县委常委、副县长杨保根，县委常委、农工部长魏根金，县委常委程雷佬出席。

郭毅认真听取了全县新农村建设管理基本情况等汇报，了解南昌县近年来抓规划布局，推进新农村建设所取得的成效。郭毅指出，加强新农村和村镇规划建设与管理，主体在乡镇，责任在村“两委”班子，要充分运用好农村“五老”人员、村规民约和村民自治组织，抓好农村环境卫生整治，切实解决环境脏乱差的问题。有条件的可实行垃圾分类处理，对偏远乡村的垃圾运输适当给予财政补贴，真正达到村民居住环境不断改善的要求。郭毅强调，村镇建设规划的实施是一项长期任务，既要着眼于改善村容村貌，又要从当地实际出发，既要坚持节约和集约使用土地的基本原则，又要便利于农民生产生活，体现地方特色。今后五年推进新农村建设，必须全面深化农村改革，激发农村自身活力，在国家政策的扶持下，大力发展农村生产力，加快改善农村的生产生活条件和整体面貌，促进农村经济社会全面进步。

【全市新农村建设清洁工程流动现场会在向塘镇山背村召开】 2011年8月17日下午，向塘镇山背村举行南昌市新农村建设清洁工程流动现场会，市委农工部副部长刘荣根率各县区、各乡镇新农村建设分管领导等150余人到山背村视察指导工作，县委农工部、向塘镇相关领导陪同。

【召开全县新农村村点建设现场推进会】 2011年10月28日上午，南昌县召开新农村村点建设暨农村清洁工程现场推进会，县委常委、农工部部长程雷佬出席并讲话。

程雷佬指出：无论是新农村建设还是农村清洁工程，都需要方方面面共同配合，要形成一级抓一级、层层抓落实的局面，按照村庄整治、产业整合的建设方针，切实加大推进力度，尽快完成建设任务。程雷佬要求：各乡镇要进一步统一思想，明确责任，更加坚强的决心、更加清晰的思路、以更加有力的举措加快推进新农村建设和农村清洁工程。程雷佬强调：新农村建设工作和农村清洁工程是实实在在的惠民工程，是贯彻落实科学发展观的具体举措，任务艰巨、使命光荣，一定要按照省市统一要求，上下同心、攻坚克难，努力开创南昌县新农村建设和

农村清洁工程的崭新局面!

出席全县新农村村点建设暨农村清洁工程现场会的人员先后到武阳镇前进村龚万自然村、塔城乡北洲村北坊东新村和幽兰镇东田村田环自然村,参观了新农村村点建设和清洁工程建设情况。在参观中,大家一致认为,这几个新农村建设点不仅基础设施全部建设到位,而且环境卫生实现明显的改观,建立了管理的长效机制,一致表示要把好的经验和做法带回本乡镇,进一步推动新农村建设,为建设和谐、秀美的新农村作出积极的贡献。

【南昌县大力推进生活垃圾处理设施建设】 2011年,南昌县通过基础设施建设扎实推进农村垃圾处理工程,乡村生活垃圾的收集、中转和处理等环节得以不断完善,初步建立了行之有效的运转体系。南昌县围绕“清洁卫生、无害处理、简便实用、群众欢迎”的要求,采取“四个主体、五种处理方式”的“4+5”垃圾处理模式和“户集、村收、乡(镇)压缩、县处理”的运作流程,实行“规划下管二级、处理下管一级”的管理方式,推行垃圾分类无害化处理,有力地促进了全县农村垃圾处理工作的深入开展,2010年,南昌县共投入垃圾无害化处理资金2300余万元,兴建压缩式垃圾中转站18座,购买机动垃圾清运车108辆,大型自卸式垃圾清运车5辆,人力垃圾清运车1059辆,垃圾桶54419只,建设垃圾池956个,保洁工具1237套。基本完善了主干道、村点及集镇垃圾处理的各项基础设施,农村生活垃圾处理更环保、高效。

党和国家及省部级领导人到南昌县考察

【概况】 2011年,部分党和国家领导人,国家部委、中直机关,中共江西省委、江西省人大、江西省人民政府、江西省政协领导人到南昌县视察参观指导工作,对南昌县围绕“打造核心增长极战略支点”,科学发展、进位赶超给予充分肯定和鼓励,同时指出前进的方向,提出富有时代特点的工作要求。一些外国友好人士也到县访问。

【江西省委第一巡视组到南昌县开展巡视回访】 2011年2月24日上午,以樊耀为组长的江西省委第一巡视组到南昌县开展巡视回访督查工作。为此,南昌县委召开汇报会,向江西省委第一巡视组汇报南昌县落实2009年巡视组提出的六个意见、两个建议整改情况。在观看和听取2010年南昌县变化掠影汇报片和南昌县委书记肖玉文关于全县经济社会发展和相关项目整改落实情况汇报后,樊耀对南昌县经济社会发展和整改落实工作给予充分肯定,认为南昌县的整改工作始终坚持以科学发展观为指导,以科学发展,进位赶超、绿色崛起为主题,把抓好整改落实工作作为加强党的建设和推进经济社会发展的一个动力,整改落实工作取得了突出的成效。

【国土资源“破两难、促转变”部省联合调研组到南昌县调研】 2011年3月12日上午,国家土地督察南京局局长刘天增率江西省国土资源厅党组副书记、副厅长刘定明,国家规划院地籍所所长姜栋,国家土地督察南京局调研处处长王钊等组成的国土资源“破两难、促转变”部省联合调研组到南昌县,深入基层、摸实情,就南昌县合理利用土地资源“破两难、促转变”工作开展情况进行调研,对南昌县“破两难、促转变”工作的经验做法以及取得的成绩表示肯定。

【中办督查室及有关部门到南昌县回访调研】 2011年4月1日下午,由中办督查室副主任李伯富带领的中办督查室及有关部门领导一行6人到南昌县参观蒋巷国鸿生态园,江西省委督查室主任卢伟平,江西省旅游局办公室主任张寿卿,江西省住建厅住房保障处副处长熊峰,江西省委督查室

副主任潘赛新,南昌市委常委、市委秘书长凌学仁,南昌市委副秘书长、市委办公厅主任李福如陪同。

【中央党校副校长孙庆聚到南昌县调研】 2011年4月14号上午,中央党校副校长孙庆聚到南昌县,就如何加强县级党校建设开展调研。在听取南昌县经济社会发展和南昌县委党校建设情况汇报后,孙庆聚对南昌县经济发展和党校建设给予充分肯定。孙庆聚希望南昌县县委党校在县委的领导、重视和支持下,在上级党校的指导下,进一步开拓创新、努力工作,创造出更多、更好的经验。江西省委党校常务副校长龚培兴,江西省委党校副校长陈春明,南昌市委常委、组织部长杨人平,南昌市委党校校长赵刚平陪同调研。

【拉美政党青年干部代表团到南昌县参观考察】 2011年4月18日上午,拉丁美洲的阿根庭、墨西哥等5个国家政党青年干部代表团到南昌县黄马乡凤凰沟风景区,实地参观考察当地生态农业产业发展情况。凤凰沟风景区优美的自然环境,赢得拉美朋友们的一致好评,代表团对南昌县大力发展现代生态农业、旅游业的做法和所取得的成效表示赞赏。

【院士专家到南昌县开展活动】 2011年5月7号上午,由中组部组织的中国科学院院士和中国工程院院士专家团到南昌县蒋巷镇考察。专家团首先到江西国旺现代农业示范区,实地考察水产品养殖基地和果蔬种植基地,在详细了解企业的发展情况后,一致认为生态江西国旺现代农业示范区的建设与发展取得了显著成绩,并希望企业认真做好整合生态资源,发展绿色有机优质农产品,推行低碳生态环保生产方式等方面的文章,进一步完善基础配套设施,增强示范效应,提高示范区的运营效益。

【全国粮食稳定增产督导检查组到南昌县检查】 2011年5月25日上午,以国家粮油信息中心主任尚强民为组长的全国粮食稳定增产督导检查组深入南昌县塘南镇、泾口乡进行督导检查,督导组通过参观了解,对南昌县高产创建示范区的生产情况表示满意,对南昌县在高产创建方面进行的大力宣传给予充分肯定。江西省政府副秘书长谢茂林、江西省粮食局局长熊根泉、江西省农业厅副厅长张忠平、江西省粮油局局长刘宝林、南昌市副市长刘家富、南昌市政府副秘书长陈武陪同检查。

【王文涛会见丰益国际集团董事长】 2011年5月28日上午,江西省委常委、南昌市委书记王文涛在滨江宾馆会见了新加坡丰益国际集团董事长郭孔丰一行,对郭孔丰一行到南昌考察表示欢迎,希望丰益国际集团扎实推进在昌投资项目建设,做强做大企业。新加坡丰益国际集团是世界500强企业,益海嘉里集团是其在华投资的多元化企业集团,旗下益海嘉里(南昌)粮油食品有限公司坐落于南昌县南新乡,主要从事大米加工、植物油脂生产、粮油及其制品加工等。

【江西省政协调研组到南昌县调研】 2011年7月19日上午,江西省政协党组副书记、副主席朱张才率省政协调研组到南昌县,就"进一步提高我省粮食生产能力"进行专题调研。朱张才对南昌县高度重视粮食生产、保持农业持续稳定增长给予充分肯定,希望南昌县继续发挥好粮食主产区的作用,在抓好工业发展的同时,进一步重视粮食生产,确保粮食增产和农民增收,在百强进位中取得更大的成绩,为全省、全国的粮食安全做出新的贡献。江西省政协常委、省政协经济科技委员会主任李发昌等参加调研。南昌市副市长张根水,南昌市政协副主席、党组副书记王水苟等随同调研。

【国务院检查组到南昌县检查】 2011年7月22日下午,由国土资源部土地整理中心副主任范树印为组长的国务院检查组,到南昌县蒋巷镇检查城乡建设用地增减挂钩试点和农村土地整治清理工作,对南昌县的城乡建设用地增减挂钩试点和农村土地整治工作给予了充分肯定。

【谢茹到南昌县调研】 2011年8月24日上午,江西省副省长谢茹到南昌县蒋巷镇国鸿公司,就"七城会"食品安全保障工作进行调研。谢茹强调,要用最严格的食品监管、最严密的组织体系确保"七城会"举办期间食品安全工作万无一失。江西省政府副秘书长晏驹腾,江西省卫生厅副厅长程关华等随同调研。

【公安部检查组到南昌县检查】 2011年9月5日上午,以陕西省公安厅督察总队政委刘涛为组长的公安部"清网行动"省际交叉检查组到南昌县,检查指导"清网行动"工作。公安部督察局局长张京,江西省公安厅纪检书记李煌,南昌市公安局纪委书记钟田力等陪同。

【国家住建部巡查组到南昌县视察】 2011年9月21日上午,以国家住房和城乡建设部何军为组长的保障性安居工程巡查组到南昌县,视察保障性住房建设情况。江西省城乡规划设计研究院党委书记刘社堂陪同视察。

【中纪委惩防办调研组到南昌县调研】 2011年10月20日上午,以中纪委宣教室副局级检查员戴军为组长的中纪委惩防办调研组到南昌县,就惩防体系建设情况进行调研。调研组对南昌县惩防体系建设工作取得的成绩表示赞赏,并希望有关部门继续加强监管,进一步完善重点领域预防腐败的制度,继续探索新的工作方法和思路,促进南昌县反腐倡廉建设和经济社会更好更快发展。江西省纪委常委李泉新,南昌市纪委副书记李紫敬陪同。

【江西省、南昌市人大代表到南昌县调研】 2011年10月28日上午,江西省人大常委会原副主任万学文、南昌市人大常委会副主任罗慧芬、南昌市人大常委会副主任申少平、南昌市人大常委会副主任李国根、南昌市政府副秘书长胡小洪等率部分省市人大代表到南昌县调研。调研组首先视察南昌县富山乡中心幼儿园建设情况,实地了解"学前教育"工作情况,并听取有关情况的汇报。同时,调研组还视察江西直方数控动力有限公司、江铃股份小蓝30万辆整车基地、小蓝经济开发区沙盘规划展示厅,就战略性新兴产业发展情况进行研。通过调研,省、市人大代表对南昌县高度重视“学前教育”工作给予充分肯定,对南昌县战略性新兴产业快速发展表示满意。

【阿不来提·阿不都热西提到南昌县调研】 2011年11月22日下午,全国政协副主席阿不来提·阿不都热西提率全国政协经济委员会专题调研组到南昌县,围绕“推进现代农业,确保农产品有效安全供给”这一专题,深入南昌县小蓝经济开发区的江西煌上煌集团进行调研。江西省政协副主席朱张才、江西省农业厅厅长甘良淼、南昌市政协主席卢晓健、南昌市副市长朱志群、南昌市政协副主席辛利杰随同调研。

【尚勇到南昌县视察】 2011年11月28日上午,江西省委常委、纪委书记尚勇到南昌县小蓝经济开发区视察泰豪动漫产业的发展情况,江西省科技厅厅长王海,江西省纪委常委李建发,江西省工信委副主任张小平,江西省科技厅副厅长王晓鸿,南昌市长陈俊卿,南昌市委常委、纪委书记卢作全,南昌市委常委、宣传部长曾光辉,南昌市副市长姚燕平,南昌市政府秘书长杨文斌陪同。

(主笔:杨建武　审稿:王曦婷)

中国共产党南昌县委员会

县委重要会议

【中共南昌县委十一届九次全体（扩大）会议】 1月22日上午，中共南昌县委十一届九次全体（扩大）会议在县综合楼会议室隆重召开。会议的主要任务是：回顾总结2010年及“十一五”工作，审议《南昌县国民经济和社会发展第十二个五年规划纲要（草案）》和《中共南昌县委2010年度常委会工作报告》，研究部署2011年及今后五年的工作任务，动员全县上下进一步统一思想，创新实干，为“建设赣鄱第一县、拼争全国五十强”而不懈奋斗。

县委书记肖玉文主持县委十一届九次全体（扩大）会议并代表县委常委会作工作报告。县委副书记、县长陈匡辉就《南昌县国民经济和社会发展第十二个五年规划纲要（草案）》编制情况作说明。胡小明、邓炳根、涂仕华、杨保根、熊运浪、胡炜、王小文、徐海波、魏根金、汪火明等出席并在主席台就座。

大会回顾总结了全县“十一五”期间的成就。五年来，南昌县坚定不移谋跨越，务实创新求发展，为“建设赣鄱第一县、拼争全国五十强”奠定坚实的基础。“十一五”期间特别是2010年以来，县委在省委、市委的坚强有力领导下，紧紧围绕“科学发展、百强进位”这一目标，团结带领全县百万人民，凝心聚力，攻坚克难，圆满完成“十一五”时期的各项目标任务，经济社会保持了前所未有的良好发展态势，为“十二五”规划发展奠定了坚实的基础。

大会指出，“十二五”时期全县各项工作的总体要求是：高举中国特色社会主义伟大旗帜，以邓小平理论和“三个代表”重要思想为指导，以科学发展观统揽全局，把握经济社会发展和党的建设；经济发展和社会发展；工业化、城镇化和农业产业化；经济文明和生态文明；稳定、信访、舆情和经济社会发展的五大关系。大力推进新型工业化标志区、新型城镇化试验区、新型农业产业化示范区、低碳生态经济先行区“四区”建设，实施投资拉动、项目带动、创新驱动三大战略，加快转变经济发展方式，促进产业转型升级，谋求速度、结构、质量、效益相统一，经济、社会、民生、生态相协调两个双向突破，从而实现建设赣鄱第一县、拼争全国五十强的目标，把南昌县建设成为经济发达、居民富裕、生态优美、社会和谐、宜居宜业的省会副中心城市！“十二五”时期经济社会发展的主要目标是：经济发展有新跨越、转型升级有新突破、统筹城乡有新作为、开放水平有新提升、生态建设有新成效、民生保障有新加强。

大会强调，2011年是全县“建设赣鄱第一县、拼争全国五十强”的关键一年，也是实施“十二五”规划的开局之年。我们要倍加珍惜大好形势，切实抓住发展机遇，扎扎实实做好2011年各项工作，为“十二五”规划发展开好局、起好步。要坚定不移推动大投入，坚定不移推动大创新，坚定不移推动大提升，坚定不移推动大和谐。要抓好党建正作风，强化保证促发展，为“建设赣鄱第一县、拼争全国五十强”提供坚强的政治组织保证。

大会号召，紧密团结在以胡锦涛为总书记的党中央周围，高举中国特色社会主义伟大旗帜，以邓小平理论和“三个代表”重要思想为指导，深入贯彻落实科学发展观，在省委、市委的正确领导下，凝心聚力应挑战，奋发有为创大业，提速赶超快发展，为“建设赣鄱第一县，拼争全国五十强”和全面实现“十二五”规划目标而努力奋斗！

陈匡辉在作关于《南昌县国民经济和社会发展第十二个五年规划纲要》编制情况的说明中指出，“纲要”全面客观地总结了“十一五”时期全县取得的主要成就，明确指出“十一五”时期是全县经济质量大幅提升、城乡面貌显著改善、人民生活水平不断提高的时期，为“十二五”时期实现更快更好发展奠定坚实的基础。陈匡辉强调，根据县委、县政府提出的“十二五”期间发展思路和全县经济社会发展要求，“纲要”提出制定“十二五”规划的指导思想是：高举中国特色社会主义伟大旗帜，以邓小平理论和“三个代表”重要思想为指导，深入贯彻落实科学发展观，更加注重以人为本，注重城乡统筹兼顾，注重执政为民，以“加快建设赣鄱第一县、奋力拼争全国五十强”为主战略，以加快转变经济发展方式为主线，以保障和改善民生为落脚点，全力推进新型工业化标志区、新型农业产业化示范区、新型城镇化试验区、低碳生态经济先行区“四区”建设，大力实施产业优化升级、城镇优化开发、项目提升带动、深化改革开放四大战略，加快“江西领先、中部崛起”步伐，努力把南昌县建设成为经济发达、居民富裕、生态优美、社会和谐、宜居宜业的省会副中心城市。总体目标是：建设中部有竞争力的现代制造业基地和枢纽型物流基地、承接省会城市人口和功能疏解的城市功能拓展区、全省统筹城乡发展综合配套改革先行区、具有相对独立功能的省会副中心城市，继续保持综合实力在全省县域经济中的领先地位。围绕总体目标要求,“纲要”提出“十二五”时期经济社会发展的主要目标,包括综合经济实力大提升、转型升级实现新突破、民生保障得到新加强、城乡统筹取得新进展、生态建设取得新成效、社会建设迈出新步伐六个方面内容。充分体现了规划编制的战略性、前瞻性和指导性原则。会议通过《南昌县国民经济和社会发展第十二个五年规划纲要》,通过《中共南昌县委2010年度常委会工作报告》。

出席和列席县委九届十一次全体(扩大)会议的还有黄连科、李木旺、陈秀梅、王三毛、熊鹰、伍曦、胡显勇、张增和、涂莉华、程雷佬、赵泽华、章光文、万德珍、吴克芳、张军、李信谆、姜润根、伍目连、李植、李红刚、张振川、周庆鲁、黄志清、尹头根及各乡镇党委书记、乡镇长、开发区(新区)党工委书记、管委会主任、县委各部门、县直各单位主要负责人。

【中共南昌县第十二次代表大会】 中国共产党南昌县第十二次代表大会于2011年7月22日至7月25日在828宾馆会议室隆重举行。全县430名党代表参加会议。

大会的主要任务是:回顾总结县第十一次党代会以来的工作,研究部署今后五年全县经济社会发展的奋斗目标和工作任务,选举产生新一届县委和县纪委,进一步动员全县各级党组织、全体党员和广大干部群众,超常发展,进位赶超,全力开辟“拼争全国五十强县市、建设现代化综合新城”历史新征程。

大会客观总结了南昌县过去五年所做的工作和取得的成绩,大会指出,县第十一次党代会以来,县委在省委、市委的坚强领导下,团结和带领全县各级组织、广大干部和百万人民,积极应对低温雨雪冰冻、国际金融危机和特大洪涝灾害的严峻考验,大力推进新型工业化标志区、新型城镇化试验区、新型农业产业化示范区和低碳生态经济先行区建设,顺利并超额完成了“十一五”时期的各项目标任务,为“十二五”时期的发展奠定了坚实的基础。过去的五年,最显著的变化是综合实力强劲提升,最难得的变化是发展后劲不断增强,最突出的变化是产业结构不断优化,最直观的变化是城乡面貌焕然一新,最可喜的变化是社会事业长足进步,最深刻的变化是党的建设全面加强。

大会总结了过去五年的实践经验:必须始终坚持把解放思想、改革创新作为最强大的发展动力;必须始终坚持把加快发展、转型升级作为最鲜明的发展导向;必须始终坚持把放大优势、扩大开放作为最主要的发展途径;必须始终坚持把以人为本、民生优先作为最根本的发展追;必须始终坚持把夯实基础、党建引领作为最重要的发展保障。

大会明确今后五年的主要目标是:力争到“十二五”期末,全县主要经济指标较“十一五”期末翻一番,其中财政总收入和地方一般预算收入翻3倍。城市功能和集聚辐射能力明显提升,产业结构水平和对外开放程度明显提升,群众安全感、满意度和幸福指数明显提升。

大会提出今后五年的指导思想是:高举中国特色社会主义伟大旗帜,以邓小平理论和“三个代表”重要思想为指导,以科学发展观统揽全局,围绕一个目标,实施两大战略,推进三项工程,全力开辟“拼争全国五十强县市、建设现代化综合新城”历史新征程。

一个目标:即拼争全国五十强县市、建设现代化综合新城。两大战略:即经济转型升级战略和社会管理创新战略。三项工程:即经济大发展、城乡大变样、社会大和谐三大工程。

大会指出,拼争全国五十强县市、建设现代化综合新城,关键在党,根本在人。一是要在解放思想中增强理解力、执行力、操作力;二是要在奋发有为中埋头苦干、用心实干、借脑巧干;三是要在创先争优中营造风清气正、心齐气顺的良好氛围。

大会经过认真审议,通过了郭毅代表中共南昌县第十一届委员会所作的工作报告;大会经过充分酝酿和民主选举,产生中国共产党南昌县第十二届委员会和新一届中国共产党南昌县纪律检查委员会。

大会号召,更加紧密地团结在以胡锦涛为总书记的党中央周围,在省委、市委的正确领导下,以更加大气开放的思路,更加诚信图强的精神,更加求真务实的作风,团结带领全县百万人民,为拼争全国五十强县市、建设现代化综合新城而不懈奋斗!

【南昌县委中心组理论学习(扩大)会议】 2011年8月8日,南昌县委中心组理论学习(扩大)会议召开。县委书记郭毅,县委副书记、县长陈匡辉,县委副书记王小文,县人大常委会主任胡小明,县政协主席邓炳根以及县领导叶保平、杨斯、杨保根、陈圣栋、徐海波、周仁斌、杨春、程雷佬、姜清波、涂莉华等参加学习会议。

会议的主要内容是观看反腐倡廉警示教育片《落马的“县官”》,该片围绕县委书记、县长这两个重要岗位,对江西省近年来查处的8个典型腐败案件进行深入剖析,记录了他们因腐化而受到党纪国法严惩的过程,分析他们由领导干部蜕变为腐败分子的主要原因,提示领导干部违纪违法对党和人民的事业及个人、家庭带来的严重危害。

会议指出,党员领导干部千万不能动摇理想信念、千万不能滥用手中的权力、千万不能拒绝群众的监督、千万不能放纵自己的亲情、千万不能降低自己的操守。要牢固树立终身学习的思想,不断用科学的理论武装头脑,始终保持政治上的清醒和坚定;要注重培养健康的生活情趣,始终保持高尚的精神追求,自觉抵御各种腐朽落后思想观念的侵蚀;要自觉发扬党的光荣传统和优良作风,真正做到为民、务实、清廉,不断夯实廉洁从政的思想道德基础,筑牢拒腐防变的思想道德防线。在行使权力时,始终要有“官难做、难做官、做难官”的意识,要把职务看成是干事创业的舞台,服务群众的平台。要始终摆正个人和组织、个人和群众的关系,切实把来自方方面面的监督看作是对自己的政治保护,真心实意地听取各方面的意见,主动地接受监督。同时,要教育好、管理好家属、子女和身边的工作人员,共同营造廉洁自律的良好氛围。要以“蝼蚁之穴,溃堤千里”的忧患之心对待自己的一思一念;以“如临深渊,如履薄冰”的谨慎之心对待自己的一言一行;以“夙夜在公,寝食不安”的公仆之心对待自己的一职一责。不论大小多少,一定要持定守节,把住底线,做到“君子慎始而无后忧”。

会议强调，县乡换届刚刚结束，要进一步加强领导干部警示教育，做到警示在先、预防在先。要结合贯彻执行《中国共产党党员领导干部廉洁从政若干准则》，进一步增强依法行政、廉洁从政的意识；要结合县委权力公开透明运行和基层党组织党务公开工作，主动接受党组织和人民群众的监督；要结合风险岗位廉能管理工作，认真查找岗位风险，合理确定风险等级，科学制定防范措施；要结合贯彻落实《关于实行党风廉政建设责任制的规定》，按照"一岗双责"的要求，认真抓好职责范围内的党风廉政建设工作。

【南昌县"一看二比三争当，建功昌南我先行"主题实践活动暨选派优秀干部学习锻炼动员大会】 2011年8月22日，全县开展"一看二比三争当，建功昌南我先行"主题实践活动暨选派优秀干部学习锻炼动员大会在县综合楼会议室举行。县委书记郭毅，县委副书记、县长陈匡辉，县委副书记王小文、县人大常委会主任胡小明，县政协主席邓炳根，县委常委叶保平、杨斯、杨保根、陈圣栋、周仁斌、杨春、程雷佬、涂莉华等出席会议。

会议的主要任务是动员和激励全县各级党组织、广大干部自觉投入到创先争优和学习锻炼活动中来，为加快南昌县"超常发展、进位赶超"步伐凝聚力量、增添动力。

会议指出，要以思想的大解放争创发展的新优势。当前，南昌县已经站在新的历史起点上，正处于"超常发展、进位赶超"的关键时期，解放思想、凝聚共识更显重要，学习锻炼、增长才干更加迫切，深入基层、创新服务更有意义。只有树立一流的思维理念、一流的意志品质、一流的工作水平，才能推动南昌县在科学发展的道路上走得更快、更稳、更好。要以作风的大转变汇聚发展的大合力。无论是"一看二比三争当、建功昌南我先行"活动，还是干部上挂、下派学习锻炼，还是县委各部门、县直各单位以及各乡镇、开发区为民服务创先争优，根本目的都是转变作风、提升素质、争创一流、推动发展。全县广大干部都要深刻理解这些活动的实质内涵和目标要求，大力弘扬市委九届十二次全会提出的六种作风，在全县营造"转变作风强素质、比学赶超创一流、深入实践当先锋、齐心协力抓发展"的良好氛围。要大力弘扬真抓实干的作风、深入一线的作风、锐意创新的作风、负责担当的作风、艰苦奋斗的作风和淡泊名利的作风，始终牢记党的宗旨，保持共产党员的先进性和纯洁性，自觉遵守廉洁自律各项规定，坚持做到自重、自省、自警、自励，实实在在做人，勤勤恳恳做事。要以活动的大开展助推发展的大跨越。大家要认真学习，深刻领会，深入思考"看什么、比什么、争当什么"的实质内涵、标准要求和努力方向，深入思考上挂、下派进行学习锻炼的目的意义、目标要求和工作内容，务求真学真懂真用，真心实意投入，立说立行整改。切实做到态度要端正，理解要透彻，方法要得当，纪律要严明，效果要显现。县委迫切希望，通过活动的深入开展，使各基层党组织、广大党员、机关干部真正受到教育、真正转变作风、真正解决问题，努力实现"发展见成效、素质有提升"的目标；通过活动的深入开展，挖掘培育先进典型，在全县树起一面面旗帜，不断形成学习先进、崇尚先进、争当先进的良好风气；通过活动的深入开展，在全县唱响超常发展、进位赶超的主旋律，把广大干部群众的热情和干劲引导到干事创业上来，形成齐抓共管、共谋发展的强大合力。

会议强调，全县"一看二比三争当，建功昌南我先行"主题实践活动、选派干部学习锻炼以及全县全体党员、干部和工作人员为民服务活动开展后，大家要积极行动、自觉参与到活动中来，进一步转变作风，抢抓机遇，以更快的速度、更强的力度、更高的要求和更实的举措，为"拼争全国五十强县市、建设现代化综合新城"作出新的更大贡献。

【南昌县招商引资暨重大重点项目推进动员大会】 2011年10月27日下午，全县招商引资暨重大重点项目推进动员大会在县文化会展中心召开，会议动员全县上下要进一步认清形势、坚定信心、统一思想，以超常规的举措、超常规的力度，迅速掀起招商引资和项目推进新高潮，以招商引资和项目推进的大突破推动全县经济大发展。县委书记郭毅出席并讲话，县委副书记、县长陈匡辉主持会议，县领导王小文、胡小明、邓炳根、叶保平、杨保根、陈圣栋、徐海波、周仁斌、杨春、涂莉华、钱洁等参加会议。

会议指出，加快发展是第一要务，招商引资是第一手段，项目推进是第一载体。组织招商引资大推进和重大重点项目推进，是顺应发展大势的需要、是增强发展动力的需要、是营造发展氛围的需要。全县各级组织和广大干部群众要凝聚发展共识，深刻认识招商引资和项目推进的重要性和紧迫性，全力打好招商引资和项目建设攻坚战。要聚焦发展重点，把握工作目标、工作原则和工作方法，奋力推动招商引资和项目推进的强势突破。要创新招商方式，推动招商引资工作向专业化、针对性和集群式发展。同时，要把重大重点项目推进作为加快发展的第一要务和重要载体，摆在各项工作的首要位置，时刻放在心里、深入骨髓里、落实到行动上，要按照"落户项目抓开工、开工项目抓竣工、竣工项目抓投产、投产项目抓达标"的原则，分解细化，落实责任，确保总投资超285亿元的139个重大重点项目快速推进、加速竣工，以形象进度和推进质量向全县人民交上一份满意答卷。

会议强调：今天的项目决定明天的产业，今天的投资决定未来的发展。各级各部门一定要树立强烈的机遇意识，把招商引资和项目推进作为超常发展、跨越发展的头等大事，作为一项永无止境的活力工程、全民工程、系统工程、智慧工程来抓，不断开创招商引资和项目建设工作的新局面，为"拼争全国五十强县市、建设现代化综合新城"作出新的更大的贡献。

【南昌县县级领导干部工作务虚会】

2011年12月30日晚，为期两天的南昌县县级领导干部工作务虚会在黄马乡白浪湖休闲度假村隆重开幕。县委书记郭毅，县委副书记，县长陈匡辉，县委副书记王小文，县人大常委会主任胡小明，县政协主席邓炳根以及叶保平、杨斯、杨保根、陈圣栋、徐海波、周仁斌、杨春、程雷佬、涂莉华、钱洁等县领导出席务虚会。

会议的主要任务是紧扣县第十二次党代会提出的"拼争全国五十强县市、建设现代化综合新城"的目标，围绕“做什么、怎么做、谁来做”这个主题,讨论研究2012年全县的工作思路和举措。

会议指出,南昌县要实现拼争全国五十强县市的目标,仅有二产业的发展是远远不够的,三产服务业要挑起全县经济发展的大梁,要像抓工业、抓招商引资一样,抓三产服务业的发展,为南昌县经济实现跨越式发展,为到“十二五”末财政收入突破100亿的目标作出积极的贡献。在发展农业品牌方面,南昌县尽管是传统的农业大县,但真正叫得响的品牌还没有,要大力宣传好南昌县的特色品牌,引进龙头企业去包装,以龙头企业带动千家万户的发展,同时发挥农村合作社的组织效应,促进农产品深加工,真正让农民增收致富。

县委重要决策

【开展“发展提升年”活动】 2011年1月4日,南昌县发展提升年活动正式启动,活动时间为期一年,共分学习动员、组织实施、总结考评三个阶段进行。为使活动扎实有效开展,县委、县政府于2011年1月4日和6月2日,分别组织召开动员会议和再部署大会,对活动进行安排部署。同时,制定下发《南昌县开展发展提升年活动实施方案》,明确五个方面的重点工作,并印发《南昌县发展提升年活动五个方面重点工作推进表》,把工作任务细化分解成103个具体项目,明确牵头单位、配合部门、工作目标和完成时限,实行“一个项目、一个单位、一抓到底”的项目推进责任制。

【县委权力公开透明运行工作】 2011年,县委相继出台《县委议事规则(试行)》、《“三重一大”决策实施办法(试行)》、《建立健全维护和保障群众利益决策机制的实施意见》等规范性文件,编制《县委职权目录》,将县委职权划分为党代会、全委会、常委会3大块和全局工作、经济发展、社会事业、社会稳定、党的建设5大类39项权力,进一步厘清县委书记、副书记、常委和县长、副县长职权。搭建“两网”(县政务网、县委权力公开透明运行专网),“两屏”(澄碧湖公园LED显示屏和党务政务信息查询触摸屏),“一栏”(县电视台县委权力公开透明运行效能通报专栏),“一廊”(澄碧湖公园公开长廊),“一报”(手机电子报),“一中心”(县委新闻发布中心)八位一体的公开载体,高质量完成省市委交给的试点任务。12月14日,全市县委权力公开透明运行工作现场推进会在南昌县召开,得到市委的充分肯定。

【提出今后五年全县经济社会发展的主要目标和指导思想】 2011年7月23日,中共南昌县委第十二次党代会召开,提出今后五年南昌县经济社会发展的主要目标和指导思想。其中,主要目标是:力争到“十二五”期末,全县主要经济指标较“十一五”期末翻一番,其中财政总收入和地方一般预算收入翻3倍。城市功能和集聚辐射能力明显提升,产业结构水平和对外开放程度明显提升,群众安全感、满意度和幸福指数明显提升。指导思想是:高举中国特色社会主义伟大旗帜,以邓小平理论和“三个代表”重要思想为指导,以科学发展观统揽全局,围绕一个目标,实施两大战略,推进三项工程,全力开辟“拼争全国五十强县市、建设现代化综合新城”历史新征程。一个目标:拼争全国五十强县市、建设现代化综合新城。两大战略:经济转型升级战略和社会管理创新战略引。三项工程:经济大发展、城乡大变样和社会大和谐。

【开展干部“上挂、下派、平移”学习锻炼活动】 2011年8月底,县委开展选派年轻干部“上挂、下派、平移”学习锻炼活动。全县共选派“上挂、下派、平移”干部176名(含科级干部56名),其中上挂省、市部门学习锻炼干部16名,平移到长沙县、肥西县学习锻炼干部18名,下派到村(社区)学习锻炼干部142名,下派干部共组成18个下派工作组,分别派驻到16个乡镇和小蓝经开区、银三角管委会的76个村(社区)一线,深入基层学习锻炼。活动开展以来,县、乡、村三级整体联动,采取有效措施,加强对学习锻炼干部的教育管理,全体“上挂、下派、平移”干部认真履行职责,发挥各自优势,立足提升能力素质,积极学习上级部门、发达地区的先进经验和工作方法,主动服务基层群众,锤炼了党性,磨炼了意志,提高了综合素质和工作能力,取得实实在在的活动效果。下派干部在学习锻炼期间,共走访群众35000余人次,梳理解决群众反映的问题6800多个,解决矛盾纠纷600余起,为群众办好事实事1700余件。

【开展招商引资暨重大重点项目推进活动】 2011年10月27日,县委召开全县招商引资暨重大重点项目推进动员大会,要求全县上下进一步认清形势、坚定信心、统一思想,以超常规的举措、超常规的力度,迅速掀起招商引资和项目推进新高潮,以招商引资和项目推进的大突破推动经济大发展。这次“招商引资暨重大重点项目大推进活动”工作目标是以五大战略性支柱产业和投入产出比高的项目为重点,以重大招商活动为平台,既引进“大、高、全”的项目,又引进“专、精、特”的项目,在招商引资的总量和质量上有明显突破,全面提升开放型经济发展质量,力争到年底招商引资到位资金突破120亿元,外贸出口完成6.2亿美元。同时,要求确保总投资超285亿元的139个重大重点项目快速推进、加速竣工,以形象进度和推进质量向全县人民交上一份满意答卷。

县委领导调研活动

【县委书记郭毅】 6月27日上午,县委书记郭毅在县委副书记、县长陈匡辉,县委常委、小蓝经济开发区党工委书记徐海波,副县长涂莉华的陪同下到小蓝经济开发区调研,并先后深入落户小蓝经济开发区的汇仁集团、百事可乐、达利集团、泰豪动漫、天津宝迪、江铃股份等企业,实地了解企业的生产、建设、发展等情况。郭毅指出,要举全县之力把小蓝经济开发区继续做大做强。要加大国家级开发区的申报力度、加大招商选资、项目推进和征地拆迁的力度、加快工业地产、商业地产发展的力度,推动小蓝经济开发区更好更快发展。要求真务实,扎实工作,创新方法和举措,努力再造一个小蓝。要加快开发区汽车汽配、食品饮料等产业的聚群发展,做大做强小蓝。要优化投资环境,保护自然生态环境,做优做美小蓝。

6月30日上午,县委书记郭毅在县委常委、常务副县长涂仕华,县政协副主席姜润根的陪同下到县财政局就全县财政工作进行专题调研。郭毅书记指出,"十一五"期间全县财政收入上了三个台阶,分别从10亿、20亿,达到去年的35亿元,2010年全县财政总收入、地方一般预算收入两项指标又历史性地双双位居全省100个县(市、区)第一,在全省县域经济发展中的龙头地位明显。县域经济能够取得这么大的增幅,县财政部门做了很多工作,作为县政府的重要职能部门,财政局主要是管好家、理好财、当好参谋。通过合理地调配,真正使有限的财政资金发挥最大的效益。各级干部要切实加强金融知识、现代企业管理知识的学习,加强与金融部门的沟通,学会运用现代金融管理知识,积极争取各方面和金融部门的大力支持,更好地培养税源、培育财力,从而进一步壮大县域经济发展的实力。

6月30日下午,县委书记郭毅在县委常委、统战部长胡炜的陪同下到莲塘镇调研新型城镇化建设和第三产业发展情况。郭毅指出,随着经济社会发展、人口不断向中心城区转移和南昌县昌南组团目标的定位,以及南昌卫星城市建设的需求,莲塘镇不能只停留在以县城的模式而是要以中等城市的规模框架来管理和建设,要与南昌市错位发展,做强做大特色商业,提高现有传统三产项目,引进一批国际知名的特色品牌,满足人们不断增长的消费需求,以吸引更多的人气商气,从而加快第三产业的发展。

7月1日下午,县委书记郭毅在县委常委、常务副县长涂仕华,县委常委、副县长杨保根的陪同下深入县城镇管理局、县城乡规划建设局就城市管理和城市规划建设工作进行调研。郭毅指出,城市管理在一定程度上反映的是一个城市的精神,城市管理的好坏直接反应了一个城市市民的素质。要以城市的标准来管理,不断提高城市的管理水平,提升城市的品位和档次,增强城市的集聚力、辐射力和带动力,将全县的城市管理工作推到一个新的高度,为建设美好昌南作出新的更大贡献。城市规划和建设是城市发展的一个很重要的环节,作为南昌市的副中心和卫星城,不能再以县城的标准而是要以中等城市的标准来制定规划,做到高起点、高品味规划昌南组团,并主动融入南昌市、对接南昌市。在城市建设方面要加强管理,在建设审批程序方面要加强规范,要严格按照规划审批去执行,努力把南昌县的城市建设得更加美好。

7月2日下午,县委书记郭毅在县委常委、纪委书记、政法委书记熊运浪,副县长、县公安局长张增和,副县长赵泽华,县法院院长李红刚,县检察院检察长张振川,县公安局政委周庆鲁的陪同下就全县社会管理创新工作进行调研。郭毅指出,加强社会管理创新、加大社会面的控制和维护一方稳定是各级党委政府的职责所在,也是各级党委政府的主要工作。社会管理创新没有现成的经验可以借鉴,只有整合方方面面的力量,迎难而上,敢于创新,善于创新,边思考、边研究、边摸索、边建设。要加强调度,狠抓落实,特别是针对当前社会不稳定因素,要加大打击力度,加强宣传的力度,营造良好的治安环境氛围,通过创新社会管理,努力把各项工作推向一个新的台阶,促进全县经济社会健康发展。

7月2日下午,县委书记郭毅在县委常委、常务副县长涂仕华,县委常委、副县长杨保根,县委常委、统战部长胡炜,县委常委、农工部长魏根金,县委常委程雷佬,副县长赵泽华的陪同下就全县民生工程实施情况进行调研。郭毅指出,要把党和政府的温暖送给真正需要帮助的群众,体现整个社会的公平正义;要加强民生工程的动态管理,多听取和尊重群众的意见;要把民生工程打造成廉洁工程和光明工程,经得起历史的检验;已经开工建设的民生工程要加快进度,按时保质保量完成。同时注意完善民生工程的功能,确保民生工程都能发挥效益,把民生工程真正建成群众满意的工程,向全县人民交上一份满意的答卷。

7月8日下午,县委书记郭毅深入银三角调研。郭毅指出,银三角作为南昌市的南大门,北承莲塘核心区、南接向塘物流基地,依托小蓝经济开发区、呼应昌南新城,具有城市后花园的地理优势,发展大有可为。要多借外脑,不断完善银三角的基础设施建设,规划好未来的发展,以主动作为、务实创新、勇于担当、狠抓落实的工作作风,做到守土有责,认真把自己的事情办好,切实抓好"两场改制"、征地拆迁等工作,为南昌县"拼争全国五十强、努力建设现代化中等城市"作出应有的贡献。

7月8日下午,县委书记郭毅在向塘开发区管委会主任黄志清的陪同下深入向塘镇就经济社会发展、向塘开发区发展目标定位等进行调研。郭毅书记指出,向塘有着资金流、信息流传统的优势,要充分利用向莆铁路开通的有利时机,努力打造铁路—公路枢纽型物流基地,使之成为中部地区连接海岸港口的最便捷的交通枢纽,为南昌增加海铁联运的港口,切实减轻企业的运输成本,以拉动向塘的发展。同时向塘作为一个重要集镇,要控制好违章搭建,加大土地管理的力度,为项目的引进奠定良好的基础。同时要加强党的建设和社会管理创新工作,严厉打击黑恶势力,为向塘发展营造公平正义的法制环境和良好的治安环境,确保社会和谐稳定,以吸引更多的投资者到向塘投资发展,促进向塘更好更快地发展。

7月15日上午,县委书记郭毅到昌南新城(东新乡)调研。郭毅指出,乡党委、政府要举全乡之力继续加大控违力度。同时,要用真情、真心、热心和爱心去帮助困难群体,力所能及地解决老百姓的生活困难和生产中存在的问题,确保社会和谐稳定。严格执行基本建设的程序和标准以及土地管理的法律法规,针对执行规划管理过程中出现的问题,抓紧时间做好抢救性规划。加大公建配套等基础设施建设,完善昌南新城城市功能。要做好经营城市文章,加快昌南新城建设,实现城市得发展,百姓得实惠。郭毅强调:党委、政府全体班子成员要加强学习,努力使眼界更宽、思路更清、品味更高,以适应新形势发展的要求。做到多一点学习、多上些书桌、多一点思考。以建设和管理现代化中等城市的标准和要求去推动昌南新城的发展。

8月8日上午,县委书记郭毅到县地税局调研。郭毅书记指出,近几年,全县经济发展很快,地税部门做了很多卓有成效的工作。希望地税部门要将涵养税源作为下一步工作的重点,加大开放型经济工作和招商引资力度,充分利用南昌县优势,大力发展第三产业,积极培植财源。要加大宣传,切实增强纳税人自觉纳税的意识和税务干部的责任心,做到应收尽收。要认真做好分类管理、信息化建设等工作,不断提高依法行政的水平和能力。要认真地开展协税护税工作,强化措施,想方设法留住税源。要利用好税收信息平台,努力提高税收征管的效率和质量。要做好服务,在服务好现有的企业同时,对新引进来的企业要主动跟进服务,帮助企业解决在发展中遇到的困难和问题,为纳税人创造良好的发展环境,确保完成全年税收收入任务。

8月8日下午,县委书记郭毅分别深入县国土资源局、县工商局、县供电有限责任公司,就服务全县经济社会发展情况进行调研。郭毅书记指出:

土地是不可再生的资源,如何在严格的土地政策下依法依规用好土地、发挥土地的最大效益,是摆在基层国土部门一个全新的课题,这就要求国土部门首先要有节约使用土地的强烈意识,不仅要做节约使用土地的推动者,而且要做土地政策的宣传者,既要向党委政府部门、向基层干部宣传国土政策,又要向企业宣传国土政策。其次要高效地利用好南昌县为数不多的建设用地,真正发挥土地的最大效益。

随着经济社会快速发展,工商行政管理工作日趋繁重,面临新的发展形势,工商部门要进一步提高服务企业的意识,不断深化创新服务举措,积极上门开展服务,为企业解决实实在在的问题,帮助企业做大做强,尤其是要帮助中小企业树立品牌意识,实现南昌县品牌的新突破。同时,要积极履行职能,加强市场监管,特别是加强食品安全的监管,切实维护广大人民群众的利益。

电力发展事关县域经济社会发展。县供电部门要立足全局、谋划长远,将电力规划纳入全县整体规划范畴,统筹考虑城乡用电需求,制定县域电网发展规划,为全县经济社会发展奠定坚实的电力基础。要加大宣传力度,把电力发展融入到县域经济发展中,使电力规划与全县招商引资、城镇建设、总体发展布局有效衔接起来,积极推进电网建设,促进全县经济发展。

8月9日下午,县委书记郭毅在县委副书记王小文,县委常委、组织部长陈圣栋,县委调研员、统战部长胡炜的陪同下到八一乡、富山乡进行调研。郭毅书记指出,八一乡作为紧邻县城的近郊乡镇,也是南昌市南扩和县城东拓的重点区域,要高起点、高标准做好规划,充分发挥区位优势,主动承接商住、服务项目落户。要利用村级产业用地来发展村级集体经济,努力探索违章建筑与村级产业发展用地紧密挂钩的新做法,形成人人参与控违的良好局面。与此同时,要创新党建工作方法,做新做亮做出特色。要用群众工作统揽信访工作,确保社会和谐稳定。富山乡作为汽车产业发展的主阵地,要依托昌南组团规划、小蓝经济开发区规划和二调的成果,主动做好规划。按照对接大园区、承接强辐射、融入大昌南、实现一体化的发展思路,完善基础设施和公建配套设施。同时,要在完成好征地拆迁工作的同时,积极做好群众工作,努力实现"平安拆迁、和谐发展"的目标。

8月11日,县委书记郭毅深入蒋巷镇、南新乡,就贯彻落实市委全会及县党代、人大、政协"三会"精神进行调研,并先后察看蒋巷镇便民服务中心、江西国鸿集团有限公司、江西国旺实业有限公司和南新益海嘉里(南昌)粮油食品有限公司,了解便民服务举措和企业的发展情况。郭毅书记指出:蒋巷镇作为南昌县农业发展的一面旗帜,在发展农业产业化上要走在全省前列,要继续在特色上做文章,进一步提高全镇的现代综合农业产业化特色水平,按照"一带两园三区"的建设目标,努力打造近郊观光特色农业。同时要切实抓好村镇规划,严格控制好沿中心公路两边的乱搭乱建。要充分发挥蒋巷紧靠市郊的优势,引进一批实实在在的好项目,吸引更多的城市居民消费,为村民增收搭建良好的平台,更好地促进全镇经济社会发展。南新乡作为滨湖农业乡镇,地域面积大、发展后劲足,要坚持与时俱进,走科学发展、可持续发展的路子。下一步要结合南新乡的实际,加快发展步伐,提高发展质量,实现科学发展。

南新乡地处全县偏远地区,是典型的滨湖农业乡镇,有着国土地域面积较大的良好优势,发展的后劲足,但是要始终牢记土地资源是不可再生的,不能走牺牲环境、以牺牲资源为代价的发展道路,要坚持与时俱进,走科学发展、可持续发展的路子,通过发展让老百姓的生活得到改善。下一步要结合南新乡的实际,加快发展的步伐,提高发展的质量,实现科学发展。郭毅强调,发展是第一要务,要发展更要维护一方稳定,当前南新乡抗旱形势紧张,要多投入资金为群众解决抗旱用水的问题、解决好基础设施建设的问题。只要乡党委、政府班子成员团结一心,保持昂扬的斗志,干部转变作风,提高工作效率,把南新乡的后发优势充分发挥出来,南新乡的大发展就大有希望。

8月17~18日,县委书记郭毅先后深入冈上镇、幽兰镇,就经济社会发展等进行调研。在冈上镇,郭毅书记先后参观了县煤矿机械有限公司和南昌鑫龙飞制衣有限公司两家企业的生产经营情况。郭毅指出,冈上镇要紧紧抓住南昌市"南扩"这一历史发展机遇,积极做好规划,主动承接小蓝经济开发区汽车产业、向塘开发区物流产业辐射,配套好基础设施建设,切实提高城镇的综合承载能力。同时,要发挥紧靠城郊的优势,在做优做强蔬菜产业上下工夫。此外,要充分发挥冈上镇人才集聚,家官乡贤众多的有优势,呼吁他们多为冈上的发展献计出力。在幽兰镇,郭毅视察了玉林兴农牧科技有限公司江陂蛋鸭基地。郭毅书记指出,幽兰镇地处滨湖地区,要因地制宜大力发展种植业、养殖业,走新型农业产业化发展之路。要加强基础设施建设,推进新农村建设和城镇建设,做优做美环境,为幽兰镇生态旅游开发打好基础。

8月23日下午,县委书记郭毅深入武阳镇、塔城乡进行调研,并先后实地察看江西华源电气科技有限公司、鑫和源绿色农业示范基地、稻香园公司、青岚现代农业有限公司和南洲村等地,了解企业的生产、发展和南洲村委会的建设等情况。郭毅指出,武阳镇在推进乡镇工业集中区建设中要选好项目，全力打造高水平的中小企业产业园；要高标准做好集镇规划，以产业为支撑，加快武阳镇小城镇的建设；要大力发展现代特色农业，以龙头企业示范带动周边群众，促进农业增效、农民增收；要严格控制违章建筑，全力维护社会稳定，促进武阳经济社会快速发展。塔城乡要帮助稻香园等农业龙头企业做大做强，并加大对青岚无土栽培绿色蔬菜基地的扶持力度；要按要求着力提升新农村建设水平，推动全县新农村建设；要破解招商引资、村镇规划与建设、维护社会稳定等三大难题，并充分利用土地"增减挂"政策的实施，完善基础设施建设。

8月25日下午，县委书记郭毅深入塘南镇对该镇经济社会发展情况进行调研。郭毅书记指出，塘南镇作为全县唯一一个高产示范创建整建制推进乡镇，要大力发展农业，提高粮食产量，同时要充分发挥滨湖乡镇的区位优势和资源优势，因地制宜，大力发展特色种植业、养殖业，走农业产业化、规模化发展之路，不断提高农民的收入，促进镇域经济发展。要进一步调整学校布局，撤并教学点，优化教育资源配置，提高资源利用率，促进教育均衡发展。要加强群众的法制教育宣传力度，让老百姓采取合理的方式去表达合理的诉求。

9月12日上午，县委书记郭毅在县委常委、纪委书记叶保平的陪同下先后深入三江镇、广福镇开展调研，并现场考察了三江镇三鑫医疗器械科技股份有限公司生产经营情况。郭毅指出，三江镇要充分利用蔬菜、人脉等资源优势，大力招引龙头企业带动蔬菜产业的发展，树立品牌意识，培育和唱响"三江口"蔬菜品牌。广福镇要不断增强服务水平和经营水平，把现有的市场规范好、管理好，促进全镇商贸服务业的发展。与此同时，各乡镇要认真贯彻落实市第十次党代会和县第十二次党代会精神，认真抓好各项工作的落实，圆满完成2011年的各项目标任务，为全县拼争全国五十强县市、建设现代化综合新城作出积极的贡献。

9月22日下午，县委书记郭毅在县委常委、农工部长程雷佬，副县长吴文卫的陪同下，到县水务局就全县水利工作进行调研。郭毅指出，南昌县是全省农业大县、水利大县、水利工作任务重、责任大。要加强外洪内涝堤防工程建设，切实解决安全问题；要结合水利普查，不断完善灌溉渠道、涵管枧闸等水利基础设施，解决农业生产问题；要结合南昌县的实际，加快安全饮水工程建设，解决民生问题；要做好基础工作，用现代信息手段和现代管理技术，建立项目管理库系统，不断提升水利工作的管理水平；要严格按照水利项目建设的要求，规范资金运作，加强资金管理，使所有的工程成为廉洁工程，让有效的资金发挥最大的效应。

12月13日下午，县委书记郭毅就生态旅游发展情况到黄马乡调研，并现场察看了黄马生态农业园和南安桐树下自然村新农村建设点。郭毅指出，黄马乡要继续利用好凤凰沟、原蓝天基地、白虎岭这三块自然资源优势，发展黄马的旅游业，继续支持凤凰沟景区的发展，完善景区配套，提升黄马知名度。要进一步加快推进蓝园大道（二期）的建设，完善水、电、路等硬件基础设施建设，做大集镇，提升环境，提高承载力。要做好黄马产业发展规划，策划、包装项目，招引重大项目，推动黄马生态旅游的发展。要继续唱响生态品牌，保护生态环境，努力把黄马建成市民农业观光休闲的好去处。

【县委副书记王小文】 2月18日上午，县委副书记王小文深入莲塘镇调研党委联系服务群众和基层党建工作。王小文听取了莲塘镇优化"三民一基地"工作机制和提升镇党委、政府联系服务群众水平的工作情况汇报。对莲塘镇建立并优化以"开通'民声110'服务热线、建立'民情夜访'长效机制、建设'便民惠民服务中心'和扶助'双带两服务'基地"为主要内容的"三民一基地"工作机制的有益实践给予了充分肯定。他强调，提升乡镇党委、政府联系服务群众是中共十七届四中全会对加强和改进新形势下党的作风建设提出的新要求，乡镇党委作为党密切联系群众的桥梁和纽带，建立联系服务群众的长效机制，是新形势下党的群众工作的重要途径，也是促进农村社会和谐的重要举措。他希望莲塘镇进一步加大密切联系群众的力度，健全联系服务制度，创新联系群众方式，提升镇党委、政府服务群众水平，以优异成绩向建党90周年献礼。

调研中，王小文还到莲塘镇便民惠民服务中心实地参观考察，对莲塘镇服务群众工作的硬件环境和工作人员的服务水平表示满意。

8月5日上午，县委副书记王小文到莲塘四小现场办公，协调解决学校建设中遇到的困难和问题。县委常委周仁斌、县人大调研员黄连科、副县长伍曦参加现场办公。王小文等实地察看了莲塘四小校园建设的有关情况，详细询问了面临的困难和问题，莲塘四小主体工程已经全面完工，在了解有关情况后，王小文指出：莲塘四小的建设可以缓解其他学校超员、超班的现象，同时也可以解决这一片区学生上学难的问题，各相关部门要进一步明确责任，积极配合，按照时间节点的要求，以勇于担当的精神顺利推进莲塘四小的建设，切实解决校园的道路、排水、环境卫生等方面问题，确保莲塘四小在9月1日能够正常开学。

9月13日下午，南昌县信访稳定工作调度会在县信访局会议室召开，县委副书记王小文，县委常委、政法委书记杨春，县人大常委会副主任胡金华等出席会议。王小文指出：全市人大、政协两会即将在南昌召开，为全市两会营造一个安定和谐的社会环境具有重要意义。南昌县信访稳定的总体形势良好，但也不可掉以轻心，一定要增强忧患意识、大局意识和责任意识，把维护信访稳定工作摆在突出位置，按照"谁主管、谁负责"的原则，做到工作任务到人，跟踪督促到人。王小文要求，全县各级各地和相关部门要进一步强化责任，明确责任主体，以更强的责任感和使命感抓好信访稳定工作，确保社会稳定。要进一步畅通信息渠道，及时搜集掌握信访稳定信息，做到排查信息准确、化解矛盾及时，切实维护好全县安定团结的局面，为南昌县经济社会又好又快发展营造更加良好的环境。

10月11日上午，县委副书记王小文深入莲塘八小、小星星英语学校和林生堂大药房调研，详细了解了南昌县关心下一代工作的开展情况。他指出：近年来，县委、县政府对关工委的工作非常重视,做到了组织机构健全,经费保障到位,落实市委、市政府的工作部署行动快、措施实。希望县关工委进一步探索更好的发展新路,找准工作的切入点,把关工委的工作真正纳入到全县的工作中去,围绕中心,服务大局,进一步推动关心下一代工作,更好地为全县经济社会发展服务。

12月8日下午,县委副书记王小文到蒋巷镇,对蒋巷镇经济社会发展情况进行了深入的调研,并与蒋巷镇全体班子成员进行座谈,听取蒋巷镇经济社会发展情况和下一步发展打算,并就相关问题进行了调查研究。王小文指出,蒋巷过去一年经济社会发展形势较好,得益于全体干部职工的辛勤工作,特别是对2011年工作的研究部署科学、措施合理得力。当前最关键的就是要抓好落实。要充分利用好现有资源,把区位优势转化为经济发展的强大动力;要把现有产业做大做强做精做出特色,激发现代农业发展活力;要实现好、维护好、发展好广大人民群众的根本利益,促进社会和谐稳定;要进一步提高工作效率,优化干部作风,打造一流发展环境;要认真落实党风廉政建设责任制,营造风清气正干事创业氛围,为南昌县“拼争全国五十强县市、建设现代化综合新城”作出更大贡献。

【县委常委、纪委书记叶保平】 2011年8月8日上午,县委常委、纪委书记叶保平到富山乡就经济社会发展情况进行调研。

8月9日下午,县委常委、纪委书记叶保平到向塘镇,就党风廉政建设工作进行调研。向塘开发区管委会主任黄志清参加调研座谈。在听取有关情况汇报后,叶保平对向塘镇2011年上半年工作取得的成绩给予了充分肯定,对全镇的农村党风廉政建设工作表示满意,他要求,要认真组织学习好廉政准则,教育引导党员干部严格执行廉政准则的各项规定,从而关心保护好干部;要不断提高掌握社情民意谋划未来发展的能力,提高集中集体智慧解决现实问题的能力和反腐倡廉的能力;要加大制度的执行监督力度,他希望向塘镇不但经济实力排在全县乡镇的前列,而且党风廉政建设工作也应该做得更好。座谈之前,叶保平还察看了国际商贸城、星城大厦、山背新农村和广宥鞋业的建设与发展情况。

8月11－25日,县委常委、纪委书记叶保平先后到三江镇、黄马乡、冈上镇、蒋巷镇、南新乡、八一乡、广福镇、武阳镇、莲塘镇调研。

8月29日下午,县委常委、纪委书记叶保平到县交通运输局调研。听取情况介绍后,叶保平在充分肯定了南昌县交通工作取得的成绩。他指出,在项目实施过程中,要确保项目资金、施工质量和施工安全,使每项工程都成为廉政示范工程;要以安全为目标,加强交通运输行业管理;要切实履行行业监督管理职能,依法加大行业整治力度,维护交通市场秩序,坚决杜绝交通安全生产事故,保障广大群众交通出行安全。

9月1日,县委常委、纪委书记叶保平先后到塔城乡、幽兰镇调研。

10月13日下午,县委常委、纪委书记叶保平到泾口乡就反腐倡廉工作进行调研。听取了乡镇负责人的有关汇报后,并就当前工作中面临的问题提出了相关工作要求。

10月22~23日,县委常委、纪委书记叶保平先后到县行政服务中心、东新乡进行调研。

11月3日下午,县委常委、纪委书记叶保平到塘南镇调研。

【县委常委、组织部部长陈圣栋】 8月22日上午,县委常委、组织部长陈圣栋深入黄马乡开展调研。他首先到黄马乡徐家村委会,详细了解该村基本情况和村级组织建设情况。当看到该村在基层党组织建设中各项制度规范健全,并被市委组织部评为四星级村党组织时,陈圣栋对该村在基层组织建设尤其是制度建设方面所作的努力和所取得的成绩给予了充分肯定,并勉励村干部再接再厉,在现有的基础上取得更好的成绩。陈圣栋还就如何安排县委下派干部到该村学习锻炼详细征求乡村干部的意见和建议。随后,陈圣栋到南安村桐树新农村示范点,仔细察看了该村的新农村建设情况。

9月9日上午,县委常委、组织部长陈圣栋深入小蓝经济开发区调研非公企业党建工作。他先后到煌上煌、人民电器等企业参观了企业产品展示厅、党员活动室等,听取企业有关生产、经营情况介绍,详细了解企业的党组织建设以及活动开展、党员作用发挥等情况。陈圣栋指出,要正确认识党建工作在非公企业发展中的积极作用,积极做好园区内非公企业的党建工作,打造一批党建工作亮点企业。要进一步提高党组织的组建率,进一步抓好党员队伍建设,提高非公企业党建工作水平。要紧密结合园区发展的实际,深入推进非公企业创先争优活动,充分发挥非公企业党组织和党员的作用。

9月14日上午,县委常委、组织部长陈圣栋深入冈上镇,就基层组织建设和下派干部在基层工作的情况进行调研。陈圣栋先后深入冈上镇万舍村、月池教授村等地,对基层党组织建设和下派干部在基层工作情况进行实地调研。在万舍村,陈圣栋与下派干部刘玉琪进行了亲切交谈,详细了解下派干部在基层的工作和生活情况,同时还察看了村级党组织建设等情况。在听取了有关情况汇报后,陈圣栋对冈上镇基层党组织建设和下派干部在基层工作取得的成效予以充分肯定。他要求,冈上镇党委政府要充分发挥基层党组织的作用,千方百计加快经济发展;要充分发挥自身资源优势,大力发展旅游产业;要关心支持下派干部的工作和生活,给下派干部在基层工作营造良好的环境和氛围。陈圣栋要求,下派干部要按照县委县政府的部署要求,充分发挥自身优势,深入基层了解群众的生产生活情况;充分发挥桥梁纽带作用,积极争取有关单位部门对基层的扶持,切实为群众办实事。同时要创新工作方法,确保干部下派活动取得实效。

10月12日下午,县委常委、组织部长陈圣栋深入八一乡就基层党组织建设和大学生村官的工作情况进行调研。陈圣栋先后深入八一乡板联村、涂埠村,实地了解农村基层党组织建设和大学生村官在村里的工作、生活等情况。在听取有关情况汇报后,陈圣栋对八一乡在基层组织建设和大学生村官管理、作用发挥等方面取得的成效予以充分肯定。他强调,村级组织要主动适应农村改革发展的新形势，把基层党组织开展工作的着力点、党员发挥作用的切入点和群众切身利益的关注点有机结合起来，以此构成党组织在农村开展工作的主线，切实发挥党组织在农村经济社会发展中的领导核心作用。希望各位大学生村官要充分发挥自身优势，结合本村经济发展的实际，深入基层和群众，积极做好本职工作，在农村经济社会事业发展、维护社会稳定中建功立业，作出应有的贡献。

10月31日下午，县委常委、组织部长陈圣栋深入富山乡调研下派干部工作。陈部长详细听取了下派干部工作组长、富山乡党委书记、乡长、分管党群工作的副书记对下派干部工作、生活等方面的情况汇报，对下派干部两个月来的工作给予了肯定，认为下派干部在促进富山乡经济发展和维护社会稳定等方面做了一定的工作，取得较好成效，树立了良好形象。同时他要求下派干部要克服前阶段工作纪律个案造成的不良影响，服从县委决定，安下心来，遵守下派干部工作纪律，做到到岗到位；要珍惜下派学习锻炼的机会，用身用心投入到最后一个月的下派工作中，在前阶段工作基础上，依靠所在村干部、乡党委政府和派出单位的支持和帮助，切实解决一些实际问题，当前重点要协助所下派的村做好村“两委”工作。

11月7日上午，县委常委、组织部部长陈圣栋深入莲塘镇调研村（社区）“两委”换届选举工作。陈圣栋认真听取了莲塘镇有关村（社区）“两委”换届选举工作的汇报，对莲塘镇扎实做好调查摸底、换届宣传、选民登记等前期准备工作表示满意。陈圣栋指出，村（社区）“两委”班子换届，是村民、居民政治生活中的一件大事，事关群众的切身利益，事关改革、发展和稳定的大局，要在思想上高度重视，坚持依法依规，严格按照程序要求，扎实工作，抓好落实。要针对各村、社区的不同特点，因地制宜，切实加强对换届选举工作的组织领导，及时掌握换届选举工作的动态，严格依法办事，确保换届选举工作顺利开展。要制定好选举应急预案，完善请示报告制度，及时正确处理换届选举过程中的突发事件，确保全县村（社区）“两委”换届选举工作依法、平稳、有序进行。

【县委常委、小蓝经济开发区党工委书记徐海波】 4月7日上午，县委常委、小蓝经济开发区党工委书记徐海波率开发区有关部门负责人深入企业，调度重大重点项目推进情况。徐海波一行在察看了小蓝丰溢中小企业创业基地（三期）、小蓝投资公司创业园后指出，小蓝丰溢和投资公司在项目建设过程中要一手抓施工质量，一手抓施工进度；在招商过程中，要主攻世界500强、国内200强、台湾100大等知名企业、高科技项目，要引进更多高产值、高税收、高质量的企业，推动开发区工业地产项目的快速发展。在江铃专用车辆厂、江铃改装厂、江铃新动力项目工地，徐海波要求开发区有关部门针对企业提出的问题，制定出解决措施，确保项目快速推进、顺利推进，早竣工、早投产、早达标。

5月10日上午，县委常委、小蓝经济开发区党工委书记徐海波在开发区相关部门的陪同下，调研“下一线集中服务月”工作推进情况。徐海波强调，广大干部要始终保持“下一线集中服务月”活动中表现出来的优良作风，真抓实干、深入一线、锐意创新、负责担当、艰苦奋斗、淡泊名利，不断推动重大重点项目建设；各工作组、各村要不断创新举措，建立健全工作责任体系，做到名单上墙、任务上墙、责任上墙，确保活动取得实效；全体机关干部、村干部要在推进重大重点项目一线中经受锻炼，逐步成长。

11月12日，县委常委、小蓝经济开发区党工委书记徐海波在开发区相关部门的陪同下，深入霞山村、玉沙村、雄溪村等调研“两委”换届选举工作。在听取了小蓝经济开发区“两委”换届领导小组的工作汇报后，徐海波强调，此次村“两委”换届选举工作时间紧、任务重、要求高、涉及面广，有着极强的政策性、法律性和程序性，关系着开发区基层组织建设、经济建设和农村社会稳定，意义十分重大。全区广大干部要以高度的政治感、责任感及使命感，严格按政策要求和文件精神扎实做好此项工作。

12月30日上午，县委常委、开发区党工委书记徐海波率开发区有关部门负责人就“百人服务团进企业”工作进行调研。徐海波强调，各部门要统一思想，充分认识“百人服务团进企业”活动的重要性和必要性，要在政策落实、要素保障、转型发展的服务上下工夫。同时，对各服务团的工作提出了要求，一是加强领导，落实责任；二是严格程序，依法行政；三是严守纪律，清正廉洁。

【县委常委、宣传部部长周仁斌】 9月7日上午，县委常委、宣传部长周仁斌在县委宣传部会议室主持召开“幸福澄湖”群众文体活动启动仪式暨中秋晚会协调会并讲话。他指出，“幸福澄湖”系列群众文体活动是南昌县打造的精品文化活动，为此专门成立活动领导小组，以政府主导、群众参与、社会支持、资源共享、形成合力为工作原则，努力达到节日有庆典，人人都参与，无处不欢乐的生动局面，希望各相关单位积极做好前期准备工作，通过打造“幸福澄湖”这一系列文化品牌，进一步提升南昌县群众性文化活动的品位，丰富建设现代化综合新城的文化内涵。

9月8日上午，县委常委、宣传部长周仁斌在向塘镇镇长涂相鸿、党委委员赵长仁陪同下，到向塘镇检查调研未成年人思想道德建设工作。他先后深入向塘实验学校、向塘火车站、杜凤瑞纪念馆等地进行实地查看。检查中，周仁斌对向塘镇未成年人思想道德建设工作给予了充分肯定。他强调，下一阶段，要进一步加强对未成年人思想道德建设工作紧迫感和重要性的认识，健全未成年人思想道德建设工作领导管理体制，明确和抓好未成年人思想道德建设工作的主要任务，创新抓好未成年人思想道德建设工作载体，使未成年人思想道德建设工作真正落到实处。

10月27日上午，县委常委、宣传部长周仁斌到泰豪动漫园调研。在泰豪动漫有限公司总经理张昭乐、江西笛卡传媒有限公司总经理单勇的陪同下，周仁斌首先到小蓝经济开发区南昌国际动漫产业园项目建设现场，实地考察项目建设进展情况，并深入泰豪创意590创业园，参观泰豪游戏公司、泰豪动漫公司，观看了游戏和动漫制作的各个环节。在了解泰豪动漫的发展，听取有关南昌国际动漫产业园项目建设情况汇报后，南昌县委常委、宣传部长周仁斌对泰豪动漫产业发展的理念表示十分赞同,并鼓励他们继续发扬企业精神,推动本地动漫产业迈向新台阶。

11月1日,县委常委、宣传部长周仁斌到茵梦湖调研文化产业项目。在江西省浙江总商会常务副会长、江西康庄投资置业有限公司总经理孙建强陪同下,周仁斌到位于105国道上的茵梦湖工地,实地察看了项目规划和土地平整等情况。在听取康庄集团茵梦湖工程项目进展情况汇报后,周仁斌指出,康庄集团茵梦湖项目已被纳入鄱阳湖生态经济区整体规划,是全省七个重大重点项目之一,并成为国家级生态经济示范区的重大文化旅游项目,现在的当务之急就是加快建设进度,解决好土地报批和施工场地的问题。争取早出形象,争取后来居上,使茵梦湖成为全市文化产业项目建设中的亮点。

12月24日下午,县委常委、宣传部长周仁斌到武阳中小创业园区,调研项目的推进情况。在项目指挥部,周仁斌听取了近期以来的项目推进情况汇报。武阳中小企业创业园区项目建设进展顺利,已初步完成地形测量和填土方量、拆迁量和土地权属界定;沿江胡华大堤加高加固工程土方量完成47万立方米,整个工程将于2012年2月中旬全面完工;并在短短三天时间内对大堤1000多棺坟墓进行了整体迁移。在听取情况汇报后,周仁斌对武阳中小企业创业园项目建设的快速推进给予充分肯定,并希望宣传部门进一步加大宣传力度,深入项目推进一线挖掘和总结项目推进的好经验和好做法,向全县各项目指挥部推广示范,为全县上下营造出抓项目、促发展的浓厚氛围。随后,周仁斌等还到胡华大堤,实地察看了大堤的建设情况。

12月27~28日,县委常委、宣传部长周仁斌深入富山、八一、小蓝经济开发区、莲塘镇、冈上镇、广福镇督导拆除违章建筑和宣传氛围工作。他强调,要进一步加大宣传力度,营造一个浓厚的拆违、控违氛围,让拆违政策家喻户晓。要遏制违法、违规占用土地行为,维护正常的土地管理秩序,促进依法用地。

【县委常委、政法委书记杨春】 8月3日至8月底,在有关部门负责人陪同下,县委常委、政法委书记杨春分期分次深入全县莲塘镇等16个乡镇和小蓝经开区、银三角管委会开展社情稳情摸底调研。在听取了乡镇、开发区负责人的有关汇报后,杨春指出,各地要高度重视社会稳定工作,要深入排查存在问题和隐患,做到早发现、早化解,把矛盾解决在萌芽状态,为经济社会发展创造良好环境。

9月18日,县委常委、政法委书记杨春深入幽兰镇厚田、马游村调研农村非正常死亡事故问题。针对农村留守老人、妇女、儿童发生交通事故,溺水、触电、医患等非正常死亡事件增多,安全管理防范出现"真空"等问题,杨春强调,各地要认真分析实际情况,采取针对性措施,抓好落实,切实防范意外事故发生。

9月26日、28日,县委常委、政法委书记杨春深入公检法有关单位就政法部门公正廉洁执法问题进行调研。在有关部门负责人陪同下,县委常委、政法委书记杨春深入县法院、检察院、公安局及刑庭,公诉、侦查科、刑侦、治安大队等单位部门,在听取有关汇报后,杨春指出,执法单位要按照执法规范化建设的部署要求,以不断满足人民群众新期待为基点,以全面提高规范执法能力和执法公信力为目标,以大力解决人民群众最关心、反映最强烈的执法突出问题为突破,通过加强教育培训、整改突出问题、完善执法制度、强化执法监督、推广便民利民措施、深化系统建设,实现群众满意度显著提高、突出问题得到有效整改,达到全面增强执法水平和能力,提升广大人民群众的满意度的目标。

10月12~13日,县委常委、政法委书记杨春深入县工商局、莲塘派出所、小蓝派出所、向塘派出所,就依法打击传销问题进行调研。在听取有关汇报后,杨春指出,有关单位要加强宣传教育的力度,使广大市民不信传销;要加大打击惩处的力度,使传销者不敢传销;要加大联防联动力度,使传销者不能传销。

11月22日,县委常委、政法委书记杨春深入南新乡、泾口乡就依法解决医患纠纷问题进行调研。在认真听取乡镇在医疗纠纷预防和处置方面的情况汇报后,杨春指出,妥善处置医患纠纷对各级组织和干部提出了更高的要求,各地和有关部门要高度重视,做到依法有序理性地解决问题,保证医疗机构稳定的工作秩序,使广大患者能够得到及时有效的救治,维护社会和谐稳定。

12月19日,县委常委、政法委书记杨春深入向塘司法所、莲塘司法所、县检察院监所科就社区矫正工作进行调研。在听取有关汇报后,杨春指出,社区矫正工作是一项全新的工作,公、检、法各有关部门要积极协作、密切配合,在社会力量的参与支持下,按照"健全组织、完善设施、规范运作、保证质量,注重创新、务求实效"的工作思路,积极推进社区矫正工作的开展。

12月30日,县委常委、政法委书记杨春深入小蓝经开区江西制药厂、煌上煌集团、汇仁药业等非公企业,就非公有制企业参与社会管理创新工作进行调研。杨春指出,推进社会管理创新,是一项系统工程。需要各级党委政府加强组织领导,更需要全社会各方面力量共同参与。非公有制企业要积极在参与社会管理创新工作有所作为,形成企业发展、社会稳定、职工满意的生动局面,早日形成具有特色的社会管理模式。

【县委常委、农工部部长程雷佬】 2011年4月10日下午,县委常委程雷佬深入南新乡、蒋巷镇调研抗旱救灾工作。程雷佬等先后到南新乡山上村、万王电排站、蒋巷镇后河电排站、洲头村、五丰电排站等地,实地调研抗旱工作情况。程雷佬要求,各有关部门要加大宣传力度,大力推广工厂化育秧栽培技术,错开农田用水时间;同时,气象部门要抓住有利时机进行人工增雨,广辟水源支持南新、蒋巷的春耕生产。程雷佬强调,有关部门和乡镇要采取有效措施,指导农民做好科学抗旱的各项工作,全力以赴打好这场硬仗,最大限度地减轻旱灾损失,为保障春耕生产奠定坚实基础。

4月12日,县委常委、农工部长魏根金、县委常委程雷佬深入塘南、泾口、幽兰3个乡镇调研指导抗旱工作。魏根金、程雷佬等先后到塘南镇和丰村、新图村、泾口乡小莲村、北湖村和幽兰镇少城村、新庄村,实地察看旱情和挖沟引水灌溉以及抗旱资金、排灌设施的落实等情况。并要求各地和各有关部门迅速行动起来，动员一切可以动员的力量，调集一切可以调集的设备，做到领导到位、靠前指挥、科学决策，切实解决好当前南昌县滨湖地区的春耕生产缺水问题，同时气象部门要加强预测预报，抓住有利时机适时实施人工增雨，缓解当前旱情。

9月6日上午，县委常委、农工部长程雷佬深入向塘镇、武阳镇和幽兰镇等地农业产业化特色产业示范基地，就基地项目建设情况进行调研。副县长吴文卫、县政协调研员姜润根等一同调研，县委农工部、县财政局、县农业局、县林业局和县畜牧水产局及有关乡镇主要负责人等陪同。程雷佬先后深入向塘镇山背村200亩蔬菜种植示范基地、武阳镇鑫和源千亩蔬菜基地、幽兰珍玉林农牧科技有限公司10万羽笼蛋鸭养殖基地和幽兰幽然生态科技公司26.7公顷花卉苗木基地等地实地调研。他要求，各乡镇和相关部门要积极引导基地集中特色项目，形成核心区，扩大向周边的辐射影响力。要按照产业发展的要求，抓好规划区内相关配套设施建设，进一步提升基地的规模化水平，真正把农业特色产业基地打造成为农业农村的亮点。

10月23日上午，县委常委、农工部部长程雷佬现场调研县城东客运站、新坊至在港通乡公路和新武大桥维修加固等一产项目建设情况。一产分指挥部办公室、县交通运输局、县水务局等有关人员等陪同。在各重大项目建设现场，程雷佬详细询问了项目规划设计、审批、招投标和何时开工等情况，并对下一步工作提出三点要求。一是对未立项的项目，要加强与发改部门的沟通汇报，确保项目早日批复。二是要及时公示各项目推进组织机构、基本概况、投资情况和推进时间节点，接受各界对项目建设的监督。三是要做好通乡公路建设及桥梁维修前的交通管制和拆迁等方面的准备工作，为项目顺利施工打下良好基础。

11月9日下午，县委常委、农工部部长程雷佬，县政府副县长吴文卫等到蒋巷镇，就2010年农村土地整理项目工程进展情况进行调研。程雷佬、吴文卫先后到该项目工程8、9标段，详细了解该项目建设规模、投资总额、工程进展及存在的问题等。程雷佬指出，农村土地整治项目工程是一项惠民工程，时间紧、任务重、要求高，施工单位一定要按照合同要求，精心组织、周密安排、赶抓时间，狠抓质量，确保工程的质量和进度。程雷佬强调，蒋巷镇要按照县政府与蒋巷镇政府签订的责任状要求，切实履行好二级项目部的职责，配备专门的人员和队伍，及时调整土地权属，化解群众纠纷和矛盾，严厉打击强揽工程的行为，为施工单位提供良好的施工环境。县项目部要统筹安排，及时调度，督察全县2010、2011年土地整理项目进展情况，督促乡、镇提供优良施工环境，督促施工单位抢抓时间，狠抓质量；督促监理严把质量关，确保全县一产项目工程在全县创先争优。

11月10日上午，县委常委、农工部长程雷佬，副县长吴文卫等深入八一、南新等地调研一产重大重点项目建设进展情况。程雷佬先后察看了八一乡农村饮水安全工程、南新乡鄱阳湖区第六个单项南新联圩除险加固工程等项目建设进展情况，在南新乡，程雷佬详细了解项目建设进展情况，南新联圩除险加固工程建设主要内容是堤身土方、混泥土护坡，抛石固脚等。当看到施工单位已进场施工，正在进行清基、整坡时，程雷佬表示满意，并要求施工单位要抓住当前施工的黄金季节，加快施工进度，确保项目保质保量完成。

12月13日，县委常委、农工部长程雷佬深入五星垦殖场和南新乡、泾口乡等地，就农村土地综合整治和城乡建设用地增减挂钩等项目建设推进情况进行调研，县委有关部门、县直有关单位及五星垦殖场、南新乡和泾口乡等主要负责人先后陪同。程雷佬等一行先后到五星垦殖场和南新、泾口等地的鲤鱼洲、赵家圩、丰洲村、程湖村等整治项目基地，认真查看了农村土地综合整治和城乡建设用地增减挂钩项目推进情况。程雷佬对各有关乡镇和部门上下联动，积极加快工程进度表示满意。同时要求各有关乡镇和部门要严格按照农村土地综合整治和城乡建设用地增减挂钩工作的政策要求，进一步理清思路，明确目标，规范工作程序，创新工作方法，加快工作节奏。坚持按照时间节点，抓住当前有利天气，一手抓好加快工程进度，一手抓好土地平整复耕，为农村发展、农业增效、农民增收创造有利条件。在南新乡，程雷佬等一行还查看了黄家小桥重建工程、南新联圩除险加固工程等。

【县委常委、人武部政委姜清波】 2011年3月1日，县委常委、县人武政委姜清波到黄马乡徐家村就新农村建设进行调研。姜清波到徐家村同村支部班子成员和老党员进行座谈，听取有关新农村建设的意见建议。

5月6日，县委常委、县人武政委姜清波到蒋巷镇、东新乡就乡（镇）武装部规范化建设和村民兵营办公场所建设进行调研。先后到乡（镇）武装部、村民兵营，同专武干部和民兵营长座谈，详细了解基层武装工作发展中存在的矛盾和问题，听取意见建议。

10月16日，县委常委、县人武政委姜清波到南新乡就征兵工作进行调研。先后到乡（镇）武装部、村民兵营，同专武干部和民兵营长座谈，详细了解征兵工作开展情况。

12月26日，县委常委、县人武政委姜清波到塔城乡北州村就村级组织建设进行调研。姜清波到北州村参加村党支部会议，同班子成员和党员代表进行座谈，认真听取党员代表关于如何提高村级组织建设水平的具体建议。

【县委调研员、统战部部长胡炜】 3月8日，县委常委、统战部长胡炜带领县委统战部及各民主党派、无党派代表一行赴南昌县蒋巷镇调研鄱阳湖生态经济区建设及保护鄱阳湖生态环境情况。胡炜首先听取蒋巷镇党委、政府有关情况汇报，实地考察鄱阳湖现代农业示范种植园区、“猪—沼—渔—果蔬”绿色生态农业、水稻无公害种植、水产养殖等基地之后，对蒋巷镇未来将努力推进新型城镇化、新型农业产业化和低碳生态经济建设，以促进城乡经济社会全面协调可持续发展的思路表示赞许。调研过程中，胡炜还与相关部门负责人探讨了环鄱阳湖生态经济区建设中急需解决的问题；鄱阳湖生态经济区与鄱阳湖生态资源和环境保护、开发利用的对策和建议;提出在区域生态经济建设中策应省委、省政府建设“鄱阳湖生态经济区”的办法、措施及建议。

8月6日,县委调研员、统战部长胡炜带领县民宗局有关人员一行前往冈上镇,召开县、乡、村三级协调会,现场协调解决兴隆寺扩建用地问题。通过多方座谈和深入调研,针对兴隆寺提出的寺庙扩建所需土地问题,她提出,由兴农村村委会具体负责协调,尽快分头做好所涉及的老百姓工作,依照法律程序办理好相关手续。

9月19日,县委调研员、统战部长胡炜,县政府副县长刘光荣主持召开全县除昌南组团外14个乡镇落实8月18日全县市容环境整治大会落实情况调度会。她在会上强调,城市管理作为政府的一项重要工作,做好的关键就是抓落实。各乡镇回去后,一要尽快把新成立的组织的机构、人员情况上报到县城管委备案,方便日后城管职能下移。二要舍得投入人力、物力、财力,在春节之前,使南昌县的整体市容环境有一个明显的好转。而县城管局要组织人员力量采取明察暗访等形式,对乡镇城管工作进行检查,督促其落实各项工作。

10月24日,县委调研员、统战部长胡炜,县政府副县长刘光荣带领县财政、城管等有关部门人员针对莲塘镇完善环境卫生保洁综合运行体制进行实地调研。她指出,县城管局应集中力量开展有关专项整治工作,做到达标移送、长期配合、强化沟通。对居民社区(含绿化管理)环境卫生要在现有环境下,逐一整治,达标一个、移交一个。对依法拆除乱搭乱建等涉及执法的事项,要予以大力配合,加强和各乡镇、开发区(新区)的沟通,及时发现问题,及时协调处理。莲塘镇政府不仅要承担二、三类道路环境卫生保洁管理职责,还要做好环卫保洁临时工、劳动工具等人、财、物的交接工作。

10月29日,县委调研员、统战部长胡炜带领县侨联有关人员一行到小蓝工业园江西省永通鞋业有限公司调研侨资企业在南昌县生产经营情况。在听取介绍和汇报之后,胡炜高度赞赏永通鞋业有限公司为南昌县经济发展作出的积极贡献。她要求有关部门要进一步支持非公企业发展壮大,做好各项服务工作。一方面要充分领会服务对象的意图,满足服务对象提出的要求;另一方面要大力提高服务水平,为企业营造宽松的发展环境。

表4 **2011年中共南昌县委领导班子名单(一)**

姓　名	性　别	出生年月	籍　贯	职　务	备　注
肖玉文	男	1967.03	江西南昌	县委书记	任职至6月
陈匡辉	男	1964.9	江西南康	县委副书记、县长	—
涂仕华	男	1963.7	江西高安	县委常委、县政府常务副县长	任职至7月
杨保根	男	1964.5	江西南昌县	县委常委、县政府副县长	—
熊运浪	男	1968.11	江西新建	县委常委、纪委书记、政法委书记	任职至7月
胡　炜	女	1957.6	江西南昌	县委常委(任至7月)、统战部部长	—
王小文	男	1963.10	江西于都	县委常委、组织部部长	任职至7月
徐海波	男	1966.10	江西波阳	县委常委、南昌小蓝经济开发区党工委书记	—
魏根金	男	1962.5	江西南昌县	县委常委、农工部部长	任职至7月
汪火明	男	1965.2	江西进贤	县委常委、人武部部长	—

表5 **2011年中共南昌县委领导班子成员名单(二)**

姓　名	性　别	出生年月	籍　贯	职　务	备　注
郭　毅	男	1964.8	江西樟树	县委书记	6月任职
陈匡辉	男	1964.9	江西南康	县委副书记、县长	—
王小文	男	1963.10	江西于都	县委副书记	7月任职
叶保平	男	1964.12	江西临川	县委常委、纪委书记	7月任职
杨　斯	男	1959.3	江西安义	县委常委、县政府常务副县长	7月任职
杨保根	男	1964.5	江西南昌县	县委常委、县政府副县长	—
陈圣栋	男	1962.10	江西新建	县委常委、组织部部长	7月任职
徐海波	男	1966.10	江西波阳	县委常委、南昌小蓝经济开发区党工委书记	—
周仁斌	男	1973.8	江西吉水	县委常委、宣传部部部长	7月任职

续表5

姓　名	性　别	出生年月	籍　贯	职　务	备　注
杨　春	男	1969.2	河南安阳	县委常委、政法委书记	7月任职
程雷佬	男	1963.11	江西新建	县委常委、农工部部长	3月任职
姜清波	男	1966.11	江西宜黄	县委常委、人武部政委	5月任职
涂莉华	女	1970.1	江西南昌县	县委常委	7月任职
钱　洁	女	1971.1	江西南城	县委常委、县政府副县长	8月任职

县委办公室工作

【概况】 县委办公室内设7个办事机构:机要局、保密局、政策研究室、民声通道工作室、督查室、综合室和信息室。根据上级要求,2010年初,设立“民情夜访”理事会办公室,并根据赣办字〔2011〕58号文件及南办字〔2011〕94号文件精神,更名为“民情家访”理事会办公室。对外保留南昌县委机要局、南昌县国家保密局的牌子。

2011年,在市委办公厅的关怀指导下,在中共南昌县委的正确领导下,县委办紧紧围绕全县工作大局,按照“更高、更强、更快、更实”的要求,以“建一流队伍、抓一流管理、做一流工作、创一流业绩”为目标,坚持解放思想,与时俱进,求真务实,开拓创新,基本做到调查研究深入,信息报送快捷,督促检查到位,综合协调高效,后勤保障有力,进一步推动与县委在决策上合谋、节奏上合拍、工作上合心。

【提高及时、高质量处理信息能力】 2011年,县委办围绕县委中心工作和社会关注的热点、难点问题,广泛收集信息、精心筛选信息、及时上报信息,在领导知情、决策中发挥“千里眼”作用。一是全员参与办信息。打破科室界限,实行全员皆“兵”制,配备2名专职信息员、4名兼职信息员,办公室其他人员从本职工作出发,及时搜集材料,提炼信息。全县18个乡镇(开发区)和41个县直直报单位明确了一个分管领导,配备了一个专职信息员,形成纵向到底、横向到边的“大信息”网络格局。二是拓宽渠道畅信息。倾力打造《南昌县信息》、《南昌县信息增刊》、《重要信息》、《每日舆情动态》、今日网上信息资讯、《民情快报》等“六位一体”的党委信息平台,建立信息交流群、信息报送邮箱,明确报送电话、传真号码,不断渠道信息畅通,实现信息工作同步。三是创新机制挖信息。实行“包干到户”制,明确办公室信息员每周上报信息不少于2条,每月上报信息专报不少于2篇,并由分管领导登记造册,定期通报。实行“信息订单”制,对部分信息课题,采取“下单”方式,委托基层、部门联合调研,深挖信息内涵。实行“奖先惩后”制,对信息工作实行周调度、月通报、年考核,对工作成绩突出的信息员和乡镇单位,给予表彰奖励,并推荐评先;对未能完成任务的单位,给予通报。2011年,共编辑出刊《南昌县信息》220期,上报省市信息485条,被省市采用150余条,在全市信息工作排名中位列第二。

【开展多种形式的调研活动】 2011年,县委办立足于参在关键处、谋到点子上,发挥站位高远、统揽全局的优势,外引内联,凝智聚力,整合资源,深入开展调查研究。一是借外脑,走出去抓调研。利用办公室干部直接服务县委领导的职能优势,先后安排多名政研人员陪同县领导到湖北荆门市、湖南长沙县、宁乡县等地学习考察,形成调研报告5篇;依托干部外派学习锻炼活动平台,筛选10余个经济社会发展热点、难点问题,供外派学习人员领题调研,并形成5万余字调研报告。二是聚合力,互动式抓调研。联合统计、城建等职能部门,围绕拼争全国五十强县市、建设现代化综合新城以及构建南昌打造核心增长极重要战略支点等三个专题,先后深入4个部门、3个乡镇、2个开发区进行实地调研,整理撰写出《拼争全国五十强县市可行性分析与思考》、《建设现代化综合新城的背景及战略构想》等4万余字的资料汇编,成为领导科学决策的重要参考依据。三是接地气,沉下去抓调研。下派2名干部驻村协助处理计划生育、信访稳定等工作,通过深入走访调研,形成一篇村级集体经济发展情况的调研文章,为全县推进强村富民,加快发展壮大村级集体经济提供了决策参考。

【多方式提高督促检查能力】 2011年,县委办立足于“督出权威、查出实效”,把县委确定的目标任务分解细化,建立全年跟踪、归口反馈、督查回访等工作制度,推动县委决策和领导批示掷地会有声、落地能开花。一是联合督查抓落实。变“单兵作战”为“联合作战”,会同纪委、组织等部门,对干部不作为、慢作为、乱作为等损害发展环境的现象开展专项督查,促使干部作风有效好转。联合工信委、统计局,对全县乡镇(开发区)规模以上工业企业申报情况开展专项督查,倒逼乡镇(开发区)加快申报进度,保证全县按期完成市下达的规模以上工业企业申报任务。二是跟踪督查保落实。对总投资286亿元的138个重大重点项目,开展全程跟踪督查,定期拍摄施工进度,制作成PPT,向县委常委会汇报,做到项目不完工、督查不放松。已印发重大重点项目督查工作简报30余期,协调解决项目推进问题70余个。三是暗访督查促落实。针对节日期间监管松懈,各地违规抢搭抢建等突出问题,采取事前不打招呼、事后再行通报的暗访方式,对全县18乡镇(开发区)进行随机实地督查,现场拍照取证,共查处在建或建成违章建筑50余处,有效遏止违章建筑的蔓延势头。

【多渠道提高综合协调能力】 2011年,县委办坚持协调的原则性、灵活性和权威性相结合,确保上级工作和县委决策贯通落实,确保机关工作正常运转。一是向上拓展多联系。通过公文传输网、机要保密网,加强与上级办公厅的工作联系,及时接收上级信息,随时掌握上级动向,接受业务指导,争取工作支持。特别是加强了与市委办公厅的工作联系,市委政研室、市保密局、市委办信息处等部门领导多次亲临南昌县指导业务工作。二是向下延伸多指导。通过办文、办会、办事等日常工作,加强对下级办公室的指导帮助,既及时向基层传达县委工作意图,使县委决策部署迅速落实,又及时了解基层新情况、新问题、新动向,服务县委领导深化决策。下一步,将在全县推行党委系统办公 OA 系统,力求促进各单位之间信息共享、工作共振、资源共用。三是左右互动多通气。定期召开县委办、人大办、政府办、政协办四办主任联席会,通过汇总县四套班子领导的每月工作内容和打算,把各项工作安排好,把每个环节衔接好。尤其在岁末年初会议多、检查多的情况下,有效避免了领导分身乏术、疲于奔波的现象。

【不断提高运行保障能力】 2011年,县委办按照规范专业、精细高效的要求,推行精细化管理,做到每一项服务工作都有章可循、有规可依、有据可查。一是精细化办会务。推行会务服务分层制,把会务工作细分为四个等级,优化方案、再造流程、落实分工,使会务各项工作环环相扣、步步相接。在2011年召开的三级干部会中,率全市之先引入科技化手段,对大会现场进行电视实时直播,赢得干部群众的一致好评。2011年,先后成功承办或举办全省深化政务公开加强政务服务现场会、全市县委权力公开透明运行工作现场推进会、银三角规划论坛等各类大型会议20余个。二是特色化抓接待。充分发挥接待服务工作“第一形象、第一窗口”的作用,注重细节,突出特色,规范流程,根据接待对象的特点和需求提供针对性的服务。年前,更是南来北往,千里赴广州、北京召开振兴家乡经济恳谈会,从每个乡镇精心收集1~2种地方特色佳肴,穿梭于100多个村组拍摄乡贤家属照片,制作成画册,送到各位乡贤手中,拳拳之心、浓浓乡情,让他们倍感温情、倍受感动。三是市场化强保障。坚持“后勤也是前线、服务也出生产力”的理念,把后勤服务工作前置,管理关口前移,积极探索机关后勤服务市场化运作模式,先后对县文化会展中心、县委机关大院实行物业公司管理,既节约了行政成本,又提供了优质服务。此外,坚持专业化做好机要保密工作。一方面,积极参与上级部门的专业培训,定期邀请上级部门进行业务指导,确保绝对安全,确保绝对畅通。一方面,以落实领导责任制为重点,切实做好要害部门、部位的管理工作,强化涉密计算机网络的安全防范,全县保密战线干部的业务素质得到进一步的丰富提升。

表6 **2011年中共南昌县委办公室领导班子成员名单**

姓名	性别	出生年月	籍贯	职务	备注
刘光荣	男	1972.11	江西南昌	县委办主任	任职至9月
周来华	男	1976.1	江西南昌	县委办主任	9月任职
李建红	男	1973.6	高新区昌东镇	县委办副主任(正科级)	—
万军	男	1973.8	江西南昌	县委办副主任	—
熊卫斌	男	1975.7	高新区麻丘镇	县委办副主任	—
李咏梅	男	1978.1	南昌县塘南镇	县委办副主任	1月任职
肖守康	男	1960.1	南昌县广福镇	副科级秘书	—
刘洪伟	男	1971.7	高新区昌东镇	副科级秘书	—

组织工作

【概况】 2011年,全县基层党组织和党员情况:全县共有基层党组织1608个,其中基层党(工)委36个;党员32085人,其中女党员4618人,少数民族党员14人,中华人民共和国成立前入党的老党员17人。全县领导干部情况:全县共有县级领导46人,其中正县级领导干部4人,调研员11人(其中兼职的3人);副县级领导干部31人,其中副调研员1人;全县共有科级领导干部639人,其中乡镇(开发区、管委会)领导干部207人,县直单位领导干部432人。全县人才队伍情况:全县共有各类人才13094名,其中科级党政人才877名,专业技术人才10192名,技能人才1110名,企业经营管理人才166名,农村实用人才716名,社会工作人才33名;全县具有副高级以上技术职称人才1523名,具有中、初级技术职称人员8786名。

2011年,全县组织工作在县委的坚强领导和上级组织部门的精心指导下,始终坚持围绕服务科学发展谋划组织工作,始终坚持以改革创新精神推动组织工作,始终坚持以务实的作风落实组织工作,突出抓好县、乡、村三级换届这一中心任务,重点推进创先争优活动等四件大事,各项工作取得了新的进展和成效。

【县乡村三级换届工作顺利完成】 2011年是换届年,根据省、市、县委的部署要求,集中精力抓好县、乡、村三级换届这一中心任务,取得较好成效。一是坚持加强党的领导,充分发扬民主。换届选举以及代表和委员的产生严格按照有关法律和规定进行,保障了党员和代表的民主权利。换届人事安排以民主推荐结果为依据，并充分听取考察组意见和各级党组织意见。在乡镇换届中，所有提拔重用的人员均为乡镇换届考察中民主推荐排名前3位的人员，16个乡镇排名第一的人员全部得到提拔或重用。二是坚持在换届中深化干部人事制度改革。采取公推优选方式产生了24名乡镇党政正职候选人；采取“一推两考一差额”方式，选拔3名大学生村官、1名村党支部书记、1名乡镇站所事业编制干部进入乡镇领导班子；围绕年轻化、知识化、带富能力强配齐配强了262名村党支部书记，其中致富能手占116人。三是坚持多措并举，确保换届风清气正。始终对换届纪律保持高压态势，采取印发警示教育读本、签订书面承诺、派出督查组和开展换届风气测评等措施，认真抓好县乡村三级换届纪律。全县乡镇党委换届风气测评总体评价“好”为99.04%，县委换届风气测评总体评价“好”以上的达100%，其中“很好”为99.29%。

【广泛开展“红色七一”系列主题活动】 2011年，以纪念建党90周年为契机，县委组织部门广泛开展“红色七一”系列主题活动。下发《关于开展纪念建党90周年系列活动的通知》，深入开展了“十个一”系列纪念活动。紧扣“红色教育”主题，举办“青春红歌会”、“颂歌献给党乡村歌会”，组织开展《红色故事汇》征集、摄影书画作品展等系列活动，拍摄《老村支书的新思路》电教片，并获全市优秀电教片观摩评比二等奖。深入开展“创建百个红旗先进基层党组织、争当百名优秀共产党员之星”评选活动，表彰了全县102个先进基层党组织、360名优秀共产党员和党务工作者。

【纵深推进创先争优活动】 2011年，县委创新活动载体，将创先争优活动纵深推进。以“访民情、解民忧、保民安”为主题，深化开展“民情夜访”活动，形成“三大网络、分级管理、上下互通、左右成网”的“‘民情夜访’理事会”工作体系和网络覆盖；围绕县第十二次党代会确定的战略目标，扎实开展“一看二比三争当，建功昌南我先行”主题实践活动，引导全县广大党员干部奋发有为，争创一流，全县1608个基层党组织、27857名党员作出公开承诺，承诺事项48963件；以窗口单位和服务行业为重点，扎实开展“爱岗敬业比奉献，为民服务当先锋”活动，全县共设立党员示范窗口68个，党员先锋岗153个，为民办事18630多件，群众评议满意率达98%以上，这些做法并在市里作为先进典型进行了大会交流。

【全面推进各领域基层党组织建设】 2011年，在村级党组织中全面推行“四议两公开工作法”，扎实开展13个“三类村”整改工作，着力推进18个“三培两带两服务”示范村建设；县乡财政配套369万元，推进第四批41个村级组织活动场所建设，村级组织活动场所“五个之家”建设全面铺开；加大非公企业党组织组建工作力度，全县378家非公有制企业实现党组织全覆盖。

【加大竞争性选拔干部工作力度】 2011年，县委加大竞争性选拔干部工作的力度。以市县联动方式面向全市公开选拔了4名副科级领导干部；采取公推竞职的方式选拔了8名乡镇卫生院副院长。

【扎实开展干部教育培训工作】 2011年，大力加强换届后领导班子和干部队伍能力和素质的提升，深入开展干部“上挂、平移、下派”学习锻炼活动，选派176名干部上挂到15个省市部门、平移至长沙县及肥西县、下派到76个村（社区）学习锻炼；扎实开展干部轮训、调学工作，举办70人的第一期科级干部轮训班，选派26名县科级领导干部参加中央、省、市各类主体班次培训。

【健全完善人才工作机制】 2011年，以高层次人才引进为重点，大力实施人才强县战略，健全完善人才工作机制。完善县委统一领导、组织部门牵头抓总、成员单位各司其职、相关部门密切配合的人才工作机制。充分利用本地网络宣传媒体，开辟人才工作专题网页，搭建了全县人才宣传工作的重要平台。

【加快引进高层次人才】 2011年，加快引进高层次人才。出台《南昌县关于进一步加强高层次人才队伍建设的若干意见（试行）》，加大对重点行业高层次人才的引进力度。面向全国公开选拔县城建局局长，面向社会引进了51名教育系统硕士研究生、20名卫生系统硕士研究生。

【强化人才基础性工作】 2011年，强化人才基础性工作。对全县的科级党政人才、农村实用人才、企业经营管理人才、专业技术人才、技能人才和社会工作人才六大类人才的基本信息进行摸底统计，健全完善了全县人才信息库。截至2011年8月底，全县共有各类人才13094名，为进一步做好人才服务工作打下了良好基础。

【强化组工干部能力素质的提升】 2011年，县委组织部门把“讲党性、重品行、作表率”活动融入到组织系统创先争优活动中，不断强化组工干部“三服务、两满意”核心价值观。扎实开展以“沐浴书香、心得共享”为主题的“四个一”读书活动，通过开展“每月读一书、每季一交流”、组工论坛、学习李林森、杨善洲等活动，进一步强化组工干部学习教育。实行部机关干部轮岗交流、多岗位锻炼，提升了组工干部的业务素质。

【强化组织部门规范化、信息化建设】 2011年，县委组织部门加强部机关制度建设，制定档案管理制度等五项工作制度，组织工作运行更加规范；加强组织工作信息化、网络化建设，“大组工网”实现多点接入，运行维护良好。

【加大信息调研宣传工作的力度】 2011年，县委组织部门加大信息调研宣传工作的力度。组工信息工作再次跻身省市先进行列，实现中组单篇参阅采用的新突破。南昌县组工信息网维护管理得当，共编发短信1.6万余条；组工网络宣传工作进展顺利，发表原创网评文章14篇；加强了与新闻媒体的通联工作，围绕重点工作，积极向各类报纸、杂志、网站投稿，全年被中央、省、市各类新闻媒体用稿50余条。

表7 **2011年中共南昌县委组织部领导班子成员名单**

姓 名	性 别	出生年月	籍 贯	职 务
陈圣栋	男	1962.10	江西新建县	县委常委、县委组织部部长
彭严明	男	1964.2	江西南昌县	县人力资源和社会保障局局长、县委组织部副部长(兼)
傅 瑛	女	1966.6	江西南昌县	县委老干部局局长、县委组织部副部长(兼)
苏 琳	女	1962.9	广西玉林	县委组织部副部长(正科级)
曾 宇	男	1972.11	江西南昌县	县委组织部副部长
熊江波	女	1978.10	江西南昌县	县委组织部部务委员

宣传工作

【概况】 2011年,南昌县宣传思想工作按照“围绕中心服务大局”的原则,深入贯彻落实科学发展观,把握“奋力拼争、超常发展”的工作主线,通过扎实有力、富有成效的工作,牢牢占领宣传思想阵地,牢牢把握正确舆论导向,牢牢掌握宣传思想工作的领导权和主动权。

【成功举办学习型党组织建设“一乡(镇)一品”展示活动】 为深入推进学习型党组织建设,展示良好的学习成果,结合南昌县第二届“昌南书香节”,10月19日至11月30日,县委宣传部门精心组织以“读书积聚智慧,文化引领发展”为主题的学习型党组织建设“一乡(镇)一品”展示活动。活动在学习型党组织建设示范点——三江镇启动,南昌市委宣传部、南昌县委宣传部、南昌县文化广播电视旅游局、南昌县教育体育局、南昌县卫生局、南昌县科技协会、三江镇及新华发行集团南昌县分公司等单位干群共1000余人参加启动仪式,仪式上还向群众赠送了2000余册优秀书籍。整个展示活动充分结合科技、文化、卫生“三下乡”活动,取得良好效果,进一步激发了广大干群的学习热情。

【精心组织庆祝建党90周年纪念活动】 为庆祝建党90周年,充分展示南昌县干部群众崭新的精神风貌和良好的素质修养,县委宣传部门先后精心组织系列纪念活动,并取得良好成绩。6月14日组队参加南昌市“颂歌献给党爱我新南昌”大型群众歌咏比赛活动,南昌县代表队在全市55支参赛队伍中脱颖而出,荣获合唱类一等奖。6月24日,联合南昌县人武部驻县各部队举办以“颂歌献给党,军民鱼水情”为主题的2011南昌县军民欢庆建党90周年联欢晚会,此次活动在CCTV7军事频道进行了报道。6月25日,承办“红歌颂党爱我南昌”南昌爱乐乐团走进南昌县大型专场音乐会。此次活动作为全市庆祝建党90周年重点活动,旨在深入推进南昌文化大市、文化强市建设,使高雅艺术走进基层,满足人民群众精神文化需求。演出会场上千个座位座无虚席、掌声不断。此次活动得到人民网、中广网、中国日报网等国内主流媒体的关注。7月1日,组织全县近万名基层党员参与南昌市“纪念建党90周年党史知识竞赛”活动,发放、回收竞赛答题卡16000余份,南昌县获得优秀组织奖,另有30余名群众获得纪念奖。

【积极推荐评选先进创业典型】 为在全县上下进一步推动形成“百姓创家业、能人创企业、干部创事业”的生动局面,在南昌市第三届全民创业“三个十大标兵”(“十大创家业标兵”、“十大创企业标兵”、“十大创事业标兵”)推荐评选活动中,积极推荐南昌县各类先进典型。其中,黄国生、李云霞被评为“十大创家业标兵”,奉玉珍被评为“十大创企业标兵”,毛爱凤被评为“十大创事业标兵”。11月4日,这四人出席在南昌广电中心演播大厅举行的第三届全民创业“三个十大标兵”颁奖典礼,市委、市政府主要领导为获奖者颁奖。南昌县的农民企业家黄国生还作为全市“十大创家业标兵”的代表发表获奖感言,与大家共同分享在创业过程中的艰辛和收获。

【倾力打造“幸福澄湖”品牌】 2011年,以“幸福澄湖”为主题,分“乐在澄湖、爱在澄湖、美在澄湖”等篇章,积极发挥群众团体的参与热情,更大限度地扩大各行各业的参与面,拉近百姓与舞台的距离,先后开展消夏广场文化展演、社区综艺节目专场和“我们的节日—中秋”等专场文艺晚会,实现了广大群众的自我参与、自我教育、自我娱乐。同时,以幸福澄湖为平台,进行市场化运作吸纳社会力量、民间资金参与,组织文化精品巡演活动,不断满足人们日益增长的精神文化需求,改善群众文化生活质量,进一步提高了群众幸福感。

【积极打好新闻宣传主动战】 2011

年，县委宣传部门与全县各部门、单位、政务网和电视台建立良好稳定的合作关系，扩大新闻线索来源，做到信息共享；主动对接省市媒体，了解宣传重点、洞悉宣传趋向、寻求宣传指导，力争把南昌县的重点宣传内容纳入省市新闻媒体的宣传计划，确保上送的优质稿件“用得出”；加大新闻前期策划力度，邀请中央、省市媒体进行深度采访报道，以谋求更直接、更有效的新闻宣传实绩，进一步提升南昌县良好的对外形象。同时，围绕中心工作以及群众关心热点，先后开展系列重大宣传战役，如“回顾‘十一五’，展望‘十二五’”、“文明大提升”城市管理活动、重大项目开工建设、啄木鸟行动、干部上挂下派平移、百强排名进位、喜迎建党 90 周年、媒体走基层等专题宣传活动，集中展现南昌县坚定不移地把稳增长和扩内需、调结构、促改革、惠民生、保稳定紧密结合起来，促进社会大和谐。

【有效推进新闻发布工作】 2011 年，县委宣传部门成立县委新闻发布中心，出台新闻发布制度，规范新闻发布纪律，还定期组织召开新闻发布会。先后召开了重大重点项目建设、维稳信访、外向型经济等新闻发布会，通过全面、准确、主动、及时地向社会公众介绍南昌县在改革开放、经济建设、社会发展等方面的重大安排部署、执行情况以及取得的成效，增进社会公众对县委、县政府工作的了解和理解；针对舆情动向，及时发布权威信息，解疑释惑，消除不良信息的影响，维护全县社会稳定和良好形象，为改革开放、经济建设和社会发展营造良好的舆论环境。

【充分发挥新型媒体的宣传功效】为创新宣传模式，拓宽宣传渠道，在充分利用好传统媒体的同时，积极发挥 LED 屏、手机报等新兴媒体在新闻宣传中的作用。3 月，在澄碧湖广场制作大型 LED 屏。在南昌县“党代会”和“两会”宣传报道期间，该 LED 屏以及各大商场、公交站台的电子显示屏都有效地充当了“党代会”和“两会”的宣传载体。“南昌县手机报”作为拓宽宣传渠道的重要举措，也在“党代会”宣传报道期间以试运行的方式创刊，及时、有效地报道“党代会”及“两会”的会议精神，并在日后的宣传工作中以其快速、准确、方便的特点越来越受到广大干部群众的认可。

【努力提高新闻上稿】 2011 年，全县新闻宣传工作紧紧围绕县委、县政府重大决策部署，定位报道角度，聚焦“经济大发展、城乡大变样、社会大和谐”三大工程中的新成就、新经验，在中央、省、市媒体上稿的“质”与“量”上都取得历史性的突破——在《人民日报》、《经济日报》、中央电视台《新闻联播》等中央主流媒体刊播 12 篇条稿件，在《江西日报》、江西电视台《江西新闻联播》、江西电台《全省新闻联播》上稿 160 篇条，在《南昌日报》上稿 311 篇条。新闻上稿情况在全市的综合评比中位列前茅，其中，《从南昌“南大门”迈向都市“南中心”》、《一个“全国百强县”的民生答卷》等一系列反映南昌县社会、经济发展的深度报道，在全市、全省反响强烈。

【不断强化网舆引导】 进一步建立健网络发言人制度，组建了一支 60 余人的网络评论员队伍，初步形成一个中心辐射全县的网络宣传体系。继续坚持舆情日报制度，为县委、县政府决策提供参考，全年编辑《每日舆情动态》267 期，办理领导批示件 64 件。同时，在《每日舆情动态》中增设“啄木鸟在行动”专栏，发挥舆情监督职能。在南昌新闻网和县政府网开设“民声通道”，及时受理网民的投诉和求助，有效疏导公众情绪。精心组织主题宣传，策应中心工作，在南昌县政务网先后推出“打造新昌南、喜迎七运会”、“回顾‘十一五’、展望‘十二五’”、“科学发展、创先争优”、“两会直通车”、“樱花节”、“重大重点工程”、“县委权力公开透明运行”等 7 个专题，解读政策，反映工作动态，加强网络宣传正面引导。

表 8 **2011 年中共南昌县委宣传部领导班子成员名单**

姓　名	性　别	出生年月	籍　贯	职　务
周仁斌	男	1973. 8	江西吉水县	县委常委、宣传部长
熊　军	男	1976. 5	江西南昌县	常务副部长
吴德华	男	1957. 9	江西南昌县	副部长、社联主席
李之谷	男	1977. 11	江西南昌县	社联副主席
刘木海	男	1957. 9	江西南昌县	文明办主任
吴　颖	女	1976. 8	江西奉新县	办公室主任

（主笔：吴卫平　审稿：吴　颖）

统一战线工作

【概况】 2011 年，全县统战工作在县委的坚强领导和市委统战部的有力指导下，以实施“同心”品牌为龙头，以开展三大主题活动为载体，以服务“拼争全国五十强县市、建设现代化综合新城”为主线，全年工作目标明确，思路清晰，重点突出，推进有力，取得了一些成果。

【打造“同心”品牌倾力“同心”实践】 2011 年，县统战部门组织“同心·坚定信念、学习典型、争作贡献”活动。5 月份开始，相继举办“重走小平

小道,跟党同心同行"、"同心促和谐登山比赛"、"走进监区接受警示教育"等实践活动,形式多样、内容丰富的活动进一步坚定了广大统战成员践行社会主义核心价值体系的理想信念。开展"同心·千名党外专家下基层"活动。3月份开始,南昌县大部分地区出现严重的春夏连旱,针对严峻的抗旱保春耕形势,迅速组织"党外农技专家团"前往旱情严重的蒋巷镇、泾口乡,实地查看土壤墒情和水稻旱情,为抗旱保生产献计出力。6月2日,组织党外专家在黄马乡开展"南昌县统一战线'同心工程'暨党外专家下基层服务活动",现场向村民免费发放种养殖技术、农机保养及维修等各类科普书籍1000余本,发放价值30000余元的医药品。27日又在黄马乡举办农业实用技术培训班,为全乡果树种植及水产养殖专业户进行培训,受到当地群众的广泛赞誉。协助党派"同心·帮扶基地"建设。3月18日,无党派县知联会一行6人在会长吴晶的带领下,到帮扶服务基地的南昌县塘南镇北联村小学开展"情系贫困学生送温暖"活动。县无党派知联分会成员向特困学生家庭赠送大米和食油,为贫困小学生发放学习文具和课外读物,总价值2000余元。9月8日,九三学社县支社组织社员中的四名副主任医师赴武阳镇开展社会老龄化调研和医疗义诊活动。活动中为40多名敬老院的五保老人进行了血压测量、心肺听诊、心电图等检查及健康咨询服务,获得老人们交口称赞。10月17日,民进市委会联合民进县支部在县八一乡中心小学举办南昌民进"名师下乡、好书进村"活动,向八一乡中心小学赠送几千册少儿图书,并为该乡中小学校的一百多名骨干教师举办了一场南昌民进名师讲座。11月14日,民革县总支联合企业上海和黄药业向帮扶基地南新乡新洲煌上煌希望小学捐赠价值18000多元的图书和书架,并计划持续五至十年的时间每年更新图书种类。12月7日,民盟县总支在幽兰镇中心小学建立"农村教育烛光行动"基地。充分利用盟内外资源,到幽兰镇部分偏远小学校开展系列讲座、示范教学、教学交流活动,建立与农村教师的交流联谊平台。12月14日,农工党县总支在幽兰镇敬老院举行以"关爱老人"为主题的凝聚力工程活动。为敬老院的老人们送去价值5000多元的药品、保暖衣物等,并为老人开展心电图、B超、血压测试、中医科、普外科咨询及各项体检的免费义诊活动。通过稳步推进各项活动,积极引导全县统战成员在思想境界上有新提高,在服务社会上有新举动,塑造统一战线服务科学发展、促进民生改善的"同心"品牌,大大提升了这一品牌的社会影响力。

【积极做好政协换届工作】 2011年,按照上级统战部门要求和全县统一战线发展实际,对政协换届进行"早安排、早着手、早准备",及时向县委上报了《关于2011年县政协换届人事安排工作的请示》,同时,会同组织部、县政协党组,对在各界别广泛民主协商的基础上产生的第十一届政协委员,进行全面细致的考察、广泛征求社会各界的意见和建议。经过人事安排和换届,新进政协委员思想政治素质有新提高;委员的安排面进一步扩大;党外人士安排比例符合上级的有关规定,人大代表中党外代表比例按法定程序也得到了保证。

【召开全县特约人员工作现场会】 11月1日,南昌县特约人员工作现场会在县法院隆重召开。市委统战部副部长钮润荪,县委副书记王小文,县委调研员、统战部长胡炜,县法院院长李红刚出席会议。县监察局、县审计局等9个特约人员聘请单位分管领导和全体特约人员共60余人参加会议。会议召开前,全县特约人员在法院旁听了庭审。通过旁听法院庭审,特约人员直观了解人民法院的工作,同时对法院审理过程进行监督,为他们更好地履行职责提供一个好的平台,收到了良好的效果。随后召开的会议总结了上年开展特约人员工作的情况,表彰2010~2011年度全县特约人员工作先进单位和先进个人。特约人员工作先进单位和先进个人也就一年来特约人员的工作情况进行了大会交流。

【全县党风廉政建设通报会】 11月30日,南昌县纪委和县统战部联合举办南昌县党风廉政建设工作情况通报会,邀请全县各民主党派、工商联和无党派代表人士60余人观看全县反腐倡廉工作光碟、听取通报并提出意见和建议。3个小时的会议上,纪委书记叶保平亲自通报,与会代表积极发言,从加强反腐倡廉宣传力度和纪委内部干部廉政自律、坚持廉政教育、树立廉政典型、权利制约、奖惩制度改革、提高效能、拓宽工作思路等十几个方面提出了意见,发表了见解。叶保平也就代表提出的意见和建议做了诚恳的简评及回复。

【经济领域统战工作】 2011年,县统战部门把联系有关部门的政策性资金,为企业解决融资难作为工作的重心。年初为中运物流联系县发改委解决了20万元的服务性发展资金,6月又为盛达物流联系县工信委申请成长型资金50万元。为充分发挥商会人脉广、招才引智、信息灵通等方面优势,按照(中发〔2010〕16号)文件规定,10月18日,在县统战部门积极引导和帮组下,南昌县闽清建材行业商会成立。就非公企业面临的转型问题和对县委、县政府现阶段的工作广泛征求非公经济人士的意见、建议,为加强他们和政府间的沟通搭建平台。7月,联合劳动和社会保障、人事、财政、工会、教育等多部门举办了2011年民营企业招聘周活动。

【民族宗教工作】 2011年,县统战部门深入开展民族团结进步"进校园"创建活动,努力打造平安和谐校园。春节期间,县委、县政府领导走访慰问新疆克州班师生,并赠送慰问金和慰问品。在各级部门的关心下,6月,第一批克州高中班学生顺利完成学业回疆。全力维护宗教和谐稳定。由县民宗局牵头,会同县国保、消防等部门,对全县主要宗教活动场所消防安全设施、重点部位消防安全等情况进行重点检查,对发现的问题要求其及时采取措施整改,确保场所和信教群众安全。贯彻落实《宗教活动场所财务监督管理办法(试行)》,引导和推动宗教活动场所健全和规范财务管理。在东禅寺、地藏寺、显教寺、真道堂、创新教堂开展财务监督管理试点工作,为全县宗教活动场所财务监督管理提供成功的经验。开展创建"和谐寺观教堂、和谐宗教团体"活动。在全县寺观教堂中开展向真道堂、地藏寺(2010年省局表彰的和谐寺观教堂)学习活动,推广先进场所的创建经验。12月份,南昌县道教协会成立。

【海外统战工作】 2011年,县统战部门经常到侨资侨属企业中走访、了解并听取意见和建议,对企业所反映的问题积极向政府及有关部门反馈,以求解决。继续完善侨资企业联系制度,通过联系制度为侨资企业提供服务。做好对侨资侨属企业合法权益的保护工作,在工作中明确职责,建立依法护侨的工作机制,使全县归侨侨眷非公经济得到发展。积极开展维护华侨正当权益的咨询活动。意大利华侨周永东在绿地山庄购得一商品房,因其栋房屋有违章建筑,遂将开发商告上法庭,县侨联全程跟踪,联系律师咨询法律条文,维护华侨的合法权益。接待处理马来西亚归侨蔡秀香关于确认其归侨身份和了解归侨津贴情况的来访,县侨联积极向省、市侨联询问政策情况,并对此事进行了妥善处理。3月16日,侨企江西北美实业有限公司为6户贫困户和孤寡老人送去3000多元的食用油和棉被等慰问品。为改善县偏远乡镇学教学条件较差的状况,经省、市侨联牵线搭桥,争取到省侨联在南昌县蒋巷镇兴建3所侨心小学,有2所已竣工使用,1所校舍正在兴建筹集过程中。6月1日,陪同美中友好协会张锦平会长一行考察县制药产业发展项目。10月25日,省、市侨联领导陪同缅甸客商瑞知有限公司董事长陈民昆一行参观考察县稻香园粮油食品有限公司。

表9 **2011年中共南昌县委统战部领导班子成员名单**

姓　名	性　别	出生年月	籍　贯	职　务
王小文	男	1963.11	江西于都县	县委副书记、统战部第一部长
胡　炜	女	1957.6	江西南昌县	县委调研员、统战部长
喻峰俊	男	1961.2	江西南昌县	常务副部长
范禄根	男	1957.8	江西丰城市	副部长、县民族宗教事务局局长
李朝霞	女	1967.10	江西南昌县	副部长、县归国华侨联合会主席
万仁作	男	1956.10	江西南昌县	调研员
熊思贵	男	1952.7	江西南昌县	调研员

(主笔:涂凯华　审稿:喻峰俊)

政法和综治工作

【概况】 2011年,全县政法、综治、维稳、信访战线在县委、县政府的正确领导下,坚持围绕中心,服务大局,认真履责,攻坚克难,为全县社会和谐稳定、人民群众安居乐业作出了应有的贡献。特别是在全国第七届城市运动会和省、市、县、乡、村五级换届等重要敏感时期,全县没有发生影响全局的大型矛盾纠纷、没有发生重大群体性事件、没有发生恶性治安刑事案件。县政法委、县司法局被评为全省人民满意政法单位,县公安局和县法院法警大队,因工作成绩突出,双双荣立集体二等功。

【维护社会稳定工作有新成效】 2011年,深入开展矛盾纠纷大排查大调处活动,坚持源头治理和末端处置相结合,实行群众来访联接,矛盾纠纷联调,突发事件联处,及时有效化解了大量不稳定因素。全年成功调处各类矛盾纠纷3900余件,调处成功率达98%。通过采取领导接访常态化、干部下访任务化、整合资源制度化等举措,妥善化解疑难信访积案132件,信访形势呈现"五下降"的态势。着力整顿信访秩序,全年共查处因信访问题导致的聚众扰乱秩序案件10起,行政拘留37人次。进一步健全完善了群体性事件应急处置机制,妥善处置了包括泾口"8·23"医患纠纷在内的一批突发性群体性事件。

【认真处理重大建设项目推进中引发的各类矛盾纠纷】 2011年,按照实现打击与保护、管理与服务、社会效果和法律效果有机统一的要求，认真处理重大建设项目推进中引发的各类矛盾纠纷，严厉打击危害市场经济秩序的违法犯罪。全年法院共受理民商案件1760件，审结1684件。检察院开展职务犯罪同步预防工作，查办各类职务犯罪案件10件，在小蓝经开区设立检察工作站，为打造国家级开发区提供零距离司法保障。公安机关组织开展打击和预防经济犯罪专项整治行动，全年共侦破各类经济案件108起，挽回直接经济损失1600余万元，端掉传销窝点118个。司法行政部门办理各类公证7300余件，办理各类法律援助案件712件。

【巩固完善打防管控一体化的治安防控体系】 2011年，进一步巩固完善打防管控一体化的治安防控体系，不断提升人民群众安全感，全县公众安全感测评指数同比上升2.6%，社会治安好转率排名同比上升9位。组织开展一系列严打整治行动。当年，全县共侦破刑事案件2349起，抓获各类犯罪嫌疑人875人，摧毁犯罪团伙59个，抓获257名逃犯，清网率达90%以上，抓获逃犯绝对数位居省、市第一。破获命案13起，连续4年现发命案全部告破特别是侦破严重危害健康安全的“9·15”武阳镇地沟油案件，位列公安部打击“地沟油”违法犯罪十大典型案件之首。深入开展道路交通秩序整治，南昌县是全市唯一一个没有发生重特大交通事故的县区。实现“天网工程”县城区域全覆盖，组建了17支专职治安巡防队伍，全县治安防控力度不断加强。

【不断探索人口管理和服务新模式】 2011年，在全市率先开展用群众工作统揽信访工作，选聘人大代表、政协委员、律师参与接访，聘请789名农村“五老”人员担任人民调解员，群众工作的“末梢神经”延伸到最基层。不断探索人口管理和服务新模式，在全县范围内组织开展为期三个月的“迎城运、保稳定、促和谐”集中整治行动，共清理登记流动人口10万余人并纳入常态化管理。对社区矫正对象、刑释解教人员定期进行教育矫正和安置帮教工作，新增刑释解教人员352人已全部进行了有效衔接，建立3个刑释解教人员安置基地，已累计安置140人。平安创建工作稳步推进，新增平安创建点80个，平安创建的覆盖面不断得到拓展。

【精心组织案件评查】 2011年，坚持县委政法委对公、检、法提交的司法重大疑难案件执法协调工作联席会议制度，遵照依法办案原则，年内共协调处理提交的重大疑难司法案件18件，其中钟心仁、朱上永曾十余次赴京到省上访的涉法涉诉疑难案件得到成功解决。同时，按照中央政法委用三年时间对全国100万件司法案件进行抽样评查的工作部署，全县每年由县政法委牵头对县公、检、法办理的120件司法案件进行执法评查，三年内完成360件的评查任务。9月，已组织政法委、人大、政协、公、检、法业务骨干对21件司法案件进行认真评查，其中评查发现并依法纠正有执法偏差问题的案子5件，从而进一步依法规范了执法行为。

【深入推进平安创建】 2011年，在巩固提高以农村为基点的平安创建效能的基础上，当年重点向城镇社区、机关、企事业单位、学校、非公有制企业拓展，新增平安创建点80个。全县98%的乡镇达到市级平安乡镇要求，50%以上村委会达到市级平安村要求，80%以上村委会达到县级平安村要求，80%机关、团体、学校、企事业单位和非公有制企业达到县级平安点要求，形成积点上平安连成整体平安，小块平安积累大块平安，局部平安促成全县平安的态势，为全县实现长治久安奠定较坚实的基础。

表10 **2011年南昌县委政法委领导班子成员名单(一)**

姓　名	性　别	出生年月	籍　贯	职　务
熊运浪	男	1968.10	新建县	县委常委、纪委书记、政法委书记任职至7月
刘小毛	男	1964.10	南昌县	县政府党组成员、县委政法委副书记、县维稳办主任
李林平	男	1970.10	南昌县	县综治办主任
龚玉明	男	1965.10	南昌县	县委政法委副书记
闵忠生	男	1978.8	南昌县	县综治办副主任

表11 **2011年南昌县委政法委领导班子成员名单(二)**

姓　名	性　别	出生年月	籍　贯	职　务
杨　春	男	1969.2	河南省	县委常委、政法委书记7月任职
刘小毛	男	1964.10	南昌县	县政府党组成员、县委政法委副书记、县维稳办主任
李林平	男	1970.10	南昌县	县综治办主任
龚玉明	男	1965.10	南昌县	县委政法委副书记
徐春辉	男	1963.2	南昌县	县委政法委副书记
丁来平	男	1963.3	南昌县	县委政法委副书记

(主笔:余小华　审稿:刘小毛)

农村工作

【概况】 2011年，南昌县按照“大兴水利强基础、狠抓生产保供给、力促增收惠民生、着眼统筹添活力”的总体要求，加快城乡经济社会一体化进程，加速农业发展方式转变，奋力推进国家现代农业示范区建设，着力提高农业综合生产能力，农业和农村经济继续保持良好的发展态势，为南昌县在全国百强县(市)中争先进位作出了较大贡献。成为全国51个国家现代农业示范区之一、18个国家农村改革试验区之一。2011年，全县农民人均纯收入达到8621元，净增1221元，同比增长16.5%，连续八年保持快速增长；粮食总产迈入10亿公斤产粮大县行列，达到10.15亿公斤，连续八年被评为“全国粮食生产先进县”。新农村181个村点全部完成整治建设任务，农村垃圾处理工程有序推进。

【潘学峰一行到南昌县调研】 2011年2月12日下午，国家农业部人事劳动司副司长潘学峰带领的“百乡万户调查组”到南昌县就农业各项工作开展调研。江西省农业厅副厅长程关怀，县委常委、农工部长魏根金，副县长程雷佬及县直有关部门和乡镇主要负责人等陪同。

调研活动为期12天，调研的内容主要有农业政策落实、备耕春管春防、农民收入及就业、发展现代农业以及农村实用人才培养等情况。调研主要采取听取介绍、入户调查、召开座谈会、书面调查和深入田间地头、农业专业合作社、农业企业实地调查等方式，详细了解春耕备耕、农业基础设施建设、农业产业化和农村市场销售以及新农村建设和现代化农业发展等情况。

【第四届樱花节开幕】 2011年4月2日上午，以“春天最想去的地方——山水黄马魅丽凤凰沟”为主题的2011年江西黄马·凤凰沟第四届樱花节开幕式在凤凰沟景区隆重举行。省农业厅副厅长唐安来、程关怀，副巡视员邓建平，省旅游局副巡视员曾宜富，市旅游局副局长佟焕哲出席开幕式。

程关怀宣布2011年江西黄马·凤凰沟第四届樱花节开幕，唐安来、程关怀、邓建平、曾宜富共同启动2011年江西黄马·凤凰沟第四届樱花节开幕仪式。

开幕式上，江西科技师范学院的师生表演了丰富多彩的歌舞节目。本届樱花节为期32天，其间开展集体婚纱外拍、采茶戏演出、“美莓”吃草莓、CS真人枪战、白领相亲会、猜灯谜、中小学生征文、“樱花杯”摄影大赛、采桑椹、茶海寻宝等系列活动。市民在尽赏百花争艳美景的同时，还有机会参加集艺术、生活与趣味为一体的高品位多元化的旅游文化活动。

【南昌县召开全县农业农村工作会】 2011年4月2日下午，全县农业农村工作会议在县会展中心一号会议室召开。县委书记肖玉文出席会议并讲话，县委副书记、县长陈匡辉主持会议，县人大常委会主任胡小明，县政协主席邓炳根，县委常委涂仕华、杨保根、熊运浪、胡炜、王小文、徐海波、魏根金、汪火明、程雷佬，县领导黄连科、李木旺、陈秀梅、王三毛、熊鹰、伍曦、涂莉华、赵泽华、章光文、吴文卫、万德珍、吴克芳、张军、李信谆、姜润根、伍目连、李植、李红刚、张振川、黄志清、尹头根、张晓伟、周庆鲁等出席会议。

就抓好农业农村工作，肖玉文要求，一是突出两“区”建设，推动城乡一体发展。要扎实推进国家现代农业示范区建设。要以加快转变农业发展方式、提升农业现代化水平为主线，以保障主要农产品有效供给和农民收入持续快速增长为目标，做大做强“2+4”产业，提高农业综合生产能力。同时，要进一步加快推进蒋巷现代农业示范园和黄马“两江”生态农业走廊的水、电、路和桥等基础设施建设。要积极争取国家农村改革试验区建设试点。要发挥农业大县、经济强县的优势，积极争取国家农村改革试验区建设试点，争取把南昌县试验区建设出经验、典型和示范。二是推进三大工程，改善农村面貌环境。要重点抓好新农村建设工程。要切实抓好178个省批新农村建设村点、2个市级综合示范村和16个县级综合示范村的整治建设。要深入开展农村环境整治工程。要继续完善农村垃圾“处理下管一级、规划下管两级”的管理方式和垃圾“户集、村收、乡(镇)压缩、县处理”运作机制，确保全县乡村环境面貌实现长效保洁。要扎实推进“森林城乡、花园南昌”建设工程。围绕“提升”和“创建”两大主旋律，大力开展“森林十创”活动，全面完成造林绿化任务。三是强化三项举措，增添农业发展活力。认真抓好基层农技推广服务体系改革与建设，加快推进农田水利建设和高标准农田建设，突出抓好“六防”工作，大力培育发展壮大种粮大户、规模以上特色种养基地、农业龙头企业、农民专业合作社、“农家乐”经营体等示范点。要统筹推进各项改革。强化农村集体组织的资金、资产和资源管理，落实“一事一议”和筹资筹劳制度，继续深化水管体制改革，加强乡镇防办建设，用好管好维修养护经费,进一步推广灌区末级渠系改革,在全县大型灌区组建农民用水户协会,抓好农业、林业、水利等七大非工国有企业改革工作。要加强服务体系建设。突出抓好病虫害、高致病性禽流感、口蹄疫等疫病的防控及农业血防的查治工作,要加强农产品质量安全检测,提升气象灾害监测、预报、预警服务能力和加强湖区管理工作,重点抓好生猪出栏“瘦肉精”抽检和上市蔬菜农药残留抽检工作。

【南昌县召开农产品质量安全暨2011年“七城会”农产品供应安全工作调度会】 2011年4月21日下午,县委常委程雷佬主持召开全县农产品质量安全暨2011年第七届全国城市运动会农产品供应安全工作调度会。县直有关单位负责人、各乡镇(开发区)分管领导等参加会议。会上,程雷佬要求,各相关职能部门要切实做好全县农产品质量安全和“七城会”特供基地农产品质量安全保障工作,进一步加强对农产品特供基地生产环节的全程质量安全监管,确保特供基地食品检测合格率达100%,杜绝质量不合格的特供农产品进入运动员村和定点宾馆、酒店。要和特供基地负责人签订食品安全责任状,实行安全责任追究制度。同时要尽快落实特供基地种养补贴资金、质量检测经费和生产监管经费,保障农产品特供基地有序生产和质量安全。

【中国科学院和中国工程院院士专家团到南昌县蒋巷镇考察】 2011年5月7日上午,由中组部组织的中国科学院和中国工程院院士专家团到南昌县蒋巷镇考察。江西省农业厅副厅长程关怀、江西省农业厅计划财务处处长刘建堂,南昌市委组织部副部长郑志军,南昌县委常委、组织部长王小文,南昌县委常委、农工部长魏根金等陪同考察。

专家团首先到江西国旺现代农业示范区,实地考察水产品养殖基地和果蔬种植基地,在认真听取有关情况汇报,详细了解企业的发展情况后,一致认为生态江西国旺现代农业示范区的建设与发展取得了显著成绩,并希望企业认真做好整合生态资源、发展绿色有机优质农产品、推行低碳生态环保生产方式等方面的文章,进一步完善基础配套设施,增强示范效应,提高示范区的运营效益。

座谈会上,王小文对院士专家团到南昌县视察指导工作表示感谢,并指出,这次院士专家团到南昌县考察,有利于帮助南昌县理清发展思路,是对南昌县农业发展的莫大鼓励和支持,对南昌县进一步落实省、市委的战略决策,加快“建设赣鄱第一县,拼争全国五十强”的奋斗步伐必将起到积极的推动作用。王小文希望南昌县今后的发展能够得到院士专家智囊团的更多帮助和指导。

座谈会上,魏根金指出,近年来,南昌县紧紧抓住鄱阳湖生态经济区建设机遇,扎实推进新型农业产业化示范区建设,农村工作保持快速发展,农业综合生产能力持续增强,主要农产品有效供给不断提高。农业产业化水平快速提升,农业基础设施逐步完善,农业支撑保障能力不断提高。院士专家团对发展现代农业、提高农产品附加值、注重食品安全等方面提出了很好的意见和建议。

【赖金生到南昌县就农村信息化建设情况进行调研】 2011年12月27日下午,省委农工部副部长赖金生深入南昌县黄马、向塘等乡镇就农村信息化建设情况进行调研。市委农工部副部长张晓芳,县委常委、农工部长程雷佬,县委有关部门、县直有关单位及黄马、向塘等乡镇主要负责人先后陪同调研。

赖金生等先后到黄马乡白城村、向塘镇山背村和小蓝禽蛋市场等地的农村信息服务站,实地了解服务站的工作及存在的问题。赖金生对南昌县农村信息化工作给予充分的肯定。当了解到2003年小蓝禽蛋批发市场就建立全国首家禽蛋类专业性网站——中国禽蛋网,并利用此平台为农民及时提供禽蛋市场价格和供求信息时,赖金生非常高兴,他希望南昌县不断加大资金投入,完善服务站软硬件建设,以拓宽农产品销售渠道,提高农民专业技能,增加农民收入,丰富农民文化生活为目标,进一步增强农村信息服务站的功能。让广大农民都能享受农村信息化带来的便利和实惠。

表12　**2011年中共南昌县委农工部领导班子成员名单**

姓　名	性　别	出生年月	籍　贯	职　务
程雷佬	男	1963.11	江西省新建县石埠镇	县委常委、部长
胡德金	男	1963.2	江西省南昌县蒋巷镇	副部长、农办主任

续表 12

姓　名	性　别	出生年月	籍　贯	职　务
胡叶林	男	1968.3	江西省昌东镇	副部长
魏俊林	男	1973.3	江西省南昌县八一乡	农办副主任
樊友军	男	1973.7	江西省南昌县泾口乡	农办副主任

（主笔：王　俊　审稿：樊友军）

对台工作

【概况】 2011 年，县台办在县委、县政府的正确领导和上级台办的精心指导下，全面落实科学发展观，认真贯彻中共十七大精神和中央及省市对台方针政策，紧紧围绕南昌县拼争全国五十强县市、建设现代化综合新城的目标，超常发展、进位赶超，发挥台办的优势，奋力拼搏，真抓实干，较好地履行对台工作职责，圆满完成全年工作任务，2011 年度被评为全省、全市对台工作先进单位。

【对台招商实现新突破】 截至 2011 年底，累计引进台（内、外）资项目 23 个。落户企业注册资本总额达 1.33 亿美元，总投资额 3.63 亿美元。其中 1 月 3 日在台北签约的联强国际江西 5C 科技总部以及南昌现代化运筹中心项目为南昌县 2011 年度招商引资的首个外资项目，也使全县对台招商取得开门红。同时为做大做强小蓝食品产业基地，县台办有针对性地寻找跟踪一些具有专业化、精细化特点的台湾食品产业。通过两年锲而不舍的跟踪，2011 年 1 月，中国大陆烘焙连锁店排名第三的台资企业厦门向阳坊食品该公司与南昌县的投资合同终于尘埃落定，该项目总投资 1700 万美元，注册资金 1000 万美元，购地 6.7 公顷在南昌县设立江西食品烘培基地。该项目落户，不但能促进南昌县小蓝经济开发区食品饮料产业基地品牌的提升，也将为南昌县带来新的税收增长点。

【对台交流获得新进展】 2011 年，在做好对台经贸工作的同时，县台办注重与台湾岛内的行业协会、同业公会及知名企业建立密切的联系。一是大力“请进来”。1 月至 12 月，共邀请和接待 32 批次 160 余台湾客人到南昌县进行投资考察，其中不乏有台湾商业总会、汽车产业协会、东莞台协、厦门台协、台湾中小企业协会等。其中台湾东阳机械表示将投资 800 万美元在小蓝生产汽车塑胶配件；信昌机械有望与江铃合作，为江铃配套，并以小蓝为中心，建设该集团公司辐射全国的汽车零部件基地，预计投资 2000 万美元。通过接待联谊，结识新的协会团体和一些重要企业，拓宽对台工作联系渠道，促进了对外开放和我县的经济建设。二是主动“走出去”。首先精心安排好领导的参访活动，做好拜访客商安排、企业联络、跟踪服务等各个环节工作。1 月 3 日上午，县长陈匡辉随南昌市政府考察团一行赴台湾开展为期 8 天的考察，1 月 3 日下午，考察联强国际全球运营中心，并代表南昌县与该公司正式签约。11 月 3 日，县委常委涂莉华带领江铃集团、江铃股份有限公司及县招商单位负责人组成的赴台参访团，在台开展针对汽车零部件、食品饮料项目的招商活动。领导的参访有力地推动了南昌县高层与台湾在经济方面的交往与合作，为南昌县下一步对台、对外招商提供更强大的号召力。其次做好招商专访，2011 年以来，县台办班子成员分别带领招商小分队赶赴北京、天津、长春、中山、东莞、深圳、上海、昆山、苏州、厦门、宁波等台商集聚地，就南昌县具有优势的汽车汽配、电子、食品产业的上下游延伸及相关配套产业积极开展招商活动，收到很好的成效。

【对台服务赢得新赞誉】 2011 年，继续开展“创业服务年”活动，认真贯彻执行《中华人民共和国台湾同胞投资保护法》，制定台办领导、科室分片与台资企业挂钩制度。将工作重心下移，每月走访台企一次，为台资企业办实事，积极为台资企业排忧解难。2011 年着重对全县 20 多家已落户的台资企业及 10 多家台属企业开展深入调研，重点了解他们对南昌县总体投资环境、基础设施和交通、政务环境、人力资源环境、金融贷款环境、产业配套环境、生活居住环境等方面的满意程度，搜集他们对南昌县社会和经济发展的意见建议，有何困难和要求。当得知雪贝尔蛋糕坊、维星家居、

钜龙纸业都因招工难导致开工不足后,台办立即采取各项帮助措施,如网上代其发布招聘公告、委托相关部门宣传、列入春风行动大型招聘会等方式为企业进行招聘,打消企业在南昌县投资的顾虑。向阳坊食品落户后,由于公司正在进行上市准备,无法抽调人手前来办理相关手续,县台办充分发挥台企娘家作用,指派专人为其无偿办理冠名、外资审批、工商注册、税务、立项等各项手续,切切实实为企业提供“保姆式”服务,得到企业的好评。

【联络接待、宣传交流迈上新台阶】据统计,截至12底,全县接待台胞720人次,其中旅游观光308人次,回乡探亲的412人次,为台胞台属解决实际困难13件次,完成联络专报4篇。全县对台宣传用稿30余篇,其中网络用稿16余篇、对台新闻媒体供稿10余篇,输入台湾岛内宣传光盘共100余盘、招商资料600余份。县台办在联络接待、宣传交流等工作均得到了上级部门的肯定。

【台联工作取得新实效】 2011年,县台联广泛开展多项活动。一是通过走访“三老”(即定居老台胞、老台属、当地老干部)、开小型座谈会学习宣传中央对台方针政策等,既表达了向第一代地方去台人员健康状况的关心,又鼓励去台人员的第二代和第三代回大陆发展。当年,已有100多名去台人员的后代与家乡接通联系。二是倾情关怀定居台胞。1月16日上午,县台办、台联为定居台胞萧斌举办百岁寿筵,县人大常委会副主任李木旺、县政协副主席吴克芳到席祝贺,萧老深受感动。

【2011年赣台会收获新硕果】 8月25日~29日,由江西省人民政府和国台办共同主办的2011年赣台(南昌)经贸合作研讨会在南昌举行。陈匡辉、涂莉华、刘光荣等县领导多次调度,统筹安排,科学分工,抽调县商务局、三产办、汽车产业办、小蓝开发区招商局、向塘开发区招商局以及武阳镇和南新乡招商办等部门人员,与县台办一道,组建了7个赣台会招商小分队,从客商抵南昌县入住开始,通过各种方式,在会前、会中和会后与客商广泛接触,深入交流,给客商留下深刻的印象。本次会议完成签约项目1个,收集有效项目信息4个;成功接待佳旺、商业总会、汽车产业、东莞台协、中小企业、广宥鞋业、联强国际等共10个团组共73名客商,与客商交换名片近300张,发放宣传资料500多份。在出色完成各项“规定动作”的同时,开展形式多样的“自选动作”,取得了良好的招商成果。

2011年中共南昌县委台湾工作办公室(南昌县人民政府台湾事务办公室)领导班子成员名单

表13

姓　名	性　别	出生年月	籍　贯	职　务
黄赏辉	男	1974.11	南昌县蒋巷镇	南昌县台办主任
章　青	女	1973.7	南昌县黄马乡	南昌县台办副主任
樊军友	男	1973.11	南昌县泾口乡	南昌县台办副主任

(主笔:郭文丽　审稿:黄赏辉)

老干部工作

【概况】 中共南昌县委老干部局是县委工作部门,它的主要职责是受县委委托,负责全县离退休干部的宏观管理工作。

2011年,南昌县重点管理的离退休干部共有359名,其中离休干部81名,担任过副县以上实职的退休干部37名,享受副县级待遇的退休干部241名。成立离退休干部党支部66个、学习活动小组22个。

2011年,中共南昌县委老干部局坚持“老干部的呼声是我们改进工作的第一信号、落实老干部待遇是我们工作的第一责任、老干部满意与否是衡量我们工作的第一标准”的工作理念,坚持从政治上尊重老干部、思想上关心老干部、生活上照顾老干部,不断加强自身建设,切实做好服务老干部的工作,按照“组织化推动、科学化管理、人性化服务”的工作要求,坚持在继承中开拓、在务实中创新,确保“两项待遇(政治待遇、生活待遇)得到落实、两块阵地(老年大学、活动中心)得到筑牢、两大领域(党支部建设、离退休干部的思想政治建设)得到拓展”。老干部工作取得新的成绩,获得全县老干部的高度评价和上级有关部门的认可和肯定,局长傅瑛被评为全国老干部工作先进工作者,县委老干部局荣获2011年度“江西省老干部宣传工作先进单位”、“南昌市老干部工作先进集体”、“南昌市老干部工作综合目标考评先进县”、“县综合考评三等奖”等荣誉称号,

【认真贯彻落实党对老干部的政治生活待遇】 2011年,县委老干部局共接待上访要求帮助解决困难和问题的离退休干部近百人次。每次接待县委老干局的领导都本着高度的责任感,火热的心,温馨的话语,宣讲党对老干部的政策,热心、耐心、细心、爱心去沟通思想,化解矛盾,让每一位反映问题的老干部带着忧虑而来,揣着满意而归。通过努力保证了南昌县离休干部按照洪组发〔2011〕11号文件增加的生活补贴及时足额发放到位,全县离休干部的医疗费得到及时足额报销。另外通过多方呼吁、反复与县委、县政府协商,将全县退休干部医药费报销比例由原来的70%分别提高到一般病报销85%、重大病报销95%。

【坚持每月一次的学习例会制度】
2011年,县委老干部局坚持每月15

日的学习日制度。及时组织老干部学习党的方针政策；及时向离退休干部传达省市县委、政府的有关会议和文件精神；及时通报全县离退休老干部党支部建设和小组活动情况；及时掌握和了解离退休干部的家庭生活和身体状况。同时，要求各乡镇、县直各部门定期组织老干部，开展政治学习、思想交流、文娱活动，座谈交流学习体会，让老干部及时了解国内外的形势、党和国家的方针政策、本地区本单位改革开放发展的新成就、新进展，确保离退休干部队伍的政治稳定，思想常新。

【不断完善对离退休干部的关爱机制】 2011 年，一是始终坚持情况通报。2011 年是县、乡换届年，县委特别邀请老同志参加民主测评、参与民主推荐。县党代会、人大、政协会都邀请老同志参加，定期向老同志通报县委、县政府的工作思路、全县经济社会发展情况，通报国内国际形势，努力维护老干部对党的政策知情权、参与权。二是坚持春节走访、慰问老干部困难户制度、“七一”走访困难老党员制度和坚持老干部生病探望制度及重大生日上门祝寿，老干部生病住院探望，县委老干部局领导和工作人员陪同县委、县政府等四大家领导，带上礼品和慰问金登门拜访、祝寿和问候，把党和政府的关怀、关心和关爱传输到老干部心中。

【积极开展“余热生辉、共建和谐”创先争优活动】 2011 年，以创建“五好”离退休干部党支部、争当“四好老干部”为主要内容，以学习杨善洲先进事迹为载体，引导广大离退休干部积极投身于创先争优。对加强党建，发展经济，推进重点工程、民生工程等提出不少建设性意见，发挥了良好的作用。通过创先争优活动的开展，老干部发挥余热的激情空前高涨。如向塘镇离退休干部党支部在离退休干部党员中开展争当“五员”活动。即：时事政策的“宣传员”、经济发展的“协调员”、各项事业的“监督员”、文明家风的“倡导员”、校外教育的“辅导员”。检察院退休干部党支部组织退休干部深入基层义务宣传法律知识。

【举办电影招待会】 6 月 15 日至 17 日，县委老干部局组织全县曾担任副县级以上实职的退休干部，全县离休干部，涉老部门负责人，各乡镇、县直各单位老干部党支部书记（学习活动小组长）等近 300 人观看爱国主义影片《建党伟业》。

【举行老干部党支部建设电教设备赠送仪式】 为改善全县离退休干部党支部党员电化教育工作的条件，进一步加强全县离退休干部党支部建设工作力度，6 月 22 日，县委老干部局从县委组织部留存的党费中购买了 11 套电视机和 DVD，集中赠送给 11 个先进老干部党支部。

【开展走访慰问老干部、老党员活动】 2011 年 7 月县第十二次党代会召开前夕，县委书记郭毅在县人大常委会主任胡小明，县委常委、组织部长王小文陪同下，看望慰问赵克义等 12 名曾担任正县以上实职的离退休老干部，为他们送去慰问品，表示问候和祝福。7 月 1 日下午，县委常委、组织部长王小文带领县委老干部局负责人走访慰问县部分离休干部、老党员。“七一”前夕，县委老干部局对全县离休干部进行全面慰问走访。

【举办庆“七一”文艺汇演。】 6 月 30 日上午，举办 2011 年县老年大学春季班结业典礼暨庆祝建党 90 周年汇报演出。县老年大学百余名师生表演了女声小组唱《纺织姑娘》、舞蹈《欢天喜地》、越剧《忠魂曲》等 21 个节目，展现了学员们精湛的技艺，博得在场观众的阵阵掌声，现场洋溢着欢乐祥和的喜庆氛围。

【扎实开展“四就近”工作】 2011 年，全县开展社区“四就近”服务工作形式多样，有的组织老同志座谈，比如人防学习，提醒居民防火、防盗等；有的社区开展法律讲座、健康知识讲座邀请老同志参加；“七一”组织老党员开展活动，重阳节、母亲节等组织老同志开展不同形式的活动；关心孤寡老人，看望瘫痪行动不便的老人，照顾他们的生活；组建老干部义务巡逻队监督社区治安、卫生等；有的社区开展低保评议和计划生育工作邀请老同志参加，帮助社区工作人员顺利完成各项工作。

【进一步规范办好老年大学】 自 2006 年 9 月份办校以来，坚持“增长知识、丰富生活、陶冶情操、愉悦身心、促进健康、服务社会”的办学宗旨，先后开办舞蹈班、声乐班、书法班、电脑班等班次，培训学员累计 1000 余人次，取得良好的社会效益。由老年大学编排的节目多次参加全市老干部文艺汇演、全县各类大型文艺活动，获得了社会各界较好评价。

表 14 **2011 年中共南昌县委老干部局领导班子成员名单**

姓 名	性 别	出生年月	籍 贯	职 务
傅 瑛	女	1966.6	南昌县八一乡	县委组织部副部长、县委老干部局局长
姜国华	女	1970.9	南昌县八一乡	县委老干部局副局长
曾玉辉	男	1976.10	南昌县向塘镇	县委老干部局副局长
张华军	男	1971.4	南昌县塘南镇	县委老干部局副局长
肖田华	女	1963.6	南昌县塘南镇	县老干部活动中心主任

（主笔：陈国强 审稿：傅 瑛）

县直机关党的工作

【概况】 2011年,南昌县直机关工委在县委、县政府的正确领导下,坚持以邓小平理论和“三个代表”重要思想为指导,树立和践行科学发展观,深入学习党的十七大以来的会议精神,按照县委的部署和安排,紧紧围绕提高党的执政能力、永堡党的先进性,紧贴县委、县政府的中心工作和全县大局,与时俱进,务实创新,着力抓好机关党建工作,在机关党建工作上求创新、求突破,不断增强机关党组织的战斗力和凝聚力,为南昌县新一轮发展提供有力的保证。充分发挥机关党组织的战斗堡垒和广大党员的先锋模范作用,为南昌县“拼争全国五十强县市、建设现代化综合新城”做出了一定贡献。

【狠抓党风廉政建设】 2011年,南昌县各级党组织认真学习中央省市纪委会议精神,深入贯彻落实县纪检监察工作会议的各项工作部署。围绕贯彻实施《建立健全教育、制度、监督并重的惩治和预防腐败体系实施纲要》,大力推进构建反腐败惩防体系建设。利用党支部集中学习的形式,组织广大党员干部认真学习党中央关于反腐倡廉的重要指示,在党员干部中广泛开展理想信念教育、党的纪律教育尤其是政治纪律教育,大力推进廉政文化建设,筑牢思想道德防线和纪律防线。加强制度建设,进一步落实党风廉政建设责任制,把党风廉政建设工作与各部门业务工作同部署、同落实、同检查、同考核。当年,县直机关纪检工作继续保持了良好态势,机关干部无违纪现象。

【抓好党员发展工作】 党员发展工作作为党的建设中的一项经常性的重要工作,是保证党的生机和活力的重要一环。2011年,南昌县直机关工委始终按照“坚持标准,保证质量、改善结构、慎重发展”的方针和《中国共产党发展党员工作细则》(试行)的要求,严格程序,把好“入口关”。在程序上做到严把“六关”:(1)考察关。(2)培训关。(3)评议关。(4)政审关。(5)手续关。(6)转正关。党员队伍总量不断壮大、结构不断改善、整体素质不断提高,从而保证了发展党员的质量。全年共发展一线党员57名,其中男性35名,占61%,女性22名,占39%。

【严格党费的收缴与管理】 按时、按标准交纳党费,是加强党员党性锻炼的重要形式,无正当理由连续6个月不交纳党费者,按自行脱党处理。防止和纠正党员交纳党费不够及时,党组织收缴党费标准不严、手续不齐、账目不清、不按照上交等现象,使党费收缴管理工作制度化、规范化。交纳党费的标准如下:(每月工资收入)在职人员3000元(含)以下交0.5%,3000~5000元(含)交1%,5001~10000元(含)交1.5%,10001元以上(税后、含)交2%,退休人员5000元以下交0.5%,5001元以上交1%。要求党员每月按时、按标准向支部交纳党费,党支部每季按标准将党费上交县直机关工委,工委每半年向县委组织部上交了党费。

【继续抓好创先争优活动】 2011年,按照县委创先争优领导小组的要求,南昌县直机关工委作为创先争优活动第一检查组,重点是以争创“五好”党组织、争当优秀共产党员为主要目标,对所属基层党组织开展此项活动情况进行检查。继续扎实开展理论学习活动。组织广大党员认真学习胡锦涛总书记在全党深入学习实践科学发展观活动总结大会上的重要讲话精神以及中央、省委关于在基层党组织和党员中开展创先争优活动的主要精神,增强创建红旗基层党组织、争当优秀共产党员的责任感和紧迫感。通过开展“创先争优”活动,广大党员干部的精神风貌、工作作风得到进一步转变,各项工作取得了新的成效。

【抓好基层党组织建设目标管理考评工作】 2011年,南昌县根据《市委办公厅关于建立全市基层党组织建设目标管理考评制度的通知》(洪办字〔2007〕132号)的要求,认真贯彻落实地方党委抓基层党建工作责任制,进一步加强全县基层党组织建设工作。考评工作中坚持实事求是、注重实绩和群众公认的原则,以群众公认和群众满意为依据,着重考察基层党组织班子建设、队伍建设、机制建设和基层党组织、党员干部发挥作用的情况,用促进经济发展和社会全面进步的实际效果来检验基层党组织建设工作的成效。

【开展全县综合目标管理考评工作】 2011年,一是精心组织,科学制订考核实施方案。按照市委、市政府年度综合目标管理考核实施意见的有关要求,并派人前往长沙县和赣县学习他们作好此项工作的宝贵经验。根据南昌县实际情况,一方面,对乡镇进行分类考评,考评分值和指标分类制定。开发区、县直部门分别制定一整套考核指标。另一方面,根据单位工作职能进行划分。乡镇、开发区根据其工作职能分为经济运行、社会发展、政治建设三大块指标;县直部门和单位分为职能指标和保证指标两大块。在确定主要考评指标的基础上,进行细化、量化、分值化，对各单位工作实行千分制考评，即，设置考评总分值为1000分，基本分值为800分，评先分值为200分。完成确保指标可得基本分，未完成的视情况在基本分值内扣分；在完成确保指标的基础上，视情况可加评先分。乡镇、开发区工作目标由责任部门提出，县分管领导把关；县直部门工作目标由本部并通过，最后两办联合下发考评评比实施方案。二是严格考核，充分体现公开、公平、公证的原则。综合目标考评实行平时考评与集中考评、定量考评与定性考评相结合，采取自查自评、综合会审、结果审定的方法和步骤进行。

【举办县直机关党支部书记培训班】 为认真贯彻《中国共产党党和国家机关基层组织工作条例》，切实加强基层党支部建设，全面提高支部成员思想政治素质和业务能力，大力促进机关党建工作迈上新台阶。南昌县直机关工委于2011年8月23日至9月2日对县直属机关各单位党支部书记共100人进行了一次业务培训。

【举办县直机关入党积极分子培训班】 按照《中国共产党发展党员工作细则(试行)》的规定，2011年4月，南昌县直机关工委组织县直机关130名入党积极分子在县委党校举办了为期4天的培训班，学习新党章、党史以及努力实践“三个代表”重要思想，永葆共产党员先进性和中共十七届四中全会精神等，重点进行党的性质和宗旨教育，帮助他们端正入党动机，树立立党为公、勤政为民的思想。

(主笔：章光艳　审稿：涂国根)

接待工作

【概况】 2011年，南昌县接待办紧紧围绕县委、县政府中心工作，朝着“奋力拼争全国五十强，建设现代化综合新城”的奋斗目标，坚持以科学发展观为统领，按照“规范接待管理、提升接待水平、争创服务品牌、展示昌南风采、助推我县发展”的工作思路，以高度的政治责任感，热情的服务态度，良好的精神风貌，周到细致的工作作风较好地完成了各项工作任务，为南昌县经济社会发展作出了应有的贡献。全年，接待办共完成接待任务178批次、4000余人次。包括：高标准、高质量地完成全市“三看”活动，省委巡视组到南昌县巡视回访，市委考察组到南昌县进行换届考察，中共南昌县第十二次代表大会，“情系昌南”迎送会，全省深化政务公开加强政务服务现场会，“七城会”对口接待杭州市代表团一行等一大批重大、重要接待任务；积极主动地协助和配合县委、县政府其他部门和单位做好接待工作；响应省、市号召，在本已接待任务重，接待人员紧张的情况下，主动抽调3名接待骨干，积极参与和配合了第七届全国城市运动会和第二届世界低碳与生态经济大会做好后勤服务工作；获得“办好城运当先锋”先进集体，两人获得先进个人的荣誉称号，同时，在全县先进单位评比中获得“全面先进单位”荣誉称号。

【找准新形势下公务接待工作定位】 南昌县的接待工作起步比较晚，在观念和套路上同其他兄弟县市相比显得有些老旧，已经不能很好地适应新形势的发展。2011年，接待办以深入学习科学发展观为契机，以创新型机关建设为载体，以“走出去，引进来”为途径，加强学习，转变观念。通过一系列的学习和思想讨论活动，大家进一步认识到做好南昌县公务接待，可以集中展示南昌县干部群众的思想境界、精神风貌、开放水平和文明程度；可以制造商机，促成商机，实现商机，直接转变为经济资源。因此，接待办全体同志牢固树立起“围绕发展搞接待，搞好接待促发展”的核心工作理念，为做好接待工作打下了良好的思想基础。

【倡导“奉献、友爱、团结、进步”的接待办精神】 南昌县的公务接待任务一直很重。由于南昌县是全国的百强县、江西的首府首县，城市建设和经济发展引人注目，2011年接待任务尤显繁重。接待办人员克服人手少，任务重等困难，牢固树立“5+2”(工作不分双休日)、“白+黑”(工作不分白天黑夜)概念。任务面前大家“一盘棋听指挥”、“一条心搞好服务”，团结协作，圆满完成各项接待任务。特别是在“七城会”期间，从接到任务到任务结束，全办人员都竭力做好多项工作多个细节，确保任务按时保质地完成，以实际的行动践行了“奉献、友爱、团结、进步”的接待办精神。

【打造高素质接待队伍】 2011年，南昌县接待办以打造一支政治素质优良、工作纪律严明、业务技能精湛、勇于开拓创新、甘心热情奉献的接待工作队伍为核心，坚持做好以下几个方面的工作：一是坚持不懈地进行政治理论学习，加强全办人员大局观念和中心意识；二是常抓不懈进行业务学习，通过培训，出外学习，观看视频等形式，提高接待人员的业务能力；三是及时补充新鲜血液，通过考试考核，公开对外招聘，择优录取新的工作人员充实到接待队伍中来；四是加强接待办自身建设，一贯提倡“和”、“合”两字，强调团队精神，讲究同事之间的和谐共事合作成事，努力打造成一支“政治上讲忠诚，思想上葆朝气，学习上肯钻研，工作上勇创新，作风上勤锤炼”的高素质接待队伍。

【精心编制接待方案】 2011年，全办在接到任务后，坚持严格标准，定点接待，灵活掌握的原则。一是加强事前主动联系和沟通，充分掌握来宾基本情况，予以统筹考虑，周到安排，使接待服务更加科学、规范、和谐；二是加强与相关部门的衔接，紧密配合，共同精心策划，把来宾在县期间全程活动的日程、住宿、餐饮安排、陪同领导、考察点简介、天气概况和相关负责人等精心制作成图文并茂、富有昌南特色的接待手册。如在2011年5月接待中科院、中国工程院等组成的院士专家组到南昌县开展活动过程中，接待办第一时间与对方取得联系，掌握基本情况，精心编制了一份独具昌南特色的《接待手册》，让客人及时清楚行程安排，体会到南昌县接待服务的细致周到，给客人留下深刻的印象。

【巧妙布置、安排来宾客房。】 2011年，根据不同的来宾在房间布置上体现人性化、个性化，使来宾有“回到家”的感觉，其中在接待全省深化政务公开加强政务服务现场会的过程中,努力做到“五个一”:一枝红色的康乃馨让客人倍感家的温馨,忘记旅途的疲劳;一张以红色为底蕴的温馨提示卡让客人充分感觉主人的热情与细心;一个别具地方特色的果篮让客人充分享受健康饮食;一套精心挑选的洗涮用品给客人带来方便,营造了轻松愉快的好环境;一份由南昌县接待办精心挑选的小礼品给客人带来惊喜的同时,也让他们了解昌南的丰富特产。通过“五个一”的精心安排,让来自全省各地的客人深深体会到南昌县人民的热情好客。

【餐饮服务显特色】 2011年,将南昌县的风土人情巧妙地融入到餐厅布置、餐台设计、宴请席位卡、菜单中,让来宾在了解南昌县时感觉到南昌县人民的热忱。同时,督促酒店、宾馆菜品上档次,突出地方风味。为此,接待办精心整合全县各个地方具有特色的菜品酒店资源,做到针对不同的来宾,调出不同的菜品,立足于本土资源,“土”出精品,出特色,特别是在2011年2月接待全市“三看”活动中,接待办充分挖掘全县特色,调集了小兰牛肉、银三角养颜汤、泾口米粉肉、南新特色水蒸蛋等极具地方风味的美味菜肴,满足来宾通过“吃”了解南昌县的经济、风俗、饮食文化特色,让客人感到南昌县接待的特与新。

表15 **2011年中共南昌县委、县政府接待办公室领导班子成员名单**

姓 名	性 别	出生年月	籍 贯	职 务
王曦婷	女	1978.12	江西南昌	接待办主任

(主笔:徐 亮 审稿:王曦婷)

机关事务管理工作

【概况】 南昌县机关事务管理局成立于1993年11月,副科级建制,归口中共南昌县委办公室管理。2011年,有工作人员35名(含临时工25名),主要负责县委、县政府综合办公大楼和会议楼的水电维护、卫生保洁、绿化亮化、安全保卫、会议保障、县委机关食堂及县文化中心的日常管理。下设南昌县公共机构节能工作领导小组办公室,负责组织、协调和推进全县公共机构节能工作。2011年,县机关事务管理局紧紧围绕县委、县政府的中心工作,牢牢把握“科学管理、优质服务、艰苦奋斗、敬业奉献、务实创新”宗旨,认真履行管理、服务和保障职能,各项工作取得显著成效。

【后勤管理工作务实高效】 2011年,一是加强县委、县政府大院基础设施日常维修管理。共检修供水管道设施50余次,更换管件设施100余套(件);检修供电线路设施60余次,更换照明灯具设施500余套(件);维护保养检修电梯20余次。二是加强安全保卫和消防管理。在安全保卫方面,通过强化保安、加强巡逻、安装摄像装置等方式,进一步加强县委、县政府大院的监控。大院、大楼监控点已达15个,基本覆盖所有关键部位,有效提升了大院安全感。对进出大楼办事人员实行登记管理,加强群体性上访及恶性上访人员的管理。在消防管理方面,定期开展消防安全检查,有力提高了县政府大楼的消防应对能力和保障能力。对县政府大楼的电源插座及电器等使用情况进行彻底的安全检测并登记造册,加强会议室、开水房等易燃区的巡查力度,从源头上杜绝火灾隐患的发生。此外,每月还在大楼进出口处张贴温馨提示,提醒广大干部职工加强自身防火防盗意识。三是加强县委、县政府大院的停车管理,通过与驻院单位协商沟通,强化泊位、大楼前厅通道处等重要公共场所的停车管理,进出大院实行通行证管理,加强车辆引导,规范大院秩序。四是加强节能管理。积极贯彻《公共机构节能条例》,深入开展公共机构节能工作。对县政府办公大楼的用电线路进行了改造,铺设了空调专线,实行照明线路与空调线路分开管理,在不影响正常办公用电前提下,减少了办公大楼能耗。

【后勤服务水平不断提高】 2011年,一是生活服务水平有所改进。抓实抓好餐厅的承包经营管理和食品卫生安全管理,有效提高服务水平。通过强化食堂的指导、监督、检查,保证了食品安全、食堂卫生、膳食品种和质量,职工就餐环境显著改善。二是会议服务质量得到保证。对文化会展中心和综合楼会议中心各项工作进行不定期的督促检查,不断提高会议服务水平。会前根据主办单位的要求,确定会议场所,落实会场的布置、音响设备调试、背景音乐和鲜花摆放等工作,及时检查各项要求的落实情况;会中根据会议的流程做好音响的控制,茶水的供应与替换;会后根据主办单位提出的合理意见,积极改进服务。2011年,顺利完成党代会、人大会、政协会、全县三级干部会等各类综合性会议服务400余次,未出现任何差错。三是强化卫生保洁服务。加强对机关院内新建绿化草坪、新种植花卉树木的管护,对办公大楼实行不间断卫生保洁,确保了综合办公大楼的良好形象。

【公共机构节能工作稳妥推进】 2011年,严格贯彻落实党中央、国务院和省市有关部门的要求,积极推进各项工作的落实,公共机构节能工作取得了阶段性成果。一是领导重视,健全组织。成立以县委常委、常务副县长杨斯为组长、各主管单位主要领导为副组长、相关单位分管领导为成员的南昌县公共机构节能工作领导小组。二是建立制度,明确责任。先后印发《南昌县公共机构节能工作实施方案》、《南昌县公共机构节能目标、指标》和《南昌县进一步加强公共机构公务车节油和办公节电工作的实施方案》等一系列文件,对全县开展公共机构节能工作进行全面部署,提出具体要求,明确责任。三是健全网络,强化培训。在全县范围内组建节能工作网络，明确分管领导和能源统计员，在全市各县区中率先开展节能统计工作培训，取得良好效果，得到市局的充分肯定。四是科学分析，稳妥推进。根据自身实际，稳妥进行节能改造工作，如高效照明产品推广、废弃锅炉改造等举措取得明显成效。五是搞好宣传，提高意识。利用会议和宣传标语、宣传画等形式，开展一系列宣传活动，提高了机关干部的节能意识。

表16　**2011年南昌县机关事务管理局领导班子成员名单**

姓　名	性　别	出生年月	籍　贯	职　务
付绍迎	男	1975.9	进贤县	局长
陈胜洪	男	1974.11	南昌县	副局长

（主笔：丁建玉　审稿：付绍迎）

史志地名工作

【概况】　2011年，全县史志地名工作战线的干部群众，胸怀敬畏历史、敬畏文化、敬畏先人之心，求真务实，开拓创新，顺利完成省、市、县下达的任务，取得较好成绩。当年，县史志办先后荣获“全省党史工作先进集体”，“全省地方志工作先进单位”、“全省党史宣传工作先进单位”、“全市史志工作全面先进单位”等称号；有3人获“全国方志工作先进个人”，全省党史宣传、地方志先进个人荣誉称号。

【设置千年古县标志牌】　2006年，南昌县被联合国地名专家组评为千年古县，并授仿古标志铜牌。2011年年初，在县委领导的关心指导下，启动千年古县标志牌的设置工作。县委史志地名办组织各方专家进行考察、论证，编写方案。经多方论证，决定将其设置于县城莲塘澄碧湖广场南苑落水台下。又经多次实地考察，4月，从星子县购运一块重20吨的万家红玉石，和标志铜牌设置在一处，成为澄碧湖广场一道亮丽风景，受到广大市民的交口称赞。

【编纂、出版、发行《南昌县年鉴（2011）》一书】　2011年，县委史志地名办继续开展《南昌县年鉴》编纂工作。从年初开始，便筹划篇目和编写方案，3月起，积极主动地开展文字资料、图片资料的征集。6月，基本完成稿件征集任务。8月，完成初稿，并进行送审。9月初，定稿送出版。11月，该书如期面世。随后，县委史志地名办人员又开始发行工作，面向全县各单位、部门免费赠送，得到大家好评。

【《南昌县姓氏志》一书编纂工作进展顺利】　2011年，该书文字统稿已全面完成。在县政协主要领导的亲自关心和指导下，当年，又组织相关单位，多次反复核对书中有关人物等内容。到12月底，18个乡镇、开发区、管委会已基本完成核对任务，2012年印刷送审稿。

【积极有效地开展党史宣传教育工作】　2011年，一方面，县委史志地名办以《党文苑》杂志为阵地，举全办之力，积极搞好征订发行工作，通过大家务实有效的工作，再一次超额完成上级下达的任务，征订《党史文苑》数量列全省县区之首。另一方面，在党史课题方面，县委史志地名办积极完成上级下达的党史课题任务，继续开展全国革命遗址普查江西试点工作，完善有关内容。同时，抗战时期财产损失课题南昌县部分在省党史委的指导下，由江西人民出版社出版。

【每月编写《南昌县大事记》】　每月编写《南昌县大事记》是县委史志地名办的一项日常工作。2011年，县委史志地名办继续采取由专人编写办法，每月搜集编写《南昌县大事记》，并免费赠送至各乡镇、开发区（新区）、银三角管委会、县委各部门、县直各单位、省市驻县单位主要负责人、副县级以上领导。全年共编写12期，10万余字。

【开展拍摄图片工作】　2011年，“南昌县图片库”得到了进一步充实。全年，共参加全县重大会议、重大活动的图片拍摄近70次，拍摄图片1000多张，并进行归类存档。同时，免费向有关单位提供图片50余次。同时，搞好党史咨询，接待各地到县外调人员，积极做好咨询工作，并进行材料整理。

【继续完成省市年鉴材料编辑任务】　2011年，根据省市业务部门要求，完成了10000多字的文字材料,8幅照片的任务,并提供给省市编纂年鉴。

【接待寻根问祖人员】 2011年,共有近30批次100多人来自全国各地的人员,到县委史志地名办查找各种历史资料,特别是寻根问祖的人员,县委史志地名办专业人员都进行热情的接待,提供最大可能、权威的答复,得到了他们的一致好评。

【积极完成地名数据库整理收集任务和道路命名工作】 2011年,根据上级部门的要求,县委史志地名办对南昌县地名数据库进一步进行完善,共整理收集地名资料近3000多条,并为国家和省到县检查作好了充分准备。同时,主动配合城市化推进工作,为新建道路命名,全年共命名10条新修道路。

表17 **2011年南昌县委史志地名办公室领导班子成员名单**

姓 名	性 别	出生年月	籍 贯	职 务	备 注
陈摧飙	男	1966.1	南昌县	主任	—
喻德琪	男	1968.6	南昌县	副主任	—
曹小伟	男	1964.8	南昌县	副主任	5月任职

(主笔:喻德琪 审稿:陈摧飙)

党校工作

【概况】 中共南昌县委党校是县委直接领导下培养党员领导干部和理论干部的学校,是培训轮训全县党员领导干部的主阵地、主渠道,是全县党的哲学、社会科学研究机构。2011年,南昌县委党校深入贯彻中共十七大和十七届五中、六中全会及《党校工作条例》精神,努力践行科学发展观,倾力打造全省乃至全国一流县级党校,各项工作均衡推进、快速发展、全面提升,始终走在全省县区党校工作的前列,在省市县级党校考评中均稳居第一,被评为2010~2011年度南昌市党校系统"创先评优"先进单位。2011年是换届之年,县委党校在没有村书记、主任班等大型班次和部门党政班次偏少的情况下,通过大力开拓商务班,努力挖掘异地培训班,先后举办各种类型培训班50余次,培训接待近6000人次,出色地完成县委交给的训干任务,办班期数和培训人数居全市县区党校前列,实现了党校函授停办后的成功转型;发表科研论文18篇,其中获省级理研会奖励的有3篇;编印县级刊物《昌南论坛》4期;继续抓好第七轮教学练兵活动,打造了一批年轻优秀教员和精品课。

【中央党校副校长孙庆聚到县委党校调研】 4月14日,中央党校副校长孙庆聚一行到县委党校就如何加强县级党校建设问题进行调研。省委党校常务副校长龚培兴、副校长陈春明,市委常委、组织部长杨人平,市委党校校长赵刚平、县委书记肖玉文、县委常委、组织部长王小文等陪同调研。

在调研座谈会上,孙庆聚对县委党校建设给予充分肯定。孙庆聚认为,南昌县委党校自身建设无论是从软硬件建设还是员工队伍建设都比较好,在全省的县级党校中乃至全国县级党校中,应该是处于一流水平的;南昌县委党校要和南昌县经济社会发展同步向前推进,走在全国县级党校前列,创造出更多更好的经验在全国推广。

【全市党校系统"建党90周年论文评审会"在南昌县委党校召开】 5月22日,全市党校系统建党90周年论文评审会在南昌县委党校召开,省委党校副校长许小明,科研部主任陈小林,市委党校副校长蔡水珍、杨云峰和来自全市9个县区党校的领导参加会议。在参评的30篇文章中,南昌县委党校就占9篇,其中由钟爱保、娄英英合作撰写的《党在社会转型时期加强社会管理创新的思考》一文获一等奖,另有2篇获三等奖,远远超过参会的其他兄弟党校,取得可喜的成绩。

【南昌市第一期百名妇女干部培训班在县委党校举办】 11月1日,南昌市妇联系统第一期百名妇干培训班在县委党校举办,市委副书记郭安出席培训班开班典礼并做重要讲话,县委书记郭毅、县长陈匡辉、副书记王小文陪同。这是党校借助独特的培训资源环境及良好的人脉关系,在争取省、市相关部门到校办班方面取得的重大进展。通过精心组织,竭诚服务,市妇联对此次办班非常满意,对党校的环境和服务表示充分的认可,并达成长期合作意向,让党校在省市部门中扩大了影响。此后,多家省市单位如省委组织部、省科协、省农函大以及市委组织部、市科协、市中小企业局、市供电局、市烟草专卖局等到党校考察并联系办班。

【县委党校校长钟爱保参加国家行政学院县级行政学校校长培训班学习】 2011年12月20日至24日,全国县级行政学校校长培训班在国家行政学院举办,此次培训旨在提高县级行政学校校长的素质和能力,努力办好县级行政学校。有资格推荐参加培训的必须是已挂行政学校校牌,且办学条件较好、正常开展公务员教学培训的县级行政学校。南昌县行政学校于1995年挂牌成立,与南昌县委党校合署办公,是南昌县培训公务员、培养公共管理人员和政策研究人员、开展社会科学研究和决策咨询的机构。近年来,在县委、县政府的高度重视下,南昌县行政学校的建设和发展取得了长足进步,教育培训公务员的主渠道作用、公共行政理论和政府管理创新研究的重要基地作用、政府决策咨询的思想库作用得到不断强化。经省市党校(行政学院)筛选,南昌县行政学校校长钟爱保被推荐参加该培训班学习,这是南昌市行政学校系统被推荐的仅有的两个名额之一。在培训讨论会上,钟爱保作为先进县级行政学校的代表,作了题为《构建培训新体系 开创培训新路子》的汇报,把南昌县行政学校近年来的办学经验、教训、成果及过程中出现的问题在大会上进行交流,提高了南昌县行政学校的知名度,对党校的对外培训的拓展起到极大的推动作用。

【编辑出版4期《昌南论坛》】 2011年,为广泛宣传党的路线方针政策,及时沟通、交流全县各条战线工作经验,全面展示各条战线的新亮点、新特色、新创造,助推南昌县争先进位,县委党校继续承办好县委主管主办的季刊《昌南论坛》,充分发挥其理论阵地的作用。编辑部成员围绕县委中心工作认真选材,精心设计,开辟了《本刊特稿》、《工作探讨》、《调查报告》、《热点追踪》、《乡镇风采》、《人物访谈》等专栏。其正确的导向、和谐的主题、高雅的品位、活泼的文风,融思想性、理论性、服务性与艺术性为一体的生动读本,真正成为领导决策的参谋、党员干部互动的平台、先进经验交流的园地、展示南昌县新形象的窗口。该刊物全年共出版4期,得到广大领导干部的认可。

【以教学练兵为主抓手打造大师资队伍】 继前六轮教学练兵之后,2011年,县委党校围绕接待异地培训班及主体班的教学工作组织第七轮教学大练兵,党校全体教员都参加练兵活动。由教员根据自己感兴趣的社会热点问题申报课题,通过精心备课、集体审稿、公开演讲、自我评价、教师点评、领导总评和反复锤炼多个环节,从中选出部分精品课再进行重点打造,使一批优秀教员脱颖而出,一批精品课应运而生。同时,立足百强县,以南昌县快速发展、进位赶超为背景,深度挖掘,系统总结、精心提炼南昌县经济社会发展的经验、特色和亮点,打造出一批南昌县地方特色教学专题。如:南昌县实现县域经济百强县进位赶超、快速崛起的做法及其经验、南昌小蓝经济开发区建设经验及其启示等。

除教学练兵外,党校还通过聘请专家教授、上级领导和社会能人、借助三个教学网站(中央党校教学网、清华大学远程教学网和宣讲家网站)、建立师资库和课题库等方式构建大师资队伍,以满足学员多层次多方面需求。通过努力,党校师资库有教师200多名,课题300余个,确保不同类型培训班的师资需求,提升了党校办学的整体水平。

【进一步推进基础设施建设】 2011年,县委党校进一步推进基础设施建设,主要有以下几方面:一是对1、2号楼配套改造进行研究。聘请工程监理及设计人员对1、2号楼的改造进行多次测量概算和研究论证,提出包括添置商务中央空调、观光电梯等八项内容的改造方案,书面申请材料已交上级相关部门。县政府常务会议研究同意党校提出的相关请求,改造工程的各项准备工作正在紧张进行之中。二是对整个校园进行防雷设施设备改造。聘请县气象局及防雷工程专业设计人员对整个校园防雷系统的改造进行多次测量概算和研究论证,提供改造方案并获相关部门审批,工程总资金17.9万元。使党校及教职工的人身和财产安全得到有效保护。三是对整个校园绿化进行部分补栽、补种,并对小花园进行清理和重新改造。原先垃圾成堆、脏乱不堪的小花园变成人们纳凉休闲的好去处。经过改造,党校的基础设施日臻完善,成为处处林木叠翠、季季鸟语花香、人与自然和谐发展的绿色校园。

【对外培训全面启动】 根据胡锦涛总书记"联系实际闯新路,加强培训求实效"的办学要求,自昌南迎宾馆对外营业和开拓异地培训班以来,党校充分挖掘县域经济百强县和江西独特的红色旅游资源,积极探索领导干部教育培训新途径。2011年,党校对外培训工作步入正轨,开辟"县域经济百强县——南昌县地方特色教学模块",以及"井冈山红色培训——领导干部党性历练之旅"即"百强县学习之旅"和"党性历练之旅"这一具有鲜明地方特色和时代特征的领导干部教育培训的新模式。加强与县内现场教学基地的联系,并派出部分人员前往井冈山、"八一起"义纪念馆、小平小道等地了解接待场馆及课程培训情况,制定出一套完整的对外培训方案。经过努力,越来越多的省内外朋友到江西、南昌县参观、考察和交流,除省内的兄弟党校外,还先后接待江苏丹阳、安徽阜阳、山东青岛、四川成都等地党校的联合办班,培训班的安排、质量及办学条件得到各举办单位的充分肯定,受到普遍好评。

表18 **2011年中共南昌县委党校领导班子成员名单**

姓　名	性　别	出生年月	籍　贯	职　务
钟爱保	男	1964.7	南昌县黄马乡	党委书记、校长
娄英英	女	1967.4	江西省临川市	副校长

(主笔:胡海林　审稿:钟爱保)

精神文明建设工作

【概况】 2011年,南昌县的精神文明建设工作坚持以中共十七大精神为指导,深入贯彻落实科学发展观和中共十七届六中全会精神,以开展社会主义核心价值体系学习教育活动为基石,以提高公民思想道德素质和社会文明程度为目标,以创建文明单位、文明村镇为平台,以文明礼仪教育、倡导文明新风、建立志愿服务体系为重点,开展多种形式的创建活动,为"拼争全国五十强县市,建设现代化综合新城"提供了强大思想保证、精神动力、智力支持和文化条件。

【道德模范推举家喻户晓】 2011年，继续开展“我推荐、我评议身边好人”活动，广泛发动各乡镇、社区和县直各单位推荐评选身边好人，做到好模范大家选，好风尚大家传。2011年，共向南昌市推荐5名“身边好人”，其中，余小寒被评为南昌市第三届道德模范(“见义勇为”好人)。同时，还在政务网站以及电视台开辟专题专栏，对余小寒的先进事迹进行宣传报道，充分发挥道德模范在公民道德建设中的示范引导作用。此外，还推荐南昌县委宣传部副部长、社联主席吴德华、南昌县妇联副主席王红以及余小寒作为“万名公众代表选道德模范”民意评选代表，积极参与第三届全国道德模范评选表彰活动。

【“我们的节日”丰富多彩】 2011年，深入开展“我们的节日”主题活动，通过各类节日民俗展示、文化娱乐活动，引导人们进一步了解传统节日、认同传统节日、喜爱传统节日、过好传统节日，不断提升市民文明素质和城市文明程度。先后组织南昌县道德模范和身边好人余小寒等积极参与南昌市“欢乐元宵唱响文明”文明单位文艺晚会；配合举办南昌县元宵节灯谜竞猜和第二届民俗文化节；以“缅怀革命先烈感悟幸福生活”为主题，组织莲塘第三小学等城区中小学校开展爱国主义教育、文明扫墓等活动；开展“幸福澄湖”系列群众文体活动启动仪式暨“我们的节日——中秋文艺晚会”。另外，还在“我们的节日”活动联系点——南昌湖光山舍田园农庄举办包粽子比赛、“七夕·让我们种下爱的种子”、“月满园人团圆”、“九九重阳宴”等系列活动，极大丰富了人们的精神生活。

【志愿服务有序铺开】 为统筹协调好南昌县志愿服务工作，确保全县各项志愿服务活动有序开展，根据洪办字〔2011〕49号文件要求，9月，经县委、县政府研究决定成立南昌县志愿服务领导小组，由县委副书记王小文担任组长，县委常委、宣传部长周仁斌，县政府副县长伍曦，刘光荣担任副组长。随后，制定下发《关于组建南昌县志愿服务支队的通知》等规范性文件，明确规定志愿服务的组织机构、工作职责和工作程序。面向全县各乡镇(开发区、新区)、县直单位和驻县单位，广泛开展志愿者招募工作。截至2011年年底，共招募登记在册志愿者9157人次(其中乡镇4400人次，驻县及县直单位4757人次)。同时，在南昌县志愿服务支队下，整合文化、教育、体育、公安、卫生和工、青、妇等各种资源建立11支志愿服务大队(见图1)，开展“与文明同行”系列志愿服务活动。其中，在全国第七届城市运动会和江西省第七届农民运动会暨省农运会趣味竞赛期间，开展“文明交通出行”志愿服务活动，组织120多名志愿者，在城区主干道、城乡结合部的各路口，进行文明交通行为的监督与引导。

【迎“国检”配合有力】 以迎接全国文明城市测评检查为契机，根据《全国文明城市测评体系(2011年版)测评操作手册责任分工》和《南昌市迎接全国未成年人思想道德建设工作测评体系操作手册及责任分工》中有关具体标准，制定下发《南昌县迎接全国文明城市测评检查工作实施方案》(南文明委〔2011〕4号)，进一步推动南昌县文明创建工作上水平、上台阶。同时，结合实际确定乡村学校少年宫(16个)、火车站(向塘火车站)、南昌县青少年法律援助工作站、爱国主义教育示范基地(向塘杜凤瑞纪念馆和塘南令公庙)、网吧经营场所(115家)等实地考察备检点250个，分解迎检任务，明确责任，落实到人。其中，蒋巷镇乡村学校少年宫代表南昌市乡村学校少年宫顺利通过全国文明城市测评实地考察组的测评。

【文明帮建稳步推进】 2011年，根据《关于开展鄱阳湖生态文明示范村创建暨“文明帮建”活动的通知》(赣文明委〔2010〕7号)精神，积极统筹协调，认真组织开展鄱阳湖生态文明示范村创建暨“文明帮建”活动。据统计，南昌县所辖范围内的核工业二七〇研究所、江西省送变电建设公司等12个省级文明单位共投入147万多元，帮助小蓝经济开发区柏岗村、武阳镇付家村等12个自然村新建、改建7个村级文化活动中心、1个自动气象站、2个变压器，同时还购买、捐赠大量图书、音响、健身等文体器材，为帮建村无偿发放如《文明新村是我家，建设要靠你我他》、《村规民约》等文明宣传资料近3000份。(见表19)。通过帮建，帮建点的村容村貌得到极大改观。11月，陪同南昌市文明办调研员罗小红带队的“文明帮建”活动督查组一行到江西省送变电建设公司和核工业二七〇研究所文明帮建点——武阳镇付家村和小蓝经开区柏岗村南王自然村检查指导帮建工作，

县委宣传部常务副部长熊军(左二)、县文明办主任刘木海(右二)陪同市文明办调研员罗小红(左四)、市文明办协调处处长唐y尚洪(右三)为二七〇所荣获“全国文明单位”授牌。

在听取汇报和实地考察后，督查组对两地的帮建工作所取得的成效给予了充分肯定。

【文明创建常抓不懈】　5 月份，根据中央文明办《关于做好第三批全国文明城市、文明村镇、文明单位等推荐工作的通知》（文明办〔2011〕8 号）精神，配合市文明办积极做好第二批全国文明村镇——塔城北洲村的复查工作。2011 年 12 月 20 日，在全国精神文明建设工作表彰大会上，北洲村被授予“全国文明村镇”荣誉称号，这是该村第二次被授予“全国文明村镇”称号。驻南昌县的核工业二七〇研究所被授予“全国文明单位”荣誉称号，这是南昌县首次获此殊荣。同时，充分发挥南昌县文明单位联合会的桥梁作用，完善联合会常务理事会议、理事会议制度。2011 年，共召开 3 次常务理事会议，组织 2 次联谊活动，进一步加强了各会员单位之间的交流和沟通。

【未成年人教育不断深化】　2011 年，在全县青少年中以“做一个有道德的人”为主题，广泛开展“迎城运、讲文明、树新风”道德实践活动。按照市文明办的统一部署，面向各级文明单位、学校、县直各单位以及金融服务行业的窗口，免费发放《文明礼仪普及读本》3000 册，普及文明礼仪知识。同时，突出抓好“爱国教育”和“文化教育”，弘扬良好道德风尚。10 月 25 日，在莲塘第三小学开展“向国旗敬礼、做一个有道德的人”网络签名寄语活动，组织学生在网上进行签名寄语，表达对祖国的热爱之情。配合南昌县第二届“昌南书香周”文化阅读普及活动，在中小学组织“爱我昌南，读我好书”诗朗诵比赛和“读经典图书，颂美好少年”书香作文竞赛，激励青少年多读书、好读书、读好书，在书中寻找乐趣，汲取知识，开阔视野，培养良好道德情操。

南昌县志愿服务工作组织结构图

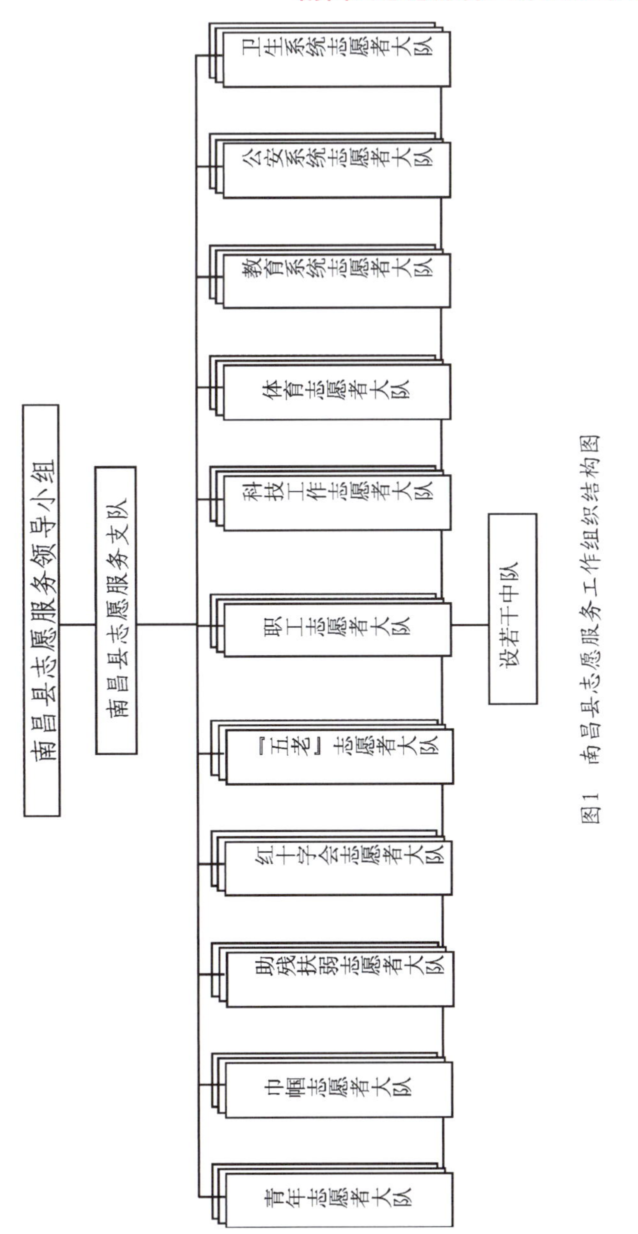

图1　南昌县志愿服务工作组织结构图

（主笔：吴卫平　审稿：吴　颖）

表19 **南昌县文明帮建联系点**

序列	省级文明单位	帮建点
1	江西省送变电公司	武阳镇付家村
2	核工业二七〇研究所	小蓝经开区柏岗村南王自然村
3	江西省地矿局物化探大队	黄马乡徐家村杨家自然村
4	南昌县地税局	广福镇木山村
5	南昌县气象局	塔城乡北周村周家自然村
6	南昌县莲塘第三小学	幽兰镇黄坊村
7	南昌县财政局	塘南镇渡口村
8	南昌县国税局	冈上镇兴农村
9	南昌县法院	泾口乡杨芳村
10	中国电信南昌县分公司	向塘镇剑霞村巷口自然村
11	南昌县供电公司	向塘镇背山村
12	中国移动南昌县分公司	幽兰镇江陂村

(主笔:郑斌杰　审稿:吴卫平　郑斌杰)

南昌县人民代表大会

综　述

2011年是“十二五”时期的开局之年，也是县乡领导班子和村级组织的换届之年。在县委的坚强领导下，县人大常委会以高度的政治责任感和历史使命感，坚持围绕中心、服务大局、依法履职、开拓奋进，顺利完成换届选举的各项任务，为开创换届之年的工作新局面作出了积极贡献。

人民代表大会及常务委员会会议

【概况】 2011年，南昌县人大常委会共组织召开2次人民代表大会，11次常务委员会会议。

【县十四届人大五次会议】 2011年2月27日至3月1日，南昌县第十四届人民代表大会第五次会议在县文化会展中心召开。会议应到代表296名，实到代表286名。会议听取和审议了县人民政府工作报告、县国民经济和社会发展第十二个五年规划纲要（草案）、县2010年国民经济和社会发展计划执行情况与2011年国民经济和社会发展计划草案的报告（书面）、县2010年县本级财政总预算执行情况和2011年县本级财政总预算草案的报告（书面）、县人大常委会工作报告、县人民法院工作报告、县人民检察院工作报告，并作出关于上述各项报告的决议。

【县十五届人大一次会议】 2011年7月25日至28日，南昌县第十五届人民代表大会第一次会议在县文化会展中心召开。会议应到代表302名，实到代表298名。会议听取和审议了县人民政府工作报告、县2011年上半年国民经济和社会发展计划执行情况的报告（书面）、县2011年上半年财政预算执行情况的报告（书面）、县人大常委会工作报告、县人民法院工作报告、县人民检察院工作报告，并作出关于上述各项报告的决议。会议选举胡小明为南昌县第十五届人民代表大会常务委员会主任，陈秀梅、李植、王三毛、熊鹰、胡金华、江振国为南昌县第十五届人民代表大会常务委员会副主任，万军、万金秀、王峥、王三根、毕有昌、刘仁华、许桂兰、苏琳、李木旺、杨海林、肖友平、吴晶、张仁根、陈琦、陈冰郎、罗斌翔、周志诚、周国彪、郑建华、胡逢喜、郭朝辉、黄连科、龚芦花、褚剑、熊元安、樊华乔为南昌县第十五届人民代表大会常务委员会委员。会议选举陈匡辉为南昌县人民政府县长，杨斯、杨保根、伍曦、李荣、吴文卫、刘光荣为南昌县人民政府副县长。会议选举李红刚为南昌县人民法院院长。会议选举张振川为南昌县人民检察院检察长（需报市人民检察院检察长提请市人大常委会批准）。会议选举王文涛、古丽·吐依洪、李福如、肖玉文、陈斌、罗慧芬、胡友胜、姚晓明、耿承军、谢保成、万勇、万日新、万以华、万华林、万保金、马云南、王峥、甘雄华、卢国平、包遂、朱兵、朱水兴、伍曦、刘国华、孙建强、李飞、李挺、李植、李婷、李上保、李龙萍、李慎欢、杨涛、吴晶、吴克芳、张磊波、陈琦、陈匡辉、陈冰郎、范小凤、郑元豹、郑美华、胡九海、胡小明、胡正钢、胡乐平、胡细眼、袁军、聂辉、聂卫昌、聂吉利、夏毅强、徐海波、徐燕子、郭毅、涂相鸿、黄凤

县人大常委会开展集中视察工作

县人大常委会领导开展民情家访工作

金、黄花云、黄海根、曹国洪、龚三员、龚小平、龚良义、喻美林、褚浚、蔡雪莲、谭水明、樊方平、燕荷花为南昌县出席南昌市第十四届人民代表大会代表。

【县人大常委会各次会议】 2011年，县人大常委会共召开11次会议。

1月13日，县十四届人大常委会举行第二十四次会议。会议审议县人民政府提出的《关于提请审议将南昌县土地储备中心收储用地及基础设施建设项目资金列入财政预算的议案》；补选了市人大代表。

1月31日，县十四届人大常委会举行第二十五次会议。会议审议了有关人事任免事项；听取和审议县人民政府关于2010年预算超收收入安排使用情况的报告；听取和审议县人民政府关于制定南昌县国民经济和社会发展第十二个五年规划纲要(草案)情况的报告；听取和审议县十四届人大常委会代表资格审查委员会关于个别代表的代表资格的审查报告；审议县十四届人大五次会议有关事项及会议材料。

3月23日，县十四届人大常委会举行第二十六次会议。会议审议了县人大常委会主任会议《关于提请设立县乡两级选举委员会的议案》，通过《南昌县人民代表大会常务委员会关于设立县乡两级选举委员会的决定》；审议县人大常委会主任会议《关于提请重新确定乡镇人民代表大会代表名额的议案》，通过《南昌县人民代表大会常务委员会关于重新确定乡镇人民代表大会代表名额的决定》；讨论了县人大常委会2011年工作要点、常委会会议议题安排。

4月22日，县十四届人大常委会举行第二十七次会议。会议审议了人事任免事项；听取和审议县人民政府关于安全生产监督管理工作的报告；听取和审议县人民政府关于宗教工作的报告。

5月12日，县十四届人大常委会举行第二十八次会议。会议补选了南昌市第十三届人民代表大会代表；审议通过县人大常委会主任会议提请审议关于调整县乡选举委员会组成人员的议案。

7月15日，县十四届人大常委会举行第二十九次会议。会议审议了有关人事任免事项；审议县人民政府提出的《关于提请审议调整昌南商务区控制性详细规划的议案》；审议县十五届人大一次会议有关事项及会议材料；审议县人民政府关于县十四届人大常委会第二十七次会议审议意见研究处理情况的报告(书面)。

7月24日，县十四届人大常委会举行第三十次会议。会议听取和审议县人大常委会代表资格审查委员会关于县十五届人大代表的代表资格审查报告；审议县十五届人大一次会议主席团和秘书长建议名单。

8月31日，县十五届人大常委会举行第一次会议。会议审议了有关人事任职事项；审议了辞职事项；补选南昌市第十四届人民代表大会代表。

9月28日，县十五届人大常委会举行第二次会议。会议审议有关人事任职事项。

10月28日，县十五届人大常委会举行第三次会议。会议审议了人事任免事项；听取和审议县人民政府关于南昌县2010年县级财政决算情况的报告；听取和审议县人民政府关于2010年度本级预算执行和其他财政财务收支的审计工作报告；听取了县人民政府关于南昌县“五五”普法规划实施情况和“六五”普法工作安排情况的报告；批准县人民政府2010年县级财政决算；审议了县人民政府提出的《关于提请审议进一步加强法治宣传教育的议案》，通过《南昌县人民代表大会常务委员会关于进一步加强法制宣传教育的决议》。

12月28日，县十五届人大常委会举行第四次会议。会议听取和审议县人民政府关于流动人口管理工作情况的报告；听取和审议县法院关于审判监督和案件管理工作情况的报告；听取和审议县检察院关于渎职侵权检察工作的报告；听取和审议县人民政府关于县十四届人大五次会议代表建议意见办理情况的报告；审议县人民政府《关于提请审议南昌县总体规划(2008～2030)的议案》；审议“关于设立县十五届人大常委会代表资格审查委员会的议案”。

选举和任免工作

【概况】 2011年，坚持党管干部与人大依法任免相统一的原则，充分发扬民主，严格依法办事，坚持和完善任前法律知识考试、报告拟任职思考与打算、常委会组成人员票决等制度。全年，共依法任免国家机关工作人员54人次，保证地方国家机关的正常运转，有效增强了被任命人员的公仆意识、法律意识和宗旨意识。

【人事任免名单】 县十四届人大常委会第二十五次会议决定免去：

李敏的南昌县人民法院副院长、审判委员会委员、审判员职务；

熊绍武、刘杰的南昌县人民法院人民陪审员职务。

任命：

喻苑霞、徐芳芳、黄腾平、万爱文、武长宇、郭菁、汤莉为南昌县人民检察院检察员。

县十四届人大常委会第二十七次会议决定任命：

吴文卫为南昌县人民政府副县长。

免去：

程雷佬的南昌县人民政府副县长职务。

县十四届人大常委会第二十九次会议决定免去：

黄云松的南昌县人民政府办公室主任职务；

刘守平的南昌县卫生局局长职务。

万勇的南昌县人大常委会选举任免联络工作委员会副主任职务。

任命：

陶亿国为南昌县人民政府办公室主任；

龚润水为南昌县卫生局局长。

万家平为南昌县人民法院审判员。

卢程远、胡顺武、万敏、李玉英、谢大龙、魏运宇、徐长根、闵银根、胡国平为南昌高新技术产业开发区人民法院人民陪审员。

县十五届人大常委会第一次会议决定任命：

钱洁为南昌县人民政府副县长。

会议同意接受陈斌辞去南昌市第十四届人民代表大会代表职务的请求，并报南昌市人民代表大会常务委员会备案。

县十五届人大常委会第二次会议决定任命：

陶亿国为南昌县人民政府办公室主任；

谢大反为南昌县发展和改革委员会主任；

饶发全为南昌县工业和信息化委员会主任；

崇福林为南昌县科学技术局局长；

李荣为南昌县公安局局长；

闵红妹为南昌县监察局局长；

高道荣为南昌县司法局局长；

危桂椿为南昌县财政局局长；

彭严明为南昌县人力资源和社会保障局局长；

罗木平为南昌县交通运输局局长；

杨宇华为南昌县水务局局长；

章运新为南昌县农业局局长；

邓文华为南昌县商务局局长；

陈小妹为南昌县文化广电旅游新闻出版局局长；

龚润水为南昌县卫生局局长；

丁学善为南昌县人口和计划生育委员会主任；

彭银凤为南昌县审计局局长；

罗松为南昌县环境保护局局长；

胡渔文为南昌县统计局局长；

喻竹如为南昌县安全生产监督管理局局长；

范禄根为南昌县民族宗教事务局局长；

吴保华为南昌食品药品监督管理局局长。

县十五届人大常委会第三次会议决定任命：

宁红玲、陈莹、骆敏巧、吴福常为南昌县人民检察院检察员。

监督工作

【概况】 2011年，南昌县人大常委会围绕全县工作大局，认真履行宪法和法律赋予的职责，讲政治、顾大局，强法治、助发展，重民生、促和谐，为坚持和完善人民代表大会制度，推进社会主义民主政治建设，促进县域经济社会发展作出了不懈努力。

【助推重大重点项目建设】 2011年，常委会把推动重大重点项目建设作为促进全县经济社会发展首要而紧迫的任务，集中听取县政府关于重大重点项目推进情况的专项工作报告，实地视察江铃股份整车生产项目、江西农机大市场二期、达利食品、东新220千伏输变电工程、县中医院整体搬迁工程、县人防指挥中心、新农村建设、县廉租房二期等重大重点项目建设情况。针对项目建设进度、项目用地与征地拆迁、项目报建及宣传工作方面存在的问题，提出了提高思想认识、落实领导责任，加大工作力度、合力推进项目，强化服务意识、优化发展环境，坚持正确引导、加大宣传力度的建议。与此同时，常委会领导身体力行、主动参与，全力推进所挂点的金沙大道南延、澄碧湖大厦、江铃有色压铸、昆山铭励精密五金、白虎岭林场危旧房改造、南昌国际动漫产业园、宝迪农业科技等重大重点项目建设，并取得积极成效，有的项目即将完工，有的项目正在扎实推进之中。

【保障宏观经济平稳运行】 加强对计划和财政预算执行情况的监督是保证经济平稳运行的有效手段。2011年，常委会及时听取审议了全县2010年县本级财政决算、预算超收收入安排使用情况的报告，依法审查批准2010年度县本级财政决算。针对预算编制、预算监管、财政收支、财务管理方面存在的不足，提出进一步完善预算编制、规范预算执行、坚持依法理财、积极探索县乡财政体制改革、逐步化解乡镇财政困境的意见建议。同时听取审议2010年度县本级财政预算执行和其他财政收支的审计工作报告，对预算收入、税收征管、政府投资性项目招投标、项目决算、政府债务、乡镇经济责任审计方面反映出的问题，提出要加强预算的审计监督、强化对重点项目和专项资金审计、高度关注资金使用效益、加大督促力度增强审计整改工作实效的意见，为全县经济的平稳健康运行提供有力保障。审议并原则通过《南昌县总体规划（2008～2030）》，为加速南昌县城区与南昌市区的对接，实现县域经济社会的长远发展、科学发展奠定了重要基础。

【大力推进法制宣传教育】 普法工作是法治建设的重要内容。2011年，常委会听取审议了全县“五五”普法规划实施情况和“六五”普法工作情况的报告，依法作出《关于进一步加强“六五”普法法制宣传教育的决议（2011～2015）》，强调要提高普法宣传的针对性和实效性，要突出加强农民工和流动人口法制教育，消除普法盲点，不断提高全民法律意识。同时注重在日常信访工作中开展法制宣传,在受理来信来访中,既着力帮助解决实际问题,又注重引导群众依法维权,促使一批重复信访和缠访案件得到有效化解,取得了良好的社会效果。

【切实强化司法监督水平】 2011年,常委会听取审议了县人民法院关于审判监督工作报告,提出要加强队伍建设,创新工作方式方法,充分发挥监督职能,依法开展审判监督工作。听取审议县人民检察院关于反渎职侵权工作报告,针对工作中存在的宣传不广泛和案件发现难、取证难、处理难、阻力大"三难一大"等问题,提出要加大宣传力度、拓宽案源渠道、建立工作长效机制等建议。面对近年来流动人口快速增长给城市管理、社会治安等方面带来的巨大压力,听取审议县政府关于流动人口管理工作报告,建议政府职能部门要进一步加强工作创新,探索流动人口管理工作的新路子,加强部门协作,建立流动人口管理工作的长效机制。组织常委会驻会组成人员对县看守所进行视察,要求相关管理部门坚决杜绝超期羁押、牢头狱霸等现象的发生,维护被监管人员的合法权益。

【保障基层民主政治建设】 2011年,坚持党管干部与人大依法任免相统一的原则,全年,共依法任免国家机关工作人员54人次,为地方国家机关的高效运转提供有力的组织保障。积极推进基层民主政治建设,针对村级换届选举工作中存在的问题和不足,强调要加强法律法规宣传、严格依法办事、保证选民自由行使选举权和充分享受被选举权,有力保障了村(居)委会换届选举顺利进行。

代表工作

【概况】 人大代表是国家权力机关的主体,代表工作是人大工作的重要依托和基础。2011年,常委会不断拓宽代表工作思路,改进代表活动方式,完善联系代表制度,努力提高代表建议办理质量,支持和保障代表依法履职,充分发挥代表主体作用。

【提高代表履职能力】 2011年,围绕代表履职要求,以培训促学习,提高代表履职能力。组织开展全县人大代表集中培训,邀请省、市人大的专家、领导到县授课。组织部分市人大代表参加南昌市人大代表履职培训班。通过以会代训、印发代表履职手册等办法加强代表学习培训。组织常委会驻会代表在闭会期间开展业务学习,编印《人大简讯》专刊,专题传达市人大常委会领导在有关会议上和到南昌县调研时的重要讲话精神,着力提高新一届人大代表对人大制度和人大工作的认识与理解。

县人大常委会开展新一届人大代表培训工作

【发挥代表主体作用】 2011年,依托代表小组活动平台,认真组织代表开展调查研究、执法检查、专题视察等活动,发挥代表在闭会期间的作用。在组织代表小组活动时,注意发挥企业界代表在代表小组活动中的专业优势,组织企业家代表交流企业转型升级的先进经验,就应对危机、加快发展、构建和谐等问题进行研讨,向政府提出相关建议。不断创新代表小组活动形式,规范活动内容,丰富活动方式,引导代表针对新农村建设、全县重大重点项目建设、民生工程、教育发展、水利建设等热点难点问题提出建议意见,推动了相关工作的开展。

【督办代表建议意见】 2011年,在代表建议督办工作中,通过常委会领导联系重点建议督办、人大各工委牵头对口督办、不满意件发回重办、主办单位与人大代表当面沟通办理、听取审议关于办理工作的专项报告等措施,形成县人大常委会、常委会各工作委员会、主办单位、人大代表四位一体的督办工作体系,加强对代表建议的重点督办、全程督办和跟踪督办,切实提高面商率、解决率、满意率和办理实效。县十四届人大五次会议期间收到的54件代表建议、批评和意见,经过承办单位的积极努力,已全部办理完毕,其中关于投入资金恢复市汉古码头、尽快解决农网改造遗留问题、抓紧出台汽车集中区详细规划及拆迁安置方案等建议意见,通过与代表的深入沟通,取得了很好的办理效果。

常委会自身建设

【概况】 2011年,坚持以科学发展观统领人大工作,进一步加强常委会及机关思想建设、制度建设和作风建设,有效地提升了人大机关和人大干部的履职能力和工作水平。

【强化学习培训】 2011年,把加强学习、提高素质放在自身建设的突出位置,坚持学习为先、学以致用、学有所成，努力创建“学习型”机关。组织常委会组成人员和机关干部深入学习中央及省、市、县委有关会议精神，并结合人大工作实际开展讨论，力求把思想统一到县委重要部署上来，把行动贯穿于促进科学发展的工作中去。先后组织机关干部参加全国地方人大干部培训班、全省人大干部培训班、市委党校领导干部培训班等学习培训，认真学习宪法、代表法、监督法等法律法规，以及人大业务知识和当代经济科技知识，通过各种形式的学习培训，常委会组成人员和机关干部的法律知识水平和依法履职能力有新的提高，为从事人大工作充实和丰富专业知识，奠定了工作基础。

【加强作风建设】 2011 年，常委会组成人员和机关委办深入基层、深入一线，做好挂点帮扶工作，密切同基层和人民群众的联系。进一步建立完善常委会和机关的各项工作制度，规范工作程序，提高办文、办会、办事的效率。加强调查研究，围绕人民群众关注的社会热点、难点问题，开展深入调研，形成 15 篇调研报告，为县委、政府工作决策提供了有力的参考。

【注重宣传交流】 2011 年，继续在县电视台开播《人大之窗》栏目，大力宣传人大工作和代表依法履职的先进事迹；认真办好常委会会刊和《人大简讯》，人大召开的重要会议、举办的重大活动、开展的主要工作，做到电视上有画面，刊物上有文字，网络上有消息。在市级以上新闻媒体刊发稿件 400 余篇。多篇稿件在省、市人大好新闻评比中获奖，人大宣传工作继续走在全市乃至全省前列。加强人大工作的横向交流，共接待到县学习考察交流的全国兄弟县（市）区人大 20 余批（次），既达到相互学习的目的，又提升了南昌县的在外知名度。

【加强工作指导】 2011 年，建立联系指导乡镇人大工作制度，明确常委会领导牵头、各委办分片联系 3～4 个乡镇，帮助和指导乡镇人大开好人大会议，开展视察、执法检查、评议基层站所等工作。坚持乡镇人大主席列席县人大常委会会议制度。在常委会的指导帮助下，各乡镇人大围绕乡镇的中心工作，积极推动地方经济和社会发展，较好地发挥了乡镇人大的职能作用。

表 20 **2011 年南昌县第十五届人大常委会领导班子成员名单**

姓　名	性别	出生年月	籍　贯	职　务
胡小明	男	1958. 11	南昌高新区	县人大常委会党组书记、主任
陈秀梅	女	1959. 10	南昌县	县人大常委会副主任
李　植	男	1963. 3	南昌高新区	县人大常委会副主任
王三毛	男	1958. 10	南昌县	县人大常委会副主任
熊　鹰	男	1962. 10	南昌高新区	县人大常委会副主任
胡金华	男	1964. 11	南昌县	县人大常委会副主任
江振国	男	1964. 11	进贤县	县人大常委会副主任
黄连科	男	1957. 2	南昌县	县人大常委会党组副书记、调研员
李木旺	男	1957. 3	南昌县	县人大常委会调研员
王三根	男	1956. 11	南昌县	县人大常委会党组成员、办公室主任

表 21 **2011 年南昌县人大常委会内设机构领导班子成员名单**

姓　名	性　别	出生年月	籍　贯	职　务
王三根	男	1956. 11	南昌县	县人大常委会党组成员、办公室主任
熊元安	男	1957. 10	南昌县	县人大财经工委主任
杨海林	男	1958. 4	南昌高新区	县人大内司工委主任
郑建华	男	1957. 9	南昌县	县人大教科文卫工委主任
刘仁华	男	1962. 11	南昌县	县人大选任联工委主任
毕有昌	男	1957. 3	江西临川	县人大农工委主任
罗　敏	男	1975. 11	南昌县	县人大常委办副主任
万耀华	男	1979. 4	南昌县	县人大常委办副主任
龚玲玲	女	1963. 3	南昌县	县人大财经工委副主任
胡继红	女	1968. 3	南昌县	县人大财经工委副主任
魏　沫	女	1979. 5	南昌县	县人大教科文卫工委副主任
陶文华	男	1959. 2	南昌县	县人大农工委副主任

（主笔：李顺广　刘文强　审稿：王三根）

南昌县人民政府

综　述

2011年,是南昌县实施"十二五"规划的第一年,也是本届政府全面履职的第一年。当年,在市委、市政府和县委的正确领导下,全县上下坚持以科学发展观为统领,紧紧围绕"拼争全国五十强县市、建设现代化综合新城"的战略目标,大力实施"经济转型升级、社会管理创新"两大战略,全力推进"经济大发展、城乡大变样、社会大和谐"三大工程,经济社会继续保持又好又快的发展势头,实现了"十二五"规划开门红,完成了县十四届人大五次和十五届人大一次会议确定的目标任务。

县政府工作

【综合实力"一路领跑"】　2011年,全县地区生产总值完成384.3亿元,同比增长15.1%。财政总收入在全省率先跨越40亿元台阶,达到45.5亿元;地方一般预算收入跨越20亿元台阶,达到25.9亿元,两项指标均连续两年稳居全省100个县(市、区)第一。城镇在岗职工年平均工资达26988元,农民人均年纯收入8621元,社会消费品零售总额完成71.1亿元,同比分别增长11.2%、16.5%和18.6%。综合实力继续领跑全省,在第十一届全国县域经济基本竞争力排名中前移4位,跻身百强县第82位,连续四年进位赶超。

【项目推进"快马加鞭"】　2011年,全县以坚决的态度、空前的高度、过硬的力度,全力推进总投资286.4亿元的138个重大重点项目建设。江铃股份30万辆整车、江铃控股二期、江铃新动力、皇朝傢私、丽晶大酒店、金沙大道南延、县中医院整体搬迁等项目强力推进。在项目建设的强势推动下,全县固定资产投资完成341.1亿元,同比增长26%。

【工业经济"挺起脊梁"】　2011年,全县实现规模以上工业主营业务收入460亿元,完成规模以上工业增加值110.3亿元,同比分别增长42.5%、20.2%;规模以上工业企业发展到199家,新增23家。小蓝开发区汽车产业集群发展步伐加快,集中开工了总投资超50亿元的江铃集团11个项目,已集聚5个整车和83个零部件项目;食品饮料产业集聚发展效应明显,亚洲啤酒一期、达利食品等竣工投产;小蓝开发区继成为全省汽车、食品产业基地后,又获得"江西省生物医药产业基地"称号,成为江西省唯一同时拥有三块省级产业基地金字招牌的开发区,工业总产值和主营业务收入双双突破400亿元大关。启动7.5平方公里的武阳中小企业创业园建设,控制性详规编制完成,胡华圩堤加高加固工程扎实推进。加快6.5平方公里的南新滨江工业集中园建设,益海嘉里一期竣工投产,建华管桩等项目稳步推进。

【城市建设"日新月异"】　全县坚持新区开发与老城改造并重,基础建设与公建配套并举,功能提升与管理优化并进,现代化综合新城加快推进。修编县城旧城区和昌南新城控制性详规,编制县城控规区公建配套、教育网点和安居工程布点规划,启动银三角控制性详规对接修编。站前路改造等项目顺利竣工。城市管理职能重心下移,构建"两级政府、三级管理"机制。五一路等6条主干道和莲水巷等10个小区路灯改造全面竣工,货车乱停乱放等市容整治力度加大,"千辆自行车进昌南"二期工程如期完工,新增3条"社区巴士"线路,201、203线路新能源空调车顺利开通。

【第三产业"欣欣向荣"】　2011年,全县立足抓实项目,扩大总量,扶强龙头,提升品位,第三产业蓬勃发展。商贸和总部经济七大项目集中开工,大润发超市开张营业,恒大五星级酒店主体完工,沃尔玛卖场成功落户,茵梦湖国际旅游度假区、省交通规划设计院总部、中飞国际酒店、爱丁堡商业街、平兰诚信物流配送中心、人人乐超市、华润万家超市等有序推进,玺悦城、月星家居等动工建设。向塘铁路—公路枢纽型物流基地全力推进,启动了南昌南货场南迁至向塘工程,与大型央企国投物流、江投集团签署了总投资50亿元的向塘物流园战略合作框架协议。

【"三农"工作"亮点纷呈"】　2011年,全县粮食总产迈入10亿公斤产粮大县行列,生猪出栏、家禽出笼、蔬菜总产、水产品起水量继续位居全省前列;增添国家现代农业示范区、全国农村改革试验区和全省统筹城乡发展试点县三大"名片";有机、绿色、无公害农产品品牌数继续稳居全省第一,打响了"生态鄱阳湖,绿色农产品"品牌。赣抚平原灌区农民负担的灌溉水费全面免除,全县堤顶公路硬化率达100%,河道采砂管理专项整治强力开展,小农水重点县建设工程等如期完工;清淤整治400多公里大型排涝沟渠,农业综合开发高标准农田建设稳步推进,蒋巷现代农业示范园和黄马现代生态农业示范园建设提速。重点打造了181个新农村村点,"一大四小"完成绿化面积4446.7公顷;全县农村生活垃圾集中收集处理率达65%。

【改革开放"再谱新篇"】 2011年,全县非工业七大系统国有企业改革全面完成,农垦系统企业、县乡财政体制、行政审批制度、企业一套表统计、基层农技体系等改革稳步推进,医药卫生体制改革不断深化;金融创新力度加大,九江银行、赣州银行开张营业,金融机构发展到22家;企业上市步伐加快,煌上煌等7家企业上市工作进入实质性操作;个私民营经济蓬勃发展,新增民营企业和个体工商户2599户。开展招商"比学赶超"大竞赛活动,引进亿元以上项目24个,实际利用外资3.5亿美元,现汇进资8993万美元,均列全省第一;外贸出口6.5亿美元,同比增长50.7%;实际利用内资85亿元,列全市第一。美国CB、联强国际、佳旺光电、厦门昇鑫等一批重大项目成功落户。

【社会事业"硕果累累"】 2011年,全县坚持以民为本、以民为先、以民为重,切实办好顺民意、解民忧、惠民生的实事。社会保障:启动了城镇居民社会养老保险试点县工作,新型农村社会养老保险参保率达92%,参保人数、征缴金额、参保率均列全省第一;养老、失业、工伤、生育和医疗等社会保险覆盖面不断扩大。新增城镇就业人员和转移农村劳动力近2万人,"零就业家庭"安置率达100%,发放小额贷款1.2亿元,发放总量全市第一、回收率全省第一;提高了城镇和农村居民最低保障标准,县社会福利院顺利竣工;第八届村(居)委会换届选举工作进展顺利,乡镇勘界完成80%。科技人才:设立专利专项基金,申请专利77项;获国家级科技项目11项,引进各类急需专业人才64名。教育体育:教育综合督导评估获全省教育工作先进县称号,莲塘三中和莲塘四小新校区建成开学,莲塘二中和莲塘三小扩建工程竣工投入使用,莲塘一小教学楼、莲塘八小二期工程顺利启动,全面完成中小学D类危房消除任务;成功承办江西省第七届农民运动会,农民体育健身路径点达180个。文化旅游:新建、改建塔城、八一等乡镇综合文化站4个,农家书屋发展到176家,在全省率先实现了城乡电视和电影数字化建设。卫生事业:县医院门诊医技综合大楼、莲塘卫生院综合大楼工程主体完工;新型农村合作医疗参合率达95.9%,居民健康档案建设达标,鄱阳湖南岸片血防示范区阶段性建设顺利通过省政府验收。食品药品:"地沟油"、"瘦肉精"、滥用食品添加剂等专项整治深入开展,食品药品安全长效监管机制不断健全。电力建设:年度农网改造升级和莲塘地区城网改造工程全面完成,新建、改造电力线路195.6公里,东新、象湖、蒋巷、南新4座变电站有序推进。环境保护:省级生态县创建通过验收,小蓝污水处理厂二期和污染源自动监控二期开工建设,单位生产总值能耗比上年下降4%。住房保障:400户农村困难群众危房改造全面完工,城南幸福庄园1665套廉租房建设稳步推进,发放廉租房配租租金75.8万元。交通运输:19.2公里农村公路国改工程和富山、南新客运站顺利竣工,秀挹大桥、杨市公路竣工通车,冈上、黄马公交开通运营,15公里县通乡公路改造工程开工建设。全力支持了向莆和沪昆铁路、德昌高速、昌南大道东延等国家、省、市重点工程建设。计划生育:查实"两非"案件34例,人口自然增长率8.65‰。国土资源:开展新一轮土地利用总体规划修编,城乡建设用地增减挂钩试点和农村土地整治项目新增耕地1.8万亩;卫片执法检查违法用地查处力度加大,拆除违章建筑约4.7万平方米。信访和社会稳定:率先在全市开展用群众工作统揽信访工作,整合群众工作资源,拓展信访服务领域,建立了人大代表、政协委员参与县领导信访接待、律师参与接待群众来访等工作机制,实现了信访总量、到市上访量、到县上访量、集体访量和重复访量"五下降"。办理法律援助案件742件,列全省第一;建成"天网工程"监控点215个,开展了打击"黄赌毒"、集中整治出租屋等一系列专项行动,现发命案、系列团伙性案件全部告破,抓捕网上逃犯成果列全省第一,"打黑除恶"战果居全市第一,圆满完成全省综合应急救援实战演习,公众安全感测试在全省排名上升12位。继续深化"安全生产年"活动,切实加大隐患排查治理力度。全县社会总体和谐稳定。

县政府全体会议

2011年,县政府共召开全体会议1次。

1月28日,县政府召开全体会议,讨论《政府工作报告》(征求意见稿)、《南昌县2010年国民经济和社会发展计划执行情况与2011年国民经济和社会发展计划草案的报告》(草)和《南昌县2010年财政预算执行情况和2011年财政预算草案的报告》(讨论稿)。县长陈匡辉主持会议,副县长涂仕华、杨保根、胡显勇、张增和、涂莉华、程雷佬、赵泽华、章光文,县长助理熊国爱,县政府党组成员涂爱国、刘小毛出席。

县政府务常务会议

【概况】 2011年,县政府共召开常务会议11次。

【第36次县政府常务会议】 1月17日,县长陈匡辉主持召开第36次县政府常务会议,副县长涂仕华、杨保根、胡显勇、张增和、涂莉华、程雷佬、赵泽华、章光文,县政府党组成员涂爱国、刘小毛出席。会议审议并原则同意县发改委关于《南昌县国民经济和社会发展第十二个五年规划纲要》,县编办关于《南昌县深化乡镇机构改革实施意见》示,县农办关于《南昌县推进"中心村"改造试点实施方案(草)》,县交通运输局关于2010年度南昌县交通基础设施建设有关事项的请示,县国土局关于《南昌县土地开发工作实施方案(讨论稿)》,小蓝经济开发区关于小蓝市政有限公司增资扩股的请示,银三角管委会关于成立南昌县银三角城市建设投资发展有限公司的请示,县卫生局关于接收南昌市五星垦殖场职工医院有关问题的请示;会议听取了县国资委关于南昌县供电有限责任公司地方股权无偿划转有关情况汇报;会议审议了县农村环境整治管理办公室关于请求解决全县农村垃圾运输处理有关问题的报告,县人力资源和社会保障局关于调整南昌县公益性岗位人员最低工资标准的请示。

【第37次县政府常务会议】 1月28日,县长陈匡辉主持召开第37次县政府常务会议,副县长涂仕华、杨保根、胡显勇、张增和、涂莉华、程雷佬、赵泽华、章光文,县长助理熊国爱,县政府党组成员涂爱国、刘小毛出席。会议审议并原则同意县政府办关于《2011年政府工作报告》(征求意见稿),县发改委关于《南昌县2010年国民经济和社会发展计划执行情况与2011年国民经济和社会发展计划草案的报告》(草),县财政局关于《南昌县2010年财政预算执行情况和2011年财政预算草案的报告》(讨论稿),县国土资源局关于要求同意合作土地开发项目的请示。

【第38次县政府常务会议】 4月6日,县长陈匡辉主持召开第38次县政府常务会议,副县长涂仕华、杨保根、程雷佬、胡显勇、张增和、涂莉华、赵泽华、章光文,县政府党组成员吴文卫、涂爱国、刘小毛出席。会议审议并原则同意县教体局关于东新中学更名为昌南新城第二中学的请示,县教体局关于招收2011年定向培养农村小学教师的请示,县城投公司关于南昌县金沙大道南延工程款支付及工程复工的请示,县交通局关于确定2010年度农村公路养护大中修项目建设计划的请示,县监察局关于给予张建华、万小明开除公职处分的请示;会议审议了县供电公司关于当前电网建设急需解决几个问题的请示,银三角管委会关于要求拨付原英雄开发区欠付横岗村万湖村历年征用土地款的请示。

【第39次县政府常务会议】 5月4日,县长陈匡辉主持召开第39次县政府常务会议,副县长涂仕华、杨保根、程雷佬、胡显勇、张增和、涂莉华、赵泽华、章光文、吴文卫,县政府党组成员涂爱国、刘小毛出席。会议审议并原则同意县民政局关于提高南昌县城乡居民最低生活保障的请示,县国土资源局关于规范南昌县土地估价管理的请示,县国土资源局关于要求公布南昌县2011年国有建设用地供应计划的请示,县商务局关于要求出台2011年南昌县外贸发展扶持资金实施办法的请示,县水务局关于对南昌县中洲联圩河道堤防管理站陈茂仁违法生育开除公职处理决定的请示;会议听取了县食品安全监管领导小组办公室关于贯彻落实全国严厉打击非法添加和滥用食品添加剂专项工作电视电话会议精神的汇报,县水务局关于全国第一次水利普查有关工作情况汇报;会议审议了县城管委关于城市管理工作有关事项的请示,县城建局关于莲塘示范镇2011年至2013年市政道路项目计划安排的请示,县教体局关于要求解决2011年教育督导评估资金的请示。

【第40次县政府常务会议】 7月15日,县长陈匡辉主持召开第40次县政府常务会议,副县长涂仕华、杨保根、程雷佬、胡显勇、张增和、涂莉华、赵泽华、吴文卫,县政府党组成员陶亿国、涂爱国、刘小毛出席。会议审议并原则同意县政府办关于2011年《政府工作报告》(讨论稿),县民政局关于对2011年义务兵家庭及重点优抚对象优待金兑现工作的请示,县史志地名办关于迎富大道等道路命名的报告,小蓝开发区管委会关于江铃控股小蓝基地建设有关合作内容的请示,县监察局关于给予王少云行政撤职处分的请示和解除胡叶林行政警告处分的建议;会议听取了县城投公司关于要求发行城投类企业债券的请示报告,会议审议了市公积金管理中心南昌县办事处关于要求协助督促乡镇所属文教卫系统等行政事业单位建立住房公积金制度的请示,省种鸡场关于呈报江西省种鸡场改制方案的报告,县食品药品安全监管工作领导小组办公室关于紧急拨付第一批食品安全抽样检验经费的请示,县城建局关于站前路电力线路下地改造的请示,县公安消防大队关于解决2011年专项经费的报告和莲东消防站建设的报告。

【新一届县政府第1次常务会议】 2011年8月9日,县长陈匡辉主持召开第1次县政府常务会议,副县长杨斯、杨保根、伍曦、李荣、吴文卫、刘光荣,县政府党组成员陶亿国、刘小毛出席。会议审议并原则同意县政府办关于《南昌县人民政府工作规则》(讨论稿),县人力资源和社会保障局关于《南昌县行政事业单位干部职工教育培训实施方案》和《南昌县进一步加强高层次人才队伍建设的若干意见》;会议审议了县人力资源和社会保障局关于开展实施城镇居民社会养老保险有关问题的请示,银三角管委会关于银三角横岗城中村改造项目立项的请示,

【新一届县政府第2次常务会议】 2011年8月23日,县长陈匡辉主持召开第2次县政府常务会议,副县长杨斯、杨保根、伍曦、李荣、吴文卫,县政府党组成员陶亿国、刘小毛出席。会议审议并原则同意县商务局关于制定全县招商引资管理办法及相关制度和招商引资“比学赶超”大竞赛活动实施方案的请示,县农办关于《全县乡镇集镇环境卫生整治实施意见(审议稿)》、《关于加快全县“一带两园三区”建设的实施意见(审议稿)》和《南昌县农业产业化专项资金管理办法(审议稿)》,县农业局关于《南昌县扶持农产品品牌建设工作实施意见》,县国土资源局关于《进一步加强全县经营性用地管理及建设用地批后监管的通知》,县公安局关于给予县公安局治安大队民警周祖龙行政开除处分的请示;会议审议了县农业局关于提请促进全县村级集体经济发展的若干意见的请示,县人力资源和社会保障局关于事业单位绩效工资有关问题的请示,县物价局关于对南昌县境内经营的农村客运班线进行价格调整的报告,县食品监管工作领导小组办公室关于调整南昌县食品安全委员会及相关部门工作职责的请示。

【新一届县政府第3次常务会议】 9月16日,县长陈匡辉主持召开第3次县政府常务会议,副县长杨斯、伍曦、李荣、刘光荣,县政府党组成员陶亿国、刘小毛出席。会议审议并原则同意县国土资源局关于《南昌县城区划

拨用地基准地价》,县金融办关于《南昌县关于促进企业改制上市的工作意见》,县监察局关于解除应惟敏行政记过处分的建议;会议审议了县科技局关于成立南昌国家农业科技园区管理委员会的请示,黄马乡政府关于协调解决近期拟开工的国营南昌县白虎岭林场危旧房改造项目有关问题的请示。

【新一届县政府第 4 次常务会议】

10 月 15 日,县长陈匡辉主持召开第 4 次县政府常务会议,副县长杨斯、杨保根、钱洁、伍曦、李荣、吴文卫、刘光荣,县政府党组成员陶亿国、刘小毛、闵红妹出席。会议审议并原则同意县城建局关于《昌南组团"县城莲塘、小蓝开发区、昌南新城和银三角"片区 2011~2012 年公建设施配套完善提升建设实施方案》,县教体局关于召开全县教育工作会议的请示,县房管局关于《南昌县廉租住房实物配租管理办法》,县财政局关于《南昌县政府投资项目建设资金管理实施细则》和《关于加强全县行政事业单位房产租赁管理的通知》,八一乡政府关于认定公淑堂因公牺牲的请示;会议审议了县法制办关于贯彻落实市政府关于加强法治政府建设的实施意见的请示,县法宣办关于在全县公民中开展法制宣传教育的第六个五年规划等事项的请示,县城管委办公室关于昌南组团城市管理职能下移工作计划的请示,县水务局关于召开全县水利工作会议有关事项的请示,县教体局关于审议《南昌县中长期教育改革和发展规划纲要(2010~2020 年)》和有关教育发展实施方案的请示,莲塘镇政府关于推进莲塘镇八小二期建设的请示,县文广局关于召开全县旅游工作会议有关事项的请示,县人保局关于开展 2011 年第二次集中招聘部分事业单位工作人员的请示,市五星垦殖场关于解决增减挂钩项目区拆迁户过渡安置费用的报告。

【新一届县政府第 5 次常务会议】

11 月 23 日,县长陈匡辉主持召开第 5 次县政府常务会议,副县长杨斯、杨保根、钱洁、伍曦、李荣,县政府党组成员陶亿国、闵红妹出席。会议审议并原则同意县民政局《南昌县全民遗体免费火化工作的实施办法》,县物价局、县财政局、县民政局关于启动社会救助和保障标准与物价上涨挂钩联动机制发放价格补贴的请示,县物价局关于重新公布《南昌县国家机构、事业单位收费目录》的报告,县人保局关于给予刘向群行政开除处分的请示,县卫生局关于给予涂任水开除公职处分的请示;会议学习了《中华人民共和国社会保险法》;会议听取了银三角管委会关于县供电公司有偿收购县银星供电有限责任公司国有企业股权的汇报,八一乡政府关于江西昌南建设工程集团公司改制的汇报;会议审议了县财政局、县审计局关于全县乡镇及部门村委会财政财务收支检查情况的报告,县统计局关于南昌县企业一套表统计改革工作有关问题的请示,县三产办关于全县第三产业有关事项的请示,县财政局、县国土局关于审定南昌县 2011 年度农村土地整治项目预算的请示,县供电公司关于全县电力当前重点项目建设和 2011 年迎峰度冬保障工作有关问题的请示,县计生委关于开展免费孕前优生健康检查有关工作的请示。

【新一届县政府第 6 次常务会议】

11 月 30 日,县长陈匡辉主持召开第 6 次县政府常务会议,副县长杨斯、杨保根、钱洁、伍曦、吴文卫,县政府党组成员陶亿国、刘小毛、闵红妹出席。会议审议了县财政局关于调整县乡财政管理体制的请示;会议还对当前工作进行了安排部署。

县长办公会议

2011 年,县政府共召开县长办公会议 3 次。

8 月 1 日,县长陈匡辉主持召开县长办公会议,副县长杨斯、杨保根、伍曦、李荣、吴文卫、刘光荣,县政府党组成员陶亿国出席,县委调研员、统战部长胡炜,县人大常委会副主任、小蓝开发区管委会主任胡金华,县政协副主席、县城建局局长刘廷爱,县政协副主席、县工信委主任熊明泉,县政协调研员、县财政局党组书记姜润根,县检察院检察长张振川列席会议。会议审议了县政府办提交的《县政府领导同志分工(草)》、《关于推动全县新一轮发展工作实施方案(草)》和关于贯彻落实市委全会精神集中精力高效推进当前工作责任分解问题,县国资委关于发放县城投公司企业经营者 2010 年度绩效年薪的请示,江西洪城水业环保南昌县分公司关于请求支付南昌县污水处理厂污水处理服务费余款的紧急报告,莲塘镇政府关于请求拨付村集体经济发展补助金的报告和请求拨付小蓝村所辖项目垫付补助资金的报告,塘南镇政府关于要求返还东郊紫园土地出让金的请示,县城建局关于解决南昌县城建档案资料室经费的请示,县检察院关于申请增拨黄马办案基地有关费用的报告,县公交公司关于要求给予公交车辆票价补贴的请示,市公交总公司关于对南昌县域公交线路营运亏损给予专项补贴的函。

12 月 18 日,县长陈匡辉主持召开县长办公会议,副县长杨斯、杨保根、钱洁、伍曦、李荣、吴文卫、刘光荣,县政府党组成员陶亿国出席。会议审议了县卫生局关于要求解决县妇幼保健院医技楼及院内绿化等工程项目建设资金的请示,县教体局关于莲塘一小新建教学大楼的请示,县发改委关于南昌县 2012 年国民经济和社会发展主要指标计划建议的编制说明;会议审议并原则同意县民政局关于《进一步加强全县农村五保供养和敬老院管理工作的补充意见》;会议听取了县政府班子成员对各分管工作收官中存在的问题以及对明年工作的简要思考。

12 月 28 日,县长陈匡辉主持召开县长办公会议,副县长杨斯、杨保根、钱洁、伍曦、李荣、吴文卫,县政府党组成员陶亿国出席。会议审议并原则同意县文广局关于拨付 2009 年度部分乡镇旅游项目建设费用的请示,县人保局关于要求追加南昌县未参保大集体职工生活补助县财政配套资金的请示,县财政局、县人保局关于要求发放"七城会"期间全县加班人员一次性补助的请示,县物价局、县财政局、县城管局、县公安交管大队关于规范南昌县机动车停放保管服务收费管理的请示;会议听取了蒋巷镇关于蒋巷镇豫章新城建房历史遗留问题的情况汇报;会议审议了蒋巷镇政府关于蒋巷镇豫章大桥管理房违章建筑有关情况的请示,县民政局关于建议统筹解决全县重点优抚对象春节走访慰问及经费的请示,县物价局关于对南信访联发〔2011〕57 号第一条接待调处意见第 2、3 点要求的调查报告,县食安办关于要求追加 2011 年食品安全检验检测经费并申请 2012 年食品安全检验检测经费列入财政预算的报告,县国土资源局关于请求解决开展办公自动化建设经费的报告和拨付专项工作经费的报告。

县政府领导调研活动

【县长陈匡辉】

2011 年 4 月 6 日下午,县委副书记、县政府县长陈匡辉就全县保障性安居工程建设工作进行调研,县委常委、县政府常务副县长涂仕华,县委常委、小蓝开发区党工委书记徐海波陪同。陈匡辉一行实地查看了城南幸福庄园廉租房建设现场,县工信委下属的县瓷厂、县食品厂、县印刷厂、县制革厂、县胶带厂以及小蓝开发区公租房选址现场,对全县保障性安居工程建设中存在的问题进行深入细致的了解。随后,陈匡辉主持召开协调会议,对全县廉租房、公租房建设以及棚户区改造等问题进行研究,并明确由县委常委、县政府常务副县长涂仕华负责协调全县保障性安居工程建设,确保完成 2011 年上级下达的建设任务。

2011 年 8 月 22 日下午,县委副书记、县政府县长陈匡辉深入泾口乡封洲禁牧区、泾口二中和泾口中心小学等地,就泾口乡教育、卫生问题进行了深入细致的调研,副县长伍曦陪同。随后,陈匡辉主持召开了协调会议,会上,泾口乡汇报了该乡经济社会发展情况、鄱阳湖南岸片区血吸虫病综合防治示范区建设情况以及在教育资源整合方面的设想。陈匡辉指出,泾口乡在新一届党委、政府班子的领导下,认真贯彻落实县委、县政府的各项工作部署,克服全乡经济发展相对落后、社会问题相对较多等问题,想干事、能干事,在工作的谋划、推进和干部作风建设方面都取得了可喜的变化。在今后工作中,泾口乡要继续负重前行,以发展来破解难题,要用活招商引资政策、培育财政收入来源、做好土地运作文章,近期要做好迎接全省鄱阳湖南岸片区血吸虫病综合防治示范区建设现场会的准备工作和教育资源整合试点工作,促进本乡经济社会发展。会议就鄱阳湖南岸片区血吸虫病综合防治示范区建设以及乡教育资源整合问题进行了调度。

2011 年 10 月 31 日上午,县委副书记、县长陈匡辉深入莲塘镇澄碧湖公园、向阳路市场、农贸街小区以及小蓝开发区停车场等地,实地调研了城市管理有关问题,并主持召开协调会议。县委调研员、统战部长胡炜和副县长刘光荣陪同。陈匡辉指出,2011 年以来,县城管委按照县委、县政府的决策部署,逐步理顺了城市管理体制、明晰了目标任务,高标准推进了城市管理工作,取得了明显成效,赢得了百姓赞誉。下一步,县城管委要紧紧围绕南昌县"拼争全国五十强县市,建设现代化综合新城"的战略目标,以更新的思路、更实的举措、更大的力度,推进我县城市管理工作再上新台阶。会议就澄碧湖公园木质构建整体修缮、完善向阳路露水市场基础设施建设、居民小区绿化带改造、修复小蓝开发区停车场建设等问题进行了研究调度。

2011 年 11 月 11 日上午,县委副书记、县长陈匡辉深入南新乡调研,实地查看益海嘉里(金龙鱼)、建华管桩两个重大重点项目,并召开现场调度会。陈匡辉指出,益海嘉里(金龙鱼)项目和建华管桩项目作为南昌县重大重点项目,对全县和南新乡的经济发展具有重要意义。各有关部门和南新乡要站在抓大项目、促大发展的高度,本着服务企业的原则,扎实工作、密切配合,县重大项目分指挥部要对企业提出的问题及时研究、调度,使项目早达产、早见效。会议对两个项目涉及到的码头立项、供水供电、道路修建、电排站建设等问题进行了调度。

【常务副县长杨斯】

2011 年 8 月 9 日上午,县委常委、县政府常务副县长杨斯到县城建局调研,县政协副主席刘廷爱陪同。在听取县城建局工作汇报后,杨斯常务副县长充分肯定了全县城建工作,他指出县城建局在城市建设发展中当好参谋部,在城市规划管理中当好设计者。并对全县城建工作提出了要求:首先是规划要一盘棋。一是要谋好人,抓好对技术骨干的培养;二是要谋好策,对全县统一规划;三是要谋好事,建好公建配套工程。其次是管理要规范化。一是要执行法规;二是要完善章程;三是要科学建管。最后是发展要唱主角。一是务必牢记使命,城建规划是全县发展的基础性工作,具有极其重要的位置;二是主动当好参谋,对全县经济发展献言献策;三是勇于担当责任,把好规划建设关。

2011 年 11 月 2 日下午,县委常委、县政府常务副县长杨斯在县政府办、县发改委、县财政局、县监察局、县审计局、县残联、县房管局、县供电公司等有关单位负责人的陪同下,深入到城南幸福庄园廉租房小区、县胶带厂和县印刷厂棚户区改造等项目现场,就加快推进全县保障性住房建设进行调研。在听取各个项目建设情况后,常务副县长杨斯指出:保障性住房是近年来党中央、国务院出台的重大民生工程、德政工程,它的建设能有效遏制当前快速上涨的房价,有效缓解社会弱势群体住房困难,维护社会稳定。他要求各相关单位要在思想上高度重视,加强领导、明确目标、落实责任,全面推进这项民生工程建设,真正让广大人民群众感受到党委、政府的关心和温暖,享受到经济社会发展的成果。

【副县长杨保根】

8 月 3 日上午,县委常委、县政府副县长杨保根在塘南镇政府有关领导和县粮食局党组书记、局长应真伟的陪同下,冒着酷暑到塘南粮管所协成粮站和新联粮管所新联粮站调研指导早稻收购工作。杨保根深入早稻收购现场,每到一处,都与售粮群众和干部职工亲切交谈,了解 2011 年早稻生产、粮食收购和粮食质量等情况。走访结束后,杨保根听取了县粮食局关于 2011 年早稻收购工作的情况汇报。在对南昌县早稻收购工作给予充分的肯定的同时,杨保根提出四点要求:一是加大力度贯彻落实国家粮食政策,提供全面的粮食生产信息指导,做到切实为农民服务;二是加强监管,确保粮食收购资金安全；三是准确分析市场价格走势，把握市场行情节奏，防范粮食经营风险；四是积极主动与上级政府沟通，及时汇报早稻收购情况，反映需要解决的困难，做好安全收购工作。

2011年12月19日，县委常委、县政府副县长杨保根在县人力资源和社会保障局局长彭严明的陪同下，到东新乡调研被征地农民社会养老保险相关工作，东新乡主要领导、分管劳动和社会保障工作副乡长、劳保所长、财政所长、涉及被征地的村委会主任和部分被征地农民代表参加了会议。调研采取座谈讨论的形式，会上，县人保局彭严明局长详细解释南昌县初步制定的《被征地农民养老保险试行办法（讨论稿）》中的相关政策，杨保根作了重要讲话，他指出：妥善解决南昌县被征地农民的养老保障问题，切实解除被征地农民的后顾之忧，既是广大被征农民的迫切愿望，也是我们义不容辞的责任。被征地农民养老保险政策是县委、县政府为被征地农民安度晚年精心制定的一项保险福利政策，我们将广泛征求各方意见，并根据大家的意见，进一步完善政策。待文件正式出台、活动全面启动之时，希望大家充分认识到参加被征地农民养老保险对自己对家庭的好处，积极参保，切实解决自己和家庭的后顾之忧。

【副县长钱洁】

11月1日至12月31日期间，县委常委、副县长钱洁多次深入八一乡、幽兰镇、武阳镇等地就南昌市重大重点项目昌南大道东延工程南昌县境内拆迁工作进行调研并召开协调会议。在调研中，钱洁强调，昌南大道东延项目是市重大重点工程，做好项目征地拆迁工作，南昌县义不容辞，责无旁贷，各有关乡镇、相关部门要按照“一切有利于征迁”的原则，形成上下联动机制，加大工作力度，及时协商解决推进过程中存在的困难和问题，确保顺利完成在南昌县境内的项目建设征拆工作。

12月19日，县委常委、副县长钱洁在相关部门负责人的陪同下到黄马乡就开通黄马公交线路进行调研，钱洁一行坐上公交车沿途勘查线路，现场协商解决存在的问题和困难。钱洁指出，城乡公交一体化是实实在在的民生工程，开通公交线路是广大群众的迫切需求，黄马与塔城是南昌县最后两个未通公交的乡镇，鉴于黄马乡开通公交线路的前期工作已经完成，按照“成熟一条，开通一条”的原则，要尽快组织实施好黄马公交线路开通事宜，力争12月31日前开通黄马公交线路。

【副县长伍曦】

10月10日，县政府副县长伍曦率县食安办成员单位对“七城会”农产品特供基地食品安全保障情况进行督查。副县长伍曦一行先后到三江源蔬菜有限公司示范基地、江西省洪洲渔业有限公司水产养殖基地、向塘镇屠宰场、江西煌太食品有限公司屠宰基地、南昌县屠宰场等单位，详细了解各单位质量安全监管方面的情况。在督查中，伍曦强调，“七城会”是南昌市有史以来承办的级别最高、规模最大的体育赛事，承担“七城会”农产品特供任务，使命光荣，责任重大。各有关单位和部门要进一步统一思想，充分认识到做好食品安全保障工作的重要性；要进一步落实责任，认真梳理检查中发现的问题，限期整改；要进一步强化重点，加大重点环节、重点领域的监管力度，以“七城会”为契机，全面提升我县食品安全监管水平。

11月8～10日，县政府副县长伍曦在县教体局等相关部门负责人的陪同下，先后到东新乡、幽兰镇、塔城乡、塘南镇，实地察看东新河下小学、渡头寄宿制学校、塔城中学、塘南二中等学校，深入了解学校建设和D类危房消除情况。在调研中，伍曦指出，各有关单位和部门，要深入贯彻全县教育工作会议精神，切实将教育放在优先发展的战略地位，不断加强组织领导，不断加大投入力度。乡镇应把教育列入政府重要议事日程，科学制定本地区的教育发展规划，不断加强学校基础设施建设，努力推动教育优质发展。近期，要重点做好中小学D类危房消除工作，全力保障好学生的生命安全。同时，对正在开工建设的项目，要按照计划倒排进度，稳妥推进，确保工程建设质量，争取早日竣工、早日投入使用、早日发挥效益。

【副县长李荣】

9月14日，县政府副县长、公安局长李荣带队深入辖区社会单位开展消防安全大检查，全力消除火灾隐患，确保全县火灾形势稳定。副县长李荣一行先后检查了格林豪泰宾馆、洪客隆商场莲塘店、莲塘综合市场、王者归来网吧、永乐影城等大型公众聚集场所，实地检查各单位消防安全制度和责任制落实情况，用火、用电、用气管理情况，开展防火安全自查、灭火疏散预案制定及演练情况。检查过程中，副县长李荣强调，责任是安全生产的灵魂，领导是安全生产的关键，各部门、各单位要进一步加强领导，健全完善消防安全责任制和责任追究制度。在落实责任的同时，加大责任追究力度，实行问责，决不姑息迁就。对于检查中发现的问题，副县长李荣要求，消防、公安要立即依法进行整改，不能立即整改的要按照相关规定制定防范措施，严防火灾事故的发生。

12月13日，县政府副县长、县公安局长李荣深入南昌县医疗机构实地调研门诊医疗救助卡发放、使用情况，随后在县政府三楼西会议室主持召开了门诊医疗救助卡有关问题协调会议。各相关部门要统一思想，高度重视，要站在保障社会民生、维护社会稳定的高度，切实推进门诊医疗救助卡的使用工作。各相关部门要积极配合、协调统一。县卫生局要切实落实相关规定，抓好全县各医院的门诊医疗救助卡正常使用工作。

【副县长吴文卫】

8月18日下午，县政府副县长吴文卫召集县水务局、县财政局、县物价局、幽兰、南新等乡镇、部门负责人就我县农村安全饮水工程建设工作进行调研。副县长吴文卫指出农村安全饮水工程是项民生工程、惠民工程，各有关部门、有关乡镇要站在保民生的高度，扎实推进农村安全饮水工程建设。各乡镇及县相关部门要做好项目建设督促、指导工作，确保项目顺利实施；要及时做好该工程建设的协调、农户自筹资金的预收、转付和相关工作；要抓住当前施工的有利条件，保质保量完成建设任务。

9月10日上午，县政府副县长吴文卫召集县农业局、县畜牧水产局、县公安局、县工商局、县质监局、蒋巷、武阳等乡镇、部门负责人实地调研农产品质量安全工作。副县长吴文卫要求,各单位要充分认识保障农产品质量安全的重要性、紧迫性,加强管理,周密安排,精心组织,认真抓好重点环节、重点领域的农产品质量安全整治;相关职能单位要加强技术指导,解决生产疑难;农产品生产企业要严格落实农产品质量安全第一责任人的要求,在生产过程中科学规范使用药物,建立详尽的生产记录,不断提高农产品的质量安全水平,杜绝质量不合格的特供农产品流出企业;要强化部门联动,建立健全"从农田到餐桌"的全程质量安全追溯管理制度,构建农产品质量安全监管工作长效机制。

【副县长刘光荣】

2011年9月19日上午,县政府副县长刘光荣召集县财政局、县城建局、县城管局、县交通局、县物业中心、县交警大队、县"五车"办等城管委成员单位相关负责人,就如何贯彻落实好"城乡大变样"工程市容环境综合整治活动和市"七城会"期间的工作要求,召开了工作研讨和布置会。各单位围绕会议主题,从各自职能出发探讨了当前城管工作存在不足和下一步工作打算。会议部署了下一步城管工作:一是明确时间目标;二是分步实施推进;三是落实机构人员;四是建立长效机制。在此次环境整治的基础上,制定并形成一个长期有效的运行管理机制,达到城市管理工作效果常态化。同时,下一步将按照方案落实督查和考核工作,县城管局组织人员力量采取明察暗访等形式,对乡镇城管工作进行检查,督促其落实各项工作。

2011年10月20日,县政府副县长刘光荣带队,县财政局、县城建局、县环保局、县水务局、银三角管委会等相关单位负责人,就雄溪河、莲塘河水环境污染情况进行调查,在前期相关技术部门的大力调查研究的基础,再次进行了实地走访勘察,并形成《关于雄溪河、莲塘河水环境污染情况的调查报告》。在报告中,针对目前的水体现状,分析水质变异的原因,围绕着治污、截污这一整治目标,现提出三个建议方案:方案一是换水;方案二是清淤;方案三是综合治理。

表22 **2011年南昌县人民政府领导班子成员名单(一)**

姓名	性别	出生年月	籍贯	职务	备注
陈匡辉	男	1964.9	江西南康	县委副书记、县政府党组书记、县长	
涂仕华	男	1963.7	江西高安	县委常委、县政府常务副县长	任职至7月
杨保根	男	1964.5	江西南昌县	县委常委、县政府副县长	
胡显勇	男	1965.2	江西波阳	县政府副县长	任职至7月
张增和	男	1964.11	江西安义	县政府副县长,县公安局局长、党委书记	任职至7月
涂莉华	女	1970.1	江西南昌县	县政府副县长	任职至7月
程雷佬	男	1963.11	江西新建	县政府副县长	任职至3月
赵泽华	男	1967.11	江西南昌县	县政府副县长	任职至7月
章光文	男	1964.8	江西临川	县政府副县长	任职至7月
熊国爱	男	1966.10	江西南昌县	县政府党组成员、县长助理	任职至7月

表23 **2011年南昌县人民政府领导班子成员名单(二)**

姓 名	性 别	籍 贯	职 务	备 注
陈匡辉	男	江西南康	县委副书记、县政府党组书记、县长	
杨 斯	男	江西安义	县委常委、县政府常务副县长	7月任职
杨保根	男	江西南昌县	县委常委、县政府副县长	
钱 洁	女	江西南城	县委常委、县政府副县长	8月任职
伍 曦	女	湖南双峰	县政府副县长	7月任职
李 荣	男	江西瑞金	县政府副县长、县公安局局长、党委书记	7月任职
吴文卫	男	江西进贤	县政府副县长	4月任职
刘光荣	男	江西南昌县	县政府副县长	7月任职

表 24 **2011 年南昌县人民政府办公室领导班子成员名单**

姓　名	职　务	备　注
陶亿国	县政府办主任	2011 年 5 月任职
毛爱凤	县政府办副主任	
肖志勇	县政府办副主任	2004 年 11 月任职
廖淑敏	县政府办副主任	2006 年 3 月任职
刘建军	县政府办副主任	2007 年 6 月任职
陈志娟	县政府办副主任	2008 年 8 月任职
樊孝仁	县政府办副主任	2009 年 10 月任职
傅金顺	县政府办副科级秘书	1996 年 6 月任职
杨友亮	县政府办副科级秘书	2006 年 6 月任职
徐　辉	县政府办副科级秘书	2010 年 1 月任职

民族宗教工作

【概况】 南昌县民族宗教事务局成立于 2005 年 11 月，为县政府主管全县民族宗教事务的工作部门，正科级建制。经县编委核定：县民宗局行政编制 5 名，工勤事业编制 1 名；局长 1 名，副局长 2 名，股级职数 2 名；内设办公室、民族宗教科 2 个职能科室。其主要职能是贯彻落实党和国家的民族宗教方针政策和法律法规；积极为少数民族群众和信教群众服务；维护少数民族群众和宗教界以及信教群众的合法权益；促进民族团结进步、宗教和谐稳定，依法管理宗教事务等。

2011 年，在县委、县政府的正确领导和上级民宗部门的具体指导下，县民宗局认真贯彻落实中共十七大精神和党的民族宗教政策，紧紧围绕“维护民族团结，促进宗教和谐”的工作主题，民族团结进一步发展，依法管理宗教事务力度进一步加大，自身建设进一步加强，较好地完成了各项工作任务，为实施“十二五”规划和实现“拼争全国五十强县市、建设现代化综合新城”的战略目标营造了和谐稳定的社会环境。

【李红到县调研宗教活动场所财务管理情况】 11 月 12 日，江西省民宗局副巡视员李红到南昌县宗教活动场所调研财务管理情况。南昌市民宗局副局长谭三国，南昌县副县长刘光荣，南昌县民宗局局长范禄根等陪同调研。李红一行先后走访了幽兰镇地藏寺、东禅寺、文昌讲寺等场所，与场所负责人亲切座谈，详细察看场所财务管理工作情况。李红充分肯定南昌县在落实宗教活动场所财务管理制度方面的具体做法，能够以国宗局《宗教活动场所财务监督管理办法》为抓手，进行积极探索，逐步走上宗教活动场所内部财务管理规范化、制度化。李红希望各场所要加大宣传力度，提高宗教场所负责人的思想认识，改变家长式管理作风，要在银行设立资金账户，公开账目，会计持证上岗，严格审批制度；乡镇要对其加大监管力度，加强业务指导，在市、县两级宗教部门的领导下，为宗教场所规范化管理，为社会和谐稳定积极努力工作。

【召开兴隆寺扩建用地县乡村三级协调会】 8 月 6 日，南昌县民宗局会同县委统战部在冈上镇兴农村的兴隆寺召开协调会，现场协调解决兴隆寺扩建用地问题。县委调研员、统战部部长胡炜，县民宗局局长范禄根，冈上镇党委书记黄华明以及兴农村书记、主任参加会议。经过会议协调，明确对兴隆寺提出的寺庙扩建所需土地，由兴农村村委会具体负责协调解决，尽快分头做好所涉及老百姓工作，依照法律程序办理好相关手续。

【深入开展“民族团结进步创建”工作】 2011 年，加强对社区少数民族分布情况的调研，健全社区民族工作组织机构，开展社区民族政策法规宣传教育。指导莲塘一中组织新疆克州班少数民族学生参加全省少数民族传统体育蹴球项目的选拔赛。开展民族团结进步“进校园”创建活动，努力打造平安和谐校园。

【维护少数民族的合法权益】 2011 年，本着既要方便考生，又要严格审查的原则，对 8 名参加当年高考的少数民族考生资格进行核查、确认，把少数民族考生优惠政策真正落到实处。按照《南昌市恢复或更改民族成分工作程序》，帮助 2 名少数民族家庭子女变更民族成份，维护了少数民族群众的合法权益。

【关心新疆克州班学习、生活情况】 1 月 28 日上午，南昌县县委、县政府领导看望了莲塘一中新疆克州班全体师生，给远离家乡的新疆班学子和节日期间继续坚守岗位的新疆籍生活老师送去新春的祝福，并向全体师生赠送 36360 元慰问金和几十箱水果等慰问品。县委、县政府领导勉励学校领导及新疆班全体老师要以高度责任感、使命感把新疆班办好，为边疆地区培养更多人才，并希望同学们在新的一年里好好学习，茁壮成长。面对党和政府的关怀，新疆班师生们倍感温暖，同学们纷纷表示，他们虽然远离家乡和亲人，但当地党和政府、学校领导和老师都很关心他们，使他们感受到家的温暖，他们一定会发愤学习，为将来建设伟大祖国,加快新疆发展贡献力量。6月份,第一批新疆克州高中班学生顺利完成学业回疆参加高考。

【开展宗教场所安全大检查】 “七城会”期间,由县民宗局牵头,会同县公安局国保大队、消防大队等部门,对全县主要宗教活动场所消防安全设施、重点部位消防安全等情况进行了重点检查,对发现问题的场所要求其及时采取措施整改,确保场所和信教群众安全。

【贯彻落实《宗教活动场所财务监督管理办法(试行)》】 2011年,引导和推动宗教活动场所健全和规范财务管理。在东禅寺、地藏寺、显教寺、真道堂、创新教堂开展财务监督管理试点工作,为全县宗教活动场所财务监督管理工作的进一步开展奠定了一定的基础。

【扎实推进“和谐宗教团体、和谐寺观教堂”创建活动】 2011年,南昌县围绕“三个全覆盖”、“三个确保”目标,通过以点带面,以先进带后进,持续深入开展“双和谐创建”活动,宗教教职人员的综合素质有明显提高,宗教活动场所规范管理有明显提升,宗教界人士爱国爱教、服务社会的意识有明显增强。

【帮助和指导道教场所做好成立县道教协会工作】 2011年6月至12月,为加强南昌县宗教团体建设,发挥宗教团体在政府和宗教人士、信教群众间的桥梁和纽带作用,县民宗局全程帮助指导全县登记道教场所开展南昌县道教协会的筹备和成立工作。11月7日,南昌县道教协会第一次筹备会议在南昌市金阳宾馆召开。全县各宫观负责人及道友代表100余人参加这次筹备会议。会上讨论通过道教协会筹备工作方案、正式组建道教协会筹备小组,并邀请新建县道教协会秘书长作了经验介绍。2011年12月27日,南昌县道教协会首届代表会议在南昌县政府综合楼第三会议室召开,会上通过《南昌县道教协会章程》,并选举产生县道教协会首届理事会,宣告南昌县道教协会正式成立。

【加大打击非法宗教活动力度】 2011年,继续开展基督教私设聚会点的治理工作,把参加私设聚会点活动的信教群众引导到经登记开放的堂点内来活动,促进基督教活动的正常有序开展。坚决制止佛道教“两乱”现象,按要求开展了制止乱建寺庙的自查自检工作。

【清理宗教非法出版物】 2011年,针对宗教文化出版领域存在的非法出版刊物从外地流入有所台头、部分宗教教务用书非国家审定出版、有些刊物内容和当前的国家宗教政策相违背甚至出现反社会内容的情况,南昌县加大清理宗教非法出版刊物力度,开展了宗教类非法出版物专项清理行动,促进和谐宗教建设。一是抽调精干力量,组建清理小组。由县民宗局牵头,成立由县委统战部、县公安局国保大队和县文广局市场文化稽查大队等部门组成的清查小组,进行集中清理整治。二是加大调研面,全面掌握非法出版刊物流入的状况。采取进藏经阁进礼拜堂等实地检查的方式,看教职人员使用的经书中是否有非法出版的宗教刊物,并问明从何处购买,何人介绍购买的,全面掌握宗教非法出版刊物流入的状况。三是要求各宗教团体进行自查,确保宗教活动稳定正常开展。明确宗教团体为自查的组织者和责任者,明确自查的范围和重点,并要求做好传播宗教非法出版刊物信徒的思想工作,确保清查工作稳定正常开展。四是集中清查收缴。全县共查收各类的宗教非法出版刊物56种1600余册,光牒500多盘,念佛机60只,并集中销毁。五是对组织者严肃查处,确保堵住流入源头。对传播、出售非法出版刊物的信徒先由宗教团体负责人进行约谈教育,告知其传播非法出版物的社会危害性和触犯国家法律的严重后果。六是建立长效机制,确保清理成效。要求各宗教团体和宗教活动场所负责人一定要提高认识,擦亮眼睛,明辨是非,坚决抵制各类非法宗教出版物以任何形式进入宗教活动场所,确保场所风清气正,和谐稳定。

【切实维护民族宗教领域稳定】 2011年县乡换届后,及时调整县宗教工作领导小组成员和组成单位,确保民族宗教工作领导协调的连续性。一年来,南昌县未发生民族宗教领域上访或群体性事件,实现了民族宗教领域和谐稳定。

表25 **2011年南昌县民族宗教事务局领导班子成员名单**

姓名	性别	出生年月	籍贯	职务
范禄根	男	1959.8	江西省丰城市	南昌县委统战部副部长县民宗局局长、党组书记
杨姝媛	女	1964.3	江西省临川县	县民宗局副局长
涂国栋	男	1978.8	江西省南昌县	县民宗局副局长、党组成员

(主笔:曾红兰 审稿:范禄根)

法制工作

2011年,南昌县法制办以科学发展观为指导,认真贯彻落实国务院《全面推进依法行政实施纲要》(以下简称《纲要》)及《国务院关于加强法治政府建设的意见》(以下简称《意见》),做好规范性文件制定和报备、行政复议、行政执法监督等方面工作。

【深入贯彻《纲要》和《意见》】 2011年,一是对2006年至2010年五年的政府法制工作进行总结并汇编成册。5月,县法制办对2006年至2010年五年来的政府法制工作进行回顾和总结,分工作概述、领导讲话、重要活动、依法行政、规范性文件、行政复议、执法监督、法制培训及主要荣誉9个方面将五年来的政府法制工作进行了梳理并编印成册。

二是认真做好贯彻落实《意见》工作。5月,做好了市法制办主要领导到县就如何贯彻落实《意见》和省政府《实施意见》开展的依法行政调研工作,10月15日,县政府第四次常务会第一个议题安排学习了国务院关于加强法治政府建设的意见,讨论并通过《南昌县人民政府关于加强法治政府建设的实施意见》,同时,根据人事变动及时调整南昌县推进依法行政领导小组人员名单。2011年,县法制办还就《中华人民共和国行政强制法》迎接省里对南昌县的调研。

三是制定南昌县2011年依法行政工作要点。为深入贯彻国务院《纲要》,切实加强政府自身建设,依据南昌市2011年推进依法行政工作要点,结合南昌县实际,于7月13日制发《南昌县2011年推进依法行政工作要点》,重点部署、组织学习贯彻《意见》、坚持依法科学民主决策、加强和改进制度建设、加快转变政府职能、严格规范和监督行政行为、全面推进政务公开、依法化解社会矛盾纠纷、依法加强财政和土地管理、加强法律培训和普法教育、推进依法行政制度落实等10个方面的工作。

四是制了2011年政府常务会学法计划。2011年县政府以文件形式安排本年度政府常务会学法计划,共安排《国务院关于加强法治政府建设的意见》、社会保险法、治安管理处罚法、物权法4次学法内容,每次半小时,分别由县法制办、县人保局、县公安局、县房管局负责安排授课人员。

五是积极开展行政检查计划的批复工作。11月20日,县法制办下发了对全县各部门行政检查进行批复的文件,各部门结合本部门实际,纷纷作了行政检查计划的报送,县法制办也一一作了回复。

六是适时地开展法制宣传工作。2011年,为了进一步加强法制宣传、全面贯彻落实国务院关于《加强法治政府建设的实施意见》(国发〔2010〕33号)的文件精神,在全社会形成依法行政、依法办事的理念,11月26日上午,南昌县政府与南昌市政府法制办在富山乡富山村联合举办"法制进村宣传咨询活动"。县公安局、县司法局、县文广局、县计生委、县民政局、县发改委、县人保局、富山乡等单位主要领导及工作人员、县下派富山乡学习锻炼工作组全体成员、县公证处公证员、县律师事务所律师和富山村干部群众代表共计500余人参加了此次活动。有关单位领导、工作人员和群众代表参加。此次活动共展出宣传展板22块,印制知识宣传册、宣传单、便民联系卡10000余份,发放问卷调查表300余份,各部门密切配合,进一步丰富法制进村活动内容,拓展宣传方式,真正做好基层法制建设工作,加快推进建设法治政府、法制社会的进程。

【规范行政执法工作】 2011年,一是积极组织全县行政执法单位参加省政府法制办开展的全省2011年优秀行政执法案卷评选活动,在评选活动中,选送参加全省优秀行政执法案卷评选的案卷中,有4宗获奖,主办单位分别是县公安局、县交通局、县药监局。县法制办被评为优秀组织单位。

二是开展行政许可案卷评查工作。10月18日至11月17日,对全县行政执法单位2010年1月1日至2010年12月31日期间在行政执法过程中保存的行政许可案卷进行评查,分自评、评查、反馈三个阶段,评查结果将作为依法行政考核的重要内容。目前此项工作正在进行中。

三是进一步完善依法行政考核机制。根据市里2011年度县区综合目标管理考核指标及计分办法,进一步调整和完善县依法行政工作目标考核内容,乡镇和县直部门依法行政考核内容分别占15、25分值。

四是开展行政执法依据梳理和调整工作。为进一步落实行政执法责任制,10月21日,县政府办要求各行政执法部门在2009年度行政执法依据梳理、调整和公布的基础上,根据法律、法规、规章的立、改、废等情况,对行政执法依据进行调整,于10月底前完成并在政府网站公布。

五是认真组织实施《南昌市行政检查办法》。县行政执法部门凭以下文件之一,实施行政检查:县政府法制办批复的年度行政检查工作计划;本部门有关负责人对因举报实施行政检查的批准书;县级以上人民政府或者省级以上行政执法部门部署行政检查的文件。

六是严格行政执法人员培训及行政执法证件的使用管理。2011年对县城管局60名行政执法人员进行培训、考试,考试成绩合格者给予办理行政执法证。

【做好规范性文件制定、备案与检查、清理工作】 2011年,一是根据市政府法制办的文件要求,开展有关征地拆迁规范性文件清理工作。经清理,保留3件,已修改2件,废止3件。

二是完善备案审查。南昌县在清理规范性文件的同时,也在不断完善规范性文件的备案审查工作。对于县政府制发的规范性文件,严格按照省市的有关规定进行备案审查。2011年,县政府向市政府、县人大报备规范性文件1件,

三是对县政府部门、乡镇开展规范性文件检查,2011年12月,县法制办对县政府部门、乡镇开展规范性文件检查,对检查中发现的规范性的文件,按照规范性文件报备格式进行报备,该修改的修改,该废止的废止,该宣布失效的宣布失效。

【认真办理行政复议】 一直以来,在办理行政复议案件过程中,县法制办坚持按照法定程序,严审核、严把关,既要维护法律的严肃性、行政执法机关权威性,也要依法维护当事人的合法权益。同时不断探索新的案件审理方式,积极运用和解、协调等方式来解决行政争议,努力提高办案效率和水平。截至2011年10月25日,县政府共收到行政复议申请12件,受理9件,审结5件,其余正在审理中。在审结的5件中,维持1件,作出撤销或被申请人自行纠正后申请人撤回申请的4件。

【积极选派干部下基层学习锻炼】 2011年,县法制办积极选派干部参加全县开展"一看二比三争当,建功昌南我先行"主题实践活动,参加动员大会,动员会议后,县法制办也召开会议,要求县法制办干部自觉投入到创先争优和学习锻炼活动中来,为加快南昌县"超常发展、进位赶超"步伐凝聚力量、增添动力。

表26 **2011年南昌县法制办领导班子成员名单**

姓　名	性　别	出生年月	籍　贯	职　务
李淑彬	女	1968.3	汉	主任
杨剑平	男	1962.11	汉	副主任

(主笔:刘新辉　审稿:李淑彬)

人事工作

【概况】 南昌县人力资源和社会保障局为县人民政府工作部门,正科级建制,局机关内设有7个职能科室,分别为:办公室(财务基金审计科)、信访科、干部管理科、工资福利科、就业和社会保障科(行政审批服务科)、专业技术人员管理科、仲裁监察科(政策法规科)。南昌县人保局主要职能有:贯彻执行人力资源和社会保障工作的法律、法规、规章和方针政策;拟订全县人力资源市场发展规划和人力资源流动政策,综合管理人力资源市场和流动调配工作;负责全县促进就业工作,拟订统筹城乡的全县就业发展规划和政策,完善公共就业服务体系,组织落实就业援助制度;建立和完善覆盖全县城乡居民社会保障体系,贯彻实施相关政策措施,拟订全县养老、失业、医疗、工伤、生育社会保险及补充保险基本政策和基本标准并负责组织实施和监督检查;负责全县就业、失业、社会保险基金预测预警和信息引导;负责全县行政机关公务员和政府序列参照公务员法管理单位的参公人员综合管理;会同有关部门拟订全县机关事业单位人员工资收入分配制度改革意见,促进建立机关企事业单位人员工资正常增长和支付保障机制;会同有关部门指导全县事业单位人事制度改革,拟定并组织实施全县事业单位人员和机关工勤人员管理政策;负责全县军队转业干部的安置和教育培训工作;会同有关部门拟订全县农民工工作综合性政策和规划,推动农民工相关政策的落实;贯彻执行劳动、人事争议调解仲裁制度和劳动关系政策,完善劳动关系协调机制;管理局属事业单位;承办县人民政府交办的其他事项。

2011年,南昌县人保局以"三个代表"重要思想和科学发展观为指导,以深入开展"创先争优"活动为契机,紧紧围绕全县经济社会发展大局,着力加强队伍建设,推进人才强县战略,认真履行工作职能,较好地完成了县委、县政府和市人保局交办的各项工作任务,全面促进了人事人才工作为经济社会又好又快发展服务。

【大力加强公务员制度和队伍建设】 2011年,一是在做好资格审查、政审、考核的基础上,为全县政府部门录用通过全省考试的公务员及参管人员11人。二是为2010年录用的公务员及参管人员办理了转正定级和公务员登记手续,逐步完善公务员初任职务的审批手续。三是及时安排组织相关公务员参加各类培训,按时完成了公务员年度考核备案和年报工作。

【阳光运作事业单位集中公开招聘】 2011年,在坚持"凡进必考"和公开、平等、竞争、择优原则的基础上,不断完善事业单位公开招聘制度,确保全年事业单位招聘全程实现"阳光"化操作。2011年,县人保局共组织开展面向社会公开招聘考试4次,招聘人员185人。一是组织开展教育系统公开招聘考试,共招聘教师36人;二是为县属事业单位公开招聘工作人员89名;三是组织开展教育、卫生系统高层次人才公开招聘考试,共招聘教师50名、医务人员10名。

【认真做好军转干部安置和解困工作】 2011年,全年安置军队转业干部3人,随军家属3人。走访慰问军队转业干部66人次,发放慰问金33000元,为困难企业军转干部发放全年生活困难补助47688元。

【严格规范工资管理和服务工作】 工资事关干部职工切身利益,特别是实行新的工资制度改革后,整体工资变动较大。2011年,为做好这项工作,县人保局专门安排人员参加培训、学习,吃透政策条规,细心研究标准界线,为准确快速开展工作打下坚实的基础。一是为全县2011年机关事业单位144名新进人员办理上工资手续,并为2010年度机关事业单位219名招录人员办理转正定级工资。二是为全县14364名在2010年机关事业单位年度考核称职、合格的工作人员办理正常调整工资。三是为202名退休人员办理退休审批。四是为68人审批办理遗属生活困难补助。五是核定了全县县属其他事业单位在职与退休工作人员3064人2010年度绩效工资总额;为全县9349名义务教育学校在职与退休教师核定了2011年度绩效工资总额。六是拟定了《南昌县公共卫生与基层医疗卫生事业单位绩效工资实施办法》和《南昌县其他事业单位绩效工资实施方案》,并已组织实施。

【扎实做好职称评审工作】 2011年,一是为全县中高级专业技术人员597人(其中高级191人、中级406人)做好资格申报,高级资格审查通过134人,合格率70.1%,中级资格审查通过281人,合格率69.2%。当年,教育系统评审通过227人,其中中级评审通过146人,通过率为84.4%,高级评审通过81人,通过率高达96.4%;工程系列评审通过85人,其中高级评审通过22人,中级评审通过63人。二是对全县初级职称进行评审,目前企事业初级职称资格评审通过664人。三是完成对已评定初级职称的事业单位工作人员聘用工作,对聘用到期的工作人员进行续聘。同时对南昌县中高级职称聘用情况进行了详细调查摸底并报送到市职改办。

【稳步推进高层次人才引进工作】 2011年,根据中央、省、市关于人才工作的总体要求,结合南昌县实际,在全市县、区中率先出台《南昌县关于进一步加强高层次人才队伍建设的若干意见(试行)》,制定引进高层次人才条件和优惠政策,加大高层次人才引进力度,规范了引进人才程序。

【大力实施农村人才开发】 2011年5月,组织开展全县农村实用人才资源调查摸底工作,为推荐农村实用人才奠定基础,并积极组织南昌县前三批的6名农村实用人才参加在成都举办的优秀农村实用人才培训班。同时,以新农村建设为核心,开展全县"一村一品"推荐工作。

【全面做好"三支一扶"工作】 2011年,一是严格按照赣人社发〔2011〕30号文件精神,扎实做好2011年"三支一扶"高校毕业生招募工作,并按毕业生生源地和专业对口的原则对17名"三支一扶"人员进行了安排。二是会同卫生、教育、财政等部门对2009年16余名"三支一扶"人员进行考核,考核合格者统一转为事业编制。2011年,已有16名2009年"三支一扶"人员正式上编并继续在原来岗位上工作。三是按月及时把生活费(含交通补贴费用)直接发到大学生手中。四是于2011年9月召开"三支一扶"大学生座谈会,认真听取大学生的意见和建议,并对前5年"三支一扶"工作进行了一次深入调研和总结。

【规范人事代理服务工作】 2011年,依法办理各项人事代理服务,为2011年新招录事业单位人员人事代理140人次;为2010年度招录的260名事业单位人员办理考核转正手续;为2006年以来招录至今合同到期的事业单位人员办理续聘手续,为符合规定的要求与原单位解聘的事业单位人员办理解聘手续。

【完善人事档案管理工作】 2011年,根据《干部档案工作条例》,结合工作实际,为进一步健全和完善人事档案管理制度规定,出台了《加强档案管理工作的相关规定》,严格按制度规定办事,确保全年未发生任何失密和丢失档案现象。同时强化人事档案的整理工作,严把分类关,做到了分类准确、排列有序、层次清楚。

编制工作

【概况】 南昌县的编制工作主要由南昌县机构编制委员会承担,是县委、县政府负责全县机构改革和管理全县党政群机关、事业单位机构编制的综合、协调、监督机构。南昌县机构编制委员会办公室(以下简称县编办)为南昌县机构编制委员会的常设办事机构,负责处理县编委的日常工作,既是县委的工作机构,又是县政府的工作机构,列县委工作机构序列,与县人力资源和社会保障局合署办公。2011年是"十二五"规划的开局之年,县编办按照年初既定的工作计划和目标要求认真做好机构编制工作,积极落实各项任务。

【全面完成乡镇机构改革工作】 根据《市委办公厅、市政府办公厅转发〈市机构编制委员会办公室关于深化乡镇机构改革的实施意见〉的通知》(洪办字〔2010〕109号)精神,结合南昌县实际,在与各乡镇多次沟通之后,县编办拟定南昌县乡镇机构改革实施意见,并提请县委、县政府审议,原则上通过了深化南昌县乡镇机构改革的实施意见。在县委、县政府的领导下,各乡镇党委、政府负责具体实施机构改革工作;县编办切实履行职责,加强指导和督促检查;县级有关部门大力支持乡镇机构改革工作。全县形成了上下一致、协调高效的组织领导体系,为乡镇机构改革的有序开展提供了强有力的组织保证。最终于2011年2月26日,县委、县政府批准通过了各乡镇的机构改革方案。此次乡镇机构改革的主要任务是以转变政府职能为核心,理顺职责关系,创新体制机制,优化机构和岗位设置,严格控制人员编制,建立精干高效的乡镇行政管理体制和运行机制,建设服务型乡镇政府。至此,基本完成了南昌县深化乡镇机构改革的各项任务。

【积极稳妥做好事业单位清理规范工作】 2011年,为落实南昌县事业单位清理规范工作,根据市委办公厅、市政府办公厅《关于印发〈南昌市事业单位清理规范工作实施方案〉的通知》(洪办〔2011〕67号)精神,县编办利用三个月时间,深入开展调查摸底,及时进行动员部署,认真制定了南昌县事业单位清理规范工作实施方案,提请县委、县政府同意后于2011年11月13日以县委办、县政府办名义下发。此次清理规范工作分三步进行,按照统一部署、总体规划、分步推进的原则组织实施。通过清理规范,全面掌握事业单位机构、编制、职责等方面的情况,为分类推进事业单位改革奠定坚实基础。在各部门、各单位的密切配合下圆满完成了此项工作。清理规范中,南昌县整合全额拨款编制事业单位8个;撤销自收自支事业单位1个,并核销自收自支事业编制7名;撤销差额拨款事业单位1个,并核销差额拨款事业编制2名。清理规范后,全县共保留383个事业单位。

【进一步规范机构编制管理工作】 2011年,县编办不断规范机构编制管理,坚持完善"三个一"审批制度,坚持"三个坚持"、"三个不"原则,进一步健全机关事业单位进人核编制度,全力做好各项业务工作。截至2011年12月底,办理各类上下编手续1963人次,其中下编974人次,上编989人次。其中:为6名分配到我县安置的军队转业干部办理了上编手续;为12名县属符合安置的退伍军人办理了上编手续;为五星垦殖场医院符合接收条件的48人办理了上编手续;为以工代技人员返岗(卫生系统和教育系统)共93人办理了上编手续;为县政府办、县公安局、县纪工委等部门公开选调共42人办理上编手续;为2011年新录用的171名公务员(含参管单位、公安局招录)办理了上编手续;为2011年县乡换届选举任职上调动共71人办理上编手续;为南昌县2009年度"三支一扶"大学安置共16人办理上编手续;为南昌县2011年事业单位招聘(含教师招聘)共81人办理上编手续;为南昌县高层次人才引进23人办理上编手续;其他人员调动上编426人。

【切实加强事业单位登记管理】 2011年,为切实提高事业单位登记管理工作水平,扎实做好2010年度事业单位法人年检工作,县编办提早安排、组织周密,审查严格,较好的完成了上半年工作任务。当年,县编办加强了事业单位资产负债表的审核,安排专职的财务人员对各单位提交的资产负债表进行审核,发现收支不平衡的单位,要求补齐材料后才能予以办理,杜绝了抽逃开办资金的现象发生,明晰了接受和使用捐赠、资助的使用情况。根据今年的工作计划,县编办加强了事业单位法人登记管理的宣传与监督检查力度,以全面、细致的宣传和综合监督检查相结合,以此为重点,对事业单位进行登记管理,使各主管部门和事业单位都认识到事业单位登记管理工作的重要性和必要性,不断完善登记管理制度,促使事业单位自觉进行法人登记、变更和年检。截至2011年11月,南昌县圆满完成2010年度事业单位法人年检工作,参加年检的事业单位297个,年检合格297个,合格率100%。办理新设立登记3个,变更登记3个,注销登记2个。

【认真落实上级部门交办的各项工作】 在数据上报工作方面:按照市编办的要求,2011年上半年,完成县区党机关超编问题调查问卷的报送工作,积极准备年报工作,将按时保质地完成2011年报统计数据,确保上报数据真实准确,为各级政府的行政管理体制改革和事业单位分类改革决策提供有力依据。在信息报送工作方面:县编办加大机构编制工作宣传力度,及时在网站上更新机构编制工作的最新动态;及时向县委、县政府及上级业务部门汇报全县机构编制工作动态。县编办已上报信息8篇,其中上报县政府信息3篇,上报市编办机构编制信息5篇。在其他工作方面:一是办理县政府转交11件文件,对涉及机构编制工作的问题提出解决意见,及时当好党委、政府和编委的参谋助手,为领导决策提供有力依据;二是根据市编办关于报送县区党政机关超编问题调查问卷的通知,认真向县领导、县各部门及超编单位发放20份问卷,并及明将填好的问卷汇总,按规定时间及时报送市编办。

【认真落实县编委交办的机构编制工作】 2011年,一是成立机构:为加强南昌县社会福利工作,成立南昌县社会福利院,为副科级全额拨款事业单位;为加强银三角管委会辖区内的国土资源管理,成立南昌县国土资源局银三角分局;为进一步理顺全县商务执法体制,成立南昌县商务综合执法稽查大队,为正股级全额拨款事业单位;为进一步畅通信访渠道,保障信访人的合法权益,密切党群关系,构建社会主义和谐社会,成立南昌县人民群众来访接待中心。二是升格机构:为进一步做好江西省良种繁殖场、江西省种鸡和江西民星企业集团公司的副县级以上干部的管理、服务工作,将南昌县农场管理中心升格为副科级;为进一步加强南昌县国土资源执法监察职能,将南昌县地地执法监察大队升格为副科级;为适应党员教育事业发展的新形势,进一步做好党员干部远程教育和信息管理工作,将南昌县党员电化教育中心升格为副科级;为充分发挥南昌县人才交流中心在人才资源配置中的重要作用,更好地开展全县人才交流服务工作,将南昌县人才交流中心升格为副科级。三是机构更名:为进一步理顺关系,方便工作开展,将南昌县渡头卫生院更名为南昌县幽兰镇渡头卫生院;为切实履行财政职能,强化财政支出预算管理,做好对财政性资金项目的投资评审工作,将南昌县财政收费管理中心更名为南昌县财政投资评审中心;南昌市五星垦殖场职工医院已划归南昌县管理,同意将其更名为南昌县五星卫生院;为加强南昌县政务公开和深化政府服务工作,规范县政府网站管理,将县发改委下属的南昌县经济信息中心成建制划归县政府办公室管理。四是编制管理:核定小蓝经济开发区管理委员会及其下属事业单位编制;为进一步强化全县纪检监察工作,调整南昌县纪委第一、第二纪工委行政编制;为进一步做好乡镇财政工作,促进乡镇经济社会协调发展,调整了南新、蒋巷、泾口、塘南、黄马、广福、冈上、富山等8个乡镇财政所事业编制。

表27 **2011年南昌县人力资源和社会保障局领导班子成员名单**

姓名	性别	出生年月	籍贯	职务
彭严明	男	1964.2	江西省南昌县	南昌县委组织部副部长 南昌县人力资源和社会保障局党组书记、局长 南昌县机构编制委员会办公室主任
赵长根	男	1962.12	江西省南昌高新区	南昌县人力资源和社会保障局党组成员、副局长
邓庆华	男	1959.10	江西省南昌县	南昌县人力资源和社会保障局党组成员、副局长 南昌县医保局局长
涂柳明	男	1965.1	江西省南昌县	南昌县人力资源和社会保障局党组成员、副局长
舒铭红	女	1971.1	江西省南昌县	南昌县人力资源和社会保障局党组成员、副局长 南昌县机构编制委员会办公室副主任
张祥福	男	1965.11	江西省南昌高新区	南昌县人力资源和社会保障局党组成员 南昌县劳动就业服务管理局局长

续表 27

姓　名	性　别	出生年月	籍　贯	职　务
赵新国	男	1967.11	江西省南昌县	南昌县人力资源和社会保障局党组成员 南昌县社会保险事业管理局局长
胡良胜	男	1987.5	江西省南昌县	南昌县人力资源和社会保障局党组成员 离退休干部活动中心主任
胡莎莎	女	1976.10	江西省南昌县	南昌县人力资源和社会保障局党组成员 南昌县农保局局长
胡　奕	男	1977.4	江西省南昌县	南昌县人力资源和社会保障局党组成员、办公室主任
袁　倩	女	1982.6	江西省南昌县	昌县人力资源和社会保障局党组成员 南昌县社保局副局长

（主笔：陈习松　审稿：胡　奕）

信访工作

【概况】　南昌县信访局主要负责受理人民群众的来信、来访，向乡、镇和县直有关部门交办信访事项，保证信访渠道畅通；及时、准确地向县委、县政府领导反映人民群众来信来访中提出的重要问题、意见和建议，及时办理和协调处理重要的信访事项，并对落实情况进行督促检查；开展调查研究，综合分析信访信息，提出完善有关政策、规章的建议。信访局位于莲塘镇五一路458号县政府大院内，内设办公室、接访科、视频接访中心、办信督查科、县长手机信箱及网上信访工作室，下辖南昌县人民群众来访接待中心（事业单位），全局定编22名（行政编制14名，工勤事业编制2名，事业编制6名），在册干部职工14人，离退休4人。

2011年，在省市信访部门的精心指导下，在县委县政府的坚强领导下，全县各级各部门按照“思想不松、力度不减、措施过硬、保障有力”的要求，全力以赴做好信访稳定工作，推动信访形势继续保持着“五下降”的总体形势。当年，全县信访总量比2010年下降22.8%；到市上访量比2010年下降50.1%；来县上访量比2010年下降2%；集体访量比2010年下降33.3%；重复访量比2010年下降37.5%。七城会、省党代会及中央全会期间，南昌县群众零上访，南昌县以局部的稳定支持了全国、全省、全市的大局稳定。

【信访形势】　2011年，南昌县群众上访总量7780人次，与2010年相比上访总量下降22.8%。2011年，南昌县群众赴京非正常上访24批39人次，与2010年相比，批次和人次分别上升84.6%和116.7%；2011年，南昌县群众赴省上访总量20批276人次，与2010年相比，批次和人次分别上升25%和61.4%；2011年，南昌县群众到市上访总量21批355人次，与2010年相比，批次和人次分别下降58%和50.1%；2011年，群众到县上访816批7110人次，与2010年相比，批次和人次上升4%和下降2%。其中集体访419人次5639人次，重访2617人次。与2010年同期相比，集访人次和批次分别上升5.5%和下降33.3%，重访下降37.5%。2011年，上级信访部门交办信访件66件，办结率100%，其中国家信访局交办2件，省信访局交办20件，市信访局交办44件。2011年，南昌县共受理群众网上信访371件，办结率100%。其中国家信访局交办6件，省信访局交办72件，人民网6件，省市网上信访131件，县网上信访156件。2011年，南昌县共受理省、市、县长手机来电221条，办结率100%，其中省长手机来电146条，市长手机65条，县长手机10条；受理省、市长信箱来信250件，办结率100%，其中省政府信箱162件，市长信箱88件。

【县领导接访包案化解重复访】　2011年，南昌县制定出台《用群众工作统揽信访工作实施方案》，将各级领导干部接访列入年度考核的重要内容，将化解信访矛盾的具体任务分解到各职能部门。2011年，县级领导接访278批1558人次，化解信访问题216件；县级领导包案7轮208件，化解信访积案182件；乡镇党委书记、乡镇长在所在乡镇接访230批1368人次，成功调处信访事项190件。县委县政府将领导干部接访包案作为日常性工作来要求，将领导干部化解矛盾作为检验执政能力来考量。主要作法：一是公开约访，县委书记、县长每月安排一次公开约访日活动；二是坐班接访，副县级党政领导及县人大主任、县政协主席每日依次在县信访局坐班接访；三是“三长”接访，县法院院长、县检察院检察长、县公安局长每周一日在本单位开门接访；四是周末约访，乡镇党委书记、乡镇长双休日在所在乡镇约访本辖区群众；五是下乡督导，选派142名县直单位干部入驻村委会帮助工作；六是第三方接访，挑选10位党代表、10位人大代表、10位政协委员、5位律师入驻县信访局，参与县领导信访接待。

【“用群众工作统揽信访工作”试点】　2011年，南昌县被列为全省“用群众工作统揽信访工作”18个试点县，县委县政府不等不靠、先行先试，对试

县委书记郭毅率县六大家领导为县委群众工作部揭牌

点工作予以了高度重视,及时研究出台《关于用群众工作统揽信访工作的实施方案》,并指定分管县领导专门调度试点推进工作。7月3日,县委书记郭毅亲自为中共南昌县委群众工作部揭牌,标志着南昌县用群众工作统揽信访工作步入全面实施阶段。群众工作与以往信访工作相比,有3个显著变化:一是资源得到整合。县级层面上,群工部与信访局合署办公,两块牌子一套人马。乡镇层面上,依托综治、信访、司法、便民服务中心等资源,建立18个群众工作站。村(居)委会层面上,建立263个群众工作室,聘请了789名农村老党员、老干部、老模范、老教师、老退伍军人担任群众工作调解员。村(社区)小组层面上,把群众工作的末梢神经延伸到最基层,建立2013个群众工作点,聘请2013个群众工作信息员。二是服务得到拓展。群众工作部在县信访局原有职能基础上,新增视频接访中心、信访秩序维护科、法律服务室,并将来访接待中心明确为事业单位,确保法律咨询、交办转办、调解仲裁、督查督办、复查复核等工作"一条龙"办理。三是效率得到提高。每年抽调10个职能部门同志入驻来访接待中心联合接访。常年抽调5位干警入驻信访秩序维护科,维护县党政机关正常工作秩序。每天安排一名律师入驻法律服务室,接待处理群众涉法涉诉信访事项。选聘30位党代表、人大代表、政协委员随时参与县级领导接访,发挥他们在信访维稳工作中"第三方"力量的作用。试点工作开展以来,群众工作无论是在硬件建设、制度建设还是在网络构建等方面比以往都有了显著变化,其工作成效多次得到省市领导首肯,其工作经验为南昌县今后创新社会管理模式开了先河。

【信访工作体制机制的探索研究】面对新情况新问题,县联席会议集思广益,积极探索信访工作的新体制机制。9月20日,县委常委会审议通过县联席办起草的七项信访工作制度,即《南昌县信访工作考核通报问责办法》、《南昌县接访规定》、《南昌县信访工作县领导包案制度》、《关于邀请县人大代表、县政协委员参与县领导信访接待日暂行办法》、《关于组织律师参与接待群众来访工作的暂行办法》、《关于做好信访问题调处过程中录音录像工作的暂行办法》、《关于调整县处理信访突出问题及群体性事件联席会议和工作机构组成人员的通知》。其中,《南昌县信访工作县领导包案制度》首次从领导包案的工作目标、工作要求、工作方法、工作流程、工作职责等五个层面对领导包案工作予以了制度规范。《南昌县信访工作考核通报问责办法》在将京访、省访、市访、县访扣分项目细化基础上,首次将乡镇领导接访、信访件办结、信访信息报送、参加信访工作会议等情况纳入考核计分范畴,每月一排位,每年两考核,考核得分情况直接与政绩及干部使用挂钩。

【特殊疑难信访个案专项资金管理】2011年,在特殊疑难信访问题专项资金使用和管理方面,南昌县始终把握"特殊疑难个案"、"实现案结事了"这两个基本原则,做到设立专户专款专用。第二批特殊疑难信访问题化解工作,南昌县申报案件37件,上级专项资金127.88万元,县配套资金50.52万元,共计178.4万元。全部资金都发放到位,37件信访案涉及上访人全部停访息诉。

【"七城会"安保工作】2011年,一是会议动员,布置工作。继10月8日组织各乡镇各单位主要领导、分管领导收听收看全省七城会期间信访维稳和安保工作电视电话会议之后,县委县政府又于当天召开全县负责干部大会,分析当前的形势,布置当下的任务,目的就是在正式投入信访维稳和安保战斗前,再给各乡镇各单位绷紧弦、鼓足劲。二是排查隐患,领导包案。9月13日,县联席办下发通知,要求各乡镇各单位立足2011年7轮包案的基础,进一步加大排查力度,进一步增加排查密度,再次开展一次横向到边、纵向到底、全覆盖、无疏漏的排查,特别是对可能在重要活动、重要会议期间集体上访、制造事端的人员,要深入细致地重点排查,做到心中有数,使矛盾问题发现得早、调处得了、控制得住。对排查出来的信访隐患分类梳理,落实领导包案,明确责任领导、责任单位、责任人员和化解时限,采取有力措施逐一化解和解决。对已掌握的25件案件所涉及的重点人员,要超前做好教育疏导,并采取"人盯人"等有力措施加大稳控。三是一线接访,化解矛盾。在已有的县级领导信访接待日及乡镇党委书记周末约访日基础上,县委县政府对县乡两级领导在"七城会"期间的信访接待再次细化,从10月15日至10月31日,县级领导每日轮流在县信访局坐班接访,乡镇领导在所在乡镇随时接访,县联席会议、县委组织部、县纪检监察部门对接访情况暗访督查。四是集中处理,案结事了。2011年,县联席办先后下发7轮突出信访问题排查包案表,所有案件均为上级交办及我县自查的信访积案,且有不少案件没有及时化解,信访人员仍然在不停地上访。针对这些"钉子案"、"骨头案",近日,县联席办向各包案领导下发书面通知，要求包案领导督促各乡镇各单位近期一定要集中人力、物力、财力，多措并举、多管齐下，多方参与，争取化解一批、转化一批、稳控一批，减少信访存量。五是研判预警，应急处置。国庆之后，南昌县立即启动信访工作应急处置机制。按照抓早、抓小、抓苗头的工作要求，集中梳理群众来信来访情况，充分利用公安、国保、维稳等渠道，全方位、多角度收集相关信息，及早发现和掌握群众上访特别是集体上访和非正常上访的动向，密切关注信访动态，加强分析研判，做到及时掌握情况，超前谋划部署，牢牢把握工作的主动权。各乡镇单位按县联席办要求，进一步完善了应急工作预案，严格落实领导责任制，规范工作程序，保证工作力量，确保一旦发生大规模集体上访和突发性事件，能够及时跟进、有序应对、妥善处置。六是畅通信息，专人值班。"七城会"期间，县委县政府要求各乡镇各部门要建立领导在岗带班、专人值班制度，确保联络畅通。要严格执行重大紧急信访信息报送制度，遇有重大紧急信访信息，要及时报告，及时处理。突出事件要在一小时之内报告，同时在每天下午4点之前向县联席会议办公室报告一天信访工作情况，有事报事，无事报平安。因瞒报、迟报和漏报贻误处置时机、造成重大影响的，将严格按照有关规定追究有关人员的责任。

（主笔：毛志科　审核：谢留美）

表28　**2011年南昌县信访局领导班子成员名单**

姓　名	性　别	出生年月	籍　贯	职　务
毛爱凤	女	1964.9	江西南昌	县政府办副主任、县信访局局长
谢留美	男	1970.11	江西南昌	正科级信访督查专员、副局长
李日来	男	1963.2	江西南昌	副局长
王　辉	男	1974.7	江西南昌	副局长
谢拾根	男	1956.11	江西南昌	党组成员
唐艳梅	女	1973.12	江西南昌	副科级信访督查专员、办公室主任
张　莎	女	1980.11	江西南昌	维稳信息督查员
万学林	男	1978.4	江西南昌	维稳信息督查员

外事侨务工作

【概况】 南昌县外事侨务办的主要职责是：贯彻执行中央的外事方针、政策及省、市、县关于外事工作的指示和决定；会同县有关部门研究提出执行有关外事政策的具体措施和办法；负责全县因公出国和邀请国外人员来访的报批工作；负责接待到南昌县访问的重要外宾，指导协调有关部门、单位的外宾接待和管理工作；接待来访的各国外交人员及外国记者，指导协调全县外事涉外活动；会同有关部门做好引进国外资金、技术、人才的工作；协调有关部门研究处理发生在南昌县的涉外事件，负责对华侨、华人和及其社团的联络接待和团结友好工作；依法保护归侨、侨眷通报眷属的合法权益等工作。

2011年，南昌县外事侨务办在县委、县政府的正确领导下，在市外事侨务办的精心指导下，坚持以科学发展观为指导，紧紧围绕县委、县政府制定的奋斗目标，牢牢把握地方外事侨务工作服从和服务于国家总体外交工作大局、为地方经济建设和社会发展服务的宗旨，充分发挥外事的职能优势，较好地完成了县委、县政府和市外事侨务办的各项工作任务。

【县主要领导出访】 2011年12月4日，南昌县人民政府县长陈匡辉率小蓝开发区、县商务局、县国税局等相关部门负责人及江铃集团企业负责人一行8人，赴智利、巴西、阿联酋执行项目洽谈招商任务，取得显著成效。一是进一步深化南昌县与智利英度汽车公司的合作，通过召开2011年度江铃中南美洲经销商会议，扩大了江铃汽车在中南美洲的出口业务；通过召开南昌小蓝汽车工业园招商引资会议（智利），积极引进智利汽车行业在小蓝汽车工业园投资合作。二是进一步深化南昌县与巴西埃法汽车公司的合作，扩大了江铃汽车在巴西的出口业务；通过召开南昌小蓝汽车工业园招商引资会议（巴西），积极引进巴西汽车产业在小蓝汽车工业园投资合作。三是进一步深化南昌县与阿联酋贝尔哈沙汽车公司的合作，扩大了江铃汽车在阿联酋的出口业务。

【出入境管理】 2011年，认真落实中央、省、市外事管理要求，严把政策关、申报审批关，进一步完善和规范了因公出国管理工作。在出国预审中，对不符合因公出国条件的团组进行控减，为县委、县政府把好因公出国第一关。2011年，南昌县为企业法人向上级部门请示办理出国（境）任务批件或任务确认件5件，为企业法人向上级部门申请APEC商务旅行卡3件，为在县投资兴业的企业办理外国人来昌就业审批手续8件。

【服务经济】 2011年，充分发挥外事侨务与国内外交往多、接触渠道广、了解信息灵等优势，积极参加省、市组织的组团赴外考察招商活动，利用外出的有利契机,主动与国外企业、商会联系沟通,为县域企业与外国企业开展合作牵线搭桥。积极配合南昌市侨商国际联合会构筑侨资企业发展平台,营造温馨和谐的侨商之家。

【外事接待】 2011年5月,南昌县接待由商务部和国家广电总局主办的援外培训项目国际广播电视媒体记者研修班一行46人,带研修班参观了江西国旺实业有限公司、江西省昌南生态园有限公司(凤凰沟风景区),向他们详细介绍南昌县农业产业化情况。

7月,南昌县接待了巴勒斯坦民族解放运动干部考察团一行20人,带考察团参观了现代农业产业项目一江西国鸿生态园。

【摸清侨情】 2011年,根据国侨办、省侨办和市侨办的要求,外事侨务办经常性深入基层,走访企业和农村侨务工作对象,较好地掌握了全县基本侨情,为做好新时期侨务工作打下了良好基础。据不完全统计,南昌县现有50年代归国华侨15名,其中4人已故。侨眷、侨属共计300余人。

【侨心惠民】 2011年,南昌县主动与国外友好组织和友好人士联系,积极争取境外捐助,支持全县的扶贫和公益事业。

【宣传侨法】 2011年,外事侨务办进一步加大《中华人民共和国归侨侨眷权益保护法》的宣传力度,积极开展侨法宣传咨询服务,营造了学习侨法、宣传侨法的良好社会氛围。通过宣传,进一步推动了侨法在全县的贯彻落实,提高了群众的法制观念和依法维护侨益的意识。

【以侨引侨(资)】 2011年,充分发挥外侨工作的独特优势,广交朋友,积极宣传南昌县的投资政策和良好环境,达到了以侨引侨,以侨引智和以侨引项目的目的,很好地服务了全县社会经济发展。

【关怀归侨】 2011年,根据《关于同意发放我省老年归国华侨生活补贴有关事项的通知》(赣外侨字〔2011〕5号)文件精神,南昌县对在县居住并有当地户籍的离退休归侨,或年满60周岁(即1950年6月30日以前出生,含6月30日)的男性归侨、年满55周岁(即1955年6月30日以前出生,含6月30日)的女性归侨,由省财政安排给每人每月发放100元生活补贴。南昌县在全县范围内对政策进行了广泛宣传,将通知及时下发到各乡镇、开发区(新区)、银三角,对情况进行了全面梳理和摸查。2011年7月,外事侨务办对符合政策的全县老年归侨人员进行了汇总,并及时上报到市外事侨务办公室,帮助他们办理相关审批和发放手续。当年,杨招保等人享受了该项补贴。

档案工作

【概况】 南昌县档案馆于1960年6月成立,1980年12月南昌县档案馆与南昌县档案局合署办公,两套牌子一套人马,为中共南昌县委、南昌县人民政府主管全县档案工作的工作机构。1999年新建局(馆)2100余平方米,其中库房面积1400余平方米,办公用房面积700余平方米,有馆藏档案107933卷(件)。南昌县档案工作按照省、市档案局的要求,在县委、县政府的正确领导下,充分发挥全县各级档案部门在推进鄱阳湖生态经济区建设、实施"山江湖"综合开发战略中的积极作用,坚持以邓小平理论和"三个代表"的重要思想为指导,认真学习中共十七大及十七届四中全会精神,始终坚持科学发展观,立足全县档案事业,以创先争优的工作态度,圆满地完成了年初制定的各项工作任务。

【档案接收工作】 为做好2011年南昌档案接收工作,县档案馆于年初制定《南昌县档案馆2011年档案接收工作计划》和《南昌县档案馆2011年档案接收具体安排》,并组织人员认真贯彻实施。档案局与各移交单位进行联系,安排专门人员上门指导移交进馆档案的整理工作,在接收工作中,严格按照接收计划中的接收要求把关,对不合格的档案不予接收,一律要求重新整理,同时,加大了对重大活动档案、专业档案和民生档案等其他门类档案的接收力度,拓宽了征集接收范围。通过一年的努力,2011年,全县档案接收工作进展良好,全面完成了年初接收计划。全年接收县政府、县工商联、县质监局等15个单位各类档案15085卷件(2264卷,12821件),其中重大活动档案1464件(县科学发展观档案),专业档案33卷(县畜牧水产局科技档案),民生档案717卷(泾口乡,莲塘镇婚登档案),4677件(林业局林权档案)。

同时,档案局加大政府信息公开文件的接收力度。2011年,已接收了文件2066件,进一步丰富了县档案馆"现行文件利用中心"的资源,为广大人民群众了解党和政府政策提供了一个良好的平台。

【查阅利用情况】 2011年,共接待查档人员679人次,调卷924卷次,出具证明688份。为计算工龄,享受养老政策,编史修志,工作考查等提供了详实的资料,档案局热情高效的服务得到了广大查档人员的称赞。同时县档案局还及时编写了2011年档案利用实例10例。

【馆内档案整理】 按照《乡(镇)档案规范整理要求》,6月至8月,对馆藏麻丘镇、尤口镇档案进行清理核对、统计,对整理不规范的档案进行重新拆卷整理。整理前麻丘(1968~1998)原有档案475卷(其中永久311卷、长期164卷),尤口原有(1968~2001)档案1034卷(其中永久546卷、长期323卷、未划定保管期限的135卷),经过剔除、调整,麻丘现有档案577卷(其中永久305卷、长期272卷),尤口现有档案1033卷(其中永久571卷、长期462卷)。重新规范统一馆藏档案这项工作还将继续推进,使县档案馆馆藏档案更加科学合理。

【积极创建全国社会主义新农村建设档案工作示范县】 2011年,南昌县档案部门紧扣服务"三农"主题,以社会主义新农村建设为载体,立足基层,强化措施,构建农村档案服务体系,创新档案服务机制,社会主义新农村建设档案工作取得了一定成效。2011年,南昌县拟申报全国社会主义新农村建设档案工作示范县,南昌县以此为契机，加大力度，强本固基，乘势推进，为成功创建示范县奠定扎实的基础。

一是县委、县政府领导高度重视，出台了有力举措，为南昌县做好社会主义新农村建设档案工作提供了政策和资金上的保障。

1. 政策保障。2006 年，南昌县编制新农村建设总体规划，并将档案工作列入社会主义新农村建设总体规划。同时，2010 年，南昌县档案局将创建社会主义新农村建设档案工作示范县列入《南昌县档案局“十二五”工作规划》和年度计划中。从 2009 年开始，南昌县社会主议新农村建设档案工作已纳入全县工作目标考核责任体系。2011 年，南昌县被确定为全省 3 个示范县之一，县委、县政府高度重视，把创建工作摆上议事日程，及时研究制定了《南昌县创建全国社会主义新农村建设档案工作示范县活动实施方案》（南发〔2011〕23 号），为全县开展创建工作提出了指导思想、目标任务、工作步骤、工作要求、验收标准，使创建活动有方向、有抓手。

2. 组织保障。为了加强全县创建工作的领导力度，成立创建领导小组，由县委副书记、县长陈国辉任组长，县委副书记王小文任常务副组长，县委常委、县委农工部长程雷佬、副县长伍曦任副组长，县委办、县政府办、组织部、农工部、财政局、人事劳动和社会保障局、民政局、计生委、农业局、林业局、档案局等部门以及各乡镇主要负责人为成员，负责组织实施示范县创建活动。领导小组下设办公室，办公室设在县档案局，负责创建活动的日常工作。

3. 经费保障。2011 年，县政府投入 30 万元，为全县 263 个行政村及部分居委会购置一组档案柜、一套制度牌和档案盒等装具。

二是档案局形式多样加强业务培训。为更好地创建社会主义新农村建设档案工作示范县，档案局采取多种形式加强培训，进一步提高涉农档案工作人员的业务水平。通过不断地摸索，南昌县档案局总结了一套“面对面、点带面”的确实可行的业务指导方式。

所谓“面对面”指一对一或一对多当面指导。首先是办培训班一对多进行指导。自 2003 年以来，南昌县先后举办了 6 期乡（镇）、村级档案员培训班，培训农村档案工作人员 1500 多人次，发放资料 3500 余份，绝大多数农村档案工作人员得到轮训。2011 年 4 月 27 日至 29 日，南昌县举办了一期新农村建设档案工作业务培训班，培训全县乡（镇）、村级档案员 279 人，在学习理论的同时，28 日还组织全体学员赴新余市欧理镇昌坊村现场学习交流。通过这次培训使全县档案干部既提高了业务水平又把他们的思想统一到创建活动中来。其次是“请进来”一对一进行指导。2011 年冈上镇、向塘镇等单位的新档案员，带一年的资料到县档案局整理，业务科人员一对一言传身教，这种培训费时少、入门快，已得到大家认可。再次是上门服务。档案局经常派人到基础较差的乡镇、村进行业务指导，并当场填写“现场指导意见书”，写清现状、存在问题、整改方向，便于单位整改。

所谓“点带面”是指培植典型。多年以来，南昌县围绕“以点带面，稳步推进”的工作思路，将一批先进乡镇、村列为新农村建设档案工作示范乡（镇）、示范村，并有针对性的开展了业务指导，帮助制定档案工作制度，指导档案收集整理，以乡（镇）为单位组织村级档案员到示范村进行参观学习，取得了良好的效果。

三是加强与涉农部门协调合作。农业、农村档案工作是各项涉农工作的基础和重要组成部分。南昌县档案局主动加强与民政、农业、林业、计生等相关部门的协调配合，建立了有效的档案工作协作机制，为南昌县顺利开展新农村档案工作提供了组织保证。县档案局同民政局、新农村建设办公室加强协调，联合印发了《南昌县加强社会主义新农村建设档案工作的意见》，使各乡镇、村档案员做好新农村建设档案工作有依据、有抓手。5 月 13 日，县档案局联合民政局举办了婚姻登记档案管理业务培训班，同时印发了《关于加强婚姻登记档案管理工作的通知》及《婚姻登记档案管理办法》，使南昌县相关乡镇将婚姻登记档案管理工作纳入本单位档案管理体系，明确人员，认真做好有关材料的收集、整理和归档工作。2011 年 11 月 4 日，与林业局协调，将全县林权制度改革档案全部接收进馆。同时与农业局已达成一致意见，就加强第二轮土地承包档案工作作出部署。

【抓好机关及企事业单位档案业务指导工作】 2011 年，县档案局业务人员经常深入到法院、检察院、安监局、供电公司、信用社、城投公司等单位指导档案工作，指导他们规范整理各种门类的档案资料，帮助他们制定归档范围、保管期限表、分类大纲及各种管理制度，并在煌上煌集团有限公司开展了民营企业试点工作。在进行业务指导的同时县档案局业务人员还要填写业务指导意见书，及时记录该单位档案工作情况，便于跟踪指导。一年来，共上门业务指导 25 次。

【全面有效实施国家档案局第 8 号令】 2006 年 12 月 28 日国家档案局第 8 号令颁布后，县档案局将《机关文件材料归档范围和文书档案保管期限规定》（国家档案局第 8 号令）印发给各单位，组织大家学习，并明确提出了各单位必须严格按照 8 号令的要求，编制好本单位文件材料分类大纲，归档范围和保管期限表，并报县档案局审批。2011 年，全县共审批了 92 家单位，其中，县直机关及乡镇共 80 家，《机关文件材料归档范围和文书档案保管期限规定》制定审批工作已 100% 到位，并且严格按照 8 号令执行。

【全面推进档案规范化管理工作】 2011 年，县档案局非常重视档案工作规范管理认定工作，把其列入了年度工作计划和目标管理考核，并作为评选先进单位的重要依据。根据《江西省档案工作规范化管理办法》的文件精神，针对有达标意向的单位进行重点指导，帮助他们对照评估标准找出差距和不足，并促使其尽快地完善。今年南昌县主要围绕创建示范县，将规范化管理工作重点放在乡（镇）、村，100% 的乡（镇）达省级标准、60% 的村达市级标准。2011 年，全县共有 11 家单位在申报。

【继续抓好档案工作协作片会议】 从 2007 年以来，南昌县每年至少召开一次档案工作协作片会议，将全县

108个单位(含垂管、金融及部分下属单位)分为12片,县档案局分为3个组对口开会。2011年11月8日至9日召开了片会,会上听取了各单位的档案工作情况汇报,县档案局通报了各单位任务完成情况,同时还布置了档案工作任务。通过几年来的实践证明,协作片会议的形式对于推动全县档案工作发挥了重要作用,一方面可以加强各单位的交流,另一方面可以通过会议了解各单位的工作进展情况,然而找出自身的不足,增加了工作的紧迫感。2011年,召开档案工作协作片会议在南昌县已成常态工作,走上日常化的轨道。

【认真开展档案法制宣传】 2011年是《江西省档案管理条例》颁布实施10周年,同时又是"六五"普法的开局之年,为进一步宣传档案法,推动档案法律法规在南昌县的贯彻实施,南昌县档案局开展了以"档案为民生服务"为主题的一系列形式多样的宣传活动,取得了良好的效果。

县档案局召开纪念《江西省档案管理条例》颁布实施10周年座谈会,邀请了各乡镇、部分县直和省市驻县单位的档案员及县档案局从事多年档案工作的老同志共30余人参加座谈会。会议开得紧凑热烈。与会人员表示通过参加座谈会,进一步加深了对档案法律法规的了解,增强了对档案工作重要性的认识,纷纷表示今后要进一步关心支持档案工作,促进档案工作上台阶、上水平。

县档案局对来局查档人员大力开展档案法律法规宣传和档案业务知识咨询活动,对档案法律知识、查阅利用档案、档案接收与征集等工作进行宣传、咨询,共印发资料300多份,接待咨询200余人次。通过对这些查档人员的宣传并由他们产生的辐射效应,社会反响强烈,取得较好的社会效果。

利用手机短信群发的方式进行宣传,向全县副科级以上的领导干部及档案员发送档案宣传标语。利用片会宣传,会上把学习交流档案法律法规知识作为内容之一,使档案员更加了解有关法律知识。

在县档案局大力开展宣传活动的同时,其他单位宣传活动也开展得有声有色,如各乡镇充分利用法制长廊进行宣传,交通局等沿街单位悬挂大幅标语12条。

【认真开展档案执法调研】 为贯彻落实好国家档案局、民政部、农业部联合下发的《关于加强社会主义新农村建设档案工作意见的通知》精神,加强农业农村档案管理,推动基层档案工作的全面发展,南昌县档案局于5月19日至6月2日对16个乡镇及小兰经开区、银三角管委会档案工作情况进行了执法调研。此次调研活动主要围绕创建新农村建设档案工作示范县情况进行调研。通过调研,对基层档案工作的现状及示范县创建工作中存在的问题有了进一步的了解,同时对各单位提出了整改意见。此次调研,为全面提高南昌县乡镇档案工作水平,为创建工作打下坚实的基础。

【依法开展档案登记工作】 2011年,南昌县档案局继续在全县范围内开展了档案登记工作,对申报登记单位进行了认真审查,近两年共有81家单位通过了审核。

【档案数据库建设稳步推进】 为了适应档案信息化建设的需要,加快档案数据资源建设步伐,南昌县档案局对馆内档案逐步开始在计算机上著入目录,2011年,已著入县委、县政府、县档案局等16个单位的档案目录,共著入案卷级档案目录20455条,文件级档案目录304519条,另著入了450张照片档案目录,3565条现行文件目录,县志、党史材料、各类杂志报刊等509条资料目录。为进一步方便查阅利用,2011年,县档案局将县政府(1949~2007)、县公安局知情迁移证档案进行了全文扫描,录入数据库,共扫描县政府档案8965卷、41898条、246562页,县公安局户籍档案549卷、38856条、56919页。档案信息化工作稳步推进使南昌县档案管理迈上了一个新的台阶,这项工作是今后档案工作的重点,县档案局还将继续推进这项工作。

【档案信息网站建设】 2011年,为了配合南昌县新农村建设工作,县档案局对网站进行更新,增添"三农"信息一栏,上传一些与农村工作有关的法律法规、信息集锦、农业科技,丰富网站内容。同时,县档案局将工作中的一些重要信息及时上传到网站上,方便广大群众及时了解县档案局工作动态,定时更新维护网站,保证网站的良好运行。

(主笔:董 哲 审稿人:伍小梅)

表29 **2011年南昌县档案局领导班子成员名单**

姓 名	性 别	出生年月	职 务	联系电话
万志强	男	1970.1	局长	13970930770
伍小梅	女	1974.1	副局长	13870919750
黄春保	男	1968.1	副局长	13507910280

政协南昌县委员会

综　述

2011年,在中共南昌县委的正确领导下,政协南昌县委员会高举中国特色社会主义伟大旗帜,坚持以邓小平理论和"三个代表"重要思想为指导,以科学发展观为统领,深入贯彻落实中共十七大及十七届五中全会精神,牢牢把握团结和民主两大主题,团结带领政协各组成单位、全体政协委员和社会各界人士,紧紧围绕全县"十二五"规划开局之年的各项任务和"拼争全国五十强县市、建设现代化综合新城"的奋斗目标,求真务实,开拓创新,认真履行政治协商、民主监督、参政议政职能,使新一届政协工作呈现出新的面貌,各项工作取得了新的成绩。

重要会议和活动

【概况】　2011年,县政协共召开全委会议2次,常委会议3次,主席会议6次,主办省、市、县政协乡亲新春联谊会1次,召开重大重点项目座谈会1次,开展"加速发展献一策、推进项目牵一线"、年度走访委员、干部上挂下派等系列活动。同时,各专门委员会依照各自职能开展工作。

【全体委员会议】　十届五次会议2月26日至2月28日在南昌县文化中心举行。会议应到委员279人,实到委员266人。县委、县人大、县政府、县纪委、县人武部领导和其他县级领导应邀出席开幕式和闭幕式。会议听取并审议通过县政协主席邓炳根代表县政协第十届常务委员会所作的工作报告和县政协副主席李信谆代表县政协第十届常务委员会所作的关于县政协十届四次会议以来提案工作情况的报告;列席县十四届人大五次会议,听取并讨论政府工作报告和其他报告。会议审议并通过县政协十届五次会议决议和提案审查工作报告。授予县水务局等12个单位为2010年度"政协工作先进单位",授予县公安局交管大队等5个单位为"政协提案办理工作先进单位",评选李慎斌等39名政协委员为先进政协委员,评选优秀提案15件。县委书记肖玉文在闭幕式上讲话。会议期间,政协委员参观了县城规划区的工业化和城镇化建设,县委县政府主要领导参加了委员联组讨论,听取委员们的意见建议。

十一届一次会议7月24日至27日在县综合楼第二会议室举行。会议应到委员289人,实到委员286人。县委、县人大、县政府、县纪委、县人武部领导和其他县级领导应邀出席开幕式和闭幕式。在全体委员预备会上,县委调研员、统战部长胡炜报告了十一届委员安排情况,县委副书记王小文作了讲话。市政协党组副书记、副主席王水苟代表市政协在开幕式上致辞;会议听取并审议通过县政协主席邓炳根代表县政协十届常务委员会所作的工作报告和县政协副主席李信谆代表县政协十届常务委员会所作的提案工作情况的报告;列席县十五届人大一次会议,听取并讨论政府工作报告和其他报告。会议选举邓炳根为政协南昌县第十一届委员会主席,刘廷爱、康健、熊明泉、杨楼锐、樊方平、李成星为副主席,谭水林为秘书长,万玉保等43人为常务委员。会议审议并通过县政协十一届一次会议决议。县委书记郭毅、县政协主席邓炳根在闭幕会上作了讲话。会议期间,县领导看望了参加会议的政协委员,县委县政府主要领导并参加委员联组讨论,听取委员们的意见建议,

【常务委员会会议】　十届二十次常委会2月12日在县综合楼第三会议室召开。应到常委41人,实到33人。县政协副主席李植主持会议。会议决定县政协十届五次会议召开日期,审议通过会议议程(草案)、日程安排(草案)、大会执行主席建议名单、大会秘书长建议名单、提案审查委员会成员建议名单、决议起草委员会成员建议名单、大会值日建议名单、讨论组划分、邀请领导和列席人员建议名单;审议通过县政协十届常委会工作报告(草案)和县政协十届四次会议以来提案工作情况的报告(草案)。邓炳根主席在会议结束前讲话。

十届二十一次常委会2月28日在莲塘洁惠花园宾馆七楼会议室召开,这次会议是在县政协十届五次会议举行期间召开的。应到常委41人,实到36人。县政协十届五次会议不是常务委员的各组召集人列席会议。县政协主席邓炳根主持会议。会议听取大会秘书长谭水林关于县政协十届五次会议分组讨论情况的汇报;审议通过县政协十届五次会议决议(草案)。

十一届一次常委会12月16日在县综合楼第三会议室召开。应到常委51人,实到45人。县政协主席邓炳根主持会议。会上,县政协经科委通报"加速发展献一策,促进项目牵一线"活动开展情况;就"关于县城及周边区域义务教育网点布局调整规划的调研报告"和"关于南昌县电力供应存在的问题及对策的调研报告"两个

调研课题进行专题协商。万保华等多名政协常委进行了发言,有针对性地提出意见建议。县政府副县长伍曦应邀参加会议。主席邓炳根在会议结束前讲话。

【主席会议】 十届二十六次主席会议2月10日在县政协会议室召开。会议讨论县政协十届二十次常委会议有关事宜,确定2010年度政协工作先进单位、先进个人、提案办理工作先进单位和优秀提案。

十届二十七次主席会议7月14日在县政协会议室召开。会上,县委常委、统战部长胡炜就十一届政协委员的安排情况进行了说明。协商讨论县政协十届常委会工作报告(草案)和县政协十届提案工作情况的报告(草案)。

十届二十八次主席会议7月20日在县政协会议室召开。会议讨论了县政协十一届一次会议和县政协十届二十一次常委会议有关事宜。

十一届一次主席会议11月10日在县政协会议室召开。会议讨论了县政协"加速发展献一策,促进项目牵一线"活动方案,通过《关于对莲谢线三南线广三公路进行升级改造和抚生路进行产权置换的建议》的主席建议案,协商常委视察事宜,并对县政协领导进行了临时分工。

十一届二次主席会议12月13日在县政协会议室召开。会议讨论县政协十一届一次常委会议有关事宜;协商通过《关于县城及周边区域义务教育网点布局调整规划的调研报告》和《关于南昌县电力供应存在的问题及对策的调研报告》。

十一届三次主席会议12月29日在县政协会议室召开。会议通报2011年度走访政协委员的情况,讨论了县政协十一届二次常委会议有关事宜。

【省、市、县政协乡亲新春联谊会】 2月19日,2011年省、市、县政协乡亲新春联谊会在桂花村大酒店举行。会议邀请在省、市政协工作的南昌县籍人员欢聚一堂,畅谈家乡变化,共话美好未来。联谊会上,大家表演了丰富多彩的文艺节目。

【视察重大重点项目座谈会】 11月23日,为紧扣全县发展的中心,政协常委在实地视察了茵梦湖国际旅游度假区、恒大绿洲、江铃股份二期、莲塘三中等重大重点项目后,召开重大重点项目座谈会。会上,县委常委、常务副县长杨斯通报全县重大重点项目的推进情况,蔡绍耀等常委作了发言。主席邓炳根在会议结束前讲话。

【"加速发展献一策、推进项目牵一线"活动动员大会】 11月15日,县政协"加速发展献一策、推进项目牵一线"活动动员大会在县综合楼第三会议室召开。县政协副主席熊明泉主持会议,各界别负责人、乡镇(开发区)政协工作联络组负责人参加会议,邓炳根主席在会议结束前讲话。会议要求,全体委员要紧紧围绕经济大发展、城乡大变样、社会大和谐三大工程,在思想上高度重视,迅速进入角色,自觉把思想和行动统一到"加速发展献一策、推进项目牵一线"活动的决策部署上来,统一到本次活动的具体要求上来,切实增强搞好献策牵线活动的自觉性、主动性和积极性。当年,陆续收到委员献策126条,牵线项目1个,分别报送县委、县政府。

【胡华圩堤加高加固工程】 2011年,根据县委安排,县政协主席邓炳根负责推进胡华圩堤加高加固工程,工程进展非常迅速。项目竣工后,不但提高了该圩堤的防汛排涝能力,有效保护了武阳创业园,而且对于完善武阳创业园的基础设施,加快武阳创业园的发展步伐起到重要作用。

【年度走访委员活动】 12月20日至23日,县政协领导带领机关干部,分成7个小组,分别对全县21个界别的委员进行年度集中走访。走访的主要内容:通报2011年县政协工作情况;了解委员的所思所想所为,掌握委员履职情况;收集委员对县政协工作的意见、建议和要求;评选先进政协委员。在走访中,委员们围绕全县经济建设、社会发展及政协自身建设等方面问题畅所欲言,提出许多有建设性的意见建议,经县政协办公室梳理归纳后向县委、县政府及有关部门报送。

【干部上挂下派工作】 根据县委的统一部署,8月29日至2012年春节前,近5个月的时间,县政协政协机关干部积极投入到干部"上挂下派"活动。其中一名干部上挂市公路局,另外两名干部分别下派到泾口乡岗背村和银三角管委会横岗村,上挂下派的干部从实际出发,分别为县引进项目和为所在村解决实际困难作出了积极贡献。

【各专门委员会工作】 2011年,县政协各专门委员会在县政协常委会议和主席会议的领导下,紧紧把握团结民主两大主题,认真履行职责,围绕中心献良策,开拓创新促发展,先后对"县城及周边区域义务教育网点布局"、"全县电力供应存在的问题及对策"等课题进行专题调研,为促进全县经济社会发展发挥了重要作用。

提案工作

【概况】 2011年，县政协先后于2月、7月召开十届五次会议和十一届一次会议。由于两次会议间隔较短和县乡换届等原因，使十届五次会议提案至7月仍未交办。为了保证提案工作的延续性，十一届一次会议未安排委员提案。

十届五次会议期间，共收到委员提案135件，其中，大会提案130件，平时提案5件。经审查和并案处理后，实际立案99件。其中，委员提案85件，各民主党派、工商联、政协专门委员会集体提案14件。未立案的8件提案，已作为委员来信分别转交相关单位研究处理。

委员所提提案内容丰富，反映情况真实，研究分析深入，所提建议有较强的针对性和建设性，体现出政协特色和时代气息。截至2011年12月底，所有提案均已办复。所提问题已经解决或基本解决的有35件，占立案总数的35%；列入计划逐步解决的52件，占立案总数的53%；因条件限制暂时无法解决的5件，占立案总数的5%；作为工作参考的7件，占立案总数的7%。绝大部分委员对提案办理情况表示满意率或基本满意。

提案经37个承办单位办理后，产生了明显成效，为推动南昌县科学发展、促进社会和谐作出了积极贡献。

【提案征集】 征集高质量的提案，是做好提案工作的基础。2011年，县政协常委会抓细抓实提案征集过程各个环节的工作，不断夯实提案工作基础。一是重引导，提高选题的准确性。其一，做好会前布置。抓住会前走访委员的机会，详细深入地了解委员的想法和建议，交流对全县经济社会发展中的热点难点问题的认识，引导委员完成由提高认识到形成建议，由形成建议到完善提案的过程。其二，做好会中命题。利用会中分组讨论的平台，县政协领导与委员探讨当前全县工作重点以及一些前瞻性问题，以达成的共识为题，由委员完成提案，进一步提高了提案选题的准确性。二是严审查，增强提案的严谨性。一方面，提案委在提案收集初审后，对部分表达不够清楚，或选题好但建议不够具体的提案，积极与委员协商修改，使提案更加符合县情、政情，更具有针对性和可操作性；另一方面，在集中审查时，强调提案的严谨性，充分考虑承办单位的职能和承办能力，加大了并案力度，保证了立案提案的质量。

【提案督办】 2011年，县政协常委会按照"不分重点皆重点，不论分工全分工"的原则开展提案督办工作。一是分组督办。为了在短时间内完成对所有提案的督办，县政协要求所有提案均以重点提案的标准督办到位，不论领导分工如何，都要参与提案督办工作。根据这一要求，县政协按照提案性质以及领导临时分工情况，把提案分成6类，组成6个以政协领导牵头的督办组，集中一个月时间，采取召开座谈会、商办会等形式，完成对所有提案的督办。二是逐件梳理。提案委根据各组督办情况，以委员签署意见为提案办结原则，对所有提案答复进行逐件梳理。以县政府办、县政协办联合文件形式，形成《提案办理情况通报》，作为本次会议材料，呈送县领导审阅，发至各承办单位及全体委员。

【提案宣传】 2011年，县政协提案委对具有广泛代表性的提案进行二次调研，将其拓展为专题调研报告。当年，县政协将万金印委员提出的《关于综合治理医闹，切实维护正常秩序的建议》，万保华委员提出的《关于在全县推行办公室空调使用管理制度，倡导节能低碳绿色社会风气的建议》升华为调研报告，并在《光华时报》上发表，较好地扩大了提案工作的社会影响。

调研视察和重要建议

【概况】 2011年，县政协高度关注全县经济社会发展大局，加强与党政部门的联系沟通，积极参与全县政治、经济、文化、社会建设等重要活动，把履行职能与促进科学发展紧密结合起来，把参政议政的重点放在围绕科学发展、搞好调研、提出建设性建议上面，为推动全县经济发展和社会全面进步作出新的贡献。

【县城及周边区域义务教育网点布局调研】 11月2日至9日，县政协组织部分政协委员，围绕"县城及周边区域义务教育网点布局"课题进行专题调研。调研组采取实地视察、听取汇报、召开座谈会等形式，对县城及周边区域义务教育网点布局情况进行深入调查研究，向县委、县政府提出《关于县城及周边区域义务教育网点布局的建议》的主席建议案，得到县委、县政府领导的高度重视。《关于县城及周边区域义务教育网点布局的建议》系统地分析了县城及周边区域义务教育网点布局存在问题的原因，分别针对莲塘镇、昌南新城、小蓝经开区、银三角新区以及县城周边其他区域的教

育布点提出了操作性较强的意见建议。

【全县电力供应存在的问题及对策调研】 11月11日至19日,县政协组织部分政协委员,围绕"全县电力供应存在的问题及对策"课题进行调研。调研组采取实地视察、听取汇报、召开座谈会、走访部分企业等形式,广泛听取各方面对全县电力供应存在的问题及对策的意见建议,形成《关于南昌县电力供应存在的问题及对策的建议》的主席建议案,供县委、县政府决策参考。《关于南昌县电力供应存在的问题及对策的建议》客观地反映了全县电力供应存在的具体问题,提出南昌县近期和"十二五"期间电力建设的重点。

【关于对莲谢线三南线广三公路进行升级改造和抚生路进行产权置换的建议】 9月,县政协组织班子成员对全县公路运行情况进行专题研究,发现南昌县公路部分路面破损严重,特别突出的是莲谢线(莲塘大道—谢埠转弯处)、三南线幽兰段(东外环幽兰连接线—幽兰街)、抚生路东新段(南隔堤—渡口)。县政协十一届一次主席会议就交通道路建设改造开展重点协商,集思广益,共同探讨,提出建议,形成《关于对莲谢线三南线广三公路进行升级改造和抚生路进行产权置换的建议》的主席建议案,呈送县委、县政府后,得到县委主要领导的充分肯定,部分建议已纳入县委、县政府的相关决策中。

民主监督

【概况】 2011年,县政协依据政协章程,进一步畅通渠道,规范操作,将民主监督贯穿于履行职能的全过程,融民主监督于跟踪问效、特约监督等工作中,提倡和鼓励委员坦诚建言,努力探索民主监督的新方法、新途径。

【跟踪问效工作】 县政协继续对全县重大重点项目的实施情况进行跟踪问效,关注项目进展情况,协助解决项目推进中存在的困难和问题。11月,为紧扣全县发展的中心,组织政协常委实地视察茵梦湖国际旅游度假区、恒大绿洲、江铃股份二期、莲塘三中等重大重点项目,深入了解项目进展情况。在认真听取全县重大重点项目建设情况通报后,常委们围绕重大重点工程建设中遇到的难题以及如何更好地推动工程建设积极建言献策、竭诚尽智。

【民主评议活动】 选派委员参与监督是人民政协履行民主监督职能的重要抓手,也是促进相关单位工作的重要手段。2011年,进一步加强监督员的选派、管理工作,注重选派政治素质好、熟悉相关部门工作的委员,接受有关部门邀请作为监督员。换届以来,政协委员通过担任行风评议员、特邀监督员、听证会代表,积极参与有关部门的工作检查、评议、听证、座谈等活动,使委员参与民主监督的领域不断拓宽,监督作用进一步发挥,促进行风建设,增强了民主监督的效力和社会影响力。

【反映社情民意工作】 收集和反映社情民意,是政协委员联系群众、关注民生、为民履职的基本方法,也是密切党和政府与群众血肉联系的重要途径。2011年,坚持抓基层、打基础,把收集和反映社情民意工作作为政协工作的重点来抓,要求政协各专委会、委员活动小组和全体政协委员,深入基层,深入群众,把群众所盼所想所议所需,及时收集反映到党委政府和有关部门的视听之中,推进党委政府的科学民主决策,促进县有关职能部门关注民生、改进工作。2011年,共收集社情民意信息80余条,经梳理后向上级政协和党委政府及有关部门报送60余条,社情民意工作的监督实效更加明显。

团结联谊

【概况】 2011年,县政协紧紧围绕团结民主两大主题,充分发挥自身优势,在凝心聚力上下工夫,在增进团结、维护稳定、构建和谐中做了大量有益工作,为营造团结和谐稳定的局面发挥了重要作用。

【为维护社会和谐稳定贡献力量】 2011年,县政协通过走访、座谈、会议等形式,积极向全体委员及其所在的界别群众宣传党的方针政策和县委、县政府的重大决策部署,努力使党和政府的主张得到广大人民群众的理解、拥护和支持;充分发挥人民政协优势,多层次、广角度反映不同阶层、不同界别、不同群众的愿望呼声和利益诉求,反映影响社会稳定的苗头性问题,为县委、县政府及时了解民情民意,妥善解决矛盾纠纷提供服务,不断巩固和发展安定团结的政治局面。

【发挥党派团体在政协中的重要作用】 县政协把切实搞好党派、团体、各界人士之间的团结合作,作为发挥政协独特优势,调动一切积极因素,汇集力量、共建和谐的基础。县政协常委会议、专题调研、视察活动均邀请各民主党派、工商联和人民团体负责人参加,积极为党派和团体提供参政议政的知情平台。同时,通过联系走访,不断增进感情,促成共识。年内,县政协领导分别联系走访委员。对以党派、团体名义提出的集体提案和委员所反映的意见建议,县政协都及时报送县委、县政府和有关部门。

【联谊接待】 2011年,县政协积极开展政协之间的交流联谊活动,除承办省、市、县政协新春联谊会外,还配合省、市政协在南昌县开展的各类专题调研视察活动5次,热情接待省内、外兄弟县(区)政协到县参观考察8批次,组织3批次政协委员赴外地学习考察,促进相互间的学习交流。

自身建设

【概况】 2011年,县政协常委会主动适应新形势新任务的要求,切实加强自身建设,充分激发内在动力,为履行职能、开展工作提供有效保障。

【加强领导班子建设】 2011年,县政协着眼于发挥政协党组的领导核心作用和主席会议的集体领导作用。在工作中，主动接受县委的领导，做到思想上同心、目标上同向、工作上同力。加强领导班子执政能力建设，发挥领导班子在统揽政协工作全局、协调各方和围绕中心、服务大局中的作用。领导班子成员注重政治理论的学习，维护团结，发扬民主，勤政实干，清正廉洁，带头作表率，增强班子的号召力和凝聚力。

【发挥专委会基础作用】 2011 年，县政协各专委会加强与各人民团体、工商联和县直有关部门的联系与配合，依托界别优势，突出工作重点，组织委员开展各种调研视察、座谈协商活动，认真做好委员所提意见建议的转化落实工作，较好地发挥了委员在履行政协职能中的主力军作用。

【发挥委员主体作用】 2011 年，县政协不断构筑和完善委员参政议政的平台，不断增强委员为全县经济社会发展履行职能的自觉性和主动性。继续围绕开展提一份高质量提案、反映一条有价值的社情民意、做一件对社会有意义的实事、当好一个履行职能的政协委员的“四个一”活动，组织开展形式多样、丰富多彩而又富有实效的活动。通过走访委员等形式，关心委员的学习、工作、生活等情况，为委员履行职能创造良好的条件。

【加强机关作风建设】 2011 年，县政协按照“当好参谋、做好服务”的要求，狠抓“学习型、服务型、创新型、效能型、和谐型”机关建设，努力转变机关工作作风，营造开拓创新、真抓实干的工作氛围。坚持政务、事务两手抓，不断提高机关办文、办会、办事服务水平，确保机关各项工作务实高效有序运作，更好地为政协委员服务、为基层服务、为政协履行职能服务。

【对外信息宣传】 2011 年，密切同新闻单位的联系与合作，通过在电视、报刊上开辟专栏及时报道政协会议、调研视察、委员风采。换届后，先后在上级相关报刊、杂志上发表各类文章 54 篇，其中国家级上稿 2 篇、省级上稿 36 篇，市级上稿 16 篇，编发《政协简讯》5 期、《建议与思考》3 期，增进社会各界对政协工作的了解，扩大了政协的社会影响力。县政协信息宣传工作受到市政协的表彰，荣获 2011 年度市政协信息宣传工作先进单位。

【文史编撰工作】 2011 年，重视发挥政协文史资料“存史、资政、团结、育人”的积极作用，认真做好省政协《名人故居博览（江西篇）》、《江西楹联大全》、《一湖清水——鄱阳湖》3 个协作课题史料的征集工作，并推荐政协机关 3 人担任省政协文史资料征集员。

【2011 年县政协第十届委员会领导班子成员名单】（7 月以前）

主　席：邓炳根

副主席：万德珍、吴克芳、张军、李信谆、姜润根、伍目连、李植

调研员：刘东平、况志强、张斗

秘书长：谭水林

【2011 年县政协第十一届委员会领导班子成员名单】（8 月以后）

主　席：邓炳根

副主席：刘廷爱、康健、熊明泉、杨楼锐、樊方平、李成星

调研员：万德珍、吴克芳、李信谆、姜润根、伍目连、刘东平、况志强、张斗

副调研员：张军

秘书长：谭水林

【2011 年县政协内设机构领导班子成员名单】

办公室

主　任：谭水林（兼）

副主任：胡美方、晏庆峰

社会法制三胞委员会

主　任：涂玉芬

教卫文体文史委员会

主　任：廖玲

副主任：方燕红（兼）

经济科技人资环境委员会

主　任：杨江胜

副主任：杨碧丹

提案委员会

主　任：刘卿

副主任：熊志刚

（主笔：胡美方）

中国共产党南昌县纪律检查委员会

综　述

2011年，全县各级纪检监察机关认真贯彻省第十三次党代会、市第十次党代会、县第十二次党代会精神，紧紧围绕县委、县政府中心工作，服务大局，监督党员干部、服务人民群众、促进科学发展，较好地完成了反腐倡廉建设和作风建设的各项任务。主要体现在以下几方面：一是加强监督检查；二是推进惩防体系建设；三是查办违纪违法案件；四是规范权力运行；五是开展“发展提升年”活动；六是开展作风巡查；七是纠正不正之风；八是加强专项治理，为南昌县“拼争全国五十强县市、建设现代化综合新城”提供了有力的作风和纪律保障。

纪检检查与行政监督工作

【概况】 2011年，全县各级纪检监察机关主动将纪检监察工作融入到全县经济社会发展大局中去谋划、去部署、去落实，会同有关部门对加快转变经济发展方式、重大重点项目建设、实施民生工程、经济适用房建设、廉租房分配、促进房地产市场平稳健康发展政策措施、企业改制和重组破产行为、渡改桥建设、有序用电、公推优选、机关事业单位招录、节能减排、征地拆迁等方面工作进行了监督检查。按照中央《建立健全惩治和预防腐败体系2008~2012年工作规划》、省委《实施办法》和市委《任务分工方案》的具体要求，紧紧围绕构建“八个子体系、三十项工作机制”的工作目标，切实加强组织协调和监督检查，认真落实联席会议、情况通报、信息公开、联合督查等制度，形成了推进惩防体系建设的整体合力，初步构建具有南昌县特色的惩治和预防腐败工作体系。组织相关职能部门采取定期督查与随机抽查、全面督查与重点督查、明查与暗访、现场督查与民意调查相结合的办法进行作风巡查，对不履行或不正确履行职责，造成不良影响或严重后果的，按照《南昌县科级干部问责办法(暂行)》进行严肃问责。扎实开展医药购销和医疗服务突出问题、教育乱收费、庆典、研讨会、论坛过多过滥、食品药品安全、减轻农民负担、公路“三乱”、整顿规范财政账户、房地产市场调控政策监督检查和纠正保障性住房中的不正之风、违法违规征地拆迁等9个方面的专项治理活动，着力解决了一批人民群众反映强烈的突出问题，切实维护好群众的切身利益。深入推进工程建设领域突出问题专项治理工作，依据南昌县出台的《关于加强全县乡镇公共资源交易站建设的指导意见》、《公共资源交易项目实行抽签或摇号选择中介代理机构实行办法》、《公共资源交易违规行为问责办法(试行)》等一系列规范性文件，加强执法监察，确保交易的公平性、公正性，有效防止了交易过程中暗箱操作等行为的发生。同时还开展对河道采砂、经营性房产租赁、财政性资金安全管理、土地领域突出问题等方面的专项治理工作，为全县经济社会科学发展提供坚强保障。

重要会议

【召开医药购销和医疗服务中突出问题专项治理动员会】 3月28日下午，南昌县召开全县医药购销和医疗服务中突出问题专项治理工作动员会议，传达学习省、市医药购销和医疗服务中突出问题专项治理工作会议精神并对专项治理工作进行动员部署。县专项治理领导小组及办公室全体成员，各乡镇纪委书记，全县各医院院长共90余人参加会议。县委常委、县纪委书记、政法委书记熊运浪出席并讲话。

【召开2011年度深入治理教育乱收费动员大会】 4月30日下午，南昌县召开了2011年度深入治理教育乱收费动员大会，对全县教育、物价、财政、新闻出版等具有教育行政管理和监督职能的部门和单位、各公办学校、幼儿园收费情况治理工作进行安排部署。县委常委、县纪委书记、政法委书记熊运浪出席会议并讲话。熊运浪在讲话中指出，治理教育乱收费，是切实减轻群众负担的一项重大措施，事关广大人民群众的切身利益，事关学校乃至全社会的稳定，也关系到教育事业的健康、持续发展。熊运浪要求，全县各相关单位、各级各类学校负责人和教师要深刻认识教育乱收费这一问题的严重危害性，认真自查自纠、及时进行整改。熊运浪强调，县纠风办和教体局要充分履行职能，严肃纪律强化监督，加大明察暗访力度、拓宽举报渠道，建立治理教育乱收费的长效机制，加强教师师德教育，以实际行动取信于民,办出人民满意的教育。

【召开发展提升年活动再部署大会】 6月2日,南昌县召开创业服务年活动、民主评议政风行风、优化投资环境工作总结表彰暨发展提升年活动再部署大会。县委副书记、县长陈匡辉出席会议并讲话。会议由县委常委、常务副县长涂仕华主持,县委常委、县纪委书记、政法委书记熊运浪对2010年创业服务年活动、民主评议和优化投资环境工作进行总结,并就2011年发展提升年活动和优化投资环境工作进行再动员部署。会上,还对2010年"千人评议作风效能"和民主评议基层站所、"百名科长"工作先进单位、先进个人进行表彰,对2010年度全县民主评议基层站所、百名科长工作中排名落后单位和不满意科长进行通报。

【召开纪委第一次全体会议】 7月25日上午,中共南昌县纪律检查委员会第一次全体会议在828宾馆召开。新一届南昌县纪律检查委员会27名委员参加会议。会议选举新一届县纪委领导班子,新当选的纪委书记叶保平作了讲话。叶保平指出,今后五年是南昌县实施"十二五"规划的重要时期,贯彻落实中共十七届四中、五中全会精神,保证县十二次党代会提出的各项目标任务圆满完成,新一届县纪委常委、委员肩负的责任重大。叶保平要求,要认真学习贯彻县第十二次党代会精神,把思想和行动统一到拼争全国五十强县市、建设现代化综合新城的目标任务上来;要以县第十二次党代会精神为指导,全力做好当前反腐倡廉各项工作;要适应新形势和新任务的要求,不断加强新一届纪委班子自身建设。叶保平强调,全县各级党组织要在新一届县委的坚强领导下,把反腐倡廉建设放在更加突出的位置,牢记使命、求真务实、恪尽职守、扎实工作,不断开创党风廉政建设和反腐败工作的新局面,为南昌县"拼争全国五十强县市、建设现代化综合新城"提供坚强的纪律和作风保障!

【召开贯彻执行廉政准则暨加快转变经济发展方式监督检查工作会】 8月4日上午,南昌县贯彻执行廉政准则暨加快转变经济发展方式监督检查工作会议在县综合楼会议室召开,会议对开展廉政准则贯彻执行情况专项检查工作、加快转变经济发展方式监督检查工作和工程建设领域突出问题整改工作进行动员和部署,县委常委、县纪委书记叶保平出席会议并讲话。

【召开县委权力公开透明运行工作推进会】 8月8日下午,南昌县召开县委权力公开透明运行工作推进会,县委权力公开透明运行工作领导小组各成员单位负责人参加了会议,县委常委、县纪委书记叶保平出席会议并讲话。叶保平指出,县委权力公开透明运行工作是深入践行科学发展观、提高党的执政能力、扩大党内民主、加强党内监督、规范权力运行、推进经济社会发展的重要举措。叶保平强调,近期,省、市纪委相继下发了《关于对县委权力公开透明运行工作进行督查的通知》,希望各单位认真对照"通知"要求,查漏补缺,及时整改,力争在总结经验的基础上不断完善、不断提高,确保县委权力公开透明运行工作取得新的成效。叶保平要求,县委权力公开透明运行工作领导小组办公室和各成员单位之间、工作项目的牵头单位和协办单位之间要密切配合协作,加强联系沟通,形成工作合力,以优异的成绩迎接省、市纪委的监督检查。

【省深化政务公开加强政务服务现场会在南昌县召开】 9月30日,全省深化政务公开加强政务服务现场会在南昌县召开。省委常委、省纪委书记尚勇出席并讲话。省政府秘书长谭晓林,省纪委常务副书记、监察厅厅长汪毓华,省纪委副书记、监察厅副厅长刘卫平,市委常委、常务副市长张鸿星,市委常委、市纪委书记卢作全出席。尚勇指出,政务公开、政务服务工作决不是小事。深化政务公开、加强政务服务工作,是当前和今后一个时期要突出抓的重点,应深入推进,不断发展。要加大推进行政审批制度改革和公开力度,继续清理、调整和减少行政审批事项,积极推进行政权力运行程序化和公开透明。要及时公开群众关心关注的问题,推行行政决策公开,继续推进乡镇(街道)政务公开、村务公开、厂务公开、公共企事业单位办事公开和行政机关内部事务公开,积极稳妥地做好重大突发事件和自然灾害等信息的公开。要充分运用电子网络促进权力阳光公开,大力推进全省统一的电子政务和电子监察网络建设。要进一步规范行政服务中心机构设置,为行政服务中心的发展创造良好条件。要加强监督检查,对搞形式主义、效果不明显、群众不满意的,要及时采取措施加以解决,对工作失职的要严肃追究责任。要切实按照中央和省委、省政府的决策部署,加大推进政务公开、政务服务工作力度,把公开透明贯穿于政务服务各个环节,以公开促进政务服务水平的提高。

【饶丽萍在南昌县调研县委权力公开透明运行工作】 10月11日上午,省纪委常委饶丽萍率省纪委党风廉政室有关人员到南昌县调研县委权力公开透明运行工作。市纪委副书记杜志刚,市纪委常委、党风廉政室主任刘志勇,县委常委、县纪委书记叶保平陪同调研。饶丽萍在听取南昌县工作汇报后,对南昌县推进县委权力公开透明运行工作给予充分肯定,认为南昌县对这项工作重视程度高、工作思路清、推进力度大,整体工作成效明显,积累了宝贵的经验和做法。饶丽萍强调,要按照中央和省委要求,在现有工作基础上,对县委权力公开透明运行工作认真总结,精心梳理,深化完善,重点在科学化、制度化、系统化、规范化上下工夫,不断把县委权力公开透明运行工作向纵深推进。饶丽萍一行还视察了南昌县县委权力公开透明运行宣传长廊、莲塘镇党务政务公开长廊及便民惠民服务中心。

【围绕"好学、知责、守纪、实干"开展主题教育活动】 10月25日下午,南昌县纪委组织召开全县纪检监察系统开展"提升素质、树立形象、狠抓落实、争创一流"主题教育活动推进会,各乡镇、开发区纪(工)委书记,县直单位纪委书记、纪检组长,县纪委监察局、各纪工委监察分局全体干部110余人参加会议。县委常委、县纪委书记叶保平出席会议并讲话。会上,传达学习市委常委、纪委书记卢作全在全市纪检监察系统开展"提升素质、狠抓落实、争创一流”主题教育活动动员会上的重要讲话精神,宣读《关于在全县纪检监察系统开展“提升素质、树立形象、狠抓落实、争创一流”主题教育活动的实施方案》。县纪委执法监察室、县纪委第三纪工委监察分局、蒋巷镇纪委负责人做了表态发言。

【举行乡镇(开发区)纪检组织办公办案设备发放仪式】 11月1日上午,南昌县乡镇(开发区)纪检组织办公办案设备发放仪式在县文化会展中心举行,市纪委副书记杜志刚,县委书记郭毅,市纪委常委、信访室主任喻慧平,县委副书记王小文,县委常委、县纪委书记叶保平,县委常委、组织部部长陈圣栋等出席仪式并向乡镇(开发区)发放办公办案设备和经费。县纪委监察局全体干部职工,各乡镇纪委、小蓝经济开发区、银三角纪(工)委、县直单位纪委(纪检组)全体纪检监察干部共180余人参加了乡镇纪委(开发区)办公办案设备和经费发放仪式。

【举行新闻发布会】 11月4日上午,南昌县委在县委新闻发布中心召开新闻发布会,县纪委、监察局新闻发言人通报2011年1～10月份全县党风廉政建设和反腐败工作和县委权力公开透明运行督查情况。县委权力公开透明运行工作领导小组全体成员,县党务工作社会监督员,县电视台的有关领导和记者出席新闻发布会。

【召开党风廉政建设情况通报会】 11月30日下午,南昌县党风廉政建设和反腐败工作情况通报会在县委新闻发布中心召开。全县各民主党派、无党派和工商联等党外人士共60余人参加通报会,县委常委、县纪委书记叶保平通报了该县党风廉政建设和反腐败工作情况。县委调研员、统战部部长胡炜主持通报会。各民主党派、工商联、无党派负责人就加强全县党风廉政建设和反腐败等工作提出了宝贵的意见和建议。

【召开全市县委权力公开透明运行工作现场推进会】 12月14日上午,全市县委权力公开透明运行工作现场推进会在南昌县召开。省委常委、市委书记王文涛出席会议并讲话。他强调,各县区务必站在深入贯彻落实科学发展观、全面加强党的建设新的伟大工程的高度,不断加大工作力度,强化工作措施,确保县委权力公开透明运行工作取得实实在在的成效,为促进南昌科学发展、进位赶超、绿色崛起,打造核心增长极提供坚强保证。市委常委、组织部长陈德寿主持会议。市委常委、纪委书记卢作全出席会议并讲话。王文涛指出,开展县委权力公开透明运行工作,是贯彻落实科学发展观,提高党的执政能力,保持和发展党的先进性的必然要求;对于提高县委科学执政、民主执政、依法执政水平,对于规范县委权力行使、强化权力监督、从源头上防治腐败,对于深入推进南昌市“两篇文章”建设,全面开创科学发展、进位赶超、绿色崛起宏伟事业,都具有十分重要而深远的意义。陈德寿在主持会议时指出,扎实有效有序推进县委权力公开透明运行工作,思想认识要到位,深刻认识县委权力公开透明运行工作的重要意义。公开要到位,该在党内公开的就要在党内公开,该向社会公开的就要向社会公开。监督要到位,落实各项监督制度和措施,使监督约束成为推动县委权力公开透明运行的重要手段。卢作全对各县区开展县委权力公开透明运行工作情况作了小结和点评,要求在进一步厘清职权和编制流程图上下工夫,在进一步增强公开透明上下工夫,在加强制度建设上下工夫,以求真务实的精神,改革创新的办法,扎实有力的举措,把这项工作抓出亮点、抓出特色、抓出成效。

【召开2012年工作务虚会】 12月23日,南昌县纪委监察局召开2012年工作务虚会,对2011年工作进行全面回顾总结,重点谋划2012年工作思路、设想及主要任务。县委常委、县纪委书记叶保平主持会议并讲话。叶保平指出,全县各级纪检监察机关要从加强宣传教育,构建“大宣教”工作格局;加强监督检查,构建“大督查”工作格局;加强查办案件,构建“大协调”工作格局;加强作风效能,构建“大提升”工作格局四个方面出发,以科学的理念、创新的思路、系统的方法对2012年工作进行精心谋划。叶保平要求全县各级纪检监察干部要认真学习、深刻领会中共十七届六次全会精神,紧紧围绕贯彻落实以人为本、执政为民这一主题,切实抓好宣传教育、监督检查、纠风治乱、廉洁自律、作风效能、查办案件等重点工作,以点带面,整体推进具有南昌县特色的惩防体系建设,不断取得党风廉政建设和反腐败工作的新成效,以优异的成绩迎接中共十八大胜利召开。

【中央纪委调研组在南昌县开展调研】 12月27日上午,以中央纪委信访室办公室主任胡志彬为组长的中央纪委调研组一行到南昌县就“组织人民群众参与反腐倡廉建设工作”进行专题调研。省纪委常委饶丽萍、省纪委信访室副主任单庆娇,市纪委副书记、监察局局长杜志刚,市纪委常委、审理室主任傅碧波,县委常委、县纪委书记叶保平等陪同调研。调研中,胡志彬一行先后到南昌县行政服务中心、公共资源交易中心、澄碧湖公园等地,深入了解该县推进县委权力公开透明运行、深化政务公开加强政务服务和组织人民群众参与反腐倡廉建设工作开展情况。随后,调研组召开座谈会,听取了该县关于组织人民群众参与反腐倡廉建设工作情况汇报。

宣传教育

【概况】 2011年,南昌县纪委监察局坚持以强化以人为本、执政为民的执政理念为主线,以提高党员干部的拒腐防变能力为重点,以反腐倡廉工作提供思想保障和舆论支持为目标,扎实推进“四个一批”(开展一批纪念活动、用好一批教育载体、推出一批宣传稿件、打造一批示范典型)工作,积极参加中央和省、市纪委反腐倡廉建设理论研讨和“党旗飘飘、廉风和畅”摄影大赛、中小学生廉洁书法创作比赛等系列活动,南昌县有2篇文章在全省纪念建党90周年理论研讨活动中获奖,被南昌市纪委评为“全市纪检监察理论调研工作先进单位”。

【打造廉政文化示范点】 2011年,深入推进廉政文化进机关、进学校、进企业、进农村、进社区、进家庭等“六进”工作，对照《南昌县廉政文化示范点建设标准》，精心打造小蓝经开区、县地税局廉政文化进机关、塔城乡青岚村廉政文化进农村等“亮点”，分别被南昌市纪委评为2012～2013年度全市廉政文化建设示范点。

【编印《换届纪律教育读本》】 2011年1月，南昌县纪委、南昌县委组织部联合编印了《换届纪律教育读本》(简称“读本”，下同)。读本分为纪律要求、党纪条规、典型案例、举报投诉四个部分。“纪律要求”部分，整合中央纪委、中组部提出的“5个严禁、17个不准和5个一律”以及省纪委、省委组织部提出的“十个严禁”纪律要求。“党纪条规”部分，将《中国共产党纪律处分条例》、《中国共产党党员领导干部廉洁从政若干准则》、《中共中央国务院关于实行党风廉政建设责任制的规定》、《党政领导干部选拔任用工作责任追究办法》等涉及组织人事纪律的政策法规编入“读本”。“典型案例”部分，遴选了十起违反换届纪律的典型案件作为警示教材，运用反面典型，教育领导干部引以为戒、警钟长鸣。“举报投诉”部分，公开举报电话和投诉邮箱，充分发挥电话、信访和网络“三位一体”举报平台作用，为及早发现、及时查处换届中违规违纪行为奠定基础。

【组织观看警示教育片《落马的“县官”》】 2011年8月8日晚，南昌县委在县综合楼第一会议室召开理论中心组(扩大)学习会议，专题观看警示教育片《落马的“县官”》。全县副县级以上党员领导干部参加专题学习，县委书记郭毅主持学习并讲话。郭毅指出：领导干部千万不能动摇理想信念，始终保持政治上的清醒和坚定；千万不能滥用手中的权力，牢记用权为民的宗旨；千万不能拒绝党和人民的监督，始终摆正个人和组织、个人和群众的关系；千万不能放纵自己的亲情，教育、管理好家属、子女和身边的工作人员；千万不能降低自己的操守，注重培养健康的生活情趣。郭毅要求，领导干部要结合贯彻执行“廉政准则”，进一步增强依法行政、廉洁从政的意识；要结合县委权力公开透明运行和基层党组织党务公开工作，主动接受党组织和人民群众的监督；要结合风险岗位廉能管理工作，认真查找岗位风险，合理确定风险等级，科学制定防范措施；要结合贯彻落实《关于实行党风廉政建设责任制的规定》，按照“一岗双责”的要求，认真抓好职责范围内的党风廉政建设工作。

【任前廉政谈话】 2011年6月，南昌县纪委采取集中与分散相结合的方式，组织乡镇换届期间提拔使用的科级领导干部进行任前廉政谈话。谈话对象为2011年乡镇换届期间县委提拔使用的123名科级领导干部。县纪委廉政室与谈话对象签订《领导干部廉政承诺书》，并为64名新提拔的副科级领导干部建立廉政档案。

党风廉政建设

【概况】 2011年，南昌县纪委监察局按照中央和省、市纪委部署，坚持以整体推进惩治和预防腐败体系建设为主线，以全面落实党风廉政建设责任制为保障，以学习贯彻和严格执行廉政准则为抓手，以深入开展县委权力公开透明运行工作为契机，切实把抓好党风廉政建设和反腐败斗争各项长期性、基础性工作与解决反腐倡廉建设中人民群众反映强烈的突出问题有机结合起来，党风廉政建设工作取得明显成效，为南昌县科学发展、进位赶超、绿色崛起提供了坚强保证。

【风险岗位廉政能管理】 2011年，全面铺开风险岗位廉能管理工作，采取“个人自查、科室排查、领导清查、群众帮查、集体审查”等多种方式，全县47个县直单位和16个乡镇都推行风险岗位廉能管理，排查内设机构风险点2457个，岗位风险点15322个；制定内设机构防范措施3500余条，岗位防控措施18000余条，制定完善制度187个，编制业务流程图451张，实现风险意识“内化于心”、风险查找“细化于岗”、风险台账“外化于形”、风险防范“固化于制”。

【县委权力公开透明运行】 2011年，南昌县委相继出台《县委议事规则(试行)》、《“三重一大”决策实施办法(试行)》、《建立健全维护和保障群众利益决策机制的实施意见》等规范性文件，编制《县委职权目录》，将县委职权划分为党代会、全委会、常委会3大块和全局工作、经济发展、社会事业、社会稳定、党的建设5大类39项权力，进一步厘清县委书记、副书记、常委和县长、副县长职权。搭建“两网”(南昌县人民政府网、南昌县县委权力公开透明运行专网)，“两屏”(澄碧湖公园LED显示屏和党务政务信息查询触摸屏)，“一栏”(县电视台县委权力公开透明运行效能通报专栏)，“一廊”(澄碧湖公园公开长廊)，“一报”(手机电子报)，“一中心”(县委新闻发布中心)八位一体的公开载体，高质量完成省市委交给的试点任务。12月14日，南昌市全市县委权力公开透明运行工作现场推进会在南昌县召开，南昌县所做工作得到市委的充分肯定。

【基层党组织党务公开】 2011年6月20日，南昌县纪委、南昌县委组织部联合下发《南昌县基层党组织党务公开实施方案》，明确党务公开的指导思想、工作原则、主要内容、方式、时限和程序、监督保障、实施步骤和工作要求，编制乡镇党委、机关、企事业单位党组织和村、社区(居委会)党组织党务公开三个基本目录，制定聘请监督员、内容审核、意见建议收集办理及反馈等六项配套制度，全面推行酝酿确定、审核把关、实施公开、意见反馈、整理归档“五步工作法”。同时，将党务公开与政务公开、村务公开和办事公开有机结合起来，环绕澄碧湖公园，精心打造莲塘镇党务公开、莲塘村村务公开、县检察院检务公开、莲塘六中校务公开和人保局办事公开“示范点”，形成横向到边、纵向到底的公开体系。

【聘请县委党务工作社会监督员】 为深入推进县委权力公开透明运行工作，更好地发展党内民主，切实保障党员、群众的知情权、参与权、选举权和监督权，2011年10月，南昌县委制定下发《南昌县党务工作社会监督员制度》(以下简称“制度”),并根据制度的规定,通过推荐、审核、公示并报县委审定等程序,向社会公开聘请来自“两代表一委员”、党外人士、基层群众、企业代表、退休老干部、社会团体、新闻媒体的18位县委党务工作社会监督员,对县委领导班子和各级各部门履行职责、依法行政、作风效能、服务发展、廉政建设等方面情况进行监督,并收集反馈群众的意见和建议。

【出台《科级干部问责办法》】 2011年8月26日,南昌县委办公室、南昌县政府办公室联合下发《南昌县科级干部问责办法(试行)》(以下简称“办法”)。办法对问责对象、问责原则、问责情形、问责方式、以及问责程序和方法都作出具体规定,凡是县管科级干部在重大决策、经济运行、项目推进、招商引资、城市管理、城市建设、征地拆迁、社会管理、民生工程、财务管理等14个方面重点工作中,不履行或不正确履行职责,致使所辖部门、单位和地方出现重大事件、事故,造成不良政治、经济和社会影响的,按照“追究过错与责任相适应、惩戒与教育相给合”的原则,单独或合并采用责令作出书面检查、通报批评、诫勉谈话直至免职等10种方式予以问责。办法还规定,对改革创新、大胆实践,在先行先试中因缺乏经验发生失误的行为,不作为问责的情形。问责对象对问责处理决定不服的,可以自收到处理决定起15日内向作出问责的机关申请复核,复核期间,问责处理决定不停止执行。

【公务用车专项治理】 2011年5月28日,南昌县委办公室、南昌县政府办公室联合印发《关于开展党政机关公务用车问题专项治理工作的实施方案》,成立南昌县公务用车问题专项治理领导小组(以下简称“县公车专项治理领导小组”),负责全县清理纠正工作的组织实施、督导检查、情况综合和信息反馈工作。在登记自查阶段,县公车专项治理领导小组对县乡党政机关及其所属事业单位、县乡党委政府直属事业单位、人民团体、人大机关、政协机关、人民法院、人民检察院的公务用车进行了全面梳理并登记上报。2011年9月,按中央和省市要求,组织开展登记自查工作“回头看”,比对市交管部门车辆信息、车辆主管部门车辆档案、车辆行使证、单位资产和财务账目,对公车登记的数据和信息进行修正。据统计,全县共登记自查公车955辆,其中县直机关777辆,乡镇(开发区)178辆。

查办案件

【概况】 2011年,南昌县纪委、监察局的领导下,按照“加大力度、规范行为、提高水平、保证效果”的要求,注重案件查办工作的政治效果、经济效果、法纪效果、社会效果,着力查办违纪违法案件,积极拓宽查案工作思路,继续保持了查案的高压态势。

【查办违法违纪案件】 2011年是全县换届年,南昌县纪委查办案件工作极力排除各种不利因素,继续严惩腐败,坚持突出办案重点,严肃查处党员领导干部滥用权力、以权谋私和严重损害群众利益的案件,坚决维护党纪法规的严肃性。全年全县纪检监察机关共受理群众信访举报件186件,初步核实违纪线索86件,立案86件,其中,正科级3起,副科级3起。结案132人,处分人数118人。切实保护了广大人民群众的合法权益,取得人民群众对党和政府的信任和支持。同时,正确处理好惩治腐败与保护干部的关系,为受到不实举报的干部澄清事实。查处违法违纪案件,采取五项措施。一是重视信访,积极拓宽案源。坚持信访件与自办相结合,办结率达100%。二是完善机制,形成办案合力。坚持与司法机关、行政执法机关的办案联席会议制度,坚持与公检法、审计等部门案件信息传递制度。加强与执纪执法部门的联系和协作。三是突出重点,突破大案要案。四是综合治理,教育挽救干部。积极开展温情回访活动,对党员干部进行有针对性的预警教育。注重案件剖析,针对案件中暴露出来的问题,建章立制,堵塞漏洞,有效发挥了查办案件的治本功能。五是强化学习,提升自我。办案成员能够认真学习省、市党代会精神,认真学习查办案件相关业务知识,坚持抓好主题教育活动,加强廉洁自律意识,努力提高办案人员综合素质。

纠正不正之风

【概况】 2011年,南昌县纪委全面贯彻落实中央、省、市关于纠风工作的决策和部署,紧紧围绕全县经济快速发展这个中心,坚持标本兼治、综合治理、纠建并举、注重预防的方针,以解决损害群众利益问题为重点,针对群众反映强烈的热点、难点问题和各种损害群众利益的不正之风采取相应措施。一、继续深化专项治理,认真解决损害群众利益的突出问题。1. 集中开展医药和医疗服务中突出问题专项治理工作;2. 集中开展教育收费中突出问题专项治理工作;3. 深入开展庆典、研讨会、论坛过多过滥问题专项治理工作;4. 深入开展食品药品安全问题专项治理工作;5. 深入开展减轻农民负担专项治理工作;6. 深入开展公路“三乱”问题专项治理工作。二、加大监管力度,切实纠正征地拆迁、保障性住房政策措施落实际民生工程落实中的突出问题。

干部队伍建设

【规范备案管理】 2011年6月,县纪委在全市率先出台《关于加强纪检监察干部备案管理工作(试行)的通知》,使干部管理心中有数、干部调整控制有序,进一步加强了全县纪检监察干部队伍建设。一是明确备案管理范围和职数。文件规定,乡镇纪委、县直单位纪委(纪检组)科级以下纪检监察干部的职务任免均要求报县纪委进行备案批复;未设立纪委(纪检组)的各单位、各部门中分管党风廉政建设的领导和干事的职务分工均要求报县纪委进行备案批复。对未进行备案批复的干部,不将其列入纪检监察干部队伍。同时,对全县各单位、各部门纪检监察干部配备职数进行明确分配。二是严格备案干部选任条件。为优化纪检监察干部队伍素质,在干部选任上严把综合素质关,对作风正派、工作积极、能力较强的干部,优先选任,备案管理;将考核不合格或有违纪违法行为的干部拒之门外,不予选任,着力建设一支党性坚强、业务精湛、作风过硬的纪检监察干部队伍。三是严肃备案管理工作纪律。在严格按规定对干部进行备案管理外,还定期或不定期的对纪检监察干部职级、职数配备情况进行监督检查,对擅自突破规定增加配备职数和自行调整纪检监察干部的,按照有关规定追究相关人员的责任,严肃工作纪律。

【加强乡镇纪检组织建设】 2011年6月,中央纪委监察部下发《关于加强乡镇纪检组织建设的指导意见》(中纪发〔2011〕26号)文件,县纪委迅速行动,狠抓文件落实,并对全县18个乡镇(开发区)进行专项督查,着力为基层解决工作中存在的问题和难点。在具体实施上做到:一是配齐人员,落实待遇。①明确乡镇纪委书记由同级党委副书记担任,其职务排序按任同级领导职务的时间列资历相同的副书记之前;②在2011年5月的乡镇换届过程中,所辖16个乡镇均已按要求配备纪委副书记,并选举产生纪委委员5名;③优化人员结构,在乡镇纪检监察干部中,拥有大学本科以上文化44人,大专以上文化81人,占总人数的92%,④在纪检监察干部津补贴发放管理上,县纪委不仅严格按照省纪委要求落实每人每月220元的办案补贴,而且以县政府办公室抄告单的形式,为全县纪检监察干部每人每月增加信访津贴130元。二是发放设备,规范管理。县委、县政府非常重视乡镇纪检组织建设,特批拨出42万元专款用于改善基层纪检组织工作条件。2011年11月1日,县纪委监察局举行“南昌县乡镇(开发区)办公办案设备发放仪式”,向各乡镇纪委发放电脑、打印机、录音笔等办公办案设备和1万元工作经费,并统一制作信访、宣教、案件检查、案件审理等工作制度匾。全县18个乡镇(开发区)纪委均已做到“五有”,即有牌子,有办公场所,有电脑、打印机等办公办案设备,有必备的工作制度,有基本的交通保障。

【加强培训教育】 2011年7月县乡纪委换届后,大部分纪检监察干部都是“新手”,业务不熟。为切实提高南昌县纪检监察干部的政治理论水平和业务能力,按照市、县纪委《培训规划》的安排和实际工作需要,县纪委组织举办2次220余人的“全县纪检监察干部综合业务培训班”。同时,积极派员参加上级纪委的学习培训的挂职锻炼。2011年度,县纪委共选派2批2人参加中纪委培训、4批7人参加省纪委培训、5批11人参加市纪委培训,1人在省纪委挂职锻炼。

【深入开展主题教育活动】 2011年下半年,全县纪检监察系统深入开展“提升素质、树立形象、狠抓落实、争创一流”主题教育活动,紧扣“好学、知责、守纪、实干”的活动目标,研究制定《“十三个一”活动安排》,通过认真学习提素质,为民解忧树形象,真抓实干作表率,使全县纪检监察干部思想上有明显解放、作风上有明显转变、能力上有明显提升。

【加强制度建设】 2011年,县纪委监察局高度重视制度建设。先后制定《纪检干部教育培训规划》、《关于加强乡镇纪检监察组织建设的实施意见》、《关于进一步明确县纪委监察局领导体制和工作关系的暂行办法》、《南昌县纪委、监察局机关信访举报件管理办法》、《纪工委监察分局规范化管理制度》、《纪工委、监察分局列席所联系单位或乡镇(街道、场)重要会议的规定》、《纪工委、监察分局日常工作报告事项》等一系列制度,形成了用制度管事、靠制度管人的机制,有力的促进了基层党风廉政建设和反腐败工作的开展。

【所获荣誉】 2011年度全市纪检监察先进工作者:王宇、魏闽军、徐安平、洪传飞

2011年度全市纪检监察信息工作先进个人:徐鹏程。

表30 **2011年南昌县纪委监察局股级以上干部名单**

序号	姓 名	现任职务	序号	姓 名	现任职务
1	叶保平	县委常委、纪委书记	13	黄桂兰	办公室副主任
2	熊水玉	纪委副书记	14	涂印苟	纠风室主任
3	戴 宾	纪委副书记	15	陈 亮	纠风室副主任
4	闵红妹	纪委副书记、监察局局长	16	樊孝勇	纠风室副主任
5	涂爱国	监察局党组书记	17	方北平	工会主席
6	刘全根	纪委常委、监察局副局长	18	徐光谊	案件检查室主任
7	曾筱兰	纪委常委、审理室主任、正科级纪检员	19	龚 平	案件检查室副主任
8	王 宇	纪委常委、执法室主任	20	陈国贵	信访室主任
9	魏闽军	纪委常委、廉政室主任	21	邓毛崽	信访室副主任
10	万玉敏	纪委常委、干部室主任	22	刘仁奎	执法室副主任、副科级纪检员
11	魏小宇	办公室主任	23	陈 勇	执法室副主任
12	徐鹏程	办公室副主任	24	王模学	审理室副主任

续表 30

序号	姓　名	现任职务	序号	姓　名	现任职务
25	徐　超	廉政室副主任	41	黄茂金	第四纪工委书记
26	余　青	干部室副主任	42	罗小敏	第四纪工委副书记
27	陈先伟	调研员	43	李　辉	第四监察分局副局长
28	徐运国	调研员	44	徐安平	第五纪工委书记
29	刘守平	第一纪工委书记	45	熊金平	第五纪工委副书记
30	万贻山	第一纪工委副书记	46	熊赣闽	第六纪工委书记
31	尧春元	第一纪工委副书记	47	周拾桢	第六纪工委副书记
32	熊思荣	第一监察分局副局长	48	涂相文	第六纪工委副书记
33	万荷庚	第二纪工委书记	49	赵　文	第六监察分局副局长
34	聂贵保	第二纪工委副书记	50	赵　跃	第七纪工委书记
35	张　章	第二纪工委副书记	51	胡　斌	第七纪工委副书记
36	舒　涛	第二监察分局副局长	52	马卫东	第七监察分局副局长
37	涂春和	第三纪工委书记	53	熊　飞	第八纪工委书记
38	熊国保	第三纪工委副书记	54	胡铁平	第八纪工委副书记
39	吴诚梅	第三纪工委副书记	55	杨　鑫	第八纪工委副书记
40	张勇辉	第三监察分局副局长	56	魏　丰	第八监察分局副局长

(主笔:魏闽军　李　捷　洪传飞　陶洪丹　审稿:魏小宇)

群　众　团　体

南昌县总工会

【概况】　南昌县总工会内设5个部室，有干部职工15人。2011年县总工会紧紧围绕“一竞赛两普遍”（即：广泛开展劳动竞赛，普遍建立工会组织，普遍开展工资集体协商）的要求，有效达到了“广大职工的劳动热情普遍高涨，素质普遍提高，企业劳动关系普遍和谐，以及困难职工帮扶普遍覆盖”的总体目标要求。2011年，在市委、市政府召开的“三项活动”表彰会上，县总工会获得了“三项活动”全面先进单位。

【工资协商促和谐】　明确工作要点。2011年，县总工会坚持“促进企业发展、维护职工权益”的工作思路，按照《工资集体协商五年覆盖计划》，以协调劳动关系三方机制为平台，大力推进工资集体协商，广泛开展了工资集体协商金秋要约行动，做到了以中小企业和民营企业为重点，以建立工资正常增长和支付保障共决机制为突破口，督促用人单位认真贯彻执行劳动法和劳动合同法，保证了职工在工资分配中的参与权和监督权。构建新型劳动关系，促进社会和谐稳定。

加大队伍建设。2011年，为了使工资集体协商程序更加规范有序，县总工会加大了工资集体协商指导员队伍建设，10月，举办400人参加的工资协商指导员培训班，全部通过考试并取得了工资协商指导员证。

工作成果显著。11月，在小蓝经开区五楼会议室召开南昌市工资集体协商现场经验交流会。2011年，全县签订工资集体协商合同1728份，其中单独签订工资集体合同企业374家，区域性协议333份，行业性协议4份，签订执行合同企业1267家（含行业性执行87家），覆盖职工62976人。在工资集体协商工作中，涌现了一批先进典型，2011年小蓝经开区被市委、市政府评为和谐园区，中粮可口可乐、县供电公司分别被市委、市政府评为五星级、四星级和谐企业，农村信用社、林生堂被评为三星级和谐企业。

【工会组建强举措】　工会组织进一步壮大。2011年，按照“广普查、深组建、全覆盖”的工作要求，以“党工共建，创先争优”为契机，在县委的领导和县政府的大力支持下，工会积极采取一系列措施，确保组建任务的顺利完成。一是加强领导。及时召开主席办公会，研究制定了工作方案，对组建各项工作进行了安排部署。二是全面核查。明确分管副主席具体抓，安排专人核录。以2011年全总数据库预置企业名单为基础，对南昌县企业生产经营及组织建设等状况进行全方位普查。目前全总数据库预置的1152家企业已经基本核查并上报完毕。三是强力组建。以乡镇换届为契机，班子成员下到每个乡镇进行督查，要求各乡镇对人数25人以上的企业单独成立工会组织，对25人以下不符合单独建会条件的，由村、居委会、社区成立联合工会，将他们纳入到工会组织中来，做到不遗漏、全覆盖。目前1152家预置企业中，已建立工会组织1099家，涵盖企业法人单位1099个，发展会员36247人，组建率达95%，入会率90%以上。

工会工作进一步规范。2011年，县总工会以《基层工会规范化建设工作台账》为抓手，按照市总工会《基层工会工作规范化建设实施方案》要求，坚持工会组织建会之初达到“十有”，已建会一年以上的要落实“五个一”和“五个基本”的标准，在全县各乡镇、国有事业、非公企业中广泛开展了达标活动。2011年，全县基层工会组织90%以上达到合格标准。2011年3月，市总工会对南昌县进行随机抽查验收，全部达到上级要求。全县已有652家企业办理工会法人证书。

【困难帮扶全覆盖】　帮扶机构进一步健全。2011年，加大困难职工帮扶机构建设，困难职工帮扶中心现有专职干部职工2名，完善困难职工帮扶工作流程和工作制度，配备了触摸屏，方便了职工群众。通过努力困难职工帮扶中心功能正逐步延伸，由单纯的困难职工帮扶向为广大职工服务的职工服务中心转变。

帮扶对象进一步扩大。2011年，县总工会坚持四个“面向”（即：面向广大职工、面向广大会员、面向先进模范人物、面向困难职工群众），以推进职工互助保险工作为载体，建立健全帮扶网络为抓手，实现了由困难职工逐步向全体职工、全体会员拓展。全年各级工会为27500名职工办理了互助保险，投保金额达55万元。

帮扶内容进一步丰富。2011年，县总工会采取“五送”（即：送技能、送岗位、送慰问品、送慰问金、送互助保险），实现了由生活救助向综合性救助转变。2011年10月县总工会在塔城乡举办了一期60人的农民工创业技能培训班，增强了他们的就业能力。

帮扶时间进一步延伸。2011年，开展“春送岗位、夏送清凉、秋送助学、冬送温暖”等多形式帮扶活动。实现了由春节集中走访向日常帮扶转变。在洪涝灾害期间，县总工会及时为20余家受灾企业和200名受灾职工送去解困金4万元。据统计,全年县总工会春节送温暖走访慰问职工2496人(户),发放慰问金40万元,日常救助职工1500(户),发放救助金30万元。帮扶重大病职工30人,发放救助金3万元。

帮扶机制进一步完善。2011年,县总工会通过广泛吸纳社会资金,不断做大帮扶蛋糕,实现由单一工会帮扶向动员全社会帮扶的转变。8月,县总工会在"金秋助学"活动中,争取社会资金对23名特困职工子女分别给予1000~3000元不等的助学金,使他们喜圆大学梦。

【劳动竞赛广开展】 2011年,县总工会紧紧围绕全县的重点工程、重点项目、重点工作,开展了以"当好主力军、建功'十二五'、和谐奔小康"和"争创工人先锋号"等为主题的劳动竞赛活动。据统计,2011年,全县80%以上企事业单位开展各类竞赛活动共380余场(次),参赛职工30200人(次)。

县总工会大力实施职工素质五年规划,广泛开展了技能培训和职工文体等活动。2011年各级工会开展各种技能培训和文体活动213场(次),参加职工达18000人(次)。提合理化建议266余条;开展经济技术创新35项;开展小革新、小发明13项。

【经费收支提效益】 2011年,县总工会联合财政、地税等部门做好工会经费财政划拨和地税代征工作,确保工会经费稳步增长,规范财务管理,优化资金支出,保证工会经费更多投向基础工会、一线职工、重点工作。加大工会经费、资产和送温暖资金审计力度,确保工会经费使用合理合法。

【工会维权保稳定】 2011年,县总工会联合安监、卫生、劳动等政府职能部门,在全县各企业开展安全生产大检查和职业病防治调查摸底工作。全过程参与非工业七大系统29家国有企业改革工作,精心指导全县召开职工大会(职工代表大会),确保了《企业改革实施方案》和《企业职工安置系统方案》的高票通过,切实维护了广大职工合法权益,有效地使企业改革平稳有序推进。

表31 **2011年南昌县总工会领导班子成员名单**

姓　名	性　别	出生年月	籍　贯	职　务
熊　鹰	男	1962.10	江西南昌	县人大副主任、县总工会主席
彭年香	女	1964.1	江西南昌县	县总工会常务副主席
万国权	男	1966.7	江西南昌县	县总工会副主席
万先保	男	1975.10	江西南昌县	县总工会副主席
张德江	男	1961.6	内蒙古天山县	县总工会经费审查委员会主任

(主笔:何　欢　审稿:万先保)

共青团南昌县委员会

【概况】 2011年,共青团南昌县委围绕拼争全国五十强县市,建设现代化综合新城目标,以深入学习实践科学发展观为动力,以夯实全县团建基层组织为目标,以优化品牌项目为载体,加强青少年精神文明建设、服务青年就业创业、维护青少年权益工作,全面活跃团的各项工作,不断开创具有中部地区"百强县"特征的共青团工作新局面。获得"南昌市共青团工作先进单位"称号。

【开展丰富多彩的主题教育活动】 2011年,团南昌县委结合建党90周年契机,深入学习实践科学发展观,开展丰富多彩的主题教育活动:3月2日,在澄碧湖南苑广场举办"扬志愿精神献青春热血"无偿献血活动;3月12日,开展"青春手拉手共植友谊林"植树造绿活动,举办了"给力青春紧跟党走"青年红歌合唱赛等主题活动。共青团南昌县委密切关注青少年思想动态,通过发放调查表、开办青年网上论坛等措施及时掌握青少年心理状况,为党政决策提供有利的信息参考。

【推进"三项工程",实现"四个满意"】 ("三项工程"指服务青年就业创业、促进社会和谐发展、维护青少年权益。"四个满意"指上级团组织满意,县委县政府满意,基层团干满意,青少年群众满意)

服务青年就业创业。在全县各乡镇加大青年就业技能培训力度,发挥农村青年中心的服务技能,采用点对点的培训方式,提高农村青年增收致富的本领,开展青工技能大赛与青年岗位能手选拔活动,鼓励青年学习技能。共青团南昌县委联合南昌县劳动人事等部门建立创业就业指导中心,为青年提供政策和信息服务,深入推进青年创业贷款项目,加强与金融机构的合作,共扶持了100余位创业青年,依托小蓝经济开发区与各乡镇企业,创建青年就业创业见习基地,并引导300多名青年外出务工,搭建青年施展才华的平台。

促进社会和谐发展继续深入开展"青年志愿者服务社区"、"青年志愿者结对帮扶"活动。6月,以全县开展"城乡大变样"工程市容环境综合整治活动为契机,开展"共建美好新家园团员青年在行动"环境卫生整治志愿服务系列活动。9月,开展迎接"七城会"交通文明志愿者上街执勤等系列志愿服务活动,加强规范化管理,建立招募、注册、培训、管理和激励表彰等制度,推进青年志愿者服务行动。继续推行"青年文明号服务卡"制度,建立定期考核与淘汰制度,深化青年文明号创建工作。树立了武阳鑫和源无公害蔬菜种植基地等为优秀青年创业示范基地,塘南镇胡小保等为省级优秀农村青年创业致富带头人，通过示范带动，加强农村青年中心建设。

维护青少年权益扎实推进希望工程，募集善款50万元，建设希望小学2所。通过建立“爱心中转站”，共帮助了59名品学兼优贫困青少年上学。号召全县青年文明号投入关爱服刑在教人员困难子女“青果援”活动，切实帮助农村留守儿童、进城务工青年、经济困难学生、残疾青少年等弱势青少年群体。共青团南昌县委大力开展青少年普法宣传，共印制5万多套包括未成年人保护法、预防未成年人犯罪法、《地震防护常识》、《预防艾滋病》、《安全常识》等法制宣传品，在广大青少年中深入宣传、组织学习。积极组织开展“12355爱心行动”，送青少年心理健康辅导课下乡村，开展了“青少年远离毒品”、“少年儿童平安行动”等活动，扎实做好青少年维权服务。

通过“三项工程”的稳步推进，共青团南昌县委努力实现“四个满意”：真抓实干，圆满完成上级团委交办的各项工作任务，让上级团委满意；始终围绕党政中心工作，尤其是重大重点项目建设，组织青年突击队，培养青年岗位能手，充分发挥青年在经济社会发展中的生力军作用，让县委县政府满意；眼睛向下，重心下移，加大对基层的支持力度，努力为其开展工作创造良好条件，让基层团干满意；加强青年就业创业见习基地创建对接，扎实推进青年就业创业培训，积极开办青年创业信用证，提供政策和信息服务，切实解决青年最关心、最直接、最现实的利益问题，让广大青年满意。

【加强团组织建设】 2011年，共青团南昌县委坚持党建带团建，利用建党90周年契机，开展“学党史、知党情、颂党恩”青少年思想教育活动，学习党的基层组织建设理论，完善党建带团建的领导机制、组织机制和工作机制。在基层团组织实现乡（镇）团委书记、村团支部书记、村团干部“三位一体”配置，切实做好流动团员的登记、管理工作。加大团组织创新力度，在全县“两新”组织和非公企业中新建了团组织。11月份，邀请全省“青年对话党代表”系列宣讲团到南昌县开办专场。全县基层团干聆听学习书记苏荣在省第十三次党代会上所作报告精神，增长了干劲，鼓起了勇气，时刻准备为南昌县拼争全国五十强县市，建设现代化综合新城贡献力量。

（主笔：樊欣欣　审稿：邓　莉）

表32　**2011年共青团南昌县委领导班子成员名单**

姓　名	性　别	出生年月	籍　贯	职　务	备　注
黄晓瓶	男	1978.4	江西省南昌县	团县委书记	任职至5月
毕　信	男	1987.7	江西省南昌市	团县委副书记	
邓　莉	女	1981.11	江西省吉安县	团县委副书记	

南昌县妇女联合会

【概况】 2011年，在县委、县政府及上级妇联的重视支持下，全县各级妇联组织紧紧围绕“拼争全国五十强县市、建设现代化综合新城”这一中心工作，充分发挥妇联职能，丰富活动载体，创新工作方式，富有成效地开展了一系列活动，得到了上级部门和县委县政府的充分肯定。县妇联荣获全省农村妇女“双学双比”活动先进集体、南昌市“三八”红旗集体和县直单位全面先进三等奖等荣誉称号。

【庆典活动精彩纷呈】 2011年，举办纪念“三八”国际妇女节101周年庆祝大会。各行各业妇女谏言献策，共谋妇女发展。举办文艺节目，充分展示了新时代南昌县女性风采。组织全体参会人员到煌上煌、可口可乐、纳百川等知名企业参观，感受南昌县经济发展成果。成功举办纪念中国共产党成立90周年暨“巾帼建功”活动开展20周年演讲大赛，来自全县各行各业的30多名选手紧扣创先争优岗位建功的时代主题，通过声情并茂的演讲，从不同角度讲述了巾帼之花在各自的工作岗位上勤勤恳恳工作、默默无闻奉献，辛勤中展现自我、在平凡中追求卓越的敬业精神和感人故事，展现了南昌县行业女性立足岗位、创先争优、服务社会的感人事迹，彰显了新时期妇女自强不息、勇于奉献的时代精神。

【主体活动硕果累累】 2011年，开展形式多样的“双学双比”、“巾帼建功”活动，带领广大妇女积极参与全县经济建设，创业就业女能人人才辈出，在省妇联十届四次执委会上，江西绿园生物工程有限公司总经理黄根兰、南昌青岚果蔬种植专业合作社理事长万翠霞荣获江西省农村妇女“双学双比”女能手荣誉称号；八一乡后曲村、向塘镇剑霞村被命名为江西省“巾帼示范村”。通过县妇联层层推荐，2011，京福高速温沙管理处幽兰收费管理所、南昌县地税局办税服务厅被命名“全国巾帼文明岗”。目前，全县共有全国“巾帼文明岗”3个，省级“巾帼文明岗”5个，市级“巾帼文明岗”10个。

【维权工作扎实推进】 2011年，加大法制宣传教育力度，发放法律宣传册5000余份，深入到学校、社区现场指导、讲解。充分发挥“12338”妇女儿童维权热线的作用，让广大妇女儿童的诉求能够得到及时解决。2011年争取到中国妇女发展基金会“母亲健康快车”一辆，用于开展医疗救助、义诊宣传、妇科检查和健康培训等公益活动，为贫困妇女送去健康理念、知识和服务”，也为贫困儿童提供医疗救助。同时开展“粉红之恋，让爱传递”乳腺疾病防治大型公益活动。特邀全球公益活动——粉红丝带传播大使郭健教授授课，引导广大妇女认识乳腺疾病防治的重要性，关爱自己，关注健康。

【环境整治效果显著】 8月27日，县妇联组织巾帼志愿者开展“爱我家乡，美我家园”进社区、进家庭活动，20多名巾帼志愿者通过现场宣讲、鼓队宣传、发放《“爱家乡,美家园”环境整治巾帼行》倡议书等形式向广大群众宣传环境保护知识,积极号召全县广大妇女和家庭成员从自我做起,从家庭做起,从点滴做起,努力营造文明和谐的人居环境。活动现场共发放倡议书1000余份,收到了良好的宣传效果。

【关爱儿童形式多样】 在“六一”节,和西湖区妇联联合开展城乡春蕾女童“手拉手”结对互助活动,帮助城乡儿童携手共同成长。在中秋节,开展“中秋团圆情暖伴我行”关爱留守儿童中秋主题活动,与塔城乡芳湖小学的50多名农村留守儿童共度中秋佳节,并为孩子们赠送了月饼、书包、文具等饱含爱心和祝福的礼物,让孩子感受到节日的温暖。2011年,通过妇联牵线搭桥,全县有72名春蕾女童获得资助,资助金额达23200元。此外,在2010年争取美国嘉吉公司出资捐赠价值20余万元的图书等教学用品给蒋巷镇中心小学的基础上,2011年又争取该公司捐资30万元在蒋巷镇兴建一所春蕾学校。

【组织建设稳步助推】 2011年,为进一步提高南昌县妇女干部的综合素质,增强妇女干部服务大局、服务妇女、服务基层的能力,10月份,在县委党校举办了为期3天的全县妇女干部培训班,来自县直机关妇委会、乡镇、开发区、新区妇联干部共计300余名人参加培训。此次培训规格高,师资力量强。南昌县委副书记王小文亲自为学员授课,就坚定“四自”旗帜,争做“知识型、创新型、服务型”女性,为全县广大妇女干部上了生动的一课。此外培训还邀请到各领域优秀专家学者,结合妇女工作实际和女性干部特点,开展了妇女权益保护、领导理念与领导艺术、艾滋病防治知识、现代家庭教育理念、化妆技巧等专题讲座。培训内容丰富,涉及面广,学员们深受启发,受益匪浅。

表33 **2011年南昌县妇女联合会领导班子成员名单**

姓　名	性　别	出生年月	籍　贯	职　务
许桂兰	女	1963年6月	江西省南昌市南昌县黄马乡	主席
王　红	女	1971年7月	江西省南昌市南昌县莲塘镇	副主席
刘　琪	女	1982年11月	江西省南昌市	副主席

(主笔:雷卫红　审稿:王　红)

南昌县文学艺术界联合会

【概况】 南昌县文学艺术界联合会简称县文联,是中共南昌县委直接领导下的为全县文艺工作者履行“联络协调服务”职能的群众文艺团体。自1959年2月建立以来,经历了不平坦的发展历程。由于全县文艺工作者的良知和努力,始终没有停止过艺术创作活动,在不同的历史时期,都创作出了属于那一时期的文艺作品,并涌现出了一批批全县文艺创作代表人物。2011年,县文联的工作得到了进一步的发展。被评为“2010～2011年度全省先进文联”

【编辑出版《澄湖》杂志】 《澄湖》杂志为广大文艺爱好者开辟了一片新天地。2011年,每期杂志的封三专版登载南昌县在书法、绘画、陶艺等文艺方面有所成就的文艺爱好者作品,每期一位,并附有作者个人简介此版已成为南昌县文艺爱好者的个人展示平台。

【联系省市书协开展送春联下乡活动】 元月20日,省市县三级书法协会组织书法家们冒着严寒到南昌县蒋巷镇为当地群众现场书写春联。省市书协向当地政府赠送书籍、国画作品等物。南昌县副县长胡显勇到现场致辞,感谢书法家的劳动。虽然天气很冷,群众和书法家的热情却很高。书法家们为当地群众书写了数百幅春联,受到群众的热烈欢迎。

【组织全县中小学生参加全国中小学生廉洁书法创作邀请赛】 2月下旬,县文联联合南昌县党风廉政建设领导小组办公室、南昌县教育体育局组织全县中小学生参加全国中小学生廉洁书法创作邀请赛。这项活动对于扎实推进廉政文化建设,深化廉政文化进学校工作,进一步营造尊廉崇洁的良好社会氛围,促使中小学生树立正确的世界观、人生观、价值观具有重要意义。全县各中小学校参赛踊跃,每校都有至少3到5件作品参赛。所有作品于3月初由南昌县书法协会统一收集并初评,从中精选出十几副作品参加全国比赛。

【邀请南昌县委党校副校长娄英英到县书协讲课】 3月18日,南昌县书协邀请南昌县委党校副校长娄英英到书协会议室为书协会员讲解十一届五中全会精神及“十二五”规划,让会员们及时了解国家政策,为他们的书画作品注入更多的时代气息。

【组织、参与、承办书画展、摄影展与红色故事汇等活动】 2011年,为庆祝中国共产党成立90周年,县文联或组织或参与承办了书画展、摄影展与红色故事汇等活动。同时,还组织各协会成员积极参加省市的纪念中国共产党建党90周年系列活动。在省市的各项比赛活动中,县文联会员收获颇丰。摄影比赛投稿上百幅作品,近半获奖。在优秀党员红色故事汇中,南昌县的故事作品《刑警队长李玉文的生死抉择》(姜钦峰)获得创作一等奖和讲演比赛三等奖,《傻村官唱戏》(黄夏君)获创作一等奖及讲演比赛二等奖,《喜欢给自己出难题的老师》(陈宝良)获得创作三等奖。

【积极发展推荐人才】 2011年,南昌县文联吸收新会员200余人,并向国家、省、市文艺协会推荐人才50余人。

(主笔:李真龙　审稿:赵金贵)

南昌县残疾人联合会

【概况】 2011年,在县领导重视及相关部门的通力协助下,根据残疾人队伍的现状,采取多种方式,广泛联系、积极沟通,与残疾人面对面做了大量深入细致的思想工作,并切实解决他们存在的实际困难、问题。赢得了残疾人的信任,残联真正成了残疾人的“娘家”。南昌县残联紧紧抓住全心全意为残疾人服务的总体目标,实施“民生工程”,积极开展各项工作,为残疾人创造平等参与社会活动的条件,及时努力化解各类矛盾,为南昌县社会稳定与两个文明建设做出了积极努力,得到市县领导的肯定。

【开展残疾人康复工作】 残疾人康复工作,是各级残联工作的永恒主题,最能体现“以人为本、求真务实”的精神。2011年,县残联在大力宣传“康复进社区、服务到家庭”及“人人享有康复服务”的同时,认真组织开展各类残疾人的康复工作,实施“民生工程”。一是创建残疾人社区康复达标点25个。二是认真开展精神病防治康复工作,2011年免费服药治疗的有300例。三是开展聋哑儿童语言训练工作,共筛查8余例,已做训练8例,家长培训8例。四是免费安装假肢23例。五是发放各类辅助器具计200余件。六是积极开展“阳光家园”计划工程,有149户不同残疾不同贫困程度的残疾人列入该工程;七是积极开展残疾人无障碍设施改造,2011年10户残疾人作为试点列入计划。

康复工作的有效开展,使南昌县不少残疾人的肢体功能、视力、智力、精神各项功能等得到了有效改善,残疾人的生活自理能力和平等参与社会活动的能力不断提高,家庭生活不同程度得到改善。

【安排残疾人教育就业工作】 2011年,“全国助残日”在全县广泛开展各项宣传活动。一是与团县委、特教学校共同组织开展学习、手工竞赛等活动,还通过团县委组织志愿者开展结对、送温暖活动,鼓励残疾学生好好学习、奋发向上。二是深入基层、上户调研、在蒋巷镇上户发放残疾人辅助器械。三是在春节期间,开展走访慰问活动,把党和政府的关爱、温暖送到贫困残疾人家庭,同时引导社会各界加大对残疾人弱势群体关爱和帮扶;教就工作方面,创新就业培训方式,50余名残疾人进行了培训。

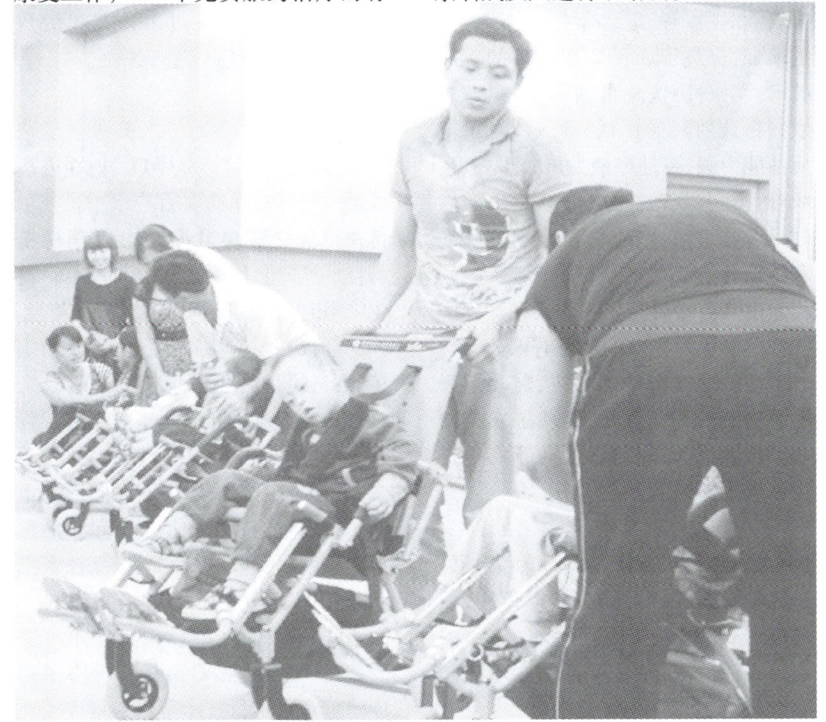

在南昌县博物馆举办的“明门慈善基”为脑瘫儿童发放轮椅

2011年,南昌县幸福庄园廉租房入住残疾人家庭近200余户,县残联与有关部门沟通,争取了5名保洁员工作岗位,安排残疾人家属就近就业,根据县领导意见、县残联牵头与物管一道落实选聘5名保洁人员,于7月15日正式上岗。

【做好残疾人信访维权与无障碍建设工作】 南昌县有各类残疾人5.2万名,绝大部分是贫困人员,他们因生活困难,就业、就学常受歧视,因此残疾人上访、集体访问较多。2011年,南昌县残联一是投入了大量人力、物力,积极配合信访部门对上级有关部门转来的群众来信,都做了认真调查,并协调有关部门认真办理。二是对直接的来信、来访,都做到件件有记录、有处理结果;2011年,南昌县残联共接来信、来访120余件(次),千余人(次),很大程度上维护了残疾人的合法权益,促进了南昌县的社会稳定。三是积极宣传联合国《残疾人权利公约》,《中华人民共和国残疾保障法》及国家对残疾人的法律、法规及国家扶持残疾人的优惠政策。四是加强城市无障碍设施建设,在主要道路、主要公共场所都设置了无障碍设施。五是为了改善农村残疾人生活状况,鼓励扶持残疾人创业,南昌县残联向县委、县政府要政策,争取到27万元资金用于扶持农村残疾人种养殖户。六是严格执行中华人民共和国残疾人证的管理办法和《南昌市〈办理残疾人证〉办法》,二代证的换发和新办证工作有序开展,到2011年年底,换、办残疾证17000余个。

【加强信息统计和宣传文体工作】 2011年,一是加强信息网络的建设管理,按通了互联网安排了专人管理,并逐步实现网上文件收发、材料传送。

二是积极组织开展第二十次“全国助残日”活动。

1.“助残日”期间,县领导走访慰问特教和康复中心残疾孩子,为他们送去了温暖。

2. 开展送残疾人辅助器具下乡活动。

三是积极向省市媒体各投稿两篇,向省报、市报名投稿一篇,电台出镜4次,《昌南论坛》一篇。

【切实做好残疾人帮扶解困工作】 残疾人是需要社会共同关心的弱势群体,其中绝大部分处于贫困状况,处于社会收入的底层。因此,帮助残疾人解决实际困难,改善其基本的生活条件尤为重要。2011 年,南昌县各级残联和残工委有关部门上下联动、高度重视,采取多种形式对残疾人进行帮扶解困。一是将残疾人扶贫纳入政府扶贫计划,统一安排,同步实施,将全县农村特困残疾人纳入农村特困群众社会救助体系,将城镇特困残疾人家庭纳入城镇居民最低生活保障体系,极大地保障了他们的基本生活;二是实行领导干部结对帮扶贫困残疾人工作,全县有 300 余名贫困残疾人得到了副科以上领导干部的结对帮扶;三是做好残疾人的权益维护工作;四是南昌县残联利用一年三节及"助残日"进行走访慰问贫困残疾人慰问金达 20 万余元。全县各部门、各乡、镇走访慰问残疾人慰问金达 10 万余元。走访慰问残疾人达 1400 余人。

表 34 **2011 年南昌县残疾人联合会领导班子成员名单**

姓　名	性　别	出生年月	籍　贯	职　务
熊　琳	男	1964. 12	江西永修县	南昌县残疾人联合会理事长
熊文炫	男	1962. 9	南昌县八一乡	南昌县残疾人联合会副理事长
罗　平	男	1965. 8	南昌县小兰乡	南昌县残疾人联合会副理事长

(主笔:孙　煜　审稿:熊　琳)

南昌县科学技术协会

【概况】 2011 年,南昌县科协在县委、县政府的正确领导和省、市科协的亲切关怀和指导下,认真落实科学发展观,紧紧围绕县委工作部署,准确把握"三服务一加强"的工作定位,立足"创新、服务、和谐、发展"的主题,切实履行桥梁和纽带职责,共谋经济发展,共建和谐社会,积极开展科普活动、科技服务,促进科技与经济社会有机结合,为南昌县经济社会又好又快发展作出了积极贡献,谱写了科协事业发展新的篇章。2011 年南昌县科协已顺利摘下四张全国名片:全国科普示范县、全国科普惠农先进单位、全国 50 强农技协、科普大篷车一辆奖励。

【加强科普网络、科普阵地建设】 2011 年,县科协把建立健全科普网络作为开展活动的基础性工作来抓,建立了由 3000 多名科技骨干、农村专业技术人员和部分热衷于科普事业人士组成的科普志愿者队伍。县科协指导协助组建农村专业技术协会 56 个,基地 46 个。县科协在克服人手少、经费有限的困难,努力拓展科普阵地、拓展科普宣传平台。在全县 380 个村安装了科普宣传栏,使科普工作入村入户。

【与新农村融合实施科普兴村计划】 2011 年,县科协以提高农民科技素质为目标,以促进"农业增效、农民增收"为着力点,以普及推广农业新技术、新成果为主要内容,采取科技培训、科技示范、科技扶贫、科技咨询、送科技下乡等多种形式,积极开展各种类型农民实用培训达 28 次,受益群众达万余人。县科协根据专业协会和科普组织网络优势,结合社会主义新农村建设的要求,扎实开展了农村实用人才的培训工作。一是结合农村产业实际,选准培训科目,把新品种、新技术的推广应用放在突出位置;组织了种植、养殖等农民技术培训。二是结合农村农民耕作时间,科学合理地安排培训时段。三是结合农村实用人才的培训,促进了农民掌握更多的实用技术。县科协认真贯彻落实"科普惠农兴村计划",通过认真筛选,对示范服务能力强、带动产业发展效果好、组织管理运营规范、工作业绩突出的农村专业技术协会、农村科普示范基地和群众普遍认可的农村科普带头人,作为南昌县科普惠农工作典型。其中江西鑫和源绿色农业开发有限公司科普示范基地获得中国科协、财政部表彰,奖补资金 20 万元,调动了农技协和种植养殖大户积极性,为新农村建设注入了新的活力。

【科普宣传形式各样】 2011 年,县科协充分发挥科普工作主力军作用,强力推进《全民素质活动计划纲要》的实施,将科普宣传纳入重要议事日程,整合科普资源,形成工作合力,全方面、多层次开展科普宣传,以促进未成年人、农民、城镇劳动人口、领导干部和公务员科学素质提高为重点,开展一系列群众性、经常性的社会化科普活动。2011 年,县科协积极开展"全国科普及科普宣传周"活动,发挥科技群团优势,积极组织科技下乡、科普进农村(社区、学校)等活动,邀请有关专家举办"疾病防治知识讲座"。一年来,举办科普讲座 6 场次,出宣传栏 12 期,挂图 1200 套,发放科普书籍 5000 余册。通过组织全县中小学生开展小发明、小创造、小制作、小论文、小实施等为主要内容的青少年科技创新活动,进一步培养了学生的科技意识和创新能力。通过多种方式的宣传,使群众科普意识逐步增强。

【组织开展"全县百户水稻科技示范户培训交流会"】 3 月 11 日,在南昌县委党校举行了全县百户水稻科技示范户培训交流会,170 余名水稻种植科技示范户参加了此次培训。市科协党组书记、主席姚晓明出席培训交流会。

会议由县科协副主席应翼翔主持,县科协主席邓国华就创建培育全县百户农业水稻科技示范户项目工程作了部署和安排。县粮食局、县昌碧米业集团、中国种子集团江西公司、市沃尔德农资连锁公司等联办单位的领导分别就粮食收购,新品种、新技术推广等作了表态性发言,并与百余科技示范户签订了订单承诺责任书。最后,市科协姚主席对南昌县科协率先创建培育水稻科技示范户工程作了充分肯定,并对与会学员提出了具体要求。下午,省水稻研究所,陈大洲、周炳炎两位专家就水稻栽培国内外动态良种方法等项目作了发言，九鼎农业科技有限公司卢水林就当前水稻生产存在主要问题及解决技术作了通俗易懂的讲解。

表35 **2011年南昌县科协领导班子成员名单**

姓　名	性　别	出生年月	籍　贯	职　务
邓国华	男	1962.5	南昌县向塘镇	主席
应翼翔	男	1969.11	江西宜黄县	副主席
涂三妹	女	1966.1	南昌市高新区	副主席

（主笔：章　利　审稿：涂三妹）

南昌县红十字会

【概况】 2011年，县红十字会工作在县委、县政府领导关心下，在上级红十字会精心指导下，认真贯彻胡锦涛总书记“七一”重要讲话和中共十七届四中、五中全会，坚持科学发展观，坚定信心，砥励勇气，以基层红十字会为依托，积极推动县红十字会体制理顺工作，不断拓展红十字服务领域，努力搭建红十字服务平台，坚持以人为本，服务民生事业，弘扬红十字精神，协助党委、政府开展人道救助工作，充分发挥红十字组织在政府人道方面的助手作用，继续为构建和谐作出积极贡献。

【人道援助活动暖人心】 1月25日，省红十字会“携手共进、博爱万家”物资发放仪式在南昌县银三角省储备物资管理局九三三处仓库举行，副省长、省红十字会会长谢茹，省政府副秘书长晏驹腾，省红十字会党组书记、常务副会长方娅，省直机关工委副书记邓剑锋，部分省红十字会兼职副会长、常务理事等出席仪式。参加仪式的还有省直各厅局、省红十字会理事单位、各设区市红十字会、省军区、省武警总队医院、受助群众代表以及省红十字会全体机关干部。南昌县向塘镇新村30户贫困家庭作为受助群众代表现场接受送温暖物资。至年底，共接受市红十字会下拨的送温暖物资折合人民币15万元，发至各乡镇红十字会和县三幼。县红十字会自筹资金对特殊困难家庭进行走访慰问，并援助1万元支持富山乡雄溪村集体建设。

【开展无偿献血活动】 3月2日，共青团南昌县委、南昌县红十字会、南昌县志愿者协会在澄碧湖南苑广场联合举办“扬志愿精神献青春热血”无偿献血活动，县政府副县长、县红十字会会长胡显勇出席并讲话，市血站副站长万仁英、县卫生局党委书记吴年生、县红十字会副会长汪勇出席，共青团南昌县委副书记邓莉主持活动仪式。全县青年志愿者代表，团干、团员代表，县公安局、县城管局和部分高校、企业代表共计300余人参加活动。县青年志愿者代表万磊向全县发出无偿献血倡议。当日，132名青年志愿者进行无偿献血，20人进行造血干细胞捐献采样，共采集血液41700毫升。

【举办第一期应急救护培训班】 4月21～22日，县红十字会在县人民医院十四楼会议室举办第一期应急救护培训班，来自各乡镇红十字会和教体局红十字会团体会员单位的38人参加培训，培训班邀请取得中国红十字会总会授予卫生救护师资的喻明华、李晓琴老师授课。

【莲塘二中被评为“江西省红十字示范校”】 11月13日，省红十字会、省教育厅联合下发《关于授予江西财经大学等19所学校为江西省红十字示范校的决定》（赣红发〔2011〕33号文件），南昌县莲塘二中被授予“江西省红十字示范校”称号。

【“爱心牵手光明同行”公益活动启动】 11月15日，南昌县“爱心牵手光明同行”公益活动启动仪式在八一乡卫生院举行，副县长伍曦出席仪式并讲话，南昌爱尔眼科医院执行总裁鲁勇、院长叶波、出资方爱心企业代表余晓勇、县卫生局中层以上干部、爱尔眼科医院相关科室负责人、各乡镇卫生院院长、八一乡卫生院部分职工代表等80余人参加启动仪式。此次公益活动是县政府主导，县卫生局、县农医局主办，由第三方爱心企业长沙天柯装饰工程向县红十字会捐赠50万元，设立专项援助基金，用于参加南昌县新农合、白内障或翼状胬肉贫困居民手术费用援助，资金定点使用单位为南昌爱尔眼科医院。

表36 **2011年南昌县红十字会领导班子成员名单**

姓　名	性　别	出生年月	籍　贯	职　务	备　注
伍　曦	女	1969.2	湖南双峰	常务理事、会长	2011年7月任
刘守平	男	1957.11	南昌县	常务理事、常务副会长	—
汪　勇	男	1965.9	南昌县	常务理事、副会长兼秘书长	—
陈　峥	女	1969.8	南昌县	常务理事、副会长	—
熊安亮	男	1955.11	南昌县	常务理事、副会长	—

（主笔：付　瑾　审稿：汪　勇）

民主党派·工商联

综述

【参政议政成果丰硕】 2011年，南昌县各民主党派、工商联、无党派紧紧围绕全省鄱阳湖生态经济区建设及南昌县“拼争全国五十强县市、建设现代化综合新城”的目标，充分发挥自身特色和优势，以饱满的政治热情和高度的使命感，认真履行参政议政、民主监督职能，深入各个领域开展调研活动，撰写议案、提案，反映社情民意，积极建言献策，成果丰硕。全年开展19次调研活动，撰写调研报告14篇、采集信息105条，其中有6篇调研报告、22条信息得到县主要领导的批示和重视，为促进经济建设和构建和谐社会作出了贡献。在县人大、政协会议期间，各民主党派、工商联向人大、政协作书面提案98件。

【深化社会服务工作】 2011年，南昌县各民主党派、工商联、无党派充分发挥人才荟萃、智力密集、联系广泛的优势和各自的特点，在招商引资、关心弱势群体、服务社会民众、维护社会稳定等方面做了大量工作，为构建和谐社会作出新贡献。3月18日，县无党派县知联分会一行6人在会长吴晶的带领下，到帮扶服务基地的南昌县塘南镇北联村小学开展“情系贫困学生送温暖”活动。县无党派知联分会成员向特困学生家庭赠送了大米和食油，为贫困小学生发放学习文具和课外读物，总价值2000余元。9月8日，九三学社县支社组织社员中的四名副主任医师赴武阳镇开展社会老龄化调研和医疗义诊活动。活动中为40多名敬老院的五保老人进行血压测量、心肺听诊、心电图等检查及健康咨询服务，获得老人们交口称赞。10月17日，民进市委会联合民进县支部在县八一乡中心小学举办南昌民进“名师下乡、好书进村”活动，向八一乡中心小学赠送几千册少儿图书，并为该乡中小学校的一百多名骨干教师举办一场南昌民进名师讲座。11月14日，民革县总支联合企业上海和黄药业向帮扶基地南新乡新洲煌上煌希望小学捐赠价值18000多元的图书和书架，并计划持续五至十年的时间每年更新图书种类。12月7日，民盟县总支在幽兰镇中心小学建立“农村教育烛光行动”基地。充分利用盟内外资源，到幽兰镇部分偏远小学校开展系列讲座、示范教学、教学交流活动，建立与农村教师的交流联谊平台。12月14日，农工党县总支在幽兰镇敬老院举行以“关爱老人”为主题的凝聚力工程活动。为敬老院的老人们送去价值5000多元的药品、保暖衣物等，并为老人开展心电图、B超、血压测试、中医科、普外科咨询及各项体检的免费义诊活动。通过稳步推进各项活动，南昌县各民主党派、工商联、无党派成员在思想境界上有新提高，在服务社会上有新举动，塑造了统一战线服务科学发展、促进民生改善的“同心”品牌，大大提升了这一品牌的社会影响力。

【推进自身建设提高整体素质】 2011年，全县各民主党派、工商联、无党派认真学习贯彻中共十七届六中全会和全国统战工作会议精神，深入开展社会主义核心价值体系学习教育主题活动，积极推进思想建设、组织建设，整体素质得到进一步提高。如：民革县总支通过组织党员观看历史题材电影《建党伟业》，撰写纪念文章，学习胡锦涛在纪念辛亥革命100周年大会上的讲话、观看书画摄影作品展、参与市委会“纪念辛亥革命100周年诗歌朗诵会”、前往南京参观辛亥革命的发源地等活动来缅怀革命先烈，弘扬爱国主义，加深党员们对辛亥革命和民革历史的了解，坚定党员们拥护中国共产党领导，为中国特色社会主义事业发展贡献自己力量的决心。民盟县总支除了每月一次的盟内活动外，还积极参加各级各部门组织的各项活动，先后参加大小活动10余个，3月被盟市委评为“先进基层组织”。九三学社县支社积极组织社员参加社中央“纪念中国共产党成立90周年辛亥革命100周年暨社章社史知识竞赛”活动，广大社员通过参加竞赛活动更坚定了坚持中国共产党的领导、坚持走中国特色社会主义道路的信念。为提高参政议政整体能力和水平，支社组织召开由社员中市、县政协委员参加的参政议政专题座谈会，会上重点学习党和国家领导人有关民主党派参政议政指示并通报支社近年参政议政所做的工作，印发县政协部分提案范例，市九三主委、市政协副主席李广振到会指导并对南昌县支社近年参政议政工作成就予以充分肯定与赞扬并要求全体社员再接再厉为南昌市、县的发展作出新的更大的贡献。

（主笔：涂凯华　审稿：喻峰俊）

表 37　**2011 年南昌县各民主党派、无党派基本情况**

党派	2011 党派成员人数	2011 年新增党派成员人数	届　数	主委（会长）	副主委（副会长）		
民革县总支	50	1	第一届	伍　曦（7 月任县政府副县长）	钟用文	万秋如	
民盟县总支	49	2	第七届	（空缺）	李　植（7 月任县人大副主任）		
民进县支部	35	2	第三届	胡显勇（7 月任西湖区副区长）	陈　琦	孙淑英	
农工党县总支	58	2	第七届	樊方平（7 月任县政协副主席）	陶木仁	吴国梅	罗小平
九三学社县支社	39	1	第五届	万金印（县计生委副主任科员）	胡逢喜		
县无党派知联分会	24		第一届	吴　晶（县国库集中收付核算中心主任）	李双庆	胡水静	罗　敏

（主笔：涂凯华　审稿：张华军）

民革南昌县总支

【概况】　民革南昌县总支部下属 3 个分支部，2011 年共有党员 50 人，有正县级调研员 1 人，副县级干部 1 人，副科级干部 4 人，中高级职称 12 人，企业家 6 人，市人大代表 2 人，市政协委员 2 人（常委 1 人），县人大代表 1 人，县政协委员 21 人（常委 4 人），市、县特约人员 9 人。2011 年，民革南昌县总支在中共南昌县委和民革市委会的正确领导下，在县委统战部的精心指导下和全体民革党员的共同努力下，紧紧围绕全县中心工作，不断加强自身建设，积极参政议政，热心社会服务，促进祖国统一，圆满地完成了年初制定的各项目标任务。

【重实效，出成果，提升服务水平】　2011 年，总支部充分利用自身优势，广泛发动党员深入基层，深入一线，深入群众，围绕县委、县政府的中心工作，倾听民声，收集民意，汇集民智，为全县经济社会发展献计献策，参政议政水平不断提升。在"两会"期间，总支共提交提案 18 件，其中集体提案 2 件，所提建议大多被政府相关部门采纳，社会影响较好，尤其是总支集体提案《关于整治我县县城后八轮"乱象"的建议》被县政协评为优秀提案。宋欢、涂莉萍等党员被评为先进政协委员。在县政协开展的"加速发展献一策，促进项目牵一线"活动，党员踊跃参加，提交社情民意 20 余篇。此外，总支围绕信访问题作了深入的调查研究，撰写课题调研文章《关于对我县信访工作的思考和建议》，调研文章引起县委、县政府领导的高度重视，县委有关领导对报告专门作出批示。总支还完成县委统战部理论文章 2 篇，分别是胡欢欢撰写的《十六大以来中共关于统一战线理论的新发展》和涂莉萍撰写的《新形势下如何发挥好民主党派的民主监督职能作用》。

【送温暖，献爱心，凸显整体形象】　2011 年 6 月，总支组织党员冒雨到黄马乡参加县委统战部开展的送医疗、送科技、送文化"三下乡"活动，为村民讲解农田水利和农村土地承包、征地补偿等方面的知识，发放防洪抢险、房产和价格法规等宣传资料。同时，组织党员参加县委统战部开展的"南昌县统一战线同心工程暨党外专家下基层服务"活动，向村民赠送党员捐献的书籍 100 余册。11 月，总支联合上海和黄药业向南昌县南新乡新洲煌上煌希望小学捐赠价值 18000 余元的图书、书架，其中，总支也捐赠价值 5000 余元的 300 多册图书。

【进一步深化祖统工作】　祖统工作是民革的重点工作。促进祖国和平统一，是民革的工作职责。2011 年，总支以纪念辛亥革命 100 周年为契机，积极参加市委会举办的纪念辛亥革命 100 周年诗歌朗诵比赛；组织党员观看纪念辛亥革命 100 周年书画摄影作品展；集中学习讨论胡锦涛总书记在纪念辛亥革命 100 周年大会上的讲话、周铁农主席在纪念辛亥革命 100 周年大会上的发言。2011 年 8 月，总支组织全体党员前往辛亥革命圣地南京，参观南京总统府、南京中山陵、南京大屠杀纪念馆、南京雨花台革命烈士纪念馆。

【立足本职，展现党员风貌】　2011 年，总支部副主委万秋如、钟用文和党员杨姝媛、魏沫获得县特约人员工作先进个人；副主委万秋如获 2011 年南昌县高等院校招生工作先进个人；副主委钟用文辅导高二学生参加南昌市物理竞赛获一、二等奖学生达 5 人；胡继红荣获民革全省基层工作先进个人；黄淑云荣获民革全市基层工作先进个人；涂莉萍获市委统战部"坚定信念、学习典型、争作贡献"主题教育活动先进个人；徐倩被评为学校高考贡献奖、优秀教师；黄文正被南昌市评为高中地理学科带头人；魏沫荣获人口与计划生育工作先进个人、县财政工作优秀工作者；黄江南荣获中国博览会先进个人；胡欢欢被房管局提拔为办公室副主任；张倩荣获全县民政工作先进个人、东新乡先进个人、人口普查市级先进个人；万正复教导的六个艺术类专业学生都考取了国家二本，在校新教材教学课程教法获音乐教学一等奖；魏丽琴被县教体局评为"优秀工作者"，被县团委、县教体局评为全县"优秀少先队辅导员"；企业家邓斌所属的龙河物流有限公司获中国诚信建设示范单位、西湖区2010年度劳动关系和谐企业、信用优良企业；企业家吴银芽所属的省第十建筑工程有限公司获市建筑行业施工企业先进单位、市建筑业协会常务理事单位、市守合同重信用企业，更有70多岁的老党员胡宁儒笔耕不缀，在各大报纸报刊上发表文章数十篇。

【进一步加强自身建设】 2011年，为提高全体党员的政治素养，每次活动总支部都安排政治理论学习。支委会带领全体党员先后学习温家宝总理在全国十一届人大四次会议上所作的《政府工作报告》、中共十七届六中全会精神、民革中央、省、市委会议精神、中共市委、县委党代会精神等。通过学习，全体党员更加深刻领会党的政策，深刻领会民革中央、省、市委会的工作思路，深刻领会南昌县的发展战略和工作部署。为纪念辛亥革命爆发100周年和中国共产党成立90周年，总支开展一系列的纪念活动。组织党员学习胡锦涛总书记在纪念辛亥革命100周年大会上的讲话、周铁农在纪念辛亥革命100周年大会上的发言；组织党员参加省、市委统战部和民革市委会举办的各种类型的学习培训，2011年选派胡欢欢、刘勇等党员参加省、市社会主义学院培训班学习。组织党员观看历史题材电影《建党伟业》，观看书画摄影作品展，参观辛亥革命圣地南京，发动在职党员征订《团结报》等等。倡导党员积极向媒体投稿，及时反映总支的学习和活动情况。党员万正复、胡欢欢参加"纪念辛亥革命100周年征文"活动，分别撰写纪念文章《弘扬辛亥精神传承民族气节》、《弘扬革命精神振兴伟大祖国》，老党员胡宁儒撰写的历史题材纪念文章《共和知识分子是辛亥革命的领导力量》、《黄兴两手应对袁世凯》发表在"江西民革"第315期上。同时，涂莉萍撰写的《民革南昌县新一届政协委员产生》和胡宁儒撰写的《民革南昌县总支提案获优》等15篇信息和文章刊登在《光华时报》、《江西民革》、《南昌民革》等媒体上。每年年初，总支都制定全年活动计划，年末进行归纳总结；每月一次的组织活动都有主题，有内容，并力求创新；每次活动都由参加活动的党员亲自签名，作为年终评优依据。组织全体党员参加市委会在新中原举办的市县春节联欢会，并进行节目表演。7月，宋欢、魏丽琴、万正复参加市委会"七·一"红歌大合唱。10月，党员宋欢参加民革南昌市委会举办的"纪念辛亥革命100周年诗歌朗诵比赛"。总支鼓励党员踊跃参加上级举办的各种征文活动，党员涂莉萍撰写的《做一名敬业奉献的党外人士》和黄素荣撰写的《问渠哪得清如许，为有源头活水来》获得市委统战部"坚定信念、学习典型、争做贡献"主题教育活动优秀征文。2011年发展县疾控中心的骨干力量余振华为新党员，为支部增添了生机与活力。民革南昌县总支的各项工作得到民革市委、南昌县委、县政府的充分肯定。2011年1月，总支部以全市评比考核最高分的实力被民革市委会授予"2010年民革南昌市先进支部"荣誉称号。在2011年新一届县人大、政协会上，民革南昌县总支新一届当选的人大代表和政协委员总数超过上届，达到22名；新当选的市人大代表2名，市政协委员2人(其中常委1人)。

【民革县总支领导人】

主任委员：伍　曦

副主任委员：钟用文　万秋如

(主笔：涂莉萍　审稿：伍　曦)

民盟南昌县总支

【概况】 2011年共有盟员49人，其中发展新盟员(喻岚、李小妹)2人，因工作调走(宋凤艳、熊飞)2人，因病去世(吕林庚)1人；市人大代表1名，市政协委员2名，县人大常委1名，县人大代表1名，县政协常委2名，县政协委员18名，县特约人员8人，县党务工作社会监督员1人。2011年，民盟南昌县总支在民盟南昌市委、中共南昌县委的领导下，在县统战部的指导和全县盟员的大力支持下，切实加强自身建设，激发盟员热情，强化责任意识，创新盟务思路，着力提升履职能力，在求真中务实，在继承中创新，科学推进民盟各项工作，取得了良好的成绩，为南昌县的经济和社会发展做出了贡献。

【自身建设】 1月，在南昌县盟总支扩大会上，对县总支的工作进行细分，使工作更加明确，责任更加到位，极大的完善了工作机制，也调动了盟员的工作热情。2月完善县民盟总支QQ群(104796813)和建立飞信群(13870666978)，并收集整理民盟南昌县总支通讯录，增进盟员之间的感情联络和信息交流。6月19日，七名盟员积极参加"颂歌献给党、永远跟党

民革县总支联合企业向南昌县南新乡新洲小学捐赠图书

走——南昌市统一战线庆祝中国共产党成立90周年歌咏大会”，和全市统一战线人员共同引吭高歌，共唱共同心声和美好愿望。6月29日，支委饶小林举办“庆祝建党90周年、建盟70周年个人书画展”，增加盟的影响力，提升了民盟的整体素质和战斗力。8月15日，为积极筹备民盟总支的换届选举工作，盟市委领导非常重视，到南昌县进行调研。11月16日民盟南昌县总支召开“加速发展献一策，促进项目牵一线”动员大会，广大盟员发挥极大的参政热情，为南昌县的进位赶超献计献策。12月7日，又开拓农村教育服务新领域，在幽兰中心小学设立“农村教育烛光行动”基地，创建爱心助学体系，盟员熊荣弟捐资5000元，资助贫困生20余人，并且形成长效机制。

【组织发展】 1月，原主委宋凤艳因工作调动原因辞去民盟南昌县总支主委一职，由副主委李植主持民盟南昌县总支工作。12月，在县委综合大楼党派活动室，民盟南昌县总支大会上评议并通过二位新考察盟员，分别是喻岚、李小妹。

【参政议政】 2011年，积极发挥参政党的职能，开展民主监督工作。总支盟员多次参加南昌县委、县政府、县委统战部举行的协商会、座谈会、通报会，就政府工作报告等重大问题，提出许多建设性的意见和建议。盟员中的政协委员，在全县政协会上共交提案15件，6月，认真完成“党委出题、党派调研、政府采纳、部门落实”的任务，接受全市统一战线理论研究课题计划，方燕红与陶海武共同完成研究课题“增强中华民族凝聚力问题研究”，已完成并报市委统战部政研室。支委方燕红还参与县政协文史委“关于县城及周边区域教育科学布点”的调研并执笔调研报告。盟员还积极参加南昌县特约人员工作，健全社会主义监督体系，体现民主监督。盟总支抓住“一个参加，三个参与”工作基本点，紧紧围绕南昌县百强进位工程，明确责任，创新思路，科学调研，把人人都能参政议政作为盟的首要任务，为促进南昌县又好又快发展事业建言献策，取得了可喜的成果。

民盟南昌县总支农村教育烛光行动幽兰基地揭牌仪式

【社会服务】 2011年，开展社会服务活动3次。6月29日，支委饶小林举办“庆祝建党90周年、建盟70周年个人书画展”，增加盟的影响力，提升了民盟的整体素质和战斗力。12月7日，又开拓农村教育服务新领域，在幽兰中心小学设立“农村教育烛光行动”基地，创建了爱心助学体系，盟员熊荣弟捐资5000元，资助贫困生20余人，并且形成长效机制。盟员罗曙光出资6万多元，赞助县委宣传部等主办的“澄湖大舞台”活动，为提升南昌县居民的文化修养、活跃群众的文化生活作出了贡献。。

【组织宣传】 2011年盟总支一直把扩大宣传作为提高盟组织社会影响力的主要手段，积极撰写盟内信息，盟员宋葆红、彭小玲、方燕红等在江西民盟、心桥网等各级媒体上发表《民盟南昌县总支“农村教育烛光行动”幽兰基地揭牌启动》、《2011年11月16日民盟南昌县总支召开‘献策牵线’动员大会》等宣传信息、文章十多篇。2位盟员被盟省委聘为“特约信息员”。

【盟员风采】 2011年，李植被评为市项目推进先进个人；方燕红、万玉保、彭小玲、何建玲4人被评为“盟省委先进盟员”；李文华、唐妍、陶海武3人被评为“盟市委先进个人”；唐妍获县科协科普宣传先进个人；方燕红在市委统战部组织的“坚定信念、学习典型、争作贡献”主题教育活动中获市先进个人；陶海武在市委统战部、市各民主党派、工商联组织的“红歌献给党——纪念中国共产党成立90周年演讲比赛中荣获一等奖；盟总支在3月被盟市委评为“先进基层组织”。

【民盟县总支领导人】

副主任委员：李　植

（主笔：彭小玲　审稿：方燕红）

民进南昌县支部

【概况】 2011年，支部有会员35人（其中男会员17人，女会员18人，平均年龄43岁），硕士学历2人，本科学历30人，具有中学高级职称11人，中级11人（含小学高级），水利工程师1人，环境工程师1人，电力工程师1人，主任医师1人，二级律师1人，会计师1人，监理工程师1人，中级经济师1人，注册税务师1人，注册环评价工程师1人，注册核安全工程师1人。会员主要工作于教育、环保、水务、法律、税务、医保、医疗、电力、铁路及国、私营企业等各界。

【组织建设】 2011年，支部注重新会员培养和吸收工作，加强组织建设，增添新生力量。发展新会员2名，分别是李琴（莲塘一小教师）、肖文清（江西江西文达实业有限公司董事长，在入会前即为县政协委员）。2011年市、县换届之年,胡显勇调任西湖区政府副区长;市、县人大、政协换届,陈琦继续为市人大代表、县人大常委;政协委员12人,他们是胡显勇、孙淑英、万保华、韩莉、涂良瑛、何军、熊桃香、罗细根、刘昂、邱俊、李瑾、肖文清,其中:省政协委员1人,市政协委员1人(新增孙淑英为市政协委员),孙淑英、万保华继续为政协常委,使会组织更具影响力和代表性。会员陈琦于8月参加市社会主义学院民主党民骨干学习班;孙淑英参加南昌市新政协委员统战理论培训班;万燕玲到市委党校和市社院参加学习。

民进会员、莲塘三小团支部书记徐辉组织学生参加“九九重阳节敬老爱老”社会实践活动。……

【参政议政】 2011年,支部以服务中心为己任,关注社会,关注民生,会员充分发挥人大代表和政协委员的作用,积极参政议政。支部认真落实“党委出题,党派调研,部门落实”课题任务,组织骨干会员紧紧围绕,撰写调研报告。陈琦代表在市人大、县人大会议上提出多个建议,如《关于加快银三角与莲塘老城区沿河路基础设施无缝对接的建议》。民进界别从全县工作的重点、热点和难点出发,反映社情民意,在县政协十一届五次会议上,撰写的《关于加大对我县各级医院使用抗生素药品监管力度的建议》提案,被评为2011年县政协优秀提案。县卫生局开展专项整治。韩莉委员在县政协十届五次会议上,撰写的《关于将莲塘河建成生态景观河的建议》,与县政协经科委的提案合并办理,被评为县政协优秀提案,同时被县政府采纳,莲塘河优化完善控规,红线基本宽度22米,无期建筑绒线36米。涂良瑛委员撰写的《关于保障私企职工养老保险的建议》和余期洪委员撰写的《关于大力宣传转基因食品危害的建议》分别得到县政府相关部的重视。

【重大活动】 2011年,组织开展以“坚定信念,学习典型,争作贡献”为主题的社会主义核心价值体系学习教育活动。发动组织会员学习《中国共产党历史》、《辛亥年的枪声》等书籍,倡导学习、研究中共党史和统战历史的良好风气,提高自身素质,投入到本职工作中去。组织会员积极参加“风雨同舟、同庆辉煌”书画摄影展,退休老会员王文鹏书画作品参展。7月组织会员中的政协委员积极参加市、县政协组织的“加速发展献一策,促进项目牵一线”活动,刘昂等委员撰写《构建和谐社会需要公平税负》等8条金点子。其中孙淑英、何军《关于养老社会化的一些建议》、邱俊《关于开展我县重点、普通、职业中学教育资源共享、共促教育发展活动的建议》、韩莉《大力推进我县城乡教育均衡全面发展》等被列为重点建议,报县委、县政府采纳。10月17日,民进县支部配合民进市委会在县八一乡中心小学举办“名师下乡、好书进村”活动,向八一乡中心小学赠送几千册少儿图书,并为该乡中小学校的一百多名骨干教师举办一场南昌民进名师讲座。支部会员参加赠书仪式,听取万智儒、舒俊两位名师授课,深受启发。

支部的特约人员认真履行特约人员职责,主动了解聘任单位的有关工作计划及执行情况,积极参加县检察院、县教体局、县监察局、县国土局、县审计局等聘任单位组织的活动和有关会议,对聘任单位工作提出建议。11月2日,组织支部8名特约人员参加全县特约人员工作现场会。现场会在法院召开,特约人员旁听庭审,直观了解人民法院的工作;会员陈琦、孙淑英、韩莉、熊桃香、何军被评优秀特约人员。骨干会员参加民进市委会学习委员会、教育工作委员会、文化工作委员会、经济工作委员会、科技医卫工作委员会等专委会活动。

【岗位建功】 2011年,支部把会员立

足本职工作，建功立业服务社会作为民进会员履行职责的重要工作在各自的岗位上辛勤工作，展现良好风采。陈琦获全国中小学生英语听力竞赛二等奖优秀指导老师、市工会先进个人、县“建功立业优秀职工”荣誉称号。孙淑英被县政协评为优秀委员。戴丽君被送变电公司授予质量先进个人光荣称号。徐辉南昌县中小学教学骨干；完成了个人市级课题“乐器葫芦丝进音乐课堂的研究”，作为莲塘三小团支部书记，积极组织学生参加“九九重阳节敬老爱老”等社会实践活动。刘文兰被评为南昌县历史学科带头人。刘昂取得注册税务师资格证书。李水文参与省级课题“初中课堂教学改革的研究”。何军被评为南昌市优秀教师、南昌市高中物理学科第四批学科带头人称号；指导学生吴英谊参加全国高中应用物理知识竞赛获二等奖。邓有印被评为莲塘一中优秀班主任。邓志兰在南昌市小学“数学能力”竞赛中独立辅导的一年级刘嘉昱等同学获一等奖，本人获南昌市优秀辅导员称号。邓祎娟在《新课程》杂志发表文章：《浅析小学语文教学中学生主体性能力的培养》。魏碧兰被评为县“优秀班主任”。邱俊创造性地开设深受学生喜爱的多门校本课程，健全了校本课程制度，并接受江西教育电视台的专题采访；参加全省普通高中教材编写，论文《我的语文之痛》获全国“圣陶杯”二等奖，文章《站在春天看风景》在《江西教研》发表；带普通班有29人上二本线，居全校之首，获莲塘一中高考贡献奖。退休老会员王文鹏获全省园丁奖、省老年书法大赛二等奖、国际板书大赛优秀奖。肖文清于江西财大EMBA总裁研修班学习。罗英在抓好英语教学的同时，考取监理工程师。刘昂取得注册税务师资格。赵群被评为南昌县体育学科带头人。韩莉参与省、市、县关于加快水利改革发展实施意见的大型调研活动，执笔完成《关于加快南昌县水务改革发展的实施意见》荣获全县经济社会发展工作先进个人、全县农田水利基本建设先进个人、县三八红旗手、县政协优秀提案奖。

【民进县支部领导人】

主任委员：胡显勇

副主任委员：陈　琦　孙淑英

（主笔：韩　莉　审稿：陈　琦）

农工民主党南昌县总支

【概况】 2011年，中国农工民主党南昌县总支在农工党南昌市委会、南昌县委统战部的领导下，坚持以邓小平理论和“三个代表”重要思想为指导，全面贯彻落实科学发展观，坚持中国共产党领导的多党合作制度和民主协商制度，以南昌县委、县政府的大力推进新型工业化标志区、新型城镇化试验区、新型农业产业化示范区和低碳生态经济先行区建设为中心，围绕南昌县委、县政府的“加快建设赣鄱第一县，奋力拼争全国五十强”的战略目标，切实履行作为参政党的民主党派参政议政、民主监督的职能，不断加强基层组织建设、思想建设和参政议政能力的建设，求真务实，开拓创新，为南昌县的社会发展作出了应有的贡献。

【政治学习　日久常新】 2011年，利用每月12日的学习活动，精心安排学习内容，组织全体党员认真学习中国共产党十七届六中全会精神，以及中国共产党南昌县第十二届代表大会、中国人民代表大会南昌县第十五届代表大会、中国人民政治协商会议南昌县第十一届全体会议历次全会的决议，为农工党南昌县总支的党员们切实履行好自己的职责提供良好的基础。根据中国农工民主党中央的要求，继续开展“以坚持走中国特色社会主义政治发展道路为主题的政治交接活动”和“坚定信念、学习典型、争作贡献的主题学习活动”，学习胡锦涛总书记在第20次全国统战工作会议的讲话、学习中国共产党党史、农工党党史、学习《中国的政党制度》、学习王选、袁隆平的先进事迹等。在经费紧张的情况下，为总支每个成员购买书籍，如邓永芳的《哲学视阈中的文化现代性》、《坚持改革开放学习问答》、《依法维护农村社会生活秩序》等，要求大家认真阅读并写好学习笔记和学习心得并且在总支学习活动中交流。通过这些学习活动，总支的每位同志都受到了教育。全体成员认识到坚持中国共产党的领导是历史发展的必然选择，主动接受中国共产党的领导是老一辈农工党员的正确的选择，也是新一代农工党员的唯一选择。通过学习，坚定了农工党南昌县总支成员坚持中国共产党领导，多党合作信念，增强了总支成员作为民主党派参政议政、民主监督、民主协商的主动性。罗小平获得南昌市民革、民盟、民建、民进、农工、九三学社和无党派知识分子联谊会联合举办的“坚定信念、学习典型、争作贡献”的主题学习活动先进个人称号。

【本职工作　创业建功】 农工党南昌县总支的党员都是来自于医药卫生、教育、科技等单位，他们都是各自

单位的骨干。2011年,党员熊永林依托南昌县农工门诊部,扩大了农工党南昌县总支的社会影响。党员龙建中依托阳光学校,把教育从南昌县扩大到奉新甚至到贵州省。党员南昌市草珊瑚科技产业有限公司董事长兼总经理李国勇获得中国品牌建设十大优秀企业家称号。党员徐杏安获得主任医师(正高级职称)资格。

【参政议政　建言献策】 2011年,在县政协全会上全县立案的99个提案中农工党南昌县总支的提案就有21各,有四个提案被评为优秀提案。罗小平撰写的《如何加强新时期两新组织的党组织建设》在《光华时报》上发表,得到南昌县委统战部的表彰。12月,农工党南昌县总支积极响应南昌市政协、农工党南昌市委会、南昌县政协的倡议,人人“献策牵线”活动都有不错的表现。罗小平光荣的评为南昌县优秀特约监察员。农工党南昌县总支的社会调研《大力发展城乡均等化的教育格局促进城乡统筹发展》在农工党南昌市委会的调研课题招标中成功中标。熊永林的调研文章《南昌县养老服务体系建设的调研与思考》得到农工党南昌市委会重视。

【组织建设　持续强化】 2011年,农工党南昌县总支有党员58人,其中在职党员37人,退休党员21人。总支在发展新党员的过程中,严格把关,发展了涂志峰、万琳两位人士,为农工党南昌县总支增添了活力。总支继承关爱老同志的传统,过年的时候总支都会给予问候。总支以基层组织建设年的活动为契机要求总支主委、副主委、总支委员加强学习,处处做好表率。农工党南昌县总支的县级领导有了历史性的跨越,政协原副主席伍目连由副县级升为正县级调研员,总支主委樊方平提拔为南昌县政协第十一届委员会副主席,他们是总支的领导核心。总支有樊方平、伍目连、罗小平、李红新、熊文成、叶华、熊永林、喻希贵、巢建洪、徐杏安、涂滔、徐慧芬、陶巍、龙建中、孙庆红、万小红16人为县政协委员。有樊方平为南昌市人大代表,罗小平、喻希贵为南昌市政协委员。

【编修党史　传承光荣】 据史料记载,中国农工民主党早在1949年解放前就在南昌县活动,但是,由于历史的原因,农工党在南昌县的历史并没有记录下来。2006年9月,新一届总支十分重视,成立不久就立即研究部署对南昌县农工党发展史的材料收集和党史的编写工作。2011年,总支利用已有的党史材料信息编写了农工党南昌市委会主编的南昌县农工党60年的发展史。修史过程得到农工党南昌市委会、南昌县委统战部以及相关部门以及党员张绪春、黄泰生等给予的帮助和指导。

【帮扶助困　共建和谐】 农工党南昌县总支与幽兰镇敬老院建立长期的帮扶关系,12月,农工党南昌县总支第四次到幽兰镇,捐资添置衣服、暖手袋等生活用品,带上先进的检查设备,给老人们做了全面的健康体检,为敬老院配备常用药品价值在千元以上。农工党南昌县总支与塘南镇富盛村结对帮扶,探索建设社会主义新农村的新方法。总支在樊方平主委的率领下,两次带着先进的医疗检查设备、生活常用药品,给80位65岁以上的老人做健康检查,建立详细的健康档案。总支副主委陶木仁带领教育支部的优秀教师开展送教下乡活动,把先进的教学方法和前沿的教育思想带到偏远的乡村。党员李国勇、熊永林、戴水莲、龙建中、涂志峰等慷慨解囊给予了总支的活动很大的帮助。

【农工党县总支领导人】

主任委员:樊方平

副主任委员:陶木仁　吴国梅　罗小平

(主笔:罗小平　审稿:樊方平)

九三学社南昌县支社

【概况】 2011年,九三学社南昌县支社在九三学社市委会和中共南昌县委的领导下,在县委统战部和各有关单位的关心支持下,支社全体社员以邓小平理论、“三个代表”重要思想为指导,深入贯彻落实科学发展观,发扬“爱国、民主、科学”的优良传统,紧紧围绕县委提出的“超常发展、进位赶超”的奋斗目标,立足本职、踏实工作、发挥优势、服务社会,为“两个文明”建设和县域经济繁荣、社会事业发展作出了应有的贡献。

【自身建设】 2011年,支社始终把政治学习放在首位,突出重点学习胡锦涛有关重要讲话,贯彻落实科学发展观,积极开展“坚定信念、学习典型、争作贡献”主题教育活动,组织学习和自学社会主义核心价值理论,社员在认真学习的基础,积极撰写心得体会及读书笔记,全年有多篇文章在《江西民主与科学》杂志、《光华时报》及社省委、社市委网站/刊物发表。2011年,为纪念中国共产党成立90周年和辛亥革命100周年,把树立和践行社会主义核心价值体系学习教育活动引向深入,支社组织社员积极参加社中央“纪念中国共产党成立90周年辛亥革命100周年暨社章社史知识竞赛”活动,广大社员通过参加竞赛活动更坚定了坚持中国共产党的领导、坚持走中国特色社会主义道路的信念。为提高参政议政整体能力和水平,支社组织召开由社员中市、县政协委员参加的参政议政专题座谈会,会上重点学习党和国家领导人有关民主党派参政议政指示并通报了支社近年参政议政所做的工作,印发县政协部分提案范例。

【参政议政】 参政议政是民主党派的重要职能,积极反映社情民意也是民主党派成员应尽的义务和责任。2011年,一是针对社会热点问题,进行广泛的专题调查并撰写《充分运用新兴媒体优势进一步开展统战工作的思考》、《浅谈医闹现象与综合治理对策》等调研报告;二是积极参与县政协“加速发展献一策、促进项目牵一线”活动,重点围绕南昌县经济大发展、城乡大变样、社会大和谐等建言献策,上交建言献策5篇;三是社员中的市县人大代表、政协委员、特约“四员”在参加人大、政协及政府有关部门召开的会议和视察、考察活动时,本着肝胆相照、坦诚相见的态度,就南昌县城镇建设、经济发展、群众生活、社会各项事业进步等方方面面的问题,提出衷恳意见和建议;四是在市、县“两会”上,支社社员中的人大代表、政协委员踊跃提交建议、提案，积极建言献策，在市政协会提交提案6件，县政协会上提交提案10件，其中3件获优秀提案。

【立足本职】　2011年，支社社员立足本职、踏实工作、爱岗敬业、发挥所长，在各自的岗位上取得可喜的成绩，为所在系统和单位事业的发展、技术攻关乃至市、县的经济发展、社会进步作出了工贡献。社员沈伟作为法院副院长分管工作开拓创新、高效运作，成绩显著。如高度重视信访化解矛盾工作，始终坚持做好每周院长接待日信访工作、深入完善“网上立案亮点工作”，网上立案案件与2010年同比增长60%、新增诉前调解工作的开展、进一步加大司法救助力度，提高诉讼费的缓减金额比例、认真抓好案件审理质量和办案效率，达到审限内结案率100%，调撤率也比2010年同期大幅度增长；社员胡逢喜再次获得“江西省农业气象质量优秀测报员”称号，组织全局干部职工积极参与全省气象部门反腐倡廉知识竞赛活动并取得了良好成绩；社员张崇华参与国家财政部《乡村气象服务专项建设》任务，完成《南昌县乡村气象服务专项建设实施方案》的编写，相继开展为重点服务单位上门服务、物联网技术在蔬菜大棚生产上的应用、组建相关人员气象服务手机短信群、组建乡镇气象服务信息站、组织举办乡镇气象信息员培训班等工作，重点参与“七城会”气象服务保障工作；社员罗燕军带领全科医护人员注重医德医风建设，狠抓医疗质量管理，全年无一例医疗事故及重大医疗纠纷，成功救治几十例危重症患者，其中一例为罕见极重度有机磷农药中毒患者，受到患者及其家属好评，被评为为南昌市卫生系统2010年度“医德医风”标兵；社员邓日教学成绩突出，再次获得南昌市英语听力竞赛指导老师一等奖及全国英语能力竞赛南昌赛区指导老师二等奖，并被评为优秀教师；社员万艳丽利用掌握的娴熟计生知识、以热情周到的服务一年来为群众办理生育证及接待计生咨询6000余人无一差错，较好的维护了群众的计划生育合法权益，其负责的妇联工作获得“全国妇联系统先进集体”称号；社员涂小金在医疗质量万里行检查中相关工作获得专家好评，晋级为副主任护师；社员涂丹从事水政监察工作，经常深入乡村开展水法规知识的宣传普及工作，有效地提高了群众的法律意识，维护了法律的尊严；社员万武成积极投身退休后社会服务工作，积极参与支社各项活动，建言献策、活跃报道，其负责的老科协科教电影队2011年放映科教电影96场观众受教5万多人次，获市、县老科技工作者先进个人社员谭兆沛、万和平作为党外专家，经常参加市、县下乡科普知识宣传咨询服务活动及科研调研活动，县老科协科普讲师团人员调整，其中九三社员占总人数的1/3，再次显示了民主党派九三学社的科技优势。

【组织建设】　加强组织建设是夯实党派基础的重要措施，2011年，支社要求全体社员广泛联系社会各界，按社章组织发展的有关规定和要求推荐优秀人才加入社组织以不断增添新的活力，并积极主动向县委统战部通报、沟通、联合考察，已发展两名新社员并对其他提出入社申请的人员进行考察。2011年，支社共开展多种形式、内容丰富的组织活动十余次，或集中学习、座谈讨论，或与挂靠单位合作调研，或组织义诊、科技咨询服务，或外出考察学习等等；另外支委会对部分社员所在单位进行走访，通过沟通联系，掌握信息，征求意见，取得支持并经常向县委统战部汇报、及时反映社员动态，平时支委们还对因病住院的社员进行走访、慰问，“九九”重阳节组织老年社员登山活动并向他们赠送节日礼品，使他们亲切感受到党派组织的关心、关爱。

【走进敬老院关爱老年人活动】　9月8日上午，南昌县支社到武阳镇敬老院开展关爱服务活动。活动中社员们参观、了解老人的生活环境和生活状态。主委万金印为老人们讲解常见疾病防治相关知识，支社的多名医务工作者为敬老院的40多名五保老人免费进行血压测量、心电图检查、心肺体检等。社员们对老人们进行近距离沟通、健康咨询，心理辅导、亲情关爱，诚志祝愿他们健康快乐安度晚年。此次活动让老人们再次感受到人间温暖和社会关爱。

【服务企业促其做优做精】　为了深入贯彻落实南昌县十二次党代会精神，围绕县政协在全县政协委员中开展“加速发展献一策，促进项目牵一线”活动。11月28日支社利用组织生活日由主委万金印带领九三学社中政协委员及社员一行22人到小蓝经济开发区的知名企业万鑫铝业有限公司参观学习。社员们就企业的现代化管理理念及如何打造企业知名品牌及其企业如何做强做大做了深度探讨，并积极为企业建言献策。

【九三学社县支社领导人】
主任委员:万金印
副主任委员:胡逢喜
(主笔:万艳丽　审稿:沈　伟)

南昌市无党派知识分子联谊会南昌县分会

【概况】 南昌市无党派知识分子联谊会南昌县分会(简称知联分会)成立于2006年10月27日。知联分会吸收一批没有参加任何党派,在本职岗位上对单位、社会有积极贡献的知识分子群体作为南昌县无党派知联分会的生力军。2011年,知联分会有会员24名,其中市人大代表1名,市政协委员2名,县人大常委1名,县政协常委4名,县政协委员13名。

在各级统战部门和县委的统一领导下,知联分会一直保持低调、务实、真诚、高效的工作作风,与南昌县其他民主党派团结并进。知联分会倡导会员:淡泊名利、甘为人梯、乐于奉献作为人生追求,全体会员无私奉献的精神境界,得到中共党员及各界人士的尊重和称道。

【主题教育彰显特色】 2011年,县无党派知联分会审时度势的抓住主题教育活动为契机,扎扎实实开展生动、活泼的特色活动。读好一本书。接到市委统战部无党派人士主题教育活动的部署,县知联分会立即组织全体会员动员大会,开展读一本好书活动,即《中共中央关于进一步加强中国共产党领导的多党合作和政治协商制度建设的意见》,会员在学习过程中,认真做好笔记,每人还撰写不少于3000字的学习心得体会,通过学习,会员们深刻认识到,作为一名无党派人士,应自觉接受中国共产党的领导,坚持走中国特色的社会主义道路。作为一名无党派人士,要高度重视提高政治把握能力,应结合自身专业领域,积极反映社情民意,努力建言献策,做到在重大原则、重大政治问题上头脑清醒,立场坚定,经受住各种政治风浪的考验。通过学习,知联分会无党派人士对自身身份认同了,思想提高了,达到"自愿、自主、自为"的效果。重走一次"小平小道"。为深入贯彻落实学习实践科学发展观的要求和全国无党派人士主题教育活动,明确今后工作努力方向。知联分会全体会员在部长带领下,前往新建县重走"小平小道"大家沿着邓小平留下的足迹踏访"小平小道",瞻仰邓小平铜像,重温邓小平光辉的一生,感悟一代伟人当年从这里走过的足音,深切缅怀一代伟人的丰功伟绩和坚忍不拔的崇高品质。随后大家前往生米镇"宝葫芦农庄"深切感受改革开放和科学发展的成果。通过开展此类主题教育活动,进一步提升了会员的思想政治理论修养。知联分会还在县委县政府统一领导下,紧紧围绕南昌县经济建设为中心,拼争全国五十强为目标,与其他各民主党派一起,顺利出色地完成了方志敏烈士陵园的纪念活动、"红色电影月"活动、梅岭狮子峰"健康迎华诞,同心促和谐"活动、共建昌南新城大型咨询服务活动,统战系统趣味运动会等县委统战部精心组织的各项活动。

【参政议政提升水平】 2011年,知联分会在县委搭建的各种参政议政、民主监督的平台中积极建言献策,各项建议提案硕果累累:《将校园食品卫生监督列入长效机制》、《治理莲塘地区地购油的几点有效措施》、《关于在成熟居民社区建立便民卫生所的建议》、《建议在我县取消高中会考》、《南昌县莲塘城区留守儿童调查报告》、《加强水利设施的维护管理》、《关于进一步完善南昌县莲塘镇网吧市场管理的建议》等等。随着经济发展,国家越来越重视以人为本的发展才是科学可持续发展。近年来,工业迅速发展造成工业排放量大增,针对这种状况,由知联分会发起,依托南昌县气象局、南昌县环保局等单位设备和监测技术进行跨行业多部门协作,成立《南昌县城区与农区灰尘污染状况的调研》小组,并邀请涂良瑛等相关行业专家作为调研顾问,无党派知联会会员进行调研分工协调工作,对调研中遇到的问题和困难提交无党派知联分会讨论。对报告中的难点和悬疑问题组织调研,得到南昌市、南昌县环保局、南昌市环境监测站等单位的大力支持,丰富了调研数据,使调研更具科学性和权威性,以扎实工作为南昌县的经济建设出谋献策,参政议政。知联会还高质量完成"在中学校园进行思想道德教育","积极构建适应南昌县经济快速发展的职业教育的调查和思考"等调研。2011年是中共地方党委、政府换届年,在县委大力支持,统战部直接关怀下,无党派知联分会有14名会员分别在市县人大、市县政协担任代表委员,参政议政的平台进一步得到提升。

【社会服务力求务实】 2011年,知联分会在南昌县最偏远的塘南镇北联村建立新农村服务基地,在广福镇吴石村建立基层服务点。知联分会全体会员心系服务基地,帮助扶持特困生,先后送去大米、食油,棉被、学习用品和课外读物,为当地学校购置蓝球、乒乓球、羽毛球、跳绳等体育用品,知联分会会员还多方联系各种资金帮助扶持服务基地的村委会。

【联谊活动丰富多彩】 2011年9月2日,知联分会一行20人赴安徽省庐江县学习考察。考察团一行先后参观新四军江北指挥部旧址,考察安徽洪鑫源矿业有限公司,并赴安徽庐江县汤池镇考察和谐社会示范镇,深受了一次传统文化的洗礼和熏陶。全体会员通过在安徽省学习考察,巩固了主题教育活动的学习成效,更加明确无党派人士的责任,切身体会无党派教育的重要性,新一代无党派人士应当继续发挥老一辈无党派人士的优良传统,结合自己的具体工作,积极投身现代化综合新城建设中去。联谊会还先后组织到庐山石门涧、安徽天柱山、中国香港等地联谊。通过特色活动,县知联分会已由刚成立时相对"散"的局面发展成为一个凝心聚力的团队。主题教育活动提升了全体会员勇于担当的责任意识、服务社会的实践意识,自觉服从大局的全局意识。

【县无党派知联分会领导人】

会　长:吴　晶

副会长:李双庆　胡水静

罗　敏

(主笔:邓淑英　审稿:吴　晶)

南昌县工商业联合会

【概况】 南昌县工商业联合会简称南昌县工商联。其性质和地位可概括为:共产党领导的南昌县工商界组成的人民团体和民间商会(南昌县工商联又称南昌县总商会),党和政府联系非公有制经济人士的桥梁和纽带,政府管理非公有制经济的助手。工商联也是中国共产党领导的多党合作和政治协商的单位. 也可以看作是具有统战性、经济性、民间性的社会群众团体组织。

2011年,县工商联有行政编制5人,在职4人,调研员1人,退休2人,工勤编1人,机关设党支部1个,拥有党员7人,其中女党员1人。县工商联充分发挥党和政府联系非公有制经济人士的桥梁和纽带作用,围绕"民营兴县"战略,以服务为中心,以活动为载体,以基层商会建设为重点,在服务形式上求新,在活动内容上求实,在工作制度上求严,有力推动了南昌县非公有制经济健康发展和非公有制经济人士健康成长,使工商联工作焕发出前所未有的生机和活力。

【学习贯彻《中共中央、国务院关于加强和改进新形势下工商联工作的意见》】 2011年,该文件的制定颁发是加强和改进新形势下工商联工作、促进非公有制经济健康发展和非公有制经济人士健康成长作出的一项重大决策,在工商联发展史上具有里程碑意义。文件提出了一系列新的重要理论观点、政策举措和制度安排,是在新的历史起点上推进工商联事业发展和指导工商联工作的纲领性文件。

【加强调查研究】 工商联的参政议政工作,主要是紧紧围绕县委、县政府的中心任务和经济政策,结合南昌县实际,深入企业、深入基层,对全县的非公有制经济现状,发展规划进行调查研究,以提案和议案的形式提交党委、政府参考决策。为此,2011年,南昌县工商联首先利用年初走访慰问企业之际,深入部分常、执委企业了解情况,调查研究,基本摸清了会员企业的基本状况,认真收集整理好他们的一些意见和建议。2011年,县工商联充分发挥工商联在非公有制经济人士参与政治和社会事务中的主渠道作用,积极引导工商联界别的政协委员和人大代表撰写提案、议案、建议和参加政协大会发言。在"两会"期间,工商联集体和个人共提交10多件议案和提案。其中,《关于对县城莲塘区公共绿地和绿化带的管理》等3件提案均已落实。

按照县委统战部的要求,本着"党委出题、党派调研"的原则,县工商联通过积极深入基层、走进企业、走访会员等形式,大量开展调查研究工作,取得较好成效。全年,共撰写调研文章2篇,理论文章2篇。其中,调研文章:《坚持以科学发展观为统领做好县工商联工作》发表于中央党校八院院办刊物上。

【开展宣传教育工作】 宣传教育工作开展的成功与否,直接影响着工商联工作的开展与提高,也影响着民营企业外向发展的步伐。为此,县工商联始终把宣传工作作为工商联工作的重要内容,通过拓展信息平台,组织参加各类培训及参观考察等宣传教育方式,多渠道、多层次及时全面地宣传工商联商务、会务活动,尤其是通过上报信息和编写商会简讯、召开座谈会等方式,拓宽与民营企业的沟通渠道,提高企业的社会声誉,营造了一个鼓励干事业、支持干成事业的创业氛围。2011年7月,县工商联组织2名民营企业家参加上海复旦大学培训。

【积极开展对外交流和经贸工作】 为会员服务是工商联的重要职能之一,服务工作的好坏直接关系着工商联的凝聚力和向心力。2011年,县工商联始终把为会员服务放在日常工作的首位,不断探索为会员服务的新方式、新途径。为维护会员的合法权益,

县工商联积极协调与有关部门的关系,加强与其他县市工商联的联系,及时协调处理县内外经济纠纷或侵权案件,切实维护会员的合法权益,赢得了会员的信赖。组织开展经济联络工作。县工商联紧紧围绕县委、县政府的工作中心,把内引外联,招商引资,搞好经贸活动,推动全县经济发展作为重点工作来抓。

【走访慰问老工商业者】 2011年,积极引导非公有制经济人士树立科学发展观和社会主义荣辱观,增强社会责任感,主动投身光彩事业,回报社会、服务桑梓,参与社会公益事业活动,以各种形式帮助社会弱势群体。2011年春节期间县工商联领导班子成员分成3个组,对全县健在的老工商业者进行走访慰问。走访期间送上一句暖心话,送去一桶油、一袋米、300元现金,老工商业者看着县工商联领导班子成员的到来,当场向表达了激动的心情。

【组织会员企业参与帮扶"三类村"活动】 2011年,县工商联按照市委统战部、市联的要求,积极参与和配合县委统战部、组织部等部门的工作,组织动员全县民营企业参与结对帮扶"三类村"活动。南昌县推荐的3家民营企业江西汇仁集团医药科研营销有限公司、洪宇建设集团、江西伟梦集团公司分别与蒋巷镇五丰村、柏岗山村、冈上镇曲湖村结成了帮扶对子。后经市委统战部调整,江西交建集团有限公司等5家非公企业也由南昌县进行引导,开展一对一结对帮扶,并取得一定成效。

【积极主动参加全县的"干部上挂下派"活动】 2011年,为响应全县开展"干部上挂下派"活动的部署和要求,县工商联在人员紧缺的情况下派出仅有的一名普通干部也是县工商联的办公室主任赵红下派到基层定岗居委会学习锻炼3个月,开展协基层、访民情、解民忧、帮民困等活动。与群众座谈,聊农事、聊家常,询问他们在家庭生活中存在什么困难和问题,有什么需求需要党和政府给予帮助和解决,对群众提出的问题、需求、建议等,都一一记录在工作日志上。与此同时,县工商联还开展全体机关干部"访民企、帮民企、促民企"活动,先后走访南昌田环粮食产业有限公司、南昌县富山粮食加工厂等20家会员企业,对企业提出的问题和存在的困难也同样按照"民情日记"记录在工作日志上,将在近期进行汇总归纳成一份材料,及时交予有关部门进行集中解决和办理,对一时难于解决的或暂时不能解决的及时作出答复。通过参加活动,丰富了机关干部的工作内容,同时在基层了解了民情,得到了一定的锻炼,增强了做好群众工作的意识。

【积极成立行业商会】 2011年,为使南昌县行业商会的队伍进一步壮大并且按照(中发〔2010〕16号)文件规定,属地所有商会、协会,其主管部门为工商业联合会,因此在县工商联的积极引导和帮组下,南昌县闽清建材行业商会于2011年10月18日成功成立。

表38 **2011年南昌县工商联领导班子成员名单**

姓　名	性　别	出生年月	籍　贯	职　务
徐向阳	男	1957.11	江西南昌	南昌县工商联党组书记
欧阳文华	男	1967.1	江西南昌	南昌县工商联副主席
朱惠达	男	1970.12	江西南昌	南昌县工商联副主席

(主笔:赵　红　审稿:朱惠达)

政　　法

公　安

【概况】 2011年,南昌县公安机关在县委、县政府和上级公安机关的坚强领导下,以科学发展观为统领,全面贯彻落实全省、全市公安工作会议精神,紧紧围绕全县工作大局,按照年初制定的总体工作思路,突出社会矛盾化解、社会管理创新、公正廉洁执法“三项重点工作”,深入推进公安信息化建设、执法规范化建设、和谐警民关系建设“三项建设”,全力打造“平安昌南、和谐昌南”,各项工作迈上新的台阶。2011年共侦破各类刑事案件1924起;抓获各类犯罪嫌疑人945人,其中刑事拘留510人,报捕435人;摧毁各类违法犯罪团伙48个,成员157人。共查处行政案件4151起,处理违法人员1989人,行政拘留724人。实现连续四年现发命案全部告破,重特大、系列性、有影响的刑事案件全部告破,全县治安持续好转的目标。

【法医解剖室建成投入使用】 2011年1月13日,县公安局在县殡仪馆建造的现代化无臭法医尸体解剖室正式投入使用。整个解剖室占地面积76平方米,分成解剖室、监控室、家属观察室、卫生间4个功能区,安装上送风下排风式的不锈钢解剖台、12孔无影灯、3套空调机和3台抽风机、3个通道的监控设备以及延时抽排风、消毒装置。建成后的解剖室具有排风效果好、光照强度强、恒温、延时消毒和同步录音录像等特点和功能,大大地改善技术人员的工作环境和条件,同时增强了技术人员检验取证的合法性和有效性。

【召开2010年度总结表彰大会】 2011年1月18日上午,县公安局在县会展中心隆重召开2010年度总结表彰大会,总结回顾2010年度公安工作,表彰2010年度全县公安工作先进集体和先进个人,安排部署2011年度公安工作。县委书记肖玉文,市局党委副书记、副局长叶琳,县人大常委会主任胡小明,县政协主席邓炳根,县检察院检察长张振川,县法院院长李红刚等领导应邀出席大会,并向受到表彰的先进集体,先进个人和模范警属颁发奖匾、证书和奖金。县公安局局在家局领导,各单位民警、武警以及巡防员共300余人参加了会议。会议由政委周庆鲁主持。

【召开共青团南昌县公安局代表大会】 2011年3月18日上午,县公安局在局八楼会议室隆重召开共青团南昌县公安局代表大会。县公安局局长张增和,团县委副书记邓莉,县公安局副局长熊孟刚,委员何显金等领导出席会议,县公安局政委周庆鲁专门发来短信对大会召开表示祝贺。来自全局各基层单位的团干及团员代表共120余人参加会议。会议由局团委副书记尚小松主持。

【召开全县公安机关负责干部大会】 2011年4月28日上午,县公安局在局八楼大会议室召开全县公安机关负责干部大会。全体局领导及局属各单位中层正职以上领导共80余人参加会议。会议由政委周庆鲁主持。会上,副局长洪龙通报2010年全县公安机关“民调评警”工作情况、部署校园安保工作,并就贯彻落实《南昌市公安局公共娱乐服务场所治安管理责任制暂行规定》、《南昌市游艺娱乐场所利用电子游戏机涉赌案件实行责任追究的暂行规定》提出明确要求;副局长朱茂林宣布县局2010年“民调评警”工作的表彰决定;副局长熊孟刚部署全局执法规范化建设相关工作;最后,副县长、公安局长张增和作了重要讲话。

【召开“五项治理”专项活动暨发展提升年活动动员大会】 2011年4月28日上午,县公安局在局八楼大会议室召开全县公安队伍突出问题“五项治理”专项活动暨发展提升年活动动员大会。全体在家局领导,局属各单位主要负责人共70余人参加会议。会议由党委副书记、副局长熊孟刚主持。会上,纪委书记戴智辉对2010年度党风廉政建设工作进行总结,对2011年南昌县公安局党风廉政建设工作进行部署。副县长、公安局长张增和作重要讲话。

【召开“大走访”开门评警现场办公会】 2011年4月29日上午,70多名干部群众相聚在幽兰派出所,隆重召开南昌市公安局户政支队、南昌县公安局“大走访”开门评警活动现场办公会。这次现场会是南昌市公安局户政支队和南昌县公安局认真按照公安部“大走访”开门评警活动的要求,敞开大门访民意,打开心扉听民声,努力实现“广大民警受教育、人民群众得实惠,公安工作上水平、警民关系更和谐,人民群众安全感和满意度明显增强、公安机关执法公信力和作风形象明显提升”的具体举措。市局党委副书记胡振正、县公安局政委周庆鲁等出席现场办公会,新建县局、进贤县局、安义县局、高新分局、湾里分局的户政科人员,各派出所分管户籍工作的所领导、县公安局户政业务部门全体民警、幽兰派出所全体民警进行了现场观摩。

【评选"十大青年明星民警"】 2011年5月5日下午,县公安局在局八楼会议室隆重举办"党团共建、创先争优 争当十大青年明星民警"的演讲评比会。县局领导、各参赛单位负责人、全局共青团员及青年民警代表共100余人参加评比会。副县长、县公安局长张增和作讲话,县公安局党委副书记、政委周庆鲁作点评,县公安局党委副书记、副局长熊孟刚,县公安局党委委员、政工监督室主任何显金,往届局团委干部代表担当评委,各参赛单位的负责人参与现场投票。经过激烈角逐,综合演讲表现和现场投票,塔城派出所朱锦宜、杨村派出所勒勇、广福派出所熊星、政工监督室丁浩、塘南派出所崔大龙、交警大队李文欢、向塘派出所赵智、莲塘派出所兰克、刑侦大队高帆、特巡警大队张浩等10人被授予"十大青年明星民警"。

【举办中国共产党成立90周年歌舞晚会】 2011年6月27日晚,县公安局在县文化会展中心一号厅举办庆祝中国共产党成立90周年歌舞晚会。市公安局党委委员、政治部主任胡金保,县委常委、统战部部长胡炜,县人大常委会副主任、工会主席熊鹰,副县长、县公安局长张增和,副县长涂莉华,县政协副主席伍目连,县法院院长李红刚,县检察院检察长张振川,县司法局局长胡建米,市局政治部各处室、工会、团委、妇委会主要负责人等领导嘉宾出席了晚会。晚会由县公安局政工监督室主办,县文化局、县采茶剧团、市舞蹈协会等单位的专业人士应邀与县公安局两位局领导共同担任本次比赛评委。县公安局全体局领导、民警代表、退休老干部、民警家属及社会各界人士共1000余人观看了演出。此次歌舞晚会共有17个节目参加角逐,通过评委认真公正评审,治安大队选送的合唱歌曲《四渡赤水出奇兵》荣获此次大赛的一等奖;交警大队选送的合唱《军歌联唱》,武阳派出所李世栋的独唱《国家》,特巡警大队选送的合唱歌曲《军歌联唱、爱国奉献歌》,刑侦大队选送的合唱歌曲《热血铸忠诚》,特巡警大队莫伟的独唱《我的中国心》等节目分别荣获二、三等奖。

【澄碧湖派出所挂牌成立】 2011年7月1日上午,澄碧湖派出所挂牌成立通报会在莲塘镇政府四楼召开,县公安局党委副书记、副局长熊孟刚,治安大队、澄碧湖所、莲塘所、小蓝所、八一所负责人等参加通报会,会议由莲塘镇政法书记黄元新主持。

【县公安局主要负责人职务调整】 2011年7月21日上午,县公安局在局八楼大会议室召开全县公安机关负责干部大会,宣布李荣任南昌县副县长、南昌县委政法委副书记、县公安局党委书记、公安局长。县委副书记王小文,县委常委、县委组织部部长陈圣栋出席会议;县公安局全体党委委员,各单位副科级以上领导及县局工、青、妇负责人参加会议。县委副书记王小文主持会议并作重要讲话。

【成立警察公共关系科】 2011年8月,在县公安局党委的高度重视下,在县公安局政工监督室增设警察公共关系科(新闻中心),抽调黄宏萍、姜钦峰等4名民警开展工作。警察公共关系科自成立后,努力践行"向宣传要警力"、"向宣传要战斗力"的理念,以县局党委提出的"围绕中心工作,加大宣传力度"为指针,以"透视警情,关注民生"为抓手,以"上主流媒体、上分量稿件、提高发稿率"为方向,与中央、省、市级主流媒体建立良好的合作关系,取得了良好的社会和舆论效果。警察公共关系科成立仅半年时间,在省公安厅、市公安局宣传处的大力指导下,先后在各级主流媒体发表新闻稿件123篇,其中中央级主流媒体上稿15篇(中央电视台2个专题1个新闻报道,《人民公安报》5篇,法制网3篇,《法制日报》2篇,人民网2篇),发稿数量和质量超过历史上数年总和,实现历史性突破,形成"报纸有文字、电视有画面、网络有报道"的强大宣传攻势。

【举行交警大队业务用房和机动车检测中心开工庆典】 2011年10月15日上午,县公安局交警大队在小蓝经济开发区内隆重举行大队业务用房和机动车检测中心开工庆典仪式。省公安厅交警总队副总队长龙毅,市公安局交通管理局副局长刘文保,县委常委、县政府常务副县长杨斯,县委常委徐海波、杨春,县政府副县长伍曦、李荣等领导出席庆典仪式;县直有关单位代表、特邀嘉宾等200多人参加庆典。庆典仪式由县公安局政委周庆鲁主持,县公安局党委委员、交管大队大队长刘啸,施工单位、监理单位代表分别在庆典仪式上作发言,副县长、公安局长李荣在会上作重要讲话。最后,出席庆典仪式的领导为南昌县公安局交管大队业务用房和机动车检测中心建设工程项目奠基。

【组织民警参加执法资格考试】 根据公安部《公安机关人民警察执法资格等级考试办法》以及省公安厅、市公安局相关要求,县公安局党委高度重视,精心组织,全局650余名民警分别于2011年11月12日、11月19日、11月26日在莲塘一中参加人民警察基本级执法资格考试。为保障考试顺利进行,县局成立由副县长、公安局长李荣为组长,政委周庆鲁为副组长,其他局领导为成员的执法资格等级考试领导小组,下设办公室,由副书记、副局长熊孟刚兼办公室主任,法制室主任杜国平为副主任,从法制、督察、纪委、治安、刑侦、经侦、交警、消防抽调人员集中办公。考试过程严格按照公安部、省厅和市局的要求,对学校考点进行布置,悬挂条幅、显著位置摆放了考场分布图、考场规则及违规违纪处理规定,并对每个考场的考试过程进行全程录音录像,所有的工作及程序均严格遵守考场要求。每个考场纪律、秩序井然。

【举办法制教育培训】 2011年,县公安局认真按照上级公安机关的要求,切实把民警执法资格等级考试当作执法规范化建设的一项内容来抓,定时在网上下发通知,及时提醒民警参加省厅教育训练平台的模拟考试,并对网上考试情况进行通报,以此督促全体民警把法制学习变成一种自觉行动。为有效增强民警学习法律法规的针对性，提高学习效率，县公安局制定详细的法制培训工作计划，从2011年5月份开始举办法制大讲堂，采取邀请市局以及选派法制室专业人士讲课的方法，自我加压，在全局上下营造人人学法的浓厚氛围，进一步提高了全体民警的法制素养。

【DNA实验室建设项目正式启动】2011年10月26日，县政府经研究批准县公安局建立DNA实验室，并同意安排资金350万元用于DNA实验室和数据库的建设，11月18日在有关部门的大力支持下顺利完成项目的招投标工作，标志着南昌县公安局DNA实验室的建设正式启动。

【圆满完成各项安保任务】　2011年，县公安局认真做好中央领导来县视察的各类安全警卫工作，确保绝对安全，共圆满地完成一级警卫任务1次，二级警卫任务3次，三级警卫任务2次，出动警力1000余人次。圆满地完成"七城会"、市、县"三看"活动，县"三会"、黄马樱花节、"2011年南昌商贸暨总部经济八大项目开工仪式"、"幸福澄湖"国庆系列群众文艺活动等大型活动、会议的安全保卫工作任务80次。其中在"七城会"召开期间，县公安局从2011年10月9日8时至10月30日8时，分别启用105国道新村治安检查站、昌万公路渡口新村治安查报及昌南客运站执勤点，开展治安查控工作，查缴一大批违禁物品，充分发挥治安"过滤器"作用，为"七城会"顺利举办提供了有力治安保障。

【"清网行动"成绩显著】　2011年5月，公安部统一部署网上追逃专项督察"清网行动"，全县公安机关在县委、县政府的正确领导和上级公安机关的大力指导下，县公安局党委周密部署、科学施策，全县公安机关上下联动、全力攻坚，广大公安民警英勇善战、敢打硬拼，"清网行动"成绩斐然、战果辉煌。截至2011年12月15日，全局共抓获各类网上逃犯274名，其中网内逃犯257名，故意杀人逃犯6名，清网率达90.5%，全局25个任务单位中，富山派出所、蒋巷派出所、东新派出所等13个单位清网率达100%，莲塘派出所、刑侦大队、治安大队等10个单位清网率超过80%，全局抓获行动前网逃数在全省县区公安机关中名列第一，提前两个月完成省公安厅下达的决战阶段清网率达70%以上、八类案件在逃人员总量下降30%以上的目标任务。2011年12月16日，省公安厅召开"清网行动"总结表彰会议，南昌县公安局因"清网行动"成绩显著被省公安厅授予集体二等功。

【严厉打击经济犯罪】　2011年，南昌县公安局认真贯彻落实第三次全国经济犯罪侦查工作会议精神，紧紧围绕"保增长、保民生、保稳定"的工作大局，充分发挥"打击、服务、参谋"三项职责，严厉打击和严密预防各种经济犯罪活动，保障市场经济秩序的正常运行，积极维护经济安全和人民群众的切身利益，为推进南昌县经济发展，构建和谐社会作出了积极的贡献。2011年度，全局共依法立案38起，破案36起，刑拘42人，依法逮捕39人，起诉21人，抓获网上逃犯30名，挽回直接经济损失670万元。严厉打击非法传销违法犯罪活动，共捣毁传销窝点117个，解救人质249人，教育遣散传销人员960余人。查破非法拘禁案2起，组织领导传销案1起，刑拘20人，冻结非法所得资金320万元。2011年9月14日，县公安局破获一起特大传销案，抓获涉嫌组织领导传销罪的A级头目9名，涉案账户往来资金达2000余万元，该案件的成功侦破得到上级公安机关的高度赞赏。

【开展"两整治一排查"专项活动】2011年，县公安局在县政法委的统一部署和安排下，及时开展流动人口、出租房屋集中整治，社会矛盾排查工作，在全县范围内对外来流动人口、出租房进行清查。对流动人口中有前科劣迹、多人同居一室、无正当职业和合法经济来源、身份不明、居无定所、昼伏夜出，以及财物来路不明、逃避登记等有违法犯罪嫌疑的人员进行盘查，及时发现和打击藏匿其中的违法犯罪分子。其间共出动警力1000余人次，共清理登记流动人口27156人，出租房屋2976户，签订治安责任状2976份。

【开展涉案财物专项治理】　2011年5月，根据上级公安机关的统一部署，县公安局积极开展涉案财物专项治理工作，成立专项治理工作领导组，召开专题会议，下发《涉案财物专项治理实施方案》，进行细致的安排部署，重点抓了学习教育、排查清理、长效机制、督导落实四个环节，确保该项工作进展顺利。为进一步加强该项工作的推进力度，县公安局安排两名局领导带队从法制、纪检、督察等部门抽调专人，成立"两项治理"专项检查小组，结合执法办案单位实际和人员岗位特点，突出重点，认真开展检查工作，重点对当前正在办理的案件，以及2010年以来已办结的案件逐案进行清理排查工作，涉案财物逐项进行核对。全县共排查正在办理行政刑事案件4965起，2010年以来办结的行政刑事案件2429起，清理涉案财物357件，发现问题案件30起。局属各办案单位均以建立涉案财物管理台账，并对已排查清理的案件、涉案财物进行逐案登记造册。

【快速破获"7·28"特大杀人案】2011年7月28日上午，县公安局指挥中心接到群众报警称：县昌南新城某小区内一住户家里有人被杀身亡。案情就是命令！县公安局迅速启动"命案侦破机制"，副县长、公安局局长李荣，政委周庆鲁，副局长万水华在第一时间赶赴现场，并从刑侦和有关派出所抽调精干警力组成专案组，展开侦破工作。获悉案情后，市公安局党委委员、副局长于晓光，刑侦支队支队长丁志华立即率领市局侦技人员深入现场协助和指导勘查、审讯工作。经现场勘查和调查访问，住户刘某（女、30岁）及其两个女儿（分别为2岁和8岁）被人杀死在家中，刘家保姆丁某有重大作案嫌疑。民警随即迅速将犯罪嫌疑人丁某控制。经查：犯罪嫌疑人丁某，女，现年41岁，新建县人，案发前在被害人刘某家中做保姆。丁某经常怀疑被害人刘某在饭菜中下毒害自己，便对刘怀恨在心。2011年7月28日早上，其因琐事同刘某发生争执后，遂用菜刀将刘某及其两个女儿砍死。

【成功破获"9·15"地沟油案】　2011年9月15日晚，县公安局接省厅治安总队线索:江西省环宇生物柴油有限公司(位于南昌县武阳镇)大量收购地沟油,具有用地沟油生产食用油的重大嫌疑。接情况后,县公安局主要领导和分管领导高度重视,亲率治安、特巡警大队和属地派出所警力前往现场查处。在省厅党委副书记、副厅长章凯旋,治安总队政委刘小龙,市局副局长李勇等领导的坐镇指挥下,连夜开展工作。在江西环宇生物柴油公司,办案民警当场封存"地沟油"600余桶,约100余吨,并在现场发现大量"白土"(生产"地沟油"原料)。随后办案民警及时将该公司法人代表万某及股东万某、万某某和技术人员万某、龚某传唤到案。经审讯,技术人员龚某交待了该公司自2010年6月份以来,利用从吉安等地收购来的"地沟油"大量生产所谓高质量饲料混合油,具有非法生产食用油的重大嫌疑。为了彻底查清案情,坚决打掉这一非法生产制售"地沟油"的产销链,县公安局高度重视,立即组建了以分管局长为组长,治安大队为主要力量,刑侦、特巡警参与的"9·15"专案组开展调查。经缜密侦查,初步查证江西省环宇生物柴油有限公司自2010年6月份以来,加工生产高质量混合油1700余吨,其中1600余吨销往广东东莞方向,其中大部分销售至东莞市麻涌镇川槎胜辉饲料制品经营部。通过秘密调查发现胜辉饲料制品经营部的法人张某具有重大嫌疑。省、市、县公安机关各级领导当即作出决定,专案组由省公安厅治安总队牵头,由总队领导亲率市、县公安局专案人员南下东莞。10月1日下午2时,在当地警方配合下,专案人员将胜辉制品经营部的股份成员张某、赵某、黄某缉拿归案。经审讯,三名犯罪嫌疑人交代自2010年7、8月份购置设备用混合油进行深加工成食用油,以散装方式进行销售,并且交代该黑工厂的具体位置及销售下家吴某、王某。专案组成员随即赶赴黑工厂驻地,对工厂的生产设备予以依法查封。2011年10月11日晚,在广东省警方的大力配合下,将犯罪嫌疑人王某抓获归案,并从其生产窝点查获包装好的各种未经注册品牌瓶装食用油约7000余升;散装油约几十吨,5升装的空瓶约13000余只;20余种各类未经注册的商标印刷品约100000余份。10月12日晚,在广州市公安局技侦支队的协助下,犯罪嫌疑人吴某被广州警方抓获。

表39 **2011年南昌县公安局党政领导班子成员名单**

姓名	性别	出生年月	籍贯	职　务
李　荣	男	1961.5	江西省瑞金市	副县长、局党委书记、局长
周庆鲁	男	1960.9	安徽省濉溪县	局党委副书记、政委
熊孟刚	男	1967.11	江西省南昌县	局党委副书记、副局长
朱茂林	男	1958.9	江西省南昌县	局党委委员、副局长
喻生根	男	1958.10	江西省南昌县	局党委委员、副政委
黄光亮	男	1962.2	江西省南昌县	局党委委员、副局长
戴智辉	男	1958.7	江西省南昌县	局党委委员、纪委书记
洪　龙	男	1970.6	江西省永新县	局党委委员、副局长
万水华	男	1965.8	江西省南昌县	局党委委员、副局长
龚华根	男	1962.7	江西省南昌县	局党委委员、指挥中心主任
刘　啸	男	1967.11	江西省南昌县	局党委委员、交管大队大队长
何显金	男	1962.7	江西省南昌县	局党委委员、政工监督室主任

(主笔:陈志刚 审稿:胡　偎)

检　察

【概况】 2011年,南昌县检察院紧紧围绕全县经济发展大局,以科学发展观为统领,深入贯彻县委十二次党代会、县十五届人大一次会议精神,深入推进三项重点工作,严格履行检察职能,为社会的和谐稳定和南昌县经济发展作出了应有贡献。

【依法履行批捕起诉职能】 2011年,受理提请审查批捕的各类刑事犯罪353件618人,批准逮捕301件536人;受理移送审查起诉的各类刑事犯罪485件714人,向法院提起公诉409件590人。牢固树立公共安全意识,批准逮捕危害公共安全犯罪案件32件34人,提起公诉50件51人;严厉打击各种严重暴力犯罪和多发性侵财犯罪,批准逮捕此类犯罪案件239件428人,提起公诉259件387人,人民群众的安全感进一步增强;依法打击经济领域犯罪,共批准逮捕破坏社会主义市场经济秩序犯罪14件29人,提起公诉8件9人。

【依法查办、预防职务犯罪】 2011年,立案侦查各类职务犯罪案件10件15人,其中大案以上7件12人。县反贪局立案8件13人,其中贪污案2

件5人,受贿案4件5人,侦结7件8人;县渎检部门立案2件2人,为滥用职权和玩忽职守案件,侦结4件5人。重点查处涉农职务犯罪案件,立查发生在涉农工程项目建设中的贪污受贿类案件6件8人。成立以检察长为首的预防宣讲队伍,检察长亲自授课。开展法制专题讲座10次、法制宣传3次,授教育人数达3000余人;发放检察建议4份;受理行贿犯罪档案查询44个单位88人。

【依法履行诉讼监督职能】　2011年,办理立案监督案件16件19人;依法追捕犯罪嫌疑人26人、纠正漏诉88人;提前介入、引导侦查案件22件。在侦查监督工作中,采取建立侦查监督台账方式,将侦查监督工作融入日常工作中,依照制度化的诉讼监督规程,对侦查工作中的违法事项进行个案纠正和专项纠正。提请市检察院刑事抗诉5件,法院改判3件;全面开展量刑建议工作,共向法院发出量刑建议案件264件,法院采纳率达90%以上。加强民事行政审判监督,开展违法审判调查1件,开展民行执行监督6件,开展民事支持起诉被法院采纳1件。认真开展对看守所留所服刑人员和监外执行罪犯脱管、漏管专项检察,与监管单位召开联席会议12次,在监管场所开展安全检察5次,开展违禁物品专项检察活动5次,提出书面或口头检察建议69次,采取"联络单"的方式督促、协助看守所消除安全隐患4起。

【创新建立检察官预约接访机制】为密切同人民群众的联系,畅通信访渠道。2011年3月,县检察院出台《检察官预约接访机制实施办法》,该文件规定:上访群众可通过拨打县检察院预约电话,提前预约包括该院检察长在内的7名检察官中的任何一人接访。接访地点一般在县检察院举报中心进行,经来访者与接访者双方同意也可在接访者办公室进行;不能或不愿到检察院上访的群众,可在上访者所在地或家中进行接访。上访群众指定接访人员后,由控告申诉科负责登记并告知被指定接访者;来访群众指定检察长接访的,在预约登记后两个工作日内安排接访。被指定的接访人员外出或有其他情况发生而致无法接访的,经来访者同意可由他人代理接访。如来访者不同意由代理人接访,则由控告申诉科负责另行约定时间、地点,由指定接访人员接访。对预约接访群众所反映的问题,经审查属本院管辖的,一般在30个工作日办结,特殊情况不超过60个工作日,并在两个月内答复预约接访群众,特殊情况在三个月内答复;转交其他部门办理的,及时沟通联系,询问办理情况后必须及时回复预约接访群众。

【加强社区矫正工作监督】　2011年,针对社区矫正工作由公安机关向司法行政部门移交过程中可能会出现脱管漏管问题,县检察院及时介入,与县公安局、司法局、乡镇机关等部门在蒋巷镇召开联席会议,就全县社区矫正交接工作存在的问题和困难进行探讨,并就进一步做好社区矫正工作提出意见和建议。有关部门积极采纳县检察院的建议,县司法局采纳县检察院提出的将小蓝经济技术开发区司法所作为全县社区矫正工作示范点的建议,专门召集县所有乡镇司法所工作人员,邀请市司法局社区矫正处、市检察院院监所处人员到小蓝经济技术开发区司法所,就社区矫正工作进行现场观摩。

【认真贯彻落实人民监督员制度】2010年10月,最高人民检察院按照中央关于推进司法体制改革的部署和要求,制定并出台有关文件,要求要加强对人民检察院办理直接受理立案侦查案件工作进行监督。江西省人民检察院要求全省各级检察机关要在2011年4月份前全面推行人民监督员制度。2011年,县检察院认真按照上级文件有关要求,积极探索,多次召开党组会研究贯彻全面推行人民监督员制度的相关文件精神,并由检察长向县委、县人大进行专门汇报。时任县委书记肖玉文获悉后,专门委托县人大按照文件要求在全县范围内推荐一名市人民监督员候选人。县检察院还积极争取财政支持,将实行人民监督员制度的经费纳入公用经费范围,并专门设置一间办公室用于人民监督员履职期间办公需要。通过学习宣传,规范制度等一系列措施,县检察院对直接受理立案侦查案件中拟撤销案件和拟不起诉的8个职务犯罪案件,提请市检察院人民监督员进行监督,取得了良好社会效果。

【季度之星评选】　2011年,县检察院为提高干警工作效率,增强干警爱岗敬业和创先争优热情,决定在全院开展"季度之星"评选活动。评选一个季度一次,评选标准为甘于奉献,工作业绩突出,或在某一项工作中取得优异成绩,事迹感人的检察干警。评选程序为:首先由检察长、分管副检察长和纪检组长每季度推荐确定7名"季度之星"候选人;其次候选人进行述职,并完成述职报告交政工部门备案;然后通过召开评选大会,由全院干警通过投票方式确定3名"季度之星";最后,将"季度之星"的事迹、工作和生活照通过"季度之星"专栏进行公布。"季度之星"将作为评先、晋职时的重要参考依据。

【做好"七城会"期间的社会安全稳定工作】　2011年10月,县检察院紧紧围绕"七城会"期间社会稳定要求,从履行检察职能出发,研究制定了《南昌县人民检察院关于第七届全国城运会期间社会稳定工作的保障方案》。城运会期间,县检察院强化对案件进行纠纷排查和评估,将排查出来的涉检信访发现的新问题和隐患,实行一事一项动态管理,落实发现、化解、处置、稳定等工作流程和相关责任;加大办案安全防范工作,谨慎采取羁押等强制措施,坚决杜绝因强制措施不当导致办案安全事故的发生;实行领导带班制度和中层干部日夜值班制度,值班干警保持通讯畅通,取消休假,对无特殊情况的不批准请假,除特殊情况外,不安排干警出差。通过采取一系列措施,县检察院认真做好了"七城会"期间的检察环节的社会稳定工作。

【省检察院党组副书记、副检察长薛江武到南昌县检察院调研】　2011年10月19日上午,省检察院党组副书记、副检察长薛江武在南昌市检察院党组书记、检察长徐胜平等领导的陪同下到南昌县检察院调研。在认真听取了县检察院工作情况汇报后,薛江武对县检察院的工作所取得的成绩给予肯定，她指出，2011年以来，县检察院能够按照省市检察院的工作部署和要求，认真履行检察职责，各项检察工作得到平稳健康发展。薛江武还就如何做好查办职务犯罪工作提出要求：一是要从思想上认清形势。她指出，查办职务犯罪是宪法和法律赋予检察机关的一项基本职能，一直以来，党中央都高度重视反腐败工作，人民群众对腐败更是深恶痛绝，查办职务犯罪正是对老百姓反腐败呼声的积极回应，是对人民负责的体现。二是要注重提高办案工作效果。针对当前检察机关在查办职务犯罪上普遍存在发现能力不强、突出能力不强、查处能力不强等问题，要在线索经营上、侦查突破上、技术侦查上下工夫。要创新侦查理念、方式和手段，强化证据意识和程序意识，要懂得运用先进侦查技术来收集证据，坚决杜绝刑讯逼供等违法违规取证的行为。要正确理顺与纪委的关系，加强与纪委的联系沟通。三是要加强自侦部门的保障工作。要积极争取县委县政府的支持，加强对自侦部门的人才、设备配备和投入。

【妥善处理两起群体访事件】 11月28日、29日两天，县检察院启动应急预案，成功处理了两起群体访事件，将来访群众劝服回家并做好息诉工作。28日上午，一被害人亲属30余人因16年前一起杀人案件到县检察院上访。被害人家属打出“严惩杀人犯”的横幅，集体在该院大门前下跪不起，在悲痛哭声中要求惩办案犯。由于事发突然，且人数众多，上访群众情绪不稳。如不妥善处置，可能会激化矛盾，引发恶性事件。为此，县检察院果断决策，及时发布突发事件预警信号，紧急启动《南昌县人民检察院突发事件应急预案》。以控申和法警大队为主的应急队第一时间到达现场进行稳控。县检察院党组副书记、副检察长赵和连得知情况后，及时接待来访群众，在仔细听取了家属的陈述后，副检察长赵和连耐心地解答了上访人提出的问题，并耐心向来访群众讲解公、检、法的职能范围和案件在检察机关的基本程序，并将办公电话和手机号码留给上访群众，并承诺在第一时间作出处理，三天内给家属答复。在耐心解释及正面回答问题后，来访群众情绪逐渐稳定下来，在劝说下他们都满意地回家了。29日中午，蒋巷镇洲头村50余人到县检察院上访，县检察院采取前一日的接访，妥善处理，及时应答，认真释法，在副检察长赵和连的亲自接访下，很快便平息上访群众的情绪，将群众劝解回家。

【县人大常委会专题听取渎职侵权检察工作报告】 2011年12月28日上午，县第十五届人大常委会4次会议专题听取县检察院渎职侵权检察工作情况报告。会议对县检察院近年来渎职侵权检察工作给予充分的肯定。会议对继续做好渎职侵权检察工作提出四点要求：一要紧紧围绕县委县政府的中心工作，尤其是要围绕当前开展的食品安全、道路建设、水利建设这三项重点工作加大监督和查处力度，做到应查必查，应办必办；二要顺应民意，继续抓好打击发生在破坏生态环境和危害资源能源领域的渎职犯罪，营造良好的生态环境，让人民生活得更幸福、更有尊严；三要进一步加大宣传教育力度，扩大宣传范围，积极争取广大群众对反渎职侵权工作的理解和支持，营造良好的舆论氛围；四要进一步加强反渎队伍建设，要整合人力资源，积极充实反渎干警力量，不断提高干警政治和业务素质，提高队伍战斗力。

表40 **2011南昌县人民检察院年领导班子成员名单**

姓名	性别	出生年月	籍贯	职务
张振川	男	1959.12	河北藁城	党组书记、检察长
赵和连	男	1961.12	南昌县	党组副书记、副检察长
晏水银	男	1967.6	南昌县	党组成员、副检察长
范小凤	女	1961.8	南昌县	党组成员、副检察长
廖晓泉	男	1966.10	南昌县	党组成员、副检察长
林超豪	男	1964.7	浙江临海	党组成员、纪检组长
樊文光	男	1957.7	南昌县	党组成员、反贪局长
江玉清	男	1970.2	南昌县	党组成员、反贪局教导员、办公室主任
姚玉良	男	1964.9	南昌县	党组成员、公诉科长
万生华	男	1973.4	南昌县	党组成员、政工科长

(主笔：黄辉平 审稿：范小凤)

审　判

【概况】　2011年，南昌县人民法院以中共十七大和十七届五中、六中全会精神为指引，深入贯彻落实科学发展观，始终坚持“三个至上”指导思想和“从严治院、公信立院、科技强院”工作方针，积极践行“为大局服务，为人民司法”工作主题，深入推进三项重点工作，为全县经济社会又好又快发展提供优质的司法保障和服务，各项工作取得了新进展和新成绩，自2008年起至2011年，已经连续两届被省高院评为全省优秀法院，连续四年被市中院评为全市优秀法院，法警大队被省高院荣记集体二等功，小蓝经济开发区人民法庭被省高院评为全省优秀人民法庭。2011年，县法院共受理各类案件3438件，同比增长20.76%，审执结2988件，同比增长22.91%，其中，受理审理案件2629件，审结2421件，审结率92.09%；受理执行案件809件，执结567件，执结率70.09%。

【扎实开展刑事审判工作】　2011年，县法院共受理刑事案件379件，审结378件，结案率99.74%。在刑事审判中，县法院坚持“严打”方针不动摇，始终把打击锋芒指向“两抢一盗”、毒品、聚众斗殴、寻衅滋事、非法传销等严重危害社会治安和影响社会稳定的刑事犯罪。切实贯彻宽严相济的刑事政策，准确把握宽严尺度，坚持对未成年人、交通肇事等过失犯、具有自首、立功以及积极履行民事赔偿责任且取得被害人谅解情节的罪犯，依法从轻、减轻或者免除处罚。坚持对未成年罪犯实施特殊司法关怀，对判处非监禁刑的未成年罪犯，逐人建立跟踪回访档案和综合矫治方案，进行定期回访。2011年5月，未成年犯戴某因沉迷于网吧而引发犯抢劫罪，被判处有期徒刑2年4个月，缓刑3年，县法院根据《〈刑法〉修正案（八）》的有关规定，依法发出首份禁止令，禁止其在缓刑考验期限内进入营业性网吧，有效地防止其重新犯罪。

【精心开展民商事审判工作】　2011年，县法院共受理民商事案件1760件，审结1684件，结案率90.68%，其中，调解、撤诉结案961件，调撤率57.07%。努力提高审判效率，扩大简易程序适用范围，提高诉讼进度，加强审限管理，对民商事案件的审理期限实行全程跟踪监督，严防审限超期。牢固树立和谐司法理念，加大民商事案件调解力度，坚持“调解优先，调判结合”的民事审判原则，充分发挥诉讼调解网络和司法协理员的积极作用，努力从根本上化解矛盾。加大能动司法力度，加强与社会各界人大代表的联络，认真倾听他们的意见建议和司法需求，同时，对在审理过程中发现的问题，及时提出司法建议，全年共向行政机关、企事业单位等提出司法建议52条。

【稳妥开展行政审判工作】　2011年，县法院共受理各类行政案件211件，其中审理案件14件，审结13件，结案率92.3%，土地、环保、计生等非诉行政执行案件197件，经审查全部裁定准予执行。积极探索行政案件协调处理机制，妥善化解行政争议。在已审结的行政案件中协调撤诉的有8件，撤诉率61.54%。及时受理和审查各类非诉行政执行案件，促进依法行政。积极做好疏导和协调工作，及时化解矛盾，减少社会不稳定因素，既保障行政工作的顺利开展，又注意维护人民群众的合法权益。

【大力开展执行工作】　2011年，县法院共新收执行案件809件，执结567件（含终结程序），执结率70.09%。树立和谐执行的司法理念并贯穿于执行工作全过程。2011年，自动履行、和解执行的案件占到56.05%。积极开展反规避执行专项活动，坚决依法打击“老赖”。2011年，共查封、扣押、冻结被执行人财产2630余万元，对56名被执行人进行司法拘留，依法保护当事人的合法权益，维护司法权威。探索建立执行回访机制，进一步增进了法院与申请人、被执行人之间的相互理解，缓解涉执信访压力。

【积极开展信访接待工作】　2011年，县法院共收到上级转办信访件17件，群众来信268件，做到了件件有答复，事事有回音。县法院始终把涉法涉诉信访工作摆在重要位置，切实维护民利民生。坚持实行每周二院长接待日制度，全年接待147人次，对群众来访反映的问题，本着“及时、就地、疏通、指导”的原则化解矛盾，尽可能方便信访人，避免重复越级上访。定期排查，集中交办，及时有效解决群众诉求。开展信访案件质量评查工作，依法纠错，维护司法公正，维护社会稳定。

【加强巡回审判工作】　县法院将婚姻家庭、邻里纠纷、民间借贷等典型案件作为巡回审判的重点，通过现场开庭、现场调解、现场解答群众咨询等方式，使巡回审判活动成为方便群众诉讼、开展法制宣传教育、普及法律知识的重要载体。全院7个人民法庭设立巡回审判点14个，2011年，共开展巡回审判42次。

【强化司法救助工作】　县法院在审判执行中立足民生，通过为残疾人、孤寡老人、下岗工人、农民工等困难、弱势群体开通诉讼“绿色通道”，为经济确有困难的当事人缓、减、免交诉讼费，为生活确有困难的刑事案件被害人、申请执行人提供司法救助，落实司法对弱势群体的人性化关怀。2011年，为21名经济困难的当事人发放司法救助款34.85万元。

【拓宽民意沟通渠道】　2011年，县法院不断拓宽民意沟通渠道，不但在媒体上公布了民意沟通电子信箱、监督电话，还组织干警大走访，共组织68名干警走访、回访当事人200余人。为进一步拉近司法与群众的距离，提高法院的亲和力和公信力，县法院于2011年5月19日举办首届“公众开放日”活动，社会各界20余人受邀参加此次活动。

【加强作风建设】　2011年，大力开展形式多样的教育活动，教育全院干警牢固树立“公正、廉洁、为民”核心价值观，引领干警的人生追求、价值取向和职业道德观念，使“为大局服务，为人民司法”工作主题变成审判实践中的自觉行动。认真组织干警学习法官礼仪规范，落实司法礼仪的具体要求，不断提升法官司法礼仪修养，树立法院和法官的良好形象。

【加强主题教育】 2011年，深入开展“发扬传统，坚定信念，执法为民”、“人民法官为人民”等一系列主题教育实践活动和建党90周年宣传教育活动，积极组织法官参加市中院组织的“唱响红歌”比赛。持续开展向詹红荔学习的活动，要求党员干部结合詹红荔先进事迹进行理想信念、宗旨观再教育。通过各种教育实践活动的开展，干警宗旨意识明显增强，工作作风明显转变，工作成效明显提升。

【加强内部监督】 2011年，认真贯彻执行党风廉政建设责任制的规定，按照一级抓一级，层层抓落实的要求，院长与部门负责人、部门负责人与部门干警逐一签订党风廉政建设责任书，形成党风廉政建设院长主抓、中层联动、全院干警参与的工作格局。同时，积极开展纠风工作大检查，由纪检部门牵头深入法院工作的重点环节和重要岗位，围绕树立行业新风、优化执法环境、维护群众利益的目标开展纠风工作。

【加强人民陪审员工作】 2011年，加强对人民陪审员的指导工作，进一步提高人民陪审员的履职能力；加强与人民陪审员的交流，听取他们的意见和建议，进一步拓展人民陪审员的监督职能；加强人民陪审员的制度建设，进一步完善人民陪审员的长效管理机制。2011年，共邀请人民陪审员参加陪审的案件300余件，有效发挥了人民群众参与司法、监督司法的重要作用。

【加强信息化建设】 2011年，县法院全面开通上可联接省高院，下可联接派出法庭的四级专网，进一步提高了工作效率。依托网络平台，大力推广网上立案、远程审判等信息化应用。6月30日，最高法院通过全国法院专网远程视频系统，在县法院视频会议室对犯强奸、故意杀人罪被判处死刑的被告人涂某进行远程提审，这次远程视频提审，在南昌地区尚属首例。

【加强安保工作】 2011年，县法院定期召开安全形势分析会，对法院安全保卫工作进行排查，对存在的问题进行及时整改。每季度、重大活动及节假日前必须召开院务会，部署安全保卫工作，进一步强化干警的安全防范意识。对干警及家属私家车进行登记并发放出入证，确保机关大院的安全。修建了刑事审判专用通道，旁听人员一律走专用通道，实现办公区域与审判场所的隔离。

【加大对非法传销刑事案件的打击力度】 2011年，县法院积极参与县委政法委组织的打击非法传销专项行动，加大对非法传销刑事案件的打击力度，先后对86名被告人给予刑事处罚，其中对1名被告人判处有期徒刑11年，赔偿损失15.4万元，并邀请南昌县电视台对非法传销案件的审理情况进行了电视报导，引起较大的社会反响，也加深了人民群众对非法传销危害性的认识。

【强化调解工作】 2011年，县法院整合诉讼调解、人民调解和行政调解优势，积极探索构建以诉讼调解为主导的“三调联动”机制，使案件调解、撤诉率稳步提升，全年调撤结案969件，同比增长21.3%。积极探索建立诉前纠纷调解机制，减轻办案压力，促进社会和谐稳定，2011年共诉前调解化解纠纷100余件。积极推进巡回调解，加强诉讼调解与人民调解、行政调解的有机衔接，就地、及时、有效地解决各类矛盾纠纷。另外，依法确认人民调解组织的调解协议的法律效力，将司法为民精神落到实处。

【宣传调研取得新突破】 2011年3月，县法院制定《信息调研宣传工作考评及奖惩办法》，极大的调动全院干警的写作积极性。全年共发表国家级论文5篇、宣传报道1篇；省级论文39篇、宣传报道451篇。在县法院向上级法院报送的信息中，被省高院采用7篇，被市中院采用43篇。其中，一篇论文荣获全国法院系统第二十三届学术讨论会优秀奖，一篇论文被收录入《董必武法学思想研究文集》，一篇论文荣获全省法院系统第二十届学术讨论会三等奖，一篇宣传报道被中国法院网采用。

【司法警察岗位大练兵接受最高院考核】 县法院以最高院开展的“司法警察岗位大练兵活动”为契机，全面加强司法警察的政治、业务、体能素质。2011年10月，县法院法警大队作为江西省基层法院的唯一代表接受最高院考核组的考核，考核组对县法院法警大队“岗位大练兵”的开展情况给予了高度的评价。为此，省高院为法警大队荣记集体二等功。通过加强法警大队建设，全面提升县法院司法警察的综合素质，为审判执行工作提供了有力的警务保障。

【刘邦琰莅临县法院视察指导工作】 2011年11月9日，新任南昌市中院院长刘邦琰在南昌县委书记郭毅，中院副院长董浩明，县委常委、政法委书记杨春，县法院院长李红刚等领导

陪同下，冒雨深入县法院视察指导工作。刘邦琰院长一行先后视察武阳法庭、向塘法庭、小蓝经济开发区法庭及立案信访大厅，并听取县法院院长李红刚对全院近年来工作情况的汇报。刘邦琰院长对县法院总体工作作出了“班子和谐、队伍平稳、工作出色、亮点纷呈”的16字评价。

（主笔：何岸青　审稿人：付小春）

表41　**2011年南昌县人民法院领导班子成员名单**

姓名	性别	出生年月	籍贯	职务
李红刚	男	1966.4	北京市	党组书记、院长
黄细苟	男	1957.6	南昌县蒋巷镇	党组副书记
刘建明	男	1962.5	南昌县向塘镇	党组成员、副院长
姜卫群	女	1970.2	南昌县八一乡	党组成员、副院长
冯起金	男	1959.9	江西万安县	党组成员、副院长
毛衍相	男	1961.2	南昌县	党组成员、副院长
钟爱红	女	1966.7	南昌县武阳镇	党组成员、纪检组长
沈　伟	女	1981.2	江西省瑞昌市	副院长
李晓斌	男	1966.8	南昌县岗上镇	党组成员、执行局局长
吴荣光	男	1964.7	南昌县黄马乡	党组成员、政治处主任
付小春	男	1970.5	南昌县武阳镇	党组成员、办公室主任

（主笔：胡　星　审稿：钟爱红）

司法行政

【概况】　2011年，南昌县司法行政工作按照“全国争一流、全省争第一、全县争贡献”工作思路，进一步突出人民调解、法律服务、法律保障工作职能，取得了可喜成绩。一年来，全县各级人民调解组织共排查矛盾纠纷4265件，调处成功4094件，调处成功率达到96%，全县利用人民调解手段，防止民转刑案件75件，防止群体性上访21件307人次。全县律师担任法律顾问13家，刑辩43件，民事代理110件，非诉讼代理20件。公证处办理各类公证7348件，收费332万元，分别较2010年增长14%、23%。法援中心及基层法律援助站参与社会维稳工作，积极为弱势群体搭建服务平台，办理法援案件712件，其中诉讼代理111件，分别较上年增长6.3%、63.2%，提供法律咨询2710人次。各基层法律服务所担任法律顾问256家，诉讼代理27件，非诉讼代理305件，协办公证和见证38件，代写法律文书26份。县安置帮教办年终累计接受和管理刑释解教人员1395人，其中新增348人。社区矫正年终累计接受对象611人，累计解矫113人，在册管理对象498人。县普法办启动“六五”（全国第六个五年普法规划，下同）普法宣传，开展“法律六进”（法律进机关、进学校、进单位、进农村、进社区、进企业，下同）活动。2011年，南昌县司法局荣获司法部“全国司法所建设先进单位”、省委政法委“全省人民满意政法单位”荣誉称号，再一次被南昌市司法局授予“集体三等功”。

【舒晓琴到南昌县走访慰问基层司法行政干警】　2011年1月25日，省委常委、政法委书记、公安厅长舒晓琴冒着凛冽的寒风到南昌县小蓝经开区，走访慰问园区司法所全体干警。舒晓琴一下车，在工作人员的引导下，径直走向位于园区机关办公楼二楼的司法所办公室，受到等候多时的全体司法所干警的热烈欢迎。舒晓琴首先走进所长办公室，和县委书记肖玉文及司法所长张绍平攀谈起全县特别是园区社会治安及信访问题，详细了解司法所人民调解工作开展情况。舒晓琴说，通过干部下访解决群众上访问题很有必要。走出所长办公室，舒书记到工作人员办公室，查看了安置帮教工作档案。舒晓琴手捧安置帮教对象记录表，非常认真细致地询问对象帮教情况，一再嘱咐工作人员要法、情并用，使这类人群早日回归社会，过上正常的生活；舒晓琴还特别兴致地谈起社区矫正工作，随着社区矫正工作主体的改变，她要求司法行政机关更加规范有效地管理社区服刑人员，以增加人民群众的社会安全感；舒晓琴边观看法律援助工作数据系统演示，边了解司法所法律援助工作，她指出，法律援助是司法公正的具体表现，没有法律援助工作，就难以构建和谐社会。走出办公室，舒晓琴在走廊上看到墙上悬挂的司法所人员去向公示栏，仔细询问司法所人员的配备情况，当得知园区司法所有5名工作人员，所长张绍平参加了园区班子会时，舒书记强调，应进一步配齐配强这支队伍，让这支队伍更好地发挥维护社会稳定的作用。走访结束，舒晓琴走下阶梯，勉励南昌县司法行政干警，任劳任怨干好本职工作，为全县社会稳定和经济建设作出更大贡献，为全省的基层政法工作树立旗帜。

【省司法厅史方明一行到南昌县司法

局视察法律援助工作】 2011年2月11日,新春刚过,省司法厅法援工作处副处长史方明一行3人在市司法局副调研员周斌、法援处处长万文革的陪同下到南昌县司法局,视察南昌县司法局法律援助机构规范化建设情况。史方明首先听取了局党组书记、局长胡建米的工作汇报,然后深入县法律援助中心,查阅工作档案和办案卷宗,详细了解了南昌县的法律援助工作,特别是机构规范化建设情况,对南昌县法律援助工作中的人员配备、经费保障、制度建设、办案成果、办公设施等方面给予高度评价。视察结束,史方明希望南昌县的法律援助工作再接再厉,创出自己新的特色,为维护公平正义、促进经济发展作出更大贡献。

【调处在监服刑人员龚某死亡事件】 2011年3月22日,南昌县司法局接到江西省景德镇监狱来报:南昌县蒋巷镇滁北村在监犯龚某因患病住进景德镇第三人民医院,后转至江西省监狱中心医院,经医院诊断为癌症,病情严重,有生命危险,龚某家属为此情绪激动,多次到监狱闹访,影响监狱方正常秩序,于是向南昌县司法局求助。司法局获悉后,高度重视,一方面向县委政法委、市司法局及蒋巷镇政府作了汇报,另一方面责成蒋巷司法所调处此事。4月4日22:30分,龚某终因病情加重离开了人世。其家属随即大吵大闹,南昌县司法局蒋巷司法所长章荣携滁北村干部赶到监狱医院,一方面通过与其家属交谈,达到心灵沟通,安抚的目的;另一方面,对他们进行政策宣传和法制教育,并告知他们此事的发生,监狱方无过错,希望他们稳定情绪,回到问题正常解决途径上来。经过耐心说教,龚某家属终于离开了监狱,答应用调解的方式解决问题。4月6日,南昌县司法局委派蒋巷司法所、滁北村人民调委会对该案进行调解,调解中,龚某家属接受了龚某因癌症晚期死亡,医院和监狱方已尽了最大的救治努力这一事实,并与江西省景德镇监狱达成三点协议:一是景德镇监狱一次性给付龚某家属人道主义救助款10000元,协议签字日付清;二是龚某家属配合景德镇监狱将龚某尸体于4月7日运往殡仪馆火化;三是龚某家属妥善处理龚某善后事宜,不再上访闹事。当日,监狱方付清人道主义求助款,家属于次日火化了死者尸体。至此,在监服刑龚某死亡事件,经各方努力,在法律和政策的框架中,通过有情调解,得到了圆满、及时、有效的处理,没有给社会带来不稳定因素,并受到省司法厅的好评。

【开展社区服刑人员监外执行执法检查工作】 2011年4月,南昌县司法局联合检察院及县社区矫正工作领导小组其他成员单位对全县社区服刑人员进行首次监外考察和社区矫正工作执法检查。检查中,执法人员深入乡镇,通过分片定点集中全县社区服刑人员进行集中点名、核对身份,组织开展个别谈心,查看社区服刑人员社区服刑档案资料、司法所社区矫正工作台帐,听取乡镇党委政府领导的意见等形式,摸清全县社区服刑人员底数和基本状况,了解社区服刑人员在社区矫正期间的日常思想行为表现,查明部分社区服刑人员不服管教育和存在脱管、漏管以及违法犯罪等问题的原因。此次执法检查加强对全县社区服刑人员的监督管理,提高社区矫正工作质量,推进社区矫正工作的制度化、标准化、规范化建设,减少和避免社区服刑人员脱管、漏管和重新犯罪情况的发生。

【做好《普法漫画》和《普法音像》发行宣传工作】 2011年5月6日,南昌县法制宣传工作领导小组办公室为创新普法形式,拓展普法平台,下发文件,向全县推介运用司法部、全国普法办联合中国民主法治出版社编辑摄制出版的2011年度《普法漫画》和《普法音像》两份连续出版物。全县各地结合实际,切实做好两份刊物运用工作:在法制宣传长廊、板报、墙报和普法网站、电子显示屏、普法图片展等普法阵地中充实《普法漫画》相关内容,在车站、码头、广场等流动人口聚散地经常连续播放《普法音像》,发挥《普法漫画》和《普法音像》在"法律六进"活动中的积极作用,进一步扩大法制宣传教育工作的覆盖面和影响力。《普法漫画》和《普法音像》的推介,在一定程度上缓解南昌县特别是基层单位存在的普法宣传资料匮乏、单一、老旧等问题。

【召开全县社区矫正工作现场观摩会】 2011年6月15日,南昌县司法局在小蓝工业园会议室召开全县社区矫正工作现场观摩会。出席此次会议的局领导有局党组书记、局长胡建米,局党组成员、副局长刘冬发,参加本次会议的有全县司法所负责人及社区矫正辅助人员共计44人。此次会议受到市司法局及县检察院的重视,市局社区矫正处处长刘灿银、县检察院督检科科长熊勇飞亲临会场。观摩会中,全体与会人员参观了小蓝经开区社区矫正人员劳动基地、集中教育现场,查阅了园区社区矫正人员管理档案,听取小蓝、莲塘两司法所社区矫正工作经验介绍。胡建米在会上分析了全县社区矫正工作的现状,并对全县社区矫正工作提出三项要求:一要进一步提高思想认识,加强责任意识,实行问题责任倒查;二要加强沟通协作,营造齐抓共管局面;三要加强业务学习,提高工作水平。此次现场会是继上年对象交接后,全县社区矫正工作的一次业务交流会。会议有利于全县社区矫正工作进一步规范化,制度化、常态化。

【派出律师参与县委群众工作部工作】 2011年7月11日,南昌县司法局派出5名律师参与县委群众工作部工作,保证每天有一名律师在群众工作部工作,为来访群众提供法律咨询、法律服务,引导信访人员依法诉求,极力疏导民怨,维护社会和谐稳定。律师参与群众工作部工作,是南昌县司法局落实县委"用群众工作统揽信访工作"指示的具体表现,也是南昌县司法局长期坚持的一项工作制度。

【在全县开展司法行政工作"百日行动"】 2011年7月始,南昌县司法局在全县开展司法行政工作集中宣传服务百日行动,"百日行动"从6个方面开展工作:一是围绕增强群众安全感,开展矛盾纠纷排查调处行动;二是围绕提高群众法律意识,开展"六五"普法启动及法制宣传行动;三是围绕关注民生、服务企业开展法律咨询、法律服务行动;四是围绕维护困难群众合

法权益，开展法律援助扶弱行动；五是围绕增加公众关注度，开展司法行政工作职能宣传行动；六是围绕提升群众满意度，开展队伍整顿和纠风行动。“百日行动”中，全县司法行政系统集中排查调处矛盾纠纷145起；集中开展法制宣传活动21场，散发宣传单14000份；集中提供法律咨询6场，受益2785人次；受理法律援助诉讼案件6起，受12人。“百日行动”提高人民群众对司法行政工作的认知度、关注度、参与度、满意度。

【省法制办副主任廖晓凌到南昌县司法局调研】 2011年8月11日，省法制办副主任廖晓凌在市司法局党组书记、局长吕建民的陪同下，冒着炎炎酷暑，到南昌县小蓝经开区，就南昌县司法局依法行政、人民调解、信息化建设、司法所规范化建设等工作进行调研。县委常委、政法委书记杨春，县政府副县长、公安局长李荣，小蓝经开区管委会主任胡金华，代表县委、县政府及园区对调研组一行表示欢迎。调研组参观南昌县八一、莲塘、小蓝三地的司法所，详细了解人民调解、法律援助、法制宣传、安置帮教、社区矫正等基层司法行政业务工作。在小蓝经开区会议室听取南昌县司法局党组书记、局长胡建米对全县司法行政工作汇报。廖晓凌认为司法行政系统依法行政工作做到了上有亮点、下有基础，司法行政系统的人民调解工作为构建大调解纠纷化解机制积累了宝贵的经验，他希望南昌县司法局认真总结人民调解工作经验，为全省建立行政调解模式提供有益帮助。

【高道荣任南昌县司法局局长】 2011年9月27日，根据县委决定，任命高道荣为南昌县司法局党组副书记，根据南昌县人民政府县长陈匡辉的提名，县人大常委会任命高道荣为南昌县司法局局长。原南昌县司法局党组书记、局长胡建米继续担任南昌县司法局党组书记职务。

【启动“六五”普法及依法治县工作】 2011年11月6日，在县会展中心召开全县领导干部暨水利、普法工作会，会上，县委政法委杨春书记代表全县普法依法治县工作领导小组向大会作了《扎实推进“六五”普法依法治县工作 为全县经济发展社会和谐稳定营造良好的法治环境》讲话，会议表彰了“五五”普法（全国第五个五年普法规划，下同）工作中涌现出的先进集体、先进个人，宣布南昌县“六五”普法及依法治县规划，启动南昌县“六五”普法及依法治县工作。

【局长高道荣参加全国人民调解员培训班】 2011年11月21～24日，司法部、中华全国人民调解杂志社联合在福建省举办全国人民调解员培训班。南昌县司法局局长高道荣、局基层科科长罗柏应、冈上司法所所长刘志强应邀参加此次培训班。

【开播《法在身边》电视节目】 2011年12月11日，为掀起全县“六五”普传高潮，推进“六五”普法进程。南昌县司法局与县电视台联合开播《法在身边》节目。节目以“法在身边，与法同行”为主题，通过身边法律事件分析，典型案例点评，明辨是非，宣讲法律、法规，引导全县公民正确运用法律、法规规范自己的行为，合法依规提出自己的诉求。栏目为县委、县政府“拼争全国五十强县市，建设现代化综合新城”宏伟战略目标助推加力。

表42　**2011年南昌县司法局领导班子成员名单**

姓名	性别	出生年月	籍贯	职务	备注
高道荣	男	1963.10	南昌县幽兰镇	局党组副书记、局长	9月任职
胡建米	男	1958.4	南昌县塘南镇	局党组书记	
刘冬发	男	1959.11	南昌县三江镇	局党组成员、副局长	
张会春	男	1964.3	进贤县白圩乡	局党组成员、副局长	
万小红	女	1969.9	南昌县幽兰镇	局党组成员、纪检组长	
黄桂泉	男	1957.9	南昌县冈上镇	局党组成员	
邓　亮	女	1980.6	南昌县幽兰镇	莲塘片维稳信息督导员	
陈学斌	男	1969.7	南昌市高新区昌东镇	局党组成员	

（主笔：周平光　审稿：张会春）

军　　事

民兵预备役工作

【概况】 2011年,南昌县人武部坚持贯彻落实南昌警备区党委,南昌县委、县政府的部署要求,围绕主题主线,紧贴南昌县武装工作任务实际,按照强化"四种能力"(抓根本、保稳定的能力、抓训练谋打赢的能力、抓班子强队伍的能力、攻难点出特色的能力)实现"五个过硬"(政治素养过硬、军事素质过硬、班子自身过硬、安全管理过硬、基础设施建设过硬)的工作思路,明方向理思路,聚人心干事业,抓创新谋发展,扎实推进年度各项工作,人武部全面建设呈现强劲的发展势头,军事、政工、后勤三项工作指标在参加警备区组织的年度工作考评中,取得三个第一的优秀成绩。

思想政治建设坚强有力。2011年,南昌县人武部严格落实上级机关规定的"八个一"活动,在理论学习和政治教育中坚持每天抄写原文,每周批阅笔记,每月展评体会,注重引导大家勤学、深思、真用。通过学习,干部职工理想信念更加坚定,"扛红旗、争第一"的精神状态更加昂扬。

军事斗争准备成绩显著。2011年,南昌县人武部围绕主题主线,紧贴南昌县任务实际,坚持做到中心工作与形势任务、首府首县地位和省军区、警备区大项任务相对接,不断推进军事斗争准备工作,高标准高质量完成了上级机关赋予的各项任务。

党管武装氛围更加浓厚。在党管武装工作中,2011年,南昌县人武部主动协调、积极作为,通过邀请军地领导开展军地联系会,组织党政领导过军事日等活动进一步营造和浓厚党管武装工作氛围。同时,按照上级机关的要求及时提高武装工作考评分值,落实专武干部和民兵营长岗位津贴。

【扎实推进军事斗争准备】 2011年,南昌县人武部根据上级军事工作指示精神,紧贴南昌县任务实际,做到中心工作与形势任务、首府首县地位和省军区、警备区大项任务相对接,不断推进军事斗争准备工作,抓好方案计划的完善,根据任务实际及时制定方案计划。组织开展装备技术保障和后期保障支援等问题研究,按照形势任务要求抓好民兵力量建设。

【开展民兵组织整顿】 3月开始,南昌县人武部根据当前所担负任务实际,紧贴任务调整布局、科学编组,配强配齐民兵人员和装备,组建应急救援、防卫作战支援保障队伍。通过民兵整组工作,实现了整合力量、调整布局、优化结构、提升能力的目标。

【组织开展"国防林"种植活动】 3月13日,县人武部组织全县民兵和驻军县部队,开展种植"国防林"活动,在蓝园大道两旁种植"国防林"约2.2公顷,种植苗木2700余棵。通过种植"国防林"活动,较好地发挥了部队和民兵预备役人员在参加地方生态建设中的模范带头作用,南京军区《人民前线报》进行了专题报道。

【圆满完成省军区三级野战指挥所开设演练】 6月21日,省军区组织军、师、团三级应急指挥所开设演练,南昌县作为全省唯一一个动态演练的团级单位参加了演练,此次演练历时8天,抽调机关干部职工、专武干部及民兵参加演练。通过练指挥、练组织、练协同,较好地完成了省军区赋予的应急指挥所开设演练任务。在省军区组织的野战应急指挥所开设观摩演示中,南昌县8分钟内完成应急指挥所全要素开设任务。

【组织预任官兵进行舟艇训练】 4月18日,预备役高炮营组织预任官兵进行舟艇分队抗洪抢险训练,训练中,全体参演官兵训练热情高涨,开展水上救援、操作技能等课目训练,通过训练提高了全体官兵的技能,为抗洪抢险打下较好的基础。

【民兵舟艇分队参加汇报演示】 6月22日,南昌县人武部组织民兵舟艇分队队员参加南昌市组织的民兵舟艇分队抗洪抢险汇报演示,汇报演示中,全体参演民兵克服不良天气影响,以良好的精神面貌和顽强的作风完成了参演任务。

【稳步推进新营院建设】 2011年,按照新营院建设推进计划,南昌县人武部积极主动协调江西省军区和南昌警备区有关业务部门,按照新营院建设报建要求完成报批工作,5月,报批材料经省军区办公会研究通过审核。为了加快建设进度,专门成立施工建设督导小组,每天安排专人到施工现场值班,协调施工监理单位现场严把施工进度及质量。

【开展军民共庆建党90周年系列活动】 6月28日,南昌县人武部会同县委宣传部及13个驻县部队一起举办以"颂歌献给党,军民渔水情"为主题的大型军民联欢文艺晚会。晚会活动中,县直机关和各驻县部队群众演员表演了丰富多彩的文艺节目，通过军民联欢晚会活动进一步密切了军民鱼水情。

【省、市领导检查征兵体检工作】 11月2日上午，省委常委、副省长、省征兵领导小组组长姚木根，省军区参谋长、省征兵办公室主任倪海峰在警备区司令员李克强、参谋长刘静波的陪同下到南昌县征兵体检站检查指导征兵体检工作。在县征兵体检站，省、市领导向县征兵办工作人员详细了解兵员征集情况和征兵体检站开设情况，并到各体检科室看望体检医务工作人员和体检应征青年，询问体检情况和应征青年个人应征意愿。通过检查指导，省、市领导一致认为南昌县征兵体检站开设布局合理、功能齐全，为应征青年参加体检提供了一个较好的环境。

【开展“学查训整”活动】 2月初，南昌县人武部机关坚持以条令条例和上级有关规章制度为依据，深入开展学条令、查问题、训队列、整纪律为主要内容的“学查训整”活动。活动中，按照上级机关有关要求，认真学习理论，深入揭查问题，扎实开展训练，严整军风军纪，着力治松治散，正规四个秩序。通过学条令、查问题、训队列、整纪律，进一步强化了干部职工的条令意识和纪律观念。

【持续深化民兵基层建设成果】 2011年是“整县推进”民兵基层建设实现三年全面达标的收官之年，南昌县人武部在全面打基础、反复抓落实的基础上，重点对原“整县整市推进”中没有办公场所而未达标的村民兵营，采取因地制宜分类建设。落实责任重点帮建制度，实行领导分片负责、营级干部挂钩乡镇、职工蹲点到村，利用民兵整组、征兵工作等时机，把整组工作、征兵工作和民兵基层建设捆绑起来，协力推进。在推进过程中，对办公场所拆建的单位实施有效跟踪，确保一个不漏、一个不差。

【组织开展“军事日”活动】 9月20日，南昌县人武部组织县“六大家”领导、乡（镇）党委书记及乡（镇）长、县直有关单位负责人到南昌警备区湾里教导大队过军事日，在“军事日”活动中，组织轻武器实弹射击，听取国防教育讲座，乡（镇）党委书记及行业武装部第一部长进行党管武装工作述职。通过“军事日”活动，增强了领导干部的国防观念，浓厚了党管武装工作氛围。

【召开迎“八一”军地联席会】 7月30日，南昌县人武部协调地方主要领导和驻县部队领导召开迎“八一”军地联席会。县委书记郭毅，县长陈匡辉，县人大常委会主任胡小明，县政协主席邓炳根，副县长杨保根，县人武部部长胡文俊、政委姜清波和驻县部队领导参加联席会。在军地联席会上，县委书记郭毅、县长陈匡辉表示要加大支持部队的力度，尽心尽力支持部队建设；驻县部队领导表态要把南昌县作为部队官兵的第二故乡，为南昌县经济建设作出自己的贡献。

【组织预任官兵参加创卫活动】 8月20日，预备役高炮营组织预任官兵参加“爱我南昌、美我新城”创卫活动，在活动中，全体官兵不怕脏不怕累，清扫垃圾、铲除余土，树立了预备役部队的良好形象。

【完成兵员征集任务】 2011年，南昌县人武部坚持做到“一季征兵、四季准备”，切实把职和责落实到具体人身上，将征兵工作纳入军地年度工作绩效考核的重要内容，逐级签订责任状，征兵办工作人员严格把好征兵工作中体格检查、政治审查、审定新兵和新兵运输每一道关口。为了提高适龄青年报名应征积极性，专门组织干部职工和县电视台记者深入大中专院校和乡镇进行宣传发动和兵役登记，有力地激发了适龄青年报名参军的热情，圆满完成了征兵工作任务。

【深入学习胡锦涛“七一”讲话】 2011年，南昌县人武部坚持把学习胡锦涛“七一”重要讲话作为理论武装的首要、政治教育的主线和推进发展的抓手，成立领导小组，制订学习计划，纳入党委中心组学习。集中学习中，坚持每天抄写原文，每周批阅笔记，每月展评体会。充分运用横幅、宣传栏等形式搞好宣传、浓厚学习氛围。通过学习，干部职工“听党话、跟党走”的理想信念更加坚定。

【提高专武干部岗位津贴】 根据省市两级关于加强专武干部队伍建设的有关政策要求，2011年，南昌县人武部积极同县直有关部门协调，做好专武干部和民兵营长岗位津贴落实工作。1月开始，专武干部岗位津贴从原来每人每月60元提高到每人每月100元，民兵营长每人每月发放100元岗位津贴。

表43　**2011年南昌县人武部党委领导班子成员名单**

姓名	性别	出生年月	籍贯	职务
胡文俊	男	1970.7	江西南昌	人武部部长
姜清波	男	1966.11	江西宜黄	县委常委、人武部政委
郑　华	男	1972.3	江西上饶	人武部副部长兼军事科长
张　恩	男	1972.8	安徽凤阳	人武部副部长
何木军	男	1974.12	浙江常山	人武部政工科长
邱勤福	男	1976.1	江西乐安	人武部后勤科长

（主笔：胡庆荣　审稿：姜清波）

消防工作

【概况】 南昌县公安消防大队现为一类大队,下属1个执勤中队。2011年,南昌县公安消防大队各项工作紧紧围绕年度重点工作目标任务,以全面构筑社会消防安全“防火墙”工程、宣贯《全民消防安全教育纲要》为主线,以消防安全“五大”活动为抓手,在狠抓社会单位“四个能力”建设的同时,全力开展“清剿火患”战役行动,整体推进社会单位消防管理创新;以纪念建党90周年庆典、七城会等重大活动安保为契机,全面建设人民满意的消防执法队伍为目标,积极开展大走访“开门评警”活动;以提高后勤综合保障能力建设为突破口,协调政府建立消防经费保障机制,使各项工作任务得到全面落实,确保全县火灾形势平稳,确保未发生群死群伤的恶性火灾事故,确保了各项工作走在了全市前列。

【强化战斗堡垒作用】 2011年,南昌县公安消防大队注重发挥班子的战斗堡垒作用,时时处处前冲带头,以自身的模范行为引导官兵,以自身的人格魅力影响官兵。在日常的学习、工作、训练、劳动、生活中,大队班子成员自觉为官兵做表率,要求战士做到的,自己首先做到;不准战士做的,自己首先不做。“平时看我的,关键时候跟我上”成为大队班子成员掷地有声、特别响亮的口号。大队干部坚持以情带兵,做到了身在兵中,兵在心中,心在营中。在2011年繁重的工作任务下,大队坚持留营学习的基础上,实行留营住宿。他们坚持与战士实行“五同”:同吃,同住,同操课,同劳动,同娱乐。

2011年来,大队以队伍建设为根本,以软、硬件建设为平台,通过狠抓日常管理、思想教育和执勤战备“三个经常性”工作,落实对人、对物、对工作程序和对安全工作的“四个精细管理”,实行制度化、数字化、卡式化、定量化、人性化的“五化管理模式”等,实现营区设置、内务设置、生活秩序、资料填写、设施管理的“五个规范”,以及部队内部的安全稳定,部队正规化建设水平不断提升。在2011年全省消防部队正规化、精细化建设研讨会议和全省消防部队正规化、精细化建设试点现场会上,南昌县公安消防大队分别作了发言,大队的“五化”管理模式得到与会领导的充分肯定和高度评价。此外,大队将每月第一周定为“条令周”,专门集中时间组织全体官兵学习条令条例和部队各项规章制度并穿插条令知识考试、队列会操等,不断增强部队官兵守纪意识。一年来,大队在贯彻执行“五条禁令”和“四个严禁”上成绩显著,没有发生违反禁令的事件,无失密、泄密事件、无车辆事故,目前官兵思想稳定,内部安全。在2011年全市消防部队两次队列会操比赛中,大队分别获得了第一、第二的佳绩。

【千锤百炼砺精兵】 2011年,南昌县公安消防大队认真响应上级党委“队队是铁军、人人当尖兵”的号召,把创建铁军中队作为催生部队战斗力的新支点,坚持激发官兵的主体潜能,通过对人员编配、装备配备、业务训练、作战效能等全新组合,实行全员化练兵和动态式评定,形成“常态化集训、专业化训练、精细化备勤、编程化作战、规范化管理”覆盖全省的攻坚力量体系,在攻坚实战中发挥“尖刀”作用。

自应急救援大队组建以来,大队充分、有效整合资源,在总队、支队、县政府的领导下,扎实推进了应急救援队伍的快速发展,被定为全省应急救援队伍建设试点。目前,南昌县投入286万元,建立一个功能设施齐全,实行多警联勤联动的综合应急救援指挥平台;投入2000多万元在小蓝开发区建成了综合应急救援物资储备仓库,拥有处置建筑物倒塌、化学危险品泄漏、交通事故等十大类100多种应急救援装备;组建了城建、城管、民政、中石化等24个应急分队,有各类应急专家26人,专业救援队伍19支,应急队员507人;制定部门预案25个,各类应急预案138类;共设立各类应急物资储备仓库19个,并在每条街道、社区分别设置了1~2个物资保障点,高效完成了全省应急救援试点工作任务。在8月15日省政府召开全省应急救援工作推进会期间,南昌县成功举行了全首首次规模最大的综合应急演练活动,有效检验了南昌县应急救援大队一体化调度指挥、一体化现场救援、一体化灾害处置、一体化物资保障的实际效果,得到各级领导的充分肯定和高度评价。这些成绩的取得跟大队全体官兵的辛勤努力是分不开的,为高效完成全省应急救援工作推进会任务,大队官兵连续奋战了四个月,放弃一切休息时间,加班加点,高标准、严要求的做好了各项筹备工作。

在繁重的工作任务情况下,大队执勤备战工作丝毫没有放松。2011年,大队已对全县212个消防安全重点单位灭火作战预案进行修正,对全县135家高层、地下建筑、公众聚集场所及石油化工场所开展实战演练活动,对全县的主要道路、水源进行熟悉,对全县内的主要高层建筑开展供水测试,对全县257个市政消火栓建设情况进行调研,使大队官兵对辖区情况真正做到“六熟悉”,全面提高了执勤工作的质量。当年,大队共完成180个训练日,13个项目,58个内容,平均参训率达95%,所有训练内容经考核均达到及格以上,其中优秀率达90%,班长骨干训练科目均达到优秀。在7月24日全市消防部队43项器材装备和技术革新成果集中评审活动中,大队多功能水带推车荣获二等奖,便携式水带挂钩荣获三等奖。在今年9月20日总队举行的2011年度“弘扬井冈精神,打造消防铁军”集中考核活动中,我大队代表支队参赛取得了第五的殊荣。

2011年,大队共接警出动273次,扑救火灾181起,抢险救援和社会救助89次,抢救被困群众34人,挽回财产损失价值1308万元,未发生一起重特大火灾事故。特别是连续奋战6小时成功扑灭了“5·2”小蓝开发区威龙钢构火灾,成功扑灭了“11·25”温厚高速公路货车火灾等,在处置“8·4”315国道交通事故过程中,中队6名官兵在30分钟内将被困4人全部救出,得到在场群众的高度赞扬,为维护地方经济建设健康发展和人民群众安居乐业作出了积极贡献。

【千方百计夯基础】 2011年,大队积极做好与政府、财政的协调工作,深化消防业务经费保障机制,做好业务经费的申请工作，积极主动向当地党委、政府请示报告，争取地方党政和有关部门的支持和理解，密切与地方财政部门联系，加大政府对消防的经费投入，经费保障水平较2010年得到进一步提高，基本完成2011年消防工作目标任务。南昌县消防规划编制工作正在有条不紊的进行，市政府消防栓建设基本达到国家标准，经普查全县共有市政消防栓257个；莲东消防站的征地、立项及工程预算等工作全面完成，将于年底动工兴建。2011年，政府还落实人头业务经费167.1万元，与2010年相比增长30%；落实专项经费652.9万元用于车辆装备器材的购置、社会面消防宣传及合同制应急队员的高危补助，消防经费保障实现了新突破。

“地方党委、政府越是重视消防工作，我们越要体谅政府的困难！”2011年，大队针对新建营院的特点，还有些地方需要完善改进，为了节省经费，营院布置、完善、甚至一草一木的维护保养，官兵们不管有多苦多累，自己能干的都自己干，尽量少花或不花钱。盛夏时节，官兵们顶烈日、斗酷暑，挑石块、拌水泥、磨墙面……节约资金数万元。

有奋斗就有收获。经过半年的努力，大队对部分营院设施、办公楼、办公室进行了整体完善和全面改造，新建文化橱窗、心理行为训练场等场所，并更新部分硬件设施，使大队后勤规范化建设实现质的飞跃。

【全面筑牢“防火墙”】 2011年，全县有消防安全重点保卫单位608家，其中大队列管的二级重点单位212家，派出所列管的三级重点单位396家。全县有高层建筑399栋，公共娱乐场所68个，宾馆饭店69个，商场市场12个，易燃易爆场所46个。防火任务异常繁重。大队坚持严格执法，热情服务，不断加大宣传培训力度，不断提高群防群治能力，创造了连续多年未发生一起重特大火灾的显著成绩。

2011年，大队提请县政府将社会单位消防安全“四个能力”建设纳入三年内消防工作的主要内容，提出“一年基本达标，三年内全县所有人员密集场所全部达标，其他社会单位基本达标”的目标任务。2011年，全县212家二级消防重点单位、396家三级消防重点单位中的人员密集场所，已全部开展“四个能力”建设，达标率分别为100%和65%。在“五大活动”开展中，大队重点开展人员密集场所、社区住宅区、建筑消防设施、高层地下、“六小”场所、中小学幼儿园、易燃易爆场所“七个”专项整治，收到了良好效果，全县火灾形势持续走低。自9月29日以来，大队认真贯彻落实部局及省、市有关会议精神，认真开展“清剿火患”战役，全县开展联合检查16次，共检查单位、场所1715家，排查社区12个，发现隐患4959处，当场改正653处，下发责令限期改正通知书1014份，对37家单位、场所依法进行处罚，下发处罚决定书55份，罚款11.9万元，临时查封、三停19家，拘留6人。

消防工作，宣传先行。大队高度重视宣传工作，今年紧紧围绕《全民消防安全教育纲要》这条主线，在宣传思路上下功夫，求创新，在宣传方式上出实招，求突破，收到了良好的社会效果。2011年10月，南昌县委宣传部、县公安局、民政局、安监局等十部门联合下发了《南昌县全民消防安全宣传教育纲要（2011～2015）宣传工作方案》，分部门、分行业开展消防安全教育培训活动。今年七月，大队推进出全市首份以图文并茂的彩信形式，反映消防工作动态，曝光重大火灾隐患、传授防火灭火知识的《南昌县消防手机周刊》。全年，《南昌县消防手机周刊》共发布了22期，使消防宣传深入人心，取得了显著效果。2011年，大队共在中央级媒体上稿9篇，国家级媒体上稿63篇，省级媒体上稿78篇，在部消防局内网发表稿件26篇，在江西消防信息网发表稿件96篇，在支队消防内网发表稿件869篇。

【爱民情怀暖心田】 2011年，大队被南昌市人民政府评为政法先进单位，被团市委评为文明单位，同时大队党委在全省消防部队建党九十周年活动中被省总队党委评为先进基层党委。在建党九十周年之际，大队提前策划，精心准备，组织开展“唱红色歌曲、讲红色故事、看红色影视、读红色书籍、扬红色传统”的“五红”活动纪念建党90周年，坚定广大官兵爱党、爱国、爱消防事业的信心和决心。同时，大队充分利用留营学习的有利时机，集中开展廉政建设等警示教育和《中国共产党委员会条例》及安全工作“五无”专题教育活动，官兵素质修养得到了进一步提高。同时，大队高度重视精神文明建设，充分发挥所属中队文体活动室和乐器室功能，多种形式开展警营文化活动。大队乐器队、舞龙队在县政府七一建党九十周年前夕进行了演出，取得了优异的成绩，并多次参加县政府组织的各项文艺演出，得到了党委、政府的好评。

大队始终牢记“全心全意为人民服务”的宗旨，积极配合县政府争创文明县城活动，组织官兵参加义务劳动，与八一敬老院签订服务承诺书，每月组织官兵为敬老院打扫卫生及劳动，逢重大节日为老人们送温暖；给共建单位上消防知识课、教基本的灭火方法等，这些活动的开展得到了县团委、双拥办及驻地群众的高度赞誉。2011年，大队积极开展献爱心活动10余次，帮扶孤寡老人10余人，扶持困难家庭6户，资助失学儿童重返校园6人；累计捐款30200元，捐赠物资折合价值10000余元；向社会发放“大走访”调查问郑500份，受理咨询累计10次，解决群众各类消防难题20余次，受到了当地人民群众的广泛好评。

人民防空

【概况】 2001年5月，南昌县被省政府、省军区批准为省级重点人防城市。2003年4月，南昌县人民防空办公室正式挂牌服务，2007年增挂南昌县民防局牌子，与南昌县科学技术局实行两块牌子、一套人马，内设一室三科——办公室、人防行政审批服务科、人防法规宣传教育科、人防指挥通讯救援科，目前县科技局在职人员14名，县人防办只挂牌子，到目前为止还没有落实人员编制。2007年5月成立南昌县人防工程质量监督站，做为县人防办下属自收自支事业单位，编制5名。南昌县人民防空办公室是南昌县政府人民防空工作的主管部门，也是南昌县国防动员委员会的常设办事机构,平时负责本县行政区域的人民防空建设,战时负责组织开展防空袭斗争,参与处置突发公共事件。在第五次全国人民防空会议和第六次全国人民防空会议上,南昌县人民防空办公室被授予"全国人民防空工作先进单位"称号。

2011 年是"十二五"时期人防事业发展的起始之年。南昌县人防部门认真贯彻落实国家第六次人防会议和全省、全市、全县人民防空工作会议精神,以人防核心能力建设为牵引,团结拼搏,开拓奋进,人防"结建"工作成绩显著,人防指挥和通信建设日益完善,人防宣传水平得到提升,较好地完成了年度目标及各项工作任务。

【实现"建、收"双丰收】 2011 年,南昌县人防部门加大宣传力度,在确保工程质量和安全的前提下,加快工程建设进度,用热情周到的服务使建设方产生一种新的动力。经过不懈努力,全年"结建"任务提前两个月超额完成,全县人防工程主体结构验收工程 X 个,通过主体结构验收面积 X 万平方米,实现连续 8 年超额完成年度任务的目标。认真落实易地建设费收费标准和预决算管理,收取易地建设费。

【召开全县人民防空工作会议】 6 月 10 日,南昌县召开全县人民防空工作会议。会议主要内容是学习传达全国、全省、全市人民防空工作会议精神,全面总结"十一五"时期全县人防工作,具体部署"十二五"时期人防建设任务。省人防办副主任王少东、市人防办主任鞠锦璋到会指导,县委副书记、县长陈匡辉,县人武部部长胡文俊,副县长胡显勇等领导出席会议并作讲话,会议由副县长胡显勇主持。各乡、镇人武部部长,相关部门负责人,以及人防干部职工共 150 余人参加会议。胡显勇在会上作工作报告,会议还表彰了"十一五"期间全县人防工作先进单位和先进个人。

【参加全省"砺剑—2011"防空战役实兵演习】 9 月 28 日上午,省市军区、和省市人防办联合开展的"砺剑—2011"防空消除空袭后果实兵演习在南昌县小蓝经济开发区天兴集团进行,县人防办在这次演练中全力以赴组织并参加演练。按照演练方案要求,辖区内一厂房遭受敌"空袭",引发火灾,供水、供电、道路等基础设施受到严重破坏,人防部门带领防化防疫、消防灭火、医疗救护、供电抢修、公路运输和红铃铛志愿者等专业队伍近 200 人赶赴现场,组织开展"防、抗、消"等实战练兵。通过开展实战演练,达到检验机关"准军事化"建设成效和锻炼提高指挥人员的组织指挥以及综合协调能力,检验人防应急预案、各项保障措施,检验人防专业队伍在敌空袭背景下遂行应急任务能力,达到了预期目的,得到省市军区首长和省、市、县领导的高度肯定。

【加强人防工程建设的质量监督】 2011 年,南昌县制定《2011 年全县人防安全生产工作计划》,根据全县在建防空地下室点多面广的情况,县人防部门加强对人防工程建设的质量监督,始终强调质监人员必须做到三点:一是切实履行质监职责,依法依规进行监督,保证每月下工地的时间不得少于 2/3,并且不分节假日;二是协调好建设、施工、监理三者之间关系,及时掌握有关情况;三是发现问题,及时督促整改,未经整改或整改不到位责令停工。6 月,按照"查基础、查设备、查隐患、查整改"的要求,县人防部门工程管理人员对全县人防工程进行安全大检查,全县所有人防工程设备设施完好率达 98%,实现了全年人防工程安全生产零事故的目标,并及时将情况上报省、市办。

【抓实"0912"工程建设】 2011 年,抓好人防地下指挥所和地面应急救援指挥中心项目建设(简称"0912"工程)。该项目建设获得稳步推进,人防地面应急救援指挥中心于 12 月底封顶,可望 2012 年底建成投入使用。

【完善人防指挥通信建设】 2011 年,为认真做好南昌县防空警报器社会化维护管理工作,9 月,县人防部门对 22 个警报器安装单位进行走访排查。一是宣传人防相关法律法规文件,进一步增强国防观念和人防意识;二是对防空警报器进行维护管理;三是严格按照《人防警报器社会化维护管理规定》,加大对维护管理防空警报器设施的力度;四是加强依法建设,加快全县防空警报器设施的建设速度,认真规划、合理布点、坚持标准、严格管理,使全县防空警报设施社会化维护管理工作迈上一个新的台阶。通过宣传、排查和维护工作,确保了 2011 年"9·18"警报试鸣工作的顺利开展,试鸣期间,警报鸣放率达到 100%。在地面指挥室运作方面,保持了每星期二与市办网络联通,信号、图像、声音传输良好,电台、对讲机联络畅通。

【进行"5·12"防灾减灾日应急避险演练活动】 "5·12"防灾减灾日,全县部分中小学采取紧急集合形式进行了一次防空防灾应急避险演练活动,整个活动既严肃认真又紧张有序,使学校应急疏散预案的可操作性和实用性进一步得到检验,师生们的防空减灾意识进一步加强,应对突发公共事件的能力进一步提高。

【开展大规模民防知识宣传活动】 5 月 18 日,在向塘开展大规模民防知识宣传活动,设立民防知识咨询台,赠送《市民应急手册》3000 余册,整个活动组织严密、气氛热烈、效果明显,进一步引导广大群众关注民防、了解民防、增强群众的国防观念和防灾避险防护意识。

【开展"七一"系列活动】 2011 年,开展以"纪念建党 90 周年"为主题的"七一"系列活动,讴歌党的丰功伟绩,教育全局干部职工热爱党、拥护党、心向党,进一步激发了全体人员参与创先争优活动的热情,开拓创新、奋发进取、推动发展。

【广泛开展第十个全民国防教育日活动】 2011 年 9 月 18 日是第十个全民国防教育日,按照市人防办、市教育局《关于举办 2011 年国防都育日各项竞赛的通知》要求,南昌县人防办结合实际,采取有效措施广泛开展国防教育日活动。县委、县政府对此次活动高度重视,分管副县长伍曦作了专题指示,要求全县中小学校积极参加国防教育日知识竞赛活动;有关学校积极响应,踊跃组队参加相关竞赛活动。南昌县教体局、县人防办迅速制定方案，部署竞赛活动，按各项竞赛规则组织训练，共完成三个项目的竞赛队伍选拔，并对获奖单位和人员进行表彰，进一步鼓励各中小学校经常性地开展类似活动。

【推进人防工作法制建设】 2011年，根据市办2011年推进依法行政工作重点，县人防部门制定了当年推进依法行政工作要点，重点在推进科学民主决策，加强行政执法监督，深化行政审批制度改革，抓好行政执法人员的教育培训这四个方面做好工作。办领导定期研究，定期检查，真正做到了任务落实到人，责任落实到人。

【推进“两进”教育】 2011年，继续在全县9所中学和2所县城小学开展人防知识教育，受教育学生5000多人。在施教和开展活动的方面，坚持以往的优良教学模式和做法，确保了教材和正常开课。为教学需要，县人防部门为全体任教老师和教体局的相关人员订阅了《中国人民防空》杂志。为推动各社区居委会开展人防宣传教育活动，县人防部门给莲塘、向塘两镇21个社区居委会下拨人防宣传教育活动经费27000元。

【开展效能建设各项活动】 2011年，在继续开展人防机关“准军事化”建设的同时，县人防部门深入开展创先争优和发展提升年活动。一是推进“创先争优”活动，继续做好“党员公开承诺”，激发了党员工作热情，推动全办工作深入开展。二是紧紧围绕权力运行的关键节点，将廉能风险查找工作落实到单位、科室和个人，实现廉能风险的前置处理和有效预防。三是重视发展提升年活动，召开专门的会议研究部署活动的开展。成立领导小组，制定活动实施方案，确保发展提升年活动的有序开展，进一步提高人防队伍办事效能和服务水平。

工　业

综　述

2011年，南昌县工业经济继续保持高速增长态势，全县规模以上工业企业达199家，较上年新增23家。

2011年全年，全县规模以上工业企业累计完成工业总产值477.1亿元，实现主营业务收入465.1亿元，同比分别增长44.0%和33.5%；实现利税37.6亿元，同比增长76.2%；规模以上工业用电量8.7亿千瓦时，同比增长33.7%；完成工业投资177.7亿元，同比增长30.1%；全年累计完成工业增加值110.3亿元，同比增长20.2%，高于全省平均增幅1.1个百分点。

经过多年的发展，南昌县工业集聚程度不断提高，逐步形成汽车汽配产业、食品饮料产业、医药和医疗器械产业、纺织服装产业、电机电器产业、建筑建材产业等六大支柱产业。2011年全年，全县六大支柱产业累计完成工业总产值407.1亿元，占全县规模以上工业经济总量的85.3%，同比平均增长44.0%。

汽车汽配产业

【概况】　2011年，南昌县汽车汽配产业继续保持高速发展的良好态势，其规模以上工业总产值占全县规模以上工业总产值的18.87%，达76.82亿元。南昌县的小蓝经济开发区是江西省唯一的汽车及零部件特色产业基地，也是全省汽车及零部件企业最为集中的工业园区。已形成以美国福特、李尔内饰、韦世通、上海宝钢、江铃汽车、上海瑞华等企业为龙头的主导产业，尤其是以江铃集团为龙头的汽车企业的落户，形成“江西汽车看南昌，南昌汽车在小蓝”的局面。随着轿车进家庭，当前中国汽车产业进入爆发式增长新时期。汽车及电器产业是小蓝经济开发区最具发展潜力的重点产业，也是南昌市将重点打造的“千亿元”产业之一。

2011年是“十二五”规划的开局之年。“十二五”期间南昌县汽车工业企业总产值要达到1300亿元；累计实现利税130亿元。

【江西省洪城汽车配件城】　江西省洪城汽车配件城位于南昌市迎宾中大道1399号，是省市政府重点培育和扶持的商品大市场。开业于2001年5月18日，占地面积15.3公顷，形成配件交易区、汽保美容区、汽车维修区、综合服务区的格局模式，已有一汽解放、二汽东风、锡柴、玉柴、朝柴及大柴等国内外上百个汽车配件知名品牌及300余户从事汽车配件批发业务的经营户入驻汽配城，是江西省规模最大、品种最全、经营范围最广的汽车配件批发大市场，先后荣获“全国文明市场”、“江西省文明市场”、“维护消费者权益先进单位”、“重点个私民营企业”、“江西省重点商品市场”、“江西省十佳商品批发大市场”及国家工商局颁发的“守合同、重信用企业”等一系列荣誉称号。

汽配城毗邻105国道，双向六车道，为320、316国道、市区外环线交汇处，距南站铁路货场1.5公里，离机场18公里。交通便利，公交230、218、224、203、239等及多条近郊线直达、通过，新建的南昌长途汽车总站距汽配城仅一公里。汽配城二期工程建设正全面铺开，东、西两面前后大门贯通，连接迎宾大道和莲西大道，使汽配城的整体布局和交通状况更加完善。

汽配城实行敞开式经营、封闭式管理，工商、税务、技监、社会治安综合治理办、警务等政府职能部门在汽配城内现场办公，银行、邮政、餐饮、宾馆、医疗、货运、仓储、宽带网、24小时保安及52频道卫星电视等配套设施齐全，让入驻商户享受“一站式”星级服务。

洪城汽配城地处的南昌小蓝经济开发区，已成为江西省规模面积最大、

沟通优势最强、投资热点最高、发展前景最好的省级开发区之一，厂房林立，商业密集，更有江铃汽车与福特、长安联手打造的“南昌小蓝汽车工业城”，随着汽车城项目建设的推进，带来了强有力的产业支持，洪城汽车配件件城也迎来飞速发展的春天。

【江铃控股有限公司】　江铃控股有限公司是在国家新的汽车产业政策的引导和支持下，2004 年 11 月由重庆长安汽车股份有限公司和江铃汽车集团公司通过强强联合，实现中、中合作的国内首家汽车制造企业。2011 年，有人员 1600 余人，注册资金 20 亿元。

长安和江铃是国内汽车行业知名企业，长安汽车具备年产汽车 200 万辆、发动机 200 万台的能力，产品谱系覆盖乘用车和商用车等全部领域，已进入中国汽车行业第一阵营；江铃集团是中国汽车行业重点骨干企业和国家汽车整车出口基地企业，具备 29 万辆整车的年综合生产能力，在商用车领域具有举足轻重的地位。从产业方面来看，长安和江铃具有很强的互补性，两家强强联合，能实现双方在技术、产品以及市场区域等方面的优势互补，从而进一步为中国汽车工业作出贡献。

控股本部有两大生产基地：昌北基地和小蓝基地，已搭建了 SUV、MPV 和轿车三大产品平台，旗下拥有国内知名品牌——陆风品牌，其 SUV 自投放市场以来，凭借优异的性能、过硬的质量以及良好的性价比赢得了市场的肯定，成为 10 万～16 万元细分市场的标杆。迄今为止，陆风汽车共取得 100 项全国越野大赛冠军，经受了越野赛事和市场的双重考验。历时三年倾心打造的 MPV（陆风风尚）是一款多功能家庭轿车，2005 年年底正式投产。2007 年 6 月，自主研发的经济性轿车陆风风华正式获得国家发改委的核准进入轿车目录，也使江铃获得轿车生产资质，并于 2007 年 10 月正式上市，使控股真正进军全系列乘用车市场。2009 年 9 月又成功推出陆风 X8，形成了“SUV + MPV + 轿车”的全方位优势覆盖，是一款真正意义上的“全领域城市 SUV”。

江铃控股本部根据企业发展现状和市场环境变化，制定“两步走”发展战略，未来将聚焦 SUV，以优良品质为导向，以优质服务为保障，全力打造 SUV 领域中高端自主品牌的专业化汽车公司。

【江西江铃李尔内饰系统有限公司】

江西江铃李尔内饰系统有限公司是由美国李尔公司（世界 500 强）和江铃汽车集团公司（中国 500 强）共同投资建立的中美合资企业，公司成立于 1997 年 6 月，座落于南昌市迎宾北大道，占地 6 万多平方米，有员工 390 余人。

公司总投资 3000 万美元，建立国际先进的汽车座椅的裁剪、缝纫、装配及海绵发泡生产线，主要产品为：江铃五十铃（N、T）系列、全顺系列、陆风系列座椅总成，现年生产能力可达到 30 万台套，产品除供应江铃外还出口到越南福特。公司始终坚持以顾客为导向，根据市场需求，采用先进设备和技术为不同顾客生产不同的产品。

江铃李尔以科学的体系管理为核心，通过全面贯彻 ISO/TS 16949：2009 版质量体系标准、ISO 14001：2004 版环境管理体系标准，进一步完善企业各项管理制度及管理体系，产品通过了 3C 认证。

为了公司的发展和更好的为江铃汽车项目配套，公司小蓝新厂区设在南昌县小蓝工业园汽车城内，现已完成一期建设，二期建设将于 2012 年底竣工、投产。

通过公司全体员工的一致努力,在未来的发展中,江铃李尔公司一定能实现新的更大的飞跃。

【伟世通汽车空调(南昌)有限公司】 伟世通汽车空调(南昌)有限公司,其前身是江西福昌空调系统有限公司,成立于1996年3月,是全球领先的汽车部件供应商美国伟世通公司与江铃汽车股份有限公司合资经营的专业从事设计、生产和销售汽车空调系统、空调管路等零部件的企业,公司投资总额1400万美元,注册资金560万美元,伟世通持股81%;江铃持股19%。现具备年产10万套汽车空调系统、70万套空调管路的生产能力。2011年销售额2.4亿元,利润3600万元。

公司主要客户是江铃汽车股份有限公司、长安福特马自达汽车有限公司、北京奔驰克莱斯勒汽车有限公司、伟世通汽车空调系统(重庆)有限公司、南方英特空调有限公司等。

公司从美国、日本、韩国、德国等国进口了管端成型机、数控弯管机、自动钎焊机、轧管机及全自动Durr无水清洗机等关键制造设备,其自动化程度和加工精度在行业具有领先水平。公司实验室具备强度试验台、三坐标测量仪、恒温恒湿复合振动试验台,投影仪、盐雾箱和脉冲实验机等专业检验、检测设备。

公司在产品开发、生产制造技术和质量管理等方面得到伟世通公司的全力支持,公司拥有一批经验丰富、专业能力强的工程技术人员,在汽车空调和空调管路方面具备向客户提供先进解决方案的能力。

公司于1999年通过ISO/TS 16949质量体系认证,2000年通过ISO 14001环境管理体系认证。并相继荣获诸多荣誉:福特汽车Q1奖(Q1供应商)、江铃汽车股份有限公司优秀供应商、长安福特马自达汽车公司优秀供应商、美国伟世通集团VQA质量优秀奖等。

【江铃专用车辆厂】 江西江铃专用车辆厂于2002年3月成立,是江铃汽车集团公司车厢内饰件厂的全资子公司,位于昌南交通要道,占地面积10万余平方米,2011年,有员工1000余人。主营设计、生产、销售多种厢式运输车、冷藏车、保温车等各式专用车,建有冲压生产线、焊接生产线、涂装生产线、总装配生产线及各类产品检测线,拥有厢式运输车、冷藏运输车、工程车、防爆车、通讯电力车、各类SVO车六大系列890多个品种。已形成年产8万台车厢、6万台专用车的生产能力。生产的专用车已获31项技术专利,部分产品也已打开海外市场。2011年特种专用车销量同比增长37.26%,专用车同类车型销售在全国排名成绩持续上升名次,部分专用车品种排名前列,其中电源车排名第一,市场占有率为21.92%;保温车名列第二,市场占有率为25.69%。2011年企业顺利完成全年目标:销售专用车44548辆,车厢74680台,销售收入6亿元,同比增长7%,利税4.3亿,同比增长3%。

企业以“让顾客满意”为质量目标,以优质产品、良好的信誉、完善的售后服务为宗旨,努力开拓市场,实行多元化经营战略,树立以创造性经营去创造顾客需要的新思想,同时不断加大对多种管理制度的开发与引进,逐步建立现代化企业制度。企业自建立以来,先后荣获省级先进企业、优秀企业等多项殊荣。并通过了ISO 9002、ISO 9001、QS 9000质量体系第三方审核谁和复审,中国质量论证中心“3C”产品论证,ISO14000环境管理体系,标志着该厂在质量控制和质量保证体系上迈上新台阶,也使其成为全省乃至全国同行业中颇具竞争实力的企业。

【江西江铃进出口有限责任公司】 江西江铃进出口有限责任公司(以下简称江铃进出口公司)成立于1999年

初，是江铃汽车集团内唯一的专业进出口公司。

江铃进出口公司专业从事进出口贸易和国际合作项目，特别在汽车相关产品的国际贸易上取得优越的成绩。多年来，公司一直秉持互惠互利、共同发展的理念，为江铃集团和其他工业企业积极引进国外先进技术和设备，并把国内优质产品（如江铃的全顺商务车、JMC 宝典匹卡、JMC 轻卡、陆风越野车等汽车和拖拉机及散件）营销海外。2011 年，出口整车已经超过 14000 台，2011 年出口突破 2.48 亿美元，进口近 3 亿美元。公司实现跨越式发展，保持了在轻型柴油卡车出口的全国领先地位。

江铃进出口公司在经营和代理各类商品及技术进出口业务的同时，提供对外项目合作服务，并在江西省经营长安福特及长安福特马自达的经销。

江铃进出口公司背靠众多实力雄厚的企业，如：江铃汽车股份有限公司、江铃五十铃汽车有限公司、南昌格特拉克传动系统公司、江铃控股有限责任公司、南昌齿轮有限责任公司、马恒达拖拉机有限责任公司、昌河昌铃汽车制造有限公司等。

江铃进出口公司在欧洲、南美、中东、非洲等地设立了多家子公营运中心，拥有遍布全球的营销和售后服务网络。

【江铃汽车集团改装车有限公司】江铃汽车集团改装车有限公司占地面积 4.3 公顷，2011 年，有员工 558 名，其中大专以上学历 326 人，具有中高级工程师 68 人。先后通过了 TS 16949 质量管理体系第三方认证和国家强制性“3C”产品认证。

通过自主创新、结构调整、产品升级，现已形成十大系列的 180 多个品种，主要产品有救护车、警用车、新能源车、高档房车等车型。拥有 26 项国家专利，为国家高新技术企业。

聚焦中国城镇化建设快速发展的进程，致力于“为客户在车上办公提供专业解决方案”。为客户提供更多快速响应、品质优越的城市服务功能车，各类产品得到了国内用户的广泛赞誉，部分产品出口海外市场，销售收入年均增长 20% 以上，已成为国内特种车行业的知名企业。

【南昌市利捷工贸有限公司】　南昌市利捷工贸有限公司是集研发、生产、销售电动车为一体的专业电动车制造企业。其主打产品——利捷电动车，2011 年，有厂房面积 20000 平方米，设有先进装配流水生产线，全自动检测系统和一批专业电动车研发人员，年生产能力达 60 万辆。

公司制造的利捷电动车采用先进的数码变频技术，电控防盗系统，节能自发电装置等国际尖端技术，针对市场发展趋势，适时推出新品，使产品结构日趋完善、合理化，推出的多个系列型号品种，已形成特有的商品价格体系，以满足社会各阶层消费者的不同需求。

利捷电动车产品质量严格按照 ISO 9000 质量管理体系执行，以精益求精的品质、完善的售后服务，荣获“消费者信得过电动车”，“质量管理先进企业”等称号，创立了良好的场形象，公司现已在全国开设专卖店 200 多个，正朝着“中国名牌”的方向稳步发展。

【南昌陆风汽车营销有限公司】　南昌陆风汽车营销有限公司成立于 2002 年，主要从事江铃控股旗下陆风品牌汽车产品的市场推广、销售、服务。2011 年，有员工 200 余人，共有销售部、批售管理部、海外营销部、市场推进部、渠道推进部、品牌部、广告公关部、网络营销部、培训管理部、顾客服务部等十余个职能部门。

陆风营销公司的销售网络和服务网络遍布全国各地，已在全国几十座大中城市建立起 50 余家集整车销售、配件供应、售后服务、信息反馈四位一体功能的一级代理商和 260 余家特约维修站，能够迅速给客户提供优质的售前和售后服务。

营销公司自成立以来，围绕品牌战略为核心建立公司的企业文化，公司内部的品牌意识及凝聚力得以迅速

提升,核心竞争力不断增强。陆风汽车旗下拥有国内知名乘用车品牌:陆风汽车品牌,产品家族包括陆风SUV(X8、X6、X9)、陆风风尚、和陆风风华三大系列产品,横跨SUV、MPV、轿车三大汽车平台。

营销公司从可持续发展的战略角度出发,坚持“以人为本”,不断培养高素质的人才,为每一位员工提供多样化的培训课程和学习机会。营销公司每年都要从全国各大高等院校招收一大批毕业生,实施人才储备战略,保证公司日益发展的人才需求。

大力倡导和推广汽车文化是陆风汽车一贯的做法。自2002年陆风汽车代表中国区参加国际顶级越野赛之一的马来西亚雨林越野挑战赛,并荣获特别制造商奖以来,2010年底陆风汽车获得全国越野大赛总冠军数量突破100个,陆风汽车卓越的性能、过硬的质量也得到了充分的考验和展示。

陆风营销有限公司持续打造“全心·全意·全程”的“陆风关爱”服务品牌,保证为客户全程提供方便、迅速和专业的售前、售中、售后服务,陆风汽车的人性化服务已经进入了系统建设与发展阶段。

【南昌宝江钢材加工配送有限公司】 南昌宝江钢材加工配送有限公司由上海宝钢国际经济贸易有限公司(简称:宝钢国际)和江铃汽车集团公司(简称:江铃集团)共同投资设立,兼具钢厂与汽车整车厂强大的资源、技术、物流、信息服务等支持背景,将运用现代化的技术为江铃集团和南昌地区用户提供全新的供应模式与高质量服务标准。

公司位于南昌县小蓝经济开发区,占地约8公顷,注册资本为7480万元,一期总投资为1.22亿元。南临汽车大道、西靠金沙大道,2011年完成税收797万元,实现亩产税收6.4万元/亩。其中一期投资1.22亿元建设钢结构厂房三跨和辅助厂房及办公楼,建筑面积14026平方米,建成具备年10万吨产品的仓储、加工和配送的能力。二期项目2011年12月已开工建设,二期项目总投资7200万元,建筑面积14000平方米,建设一栋三跨钢构厂房.。

公司主要为江铃汽车及其零部件厂提供汽车钢材剪切加工配送服务。

【江西省凌锋实业有限公司】 江西省凌锋实业有限公司创建于1988年,有下属单位:南昌市江凌汽车贴花厂,原名“江汽印刷厂”。于1990年研制出具有抗拉强度高、耐磨、防水、耐光和户外抗气候性能极佳的汽车贴花,是国内最早开发这个项目的专业厂家之一。公司通过了ISO 9001及ISO/TS 16949:2002国际质量体系认证。公司拥有现代化的办公设备,各种型号高精度丝网印刷机若干台、先进的超大多功能制版机、模切机。在设计、制作、模切各工艺过程有一支训练有素的优秀技术队伍,加上材料选配科学(所有材料均由日本、英国、美国、瑞士进口),检验严格,产品有可靠的质量保证,其粘力和颜色鲜艳度可保持五年之久。公司已同国内十余家汽车企业集团建立广泛、良好的业务往来关系,并获得部分主机厂的星级配套方的称号。公司的设计新颖,色调布置合理,把贴花的形状、颜色与车身溶为一体,使全车产生飘然欲发的动感效果,深受客户的好评。公司生产基地位于江西省南昌市迎宾大道小蓝经济开发区,面积达10000余平米,现代化厂房及综合办公楼8000余平米。

电机电器产业

【概况】 机电制造产业是南昌县的传统优势产业。2011年,南昌县电机电器产业规模以上工业总产值占全县规模以上工业总产值的8.11%,达

30.02亿元。随着国内机电行业形势的变化，强强联合已成为行业发展的一种趋势。南昌县先后引进以人民电器和清华泰豪为龙头的产业集群，同时南昌本土的机电制造企业也通过自身努力不断发展壮大，初步形成以泰豪科技、人民电器等企业为龙头的机电机械制造业集群锥形。

【江西人民输变电股份有限公司】　江西人民输变电股份有限公司是人民电器集团的全资子公司，是通过兼并、重组、扩建原江西变电设备总厂（江变公司）后建立的，有40余年的历史，延续和汇集了中华人民共和国成立初期上海、沈阳内迁、援建的变压器企业的技术和人才，综合实力曾位居全国同行业第二名。

江西人民输变电股份有限公司位于南昌县小蓝经济开发区，总投资18亿元，占地66.7公顷，年产值20亿元，年创税收过亿元，是国家电力装备的重点企业之一。该公司拥有全封闭、超净化的500千伏超高压生产车间和500千伏超高压变压器试验大厅，配备了代表当今世界先进水平的生产和试验设备400多台、套，有芬兰的大型行车、德国的乔格自动剪切线、瑞士的气相干燥设备、美国的悬浮气垫运输设备、美国的功率分析试验仪器等。在浙江总部建立省级技术中心和博士后科研工作站，拥有由国际电工委员会委员和享受国务院津贴的专家、学者组成的技术团队，现有高级职称人员18人，中级职称人员160人。具备500千伏及以下电力变压器、干式变压器、非晶合金变压器、高压互感器和箱式变电站；330千伏及以下特种变压器产品的设计、制造及试验能力。产品被广泛运用于国家电网、交通运输、城市建设、石油化工、冶金矿山和其他重大工程项目。

【泰豪科技股份有限公司】　泰豪科技股份有限公司是江西省和清华大学“省校合作”在南昌国家高新开发区设立，具有良好发展和成长业绩的科技型上市公司。

公司被国家首批认定为“高新技术企业”，入选“国家级创新型企业”，并拥有“国家认定企业技术中心”。公司被国家工商总局评为全国“首批520家重合同、守信用企业”，“泰豪”商标为“中国驰名商标”，产品为“中国名牌产品”。在智能节能领域，公司拥有设计、制造和安装节能型中央空调、静音型发电机组、安全型配电设备等楼宇智能化电气产品的综合实力，引领国内智能建筑电气产业的发展。在军工装备领域，公司将清华科技融入三波电机数十年的制造技术中，创造了行业内唯一荣获国家发明奖的产品，服务中国国防现代化建设。

公司的发展得到中共中央总书记胡锦涛，以及江泽民、吴邦国、贾庆林等党和国家领导人的亲切关怀、热切鼓励。

公司产业规划：(1)智能节能产业集成优化发展；(2)电机电源产业专业国际化发展；(3)军工装备产业相关规模化发展；(4)软件产业行业应用专业化发展；(5)动漫产业产学资源整合化发展。

【江西赣发农机制造有限公司】　江西赣发农机制造有限公司是2000年成立的民营制企业，地处南昌县小蓝经济开发区，是江西最大的专业生产农业机械及农机具产品的民营企业之一。

公司凭借多年的先进经营理念，集管理、人才、技术、质量、服务等优势，将“赣江”牌系列变形拖拉机、“赣江赣发”牌拖拉机变形运输机（吸粪车、洒水车）以及农业机械等产品打造成知名品牌。工厂占地46000多平方米，公司主要生产设备320台，员工400人，“赣江”牌、“赣江赣发”牌拖拉机变形运输车综合生产能力1万台，“赣江”牌、“赣江赣发”牌东风—12/15系列手扶拖拉机、旋耕机年综合生产能力2万台，该产品为牵引、驱动兼用型拖拉机，结构紧凑、耐用可靠、马力大、重量轻，适宜犁耕晒垡、旋

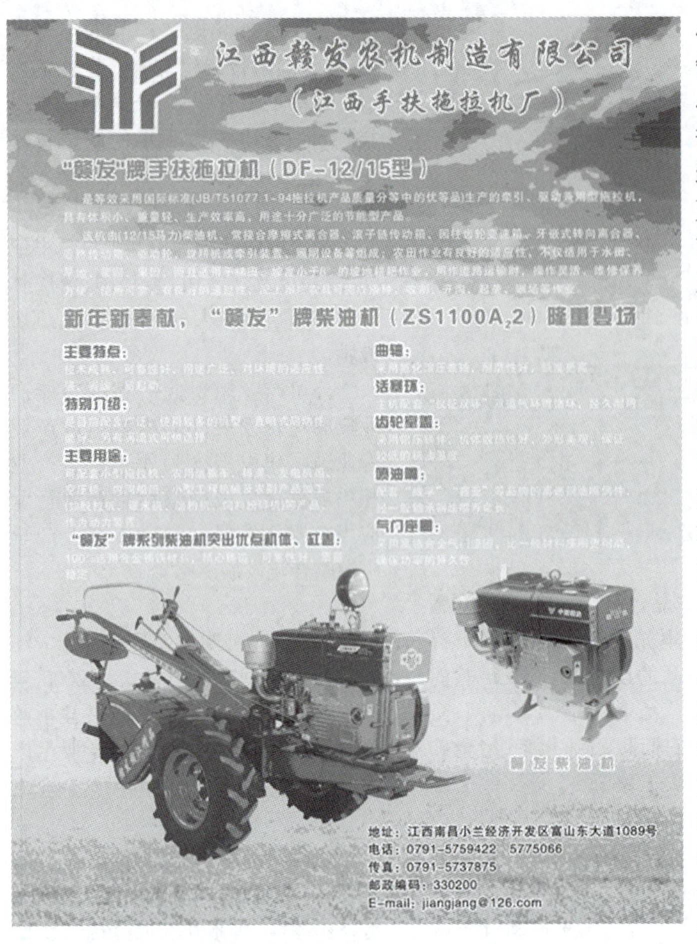

耕碎土、联合收割、运输、抽水、喷灌、轧花、饲料粉碎等作业，曾获国家银质奖，多次评比获一等奖，产品畅销全国27个省市自治区，并销往马来西亚、秘鲁、委内瑞拉等9个国家和地区。"赣发"4LD-130型小型稻麦联合收割机年综合生产能力6000台，该机型重量轻、结构简单、操作灵活、工作可靠，采用先进的专利技术，广销南方省市并销往印度、斯里兰卡、孟加拉、马来西亚等国家，深受广大客户及外商的青睐。

公司拥有一批具有生产实际经验的高科技人员及先进的专业化生产、检测、科研、设备，技术力量和科研力量雄厚，不断致力于研发生产新的产品，近几年来，公司与台湾客商共同合作研制生产的"210"不干胶商标印刷机、"300"模切机，年综合生产能力2000台，产品广泛用于商标印刷，"IT"电子产业，广销全国及东南亚等国家。

公司根据自身发展的需要，向社会广纳贤才，成立了技术研发中心，推广使用3D软件，并和江西农大工程学院达成合作协议。同时，对营销中心、质量管理中心、生产部进行重组。使其更加适合市场和用户需求。

【江西小松工程机械有限公司】 江西小松工程机械有限公司是日本小松制作所及小松（中国）投资有限公司正式授权的小松工程机械产品在江西省的独家总代理。江西小松工程机械有限公司隶属于上海成基集团，江西小松总部位于南昌市迎宾中大道1228号，下辖南昌、抚州、鹰潭、九江、新余、萍乡、宜春、景德镇、上饶、广丰、吉安、赣州、瑞金、德兴、南丰、上高等16个市县先后设立营业分公司及服务网点。2011年，公司有员工270人，车辆53部，年销售额达6亿元。公司拥有一套完整的符合小松专业要求的技术、设备、及人员队伍，为客户提供一流的产品、一流的技术和一流的服务，公司经营范围主要包括：小松工程机械的整机销售、零件销售、售后服务与维修业务、技术服务、机械设备租赁。

公司在小蓝经济开发区投资了新厂房，工程项目正在建设中，总建筑面积共计13597平方米，用于兴建车间及综合楼等。其中：1号车间建筑面积2198平方米，2号车间建筑面积7866平方米，综合楼建筑面积1450平方米，成品仓库建筑面积450平方米，配件仓库建筑面积1000平方米。

该项目投产后，年产值可达2.1亿元/年，利税可达496万元/年，市场前景广阔，4~5年可收回投资。可安排165人就业，2011年，有员工270人。

食品饮料产业

【概况】 食品饮料产业是南昌县的传统支柱产业之一，拥有江西煌上煌集团有限公司、中粮可口可乐饮料（江西）有限公司、南昌百事可乐饮料有限公司、江西省南昌市昌碧米业集团公司、稻香园调味食品有限公司等一批重点食品饮料企业。2011年，南昌县充分发挥小蓝经开区作为江西省食品产业基地的品牌优势，食品饮料产业发展迅猛，持续保持高速增长良好态势。

2011年，全县规模以上食品饮料企业累计实现主营业务收入105.3亿元，同比增长62.2%，占全县规模以上经济总量比重达到22.08%，较去年同期增长2.49个百分点，一举超过汽车汽配产业，成为南昌县第一大支柱产业。产业龙头企业发展迅猛，江西国鸿有限公司累计实现主营业务收入13.8亿元，同比增长451.6%；南昌市草珊瑚科技产业有限公司累计实现主营业务收入5.56亿元，同比增长172.5%。

【煌上煌集团】　煌上煌集团创建于1993年，总部座落于南昌县小蓝经济开发区。经过19年的艰苦创业和快速发展，已经成为以畜禽肉食品加工、家禽屠宰、禽血骨精深加工为主业，产业涵盖农业综合开发、油茶种植加工、房地产开发、金融投资以及餐饮、宾馆等领域的综合性传统食品加工与现代科技相结合的大型民营企业。

集团设有股份公司、子公司、连锁专卖店、加盟店、合资合作公司、海外公司等16家分公司，员工3000余人，先后在江西、广东、福建、辽宁等地建立现代化的大型生产加工基地，成立家禽专业屠宰的江西煌大食品有限公司，在江西共拥有占地近40公顷的中式烤卤食品工业园和大型家禽屠宰、深加工厂区，屠宰能力年产量3万吨，加工能力年产量2万吨。2500多家连锁专卖店分布在江西、北京、上海、广东、福建、沈阳、西安等地，形成了以南昌为核心，以江西为重点，覆盖全国的连锁销售网络。

集团坚持科技创新，引进国内外一流的食品加工设备和技术，投入了大量的资金进行技术改造，对传统烤卤工艺进行重大改革和创新，在全省烤卤行业中首家实现蒸汽加工卤制品，建立半机械化的加工流水线，引进国内外先进的真空包装、高压消毒设备和微波消毒技术。自主研发的农副产品已形成5大系列100多个品种，先后通过了ISO 9001:2000质量管理体系认证、QS质量安全认证和HACCP食品安全管理体系认证。煌上煌“皇禽”商标被国家工商总局授予“中国驰名商标”，被授予江西省著名商标。

【江西海浩鄱阳湖水产有限公司】　江西海浩鄱阳湖水产有限公司由江苏海浩兴业集团为投资主体，以水产品深加工为主营的外向型企业。主要生产淡水龙虾、对虾、淡水鱼类、贝类及农副产品等四大类50多个品种，产品全部出口美国、欧盟、日本等国家和地区。

公司成立于2005年12月，地处南昌县小蓝经济开发区鑫维大道，占地3.1公顷，一期工程建筑面积13000平方米，固定资产投入4000多万元，其环境优美，布局合理，加工、检测设备设施先进齐全，2006年5月，通过CIQ HACCP验证，CCIC食品安全管理体系认证，获得水产品安全卫生注册（注册号:3600/02018）。并于7月成功对美国、欧盟等国家的食品安全卫生注册，以及英国SGS机构的BRC国际认证。公司有先进的加工生产流水线两条，年加工能力：淡水龙虾制品1500吨，淡水鱼制品2000吨，对虾、河蚬等其他水产品500吨。二期工程于2007年年底实施，建成后形成集科研、养殖、加工一条龙的产业结构链，公司将充分利用海浩食品成熟的销售网络和加工技术优势，结合鄱阳湖丰富的水产资源和养殖技术优势，开发鄱阳湖水产出口新品，大力发展原料基地。引进国外新品和养殖技术，优化养殖品种。充分发挥企业的龙头作用，实现经济效益和社会效益共赢的目标。

【江西省绿滋肴实业有限公司】　江西省绿滋肴实业有限公司始建于2002年元月，座落在南昌县小蓝经济开发区，拥有6.7公顷葛系列产品生产基地及现代化的办公大楼，先后在全省开办了50余家大型绿滋肴江西特产超市，网点遍布南昌、井冈山、庐山、新余、吉安、婺源等主要地区，形成全省一体化的销售网络。绿滋肴本着“诚信务实、顾客至上、物美价廉、以人为本”的经营理念和“负责、协作、诚实、创新”的企业精神，切实抓住南昌实行大开放、打造鄱阳湖经济圈、实现江西在中部地区崛起的主战略契机，短短8年间一跃成为年销售总额突破5亿元，以连锁经营江西特产为核心模式的多元化集团。

2011年，公司在现有经营成果的基础之上，更加注重“绿滋肴”品牌的塑造和推广，建立了深加工、精加工的食品厂，产品除供公司门店自销外，销售网络已遍布全省乃至全国大中型城市，逐步形成产、供、销一条龙的作业模式。此外，公司还配套设有酒店宾

馆、物流基地,涉足市政、道路、房地产等多种行业,各种产业齐头并进、共同发展,进一步壮大了公司的实力。

经过多年的锐意进取和努力经营,“绿滋肴”已经成长为江西特产行业中首屈一指的品牌,并成为江西省66家拟上市重点企业之一。绿滋肴同仁们时刻谨记“帮助农民致富,助推农业发展,为祖国繁荣富强而努力奋斗”的使命,立志于搭建一流平台,推动江西特产品牌、特色农副产品走向国际化,让特产全世界流通!

“绿滋肴,专业做特产!”公司在南昌小兰经济开发区新近购地6.7公顷,建立葛系列产品生产基地及办公大楼,重点开发“葛产业集约化生产”项目,通过集约化经营,形成葛粉及葛黄酮的生产加工基地,创立“粉葛产业王国”。并有意向食品精加工、深加工更深入发展,实行产、供、销一条龙作业模式,打造完整产业链。

品牌建设,长远发展!近年来,在公司及产品抢占市场的同时,更加注重企业的品牌效应,加大了对“绿滋肴”品牌的塑造和推介,着重对公司拳头产品的开发与推广。并热衷于社会的公益事业,曾赞助60万元与江西二套“松柏巷里万家人”剧组合拍两集电视剧,赞助20万元与都市现场做互动专题,为莘莘学子筹路费,为倡导环保理念,与都市频道联合举办“环保袋袋传”活动,为市民免费发放环保袋。各门店及下属企业在各地为雪灾、地震灾害热心捐款,赞助举办“绿滋肴杯”全省大学生诗歌大赛等等。并邀著名主持人亚芝出任本公司代言人,并与各媒体签订广告合约,以提高产品知名度。与江西电视台签订一年295万元的全年广告;在站前西路投入108万元制作为期三年的灯箱广告;投入86万元在昌樟、昌九高速公路上树高炮广告;在全市40部公交车上制作车身广告;在全省各地市广播电台、电视台、报纸、流动媒体、户外广告等均有大量合作和推介;使“绿滋肴”品牌深入人心,产生良好的社会效益和经济效益。

【中粮可口可乐饮料(江西)有限公司】 中粮可口可乐饮料有限公司是由中粮集团与可口可乐两家世界500强企业联合投资成立,经可口可乐公司授权,以生产和销售国际第一品牌“可口可乐”系列产品的装瓶公司。

中粮可口可乐饮料(江西)有限公司(以下简称:江西中可)于2007年6月注册成立,坐落在南昌县小蓝经济开发区内,占地面积14.8公顷,注册资本4000万元。江西中可根殖生态江西,用江西的优质水资源,造江西人自己的高品质可口可乐时尚饮品。2011年,已拥有两条现代化生产线(KHS生产线和拉罐罐装线)的江西中可,总生产能力为年产可口可乐系列饮料3000万标准箱。

江西中可遵循“有序、高效、专业、互动”管理理念,秉承“自然之源,重塑你我”的中粮文化,视产品质量为企业的第一生命。2009年正式运营的江西中可新厂从国外引进了先进的生产线及辅助设备,是一家现代化的软饮料生产企业。在生产和管理中,对生产工艺、品质控制、市场营销和售后服务等全过程运行全球推行的可口可乐质量管理系统。公司销售包括可口可乐、零度可口可乐、健怡可乐、雪碧、雪碧冰薄荷、雪碧茶、芬达和醒目,水系列饮料——冰露矿物质水;美汁源果汁类饮料——果粒橙、热带果粒、爽粒葡萄、C粒柠檬;美汁源果粒奶优、茶饮料——原叶茶等在内的可口可乐系列产品已成为深受消费者喜爱的知名品牌和产品。

【南昌屏荣食品有限公司】 南昌屏荣食品有限公司位于中国南方最大的交通枢纽重镇——向塘镇。

南昌屏荣有限公司是屏荣集团在中国大陆成立的第六家分厂,总投资额500万美元,以生产高档常温糕点及冷冻调理产品为主,2011年,公司有近200名职工和23000平米的生产基地。公司顺利通过ISO 9001国际质量体系认证及QS生产许可,于2011年10月正式投产,预计年生产总值达到5500万元。

公司成立以来秉承诚信为本、与广大客户共存共荣的经营理念,坚持以“健康食品,良心品质”为宗旨,设立独立于生产部门之外的品管部门。公司拥有先进的生产检验设备,并采用统一采购,统一加工,统一配送的生产销售模式,是集产、供、销、研发、物流配送于一体的大型食品加工基地。

南昌屏荣食品有限公司实行标准化服务，现代化管理，坚持子弟兵、组织战、本土化的企业文化。

【南昌稻香园公司】 南昌稻香园公司总部位于塔城乡塔城街，坐落在风景秀丽的鄱阳湖边清岚湖畔。建有3万余平方米的大型现代化调味品生产车间，拥有7条先进生产线和完善的产品质量检测设施，建有1333.3公顷农副产品种植基地，2011年，有员工146名，其中食品工程师2名，技师6名，拥有固定资产1000多万元。经过多年的不断开拓与创新，生产规模逐年壮大，经济效益连年翻番，公司已成为年销售额达4000多万元的大型民营企业。稻香园公司被评为“江西省农业产业化龙头企业”，“江西省调味品协会副会长单位”，“稻香园”商标被评为“江西省著名商标”。

公司主营豆豉、直条米粉两大系列产品。稻香园豆豉生产基地位于塔城、莲西两地，2009年公司投资500万元对豆豉传统生产工艺进行工业化生产技术改造，2010年已竣工投产。该项目属国内同行首创，使生产条件及产品质量有一个质的飞跃。2010年又投资300万元强化产品研发能力和对厂区环境进行大的改造。作为江西风味豆豉的杰出代表，产品畅销全国，并荣获“南昌名牌”产品称号，2010年还被评为“赣鄱十宝”，“塔城豆豉制作工艺”2010年入选“江西省非物质文化遗产保护项目”。

直条米粉生产基地位于横岗，是基于充分利用南昌县丰富早米资源建立起来的，由于引进了国内先进设备和坚持优质高效理念，产品质量在同行始终保持领先水平，产品主供出口和国内大型商超。“稻香园直条米粉”2010年获“江西省放心粮油产品”。

为加快公司发展，打造稻香园食品生产基地，公司致力于产品的延伸，努力提高产品附加值，并与南昌大学进行紧密合作，坚定地向做优做强，打造独具地方特色的食品生产基地目标不断进取。

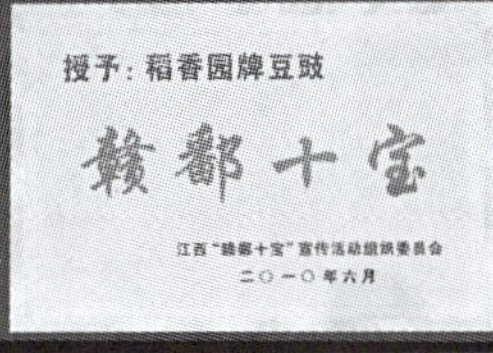

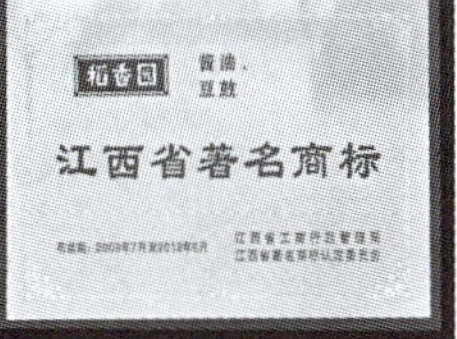

【南昌达利食品有限公司】 福建达利集团是全国大型集团化食品生产龙头企业，集团下辖全国各地20多个子公司，总占地面积为333.3公顷，拥有中高级管理人才、各类技术人员30000余人，销售网络遍布全国。集团先后荣获“福建省名牌产品”、“福建省著名商标”、“中国名牌产品”“中国驰名商标”称号。旗下“达利园”“可比克”“好吃点”“和其正”四大知名品牌和“达利园”系列饮料产品（和其正、红茶、绿茶、花生牛奶、八宝粥、优先乳、岩层矿物质水）均享有广泛的知名度与美誉度。

南昌达利食品公司是福建达利集团旗下的子公司之一，2010年6月签约落户南昌县小蓝经济开发区，项目总投资10亿元，占地面积17.9公顷；2010年11月动工建设，主要建设内容包括有厂房、仓库、宿舍楼、办公楼等，总建筑面积10万平方米，年产量25万吨各类饮料，年销售额10亿元以上，年创税收8000万元以上。

纺织服装产业

【概况】 纺织服装产业是南昌县的传统支柱产业之一，南昌县的纺织行业经历了从小到大的裂变式扩张过程，逐步形成了以重点企业为龙头，以中小企业为信托，以针织服装为主导产品的产业格局中。拥有江西广宥鞋业有限公司、江西永通鞋业有限公司、江西省欣隆纺织有限公司、南昌县新华瑞制衣厂、南昌恒立泰制衣有限公司、江西鹏飞纺织有限公司、江西新三兴实业有限公司等一批优秀企业。2011年，南昌县规模以上纺织服装工业企业占全县规模以上工业总产值总量的比重为12.30%达50.07亿元。

【江西广宥鞋业有限公司】 江西广宥鞋业有限公司位于江西省南昌县向塘镇，面积23.3公顷，总投资4500万美元，注册资本2000万美元。2011年，在职职工约7500人，90%为当地人，男女比例为2:8，平均年龄32岁。江西广宥公司现有18条加工线，月产能65万双左右，为NIKE硫化鞋生产的世界最大加工基地。

2007年2月6日奠基，5月17日开始工厂的基础建设工程，10月9日第一条加工线正式投产。江西广宥鞋业有限公司，从正式投入基建工程到第一条生产线投产，仅用了四个多月时间。10月15日，在NIKE生产总监、化工总监的严格考察下，客人对广宥公司在艰难环境下短期内顺利投产表示赞赏和肯定，当场正式确认广宥公司为NIKE生产硫化鞋的签约工厂。2008年7月以来，广宥公司顺利通过中国质量认证总公司的严格审核，通过了ISO 9001质量体系、ISO 14001环境管理体系、GB/T 28001职业健康安全管理体系的认证。2011

年该公司完成工业总产值6.12亿元，同比增长11.1%，实现工业增加值6225万元，年纳税3500万元。

江西广宥鞋业有限公司以创造良好的经济效益和社会效益为目标，公司致力于为顾客提供优质的产品，为职工提供安全与健康的工作及生活环境，在公司的持续发展中注重于保护环境、减少污染。“追求合理的利润，追求舒适的生活，追求永久的生存”是广宥公司的经营理念，以守法经营为宗旨，秉持“专业、热情、尊重、互信”的核心价值观和标准化的管理打造世界级的精实工厂。

【江西省欣隆纺织有限公司】 江西省欣隆纺织有限公司坐落于江西南昌小蓝经济开发区，是一家专业生产服装的外贸出口企业，是集设计、开发、生产、销售于一体的服装公司。一直以来，在欣隆广大员工的共同努力下，公司秉着“友谊连接世界，诚信共谋发展”的创业理念，经过多年潜心经营，取得了辉煌的业绩，也得到了许多客商的信赖与好评，订单源源不断，货源充足。为了抓住机遇，迎接新一轮挑战，江西省欣隆纺织有限公司又在南昌县小蓝经济开发区兴建了一座占地面积为6.7公顷的新厂区，公司职工有1500多人。

【江西永通鞋业有限公司】 江西永通鞋业有限公司是一家三资公司，注册资金2800万美元，2011年，有职工400人，其中各类专业技术人员35人，其中高级职称6人，中级职称58人。公司投资24070万元，于2002年11月26日落户南昌县小蓝经济开发区，占地面积33公顷。

公司生产的运动鞋，流行鞋、硫化鞋、登山鞋、滑板鞋及休闲鞋、凉鞋产品以对外客户订单样品进行成批生产，产品全部出口，主要销往欧美地区，同时其他产品照明应急灯等，主要销往中东南亚地区。

【新华瑞制衣有限公司】 南昌新华瑞制衣有限公司是一家专业生产、设计、销售针织服装并拥有进出权的外资企业，创立于1993年。公司座落于南昌县小蓝经济开发区工业一路，占地面积约6万多平方米。建有针织服装生产车间和印花车间，并设有服装展台的综合大楼。

公司拥有先进的生产设备，一流的设计人员和缝纫技工，生产的男女运动服、男女针织休闲T恤、薄绒服装等系列产品，远销美国、欧洲、日本、意大利、非洲等国家和地区。公司还被南昌市评为诚信单位，并且在2007年又顺利通过了ISO 9001 ：2000质量体系认证，年产值5000万元。2003年，公司成立自己的自主品牌“LI WORLD ”，为把自主品牌迅速打入国际市场，2007年3月又在美国注册成立分公司，主要销售自己的品牌“ LI WORLD ”。在2008奥运年里，公司继续与Costco 、沃尔玛、ITAT等商业巨头的友好合作，争取以先进的生产设备为基础，国际市场为导向，贯彻高效生产，严把质量的管理方针，不懈追求尽善尽美的国际知名品牌，为生产更多完美服装而奋斗。

【南昌恒立泰制衣有限公司】 南昌恒立泰制衣有限公司是民营股份制拥有自营进出口权的针织服装专业生产企业，也是江西省规模最大的针织服装生产企业之一，公司位于南昌县小蓝经济开发区，占地面积12万平方米。

公司创建于2005年，技术力量雄厚，生产设备先进，如进口自动拉布机，电脑缝纫机车及印花设备，能满足客户各种订单的要求，主要产品为:休闲女装系列、印花系列、彩条系列、POLO系列、绒布系类、儿童谢列等针织服装，并已注册童装商标“圣福儿”。产品远销欧美、日本、东南亚等30多个国家和地区。

公司已通过ISO 9001:2000国际质量管理体系认证，并全面采用ISO 9001国际质量管理体系进行严格管理，并设立QC质量管理小组GC保

证所生产的产品符合发达国家标准。

医药和医疗器械产业

【概况】 作为南昌县的六大支柱产业之一，南昌县的医药和医疗器械产业在2011年发展势头良好。2011年，南昌县规模以上医药和医疗器械工业企业实现规模以上工业总产值59.27亿元，占南昌县规模以上工业总产值总量的比重为14.56%。南昌县的医药和医疗器械产业拥有一批实力雄厚、发展迅速的龙头企业，如江西汇仁集团有限公司、江西制药有限责任公司、江西国药有限责任公司、江西三鑫医疗器械集团有限公司等。

【汇仁集团】 汇仁集团是按健康产业链拓展、集成式发展的大医药构架型综合性集团公司。拥有员工4000余人，大专以上学历者超过60%，有一支由博士生导师、博士和硕士等高层次人员组成的经营、管理及研发队伍。

近十年来，汇仁人抓住发展机遇，励精图治，艰苦创业，实现从一个不知名的小企业一跃成为全国知名企业的跨越。集团2011年销售收入46亿元，上缴国家税金1.2亿元，历年累计上缴税收超10亿元，其中自2000年始连续11年上缴国家税收超亿元，为地方经济发展作出了较大贡献。2002年，“汇仁”商标获国家工商行政管理总局颁发的中国“驰名商标”荣誉，是全国医药领域为数不多的驰名商标。2004年汇仁集团获得国家“农业产业化国家级重点龙头企业”称号。同年，汇仁集团在中国民营企业竞争力50强中竞争力指数排序第30位。2005年、2006年，汇仁集团连续两年被认定为中国工业行业排头兵企业。“汇仁”品牌被世界品牌实验室在2006年（第三届）世界品牌大会上评为“中国500个最具价值品牌”。2005年度荣获中国医药行业十大影响力品牌。在全国中成药企业排序中名列第4位，在全国6000多家制药企业中名列第11位。2006年，集团子公司江西汇仁药业有限公司被科技部火炬计划中心评为国家级火炬计划重点高新技术企业。2007年，汇仁品牌列入首批300家“全国重点保护品牌”；被省政府授予“江西工业崛起十强企业”光荣称号；集团技术中心被国家发改委等五部委认定为国家级企业技术中心。2007年，被科技部等三部委评为全国第二批创新型试点企业。2008年，汇仁集团荣获2008中国民营科技企业500强第14强；汇仁药业认定为高新技术企业；江西省工业优强企业。2009年，汇仁药业被认定为全国第二批创新型企业；江西省优强企业。2010年，全国民营企业500强第365位。

【江西制药有限责任公司】 江西制药有限责任公司（江西制药厂）创建于1950年3月，是江西省最早的综合性制药企业，位于南昌县小蓝经济开发区汇仁西大道758号。占地20公顷，总投资1.7亿元，有员工650人，其中各类专业技术人员占30%以上。

经过60年的发展，公司技术力量雄厚，制药设备精良，严格按照国家GMP标准控制和管理生产、经营、新产品开发、产品质量检测、监控的全过程，拥有许多从国外引进的具有国际先进水平的制药设备和检测仪器。公

司设有药物研究中心,药物检测中心,员工教育培训中心和7个主要生产车间。固体口服制剂、大容量注射剂、小容量注射剂、冻干粉针制剂车间和原料药车间全部通过GMP认证。

公司年产针剂3亿支,片剂20亿片,胶囊1亿粒,输液2000万瓶,冻干粉针400万瓶,抗生素发酵总吨位800立方米的生产能力。公司原料药有:马来酸依索拉定、硫酸小诺霉素、硫酸庆大霉素、硫酸庆大霉素C1a组分、硫酸庆大霉素B组份、硫酸异帕米星等。公司新药研发能力突出,每年都有10多个新药品种上市。制剂已获得国家药品生产批准文号的品种330多个。其中,硫酸依替米星注射液获国家一类药物;瑞贝克缓释片专利优秀奖;“复方甘草口含片及其制备方法”获国家发明专利优秀奖。有数十个产品被认定为“高新技术产品”,公司被江西省科技厅认定为“江西省高新技术企业”,并享有独立进出口经营权。公司的飞宇商标被省工商局、省著名商标局认定为“江西省著名商标”。

【江西国药有限责任公司】 江西国药有限责任公司(原江西国药厂)创建于1955年,现为国家大一型及国家二级企业,系中国医药工业百强企业和全国中成药工业国有重点企业(五十强)之一。拥有外贸进出口自主权。

国药公司具有雄厚的医药工业实力,现有各类专业技术人员700余人,其中高级技术人员50人,专职技术人员占职工总数的30%。固定资产15437万元。占地面积35万平方米,建筑面积18.2万平方米。固定资产设备3300余台,其中发酵设备总容积2100立方米。公司水、电、汽、冷冻等供给公用系统已配套成龙,其规模在江西省医药行业中雄居首位。

江西国药有限责任公司下设3个全资子公司、2个中外合资控股公司(金水宝制药公司、金水康药业公司)、6个生产车间、2个辅助车间。设有药物研究所、质监、技术、生产、设备、技改等处室。

国药公司的产品,行销海内外。其中出口产品的销售收入占总销售收入的50%以上。

【江西三鑫医疗科技股份有限公司】 江西三鑫医疗科技股份有限公司(原江西三鑫医疗器械集团有限公司)是专业从事医疗器械研发、制造和销售的国家高新技术企业,公司创建于1997年3月,坐落在国家经济百强县—南昌县,是行业率先通过CE、CMD质量管理体系和产品认证及美国FDA510(K)上市许可的国家三类一次性医疗器械定点生产企业。

公司总部地处南昌县小蓝经济开发区,有两大生产厂区,总占地210000平方米,其中符合医疗器械GMP要求的十万级净化车间超过28000平方米。公司主要生产输注类系列、留置针·延长管类系列、血液透析类系列和其他医用耗材类系列等4大系列30余个品种1000多种型号规格的一次性使用无菌医疗器械产品。“义鑫”牌产品注册商标于2010年被国家工商总局认定为“中国驰名商标”。公司年生产一次性无菌医疗器械25亿(支)套,产品畅销全国30多个省、市、自治区,远销到欧美、东南亚等60多个国家和地区。

【江西优奇科技有限公司】 江西优奇科技有限公司(原江西省百思特动物药业有限公司)创建于1998年,是一家集科研、生产、销售、服务于一体的动物药品,保健品,现代化高新技术企业。公司位于南昌县小蓝经济开发区。

公司于2003年12月一次性完整通过国家农业部GMP标准认证验收,成为江西省最早能过GMP验收厂家。公司拥有国内外先进的生产设备和美国安捷伦(HPLC)高效液相色谱仪,瑞士薄层色谱仪等多种检验仪器。

公司取得“响亮”、“多尔金”两个著名商标,一个发明专利(ZL:2006100193264),一个实用型专利(ZL:2008201128568),包装袋专利若干。是江西省重点大型兽药企业之一,综合实力在江西省名列前三甲,是

全国兽用制剂生产企业50强。

其他产业

【江西金沙彩印包装有限公司】　江西金沙彩印包装有限公司地处南昌小蓝经济开发区富山大道388号，占地面积70000平方米（100多亩），建筑面积20000平方米，企业拥有员工700余人，各类技术、管理人员50余人。该公司是以研发、生产、销售纸板纸箱、塑料编织、彩色印刷为主，集科、工、贸为一体的现代科技民营企业，于2005年9月正式投产。公司拥有200台圆织机、3条编织袋生产线、1条高速纸板纸箱生产线、1条彩印生产线。年生产编织袋6000万只，纸板纸箱3500万平方米，年生产能力达2亿元，是江西省最大的彩印包装龙头企业，产品除江西市场外，还畅销全国24个省、市、自治区。公司拥有2栋员工宿舍，1个大型的浴室，1个员工食堂，生活设施具全，实行人性化管理。厂区环境优美，绿化面积达到40%。

【江西舒美特运动健身器材有限公司】　江西舒美特运动健身器材有限公司是以生产运动健身器材为主的股份企业，公司于2004年8月注册登记，注册资金5009万元。2005年至2006年，该公司投资6000多万元在小蓝经济开发区内开工建设运动健身器材生产线，公司坐落在南昌市迎宾中路小蓝大道98号，占地面积133000余平方米，厂房面积10万余平方米，规模居国内同行前列。有员工200余人，其中大专以上技术骨干管理人员30人，高中级职称人员13人。

该公司是江西省首家生产健身器材厂家，舒美特运动健身器材共有八大系列200多种产品，在运动学、人体力学和物理学的基础上进行开发和设计，以专业化、人性化、合理化的设计思路和严格的产品检验标准对待每一台产品，拥有先进、完善和配套的生产与检测设备，技术力量雄厚。

【武藏野化学（中国）有限公司】　武藏野化学（中国）有限公司座落于南昌小蓝经济开发区内，由世界高品质乳酸制造商株式会社武藏野化学研究所成立的。

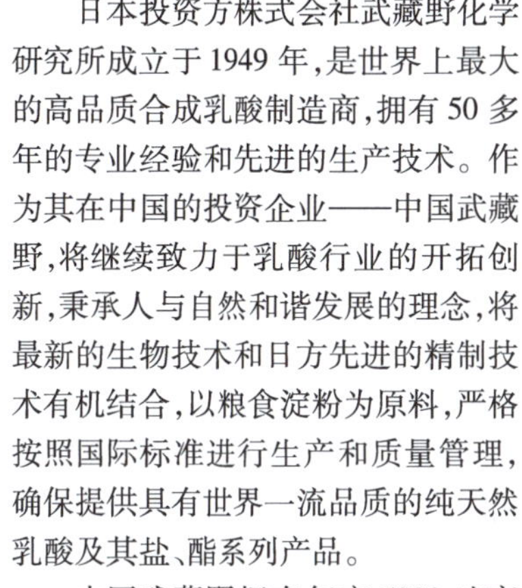

日本投资方株式会社武藏野化学研究所成立于1949年，是世界上最大的高品质合成乳酸制造商，拥有50多年的专业经验和先进的生产技术。作为其在中国的投资企业——中国武藏野，将继续致力于乳酸行业的开拓创新，秉承人与自然和谐发展的理念，将最新的生物技术和日方先进的精制技术有机结合，以粮食淀粉为原料，严格按照国际标准进行生产和质量管理，确保提供具有世界一流品质的纯天然乳酸及其盐、酯系列产品。

中国武藏野拥有年产5000吨高品质L－乳酸产品生产能力，立志与日本武藏野一起，在近年内建成亚洲最大的高品质乳酸产业链，形成以“武藏野”为品牌的乳酸系列产品（包括L体、D体、DL体）的供应体系，满足全球用户多样性需求。

【艾迪亚（江西）实业有限公司】　艾迪亚（江西）实业有限公司是由枫华实业（加拿大）有限公司在中国投资注册的独立公司。枫华实业（加拿大）有限公司是于1997年在加拿大不列颠哥伦比亚省注册成立的专业化包装公司。2001年在上海市闽行区投资成立“上海智润艺术包装有限公司”，该公司是一家集研发、设计、加工、销售为一体的包装公司。加拿大枫华公司在江西南昌投入600万美金创建第二家功能相对齐全的包装公司，首期

于2004年1月投入1200万成立“艾迪亚”(江西实业有限公司)打造大型的塑料包装厂。年产值可达3000万元以上。艾迪亚(江西)实业有限公司本着求实精神按ISO 9000标准严把质量关,打造一个高质量、低成本、信誉高的新型包装配套企业。真诚地为广大客户服务,以优良的质量、优惠的价格、优秀的服务、创立自己的“三优”品牌。

【广东彩艳股份有限公司】　广东彩艳股份有限公司创办于1958年,原称“广东省新会县磷肥厂”。1985年转型升级,技改为“新会纤维母粒厂”。1992年实行股份制,组建“广东新会彩艳纤维母粒股份有限公司”。随着彩艳业务的多元化发展,1999年定名为“广东彩艳股份有限公司”。2011年入驻南昌小蓝经济开发区。

2011年广东彩艳股份有限公司通过议价竞以2.1亿元买得原江西涤纶厂、江西龙鹏特种纤维股份有限公司和江西新龙化纤有限公司的事物资产(即:房屋建筑物及构造物、机器设备、库存、废旧金属)及48.3公顷土地使用权,于2011年6月曾部分恢复生产,因无效益,于10月份停产至今,后期广东彩艳股份有限公司申请在小蓝经济开发区成立内资企业“江西大诚实业有限公司”和外商独资企业“南昌彩星实业有限公司”,将原收购的涤纶厂约48公顷土地委托给江西大诚实业有限公司代为管理。大诚实业主要以从事工业地产为主,已将原有建筑面积12万平方米的7栋厂房及1栋仓库分别出租给8家企业,分别为:南昌市顺远物流服务部、江西汇大机械技术有限公司、南昌市鑫球贸易有限公司、深圳市双龙顺新型墙板有限公司、江西城南物资回收有限公司、南昌市西湖区洪城大市场林记付食品批发部、南昌市鸿翔经济贸易有限公司、南昌松明新型墙板有限公司8家企业。

【南昌海螺公司】　南昌海螺水泥有限责任公司(以下简称“公司”)是安徽海螺集团公司下属全资子公司,安徽海螺集团公司是国务院确定的120家大型试点企业集团之一,控股经营海螺水泥和海螺型材两家上市公司,参股巢东水泥。海螺水泥江西区域已拥有分宜海螺、弋阳海螺、庐山海螺、南昌海螺、赣江海螺5家公司,区域总资产达33亿元,员工2000余人。

南昌海螺公司于2002年1月18日注册设立,2003年8月建成投产运营,年产优质水泥150万吨。拥有员工160人,技术力量雄厚,各类专业人才齐全。

南昌海螺公司主要采用海螺优质熟料生产“海螺牌”P.O42.5级、P.C32.5级水泥。市场主要分布在南昌、进贤、丰城、抚州、崇仁等地,产品广泛用于向塘机场、昌北机场、浙赣铁路线电气化改造、乐温高速、京福高速、生米大桥以及向莆铁路等重点工程。

南昌海螺公司2011年工业产值4.5亿元,缴纳税收3000多万元,荣获向塘镇“2011年纳税贡献大户”及南昌县“纳税先进企业”荣誉称号。截至2011年累计纳税近1.5亿元,为发展南昌县经济作出了自己的贡献,多年来稳居南昌县纳税十强企业。

南昌海螺公司在发展的同时,坚持以环境保护为已任,不忘践行社会责任,从促进经济与社会可持续发展战略入手,采用专业的生产技术,提高资源综合利用效率,自投产以来先后使用新昌、丰城电厂的粉煤灰脱、硫石膏,南钢钢渣,江铃煤渣等工业废渣300万吨。同时公司加大节能减排技改投入,先后投入技改资金300多万元,从源头开始抓好节能减排工作。公司顺利完成“十一五”时期节能目标任务,万元产值能耗下降32.31%。公司环境保护工作也受到政府和环保部门领导一致好评,顺利通过江西省环保厅清洁生产审核,并被江西省工信委评为“资源综合利用先进单位”。

(主笔:李　燕　审稿:万永清)

城 乡 建 设

重大重点项目

2011年,南昌县重大重点项目推进总指挥部以中共十七大精神为指导,以中央经济工作会议精神为指针,以县委全会会议精神为鞭策,把重大重点项目推进作为加快发展的第一要务和重要载体,摆在各项工作的首要位置,时刻放在心里、深入骨髓里、落实到行动上,精心梳理一批影响全局、支撑长远发展的重大重点项目,按照“落户项目抓开工,开工项目抓竣工,竣工项目抓投产,投产项目抓达标”的原则,分解细化、落实责任,不等不靠、不推不拖,确保重大重点项目快速推进、加速竣工,以形象进度和推进质量向全县人民交上一份满意答卷。

全县重大重点项目共有139个,总投资286.53亿元。其中一产项目15个,投资7.14亿元;二产项目44个,投资176.73亿元;三产项目20个,投资76.98亿元;基础设施和社会事业项目60个,投资25.68亿元。为加快项目建设,推进全县经济更好更快发展,县委、县政府根据全县项目建设实际,强化措施,迎难而上,全县上下围绕发展抓项目的氛围进一步形成,突出项目抓落实的主动性、积极性和创造性在不断提高。全县重大重点项目进展顺利,正有序、稳步、扎实推进。其中:(1)一产项目。南昌县农村饮水安全工程、新农村建设点等15个项目正在顺利推进中,鄱阳湖区第六个单项南新联圩除险加固工程已完成清基7320立方米、预制砼14120立方米、抛石2240立方米,已完成工程量68%。(2)二产项目。江西直方数控动力有限公司、南昌达利食品有限公司、江铃汽车集团改装车厂等12个工业项目已完工或投产;江铃汽车集团改装车厂、江铃股份30万辆整车生产项目、南昌国际动漫产业园项目等32个项目正在顺利推进,其中益海嘉里(南昌)粮油有限公司正在安装设备。(3)三产项目。金翰丽晶酒店、华润万家超市、江铃国际大厦及江铃汽车4S店、平兰诚信物流配送中心等项目正在顺利推进,其中江铃国际大厦及江铃汽车4S店项目座落于迎宾大道以东,莲垦路以北,占地面积26亩,用于江铃核心企业集中办公,目前,该4S店已封顶、江铃国际大厦正在报建。南昌茵梦湖国际旅游度假区第一批土项目乐园用地的场地平整完成。正进行项目水体改造施工。项目内的部分道路基础工程正在施工。(4)基础设施和社会事业项目。澄湖东路(澄湖北大道至小蓝南路)、向塘西大道全线贯通工程、达利电力专线工程、桃花东路(芳湖路—东莲路)、大洲安居工程一期第二批等18个基础设施和社会事业项目已完工;河滨路北段道路排水、金沙大道南延、白虎岭林场危旧房改造项目等42个基础设施和社会事业项目顺利推进。其中县人民医院门诊医技综合大楼建设项目是在原县医院内拆除老门诊大楼,新建12层2万平米综合大楼,目前主体工程已完工,并完成10~11层的内部装修、外墙油漆、干挂,正在进行电梯、中央空调、消防设施安装及1~4层内部装修。

【澄碧湖大厦项目】 一、项目整体概况:澄碧湖大厦作为南昌县的重点工程,它对于县城莲塘镇东区的全面规划和建设将发挥统筹与引领的重要作用,并将进一步提升县城的城市形象。

澄碧湖大厦位于县城莲塘镇澄碧湖公园北面,以写字楼为主,另有小型视听会议室、城建展览厅和车库等。占地总面积为6.3公顷,总建筑面积为48552平方米,共14层(地下1层,地上13层)。

二、项目设计、立项、开标、中标情况:项目设计情况:该项目是由江西省建筑设计研究总院设计。主体耸立于基地轴心部位,与澄湖北大道平行,南面与澄湖北大道用地红线相距137米。第一层整体抬起,东西次轴骨架展开,形成南北广场。南广场面向城区呈半圆状展开,水景、花池和植被造景与服务配套设施交相辉映。北广场以园林绿化围合运动场所及配套设施,形成自然生态景观。绿地面积为27889平方米,绿地率49%,道路广场用地面积为21087平方米,建成后整个建筑雄伟壮观。项目立项情况:该项目由县人民政府办公室同意建设(南政办抄字〔2008〕114号文)、县人民政府办公室同意划拨土地建设(南政办抄字〔2008〕119号文)、县发改委投资规模的批复(南发改工交字〔2009〕67号)。项目开标、中标情况:该项目于2009年2月24日进行公开招标,中标单位为江西中余建设集团有限公司。

三、项目推进过程:该项目现已完成主体结构。外装修、玻璃幕墙安装基本完成。铝板安装已完成。空调已完成到地下室,消防已完成到地下室。地下人防工程采用钢筋混凝土底板、墙板、顶板,部分为钢混结构,经省人防质监站验收符合设计要求,为合格工程。附楼的外阶踏步模板已制好,现已扎钢筋。外架现在基本已拆到±0.00,室内装修等待政府变更。

四、项目社会效益:澄碧湖大厦坐落在莲塘镇的澄碧湖北大道旁,南面临湖,东西面为莲塘北大道和澄湖西路南北贯通,交通的便利将吸引众多人才精英进驻,必将产生不可估量的间接经济效应。对于澄湖区文明建设效应,构筑澄湖区中心地带人文经济建设提供重要条件。

【南昌县白虎岭林场危旧房改造工程项目】 一、项目基本情况 白虎岭林场危旧房改造项目工程是经省、市、发改、林业、城建部门批准的一项重大民生工程,项目工程建设时间为2011年6月至2012年6月,建设安置住房为222户,总建筑面积约22000平方米,占地2.2公顷,投资计划约2371万元,其中中央投资222万元,省级配套222万元,市县配套155.4万元,林场及职工自筹约1771.6万元,该项目因省国土厅尚未批复0.6公顷农转用手续,故分两期实施,一期建筑面积18055平方米,建设任务156户,投资约1570万元,二期建筑面积3945平方米,建设任务66户,投资约801万元。

二、项目的设计,立项,中标情况 该项目由县发改革委、县林业局、县城建局于2011年10月27日共同批复确定立项。该工程已依法组织设计、施工、监理招投标。设计于2011年11月1日开标,施工、监理于12月2日开标,经评标委员会评审,确定南昌县建筑设计院为该项目的设计单位,洪宇建设(集团)公司为施工单位,江西省华宇监理咨询有限公司为监理单位。

三、项目推进过程 该项目于2011年10月27日立项,一期工程于2011年12月18日开工,计划2012年5月30日封顶;二期工程现已进入报建阶段,计划4月底完成招投标,5月初正式动工,力争6月底封顶。整个项目计划7~8月份组织验收,9月份交付使用。

四、项目建成带来的社会效益 白虎岭林场危旧房改造工程是一项重大的民生工程。本项目建成投入使用后,能带来相当可观的正面社会效益,促进精神文明和物质文明同步发展,改善国有林场职工生活条件,彻底解决林场原住户生活上的安全隐患,解决原生活区基础设施不足,雨污水排水不畅等现象。

【南昌县金沙大道南延工程】 金沙大道位于南昌市南郊的南昌县县城西侧,道路北起南昌市外环快速路——昌南大道,南至105国道,全长21.5千米。其中金沙大道南延工程北起汽车大道,南至105国道,与向塘物流基地主干道星城大道衔接,全长11.7千米,总投资约2.88亿元。起于小蓝工业园途径富山、冈上、向塘3个乡镇,7个村委会。

该工程系2008年7月份确定立项,南昌市城市规划设计研究总院4月份设计,于2008年10月份江西中南建设工程集团公司中标,2008年11月份开工建设,2010年1月至2011年5月因土地问题停工,2011年4月21日工程复工。

2011年,项目路基进展已完成11公里,排水工程已完成钢筋砼雨水箱涵9176米完成进度为91.7%,完成雨水、污水钢筋砼管涵14830米,完成进度为80.8%,完成路基工程92%。工程新建两座桥梁,雄溪河桥梁桩基工程顺利完成,共出桩64根。友谊渠桥梁桩基工程出桩17根(共24根桩)。

该工程建成将是连通昌北和向塘两地的主要交通枢纽,大大减少城区的交通压力,缩短行车时间,提升道路两旁的土地经济价值和使用价值,道路的绿化提高景观价值效益,改善道路沿线的居民就业及生活状况,促进当地的经济发展,为城市的经济发展奠定了坚实的基础。

【南昌县人民医院门诊医技大楼建设工程】 一、项目情况介绍 为了改善南昌县人民医院门诊就诊环境,提高医疗服务质量,建设一所达到国家二级甲等医院标准的县级综合性医院,经过南昌县发展和改革委员会的批复(南发改综字〔2009〕21号)同意,在南昌县莲塘镇向阳西路199号(原门诊旧址)兴建一栋门诊、医技综合大楼。

根据规划设计,该工程集门诊、医技、病房、办公于一体的综合性医疗建筑。

该大楼建筑面积21036平方米,项目总投资5800万元左右,资金主要来源是中央预算内投资和地方财政配套资金。

大楼整体规划使用情况:

一层:门诊大厅、药房、挂号收费、医技用房。

二层:内、外科诊室。

三层:中医、妇产科诊室。

四层:五官科、皮肤科及医技用房。

五至九层:住院病房。

十至十一层:行政办公室。

十二层:图书室、会议室。

地下室:设备用房、车库。

二、项目设计、立项、中标情况 该大楼由江西省建筑科学研究院设计院(乙级资格)设计,并于2009年1月5日由南昌县发展和改革委员会以南发改综字〔2009〕21号批准立项。

2009年11月6日,通过南昌县公共资源交易中心进行医技综合大楼施工招标并与中标方江西中联建设集团有限公司签署了《建设工程施工合同》。标的总值2867万元。

三、项目推进过程 该大楼于2010年1月22日开工兴建,并于2011年1月15日封顶,并进行电梯,中央空调,消防设施安装及外墙油漆、干挂,9~12层内部装修。

四、社会效益分析 该大楼建成后,首先将大大改善医院的医疗条件,增大医院医疗服务的容纳能力。其次,在医院整体的功能布局和组织流线上,门诊楼和住院楼在形态上连为一体的格局,将大大节约患者的就医时间,而且更能使院内各种医疗资源得以实现最大程度的共享。院内各功能区块有机组织成一个高效运作的整体,可以创造出一个和谐的现代化的医疗院区。有利于医院资源的整合,提高资源利用率。大楼的建成也有利于医院医疗专业发展,解决更多的病痛患者的问题,与此同时也能不断的提升医院在全县人民中的整体形象。更为重要的是南昌县人民医院是县农村三级医疗卫生服务网的龙头,是县域内的医疗服务和业务技术指导中心,承担全县乡村卫生技术人员的进修、培训任务,对乡镇卫生院进行业务技术指导,并帮助乡镇卫生院开展新技术、新项目,解决疑难问题,培养卫生技术和管理人才。完善医院的服务功能,提升管理水平,提高业务能力,可从整体上提高南昌县整个医疗服务水平和能力,带动医疗卫生事业的发展,为群众提供安全、有效、方便、价廉的基本医疗卫生服务。

【南昌县中医院整体搬迁工程项目】

一、项目基本情况 南昌县中医院整体搬迁项目规划用地东西宽约269米、南北宽147米。南临小兰北路宽40米,西面规划路宽30米,东面的澄湖西路宽40米,建设用地面积3.3公顷。项目总建筑面积为30597.9平方米,其中:住院部大楼为9层,建筑面积17309.88平方米(含地下室建筑面积3837.6平方米);中医门诊大楼为五层,建筑面积7625.6平方米;西医门诊大楼为三层,建筑面积为3534.5平方米;食堂建筑面积2128平方米。项目总投资约为1.2亿元。

二、项目设计、立项、中标情况 该项目由江西省土木设计院设计,南昌市市发改委于2010年5月14日批复立项。土方围墙工程于2010年6月10日开标,中标单位为江西省嘉业建设工程集团公司。建安工程于2011年元月4日开标,中标单位为江西省丰和营造集团有限公司。

三、项目推进过程 该项目2010年5月14日由南昌市发改委批复立项,2011年3月1日正式破土动工,并于2011年12月顺利封顶,预计2013年3月交付使用。

四、项目建成带来的社会效益 新建的南昌县中医院按照"三甲"医院标准设计、建设,建成后年收治住院病人预计可达到1万余人次,门诊人次预计可达到18万余人次,将是一所集医疗、科研、教学、保健、康复为一体、具有鲜明中医特色优势的现代化综合性医院,将有利于改善县城医疗网点布局。新建成的南昌县中医院将以一流的设备、一流的技术、一流的管理、一流的服务展现在全县人民的面前。

【向塘镇向塘西大道项目】

一、基本情况 向塘西大道工程东起丽湖大道,西至105国道(K0+0007.772~K2+335.289),全长2347.92米,路幅宽29米,其中车行道宽14米,两侧绿化带各宽3米,两侧非机动车道各宽4.5米,项目总投资1748.67万元。

二、项目的设计、立项、开标、中标情况 向塘西大道于2008年8月8日由县发改委对该项目进行了立项批复,设计单位为天津设计院,项目于2008年9月19日通过公开招投标方式进行招标,中标单位为南昌市第三建筑工程公司,中标价为17486721.98元。

三、推进情况 按照"责任落实到位,组织落实到位、督查落实到位"的要求,成立了由黄志清(开发区管委会主任)任第一总指挥长、王光华(镇党委书记)任总指挥长、涂相鸿(镇党委副书记、镇长)任常务副总指挥长、开发区、党政班子成员任副总指挥长的向塘镇重大重点项目推进总指挥部,总指挥部下设4个分指挥部。

项目计划安排:项目开工时间2009年8月,竣工时间2012年4月,项目于2011年12月机动车道主线全面贯通。

工程项目完成内容:路基土方、碎石基层、排水管道铺设机动车道路面面层硬化、非机动车道路路面面层硬化、按合同约定在工程保质保量情况下已付工程款842万元。该工程项目造价严格控制在县发改委批复的概算内。

四、项目建成带来的社会效益 向塘西大道工程竣工加快了新型城镇化建设的推进,完善了新区及铁路物流基地主路网建设。加快新区及铁路物流基地的建设进程。

【小蓝经开区污水处理厂二期工程】

(一)项目概况。小蓝经济开发区污水处理厂二期工程位于金沙一路以东、一期处理厂以南,占地面积为6.1公顷,设计规模为日处理5万吨,处理工艺为气浮+水解酸化+CASS工艺+气浮过滤+液氯消毒。建设内容包括水解酸化池、CASS池、过滤设备间、鼓风机房及变电所、接触消毒池、污泥脱水间、宿舍楼等,预计总投资为1.2亿元。该工程计划开工日期为2012年3月,竣工日期为2013年3月,建设期限为一年。其进出水质指标为:

表44

项目	BOD	COD	SS	TN	TP	NH3-N	PH	色度(倍)
进水(毫克/升)	400	600	400	50	8	35	6~9	80
出水(毫克/升)	≤30	≤100	≤30	—	≤3	25(30)	6~9	40

(二)项目立项、设计等情况。该工程项目于2009年6月经南昌县发改委批准立项(南发改工字〔2009〕09号);2009年10月委托南昌市工程咨询有限公司编制了可行性研究报告,并于2010年4月经南昌市发改委批复可研(洪发改投字〔2010〕55号);2009年12月委托南昌市环境保护研究设计院编制了环境影响报告书,并于2010年1月经南昌市环境保护局的批复环评(洪环监督〔2010〕9号)。

该项目于2009年开始以BOT投资方式招商,2011年最终由联熹(南昌)污水处理有限公司中标,2011年6月签订二期工程的《特许经营协议》。2011年8月委托中国新时代国际工程公司编制了初设设计,并于2011年11月经南昌市发改委批复初设(洪发改投字〔2011〕345号)。2011年12月完成施工图设计及审查工作,2011年12月经公开招标确定监理单位为江西恒实建设监理咨询有限公司。

(三)项目进展情况。该工程实际开工日期为2011年12月底,整个项目工程力争于2012年底建成。

(四)项目建成后产生的社会效益。污水处理工程是城市建设、环境保护和经济发展的重要基础设施,是保障人民健康、保证国民经济可持续发展的重要环节,是防治水污染的重要保障体系,具有明显的社会效益、环境效益和经济效益。

小蓝经济开发区经过近10年的快速发展,生产性工业企业逐渐增多,生活污水和工业废水也相应剧增,开发区环境压力增大,现有的污水处理厂一期工程的处理能力,已经不能满足快速发展的开发区需要。为了改善开发区发展环境、优化投资环境、实现生态开发区的发展目标,实施小蓝经济开发区污水处理厂二期工程已迫在眉睫。该工程的建设将为开发区的建设提供良好的基础设施,不仅能促进开发区建设的合理、快速发展,也有利于改善开发区环境和精神面貌,对提高居民生活质量,促进经济社会各项事业,特别是工业企业的发展具有重要的意义,为开发区经济可持续发展打下坚实的基础,最终使开发区达到经济环境双赢发展的目的。

【柏林 110 千伏变电站扩容工程】

(一)项目概况。柏林 110 千伏变电站位于金沙二路以东、富山二路以南,为户外式变电站,电压等级为 110/35 千伏/10 千伏,最终设计规模为主变 2 台,容量均为 50000 千伏安;110 千伏进线 4 回、35 千伏出线 6 回、10 千伏出线 24 回,均采用单亩线分段接线。

该变电站一期建设规模为主变 1 台,容量为 50000 千伏安,110 千伏进线 2 回、35 千伏出线 3 回、10 千伏出线 12 回,现有无功补偿容量为 7200 千伏安,该变电站于 2008 年 7 月建成并运行送电。2010 年最大负荷已达到 45 兆瓦。

本次扩容工程为增加第二台主变,容量为 50000 千伏安,电压及分接头为 115±8×1.25%/10.5 千伏。扩容后最终形成 2×50 兆伏安的规模,新增 10 千伏出线间隔 12 个,最终形成 24 回规模,无功补偿容量增加 8000 千伏安。工程总投资为 1425 万元。

(二)项目立项、设计等情况。该工程于 2011 年 6 月委托江西南昌供电设计院编制了可行性研究报告,2011 年 7 月经省电力公司批准同意实施(赣电发展〔2011〕1405 号),2011 年 7 月可研经省电力公司评审同意(赣电发展〔2011〕1464 号)。2011 年 7 月经江西南昌供电公司推荐由南昌通源实业总公司负责该工程的设计及施工(南供发展函〔2011〕2 号)。

(三)项目进展情况。该工程于 2011 年底由南昌通源实业总公司组织,小蓝经济开发区、南昌县供电公司和南昌县相关职能部门共同参与,完成主材及设备采购工作,预计 2012 年 6 月主变吊装等主体工程全面竣工。

(四)项目建成后产生的社会效益。柏林变电站 2010 年最大负荷已达到 45 兆瓦,2011 年的负荷已达 50.1 兆瓦。随着开发区快速发展,达利集团、江铃股份等大批重大项目相继建成投产,预计到 2015 年柏林变电站的负荷将达 89.1 兆瓦,现有的柏林变容量已无法满足负荷增长的需求,一旦主变发生故障,柏林变供电区将面临大范围停电、限电,极大制约了开发区经济发展。

该工程实施后,既可以满足近期用电负荷日益增长的需要,又可以提高供电的可靠性。任何一台主变出现故障时,都可以由另一台主变供电,减少供电区域大面积停电、限电的几率,从而大大提高柏林变电站的供电可靠性。

柏林变电站是目前向汽车城供电的唯一变电站,该变电站扩容后,可极大改善目前汽车城电网的网络结构,解决汽车城电网存在的主要问题,增加系统的负载能力,提高系统运行的稳定可靠,提高电能质量。为推进汽车城发展创造了条件,为加速开发区经济增长,促进重大企业投产见效提供了坚强的电力保障,具有极其明显的社会效益。

【小洲安居工程一期工程】 南昌县东新乡小洲安居工程一期位于象湖路以北,抚生路以东,用地面积 3.3 公顷。主体为六层框架结构,建筑面积 44240.07 平方米,工程总投资(合同价)32401959.95 元。居住房共计 378 套,其中大户型 162 套、小户型 216 套,可安置人口 918 人。

该项目由江西土木设计院设计,在南昌县发改委立项,为公开招标,由南昌市第三建筑有限公司中标。

小洲安居工程一期主体工程、砌筑工程、外贴工程已全部完工;楼梯扶手,阳台栏杆,铝合金窗扇正在进行施工。

小洲安居工程建成。①可将商业设施、休闲广场、原有路、规划道路、周边规划配套等要素有机结合。使商住融于自然及文化中,让自然和文化渗透到商住里去,使人的休闲、购物及游玩在一连串紧凑的空间序列中得到完美体验。②在兼顾居民生活空间状况的同时,注入新的空间形态,新的时尚元素,提高居民的生活品质和文化品位,培植新的生活方式,营造新的都市文化。对于一个都市而言,城区的开发不能停留在原有的消费模式的空间基础上,而应该在充分考虑土地效益的同时,有所超前,引领地方生活方式。注入时尚元素,积极带动都市的活力更上一层楼。③打通空间流动的瓶颈,让都市的活力在原有的基础上向北(南昌市中心)延伸、向东(南昌县中心)延伸。以线带面,提升都市整体商业活力。④塑造一系列不同尺度、功能和氛围的空间,有机而紧凑地组成一个序列,时开时收,相互映见。使人们的购物、休闲有一个高品质的空间载体,创造一个和谐的社区氛围。

【玺悦城】 一、建设内容及规模:项目座落于莲塘镇澄湖东路以东,占地 4.2 公顷,规划建筑面积 11.2 万平方米,项目配套投资 3.3 亿元。该项目按街式商业岛设计理念进行设计,邻道路设计一至二层多体块岛屿商业,体现泛首层的丰富空间及曲折的步行街景观,使岛屿购物休闲成为有趣的体验。是一个汇集购物、餐饮、休闲、娱乐等复合功能于一体的高档都市生活的城市综合体。其中:商业面积 7.3 万平方米,总部大楼面积 1.5 万平方米。

二、开、竣工时间:2011 年 8 月~2013 年 12 月

三、项目进展:1、20 号楼(银行)已做到第二层;2、21 号楼(沃尔玛卖场)桩基 3 月底全部完成。

四、推进要求:1. 2011 年 10 月底完成地下土方清理运输;2. 2011 年 12 月底完成地下基础建设工程,达到正负零;3. 2012 年 10 月主体竣工,12 月底开张营业。

【金翰丽晶酒店】 一、建设内容和规模 金翰丽晶酒店座落于南昌县莲塘镇澄湖北大道以北,澄湖东路北延以西,澄碧湖大厦以东,占地面积 3.6 公顷,总投资 3 亿元。

该项目建成后集大型会议接待、餐饮、住宿、休闲、健身、娱乐等功能功能为一体,酒店总建筑面积不低于 2 万平方米,项目于 2010 年 10 月动工建设,已完成地面三层,完成投资 7000 万元人民币。项目投入营业后,

预计每年利润2500万元。

二、开、竣工时间:2010年10月~2012年12月

三、项目进展:1. 主体外立面已结束,已挂两层石材;2. 消防喷淋主管全部安装完成;3. 暖气和通风系统已完成1/3。

四、推进要求:1. 2011年11月底完成内墙工程;2. 2011年底完成外装修;3. 2012年3月份开始内装修,年底开始营业。

【茵梦湖国际旅游度假区一期】 一、项目基本情况“南昌茵梦湖国际旅游度假区”项目位于南昌县银三角片区,总占地面积约220公顷,东临320国道(以及京九铁路线)、西接105国道、南近南绕城高速(规划中)、北靠翠林南路(规划中)。项目用地大部份为省良种繁殖场红旗分场的土地,少量用地为银三角管委会下的万湖村和岗上镇的黄台村土地。

项目将着力建设北纬30度主题乐园、休闲庄园、主题酒店等三大主题娱乐项目,十大欧洲风情旅游小镇,奥特莱斯、菲森两大特色商业街区。该项目是融主题游乐、旅游度假、休闲娱乐、商务办公、文化传播、高尚居住为一体的综合性文化旅游产业基地,总投资规模约为30.5亿元。项目将填补南昌市及江西省类似产品的市场空白,并在全国同类产品中具有鲜明而独特的创新。

二、项目工程进展情况。1. 清理场内26万立方米湖体,清理淤泥约16万立方米。主景观大湖体景观区域土方开挖完成土方约25万立方米,沿湖坡岸土方改造完成,改造面积达到4万平方米。沿湖的基础坡岸完成施工,完成岸线2600米。2. 主景观的环形道路的路基完成了80%,土方回填及开挖达到了15万立方米。3. 乐园区域回填土方造地15万余平方米,乐园的区域的湖体开挖完成了12万余平方米。4. 乐园的区域的湖体岸线改造施工完成了2200余米。5. 乐园的门户景观广场完成,面积达到3万平方米。6. 古塘村区域(主湖体的景观用地)土地改造的面积达到了6万平方米,回填原有的低洼地土方8万余立方米。7. 展示中心主体工程已基本完工,3月底进行外墙装修。8. 红旗农场区域(旅游小镇用地)的土地改造面积达到了6万余平方米,水域的改造达到了5万余平方米。9. 105国道民房已拆掉一栋。10. 2012年2月15日通过挂牌方式取得商业用地1.3公顷,项目通过挂牌方式已取得商业用地5.3公顷,旅游用地6.7公顷,另约66.7公顷项目用地已挂牌,现正在公告期内。11. 已征原同昌电器厂5.3公顷土地的2/3。

三、项目近期开发计划。1. 2012年3月底前完成项目展示中心(总建筑面积5200平米)的建设并投入使用。2. 2011年底前完成茵梦湖水体整治及湖周边环境打造。3. 2013年底前完成项目主题乐园的建设并试运营。4. 2013年6月底完成项目一期旅游小镇的建设。

【月星家居建材生活馆】 项目座落于南昌县金屋装饰城内,占地面积6公顷,总投资5亿元,商业总建筑面积20万平方米。项目建成后,预计年销售额达到20亿元,必将成为昌南组团的商业亮点。

一、项目基本情况 该项目计划在国庆假日后全面展开施工,施工单位已提前进场做好了前期施工工作,整工程分A、B两个标段进行,B标段现已进场施工,预计2012年6月完成主体工程,2012年底前商场开张营业。

二、项目进展情况。1. 完成±0.00以下的所有土建工程(面积为5.4万平方米),已完成工程量造价约为7000万元;2. 已经与供电部门衔接,已经落实项目建成后的供电问题。

三、项目推进要求。1. 2011年10月开工;2. 2011年12月底完成地下基础工程,达到正负零;3. 2012年6月底完成主体工程;4. 2012年底开张营业。

【永通澄湖国际街区】 永通澄湖国际街区地处大昌南城区铂金地段,商贸集中地,项目占地18.7公顷、紧临客运中心成熟交通,滚滚客流成就鼎盛人气,大中型居住社区强势入住,紧临会展中心,新县政府,镇政府等行政中心,成就城市标杆地位。省重点中学莲塘一中相伴在左,周边教育、医院、市场林立,升值保障,聚金地段,享受便捷交通到家门的特权。蓄积鼎盛商气,汇聚人流狂潮,未来商业核心地位彰显。以大气魄,大手笔,谱写昌南财富地标。

永通澄湖国际街区,大昌南板块最具标志性的第一商业项目代言,坐拥澄碧湖一线秀美风景,规划全业态、全业种、全客层定位的四大主题街区,集购物、娱乐、休闲、美食、运动、居住等多功能为一体。同步世界一站式购物殿堂!

通过传统经济旺地形成的商业聚集区。促成百万人流的财富资源,丰厚的回报率带来最具有发展潜力的投资商业圈。

整个永通澄湖国际街区分四期开发,未来将建成一座近30万平方米的商住复合体,5大休闲中心,16个大型集中式卖场,量身定做层高5.8米临街商铺,商业面积将达到12万平方米,街区规划中四个特色街区:

一期:A区蒙特利尔文化街,集合各地美食,南昌特色餐饮,西式快餐等业态,吸引全客层消费人群。规划大型超市、四星级酒店,休闲会所,为时尚人群提供专属的休闲聚会场所,

大型商场穿插十字路口,定位为中高档精品区,以大型主力店、旗舰品牌店、连琐经营店为主,目前已经和华润集团下属的南京华润苏果超市达成进驻协议。

项目景观广场点缀其中,形成强大辐射空间,最大限度地实现商铺的人气集中,全方位营造轻松、快乐的休闲购物气氛,让广大经营者分享大商贸所带来的高额收益,商铺则成为日进斗金的聚宝盆。

二期:B区,文体音像一条街,书店,文体娱乐,音响流行商品琳琅满目,更规划有健身会所,教育培训中心,营造全新健康消费场所。

三期:C区第五大道金融汽配街,集合潮流时尚手机商场,电子产品,大型汽配4S店,建材,厨柜产品在此汇总。

四期:D区香榭丽舍时尚生活街集生活家居、农产品批发市场,中档服装超市为一体,创造女性专属的生活广场,集合精品女装、彩妆、国际流行饰品。

在销售的同时,为保障商业价值的最大化,本项目将实行统一招商、统一经营、统一管理。

在可以预见的未来,随着大昌南板块的发展,建成后的永通澄湖国际街区近30万立方米的建筑体量,2.6公里的沿街面,多种产品相互支撑,主题商业、酒店、住宅、等不同的功能分区,奠定了永通澄湖国际街区将成为大昌南板块集百货、精品、商贸、休闲购物、高端住宅、办公为一体的商住综合中心。

(主笔:魏 伟、欧阳群、王敏光
审稿:黄 明)

城市建设投资

【概况】 南昌县城市建设投资发展有限公司(以下简称"县城投公司"),是以城市建设和城市资产经营为主,兼具投资公司性质的国有独资公司。公司成立于2005年,注册资本为2.8亿元。县城投公司先后组建南昌县城市管网建设投资有限公司(控股)、南昌绿城物业管理有限公司、南昌联拓物资贸易公司、南昌金沙资产经营公司、南昌银城房地产开发有限公司五家子公司。原县城建局下属洪宇建工集团也于2008年成建制划归县城投公司。县城投公司现有员工632人,其中在岗职工461人,退休职工171人。中共党员105人,共青团员35人。县城投公司2008年成立党支部,2009年12月29日成立机关党委,2009年2月成立团委。

【融资】 县城投公司成立以来,始终与国家开发银行、农业发展银行、交通银行、招商银行、浦发银行、农业银行、工商银行等多家金融机构,保持良好的银企关系,向上述金融机构累计融资19.45亿元。几年来,先后为全县莲塔公路、小蓝和向塘工业园路网建设、莲塘大道和城南路改造以及其他市政工程的建设提供资金支持,大大缓解了南昌县城市建设过程中资金不足的难题。2011年,县城投公司向农发行南昌县支行融资6亿元,用于东新乡大洲、小洲村农民集中居住安置项目和东新乡东岳、河下、利用村农民集中居住安置项目建设。

2011年,县城投公司全额偿还了交通银行南昌南莲支行的6000万元贷款,为县城投公司的信贷信用奠定良好的基础。截至2011年,县城投公司累计融资19.454亿元,累计还款5.567亿元。

【子公司经营状况】 2011年,为充分调动各子公司经营管理者提高经济效益的积极性,县城投公司根据各子公司的生产经营状况,对各子公司实行年度目标管理责任制。2011年12月底,各子公司均圆满完成或超额完成2011年年初制定的目标任务。如洪宇建设集团公司完成建安产值21.47亿元,城市管网建设投资公司实现销售收入超千万元,较上年度增长12个百分点。联拓物资贸易及时调整经营思路,充分挖掘调动各方资源,在整体经济形势仍较低靡的情况下,全年实现销售收入700多万元。绿城物业公司以县会展中心的管理为依托,全年共接待各种会议、培训62余场次,其中千人以上会议就达10次,业务收入比上一年增收22.8万元。

【创办《南昌县城投报》】 为加快企业文化建设,2010年8月,县城投公司与县文学艺术界联合会联合创办《南昌县城投报》。它既是县城投公司干部员工相互交流、相互沟通的平台,也是对外展示县城投公司风采的窗口。《南昌县城投报》自创刊出版以来始终坚持一季一期,截至2011年12月,共出版6期。

【参加"献爱心无偿献血"活动】 2011年3月2日上午,县城投公司组织10名青年志愿者,在县城投公司团委书记吴姝浔的带领下,参加由中共南昌县委、南昌县青年志愿者协会和南昌市血站联合组织的"献爱心无偿献血"活动。这是县城投公司团委连续第三年组织参与全县青年志愿者无偿献血活动。

【举办公文写作辅导讲座】 为进一步提高青年员工的公文写作水平和职业素质,2011年5月20日,县城投公司在县会展中心举办了一期公文写作辅导讲座。此次辅导讲座,县城投公司及其下属子公司的青年员工都参加了这次讲座。中共南昌县委党校的高级讲师陈蔚金应邀给大家作辅导讲解。他结合实际,深入浅出,详细讲解了公文写作的基本方法和相关知识,学员们普遍反映受益匪浅。

【举办首届"城投杯"趣味运动会】 2011年6月4日,为迎接中国共产党建党90周年、庆祝端午佳节,丰富员工业余文化生活,县城投公司在南昌县体育馆举办了首届"城投杯"趣味运动会。此次趣味运动会的主题为"我运动 我快乐"。县城投公司机关、各子公司和各项目部组成的11支代表队,共有148名选手参加了这次趣味运动会。

【建设项目——南昌县经济适用房建设工程】 南昌县经济适用房(幸福庄园)位于县城莲塘镇,莲武路南侧,东面为县水电物质仓库,西面紧邻京九铁路。建筑用地(含廉租房)总面积为6.05公顷,总建筑面积为65192平方米,共有住房748套,总投资8490万元。其中:一期工程共建住宅12栋,496套,建筑面积为43724平方米;二期工程共建住宅5栋,252套,建筑面积为17743平方米。公建部分建筑面积为3725平方米,其中包括物业中心572平方米,幼儿园1579平方米、垃圾中转站112平方米、商务中心1071平方米、物管楼390平方米。建筑容积率1.61,建筑密度29.16%,绿地率37.37%。

经济适用房项目经南昌县发展和改革委员会批准立项后,由南昌县建筑设计院设计。2007年11月15日在南昌县建设工程交易中心举行一期工程的公开招标,江西广阳建筑工程公司为经济适用房第一期A标段中标单位,施工建设1#、2#、4#、5#、7#栋楼;江西嘉业建设工程集团公司为经济适用房第一期B标段中标单位,施工建设3#、6#、8#、12#栋楼;江西昌南建设工程集团公司为经济适用房第一期C标段中标单位,施工建设9#、10#、11#栋楼。2009年4月27日在南昌县建设工程交易中心举行南昌县经济适用房公建工程及附属工程的公开招标,中标单位为丰美建设工程有限公司。

经济适用房的一期工程已建成交付使用,建筑质量合格,入住住户反映良好。经济适用房二期工程于2011年1月竣工验收,并以摇号方式出售,共售出229套。经济适用房配套的幼儿园工程也于2011年12月完工。

南昌县经济适用房这一重大的民生工程的实施,有效解决了部分中低收入家庭的住房困难,逐步改善现有居民成分结构单一的状况,促进了县城人口集聚和精神文明建设。

【建设项目——澄碧湖大厦工程】 澄碧湖大厦位于县城莲塘镇澄碧湖公园北面,以写字楼为主,另有小型视听会议室、城建展览厅和车库等。占地总面积为6.33公顷,总建筑面积为48552平方米,共13层。其中地下室建筑面积为4102平方米,架空层建筑面积为7478平方米,用途为接待中心、非机动车停车和汽车库;办公用房建筑面积为36972平方米。

澄碧湖大厦工程经南昌县发展和改革委员会批准立项,由江西省建筑设计研究总院设计。2009年2月24日开标,中标单位为江西中余建设集团有限公司。

【建设项目——城南路道路改造工程】 城南路位于南昌县老城区南面,它是该区域内东西向主干道。它西起南高路,东至莲塘大道,全长约2.15公里。按照规划设计要求,城南道路改造后路幅宽度为40米,其中中央绿化分隔带宽3米,两侧车行道路各宽13.5米,两侧人行道各宽5米(含0.5米宽盲道)。其中新万坊桥为飞燕式预应力混凝土拱桥,桥跨长为83.2米,宽为40米。

城南路道路改造工程,由南昌市城市规划设计研究总院设计。经南昌县发展和改革委员会批准立项后,2009年8月19日开标,中标单位为江西际洲建设工程集团有限公司。

为加快建设顺利进行,确保质量达优,县城投公司成立"城南路道路改造工程建设项目部"。城南路道路改造工程于2011年6月全线通车,2011年12月9日通过竣工验收。

城南路道路改造后,对于改善该区域投资环境,满足广大群众交通运输的要求,促进区域经济、社会发展具有重要作用。

【建设项目——滨江大道工程】 滨江大道北起南昌市郊城南隔堤西面路口,经东新乡的小商品城,东岳村,河下村,石歧村,至富山大道西面路口,滨江大道全长9.179公里,硬化路面宽度12米。

按照南昌县人民政府的安排,南昌县城投公司承担滨江大道东新乡东岳村抚生路口至富山大道6.179公里长的土方工程填筑工程,这一路段规划设计为宽度26米的景观路。由江西省水利规划设计院设计。经南昌县发展和改革委员会批准立项后,于2009年6月29日进行公开招标,中标单位为聊城市黄河工程局。2009年7月28日正式开工,2010年底土方工程基本完工。

滨江大道路面硬化工程于2011年2月25日进行公开招标,中标单位为广东开平建安集团有限公司。当年,路面硬化已完成水泥稳定层浇筑。为策应南昌市城市发展南拓战略实施,打造"一江两岸",滨江大道将与南昌市区沿江中、南大道改造工程实行无缝对接,实现按市区同标准的规划设计,因此该工程现已暂停施工。

滨江大道工程是南昌县县委、县政府为了策应市委、市政府做大做强南昌县的发展战略,进一步优化小蓝经济开发区的外部投资环境而确定的重点工程,它不仅可以使南昌市沿江大堤景观向南延伸,并将促进南昌县经济、社会更好更快地发展。

【建设项目——金龙鱼工程】 按照县政府的要求,南昌县城投公司于2009年6月接替南新乡政府实施"金龙鱼工程"。金龙鱼工程包括新修圩堤土石方工程和堤顶公路工程。

金龙鱼项目新修圩堤土石方工程设计单位为江西省建筑设计研究总院。该工程于2009年6月中旬完成新老圩堤地貌、地形测绘,并委托江西省建筑设计院进行工程设计。2009年8月初完成施工图纸设计,经江西省发展和改革委员会批准立项后,2009年9月30日,在南昌县公共资源工程交易中心举行公开招标,中标单位为江西省新宇建设工程有限责任公司。金龙鱼项目新修圩堤土石方工程已于2011年5月竣工并通过验收。

金龙鱼堤顶公路工程经南昌县发展和改革委员会批准立项,江西省设计研究总院设计。中标单位为江西省发达建筑集团公司。该项目于2010年4月20日进场,2010年12月底全线通车并通过验收。

【建设项目——新西公路工程】 南新乡新西公路工程位于南新乡新洲村,起于南新乡新洲村委会附近的益海大道,途经门楼李家、扬州村、西江村,终点到赣江西支东堤。南新乡新西公路工程路线全长2.78千米,路幅宽15米,路基宽12米,路面硬化宽10米,按二级公路双向车道标准设计,路面采用水泥砼,该项目总投资约2841万元。

南新乡新西公路工程由县城投公司负责建设,由江西省交通设计院设计,施工单位为江苏信成交通工程有限公司。南新乡新西公路工程拟建项目位于由赣江中西两岸的堆积阶地和河漫滩,地势平坦而低洼,地面高程18米~23米,沿线基本农耕区,地势平坦,水系发达。为减少占地,路线紧临新洲至西江村的村道布设,沿途房屋、电力、电讯线众多。在起点与益海大道的交叉处,由于益海大道处于平面急弯超高处,平纵面线形与其衔接较为困难,导致起点的填方较高,拆迁及占地较多。在K2+100~K2+400穿西江村段,该路段房屋密集。

南新乡新西公路工程于2011年10月20日正式开工建设,截至2011年12月30日,已对ko+100~k2+100段进行除表、清淤;完成KO+000~k2+100段路基回填(沙);地基清表工作基本完成,道路沿线弱电已经迁出红线以外,填砂方工程已完成1.7千米以上;一号鱼塘与二号鱼塘是超深以及增量部分,一号鱼塘KO+100位二号鱼塘KO+300位清淤泥以及回填已完成;三号鱼塘是超深以及增量部分,三号鱼塘K1+610位清淤泥以及回填已完成;完成了圆管涵沟漕开挖16道以及回填安装工作。

南新乡新西公路工程的建设,对于改善南新乡交通服务水平,加快新农村建设步伐,促进南新乡优势产业的规模化和外延性,提升南新乡的整体形象,改善投资环境都将发挥重要作用。

【建设项目——"0912"人防指挥中心工程】 南昌县"0912"人防指挥中心工程(以下简称"0912"工程)位于县

城核心区,是以人防应急救援指挥中心、战时地下指挥所、地下车辆隐蔽库、人防培训大楼、县人武大楼等地上地下组成的多层现代建筑群体。“0912”工程南临澄碧湖公园,东临城市主干道澄湖东路,西南与澄碧湖大厦相邻,项目用地1.68公顷,总建筑面积16700平方米。

“0912”工程基地整体成规则的梯形,建筑主入口设置在南面,利用建筑的自然高差设计一个宽敞大气的室外阶梯,在建筑入口平台的两侧设计弧形的车行坡道以方便出入,建筑整体效果大气恢弘。“0912”工程总体采用框架的结构形式,以取得无承重墙体的大空间,满足办公用房对灵活性的要求。地上5层,一至四层由三部楼梯上下连接,以满足垂直交通和疏散的需要,一楼的入口大厅为整栋办公楼的集散空间,使整个内部空间开阔大气,。“0912”工程容积率0.73,建筑密度18.6%,绿地率39.7%,各项指标均符合标准。建筑色调上用蓝灰色玻璃幕墙为底色,以米黄色的花岗岩为轮廓,形成冷与暖的色彩对比,从量上和度上都控制地恰到好处。

“0912”工程投资规模1亿元,于2011年3月10日开工,至2011年12月30日,已完成A、B、C、D四栋主体工程的浇筑。A栋(人防培训中心)已进入墙体砌筑;B栋(人防部)已完成水电开槽,进行内墙粉刷抹灰;C栋(人武部)正在进行墙体抹灰;D栋(人武部公寓)已完成墙体抹灰和屋面防水,正在进行外墙保温。

表45 **2011年南昌县城市建设投资发展有限公司领导班子成员名单表**

姓名	性别	出生年月	籍贯	职务
刘科良	男	1964.9	江西南昌	董事长兼总经理
胡永平	男	1974.9	江西南昌	副总经理
谢中保	男	1972.9	江西南昌	副总经理
胡　勇	男	1961.3	江西南昌	副总经理
邓振勇	男	1976.3	江西南昌	副总经理

(主笔:王　宇　审稿:陈先伟)

县城建设

【概述】 南昌县城规划区东起京九线、西至赣江、北邻昌南大道,南至汽车大道,规划总面积60平方公里。现有建成区面积46平方公里,其中,莲塘片区18平方公里,昌南新城10平方公里,小蓝经开区18平方公里。

2011年,县城建设按照县委、县政府关于建设现代化综合新城的目标,科学规划,优化产业布局,强力推进公共建设和市政基础设施配套,总共完成南昌县总体规划(续篇)、银三角片区总体规划和昌南新城控制性详细规划(调整)3个,完成莲西路、莲富路、银湖二路、东莲路、象湖路等市政道路排水工程30项,兴建莲三中、县中医院等一批文化教育卫生公共服务设施项目,推进茵梦湖国际旅游度假区等新兴文化产业项目。城市建设总投资约11.6亿元。县城规划建设迈上了一个新起点。

【调整昌南新城控制性详细规划】 昌南新城位于昌南大道以南,银湖路以北,赣江以东,雄溪河以西,规划面积29.8平方公里,是县城总体规划区的重要组成部分。

新城于2003年开始启动建设,2004年补充编制控制性详细规划,2011年老抚河东部地区约10平方公里基本开发完成。区内有居住主题公园、九里象湖城、清水湾、保集半岛等大小17个生活居住区(开发楼盘),道路排水等市政基础设施基本完成。西部滨江片区南昌小商品城第一期工程也已竣工。

昌南新城在前期开发建设中偏重土地出让和房地产开发,教育、文化、卫生、商业等公共服务设施规划布局不平衡,建设相对滞后,影响城市可持续发展。按照县委、县政府安排,于2011年10月份请南昌市城乡规划设计研究总院对原象湖新城控制性详细规划进行调整,重点对公共服务设施进行抢救性的补充完善。按照调整后的规划设计成果,东部滨河地区结合现有居住区布局,通过对适当的地块置换或功能升级,提升公共服务水平。西部滨江地区充分利用后发优势,结合南昌市一江两岸建设,发展高端商务办公、金融服务,建设滨江服务中心;新城中部地区则结合生态绿地,适当植入体育、休闲、文化和高端服务功能,建设全县的文化休闲中心。

该规划成果公示后将按程序报县人民政府批准实施。

【银三角地区总体规划】 银三角地区位于县城以南、向塘镇以北、小蓝经开区以东,105国道、南高路320(316)国道在区域交汇,是昌南组团内重要的城镇和交通节点。

银三角地区原属南昌市英雄开发区管辖,2009年市政府将其委托南昌县管理。区域面积34平方公里,人口3万人。

为实施昌南组团战略规划,涉调该区域与县城及周边城镇的关系,2011年由银三角管委会委托江西省城乡规划设计研究院编制了银三角总体规划(2011~2030)。规划定位为生态之城、田园之都,规划区总用地面积34平方公里,到2030年城区人口20万人。该规划成果已经专家论证。拟报县政府批准实施。

【莲塘示范镇建设】 按照南昌市委、

南昌市人民政府2010年2月关于加快示范镇建设促进城乡协调发展的意见;市委、市政府决定利用三年时间在全市强力推进12个示范镇建设,其中莲塘镇为全市12个示范镇之一。

莲塘示范镇范围包括:北起城北路,南至城南路,东起京九线,西至南高路核心城区及铁路以东墨山街上、城南路以南塔田、岗前四行政村,总面积23平方公里。

按照县委、县政府工作目标,自2010年起至2012年,用三年的时间投资5.06亿元,全面完成镇区内市政基础设施、公共服务设施、城市产业布点规划建设,使其成为特色产业支撑、基础设施完善、综合承载能力和辐射能力强的示范城镇。

按照项目推进工作安排,2010年总共完成莲塘大道、农科路中段等道路6条,总投资约1.4亿元。2011年总共完成16项,总投资2.05亿元。2012年2月7日,南昌市示范镇建设检查评比,南昌县获第一名。

【市政基础设施】

1. 澄湖公园北苑

澄碧湖公园是县城中心区最大的文化娱乐休闲公园,占地面积80公顷,该园于2002年动工,2005年"五一"期间对外开放。全园由南、北苑,东西景观绿化带及湖心岛五部分组成,其中北苑因定位及资金问题被停建。

北苑占地面积14.7公顷,三面临城市主干道,同时又是未来县行政中心的南大门。为打造莲塘示范镇、完善澄碧湖公园景区功能,根据南昌县人民政府2010年第142号,关于加快推进澄碧湖公园北区改造工程建设,北苑建设正式启动。

2010年12月30日,项目规划设计通过全国招标,由江西省城乡规划设计研究院中标。

2011年1月26日,北苑规划设计方案经县城市规划委员会第一次会议研究通过。

2010年10月9日,项目经南昌县发改委批复,工程建设总投资3000万元。

2011年2月21日,工程项目施工招标,由绿宝景观建设集团有限公司中标施工建设。

2011年3月1日,北苑续建工程正式开工。

2. 污水处理厂

莲塘生活污水处理厂位于县城京九铁路以东,莲塘排渍道以北八一刘家,占地面积8公顷,规划日处理生活污水6万吨,其中第一期3万吨,建设总投资5771万元。

该污水处理厂主要承担县城老城区和城北小蓝地区共18平方公里生活污水的处理,污水处理系统由污水处理厂和两条污水收集干管及污水提升泵组成。其中,污水处理厂建筑面积2102平方米,采取改良性氧化沟污水处理工艺流程。

两条污水收集干管。一条收集县城老城区及澄湖地区生活污水,沿莲塘河自西向东,穿越三桥(五一路、莲塘大道、京九线)、一渠(总干渠)入污水处理厂,全长2000米。钢筋混凝土圆管,管径1000毫米~1200毫米,在万坊桥设污水提升泵一座。另一条干管南北走向,主要是收集澄湖公园以北生活污水,管线自小蓝北路经墨山、八一排渍道至污水处理厂,全长1900米,钢筋混凝土圆管,管径1200毫米。

工程项目于2008年7月1日由省发改委立项,2008年8月1日正式开工,施工单位为江西省建工集团第一建筑公司,2009年11月工程全面竣工,开始试运营。2011年3月由南昌县城投公司与洪城水业集团有限公司签订合同,该水厂的经营权由洪城水业公司负责运营。目前,该污水处理厂日处理污水能力已提升至2万吨~2.2万吨。

【公共服务设施】

1. 莲三中新校园

莲塘三中老校区位于县城中心区,向阳路以北、澄湖东路以西,紧靠澄湖公园,校园面积3.6公顷,建筑面积2.98万平方米,为一所全日制中学,2008年学校共有56班,在校学生3916人。

为整合优化教育资源,根据南昌县人民政府关于莲塘三中新校区选址新建有关问题协调会议,莲三中高中部剥离,原莲塘三中保留初中,改名为莲塘六中,新三中(高中部)在昌南新城择址新建,规划学校规模4000人。

新莲三中校址位于昌南新城东莲路南、金沙二路以西,用地面积8公顷,建筑面积5.12万平方米,其中科技楼0.71万平方米、教学楼1.61万平方米、体育馆0.48万平方米、学生宿舍1.2万平方米、食堂0.59万平方米,建设总投资1.78亿元。

2009年5月6日,该项目经南昌市发改委立项,建设总投资约1.78亿元。

2010年1月29日,规划建筑方案经县城市规划委员会1次会议通过。

2010年9月6日,工程招投标,由江西省第二建筑有限公司。

2010年10月28日,工程开工建设。

2011年7月20日,工程竣工、2011年9月1日开学。

2. 县中医院新址

南昌县中医院位于县城中心区,五一路以西、维也纳购物广场南,占地面积0.4公顷,建筑面积0.58万平方米,有病床位80张,医护人员97人。

该院建于上世纪80年代末,由于用地狭窄而小,交通拥挤,医疗设施功能不全,医疗事业发展受局限。根据南昌县总体规划,南昌县中医院整体规划搬迁新建,中医院新址位于县城新区澄湖西路以西,小蓝北路以南,用地面积3.3公顷,建筑面积3.7万平方米。分两期建设,其中,一期总建筑面积3.06万平方米,包括:住院部1.7万平方米,中医门诊0.76万平方米,西医门诊0.35万平方米,总病床位数310床;第二期建筑面积0.6万平方米,包括理疗康复大楼和内科综合大楼。

2010年5月14日,该项目经南昌市发改委立项,建设总投资约12000万元。

2011年3月1日,项目第一期工程开工,施工单位为江西省丰和营造集团公司。

该院目前第一期已封顶竣工,预计于2013年3月,中医院搬迁新址,老医院改作市民休闲绿地。

【重大产业项目】

茵梦湖国际旅游度假区

由江西康庄投资实业有限公司建设的南昌茵梦湖国际旅游度假区位于县城南银三角片区,105国道以东、翠林南路以南,为融旅游休闲、文化传播、创意孵化、高尚居住为一体的综合性旅游休闲文化产业基地。项目规划面积200公顷,其中主题乐园52.7公顷,休闲山庄40公顷,欧洲十国风情小镇、奥特莱斯、菲森两大商业街区等商业设施与配套用地106.7公顷,建设投资估算31亿元。

2009年7月22日,南昌市发改委对南昌康庄文化旅游项目立项批复。

2009年12月27日,项目被省政府列为江西省十大战略性新兴产业发展规划。

2010年7月26日成立南昌县推进茵梦湖国际旅游度假项目工作领导小组,县长陈匡辉任组长,人大常委会副主任李木旺,副县长涂莉华、省良种场书记刘东平、银三角管理处处长喻广辉任副组长,成员单位由政府办、发改委、商业、城建、土地、水务、冈上镇等10个单位组成。

2010年11月15日,茵梦湖国际旅游度假区规划方案经县规委会2010年第六次会议通过。

2011年8月31日,该项目第一期工程举行开工奠基典礼,出席会议的有南昌县委书记郭毅,县长陈匡辉,县委、县政府四大家领导,银三角管委会书记以及城建土地相关部门领导。

项目一期湖体改造整治,前期土方工程及部分基础设施基本完成,预计两年竣工,一期建设投资约6~7亿元。

乡镇规划

【概况】 2011年,南昌市"十二五"规划提出:建设凤凰洲—扬子洲—蒋巷—麻丘生态旅游示范区,通过努力把鄱阳湖生态经济先导区建设成为国际低碳生态发展的样板区域,国内城乡一体化建设示范区域。南昌县城建发展正是遵循"细规划、精建设"的理念,坚持规划修编全县"一盘棋",立足当前,着眼长远,高起点地启动了新一轮县城60平方公里总规,完善了老城区10平方公里改造详规,编制了象湖新城公建和教育资源整合详规,以及县城莲塘10平方公里绿地系统详规。按照先规划后建设的原则,实施了全县城乡建设全覆盖总体规划,突出莲塘核心区、小蓝经济开发区、武阳中小企业创业园和南新滨江工业园和向塘商贸物流、黄马乡生态旅游,三江镇、塘南镇传统集贸等重点控规。

【总体规划】 2011年,南昌县抓紧县城新一轮总体规划的编制工作,完成了《南昌县总体规划(2008~2030)纲要》,正在报省住房和城乡建设厅评审。其次,在总规指导下,相续编制《县城新区排水专项规划》、《县城供水专项规划》和《县城污水管网规划》。按照规划,南昌县定位为环鄱阳湖生态经济圈重点县,并对全县生态环境进行重点保护和强制规定,县域内的白虎岭地区、冈上、富山沙漠林区、幽兰、岘山庵及县域水体组成的绿色空间严禁开发,开发建设用地不得超过10%。对温厚高速、京九、浙赣铁路及国道两侧30米范围内、赣江、抚河等水系沿岸30米~50米范围内严禁建设,使之成为南昌县域生态空间的次要生态走廊。按照排水规划,老城区采用截流式合流制的排水体制,新城区雨污分流,向塘、三江、蒋巷3个重点镇采用雨污分流制。污水系统规划规定工业废水在厂内达标处理,再排放各类污废水经处理达到《污水排入城市下水道水质标准》,全县近期重点建设县城工业、生活污水处理厂和向塘等3个中心镇污水处理厂。规划在县城南高公路旁、雄溪河调蓄水面东侧、银湖大道南侧和汽车城分别设置大型垃圾转运站4处。除此以外,南昌县还制定《生活水源地保护实施办法》,该办法规定在生活水源地上游1000米、下游300米范围内不得建设大型养殖场,以免污染水环境。

【"三个一"重点举措】 总体规划"一盘棋"。打破城乡行政区划壁垒,高质量地完成60平方公里的昌南新定城规划,全面启动乡镇控制性详规编修制订,体现生态、现代多元素并存发展;道路控规"一把尺"。按照建设、效益并重原则,强化城乡道路两旁一范围内土地严格控制,科学收储出让,提高城市经营效益;规划执行"一部法"。严格按照法定程序办事,构建职能部门、乡镇和村三级违章建筑防控联动机制,严厉查处违规违法,维护规划的权威性。

【"六完成"重点内容】 60平方公里的县城总体规划、29平方公里的象湖新城控制规划和10平方公里的老城区改造规划。完成昌南商务区景观明渠规划。详细规划长2.6公里,宽80米~120米。完成象湖新区重点项目规划。完善新城学校、商业公建项目布局的详细规划。完成城区重点项目规划。澄湖北苑、澄湖湖心岛精品设计和2100米长的城南路测量规划,小蓝地区排水泵建设可研规划等;完成县城"一大四小"绿化规划。完成全县乡镇土地利用总体规划修编。重点是向塘、武阳、南新等乡镇。

超前性编制专项规划。完成2008~2030年60平方公里的县城总体规划纲要和人口与用地发展规模专题报告,为县城今后20年的长远发展提供规范蓝本;完成22平方公里的象湖新城控制性详规,并先后报送省建设厅和市政府审批;旧城改造10平方公里控制性详规,已完成土地勘界测定,规划正在精心编制;县城20平方公里全域给水专项规划,已委托省城规院编制。

精细化把握项目设计。完成五一路桥改造工程规划设计;澄湖西路、莲西路(南延)工程规划设计;城南路(排水)工程规划设计。五一路桥改造工程春节后即将动工建设。县城新区排水工程泵站初步完成勘察,湖东路、莲垦北路、溪南路和康莲路4条县城支干路进入实质性设计。高质量推进项目建设。完成文化会展中心、沿河北路、沿河南路、莲塘公园等12个项目工程,进一步提升市政工程的建设品位。文化会展中心填补了南昌县没有大型公共文化服务设施的空白,沿河北路人行休闲悬桥填补了南昌县没有滨水景观长廊的空白。正在精心建设的莲塘大道、澄湖北大道、定岗一路排水箱涵等10个项目工程,将进一步提升县城道路建设的综合功能。莲塘大道工程已完成地下排水管道铺设及底层沥青铺设,电、气、水、通讯等综合管线下地正在紧张施工,全路开通了临时性通车。莲塘大道的改建,将奉献全县第一条景观样板路,实现"无标化"道路的历史性突破。

规划在于建设。2011年,全县城乡联动,强化基础设施建设,规划投入总计超过16亿元,县城基础设施建设投入达到10亿多元,规划道路污水处理厂排水工程等重大重点项目46个,其中金沙大道、莲塘大道、莲塔线盒城东污水处理厂4个项目是亿元工程。按照规划,实施包括4个亿元工程和滨江大道、定岗大道、八月湖路、城北路、东新污水处理厂、象湖电排站、小蓝安居小区、莲富安居小区在内的22个重点项目,竣工了老城区街巷改造,贯通澄湖北大道等5条断头路。

增强规划管理执行力。按照县委、县政府"莲塘核心区、小蓝经开区、象湖新城区和向塘商贸物流区"四位一体发展理念,严格规划发展一部法,把规划着力点放在县城总体规划修编一盘棋上,建设面积50平方公里、人口50万人的大昌南;放在小蓝经开区、向塘物流区规划完善修编上,完成象湖路网建设、水系整合、商务地域的规划定位;放在向塘铁路、公路物流调整规划上,依托铁路公路打基础、建基地,规划台商工业园,完成向塘板块规划定位;放在制订城镇区域综合修编规划上,合理布局蒋巷、三江、塘南等重点镇修编规划,保证了全县城乡"新型城镇化"的规划发展质量。

【加快城市建设】 2011年,增强城镇承载功能、提升城市开放形象、实现经济发展与城市建设相辅双赢,历来是城市化发展的必由之路。莲塘镇位于南昌市"一核五片"的昌南片区,距市中心15公里,素有"南大门"之称,是南昌县的城关镇。镇内105、316、320国道、京九浙赣铁路穿境而过,其连城带乡的辐射带动作用在突出的区位优势支撑下愈益彰显。为此,莲塘一方面以规划为龙头、以产业为支撑,使城镇建设步入良性发展轨道。在城镇规划上,该镇做到既与省城接轨、又服从当地的总体规划要求,把城镇的个性特色融于县城总体发展的蓝图之中。在旧城改造中,始终保持常抓不懈的高压态势,积极配合县委县政府做好征地、拆迁、补偿、安置等基础性工作,为县城建设和小蓝工业园推进当好"配角"。2011年,该镇共征用土地461.6公顷,拆迁房屋569栋,建筑面积达9.4万平方米,拆除违章建筑576幢,建筑面积达4.6万平方米。倒下片片旧居,崛起座座新城。莲塘在加大征地拆迁力度的同时,兴建一批新型楼宇。该镇近年来兴建的农民公寓面积就达12万平方米,各个现代化的大型楼盘脱颖而出,占地100公顷风景优美的澄碧湖公园成为市民休

闲娱乐的聚集地,一个充满活力的生态商贸"昌南绿城"悄然兴起。

建筑业管理

【综合目标工作完成情况】 1. 政府重大重点工程情况:南昌县新型城镇化重大重点项目建设项目分为3项,共140个项目,总投资约305.39亿元,实际完成投资约127.75亿元,其中市政设施项目共104个,总投资159.26亿元,实际完成投资额为58.7亿元。市政路网项目,共39个项目,总投资11.92亿元,实际完成投资额为7.21亿元;公建配套项目,共43个项目,总投资约22.65亿元,实际完成投资额为11.87亿元;城市产业项目共58项,总投资约270.82亿元,实际完成投资108.67亿元(其中商业配套项目共22个,总投资124.69亿元,实际完成投资额为39.62亿元)。

2. 全年共核发施工许可证120个,建筑面积296.6万平方米,总投资额40.43亿元。2011年度收取民工工资保障金2067万元,有效防止拖欠的发生。招投标备案工程97项,投资金额44.04亿元,中标价41.47亿元,节约投资2.57亿元。2011年共实施重点工程监督68项,检查工程816项,消除大小安全隐患1100余个,整改回复率100%。省级优良奖24项,市级优良奖36项,杜鹃花奖目前未公示,实现质量监督率达100%,验收备案率100%。全面健全推进安全生产运行机制。市文明工地7个,省文明工地3个;全年完成房建建筑工程施工图备案49项,总建筑面积275.57万平方米;市政工程施工图备案10项,总投资8249万元;建筑业企业完成施工产值近400亿元,同比增长30.5%,利税20亿元,全员劳动生产率12.4万元/人。全县建筑业总产值近400亿元,实现利税超20亿元。全县共有施工总承包企业69家(其中一级企业13家,二级企业34家,三级企业22家),专业承包企业21家(其中一级1家,二级8家,三级12家),企业资质类别涵盖港口、航道、水利、装饰、路桥、钢构、电力、园林等,劳务公司8家。共有建造师1713人,五大员5536人,相关从业人员近15万人。全县建筑施工企业荣获"鲁班奖"2项,获得省部级优质工程奖600多项。江西忠信建设工程有限公司完成了主项资质晋升一级,豪宇、大成等企业完成主项资质升贰级工作,并理顺了多家建筑业企业落户注册南昌县。

【南昌县千亿建筑业集群产业园】 2011年,南昌县打造和构筑全省首个千亿建筑业集群产业园。规划建筑业总部基地用地100公顷,力争通过三至五年的建设,建筑业产业园基本形成建筑企业总部集聚地,使其成为展览、信息、科技、人才、资本密集,功能配套设施完善具有高度活力和创造力的建筑业基地。

【企业改制】 2011年,昌南公司顺利挂牌受让,标志着南昌县最大的集体企业改制成功,也为以后南昌县其他企业改制工作奠定基础。

【昌南组团】 县城莲塘、小蓝经开区、昌南新城、银三角被确定为南昌大都市圈内"一核"、"五组团"中的昌南组团。南昌县新型城镇化建设正从传达统发展模式向以昌南组团为核心,以莲塘、向塘示范镇为龙头,带动蒋巷、三江、塘南重点镇等共同发展的城乡一体化大格局转变。

【网上招标】 实行网上招标、资格后审,因此更好的减少了投标单位之间围标串标现象。从而更好的体现了公开、公平、公正的原则。

表46 **2011年南昌县城建局领导班子成员名单**

姓名	性别	出生年月	籍贯	职务
刘廷爱	男	1962.1	南昌县	局长
陈　皓	男	1970.2	南昌县	党委书记
杨国辉	男	1964.2	南昌县	党委委员、副局长
陈绍福	男	1958.1	南昌县	党委委员、副局长

续表 46

姓名	性别	出生年月	籍贯	职务
陈林华	男	1965.8	南昌县	党委委员、副局长
万春明	男	1961.1	南昌县	党委委员、房管局局长
章小华	男	1966.7	南昌县	党委委员、副局长
徐援越	男	1966.12	南昌县	党委委员、武装部长
高建国	男		南昌县	党委委员
高宝金	男	1972.11	南昌县	党委委员、办公室主任

（主笔:唐学贞　审稿:陈绍福）

城市管理

【概况】　南昌县城镇管理局(南昌县城镇建设管理监察大队)成立于2003年4月,属县政府直属正科级事业单位,县财政全额拨款。主要承担贯彻执行国家和省、市、县有关城镇管理、城建规划监察、市政设施管理、公共照明管护、园林绿化、环境卫生等方面的法律、法规和行政规章;参与编制城镇管理事业发展中长期规划、专项规划、年度计划、行业作业标准,并组织实施的工作职责。具体担负县城控规区的市容市貌监察、城建规划监察、城区泊位管理、环境卫生清扫保洁、市政设施管理、公共照明设施管护、行道树和公共绿地养护等城市日常维护和经营发展任务。

【进行城管体制改革】　2011年,面对城市管理职能部门既是运动员又是裁判员、教练员,缺乏组织活力和有效监督的现状,县委、县政府和县城管委审时度势、与时俱进,结合全县发展实际,制定"违法建设控查"和"环境卫生保洁"两个综合运行体制工作的实施意见,进一步建立完善"两级政府、三级管理"的工作体系,明确相应的管理责任,强化属地管理,实现管理资源有效整合,提高管理的效率和水平,为以后城市管理工作可持续健康发展创造了有利条件。

【开展户外广告整治】　2011年,县城管局开展户外广告整治,并加大整治力度。站在负责任、敢担当、能服从的高度,积极开展道路两侧指示(标志)牌拆除工作,对各种指示(标志)牌多次主动上门宣传教育取得业主理解,实现零纠纷、零投诉和无一遗漏。全年共依法拆除违章大型户外广告、指示牌300余处;中小型喷绘广告600余块;布幅广告1000余幅,面积达8000余平方米,有效地净化了道路环境。

【取缔马路市场】　2011年,县城管局采取教育与疏堵相结合,成功取缔恒达周边、康乐路、沿河路(综合市场)、洪客隆南面和湖东路教育局附近等多个马路市场及流动摊点、占道经营等违法行为,还路于民;由分散变集中管理,加快完成露水(跳蚤)等配套市场的建设,有效减少管理成本,改善城市环境,从根本上解决"老大难"问题,在社会上引起广泛关注,得到广大市民的充分肯定。

【整治施工场地】　2011年,成立渣土清运专项整治工作组,持续加强市场准入制度管理和对违规清运作业车辆的整治力度,全年处理违规行为达220辆/次,最严格的县城区渣土清运夜间作业管理制度得到很好的贯彻落实;城区各类施工工地全面完成高标准围挡作业或改造。

【整治旧城环境】　2011年,以社区环境卫生职责达标移交为抓手,由点扩面开展旧城社区环境整治工作,全面清理废弃物,拆除非法构建物和清掏化粪池、疏通排水管网;有效阻止居民社区乱堆乱放、乱吊乱挂、垃圾广告和破绿种菜等违法违规现象;硬化社区路面,消除照明盲区,实现社区环境的整洁优美和有序长效。

【有效治理市容秩序】　2011年,县城管局进一步加大整合内部资源,确保各项执法工作管控到位,有效治理市容秩序。按照"主干道、重点区域严禁、次干道严控、内街内巷和城中村规范"的原则,基本消除占道(出店)经营、占道维修、占道为市等行为,实行全天候定人、定岗、定责、定时巡管制度;共组织开展各类整治行动60余次,下达整改通知书700余份,执行完结率100%,纠正占道经营、乱拉乱挂、乱堆乱放行为600余次,清理乱张贴500余处。

【全面遏制违法建设】　2011年,面对换届选举违法建设容易抬头的不利环境,认真落实违法建设地段巡查责任制和协同查处机制,做到及时发现、及时制止和及时拆除,全年有效地制止了新增违法建设15万多平方米,依法拆除违法建设150栋4万多平方米,基本达到"控新减旧、零负增长"的工作目标。

【整体提升主出入口面貌】　2011年,为迎接全市"创建办会",专项开展迎宾大道和莲塘大道等主出入口市容市貌整治工作,取缔机械设备、艺术石等违章占道经营行为达3220余人/次,取缔占用道路停车、修车、洗车或摆摊设点140余人/次,拆除道路两侧控制区内的建筑物和地面构筑物460余平方米,依法打击集贸市场周边存在的占道经营和占道为市等违法(规)行为340余人/次,整治或拆除违规设置、破旧残缺的各种广告牌、标识460余块。

【有力改善执法环境】　2011年,在当

前城市管理体制不顺、负面炒作、社会质疑的大环境下,城镇管理警察队伍在依法打击扰乱、阻碍城市管理监察执法的违法行为上成果突出,重点查办偷盗景观灯、损毁财物等刑事案件6起,成功抓获在逃犯罪嫌疑人2人,全年派出警力300余人/次协助开展执法行动60余次,调解各类纠纷40余起、治安拘留7人,为依法打击重大暴力抗法事件,改善南昌县城市管理执法环境,维护城市发展成果起到了积极作用。

【做好市容环境管理】 2011年,是南昌县城镇化建设高速发展的一年,面对县城特别是老城区人多、路窄、机动车保有量与建筑工地开工数量持续攀升等不利因素的增多,县城管局认真做好市容环境管理,成功实现市容环境面貌的再次提升。县城主次干道路面保洁已做到随脏随扫、随扫随清,在可视范围内无暴露垃圾、无工程弃土、无灰沙带,路见本色。全年共完成生活垃圾无害化处理7.2万吨,清理建筑余土5000余吨,无害化处理率达100%;完成道路路面维修4000余平方米,道路养护灌缝5000余平方米,铺设和维修人行道板20800余平方米,维护下水道2600余米,更换窨井盖板400余套;下水道、窨井全面清掏5次,疏通排污管300000米,完成14000平方米的绿化修剪。

【推广实行环境卫生责任制】 2011年,在多方征求意见,广泛发动宣传的基础上,全面推广沿街商铺、单位门前三包责任制签订工作,印发《致市民一封信》、《门前三包责任制》和制作"门前三包责任牌"等配套材料近3000余份,已完成县城区一类道路沿街《"门前三包"责任制》签订工作,反响热烈。

【规范车辆停放】 2011年,扎实开展主次干道非机动车道乱停乱放行为的宣传教育和整治工作,新增非机动车辆停放点26处,实行督导员上岗长效管理,效果显著。

【加大管护设施投入】 2011年,在县委、县政府重视下,县财政投资1600余万元,强化城管保障能力,使南昌县城市管理专业设备得到明显提升,并首次实现全县机械清扫率零的突破。

【强化园林绿化管护】 2011年,园林绿化是为城市管理添色彩的基础性工作,在全面保障虫害防治、夏季抗旱及修枝剪叶等日常性工作的同时,强化精细化、专业化管护手段,使县城绿化栽种成活率达95%,绿化覆盖率达36.2%。

【新区城市管理有特色】 2011年,象湖新城和银三角作为南昌县城市管理的新兴地区,狠抓精细化管理,突出制度化建设,采取日常管护和突击整治相结合,全面提升管护水平,得到上级领导和社会各界的一致称赞。

【绿色公共自行车建设工程】 为鼓励绿色出行,以实际行动支持碳减排,2011年,南昌县在县级城市率先引进"碳交易"理念,积极实施便民自行车工程,全部采用最新一代智能租还车系统服务市民,当年,已建成自行车停放站点20余个,投放自行车1000余辆。

【莲塘居民社区环境改造试点工程】 2011年,全面完成莲塘镇居民社区环境薄弱环节的调查摸底工作,开展莲水巷居民社区(部分)环境改造试点工程,修复硬化地面1300平方米、修补(移栽)绿化500平方米,取得积极反响,为以后实施全面改造起到风向标的作用。

【主次干道路灯改造工程】 2011年,针对部分道路原有庭院灯光源暗淡、有灯无光难以满足夜晚出行需要的现状,紧扣节能减排的大环境,在原有基础上再次完成五一路、府前西路、澄湖西路北段、农贸路和澄湖东路南段、中段等城区主干道300杆515盏的LED路灯节能升级改造,得到市民高度赞扬。

【居民社区路灯改造建设工程】 2011年,在提升道路照明质量的同时,有计划、有步骤向居民社区延伸,先后完成团结路11套、体育馆小区6套、康乐路北段5套、团结南路4套、揭家巷10套、莲二小西路10套、斗柏路南段4套等居民区路灯改造工程。

【小型公共广告张贴栏建设工程】 2011年,为治理城市"牛皮癣",清除垃圾广告,疏堵结合,在县城区内统一设置33块面积为4.5平方米/块的公共广告张贴栏,规范张贴、服务市民,并积极引进市场化运作手段,探索根治垃圾广告的有效途径。

表47 **2011年南昌县城镇管理领导班子成员名单**

姓名	性别	职务
万亚平	男	党组书记、局长、大队长
陶和国	男	城管大队教导员
李根萍	男	副局长、副大队长
杨香根	男	副局长
李圣平	男	副局长
涂艳彬	男	副局长、副大队长
饶国华	男	党组成员
张绍华	男	党组成员
陈诒泉	男	党组成员

（主笔:蔡 钧 审稿:万亚平）

房地产开发与管理

【概况】 2011年是“十二五”规划的开局之年,南昌县房产管理局紧紧围绕“拼争全国五十强县市、建设现代化综合新城”这一战略目标,以房地产市场管理为中心,以推进全县保障性住房建设为重点,以“精细做事、高效成事、严格管事”为宗旨,与时俱进,开拓创新,全县房管事业成绩显著。2011年先后被授予全省城乡建设工作先进单位、全省档案管理工作先进单位、全省信息化工作先进单位、全市房地产开发工作先进单位、县效能建设先进单位。

【房地产一级市场】 2011年,全县共有105家符合登记条件的房地产开发企业,在建在售的项目77个,全年发放预售许可证115个。批准新建商品房上市156.647万平方米,与上年同比下降23.4%,其中新建商品住房上市149.077万平方米,与上年同比下降24.25%。新建商品房销售150.7万平方米,与上年同比下降24%;销售金额68.60亿元,与上年同比下降1.96%。其中新建商品住房销售14534套,与上年同比下降27%,销售面积142.2万平方米,与上年同比下降23.3%,销售均价4433.1元/平方米,与上年同比增长28.55%;非住宅销售8.46万平方米,与上年同比下降27.57%,销售金额5.54亿元,与上年同比下降11.3%,销售均价6555.22元/平方米,与上年同比增长22.43%。

【房地产二级市场】 2011年,全县存量房交易共5968宗,比上年同比增长21.08%,交易面积64.48万平方米,比上年同比增长25.58%,成交金额12.39亿元,比上年同比增长33.37%。其中存量住宅5588宗,比上年同比增长18.01%,交易面积57.7万平方米,比上年同比增长15.26%,成交金额12.01亿元,比上年同比增长33.61%;存量非住宅交易量380件,比上年同比增长90.95%;交易面积7.77万平方米,比上年同比增长274.9%;交易金额3785.61万元,比上年同比增长37.11%。

【开发管理】 2011年,一是每季度房地产市场分析下发给各开发企业,为开发企业提供服务,正确引导企业增强社会责任感和自律意识,发挥骨干房地产开发企业的示范作用;二是严厉查处开发企业合同欺诈、捂盘惜售、哄抬房价、一房多卖等违法违规行为,2011年共下达书面整改通知书13份,规范了市场行为;三是进一步完善房地产市场预警制度,进一步完善了网上新建商品房信息公示制度。

【中介管理】 2011年,一是严厉查处房屋中介无证经营行为;二是应省、市要求,规范了全县二手房买卖的合同文本。

【物业服务行业管理】 2011年,坚持化解矛盾、强化政策宣传,全县共有57家物业服务企业,服务面积达996.87万平方米,约占商品房的90%,由于认识上的偏差和管理上的缺失,业主与物管企业的矛盾时有发生,一年来共调处物业纠纷5起,受理物业信访件34起。

【产权产籍工作】 2011年,共整理交易发证入库档案28673份,验证查阅抵押交易档案23429份,整理抵押入库档案16829份,注销抵押档案5423份,配合国家财政减免税证明16680份。回收拆迁档案130份,整理总证注销档案360份,接待公、检、法、纪、司以及有关单位查档567份,公、检、法院查封140份,公检法解封31份。共完成房屋面积测绘412.53万平方米,其中房屋初始登记发证面积测量218.25万平方米,商品房预售测量194.28万平方米。同时,加大了房地产信息系统建设,继续健全两个网上备案系统,即新建商品房信息网上备案系统和二手房交易网上备案系统。现在已经基本实现房屋交易的社会公开化。

【白蚁防治工作】 2011年,南昌县房产管理局通过调整白蚁内部管理机制,采取奖惩并重的措施,较大提升了白蚁站工作人员的积极性。一年来共签订白蚁预防合同55宗,面积233.49万平方米,预防性施药面积达155.23万平方米。此外,签订白蚁灭治合同10宗。通过采取防治结合的积极措施,杜绝了严重的白蚁侵蚀事件发生。

【维稳工作】 2011年,南昌县房产管理局始终将维稳作为一项重要工作来抓,信访、诉讼、房屋鉴定等都明确了具体的责任人,并将维稳工作情况作为分管领导和部门负责人年终考核的一项重要指标。一年来,配合信访部门协调处理多起信访案件,其中房屋拆迁补偿、房地产开发中的违规行为以及物业管理投诉方面的问题尤为突出,2011年共受理调处、回复信访案件达200余件,行政诉讼案件2起,这些信访案件已基本息访,为维护稳定、保一方平安作出了应有的贡献。

【安全管理】 2011年,一是开展了直管公房安全大排查工作。二是健全了消防应急机制;三是继续推进房屋安全鉴定工作,全年受理12起房屋鉴定。

【拆迁管理】 国务院于2011年1月颁布《国有土地上房屋征收与补偿条例》,为了南昌县的房屋征收安置工作能更好的与中央衔接,南昌县房产管理局根据县委、县政府及上级业务部门的安排,进行专题学习与交流。一是指派拆迁办骨干人员参加省、市举办的新条例专题学习班;二是主要领导参加了由县政府组织的赴长沙县、宁乡县参访团,与当地的拆迁管理部门进行了深入的学习与交流;三是借全县这次平移的机会,拆迁办的分管领导赴肥西县挂职锻炼,具体了解他们在拆迁安置工作中的经验和做法;四是根据全县经济社会发展的新形势,为了加快推动今后全县房屋征收补偿安置工作,还草拟《县城控规区集体土地上房屋及附属物征收补偿安置办法》。2011年,共受理拆迁补偿项目66个,丈量拆迁主体房近8万平方米,核实拆迁补偿资金4423.35万元。有效地推进了项目建设。

【廉租住房建设】 2011年,南昌县的廉租住房任务为710套,实际新建规模为8栋721套,该工程2011年8月在县纪检、发改委、财政等部门的监督下公开公平的进行招投标,确定了中标单位,并于2011年8月底完成了报建手续。2011年的廉租房建设项目于9月11日全面开工,是率先全省建设小高层的廉租住房项目,该项目被住房和城乡建设部督查组给予了充分肯定。项目进展较为顺利,有四栋即将封顶,有两栋已上三层,另有两栋基础完工,可按规定时间完成。

【廉租住房租金补贴】 截至2011年年底,全县共发放配租租金417万元,共338户802人享受到了廉租住房租金补贴。

【低收入家庭住房补贴】 截至2011年年底,全县共对1137户低收入家庭发放了住房补贴共计562万元。

【棚户区改造】 2011年,南昌县的棚户区改造任务为14.9万平方米,共3个项目,分别是:南昌铁路局向塘机务段、大洲安居工程、路通城邦棚户区改造项目,已经全部签订了拆迁补偿协议。这3个项目都属于就地安置项目,涉及拆迁面积15.13万平方米,改造户数1602户,完成实物安置900户,安置房建筑面积18.48万平方米。

(主笔:胡欢欢 审稿:熊斐伟)

廉租住房建设

【概况】 根据上级安排,南昌县2011年廉租住房建设任务为710套,在原2010年约6公顷地块上可完成2011年廉租住房任务541套(17#~22#楼)。为解决其余169套的建设任务,经县政府研究同意在该地块以北(莲西路以西、莲四中以东)的0.8公顷土地用于2011年的剩余计划任务。该项目总投资约6376万元,建筑面积约40203平方米,共建11个单体工程(8栋住宅楼,3栋两层店面),住宅部分建筑面积35500平方米,店面部分建筑面积4703平方米。户型均为二室一厅,每户建筑面积均控制在50平方米以内,容积率≤1.5,建筑密度≤28%,绿化率≥35%。

【项目设计与开标】 南昌县廉租住房设计由南昌市民用设计院设计,项目立项经南昌市发展和改革委员会于2010年2月及2011年5月(调整新增)两次批复。该工程2011年8月通过招标代理机构在县纪检、发改委、财政等部门的监督下公开公平的进行建安招投标,确定中标单位,并于2011年9月履行完基本建设程序,签订施工合同,合同工期为365日历天。该工程于2011年9月11日全面开工建设。

【项目推进】 2011年,南昌县廉租住房项目推进顺利,有4栋住宅楼完成主体建设,1栋七层楼面施工,1栋主体框架五层楼面施工,其余2栋正在主体框架三层施工中,按照施工进度可以在合同规定时间完成建设任务。

【社会效益】 廉租住房建设是一项重大的民生工程、德政工程,是县委、县政府一项长期的民生安居工程,自2009年实行廉租住房实物配租以来,部分低收入家庭的住房条件得到了很大的改善。2010年廉租住房与2011年廉租住房同为一个住宅小区。2011年,两个项目正在紧张施工当中,项目建成后可以解决全县1665户低收入家庭住房困难问题。

表48 **2011年南昌县房产管理局领导班子成员名单**

姓名	性别	出生年月	籍贯	职务
万春明	男	1961.1	江西南昌	局长
涂桂生	男	1971.2	江西南昌	副局长
滕新华	男	1964.8	江西南昌	副局长
熊斐伟	男	1976.7	江西南昌	副局长
张　亮	男	1966.3	江西南昌	党支部副书记
涂江华	女	1974.2	江西南昌	副局长

(主笔:胡欢欢 审稿:熊斐伟)

农　　业

农业管理

【概况】　2011年，南昌县农业局按照中央、省、市、县农业农村工作会议的总体部署，全面贯彻强农惠农政策，继续稳定粮食生产，着力提升蔬菜产业，推进国家现代农业示范区建设，大力实施民生工程，做好"七城会"（第七届城市运动会）蔬菜特供工作，积极推进基层农技体系建设，切实加强农经管理工作。同时加强农业投入品监管，依法取缔无证经销商，查处假农药、假种子、假化肥，加强品牌管理，做大、做响、做强品牌农业，塑造良好的产品形象，提高市场竞争力和占有率。2011年全县粮食播面达145640公顷，总产达100.02万吨，成为全省3个年产10亿公斤粮食的产粮大县之一，其中县属（不含高新）粮食总产90.11万吨。获国务院颁发的"全国粮食生产先进县"称号。全县蔬菜播面达18107公顷，总产70.01万吨，全县有机绿色无公害农产品品牌发展到33个，产品178个。南昌县农业科技推广中心完成的"江西省超级稻示范推广"成果获得农业部颁发的全国农牧渔业丰收奖一等奖，南昌县农业局粮油站完成的"多用一斤种，增收百斤粮"技术集成与推广成果获得农业部颁发的全国农牧渔业丰收奖一等奖。

【着力培养现代新型农民】　2010年南昌县成功申报创建为国家现代农业示范区（全国51个，江西2个）。为此全县上下认真贯彻落实中央、省、市1号文件精神，以国家现代农业示范区建设为核心，创业富民、创新发展，农业和农村经济呈现又好又快发展态势。2011年，全县农业生产经受了前期干旱，后期旱涝急转等不利天气的严峻考验，通过积极的抗灾和高产创建举措，依然保持了农业生产的稳定发展。示范区（含高新区）粮食播种面积达145640公顷，总产达100.02万吨，实现粮食八连增，连续9年荣获"全国粮食生产先进县"称号。南昌县在大力创建国家现代农业示范区的同时，着力培养新型现代农民。2011年，全县农民专业合作社加速发展，全县农民专业合作社发展到607户，参加合作社农户1.2万余户，占全县农户数的7.54%。全县种粮大户数量规模不断扩大，全县经营水田面积6.7公顷以上水稻种植大户发展到538户，占全县总农户数159522户的0.34%，经营水田面积达6748公顷，占全县水田总面积的10.04%。其中经营面积33.3公顷以上的11户、13.3公顷～33.3公顷的97户、6.7公顷～13.3公顷的430户。全县拥有农技推广示范基地11个、科技示范村50个、科技示范户4500户，专业养殖村（小区）83个，接受培训的技术员和农民达23.5万人次。

【鼓励和引导农民发展专业合作社】　2011年，为深入贯彻落实中共十七届三中全会精神，进一步做好"三农"工作。南昌县把"鼓励和引导农民发展专业合作社，提高农业的组织化程度"作为建设社会主义新农村的主要内容，通过大力发展和规范农民专业合作社，提高农民进入市场的组织化程度，增强农产品市场竞争力，有力地促进了农民增收。《中华人民共和国农民专业合作社法》和《农民专业合作社登记管理条例》正式实施以来，南昌县乡农业部门积极行动起来，大力引导支持帮助广大农民组建专业合作社，全县农民专业合作社发展迅速，到2011年，全县经工商行政管理部门注册登记的各类农民专业合作社共529家，加入合作社的成员共11765名，其中：农户成员11429名，占全县农户数的7.01%。

通过南昌县农业局对合作社的不断指导，以及合作社自身的不懈努力，合作社的发展取得明显成效。一是大力宣传发动，为合作社发展大造声势。《中华人民共和国农民专业合作社法》颁布后，南昌县农业部门组织机关干部和广大农村经营管理人员原原本本、逐条逐款地学习，深刻理解法律的精神实质。根据《中华人民共和国农民专业合作社法》有关内容，由南昌县农业局编制学习宣传知识问答5500份，供县、乡、村、组干部学习及培训。南昌县级相关部门和新闻媒体把学习宣传《中华人民共和国农民专业合作社法》作为当前"三农"工作的一项重要任务，进一步加大法律宣传工作力度，使法律精神深入乡村、家喻户晓。通过学习和宣传，使南昌县直有关部门和乡镇及相关部门高度重视农民专业合作社工作，让全县各级干部和广大农民群众更加了解农民专业合作社，在全县上下形成共同指导、支持、促进农民专业合作社健康发展的良好氛围。二是加强部门协调，为合作社发展提供服务。《农民专业合作社法》的贯彻实施，涉及到多个部门，为进一步做好学习宣传工作，由县政府组织召开农口各部门、财政、工商、税务、金融等部门负责人参加的专题会议，安排部署学习宣传工作，明确各部门的工作任务，部门间互通信息，互相沟通。在办理工商登记的窗口，设立农民专业合作社登记的“绿色通道”,为农民申请专业合作社登记提供便捷有效的服务。县农业部门切实做好引导、扶持、服务工作,明确工作目标责任,做到专人负责,层层落实。为确保法律的顺利贯彻实施和合作社的组建登记及规范发展奠定了基础。三是强化业务培训,提高专业指导水平。县农业局对各乡镇农经管理业务骨干和全县农民专业合作社负责人及骨干成员进行业务培训,组织成员20个以上的合作社理事长参加全市农民专业合作社规范发展培训班,提高其合作社规范运作水平。四是分类指导,合力推进合作社组建。2011年,由南昌县农业局组织人员对全县各乡镇进行了一次调查。通过调查摸底,县、乡农经人员深入村组进行分类指导。对拟登记农民专业合作社的,按照法律的规定和要求进行引导和规范;对暂不具备法律规定的条件但具备合作性质和基础的,依法加强业务辅导,一旦条件成熟,可以适时引导其登记为农民专业合作社;对计划新设立农民专业合作社的,依法做好其章程的制定、内部各项管理制度的完善、申请登记应提交文件的准备等有关事项的辅导和指导工作,使合作社迅速发展。五是突出重点,依法规范合作社建设。南昌县农业局根据农民专业合作法等相关规定,从六个方面规范合作社建设:规范合作社章程;规范成员账户;规范民主管理;规范财务管理;规范盈余分配;规范档案管理。六是加大财政扶持力度,促进合作社健康发展。为促进全县农民专业合作社规范健康发展,提升农民专业合作社发展水平,提升服务功能,增强带动能力。对符合《扶持农民专业合作社发展试行办法》认定条件的以及市级以上示范点和先进社,进行重点扶持。

【强化服务责任,创新服务机制】　南昌县乡农业技术推广机构是为农民提供种植、畜牧、水产、农业机械等技术推广服务的单位。改革后,乡镇公益性农技推广服务机构不再从事经营性服务。在各乡镇建立农业技术推广综合服务站的同时,南昌县根据行业、产业特点及工作要求,科学合理进行了岗位设置。在市政府下达《关于加快推进基层农业技术推广体系改革与建设的实施意见的通知》(洪府厅发〔2010〕121号)后,南昌县政府审时度势,结合全县现状,明确要求乡镇畜牧兽医站人员进入乡镇农业技术推广综合服务站服务窗口。2011年,全县乡镇综合服务站设立农产品质量安全监测员、农情信息员、水产技术推广员、土壤肥料肥员、栽培员、植保植检员、种子管理员、农机员、畜牧兽医员及站长岗位,针对“九员”及站长,分别制定“九员”及站长等10项《岗位责任制》。全县乡镇农技综合服务站全部实行“定员、定岗、定责”。县农业行政主管部门按照“精简、统一、效能”原则,全面制定实施9项管理制度。即《站务公开制度》、《首问负责制》、《日常工作制》、《财务管理制度》、《工作日志制度》、《驻村服务承诺制度》、《科技入户制度》、《首问负责制》、《学习培训制度》、《乡镇农技人员考核制度》。

(主笔:罗　文　审稿:刘美仁)

种植业

【概况】　2011年,在南昌县委、县政府和江西省、南昌市农业部门的正确领导下,在全县各乡、镇和有关业务部门的共同努力下,南昌县以标准园创建及重大农业项目建设等工作为抓手,大力推进经济作物产业结构调整步伐,全面提升全县蔬菜产业整体素质,狠抓重大项目建设任务落实及检查力度,圆满地完成了全年各项工作任务,同时获得全国粮食生产先进县称号。

2011年蔬菜播种面积为18106.7公顷,产量70.01万吨,同比增长3.1%,蔬菜设施面积2533.3公顷,其中大中棚面积1233.3公顷。2009年南昌县鑫和源绿色农业开发有限公司被列为农业部蔬菜标准园创建单位。通过三年的创建,2011年基本实现规模化种植、标准化生产、商品化处理、品牌化销售、产业化经营,示范效果明显,6月16日在鑫和源绿色农业开发有限公司召开全市蔬菜标准园创建暨质量安全工作会议,10月26日由江西省经作局、市经作处以及财政系统有关专家对南昌县国家级标准园创建进行了验收,基本达创建的要求。在南昌市、县政府政策扶持的引导下,南昌县新涌现了南昌县鑫茂生态农业有限公司、南昌高田农业开发有限公司、南昌县新绿洲果蔬种植专业合作社、南昌县佳禾汇种植专业合作社、南昌县辉鹰蔬菜种植专业合作社、南昌县新农州种植专业合作社、南昌县黄马乡付家蔬菜基地、南昌县达鑫农业发展有限公司、江西国海生态农业旅游发展有限公司及宇田公司等一大批高起点蔬菜基地,菜农的积极性被充分的调动起来。2011年新增规模以上种植基地245.7公顷。

【以粮为媒,打造绿色大米产业链】　为提高农民种粮积极性,保障优质粮源有效供给,促进粮食增产,农民增收、企业增效,在南昌县农业局的重视和帮助下,2011年10月17日,江西省农业技术推广总站周培建站长、南昌市农业局农业粮油管理处杨闲冬处长、南昌县农业科技专家熊多根、陈以荣、樊小平等一行深入到江西赣粮实业公司粮源基地——南昌县塘南镇北星村、泾口乡东方村,参加由江西赣粮公司、赣鄱稻谷种植合作社组织的关于推广规模化种植绿色水稻研讨会。江西赣粮实业有限公司是一家集粮食研发、种子加工、粮食仓储、现代物流、稻谷精深加工直到产品综合利用的省级龙头企业。一直以“为耕者谋利,为食者造福”为宗旨。赣鄱稻谷种植合作社是以江西赣粮实业有限公司、种粮大户、农户为社员的水稻种植专业合作社。在赣粮公司与广大农户签约13333.3公顷的绿色水稻种植收购订单的粮源基地上,与会专家、企业、农户共同筛选出适合当地农民种植习惯、品质优良、抗逆性强、单产水平高的优良品种,达成了“推行全程绿色栽培技术,实施水稻集中连片规模化种植,产加销一条龙经营”的理念共识。研讨会上,农户、种粮大户、村小组长、村委会干部畅所欲言,提出许多好的意见、想法和建议。省、市、县农业领导和站长周培建、处长杨闲冬、研究员熊多根等进行现场详细解答,指导公司、合作社、农户以粮为媒,着力构建农户持续增收、企业保障粮源的利益共同体,尽快打造绿色大米产业链,为南昌县创建国家现代示范区、培植优质粮食主导产业探索成功的经验模式。推广规模化种植绿色水稻研讨会得到农户、种粮大户、村小组长、村委会干部的一致好评和支持。传统的水稻种植模式是由千家万户分散的小家庭承包经营,难于对接千变万化的大市场,阻碍了农业规模化、现代化的发展。赣鄱稻谷种植合作社有机的把农民与企业连为一体,找到农民和企业的接合点,把分散的地块集中起来,把一家一户承包生产方式引入现代化农业发展轨道,实行区域化种植,标准化生产,规模化经营。农户自愿参与,村委会协调,干部带头,实现连片种植,集中栽培,规模经营。这样组织既可统一改善农业基础设施、降低生产成本、抗拒自然灾害风险,又可以规避市场经营风险;既可以解决一家一户解决不了机械化的困难,又可以为企业创品牌提供充足的优质粮源保证,促进企业可持续发展。通过研讨会与会专家和企业的共同努力,广大种粮农户形成一致共识:推广规模化种植绿色水稻,构建粮食产销共同体:有利于改良水稻品种和品质,推广良种良法;有利于提升绿色水稻品牌品质,提高竞争力,扩大市场销售份额;有利于进行大面积机械化作业,提高土地资源利用率,降低生产成本,减少劳力投入、节约费用,农业增产、农民增收;有利于推动水稻生产规模化、机械化作业发展;有利于培训农民栽培技能,提高农民文化素质;有利于推进粮食精深加工,提高粮食附加值;有利于构建稳定的“公司＋基地＋农民合作社＋市场”的多赢合作模式。

【南昌县会商并部署晚稻苗期病虫害防控工作】　2011年8月10日,南昌县农业病虫灾害防控指挥部召开2011年第5次农业病虫灾害防控会商会,会商、部署当前晚稻苗期一病三虫“纹枯病、稻纵卷叶螟、稻飞虱、二化螟”的防控工作。各乡、镇专职植保员及县植保植检站专业技术人员等共28人参加了会议。会上,各乡、镇专职植保员详细汇报晚稻苗期病虫发生情况,同时对当前晚稻苗期的病虫发生实况及防治意见进行充分交流;县植保站病虫测报人员对晚稻苗期病虫的发生趋势进行仔细分析;最后制定并印发2011年第12期病虫情报《晚稻苗病虫害防治意见》。南昌县晚稻苗期病虫害防控部署——防治时间定于8月12～14日,防治对象田为全部晚稻田,防治对象是主治稻纵卷叶螟、二化螟、稻飞虱,一晚田需兼治纹枯病。会议最后就晚稻苗病虫害的防治时间进行会商。

表49　**2011年南昌县(县属)种植业主要指标**

种植种类	播种面积(万公顷)	播面单产(吨/公顷)	总产量(万吨)
一、粮食作物	13.021	6.999	91.131
1. 早稻	6.036	6.605	39.867
2. 一晚	0.241	8.921	2.152
3. 二晚	6.567	7.358	48.326
4. 豆类	0.087	2.805	0.246
5. 薯类(折粮计算)	0.073	6.31	0.461
二、油料合计	1.034	1.222	1.263
1. 油菜	0.943	1.001	0.945
2. 花生	0.082	3.668	0.3
3. 芝麻	0.008	2.071	0.017
三、蔬菜	1.305	40.016	52.25

(主笔:罗　文　审稿:刘美仁)

农产品质量安全

【概况】　2011年,为扎实推进植保护农执法行动,切实抓好禁限用高毒农药、假冒伪劣农药以及问题农药生产企业、经销商管理,不断强化乡、村两级农药市场和重点地区、重点环节的监管,不断规范农资市场执法检查的行为和程序,严格实施农资案件行政处罚自由裁量权执行标准,勇于创新农资长效监管机制,确保不发生因农药残留而引发的重大农产品质量安全事故,确保不发生因农资质量引发的重大群体事件,为充分发挥检测体系对农产品质量安全监管的技术支撑作用,从源头上保障全县农产品质量安全,南昌县农业局不断充实检测力量,优化检测运行机制,并继续加大检测体系建设力度。2011年,全县未发生一起蔬菜质量安全事件,并圆满完成“七城会”蔬菜特供任务。2011年,南昌县农业局围绕加强农资监管,服务“三农”的宗旨,加大农业行政执法力度。共出动执法人员843人次,共查处农资违法违规案件59起,罚没款152750元,接待群众来电、来访330余人次,调解各种因气候问题导致减产、违规操作产生药害的纠纷20余起,为群众挽回经济损失20.8万元。县农产品质监站承接省农科院的土壤中农残检测项目500批次、市农产品质量安全检测中心的大米中重金属检测项目500批次,已抽检菜样1102批次,经农残快速检测,合格率100%,;向市农产品质量安全检测中心送检蔬菜、水果、食用菌103批次,大米60批次,经定量分析检测,合格率100%;顺利通过了省农业厅抽检15批次菜样合格率100%,稻谷、米样109批次;配合农业部例行监督检查20批次菜样合格率100%,稻谷10批次,农残检测合格率稳定在100%。有效遏制农产品质量安全突发事件的发生。

【迎接"七城会",确保农产品质量安全】 2011年,为加强南昌县农产品质量安全监管,掌握农产品质量安全状况,消除风险和隐患,保障"七城会"期间农产品质量安全,针对高温季节容易爆发病虫害、蔬菜生产处于用药高峰期的情况,南昌县农产品质量安全监测站加强例行监测和专项监测,对全县主要蔬菜基地和特供基地开展农残速测110批次,其中特供产品40批次,经农残快速检测,合格率100%。并且,南昌县农业行政综合执法大队以南昌化工农资大市场和特供基地周边农资市场为重点,仔细排查,严厉查处非法添加高毒农药等未登记成分以及有效成分含量不足等假劣农药,严厉打击生产、经营和使用甲胺磷等禁用高毒农药以及无证生产、一证多用、套用或冒用登记证等违法行为,严禁23种国家明令禁止使用的农药流入市场,严禁19种在蔬菜、果树、茶叶、中草药材上不得使用和限制使用的农药在蔬菜产地和特供基地周边农资市场出现。在南昌县特供基地蔬菜质量安全监管领导小组的安排部署下,各监管工作组及南昌县农业局属各相关单位按照全程管理、条块结合、责任到人的要求,加强技术指导,加强监督检查,加大抽检力度,积极做好上级各部门的迎检工作。8月3日上午,市委常委、纪委书记刘东明在市农业局局长程其调、副局长李淑英和市纪委常委、监察局副局长李联明的陪同下,实地查看了三江源蔬菜有限公司的蔬菜生产情况,检查企业的管理制度、生产记录和质量检测台账,对县农业局的工作给予了充分的肯定。

【农业部农药督查组到南昌县督查农药市场管理及执法工作】 为推进2011农药监管年活动的深入开展,保障农业生产安全和农产品质量安全,国家农业部成立农药督查组在全国开展农药市场执法检查。5月26日,由国家农业部农药检定所副所长魏启文、天津市农药检定所所长胡敏、国家农药部农药检定所副处长李鑫等成员组成的农业部督查组到南昌县听取南昌县农业行政执法大队关于农药市场监管工作情况汇报,并查看有关文件、规章制度、工作计划、相关记录、执法案卷等材料。对种子、化肥、农药产品进行检查,种子、化肥以质量是否合格,手续是否齐全,标签是否规范、是否存在虚假广告;农药质量检查以有效成分含量和甲胺磷等禁限用农药为重点,标签检查以农药通用名称、有效成分及含量是否清楚、是否扩大登记作物和防治对象、商标等标注是否违规为核查重点。随后,督查组一行到南昌化工大市场,对高毒高残留农药禁售及农药的标签规范情况进行检查,共抽检抽查种子样品40个;肥料样品10个;抽查农药样品52个。从检查情况来看,并未发现含有高毒残留农药以及农药的标签存在违规.

江西省农药管理局领导到南昌县督查

【南昌县开展春季农资打假保障春耕生产】 为全面落实2月24日召开的全国、全省农资打假专项治理行动电视电话会议精神,深入贯彻全市农资打假专项治理行动要求,南昌县农业局在春耕备耕的关键时节,把农资打假和监管工作列入重要议事日程,摆上重要位置,充分认清农资打假的紧迫性,扎实组织开展春季行动,不断巩固全县农业农村经济发展的好形势。

一是早动员,早部署。南昌县成立以县政府各职能部门为成员单位的农资打假护农专项治理工作领导小组。2011年,为进一步加大农资打假和监管工作力度,落实属地管理原则,县农业局成立农资打假专项治理工作组,并于3月10日及时下发《2011年南昌县农资打假专项治理行动实施方案》(南农〔2011〕8号),以进一步加强领导,提高认识,明确责任,充分动员全局干部,扎实部署全年专项治理和春季行动。

二是广宣传,树信用。为营造打假护农的良好社会氛围,服务春耕生产顺利进行,县农业局结合送农业科技下乡活动,围绕"放心农资下乡,服务农业生产"活动主题,采取悬挂横幅、印发宣传资料、现场指导等多种形式,广泛开展识假辨假维权和科学使用农资知识宣传培训,积极组织放心农资下乡进村宣传周活动。同时,借助此次宣传周活动,加强对全国定点农资市场"南昌化工大市场"及全县"放心农资经营店"的跟踪管理和后续指导,规范经营行为,提高服务能力,切实发挥放心店的示范带动作用,推动农资信用体系建设。

三是清主体,摸底数。为强化农资市场准入管理,规范农资市场经营秩序,县农业行政综合执法大队突出对种子、农药、肥料生产经营单位(户)实行备案登记,积极推行现场备案,全面开展农资生产经营主体清查。经清查,全县水稻种子经营网点102个,经营41家公司的109个早稻品种,其中常规稻17个,杂交稻92个。有肥料生产企业6家、农药生产企业2家。肥料、农药经营户267家,经营全国百余家企业的肥料和数百家企业的农药。3类产品货源充足,价格涨跌互现。

四是勤检查,严处罚。新春伊始,南昌县农业执法大队工作人员就主动放弃节假日,早上班晚下班,全身心地投入到紧张的农资市场执法检查中。在对全县农资市场实行拉网式巡查的基础上,重点对南昌化工大市场农资定点市场、省农科院种子一条街及各乡镇农资集散地进行了整治和规范。同时,不断规范执法检查程序,对违法违规行为严格按照《江西省农业行政处罚自由裁量细化标准》予以处罚,以进一步震慑违法犯罪分子,净化全县农资市场。

截至5月底,南昌县农业局已印发宣传资料3200套,出动执法人员360余人次,送检种子样品10批次,查处肥料案件4起、种子案件8起、农药案件4起,调解种子质量、农药药害纠纷4起,为农民朋友挽回经济损失5万余元。

(主笔:罗　文　审稿:刘美仁)

表50　**2011年南昌县农业局领导班子成员名单**

姓名	性别	出生年月	籍贯	职务
章运新	男	1964. 11	南昌县	党组副书记、局长
雷年保	男	1957. 12	南昌县	党组成员、副局长
章木楠	男	1957. 1	南昌县	党组成员、副局长
龚宏伟	男	1967. 9	南昌县	党组成员、副局长
陈晓平	男	1960. 9	南昌县	党组成员、副局长
熊长根	男	1963. 6	南昌县	党组成员、副局长
李国华	男	1970. 7	南昌县	维稳信息员
徐强	男	1969. 3	南昌县	党组成员、办公室主任

畜牧业

【概况】 2011年,南昌县畜产品质量安全、重大动物疫病防控、畜禽清洁生产和良种繁育体系建设等成效显著,特别是"七城会"期间圆满完成特供工作任务,得到上级的充分肯定。

2011年,全县生猪饲养量187.90万头,较上年同期增长2.9%,其中出栏118.58万头,较上年同期增长3%,存栏69.32万头,较上年同期增长2.6%,母猪存栏7.3229万头,较上年同期增长1.7%,年饲养生猪20头以上生猪养殖户3590户,年饲养生猪161.72万头,占全县生猪饲养量的86.7%,其中年出栏生猪500头以上生猪养殖大户468户。家禽饲养量3836.27万羽,较上年同期增长2.6%,其中出笼2424.56万羽,较上年同期增长2.8%,存笼1411.71万羽,较去上年同期增长2.2%。牛饲养量5.8116万头,较上年同期减少4.1%,其中出栏1.7031万头,较上年同期增长5.1%。禽蛋产量10.3617万吨,较上年同期增长6.1%,肉类总产量13.2573万吨,较上年同期增长3.1%。奶产量0.95万吨,较上年同期增长7.5%。

【综合防控,保障全县清净无疫】 2011年,按照省、市防重办的要求,突出"早、快、严、小"的工作原则,实行防治并举、防重于治的工作机制,加大重大动物疫病防控力度。

一是实现牲畜口蹄疫、家禽禽流感疫苗、猪瘟、高致病性猪蓝耳苗、鸡新城疫疫苗免疫注射密度占应注射动物的100%。同时县、乡两级储备了防重疫苗和防疫物质,建立专门台帐,做到专人管理,专人发放。二是县、乡两级共落实防疫经费73.9万元,用于购买消毒药、防护用品、疫苗配套经费及疫苗人工注射费、防疫人员工资等,对防控工作专项资金做到专款专用。三是不放松畜禽常规疫苗的注射接种工作,坚持做到春秋两季突击打,月月补针经常打,仔猪散窝上户打,建立以平时防疫为主,突击防疫为辅的综合防疫体系。四是做好重大动物疫病的监测工作以及县境内种猪场生猪伪狂犬病、猪瘟、各奶牛场布病、结核病的净化工作。

【六举措保障全县畜产品质量安全】 2011年,一是加大宣传力度,营造浓厚氛围。全县在各乡镇交通要道、村委会、饲料厂、配料店以及20头以上的生猪养殖户已张贴相关通告3000余份,悬挂"严厉打击非法制售和使用'瘦肉精、莱克多巴胺'等违禁药物的犯罪活动"等宣传横幅124条,涂刷永久性标语421条。

二是认真进行调查摸底,对饲料生产、经营企业大排查,查生产许可证、批准文号,同时抽样送检。并建立健全企业的详细情况档案,把其列入视线当中,同时发动群众,尤其动员全县的村级防疫员,利用走村串户的机会发现、举报地下生产饲料的作坊、经营黑窝点。

三是同企业一一签订生产经营安全承诺书。全县的87家生产经营企业已全部签订承诺书。

四是加强监测力度。对200斤左右生猪坚持尿样抽检,坚持做到出栏的生猪批批有尿检,并坚持周报制度。对奶牛养殖户和生鲜乳收购站不定期地进行监管。

五是加强惩处力度。重点打击非法添加违禁药物的行为和无预混料生产许可证、饲料生产企业审查合格证、无批文批号和生产许可证已过期的企业。对无证经营的企业,勒令其关门停业;对使用"瘦肉精"等违禁药物的则严格按照有关法律法规进行严厉惩处,绝不姑息,构成犯罪的将依法追究刑事责任。

六是加强"地沟油"排查,严禁养殖户使用未经无害化处理的餐厨废弃物养猪,并向这些养猪户下发告知书,与养猪户签订责任状。

【"八个到位"完成"七城会"特供任务】 2011年,全市特供畜禽水产品基地有7个,其中南昌县特供畜禽水产品基地有6个,除水产品特供占16.9%外,其余的全部为南昌县供应。整个"七城会"期间,南昌县特供畜禽水产品已安全完成和超额完成供应草鱼6651.9公斤(超计划2956.1公斤)、生猪产品39095.7公斤、牛肉6350公斤、牛腩7350公斤、牛排5950公斤、羊肉1150公斤(计划外供应)、鸭肉11617.4公斤、鸡肉14147.6公斤、鸡蛋528箱。在工作中主要做到了"八个到位":

一是组织保障到位。成立特供基地监管工作领导小组,并下设三个督导小组,就"七城会"期间的畜禽水产品质量安全督导工作分工明确,责任到人。二是责任措施到位。在县政府与特供基地所在的乡镇主要领导签订责任状的同时,县畜牧水产局领导小组与各特供基地负责人也相应签订责任状;县畜牧水产局领导小组组长与安排负责各基地的监管人员签订工作责任状。三是基地监管技术力量到位。为确保对特供基地有效地监管,县畜牧水产局从本局抽调畜牧、水产及执法检疫专业技术人员28人,从7月下旬开始,长期轮流驻基地指导基地的各项生产工作,监管做好全流程的特供工作,为做好此项工作,市农业局还派出多名技术干部到县督查、指导监管工作。四是经费保障到位。为做好各特供基地所供畜禽水产品的监测和监管,县政府专门划拨专项监管经费39.2万元,有力保障了工作的正常开展。五是产品质量检测到位。为保障特供畜禽水产品100%的优质、放心,县畜牧水产局制定了严格的产品质量检测程序表。对基地猪、牛100%的佩戴耳标,登记建档。抽取了鱼、牛肉、猪肉、鸭肉、鸡肉、鲜蛋近200多个样品上机检测,已抽检的样品全部合格。六是按流程监管到位。为做好此项工作,各特供基地根据实际,制定监管流程图,每个特供基地都派出7名监管人员入驻基地,监管人员24小时轮流值班。从苗种→饲料→防疫→用药→屠宰配送→屠宰→成品其配送整个过程进行无缝对接式的监管,同时固定配送车辆,直到安全送达运动员村办好交接手续为止。七是督查和调度措施到位。在此期间,局综合督查组定期不定期的前往各特供基地进行工作督查,对发现的问题进行及时处理,领导小组办公室在每周三将有关工作情况上报市局,有效地抓好有关工作的落实。八是宣传工作到位,方法得当。为确保各基地能够万无一失的供应各种健康产品,县畜牧水产局多次邀请县电视台的记者到基地进行宣传、报道,提高县、乡、基地的责任心,打造绿色生态、安全和谐的声势。与此同时,县畜牧水产局还接受了中央、省、市等30多家媒体到县特供基地的采访和宣传。《江西晨报》、南昌电视台等多家媒体对南昌县上上下下齐努力、共同做好特供农产品质量安全监管进行了专题报道。

【积极落实国家生猪良种补贴项目】 2011年,积极落实南昌县2010年国家生猪良种补贴项目,加快生猪良种化进程。县畜牧水产局本着"用好补贴育良种,落实补贴增效益"的原则,以建立生猪供精中心为抓手、以单独建设种公猪站为基点、以完善生猪配种网络为纽带、以母猪养殖户(场)受益为目标,规范操作、强化监督、稳步推进项目建设。通过项目的实施,调动了养殖户改良生猪品种的积极性,完善了配种服务网络,使广大养殖户得到实惠。由于全面推广生猪人工授精技术,全县减少公猪2400余头,每年可节约开支1700余万元,同时猪群品质、生长速度、瘦肉率有明显提高。

【抓好耕牛冷配及肉牛生产】 2011年,积极抓好耕牛冷配及肉牛生产。一方面在为养牛专业户做好信息、技术服务,免费给养牛专业户提供冻精。另一方面加大杂交母牛的保护力度,大力发展适度规范的母牛饲养户,建立杂交母牛示范村,提高肉牛改良水平。全县已完成牛冷配6046头,保护杂交母牛1761头。并积极做好奶牛良种补贴精液发放工作。

【推进畜禽养殖标准化建设】 2011年,一是加大畜禽清洁生产的宣传力

江西嘉业建设工程集团公司

江西嘉业建设工程集团公司，经过四十余年的风雨历程，现已发展成为一家以建筑施工为主要经营业务的集团性企业。公司已形成了主业突出、多元发展的产业结构。现拥有区域性分支机构近20家，并有多家控股子公司，行业涉及房地产开发、建筑设备租赁、装饰装潢、物业管理等领域。 目前公司具备的建筑施工资质有：房屋建筑工程施工总承包壹级、市政公用工程施工总承包壹级、建筑装修装饰工程专业承包壹级、地基与基础工程专业承包壹级、建筑幕墙工程专业承包壹级，以及钢结构工程、消防设施、水利水电、园林绿化工程、机电安装工程施工等总承包或专业承包贰级。经营市场已遍及全国各主要地区。

公司一贯坚持“重质量、讲信誉”的服务宗旨，狠抓企业内部管理，建立完善了ISO9002《质量管理体系》、GB/T24001-2004《环境管理体系》、GB/T28001-2001《职业健康安全管理体系》，一体化管理体系。为本地区（南昌县莲塘镇）创建多个标志性建筑。公司近年连续被江西省工商局授予“重合同，守信用AAA企业”，荣获“2008年度全国优秀企业”；“江西省建筑施工企业综合实力十强企业”；“江西省安全生产先进单位”。 公司经济效益逐年提高，业务量连年递增，2011年度全部承接量达20个亿。近几年来，公司单在南昌县本地区所缴纳的各项税收均超千万元。在2010年度及以往年度中，数次被南昌县委、县政府授予“纳税先进企业”的光荣称号。

南昌县人民医院

◆南昌县人民医院李院长

南昌县人民医院创建于1949年6月，地处南昌县城莲塘镇中心地段，伴随着共和国前进的步伐，沐浴着改革开放的春风，经过几代人的艰苦创业，医院已发展成为科室设置齐全，医疗设备先进，管理水平较高，技术力量雄厚，院内环境优美，集医疗、教学、科研、预防、康复、保健于一体的南昌县唯一的一所国家二级甲等综合性医院。

医院占地面积50亩，建筑面积6.07万M2,业务用房面积4.6万M2。新院区规划发展用地面积120亩。开放床位600张。现有职工650人，其中高级职称和中级职称占全院总人数的40%以上。

新门诊医技综合大楼于2012年竣工，大楼具有相对独立但功能互为一体的住院部、后勤用房、立体停车场等场所。

医院一贯注重精神文明建设和医院文化建设，连年被省委、省政府、市委、市政府分别授予“文明单位”、“青年文明号”称号，连年被县委、县政府、县卫生局评为“先进党总支”、“全面达标先进单位”，并荣获南昌市“群众满意医院”、“平安医院” 称号。

医院在医疗服务中始终秉承“以人为本”的理念，坚持“以病人为中心”的人性化服务战略，通过开展“发展提升年”、“三好一满意”、“医疗质量万里行”效能建设等活动，加强医疗质量内涵管理，并相继推出“无假日医院”、“二十四小时门诊”和《关于解决群众看病难看病贵问题的二十六条措施》。在今后的发展中，医院将以更精湛的医疗技术、更良好的服务态度、更合理的检查收费来服务患者，为全县广大群众的身体健康和经济社会发展做出更大的贡献！

◆南昌县人民医院领导班子

◆南昌县人民医院职工代表大会

南昌市金屋建材家居有限公司

南昌市金屋建材家居有限公司属南昌县政府招商引资企业，公司注册资金3000万元，2002年投资兴建金屋装饰城建材市场，该城占地面积175亩，建筑面积7万余平方米，是集陶瓷、石材、钢材为一体零售、批发大型建材市场。

近年来随着南昌地区经济蓬勃发展，人民生活水平普遍提高，人民对家居装饰消费的观念正从单纯的实用转向文化品位的消费，高档的品质和优质的

董事长：

服务已成为追求的重点，为适应现阶段建材市场的发展，满足人们消费需求，根据我市场周边房地产的发展以及该地段逐年不断繁荣，经对南昌地区及边邻省市大型建材市场全方位考察，决定对原金屋装饰城市场建筑和经营模式进一步更新，并引进全国民营企业500强知名品牌商上海月星集团加盟，月星集团总部组织高层管理人员对我市场实地考察后，对落户金屋装饰城充满信心。

金屋装饰城整体改造分两期进行，首期改造莲西大道西侧市场，占地面积90.5亩，为达到月星集团连锁超市特有商业形象，按现代建材家居商场模式地面设计为五层，地下1.5层，规划建筑面积20余万平方米，项目为“月星国际建材家居生活广场”。二期改造莲西大道东侧市场，占地面积84.49亩，根据一期发展状况配套商务办公，结合周边居民密聚优势打造昌南板块现代生活区大型购物商城，并引进深圳赛格电子入驻。

根据南昌县昌南组团战略规划，县城总体规划，南昌县商业网点规划布局，本项目把握了行业发展态势，并充分利用地块优势和资源，加强了项目定位，以月星知名品牌效应，打造高档次、高品质的产品形象。月星集团具有二十来年发展历程，特有的品牌形象，丰富的市场运作及管理经验，长年积累的丰厚商源、客源，必然吸引全国各地客商兴家创业，预计年销售额超20亿元，将成为南昌市昌南地区一个商业的亮点。

◆月星国际建材家居生活广场

南昌县闽清建材行业商会

近年来，南昌县建材市场在县委、县政府以及有关职能部门的关心和支持下，得到了一定的发展，从事建材经营企业达数百家，从业人员近叁仟人，其中半数以上是下岗人员，为国家、地方税收作出了应有贡献。

南昌县闽清建材行业商会在2011年10月成立，是受南昌县工商联的业务指导和领导，同时加强了南昌县与福建宁德、福清等地联系及建材行业中非公经济人士的管理和引导，促进南昌县建材行业的更大发展，发挥党和政府联系非公经济的桥梁和助手作用。

南昌县闽清建材行业商会认真贯彻执行党的基本路线，依据有关法律、法规开展工作，坚持对广大会员进行“团结、教育、引导、帮助”的办会方针，实行“自我管理、自我教育、自我协调、自我服务”的原则，本着商会搭台、经济唱戏、增进友谊、交流信息、繁荣市场、发展经济为目的，加强会员间自律和协调，保护会员的合法权益，为会员创造公平有序的经营环境，为进一步发展和繁荣洪城大市场，振兴南昌经济作出更大的贡献。

俞木仁为南昌县闽清建材行业商会第一届理事会会长。

肖风琴为常务副会长。

张平文、刘进云、刘凯军、叶信勇、龚山奉、林雨华、张位忠为副会长。

熊鹰为秘书长。

度；举办了畜禽养殖户、技术人员及相关部门管理人员参与的培训班；选择了10家养殖场（户）作为畜禽清洁生产示范点。目前，南昌县第一批29家需排放达标企业已全部达标，第二批163家需排放达标养殖户完成粪污改造达标78家，正在改造79家，未开工3家，关停3家，在全省排名靠前。利用生猪调出大县奖励资金安排生猪养殖户进行标准化沼气建设，每户沼气池建设不低于300立方米。通过以上措施进一步推进了畜禽清洁生产步伐。

二是为了充分调动畜禽养殖户的积极性，按照“畜禽良种化、养殖设施化、生产规范化、防疫制定化、粪污无害化”的要求，在全县范围内全面开展创建畜禽标准化示范场活动。建立县级畜禽标准化示范创建储备库，其中生猪10个，家禽5个，对储备库中的畜禽养殖专业户组织专家对他们进行标准示范场活动创建培训。2011年，南昌县获得省级生猪标准化示范场3家，蛋鸡标准化示范场1家。

水产业

【概况】　2011年，南昌县以科学发展观为统领，以渔民增收为目的，以现代渔业建设为抓手，积极推进水产养殖业增长方式转变，全县渔业经济取得较好的发展。

2011年，全县水产养殖面积87500公顷，较上年同期增长7.1%，水产品起水量12.6642万吨，较上年同期增长3.32%，其中特种水产品完成3.8706万吨，较上年同期增长4.50%。

【积极抗旱、防涝】　2011年，南昌县出现历史罕见的严重旱情。湖泊、水库蓄水锐减，河沟、鱼池（特别是沙质塘）水位偏低，部分水面彻底干涸，严重影响南昌县渔业生产。为全力打好渔业抗旱保生产攻坚战，县畜牧水产局紧急行动起来，把抗旱保生产作为头等大事来抓。局领导统筹安排，明确责任，组织专业技术人员帮助渔民掌握抗旱生产自救技术要点，及时印发有关资料到重点渔区、主要养殖基地。在深入一线指导救灾同时，分析灾情，科学判断灾情动态，及时上报灾情及受灾图片，配合上级主管部门现场调研灾情。针对当时由旱转涝、强降雨频发的天气状况，全力应对灾害性天气。进行渔业防汛科学技术宣传，指导养殖户做好汛期防灾减灾工作和鱼病综合防治，防止大面积暴发鱼病，减少渔业灾害损失。省厅下拨的救灾资金及时足额发放到受灾企业、渔民手中。

江西国旺实业有限公司现代渔业基地

【推进水产健康养殖】　一是扎实推进县重大重点项目建设。2011年，省农业厅对现代渔业项目绩效考评中，南昌县2010年度266.7公顷现代渔业项目全省排名第一。2011年又获批农业部现代农业（水产）标准化池塘改造项目266.7公顷、四大家鱼良繁场改扩建项目13.3公顷，县畜牧水产局专门成立重大重点项目推进工作领导小组，经常深入项目实施单位，督促指导企业开展工作，并坚持周报制度。通过项目的实施，将加快推动渔业现代化进程，使渔业基础设施和生产条件明显改善，综合生产能力和特色化水平显著增强，科技贡献率、良种化率、水产品加工率、市场竞争力和机械化水平进一步提高，渔业产业化经营进一步完善，渔民收入显著增加。

【推广草鱼免疫防疫技术】　草鱼是南昌县水产业的主养品种，2011年草鱼产量达30396吨。同时也是受鱼病危害最严重的品种，因此南昌县大力推广草鱼免疫防疫技术，提高草鱼的抗病力。2011年共注射草鱼免疫四联苗8万余组，免疫注射草鱼种8000余万尾以上。

【开展渔业病害预测报服务】　2011年，每月对全县草鱼、鲫鱼、花白鲢等进行病害预测报。

【特种水产养殖】　2011年，南昌县有网箱养鳝2000箱以上基地11个，1000箱以上基地2个，涌现了连片百亩以上的黄颡鱼、鲈鱼、鳜鱼、翘嘴鲌、甲鱼单养基地，全县特种水产呈现发展的良好态势。

【认真做好淡水养殖抽样调查工作】　按省农业厅安排，2011年是南昌县开展淡水养殖抽样调查工作的第三年，按照《南昌县开展淡水养殖抽样调查工作实施方案》，安排专人负责本项工作，全县8个抽样调查村村级调查员不变动，每月按时按质上报调查数据，及时全面完成南昌县淡水养殖统计抽样调查工作，保证了全县淡水养殖抽样调查工作一直处全省领先。

表51　**2011年南昌县畜牧水产局领导班子成员名单**

姓名	性别	出生年月	籍贯	职务	备注
李家跃	男	1959.2	南昌三江	局党组书记、局长	
左万顺	男	1957.9	南昌高新	局党组成员、副局长	高级畜牧兽医师(副高)
胡新兰	女	1964.2	南昌高新	局党组成员、副局长	
熊国保	男	1973.11	江西南昌	局党组成员(副科级)	
李九梅	女	1972.10	江西南昌	局党组成员(副科级)	
黄菲玲	女	1963.11	宜春铜鼓	局党组成员、办公室主任	高级畜牧兽医师(副高)
邓灵机	男	1957.1	南昌高新	局党组成员、县畜牧兽医站站长	高级畜牧兽医师(副高)

(主笔:陈贵勇　审稿:李家跃、左万顺、胡新兰、黄菲玲)

农业机械

【概况】　2011年,南昌县农机总动力发展到154.67万千瓦,比上年增长12.2%;完成机插面积17000公顷,机械化栽插水平为15%;机耕作业面积11万公顷,机械化耕作水平为94.4%;机收面积8866.7公顷,机械化收获水平为78.3%;综合机械化水平为64.14%。

【用政策推动农机装备结构的优化】　南昌县从2005年开始争取农机购置补贴项目,补贴资金逐年增加、补贴种类逐年增多,至2011年,通过连续七年的组织实施,增强了农机装备,优化动力结构,提升服务能力,提高了作业水平。

为了将国家惠农支农政策落实到位,南昌县农机局严格按照《江西省2011年度农业机械购置补贴实施方案》的要求进行操作,实行直补农民,差价购机,自由议价、定额补贴、结构优化,补完为止的办法。全年共发放补贴资金3100多万元,占全省的1/20;补贴机械7581台,惠及农户9512户,拉动农民投资4643.51万元;农机装备结构得到进一步优化,农业机械化发展步伐加快,推动农业现代化建设,促进了农业增效、农民增收。

【提高加快推广机插秧普及速度】　2011年,为了提高加快推广机插秧普及速度,南昌县人民政府每年从县财政列支20万元作为专项奖励资金,2011年通过政府采购66台手扶式插秧机奖励给全县部分农业生产合作社、农机作业合作社、农机大户、种粮大户,通过他们来带动及推广机插秧的发展。2011年,全县共有5个机插秧示范点,全县的插秧机也增加到1221台(分布在全县16个乡镇),全年共完成机械化插秧面积17000公顷,机插率达到15%。

【积极开展水稻机插秧现场演示会】　2011年,积极开展水稻机插秧现场演示会。为提升农业机械化水平,县农机局连续多次组织召开水稻生产机械化作业技术现场会,举办多期中高级技术人员培训班。通过展示会、现场会等形式,加大机插秧的示范宣传力度。据统计,全年共举办现场演示活动12次,观摩人数达1100多人次。这些形式多样的演示、展示活动,拓宽基层农机部门的视野,增强农民的感性认识,为机插秧的推广应用奠定了坚实的基础。

【组织各种农业机械打好三大"战役"】　春耕、"双抢"、秋收冬种是农机作业的三个高峰季节,在这三大"战役"中,县农机局积极组织和动员全县的各种农业机械,全力以赴地投入到农业生产中去,据不完全统计,三大"战役"中,全县共投入农机具近8万台,共完成机耕面积102466.7公顷(含复耕面积),机械化插秧面积17000公顷,机械化收获面积88666.7公顷。

【做好农机维修供应】　农忙季节抽派精兵强将联合各农机生产和经销企业,严格落实"三包"服务承诺,做到用前有检修、用中有抢修、用后有保养,确保农机具高性能运作、高效率作业。2011年,县农机局共组织13个农机维修小组及农机生产销售厂家农机技术人员,深入乡村对全县各种农机具进行一次维修和保养。修复农机具5000台,检修农机具1.7万台。农

机供应上,在配合相关部门开展农机打假、净化市场基础上,主动协调各零配件供应和石油部门,提前备足易损零配件和油料,确保农机的运作。

【做好跨区作业服务工作】 2011年,为做好跨区作业服务工作,县农机局主要做了四方面的工作:一是成立跨区作业服务小组,更好的服务农民。二是了解农机作业信息。县农机局主动与作业区域的农机部门进行联系,了解各个区域的作业面积和市场价格情况,及时向机手提供最全面的市场信息。三是将有意愿参加跨区作业的机手组织起来,进行必要的培训,做好出征前的准备工作。四是办理跨区作业证。2011年,共为农民办理跨区作业证106个。

【培育发展农机合作组织】 农机专业合作社是发展农机化工作承上启下的平台,是各级政府、农机管理部门指导服务农业生产的纽带。2011年,全县农机合作社建设始终遵循提质增量原则,新增3家,累计达到26家。同时,县农机局坚持“发展上引导、政策上倾斜、技术上支持、信息上帮助”原则,积极培育发展农机专业大户,为农机合作社壮大规模增添新生力量,加快形成县、乡、村、户四级农机服务网络。当年,农机固定资产20万元以上的专业大户有120个。通过开展方便快捷、高质高效的农机作业,加快农村劳动力的有效转移,促进了农村经济快速发展,推动了新农村建设步伐。

【加大农机安全监理执法力度】 农机安全生产工作直接关系到人民群众生命和财产安全,2011年,县农机局坚持“安全生产、预防为主、综合治理”的方针,认真贯彻落实中央、省、市、县安全生产会议精神,层层签订农机安全生产责任状,充分利用电视、广播、网络等宣传工具,开展形式多样、内容丰富的农机安全生产法律法规宣传,进一步加大安全隐患排查力度,强化各项安全检查措施,加大农机安全监理执法力度,努力构建农机安全生产长效机制,确保农机安全生产。通过开展农机安全宣传月、“平安农机”创建及农机安全专项整治等活动,组织农机安全监理执法人员,深入乡村道路、田间地头、农家场院查安全,纠违章,重点整治违章载人、无证驾驶等违法行为,消除事故隐患。2011年,共检查车辆1320台次,发放各类宣传资料8000余份,组织召开机手座谈会5次,开展农机安全知识讲座活动6次,直接受教育机手近4560人次,农机安全事故零发生。

表52　**2011年南昌县农业机械管理局领导班子成员名单**

姓名	性别	出生年月	籍贯	职务
章新海	男	1961.10	江西南昌	南昌县农机局局长
周秀泉	男	1962.4	江西南昌	南昌县农机局副局长
严秋生	男	1958.8	江西南昌	南昌县农机局副局长

(主笔:郭素美　审稿:章新海)

农业——饲料生产

【概况】 饲料生产产业是南昌县的传统产业,拥有江西巨仁科技集团公司、江西省伟梦饲料有限公司、南昌蓝鱼实业有限公司等企业。2011年,南昌县饲料行业总体延续了近几年来饲料行业稳健的发展趋势,在产量稳定增长的同时,猪料、蛋禽料、肉禽料、水产料年度增幅符合预期,不同品种呈现均衡增长态势。生产经营方面,激烈市场竞争条件下,饲料企业承担高成本压力,原料、人工、管理、运输等综合生产成本全面上涨,行业平均利润水平下降。产业结构方面,大型饲料企业依托雄厚资金实力,采购成本优势和规模化经营优势更为显著,继续加快扩张步伐,联合并购、产业链延伸势头迅猛。

【江西巨仁科技集团公司】 江西巨仁科技集团公司是一家面向农村、服务农民的大型民营股份制农牧企业,于2006年组建,注册资金5100万元,集团总部位于南昌县八一乡政府旁。集团公司下设江西巨仁科技集团有限公司、南昌海联饲料有限公司、江西海联动物药业有限公司、南昌宏远贸易有限公司,另下辖有两个生猪养殖基地并对湖南长沙湘通海科技有限公司控股51%。集团公司主要从事:农副

产品深加工;畜禽、水产饲料生产销售;兽药产品研发及兽药产品销售;农副产品贸易等。

农村扶贫开发

【概况】 2011年,南昌县集中力量抓好21个省市重点扶贫村的整村推进、产业扶贫、社会扶贫和劳动力转移培训,贫困地区基础设施得到改善,贫困群众生活水平显著提高。共争取使用上级财政扶贫资金374.5万元,建设各类项目52个,其中整修道路20条、18.42公里,新建维修电排灌站及沟渠配套项目16个,新建维修村小教学大楼及教师宿舍等配套项目2个、建设面积近900平方米,扶贫贷款贴息项目3个,主导产业奖补项目8个,产业示范基地建设项目6个。

【卢晓健深入塘南镇新图村走访慰问】 2011年1月6日下午,市委常委,副市长卢晓健深入扶贫挂点村塘南镇新图村走访慰问困难群众,送上慰问金和慰问品,并致以新春的祝福与问候。县委常委、统战部长胡炜和塘南镇主要负责人等陪同。

在与镇、村两级干部座谈会上,卢晓健表示将一如既往地支持帮助该村解决发展中的实际困难,并希望县、镇、村三级积极谋划好新图村的经济发展,从解决村民最关心、最迫切、最实际的问题入手,扎扎实实做好各项扶贫工作,带领全村人民脱贫致富,进一步推进社会主义新农村建设。

【全市扶贫开发整村推进规划编制工作会在南昌县召开】 2011年5月25日下午,全市扶贫开发整村推进规划编制工作培训会(南昌县片)在南昌县召开,南昌市扶贫办主任符开辉,中共南昌县委常委、农工部长魏根金等出席。

会上,符开辉指出,各乡村要因地制宜,有针对性、指导性和可操作性地开展规划编制工作,选择的项目首先要考虑群众的需求,把当前亟待解决的突出问题纳入整村推进工程规划编制工作中,同时要注意各村组的平衡,达到扶贫效益最大化。符开辉要求各级党委、政府要高度重视,加强领导,把规划编制工作组织好、落实好,规划内容要细、要实、要准,切实保证扶贫开发工程顺利推进。

会上,魏根金在致辞时指出,“十一五”期间,南昌县在省、市扶贫办的大力指导和支持下,全县15个扶贫重点村的经济社会得到快速发展,“十二五”期间,南昌县重点扶贫村增加到21个,这对推动全县经济新一轮又好又快发展将起到积极的作用,南昌县将及时成立规划编制小组,做好基础数据采集和衔接服务等工作,确保扶贫开发整村推进规划编制工作顺利推进。魏根金强调,全县各级党委政府尤其是定点帮扶的单位和企业,要积极加强与有关部门的协调、沟通和联系,确保扶贫开发整村推进规划编制工作让群众得到实实在在的效益。

各市直定点帮扶单位和农业产业化结对帮扶龙头企业相关负责人、有关乡镇分管领导、扶贫村党支部书记等共计100余人参加。

【南昌市第二批“双带两服务”工作动员暨培训会在南昌县召开】 2011年6月23日下午,由南昌市委组织部、市委农工部联合举办的全市第二批“双带两服务”工作动员暨培训会在县委党校召开。会议对先进个人和集体进行表彰,并对下一阶段工作作了全面部署。市委常委、组织部长杨人平,市委常委刘建洋出席会议并讲话,会议由市政府副秘书长、市委农工部长王肇赣主持,市委农工部副部长、市农业开发办主任陶海龙,县委常委、组织部长王小文,县委常委、农工部长魏根金等参加。

会上,杨人平强调,要深刻理解开展“双带两服务”示范基地建设的意义,认识到这是农村基层党组织和党员在通过服务农民生产经营、农民生活改善,引导和带领农民大力发展现代农业,切实解决农民生活中遇到的各种困难和问题,加快农村经济发展和农民增收致富步伐的过程中,发挥党员先锋模范作用和基层党组织战斗堡垒作用的有效载体。要深刻把握这项工作的总体要求和目标任务,把党的组织活动同村干部“双带”工程紧密结合起来,使农村基层党组织的服务功能得到明显增强。要切实加强对工作的组织领导,建立好各级联席会议调度制度和督查指导制度,完善验收考评制度,推动农村经济发展,促进农民增收致富。

会上,刘建洋要求,在下一步工作中要明确标准,抓住示范不放松。被列入2011年“双带两服务”示范村和示范基地的,要按照市里的相关标准,做好各项创建工作;要造浓氛围,做好相关的宣传报道工作,掀起“双带两服务”活动的新高潮;要注重项目带动,加强奖励服务的举措,安排好配套扶持资金,形成合力;要做到奖惩分明,完善考核激励机制,将此项工作作为村干部的重要考核内容,给肯干事、会干事、能干事的村干部优厚的政治待遇,切实把这项工作抓紧抓实,为全市“三农”事业的发展和农村基层党组织建设作出更大的贡献。

【张根水到武阳镇扶贫村现场办公】 2011年8月8日下午,副市长张根水到挂点扶贫村武阳镇荏港村现场办公,协调解决该村发展中存在的困难和问题。市农业局局长程其调,县委常委、农工部长程雷佬,副县长吴文卫以及武阳镇主要负责人等陪同。

在荏港村委会,张根水与村干部和村民进行座谈,详细了解该村面临的困难和急需解决的问题,认真研究今后的帮扶措施。张根水表示,下一步将和市农业局对荏港村的进村道路、村小学校校舍检修、标准农田改造、小型电排站建设和村委会办公楼维修等进行资金帮扶,切实改变该村的贫穷落后面貌。

随后,张根水等到向塘镇和莲塘镇农技服务大楼,实地察看农技推广服务中心基础设施建设情况,并查阅了农技推广服务中心的档案资料、各项制度和科技示范户网络图,详细了解了农技推广服务中心的人员配备、工作任务、管理体制等方面的情况,并勉励广大基层农技人员要在农技推广一线积极发挥联络员、组织员、推广员、宣传员、试验员、服务员的作用,认真服务好农民兄弟,推动现代农业的发展。

【助推产业发展带领群众快速致富】 产业发展是迅速带领贫困群众脱贫致富的最直接手段,南昌县一直把产业发展当作扶贫的核心工作来抓。通过全县农业产业化基金的支持,积极引导培育扶贫村发展主导产业,基本达到了村村有1~2个主导产业,实现由输血式扶贫变成造血式扶贫。形成一批如冈上镇冈上村蛋鸭养殖、南新乡程湖村野鸭养殖、泾口乡东方村黄鳝养殖、塘南镇田万村大棚蔬菜种植、塔城乡南洲村花卉苗木种植等主导产业,实现了产业扶贫的好势头。

农业产业化建设

【概况】 2011年,全县农业产业化经营组织已发展到900余个,其中省市认定的农业产业化重点龙头企业108家,比上年新增11家市级龙头企业,其中国家级龙头企业4家,新增2家,分别是江西绿滋肴实业有限公司与江西海浩鄱阳湖水产有限公司,省级龙头企业21家,市级龙头企业83家,2011年底,全县108家市级以上农业产业化重点龙头企业年报统计,固定资产由上年的160813万元增加到205095万元,净增44282万元,增长率为27.53%;销售收入由160.3亿元增加到176.7亿元,净增16.4亿元,增长率为10.23%;税后利润由71490.4万元增加到93006.06万元,净增21515.66万元,增长率为30.1%;上缴税金由35109万元增加到58058万元,净增22949万元,增长率为65.37%。

【“争创驰名商标座谈会”在国鸿集团举行】 2011年5月16日,“争创驰名商标座谈会”在国鸿集团举行,国家工商总局巡视员吴群、省工商局商标局郑辅良局长、市工商局副局长张琳、县工商局廖晓青局长一行11人参加了此次会议。

【张根水到南昌县就农业产业化龙头企业发展情况进行调研】 2011年5月24日下午,南昌副市长张根水深入南昌县小蓝经济开发区,就农业产业化龙头企业的发展情况进行调研,市委农工部调研员利盛生,市委农工部副部长韩匡楷,县委常委、农工部长魏根金等陪同。

张根水等先后来到绿滋肴、九木堂实业、玉丰实业和雄鹰乳业等企业进行实地调研。在详细听取上述企业的农业产业化发展、上市融资、食品安全和经营等情况汇报后,张根水对南昌县大力扶持农业产业化经营和龙头企业的发展给予充分肯定,并希望进一步做优做特现代农业,推进特色农业规模化、规模农业特色化,整合涉农资金,重点扶持一批农业产业化龙头企业,着力夯实基础设施,以小蓝经济开发区为载体,以农业综合开发大型项目为切入点,推进现代农业向纵深发展,为全市农业产业化发展树立标杆。

【王文涛到蒋巷镇视察农业产业化发展工作】 2011年5月31日上午,省委常委、市委书记王文涛深入南昌县蒋巷镇视察农业产业化发展和防汛抗旱工作。市委常委、市委秘书长凌学仁,市委常委刘建洋,副市长张根水,市委副秘书长、办公厅主任李福如,市政府副秘书长、市委农工部长王肇赣,市水务局局长李克荣,县领导肖玉文、陈匡辉、魏根金、程雷佬等陪同。

在蒋巷国鸿集团,王文涛一行实地察看了国鸿公司引进的具有国际先进水平、年屠宰百万头生猪生产线,参观国鸿肉制品产品展厅和集团发展荣誉展厅。并详细了解企业生猪屠宰、

肉制品深加工、特种养殖、农业生态旅游等情况后,他勉励企业要进一步搞好深加工,提高附加值,开拓市场,打响品牌,做强做大,带动更多农民增收致富。并希望南昌县继续大力培育农业龙头企业,积极发展品牌农业,扎实推进农业产业化建设,促进农业增效、农民增收。

在国旺实业有限公司,王文涛实地考察了公司养殖基地和瓜果蔬菜基地以及国家农业综合开发示范区万亩标准农田项目,详细了解公司发展情况后,王文涛希望企业要以扩大农业生产规模,发展绿色有机优质农产品为目标,强化示范园区的示范效应,提高示范园区的运营效益,做大做强企业,带领更多的农民发展致富。

【刘东明到国鸿集团视察】 2011年6月21日上午,市委常委、纪委书记刘东明一行深入国鸿——"七城会"猪肉唯一特供基地,就"七城会"卫生保障和资源开发工作进行督查。刘东明一行察看了集团生猪屠宰生产线、瘦肉精检测化验室等地。当得知公司严格实行规范化、规模化的养殖,把好生猪接收"四重关",做好生产环节"双重检验",确保肉食品质量安全时,刘东明给予肯定。在随后举行的座谈会上,刘东明一行听取了市农业局和集团董事长曹国洪现场汇报"七城会"卫生保障工作与资源开发工作进展情况。他指出,"七城会"的举办,事关南昌形象,事关发展大局,各相关部门务必要进一步加强重视,把各项筹备工作想周全、抓落实、做到位;要倒排时间抓进度,认真梳理好工作中存在的需要协调解决的问题,将责任细化到岗、细化到人,从而使"七城会"实现"精彩难忘、绿色生态、安全和谐、隆重节俭"的工作目标。

【谢茹到国鸿集团调研"七城会"食品安全保障工作】 2011年8月24日,副省长谢茹就第七届全国城市运动会的食品安全保障工作在国鸿集团进行调研。她强调,要用最严格的食品监管、最严密的组织体系确保"七城会"举办期间食品安全工作万无一失。省政府副秘书长晏驹腾,省卫生厅副厅长程关华,县委副书记、县长陈匡辉,县委常委、农工部长程雷佬等随同调研。

谢茹等仔细察看了南昌市动物卫生监督所设在国鸿集团生猪屠宰基地的瘦肉精检测化验室"七城会"特供的猪肉食品检测情况,当得知南昌市动物卫生监督所对企业的药物和饲料添加剂等全部100%造册登记备案,还督促企业切实做好药物和饲料的采购、使用记录,规范药物和饲料添加剂的使用时,谢茹表示满意。随后,在集团肉品事业部生产副总付超杰的引导解说下,谢茹认真察看了公司年屠宰100万头生猪屠宰线,了解了生猪屠宰线的工序以及质量安全保障情况。看到公司以机械化、现代化的屠宰方式,消除了屠宰污染和肉制品加工过程中的交叉污染,保证了环境安全和肉制品生产安全时,谢茹勉励公司进一步按照建设现代企业的要求,牢牢把住食品安全关,为"七城会"的顺利举办生产出更多的优质安全食品。谢茹强调,现在距离"七城会"开幕还有50多天的时间,各项筹办工作都进入了冲刺阶段,各有关部门要对"七城会"特供肉品屠宰加工、检验检疫、质量标准、卫生环境等环节加强监管。严格对照"七城会"食品质量安全保障的方案,有效落实24小时值班制度等一系列保障措施,做到各项工作有记录、有汇报、有措施、有解决、有落实,切实把"七城会"的食品质量安全各项工作落到实处,充分保障"七城会"在南昌圆满、安全、顺利地举行。

【陈匡辉到南新乡部分企业进行调研】 2011年11月11日上午,县委副书记、县长陈匡辉,县委常委、农工部长程雷佬,县委常委涂莉华和相关部门的负责干部到南新乡,就益海嘉里(南昌)粮油食品有限公司和南昌建华管桩项目推进情况进行调研。

在益海嘉里(南昌)粮油食品有限公司,陈匡辉得知该企业在1月至10月的销售额就达到5.07亿元时,说,企业的大发展,就是全县经济的大发展。当了解到企业在自来水、码头立项、电排站等问题上有困难时,陈匡辉当即对所存在的问题进行现场调度,要求各相关部门要强化服务意识,帮助企业排忧解难,为企业创造良好的建设和生产环境,让企业发展壮大。陈匡辉等还实地查看南昌建华管桩的建设情况,并与企业的负责干部进行座谈,希望企业要尽可能录用当地老百姓就业,让老百姓得到实惠,同时要求相关部门对当地的老百姓加强培训力度,搞好与企业的对接,促进企业与地方发展双赢的良好局面。

天津宝迪集团是首批国家级农业产业化重点龙头企业,产业涵盖养殖、生猪屠宰、低温肉食品、生物制品、禽业加工、农副产品物流。

南昌宝迪农业科技有限公司,是天津宝迪农业科技股份有限公司独家注资在南昌县建立的肉类产品加工企业。总投资12亿元,注册资本6000万元。主要经营范围:畜禽养殖、屠宰加工、肉制品加工、销售。南昌宝迪农业科技有限公司在小蓝经济开发区选址建设宝迪食品工业园区及种猪养殖项目,主导产品为种猪、血浆蛋白、血球蛋白、猪及鸡肉制品。项目总投资约85141.31万元,形成年产年产800T血浆和2800T血球蛋白粉、年屠宰200万头生猪、2万吨低温肉制品、年屠宰加工3000万只肉鸡规模,计划于2012年建成并全部投产,实现年销售收入430000万元,年平均创税9261.5万元。

农业综合开发

【概况】 农业综合开发是稳步提高农业综合生产能力、保障国家粮食长久安全的物质基础,是发展现代农业、建设社会主义新农村的现实要求,是公共财政支持"三农"工作的重要战略举措。2011年,按照回良玉副总理"两个聚集"的要求,紧紧围绕"拼争全国五十强县市、建设现代化综合新城"的战略目标,积极开展农业综合开发高标准农田建设示范工程建设,建设"高产稳产、优质高效、环保生态、持续发展"的高标准农田,打造粮食核心产区,做强粮食生产和农副产品深加工等主导产业,形成以农业综合开发为支撑,以主导产业建设为牵动的农村经济大发展格局。

2011年实施的国家农业综合开发项目计划总投资17463万元(土地治理项目3个,产业化经营财政补助项目4个,产业化经营贷款贴息项目

4个),其中:中央财政资金3062万元;地方配套资金1355万元(省级1084万元、市级186万元、县级85万元);自筹资金2687万元;银行贷款10359万元。争取财政资金投入同比增加36.8%,是南昌县农业综合开发项目财政资金投入最多的一年。

【高标准农田建设初现成效】 2011年,实施完成国家农业综合开发高标准农田建设示范项目总投资3944万元,其中:中央财政资金2320万元;地方配套资金1160万元(省级财政资金928万元、市级财政资金147万元、县级85万元);自筹资金464万元。建设高标准农田1960公顷,完成田间排灌渠道衬砌222.5千米,整修田间机耕路135千米,新建电力提灌站17座,架设输变电线路11.2千米,新打配套机电井4座,新建机耕桥14座,便桥4座,渡槽12座,配套田间涵1476座,营造农田防护林220公顷。高标准农田建设通过实施田水林路综合治理,建立了完善的灌溉、排涝、防洪体系,使过去曾饱受旱涝灾害的"三跑田"(跑水、跑土、跑肥)变成现在的"三保田"(保水、保土、保肥)和旱能灌、涝能排的高产稳产田,抵御自然灾害的能力大大增强。对沟渠进行防渗处理,完善配套桥涵闸等建筑物,达到田成方,渠相连,路相通,林成网的高标准农田要求,实排灌分家,加速了农业机械的推广和普及。同时消除串灌漫灌现象,土壤肥力明显改善。高标准农田示范工程的内涵得以充分体现,项目区农民受益,实现了经济、社会和生态效益"三赢"。

【财政补助推进龙头企业壮大】 农业综合开发产业化经营项目是农业综合开发的重要内容之一,特别是南昌县这样的农业大县,对农村经济发展有着重要影响。农产品的加工业规模和产值比越来越高是现代农业 发展趋势,农业龙头企业是发展现代农业的有生力量。2011年,南昌县十分注重农业产化业龙头企业的扶持,通过培大培强龙头企业,带动农民增收,使财政资金真正起到"四两拨千斤"的效果,增强了现代农业发展后劲。实施农业综合开发产业化经营项目8个,其中财政补助项目4个,贷款贴息项目4个。项目建设总投资13499万元,其中中央财政资金722万元、地方配套资金195万元(省级财政资金156万元,市级财政资金36万元),自筹资金2223万元,拉动社会资金投入10359万元。

通过无公害蔬菜保鲜加工项目的实施,促进农业和农村结构优化调整,带动相关产业的发展,实现多次加工转化增值;通过禽蛋保鲜冷藏库新建项目的实施,带动更多农户发展养殖业,增加农民收入,推动全县禽蛋制品加工业向高质量、营养、安全、卫生的方向发展;通过景观花木基地改扩建项目的实施,提升江西园林绿化苗木产业的档次和水平,推动江西城市绿化美化建设。预计可年新增储藏保鲜农产品5300万公斤,年新增加工转化肉制品300万公斤,年均提供绿茶种苗200万株;年新增总产值15820万元,新增增加值3808万元,年平均实现利税1128万元;年直接受益农户5300户,直接受益农民年收入增加总额1590万元,年新增就业人数885人。

【大型农业综合开发项目试点启动】 市政府为支持现代农业建设,推进规模农业发展,提高农业综合生产能力和综合效益,整合涉农项目资金,包括国土、农办、农业综合开发、农业、林业、水利、交通等部门项目支农资金,对农业生产基地进行基础设施建设而适时启动大型农业综合开发项目。2011年,南昌县申报立项南昌市大型农业综合开发项目2个,分别是江西国旺现代农业示范区扩建项目和黄马生态农业示范园建设项目。江西国旺现代农业示范区扩建项目预算总投资4479.85万元,建设规模1176.08公顷,建设基本农田面积897.66公顷,新增耕地面积13.08公顷,新增耕地率为1.11%,可新增年收益562.89万元;黄马生态农业示范园建设项目预算总投资588.58万元,建设规模140.51公顷,可新增年收益85.61万元。

【高标准农田建设示范工程项目】 2011年,南昌县国家农业综合开发高标准农田建设示范工程项目主要安排在南新乡姜家湖区域,同时完善2009和2010年蒋巷镇三洞湖、山尾2个片区。项目计划总投资2325万元,其中:中央财政资金1550万元,地方财政配套资金620万元(省级558万元、市级62万元),自筹资金155万元。项目涉及10个行政村、1.21万农业人口。项目规模为建设高标准农田1.81万亩。项目建设主要内容为新建电灌站9座,新打机电井6眼,架设输电线路4.2公里,开挖疏浚渠道57.8公里,衬砌渠道101.6公里,建设渠系建筑物526座,修建机耕路52.8公里,营造防护林73.3公顷。

县农业开发办7~8月组织设计单位完成项目工程设计工作,并通过市级评审。市办对项目工程设计下达设计批复。9月县农业开发办开始组织项目施工招投标工作。于2011年10月9日完成招标工作。

表53 **2011年南昌县农业综合开发办公室领导班子成员名单**

姓名	性别	出生年月	籍贯	职务	备注
邓小军	男	1968.6	江西南昌	主 任	2011年9月任职
龚顺华	男	1964.1	江西南昌	副主任、党组成员	
夏 勇	男	1975.9	江西南昌	副主任、党组成员	

(主笔:雷 虎 审稿:夏 勇)

林 业

2011 年,南昌县林业工作按照省、市、县的总体工作部署,围绕县委县政府“拼争全国五十强县市,建设现代化综合新城”目标和推进鄱阳湖生态经济区建设,通过大力推进造林绿化“一大四小”工程和“森林城乡、花园南昌”建设,有效地发展林业产业,全面加强森林资源保护,全县造林绿化建设取得新的成效。主要表现为:一是造林绿化得到稳步推进。以提高森林覆盖率为总体目标,一手抓造林,一手抓管护,立足“提升、创建”两大主旋律,突出重点实施“四提四增”工程、“一新一亮、永新永亮”工程、“森林十创”工程等三大工程,全县新增造林绿化面积 3514.2 公顷。南昌县荣获全省 2010 ~ 2011 年度造林绿化“一大四小”工程建设通道绿化提升先进县称号,这是南昌县连续第三年获得全省造林绿化先进县殊荣。同时,南昌县林业局局长胡盛林被省政府表彰为全省市县林业局长先进个人,南昌县受到省绿化委员会表彰的全省第一批“森林十创”先进单位有:“森林乡镇”向塘镇,“森林村庄”蒋巷镇埠上村、黄马乡南安村、幽兰镇江陂村,“森林校园”莲塘一中,“森林公园”(湿地公园)澄碧湖公园。二是森林资源得到有效保护。全县新增专业森林消防队员 10 名、运兵车辆 1 辆,通过加强巡查、严管火源、及时扑救,全年没有发生森林火灾和人员伤亡。全县林业有害生物除治面积达 117.3 公顷。通过深入开展越冬候鸟保护专项行动,全县查获放生白骨顶和红骨顶共计 72 只。此外,南昌县林业局获“全省 2010 ~ 2011 年度鄱阳湖区越冬候鸟和湿地保护工作先进单位”称号。三是林业产值得到继续增加。以科技创新和科技推广为依托,以林业高效示范基地建设为抓手,以科技培训、科技下乡、现场指导为切入点,做好林业科技服务,大力发展花卉苗木、工业原料林、果业、野生动物产业等,增加林业产值,促进林农增收。全县 2011 年林业总产值 2.66 亿元,比上年增长 24%。

【县委书记郭毅对造林绿化作出重要指示】 2011 年 7 月 28 日,县委郭毅书记在第 21 次县委常委(扩大)会上指出造林绿化工作对提升城市环境、对经济发展有重要作用,通道绿化提升工作要做到不断档、不断线,造林工作重点要确保成活率,关键是要做到适地适树,要求县林业部门积极探索市场化的运营和管护模式,督促造林主体做好管护工作,结合县情开展好“森林十创”工作,培养一些典型,努力提高南昌县森林覆盖率,把造林绿化“一大四小”工程做成富民工程,真正使造林变成农民致富的“绿色银行”。

【南昌县大投入、高标准打造城区绿化】 2011 年,南昌县按照“县城注重增景,园区注重增绿”要求,根据因地适宜、适地适树原则,采取“乔、灌、花“结合、常绿与速生搭配,投资 3800 多万元,通过严把苗木关、栽植关、管护关,高标准实施小蓝北路西段、澄湖东路北段、康莲路、金沙大道、金沙二路、振铃东路、银湖二路、富山三路、汽车大道等 9 条道路绿化和提升打造澄碧湖公园樟树园、桂花园绿化,全面提升城区绿化档次和品位,优化了投资环境。

【江西紫杉花卉苗木基地初具规模】 2011 年,江西紫杉公司坚持做大做强林业产业的理念,采取“公司 + 基地 + 农户”的模式,已完成育苗 33.3 公顷,年出圃精品苗 1200 万株,解决当地劳工 1 万人次。

【国家林业局野生动植物保护司司长张希武到南昌县调研野生动物保护和产业发展】 2011 年 5 月 15 日,国家林业局野生动植物保护司司长张希武一行领导到南昌县调研野生动物保护和产业发展情况,省林业厅副厅长詹春森、省野保局局长朱云贵和书记涂晓斌、市林业局副局长徐建平、县林业局局长胡盛林等陪同。司长张希武实地考察南昌县江西鄱阳湖野生动物养殖有限公司的南新乡基地建设情况,对南昌县野生动物保护情况以及野生动物的产业发展给予充分肯定,并要求南昌县一方面加强野生动物保护,严厉打击乱捕乱猎野生动物行为,一方面发展野生动物产业,严格规范审批野生动物驯养繁殖。

【国家住建部巡视员陈近到南昌县视察国有林场危旧房改造工作】 2011 年 9 月 7 日,国家住建部巡视员陈近到南昌县视察国营南昌县白虎岭林场危旧房改造工程进展情况,省种苗局副局长陈根平、市林业局副局长涂传建、县林业局局长胡盛林、黄马乡乡长黄晓瓶和黄马乡党委委员、副乡长、国营南昌县白虎岭林场场长刘小如等陪同。国营南昌县白虎岭林场危旧房改造工程当时已拆除全部危旧房,改造审批工程基本完成,国家住建部巡视员陈近对现场危旧房改造工程进展表示满意,并要求南昌县严把工程建设质量和进度,确保国营南昌县白虎岭林场危旧房改造工程圆满完成。

表 54　**2011 年南昌县林业局领导班子成员名单**

姓名	性别	出生年月	籍贯	职务
胡盛林	男	1964. 1	南昌	局长
何新发	男	1957. 3	南昌	局党组书记
王树卫	男	1969. 12	南昌	局党组成员、副局长
范升纪	男	1963. 8	南昌	局党组成员、副局长
熊　进	男	1964. 8	南昌	局党组成员、主任科员
刘　林	男	1974. 6	南昌	局党组成员、总工程师
许小根	男	1966. 8	临川	局党组成员、县森林公安局局长
姜学斌	男	1984. 3	南昌	局党组成员、维稳信息员
徐崇春	男	1975. 2	南昌	局党组成员、办公室主任

（主笔：徐崇春　审稿：胡盛林）

农业投资

【概况】　南昌县现代农业投资发展有限公司成立于 2008 年 10 月，是由南昌县政府批准设立的具有独立法人资格的国有独资企业，注册资金为 1 亿元，公司实行董事会制，除管理层外，工作人员全部实行聘请制，是全国范围内最早成立的国有农业投资公司之一，与县城投公司、小蓝投资公司并称助推县域经济发展“三驾马车”之一。

【农村土地整理项目】　该项目以保护和合理利用农用地、促进节约集约用地为根本出发点，着力于增加有效耕地面积、提高耕地质量、保障粮食安全、改善农村基本生产生活条件，结合城乡风貌改造，统筹规划，整体推进“田、水、路、林、村”土地整治重大工程，促进新农村建设和城乡统筹发展。作为 2010 ~ 2012 年 3 个年度的南昌县农村土地整理项目业主，公司按照县委、县政府要求，从水利局、国土局、林业局等部门抽调精干力量组成项目部负责具体实施，整个项目预计 2013 年全面竣工，项目资金来源于中央财政及地方配套，其中中央 50%，省级和县级配套 50%。一是 2010 年农村土地整理项目，实施面积约 8. 3 万亩，总投资 1. 56 亿元。共分 6 个子项目，19 个施工标段，主要分布在蒋巷、幽兰、塔城、三江、市五星垦殖场、市将军洲良种场，通过整理工程，可增加耕地面积 3040 亩。2012 年 4 月，全县共完成总投资 90% 工程量。二是 2011 年农村土地整理项目，实施面积为 6173. 3 公顷，投资 1. 71 亿元。共分 14 个子项目，26 个施工标段，主要分布在广福、幽兰、武阳、向塘、南新、市五星垦殖场，通过整理工程，可增加耕地 158. 1 公顷。2012 年 4 月，2011 年土地整理项目完成 65% 工程量。三是 2012 年农村土地整理项目，项目区划分和实施面积正在做前期踏勘和设计工作中。

为强力推进 2010 ~ 2012 年 3 个年度的农村土地整治工作。公司制定了四项工作要求：一是督促各两级项目部做好施工环境和土地权属调整等工作，对工作不到位的乡镇进行全县通报。二是做好已施工单项工程质量和资料检查工作，对质量和资料不完善的施工单位和监理单位下发整改通知。三是做好项目设计变更材料核实和上报工作，准备所有资料整理与存档，做到随时准备迎接省市检查。四是要求农村土地整理项目施工单位和监理单位在必须如期进场并开始施工，对项目所在乡镇的施工环境和土地权属调整工作进行调度，做到工程顺利实施。

【南昌县白虎岭林场危旧房改造工程】　南昌县国有林场危旧房改造 2011 年度建设任务为新建住房 222 套，建筑面积约为 2 万平方米，投资计划 2371 万元，分两期建设，全部集中在白虎岭林场。公司作为业主主持全面项目建设工作，2012 年 4 月，该项目一期主体工程建设完成 60%，二期工程建设也如期开工。加快危旧房改造项目进度，公司派专人负责项目推进，组建项目部，做好工程相关的各项工作，积极与黄马乡政府和相关部门的对接工作，保证工程如期交付使用。

【收购新蓝天园林公司黄马苗木基地

工作】 根据2011年9月11日县长办公会精神,由县农投公司收购新蓝天园林公司在黄马乡的苗木基地及地面附着物等。为此,公司做了大量的工作,一是公司先期垫付了黄马乡徐家村村民2012年的租金50多万元,保证了当地社会稳定;二是多次参加协调会和收购谈判会,提出可行性建议;三是开展前期咨询工作,对苗木基地及地面附着物进行调查和单方面询价,掌握了谈判的主动;四是在县纪检、县林业局、黄马乡、杭州蓝天园林公司、评估公司等共同参与下,对黄马基地的苗木进行实地清点,完成整个评估与收购工作,并与2011年12月14日签订《苗圃管理移交协议》。

多方位经营苗木基地,打造公司实业平台。合理、低价成功收购苗木基地,以苗木基地为平台进行多种经营,一是依靠省蚕茶所凤凰沟景区,打造农村休闲旅游项目;二是利用苗木基地的苗木优势,积极参与全县新农村建设项目;三是依托苗木基地的地理优势,引进资本投资农家乐等项目。总之,积极寻求苗木基地后续发展合作伙伴,以苗木基地为跳板,精心打造公司实业项目,为公司做大做强提供强大的平台。

【反担保工作】 按照县政府提出股权质押反担保模式,为全县国家级农业龙头企业融资提供服务,努力发展壮大公司自身实力,积极谋求更好的融资方式,为南昌县农村事业贡献一份力量。2012年4月,为做好江西国旺公司贷款的担保工作,由南昌县国家级龙头企业江西国旺公司通过股权质押给县农投公司,县农投公司为江西国旺公司贷款提供反担保。公司累计为江西国旺公司提供反担保4000万元,有力地解决了国旺公司贷款难的问题。

表55 **2011年南昌县现代农业投资发展有限公司领导班子成员**

序号	姓名	性别	职务	任职时间
1	王树卫	男	董事长兼总经理	2008年10月

(主笔:彭维国 审核:王树卫)

交 通 运 输

综 述

2011年，南昌县交通部门紧紧围绕全县经济社会发展的总体部署和要求，统筹谋划交通发展、管理、服务和稳定，切实解决交通易达性、畅通性和民生性问题，较好完成了2011年各项工作任务。

行业管理与服务

【概况】 2011年，南昌县交通运输局在交通行业管理上，坚持依法行政，严格监管，促进了全县道路、水路运输市场持续健康有序发展。

公路管养力度进一步加大。完成2010年度市级农村公路大中修工程项目申报工作，争取到市级资金181万元和县财政资金336万元；坚持农村公路桥梁安全巡查制度化，对发现的安全隐患督促有关乡镇养路队及时进行整改，确保公路安全畅通。

运政管理功能进一步强化。积极参与"五车"整治活动，依法查处非法营运"五车"584辆；开展昌南客运站周边环境整治等专项行动，共纠正车辆违章82起，其中行政处罚59起；加强对11家二类维修企业、29家三类维修企业和77家货运企业、8家货运信息部质量信誉考核，对不按规定进行车辆检测和维护作业的单位（车主）进行教育，有效地规范了货运、维修市场经营秩序。

水运管理效果进一步提升。2011年，南昌县交通运输局与市港航处、地方海事部门开展联合执法专项整治，查处违规船舶180艘，责令17艘"三无"船舶退出水运市场；大力宣传水运安全知识，通过报刊、政务网站、信息专栏、散发宣传单等方式对安全活动进行广泛宣传，共散发安全宣传传单1000余份，查处并纠正港口作业安全生产隐患20起，下发整改通知书12份，责令停业4家；大力开展整治非法滩涂造船活动，深入各乡镇进行巡回督查，针对冈上镇、蒋巷镇、向塘镇存在的非法造船点（场）进行打击，责令拆除非法所造船舶，有效遏制非法滩涂造船现象在南昌县境内扩大蔓延；帮助和指导有关乡镇纠正违章渡运行为，共纠正违章渡运行为11起，下发违章通知书11份，实现安全零事故。

党风廉政综合保障能力明显加强。2011年，一是进一步完善党风廉政建设机制。建立主要领导亲自抓，分管领导具体抓，部门领导协助抓的工作机制，对责任制的内容进行细化和量化，加大反腐倡廉宣传教育力度，结合创先争优和发展提升年活动，立足改进作风、提升效能，深入开展"重服务、促发展、呈亮点、争先进"等主题教育活动。二是强化党的基层组织建设。贯彻"坚持标准、保证质量、改善结构、慎重发展"方针，认真做好党员发展工作，将3名入党积极分子列入发展对象，7名预备转为中共正式党员，按期完成党费收缴任务；深入开展纪念建党90周年系列活动，组织党员干部接受红色传统教育，走访慰问老党员和生活困难党员19名，发放慰问金3800余元。对4个先进基层党组织、17名优秀共产党员和15名优秀党务工作者给予了表彰。三是开展廉政风险防范管理工作。针对管人、管钱、管物和执法权、裁量权等权力相对集中的重点岗位开展廉政风险防范管理，把廉政风险查到点，惩防体系建到岗，牢牢控制并及时化解，逐步建立起完善的岗位廉政风险防范管理长效机制。

交通机制体制改革步伐明显加快。2011年，一是协助推进部门机构改革。及时调整局内设机构及其职能，公示局机关内设机构及部门岗位职责，明确局属事业单位工作职能，并完成了挂牌工作。二是依法治交进程深入推进。配合县专治办开展项目基本情况、前期申报审批情况、招投标情况、建设实施情况、资金管理使用情况、建设管理情况、竣工验收情况专项检查，制定完善《一般农村公路建设工程内部工作流程》、《农村公路危桥改造工程审批内部工作流程》、《关于加强工程建设管理的若干规定》的管理制度。三是企业管理进一步深化。局属国有企业改革顺利推进，将一运公司和停车场进行了改制。引进、扶持一批运输企业，2011年，创税2.3亿元，较上年增长303%，创造就业岗位3万个。

干部职工形象素质明显提升。2011年，一是注重行业形象管理。在抓好行业管理工作的基础上，加大工作力度，治理公路"三乱"。进一步规范交通执法行为，做到早安排，早部署、早落实，基本上杜绝了公路"三乱"。积极参与"行风热线"等活动，完善公务用车管理办法，对全局一般公务用车和执法执勤公务用车配备使用情况进行调查摸底并做好专项治理工作。二是注重人员素质提升。积极参加省市部门组织的路政、运政、港政执法知识培训班，参训人员100余人次；加快人才引进步伐，聘请交通工程建设与管理专业人才3名;开展形式多样的学习活动,进一步激发了员工学习业务的热情。三是注重强化目标考核。改革目标管理考核制度,由一年一次考核,变为一年多次考核,并实行局机关与企事业单位互评,增强了考核的实效性。

【大力开展全省"夺杯争先"活动】 2011年,为全面加强和规范全省道路运输管理工作,完善行业文明建设工作长效管理机制,提升行业管理服务水平,着力打造"依法治运、高效便民"的行业新形象,省公路运输管理局在全省道路运输系统开展"夺杯争先"活动。南昌县公路运输管理所积极备战,开展了大量扎实细致的工作,成立活动领导机构和具体办事机构,明确分工、落实责任,上下一心,步调一致,并抽调精干人员整理齐全、清晰的基础资料并制作成册,切实把该项工作抓紧抓好抓出成效。在初选中成绩优异,参选的"公交管理优胜杯"及"站场管理优胜杯"项目双双入围。省公路运输管理局最终授予南昌县公路运输管理所全省"公交管理优胜杯"。

【积极响应"春雷"行动】 2011年底,随着春运的渐进,南昌各大客运站场附近的黑车又开始出现抬头现象。为此,南昌市公路运输管理处联合南昌长运等部门开展打击跨地市黑车"春雷"专项行动。南昌县公路运输管理所积级响应,为保障春运旅客安全,维护道路运输市场秩序,成立专项行动小组,以昌南客运站为中心,向周边地区延升,开展打击"黑车"专项行动。此次专项活动将严厉打击黑车私运、非法营运、坚决取缔道路客运非法经营活动,规范道路运输市场秩序。行动组依据有关道路运输法律法规加大车站周边、城区重点地带、城乡结合部和重点路段的监管力度,严厉查处"黑车"等非法营运行为,确保全县道路客运市场秩序基本好转和春运期间道路行车安全,从而促进道路客运市场和谐、稳定、健康、有序发展。

【开展志愿服务】 为进一步提升城市文明水平,构建畅通文明的交通环境,营造举办"七城会"的良好氛围,倡导广大市民文明出行,9月12日上午,共青团南昌县委、县交通运输局开展文明交通志愿者服务活动。南昌县交通运输局派出15名公交站台秩序维护员,带领32名文明交通志愿者前往县内20个主要站台进行为期一周的秩序维护工作。通过一周的秩序维护,站台上下客秩序井然,乘客的交通安全意识明显提升,市民乘车环境明显改善,城市形象明显提升。

【扎实做好2011年度行政执法评议考核工作】 2011年,为进一步规范行政执法行为,提高执法效能,推动依法行政进程,加快法治运政、和谐运政建设,南昌县公路运输管理所在开展交通运输行政执法评议考核工作中,结合工作实际,采取四项措施,认真做好行政评议考核工作:一是夯实执法基础,健全执法行为规则,理清执法依据,规范执法主体,界定执法职权、落实执法责任,完善评议考核制度;二是加大执法作风整顿力度,彻底整改执法中存在的"冷、横、硬"的工作态度,切实解决行政执法不公正、不文明、不规范、不作为及乱作为的问题;三是强化执法监督,大力推进交通执法公示制度,完善公示内容,主动接受社会监督;四是进一步构建运政行政执法监督网络,采取邀请行风监督员、公布举报投诉电话等形式,加强行风建设监管,促进行风建设工作全面提升。

【积极开展昌南客运站周边环境整治等专项行动】 根据南昌市委办公厅、市政府办公厅《决战100天,喜迎"七城会"交通环境综合整治工作实施意见》和南昌市公路运输管理处《集中开展道路客运市场秩序整治专项行动工作方案》等文件精神,从2011年8月1日至10月31日,南昌县公路运输管理所利用3个月的时间集中整治区域道路客运市场秩序,最大限度地消除昌南客运站周边有碍客运市场秩序的各种不利因素,净化市场环境,维护市场秩序,确保昌南客运站的平稳过渡并迅速步入正轨。

【大力推进信息化建设】 2011年,南昌县公路运输管理所针对新时期运管工作的特点和发展趋势,积极探索工作发展新模式,从大处着眼,从细微处入手,大力推进信息化工程建设。开通短信群发平台,将运管信息、通知、工作事务等实时传达给辖区道路运输企业及广大车主、业户与内部相关工作人员。为了确保短信平台顺利建立、有序运行,县公路运输管理所研究制定了短信平台管理办法,指定专人负责短信互动平台的数据录入、信息发布和日常维护。有效的将信息传达给相关人员,提高了工作效率,加强了规范和管理,2011年,短信群发平台已发送短信4000余条。

【开展"千名干部下基层 走访慰问送温暖"活动】 元月14日,副县长赵泽华率县交通运输局有关领导对三江

镇困难户进行走访慰问，并对源溪村通村公路及蔬菜基地建设情况进行调研，同时视察了秀挹大桥建设情况，乡镇主要领导陪同。

赵泽华到三江镇汗塘村万应水和余福如家中亲切慰问，详细了解他们的实际困难。万应水身患残疾，右手断指3根，早年丧妻，至今未再婚，没有工作收入，有一个上小学的儿子需要抚养，生活十分困难。余福如是一名弱势老人，上年房屋失火，财产损失巨大，乡镇府补偿了1万元给予其建房，但是由于家庭拮据，房子建了一小半就只能停工。全家在一处破旧老房居住，有2个儿子，一子患有先天性精神障碍，一子尚无劳动能力。赵泽华与他们亲切交谈，并送上慰问金。

在结束走访慰问之后，赵泽华到源溪村进行调研，考查当地的通村公路建设和蔬菜基地建设情况，随后考察了当地改渡建桥工程——秀挹大桥进展情况。详细了解秀挹大桥工程建设进展及施工过程中遇到的困难，对秀挹大桥工程进展表示满意，并期望当地政府、有关部门、相关单位能够振奋精神，再接再厉，为县域交通运输事业发展作出更大贡献。

【开展“献礼建党90周年，我为党旗添光彩”活动】 2011年，为了热烈庆祝中国共产党成立90周年，对全体党员进行爱党、爱国、爱社会主义教育，南昌县港航管理所党支部开展“献礼建党90周年，我为党旗添光彩”活动。

港航所党支部针对这次活动制定活动方案，明确活动的内容与要求，一是加强学习，锤炼党性；二是积极参加活动，发挥党员模范带头作用，如：为搞好纪念建党90周年活动，全体党员积极参宣传教育、知识竞赛等活动；三是立足本质岗位，深入创先争优，不断细化党员创先争优承诺内容。通过加强岗位管理、细化岗位职责，来提高承诺的实效性、针对性和操作性；四是围绕“七一”，开展系列活动，并结合港航工作实际，着重开展以“党员重温一次入党誓言、召开一次专题组织生活会、举办一场党史知识竞赛、写一篇纪念建党90周年文章、走访慰问一批老党员老干部、学唱一批革命红歌”为内容的党性提升系列活动，加强党员理想信念教育，提升党员党性修养。

公路建设

【概况】 2011年，南昌县交通运输局紧紧围绕全年工作目标，坚持建管养并重的原则，真抓实干，开拓创新，促进了农村公路持续健康发展，全县交通事业有新的进展。

公路建设加速推进。完成2009年度国改工程268.4公里、2010年度国改工程22.4公里；配合上级部门完成2010年度国改工程14.2公里的验收检测工作；完成未实施的2009年新增通乡公路建设计划的调整工作，并

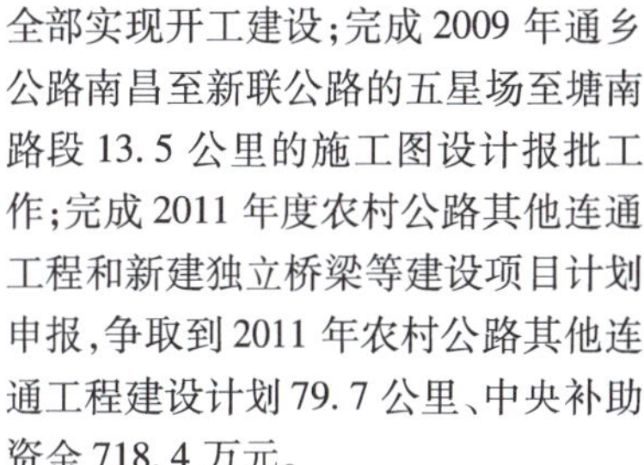

全部实现开工建设；完成2009年通乡公路南昌至新联公路的五星场至塘南路段13.5公里的施工图设计报批工作；完成2011年度农村公路其他连通工程和新建独立桥梁等建设项目计划申报，争取到2011年农村公路其他连通工程建设计划79.7公里、中央补助资金718.4万元。

危桥改造有序开展。全力推进24座市级重点危桥改造工作，完成富山桥、二干桥、龙头山桥改造，兴农桥、春溪桥、浒南桥、蛟溪桥正在推进之中；组织完成15座乡镇委托打捆设计桥梁的报审工作；全面启动71座县级改造危桥工作，开展对新武大桥以及通乡公路沿线的姚湾桥、荣坊桥、新坊一小桥、新坊二小桥和新坊跨线桥等县道桥梁的改造工作的同时，启动8座县级县道桥梁改造工作，并正在进行施工图设计。督促、配合有关乡镇积极开展52座乡村公路桥梁实施。

【召开全县2011年交通基础设施建设工作会】 9月23日下午，南昌县2011年交通基础设施建设工作会在县政府综合楼第三会议室召开，会议安排部署2011年通乡公路、危桥改造和候车亭等交通基础设施建设工作。县委副书记、县长陈匡辉，县委常委、副县长钱洁，县人大常委会副主任陈秀梅、胡金华，副县长刘光荣、县政协副主席熊明泉、向塘开发区管委会主任黄志清等出席会议。

陈匡辉在讲话中指出，交通基础设施建设是社会经济发展的客观需要，是统筹城乡发展的必备要求，是改善民生、方便百姓的内在需求。各级党委、政府要高度重视，充分认识交通基础设施建设的重要性，对确定的目标，乡镇长要亲自指挥，亲自抓项目落实，确保项目按照进度要求全面推进。

陈匡辉要求，全县各级党委政府要进一步强化责任，做到项目推进到位；要紧盯任务，做到落实到位；要保障质量，做到程序到位。各乡镇对工作任务，要逐项研究好、落实好。相关部门要加强对工程质量的监督和管理，确保工程质量，把这项惠及百姓的民生工程办好、办实，让党委政府放心，让百姓满意。

陈匡辉强调，各级党委、政府和有关部门要加强协调，及时解决好项目

在施工中遇到的困难和问题,确保项目建设顺利推进,为加快交通基础设施建设作出新的更大贡献。

会上,陈匡辉向各乡镇下达危桥改造责任状,广福、南新两乡镇主要负责人就危桥改造工作做表态发言,蒋巷镇主要负责人就做好改渡建桥工作做表态发言,钱洁就高效推进交通基础设施建设工作进行动员和部署。

【副市长刘家富到县调研】 3月18日下午,副市长刘家富就农村公路危桥改造及大中修项目到县调研,市交通运输局陈国凤、张伟,县领导杨保根、赵泽华,县交通运输局朱新民陪同。

刘家富一行实地考察了冈上镇兴农桥重建工程和万冈公路大中修改造项目,现场听取工程项目推进情况汇报后,对南昌县农村公路危桥和大中修改造工作给予充分肯定,认为方法得当、资金保障到位,处在全市前列。

刘家富指出,农村公路危桥改造和大中修项目是直接关系到群众切身利益的民生工程,各有关部门要高度重视,把工作做好、做实、做到位。各级政府要在市政府出台的农村公路扶持政策基础上,加大资金配套力度,确保工程项目有序推进,为加快经济社会发展,促进社会主义新农村的建设作出积极贡献。

为保障市级重点危桥和大中修改造项目工作的顺利推进,县领导多次召开调度会,县交通运输局采取有力措施,强力推进。2011年,南昌县已完成3座桥梁,计56.08延米的改造任务,在建桥梁1座为兴农桥,正在组织施工图设计的有5座,另外15座正在通过招投标方式确定设计单位,预计设计工作在5月中旬全面结束,6月底全面开工,年底建成。

【交通运输发展规划编制工作进展顺利】 2010年4月,南昌县启动交通运输体系发展规划编制工作,内容包括《南昌县综合交通运输体系发展规划(2010~2020)》、《南昌县道路旅客运输规划(2010~2020)》、《南昌县道路货物运输规划(2010~2020)》3个规划。为使规划更科学性,更加符合南昌县经济社会发展,高标准、高质量完成规划编制工作,聘请省交通厅规划办专家组成的专家咨询组,比选确定华东交通大学交通运输与经济研究所、江西省城乡规划设计研究院为编制单位。规划编制工作开展以来,先后完成规划大纲编制与评审、基础资料调查、规划文本的编制与评审等工作。于2011年12月4日,县政府组织省内资深专家和省市县相关单位对规划文本进行了评审。

【全力推进农村公路危桥改造】 2011年,南昌县在桥梁安全管理工作中,始终坚持以人为本,常怀"群众生命财产安全高于一切"理念,在全县24座市级2010年度重点危桥安全隐患大,设计、施工、资金筹措难度大的情况下,精心部署,强力推动农村公路危桥改造工作。全面"体检"。从2009年3月起,南昌县交通运输局在全县范围内开展农村公路桥梁全面普查工作,运用卫星定位技术,掌握了农村公路桥梁翔实的数据,为桥梁安全管理工作的全面开展奠定了坚实基础。2011年,该县共有农村公路桥梁312座5306.8延米。对症下药。南昌县采取积极有效措施,强力消除桥梁安全隐患。一是跟踪整改。下发整改通知书,并跟踪督促整改到位。二是安全警示。斥资4万余元完善、更新全县县、乡公路桥梁安全警示标志。三是争取扶持。已争取到市级2010年度重点危桥改造项目计划24座,占全市的60%,争取市级扶持资金755万元。四是维修改造。认真做好24座市级重点改造桥梁实施工作。同时启动新联大桥、新武大桥的维修加固工作,组织筹备好其他危桥改造项目的前期工作。截至2011年4月8日,已经完成3座计56.08延米市级2010年重点改造危桥工作,5座施工图纸完成设计,1座正在修建当中;另有15座危桥正在进入统一组织设计招投标阶段。预计设计工作在7月中旬全面结束,8月中旬全面开工,年底全部建成。长效保养。南昌县还建立了桥梁安全管理分级负责制度。按照县道桥梁县管、乡村道桥梁乡(镇)管的原则,明确各级桥梁责任主体,分清责任,明确任务。加强桥梁安全巡查,不定期组织有关工程技术人员对桥梁安全状况进行排查(尤其是节假日、汛期期间),对存在安全隐患管理不到位的桥梁下发了整改通知书,并进行全县通报,对于存在的问题加强督查,落实到位。

【扎实开展公路管养】 2011年,开展2011年度市级农村公路大中修工程项目计划申报。经市交通运输局核查的有蒋巷镇三洞—五丰公路7.084公里、八一乡东龚路板联段1.1公里、三江镇三江—源溪公路1.131公里。完成2010年度市级农村公路大中修工程项目申报工作。将县道五星至沙潭公路向塘段9.036公里、罗舍—泗洪公路泗洪至芳湖桥路段3.333公里、莲塘—姚湾公路雄溪桥东挡土墙310米、冈上镇乡道万舍—冈上公路友谊渠桥至合山路段7.3公里及东新乡村道赣东堤—陶家公路等大中修工程纳入2010年市级农村公路养护工程大中修工程计划,争取到市级资金181万元和县财政资金336万元。2011年,赣东堤至陶家公路已完工,乡道公路万舍－冈上公路友谊渠桥至合山路段大中修项目施工图设计已完成,并报市交通运输局审批,同时冈上镇也在进行相关招投标准备工作。其他3个项目施工图设计工作正在由县路桥工程项目部组织。

【省、市、县领导出席昌南大道东延工程开工仪式】 12月1日上午9时,昌南大道东延工程开工仪式在青山湖昌南大道与昌东大道交汇处举行,省市领导王文涛、陈俊卿、蔡社保、卢晓健、张鸿星、刘建洋等出席主会场的开工仪式,南昌县委书记郭毅参加了主会场的开工仪式;主会场活动结束后,省市领导到东延工程南昌县段分会场,看望当地干部群众、被拆迁农户和施工人员,并听取南昌县人民政府县长陈匡辉、市城投公司副总经理万光逵等人的情况介绍,整个活动隆重热烈而简朴。

【召开交通运输规划专家评审会】 12月4日,南昌县在桂花村大酒店召开交通运输规划专家评审会议,就《南昌县综合交通运输体系发展规划》、《南昌县旅客运输规划》和《南昌县道路货物运输规划》认真听取专家评审。出席评审会的专家有中国瑞林工程技术有限公司副总工程师、城市规划所所长、教授级高工赵送机，江西省社会科学研究院经济所所长、研究员麻智辉，江西省交通运输厅规划办公室主任、高级工程师刘维文，南昌市城市规划设计研究总院院长、教授级高工陈明远，南昌市交通运输局总工张伟。

江西省交通运输厅、江西省公路运输管理局、江西省公路管理局、江西省港航管理局、南昌市交通运输局、南昌市发改委、南昌市城乡规划局、南昌市公交总公司、南昌公路分局的领导。

县委常委、副县长钱洁、县人大常委会副主任陈秀梅、县政协副主席李成星、县发改委、县城乡规划建设局、县国土局、县财政局、县统计局、县环保局、县水务局、县商务局、县城管局、县文广局、县公安局交通管理大队、县交通运输局等单位的领导和专家。

华东交通大学交通运输与经济研究所所长、教授查伟雄，江西省城乡规划设计研究院四所所长邹成伟等规划编撰单位成员出席评审会。

钱洁代表县委、县政府对专家评审组的专家表示欢迎和感谢。她说，交通是国家经济基础性、先导性产业，事关经济社会发展和人民群众生活的大事。多年来，县委、县政府高度重视交通运输建设，“十一五”期间全县改造农村公路1024公里，公路里程达3360公里，公路密度达每平方公里2万公里，进入全国先进行列；改造桥梁96座；改渡建桥9座，；完成交通基础设施建设总投资20亿元，基本形成比较完善的交通设施网络，有效地优化了交通发展环境。同时，十分重视交通规划编制工作，成立规划领导小组。钱洁希望各位专家多提宝贵意见，帮助南昌县科学、合理规划好综合交通运输体系。要求县有关部门和单位要以这次评审会为契机，坚持以科学发展观为指导，做到高起点规划、高标准设计。切实把南昌县道路交通规划编制工作办好、办实。

《南昌县综合交通运输体系发展规划》、《南昌县旅客运输规划》和《南昌县道路货物运输规划》是由华东交通大学运输与经济研究所、江西省城市规划研究的专家用了一年半的时间调查研究和规划编制而成。“规划”以大量的调查数据为依据，结合省、市、县的相关规划，通过对南昌县2015年和2020年社会、经济发展所带来的旅客运输和货物运输需求的预测，研究和分析全县县域范围内的旅客运输和货物运输的发展趋势。

会上听取了编制单位负责干部的情况介绍，省、市、县各部门专家分别提出了意见。

会上，专家评审组专家进行认真评审，一致认为：三个“规划”编制的基础数据比较翔实，研究的背景和南昌县目前的发展实际相符，提出的建设目标、规模和项目建设序列基本合理，原则同意通过专家评审。

公路运输

【概况】 2011年是交通实行新的体制之后的重要之年。南昌县交通运输部门切实解决交通易达性、畅通性和民生性问题，精心安排部署工作任务，动员全所干部职工坚定信心，振奋精神，开拓进取，攻坚克难，紧紧围绕市处、县局2011年道路运输管理目标责任与2011年交通运输工作要点抓重点、克难点、呈亮点。加快推进全县交通运输事业超常规跨越发展，努力开创交通运输科学发展新局面。

运输保障全面提升：2011年，完成全社会公路客运量9659万人次，较上年同比增长13.38%；完成客运周转量237932万人公里，同比增长13.99%；完成全社会公路货运量1565万吨，同比增长15.94%；完成货运周转量336435万吨公里，同比增长19.92%；全县拥有道路经营业户1855家，客、货运车辆9532辆，其中客运车辆597辆、货运车辆8935辆，新增货运企业29家，新增货运车辆682辆，新增吨位3433.423吨。维修企业:43家(二类12家、三类31家)，其中新增二类:4家，三类9家，有效地服务了地方经济发展，运输服务保障能力全面提升。

重点建设保质保量：为贯彻落实县第十二次党代会和县十五届人代会精神，县交通运输部门加快推进交通民生工程，完善交通基础设施。一是按时完成昌南客运站出租汽车管理站建设任务。此项建设是又一民生工程，建设时间紧迫，为确保项目落实到位，县交通运输部门进一步加强组织领导，明晰责任人员，细化推进节点，实行定时间、定责任、定目标、定奖惩，保证项目质效，保证推进速度，加快昌南客运站出租汽车管理站建设的实施与推进工作。二是加大客运站、候车亭建设力度。积极参与客运站候车亭建设项目的推进工作，完成项目选址、报建、工程设计，进入投招标阶段。三是加快推进枢纽新站建设。协助市公交公司对“小蓝经开区公交枢纽站”的建设工作，做好项目用地报批、立项等前期工作，争取早日投入使用。

场站建设稳步实施。富山、南新、渡头客运站已经完工，新联、泾口、塔城客货运站正在筹备阶段，260个农村客运候车亭项目已开标，下一步将进行实施。

统筹推进公交发展。2011年，充分发挥昌南客运站综合功能，协助完成《昌南客运站长运、公交、出租车交通组织规划》；投入500万元对冈上镇农村客运线路进行改造；改造公交线路1条(203)、优化调整公交线路8条(203、25、525、526、527、513、519、212)、新增公交线路7条(807、808、809、218A、218B、201、536)，有效解决了沿线群众乘车难的问题。

【县城第二批社区巴士807、808、809线路开通】 元月30日上午，县城第二批“社区巴士”开通仪式在县文化会展中心隆重举行。县委书记肖玉文出席并宣布县城第二批“社区巴士”开通。

市政公用集团董事长熊一江、市公交总公司总经理郑克一等出席并为仪式剪彩。县人大常委会主任胡小明，县领导涂仕华、杨保根、熊运浪、胡炜、王小文、魏根金、汪火明、姜清波等出席。

杨保根在开通仪式上作了讲话，他说，县城第二批“社区巴士”807、808、809线路的顺利开通是南昌县实施的又一重大民生工程，更是几十万莲塘人民期盼已久的又一喜事、幸事。希望各有关部门、有关乡镇、开发区要认真贯彻落实畅通工程的各项政策措施，对畅通工程给予各个方面的大力支持和配合。县城居民要积极参与县城道路畅通工程，维护公共交通秩序。同时，也真诚希望市公交总公司一如既往，以科学规范的管理，优质文明的服务为南昌县群众提供更加便利、优质、安全的服务，共同把南昌县的交通和客运发展事业推向新的辉煌。

开通仪式上，市公交总公司副总经理吴有根作了讲话。

为实施南昌县城区畅通工程，改善群众出行条件，构建和谐满意交通环境，南昌县继2010年开通县城第一批“社区巴士”805、806线路的基础上，2011年又开通县城第二批“社区巴士”807、808、809三条线路，807、808为内外环行，809路为双向往返运行，这五条线路的“社区巴士”将以澄碧湖公园和大型购物商场为中心，运行于县城中心地带。

【推进城乡公交一体化】 为适应城市化发展的要求，加强城乡客运市场管理，满足社会发展和人民群众的出行需要，南昌县自2004年12月以来着力加快推进城乡公交一体化进程。按照“路通公交通”的工作思路，南昌县交通运输部门把城乡公交化一体作为运政工作中的重中之重来抓，以公交化改造为突破口，实现全县公交全覆盖。通过几年的不懈努力，在县委、县政府“公交优先”战略的大背景下，在省、市运管部门的指导下，城乡公交一体化工作取得了显著成效，得到了全县社会各界和广大城乡居民的认可和称赞。目前，公交运营线路56条(直达快线4条)，日运行车辆575辆，日发班次3313班，日均运送旅客29.26万人；截至2011年年底，全县16个乡镇已通公交的有15个，占全县乡镇数的93.8%，在全省率先实现全域公交化和城乡客运基本公共服务均等化，让全县81万农民兄弟享受到与城里人同样的出行方式。

【协助完成《昌南客运站长运、公交、出租车交通组织规划》编制】 2011年，在南昌县委、县政府的指导下，南昌县公路运输管理所在规定时间节点内协助编撰并全力推进《昌南客运站长运、公交、出租车交通组织规划》的实施，进一步做好协调工作。通过向县、市政府专题汇报，取得支持。保证昌南客运站周边的道路交通顺畅和实现长途客运与公交、出租车的无缝接驳，充分发挥昌南客运站整体效果，为百姓出行提供更好的服务。

【优化公交线路】 南昌县公路运输管理所为满足昌南新城群众出行需求和昌南新城宜居城市功能定位，切实解决昌南新城群众乘车难、出行难问题。按照县政府主要领导意见，与昌南新城管委会于2011年上半年组织召开业主座谈会，倾听业主对昌南新城交通出行方面的要求。会后，及时与市公交公司协商，提出调整25路、526路，增加536路和218专线规划方案，并于9月1日全面开通。调整后25路始发站由昌南客运站改至昌南新城(象湖)公交总站。线路走向基本覆盖昌南新城居民密集区域，缓解昌南新城公交线路少，乘客候车时间长，施饶路无公交车等问题。同时收班时间改为20:00，比212路末班时间延长1小时20分，更加方便了群众夜间出行。昌南新城调整后的公交线路将由原有的2条增加到4条，车辆数量由24台增加到70台(25路延伸至象湖新城，新增车辆29台，526路加密班次，新增车辆6台，共增加车辆36台)，日发放班次由140班增加到400多班，班次时间间隔平均缩短了50%以上。

为切实解决小蓝经开区群众乘车难、出行难问题，南昌县公路运输管理所于6月20日主动与小蓝经开区对接，听取了管委会一班人就小蓝经开区公交线路优化调整意见，尔后与公交公司一道对园区道路、企业布局概况重新进行梳理，提出园区公交线路优化调整方案，调整公交线路2条，解决了金沙三路、金沙四路、富山三路、鑫维路、莲三中、泰豪动漫、建筑学院等无公交线路的问题，同时增加公交班次，解决乘客等车时间长、乘车拥挤的问题，并通过526路公交线路将小蓝经开区、昌南新城、莲塘县城三大板块全面连接。与此同时，该所又与市公交公司协调于9月1日新增218小商品市场和小蓝经开区公交专线二条。专线的开通缓解了昌南新城公交线路少，乘客候车时间长的问题，满足了东新乡、八月湖东路和昌南新城群众到三大市场购物，以及到洪城客运站转乘长途汽车的需求。并将小商品市场、市建材大市场和洪城大市场连接在一起，对小商品市场的长远发展起到积极的推进作用。并将市区、昌南新城、小蓝经开区、莲塘、银三角全部链接，为南昌县昌南板块的发展起到了积极的推进作用。

【隆重举行全市首条近郊新能源空调车开通仪式】 7月18日上午，全市首条近郊新能源空调车线路开通仪式在县文化会展中心隆重举行。

市政府副市长刘家富、副秘书长曹吉清，市交通运输局局长陈国凤、副局长吴久铭和市公交公司有关领导参加仪式。县长陈匡辉主持仪式，县委书记郭毅出席并致辞，市县领导为线路开通剪彩。

近年来，县委、县政府高度重视和关注城市公交事业的发展，无论是县城社区巴士的开通，还是小蓝经开区、昌南新城公交班次的加密，以及千辆绿色环保自行车进昌南，都在不断推动全县公交事业走向一个又一个新台阶。全市首条近郊新能源空调车公交201、203线路的开通，标志着南昌县公交在建设文明城市、构建和谐社会、营造美丽家园方面又向前迈进了一大步。对改善广大群众出行条件、提升城市形象、加快城市发展起到积极的推动作用。

新能源空调车更新后，为了便于识别，将原203路外线更名为201路，原203内线不变。201/203路全程32公里，运行时间80~100分钟。新车运行平稳，乘坐舒适，污染少、能耗低，车身由10.3米增加到11.3米，有效解决乘车拥挤问题。60台新能源空调车，日班次由370班增加到390班，高峰时段班次间隔缩短至3~4分钟，进一步提高了南昌县群众出行的质量。末班收班时间延长1小时，能更好满足县城群众夜间出行需求。

水路运输

【概况】 南昌县境内水运通航河道主要分为赣江干流，赣江主支、赣江中支以及内河的抚河故道和抚河新道，全长269.63千米。其中赣江干流从广福油榨背经万家洲、岗上市汊、富山滩上至东新新洲，全长42.5公里，市汊闸至生米大桥河道为2级航道，最大的通航能力为2000吨至3000吨级船舶，该航道属南昌7大港区之一的东新港区，可长年经湖口进长江而通江达海，赣江主支从南新孙家至南新芦洲头全长6.5公里，为2级航道，最大的通航能力为2000吨至3000吨级船舶，赣江中支从蒋巷曹村经河边、黄渡、楼前、联圩至蒋巷磨盘洲全长38.5公里，河道为4级航道，最大的通航能力为500吨级船舶。内河抚河故道从黄马白城经谢埠、罗舍、塘南至桃树夹，全长85公里，河道为4级航道，最大的通航能力为500吨级船舶，抚河新道从黄马白城经塔城、幽兰、南湖、马游至桃树夹，全长97.13公里，河道为5级航道，最大的通航能力为300吨级船舶，县境内2011年货物吞吐量700万吨，货运量286万吨，货物周转量205920万吨公里。水运运输企业拥有货运船舶2艘，2000吨位，货运量6万吨，货物周转量400万吨公里。2011年，南昌县境内有渡口16处，渡船17艘，涉及的乡镇7个，村委会16个，渡口性质均属半义渡。为彻底消除渡口安全隐患，经报省厅批准，南昌县共争取并开始实施的改渡建桥项目共9个，总长度3825米，总投资17059万元。其中：胡华大桥、雄田大桥、王家大桥、东文大桥、内湖大桥、滁北大桥6个项目已完工；岭西大桥、楼前大桥、北旺大桥3个项目已基本完工。完成投资额16200万元。

【积极开展水上运输安全整治活动】 2011年，为了维护水上运输健康发展，确保水上交通安全形势稳定，根据上级港航管理部门的统一部署，南昌县港航管理所积极配合地方海事部门开展水运市场专项整治5次，查处违规船舶180艘，责令17艘“三无”船舶退出水运市场，尤其严厉查处了无缴费凭证的砂石运输船舶，责令船舶停运、补缴偷、漏规费，严格要求不法船主在规定期限内到港航管理部门办理相关手续，依法取得经营资质，合法经营。通过对水运市场的监管，有效地维护了市场的经营秩序，在社会上赢得较高的评价。

【积极编制港口岸线的控制性详规】 随着南昌县沿江工业的快速发展，全县仅有的港口岸线属稀有资源，2011年，为科学地保护和利用开发仅有的岸线资源，更大限度地发挥岸线的作用，县港航管理所积极配合县委、县政府与省、市相关部门协调，对部分未列入《南昌港总体规划》的岸线争取列入规划范围，并报交通运输部审批。

【渡口安全督查】 2011年，为了进一步做好渡运安全督查的各项工作，南昌县交通运输部门坚持“安全第一、预防为主”的宗旨，依据《中华人民共和国内河交通安全管理条例》和《江西省渡口管理条例》制定切实有效的《渡口安全督查制度》，并严格按《渡口安全督查制度》的要求进行督查。一是每月定期组织相关人员协同市地方海事部门督查各乡镇渡口、渡船的渡运安全情况，对渡工和群众进行渡运安全的宣传和教育，帮助和指导有关乡镇纠正违章渡运行为。2011年，共纠正违章渡运行为11起，下发违章通知书11份，并督促当地乡镇限期整改到位。二是每逢重大节假日，按照县政府的要求，安排专人到渡口值班，并协同市海事处、县安监局和乡镇分管领导共同查处违章渡运和安全隐患，做到发现一起，查处一起，坚决消除存在的安全隐患。三是对于已经撤销的渡口，采取日常巡查和特定时间段重点排查的方法对两岸群众的人流量进行监控，严防出现非法渡运的现象。四是建立健全了各有关乡镇的渡口安全管理制度，县政府和有渡口的乡镇政府、村委会、渡工层层签定了安全责任状，将责任落实到了每一个人。进一步完善了渡口、渡船、渡工等项档案，做到一渡一档。

【改渡建桥首开先河】 2011年，全县改渡建桥9座计3825延米，总投资17059万元，涉及乡镇7个，惠及民众万。7个项目主体工程基本竣工，开年度桥梁建设县志历史之先河。得到省人大、省政府的高度评价，认为方法得当、措施得力、落实到位，切实做到了重民生、重长远、重质量。

一是力保进度不放松。按照省、市、县政府对项目建设的时间节点要求，结合南昌县实际，南昌县交通运输局提前调配施工人员、设备、材料、资金，抢抓工程进度；各施工单位主要技术人员常驻工地组织施工，以完善的组织架构，推进工程不放松。

二是项目监管不放松。聘请专门技术顾问对改渡建桥项目质量、安全、进度进行监管。每月对在建项目进行督查，及时指出工程施工中存在的问题，要求建设单位限期整改到位，做到督查有记录，整改有措施，落实有时限，确保工程质量。2010年共下发督查通知单77份，督查通报10份。建立健全《改渡建桥建设资金管理办法》，严格资金拨付程序，专项管理、专项核算、专项拨付。

三是安全管理不放松。首先做好施工安全工作。要求施工单位不能盲目赶进度，必须讲究科学，预防施工意外发生，确保安全，把安全放在重要位置上，在安全上做好投入工作。同时对于已完工的项目要尽快做好交竣工工作，及时投入运营，并落实好管养单位和责任，确保在建、已建桥梁安全。

【刘家富到县视察渡口管理工作】 4月9号上午，副市长刘家富到县察看“关爱生命、关注水上交通安全”主题教育宣传活动开展情况，市交通局局长陈国风，市安全生产监督管理局局长邓建新，副县长涂莉华、赵泽华等陪同。

在黄渡渡口码头，刘家富仔细察看了渡工的营运证、宣传标语、水上交通安全运输展板等，当了解到该渡口是为了方便两岸的村民过往，周边的部分村民还是免费过渡，渡口安全管理严密有序，救生衣、灭火器等安全设施完备，营运管理有序。刘家富表示满意，并叮嘱渡工要注意安全，及时检查和维修渡船，确保每一个过渡的群众安全。

察看中，刘家富要求全县各级党委、政府要高度重视水上交通安全，要加强管理，进一步提升水上安全监管的能力和水平。同时要加大安全宣传教育力度，在码头、航道等地悬挂永久性的横幅标语、设置警示牌等，营造水上交通安全的良好氛围。确保人民群众生命和财产安全。

据了解，黄渡渡口连接南新和蒋巷两个乡镇，解决了两岸8个行政村近两万人的过往。

【秀挹大桥竣工通车仪式隆重举行】 2011年11月11日上午，南昌县三江镇秀挹大桥竣工通车仪式隆重举行。原江西省委书记、中央统战部长万绍芬携空军济南军区原司令员郭玉祥中将等老领导、老同志出席了通车仪式,市交通运输局局长黄维象、南昌县县委书记郭毅等市县领导陪同参加。仪式上各级领导对三江镇秀挹大桥的建成通车给两岸百姓安全出行以及地方经济发展带来了极大的方便和机遇表示满意,对南昌县的改渡建桥工作给予充分肯定和高度评价,并对当地今后经济发展充满殷切希望。

表 56

南昌县历年公路运输量及机动车保有量汇总表

年份	客运量(万人)	货运量(万吨)	旅客周转量(万人公里)	货物周转量(万吨公里)	汽车保有量(辆)			拖拉机(辆)	货运量增长率	货运周转量增长率
					合计	客车	货车			
2001	1997	311. 04	49931	72783	291	1812	24			
2002	2296	333. 68	57421	78748	320	1884	24	1. 07	1. 08	1. 04
2003	2641	358. 59	66034	85703	353	1965	24	1. 07	1. 09	1. 04
2004	3037	399. 03	75939	96565	388	2065	24	1. 11	1. 13	1. 05
2005	3493	484. 35	87330	118666	427	2625	18	1. 21	1. 23	1. 27
2006	4191	639. 72	104797	159290	470	3595	18	1. 32	1. 34	1. 37
2007	5030	692. 1	1625756	174409	517	3815	18	1. 08	1. 09	1. 06
2008	5784	792. 79	144620	201369	569	4205	18	1. 15	1. 15	1. 1
2009	7231	1040. 99	180775	216596	626	5511	9	1. 31	1. 08	1. 31
2010	8519	1349. 8	208715	280531	639	8245	1. 29	1. 29	1. 47	
2011. 6	4485	809. 8	109734	168318	638	8628	0. 6	0. 6	1. 05	
2011	9659	1565	237932	336435	597	8935	1. 16	1. 2	1. 08	

表 57

2011 年南昌县交通运输局领导班子成员名单

姓名	性别	出生年月	籍贯	职务
罗木平	男	1966. 3	麻坵镇	局长、党委副书记
姜建国	男	1959. 12	泾口乡	党委书记
朱新民	男	1963. 1	幽兰镇	2011 年 10 月调出
樊方根	男	1956. 12	向塘镇	党委委员、副局长
胡凌根	男	1958. 8	南昌市	党委委员、副局长
杨木林	男	1968. 2	八一乡	党委委员、副局长
周凯平	男	1959. 1	丰城市	党委委员、副局长
雷国金	男	1969. 8	武阳镇	党委委员、副局长
涂柳军	男	1973. 12	塔城乡	党委委员、人武部长
傅根金	男	1963. 6	莲塘镇	党委委员
罗爱华	男	1970. 9	广福镇	党委委员、副科级维稳信息员
戴筱宁	女	1958. 1	幽兰镇	党委委员
朱国华	男	1963. 7	渡头乡	党委委员、规建科科长
戴火保	男	1969. 1	八一乡	党委委员、运管所支部书记
罗　援	男	1972. 1	小兰乡	党委委员、综合执法大队大队长

(主笔:章　纯　审稿:樊方根)

向塘机务段

【概况】 向塘机务段段机关位于南昌县向塘镇,地处京九、沪昆线交汇处,是一个以货运牵引为主,融机车检修为一体的综合型机务段。2011 年 11 月 27 日,南昌铁路局对机务系统布局进行优化调整,将向塘机务段拆分为向塘、鹰潭机务段。截至 2011 年 12 月底,该段主要生产设备有 422 台,设备固定资产 1.25 亿元,全段固定总资产 63.32 亿元,配属机车 325 台,其中电力机车 145 台(HXD1B 型机车 100 台、HXD1C 型机车 45 台),分客、货、调共 9 种机型。

向塘机务段下辖向塘运用一、向塘运用二、赣州运用、九江运用、整备、设备、救援、客运乘务共 8 个车间,其中救援车间下设向塘、赣州、九江 3 个救援车队,全段共计 105 个班组。

江西南昌铁路龙飞实业公司为向塘机务段集经企业,龙飞实业公司包括有:向塘毕升印刷厂、向塘铁路碳素制品厂、南昌铁路向塘机务段合成闸瓦厂、九江兴业铁路设备安装有限公司、南昌铁路向塘劳保用品厂、南昌向塘铁路招待所(含向塘机务段职工食堂)及赣州、九江网点。

向塘机务段设行政办公室、党群办公室、劳人、计财、运用、安全、技术、质检、职教、统计、材料、保卫、经营科共 13 个科室。其中质量检查科成立于 2011 年 5 月 8 日,主要负责机车检修、配件检修、整备过程的质量检查与控制,对检修、整备作业关键点的卡控,对检查过程中发现问题的跟踪、销号。

【组织建设及网点布局】 向塘机务段党委下设 9 个党总支,52 个党支部,工会下设 10 个车间工会,团委下设 3 个团总支和 12 个团支部。

2011 年年末在册职工共计 3531 人,其中干部 305 人(女干部 45 人),机车乘务员 1519 人;全段高级职称 6 人、中级职称 54 人;高级技师 7 人(其中首席技师 2 人),技师 135 人;在职党员 977 名,共青团员 299 名。该段段长甘雄华、党委书记冯小平,党委副书记、纪委书记熊文华(2011 年 11 月 30 日任命)、工会主席付柏向(2011 年 11 月 30 日任命)、副段长熊洪贵、副段长陈智伟(2011 年 11 月 30 日任命)、周建平(2011 年 11 月 30 日任命)、总工程师欧阳明海(2011 年 11 月 30 日任命)、总会计师江仁贵(2011 年 11 月 30 日任命)。向塘机务段运营区段涉及沪昆、京九、武九、赣龙、铜九等 5 条干线,以及向乐、丰洛、张建、张塘等 4 条支线,横跨赣、皖、粤、鄂等 4 省,运营总里程 2067.9 公里,承担着向西、九江等编组站以及赣州东、赣县、定南、瑞金、建山、张家山、樟树、丰城、上塘、梅林、吉安、抚州北、八景、丰城电厂、新昌电厂等沿线调(度)机、厂矿出租调机共有 40 台(点)的调车任务。机车运用调度指挥组织由段运用科负责,设有向塘、向塘西、赣州、九江 4 个运用车间派班室,吉安、瑞金 2 个折返点派班室。

【消除安全行车隐患】 2011 年,向塘机务段推行行车安全"六项指标"控制法,即将事苗、A 类违章、B 类违章、干线自停、常用制动、调机自停 6 项指标量化落实到车间。通过音视频、录音笔、LKJ 及 CCU 文件进行综合分析,将行车中的隐患问题按性质归类到"六项指标"中,全面准确掌握全段机车乘务员途中作业情况,及时发现和消除行车作业中的安全隐患。通过对行车安全重要信息的重点分析,梳理出安全风险源,并完善措施,落实整改,同时对车间实施预警帮教制度,大大提升对行车事故超前预防的效果,有效发挥科技保安全作用。同时,该段以"115"安全管理机制为主线,规范干部下现场要求,推行现场盯控常态化、关键点干部包保制度化、调机包保规范化,现场检查做到突出关键点、盯住关键人、实现全面均衡覆盖。对干部安全管理的落实情况进行不定期抽查,及时通报,对不胜任、不称职、不在状态的干部及时进行组织调整,全年干部参加现场盯控 3048 人次,设"检"字牌检查机车 2000 余台次,反馈各类信息 1960 条。通过现场盯控,职工作业执标更加自觉,现场"两违"明显减少,形成机制管干部,干部盯现场,岗位保安全的良好氛围。2011 年,向塘机务段累计机车走行 102 个百万公里,防止各类事故 1477 件,其中防止一般 B 类相撞事故 1089 件,防止一般 C 类事故 168 件,防止一般 D 类事故 168 件,防止其他 52 件,实现行车安全 376 天。

表 58 **向塘机务段 2011 年主要技术指标完成情况**

技术指标 \ 完成情况	单位	实际完成情况	与 2010 年比较情况	与 2010 年相比(%)
机车总走行公里	万公里	10261	144.1	101.42%
机车牵引总重	亿吨公里	1639	30.2	101.88%
货机平牵	吨/列	3186	10	100.31%
机车日产量	万吨公里/台日	127.3	7.1	105.91%
机车日车公里	公里/台日	436	22	105.31%
机车辅修	台	2259	657	141.01%
机车小修	台	1097	84	108.29%
机车中修	台	94	-1	98.95%

续表 58

完成情况 / 技术指标	单位	实际完成情况	与 2010 年比较情况	与 2010 年相比(%)
机破率	件/十万公里	0.1	-0.02	83.33%
监控放风率	件/十万公里	0.178	-0.172	50.80%
机车燃油单耗	公斤/万吨公里	27.1	25.6	106.02%
机车电力单耗	度/万吨公里	78.1	78.1	99.11%

【提升硬件设施检、用、修水平】 随着京九线电化改造竣工，HX 型机车已经成为向塘机务段的主要牵引动力，在不断探索 HXD1 型机车质量维护管理的基础上，向塘机务段切实抓好 HXD1 型机车的临碎修分析和动态质量跟踪，根据机车故障情况分析，制订切实有效的趟检流程和处理方案，并加强对 HXD1 型机车重要部件的新品配件质量和装车流程卡控，从源头上卡控机车基础质量，同时，会同主机厂对 HXD1C 型机车主变流器冷却水管路进行全面的普查与改造，及时抓好 HXD1 型机车惯性故障的整治，有效遏各类故障的发生。向塘机务段还组织专业技术人员针对 HX 型机车所产生的故障，进行大量的研讨分析，编写完成 HXD1B、C 型机车故障处理指南，形成了整套完善的检、用、修方案。

【多措并举提高效益】 2011 年，向塘机务段紧紧围绕“安全第一、效益优先”的指导思想，多措并举提高效益。通过对机车检修资源进行优化配置，将 HXD1 型机车月检工作由检修库转向整备场，为重大临修空出库修台位，使月检兑现率在原基础上提高 20 个百分点；通过对部分车间机车交路、乘务方式的调整，有序推进单司机淘汰机制，增加京九北线短交路普班等措施，使人力资源和机车运用得到充分利用，提高整体效率；通过开展全段各部门节能降耗评比，有效遏止水电浪费现象的发生，节约能源，减少水电成本支出。经营科成立后，对厂矿机车租赁、房屋租赁、机车委外修理等业务完成进度、市场占有份额、业务发展前景、营销策略等方面进行定期分析完善，及时调整经营计划，积极开拓市场，完成经营收入 1816 万元。同时，抓好机车报废拆解，加大废旧物资回收管理，提高报废机车配件利用率，全年共分解回收报废内燃机车 31 台，报废蒸汽机车 4 台。回收废钢铁 5642.527 吨，合计 539 万余元，废旧物资回收合计 712 万余元。

【开展“岗位练兵”、“技术比武”活动】 2011 年，向塘机务段围绕提高职工岗位素质，开展“岗位练兵”、“技术比武”活动，举办段第五届职业技能大赛，实现主要行车工种全覆盖，参赛覆盖率 90% 以上，并承办第八届南昌铁路职业技能暨首届党员技能竞赛（机务赛区）决赛，向塘机务段选手在路局技能竞赛中获得个人项目 10 个第一、1 个第二、5 个第三名，救援团体决赛包揽前三名；在全路机务救援竞赛中获得第二名。向塘机务段开展文体活动达 100 余场次，极大的丰富了职工文化生活，为安全生产注入新的活力。全年举办各类脱产培训班 99 期、培训 2284 人，委外培训 712 人，晋升司机 83 人，晋升学习司机 124 人。

【深化企业民主管理】 2011 年，向塘机务段不断深化企业民主管理，认真做好职代会提案的落实、整改及反馈工作，把企业改革发展的难点、职工关心的热点、群众反映的疑点和党风廉政建设的关键点等 10 个方面作为段务公开内容，及时公开职工关注的重要事项累计 10 大项 100 余小项，受理职工诉求 458 条，条条有答复、有落实、有反馈。向塘机务段利用废旧厂房改建成职工活动中心，建立和完善 141 户特重困、276 户一般困难职工档案，组织全段 934 名在岗女职工进行妇科疾病普查，为沿线调机点、工作点和单身宿舍等地配置安装电热水器 52 台、电视机 51 台、冰箱 11 台、洗衣机 7 台。向塘机务段普及志愿服务的理念，大力弘扬“奉献、友爱、互助、进步”的志愿服务精神，共开展 18 次青年志愿者服务活动。2011 年，向塘机务段获路局治安综合治理先进单位、

铁道部安监司副司长王军检查该段春运准备工作

职工教育先进单位、网络宣传先进单位等称号。

道路交通安全管理

【概况】 南昌县道路交通安全管理工作主要由南昌县公安局交通管理大队负责。2011 年,南昌县公安局交通管理大队深入贯彻落中共十七届五中、六中全会精神,以“迎七城会、保平安”为目标,扎实推进全县道路交通安全管理和交通事故预防工作。为全县经济发展、人民群众安居乐业创造良好的道路交通环境,保持全县交通安全形势平稳。

2011 年,全县共发生交通事故 53 起,死亡 47 人,直接经济损失 181607 元。交通事故四项指数与 2010 年同期相比,比率分别为 6%、-2%、4%、-8%。

【开展元旦、春节、春运交通秩序专项整治】 2011 年,元旦、春节、春运期间,强化值班备勤和执法执勤管理措施,做到职责分明,任务明确。加大路面巡控力度,加强对重点路段、重要时段、重点违法交通行为的管控和处罚。重点是全力遏制雨、雪、雾等恶劣天气下的道路交通事故,缓解交通拥堵,确保道路畅通。其间,共检查客运车辆 1200 多辆,查处客车超员 30 多起,卸客转运 120 多人次,查处酒后开车 9 起。

【3 月份开展交通秩序整治专项行动】 3 月,重点整治道路通行秩序、交通事故隐患路段和加强对重点车辆、重点驾驶人的有效监管。在整治行动中,纠处各类违法交通行为 967 起,处罚交通违法车辆 112 辆,督促摩托车驾驶人办证 106 个。

【加大“清明”节期间道路交通安全管控力度】 清明节期间,加大道路交通安全管控力度。对值班执勤进行科学安排,制定预防重特大道路交通事故实施方案,与客运企业、运输单位签订清明节期间道路交通安全责任书。由当地政府牵头,发挥相关职能部门作用形成齐抓共管的合力。在广(福)三(江)路口、沙潭路口、南苑大道、昌万公路塘南镇渡口村路口等路段增派警力,加强疏堵排乱保畅通的力量。加大对客车超员、酒后开车和低速货车载客的查处力度,做到违法一起,处罚一起。期间,未发生道路拥堵和重大交通事故,全县道路交通秩序良好。

【开展校园及周边交通秩序整治】 2011 年,采取“六个到位”(交通设施、秩序管理、宣传教育、安全防范、及时处置和责任落实到位)的工作措施,切实维护学校、幼儿园及其周边交通秩序,全力保障中小学生和幼儿园小朋友的出行安全。组织民警设立护学岗,实行定时、定人、定岗制开展学生护卫工作,切实加强中小学校和幼儿园上学、下学高峰时段交通秩序维护。同时,强化对校车和接送学生和幼儿园小朋友的车辆有效监管。10 月 27 日上午,莲塘中队民警在执勤时,发现一辆核载 7 人,竟塞进 28 个小朋友和 1 名女教师去梅湖景区游玩的小客车,该车超员高达 300%,执勤民警当即租用一辆中巴将小朋友送回幼儿园。

【开展“后八轮”和其他工程运输车交通违法行为集中整治行动】 2011 年,开展“后八轮”和其他工程运输车交通违法行为集中整治行动。这次专项行动体现“五个特点”:重视程度高。得到县委、县政府的高度重视,专门召开了全县负责干部会,对所有查扣的“后八轮”处理结果必须及时上报县政府。参战人员多。做到全警动员,全力以赴,各执勤中队民警坚持每天早上 6 时至晚上 8 时上路巡查。整治力度大。成立整治组织机构,制定实施方案分发到每名民警。整治过程中,做到发现违法一起,一律按上限规定从严处罚一起,坚决抵制“说情风”。持续时间长。作为一项中心工作一直坚持下去。大队领导、各执勤中队负责人和执勤民警一律放弃节假日休息,全身心投入到整治行动之中。整治效果好。仅第一次集中行动日的 5 月 18 日至 22 日,就检查各类“后八轮”等工程运输车 138 辆,对 10 名有违法交通行为的驾驶人进行了当场处罚和教育,依法扣留涉牌涉证“后八轮”8 辆(对擅自改变机动车外型的 6 辆“后八轮”,分别作出每辆罚款 500 元、责令恢复原状的处理),行政拘留 1 人。

【开展“安全生产月”活动】 从 6 月 1 日至 6 月 30 日,开展为期一个月的“安全生产月”活动。排隐患,强化源头管理。重点开展对客运车辆、专业运输车辆、危爆物品运输车辆、接送学生的车辆安全技术检查,排查安全隐患,检查驾驶人资质,落实安全生产责任制。管秩序,保障安全畅通。在县城区,从严查处机动车不按道行驶、乱停乱放、无牌无证、工程车随意穿越交叉路口等;在国、省道,以控制车速、坡弯道超车和客车超员为重点;在县、乡公路,以查处低速载货汽车、三轮汽车、农用车违法载人以及无证驾驶、驾乘摩托车不戴安全头盔等。重宣传,创新形式和内容。发放安全生产知识调查问卷,播放交通安全系列宣传教育片;设立“安全生产月”活动宣传咨询展台,广泛宣传安全出行常识等;深入中小学校,对学生进行安全乘车的知识教育等。

【深入开展“清网行动”】 2011 年,采取逐案建档、逐案分析线索、逐案制定追逃措施的办法开展“清网行动”。做到集中侦破与劝其自首投案相结合。在追逃过程中,发放、张贴《劝投信》和宣传单,形成强大的政策攻势;加强追逃区域合作,实行立案地追逃、户籍地控逃、过境地查逃、落脚地抓逃;充分发挥科技优势,通过闯红灯自动拍照、实时监控录像、电子卡扣系统等科技装备,获取破案证据。

【开展“迎七城会、庆国庆、保平安”道路交通秩序整治攻坚战】 2011 年,开展“迎七城会、庆国庆、保平安”道路交通秩序整治攻坚战。各执勤中队强化路面管控,加大对重要时段、重点路段、重点车辆和重点交通违法行为的管控和处罚力度。蒋巷中队查获疑似爆炸物品一件、管制刀具 4 把、擒获盗抢嫌疑人 7 人。同时,开展多种形式的交通安全宣传活动,重点放在大力宣传“迎七城会、庆国庆、保平安”道路交通秩序整治攻坚战的重要意义上,让平安出行成为广大交通参与者的自觉行动。

【交通事故得到及时调处】 2011年,全面启动交通事故处理"三调联动"机制。共结案和调处交通事故1691起,其中轻微事故328起,一般事故356起,重大事故69起。刑事拘留35人,报捕20人,取保候审15人,移送起诉8人。

【认真开展"大走访"开门评警活动】 2011年,认真开展"大走访"开门评警活动。贯彻落实公安部部长孟建柱1月6日在全国公安机关深入开展"大走访"开门评警电视电话会议上的讲话精神,动员全体民警投身到这项活动中去。在活动中做到"三个相结合",即与评议、反馈、整改、考核等各个环节相结合;与听取社会和媒体意见及内部评估相结合;与"走出去"广泛听取群众意见、发放调查问卷和"请进来"邀请人大代表、政协委员、警风警纪监督员、服务对象代表上门接受评议相结合。在这次活动中,共走访驾驶人69人,回访交通事故当事人42人,走访交通事故受害方家庭18个,帮扶交通事故困难当事人24人,捐助慰问金6300元,食油16桶,大米12袋,走访运输企业21家,走访当地党委、政府部门等单位26个。

【开展公安队伍突出问题"五项治理"专项活动】 2011年,开展公安队伍突出问题"五项治理"专项活动。为严明纪律、整肃警风,从4月份开始,集中组织开展涉案人员非正常死亡、涉案财物管理、民警从事营利性经营活动及参与赌博、机动车驾驶人考试违法违规以及清理在编不在岗人员等"五项治理"活动。"五项治理"的内容传达到每名民警,全体民警针对队伍建设和执法规范化建设中的不良行为进行认真的反思和解剖。在此基础上,制定了《涉案财物管理制度》、《严禁民警从事营利性经营活动及参与赌博制度》、《关于考勤考绩补充规定》、《考试员资格管理制度》和《驾驶员考试制度》等。

【开展"创先争优"活动】 2011年,开展"创先争优"活动。按照县公安局党委印发的《支部党建工作目标管理考核办法》和《支部党建工作目标管理考核细则》的要求,结合迎接中国共产党成立90周年,认真学习贯彻胡锦涛总书记的"七一"重要讲话精神。加强对党员的思想教育,充分发挥党支部的战斗堡垒作用和党员的先锋模范作用。建立和强化党员联系和服务群众机制,切实增强党员的先进性意识和服务群众观念。同时,认真做好入党积极分子的培养和发展工作,党支部大会研究通过,已将两名入党积极分子列入中共预备党员发展对象上报县局党委审批。

【进一步完善交通安全设施建设】 2011年,进一步完善交通安全设施建设。一是进一步完善各乡镇的道路交通安全设施。全县各村委会、村小组均设置地名、村名,组名标牌,进村委会和村小组路口以及中小学校门口设置减速带。二是经过维修,莲西路口、斗柏路口、振兴大道路口、汇仁大道路口、莲一中路口等多处电子警察运行良好。三是县城区、县乡公路沿线的中小学校周边添置减速垄、减速震荡标线、黄闪灯、慢行线和学校提示牌等。

【不断创新交通安全宣传形式和内容】 2011年,交通安全宣传的深度、广度和效果均有创新发展。一是春运宣传,采取悬挂横幅、张贴标语、摆放展板、播放光盘和散发《致全县交通参与者的春运平安信》等多种方式广为宣传。二是"大走访"开门评警活动宣传,印发宣传工作方案,下发调查问卷和征求意见表。三是加强校园门前及周边交通安全管理宣传。下发省交警总队《转发公安部交管局关于进一步开展"护卫天使行动"的通知》、市公安局交管局《关于进一步加强校园门前及周边交通安全管理工作的紧急通知》,并传达到每名民警。四是安全生产工作宣传,每月9日为安全生产宣传活动日,按时开展形式多样、群众喜闻乐见、宣传主题为"关爱生命、平安出行"的安全生产日宣传活动。五是加大宣传报道力度,在各级新闻媒体用稿32篇,其中省级新闻媒体用稿12篇,市级6篇,县级14篇;信息(简报)采集用稿共520篇,其中省级21篇,市级64篇,县级435篇。

【车管业务稳中有升】 2011年,进一步规范机动车及其驾驶人管理的各个环节、流程、岗位职能。实行延时工作制,对在工作时间内不能办结的业务实行延时服务。分别在蒋巷、塘南、塔城、沙潭、广福等中队设立摩托车办证考试点,方便辖区群众。2011年共办理大小车辆上牌3673辆;"五小车"上牌1529辆、年检1158辆、驾驶人考试17次/1903人;办理A、B、C证驾驶人补证换证3102人,审验3573人。

【交通警卫井然有序】 2011年,共完成中央领导视察、省委领导到县调研、江西(黄马)第四届樱花节、清明节祭扫交通管制、高考和中考、国庆庆典及大型文艺活动等交通安全警卫任务51次。出动警力1208人次,警车232辆次。

【举行大队业务用房和机动车检测中心开工庆典仪式】 10月15日上午,在小蓝经济开发区隆重举行大队新业务用房和机动车检测中心建设工程项目开工奠基庆典。庆典仪式由县公安局政委周庆鲁主持,省交警总队副总队长龙毅,县委常委、常务副县长杨斯,县委常委徐海波、杨春,副县长伍曦,副县长、县公安局长李荣,市公安局交管局副局长刘文保以及县局党委班子成员出席这次庆典。该建设工程项目占地面积3.1公顷,由办公区、停车场、检测线三大部分组成,建筑面积17000平方米,总投资约3000万元,预计在2013年2月份竣工落成。

表 59 **2011 年南昌县公安局交通管理大队领导班子成员名单**

姓名	性别	出生年月	籍贯	职务
刘 啸	男	1967.11	江西南昌县	南昌县公安局党委委员、交管大队大队长
章秀国	男	1962.10	江西南昌县	教导员
王 刚	男	1956.10	内蒙古赤峰市	副大队长
闵宇强	男	1961.10	江西南昌县	副大队长
张红英	女	1965.10	江西都昌县	副大队长
龚小付	男	1959.11	江西南昌县	副大队长
万国林	男	1960.9	江西南昌县	副教导员
黄 琼	女	1978.6	江西丰城市	副大队长

（主笔：伍保福　审稿：龚小付）

南昌市公路管理局南昌分局

【概况】 2011 年，南昌市公路管理局南昌分局坚持以科学发展观为统领，紧紧围绕年初确定的各项目标任务，以迎国检工作为契机大力整治公路路域环境，以文明样板路创建活动为抓手大力改善公路通行条件，以树立行业良好形象为动力全面推进公路文化建设，为南昌市“科学发展、进位赶超、绿色崛起”和南昌县“拼争全国五十强县市、建设现代化综合新城”的战略目标提供“畅、安、舒、美”的公路交通服务和保障，实现“十二五”规划良好开局。

【迎检工作全力以赴】 2011 年，迎接全国公路检查工作是当年重中之重的工作，全局上下咬紧目标不放松，紧紧按照市公路管理局“国检工作是抓手，省检排名更重要”的工作目标，全力投入迎检工作中。一是内业资料整理规范。以省公路局“蓝本”为依托，精心做好内业整理工作。广大养护和路政工作人员，主动放弃节假日休息，连续加班加点，在公路系统起到“领头羊、排头兵”的作用。二是外业整治标准更高。按照市局“边沟外 5 米”的整治要求，南昌分局对所管养的国省道进行全面整治，按照“路政宣传先行，养护整治突击”的工作思路，路政养护相互配合，相互支持。市、县领导对迎检工作十分重视，副市长刘家富亲临公路一线指导工作，时任副县长赵泽华亲自挂帅，国省道沿线乡镇主要领导大力配合，强力推进，使路域环境整治工作进展顺利，效果明显。2011 年，分局作为基层受检单位，顺利接受国检，圆满地完成省政府“力争前十五，确保进步奖”目标任务。

【低温冰雪公路畅通无拥堵】 2011 年，低温冰雪天气给养护工作带来不少的困难，由于分局所管养的百米以上大桥占全市局大桥总数的 50% 左右（达到 12 座），特别是 5 座国省干线的大桥，更是重中之重。一是抗冻物资早准备。冬季来临时，分局在有大桥的道班中配齐配足除冰雪用的工业盐、草袋等物资；二是除冰工作快行动。冰雪天气到来时，各道班养护人员和外请民工队伍都住扎在大桥附近，视天气情况进行撒盐除冰工作，有时一晚上撒 4～5 次；三是清雪工作不过夜。对桥面上的积雪，在傍晚前全部清除完毕，并将雪水扫干净，保证夜间桥面不结冰或少结冰。2011 年，共储备和消耗工业盐近 100 吨，草袋 8000 条，使用劳力 600 人左右，使用机械 40 台班，修复因冰灾而损坏的桥栏杆 34 挡。

【春运工作平稳过渡】 春运工作是一个漫长的 40 天，特别是 2011 年天气异常，时晴时雨，路面病害不断发生。为了确保春运期间路面安全，南昌分局站在全局的高度及时处治路面病害。尽管 105 线和 316 线都是近 1～2 年大中修项目，出现路面病害属于质量缺陷，应该由施工单位负责修复。但是，南昌分局以大局为重，以公众安全为重，加大资金投入，工作积极主动，确保了春运公路安全。

【雨季公路安全渡汛】 2011 年的天气异常，旱涝急转，特别是 6 月，连续大雨，给公路养护工作带来非常大的困难，一些路况较差的路段，如袁梁线、武麻线、广三线、渔万线，雨季期间，养护压力和抢修任务十分繁重，为将公路灾害损失减少到最低：一是成立分局雨季公路养护和防汛工作领导小组，主要领导亲自挂帅；二是加大资金投入，备足抢修物资和材料；三是抓好日常养护工作，重点是清理边沟，疏通涵洞，确保排水顺畅；四是加强水毁值班和雨天巡路制度，及时排除路面积水，保证行车安全；五是加强对危桥险涵检查维修工作，保证桥梁行车安全；六是合理安排一线工作人员的作息时间，雨季期间星期天或休息日实行轮休制度，确保有足够的养路工上路作业；七是对发生公路灾害的路段及时修复，一时难以修复的，及时设立安全标志。

【及时对空白路段路树进行补植】 2011 年，按照上级关于公路绿化工作任务安排，南昌分局及时对 316 线空白路段路树进行补植工作,同时,为使国检工作多争分,分局对105线枯树进行更新。一是把准树洞关,做到不合格洞穴不下树;二是盯紧苗木关,做到尺寸不达标的苗木不入土;三是把握栽种关,路树补植工作一律承包给当地园林绿化公司进行栽种;四是督促管护关,路树栽种后,要求承包单位负责管护,主要是缠草绳,打支撑、培土、扶直、浇水、派人看管。2011年,共补植8厘米以上樟树近900棵,成活率达到上级要求。

【更新和完善标志标牌】 2011年,按照上级对国道交通标志进行更新和完善的要求,南昌分局及时对316线上的标志标牌进行更换和补齐工作,同时,对105线部分标志标牌也进行补齐和规整工作,所有工作都在规定时间完成。

【维修加固桥梁】 2011年,根据市局计划安排,南昌分局负责沙潭大桥维修加固工程。一是施工队伍选择。由于工程特殊性,南昌分局按照“方案合理,报价合理,工期合理”的选择思路,在省内为数不多具有桥梁加固特殊资质的施工单位选择。二是质量工期控制。成立以分管领导为主要责任人的项目管理机构,工程技术人员、施工管理人员常驻工地一线,监督和指导工程实施

【路政管理常抓不懈】 2011年,认真搞好路政管理工作,内强素质,外树形象,不断提高路政人员执法能力和业务水平。一是大力配合养护做好路域环境整治工作,使边沟外5米内的路容路貌焕然一新。二是外业工作常抓不懈。路政人员坚持每天上路巡查工作,大力整治非公路标志标牌,及时制止损坏路产路权的违法行为,为迎国检创造好的路政环境。三是内业资料精益求精。按照迎国检工作要求,路政人员对路政内业资料进行重新整理和装订,上墙图表重新完善,制作路政工作影像光盘。四是案卷整理规范严谨。2011年,由市局路政处选调南昌分局的《南昌市水务投资有限公司申请在公路用地范围内埋设管道许可》路政案卷,在省法制办举办的全省优秀行政执法案卷评比中,荣获一等奖,受到市法制办的高度称赞。五是加强横向联系,工作方法更广泛。对一些棘手的路政案件,经常同交警、土管、法院、乡镇等部门进行联合整治,避免“单打独斗”和“孤军作战”的工作局面。六是加大《公路安全保护条例》宣传力度。2011年7月1日,由国务院颁布的《公路安全保护条例》正式实施,为营造氛围,分局先后在机关、道班主要地方悬挂宣传横幅12条,并通过县法制办散发宣传单近100份。

【始终牢记安全生产】 2011年,始终牢记“安全第一,预防为主,综合治理”的安全生产工作方针,不断规范工作人员作业行为。一是安全生产任务层层分解,及时与道班、科室签订安全责任书,明确任务,落实责任。二是定期开展安全检查工作,除坚持每月一次的安全例检外,针对春运、春节、雨季、两会及“十一”等重大节日,开展专题检查,及时处治安全隐患。三是规范上路作业人员安全行为。督促上路作业人员必须穿(戴)安全服(帽),督促养护车辆靠右停放和设置警示标志,督促大中修工程建设中的安全标牌的设置和摆放,做到规范醒目。四是做好消防安全工作,督促定期检查、更换、增设消防器材,做到万无一失。五是做好职工防暑降温工作,及时发放防暑降温药品食品。高温季节,错峰作业,防暑药品随车(身)备带。

【时刻不忘廉政建设】 2011年,认真落实上级廉政建设有关精神,认真履行“廉政准则”有关规定,牢固树立拒腐防变能力。一是坚决贯彻民主集中制原则,重大事项班子研究决定;二是工程建设中,必须签订廉政合同;三是班子成员相互监督,团结互敬。

【支部建设不断加强】 2011年,一是加强领导班子建设,以身作则,率先垂范,大事讲原则,小事讲风格,在职工中树立良好形象。二是加强职工思想建设,认真组织学习,不断提升广大干部职工文化素质和理论素养。三是认真开展党组织建设,定期组织党员干部进行集中学习,每月召开一次支部委员会,大力发展入党积极分子,把优秀积极分子吸收到党组织中来,充实壮大党员队伍。

表60　**2011年南昌市公路管理局南昌分局领导班子成员名单**

姓名	性别	出生年月	籍贯	职务	备注
杨红莲	女	1956.9	南昌县	党支部书记	2011年11月退休
熊银腾	男	1965.9	南昌县	局长	
李平建	男	1963.2	新建县	副局长(正科)	2010年9月调入
饶茂福	男	1971.7	南昌县	副局长	
成林华	男	1977.7	南昌市罗家集	副局长	

(主笔:易晓凤　审稿:成林华)

商 贸 流 通

商 业

【概况】 2011年,南昌县商务局以科学发展观为指导,紧紧围绕年初确定的各项目标任务,强化举措,狠抓落实,商贸流通工作实现了"十二五"规划开门红。

【目标任务顺利完成】 随着县域经济持续快速发展,全县第三产业所占比重逐年提高,2009年,全县三次产业结构比为13.5∶66∶20.5,社会消费品零售总额为48.1亿元;2010年,全县三次产业结构比为12.1∶66.9∶21.0,社会消费品零售总额为57.4亿元;2011年全县三次产业结构比为10.5∶66.2∶23.3,社会消费品零售总额为71.12亿元,同比增长18.6%。总的来说,南昌县第三产业发展趋势良好,但从总量、规模、速度、效益上看,都存在明显不足。三产占GDP的比重低,与南昌县经济发展的要求差距很大,与全国40.8%的平均水平相比,差距很远,第三产业仍然是南昌县经济的薄弱环节。

【重大项目稳步推进】 2011年,县商务局三产工作以"招商选资、重在外资"为工作指导方针,继续完善"六个一"的工作模式:一周一推进项目,沟通、协调开发商,提供高效的服务;一周一上报项目推进;一周一分析,对项目进展、问题进行梳理、分析;一周一调度,对分析的情况和问题,进行动态调整,解决问题;一周一督查,在督查过程中,发现没有达到目标进度的或推进不力的,召集相关部门协调,寻找原因,发现难点,解决问题;一项目一档案,把每个项目的合同、开竣工时间等建立档案。较好地完成了县委、县政府下达的各项目标任务。县三产分指挥部2011年实际利用外资3202.68万美元,新签约项目8个,其中,亿元以上项目7个,月星家居、沃尔玛项目实现当年签约,当年开工。列入2011年全县重大重点项目的20个三产项目,已经开工建设的15个,其中丽晶酒店、华润万家超市、农机大市场二期主体已封顶,其他项目均在加紧推进中。

【扩大消费成效明显】 一是加快构建农村流通网络。截至2011年年底,全县"万村千乡"市场工程累计建成农家店490个,农家店的乡镇覆盖率达到100%。二是加快实施家电下乡、"家电以旧换新"工作。全县累计审批家电下乡销售网点122个,销售家电15.47万余件,共计销售额为40004.44万元,财政发放补贴资金4886.34万元,补贴兑付率达到94%;全县93个家电以旧换新回收、销售网点共回收5万余件旧家电,回收总金额为59.05万元,共销售6.2万余件以旧换新家电产品,总销售金额为19647.31万元,其中已审核补贴5.3万余件,补贴总额为1484.48万元,兑付率达到84.9%,在全省名列前茅。三是加快推进农超对接、农村集贸市场升级改造。南昌县成功发展了国鸿集团、煌上煌集团和塘南养鸭专业合作社等农超对接项目,并有计划、有步骤地对南昌县澄湖东路农贸市场和塘南水产大市场进行改造,经过省、市验收后积极争取到了国家农村市场体系建设项目资金80余万元。四是加快推进县产品销售。组织全县36家企业参加2011年"中国(江西)绿色食品博览会",较好地完成了上级下达的目标任务。开展"金秋购物消费月"、"送年货下乡"、"家电欢乐购"城乡联动促销等一系列促消费活动。

【行业监管有力提升】 一是加大侵权制假打击力度。2011年,县商务局牵头在全县集中开展了打击侵犯知识产权和制售假冒伪劣商品专项行动。二是严厉取缔私屠滥宰。共处理私屠滥宰人员5人次,销毁处理未定点屠宰肉品500多公斤。三是着力加强酒类整治。全县备案登记已达279家,领取酒类流通随附单企业有175家,全县酒类流通管理工作正逐步走上正轨;四是切实加强成品油市场的监督管理。对县域内38家加油站进行了年检,联合安监、消防等职能部门共查处查封了6处无证非法经营点、查处查封了非法建设成品油存储库1家、查处了油罐车非法流动售油行为,经过整治,流动加油车非法加油的行为显著收敛,取得了较好的效果。

【主导业态特色突出】 几年来,南昌县商业经营户急剧增加,规模化水平有所提高,餐饮、住宿、市场、批发、零售、汽车销售等三产业态日益壮大,限额以上商贸企业达到42家。2011年,南昌县以商贸重点项目为龙头,积极发展主导业态,打造城市亮点,培育新的经济增长点。江西省农机大市场、江西省洪城汽配城、东新小商品城、向塘国际商贸城等为龙头的大型专业市场在城郊布局,形成新的业态链。南昌澄湖大润发商业有限公司、江西新洪客隆莲塘实业有限公司、南昌百货大楼、华润万家超市、沃尔玛、人人乐等大型综合超市合理布局,桂花村大酒店有限公司、天一大酒店、江南云俊生态农庄特色餐营已具规模。南昌县环鄱阳湖生态经济圈的重点县域商业新格局初步形成,主导业态特色突出。

【商务环境逐步改善】 肯德基、国美电器、好又多超市、华润苏果超市、红星美凯龙、信地商业中心、皇朝家私、上岛咖啡、迪欧咖啡、大润发、沃尔玛、恒大超五星级酒店、丽晶酒店等一批国内外知名品牌落户南昌县。金融、企业管理、法律服务、会计咨询、现代信息等其他服务业得到发展,整体水平有了一定提高。

企业简介

【莲塘百货大楼】 南昌莲塘大众超市有限公司隶属南昌大众超市分公司旗下分店,于2005年9月份开业,地处莲塘镇商业最繁华的黄金地段——维也纳购物广场,商场占地面积为2万平方米,员工1000余人,营业场所为三层:一楼为百货业态、二楼为超市、三楼为百货及家电,采用现代化计算机管理系统,并使用代表信息处理水平的IBMRS6000双机热备份系统和数据库技术。商场以购物中心为模式,主要经营百货服饰、箱包鞋帽、金银钟表首饰、食品、百货、家用电器、洗化、烟酒、保健西药、农副产品、蔬果、畜产、熟食、面包、面食配料、水产、南北干货、计生用品、书刊等各类精品。经营品种2万种以上。年销售额2个多亿元,并以每年递增20%以上的速度逐增,是莲塘目前规模最大、综合实力最强的综合性购物商城。

【洪客隆百货莲塘店】 洪客隆百货莲塘店系华润集团旗下企业——华润万家连锁门店之一,该店位于南昌县莲塘镇府东路28号,于2002年12月28日开张营业,是南昌县第一家大型购物广场和外来大型零售企业。

洪客隆百货莲塘店营业面积14000平方米。分为上下两层。整洁、宽敞、明亮的购物环境,配备了中央空调、自动扶梯、自助寄存柜、购物手推车、客服中心、停车场等现代商业服务设施。该店主要经营家用电器、金银珠宝、高档化妆品、钟表眼镜、烟酒茶叶、普通食品、保健食品、生鲜食品、风味小吃、家居日用品、书刊音像、文体用品、童装玩具、男女服装、鞋帽箱包、床上用品等2万余种商品,基本上满足了城镇居民日常生活的购物需求。把大型综合超市的现代商业服务方式融入快节奏的社会经济活动中,使广大顾客能够享受到一站式购物的便利,实现一次够齐、一次购足,把节省出来的宝贵时间用于其他方面的需要

洪客隆百货莲塘店开业十年来,一直秉承"让洪客隆成为顾客的最佳选择"的企业服务精神,管理团队和全体员工始终树立"忠诚、勤奋、廉洁、务实"的工作理念,创新营销模式,不断引进适销对路、价廉物美的商品,不断完善各项服务措施,把顾客的需求放在第一位,为顾客提供优质服务。在县城及周边的消费群体中树立了良好的口碑,成为城镇居民首选的购物场所

洪客隆人的辛勤耕耘,取得了较好的社会效益和经济效益。洪客隆百货莲塘店现有员工700余人,其中90 %以上是原国有企业下岗职工、进城务工的农民工和城镇待业的青年等,上为党和政府分了忧,下为百姓解了难,也为企业提供了稳定的人力资源保障。洪客隆的入住填补了南昌县城无大型购物场所的空白,提升了县城居民的消费水平和消费质量。不仅繁荣了县域经济,企业的收益也逐年保持了持续增长。

洪客隆百货莲塘店的发展也与南昌县县委、县政府及各职能部门的大力支持是分不开的。对企业需要帮助解决的问题,不分易难轻重,及时协调办理,起到了扶商安商稳商的积极效果。对该店取得的成绩也给予了诸多的荣誉,先后荣获省市"再就业先进单位"、"纳税先进单位"、"光彩之星"、"价格诚信单位"、"消费者信得过单位"、"守合同重信用企业"等荣誉称号,充分肯定了洪客隆百货在促进南昌县的经济建设中取得的突出贡献,也极大地鼓舞了洪客隆百货进一步在南昌县做大做强的发展决心和信心。

表61 **2011年南昌县商务(商业)局领导班子成员名单**

姓名	性别	出生年月	籍贯	职务
万仁辉	男	1968.12	江西南昌县	南昌县商务局党组书记,南昌县商业局党委书记、局长
喻学军	男	1957.11	江西南昌县	南昌县商务局党组成员、副局长,南昌县商业党委委员、副局长
徐建文	男	1975.10	江西南昌县	副南昌县商务局党组成员、副局长,南昌县商业党委委员、副局长
王 燕	女	1979.5	江西鄱阳县	南昌县商务局党组成员、副局长,南昌县商业党委委员、副局长
蔡华平	男	1955.6	江西南昌县	南昌县商务局党组成员、南昌县商业党委委员
刘晓林	男	1963.8	江西南昌县	南昌县商务局党组成员、南昌县商业党委委员

(主笔:吴雯霞 审稿:刘小林)

市场物业管理与服务

【概况】 2011年是“十二五”规划的开篇之年，也是县市场物业管理中心艰苦奋斗的一年。当年，中心全体干部职工紧紧团结在领导班子周围，强化措施，加强管理，完善市场配套设施，致力营造优美、和谐、安全的市场经营购物环境。2011年中心所属各市场总收入138万元，超出年初预定经济收入指标20万元。

【抓住“四个坚持不放松”】 2011年，南昌县市场物业管理中心在南昌县委、县政府的正确领导下，紧绷“安全重于泰山”这根弦，积极落实安全生产防范措施，坚持领导班子安全督查制度；坚持所长带班及晚间巡逻制度；坚持开展消防安全知识宣传；坚持定期进行安全隐患排查，实现了全年安全生产“0”事故目标。

【大力开展集贸市场环境提升年活动】 2011年，南昌县市场物业管理中心以全县“优化经济环境提升年”及“城乡大变样”工程推进为契机，大力开展集贸市场环境提升年活动。并采取一系列措施确保活动开展取得成效，一是健全组织，加强领导。成立“集贸市场环境提升年”工作领导小组，并下设督查、宣传报道两个小组，加强对市场整治工作的督促检查并对存在的问题进行通报。二是定期调度，督促整改。每两周召开一次工作推进调度会，由市场督查组将市场存在的问题以幻灯片形式直接曝光在各物管所负责人面前，进行通报限期予以整改。三是严肃纪律，启动问责制。对整治工作不积极、不主动、不履职以及对存在问题在限期内未整改到位的单位及领导强化督查问责，严肃按有关制度进行处理。

【领导调度】 2011年8月9日，县委统战部部长胡炜参加县市场物业管理中心集贸市场整治工作调度会，会上部长胡炜听取了整治工作汇报，同时，指出了各集贸市场整治中存在的问题，并进一步统一了思想，明确了工作要求、工作目标。

【消防工程改造】 由政府公共财政投资47万余元的莲塘综合市场防火卷帘门及消防排烟管道改造工程已完成招标相关手续，工程已于2011年8月8日开始施工，于2011年8月20日全面验收竣工。该项工程建设将增强市场消防安全防控能力，减轻意外火灾发生后人们群众的生命财产损失。

【调整县城区集贸市场工作时间】 根据集贸市场早市和晚市人流量大的特点，自2011年4月起，南昌县市场物业管理中心调整县城区集贸市场工作时间，上午上班时间提早至7点，下午下班时间延长至6点，弥补了早市和晚市无人管理的“真空”时间段。

【职工诉求】 2011年7月28日，南昌县市场物业管理中心部分职工向中心领导班子反映工资低、社保基数低的问题。中心领导班子答复，中心一直致力于提高全体干部职工工资福利，提高社保基数，但市场租赁收入难以跟上物价涨幅，希望干部职工了解中心现实经济状况，共同努力拓展中心业务，增加中心收入。同时，中心领导班子承诺，本届市场摊位租赁结束后，视收入增幅情况，适当提高干部职工工资水平。

【深入领会贯彻市委九届十二次全会精神】 2011年8月3日，中心领导班子及科室、下属物管所（处）负责人、支部书记在中心会议室集中学习了市委书记王文涛在九届十二次全会上作的工作报告。与会人员在学习报告后，感触颇深，结合自身工作实际纷纷表示一定要做好本职工作，为中心的发展出谋划策、尽心尽责。中心副主任杨政指出，要实现提高干部职工福利待遇目标，一是要做好本职工作，逐一整改目前管理中存在的问题；二是要转变工作作风，少说多干、埋头苦干；三是争取政府支持，尽快完成新建市场建设。

最后，中心主任刘宗云在听取大家发言后，结合中心目前现状，明确指出中心的出路在于自身是否有作为；在于全体干部职工是否有良好的精神面貌和工作态度；在于市场管理工作是否得到群众的肯定。并对中层干部提出要求，一要解放思想，寻找差距，切实转变工作作风；二要俯下身子，做好本职工作，是干部最基本素质要求；三要以身作则，破解难题，是干部必修功课。同时，主任刘宗云传达了全县项目推进工作调度会精神，再次对集贸市场环境提升年工作作出强调，此次县委、县政府对城市环境整治工作非常重视，要求非常之严，监督非常有力，作为城市环境重要的一部分，大家一定紧张起来、行动起来，要按照下发的《集贸市场环境提升年活动实施方案》去抓落实、抓整改，要在确保市场安全的基础上，抓好市场秩序、卫生管理。彻底取缔市场内占道经营，一时解决不了的问题，先规范好；要加大市场保洁力度，及时清运垃圾，不留卫生死角。各物管所（处）结合实际，针对自身存在的问题，拿出整改方案，于2011年8月5日上报中心办公室。

【办理城市管理执法证】 为加强县城集贸市场周边占道经营整治力度，在南昌县委、县政府及县城管委的大力支持与帮助下，2011年8月23日，南昌县市场物业管理中心为60名市场管理人员申请办理了城市管理执法证，为集贸市场管理提供了法律保障。

【规划临时车辆停放点】 为解决澄湖东路农贸市场无停车场，车辆难停放问题，2011年10月，经南昌县市场物业管理中心向政府请示，争取到县财政资金2万余元在市场西侧建设了100平方米的临时停车场，有效解决了市场内车辆乱停放，堵塞市场消防通道问题。

【积极推进锦绣江南综合市场工程进度】 2011年，“锦绣江南综合市场”被列为2011年全县重大重点工程项目的机会，为加快重大重点工程推进进度，在2011年初，南昌县市场物业管理中心迅速成立了“锦绣江南综合市场工程建设筹备工作小组”，加强工程建设的组织领导，明确人员，明确责任，明确工程推进进度。通过与城建、国土有关部门的紧密协调，在有关部门的大力支持与配合下，已出具了新市场的用地红线图及用地规划条件,对土地权属进行了初步界址,中心还聘请了相关专业人员就新建市场拿出了初步规划图和可行性方案。下一步,将在工程推进领导小组的指导下,积极与有关部门沟通协调,落实新建市场用地指标,争取工程早开工建设。通过优质服务将该工程打造成我县品牌工程、亮点工程,在充分满足城南片区居民日常购物需求的同时,增加中心收入,提高中心干部职工工资水平。

【重大重点工程调度会议】 2011年11月3日,县政协副主席张军在南昌县市场物业管理中心四楼会议室召开2011年南昌县重大重点项目锦绣江南综合市场工程推进调度会,会上各相关责任单位汇报了目前工程推进程度及工程推进中遇到的土地届址问题。张军再次对工程推进工作进行明确分工,要求各相关单位积极行动起来,对推进过程中遇到的问题及时汇报,共同协商解决,确保工程顺利实施。当天下午,张军带领各相关部门实地勘察,对用地届址进行了初步明确。

【召开定价听证座谈会】 2011年11月10日,南昌县市场物业管理中心与莲塘综合市场二楼经营户就摊位租金问题协商未果,市场经营户到南昌市政府群访。在县政府有关领导协调及有关部门帮助下,2011年11月18日下午,南昌县市场物业管理中心、公安局、治安大队、信访局等部门再次召集经营代表就摊位租金问题召开定价听证座谈会,现场解答经营户疑问,妥协解决了摊位租赁信访问题,维护了一方稳定。

【开展调研座谈】 2011年11月,中心主要领导刘宗云在莲塘综合市场进行了为期一个星期的调研座谈,分别与干部职工逐一谈心,并将谈心记录进行梳理形成了谈心调研报告,及时召开了所班子会议进行通报,在一定程度上疏导了部分干部职工思想上存在的问题,提高了干部职工工资积极性。

表62 **2011年南昌县市场物业管理中心领导班子成员名单表**

姓名	性别	出生年月	籍贯	职务
刘宗云	男	1962.10	南昌县	主任
杨　政	男	1975.6	南昌县	副主任
胡水静	女	1971.12	南昌县	副主任

(主笔:仇敏发　审稿:吴方永)

粮油贸易

【概况】 2011年,全县粮食系统深入学习贯彻实践科学发展观,认真执行国家粮食政策,抓好粮食收购,加强市场监管,推动产业发展,深化体制改革,加强行业建设,既保护了种粮农民利益,又保证了粮食供应和市场稳定,为全县经济社会发展开创新局面做出了重要贡献。2011年,南昌县粮食局被江西省粮食局评为全省粮食工作先进单位、全省粮食流通监督检查规范执法示范单位,被南昌市粮食局授予综合目标管理考评一等奖。

【国家粮食局调控司巡视员到南昌县考察】 2011年5月14日,国家粮食局调控司巡视员张家积在省粮食局巡视员路线、中央储备粮江西分公司副总经理陈刚、县粮食局局长应真伟等陪同下到南昌县泾口粮管所调研政策性粮食出库情况。张家积巡视员深入粮食出库现场,详细询问了粮食出库装卸人员力资费情况,了解了私营粮食加工企业、国有粮食企业落实政策性粮食出库有关规定情况,听取了相关意见和建议。

【召开全县粮食工作会议】 2011年3月25日,南昌县粮食局召开了全县粮食工作会议,会议贯彻传达了省、市粮食局长和县"两会"会议精神,总结回顾了"十一五"时期及2010年全县粮食工作取得的成绩,分析当前粮食工作形势,研究部署2011年全县粮食工作。

会议指出,全县粮食系统要开拓创新、锐意进取,扎实做好20112年的粮食流通工作:一是推进"服务工程",树立粮食行业新形象;二是推进"创收工程",培植企业经济增长点;三是推进"保障工程",增强政府对粮食宏观调控的能力;四是推进"改造工程",提升粮食收储能力;五是推进"强企工程",促进企业可持续发展;六是推进"监管工程",强化企业监管;七是推进"和谐工程",确保系统安全稳定;八是推进"素质工程",提升粮食队伍素质。

【加强管理防范企业资金风险】 3月，南昌县粮食局结合全县国有粮食企业实际，研究制定并下发了《关于严格资金管理防范资金风险有关事项的规定》。该规定从岗位设置、支票和印章管理、规范岗位职责、严格资金管理、执行“四个不准”（不准将收购资金、销售货款用于费用支出；不准将企业资金借给单位及个人使用；不准公款私存，设立小金库或账外账；不准向其他单位或个人提供银行贷款、借款担保）、强化责任追究等6个方面规范了国有粮食企业的资金管理，从根本上杜绝了国有粮食企业资金的断裂。

【认真开展粮食库存检查】 4月，根据国家粮食局，省粮食局、省农发行、中储粮江西分公司关于开展2011年粮食库存检查要求，南昌县粮食局于2011年4月1日至4月12日认真开展了粮食库存自查工作。在自查过程中，县粮食局成立了自查领导小组，召开专门会议，对检查方法、表格填写等进行学习和培训。并通过组织专业人员深入基层企业检查指导的方式，及时发现解决自查中存在的问题。同时，借助库存检查的契机，为整个粮食存储系统建立健全了各项粮食库存管理制度。由于措施得力、工作扎实、职责明确，全县国有粮食企业做到了账账相符、账实一致、库存真实、质量良好、管理规范，在4月13日至15日省局组织的复查中，受到省复查组的好评。

【成功召开全县粮食经济运行分析会】 6月，为了进一步加强财务管理，提高国有粮食企业经济效益，南昌县粮食局召开了全县粮食系统财务运行分析会。会上，与会人员就2010年财务运行情况进行了认真分析，并就如何加强2011年财务运行工作提出了一些意见建议。县局党组书记、局长应真伟对全系统2010年财务运行情况作了深刻剖析，认为必须要从以下六个方面做好2011年财务工作：一是增收入。重点抓好代收代储、合作收储和资产出租，增加企业收入。二是控支出。对于生产性支出要千方百计降下来，而非生产性支出则要千方百计压下来。三是做好账。提高财务人员素质，及时、规范、科学地进行账务处理。四是抓调度。加强对粮食收购资金的调度，货款及时回流，提高资金使用效率。五是保安全。加强对收购资金、货款的安全保卫工作。六是严纪律。严格执行各项财经纪律，责任落实到人。

【积极推进仓储单位备案工作】 2011年，南昌县粮食局为贯彻《粮油仓储管理办法》（国家发改委第5号令）和《江西省粮油仓储单位备案管理办法》（赣粮发〔2011〕10号）文件精神，将规范粮油仓储活动、维护粮食流通秩序、保障粮食安全规范的总体要求落到实处，并通过召开党组扩大会议进行了专题研究部署，明确从三个方面积极推进仓储单位备案工作：一是高度重视，周密部署。结合南昌县辖区内仓储单位点多面广、性质复杂的特点，南昌县粮食局认真组织领导干部学习领会文件要求，准确理解和把握粮油仓储单位备案的对象、内容、工作程序，科学部署，以“先试点后铺开”的模式开展工作，即：在南新、蒋巷2个乡镇进行试点，总结工作经验后再在全县全面铺开。二是明确责任，落实分工。为确保登记备案工作在全县205家仓储单位有序开展，县粮食局本着高度负责任的精神，由局主要领导亲自作部署，分管领导具体抓落实，并将任务分解到每个乡镇基层粮食管理所，确保仓储备案工作不留死角。三是科学规范，稳步推进。科学宣传，采取请进来走出去的形式，使仓储备案单位充分了解“两个办法”的重要意义，做到应登尽登、不漏一户。并将此项纳入年终工作评比，确保备案工作保质、保时顺利完成。

【认真做好政策性籼稻销售出库及指定加工监管工作】 2011年，为做好政策性籼稻销售出库及指定加工监管工作，南昌县粮食局认真做好了以下四方面工作：一是组织学习省局相关文件、会议精神。召集相关科室、有关企业负责人认真学习省局相关文件和会议精神，明确监管工作指导思想。二是选派具备监督检查或执法资格工作人员进驻销售出库点及指定加工企业点。三是明确监管任务。要求派驻企业监管员在监管期间，做好监管记录，发现违规情况及时上报。四是严肃监管纪律。监管员必须坚守监管岗位，不得擅离职守，不得刁难、干扰企业正常经营活动，严格执行廉洁自律的各项规定。

【全县早稻收购首次突破1亿千克大关】 2011年，南昌县粮食局针对中央储备粮承储规模不断调减，托市、临储粮分批拍销，原有库存大幅下降的现状，在粮价不断攀升、行情难于预测的情况下，着眼长利，充分发挥收购网络、粮食资源、仓库设施、贷款便利等优势，竭力抢占收购市场，化粮源竞争对手为合作收储伙伴，积极探索新的收购模式，搭建了三大收购平台，即代收代储平台、二次代储平台、合作收储平台。最终使国有粮食企业共收购稻谷2.2亿千克，其中早稻收购完成1.2亿千克，进一步巩固了国有粮食企业在市场流通中的主渠道地位，为实现国有粮食企业增赢创效打下了坚实的基础。

【积极开展各项活动】 2011年，按照县委、县政府和省、市粮食局的统一部署和要求，南昌县粮食局分别开展“创先争优”、“发展提升年”活动和“一看二比三争当，建功昌南我先行”、“富民兴赣我先行”党员公开承诺活动。通过巩固机关效能建设成果，创优发展环境，组织开展“服务粮农‘政策、信息、订单’三下乡”活动的方式，进一步提高干部职工的创业热情和系统内和谐稳定，进一步提升了粮食经济发展总水平。

表63 **2011年南昌县粮食局领导班子成员名单**

姓名	性别	出生年月	籍贯	职务
应真伟	男	1968.2	江西南昌县	书记、局长
黄建国	男	1958.1	江西南昌县	副局长
姜建辉	男	1961.7	江西丰城市	副局长
罗国强	男	1962.9	江西南昌县	副局长
熊　成	男	1959.12	江西南昌县	党组成员
祝建平	男	1959.9	江西南昌县	党组成员

(主笔:吴俊麟　审核:涂海金)

供销合作业

【概况】 2011年,南昌县供销社认真贯彻落实各级人民政府《关于加快供销社改革发展的若干意见》文件精神,坚持合作制原则和为农服务方向,创新服务方式,以科学发展观统揽全局,全社按照"'五为'促'五化'"的工作思路(即:以转变观念为前提,谋事创业新变化;以连锁配送为基础,"新网工程"现代化;以盘活经营为重点,经济效益最大化;以开放合作为平台,为农服务多样化;以安全稳定为保障,和谐社会人性化),扎实推进各项工作,圆满完成了全年各项工作任务,实现商品销售总额7.8亿元,实现利税782万元。2011年度,获全省供销合作社综合业绩考评县级社特等奖,获南昌市供销社系统"综合考评特优奖"。

【参与全省"巡回看变化"活动】 2011年6月28日,南昌县供销社代表全市供销系统接受江西省供销社"巡回看变化"活动检查小组的视察,由省供销社副主任欧阳太来、卢忠,副巡视员陈伟儒率有关处室及部分设区市供销社负责同志一行32人分别视察了县供销系统9个"新网工程"服务网点的建设情况,活动结束后,视察小组对南昌县供销事业发展给予了高度评价。

【省供销社党组书记吴伏生在南昌县供销社调研】 2011年9月19日,江西省供销合作社党组书记吴伏生就关心的农村现代流通服务体系建设问题深入南昌县供销社调研,先后深入到南昌县供销农资连锁公司向塘配送中心等4个基层网点调研,实地了解农村现代流通服务体系建设情况。吴伏生肯定了县供销社系统工作成绩,同时要求县供销社注重加强领导班子建设和企业人才队伍建设,切实以干部队伍能力建设的提升,推动供销合作事业的长远发展。南昌县人民政府县长陈匡辉、副县长钱洁等陪同调研。

【录用公务员】 2011年8月,涂超慧、蔡美兰持《南昌市公务员录用通知书》到南昌县供销社报到,标志着干部人事制度改革后,连续三年录用年轻公务员到县供销社机关工作。

【获省级"新网工程"引导资金】 南昌县供销社进一步发挥经营农资的传统优势,把农资配送中心建到农民家门口。2011年3月,南昌县供销农资连锁有限责任公司向塘配送中心建成并投入使用,大幅提高了农资连锁经营服务网络覆盖面,成绩突出,获江西省农村现代流通服务体系建设省级引导资金120万元。

【获市级财政引导资金】 2011年11月,南昌县供销系统3个农资乡级店、12个农资村级店、1个日用品乡级店、10个日用品村级店、2个专业合作社、2个农产品经济人,获得南昌市"新网工程"引导资金合计94.6万元。

【获县级财政引导资金】 2011年12月,南昌县供销系统1个烟花爆竹县级配送中心、8个农资乡级配送中心、20个农资村级店、6个日用品乡级店、22个日用品村级店、4个专业合作社,获得南昌县"新网工程"引导资金合计199.2万元。

【化肥淡季储备贴息创历史】 2011年,南昌县供销农资连锁有限责任公司主动承担市、县两级化肥淡季储备工作,确保全县乃至全市化肥充足供应,获得两级政府淡储贴息110万元,为历史最高,极大缓解了储备企业的市场压力,有效地发挥了淡储平抑价格、保证供给的作用。

【用好再生资源优惠政策】 2011年，南昌县供销社充分利用再生资源的优惠政策(给予地方所得税的99%由财政奖励给再生企业)，通过参与“新网工程”建设和“清洁工程”建设，南昌县洪昌再生资源有限公司创税600多万元。

【社有土地补办确权手续】 2011年，按照供销社改革发展的需要，南昌县供销社系统8个单位共办理了19宗存在历史遗留问题的土地，共确权面积2万余平方米，为进一步发挥社有资产在改革发展中的作用提供了保障。

【分期建设乡级农资配送中心】 为增强以南昌县供销农资连锁有限责任公司为龙头的农资网络的服务能力，缓解公司配送中心仓容压力，由县供销社牵头组织县农连公司会同部分基层供销社联合发展。2011年，投资200余万元在8个乡镇设置了乡级农资配送中心，既满足周边群众的购买需要，降低购买农资的成本，又为农资消费者提供更优质地服务。

【构建五大网络强基础】 2011年，南昌县供销社充分利用政策支持，项目申报等契机，通过盘活资产、整合资源、开放办社等形式，不断深入推进“新网工程”建设，2011年新增网点120个。一是农资连锁经营网络精心打造。以“南昌县供销农资连锁有限责任公司”为龙头，构建县、乡(镇)、村三级连锁经营体系。已发展有1个县级配送中心、8个乡级配送中心，294个村级放心店的连锁经营网络，大幅提高了农资连锁经营服务网络覆盖面，有力地确保了农资供应市场的稳定。二是日用消费品经营网络全面展开。以“南昌诚信供销超市有限公司”为龙头，构建公司配送，乡(镇)、村便利店为终端销售网点的连锁经营体系，中心店、直营店、加盟店总数达167个。三是农产品购销网络有序推进。以“江西潭林粮油食品发展有限公司”和“南昌青岚食品有限公司”等为龙头的农副产品收购、加工网络网点达63个。全供销系统领办、引办或协办各类专业合作社达35个，产值达千万元的6个。四是再生资源回收网络稳固发展。以“江西洪昌再生资源有限公司”为龙头的健全收购网点达89个，覆盖全县所有乡镇，提升了网点形象，增强了服务功能。五是烟花爆竹经营网络合理布局。以“南昌县昌南烟花爆竹有限责任公司”为龙头，向全县285个经营网点实行统一配送。投入大量资金对配送中心进行全面的改造升级，使配送中心达到全省先进水平。

【盘活资产见成效】 基层社是为农服务的前沿阵地，南昌县供销社坚持以打基础、夯基层为抓手，切实加强基层社建设，确保持续运转、长效经营。2011年，重点对具备条件的四个基层社采取“三种模式”推进资产盘活工作：一是土地变性，公开招标模式。三江供销社通过向县政府申报，采取招、投、标程序，将划拨用地变性为商住用地，拟在原址新建日用消费品连锁超市大楼。二是全资改建，聚力盘活模式。向塘供销社通过闲置土地集中置换、统一拍卖等方式获取项目建设资金，既解决了资金问题，又实现了危房改造，更重要的是盘活了闲置资产。三是筹资开发，“借鸡生蛋”模式。武阳、广福等基层社在不改变土地性质前提下，按照“筹好资、算好账、招好标”的办法，在“算好账”的基础上，依据法规，按程序办事，规范操作，坚持“公正、公平、公开”的原则。由所在乡镇“招投标办公室”负责投标工作，确定中标承建单位，通过上述“三种模式”，把“盘活资产”同“新网工程”建设、危房改造、闲置资产保值增值增效结合起来。

【为农服务树形象】 2011年，为农服务是供销社的办社宗旨，基层供销社和社有企业在做强做大的基础上，不断探索为农服务的新路子，树立供销新形象。一是多种形式开展农资服务。农资超市开到农民家门口，组织送货上门，实行“两保、两优”和服务承诺制，开展测土配方、科学用肥、合理用药、虫情测报、价格公示、发送农产品信息等宣传活动。二是大力发展专业合作社。全系统新发展各类专业合作社7家，共35家，其中列入全国总社“千社千品”富农工程的5家，全省示范性农民专业合作社2家，入户农户达3000多户，帮助农民年实现收入7000万元以上。三是参与农业产业化经营。通过大力培育农业产业化龙头企业，形成了“龙头企业+专业合作社+基地”的农业产业化经营模式。2011年，发展市级以上龙头企业2家，其中省级龙头企业1家，年累计销售额1亿元，带动农民4000余户。四是配合“清洁工程”建设。县供销社新发展再生资源网点17个，全县张贴再生回收品种和联系方式资料7000余份，有力推动了全县清洁工作的开展，在省市检查中获得有关部门好评，也深受广大群众欢迎。五是组织技能培训工作。县供销社组织了化学危险品安全经营、再生资源回收、农产品经纪人、蔬菜生产及加工共4期培训班，累计培训各类技术人员800余人(次)，深受农民欢迎。

【效能提升增活力】 2011年，全系统以开展“创先争优”活动和“一看二比三争当，建功昌南我先行”活动为契机，切实加强机关效能建设。一是组织创先争优承诺活动。在全社范围内大力营造“争优秀、当先进”的活动氛围，全系统的干部职工积极主动参与到新农村现代流通服务网络体系建设中去建功立业。二是认真开展风险岗位廉能管理。县供销社以党风廉政建设建立廉洁的岗位风险防控体系，增强廉政风险意识、自律意识，签订“新网工程”引导资金使用承诺书，促进干部健康成长。三是加强学习提升“四种能力”。县供销社在组织全系统学习文件的基础上，以召开现场工作会的形式，树立典型，增强信心，在学习、工作中持续提升干部职工为农服务的操作能力、经营业务的管理能力、协调各方的沟通能力、化解矛盾的稳控能力。

【安全稳定保和谐】 2011年，全系统按照“发展是第一要务，稳定是第一责任”的要求，切实把维稳、信访、安全生产工作抓紧、抓实、抓好。一是抓好安全经营责任制的落实，尤其是加强烟花爆竹安全经营。二是加大危房整改力度，结合“新网工程”建设进行改建、改造、加固，采取一切措施，防止了危房倒塌事故发生。三是高度重视信访工作，定期开展矛盾纠纷排查，做好上访人员接访息访工作。为供销社经济发展创造一个稳定和谐的环境,县委、县政府授予县供销社“2011年度安全生产监督监察先进单位”称号和“2011年度防范和处理邪教工作先进集体”称号。

表64 2011年南昌县供销社领导班子成员名单

姓名	性别	出生年月	籍贯	职务
樊桃芳	男	1962.12	江西南昌	南昌县供销社党委书记、主任
张忠文	男	1967.8	江西南昌	南昌县供销社党委委员、副主任
李根平	男	1960.9	江西南昌	南昌县供销社党委委员、副主任
罗淑英	女	1962.12	江西南昌	南昌县供销社党委委员

(主笔:黄飞　审稿:樊桃芳)

烟草制品专卖

【概况】 2011年,南昌县烟草专卖局(分公司)全面贯彻中共十七大、十七届五中和六中全会精神,认真落实国家局、省局、市局(公司)以及县委、县政府各项部署和要求,以邓小平理论和“三个代表”重要思想为指导,深入贯彻落实科学发展观,紧扣市局党组下达的目标、任务,围绕全面推进“卷烟上水平”,进一步转变思想,更新观念,扎实工作,推动了烟草行业的“持续发展、协调发展、共同发展”。

2011年,完成卷烟销售35501箱,较上年增长1511箱,增幅4.4%。其中金圣系列卷烟销售6905箱,同比增加933箱,增长15.65%。实现税利18298万元,同比增长达28.53%,获得全县纳税先进企业荣誉称号。查处各类违法卷烟29559条,查办各类案件1630起,查处窝点案数46个,大要案11起,破获网络案3起,判刑人数共7人。

【品牌培育初见成效】 2011年,营销部坚持以提高培育品牌水平为重点,在积极推广“135”工作法、网订和手机订货等卷烟销售基础工作的同时,集思广益做好卷烟品牌培育工作。明确将金圣系列,七匹狼通等系列产品作为重点培育对象,依据历年销售数据明确培育目标,并根据零售户销售和出样等情况评选出月度销售精英。一系列创新举措有效推动了品牌培育工作的顺利开展,在南昌市卷烟品牌培育工作评比中获得二等奖。营销部开展的七匹狼“通系列”流动红旗评比活动,不仅得到了南昌市烟草专卖局职能部门的认可,而且也提高了经营客户对品牌培育的热情。

【推广网订和手机订货】 2011年,在推广网订和手机订货工作中,不断加大对零售客户网上订货的宣传力度,推广计算机和手机网上订货工作方式,南昌县烟草分公司主动取得电信,移动公司的大力支持,集中培训零售户700余人次,网订和手机订货模式已基本被客户接受和运用,辖区75%的客户能独立完成网订和手机订货。零售客户自主网上订货,同过去的电话订货相比更加方便、快捷、安全。

【加强价格管理】 2011年7月份开始,南昌县烟草专卖局(分公司)开展“规范市场,提升客户赢利水平”价格管理活动,制定“规范市场、提升客户盈利水平”活动方案,与零售户签订价格协议书近一万份。南昌县烟草专卖局(分公司)通过暗访、交叉检查等方式对辖区经营户零售价格进行检查,取得初步成效。据统计,南昌县卷烟系统外销量同比增长5.8%,同时随着市场零售价回升,客户赢利水平也提升了3个点,赢得价量齐升的效果。

【联合执法整治卷烟市场】 2011年,加大与南昌县公安局、南昌市高新开发区公安局联合执法力度,按照“金网五号”实施方案对重点区域、重点市场进行联合执法,市场查处。在重大节假日前后采取错时工作制,成功破获10多个窝点案,净化了重大节假日卷烟市场的环境。

【跨区域协作监管市场新模式】 2011年,南昌、进贤两个县局班子及职能部门创新跨区域协作市场监管模式,加强卷烟市场的监管。通过在南昌县昌东中队和进贤县前坊中队跨区域协作模式的尝试,达到资源共享,实现“双赢”目的。

【案卷管理引入新机制】 2011年,南昌县烟草专卖局将简易案卷和一般案卷制作纳入专卖人员二次绩效考核。谁经手查办的案件必须由其本人完成案卷制作,最后交案件审理员审核归档。不仅提高了整体专卖的案卷制作水平,而且专卖人员的办案水平和工作积极性都明显提高。从案卷“定性是否准确,处罚是否得当,程序是否合法,适用法律法规是否正确,文书制作是否规范”等环节入手,按照“对照有效时限”、“查找存在问题”、“评查案卷质量”几个步骤,开展了案卷评审工作。

【内管改革圆满完成】 2011年,南昌县局认真贯彻落实国家局,省、市局内管工作要求,7月成立内管派驻组,独立办公,配备专职内管工作人员3名。在市局内管派驻办和县局领导班子双重领导下,内管各项工作有序开展,2011年预警系统产生预警233起,启动异动调查209起,下发整改通知书141份,抄告单30份,质询函12份,完成市局临时交办任务7起。内管组工作能力和内管机制运转较以前有了很大的提升,不规范经营行为和卷烟外流数量明显减少。

【深入开展“创先争优”活动】 2011年,在“党员示范岗”中有7名党员成为"党员先锋岗"的先锋，营造出"传帮带，比学赶"的好氛围；充分利用LED屏和网络视屏开展了中国党史教育活动；2011年，通过考察期，发展预备党员同志2名。精心组织，认真准备，积极参与市局（公司）组织的唱红歌、演讲赛活动，荣获优秀组织奖，两位参加演讲的同志同获三等奖的好成绩。开展了希望小学捐赠、新农村建设帮扶、"慈善一日捐"等社会公益活动，全年累计各种捐款10万余元。

南昌县烟草专卖局（分公司）党支部先后获中共江西省烟草专卖局党组、中共南昌县委、中共南昌县委直属机关三个不同级别的"先进基层党组织"称号。

【廉政建设大提升】 2011年，制定印发《党风廉政建设和反腐败工作组织领导和责任分工》，将党风廉政建设全面工作进行细化，确定各项工作的主管领导、责任部门和参与对象，明确了班子成员的党风廉政建设职责，各项工作具体到人，明确分工，确保了党风廉政建设各个环节有人抓、有人管。围绕强化宣传教育，营造廉政氛围，完善工作机制，推进廉政文化建设几方面进行了积极地探索和实践，初步形成"爱廉、崇廉、兴廉、守廉"的良好局面。

【两项工作落到实处】 2011年，南昌县烟草专卖局（分公司）把"办事公开民主管理"和"工程投资、物资采购、宣传促销"项目管理作为基础管理上水平的一个有效途径，建立了"两项工作"基本模式，更好地保障了干部职工的知情权、参与权、表达权、监督权，充分发挥内部监督管理的作用。2011年7月，国家局整顿办到县局就办事公开民主管理工作进行调研，对"两项工作"的一些做法给予了高度评价与肯定，并建议在全市乃至全省范围内推广。同月，县局成功举办南昌市烟草系统"办事公开民主管理"工作现场会，16人把"两项工作"在日常工作和日常管理中的应用进行经验和做法介绍，得到市局领导和职能部门的一致好评。

2011年，南昌县烟草专卖局（分公司）三项费用同比下降4%，干部职工建设"美好家园"的意识也越来越强。

【绩效考核大创新】 2011年，南昌县烟草专卖局（分公司）在"以绩效论英雄"总体思路下，认真遵循市局人事用工分配制度改革精髓，收入向一线员工、向关键性岗位倾斜，员工收入普遍得到了提高。外聘员工2011年收入同比增幅达到30%～50%。取得了高级职称的员工收入达到中层管理水平。新的绩效考核大大提高了员工在各项工作中的积极性，在参加南昌市烟草专卖局的技能竞赛活动中，营销专卖分别获团体第二和第三的好成绩，3人获单项个人最好成绩；4名人在全省系统客户经理培训时获优秀班委或优秀学员称号。

【综治安保工作大加强】 2011年，认真贯彻落实"综合治理月"和"安全生产年（月）"工作的各项部署，开展对车辆、卷烟仓库及网络信息安全等隐患的专项整治活动。认真落实安全保卫和检查制度，严格执行"一岗双责"制度，实行值班人签名登记、"零"事故报平安、重大事故及时上报制度；积极推进了"双标合一"工作，实现了安全事故"八个为零"的工作目标。

表65 **2011年南昌县烟草专卖局（分公司）领导班子成员名单**

姓名	性别	出生年月	籍贯	职务	备注
余文华	女	1968.9	江西省鄱阳县	局长（经理）	2011年12月调入
黄　刚	男	1958.12	江西省南昌县	局长（经理）	2011年12月退居二线
王　斌	男	1962.9	江西省南昌市	副局长	
罗志强	男	1977.1	江西省南昌市	副经理	2011年12月调入
胡志军	男	1969.12	江西省南昌市	副经理	2011年12月调出
聂　宏	男	1972.9	江西省南昌市	纪检员	

（主笔：聂　宏　审稿：余文华）

信息产业

邮政

【概况】 2011年,南昌县邮政局有局长1人、副局长2人、中级策划经理1人。机关职能部门有综合办公室、市场部,生产经营部门有“六个中心、三个支局、三个中心所、三个储蓄所、一个投递站”,分别是支撑中心、客户中心、电子商务中心、代理金融中心、发行投递中心、分销中心,莲塘支局、向塘支局、迎宾支局、三江支局(包括三江、黄马、广福邮政所及蚕桑代办所),蒋巷中心邮政所(包括蒋巷、南新、新联、鲤鱼洲邮政所),幽兰中心邮政所(包括幽兰、塘南、泾口邮政所及渡头代办所),武阳中心邮政所(包括武阳、塔城邮政所),向阳路储蓄支行、府前西路储蓄支行、新大楼储蓄专柜,莲塘投递站。截至2011年12月,全局在职职工134人,合同工A类81人,B类6人,派遣制员工47人。

2011年,南昌县邮政局完成总收入2675.13万元,完成市局下达年计划的112.07%,同比增长17.8%,实现收支差1041.51万元,排名全区第八。荣获2011年度全市党报党刊发行“先进单位”;2011年度南昌县老年体协重阳节柔力球展示“组织奖”;南昌县“千人评议作风效能”活动先进服务行业奖;政协提案办理工作“先进单位”荣誉称号。

【金融业务】 2011年,开展各类竞赛,以赛比发展;机关帮扶网点进行外出营销,以共同营销齐发展;每月评选服务之星,以服务树标杆促发展;抓项目见成效,以项目突破拉发展;提升培训力度,以培训强发展。实现代理储蓄收入1085.53万元,保险收入49.46万元,汇兑收入7.47万元,代理金融收入占南昌县邮政局总收入的41.75%。

【集邮业务】 新邮预订是“四大战役”之一。为做好2012年新邮预订工作,2011年9月,南昌县邮政局就一方面开始着手整理往年客户档案,做好老客户的维护工作,保障老客户预订数量有增无减;另一方面收集县域内有集邮协会的单位信息,做到会员预订一个都不少,同时充分利用协会的力量做好新邮预订的宣传工作;第三,将2011年不断上涨的邮市作为发展契机,请各单位办公室主任及集邮协会会长参加集邮联谊会,合理利用现有的资源,扩大预订规模;第四,在工作的落实上,出台工作分工明细表,明确责任,限制完成时限,提高工作效率;第五,拓展市场,特别是开拓工业园区及农村市场,加大营销力度,增强企业形象册等的开发力度。通过一系列的举措,2011年,县局完成2012年新邮预订套票2200套,年册800套。

【报刊业务】 报刊种类五花八门,但报刊收订工作中主要以党报党刊,行业报刊和畅销报刊为主。四季度是报刊收订的旺季,2011年,南昌县邮政局根据各种报刊的特点,有的放矢,各个击破,力争早日完成报刊收订计划。主要采取以下措施:在党报党刊方面:首先加强与县委、县政府等政府部门的沟通与协作,充分利用政府资源开展党报党刊征订工作。一是续市党报党刊发行会结束之后,与县政府宣传部协商,及时(11月9日)召开党报党刊发行会;二是按照往年工作流程开展工作,即政府部门牵头组织下级单位征订,邮政企业负责收订等后续工作。其次,县局精心组织,清晰划分县局各单位的责任区域,及时做好县城及农村乡镇的党报党刊上门收订工作。第三,明确直接负责人,让专业的人做专业的事。召集往年党报党刊收订老手,组成专项小组,具体负责党报党刊板块。减轻县局的营销队伍的营销压力,同时也间接的节省了人力资源。第四,站在客户的角度思考问题,摆摊设点,方便客户,将党报党刊收订手工收订台席直接安置于几个重点政府部门。为此,县局连续6年获得市委宣传部、市局颁发的党报党刊发行先进单位。

【行业报刊及畅销报刊业务】 2011年,为做好行业报刊及畅销报刊业务,首先,根据客户特点,整理报刊收订目录,为客户提供个性化的服务。报刊种类琳琅满目,厚厚一本的报刊订阅目录置于客户面前,多而杂,只会让客户眼花缭乱,最终难以明确订阅意向。南昌县邮政局必须根据各类客户整理出个性化的订阅目录,即方便客户选择,又让投递员或营销员简单、快速、有效的开展营销。其次,加强培训力度,增强投递员及营销员对部分报刊、杂志的了解程度,强化营销技巧,同时教会员工算账,计算业务收入与人工成本支出的比率等。第三,细分市场,开发农村市场,寻找并培养大客户,比如抓好图书馆、农家书屋等的营销工作。第四,制定切实可行的营销政策,加大投递员及营销员的积极性。并建立奖励通报制度,营造员工之间争先进位的氛围。

2011年南昌县邮政局报刊收入实现310.01万元,同比增长37.25%。县局实现报刊流转额886万元。

【贺卡业务】 2011年,为做好贺卡业

务,首先,整理往年的客户资料,员工认领客户,争取将有限的资源给予最有能力的人,一方面避免重复营销,另一方面保障贺卡定制量有增无减;其次,组建贺卡专项小组,集中主力攻克各项难题;第三,攻关三大市场板块(政府、学校、中小企业),通过攻关破“0”,带动贺卡规模发展;第四,加强客户中心客户经理在贺卡方面的营销力度,集中精力打好“攻坚战”。第四季度,南昌县邮政局与县公安局达成合作意向,实现收入普卡13.32万元,幸运封3万元。2011年,南昌县邮政局大力发展贺卡以外的相关函件业务。实现函件创收656.14万元,同比增长13.8%。

【落实大客户、大项目、大订单工作任务】 大客户。2011年,紧紧围绕大客户开展营销工作,强化与客户共赢的理念,培育企业与客户长期、稳定、良好的关系,结合各业务市场的优势和潜能,积极构建大客户营销体系,进一步拓展业务。同时合理分工,避免产生相互推诿的现象。南昌县邮政局成功与大润发、四平家电、县政府等单位部门取得的长期合作关系。

大项目。2011年,定期向市局市场部报批大项目,县局把大项目开发的计划数分解到各单位,制定考核办法,按照搜集市场信息、调研、策划、制定方案、与客户沟通、售后服务、项目跟踪一系列流程来开发好大项目,从而使大项目营销取得了初步成效;

大订单。2011年,对一、二类以上大客户、重点市场、重大商机、重大节日的市场都事先进行立项、调研、策划,并集各专业之智,举全县之力,积极推进大订单的开发。

【加快农村邮政发展】 2011年,南昌县邮政局对农村邮政的发展进行管理、指导和督促,各个农村邮政中心所开展科学有序的管理、营销工作,从而加快农村邮政发展的思想。力争让农村邮政实现理想目标,即做到“四个明显”:服务水平明显提高,大大降低用户投诉,服务满意度在90分以上;基础管理明显改善,各项规章制度规范执行;现场环境明显改观,达到“五净五无”(地面净、桌面净、墙面净、门面净、设备设施净;无灰尘、无纸屑、无杂物、无异味、无大面积污渍和蜘蛛网);安全隐患明显减少,避免发生各类重大安全事故。

【加强生产经营网点的规范化管理】 2011年,南昌县邮政局不仅在金融网点严格按照“三个规定”规范管理,让金融网点合规经营,于此同时还在邮政营业网点加强规范化管理,既做到业务操作规范化,还做到网点配套设施标准化,网点基础资料、管理台账齐全化。

【降本增效益】 2011年,南昌县邮政局强化预算的刚性、增强员工成本意识。为做好成本预算控制,县局财务部通过局长办公会及职工代表会,制定《成本费用管理办法和审批办法》,进一步明确成本的开支范围、渠道、标准、审批流程,严控不合理开支,提升成本费用精细化管理水平。各项成本在源头上进行归集、区分,专业成本在报账环节由经办人注明用途,在源头进行分解。定期在公示栏中通报各项专业的直接成本,明确县局各项奖励的兑现情况和资金去留情况,并在经营中树立“节约就是赚钱”的理念。

【激励增效益】 2011年,南昌县邮政局为处理好员工积极发展业务的情绪,一方面定期通报个人营销完成情况。另一方面,制定考核方式,从2011年起劳务工个人任务完成者有300元的业务发展奖,以奖金的浮动性,此促进调动员工积极性。在各项竞赛活动中涉及奖励考核情况的,县局一一兑现,并公示后下发。第三,每季度制定县局绩效奖考核办法,严格执行并落实。

【减员增效益】 2011年初,南昌县邮政局再次进行竞聘上岗,根据“从严从紧”原则,对职能机构、生产机构管理岗重新进行描述,对机关、后勤及内部作业环节裁减冗员,压缩管理岗编制,精简管理环节,实施扁平化运作,提高管理效率、严谨工作作风,力争将合同工人员充实到一线,辞退消极怠工者。根据业务量严格核算人员,并在经营部门的营销环节、揽收环节增加了力量,加快业务的发展。

【人力增效益】 2011年,南昌县邮政局一是加大了对员工的激励与约束。建立职工能上能下、能进能出的淘汰机制,通过考核员工的业务素质、工作业绩及履职情况,加强人员的管理与监督、激励与约束。经过2年的“岗位取酬、绩效优先、等级管理、动态转换、拉开差距”的原则,为优秀员工提供了施展才华的平台,对表现欠佳者进行教育、激励、淘汰,进一步打造了优秀、高效并具活力的员工队伍,。

二是加强青年队伍培养。人力资源是第一资源,在育人机制上实行“开明、开放、开拓”的模式,加大了对县局青年的培养力度,加大对其进行理论培训和实践锻炼的培养,利用“五四”青年节等重大纪念活动,鼓励青年积极向上,奋勇争先。组织员工参加“一帮一传帮带”活动及“青联”活动。

三是强化委代办人员的管理。通过2年的努力,局农村网点逐步转变经营模式,走向委代办。与委代办人员签订合同,制定清晰的业务量核算代办费用的办法,稳定委代办人员情绪,营造企业和谐气氛。

四是着力打造学习型管理团队,进一步强化员工的教育培训,做到年有计划,月有安排,多形式、分层次抓好员工在职培训,并组织各种业务技能大比武活动。2011年开办11期培训班,培训400余人次。利用建党90周年、共青团92周年及业务培训计划,组织干部党员学习《卓有成效管理的七个关键》和党章及业务培训等,开展社会主义荣辱观教育和“爱心邮路”学习,通过学习、宣传不断加强企业文化建设,提升员工的业务技能和综合素质,增强队伍的凝聚力。

五是以实际行动为员工办实事。为缓解工作压力,县局组织职工参加市局运动会、拔河比赛等活动;建立不同等级的职工之家4个,建立“投递之家”2个;为改善工作环境,网点装修7个。为全局在职员工与退休职工办理医疗保险。

表 66 **2011 年南昌县邮政局领导班子成员名单**

姓 名	姓 别	出生年月	籍 贯	职 务
滕合肥	男	1961.8	安徽繁昌	局长
张福香	男	1965.3	江西广昌	副局长
孟凡顺	男	1974.10	山东临沂	副局长

(主笔:王 莒 审稿:滕合肥)

电 信

【概况】 2011 年,南昌县电信分公司深入开展创先争优活动,全面贯彻省公司"三个规模发展一个服务领先"的发展思路,实现"三个规模发展,创新服务双领先",即推进机制体制创新,树立服务领先优势,努力实现移动、宽带、创新业务量质并重的规模发展新跨越。结合实际,创造性地开展工作,使企业规模发展取得了新成效,各项业务在全省名列前茅,全业务经营收入较去年同期增长 19%,保持了经营收入连续 12 年全省排名第一的好成绩。八一、良种场两农村营业部从 2011 年 1 月 1 日起由原三类农村营业部升为二类农村营业部,南昌县电信分公司富山农村营业部被省公司评为"优秀农村营业部"、南昌县电信分公司党总支部被省公司党组授予"2010~2011 年度江西电信先进基层党组织"。

【开展"天翼飞扬"党员走访客户活动】 2011 年 5 月 20 日~7 月 20 日,南昌县电信分公司开展"天翼飞扬"党员走访客户活动。党员走访客户活动以党支部为单位抓好落实,重点以客户接触点岗位为主,并带动广大员工参与,各支部采取小组活动、个人征集、结合工作走访征集等灵活多样的方式进行,认真把客户对企业服务的意见建议征集上来进行整改。

【开展四季度装维服务争先创优活动】 2011 年,南昌县电信分公司开展四季度装维服务争先创优活动。为落实为民服务争先创优工作,以"宽带领先,优在服务"的思想为指导,重新梳理综调末梢管理流程、末梢装维流程,采取系列改善装维质量措施。加大对综调催单、盯单、回单检查及考核力度,实现 3 次以上工单、投诉当日在线通报;调整社区经理考核办法,拉大社区经理收入差距,通过竞赛活动,全县投诉量下降 2 倍,服务质量明显提升。

【开展"为民服务创先争优"活动】 2011 年,南昌县电信分公司开展"为民服务创先争优"活动。采取"提升客户接触窗口的服务能力、提升网络质量和装维服务的能力、提升透明服务放心消费的能力"各项服务举措。实行"亮标准、亮身份、亮承诺",即公开服务标准、"五个一"承诺内容等服务举措,方便用户办事。营业窗口营业人员佩戴表明党员及共青团员身份胸牌与桌牌,接受群众评价。

【开展实行会议实施及纪律情况报告制】 2011 年,南昌县电信分公司开展实行会议实施及纪律情况报告制,通过效能监察,端正会风会纪,健全会议管理流程和会风会纪责任考核机制,进一步推动企业效能建设,促使各级管理人员转变工作作风,提高执行力,使公司会风会纪有明显改观,达到会议预期效果。

【拓展电信业务渠道】 2011 年,南昌县电信分公司打造一系列行业信息化标杆项目,有效助力地方经济发展,得到地方政府、企业和老百姓的高度认可。一是打造全新概念的体验式卖场。2011 年年初,公司对莲塘镇向阳路上两大电信卖场进行全面的装修,从以前的封闭式柜台直接转变成开放的体验模式,从以前只有 ITV 体验站到后来增加的天翼 3G 手机的体验柜台以及"光网城市"高速宽带的体验柜台。引入诸如三星等国际大品牌的专门柜台。焕然一新的装修风格、免费体验各种产品的星级服务不仅加深了客户对电信产品的感知度,也实实在在地让更多的客户感受到"天翼"正在逐渐使人们的生活更加丰富和便捷。二是加大农村渠道建设新增电信业务场所。2011 年,南昌县电信分公司特别加大对农村营业部的支撑力度,共建设 5 个天翼村,新增 POS 机缴费点 100 个,新增综合素质较强的合作营业厅,并规范各合作营业厅的基础工作,建立合作营业厅的统一标准考核制度,严格要求各营业部目标责任上墙,实行标准化管理营业部,使农村客户对电信感知得到提升,农村客户办理业务得于方便,统一品牌形象得到提高。三是创建天翼创业社设立 3G 辅导站解决高校学生对 3G 手机应用的需求。公司在各高校创建天翼创业社,派出专业人士对创业社人员进行培训,再在高校营业厅设立常态化的 3G 辅导站,由天翼社优秀成员服务于该岗位。辅导站不仅结合团委学生会的各项活动推广 3G 手机应用、辅导学生应用 3G 手机,让师生更加了解天翼智能手机。这样一来,对校园移动市场的规模发展也起到良好的推进作用。通过一系列多元化的宣传活动和创新的品牌推广,学校师生对 3G 手机有很好的感知,2011 年校园破冰活动中,公司不仅率先完成任务,还获得综合排名第一的好成绩。

【应用信息化行业管理初见成效】 小蓝经济开发区一直是南昌县电信分公司搞好优质服务工作的重中之重,2011 年公司与永弘机械有限公司客户形成长期的战略合作关系,帮助该公司建立 ECP 协同通信项目,实现语音、短信、即时通信、数据等多种通信功能有效集成,为客户提供功能丰富、协同便捷的沟通环境。另外三一中旺工程机械设备有限公司通过信息化行业管理中的销售管家里面的外勤应用功能，很好地解决了该公司业务员即分散又难管的管理问题，从而实现及时、高效的通信管理，信息化行业应用管理也深受企业客户的喜爱。

【加强节能减排】 2011年，公司规定每月进行一次巡检制度，加强节能减排的宣传力度，通过办公平台、短信、不同场景的节能标识等方式传达节能减排精神，增强节能减排意识，尤其加大节能减排工作带来的节能成效宣传力度。重点对办公场所用电、营业场所用电和设备资源进行检查，减少不必浪费的能耗和资源。截至2011年11月底，电源方面：已累计盘活资产28万元。对30个接入点多电源进行整治，既盘活了接入点内多余的开关电源25套及100AH蓄电池20套，又提高接入点的运行稳定性；更换蒋巷等5个点的开关电源设备，并将更新下来的原动力源及华为电源设备的整流模块22个拆下在别的支局所利用或仓库备用，减少整流模块维修费用17000多元。设备方面：盘活宽带用户7178线（板件212多块），窄带用户21000多线，设备电流下降240安培/小时，预计一年可节约用电10万千瓦时，光节约用电带来直接经济效益8万元。同时也解决了黄马营业部新建EPON、主题公园、富山营业部等扩容所急需宽窄板件缺乏的燃眉之急。维护盘铜方面：结合南昌县资源清查进度，对铜缆对数大而用户量相对少电缆盘活。采取以大换小或同一路由归并方式，公司已盘1000对以上电缆近3000米，400对以上电缆1000多米，累计盘铜137.8万元，节能减排工作为聚焦低成本高效运营提供了有力的保障。

表67 **2011年中国电信股份有限公司南昌县分公司领导班子成员名单**

姓　名	性　别	出生年月	籍　贯	职　务
陈红成	男	1967.11	江西南昌县	总经理
吴拥军	男	1976.5	江西南昌市	总经理助理
方　丹	男	1979.11	江西南昌市	总经理助理
孙　强	男	1979.6	江西南昌市	总经理助理

移动通信

【概况】 2011年，南昌县移动公司面对复杂的竞争环境，面对竞争对手在集团市场、大众市场、农村市场和校园市场发起一波又一波的猛烈攻击，公司上下一心，不断创新，实现经营业绩的稳步提升，为今后持续稳健发展打下坚实基础、积累了丰富的经验。

【经营业绩稳步提升】 2011年的经营考核业绩方面，县公司KPI稳步向前，截至11月，连续3月排名第一，排名已由年初排第8位上升到第一位。

在规模发展上，也取得很大突破，有效用户达到54.67万户，占全区比重达到13.74%，较2010年底增加有价值客户4.38万余户，全年净增16.45%，净增放号排名全区第一，客户规模继续快速增长。

截至11月，全年考核收入完成2.95亿，完成进度位居全区第6位，收入增幅达到8.7%，超目标进度1.55%。

行业地位进一步巩固，市场牢牢把控，累计新增“三比”达到77.39%，高居全区第2位，高出全市平均值3.46个百分点，另外，有价值（15元以上）市场份额达到81.99%，排名全市第三位。

【基础管理以人为本】 2011年，南昌县移动公司一是优化部门绩效考核制度化管理：在原有的考核基础上推出部门考核管理制度，以业绩完成情况考评部门的整体完成情况，并根据排名评定部门绩效指标，部门则根据个人业绩成情况按排名评定个人绩效。改变了以前“个人自扫门前雪”、部门发展不合力，团队难管理的现象，开创了团队齐心协力谋发展的大好局面。二是强化市场一线优先机制：以一线为主，推出绩核指标优先、车辆使用优先、工作需求优先、奖励考评优先的保障机制。极大的提高了一线人员工作积极性。三是开展员工关爱行动。开展“增强危机意识，摆脱弱势市场格局”主题大讨论活动，建立县公司员工关爱制度，制定9项关爱措施，组织开展采摘桔子竞赛活动、员工工间操活动、趣味运动会活动等系列活动，强化员工“快乐工作，健康生活”的文化理念，努力营造和谐发展环境，通过系列活动开展，员工的精神面貌得到明显改善，团队整体战斗力有了明显提升。

【集团信息化业务攻防并举】 1月至11月，针对南昌县65611户集团拍照成员进行维稳工作，在上半年对目标用户进行梳理，异动客户进行服务，下半年重点进行捆绑工作，月均捆绑量净提升1600余户，在接近收官阶段捆绑率达51.7%，收入保有率90.9%。

【校园迎新协同作战】 2011年，继续新生市场的全面掌控，迎新期间新增“三比”达到85%以上，校园累计放号达到2.65万户。

【加大渠道建设和支撑力度】 2011年，持续加大渠道建设和支撑力度，渠道发展能力明显提高。共新增网点122个，淘汰91个发展落后的渠道，有实体终端的渠道161个（3家在建中）；村级代办点182个、专营店37个、社区便利店68个，其中6星厅店6个，5星厅店17个，4星厅店54个，3星厅店81个。2011年渠道月均放号2.4万户。

中国联合网络通信有限公司南昌县分公司

【概况】 中国联合网络通信有限公司南昌县分公司,内设综合部、财务部、市场部、运维部、集团客户中心、客服服务中心、网格部、乡镇渠道管理中心,共计人员77人。另有社会合作渠道和代办网点123家。

【“沃”3G移动手机业务】 2011年,企业从上到下不断强化宣传,提高人们对新产品和新技术的认识和理解,努力诱发市场、引导消费,联通“沃”3G品牌成为年度宣传的重点。由于联通的3G技术是当今世界最先进的通讯方式,其功能强大、漫游国家多、全国资费标准统一,“沃”系列业务品种选择余地大,包括“沃”商务、“沃”家庭、“沃”校园等针对不同需求和人群,推出可自选择的业务,通过户外广告、新闻媒体、网络推介、营销推广等渠道的宣传,逐步为更多的群众所认识和接受,县分公司成立3G俱乐部,专门培训3G业务,强力推进“沃”3G业务在市场的占有率,加之WCDMA3G移动技术支持的手机终端繁多,在应用技术上具有更新换代的意义,不仅有许多国产的3G移动终端,满足市场的需求,而苹果手机更是一枝独秀,脱颖而出,主要是其使用方法上的多种革新和微机化的应用技巧,适应群体日益增长的通信需要,在南昌县领导层和高端消费客户中使用,随着南昌县联通分公司推出三类业务计划资费标准进一步降低,适应范围和消费群体也逐步扩展。通过对3G客户的特色服务、服务的多样化和亲身体验,加之3G网络覆盖的迅速改善,用户群也急剧扩大,截至2011年年底,全县共有3G用户3万户。

【宽带业务】 融合后的联通公司是南昌县宽带业务的第二大运营商,全县绝大多数均使用联通公司高速宽带网。2011年,随着联通企业的全业务经营和在有线业务上的优势,相继推出诸如“亲情1+”等可将手机、固定电话、宽带捆绑一起付费的融合产品后,在2011年底就有特大型企业(广宥鞋业、泰豪),主动上门洽谈战略合作,用户使用后盛赞:“使用联通一卡通,工作生活更轻松。”

【深化客服服务】 2011年企业服务贴近客户,服务质量逐步提升,服务是服务性企业的永恒主题,融合后,联通公司采取各项措施,打造企业服务品牌,加强了营业员和机线员的培训,提升服务人员的从业素质,在营业方面,重点解决前台业务受理忙闲不均,客户等候时间过长的问题,根据客户流量变化,调整营业人员班次,增减收费台席,及时疏导客户,达到办理业务等待时间不超过10分钟的基本要求。在乡镇营业部致力提高窗口服务深度,优化服务质量,调整人员结构,培养服务典型,从而涌现出陈星、李媛、张珂、张加飞等一批营业服务标兵。

【通信建设】 2011年,继续推进光进铜退工作,各项运维指标全部完成,网络致力更加可靠,通过制定实施和完善设备维护管理细则,加强通信设备的维护和机房的管理工作,网络接通率完成99.75%,来话接通率78.9%,电路可用率100%,工单完成及时率100%,本地网用户线路故障修复及时率99.7%,加快G网基站建设,提高联通手机信号的覆盖范围,已经建设的GSM基站140个,改造新建GSM和WCDMA室内基站26个,新增WCDMA28个,其中高速公路3G基站10个。截至2011年底,南昌县联通公司的GSM基站数达到230多个,WCDMA基站达到70个,室内基站达到58个。

【企业管理】 2011年,公司劳动关系和谐发展,企业文化丰富多彩,1月份公司领导班子任职到位后,对公司党小组、团支部、工会进行改选,深化了“劳动关系和谐企业”创建活动,层层签订《党风廉政建设责任书》,《安全生产责任书》以及《经营任务责任状》,提高了基层员工的综合素质。

表68 **2011年中国联合网络通信有限公司南昌县分公司领导班子成员名单**

姓名	性别	出生年月	籍贯	职务
许　敏	男	198.6	江西省南昌市	总经理
江　宁	男	1983.9	江西省南昌县 副总经理	
万敏林	男	1967.1	江西省南昌县	总经理助理

金　　融

综　述

2011年，面对国内外极其复杂严峻的经济金融形势，南昌县银行业金融机构在县委县政府的正确领导下，贯彻落实货币政策，维护金融稳定，改善金融服务，加强金融管理，对县域经济发展的支持显著增强。至2011年12月末，全县金融机构本外币各项存款余额为255.85亿元，较年初增加59.81亿元，增长30.49%，高出全省平均增速10.23个百分点；全县金融机构本外币各项贷款余额为155,41亿元，较年初增加34.25亿元，增长28.27%，高出全省平均增速9.24个百分点。

中国人民银行南昌县支行

【概况】　中国人民银行是中国的中央银行。是发行的银行、是政府的银行、是银行的银行。

中国人民银行南昌县支行是中国人民银行的派出机构，执行全国统一的货币政策，维护本辖区的金融稳定。2011年，中国人民银行南昌县支行在县委县政府的正确领导下，以邓小平理论和"三个代表"重要思想为指导，全面贯彻落实科学发展观，坚持把严格执行金融宏观调控政策与支持地方经济发展有机结合起来，全面履行基层央行职责，实现了政策落实到位、发展超过预期的调控目标，圆满地完成了全年工作任务。

【贯彻落实稳健的货币政策】　一是加强"窗口"指导。2011年，由于宏观货币条件的紧缩，对于发展意愿和动力十分强劲的南昌县而言，无疑是一个巨大的挑战。支行密切关注货币政策调整对南昌县经济的影响、对"三农"、中小企业及流动资金信贷供求的影响，在执行稳健货币政策时，努力引导金融机构增加有效信贷投放，做大做强经济总量，满足经济社会发展的合理资金需求。2011年4月，协助县政府出台《南昌县关于鼓励金融机构支持县域经济发展试行办法》、《南昌县金融机构支持县域经济发展考核奖励办法》、《南昌县中小企业贷款风险补偿奖励专项资金管理暂行办法》三个"办法"，"办法"有效发挥地方财政资金的放大效应和导向作用，鼓励辖内金融机构增加涉农贷款和中小企业贷款比重，对中小企业贷款风险进行补偿奖励，缓解了中小企业贷款难的问题，促进县域经济发展。二是全面贯彻落实信贷调控任务。2011年，支行按照总行差别存款准备金动态调整政策要求，通过按日监测、约见谈话、现场指导等手段警示，严格控制辖内地方法人金融机构信贷投放的总量、结构、投向和节奏，全面贯彻落实信贷调控任务。2011年12月末，县农信社涉农贷款余额30.71亿元，较年初增加6.14亿元，占各项贷款新增额的85.5%。大丰村镇银行涉农贷款余额1.6亿元，较年初增加1.37亿元，占各项贷款新增额的78.3%。

【推动民生金融和县域经济发展】　一是架设银企对接洽谈平台，支持中小企业发展。2011年1月20日，支行和小蓝经开区联合举办了南昌县小蓝经济开发区新春政银保企融资对接会。会上共对接项目18个，金额2.38亿元。2011年10月13日，协助县委、县政府承办2011年南昌县"银企对接诚合作、携手并进促发展"大型银企对接会。全县14家金融机构和北京银行南昌分行、民生银行南昌分行、县域近200家企业的代表和县有关经济部门负责人共300余人参加了会议，促成南昌县政府与各家银行签订支持县域中小企业发展意向资金35.15亿元，其中银行与企业现场签订信贷支持项目22个。于2011年第四季度发放贷款7.55亿元，会议取得了预期的效果。二是鼓励辖内金融机构积极承办创业就业贷款，落实民生信贷政策。为扩大再就业小额担保贷款的覆盖广度，支行鼓励辖内金融机构积极承办创业就业贷款，落实下岗失业人员担保贷款政策，发挥小额担保贷款促进就业创业的作用。至2011年末，辖内有9家金融机构承办再就业小额贷款，发放小额担保贷款24033万元，其中发放个人创业贷款5803万元，发放小企业贷款18230万元，直接支持及带动15707名下岗失业人员和农民工创业、就业。三是开展农村金融产品监测和创新，满足"三农"金融需求。2011年，支行建立了对辖内农村金融产品和服务方式创新专项监测制度，积极引导辖内银行业金融机构创新农村金融产品和服务方式，进一步改进和提升农村金融服务，满足"三农"经济发展的有效信贷需求。辖内金融机构在大力推广原有创新产品的同时，不断开拓新的金融产品与服务方式，不断满足金融需求主体的需要。2011年，辖内创新金融产品仓单质押贷款、合作社信用共同体、林权抵押贷款余额分别为10700万元、1571万元、3932万元。

【优化金融生态环境建设】 2011年,支行认真贯彻落实全省征信工作会议精神,完善企业信用信息数据采集,开展征信知识进乡村宣传活动,加强中小企业和农村信用体系建设,推进辖内信用文化建设发展。一是规范工作流程,提高征信服务效率和水平。支行进一步规范工作流程,完善运行程序,提供贴心服务,提高服务效率。2011年,支行共发放贷款卡352张,担保卡200户,完成556户企业的年审工作。查询企业信用报告45户,查询个人信用信息报告310人。二是加大征信宣传教育力度,提高全社会信用意识。支行分别于2011年6月13~17日、2011年9月组织开展了2011年"信用记录关爱日"征信宣传活动和"2011年征信专题宣传月"活动。三是逐步完善应急机制,防范辖内金融风险。构建了以政府牵头,人民银行为主导,银行业监管部门协调配合,金融机构、公、检、法和政府综合部门参与的工作格局;建立系统性风险预警预报制度,利用表格形式,主动监测辖内金融风险状况,重点加强对金融机构信贷投放、不良资产变动、流动性、安全性等情况的监测,并及时预警,有效维护辖内金融体系平稳运行。

【提升金融管理和服务能力】 一是加强国库监管,服务地方经济。支行切实履行国库监督管理职能,确保各项预算收入及时、准确、足额入库,一般支出和教育、医疗卫生、社保、公共安全和城乡社区事务等重点支出的及时足额到位,有力支持全县经济又好又快发展。2011年,支行共办理预算收入182336笔,金额60.74亿元;预算支出5862笔,金额56.05亿元。二是做好现金管理和反假人民币工作。2011年,支行继续深化"放心用钱、方便用钱、用整洁钱"活动成效。积极开展反假货币宣传,深入开展防范和打击邪教"法轮功"利用人民币进行反动宣传活动,及时监测和掌握辖内人民币流通状况。2011年支行组织辖内金融机构采取多种宣传方式,开展反假币宣传活动,散发宣传资料约20000余份,接受咨询近5000余人次,鉴定可疑人民币82张,金额8200元,按规定接收辖内金融机构收缴的假币520张,金额44835元。三是切实履行反洗钱监管职责。支行加强反洗钱现场和非现场监管,认真组织开展反洗钱知识宣传和培训,建立健全反洗钱内控机制。2011年7月至9月,在南昌县澄碧湖广场和幽兰镇开展声势浩大的反洗钱集中宣传;11月10日对辖内金融机构反洗钱岗位工作人员进行了反洗钱知识业务培训;12月17日组织开展了反洗钱从业人员知识测试,参加测试人员183人,有力的提高了辖内金融机构反洗钱从业人员的知识水平。四是坚持依法办事,规范行政执法行为。支行紧紧围绕执行稳健货币政策、管理与服务并重的工作要求,不断加强制度建设,坚持依法办事,不断提升金融执法工作水平。实行执法监察责任制,在执法检查过程中发放廉政监督卡,由被检查单位填写反馈,确保依法、正确、有效履职。

【强化内部管理】 2011年,一是加强劳动纪律。从加强劳动考勤制度入手,强化组织建设,不断规范员工行为,确保工作秩序井然有序。二是严格财务管理。树立科学发展理财观,严格控制费用开支,大额开支实行集体审批制度,日常费用开支实行民主管理。规范固定资产管理,建立完善固定资产各类登记簿,确保固定资产账账、账实、账卡相符。三是严格安全管理。落实各项安全保卫工作制度,加强监督检查,防范各类案件和火灾事故的发生。四是积极开展排查调处矛盾纠纷工作。对可能引发群众集体上访的问题,坚持早发现、早报告、早介入、早化解,做到防患于未然。五是加强网络建设和网络安全管理。坚决杜绝计算机非法外联,严禁将涉密网络与信息系统的密码口令外泄,不断深化对涉密计算机信息系统的保密管理,确保涉密信息系统安全。

【深入开展创先争优活动】 2011年,一是加强领导班子建设。支行领导班子严格按照"五好、五带头"的标准,不断提高领导班子的自身素质和增强班子的作风建设,努力提高班子执政能力。二是认真落实创先争优活动各阶段工作。支行以开展系列纪念建党90周年活动为契机,按照要求做好点评工作,做到每名党员都被点评,确保点评工作全面覆盖。开展"树标杆、宣传身边的典型"活动。通过组织学习文建明、杨善洲、王宗瑜等先进人物的事迹、组织参观方志敏烈士陵园、重温入党誓词,使党员干部职工进一步增强了党性观念。三是深入开展"为民服务创先争优"活动。以"三亮三比三评"活动为载体,通过征集"向党说句心里话"、佩戴党徽、在办公桌上摆放"党员岗位"座签和设立党员示范岗等形式,亮出党员身份,亮明岗位责任,使党员真正成为业务工作的中坚力量,为党旗增光添彩。

表 69　**2011 年中国人民银行南昌县支行领导班子成员名单**

姓　名	性　别	出生年月	籍　贯	职　务
王国荣	男	1956.12	江西省进贤县	党组书记、行长
蔡芳艳	女	1966.1	江西省南昌县	党组成员、副行长
黄元普	男	1965.11	江西省进贤县	党组成员、副行长
李凤妹	女	1967.11	江西省南昌县	党组成员、纪检组长

（主笔：张建华　审稿：王国荣）

中国银监会江西监管局南昌办事处

【概况】 2011 年，中国银监会江西监管局南昌办事处（简称南昌银监办）结合南昌县的实际情况，积极应对经济金融形势变化，不断创新工作机制，牢牢抓住工作重点，落实各项监管举措，做到防风险与促发展并举，努力增强监管工作的前瞻性和主动性，提高监管方式的科学性和有效性，为促进南昌县银行业的安全稳健运行和县域经济的快速发展发挥了积极而有效的作用。

【强化市场准入与日常监管的联动】 2011 年，在机构准入方面，注重合规经营与风险管控的结合。据统计，南昌银监办全年受理银行业机构申请在辖内设立机构的初审 2 个，机构变更 2 个。例如，经南昌银监办初审，并报经中国银监会江西监管局核准，九江银行和赣州银行分别于 2011 年 5 月和 2011 年 12 月在南昌县设立了支行。

截至 2011 年年末，南昌县已设立 13 个县支行级银行业金融机构，机构网点 107 个（含二级支行、分理处、信用社、信用分社、储蓄所以及自助银行）。全县银行业从业人员达 1176 人。2011 年，南昌县银行业金融机构的布局在全省设县区域中是最为齐全的。

在业务准入方面，注重金融业务产品的创新，并严格按照内控优先的原则，实行新业务准入与风险评估以及覆盖能力的挂钩。

在高管人员准入方面，注重三挂钩，即专业能力、履职情况和职业操守的挂钩。据统计，南昌银监办全年共对 10 名拟任辖内银行业金融机构的行长、副行长、主任的任职资格进行了审查，并报经中国银监会江西监管局核准，同时对南昌县农村信用联社所属信用社的 9 名主任办理了交流任职的审查备案。

【“三个办法一个指引”的贯彻落实取得实效】 2011 年，中国银监会相继颁发“三个办法一个指引”，即《固定资产贷款管理暂行办法》、《流动资金贷款管理暂行办法》、《个人贷款管理暂行办法》和《项目融资业务指引》。为贯彻落实“三个办法一个指引”的贷款新规，南昌银监办对辖内银行业金融机构加大了督促和检查的力度，使之推动辖内银行业机构有效改善了贷款流程的精细化管理，促进辖内银行业稳健发展。

截至 2011 年末，南昌县银行业金融机构各项存款比上年末增长了 30%，高出全省银行业增长 20.26% 的 9.74 个百分点；各项贷款比上年末增长了 28.26%，高出全省银行业增长 19.1% 的 9.16 个百分点；不良贷款占比为 2.09%，低于全省银行业占比 2.42% 的 0.33 个百分点；盈利比上年末增长 57.41%，高出全省银行业增长 48.13% 的 9.28 个百分点。

【案防长效机制建设不断推进】 中国银监会江西监管局决定，2011 年在全省银行业金融机构中开展“银行业案防建设巩固深化年”活动。为巩固和提升 2010 年度全省“银行业内控和案防制度执行年”活动成果，进一步防范和化解风险及案件隐患，南昌银监办在 2011 年度 3 次组织召开南昌县银行业行长（理事长、董事长）联席会会议，讨论有关工作，并 2 次会同南昌县公安局开展“三防一保”执行情况的检查，以及南昌银监办把内控制度的执行情况列入对辖内高管人员年度履职考核评价的内容之一，使之不仅对辖内银行业机构提高案防意识产生了内生动力，而且为促进南昌县银行业提升金融服务功能，做大、做优金融产品，以及加大支持“三农”和中小企业发展的力度等方面发挥了监管的有效作用。

表 70 2011 年江西银监局南昌办事处领导班子成员名单

姓 名	性 别	出生年月	籍 贯	职 务
朱其建	男	1956.11	江西南昌	江西银监局副处调研员兼南昌银监办主任
胡圣国	男	1968.11	江西南昌县	副主任

(主笔:朱其建 审稿:朱其建)

工商银行南昌县支行

【概况】 2011 年,南昌支行依靠全行员工的共同努力,励精图治,团结拼搏,开创出崭新的经营局面,较好地完成了全年的工作任务。具体表现为:资产规模得到扩张、负债业务稳健推进、新型业务长足发展、经营效益迅速提高,同时内部管理、企业文化及内控安全等工作也得到了进一步加强,支行的凝聚力、竞争力不断增强。

实现中间业务收入 2426 万元,完成计划任务的 115.3%;实现费用拨备前利润 8464 万元,完成计划任务的 100.8%。

各项存款余额达到 26.96 亿元,较年初净增 3.10 亿元,其中:储蓄存款(含保本理财)新增 2.04 亿元,完成计划任务的 105%;对公存款余额 8.13 亿元,较年初净增 1.66 亿元。

各项贷款余额达到 15.05 亿元,净增 2.12 亿元。其中公司贷款余额 6.32 亿元,较年初增加 1.56 亿元;个人贷款余额 8.72 亿元,较年初净增 0.56 亿元。

2011 年,支行新型业务步伐加快,得到了长足发展。

国际业务:全年国际结算量为 4392 万元美元,完成计划任务的 67.57%。

理财业务:个人三项理财产品共累计销售 3.9 亿元,完成计划任务的 153%。

网银业务:新开通个人网上证书版 9538 户,企业网上证书版 134 户,WAP 手机短信 8505 户。企网证书版、个网证书均超额完成计划任务。

银行卡业务:全年发行有效银行卡新增 688 张,实现消费额 1.47 亿元,信用卡分期付款金额 1031 万元。

【创新金融服务推动经营发展】 2011 年,南昌支行积极履行“服务社会经济”的社会责任,准确把握当地经济发展的脉搏,因地制宜,加快经营转型步伐,以客户价值最大化为原则,紧紧围绕客户日益增长的金融需求,创新产品、创新服务,大大增强了竞争力,推动了经营管理水平的提高。

一、大力推广使用创新金融产品。一是积极推广“网贷通”产品。明确对能够提供足额有效的房地产抵押的小企业,优先发展具有“短、频、快”特点的“网贷通”业务,有效的为企业节约财务成本;二是对不能提供房地产抵押,但能够提供符合质押商品条件的小企业发展商品融资业务;三是深入周边社区、企业、学校,大力推广商友卡、逸贷卡等优势新产品,扩大了市场占有率,提高了工行的品牌优势;四是积极落实“两个市场拓展”工作,深入周边农村市场,大力推广工行贵金属、田园卡等深受农民朋友欢迎的产品,取得良好成效。

二、创新服务内涵,提高服务品质。一是实现服务手段向人工服务和智能化自助服务相结合的多渠道服务转变。2011 年,该行在向塘地区,优化设施布局,新设立一处自助服务银行,并拟在资源丰富的地区购置两处新网点。二是创新服务理念,正确对待辖区小兰工业园资源丰富的优势以及金融机构众多竞争激烈的现状,通过与管委会、金融办举办各类小企业融资业务产品推介会,变“坐商”为“行商”,向广大中小企业业主介绍各种融资产品的特点、优势,扩大中小企业信贷业务领域。

【积极推进网点渠道建设】 2011 年,面对异常激烈的市场同业竞争,南昌支行认真分析主客观因素,针对现有网点布局的局限性,采取有效措施,积极推进网点渠道建设,以适应市场环境的变化,为业务发展提供硬件支持。

一是对现有网点进行重新布局。该行依据客户资源情况,合理进行网点布局。对已处多家金融机构包围、客户资源被阻截,而无发展潜力的网点进行迁址。

二是积极增设物理网点。该行综合考虑县辖经济发展和城市布局调整,增设物理网点。该行根据着眼未来,在小兰工业园及象湖新城等中高端住宅集住区增设物理网点。

三是增设商品市场自助服务区。该行对南昌县辖内主要商品市场进行调研，依据商品市场经营户规模及交易量情况，设立自助服务区，以支持商品市场营销工作的开展。

四是铺设农村金融服务渠道。该行借力拓展农村市场，依托南昌县供销合作社平台，架构农村市场金融服务渠道。该行在对辖内20多个乡镇涉农金融机构、主要农产品种购经营企业、乡镇集贸市场进行调查摸底的基础上，同县供销社达成合作意向，在重点乡镇的供销社设置自助区，向农村延伸服务渠道，合力推进农村市场的拓展。

【大力发展中小企业资产业务】　南昌支行在信贷规模受限的大背景下，积极转变思路，结合县域经济特点，大力发展具有竞争力和发展潜力的中小企业贷款业务，在有力支持中小企业发展的同时，促进了本行资产业务的结构优化与规模拓展。截至2011年年底，该行新增中小企业客户18户，累计发放贷款15262万元，比年初增加7020万元。

一是积极向上级行争取信贷规模。2011年，该行多方采取措施，向上级争取信贷规模，贷款余额快速增长，同时信贷资金进一步向中小微企业倾斜，不抽贷、不压贷，满足中小企业生产经营的资金需求，累计新增支持18户中小企业，比上年增长100%，加大力度的解决了企业在经营过程中的资金问题。

二是利用服务产品创新优势，为企业创造优质高效的融资环境。工商银行南昌县支行2011年重点推出的“网贷通”，利用现代网络银行为企业提供优质高效的金融服务方案，真正地实现了把银行“搬”到企业，让企业客户享受到集贷款、结算、账务查询、回单服务为一体的一站式服务，同时“随借随还”的特点最大限度的减少了企业的融资成本，减轻了企业的财务负担，深受中小企业的欢迎。

三是创新求变为涉农企业打开信贷绿色通道。作为年产粮极大的南昌县，粮食加工企业较多。南昌支行紧扣地方经济主题，贴近本地市场，将作为涉农中小企业的粮食加工企业作为重点支持对象，大力支持涉农企业做大、做强、做优。针对涉农企业普遍规模较小，缺少有效足值的抵押资产，工商银行南昌县支行大胆创新，积极引入监管公司利用存货作质押，拓展小企业融资渠道。2011年重点支持华强米业、田环米业、三江顺发米业等一批省、市级龙头企业，赢得广大涉农企业的美誉。

四是以客户角度出发，为客户利益着想，打造工行服务形象。由于小企业所处行业众多，实力弱且人员素质相对不高，对宏观经济形势和自己所处行业的分析程度不够，经营上具有一定的盲目性，因此在营销中紧紧抓住小企业这一特点，以高度的专业素养帮助客户分析行业形势和宏观经济趋向，帮助企业找到自己发展的方向，分析汇率变化、利率调整等宏观经济变化对企业经营带来的影响，不但稳固了银企关系，而且实现了银企双丰收。

【中间业务收入实现稳步攀升】
2011年，南昌支行认真贯彻营业部工作部署，把中间业务增收当做全年工作重点来抓，紧紧围绕全年中间业务增收目标，在稳固传统业务的同时不断拓展新的增收渠道，全年中间业务收入取得良好成绩，累计实现中间业务收入2427万元，完成全年目标的115%，同比增加1175万元。

一、确保基础性中间业务的创收力度。南昌支行紧紧围绕基础性业务下工夫，把人民币理财、代理基金、保险以及信用卡分期付款作为日常工作的中的一个重点来抓。一是加强与各大保险公司的合作，深入开展产品营销推介活动，组织员工进行业务培训，全年共实现个人保险收入138.56万元；二是大力发展银行卡业务，充分利用快速营销系统为星级客户发卡，积极宣传网上银行办卡增加办卡渠道，积极利用“逸贷卡”优势拓展分期付款业务；三是要求支行各网点不断强化创收增效观念，充分发挥工行结算品牌优势，全年实现人民币个人结算收入134.59万元。

二、围绕投行业务，扩大常年财务顾问、投融资顾问、企业信息服务的客户群。南昌支行采取综合捆绑营销的方式，不断扩大中间业务综合效果。通过客户排查，确定营销名单，深入了解客户需求，以个性化、多元化综合服务方案营销为重点，并根据客户需求制定“一户一策”的营销策略。同时，不断加大对公中间业务产品创新和联动营销力度，积极抢夺对公客户中间业务市场，特别是对中小企业商品融资后，为中小企业提供电子银行、银行卡、代发工资、融资顾问等一揽子中间业务产品进行重点推介，全年共实现中间业务收入1080万元，充分体现了信贷业务对中间业务的支撑、引导作用。

三、狠抓电子银行市场拓展。一是以柜面捆绑营销为手段，分类确定网点柜面营销目标，落实电子银行日常业务日常营销；二是深入开展批量和集群营销力度，深入企业、学校进行宣传，提高电子银行的市场认知度；三是通过网贷通等产品，充分发挥电子银行的优越性，提升客户对电子银行的忠诚度；四是打造高素质的客户经理队伍，主动为客户解决使用过程中遇到的各种问题，并引导客户全方位的使用各项功能，提高电子银行的综合贡献度，全年共实现电子银行中间业务收入200余万元。

四、加强中间业务收入管理。进一步完善中间业务激励措施，对投行等重点项目实行绩效挂钩制度；健全中间业务监测指标体系，加强产品的动卡率、动户率、渗透率等效率指标的监测考核；严格执行银监会提出的要求，确保各项收费合理、合规，实现经营效益和社会形象双提升。

【营造“五好”大家庭】　2011年，南昌支行在总行“工于至诚，行以致远”的文化框架指引下，突出省行营业部“团队·家”文化主题，以“对外建设成一支具有坚强战斗力的团队，对内建设成一个和谐的家”为目标，不断总结经验，真抓实干，着力丰富企业文化建设内涵，努力将支行建设成新时代的工行“五好”大家庭。

一、思想好。支行一直以来都十分重视员工的思想教育，努力培养一支政治素质好、业务技术精、爱国、爱行、爱岗、无私奉献、奋发向上的员工队伍：一方面，支行有计划上好政治课，强化员工日常思想教育，并有组织地安排员工到小平小道、方志敏烈士墓、瑞金、上饶集中营、古田会议等地接受革命传统和爱国主义教育,使员工树立正确的人生观和价值观,珍惜现有的岗位和生活;另一方面,支行组织员工认真学习《员工行为准则》、《金融违法行为处罚办法》,观看《金融违法警示片》,并通过知识竞赛、墙报、宣传栏等多种形式强化法治教育,提高员工的法制观念,时刻绷紧遵纪守法这根弦。

二、业务好。支行坚持以科学发展观为指导,不仅追求业务发展在“量”上再上新台阶,同时紧抓业务优“质”发展不放松。面对银行业日益激烈的竞争局面,只有在规模上不断壮大才能在市场中赢得一席之地,但是,作为经营货币的特殊企业,银行还必须保证业务发展的稳定和效益。南昌支行坚持“低风险,快发展,高效益”的科学发展理念,一方面充分调动全员的工作积极性和创造性,打开业务发展的良好局面;另一方面不断提高规章制度的执行力,发现问题及时整改,有效杜绝重大风险事件的发生。

三、服务好。支行将优质文明服务摆在影响支行生存和发展的重要位置,使支行上下充分重视,将优质文明服务落实到日常的各项工作中:一方面,以窗口服务为龙头,不断提高一线员工的服务意识和服务技能,充分体现“以客户为中心”的服务精神,塑造工行优质服务品牌形象;另一方面,以二线为一线服务为侧重点,加强二线和一线之间的沟通合作,构建友好热情的服务氛围和工作环境,努力营造大服务格局。

四、身体好。“身体是革命的本钱”,健康的身体是塑造团队坚强战斗力的根基所在。南昌支行充分重视员工的身体健康:坚持每两年为员工进行一次全面的身体检查;在财力紧张的情况下全面修缮职工食堂,改善员工日常就餐环境和质量;建设好员工健身房,成立员工篮球队、羽毛球队、自行车队等并经常开展活动,使员工身体得到锻炼。在营业部组织的拔河比赛中,支行拔河队勇夺第一。全体员工在支行各级领导的关怀下,健康工作,健康生活。

五、生活好。支行一直以来都牵挂着员工的生活,坚持为职工群众办好事、办实事。一方面坚持“六必访”、“六必谈”,送上组织和领导的关怀与温暖;另一方面丰富员工的业余文化生活,积极办好支行图书阅览室,为员工业余文化学习提供良好的环境;组织员工春游踏青和秋游摘果,使员工放松心情,释放压力;开展支行与企业联谊活动,强化了银企关系,丰富了员工生活。

【“五个强化”加强内控案防工作】2011年,南昌支行在大力拓展业务的同时,坚持内控案防工作不放松,不断健全和完善内控案防长效机制,强化案防责任制落实,积极构建和谐健康经营环境,为各项业务快速发展提供有力保障,确保安全运营。

一、强化合规文化建设。通过开展多种形式的学习教育活动,向员工灌输“业务越发展、内控更重要”、“违规就是风险、合规就是效益”的合规文化理念,利用晨会和案件防范分析会,及时传达上级行的有关制度规定和通报典型案例,加强新业务、新知识、新规章的培训,针对性的开展员工警示教育,使员工依法合规经营理念进一步深化,遵章守纪自觉性得到有效增强。

二、强化“齐抓共管”工作机制。该行高度重视内控案防工作,将内控案防工作与业务工作同研究、同部署、同安排。成立了由行长任组长、分管行长、内控专管员任副组长的内控案防领导小组,按照“一级抓一级,一级对一级负责”的原则,明确了支行领导、网点负责人、员工的案防职责划分,建立健全“齐抓共管”案防工作机制。

三、强化案件防范责任制的落实。认真落实案件防范责任制度,坚持每两月召开一次案防分析会,总结回顾前期内控案防工作情况,认真分析当前内控案防形势,结合业务风险点,认真排查业务漏洞,及时消除隐患。加强员工行为动态管理,全方位了解和掌握员工思想行为动态变化情况,发现问题,及时分析,查找原因,采取针对性措施,防范风险发生。

四、强化重要风险点的防控治理。突出抓好重点业务领域和环节的风险防控,重点做好各项业务营销活动、对公账户开立和管理、凭证和印章管理、ATM管理、电子银行业务、银行卡业务等风险防范和监督工作,进一步加强内部控制管理,防范操作风险,规避和减少网点业务操作中的违规违章行为,确保各项业务的安全、有序开展。

五、强化惩处和责任追究。切实加强对各项规章制度执行情况的检查监督和整改落实,有效促进内控案防执行力的不断提高。对工作中出现的差错事故和违规行为,认真落实责任追究制度,尤其对屡查屡犯、屡纠屡错问题,加大惩处力度,对相关责任人,严肃惩处,毫不留情,决不姑息迁就。

表71 **2011年中国工商银行股份有限公司南昌支行领导班子成员名单**

姓名	性别	出生年月	籍贯	职务
熊宜明	男	1971.11	江西丰城	行长
徐胜利	男	1959.10	北京市	副行长
严　伟	男	1967.4	江苏武进	副行长
吴　诚	男	1975.6	江西进贤	副行长
罗件寿	男	1962.3	江西南昌	向塘支行行长
骆苏华	男	1963.2	江西南昌	纪检监察内控专管员
涂序荣	男	1959.10	江西南昌	党建辅导员兼工会主席

农业银行南昌县支行

【概况】　2011年，中国农业银行股份有限公司南昌县支行坚持服务“三农”市场定位，积极开展“基础管理提升年”活动，牢固树立“树主流思想，结主流客户，创主流文化，办主流银行”经营理念，深化机制改革，夯实基础管理，强化市场营销，资产负债业务、中间业务、产品营销、经营效益等经营业务迈上了一个新台阶。截至年末全行各项存款余额达40.5亿元，较上年净增5.2亿元，增幅14.8%。其中储蓄存款余额27.5亿元，对公存款余额13亿元。各项贷款余额达15.8亿元，较上年净增2.2亿元，增幅16.2%。其中单位贷款余额11.7亿元，个人贷款余额4.1亿元。实现中间业务收入3420万元，较上年同比多增1470万元。实现拔备前利润8928万元，同比多增3129万元，增幅54%，排名省分行营业部县域支行第1位。新增POS机19台、支付通397台、个人网银14056户、手机信使14896户、手机银行12142户、新增借记卡53641张；代理保险业务7856万元、累计销售本利丰理财产品5.6亿元。

【推进“村村通”工程建设】　农行南昌县支行从2011年1月开始，借力电子产品渠道和南昌县“新农保”项目平台，探索服务“三农”新模式，在较短时间内完成南昌县广大农村地区“村村通”工程建设阶段性工作，取得明显成效。一是以“惠农卡”为载体，增加ATM、转账电话等金融机具布放，依托科技手段延伸服务。以“农行+乡镇农保所+农户”为主要服务模式，提升服务能力，扩大服务半径和覆盖面，在县域乡镇村设立“三农金融服务点”300多个，布放惠农支付通310台，发放“新农保”社会保障卡99859张，使电子产品机具网络做到“村村通”、“全覆盖”，为农户就近领取养老金提供方便。二是加强业务培训，提升协管员素质。为普及“新农保”业务知识，县支行邀请农保局对农行网点主任、会计主管等人员多次

进行“新农保”专题业务、法规政策宣讲，对农保所所长、协管员进行养老金收缴、账务处理、账务核算等银行知识进行培训，提升服务水平，确保收缴资金及时到账、账务核算清晰。三是优化业务操作流程。在操作上通过联网核查系统，对农户姓名与身份证号码系统进行自动比对，自动审核确认农户身份真实性，实现名单传递、信息反馈的及时性、安全性。南昌县支行通过代理“新农保”业务，使广大农户在享受国家政策优惠的同时，体验和领略农行多项金融服务，对此《中国城乡金融报》、《江西日报》、《南昌日报》先后进行专题报道。

【积极支持小微企业发展】　2011年，农行南昌县支行针对小微企业金融需求，积极拓展思路，从金融产品到金融服务等多方面满足县域小微企业以“短、频、急、小、快”为特点的服务需求，有效支持小微企业发展。以简式快捷贷款为主打产品，抓好小蓝工业园区、农业产业化龙头企业营销，多渠道解决县域企业融资难题。在“南昌县2011年银企对接会”上，与南昌宝迪农业科技有限公司等多家企业签订《银企合作意向书》，潜心打造小微型企业银行，逐步扩大以联保、互保、信用贷款为主体的信贷构成，实行多样化、差别化信贷服务。注重在小微企业起步成长阶段，主推创业贷款、个人生产经营贷款、个人综合授信贷款、小企业简式快速贷款；在小微企业扩张阶段，依托企业授信贷款、企业流动资金贷款进行扶持；在小微企业资本运作阶段，重点推出信用贷款、企业集合票据、公司债券及现金管理、财务顾问高端理财产品。

【坚持以“四贴近、四创新”推进工会工作】　2011年，农行南昌县支行工会工作围绕全行业务经营中心，以“贴近大局、贴近实际、贴近基层、贴近员工”和“创新思维、创新载体、创新方法、创新目标”为平台，通过深入做好思想政治工作，传导政策，沟通思想，统一认识，维护员工合法权益，使全行上下能共享改革发展成果，心情舒畅在农行改革发展大业中奋发作为，不断增强队伍的凝聚力和向心力，营造学习和“比、学、赶、帮、超”良好氛围。一是着眼长远，创新工作思维。从改革、发展、和谐、稳定、全局角度，全面推广农行企业文化核心理念系统，维护员工合法权益，全方位激发员工的工作积极性和创造性；围绕全行业务经营中心，推进民主管理、职工参政议政，认真履行工会组织维护、建设、参与、教育四项职能，引导员工以主人翁姿态，关心农行事业发展；倡导节约办公，按照“建设资源节约型社会”要求，提高资源利用效率，以节约资源、能源，实现资源综合利用为重点，完善绿色办公相关制度，减少资源及能源的消耗，做到办公无纸化、会议视频化、节能常态化。二是立足实际，创新活动平台。组织员工开展健康有益文艺体育活动，倡导以娱乐为主，增进交流，增进友情，增添活力，活跃员工业余生活，组织参加省行营业部组织的体育运动会，取得团体总分第六名；加强员工新业务、新知识学习和培训，提高客户产品营销技能及客户管

理、维护能力。三是心系员工,创新工作方法。工会积极配合行领导深入基层,了解情况,开展与员工面对面的谈心交心,帮助员工解决工作、生活实际困难;春节期间由工会组织对离退休老干部、烈军属、困难职工和偏远地区网点一线员工慰问,对患病员工给予生活困难补助金,并先后为本行员工和兄弟行员工组织捐款2.5万元,体现组织关怀。四是打造品牌,创新工作目标。以"创先争优"、创建"青年文明号"为载体,积极开展员工建功立业活动,营造以人为本、团结向上企业文化氛围;推进合规文化建设,强化员工职业操守,组织由全行200名员工参加的合规文化宣讲大会,进一步增强依法合规意识,倡导"学制度、用制度、树理念、讲合规"的氛围,增强爱岗敬业、诚实守信、勤勉尽职的自觉性,推行规范化导入服务,创建"开拓、高效、廉洁、和谐"服务窗口。

表72　**2011年农行南昌县支行领导班子成员名单表**

姓名	民族	职务	出生日期	籍贯
张　玉	汉族	党委书记、行长	1966.3	江西赣县
黄　建	汉族	党委委员、副行长	1971.12	江西兴国
李金良	汉族	党委委员、副行长	1975.11	江西南昌
刘志强	汉族	党委委员、副行长	1972.12	江西南康
范　林	汉族	行长助理		
胡文玮	汉族	独立审批人	1968.1	江西南昌

(主笔:涂印平　审稿:黄　建)

农业发展银行南昌县支行

【概述】　2011年,中国农业发展银行南昌县支行紧紧围绕国家调结构、扩内需、保增长、促稳定宏观经济政策,认真贯彻落实总行、省分行、省分行营业部年初行长会议精神,按照总行提出的"两轮驱动"(确保国家粮食安全、积极支持社会主义新农村建设)发展战略,扎实执行省分行"发展、创新、管理、和谐"工作思路,积极开展"创先争优"活动,领导班子以身作则,率先垂范,引导全体党员实践"五带头"促进党组织建设实现"五个好",贴近群众,服务"三农",充分发挥农业政策性银行支农支柱作用。该行全年累计发放贷款126800万元,其中:粮食收购贷款32750万元,新农村建设项目贷款60000万元,农业产业化龙头企业及农村中小企业贷款34050万元,支持企业收购粮食16471万公斤,新农村建设重点项目2个,涉农企业39家,着力保障农民售粮渠道畅通,维护粮食市场稳定,促进县域经济发展。截至2011年12月31日,该行各项存款余额55357万元,各项贷款余额170567万元,实现税后净利润4071万元,经营业绩再创历史新高。在促进业务经营较快发展的同时,该行在全行深入开展"合规管理年"活动和"案防建设巩固深化年"活动,狠抓基础管理和内控建设,实现"四无"(无刑事案件、无经济案件、无严重违规违纪问题、无责任事故)目标,被县委县政府授予"金融机构支持县域经济发展先进单位一等奖"、"支持重点项目推进奖"、"中小企业融资服务奖"等荣誉称号。

【召开第五届职工大会第一次会议】　元月24日,中国农业发展银行南昌县支行第五届职工大会在五楼会议室召开,会议由副行长杨任兰主持,该行全体干部职工参加会议,省分行营业部副总经理刘京华、组织部高级主管刘兴宜应邀出席会议。会议审议并通过了2010年度《行务工作报告》、《纪检监察工作报告》、《财务工作报告》、《工会工作报告》,研究制订了2011年度发展规划,提出新一年的工作思路,明确工作任务,落实工作措施,选举产生省分行营业部第五届职工大会职工代表,会议圆满完成各项任务,得到省分行营业部与会领导的充分肯定。

【扎实推进"创先争优"】　2011年,该行在广大党员中扎实推进"创先争优"活动,组织党员认真学习杨善洲、李林森等同志先进事迹,开展了"争创先进集体、争当服务能手"、"学典型、见行动"等专题活动。全体党员向党支部递交了《"创先争优"承诺书》,并在职工大会上宣读,向社会公布，同时积极实践承诺，形成了浓厚的氛围，取得了明显效果。5月16日，该行被省分行党委评为“创先争优·金融服务先进集体”，副行长杨任兰被省分行党委评为“创先争优·金融服务能手”，6月28日，黄凤桃被省分行党委评为“创先争优·优秀党员”。

【深入开展“合规管理年”暨“案防建设巩固深化年”活动】　5～11月，该行在全行职工中深入开展“合规管理年”和“案防建设巩固深化年”活动，组织干部职工认真学习有关政策、法规以及上级一系列制度性文件，切实加强员工的职业道德教育、廉政教育和法治教育，进一步完善了本行各项工作制度，开展了案件线索和风险隐患清理排查，不断强化有关法律法规和制度落实执行的检查督导，加大违规违纪行为查处力度，提升全行员工的制度执行力。同时，与辖内所有客户签订了《银企廉政共建设协议》，在广大客户中聘请了行风建设义务监督员，不断强化内外监督机制，形成了“人人讲合规、事事抓合规、处处求合规”的良好局面，为全行各项事业实现科学发展奠定了坚实基础。

【领导班子调整】　5月6日，该行原副行长曹斌改任业务经理兼风险经理（享受行长待遇），不再兼任支委会委员职务。副行长杨任兰由原副行长兼支委会宣传委员调整为副行长兼支委会组织委员，项文杰调入该行任副行长兼支委会宣传委员。7月5日，该行原副行长杨任兰调西湖支行工作，项文杰改任副行长兼支委会组织委员，陈莉调入该行任副行长兼支委会宣传委员。

【打造精品银行形象】　自10月初开始，按照省分行的工作部署，该行以企业文化建设为抓手，着力打造精品银行形象。组织全行员工认真学习实践总行“至诚服务、有效发展；以人为本、构建和谐”核心文化理念和员工行为规范，各岗位、各部门结合自身工作实际，精心提炼行为文化理念，实行了服务承诺制，着力强化文明规范服务，不断加强客户经理一站式服务制；客户服务限时办结制，努力提高服务质量，扎实开展营业场所环境建设，不断完善便民服务设施，为客户创造一个美观、舒适、安全的服务环境。同时，积极开展文明服务示范窗口创建工作，在全行形成了比工作作风、比优质服务、比业绩贡献的良好局面，有效促进了各项业务又好又快发展，至11月底，该行提前全面超额完成上级行下达的各项目标任务。2011年度，该行被总行授予“女职工文明示范岗”荣誉称号。

表73　**2011年中国农业发展银行南昌县支行领导班子成员**

姓名	性别	出生年月	籍贯	职务
熊本荣	男	1962.12	江西南昌	行长兼党支部书记
项文杰	男	1973.2	江西南昌	副行长、党支部委员
陈　莉	女	1974.10	江西南昌	副行长、党支部委员

（主笔：章黎明　审稿：刘奔腾）

中国银行南莲支行

【概况】　2011年是中国银行南莲支行发展史上极为特殊的一年，支行在本部大楼整体装修改建的背景下，既要抓基础建设，又要抓业务发展。面对复杂的发展形式，南莲支行新一届领导班子科学规划、迎难而上、唱响发展主旋律，以江西省分行新一轮战略规划为指引，紧紧围绕“主动发展、大气拼搏、转型创新、争先进位、稳存促存、强基固基”的工作目标。有效抑制了工程改建带来的不利因素，各项业务继续保持持续协调健康发展，在前进的道路上迈出坚实的步伐。负债业务稳步增长、资产业务强力均衡发展、中间业务收入大幅提升、内控文化建设成绩显著。截至2011年12月31日，该行人民币各项存款161434万元，各项贷款125330万元，实现净收入4839.81万元。

【支行大楼整体装修】　2011年7月，在省行关心下，南莲支行本着重质重量原则，全面启动支行大楼整体装修改造工程，大楼整体外观设计简约大气，成为主街道地标性建筑；内部楼层分布科学合理，分工明确；各楼层布置宽敞明亮，功能齐全，给客户提供了舒适的服务环境，为南莲支行提高整体形象和促进业务发展起到了极大的推动作用。

在硬件设施逐步完善的条件下，大力推进网点改造和渠道建设的同时，加速推进流程银行建设和精细化管理，通过完善网点专业化队伍建设，提升网点服务客户能力。提高员工综合素质和文化认同、增强员工的信心和成就感。

【资产业务强力发展】 2011年,南莲支行紧紧抓住南昌县域经济发展的大好时机,各项业务超常规发展。通过授信资源的有效配置,有效拓展客户群,以公司项目促进个金业务发展,以个金资产带动公司业务增长,以重点项目的联动营销带动团队指标的协作完成,业务发展态势良好。2011年12月末,中国银行南莲支行人民币贷款余额为125330万元,累计发放贷款(不含票据贴现和贸易融资)65668万元。实现新增37910万元,增幅43.36%,各项贷款新增市场份额列四大行之首。其中人民币公司贷款余额51215万元(含贴现2510万元),较上年新增15415万元,增幅43.06%;人民币个人贷款余额71605万元,较上年新增21146万元,增幅41.91%。贷款结构持续优化,综合收益能力不断提升。2011年以来,支行持续保持追赶态势,坚持量的扩张和质的提升并重,加快发展进程,不断扩大中国银行在南昌县的影响力,进入业务发展的良性循环。

【组织架构重新布局】 2012年支行业务发展部将由目前的对公、对私两大团队组合转型,单独设立支行公司业务部、个人金融部,实施精细化管理,真正实现与上级分行各条线各项业务指标、考核方案等具体职能的全面对接。虽然中国银行南莲支行行网点硬件建设工作起步较晚,但网点硬件建设进展飞速,截至目前,除支行本部营业场所装修改造完工以外,建设完工一个(小蓝支行已装修开业,主要服务小蓝经济开发区入园企业),启动项目一个(向塘支行原址扩建改造工程),购置储备一个(澄湖国际商业街网点项目),逐步形成老城区网点拓展空间,新城区提前布局的合理规划,进一步提升了中国银行在当地的品牌影响力。

大力推进离行式自助银行建设,2011年已完工建设一个,在建项目一个,另有两个项目正洽谈中,可进一步提高我行全天候金融服务能力,减轻一线员工工作压力,有效提升客户体验和员工体验。

【推进企业文化建设】 2011年,支行贯彻落实上级新一轮战略规划,紧紧围绕省分行党委提出的"一个效能、两个体验"为核心,全面提升市场核心竞争力与市场份额。加强员工业务技能、业务素质的培养和提高,积极参加省行各组织安排的业务培训以及各类金融活动,着力提高员工的综合素质。另外,利用节假日在业余时间组织全行员工参与安全保卫、消防培训,组织金融业务知识学习,并以业务为中心进行主题辩论赛、积极健康向上的文娱活动等,进一步丰富员工的业余文化生活。

同时加强员工思想教育、强化内控机制,推进"精细化过程"管理,切实提高执行力,大力促进我行各项业务持续健康发展,朝着上级领导提出的"人均利润100万元,人均存款3000万元"的目标努力,用三年左右时间,将南莲支行建设成为业绩优异、管理规范、运营安全、客户满意、社会称赞、广大员工充分实现岗位价值的一流银行。

表74 **2011年中国银行股份有限公司南莲支行领导班子成员名单表**

姓名	性别	出生年月	籍贯	务
付志军	男	1969.5	江西南昌	行长、支部书记
张松萍	女	1969.1	浙江宁波	副行长、支部委员
范　坤	男	1981.10	江西九江	副行长、支部委员

(主笔:秦　臻　审稿:罗琦刚)

建设银行南昌县支行

【概况】 2011年,中国建设银行南昌县支行认真执行中国建设银行南昌洪都支行党委制定的工作部署,奋力拼搏,团结进取,各项工作取得了较好的成绩:截至2011年12月31日,建行南昌县支行全口径存款余额214514万元,比年初新增29,024万元;各项贷款余额为126,426万元,比年初新增13,487万元;实现中间业务收入2,440万元,账面利润5,927万元。强化了各项内部管理,确保了各项工作安全运营。

【大力抓好营销】 在2011年新年伊始,建行南昌县支行在总结2020年工作的同时,结合上级行要求,认真讨论、布置好了2011年的营销工作。首先,在现今激烈的市场竞争中,银行负债业务在"难中之难"中迎难而上。在抓个人存款方面,一是早动手、快安排。2011年初,及时推出旺季营销竞赛方案,起到了打好基础、抢夺"先机"的效果。如2011年初装饰一新的澄湖储蓄所,赶在春节前的1月中旬开装营业,为旺季增存添加强力的帮手。二是持续抓好稳存增存,做到"系统争名次、当地争份额"。在2011年全年的个人存款增存中,建行南昌支行个人存款净增始终排名建行全省县级支行前三甲、当地市场份额"数一数二"的位置。三是搞好VIP客户服务营销,通过勤联系、多走访维护和拓展VIP客户。同时,大力抓好对公存款。一是加大对"三大"开发区(小蓝开发区、向塘开发区、英雄开发区)园区招商引资重点企业的营销力度。二是加强走访,持续挖掘优质客户潜力,从源头寻找上下游客户。三是通过对公客户经理的"外联"和会计结算柜台的"内引",赢得客户来,留得客户住。

其次,在贷款规模趋紧的情况下,资产业务在"价格优先"中择机而动,努力增加个贷中间业务(理财费)收入。2011年,建行南昌县支行共投放个人贷款18348万元,净增7960万元,实现中间收入119万元,超额完成原定计划任务。在积极做好营销的同时,通过提前预警、及时催收、他行置换、依法诉讼等途径,自始至终地做好了不良贷款的压缩。截到2011年12月末,建行南昌县支行不良贷款余额仅71万元,不良率0.05%,达到了贷款规模不断扩大,不良额(率)持续下降的理想效果。

最后,在扩大增收渠道中,中间业务在"重中之重"中负重前行。

一是通过校园发卡、个贷营销、"预审批"系统、柜面推介和团体促销等多种形式,持之以恒地营销借记卡、贷记卡。二是保持电子银行产品持续、旺盛发展的态势。2011年,建行南昌县行延续取得电子银行个人网银盾客户新增、手机银行客户新增、个人短信客户新增三项产品建行全省县支行名列前茅的好成绩。三是向商户积极推介电话支付、POS机等支付工具,向VIP及有需求的客户营销"乾元"、"赢"系列、基金定投产品等。四是强力推动对公中间业务发展。表现在:继续稳固并做好已有的保函业务;重视企业电子银行产品的营销,提供针对性极强的电子银行产品建议并且提供优质的维护来不断推广企业电子银行产品。2011年,建行南昌县支行在企业高级网银、现金管理系统、支付密码器、结算卡、电子回单箱等产品营销方面,都较好地完成了上级行下达的计划任务。五是加大国际业务营销力度。截至2011年12月,建行南昌县支行国际业务结算量达到3000万美元,结售汇2241万美元,累计发放美元贸易融资贷款374万元,中间业务收入超过40万元。

【注重优质服务】 2011年,在对客户优质服务方面,一是个银业务网点巩固转型效果,通过业务分类、分区,VIP客户营销策略的落实,更新改造自助设备等,不断提高客户满意度;二是对公会计业务进行推进转型,通过高低柜分离,业务重组,有效开辟营销渠道;四是通过调阅录象、现场监看等形式,组织相关人员定期下网点检查环境卫生及文明优质服务情况并及时通报检查结果,每月对在检查、评比中排名靠前和落后的网点分别予以奖励和处罚,每季对表现优秀和不佳的员工分别予以表彰和警示。

【强化内部管理】 2011年,建行南昌县支行在内部管理方面,一直都强调并且重视,要求各个部门及网点开好例会,注重压力传导。一是通过例会,适时向中层干部传达、布置上级行的阶段性任务,总结前期的工作,讨论、拟定下步的工作措施。二是加强规范管理,加大检查监督力度。定期对全行人员进行行为排查,有效控制和防范风险。而且有计划、有步骤地组织全行员工参加建行的"从业禁令"学习。三是关爱员工,凝聚合力。2011年,在上级行工会组织的大力支持下,增设了向塘支行职工食堂,同时对县支行食堂进行了修缮、改造。业务之余,支行班子成员与部门负责人一道,走访员工家庭,了解员工的思想动态、家庭困难,尽量解决员工的后顾之忧。四是注重员工素质的提升,履职能力的提高。通过组织有关业务培训、考试,让培训面达到100%,鼓励员工自我"充电",参加国家学历教育;同时确保员工能有机会参加上级行组织的各项培训;并且组织辖内先进网点介绍营销或管理经验,促进各网点的共同进步。

表75 **2011年建行南昌县支行领导班子成员名单**

姓名	性别	出生年月	籍贯	职务
姜建平	男	1968.2	江西南昌	行长
万福泉	男	1962.7	江西南昌	副行长
官丽华	女	1966.3	江西南昌	副行长

(主笔:王 慧 审稿:魏 晶)

交行南昌南莲支行

【概况】 2011年,南莲支行在分行党委的正确领导下,认真贯彻落实省分行年初、年中等工作会议精神,围绕着分行党委确定的"二次腾飞,四年倍增"的发展目标,结合南昌县城市建设发展的要求,认真研究,精细安排,举全行之力,破解难题,克难奋进,交行实现经营管理各项目标。

【主营业务指标执行情况及特性】 截至2011年12月31日,实现各项存款余额134992万元,比年初新增26323万元;发放各项贷款163707万元,比年初新增47163万元;实现利润5020万元,完成分行下达的计划。逾期贷款控制额在1万元以内,资产质量得到提升;个金指标得到同步发展,实现各项指标均衡发展,在分行排名前列。

【主要工作成效】 为了确保全年各项计划指标落到实处,支行领导班子进一步完善了考核办法和激励机制,动员并带领全体员工,积极投身到"兔运昌兴—春天行动"、"夏季决战"、"秋季揽胜"和"冬日备战"劳动竞赛活动中去,齐心协力,克难奋进,精心备战,狠抓业务拓展,取得了良好业绩:

在分行一季度"兔运昌兴—春天行动"旺季营销竞赛活动中,获全辖对公贷款增量第二名,对公中间业务收入第二名,零贷增量第二名,零贷争先进位第二名,储蓄增量第三名,储蓄争先进位第五名,对公存款增量入围奖共7个单项奖,在分行本部一季度经营目标考核中,综合得分111.44分,名列第二名。

在分行"夏季决战"营销竞赛活动中,支行上下再接再厉,积极营销,取得了良好的业绩,在分行本部二季度经营目标考核中,综合得分114.64分,名列第三名。

在分行"秋季揽胜"营销竞赛活动中,荣获全辖小企业新户拓展竞赛第一名,储蓄存款争先进位奖第二名,储蓄存款单季贡献奖第三名,在在分行本部三季度经营目标考核中,综合得分100.5分,名列第五名。

【推动负债业务的发展】 2011年,支行始终把存款业务发展放在首位,建立了"一把手存款、全行抓存款、全方位抓存款"的工作机制,本着"天天抓时点,自然成日均",研究制定了各种措施,通过抓存款大户、抓授信资源、抓公私联动、抓新户拓展等一系列行之有效的措施,以推动负债业务的发展。

【巩固和发展财政性存款】 财政存款是各家银行激烈竞争的焦点,支行领导以巩固和发展财政性存款为着力点,抓住南莲支行对政府土地储备和基础设施建设给予信贷支持的现状,与当地政府、县财政局、县土管局的主要领导保持经常性的联系、走访,密切银政关系,加强优质服务,特别是有针对性地加大土地保证金款项的营销,对我行时点、日均存款的完成起了决定性作用。截至到12月末,实现了财政等行政事业单位在我行存款约6亿元。

【挖潜授信客户资源】 2011年,支行把提升授信客户在南莲支行结算作为客户经理考核指标,下达了授信客户在南莲支行存款计划,采取客户经理跟踪和柜员联系相结合的方式,增加客户在南莲支行存款结算量。如:县城市建设投资公司增长1379万元,赣发农机增长680万元,南昌洪鑫海增长增长510万,中超实业集团增长400万元,江西变电设备增加450万元,以及展业通客户均较年初保持了一定的增量。

【对公有效客户进一步得到拓展】 2011年,支行领导带领客户经理,积极捕捉市场信息,拓展了南昌卓越房地产有限公司、江西变电设备有限公司、江西煤炭储备中心有限公司等23户对公有效客户在南莲支行办理结算,进一步增加南莲支行存款新增存款。新增存款余额7728万元,新增日均1700万元。

【加大储蓄存款业务拓展】 2011年,一是支行加大了专项考核营销,制定了各季度业务发展指标促进方案,调动全员积极性,促进了储蓄存款发展,一至三季度累计从行外吸收储蓄存款8800万元;四季度发动员工积极营销,充分利用理财产品优势,吸收行外资金,锁定月末储蓄存款3900多万元。二是加强公私联动,通过对公授信、展业通客户引见、支持,发展储蓄存款。如:抓住南昌卓越房地产有限公司不放松,以楼盘"海域香廷"为重点,预计通过个人按揭贷款吸收存款900万元,同时,通过展业通客户挖潜,增加保证金储蓄存款。三是发展代发工资,提高留存率。新增代发工资户1218户,完成年计划174%,促进了对私日均存款的增长。四是加大理财产品的营销宣传,吸收行外资金,促进私金存款增长。

【狠抓优势项目投放】 2011年,支行抓住南昌县城市建设良好发展机遇,支行领导与南昌县政府签订了"江西省南昌县中小企业融资合作意向书",以小蓝开发区中小企业为重点,分析市场,筛选客户,狠抓优势贷款项目投放,被南昌县委、县政府评委"金融机构支持县城经济发展先进单位"。

一是加强重点项目投放。如:成功拓展南昌卓越房地产有限公司,综合授信3.5亿元;南昌洪鑫海实业有限公司贷款1亿元;江西变电设备有限公司贷款9000万元。二是瞄准优质小企业营销拓展,营销到江西体能保健饮料有限公司并综合授信1500万元、南昌恒辉热镀锌公司贷款综合授信1100万元、南昌海洋塑胶公司贷款300万元、南昌盛开实业公司贷款400万元及江西旺盛电磁铁有限公司贷款600万元等一批优质中小企业在南莲支行办理结算和信贷业务。三是加大新技术、新能源等新兴产业客户营销拓展,抓好优势项目投放。如:发展江西纳百川实业有限公司贷款1000万元和南昌迎新利精密制造公司贷款1800万元和江西高明新材料公司贷款300万元等一批授信单位。四是加强项目储备工作。支行成功营销到江西中路混凝土有限公司、江西莲鹏实业有限公司、南昌富森实业有限公司和江西省元亨钢网有限责任公司到支行结算,授信材料正在申报之中。五是通过信贷投放,完成对公中间业务收入490万元。

【促进个金业务均衡推进】 2011年,一是采取公私产品交叉融合策略,提高对公客户依存度。对授信合作客户以授信带动产品融合运用,代发工资、缴税通、蕴通账户、三方存款、电子票据等。同时产品运用带动个金业务发展,如卡代发工资不仅带动个人结算和储蓄存款,还直接推进双币卡、个人网银、沃德、交银、快捷等理财客户发展,拓宽了基金销售、个人三方等销售渠道。二是采取"一箩筐"个金产品交叉销售策略,提高个人客户贡献度。对办理个金业务客户,分析高中端客户不同需求、不同风险偏好，综合推荐银信通、个人网银、手机银行和个人三方产品，销售保险、基金理财产品，使个人客户分享"一箩筐"服务，提升了客户贡献度。通过上述一系列举措，促进了个金业务均衡发展：截至11月末，人民币储蓄存款在分行排名第五；私人银行客户数在分行排名第七；借记卡新增1445张，在分行排名第二；双卡新增320张，在分行排名第四；托管基金销量225万元，在分行排名第二；代发工资1199.33户，在分行排名第四；有效客户新增808户，在分行排名第三；保险业务收入35.08万元，在分行排名第四。

【落实奖惩制度】　2011年，一是树立信心，端正态度。2011年支行业务发展面临着前所未有困难，为此，支行领导利用晨会、周会和月会多次进行动员，要求干部员工必须具备以交行的发展为己任的高度责任感，不畏竞争，不畏强者，敢于"亮剑"，以排山倒海的气势，坚忍不拔的精神，参与市场竞争，争取发展空间，极大鼓舞员工士气，创造了业务发展"把无变有，把不可能变成现实"的奇迹，实现员工各季度累计揽储1亿多元。

二是精心管理，分解指标，落实责任。为了努力完成分行下达的计划指标，支行将计划指标任务量化分解，落实到每个网点、每个客户经理和每个员工，实行人人有计划，个个有目标。为了计划指标的具体落实，坚持了支行召开班子碰头会、客户经理每周分析会和全体员工大会，从"四盯"，"四有"入手，即：一是盯住计划，有分析；二是盯住成果、有日报；三是盯住绩效、有奖励；四是盯住排名、有考评。促使指标有效推进。

三是加强领导，严格考核。进一步完善充实支行绩效考核分配方案，分别制定了南莲支行行绩效计奖评价考核办法、三季度客户经理日常管理十条、各季度指标促进措施和揽存营销方案，并采取三项措施加以落实：一是按岗位设置指标计划，实现岗位人员指标任务明晰；二是结合分行计件计价奖标准，制定推行指标"价格化"，实现业绩、价格分配透明公平；三是制定业绩评价体系，按业绩归档归类，从个人营销销售主导作为、岗位营销销售主导作为、岗位参与营销销售作为、岗位配合营销销售作为四个方面分档分类进行评价。调动了全员营销积极性、强化了"以绩效论英雄"的价值观，形成了责任明确、考核具体、措施有力、奖惩分明的绩效考核制度。

【强化风险控制】　2011年，支行贷款余额156011万元，新增39467贷款万元，继续保持无不良贷款记录，收息率基本达到100%，被省分行评为低风险级先进单位。一是加强授信管理，加强贷前调查，把好进人关。二是加强贷后监督管理，根据分行风险管理部有关部署，支行相继开展公司业务、零售信贷业务的风险排查工作，将风险管理关口前移，对南昌县城市城市建设投资发展有限公司减持压缩贷款6000万元、金利达康城置业有限公司减持压缩贷款2000万元，有效防范信贷风险。同时，要求客户经理对每一户授信客户的每一笔授信业务做好贷后监控，并列为日常事务重中之重，执行客户经理日常管理考核，规范授信从业行为，坚持事前预防与事后管理并重，把风险防范贯穿于信贷管理全过程，保证了授信业务安全运行。三是加强结算等考核责任到人，关注授信客户的结算情况及资金流向，监督客户有无违规结算行为。

【树立"大服务"意识】　2011年，为了准确、及时和快捷为客户提供文明优质服务，支行分管行长与各网点负责人签订了服务目标管理责任书，将服务考核内容分解并落实到每个员工，责任到岗，考核到人，同时，制定了"2011年南莲支行客户满意度考评办法"，在全支行开展服务"督监控、比标杆"活动，通过开展行长挂牌坐堂、柜员立式服务和客户经理"客户沟通联系每周汇报制度"，进一步提升了员工服务质量和水平，提高了客户满意度。在分行一季度服务考评中排名第一、三季度服务考评中名列第二以及前三季度服务综合排名第二的好成绩。

【加强会计人员管理】　2011年，支行务实会计基础，加强会计人员管理。随着业务系统不断改进和新产品新业务不断推出，且支行会计人员流动大，新员工较多，夯实会计基础显得尤为重要，为此支行采取一系列措施：

一是通过细化内控管理措施，培养员工风险意识，坚持每月查库、调阅监控录像制度，坚持会计主管例会制度、坚持会计薄弱环节、重点环节检查制度，坚持会计人员交流制度，加强对重点岗位、业务薄弱环节的风险排查，有效地防范会计风险发生。

二是开展形式多样的活动和培训，全面提升员工素质。支行组织会计人员开展"查屡犯、纠不良、保合规、促发展"专项治理工作、开展了"一帮一"师徒竞赛活动，实行了会计业务理论知识竞赛，以赛代考，促进了会计人员风险防范能力和业务素质有了显著的提高。在2011年分行会计部组织考试成绩在分行排名前列。

三是持续开展会计示范行建设工作，支行员工段超被评为"会计示范岗"。

【促进合规经营】　2011年，以合规文化建设为动力，促进合规经营。一是按照分行下发《交通银行江西省分行"案件建设巩固深化年"活动实施方案》、《开展"学规章、遵操守、促倍增"集中宣传教育活动的通知》和《交通银行江西省分行员工行为管控工作行动》的要求，支行组织全体观看《交通银行员工合规手册》漫画展、警示教育片《错步》，学习《交通银行员工违规行为处理办法》并并进行闭卷测试考试，对合规操作进行承诺、撰写学习体会，组织员工参加分行举办法律合规知识竞赛并取得第二名的好成绩；二是按照分行下发《关于开展员工行为管控专项行动工作的通知》的要求，组织公司、零贷、个金和会计条线员工对照有关要求，深入开展自查工作，未发现员工违规行为。通过一系列活动，进一步提高合规操作意识，规范员工行为，增强了对规章制度执行力，被分行评为会计示范行。

【营造团队精神】　建设一个良好的团队，是实现工作目标的基础，2011年，支行的目标就是要造就一支勤思善学、团结协助、积极向上、富有竞争力的团队。从五个方面入手：一是营造团队意识，提高执行力。即统一思想认识，明确共同目标任务，岗位协调,员工团结,弘扬正气,奖励先进,培养诚信务实、雷厉风行的过硬作风。二是造就一支学习型组织,知识型员工。在分行举办"头脑回炉,学习再造,二次改革,助力倍增"知识竞赛活动中,荣获三等奖;在会计条线实施的"巧手天天练"活动中,支行员工段超、姚淑君多次获得"点钞冠军"称号。三是树立信心,态度积极。在支行业务存款业务发展面临困境时,全体干部员工坚定必胜信心,克难奋进,积极营销,把无变有、把不可能变成现实,促进储蓄冲垮你业务快速发展。四是全员营销,责任到位,绩效到人。指标分解到人,个个有任务,人人有目标,天天有通报,以业绩论英雄,以业绩计奖,奖惩分明。五是营造大局意识,提高凝聚力。组织有益活动,开展"个个争当客户经理,人人争创客户群体"劳动竞赛活动、开展春季趣味运动会和秋季运动会,开展员工生日慰问和家访谈心活动等等,培养以行为家、以行为荣和单位发展是我的责任的意识,提高单位员工的凝聚力。

【充分发挥党组织战斗堡垒作用】 2011年,支行党支部始终把加强党员组织建设、思想建设和作风建设作为工作重中之重,通过开展"争创先进党组织、争当优秀交行人"创先争优主题活动为契机,开展党员承诺、挂牌上岗,开展"唱响红色经典歌,照亮倍增发展路"歌咏竞赛活动、开展赴上饶集中营、韶山进行革命传统教育,进一步激发全体党员以饱满工作热情影响和带领全体员工克难奋进、积极投入到业务发展中去,取得了令人瞩目的业绩,涌现出优秀党务工作者胡卫平、优秀共产党员邹玲、邹芸等先进人物,2011年被总、分行评为"先进基层党组织"。

表76 **2011年交行南昌南莲支行领导成员名单**

姓 名	职 务	联系电话
胡卫平	行 长	13970820850
邹 玲	副行长	13970877509
熊 玮	副行长	13907008809

(主笔:蔡宇俊 审核:熊 玮)

农村信用合作联社

【概况】 2011年,南昌县农村信用合作联社紧紧围绕农村商业银行转制改革这一中心工作,树立"把质量和效益搞上去,把风险和不良降下来"的目标,做大做强业务规模,不断提升合规管理水平,业务发展好中求快。截至年末,全县农村信用社各项存款642979万元,较年初增加142189万元,增幅28.39%;各项贷款余额388056万元,较年初增加71838万元,增幅22.72%,存贷款规模突破100亿元,是南昌县首家存贷规模突破百亿元的金融机构。

【大力助推县域经济发展】 2011年,针对严厉压缩的信贷规模,全县农村信用社认真做好信贷投放"三个倾斜",即向"三农"倾斜、向农业产业化企业倾斜、向县域中小企业和个私经济倾斜。共对70户中小企业进行了信用等级评定,发放贷款35600万元;在春耕备耕资金上坚持做到"三个优先":即对购买化肥、农药、种子、农机具等生产资金优先发放、对农业产业项目资金优先安排,对科技兴农项目资金优先满足,全年共发放春耕备耕贷生产资金41000万元。积极响应县委县政府有关推进"一村一品"工程建设的决策,帮助部分种养专业户形成规模优势,共发放贷款近5734万元,在全县建成金十字"一村一品"产业带:塘南、幽兰形成养殖产业集群,银三角形成种植产业集群。在信贷投放中还有的放矢地对部分农产品加工业进行了扶持,总计投放贷款12600万元,共支持大米加工厂80余家,支持粮油加工厂10余家。例如,三江顺发米业有限公司在信用社1500万元的贷款支持下,已经发展为年产值9000余万元的龙头企业,不仅提高了企业的经济效益,还带动了周边的农民发家致富。加强了对辖内中小企业的信贷支持,重点对小蓝工业园、向塘经济开发区和各乡镇辖内企业进行信贷投放,解决中小企业融资难问题。在县金融办举办的银企对接会,现场与江西金鼎食品有限公司、南昌市鄱阳湖农牧渔产业发展有限公司签署3500万元贷款协议书,并已全部落实到位。据统计,全县农村信用社共支持省级龙头企业6家、市级龙头企业34家、县级龙头企业121家,为支持县域经济发展作出了突出贡献。

【不断提升合规经营水平】 2011年,全县农村信用社深入开展"合规年"活动,有效促进各项业务合规经营,稳健发展。成立了风险排查工作领导小组,确定各网点负责人为风险排查工作第一责任人,各岗职人员对本岗位风险排查负主要责任,对所监督岗位风险排查负相关责任,层层签订《员工合规责任状》、《假冒名贷款承诺书》、《账户风险排查责任状》及《"五整治一落实"责任状》等,保证了风险排查工作的层层落实。全面开展了自助柜员机风险排查、内控风险排查、资金账户风险排查、四项制度执行情况排查、委派会计履职情况排查及信贷管理"五整治一落实"情况排查,做到排查面100%。针对检查发现的问题落实整改责任,明确整改责任人,建立整改台账,做到整改面100%,严格落实责任追究制度,对存在主观责任的责任人进行了处罚。重点对柜员卡管理、印鉴密押、空白凭证、金库尾箱、查询对账、复核授权等"六个重点环节"内控管理制度的落实情况进行梳理评估,制定和完善了相关制度和流程。

【切实抓好综治保卫工作】　2011年，全县农村信用社以“重预防、保安全、创平安、促稳定”为重点，强化内部管理，加大安全检查和矛盾排查力度，狠抓制度执行，大力创建和谐平安经营环境。在硬件管理上，为有效提高物防、技防能力，本着经济、实用、安全、有效的原则，对部分网点安防设施进行了改造。对11个网点营业场所进行装修，对14个金库安防设施进行达标改造，均已全部验收达标；在安防意识上，机关和各网点每月组织员工不少一次综治保卫知识学习，及时传达上级文件精神和案件通报，做到居安思危、警钟长鸣。全年共组织一线临柜人员、会计、信贷、保卫（安）等重要岗位人员培训共8次，主要内容为操作风险防范和遇突发事件应急处置，培训400多人次。定期开展消防演练，全年共进行两次以防火、防抢、防破坏等突发事件模拟演练，取得良好的效果。针对公安、银监等部门的要求以及在实际工作中发现的问题，共下发风险管理提示共9期。根据群防群治工作要求，全县农村信用社56个营业网点均与当地派出所或邻近单位签订治安联防协议书，形成安全防范体系网络化。实行经警包片责任制、维稳信息员报告制及领导信访接待日制度等；在安防检查上，不断加大检查力度，采取了白天检查与晚上检查、现场检查与非现场检查、定期检查与不定期检查相结合的检查方式，远程监控值班人员调阅视屏录像检查等方式，加强节假日及重大国事活动的检查，注重对营业场所、金库管理、ATM机管理、押运介包和枪支管理等大型专项检查的效果，确保全年安全运营无事故。

表77　**2011年南昌县农村信用合作联社领导成员名单**

姓 名	性别	出生年月	籍贯	职务
程建新	男	1963.4	江西新建	党委书记、理事长
杨选军	男	1965.11	江西进贤	党委委员、主任
彭志刚	男	1975.7	江西南昌	党委委员、副主任
周国亮	男	1976.8	江西进贤	党委委员、副主任
邹常辉	男	1973.2	江西南昌	党委委员、纪委书记、监事长

（主笔：周　颖　审稿：周国亮）

人寿保险公司南昌县支公司

【概况】　中国人寿保险股份有限公司南昌县支公司是南昌县地区唯一的国有独资人寿保险公司，其前身是创立于1949年10月的原中国人民保险公司和分设于1996年6月的中保人寿保险公司。中国人寿保险股份有限公司南昌县支公司在全县设有8个营业分支机构，同时拥有管理人员和业务人员300余人；公司一直关注社会发展，注重企业的社会效益；企业规模和市场占有率雄居全县寿险行业之首，2011年实现保费总收入1.7亿元；截至2011年12月底，业务总量占南昌县寿险市场份额的10%，拥有客户近30万人。公司经营以人的寿命和身体为标的人寿保险、健康保险、意外伤害保险三大类保险业务。险种资源丰富，共开办108个保险品种，客户服务网络齐全。在江西分公司分类分级考核中，南昌县名列第二。

【客户与服务】　2011年，中国人寿南昌县支公司秉持“专业、真诚、感动、超越”的服务理念，依托覆盖全县城乡的服务网络，致力于为社会最广泛的大众提供优质的保险产品和服务。多年的相知相伴，中国人寿赢得了社会大众最广泛的支持与信赖，截至2010年12月31日，公司拥有约40万份有效的个人和团体人寿保险单、年金合同及长期健康险保单，亦提供个人、团体意外险和短期健康保单和服务达30万人次；全年一年期赔案达4500余件，赔款450万元。2011年，进一步规范营业大厅前台的承保、收费、核保、核赔、理赔、客户服务等岗位工作，进一步明确责任，提倡文明用语，强化文明规范行为。柜台窗口为客户和营销业务员服务，对客户做到“来有迎声、去有送声”，使客户有宾至如归的感觉；全面推动“首问负责制”，客户上门不管问到哪个人，都负责到底。按照建设文明窗口的要求，坚持每周的例会学习制度，加强学习国家有关财经纪律，认真贯彻落实党风廉政建设责任制。

现任党委书记、总经理胡华俊。

科学技术

综　述

南昌县科技局加挂县知识产权局、县地震局牌子，为正科级建制，是县政府主管全县科学技术工作，负责知识产权和地震工作管理、协调的工作部门，有行政编制11名，工勤事业编制3名，内设一室三科，分别是办公室、农社与发展计划科、工业与科技成果科、宣传与政策法规科（地震行政审批服务科、知识产权办公室）。县科技局下设生产力促进中心、县科技市场。2011年，县科技局有在职人员14名，其中局长1名，副局长3名，副科级调研员有2人。

2011年，南昌县科学技术事业在县委、县政府的正确领导和省、市科技部门的正确指导下，科技部门坚持"科学技术是第一生产力"的基本国策，紧紧围绕鄱阳湖生态经济区建设抓科技，开拓进取，团结拼搏，大力实施科教兴县战略，不断加大科技投入，积极引导企业开展自主创新，深入推进科技进步，促进发展方式转变和产业升级，推动经济社会又好又快发展。2011年南昌县本级科技投入达到4543万元，同比增长26.3%；下达中小企业技术创新基金150万元；全县授权专利43项，下达专利专项资助资金25.2万元；给予企业技术创新奖励54万元；争取国家、省、市科技项目立项68项。

科技管理

【印发《南昌县二〇一一年科技工作要点》等材料】　2011年初，印发《南昌县二〇一一年科技工作要点》，明确南昌县当年开展科技工作的总体要求、目标任务和工作重点。同时，结合2011年全县经济社会发展计划和企业需求，精心制定《2011年科技计划项目申报指南》和《南昌县科技型中小企业技术创新基金申报指南》，为全县企业申报2011年科技项目和创新基金提供指导。

【成立南昌国家农业科技园区管理委员会】　10月，以县政府的名义印发《关于成立南昌国家农业科技园区管理委员的通知》（南政办字〔2011〕52号），明确管理委员会组成人员名单，进一步落实了园区管理责任。南昌国家农业科技园区管理委员的成立，将有利于加强对农业科技园区的领导，推进园区项目有序建设和顺利实施。

【加强乡镇科技工作考核】　12月，向县考核办提出建议将科技工作纳入全县乡（镇）年度综合目标管理考核指标，通过努力沟通和争取，建议被县考核办采纳，制定了乡镇科技工作考核办法，确定科技工作考核内容，科技工作设置相应的考核分值（15基础分+5评先分），有力于促进县域科技创新体系建设和提升基层科技能力。

【机关作风建设进一步加强】　2011年，一是推进"创先争优"活动，继续做好"党员公开承诺"，激发了党员工作热情，推动全局工作深入开展。二是紧紧围绕权力运行的关键节点，将廉能风险查找工作落实到单位、科室和个人，实现廉能风险的前置处理和有效预防。三是重视发展提升年活动，召开专门的会议研究部署活动的开展。成立领导小组，制定活动实施方案，确保发展提升年活动的有序开展，进一步提高科技队伍办事效能和服务水平。

高新技术产业发展

【助推高新技术产业发展】　2011年，支撑并帮助江西泰豪电源技术有限公司等4家企业申请认定省高新技术企业，其中，江西泰豪电源技术有限公司已在第一批中通过认定。10月，结合南昌县高新技术产业的发展现状，起草制定《关于推进科技创新体系建设加快高新技术产业发展的若干意见》，明确高新技术产业的发展重点，制定了推动高新技术产业发展的政策措施。

【加强创新基金管理】　6月，县科技管理部门会同县财政局对2010年江西天禾糖业发展有限公司等8家科技型中小企业技术创新基金项目进行跟踪监督，了解项目资金使用和实施情况，对项目执行情况进行重点抽查，确保创新基金合理有效使用。11月，会同县财政局聘请省内知名专家对2011年申报县级创新基金项目进行现场考察、初选和立项评审，12月中旬给南昌市草珊瑚科技产业有限公司等8家企业下达2011年创新基金，共150万元，进一步促进中小企业提高科技创新能力。同时，着手开展2010年创新基金项目的结题验收工作。

【创新科技入园载体】　11月1日，"南昌市科技入园工作站"和"南昌市科技金融入园试点单位"的揭牌仪式在小蓝经开区举行，市政府副市长姚燕平、省科技厅副厅长王晓鸿、县委书记郭毅、县长陈匡辉和市科技局领导出席仪式，县科技局全体干部职工和小蓝经济开发区200家企业负责人参加仪式。此次活动标志着南昌县科技入园工作有了新载体，将有效破解园区企业“科技落户难”及“科技融资难”的问题，有利于推动全县科技服务和科技创新体系的建设和完善。

【推动“依靠科技转变经济发展方式示范县”创建工作】 2011年，制定《南昌县创建依靠科技转变经济发展方式示范县工作方案》，明确了主要目标和任务，充分发挥科技对转变经济发展方式的支撑引领和示范带动作用，推进经济转型升级。

【成立“江西双季水稻科技创新中心”】 2011年，加强与省农科院的联系，广泛开展交流和合作，定期邀请省农科院专家指导全县农业科技项目的实施和农业科技成果运用及推广工作。11月，在县科技局的积极帮助下，江西省农科院水稻研究所成立民办非企业实体的“江西双季水稻科技创新中心”，致力于加强水稻种质资源的发掘和创新，农业科技创新载体进一步完善。

科研活动与科技普及

【开展科技活动周活动】 5月15日~21日，以“携手建设创新型昌南”为主题的科技活动周于在全县范围内开展。活动周重点围绕建设鄱阳湖生态经济区和三江湖综合大开发以及实施科技创新“六个一”工程三大战略任务，在全县开展做好科技服务经济发展、提高公民科学素质、科技惠及民生以及保护生态等一系列丰富多彩的群众性科普活动。通过举办诸如水稻种植技术培训班、粮食丰产技术培训班和大型科普咨询活动等群众性科普活动，普及科学知识，展示科技成就，宣传科技方针政策。5月18日，县科技局会同县委宣传部、县科协、县地震局在向塘镇思强广场举办大型科普咨询活动，此次活动针对科普知识热点和群众的实际需求，共发放人民防空应急手册、防震减灾手册和多种农村种养殖类等书籍8000余册，受到了群众广泛好评。

【积极开展“昌南书香周”活动】 10月19日，“昌南书香周”活动在南昌县三江镇隆重举行，此次活动为期一周，活动的主题是“读书积聚智慧，文化引领发展”，要求全县广大干部群众以读书求新知、求进步，进一步提高文化修养和知识水平。活动中，县科技管理部门共捐赠《地震防护知识》、《城市应急救援知识手册》等应急防护书籍千余册，受到当地干部群众的热烈欢迎。

【推进基层科技工作】 9月，下派3名干部到塘南镇篁山村、近港村与村委会结对帮扶，下派干部给当地村民送去了许多种养殖类书籍，同时也给村小学送去了《地震防护知识》、《城市应急救援知识手册》等书籍3600余册，丰富了广大村小学生的应急防护知识。11月8日，南昌县科技局班子成员一行走访了干部下派村，分别给村委会一定的经费支持用于农技培训、推广和科普知识宣传等。

【落实防震减灾工作】 2011年，强化震情意识，加强对塘南地震观察点监测设施的维护管理，落实人员做好观察和数据记载。认真实施《南昌县建设工程抗震设防要求和地震安全性评价管理办法》，积极推进震害防御工作，加强抗震设防审批服务窗口管理和审批服务人员教育培训，10月，县科技管理部门派两名地震工作人员到省地震局参加为期4天的抗震设防技术培训。结合科技活动周开展防震减灾科普知识宣传和小学生地震应急演练活动，全民防震减灾意识不断提高；同时，做好莲塘四中申报防震减灾科普示范学校和科普教育基地创建工作。

科技成果与奖励

【推动“国家科技富民强县”项目实施】 2011年，借助省农科院的科研优势，整合县科技局、县农业局服务功能，形成科研、试验、示范及推广“一条龙”服务链，有力地推动了“国家科技富民强县”项目实施，取得了多项农业科技创新成果。5月，南昌县荣获“全省科技富民强县专项行动先进县”荣誉称号。

【粮食丰产科技工程顺利通过测产验收】 2011年，继续大力实施粮食丰产科技工程。7月和10月，省科技厅组织专家对南昌县“十二五”期间粮食丰产科技工程进行现场测产验收，省农科院专家、省科技厅、市科技局领导、相关处室负责人及项目的执行人员参加现场测产验收。专家组听取项目实施组的情况汇报，对南昌县50亩超高产攻关田和广福镇5000亩核心试验区进行现场考察，50亩超高产攻关田和5000亩核心试验区早稻、晚稻、双季稻亩产均超过项目计划产量指标，顺利通过专家测产验收。

【实现全国科技进步先进县“五连冠”】 认真实施国家科技进步示范县建设与发展规划，由县科技局牵头完成2009~2010年全国县(市)科技进步考核材料的编写以及考核附件材料的收集、撰写和及时上报工作，并顺利通过科技部考核，实现全国科技进步先进县“五连冠”的目标。

【奖励企业创新】 2011年，支持企业加大科研投入，引导企业开展自主创新，对获得国家、省级重点新产品和省自主创新产品的企业给予54万元的奖励。

【科技服务入园入企】 2011年，帮助企业完成68项科技项目申报，重点支持符合鄱阳湖生态经济区建设的项目。其中，申报国家项目创新基金4个，星火计划5个；申报省级项目4个；申报市级科技计划项目55个，其中：重大产业化10个，科技支撑计划11个，星火计划17个，成果推广及转化5个，重点新产品4个，其他8个。

知识产权

【做好知识产权保护和专利申请工

作】 2011年,加大知识产权等法律法规宣传力度,增强全社会知识产权意识,认真开展知识产权的执法工作,为企业技术创新活动提供保障。县财政安排专利专项基金25万元用于鼓励企业专利创造和申请,帮助和引导企业将研发成果、成熟技术及时申请专利进行保护,全年专利申请121项,专利授权43项。

【举行科技服务入园区宣讲会】 3月29日,南昌市生产力促进中心携手市知识产权局在小蓝经济开发区举行科技服务入园区宣讲会。小蓝经济开发区经发局组织园区内30余家企业代表参加会议。市生产力促进中心主任夏华和小蓝经济开发区、县科技局等部分人员参加宣讲会。会上,市生产力促进中心负责人就南昌科技服务平台的功能、会员注册和使用说明等向与会企业代表作了详细讲解。市知识产权局有关人员就有关专利申报流程、专利保护、专利纠纷处理等方面的知识与企业进行了交流。

表78 **2011年南昌县科技局领导班子成员名单**

姓名	性别	出生年月	籍贯	职务
崇福林	男	1960.2	江苏南京	局长
黄跃根	男	1967.1	南昌向塘	副局长
熊国华	男	1962.11	南昌塘南	副局长
李兴宽	男	1962.1	南昌武阳	副局长

(主笔:万友如 审稿:钟 婕)

核工业二七〇研究所

【概况】 2011年,核工业二七〇研究所围绕“地质找矿与科研、钻探生产、能力建设、探矿权登记、技术服务”五项重点开展工作,全年完成主营业务收入9367万元、实现净利润725万元,完成年度职代会制定的各项经济指标,成功实现“全国文明单位”的创建目标。

【地质找矿与科研】 2011年,核工业二七〇研究所共承担地勘费、中核基金、省基金、中国地质调查局以及铀矿山投资的各类铀矿地质项目13项,其中勘查项目7项,区域评价项目5项,基础地质调查项目1项,同时还承担完成5个地质科研和1个社会地质项目工作;完成钻探工作量36265.57米,共施工钻孔73个,其中工业矿孔30个;获得国土资源部危机矿山接替资源找矿先进集体奖1项。

【勘查能力建设】 2011年,核工业二七〇研究所的《铀矿地质勘查能力建设项目(三期)》是2009年启动的项目,2011年通过项目审计和档案验收,11月底通过由江西省国防科工办和中核集团的最终竣工验收,这标志着该所总投资近3000万元、历时5年的勘查能力建设项目,全面完成设计任务。

图为核工业二七〇研究所实施铀矿地质勘查能力建设(三期)项目中建成的科研档案楼。

为贯彻落实铀矿大基地战略,2011年该所编制上报《铀矿地质勘察能力建设(四期)项目建议书》及《核工业实物地质资料馆南昌分馆建设项目建议书》。

【探矿权工作】 2011年,核工业二七〇研究所密切跟踪国土资源部相关信息,巧打时间差,在相关部门停止办理地质调查证之前,开展龚坊、响坝、坪上和恰克顿4个地区的铀矿地质调查申请登记工作,获得坪上、龚坊和响坝3个地区的地质调查证书,为在该区开展地质调查工作获得主动权。

【调整产业结构】 2011年,根据核工业二七〇研究所第五届四次职代会工作安排,对地质找矿、钻探生产、技术服务三大产业分别进行结构调整,重组为核工业二七〇研究所地质调查院、探矿工程院、环境工程院,并与所签订承包责任状,实行企业化管理,市场化运作。分别出台《地质调查院岗位设置与绩效考核暂行办法》、《探矿工程院岗位设置及绩效考核暂行办法》、《环境工程院岗位设置及绩效考核暂行办法》，建立起符合市场规律的激励与约束机制。

【推动中核大地南昌分公司建立】 2011年，根据上级调整非主业工作的指示，核工业二七〇研究所站在加速融合、全面推进专业化经营的高度，推动中核大地南昌分公司的较快建立。新公司于7月份完成人员定岗定编工作，制定各岗位工作制度，2011年原公司注销工作已全部完成，各项业务已过渡到中核大地南昌分公司。

【实施精益管理】 为进一步降低成本、提高效益，2011年，核工业二七〇研究所从加强财务管理入手，在全所范围内实施精益管理。制定并印发《核工业二七〇研究所财务报帐管理规定》、转发财政部《中央国家机关和事业单位差旅费管理办法》。

【创新人才引进方式】 为打破制约探矿工程院快速发展的人才瓶颈，2011年，核工业二七〇研究所创新人才引进方式，通过多方打探联系，提供优惠政策与待遇，吸纳1名高技能钻探施工人才，解决了复杂地层施工问题。在10月份由核工业地质局主办的核工业钻探技能大赛上，该所双双获得固体矿产钻探、工程地质工程施工一等奖。

【对安全生产隐患进行整改与改建】 2011年，核工业二七〇研究所对野外钻探施工项目开展安全生产自查与巡查，共查出一般性隐患54条，并对其进行全面整改。接受地质局及地矿事业部安全检查4次，并按上级提出的“要加强放射源规范管理”的指示，对放射源库房进行改建。

【跨入“全国文明单位”行列】 2011年，核工业二七〇研究所深入贯彻落实科学发展观，积极开展创先争优活动，围绕重点工作，结合地矿融合的新形势，开展“我为地质找矿建功立业”、纪念建党90周年活动；充分利用二七〇文化创建及双文明创建平台，坚持做好思想宣传和思想政治工作，促进职工队伍建设；坚持党建工作，认真举办党员、中层干部培训班，促进党员队伍的建设；坚持抓好反腐倡廉宣传教育，促进党风廉政建设。在全体干部职工的努力下，年末，核工业二七〇研究所成功跨入“全国文明单位”行列。

表79 **2011年核工业二七〇研究所领导班子成员名单**

姓名	性别	出生年月	籍贯	职务	备注
邹茂卿	男	1963.1	江西乐安	二七〇所所长	中共党员
孙称喜	男	1956.1	江西于都	二七〇所党委书记	中共党员
邵　飞	男	1963.8	江西都昌	二七〇所副所长兼总工	中共党员
马智跃	男	1963.9	河南扶沟	二七〇所副所长	中共党员
阙足双	男	1964.2	湖南安乡	二七〇所所长助理	中共党员

（主笔：狄小青　审稿：邹茂卿）

教　　育

综　述

南昌县教育体育局于 2002 年 9 月由南昌县教育委员会与南昌县体育运动委员会合并组建而成，内设 6 个行政科室，辖 5 个事业单位。2011 年，有各级各类学校共有 569 所，在校学生 159258 人，教职工 10140 人，专任教师 8774 人。各类学校中，普通高中 7 所，毕业生 3872 人，招生 6151 人，在校学生 16191 人，专任教师 816 人；普通初中 34 所，毕业生 13039 人，招生 13288 人，在校学生 39936 人，专任教师 1877 人，普通高、初中教职工总数 3755 人；职业高中 1 所，毕业生 369 人，招生 396 人，在校学生 958 人，教职工 43 人(其中专任教师 35 人)；小学 256 所，毕业生 12886 人，招生 14638 人，在校学生 78655 人，教职工 4174 人(其中专任教师 4068 人)；幼儿园 270 所，毕业生 5293 人，招生 13845 人，在园幼儿 24415 人，教职工 2191 人(其中专任教师 1288 人)；特殊教育学校 1 所，毕业生 6 人，招生 9 人，在校学生 61 人，教职工 20 人(其中专任教师 20 人)。校舍面积 110.99 万平方米，校园占地面积 375 公顷。

2011 年，致力于学习型社会创建和“学在昌南”教育品牌建设，审时度势抓改革，知难而上迎挑战，开拓奋进抢机遇，创新机制促发展，推动教育水平迈上新台阶，教体事业呈现出蓬勃向上的喜人局面。当年，南昌县获得“全国‘全民健身活动’先进单位”、“全国乡镇农民体育健身示范工程”、“全省教育工作先进县”等多项殊荣。

教育管理

【教育水平】 幼儿教育初具规模。幼儿教育正朝着“管理规范化、办园多元化、设施标准化、保教科研化”方向发展。基础教育巩固提高。在 2011 年省政府新一轮县级教育工作综合督导评估中南昌县荣获“全省教育工作先进县”。小学入学率达 100%、辍学率为 0.25%；初中入学率达 100.6%、辍学率为 0.9%。高中教育成绩斐然。全县不断加快高中阶段教育普及进程，努力扩大优质高中教育资源，实现了高中段教育的跨越式发展。2011 年全县普通高考报考人数 5002 人，共录取各类高校 4192 人，录取比例达 83.8%，其中，录取清华 3 人、北大 2 人。成人教育同步发展。近年来，组织报考各类成人高校的数量质量连年上升。2011 年组织 23346 人参加高教自学考试，组织 8679 人参加成人高考，均创历史新高。各项组考工作得到省教育考试院领导和市高招委的高度评价和充分肯定。

【教研工作】 2011 年，坚持以实施素质教育为导向，深入推进新课程改革，引导教师把课改重点放在优化课堂教学上，更新教学手段，改进教学方法，推动新课程改革向纵深发展。开展南昌县第四批学科带头人和骨干教师评选工作，全县共评选学科带头人 124 名，骨干教师 45 名。举办南昌县第六届“园丁杯”教学竞赛，共评选出一等奖 70 名，二等奖 80 名，三等奖 83 名。组织“送教下乡”活动，小学组送教 26 节，遍布全县各个学校，受益教师 2000 多人。建立江西省县区级惟一的专业教研网站“昌南教研网”，包含“教研室概况”“文件通知”等 12 个子栏目，同步链接了“教育在线”“人民教育出版社”等国家、省、市、县重要网站。

【队伍建设】 教育的科学发展，教育教学质量的完美提升，队伍建设是关键。2011 年，卓有成效地开展一系列培训活动：一是全面深入推进远程培训。全县共有 7252 名教师参加，其中过渡形式 1831 人，上网学习 5421 人。二是继续做好班主任培训。全年共有 250 名教师参加县级班主任培训，其中选拔 15 名教师参加省级骨干班主任培训。三是继续开展学历提高培训。与江西科技师范学院、南昌电大联合办学，共录取 93 人，其中函授专升本 31 人、高达本 9 人；电大本科 13 人，专科 40 人。四是大力实施国培计划。选拔 575 名教师参加国培计划各类培训，其中农村骨干教师培训 450 名，信息技术专项培训 75 名，县级教师培训机构培训者培训 50 名。五是与劳动人事部门合作开展新教师岗前培训。35 名新聘教师参加岗前免费培训，聘请省市县教育专家及经验丰富的一线教师授课，考核合格者颁发教师上岗证书。

【惠民政策】 2011 年，继续深入实施“民生工程”，落实困难学生教育扶持的有关政策，积极探索新形势下帮困助学新途径、新方法，使弱势群体家庭子女就学问题得到较好解决。免除 11.45 万名义务教育阶段学校学生学杂费，免费提供教科书。向 3185 名义务教育阶段家庭经济困难寄宿学生补助生活费 321.9 万元，向 2563 名高中阶段家庭经济困难学生补助384.46万元，向695名中职学校学生发放国家助学金104.26万元。积极开展“春蕾助学行动”，资助225名贫困家庭女孩免费完成中职教育。切实保障进城务工人员子女、失地农民子女和农村留守儿童平等接受义务教育。为2104名边远地区义务教育阶段教师发放2009年、2010年共计720万元的特殊津贴，解决了农村教师特别关注的住房公积金问题，并于2012年1月首次缴纳住房公积金。

【学校安全】 2011年，就接送学生车辆确保学生安全工作，制定《南昌县教体局关于各学校、幼儿园学生接送车辆整治工作方案》。2011年，根据县政府的要求，起草《南昌县学校、幼儿园安全隐患综合整治工作方案》，向全县各学校、幼儿园发放南昌县中小学校、幼儿园学生接送车辆排查表、南昌县学校、幼儿园接送学生车辆调查表、南昌市校车安全保障措施落实情况调查表和《关注接送学生车辆安全致家长一封信》。经过排查和调查，对存在问题的学校、幼儿园下达整改通知书，限期整改到位。同时，利用局机关的信息平台不定期地向各学校、幼儿园发送有关安全方面的温馨提示，做到警钟长鸣。

【办学条件】 2011年，加大力度推进重大重点项目建设。全年安排中小学校建项目27个，建筑面积5.65万平方米，总投资5523.5万元，其中中央资金1254万元，省级资金1757.1万元，市级资金486.1万元，县级资金1734.3万元，其他资金292万元。投资2156万元为学校装备图书、体美音卫器材、实验室仪器设备、“班班通”设备，为部分学校装备教师用笔记本电脑900台、标准化实验室6套。

【廉政建设】 2011年，教体局与各学校签订党风廉政责任书。建立党风廉政建设述廉、巡视调研和谈话制度。对离任校长进行离任经济责任审计。加强学校招生、基建工程、物品采购、职称评聘、教育收费的监督，办理群众举报件19件，查处违纪案件2件。开展有偿家教明查暗访和自查自纠，及时纠正行业不正之风。结合发展提升年活动，在全系统深入进行了党风廉政和反腐倡廉主题教育活动。

学前教育

【总体情况】 2011年，全县共有学前教育机构270所，在园幼儿2万余人，其中乡镇公办幼儿园38所，县直幼儿园3所，私立幼儿园229所。高标准新建成的县一幼即将招收新幼儿，一批乡镇中心示范幼儿园正在兴起。学前一年入园率达89%，学前二年入园率达80%，学前三年入园率达60.2%，3～5周岁幼儿入园率达92%。

【管理情况】 1.2011年，为发展学前教育，南昌县教育体育局实行一把手负总责，分管局长亲自抓，专人负责。各级管理部门及人员认真履行职责，严格落实国家和省有关文件精神，加强对学前教育领导与管理。认真贯彻落实上级有关学前教育的法律法规，及时拟定学前教育事业发展相关文件和政策。县教体局会同有关部门先后制定下发《南昌县幼儿园登记注册管理办法》、《南昌县幼儿园办园基本条件》、《南昌县幼儿园办园水平综合评估方案》、《关于规范南昌县幼儿园保育院工作人员任职资格的通知》、《关于规范民办学前教育机构审批权限及流程的通知》等一系列政策性文件并认真组织实施，促使全县学前教育工作逐步走上依法治教的轨道。

2. 2011年，根据相关文件规定，县教育体育局直管县直公办幼儿园及对全县学前教育机构进行备案，实行业务指导，每年组织举行不定期的园长、教师、保育员任职及提高培训。专门成立“南昌县幼儿教育研究中心”，配备主任1名，工作人员5人；负责全县学前教育业务指导，规范幼儿教育教学研究工作；负责全县范围内学前教育机构的市二级晋级评定；组织专人对所有学前教育机构的园长、教师与保育员进行岗前与提升培训；每年组织开展幼儿技能竞赛等各项活动。

3. 2011年，全县有两所省级示范幼儿园：县二幼、县三幼；这两所省级示范幼儿园都属公办县直幼儿园，由政府财政出资建设，县教体局直管，主要负责招收莲塘城区的学龄前儿童接受学前教育，并为全县乡镇中心幼儿园、民办幼儿园的设立、办园、教育教学开放及研究、教师培训、幼儿竞赛活动等发挥示范带头作用。

4. 民办幼儿园由各级乡镇政府负责审批、年审、管理等；2011年，绝大部分农村小学附设学前班，大大填补了学前教育机构的不足。

【经费投入情况】 1. 县直幼儿园及各乡镇中心幼儿园的建设经费由本级财政负责。园长及教师享有小学教师同等待遇，但师资数量还不能满足现有要求，各幼儿园都存在缺教师的情况。

2. 政府大力扶持公办幼儿园建设与发展，逐年加大经费投入，2011年，多个乡镇已经建设乡镇中心幼儿园，其他乡镇也在积极地筹建中。

3. 充分利用学前教育发展政策，实施学前教育三年行动计划。中央对幼儿园改建项目一次性补助60%，对村小建附属幼儿园每班补助5万元。三年南昌县可争取中央幼儿园改建资金503.1万元、附属学前教育班补助2650万元。

【队伍建设情况】 1. 2011年，全县幼儿园在岗教师1288人，其中公办教师252人，民办1036人，专职的855人，本科学历的28人，专科学历的352人，其他学历908人。年龄结构：县城上规模幼儿园以年轻教师为主，农村部分幼儿园教师年龄较大、学历较低。

2. 2011年，幼儿园每个班至少备有一个幼儿师范毕业或达到幼儿师范水平（凭毕业证或幼教专业合格证）的教师，其他教师达高中毕业以上水平，教师30%以上取得教师资格证，保育员达到初中以上文化程度并取得保育员证。公办幼儿园教师编制都得到了解决，享有小学教师同等待遇及评聘、职称评定。

3. 坚持每年举行至少一次全县幼儿园园长及教师的各类业务培训。

【保教质量情况】 1. 2011年，认真贯彻落实《幼儿园管理条例》、《幼儿园工作规程》、《幼儿园教育指导纲要

(试行)》,加强幼儿园内部管理、推进实施素质教育。

2. 幼教科研主要由县幼教中心负责,每年举行一次以上教师园长培训与幼儿各类竞赛活动。

3. 2011 年,全县幼儿园教材按照省市要求统一征订正规教材,做到规范办园,逐步纠正“小学化”教学倾向。

基础教育

【概况】 2011 年,南昌县基础教育各级各类学校共有 299 所,在校学生 134843 人,教职工 8247 人,专任教师 7486 人 。普通高中 7 所,毕业生 3872 人,招生 6151 人,在校学生 16191 人,专任教师 816 人;普通初中 34 所,毕业生 13039 人,招生 13288 人,在校学生 39936 人,专任教师 1877 人,普通高、初中教职工总数 3755 人;职业高中 1 所,毕业生 369 人,招生 396 人,在校学生 958 人,教职工 43 人(其中专任教师 35 人);小学 256 所,毕业生 12886 人,招生 14638 人,在校学生 78655 人,教职工 4174 人(其中专任教师 4068 人);特殊教育学校 1 所,毕业生 6 人,招生 9 人,在校学生 61 人,教职工 20 人(其中专任教师 20 人)。

【加强“普九”常规工作管理】 2011 年,加强“普九”常规工作管理,巩固普及程度各项指标。加大农村中小学“保学控辍”的工作力度,明确“控流”责任制,严格执行适龄儿童和少年入学通知制度、流失生报告制度。

【整合教育资源】 2011 年,整合教育资源,加强学校管理,促进校际均衡发展。调整城区学校布局,拓展城区义务教育资源,努力缓解中心城区义务教育资源不足的矛盾;采取措施解决进城务工子女的入学问题,妥善安排外来人员子女接受义务教育和农村“留守学生”的教育问题。

【加快基础教育管理信息化步伐】 2011 年,加快基础教育管理信息化步伐,努力提高基础教育管理水平。积极开展中小学电子学籍的管理工作,完善中小学电子学籍数据库及各项管理措施,使中小学电子学籍管理更加规范,在全县范围内实行信息资源共享。

【加强中小学教学常规管理】 2011 年,加强中小学教学常规管理,规范办学行为,切实减轻中小学生课业负担。按照国家规定的课程标准开课,执行规定的作息时间。禁止义务教育阶段学校办重点班和文化补习班。不定期对学校办学行为进行检查,并通报检查结果。努力解决中小学大班额和减轻中小学生课业负担等热点难点问题。继续做好中招、年度学籍审计、毕业证发放、教材征订发行等常规工作。

【加强特殊教育工作】 2011 年,加强特殊教育工作。争取民政部门和社会各界加大对贫困残疾学生的补助力度,进一步提高残疾儿童少年入学率、巩固率。扎实开展“助残日”活动,争取社会各界对特殊教育的关心和支持。积极参加上级教育部门组织的校长培训和教师基本功比赛,努力提高特校的办学水平。

【建立健全德育工作机制】 2011 年,建立健全德育工作机制,规范德育工作管理。结合《中小学校德育工作实施细则》和《南昌市中小学学校未成年人思想道德建设工作考核评价标准》,推进中小学德育课程建设,拓宽学校德育工作途径,创新德育工作方法,完善德育工作的激励机制,进一步规范中小学德育工作管理。

【加强中小学生行为习惯养成教育】 2011 年,加强中小学生行为习惯养成教育。抓好《中小学生行为规范》和《中学生守则》、《小学生守则》的贯彻落实,继续开展“好习惯伴我行”、诚实守信、珍爱生命和法制教育等系列活动,建设文明校园,提高中小学生文明行为规范素养,促进学生道德素质的发展。

【组织形式多样的道德实践活动】 2011 年,以爱国主义教育为主旋律,以弘扬和培育民族精神为主线,组织形式多样的道德实践活动。深入开展未成年人思想道德建设“五进”活动,广泛开展弘扬和培育民族精神月、“我爱我的祖国”读书教育、“向国旗敬礼,做一个有道德的人”道德实践活动、网上祭奠革命先烈以及“学党史、颂党恩、跟党走”纪念建党九十周年教育活动等五项活动,组织莲塘一小、二小、三小、一中、五中、六中参加《全市青少年“纪念建党九十周年”读书讲故事、演讲和命题作文竞赛活动》,邀请红军老干部作爱国主义教育报告会。向全县中小学一年级学生家长免费发放《父母读本》共计 32836 套。邀请教育专家深入学校进行科技、心理健康讲座,进一步关注和探索留守儿童教育问题。

【抓好家庭教育工作】 2011 年,抓好家庭教育工作。进一步加强全县中小学、幼儿园家长学校工作。一是充分发挥家长学校总校和家长学校网校作用,督促各学校办好家长学校,评选一批家长学校先进单位。二是强化科学管理,推进规范办学。建立学员注册、考勤、考核制度,做到“孩子入学、家长入校”,采取多种形式向家长传授科学教育孩子的知识和先进的教育理念。着力抓好家长学校教材建设,积极开发具有地方特色的家长教育材料。三是加强队伍建设,保证教学质量。举办由中小学校长(幼儿园园长)、德育课教师、家长学校教师和关工委工作人员参加的家庭教育专业知识培训班,逐步壮大家长学校师资队伍和管理队伍。四是树立典型,表彰一批示范家长学校,充分发挥榜样的辐射和带头作用,促使全县中小学、幼儿园家长学校工作稳步健康发展。

【重视抓好学校体育、艺术教育工作】 2011 年,重视抓好学校体育、艺术教育工作,开齐开足体美音等课程。组织开展了南昌县科技创新月活动,收集论文 185 篇,漫画作品 68 幅,科技小制作 92 件,各学校根据本校实际情况分别开展主题实践活动;组织莲塘一小、莲塘三小参加全市“阳光伙伴”少年集体体育竞赛活动。据不完全统计,全县荣获 2010 ~ 2011 学年度省级三好学生高中 8 名、初中 9 名,省级优秀学生干部高中 1 名、初中 2 名,荣获 2010 ~ 2011 学年度市级先进班集体 20 个,市级文明学生 157 名,市级三好学生高中39名、初中73名，市级优秀学生干部高中4名、初中8名。

【进一步推广《学生体质健康标准》】　2011年，进一步推广《学生体质健康标准》，指导中小学认真实施《学生体质健康标准》。城区中小学、乡镇中学、乡镇中心小学做好《学生体质健康标准》各项数据和指标的测试和上报工作，逐步建立完善学生体质健康检测评价体系。根据学生体质健康检测结果，改进体育课堂教学，切实加强体育健康教育。

【扎实做好学校卫生防疫工作】　2011年，认真贯彻落实《学校卫生工作条例》、《中华人民共和国传染病防治法》、《中华人民共和国食品卫生法》等，结合南昌县实际情况，坚持安全第一的指导思想，抓好学校食堂、小卖部的食品卫生安全工作，继续做好学生疫苗查漏登记、补种工作和甲型H1N1流感防控以及学校“六病”防治工作。继续开展学校血吸虫病、结核病和预防艾滋病健康教育工作，继续推进农村学校清洁工程试点工作。

【全面落实《全民科学素质行动计划纲要》】　2011年，全面落实《全民科学素质行动计划纲要》中未成年人科学素质行动的任务和要求，提高未成年人科学素质水平，组织全县各中小学生参加南昌市第九届中小学生电脑制作竞赛活动，获奖人数在各县区排前列；与科技局人防办组织人防学校学生6152人次开展人防知识竞赛；组织参加省厅、省学科教育学会组织的中、小学相关学科竞赛。

【深入开展国防教育】　2011年，深入开展国防教育，重点抓好高中学生军训工作，和中小学生国防知识竞赛活动，推进学生军训制度化、规范化。

【完善中小学生安全工作制度】　2011年，完善中小学生安全工作制度，加强学校安全工作检查督办力度。继续完善《安全责任书》内容，坚持与中小学、幼儿园负责人签订《安全责任书》制度，落实和兑现《安全责任书》要求，强化安全责任意识，切实加强学校安全工作。

【加强学生的心理健康教育和安全教育】　2011年，加强学生的心理健康教育和安全教育工作。组织开展有针对性的心理健康教育，对特殊学生建立信息记载卡，加强沟通、教育、引导和研究；广泛开展生命教育，引导中小学生尊重生命、关爱生命；按照中小学安全教育有关规定和要求，落实中小学校安全教育进课堂工作；在中小学中广泛开展“珍爱生命，远离毒品”主题教育活动。

【提高中小学生应对各类安全事故的防范能力】　2011年，加强与安监局、卫生、消防、交警等部门的联系，定期对学生进行法制、消防安全、交通安全、疾病防控知识的教育，预防青少年犯罪，提高中小学生应对各类安全事故的防范能力。

职业教育

【概况】　2011年，南昌县有公办职业高中学校1所，民办职业2所，乡镇成人文化技术学校16所，村级成人文化技术学校225所。职业教育招生1799人，其中，科技学校320人、银三角学校220人、县职业高中387人（春季招生155人、秋季招生232人）、春蕾招生125人、师范定向委培生47人、向省市职业学校输送学生700多人。尤其是县职业高中，在县委县政府及各有关部门的大力支持下，通过自身的努力，招生工作取得突破性进展，2011年，招生300余人，在校生900余人，在籍学生1500人，毕业生就业率100%。配合市教育局职成处，开展职业教育宣传周活动，大力宣传职业教育，大大提升了社会、家长、学生对职业教育的认识度。同时，争取到职业教育发展专项资金600万元，建设县职高实训楼。2011年10月，县职高顺利通过省专家组的评审，晋升为省级示范性职业高中。

【加大职业教育资源整合力度】　2011年，按照县政府的统一部署，推进农村普通高中和职业高中资源整合和职业教育园区建设工作，着力办好职业高中升学班，优势互补、资源共享、合作共赢。争取县政府打破部门、行业和所有制界限，创新管理和运行机制，实行实训实验基地共建共享，拓展实训基地在教学、培训、职业技能鉴定和技术服务等方面的功能。

【促进职业学校、企业对接】　2011年，建立行业、企业、学校共同参与的机制，推行工学交替、校企合作的办学模式，积极开展“订单式”培养，积极探索职业学校非全日制学历教育试点，实现职业教育的“三个立足”和“三个对接”，即立足于地方，立足于支柱产业，立足于企业或园区，实现专业和市场的对接，学校和企业的对接，校长和厂长的对接，为南昌县工业园区建设培养大批实用技能人才。

【深化职业教育教学改革】　2011年，全力打造“双师型”教师队伍，选派优秀教师到企业顶岗实践，建立全县高技能人才、教师、兼职教师库。努力建成1个省级、3个市级骨干专业，推进以“做中学、做中教”人才培养模式为核心的新一轮课程改革，提高办学水平，增强办学活力。加强职业教育招生力度，拓宽职业教育招生渠道，逐步提高职普比。

【职高生与重点生录取数同等计奖计分排名】　2011年，对初中校长按招生任务数收取了每个指标200元的县职高生源保证金，把职高生与重点生录取数同等计奖计分排名，每少完成1个职高生指标就相应扣除1个重点高中录取指标来计奖。

【加大职业教育宣传】　2011年，通过职业教育宣传周，加大了对国家关于职业教育优惠政策的宣传力度，并多次通过县电视台、《昌南科教文卫之窗》等媒介对县职业高中（职业中专）办学情况进行了有效宣传。

【下发县职业高中（职业中专）录取通知书】　2011年，对全县未上县普通高中录取线的每个初中毕业生，县教体局通过各初中校下发县职业高中（职业中专）录取通知书，并要求学校及学生家长写好回执反馈给县教体局。

【严把初中毕业证发放的关口】 2011年,严把初中毕业证发放的关口。为了全面完成2011年职校的招生任务,县教体局把春季初三分流工作延伸到了秋季招生中,并将秋季招生任务分解到各校。为了继续做好初三分流和切实做好职校秋季招生工作,2011年初中毕业证的验印和发放办法是:一是直发。对参加初三分流的学生,学校在取得职高的有关证明后,可直接到县局验印并及时发放毕业证。二是核发。参加了中考报名的初三学生,县教体局将验印其毕业证,学生参加中考后学校才可发放毕业证。三是不发。对未参加初三分流,又未报考的初三学生,县教体局概不验印其毕业证。

【加强职高管理和自身建设】 2011年,县教体局要求职高要加强管理和自身建设。全县初三分流和秋季招生工作是职高的主要任务之一,其管理是否到位、教学设施是否完善等等直接影响着初三分流和职校秋季招生工作。为此,县教体局要求职高要通过编印宣传资料、利用电视媒体等手段宣传职业教育取得的成效,宣传全国职业教育的有关法律、法规和中央、省市对发展职业教育的一些政策以及市场用工需求等,让家长对职业教育和全国职业教育发展的形势有更多的了解。要做好学生的后勤服务工作,搞好学生的饮食和住宿,让学生安心学习,解决家长的后顾之忧;要做好学生就业的服务工作,使学生能够在新的就业岗位上学以致用,充分发挥自已的聪明才智等,切实增强初三分流和职校秋季招生工作的吸引力。

高等教育

【高招工作取得优异成绩】 2011年,在县委、县政府的坚强领导下,在县高招委、县教体局的正确领导和指挥下,教育、公安、监察、卫生、供电、环保、城管、文化、交通、县交警大队等政府职能部门齐抓共管,通力协作,高招工作取得了优异成绩。2011年,南昌县获得省高招宣传工作先进单位一等奖、省自学考试先进集体、省成人高考先进集体(高招办)

【普通高考报考、上线和录取情况】 报考情况:全县报考人数为5002人,其中文史类1648人,理工类2856人,体育类170人,艺术类328人。

录取情况:2011年,南昌县普通高考共录取4030人,总录取率80.57%。文史类共录取1671人,其中一本208人,二本228人,三本244人,专科991人;理工类共录取2359人,其中一本394人,二本532人,三本503人。录取清华、北大5人:涂文强、龚远峰、吴璐芸被清华大学录取,谭楚翘、向欧被北京大学录取。

【开展政府资助金发放和生源地助学信用贷款工作】 2011年,做好全县申报贫困家庭学生高考入学政府资助金资格审查、核实、公示、上报、政府资助金发放以及高校学生生源地信用贷款等工作。全县共发放政府资助金232.5万元,受益考生465人(每人5000元);为583人办理了高校学生生源地信用贷款,贷款金额347.36万元。学生资助工作得到了上级主管部门的充分肯定和社会的广泛好评。

【江西新闻出版职业技术学院】 江西新闻出版职业技术学院是一所经江西省人民政府批准设立的公办性质的普通高等专科学校,隶属于江西省新闻出版局(版权局)。学院前身为江西省新闻出版学校,1985年创建,2004年批准筹建学院,2008年5月批准学院正式设立。积20多年的办学历史,师资力量雄厚,其中硕士以上学历30多人。依托新闻出版行业,开设适应印刷、采编、发行、设计等职业岗位的十多个颇具行业特色的专业。学院坚持走学历教育与非学历教育、全日制职业教育与继续教育、高职高技教育与中职中技教育,本部教育与境内外校企合作的办学之路,形成鲜明的办学特色。在合作教育办学中,与武汉大学、北京印刷学院等开展继续教育合作;与日本冈株式会社、大韩民国国际能力开发交流协会等开展研修生培训合作;与多个国内知名印刷、包装企业合作开设企业冠名班等,取得良好的办学成果和效益。学院设有新闻出版总署行业特有工种职业技能鉴定站、省劳动和社会保障厅职业技能鉴定站、AtA国家计算机高新技术认证考试站、省劳务输出基地等与职业相关的机构,为人才获取相应的职业资格提供了便利条件。学院通过不懈努力,取得丰硕的成果和荣誉,多年被省、市有关部门授予"江西省师德建设先进集体"、"教学管理先进单位"、"学校卫生先进单位"、"先进党组织"、"先进工会"、"共青团工作先进单位"等荣誉称号。

【江西服装职业技术学院】 江西服装职业技术学院是经江西省人民政府批准,国家教育部备案,纳入普通高等教育计划内招生,具有独立颁发学历文凭资格的全日制普通高校,是国内服装专业设置最齐全的高等职业技术院校。学校坐落在南昌市南郊,占地86.7公顷,建筑面积近50万平方米。学校现设有六院二部,30个专业,其中服装设计和鞋类设计与工艺2个专业及12个专业方向列为省级特色专业,国际时装设计,服装工程、服装营销、服装CAD与CAM、服装表演、环境艺术设计6个专业列为校级重点专业。学校有一支高素质"双师型"的老师队伍,其中有服装设计专业项目的教学团队。学校教学、实训设备齐全。校内有近5万平方米的服装实训基地,2009年被教育部评为国家级实训基地,已成为具有示范和辐射作用的职教实训基地。学校有中国高职院校中规模最大、展品最丰富的服饰文化陈列馆。学生毕业一次性就业率达95%以上。自创校以来,6万余名江服毕业生自强创业,被国内服装界誉为"江服现象"。

【江西省建设职业技术学院】 江西省建设职业技术学院始建于1978年,隶属于江西省建工集团江西省建筑工业学校司,办学规模3000人,是一所以培养中、高级建筑技能型人才为主的全日制中等职业技术学院,是省属唯一一所建筑技术类中等职业技术学院。1998年被国家劳动部批准为国家重点技工学校。2005年与南昌航空工业学院合作办学,2007年与南昌大学继续教育学院联合举办自学助考班。2009年学校3800平方米的实训大楼已经竣工,260万实训设备也已调试完毕。建筑、建材、测量、楼宇智能化、电子电工、家电、数控、机械基础、电焊，工程造价（神机妙算网络版），招投标等20多个实践、实训车间正式启用。学校在全省职业教育建筑类办学条件得到根本改变，已经超越中职学校实训设备配置范围，成为建筑类真正的中央级职教实训中心。在2009年省级中职职业技能大赛中，学校共获得2项个人二等奖，8项三等奖，1项团体二等奖。

【江西科技职业学院】　江西科技职业学院是一所经江西省政府批准、教育部备案（教育部国标代码13419），具有独立颁发普通高等教育高职学历文凭资格的民办普通院校。

学院设有电子信息工程、机电工程、建筑工程、经济管理、外语外贸、艺术六大分院，30多个专业方向。其中应用电子技术、数控技术、模具设计与制造、机电一体化技术、建筑工程技术、汽车检测与维修技术、物流管理、艺术设计、会计等专业方向具有很强的竞争力。

学院教学设施齐备，建有数控、电子、计算机、汽车、通讯、语音、建筑、材料、CAD、自动化、激光加工、多媒体等50多个实训室和实训基地，为培养专业知识扎实、实践创新能力强的应用型人才奠定了良好的基础。

在江西省教育厅的大力支持下，2009年12月17日，南昌航空大学与学院签订合作举办独立学院的协议。南昌航空大学将向学院选派一大批教学名师和管理队伍，学生将享受到南昌航空大学的教育资源。为了打造全省一流、国内著名的独立学院，学院增加1亿多元的投资，新征了土地，建设综合试验大楼、图书馆、体育馆等教学设施，改善办学条件，使其达到教育部26号令规定的本科院校的验收标准。2009年，学院被评为综合治理合格单位。

【江西技师学院】　江西技师学院是江西省人力资源和社会保障厅主办的一所职业技术院校，是江西省职业综合培训基地、江西省再就业培训基地、江西省劳务输出基地，全省职业教育先进单位，连续数年被评为全省技工学院先进单位。学院内设10个部门：学院办公室、计划财务处、教务教研处、学生工作处、招生就业处、后勤处、保卫处、基础教学部、实训教学部、继续教育部。主要职能为：承担高技能人才的学制教育；职业教育培训机构双师型教师的进修培训；面向社会的公共职业技能训练；高技能人才的国家职业资格培训、考核和鉴定。

学院位于南昌莲塘北大道1006号，占地面积近6.7公顷、总建筑面积6万余平方米，设有电子电工实训室、自动化控制实训室、钳工实训室、机械加工实训中心、电子阅览室、计算机机房等学生实训场所，拥有总价值上千万元的各类实训设备500余台（套），拥有篮球场、足球场、田径运动场、室内乒乓球室及能举办各类大型文艺活动的礼堂学生活动场所。目前在校生4000余人，主要开设专业及办学层次有：计算机应用（中级班、高级班）、机电一体化、数控加工、电子电工、机械模具等设有中级班、高级班、技师班专业。

2009年5月省政府同意在江西省劳动技校的基础上成立江西省高技能人才培训基地——江西技师学院。按照规划，学院将在3年内建设成高标准的高级技能人才综合培训基地，成为江西省高技能人才培养示范性院校。届时将有在校5000名学制生，同时每年可培训职业院校教师、企业在岗职工技能提高脱产培训的学员、大学生就业前技能培训等近万人次。

成人教育

【概况】　2011年，全县以科学发展观为指导，贯彻中共十七大教育方针，围绕教育部“2003～2007教育振兴行动计划”和江西省教育厅有关文件精神，继续实施“南昌县中小学师资培训‘十二五’规划”。全县建立县、乡、校三级师资培训管理网络，县教育体育局成立中小学教师培训领导小组，领导小组正副组长由教体局局长和分管教育的副局长担任，成员为人事股、教育股、教研室和进修学校的领导，领导小组下设办公室（由进修学校兼任），各乡镇中小学也相应成立领导小组。为进一步做好全县教育各项培训工作，教师进修学校不断加强师资培训的领导与管理，健全中小幼教师继续教育管理体系，建立师资培训工作具体措施：一是强化年度检查考核机制，每年表彰一批继续教育的先进个人和先进集体。二是继续完善教师继续教育制度。建立教师终身学习和教师专业化发展的激励机制和制约机制，全面落实教师继续教育证书制度。三是开展“菜单式”培训服务体系，有针对性的为“校本培训”提供技术和资源支持。四是切实保障教师接受培训的时间和经费。五是进一步加强县、乡（镇）、校三级培训基地的建设。六是充分发挥我县优势，构建开放型的继续教育体系。

【继续开展全县中小学教师远程培训】　2011年，一是全面完成2010～2011年教师远程培训7252人，其中过渡形式1831人；二是全面启动2011～2012年教师远程培训，组织7365人参加，其中暂不能上网人数只有258人。

【继续开展中小学班主任培训工作】　2011年，根据《教育部关于进一步加强中小学班主任工作的意见》（教基〔2006〕13号）和《关于实施全省中小学班主任培训计划的通知》（赣教师字〔2006〕36号）以及《关于印发〈南昌市中小学班主任2007～2010年培训计划〉的通知》（洪教职成字〔2007〕13号）要求，2011年南昌县继续开展中小学班主任培训工作。组织250名教师参加县级班主任培训，其中选拔15名参加省级骨干班主任培训。

【国培计划】　2011年，根据省市统一安排，实施国培计划，选拔575名教师参加国培计划各类培训，其中农村骨干教师培训450名，信息技术专项培训75名，县级教师培训机构培训者培训50名。

【校长培训】　2011年，选拔并组织50名中小学校长参加教育部——中国移动中小学校长远程培训，为期3个月（7月8日至9月30日）。

【新教师岗前培训】　2011年，全县

招考录用新教师40名,由教师进修学校负责新教师岗前培训工作。新教师岗前培训工作严格按照国家教委、省市教育部门的有关文件精神要求,进行组织实施,具体作法:一是加强领导管理,制定培训计划。由县教体局负责统筹规划,制定培训方案,落实培训经费,县教师进修学校负责培训工作的实施、检查和总结。自2007年以来,县委县政府对新教师岗前培训工作给予充分肯定和高度重视,指示县财政部门按每位新教师180元下拨专项培训经费,解决了新教师岗前培训工作经费问题,使得新教师岗前培训成效一期好过一期。二是明确培训目标内容和要求。每期培训以“专业思想教育、政策法规教育、熟悉教育教学环境、教育教学常规训练”等四个方面安排上课内容,开足课程,保证课时,并聘请或邀请省市教育知名专家讲课。三是采取多种形式实施培训,统一考核发证。

【教师学历提高培训】 根据国家教育部有关文件精神,全县中小学教师学历提高一个层次(中学教师达本科以上,小学教师达专科以上),2011年,教师进修学校继续分别与江西科技师范学院、南昌市电大联合进行本科和专科学历培训。2011年,共录取86人,函授专升本31人、高达本9人;电大本科13人,专科40人。

民办教育

【概况】 2011年,南昌县共有民办学校18所,其中学历教育9所,非学历教育9所,学历教育学校为莲一中实验学校、纪元中学、南昌纪元职业中专学校、阳光学校、银三角学校、育鹰学校、南昌科技职业中专学校、南昌外国语九里象湖城学校、南昌市第六中学;非学历教育学校为:南昌阳光我能行教育训练学校、南昌县凯越文化艺术学校、南昌县云翔文化艺术学校、南昌县小星星文化艺术学校、南昌县星星文化艺术学校、南昌华天教育学校、南昌澄湖文化艺术专修学校、南昌京师学堂、南昌辅仁教育培训学校,学历教育在校生小学生1128人、初中生1866人,高中生382人,非学历教育8260人次。

【进行年度民办学校办学水平和教育质量检查评估】 2011年,为加强民办学校管理,规范办学行为,提高民办学校的办学层次,根据《中华人民共和国民办教育促进法》、《江西省民办教育促进条例》和市教育局《关于对全市学历教育民办学校开展年度办学水平和教育质量督导评估的通知》等要求,南昌县教育体育局组织考评小组对全县范围内的民办学校进行年度学校办学水平和教育质量检查评估工作。县教体局领导先后两次召开专题会议研究评估方案,转发市局下发的考评文件和考评指标体系,明确评估工作职责、范围和工作要求,对参加评估小组成员进行专题培训。检查过程中,主要是围绕全县民办学校的依法办学、诚信办学、教育教学管理、学校安全管理、财务管理、教师队伍建设、教育质量、办学条件等8个方面进行,考评方法主要采取“听、看、查、谈”的方法进行:“听”(听取学校领导全面汇报,听取教师、学生对学校各方面的情况反映,随堂听课);“看”(看校园、校舍、设备设施等);“查”,(查看有关资料、教师教案、笔记、账本、凭证、有关记录、档案、安全措施等);“谈”,(分别召开校级领导、教师和学生座谈会:了解学校的领导班子、干群关系、师生关系、教师待遇、师生生活、教育教学及其他管理等情况)。

通过严格仔细的评估工作,对全县民办学校的办学情况有了更进一步的了解,大多数学校都已完善了软件条件,健全了有关设置,招生简章能够及时备案,学校都能按《中华人民共和国民办教育促进法》、《江西省民办教育促进条例》等规定依法治校,严格执行教育法规,能全面贯彻党的教育方针,学校领导都能深入教学第一线,办事公正,能充分调动和发挥教职工积极性;办学条件能逐年得到改善,校园规划和环境建设、教学、办公、生活等用房安排合理,校园绿化、美化,校内道路硬化,场地平整,运动场安排基本符合要求,能认真抓好学校环境卫生、饮食卫生的落实工作,学校重视安全工作,责任能够落实到人;学校建立了较完整的教师档案,签订了聘用协议,教师的学历职称能够达到所办学校层次的要求,学校能够严抓教学管理,教育质量能够逐年提高;学校在财务管理方面,基本能按照社会力量办学财务制度管理财务,学校财务机构健全,无不合理的个人回报现象,收支较为合理。

【积极营造良好投资环境】 2011年,一是政务环境开放。南昌县推进政务公开,实行阳光行政为客商提供一流的服务;积极打造“学在昌南”品牌、全力推进“教育强县”战略,为教育创业提供绝好机会;“名校办民校”“民校公助”等理念为民办学校做大做强提供强有力的保障。二是政治环境宽松。南昌县坚持按照“积极鼓励,大力支持,正确引导,依法管理”的十六字方针,把民办教育纳入本县教育事业发展规划,在民办教育学校的兴办程序审批、招生、教师的录用等方面给予大力支持和帮助,积极鼓励、促进民办教育的发展。三是社会环境良好。近几年来,南昌县的教育位居全省前列,提升了全县的教育品牌,掀起了南昌县的重教风气。四是竞争环境平等。“民办教育事业是我国社会主义教育事业的重要组成部分。”南昌县把民办学校和公办学校放在同等位置,在招生工作上,尽力给民办学校及其学生提供一切便利,只要愿意到民办学校就读的,学籍同公办学校一样办理,同等对待;在教师录用上,南昌县制定下发《关于保障在我县民办学校工作的公办教师待遇的决定》,规定国编教师到民办公助学校任教,在评优评先、晋薪晋级、继续教育等方面享受公办学校教师同等待遇,帮助民办学校从应届大、中专毕业生中挑选教师;在教师培训上,为了提高民办学校教师素质,支持民办学校组织教师到外地参观学习;在职函授进修,让民办学校教师与公办学校教师一样,参加省、市、县教育部门举办的假期培训班。

素质教育

【营造素质教育主阵地】 2011年,通过优化学科课程,落实活动课程,开发环境课程等有效措施，形成学科教学、活动教育、环境教育育人三大支柱，力求把素质教育落实在每一堂课上、每一次活动中，每一个角落里。同时把校园文化建设作为突破，抓好。

1. 莲塘一小始终围绕育人环境建设做文章，开展“十个一”工程。一是开展一次集中整治校园周边环境行动。学校政保处协同派出所、工商、文化等部门对校园周边的200米内，网吧、书店、游戏厅等进行清查。二是开展做诚信学子、合格小公民的主题班会活动，增强学生法制观念和自律意识。三是举办了一次以弘扬民族精神，发扬爱国传统为主题的纪念抗战60周年和红军长征胜利70周年故事会。四是开办一期家长学校，提高家长科学教育子女的能力。五是开展家长巡考试点活动，强化学生的诚信意识。六是在全县率先建立莲塘一小网站，使之成为加强未成年人思想道德建设的又一阵地。七是实行学生轮值周活动，每次每班抽调十余人设“红领巾监督岗”，检查违纪违规学生，提高学生自我管理，自我服务，自我约束能力。八是组织校务会干部完成督查日志，巡视检查纠正学生违纪行为。九是开展了“爱我莲塘——温馨的家园”活动，组织师生到澄碧湖宣讲环保知识，到南昌县体育馆组织万人签名，以小手牵大手，带动昌南的文明建设进程。十是组织千名师生参加“九一八防空演习”，接受一次国防教育。

2. 莲塘二小在课程设置上，由偏重数理化等自然科学转向同时重视语文、哲学、历史、地理、音乐、美术等人文社会学科，使学生全面发展；在学校教育管理上，从重视毕业班转向重视起始年段；在教育方法上，由灌输、单一培养应试技巧为主转向启发式，多样式教育方法；在课堂教学中，改变以往灌输式的教育方法，诱导学生进行独立思考，提出自己的见解和看法，可以讨论，可以辩论，可以教师谈，学生的学习能力得到了提升，在课堂上，学生们的自信心更强了，学习的兴趣更浓了，思维更活跃了。孩子们积极参加学校及校外各级各类比赛，在“全国创新作文大赛”、市快乐杯作文大赛，省棋类比赛，英语口语赛中均取得优秀成绩，数千人次分获一、二、三等奖。为了学生综合素质的提高，积极培养他们的动手实践能力，各段各年级各班根据自己的特点，在教室门口以宣传栏的方式，展示自己中队的口号，积极参加学校的各种兴趣班（书法班，舞蹈队，武术队，合唱团，美术社团等），并且人人参与“大课间”活动（该校大课间活动项目根据各年级学生的年龄特点有选择性地开设，）分室内和室外两大活动模式。室内活动有剪纸、下棋、诗朗诵、讲故事等。课外活动有兔子舞、轮滑、球队（乒乓球、羽毛球、篮球等），“大课间”活动的开展，成了校园文化的一道亮丽的风景，也为各校开辟学生第二课堂，大力推进素质教育起到了率先垂范的作用。

3. 莲塘八小一方面不断添置硬件设施，另一方面十分重视校园文化建设。学校不断探索校园文化建设模式。经实践、总结、再实践，确立了以“乐”为核心的校园文化创意，采取了校徽呈现、口号推广、活动推进、环境映射等方式，创设快乐校园、幸福家园的文化氛围。在校徽设计中将“八小”变形为“乐”字形。确定学生“我快乐、我阳光、我健康、我成长”的校园文化主题。要求教师认真每一天，快乐每一天，享受每一天，美丽每一天。推广快乐校园文化，开展快乐晨练、快乐晨读、快乐节日等活动，在全校营造一种教师乐教，学生乐学，享受工作，享受学习，享受生活的校园文化氛围，形成学校校园文化特色。学校以人为本，优化学校环境，进行了校园环境布置，为每班教室张贴了国旗、班训，配备了展板、彩旗、条幅，给入学新生以新校新气象。教学楼顶醒目位置布置了内容为“八小助我成长、我伴八小飞翔”的励志性校训，学校正东立起了“五个一流”办学目标大型展示牌，教学楼大厅两边分别布置了“八小精神”和“学生自律字经”展牌，大厅正中布置了“八荣八耻”和“校情简介”宣传牌。2005年至今，校园文化建设不断推进，校园得到进一步的绿化、美化，教学楼外一期工程绿化基本完成，在每个楼层走廊上摆放了铁树等盆栽植物和盆景，在走廊上悬挂了古诗词牌，使教学楼外有绿阴，内有绿景，墙壁有诗意。另外，各班学生自己打扮教室，每月进行黑板报、班容评比，班级布置各有特色。一草一木，一首诗，一句温馨的提醒……无不传递着育人信息，潜移默化中，改变了教师，感染了学生，提高了教师素质，规范了学生行为，让全校师生得到了教育，让年轻的八小小学以绿色校园、人文校园、和谐校园的形象展示在人们面前，为进一步推进素质教育营造了一个良好的氛围。

【推行特色质量管理模式】 全县各校在推行素质教育的同时，结合学校办学特色，逐渐形成了各自的特色。

莲塘三小办学历史不长，本着“知书达礼、学有所长”的培养目标，确立了“尚礼”教育，围绕主题开展了丰富的活动，如评选“尚礼之星”，举办“校园吉尼斯”评选活动，开展“礼乐杯艺术节”，艺术节面向全体学生，旨在培养学生广泛的兴趣爱好，健康的审美情趣，良好的艺术修养，引导学生向真、向善、向美，促进学生全面和谐发展。

莲塘二小以心理健康教育为抓手，把心理健康教育和日常教学工作紧密联系起来。建立了心理健康教育领导小组，有专门的心理健康辅导教师，有温馨的心理咨询室，该校的心理健康教育得到上级领导和社会的认可，只要市教育局心理健康教育专业委员会的教学活动，都会派心理健康辅导教师参加，去学习兄弟学校的经验，还迎接了一次市心理健康专业委员会的专家同行们的调研活动，得到好的口碑。定期召开师生的心理健康讲座，建立个案，跟踪学生的心理变化，正确引导和关心他们，使那些心理不太健康的同学逐渐正常了，胆小的可写信投进“悄悄话信箱”和老师交流，胆大的可直接在心理咨询室面对面和老师谈心。特别值得一提的是，老师和学生只要能泄愤的都可以到“心理发泄室”去调节心理，从而能使老师和学生更加愉快地工作和学习。进行了心理健康知识竞赛和心理健康教育知识测试，了解学生的心理方面情况，做到了对症下药。还组织教师撰写了心理健康教育论文40多篇，获一等奖的18篇，其余的都为二等奖。结合学校实际，探研“城镇学生心理健康教育的探索与研究”这个课题。可以这么说，心理健康教育的重要性已在莲塘二小凸显出来，并到了一定的作用。

【2011年南昌县教育体育工作荣誉榜】 2011年在县委、县政府的正确领导下,在上级教体主管部门的关心指导下,教体局上下齐心协力、成绩斐然,据不完全统计,共获得以下荣誉:

国家级(2个):

1. 全国"全民健身活动"先进单位

2. 全国乡镇农民体育健身示范工程

省级(20个):

1. 全省教育先进县

2. 全省业余训练先进县区

3. 全省中招工作先进集体(教育科)

4. 全省体育彩票销售突出贡献奖(体育馆)

5. 省高招宣传工作先进单位一等奖(高招办)

6. 省自学考试先进集体(高招办)

7. 省成人高考先进集体(高招办)

8. 省"新蕾杯"征文比赛优秀组织奖(教研室)

9. 省校本教研工作先进单位(教研室)

10. 省"四个一"基层先进单位(八一中学)

11. 省"工人先锋号"荣誉称号(莲塘三中)

12. 省红十字会工作先进单位(莲塘二中)

13. 省《感动校园——园丁事迹讲述会》优秀创作奖(莲塘三小)

14. 省级先进工会单位(泾口中小)

15. 省教育系统"提升质量年活动"先进单位(莲塘一中、莲塘六中、莲塘二小)

16. 省绿化模范单位(莲塘一中)

17. 省小学生象棋赛优秀组织奖(莲塘二小)

18. 省首批"关爱留守儿童双百万新蕾工程"基地(莲塘二小)

19. 省基础教育课改先进单位(莲塘二小)

20. 省实施素质教育示范学校(莲塘二小)

市级(12个):

1. 市首届英语竞赛活动组织奖(教育科)

2. 市首届英语竞赛活动电视总决赛团体三等奖(教育科)

3. 市中招工作先进集体(教育科)

4. 市第六届"园丁杯"竞赛初中团体三等奖(教研室)

5. 市第六届"园丁杯"竞赛小学团体三等奖(教研室)

6. 市"世界华人学生作文大赛"二等奖(向塘中学、莲塘四中)

7. 市"世界华人学生作文大赛"三等奖(广福中小、莲塘二小、莲塘三小、向塘中小、莲塘六中)

8. 市中小学第六届"园丁杯"教学竞赛团体普通高中组二等奖(莲塘一中)

9. 市网上家长学校家庭教育工作先进集体(莲塘一中)

10. 市素质教育示范学校(莲塘六中、莲塘二小)

11. 市精神文明单位(蒋巷中学、八一中学)

12. 市"奥林匹克杯""童谣颂祖国、童心庆城运"儿童歌咏大赛优秀组织奖(莲塘二小)

表80 **南昌县教体局2011年领导班子成员名单**

姓名	性别	出生年月	籍贯	职务
孙小九	男	1959.1	吉安	党委书记
李贵春	男	1959.1	南昌县	副局长
胡金金	男	1962.8	南昌县	副局长
范海权	男	1974.8	南昌县	副局长
石林根	男	1964.8	南昌县	副局长
刘文华	男	1970.6	南昌县	委员
杜海云	男	1974.5	南昌县	委员

(主笔:喻春平 审稿:石林根)

卫生·体育

卫生事业

【概况】 2011年末，全县有各级医疗卫生机构291个，其中县级医疗卫生机构7个、乡镇卫生院19个、村卫生所265个，床位1136张，每千人拥有病床1.1张；专业卫生人员1523人，注册乡村医生991人，其中执业医师458人、执业助理医师162人、注册护士596人；平均每千人拥有卫生技术人员1.5人，平均每千人拥有执业(助理)医师0.6人，平均每千人拥有注册护士0.6人。2011年，全县卫生系统坚持以科学发展观为指导，按照“围绕一个中心、推进一个工程、抓好六个重点”的工作思路，抓医改、惠民生，破难题、创特色，优服务、树形象，各项工作取得新成绩。年内，全县乡镇卫生院以上医疗机构完成诊疗81.9万人次、住院手术0.8万台次、出院病人4.9万人次，法定报告传染病发病率为349.8/10万，新型农村合作医疗参保率95.9%，农村安全饮用水普及率100%，农村卫生厕所普及率80.8%，孕产妇死亡率、5岁以下儿童死亡率、婴儿死亡率、新生儿死亡率分别为16.2/10万、1.0‰、1.6‰、0.1‰。

【新型农村合作医疗更加惠民】 2011年，全县新农合筹资标准提高到人均230元，县乡两级住院报销比例分别提高到80%、90%。至年底，参合农民达到74.29万人，比上年增加3.97%，参合率95.94%；共有220839人次获得补偿17377.18万元，其中69176人次获得住院补偿16488.44万元，获得住院补偿万元以上2882人、达5万元封顶线90人、达6万元特大病封顶线37人。

【实施基本药物制度成效明显】 2011年，全县18所乡镇卫生院全面实施基本药物制度，所有药品实行零差价销售，同时实行药品集中招标采购和统一配送。至年底，全县乡镇卫生院药价降幅达40%，药品收入占业务收入的比例由56.2%下降到42.4%，8所中心卫生院门诊和住院次均费用在比试点前分别下降23.4%、16.3%的情况下再次下降1.5%、1.2%，10所一般卫生院门诊和住院次均费用同比分别下降36.6%、38.1%。

【公共卫生服务项目强力推进】 2011年，全县卫生系统继续实施基本和重大公共卫生服务项目，项目目标任务全面完成，项目受惠人群不断扩大。至年底，共建立居民健康档案470532份，建档率达52%，完成率103.9%；0~6岁儿童保健管理64632人，完成率100.2%；孕产妇保健管理10672人，完成率105.3%；老年人保健管理54360人，完成率107.9%；高血压患者管理47528人，完成率111.7%；Ⅱ型糖尿病管理13571人，完成率101.3%；重性精神疾病患者管理2377人，完成率100.6%；健康教育覆盖率达到80%以上，国家免疫规划11种疫苗接种率平均达到99.9%。共免费为6285名农村育龄妇女补服叶酸，为318例白内障患者实施手术治疗，为11318名孕产妇进行艾滋病、梅毒、乙肝母婴传播阻断，免费救治儿童先天性心脏病患者78人、白血病患者8人，为8705名农村孕产妇实施住院分娩补助。

【医疗卫生服务体系不断优化】 2011年，全县卫生系统以实施新一轮卫生服务能力建设工程为抓手，继续加强重大重点项目建设和卫生人才队伍建设，医疗卫生服务体系不断优化。至年底，县人民医院门诊医技综合大楼和莲塘镇卫生院综合大楼土建工程已全面完工，县中医院整体搬迁项目主体工程已经封顶；共组织1288名医务人员参加“双卫网”继续医学教育，完成10名乡镇卫技人员全科医师转岗培训和991名乡村医生在岗培训，选送83名骨干到上级医院进修，向社会公开招录12名具有研究生学历的卫技人员；县中医院、县妇保院创建“二甲”医院已通过省卫生厅专家组评审，县中医院针灸理疗科项目已通过省级评审验收。

【重大疾病防控工作切实加强】 2011年，全县卫生系统以抓好泾口乡鄱阳湖南岸片血吸虫病综合防治示范区建设为突破口，全面推进重大疾病防控工作。至年底，示范区内2344头耕牛全部淘汰完毕，完成省下达任务数的137%；全县共完成血防查病9.26万人、治病2.17万人、查螺7141.22万平方米、灭螺695.9万平方米、晚血救治506例，超额完成市下达的血防工作任务；艾滋病、结核病、乙肝和手足口病、流感、霍乱等重大传染病得到有效控制，法定传染病报告发病率同比下降12.6%，疾病防控有10个方面的单项工作获得上级疾控部门表彰。

【卫生行业整体形象大有改善】 2011年，全县卫生系统围绕打造卫生行业新形象,深入开展以"服务好、质量好、医德好、群众满意"为内容的"三好一满意"主题实践活动,按照"一年初见成效、两年发展提高、三年上一大台阶"的要求和阶段性与长期性相结合的原则,主要抓好学习宣传、查找问题、整改提高三个环节,做到与"创先争优"、"医疗质量万里行"和"中医管理年"活动同步推进,与医院等级评审、平安医院创建和解决实际问题紧密结合,推出16项便民惠民服务新举措。同时,紧紧抓住"教育、自纠、规范、查处"四个环节,深入开展医药购销和医疗服务中突出问题专项治理,统筹推进实施临床路径管理、优质护理服务示范工程、处方点评、抗菌药物合理使用和落实医德医风制度规范等工作,卫生行业作风进一步改善。是年,县卫生局被评为"全市卫生系统纠风工作先进单位"和"全县纠风工作先进单位"、县人民医院被评为"全市卫生系统纠风工作先进单位"、县中医院被评为"全市卫生系统行风建设先进单位"。

【召开全县2011年卫生工作会议】 3月18日上午,全县2011年卫生工作会议在县委党校2号楼召开。会议传达贯彻省市卫生工作会议精神,总结"十一五"时期全县卫生工作,提出"十二五"卫生工作基本思路与发展目标,部署2011年全县卫生工作任务,对先进单位和个人进行表彰。县人大常委会副主任伍曦,县政府副县长胡显勇,县政协副主席万德珍出席会议。会议要求,2011年要以科学发展观统揽卫生工作全局,围绕"一个中心",推进"一个工程",抓好"六个重点",实现"十二五"规划良好开局,推动全县卫生事业新一轮大发展。围绕"一个中心",即紧紧围绕深化医药卫生体制改革这个中心,按照保基本、强基层、建机制、重预防的要求,全面完成医改近期五项任务,促进医改成果更多更好地惠及广大人民群众;推进"一个工程",即从2011年起再利用三年时间,实施新一轮卫生服务能力建设工程,在继续抓好房屋、设备建设的同时,突出以人才、技术和管理为重点,更加注重内涵建设,促进全县卫生服务能力再上新台阶;抓好"六个重点",即突出抓好公共卫生工作、医疗服务管理、中医中药发展、人才队伍建设、卫生监督执法、卫生行风建设等六个重点,统筹兼顾做好全盘工作,促进各项事业全面协调发展。全县各乡镇卫生院、县属各医疗卫生单位班子成员、县卫生局机关中层以上干部、受表彰的先进集体和先进个人代表参加会议。

【尹力到南昌县检查血防工作】 3月25日,卫生部副部长率国家血防春查组一行先后到蒋巷镇玉丰村、玉丰小学、蒋巷中心卫生院、泾口乡东风村、塘南中心卫生院,现场考察封洲禁牧、以机代牛、改水改厕等卫生、农业、水利血防项目实施情况和血防健教宣传工作开展情况。在泾口乡东风村,检查组一行还进村入户了解鄱阳湖南岸片血防示范区建设情况,听取老百姓对工作的意见建议。

【孙志刚到南昌县调研医改工作】 4月1日下午,国家发改委副主任孙志刚率国家医改办督导组一行,到蒋巷中心卫生院调研医改工作。省发改委主任姚木根、市政府市长陈俊卿、省卫生厅巡视员刘富林、县政府县长陈匡辉等陪同。孙志刚要求卫生部门要认真落实国家医改政策,让老百姓得到更多实惠。

【开展血吸虫疫区中小学教师血防知识培训】 4月13~14日,县卫生局、教体局联合在南新、泾口乡举办2期血防知识培训班,全县各疫区中学、中心小学、行政村小学的220余名教师参加培训。

【卫生部疾控局对南昌县重点寄生虫病防治工作进行中期评估】 4月20~21日,卫生部疾控局专家组对南昌县重点寄生虫病防治工作进行中期评估。专家组在听取县政府副县长伍曦关于寄生虫病防治工作情况汇报后,对县疾控中心重点寄生虫病防治工作资料进行全面审查,并到泾口乡杨芳村进行实地抽查走访25户居民家庭,对当地居民的寄生虫病防治知识、健康行为、改水改厕等情况进行问卷调查。在反馈会上,专家组对南昌县重点寄生虫病防治工作取得的成绩给予充分肯定,同时对解决存在的问题提出指导意见。

【开展预防接种宣传周活动】 4月25日~5月1日,以"接种疫苗,宝宝健康"为主题的免疫规划宣传周活动在全县开展。县疾控中心和各乡镇预防接种单位采取现场咨询上街头、宣传服务进社区、调查问卷知民意、政府网站设专栏、电台报道连续播等形式,大力宣传扩大国家免疫规划的各项政策和措施,并针对不同目标人群开展查漏补种工作。活动周期间,全县共悬挂宣传横幅30条,出宣传版报40期,张贴宣传标语298条,发放宣传单40000张、宣传画册3000份、儿童常见病护理手册100本,群众参与人数5万余人次,查漏补种218剂次。

【开展食品非法添加和滥用食品添加剂专项整治】 5~8月,县食安办牵头组织县食品安全委员会各成员单位,在全县范围内开展食品非法添加和滥用食品添加剂专项整治工作。县农业局、县畜牧水产局、县工商局、县食药监局和县质监局等部门加强协调配合,强化联合执法,严格按照工作任务和时间安排,及时查处纠正违法违规行为。至8月底,全县共出动人员612人次,出动车辆324辆次,检查食品生产经营单位2179家,查处非法添加剂3种,查处涉嫌违规经营假劣饲料单位3家,就地封存劣质饲料和预混料296吨,立案查处销售假冒鸡精案件1宗、违法经营"瘦肉精"案件3宗。

【开展乡村医生妇产科基本知识技能培训】 5月22~31日,县卫生局在县委党校连续举办乡村医生妇产科基本知识技能培训班2期,全县473名乡村医生参加培训。培训内容涵盖妊娠期保健指导、孕产期常见疾病的防治、常见妇科疾病的诊治等内容。培训结束后,对参训人员进行理论和操作考试,考核合格率100%、优秀率36%。

【开展临床技能培训和大比武活动】

6月8日,县卫生局印发《2012年临床技能培训和大比武活动实施方案》。按照该方案要求,全县自7月起在各级各类医疗机构医务人员中,开展临床技能培训和大比武活动。整个活动分筹划部署、学习训练、比武评比和总结表彰四个阶段进行。至年底，全县各医疗机构采取专题集中训练、教学查房、操作演练等方式，共组织临床实践技能培训与大比武和病历书写培训与竞赛活动1500余人次，县人民医院获得“南昌市护理临床技能大比武三等奖”和“南昌市检验技能大比武三等奖”。

【开展职业健康状况调查】 8月18日，县政府办公室印发《南昌县职业健康状况调查项目工作方案》，成立以县政府副县长伍曦为组长的“南昌县职业健康状况调查工作领导小组”，领导小组下设办公室和技术指导小组（设县卫生局内）。自8月下旬开始，全县共抽调100余人组成30个调查小组，对小蓝经济开发区、银三角、各乡镇工业企业进行职业病病害因素基本情况调查。至年底，共调查工业企业724家，作业工人40882人，查明存在职业病危害的企业365家，接触有毒有害作业场所工作8492人，调查工作取得阶段性成果。是年，县卫生监督所获得全市卫生监督系统“职业健康状况调查工作先进单位”。

【实行免费婚检、婚姻登记“一站式”服务】 为顺利推进免费婚前医学检查工作，县卫生局积极加强与民政局的联系，由县妇幼保健院免费提供婚姻登记办公场所，实行“一站式”免费婚检、婚姻登记服务。自8月22日至12月底，共开展免费婚前医学检查1875对，婚检率由2%上升到93%，全年婚检率平均达到33.2%。

【谢茹到南昌县调研血防工作】 9月2日，省政府副省长谢茹到南昌县调研鄱阳湖南岸片血吸虫病综合防治示范区建设工作。省政府副秘书长晏驹腾、省卫生厅副厅长关晏民、县政府县长陈匡辉、县委常委程雷佬陪同调研。谢茹到泾口乡东风、山头、东湖等村，深入农户、草洲、养殖基地，与村民及养殖大户交谈，详细了解封洲禁牧、以机代牛、改水改厕和农业产业结构调整等工作情况。谢茹强调，要按照综合示范区建设工作计划，切实抓好传染源控制、卫生血防措施及产业结构调整等各项工作，确保如期完成示范区各项工作任务；要加强统筹协调，进一步加大示范区资金、项目的整合力度，坚持资金、项目和政策向示范区倾斜，集中力量和资源解决示范区建设面临的实际问题；要把示范区建设与发展农村经济紧密结合，立足疫区实际，充分利用湖区资源，搞好帮扶与引导，合理调整产业结构，通过种养大户示范带动，大力发展特种水产养殖、家禽饲养等产业，加大农机合作社扶持力度，为农民增收、农村发展探索有效途径；要边开展工作边总结提炼经验，边抓落实边筹划好2012年的示范区建设工作，及早搞好沟通协调，做好相关计划，不断增强示范区建设工作的预见性和实效性。

【举行“爱心牵手·光明同行”公益活动启动仪式】 11月15日，全县“爱心牵手·光明同行”公益援助眼疾患者活动启动仪式在八一乡卫生院举行。此次公益援助活动由县卫生局、县农医局主办，由南昌爱尔眼科医院减免费用50万元、长沙天柯装饰有限公司捐赠资金50万元设立“光明基金”，专门用于南昌县农村白内障和翼状胬肉患者手术费用的救助。副县长伍曦在启动仪式上发表讲话，要求各有关部门、各医疗卫生单位要把这项利民惠民工程列入重要议事日程，切实做到“五个”加强：一是加强宣传动员，采取多种方式，及时将活动内容告知群众，做到家喻户晓；二是加强人员培训，使相关人员全面掌握筛查方法、转诊流程、信息上报等知识与技能；三是加强筛查工作，按照初筛、复查、确诊三个步骤的要求，认真细致地开展病人筛查；四是加强医患沟通，在患者自愿的基础上积极做好患者的转诊、输送工作；五是加强督导检查，定期对活动开展情况进行督导检查，及时掌握工作进展情况。

【启动尿毒症免费血透救治工作】 11月28日，县卫生局、县委宣传部、县发展和改革委员会、县财政局、县人力资源和社会保障局、县民政局联合印发《南昌县尿毒症免费血透救治工作方案》（南卫字〔2011〕137号），对持有南昌县户口的尿毒症需维持性血透的困难患者（城乡低保、农村五保、城镇“三无”人员、福利院供养孤儿、新增四类优抚对象和低保边缘户）实施免费血透救治。全县开展血透定点医疗机构为县人民医院、县中医院、向塘中心卫生院、幽兰中心卫生院。救治经费由城镇医疗保障、新农合和医疗救治按比例进行补助，定点医疗机构实行部分医疗费用减免。12月6日上午，县卫生局召开尿毒症免费血透救治工作启动会，要求卫生系统相关单位认真做好筛查确诊和信息报送工作，严格按照技术操作规范实施治疗，保证医疗安全，切实把这一好事办好，实事办实。

表81 **2011年南昌县卫生局领导班子成员名单**

姓名	性别	出生年月	籍贯	职务	备注
龚润水	男	1963.12	南昌县	局　长	6月任职
吴年生	男	1957.1	南昌县	党委书记	
李晓蝉	男	1964.9	南昌县	副局长	
贺小华	女	1961.11	南昌县	副局长	
李荣金	男	1963.12	南昌县	副局长	
廖　斌	男	1974.7	南昌县	副局长	9月由纪委书记转任

续表 81

姓名	性别	出生年月	籍贯	职务	备注
胡长春	男	1961.1	南昌县	局党委委员、人武部长	
汪　勇	男	1965.9	南昌县	局党委委员、县红会副会长	
李长春	男	1965.4	南昌县	局党委委员、县农医局局长	10月任职
傅洪明	男	1966.8	南昌县	局党委委员	10月任职

(主笔:喻相根　审稿:龚润水)

体育事业

【概况】 2011年,南昌县教育体育局以深入学习实践科学发展观为指导,深入贯彻体育法和《全民健身计划纲要》,围绕国务院批准确立的"第一个全民健身日"紧紧抓住2011年全国城运会在南昌举办的有利契机,开展了一系列群众喜闻乐见、丰富多彩的群众体育竞赛与活动;努力开辟了一批新的健身网点,开创了南昌县农民体育民生工程,唱响国全民健身与城运同行的主旋律,掀起了全民健身热潮。据不完全统计全县全年共举办不同层次、不同类型的群众体育竞赛与活动60多项次,新增晨练站点10个,培训三级社会体育指导员60人,在全县252个村委会建立了老年体育分会组织,经常参加体育锻炼人口达到40万多人。注册成立了昌南足球协会,成为南昌首家拥有自己官方网站及新浪、腾讯微博认证的民间社会团体,举办了首届昌南足协邀请赛,为南昌县培养足球人才和发展群众性健身活动作出贡献。

【体育组织】 2009年,南昌县设有县级体育行政主管部门(县教育体育局)、县体育总会1个,体育协会12个,基层健身辅导站点108个。

【群众体育】 2011年,为努力构建覆盖城乡,比较完善的全民健身服务体系,不断推进体育公共服务均等化,强力推进群众体育向纵深发展,按照"开展好身边的活动,建好身边的场地,培养好身边的队伍"的工作思路,开展了一系列各层次参与广泛的群众体育竞赛与活动。3月,南昌县舞蹈协会参加南昌市第十二届体育舞蹈锦标赛获得金奖。8月8日在澄碧湖广场进行千人柔力球展示活动,丰富了群众的业余体育生活,弘扬了南昌县群众体育丰厚的文化底蕴。11月,在南昌县体育中心隆重举行江西省第七届农民运动会,南昌县代表队获得团体总分第一的佳绩。按照"活动与建设并举,重在建设"的原则,继续实施农民体育健身工程,推进"南昌县农民体育民生工程"第二期的建设,2011年县财政投入180万元,按照分步实施,全复盖推进的步骤,现已完成180个行政村体育健身路径和体育场地设施建设。为广大群众提供了更多的体育设施、更完善的体育服务,用健康向上的体育活动占领农村思想文化阵地,不断满足广大农民日益增长的体育健身需求,逐步改善2011南昌县农村体育场地设施缺乏的状况。

【学校体育】 2011年,提升课堂教育教学质量,全面落实学生每天一小时体育锻炼规定。认真贯彻《中共中央国务院关于加强青少年体育增强青少年体质的意见》文件精神,在充分认识确保学生每天一小时体育锻炼时间法定性、重要性和必要性的基础上,进一步加强课程管理和时间管理,采取切实措施,扎实做好体育课、大课间体育活动、课外体育锻炼三落实工作。一是严格执行课程计划,保证开齐开足体育课,不得以任何理由削减、挤占体育课时间。坚决纠正取消有利于增强学生体质、培养学生吃苦耐劳、顽强拼搏精神的运动项目教学和活动的做法。二是全面实行大课间体育活动制度,活动内容除了组织学生认真做好教育部指定广播操外,还结合季节特点、学校特色和场地情况,适当增加面向全体、实效性强、较为安全的学校运动会。

【竞技体育】 为了提高训练质量,2011年,加大了对训练的投入,主要体现在三个方面,一是积极选拔体育后备人才,补充组建后备运动队伍。克服招生难、选才难的状况,先后两次下到全县各中小学进行选才招生,调整运动队年龄结构和人员配备。根据后备人才培养"111213"工程目标任务,到目前为止,县少儿体校现有在训人数近300人,全年共向上一级体校输送优秀后备体育人才近30人,其中在优秀运动队集、试训的有1人。二是着力整合社会资源,改善运动员训练条件。"不求所有,但求所用",加强与社会力量办训练的合作,把成杰跆拳道馆和南昌县羽毛球训练基地纳入我县体校训练体系,目前这两个项目训练队伍在训人数已达到65人。

【体育产业】 2011年,体育产业继续保持强劲的发展势头。在省、市体育局的正确领导下,在省体彩中心和南昌分中心的关心支持下,体育彩票销售工作坚持以市场为导向,以强化管理,创新机制为手段,以扩大宣传,服务业主和彩民为落脚点,以拓展销售渠道,冲破年销售额两千万大关为目标,经过全县各销售业主、专管员以及管理站同志的共同努力,全县电体彩销量2000多万元,即开体彩销售150多万元。新增体彩网点5个,全县现有网点74个,形成全县城乡销售网点全覆盖的格局。

文化·传媒·旅游

综　述

2011年，南昌县文化、广播、电视、旅游、新闻出版工作紧紧围绕“拼争全国五十强县市，建设现代化综合新城”的共同目标，坚决贯彻落实中共十七届六中全会精神，坚持用邓小平理论、“三个代表”重要思想和科学发展观统领全局，求真务实，开拓创新，实现了“县域文化大繁荣，广电影视大突破，旅游产业大发展，新闻出版大作为”新局面。

群众文化

【概况】　2011年，南昌县群众文化工作按照上级的部署，努力践行科学发展观，积极开展创先争优活动，认真实施“富民兴赣我先行”，大力开展群众文化工作，取得了一定的成绩，在全国第三次文化馆评估中被评为一级文化馆。

2011年，开展了一系列丰富多彩的群众文化活动：

元旦节日那天，在澄碧湖广场开展“2011元旦群众文艺汇演”。展演内容丰富，包括歌曲、舞蹈以及老百姓喜爱的地方戏曲——南昌采茶戏等，深受观众欢迎。1月30日，由南昌县文化馆主办的“送文化下乡 为农民服务”为主要内容的主题活动，在冈上镇黄台村举行，活动为农民兄弟免费送春联、拍摄节日全家福。

2月17日（农历正月十五元宵节），为丰富市民节日文化生活，营造传统元宵佳节氛围，在县文化馆一楼大厅举办了元宵节灯谜竞猜活动。

4月11日下午，由南昌县文化广电旅游新闻出版局主办、南昌县文化馆承办的“南昌县第三届民间艺术团队文艺汇演”在澄碧湖广场举行。4月30日，组织南昌县优秀民间文艺团队参加南昌市第六届民间艺术团队文艺汇演，获得2个一等奖、1个二等奖和1个三等奖的好成绩。

5月，由南昌县文化馆文艺干部创作的两首红色歌曲参加“华东六省一市新创作红歌大赛”。同时，组织了一幅书法作品参加全省的书法大赛，获优秀奖。

6月28日，为喜迎中国共产党成立90周年，活动基层群众文化生活，在莲塘镇澄碧湖文化广场举办了“庆祝建党90周年文艺晚会。南昌县第三届乡村歌会启动仪式莲塘镇第三届乡村歌会”，几千干部群众欢聚一堂，热烈庆祝伟大的中国共产党诞生90周年。

国庆期间，南昌县文化馆承办了国庆系列群众文化活动。白天在澄碧湖广场举办“南昌县首届广场健身舞”比赛，来自南昌县各乡镇共32支队伍近千人参加比赛；紧接着晚上，又开展南昌采茶戏、安徽黄梅戏展演，乡村歌会颁奖晚会，每天晚上都吸引数以万计的城乡观众观看。

12月6日，参加在市八一公园中心广场举办的南昌市广场舞比赛。南昌县文化馆选送的舞蹈《为生活喝彩》、《踏歌起舞》均获得一等奖。12月9日，举办全县文化站长业务培训班，来自全县16个乡镇的文化站长，听取了省文化厅研究馆员傅安平老师题为《免费开放及群文创新》的授课。

12月11日至年底，开展第三届“乡村歌会”走进乡村活动，组织第三届“乡村歌会”获奖歌手深入乡村，为基层群众送上精彩的文化大餐。

【开展非遗研究保护工作】　5月27日，组织非遗业务骨干参加由南昌市文化局组织的“第三届成都国际非物质文化遗产节”学习观摩团，为期7天。实地学习考察国际国内非研究保护最新成果，以获取有益的经验；

6月11日是中国第六个“文化遗产日”，中国首部非遗保护法也与6月1日正式颁布实施，为庆祝这一重要历史时刻，县文化馆精心筹办了一场非遗法宣传活动，制作了数十块非遗保护项目展板供群众参观，发放非遗法宣传单800多份，收到了良好的宣传效果。去选送南昌采茶戏和胡话锣鼓十八番两个省级保护项目参加南昌市首届非遗保护项目展演，收到的了很好的反响。

11月24日，参加全省国家级非遗保护项目工作会议，听取省文化厅专家对申报国家级非遗保护项目的意见。认真筹备将南昌采茶戏申报为国家级非遗保护项目，进一步加大南昌县文化品牌的保护力度。

塔城豆豉制作技艺、胡华锣鼓十八番的代表性传承人李保根、胡长生成功申报为省级项目代表性传承人。

戏剧创作与演出

【概况】　2011年，南昌县采茶剧团共送戏下乡演出121场，其中农村三项活动演出34场，观众达50多万人次，为南昌县经济社会发展提供了强有力的舆论支持，为构建和谐社会和建设社会主义新农村发挥了重要的精神作用。

在深入农村演出的同时,2011年,南昌县采茶剧团组织演职员工参加了中共南昌县委统战部组织的"南昌县各界人士迎春茶话会"和"南昌县文化广电旅游新闻出版局迎春茶话会";5月参加了安徽省"江西商会成立大会"文艺演出;6月底参加驻南昌县部队"颂歌献给党,军民鱼水情,建党90周年"大型文艺晚会;9月底,参加了中共南昌县委宣传部举办的"幸福澄湖"文艺演出;10月初,在南昌县第三届"澄碧湖"艺术节上,为县城居民表演了精彩的南昌采茶戏。

在演出闲暇期间,南昌县采茶剧团还精心组织排练了新剧目《梅龙镇》,复排了老剧目《状元与乞丐》。编排了大型舞蹈《为蒙古喝彩》、《红楼之梦》、《红灯笼》等大型舞蹈。另外,剧团还派出剧团专业人员,赴广州进行为期一周的专业灯光音响培训,使剧团的舞台演出效果更加绚丽多彩。

2011年是南昌县采茶剧团开办"采茶戏戏曲表演班"的学生毕业的一年,为了能让未来采茶戏的接班人,茁壮成长,更多的吸取戏曲艺术的养分,南昌采茶剧团从省、市以及上海等地专门聘请了资深的戏曲老师进行教学和讲课,让学员从理论到实践得到了很大的提高。这批学生已学业有成,在中共南昌县委和南昌县人民政府的关心支持下,全部被南昌县采茶剧团录用。

与此同时,南昌县采茶剧团继续抓好、抓实演出管理制度,并进一步强化了演出纪律,要求每一位演职员在演出过程中,严守《演出管理制度》和"三不走"(注:演出结束不打招呼不走;不打扫卫生不走;损坏物品不赔偿不走)原则,此制度的实施得到广大农民群众的爱戴和交口称赞。同时,针对演出实际情况,对演出补助发放制度进行了适当修改,对剧团人员进行定员定岗,进一步提高了广大演职员工的演出积极性,使全团演职员在业务能力上得到了巨大的提高。

南昌县采茶剧团在加强演出和排练的同时,还认真组织全体党员干部学习科学发展观,在党员干部中积极开展创先争优活动。认真抓好的计划生育工作,切实维护剧团内部安定团结的和谐局面。

电影放映

【概况】 2011年,南昌县电影发行放映公司全体职工在中共南昌县委、南昌县人民政府的领导下,在南昌县文化广电旅游新闻出版局的指导下,按照上级文件精神,制订了南昌县农村数字电影放映计划,同全县各乡镇文化站、农林场签订了2011年农村数字电影购买合同。其中16个乡镇文化站购买2940场,4个农林场购买100场。2011年,在南昌县中小学校共放映爱国主义教育电影1200余场,农村文化惠民工程电影放映4150场,澄碧湖广场、县城社区放映38场,省欣荣院线计划专场广告电影16场、贴片广告电影630场宣传电影450场。

按照江西省广播电视局的要求,元月1日正式启用农村电影放映工程管理平台新系统。并按操作要求,南昌县电影发行放映重新与农村各放映队签定了农村数字电影放映协议。

4月份,南昌县电影发行放映公司按照上级部门要求,对公司22套数字放映设备加装了GPS和GPRS卫星监控模块,并更换了13台服务器。4月29日,按照南昌县青少年"学党史、颂党恩、跟党走"纪念建党90周年教育活动领导小组安排,公司在莲塘第三小学放映了《没有共产党就没有新中国》。同时组织了《新地道战》、《小兵张嘎》等优秀红色影片,在南昌县中、小学校放映。

为庆祝中国共产党建党90周年,南昌县电影发行放映公司自5月至9月,每星期在碧湖广场放映一部优秀红色经典影片。

6月份组织影片《没有共产党就没有新中国》、《可爱的中国》在全县各乡镇开展放映活动及在江西省洪都监狱进行了电影放映教育活动。与此同时,南昌县电影发行放映公司党支部组织了全体党员到瑞金参观学习活动,使每个党员受到了一次革命传统教育。

南昌县电影发行放映公司在组织放映的同时,还对专业放映人员进行技术培训:2月21日至26日对公司在岗人员进行了一期数字电影放放映技术培训;5月、6月份举办了2期数字电影放映员培训班,6月份增加了1个塘南二队农村数字电影放映队。

与此同时,南昌县电影发行放映公司还认真抓了一系列后勤保障工作:比如:5月份组织离退干部职工到黄马凤凰沟参观活动,大大丰富了老年人的生活。在3月份、6月份各修改了安全放映制度,并对各放映队进行了安全生产大检查,杜绝了安全隐患。积极配合上海永乐影城工作。11月份向塘影剧院改造已基本结束。关心职工生活,公司协助职工解决了职工宿舍下水道漏水等提出的一些问题。从2011年元月开始公司办理了职工住房公积金工作。

文化市场稽查

【概况】 2011年,南昌县文化市场稽查严把行政审批关,确保"五到位":

为提高行政审批效率,采取了四项行动:一是成立机构,确保审批职能到位;二是加强培训,确保审批服务到位;三是流程再造,确保审批效率到位;四是建章立制,确保审批制度到位;五是阳光操作,确保审批监督到位。

加强市场监管,净化社会文化环境。

为促进南昌县文化市场健康、平稳、有序发展,2011年,相继开展了春节期间文化市场专项整治行动。平安中、高考文化市场以及创文明城、开展迎城运会、建党90周年专项保障行动、南昌县学校及幼儿园周边环境集中整治、文化市场"安全生产月"等专项活动,严厉打击网吧、电子游戏厅违规经营行为,封堵、查缴淫秽色情、凶杀暴力和侵权盗版等非法出版物,积极取缔非法演出及无证经营活动,排查安全隐患,切实做到领导到位、监管到位、责任到位、措施到位。并按照"什么问题突出就整治什么问题,哪里出问题就整治哪里"的原则,重点查处接纳未成年人上网和其他网上违法违规行为。

狠抓网吧市场监管工作,强化行

业自律意识

坚持从严查处网吧违规经营。2011年,在对网吧整顿行动和日常管理工作中,强化网吧监管,对网吧违规接纳未成年人等违规经营行为,坚决从严从重查处。对重点巡查区域,重点时段,重点巡查对象,增加巡查频率,加强日常监管。2011年,共检查网吧890家(次),查处违规网吧132家(次),逐步规范了南昌县网吧市场。

对南昌县网吧市场进行重新布局。根据南昌市文化新闻出版局洪文市字〔2011〕2号文件《关于开展文化市场经营单位重新审核换证工作》文件要求,对网吧、游戏机厅、歌舞娱乐场所、在所规定的时间内完成审核换证工作。

落实责任、做好巡查记录。对网吧管理人员进行叮嘱,拒绝接纳未成年人,坚决实行责任追究,完善巡查日志,并积极引导网吧业主加强自我约束、自我管理、自我监督,更好的强化行业自律意识。

加大整治力度,重拳打击电子游戏室的违法行为。

为进一步净化社会风气,消除文化市场不良隐患。南昌县文化市场稽查大队经常组织全体稽查人员对县城游戏室、网吧进行了地毯式的排查,对违规经营明令禁止的游戏机型、机种进行了收缴,对网吧超范围经营电子游戏机,进行当场销毁。2011年,整治中共出动稽查人员530人(次),共检查游戏室126家(次)、收缴了游戏室摆放的涉赌、违禁游戏机主板53块,涉赌机主板40多块,查处无证照游戏室40多家。重拳打击了电子游戏经营市场的违法行为。

开展"扫黄打非"行动,规范出版物及音像市场。

为规范南昌县出版物及音像市场,开展了多次集中整顿,在整顿中,对出版物、音像制品经营单位进行了拉网式检查,共检查出版物和音像制品经营单位320家次,收缴盗版、淫秽光盘共1280件、非法卡通出版物1036多本,非法图书980多册,非法书报刊共520册,有效地打击了此类违法经营行为。

加强娱乐场所、演出市场、印刷市场的管理。

在日常巡查的基础上,特别是在节假日期间,加大了对娱乐场所的检查,消除安全隐患,营造安全、繁荣、健康的文化环境。中、高考期间,要求所有歌舞娱乐场所停止营业,为考生创造良好、安静的环境氛围。2011年,检查歌舞娱乐场所共88家(次),处罚违规经营单位5家。对营业性演出团体的审核更加细致、严格,对演出内容进行全程监控,确保不出现低俗演出内容,不发生安全事故。2011年,检查打字、复印经营单位60家次,已完成打字、复印经营单位的年检、换证工作。

图书馆藏

【概况】 2011年是"十二五"规划第一年,南昌县图书馆的干部职工,牢固树立科学发展观,紧紧围绕南昌县文化工作会议的精神,以加强阵地开放、全民阅读活动、曹雪芹祖籍资料部建设及农家书屋和县级支中心建设为重点,积极完成各项工作任务,获得南昌市农家书屋先进单位。

夯实基础,提升服务。一是坚持以读者为本,满足广大读者的借阅需求,坚持365日对外开放。全年图书馆共购置新书2万余册,订阅报刊、杂志237种,接待读者11.7万人次,借阅图书、杂志9.7万册次,办理借书证共335个,与2010年相比有较大的提高。

二是按照上级的统一部署,积极组织开展创先争优活动,制定活动方案、制作宣传版面,学习相关文件,撰写党员承诺书。通过活动,进一步增强我馆党员干部服务读者意识。

三是组织业务骨干参加专业培训及学术交流研讨会,有效提高人员的业务素质,推动了图书馆事业的发展。

发挥服务优势,丰富读者生活。南昌县图书馆不断加大宣传力度,充分利用馆藏资源,开展了形式多样的特色服务,满足广大读者对文化知识的需求。

4月23日世界读书日,举办首届"读好书"活动启动仪式,开展少年智力问答竞赛活动。

5月1日至5月10日期间,与南昌雅博书店联合在维也纳广场举办了"迎五一"优秀图书展。

5月23日~6月1日期间围绕庆祝中国共产党成立90周年和宣传、推进公共图书馆免费开放为主题开展图书馆服务宣传周活动。本次活动受到了广大读者的热烈欢迎,纷纷表示这样的活动充实他们的业余文化生活。5月29日在南昌县莲塘镇维也纳广场摆设宣传服务台,发放宣传资料,开展咨询服务,让广大市民进一步了解公共图书馆免费开放的内容。5月31日举办中小学生讲演比赛。

关爱留守儿童,以"健康宝贝 快乐六一"为主题,在南昌县举办读书征文活动。

为表示对小朋友"六一"节日的祝贺,科普视听室播放5部少儿电影,让孩子们度过了一个愉快的"六一"节。

为营造浓厚的读书学习氛围,推进南昌县"科学发展,进位五十强"绿色崛起,由县委宣传部主办,县文广局、县教育局协办,南昌县图书馆承办了南昌县开展第二届"昌南读书周"。

为确保活动的开展,专门组织全馆同志开会讨论,精心策划了活动方案,将任务落实到了个人。

加大宣传,营造读书氛围,馆内外制作并悬挂宣传横幅,张贴宣传标语,面向乡镇、社区散发了《读者信息》。

10月19日上午,在三江镇举办"昌南读书周"活动启动仪式,市委宣传部副部长罗水长,县委常委、宣传部长周仁斌,副县长伍曦参加活动。

10月26日在莲塘一小举办"爱我昌南、读我好书"少儿诗歌朗诵比赛,"读经典图书,颂美好少年"书香作文竞赛。

10月28日在蒋巷镇举办了昌南大讲坛,邀请了江西省财经大学肖文海教授、博士授课,此次讲坛共有200多人参加,围绕低碳经济进行了深刻的阐述。

10月27日,前往莲塘镇文化站图书室指导图书管理员业务素养和服务技能,规范图书室的科学管理。

10月27日上午,举办全县"读书积累智慧、文化引领发展——以书会友"读书座谈会,30多名读者应邀参加了座谈会,畅谈读书的体会和感受。纷纷表示从书中寻找到快乐,从书中得到收获，让人生的品德得到升华。10月30日举办了一期曹雪芹祖籍资料展。

发挥辅导，助推基层图书室建设。加强对基层图书室的辅导和建设，协助南昌县农家书屋办完成了全县农家书屋工程建设工作。

4～11月为莲塘镇、八一乡和蒋巷镇等文化站图书室及部分农家书屋配送图书1300册，价值3.2万元，充实了基层图书室的藏书量，满足了广大农民读者的借阅需求。

4月28日举办南昌县农家书屋残疾人管理员培训班，逐步规范农家书屋的管理。

自8月9日至11日，完成了2011年对全县92农家书屋图书的配送工作，统一制作分发了管理、借阅等规则制度，登记册和借书证，并对书屋内外的环境进行了合理的布置，满足了广大农民群众的文化需求。

9月21日、22日、23日分别在蒋巷、冈上、莲塘镇举办三期管理员培训班，培训内容包括图书的分类、登记、借阅等，共培训学员197人参加了培训，通过学习，管理员们顺利通过了考核，基本掌握了业务技能和管理的操作流程，为充分发挥乡镇村图书室的职能作用奠定了基础。

巩固开展"市—县—乡"图书大循环活动，对全县18个乡镇图书室进行了图书互调循环，进一步解决乡镇图书室藏书贫乏，购书经费短缺的问题，缓解农民群众"读书难、借书难、看书难"的问题。

逐步开展全县古籍普查和保护工作，初步调查统计，一些古籍资料，对部分古籍进行了登记和分类。

弘扬曹氏文化，树文化名片。积极开展曹雪芹资料部的建设，为弘扬南昌县深厚的历史文化底蕴，树立文化品牌，起到了积极的作用。

一是按时完成曹雪芹祖籍资料部的内部装修和室内布置，举办了2期曹氏资料展。

二是11月27日，南昌武阳曹雪芹祖籍研究会正式成立，中共南昌县委副书记王小文代表县委、县政府向南昌武阳曹雪芹祖籍研究会正式成立表示祝贺，南昌武阳曹雪芹祖籍研究会成立，标志着南昌县曹学、红学的研究迈出了新的一大步。王小文希望研究会在以往取得红学、曹学研究成果的基础上，继续遵循红学大师周汝昌、曹学专家王畅的指导，通过以加强对武阳曹村文物的保护和对外的宣传，唱响曹雪芹南宋祖籍地在武阳这张文化名片。副书记王小文在南昌武阳曹雪芹祖籍研究会上的讲话对今后南昌县图书馆资料部的工作具有极大的鼓舞。

三是接待了全国各地红学、曹学爱好者参观来访，收集了大量的珍贵资料。特别是南大、师大的教授和博士生导师对资料部进行调研指导。

四是参加了北京、庐山等地举办的学术研讨会，与全国专家进行了学术交流。

五是通过学习与研究，撰写了3篇学术论文。

搭建平台，信息文化。南昌县图书馆充分发挥县级支中心的职能，利用文化信息资源共享网络，做了大量的工作。

一是坚持电子阅览室免费正常开放；

二是积极做好政府信息公开查阅中心的建设工作；

三是5月31日与南昌县莲塘第三小学联合举办"阳光少年热爱党——庆'六一'·赞幸福·童心向党"革命故事讲演比赛，同时赠送给学校一百张"双百人物"光盘；

四是5月份举办"阳光少年热爱党"电脑小报设计比赛，莲塘三小李朵同学荣获了全国电脑小报设计优秀奖；

五是举办科普讲座及播放电影48场；

六是委派技术人员深入各乡镇村为基层服务点管理员进行了计算机基础知识指导6次。

广播电视

【概况】　2011年，南昌县广播电视台紧紧围绕改革发展的大局和中共南昌县委和南昌县人民政府的各项中心工作，着力抓好了宣传报道工作，取得了一定成绩。

【强势宣传全县中心工作】　2011年是换届年，也是南昌县开启"拼争全国五十强县市，建设现代化综合新城"历史新征程的关键之年。南昌县广播电视台围绕经济、政治、文化建设和城市管理、社会民生等方面开展了大量卓有成效的宣传，为南昌县的改革发展，构建社会主义和谐社会营造了浓郁的舆论氛围。南昌县广播电视台在电视新闻栏目中开辟了《辉煌十一五》、《昌南组团》、《新征程、新蓝图》、《坚定信心、加快发展》、《大力度建设项目、全方位加快发展》、《城乡大变样、文明大提升》、《创先争优、百强进位》和《啄木鸟在行动》等16个专栏，集中深入报道了南昌县在各个领域的成就与亮点，以多棱镜的形式展现了南昌县经济社会发展的喜人形势，以强势宣传的显著效应振奋了人心，鼓舞了士气。

同时，南昌县广播电视台对新闻报道进行了进一步规范，按照中共南昌县委主要领导的指示要求，增加了事关全县改革发展大局的新闻报道和社会、民生新闻报道的容量，精简了时政新闻的编排，新闻节目的可视性进一步增强，同时，唱响了时代的主旋律，彰显了新闻报道的价值取向。

在新闻采编人员的共同努力下，2011年南昌县广播电视台较好地完成了内宣和外宣报道的任务。全年共播发电视新闻和专题稿件3300多条，其中新闻稿件3000多条，专题220多期。据初步统计，1至10月，在中央电视台发稿1条，在省广播电台发稿40条，在省电视台发稿8条，在市广播电台发稿48条，在市电视台发稿32条。

2011年，南昌县广播电视台还积极配合中共南昌县纪律检查委员会等多部门摄制完成了工作总结电视专题片，以较好的质量得到了好评。

【创新广播电视栏目】　电视节目的栏目化、品牌化，一直是电视新闻媒体共同追求的目标。2011年，南昌县广播电视台努力在电视栏目的打造中寻求新突破，以创新的思维探索打造电视品牌栏目的新途径。针对原先两个专题栏目《澄湖社区》、《警方750》在长期运作后显示出来的素材范围狭窄、报道模式呆板的弊端，立足台情，整合、优化资源，围绕全县改革发展的全局，精心策划、打造推出了3档新的电视专题栏目《变化》、《今日视点》和《记者观察》。这3个新栏目报道的内容、角度和风格各异，树立了电视节目的新形象，初步形成了电视节目的品牌。同时和《新闻》节目一起上传至县政府网，拓宽了节目被受众关注的范围，形成了围绕全县改革发展大局抓宣传的合力。

为塑造电视荧屏的新形象，打造具有南昌县特色的电视媒体品牌，2011年南昌县广播电视台对频道进行了新包装，从台标、台宣传片到栏目片头、片花、片尾都运用三维动画的技巧和手段进行重新制作，更新或替代了原有的内容或形式，实现了在电视媒体激烈竞争下的追求与创新。

广播栏目旅游交通频率《游友之声》在台严格管理、监督和指导下，运作良好，节目品牌效应正不断凸现。

【注入新闻采编、报道活力】 2011年，为抓好新闻采编队伍建设，提升新闻报道的质量和水平，严格坚持三级审稿制度、台领导审片制度和业务学习、交流制度等，有效保证了新闻、专题节目的质量，提高了全台新闻采编人员的业务素质。同时充分运用好奖励机制，有力调动了全台干部职工的工作热情，形成了爱岗敬业的良好氛围，为科学发展注入了生机与活力。尤其值得一提的是，由于全台业务能力与水平的快速提高，新闻采编人员不仅较好地完成宣传报道任务，而且采写的作品在省、市广播电视节目(新闻)评选中还获得了好成绩，有两件作品同时获得了第十七届江西新闻奖，创造了南昌县广播电视台有史以来最好的成绩。

在南昌县人民政府的关心和县财政部门的大力支持下，2011年，南昌县广播电视台认真改造设备，努力提高节目拍摄播放质量，新购2台松下AG—HPX58mc摄像机和一套非编制作设备，并即将添置摇臂等高科技的电视采访专业设备，为保障广播电视事业的可持续发展奠定了坚实的基础。

有线广播电视网络传输

【概况】 南昌县有线广播电视网络传输中心成立于1999年，2011年底共有干部职工62人，其中：局机关1人、网络编制14人、县电台编制5人、借用人员5人、临时聘用人员37人；干部6人(网络4人、电台2人)；大专以上14人，占总人数21.8%。

2011年，南昌县有线广播电视网络传输中心拥有入网总户数102585户，实际开通信号用户数82278户，占用户的80.20%；截至11月底新增用户10587户，占用户总数的10.32%；报停用户1486户，占开通用户数的2.06%；截至10月底网络中心营业总收入20271206万元(其中收视费10723529元、安装费8114600元、拆迁费2100元、改制费4420、付费电视费608318元、农网费818239元)，用户收视费的缴费率达到82.42%、收视费占总收入的52.90%、入网用户的安装费占40.03%、付费节目收入占3%。

【不断壮大城区数字电视用户数量】 发展是硬道理，也是指导实践科学发展观的重要思想，一是网络中心1999年从电台分离出来，由原来电台的1个部门发展成为一个多部门独立核算的事业单位。二是过去网络中心只有20多个干部职工，到2011年在编干部职工和临时聘用用人员共60多人。三是有线数字用户从过去的8000多户，发展到在册用户10万多户，实际开通信号用户7万多户，是十年前的用户数的10倍。2011年新开通用户11587户，约占总数的12%。四是南昌县经济势头强劲，房地产开发火爆。南到银梦湖国际度假区、北到中央学府、西至象湖新城、东至石岗安居房等区域内的楼盘开发，积极推动了南昌县的房地产建设，增长了就业人口，大大增加了城市住户，截止12月底与开发商已签约的有线电视用户数约11000余户，据统计南昌县有线广播电视网络传输中心有线电视用户按年11%的速度递增，为南昌县有线电视建设带来了新的活力和生机。五是就目前发展势头和这么多的用户数量，横向看，网络传输中心在南昌地区是唯一始终处于赢利状态，纵向比，全省拥有这么多用户的县也是屈一屈二的。同时，用户量与电信、移动相比，在县城区域内也是具有很强的竞争实力。

【加快资金积累】 经济效益是一个单位发展好坏的具体指标体现，也是这个单位的领导决策、管理水平的体现，因此要使南昌县有线广播电视网络传输中心终把降低成本放在首位，要在不降低全县城区有线数字电视网络质量的前提下，在2011年的基础上节约不少于50万元。同时要在按上级要求的标准降低“三费”(办公费、公车费、接待费)，加强有线电视用户的收费和付费节目营销的研究，采取营业厅正常收费、上门服务收费和分时段稽查收费及突击收费相结合，提高增长率。截至10月底网络中心营业总收入20271206万元(其中收视费10723529元、安装费8114600元、拆迁费2100元、改制费4420、付费电视费608318元、农网费818239元)，用户收视费的缴费率达到82.42%、收视费占总收入的52.90%、入网用户的安装费占40.03%、付费节目收入占3%。数字电视建设投入约2000余万元，建立了数字电视前端机房及软硬件设备系统，发放了6万多台机顶盒，加快推进了南昌县的数字电视建设步伐。

【提高服务质量】 2011年，一是加大培训力度，提高技术水平。2011年，人才是现代数字电视建设的关健，是增强广电产业在未来“三网融合”竞争取胜的重要筹码。先后派出8人次学习考察兄弟市县数字电视建设经验，并计划请省市电视网络专家和高斯贝尔公司的有关技术人员到单位对部分维护、维修人员进行授课和培训，同时还先后派出了16人次参加上级组织的各种学习培训，总体感到提高了干部职工的专业技能。

二是加强规范管理，提高服务质量。始终把服务质量作为工作重心，不断完善单位工作制度，制定了工程维护维修人员责任管理目标和器材出入库和请领规定；据统计，2011年，对有线电视用户的维修完结率约80%，对新装用户的完结率100%。目前网络中心全体干部职工制作了工作牌，规范了窗口服务用语，准备统一工作制服，提高单位工作人员形象，增强县数字电视吸引力和竞争力。

文物保护

【“洪州窑青瓷三维网络博物馆”试用版本在网上开通】 南昌县博物馆为弥补实体博物馆展厅面积的不足,响应国家在“十二五”规划中实现博物馆数字化的要求,2011年,特聘请江西从海外引进的计算机人才制作洪州窑青瓷三维网络博物馆。三维网络博物馆是利用现代高科技技术开发的虚拟网络博物馆,整个的准备及制作工作花费近大半年时间。三维网络博物馆的试用版本已于5月18日在网上开通。正式版本正在紧张制作,将于明年第一季度开通。正式的版本是洪州窑青瓷的宣传记录片与三维网络博物馆的结合,到时,观众即可清楚了解洪州窑青瓷的历史发展过程以及古代人们的生活和生产瓷器的场景,又能足不出户就能置身于南昌县博物馆的珍贵文物之中,轻触鼠标即可让展品实现720度旋转,清晰看到展品的每个角度及细部。三维网络博物馆的开通,将成为全国首例。

【“洪州窑青瓷展”正式对外开放】 “洪州窑青瓷展”于2011年5月18日对外免费开放。此展厅展出了82件洪州窑青瓷精品,每件展品都有其独特之处。

【率先在江西省召开文物保护员培训班】 为扎实做好南昌县文物保护工作,南昌县图书馆在6月13~14日举办为期2天的文物保护员培训班。聘请文物专家为来自各乡镇的文化站长及文物保护员讲授了文物保护等相关知识,办理了文物保护员证,发放了通讯费,建立了定期报告制度。

此次培训得到江西省文物局、南昌市文化新闻出版局领导的肯定。这样的培训为江西省首例,南昌县图书馆计划这样的培训班今后每年将举办一次。

【完成“南昌县第三次文物普查”成果转化】 “南昌县第三次全国文物普查成果图版展”于5月18日在南昌县会展中心一楼大厅展出,此展览展出了南昌县第三次文物普查共登记的293处文物点。此外,南昌县图书馆从这293处文物点中精挑细选出167处文物点,用于《南昌县第三次全国文物普查成果汇编》书籍的出版,该书籍出版的前期工作已经完成,准备2012年元月正式出版。届时,该书籍将分发各个乡镇等地。

【完成2处文物保护单位的维修】 2010年江西省、南昌市两级财政共下拨资金110元万(邓氏宗祠60万元,万村民居群50万元),用于东新邓氏宗祠及三江万村民居群的维修。2011年,邓氏宗祠的维修已于10月完成,三江万村民居群的维修工作也已完成。

旅　游

【概况】 中共南昌县委、南昌县人民政府历来都高度重视旅游业发展,全县上下对旅游业的认识不断深化,初步形成了党政推动、部门配合、社会联动的发展格局。2011年,成立由县长担任组长的南昌县乡村生态旅游领导小组,下设办公室,协调处理全县旅游产业发展的相关事宜;各旅游产业重点乡镇也分别成立旅游工作领导小组,从组织机构上为乡村旅游发展给予了强有力的保障。

【编制旅游发展规划】 南昌县发展旅游业始终坚持“因地制宜,科学规划”,坚持走“差异化、特色化”发展之路。为实现这一目标,2011年,南昌县邀请江西师大城市规划设计研究院对全县旅游发展进行了总体规划,出台《南昌县旅游发展总体规划(2008~2020)》。与此同时,县域各重点乡镇也纷纷依据全县旅游总体规划对本乡镇旅游产业发展制定详规。已编制出台了《南昌心远教育主题园旅游规划(2010~2015)》、《南昌水岚洲旅游景区总体发展规划(2009~2020)》、《中国黄马·两江绿岛风景区提升与建设规划(2010~2025)》、《三江前后万历史文化名村保护规划(2010~2025)》等7个重点旅游项目规划,完善了全县旅游产业规划布局。

【出台旅游产业发展政策】 为加大对乡村旅游产业发展的支持力度,2011年,南昌县先后下发《南昌县乡村生态旅游发展专项资金管理暂行办法》、《南昌县人民政府印发南昌县旅游项目库建设与管理暂行办法的通知》、《南昌县乡村旅游示范点评定管理暂行办法》等系列文件,为乡村旅游产业的有序发展提供了政策和资金支持。

【多元渠道融资】 为推动旅游产业发展,2011年,县委、县政府先后多次召开相关会议,研究制定产业发展资金鼓励政策措施。坚持“财政引导投入、企业重点投入”政企互动的融资机制,积极发挥县旅游业资金的引导作用,将旅游乡镇、旅游景区、旅游饭店、旅游商品生产企业、旅行社纳入奖励范围;积极争取国家、省、市鼓励旅游产业发展的相关资金,整合新农村建设资金、农业开发资金等各类资金用于乡村生态旅游项目建设发展,为县乡村旅游业开拓多元资金渠道。

【狠抓旅游产业项目建设】 项目建设是旅游产业发展的重中之重,为做好这项工作,2011年,南昌县旅游管理部门在全县范围内搜集整理乡村旅游项目,并建立产业项目库,积极做好旅游建设项目的跟踪服务。已扶持奖励了黄马乡、冈上镇等6个乡镇涵括建设景区道路、停车场、旅游公厕、景区指示系统等内容的11个旅游项目。并配合引进国家级生态经济示范区重大文化旅游项目之一的南昌茵梦湖国际旅游度假区;由恒大集团投资3亿元建设的恒大五星级酒店土建已经完工,填补了南昌县无高星级宾馆酒店的空白;江西省现代生态农业示范园(凤凰沟景区)、湖光山舍田园农庄、龙成山庄、锦绣农庄、江西旅游商品研发集散中心等一系列项目也在稳步推进中。

【树立旅游业品牌】 品牌即是招牌、龙头带动全身。2011年,为推进乡村旅游业良性发展,鼓励旅游企业创品牌、育龙头,积极参与国家、省、市旅游品牌创建评比活动和国家级、省级乡村旅游示范点和A级景区的创建。在共同的努力下,南昌县江西省现代生态农业示范园、江西国鸿生态园荣获全国休闲农业与乡村旅游五星级企业和全国休闲农业示范点称号;江西国鸿农业生态园、国海湖光山舍田园农庄、黄马乡桐树下村荣获江西省乡村旅游示范点称号;江西凤凰沟风景区荣获国家AAA级景区称号。此外,南昌县充分发挥工业强县这一优势,鼓励企业围绕县域旅游资源开发一批特色鲜明,具有代表性的旅游产品。鼓励各种经济成分从事旅游商品开发、生产和销售,扶持和培育旅游商品产业集群和旅游购物中心的发展,推进一批深受游客喜爱的旅游商品开发,其中江西省绿滋肴实业有限公司的"绿滋肴"旅游商品荣获江西省著名商标称号。

【举办节庆活动】 2011年,南昌县制定"南昌县乡村生态旅游宣传推介方案",与《江南都市报》、《南昌晚报》等签订长期合作协议,对南昌县旅游资源和节庆活动进行全方位宣传。同时,制订宣传促销招揽游客的优惠政策,邀请周边县区进行旅游资源交流合作,邀请各地各类民间自发游团体、协会组织来县旅游,组织野营、骑友、自驾、探险的旅游活动。

积极策划,旅游推介。2011年,南昌县积极配合省、市旅游局做好旅游宣传资料的编印工作,自行编印具有县域特色的旅游系列宣传资料,并先后组织县域旅游企业举行乡村旅游进社区活动、旅游博览会等多项大型旅游推介活动,累计发放各类旅游推介宣传资料2万余份,招商宣传册2000余份。

2011年,南昌县深入挖掘特色乡村旅游资源,策划包装一批主题鲜明、区域特色浓郁的主题旅游活动,如利用黄马乡得天独厚的万亩茶园及花卉基地举办南昌县第三届樱花节和金秋桂花节,利用蒋巷镇靠近城区和民俗资源丰富的条件举办南昌首届民俗文化节、利用莲塘镇风景优美的澄碧湖举办澄碧湖文化艺术节等,丰富了乡村旅游内容,综合效益非常突出。

表82 **2011年南昌县文化广电旅游新闻出版局领导班子成员名单**

姓名	性别	出生年月	籍贯	职务
陈小妹	女	1962.12	江西南昌	党组书记局长
熊青利	男	1957.1	江西九江	党组成员副局长
李玉龙	男	1958.3	江西南昌	党组成员副局长
周天兵	男	1962.5	江西南昌	党组成员副局长
罗来贵	男	1957.11	江西南昌	党组成员
喻友平	男	1969.7	江西南昌	党组成员
赵腾益	男	1958.1	江西南昌	党组成员(台长)

(主笔:魏福堂 审稿:赖志强)

图书发行

【概况】 2011年,江西新华发行集团有限公司南昌县分公司职工总人数58人,在江西新华发行集团有限公司、南昌市分公司正确领导下,在当地县委、政府及相关部门的大力支持下,紧紧围绕"开拓市场、扩大发行、创新发展、提高效益"的经营思路,干事创业、争先创优,积极稳妥地做好各项工作。紧紧围绕着省、市主管部门下达的各项工作任务,圆满完成上级部门下达的各项经济指标。

【主要经济指标】 2011年,江西新华发行集团有限公司南昌县分公司主营业务收入3311.06万元,其中一般图书销售72.48万元,教材教辅销售2585.30万元,数码电子音像销售653.28万元,实现利润267.47万元。

【做好教材教辅发行工作】 面对日趋激烈的市场竞争,2011年,南昌县分公司不断增强市场经营意识,牢牢抓住教材、教辅销售这个龙头,按照教材经营工作"高效、扎实、主动、细致"

的要求,进一步强化服务意识,提高服务水平、优化服务质量,打好经营主动仗,维护好教材发行市场、赢得图书发行的主动权,圆满完成"课前到书,人手一册"这项政治任务。认真做好义教部分政府买单的教材报订工作,严格把关,不虚报,确保没有水分。对高中部分的教材报订工作,主要是做好选修课的选用和光盘的配套,继续做大总量。认真做好应收账款的管理、加大教材款清欠力度。教材科全体人员分片、分期到各学校组织收款,由经理、分管经理带队。对中小学这块市场精耕细作,做深做细,力争做到新款不欠,老款逐步减少。

【密切店校关系】 2011 年,南昌县分公司坚持站在讲政治、讲稳定、讲大局的高度,牢固树立为教育服务的思想,加强与教育行政部门的沟通和协作,认真做好中、小学教材发行工作。认真做好教材调剂工作,经常深入各学校走访,征求意见,了解教材是否满足教学需要,查看教材印刷装帧的质量,对有问题的教材做到当场、及时调换,对学校追加、追减的订数及时进行调剂、上报,确保教材征订和发放足额、配套、齐全、树立了良好的企业形象,营造了一个良好的外部环境,为书店的发行工作打牢了扎实的基础。

【一般图书销售实现新突破】 一般图书销售是体现书店核心竞争力的关键所在。面对竞争日益激烈的图书市场,2011 年,南昌县分公司制定以重点书、文教书和读书活动用书带动一般图书销售的发行战略,不断寻找新的效益增长点。调整图书结构,形成由常销书、动销书、畅销书组成的合理的备货体系。适当压缩纯文艺类图书的进货量,相应增加了科技、社科、经济、外文、计算机和工农业用书的进货量,种类齐全的图书赢得更多的读者群体。2011 年,南昌县分公司大力做好"农家书屋"工作出版物发行服务工作。

【开展中国共产党成立 90 周年活动】 2011 年,为庆祝中国共产党成立九十周年,南昌县分公司开展政治读物《中国共产党历史》的发行工作,共销售了 47 套。实现了年度工作目标。

【抓好门市混业经营工作】 2011 年,南昌县分公司加快电子产品多业态经营步伐,继续做好"新华手机城"联营,以汉王电纸书,科学计算器为营销重点,加大音像教材和电子音像产品销售。

【强化班子队伍建设】 2011 年,南昌县分公司始终坚持把加强班子建设作为重中之重,放在工作的首要位置来抓。一是坚持理论学习,提高班子整体素质。二是坚持民主集中制,增进班子团结统一。完善领导班子决策程序和机制,形成既有集体领导,又有个人分工负责;既有明确职责,又有积极主动配合的良好氛围,增进班子成员之间的相互理解、支持和团结。三是加强班子作风建设,提高班子自律意识。

【创建和谐平安书店】 2011 年,江西新华发行集团有限公司南昌县分公司一直把社会治安综合治理工作和安全生产工作纳入重要议事日程,狠抓落实,创建和谐平安书店。建立健全内部安全工作的各项管理制度,积极配合县综治委及职能部门的工作,加强对社会治安综合治理工作的组织协调和检查考评,严格执行一票否决制度。落实领导责任制,实行单位一把手维护稳定工作包干制度,把影响综治和安全生产的不利因素消灭在萌芽状态。

表 83 **2011 年江西新华发行集团有限公司南昌县分公司领导班子成员名单**

姓名	性别	出生年月	籍贯	职务
罗　洪	男	1968.6	江西省南昌县	经　理
邓承红	女	1966.10	江西省南昌县	副经理
姜时发	男	1961.11	江西省南昌县	副经理
肖海军	男	1981.9	江西省南昌县	副经理

(主笔:胡小园　审稿:邓承红)

水利·电力·环保·气象

水 利

【概况】 2011年,南昌县水务局坚持和落实科学发展观,以认真贯彻落实中央一号文件和中央水利工作会议精神为主线,出台《关于加快南昌县水务改革发展的实施意见》和《南昌县水利建设基金筹集和使用管理办法》,抓好防汛抗旱第一要务,突出重大重点工程建设、水利普查工作和河道整治等重点工作,广大干部、职工共同努力,有序推进水利各项工作,成功举办全市农田水利基本建设工程现场会,获得全市先进基层党组织、全市水利改革发展先进县等荣誉称号。

【开展防汛准备工作】 2011年,南昌县先后迎接省、市防汛成员单位组织的3次汛前大检查,组织两次大检查。共储备防汛草袋119万条,卵石12万立方米,块石0.5万立方米,落实防洪预备金300万元左右。对2011年6月初的连续暴雨天气加强防范,防止旱涝急转,及时制定了蒋巷联圩五房矶险段应急抢险工程方案。

【组织力量进行抗旱】 4月初,全县16567公顷农田受旱,县、乡、村各级积极投入抗旱工作,南昌县政府及时调度抗旱资金440万元用于抗旱设备购置。受旱乡镇积极主动抗旱,采取购置潜水泵、泥浆泵、租用吸砂船从外河引水及新打机井灌溉等有效措施缓解旱情。水利、农业部门到受旱严重乡镇、村进行技术指导,农机部门制定抗旱农机具优惠政策,气象部门密切关注水雨情变化,发射火箭弹实行人工降雨。通过以上措施旱情得到有效解决。

【农田水利建设】 2010年度工程计划:2010年度七座大型泵站更新改造工程计划,投资20864万元,总装机容量35875千瓦,于2011年9至10月间完成了分部工程验收工作,12月底完成单位工程验收。2010年度小农水重点县建设项目于2011年10月底完成竣工验收,受益面积6893公顷,新增和恢复灌溉面积907公顷。血防工程二期工程完成分部工程验收。2010年度农村安饮工程项目基本竣工,共解决83524人饮水不安全问题,计划投资4266.2万元。莲塘河防洪治涝工程项目主体工程(包括加固堤防,清淤)全面完工,并进行扫尾和资料整理归档工作。鄱阳湖二期防洪工程第六个单项,青丰山联圩除险加固工程青丰山1标完成投资的70%,蒋巷联圩除险加固工程蒋2标,已经完工。重点圩堤应急防渗工程中的垂直防渗1标已完成单位工程验收,水平防渗共5个标段(水平防渗1标、15标、16标、17标、19标),合同投资4030万元,目前该项工程完成投资为3850万元,占合同价的96%,其中水平防渗19标已完成分部工程验收,工程质量评定为优良,其余4个标段正在加紧进行扫尾工程的实施。2010年度县级投资项目工程:整险工程、涵管枧闸维修工程、土方工程、除杂清障工程、大沟清淤工程均已完成竣工验收,堤顶公路工程全面完工,正在组织竣工验收工作。

2011年度工程建设:重点有13项工程,计划完成总投资18498.7947万元,其中县级投资六大工程,总投资5781.4447万元,加上对上级投资工程的资金配套,县级年度总投资超亿元大关。上级投资7个项目:农村安饮工程2011年度计划共解决104145人饮水不安全问题,投资计划5207.25万元,2011年9月份全面开工建设,2011年完成工程量的85%;蒋巷五房矶应急抢险工程(总投资1256万元,上级投资942万元)正在进行工程扫尾和验收工作;鄱阳湖二期防洪工程第六个单项南新1标工程于9月28日签订施工合同,合同投资1195万元,该项工程已经完成工程量50万元。小农水重点县建设工程(投资3562万元)已于11月15日开工。水利血防护坡工程(投资502万元)已完成招投标工作,施工单位已进场。赣抚平原灌区续建配套工程(投资700万元)在实施过程中。中小河流域除险加固工程清淤土方(5万立方米)工程正在进行扫尾工作。县级投资的6个项目:所有工程已经完成项目勘测、设计、立项等前期工作,有的正在走招投标基建程序,有的已经正在进行施工阶段。

【水利维护】 2011年,南昌县完成水利系统12家工程管理单位2010年度维修养护经费599.26万元。其中赣东大堤管理站31.90万元、抚西大堤管理站8.68万元、南新联圩管理站33.94万元、蒋巷联圩管理站67.34万元、红旗联圩管理站54.30万元、长乐联圩管理站60.86万元、中洲联圩管理站26.72万元、棠墅港左堤管理站25.96万元、象湖联圩管理站39.00万元、赣管站200.00万元、红旗大泵站40.36万元、治赣指挥部10.20万元。并已启动2011年度维修养护工程项目。

【河道整治】 2011年,南昌县开展河道管理专项整治工作,以查处违规运砂,整顿沿岸砂场,落实采砂船集中停靠,取缔非法造船为重点。建立行政首长负责制;细化了各乡镇、各单位分工及责任:乡镇负责本行政区域内的专项整治、宣传和维稳工作;县水务局负责河道采砂的管理和监督检查工作;县公安局负责河道水上治安管理和依法打击河道采、运砂活动中的违法犯罪行为;县交通局负责对滩涂造船、“三无”采砂船、违规装卸砂石船只、非法砂石码头进行查处;负责通航水域的水上交通安全监管;县监察局负责督查各有关单位履职情况并通报。建立了严格的责任追究制度,对不认真履行职责,专项整治工作开展不力的有关责任人员,进行严肃追究;对国家公职人员参与采砂经营活动,给予一定的期限退出,逾期不退者,一经发现予以严厉查处。按照属地管理和“谁发证(签合同、协议)、谁解释、谁清理”的原则,实施“两停”(停止供电、停止进砂)、“三清”(清理证照、协议,清理砂场设备,清理库存砂石)。打击严厉违法违规现象。巡查队和执法队密切配合,加大对河道采、运砂活动中的违法犯罪行为的打击力度,通过展开线索摸排和取证工作,依法对涉嫌非法采砂、违规营运等的相关人员和船只进行了传唤并依法处罚。

【水利普查】 2011 年,编制完成南昌县第一次全国水利普查工作实施方案;落实办公场所和设施;落实水利普查经费 133.2 万元;选聘县、乡两级普查指导员和村级普查员;举办两期水利普查培训班。2011 年南昌县按照水利普查各项任务的时间节点要求,完成8个专业的水利普查清查登记工作;完成 19 个工作点的水土保持专业省级验收工作。开展各类专业正式普查表的填报和录入工作。

【水土保持】 2011 年 3 月 1 日新水土保持法颁布实施后,南昌县采取多种形式进行宣传,让人们认识到水土保持的重要性和紧迫性;配合上级主管部门完成《益海嘉里(南昌)粮油食品有限公司稻谷深加工项目工程水土保持方案》、《江西省天然气管网二期工程(南昌、九江段)水土保持方案》审批工作;南昌县出台《关于加快南昌县水务改革发展的实施意见》,强化水土保持执法力度,落实水土保持“三同时”制度,水土保持方案作为开发建设项目的前置条件,纳入行政服务中心联合审批服务体系。按“谁受益、谁补偿”原则,对破坏水土保持、水功能区等水生态环境服务功能和水源涵养功能以及建设项目占用湿地、水域和水利工程设施的单位和个人征收补偿费,用于水生态环境补偿。

【水利规划】 完成《南昌县“十二五”水利规划》、《南昌县农村饮水安全工程“十二五”规划》,《南昌县 2011 年度小农水重点县实施方案》;建立一批项目库,拟定 8 类工程 30 个项目规划,即:城市防洪工程,做好小蓝经济开发区、象湖新城水系规划,对县城及经济开发区、新区按防洪标准达到 50 年一遇,排涝标准达到 20 年一遇的标准进行规划。1 至 5 万亩圩堤除险加固,按 20 年一遇防洪标准,对抚支右堤、天王渡总干防洪堤、水岚洲堤三条圩堤进行规划。小(二)型水库除险加固,做好龙头山、未永溪、马鞍溪等 14 座小(二)型病险水库除险加固项目规划。1 万~5 万亩灌区节水改造,编制好塘南镇双星灌区、三新灌区及泾口乡永泉站、义务岭站、小莲站灌区节水改造规划。中小型水闸除险加固,对已登记上报的 908 座水闸(1 个流量以上)进行除险加固规划。小型泵站更新改造,对未列入七座大型泵站更新改造的 283 座 55 千瓦以上小型灌溉排水泵站更新改造进行规划。水资源利用工程,做好对以赣江东新段、赣抚平原总干渠以及抚河故道(谢埠河)等饮用水源的保护工程规划,编制蒋巷高梧、南新会龙摆两座提灌站的抗旱水源工程规划。水土保持工程,对黄马、冈上、富山小流域水土保持综合治理进行规划。

表 84 **2011 年南昌县水务局领导班子成员名单**

姓名	性别	出生年月	籍贯	职务
杨宇华	男	1961.7	江西南昌县	南昌县水利局局长、局党委书记
李争林	男	1957.10	江西余干县	南昌县水利局党委副书记、副局长
万荷生	男	1958.7	江西南昌县	南昌县水利局副局长
罗小平	男	1962.10	江西南昌县	南昌县水利局副局长
高云飞	男	1973.12	江西南昌县	南昌县水利局副局长
喻云平	男	1962.9	江西南昌县	南昌县水利局党委委员
罗爱华	男	1968.2	江西南昌县	南昌县水利局党委委员
余云安	男	1974.4	江西南昌县	南昌县水利局党委委员

(主笔:袁　磊　审稿:李争林)

电　力

【概况】　2011年，南昌县供电公司按照省电力公司“循规为纲，强基为本，务实为要，创效争先”的工作要求，全面落实科学发展观，大力实施基础管理“安全保障工程”、电网建设“推进工程”、班组建设“贯标工程”、党的建设“覆盖工程”、队伍建设“培训工程”、企业文化“筑魂工程”等“六大管理工程”，全面完成各项任务，实现“十二五”规划发展的良好开局。2011年，共完成供电量12.418亿千瓦时，售电量11.47亿千瓦时，同比增长14.7%，完成综合线损率7.59%，同比下降0.45%；同业对标全年在省公司排名16位，进入A段，为南昌县社会经济发展作出了应有贡献。

【安全生产持续稳定】　2011年，安全生产总体保持平稳，全年围绕“八个不发生”的安全目标，扎实开展春秋季安全大检查、“两抓一建”、“三抓一巩固”、“三查四防”、“安全生产月”和“安全日”等活动，营造“以人为本，安全第一”的良好氛围。一是抓安全责任落实，建立健全各级安全责任制，层层签订安全责任状。制定《设备主人制管理制度》，将设备线路巡视责任包干到个人，及时掌握设备的不安全因素，制定《线路跳闸考核管理办法》，线路跳闸次数比上年下降28%，提高了供电可靠率。二是抓施工现场安全管控。制定《生产现场标准化支持平台SPMIS应用及考核办法》，完善现场作业安全监督到岗到位工作机制，公司领导到岗到位51人次、部门管理人员到岗到位144人次。加强外包施工队伍安全监管，实现外包施工队伍安全监管与本企业同等考核的目标，确保施工作业现场监护执行到位，安全措施执行到位；共查处违章作业26人次，处罚金额11300元。三是抓好安全教育培训。组织公司全体员工进行安规考试，特别是对“三种人”进行逐月调考。对1名特种车辆驾驶员和一线员工进行安全技术培训。四是圆满完成“七城会”、南昌县农民运动会等重要时期的保电任务，保电工作得到上级公司和县委县政府的充分肯定。通过公司上下的共同努力，实现安全生产“六个不发生”和安全生产无事故工作目标，实现电网连续安全运行4255天。

【积极构建坚强电网】　坚强电网是电力企业生存的支柱和基础，2011年，公司始终围绕“一强三优”发展目标，加大对电网建设资金的投入，滚动修编“十二五”规划，使之融入省市公司电网大规划，为智能电网建设打好基础。一是全面完成2008、2009年农网各批次剩余资金项目工程，2010年农网改造升级工程。改造35千伏滁槎变电站、冈上变电站，改造35千伏塘北线，新建改造10千伏线路185.74公里，新建改造配电台区549台，新建改造0.4千伏线路166.81公里。二是完成县委县政府关于莲塘城区及象湖新城的电网建设要求，完成迎峰度夏和迎峰度冬保供电工作，同时，莲塘城区和昌南新城的电网得到一定稳固和加强。三是积极主动协调配合省、市公司落实220千伏东新、110千伏象湖等变电站的开工建设，积极主动配合市公司基本完成220千伏斗梧线及110千伏梧龙线搬迁工程，完成小蓝安居小区和站前路改造工程。2011年，电网供电可靠率由去年的99.60%提升到99.77%，电压合格率由去年的98.141%提升到98.82%，为南昌县经济快速发展提供了可靠的电力保障。

【优质服务水平全面提高】　2011年，公司扎实开展“发展提升年”活动，组织近千人召开发展提升年专项活动推进会，签订责任状。观看市公司《发展提升年的拦路虎》教育片，进而加强行风建设，增强服务意识，升华“你用电，我用心”国网品牌形象。为拓宽电费收缴渠道，积极与移动公司、邮政部门协调，在农村偏远地区设立53个POS机收费点和97个邮政代收网点等社会化代收方式，开通网上银行交费业务，方便客户交费。严格落实有序用电方案，注重加强与政府、客户的沟通交流，广泛征求意见，主动解决客户用电难题。公司蝉联全县行风评议活动公共服务类第一名。

【信息化建设卓有成效】　2011年，公司信息化水平显著提升。信息机房按照国网公司C类机房建设标准及国网创一流要求进行了综合改造，实现在线监测与远程报警等“三遥五防”功能。基层班组微机普及率达100%，信息安全实现全年零事故。公司南部、西部、中部通信环网工程初设方案已通过上级部门会审，即将进入立项及物资招投标程序，该项工程的实施将极大地缓解公司13座变电站、11个供电所及收费营业网点的通道宽带问题，将由2兆～4兆提升至100M以上，不仅为无人值守变电站建设创造了条件，也为各通信站点周边供电所、营业收费网点实现全面通光缆创造了条件。

【班组建设成果显著】　2011年，公司34个班组在市公司验收中通过了32个，昌东供电所被国网公司评为标杆化供电所，并获得市公司“四星级班组”荣誉称号。当年，公司组织“四学”、“我们的节日”、“加强职业道德、提升服务效能”等丰富多彩的主题教育活动；开展以“我身边的共产党员”为主题的征文和演讲比赛；组织全体党员上“培养创新思维、提高开拓创新能力”的党课，观看《建党伟业》电影，为442名党员配备《中国共产党历史》读本；积极组织参与“红色短信”创作比赛，参与“爱在党旗下·红动中国心”江西百万干群颂党恩活动。公司全年在各类新闻媒体上稿一千多篇。其中《国家电网报》上稿10篇；《中国电力报》上稿12篇；《江西电力报》上稿37篇；《江西电业》上稿2篇；《信息日报》上稿1篇，国家电网手机报上稿3篇；各新闻媒体及各大网站上稿千余篇。公司党委的《高擎党旗创先·立足岗位争优》被中国电力报社组织编写的《创先争优》一书收录，《创先争优·俯首为农》被人民日报社江西分社组织编写的《井冈先锋·创先争优》一书收录，作为开展创先争优活动的有效借鉴。强势的宣传为各项工作的开展鸣锣开道、推波助澜，同时向社会展示了公司用心服务、不畏坚难、奋力进取的良好精神风貌。

【2011年有关数据】　南昌县供电有

限责任公司成立于1999年3月,负责南昌县电网的运行管理和供电服务工作。2011年,电网供电面积2000余平方公里,供电客户有35.1583万户,其中专变用户3668户;公变用户34.7915万户,其中有32.1727万户属于居民用户。

南昌县供电有限责任公司现有职工1048人,管辖了变电站21座,主变40台,容量38.855万千伏安。其中110千伏变电站3座,35千伏变电站18座;110千伏线路3条,长度54.285千米,35千伏线路21条,总长233.62千米;10千伏线路134条,长2356.76千米;公司共管辖配电变压器6255台,总容量102.861万千伏安。低压线路总长4378千米。公司连续三年荣获江西省电力公司“县供电企业综合实力十佳单位”和“电量增长十佳单位”。是全省首个电量过10亿千瓦时的县级供电公司。

2011年,公司以中共十七届六中全会精神为指导,按照省公司“循规为纲,强基为本,务实为要,创效争先”的工作要求,全面落实科学发展观,大力实施基础管理“安全保障工程”、电网建设“推进工程”、班组建设“贯标工程”、党的建设“覆盖工程”、队伍建设“培训工程”、企业文化“筑魂工程”等“六大管理工程”,全面完成了各项任务,实现了“十二五”规划发展的良好开局。2011年,共完成供电量12.418亿千瓦时,售电量11.47亿千瓦时,同比增长14.7%,完成综合线损率7.59%,同比下降0.45%;供电可靠率为99.77%,电压合格率为98.82%。实现了安全生产“六个不发生”和安全生产无事故工作目标,电网连续安全运行4255天。同业对标全年在省公司排名16位,进入A段,为南昌县社会经济发展作出了应有贡献。

2011年,南昌县供电公司两个精神文明建设硕果累累,荣获江西省电力公司2010年度县供电企业综合实力十佳单位、江西省电力公司先进单位、江西省电力公司品牌传播先进单位、南昌市十三届文明单位、共青团江西南昌供电公司五四红旗团组织、江西南昌供电公司“四强”党组织等诸多荣誉称号。

表85 **2011年南昌县供电有限责任公司领导班子名单**

姓名	性别	出生年月	籍贯	职务
邹志坚	男	1965.3	四川省邻水县	经理兼党委副书记
宫献辉	男	1973.12	山东省潍坊市	党委书记兼副经理
熊玉兰	女	1962.11	江西省南昌县	副经理
骆钢铁	男	1958.10	江西省南昌县	副经理
郑自沛	男	1969.10	山东省郓城县	纪检书记兼工会主席
李志勇	男	1969.6	江西省南昌县	副经理
陈　化	男	1977.12	江西省兴国县	副经理
魏　辉	男	1967.7	江西省南昌县	副经理
余爱华	男	1969.7	江西省新建县	财务总监
应小平	男	1962.8	江西省南昌县	安全总监

(主笔:熊　伟　审稿:李志勇)

环境保护

【概况】 2011年是落实“十二五”规划环保目标的开局年,南昌县环保局紧紧围绕环保责任目标和省市下达的目标任务,抓住污染减排这个主题,坚持以生态建设和污染防治并举,环保专项行动与环境综合整治齐抓,不断加大执法监督力度,形成了一个政府重视环保、社会关注环保,环保部门自身乘势而上的态势,使得各项指标逐步完成,环境质量显著改善,各项工作走在全省、全市县区前列,2011年南昌县环保局被授予“全国环境保护系统先进集体”,环保事业实现新跨越。

【南昌县环境质量良好】 2011年,南昌县县城空气二氧化硫年均浓度0.047毫克/立方米,二氧化氮年均浓度0.037毫克/立方米,可吸入颗粒物年均浓度0.095毫克/立方米,均达到国家二级标准;饮用水源地Ⅲ类达标率为100%,跨行政区域河流交界断面考核全部合格;声环境质量得到有效提升,城市区域环境噪声平均值稳中有降。

【建立南昌县环境综合业务系统】 2011年,南昌县环保局加大环保综合业务管理平台投入,采用地理信息系统(GIS)、关系数据库管理系统(RDBMS)以及计算机网络和设备,搭建数字环保工程基础,建立环境信息资源共享机制,建立起南昌县环境综合业务系统。县环保局环保综合业务管理平台一共整合五个系统——环境地理信息子系统、重点污染源污染物排放在线监控子系统、重点区域环境质量在线监测系统、环境突发事件应急指挥系统及“12369”环保热线系统,逐步实现环保科学监管。

【对全县排污企业实行数字化管理】 2011年,南昌县环保局对全县排污企业实行数字化管理,将排污企业分门别类，实行档案一厂一册，录入移动执法设备，便于执法人员随时随地调用查看企业情况。同时对25家县控重点水、气污染源，已安装污染物排放在线监测设备和视频监控设备，并实现省市联网。

【南昌县省级生态县通过验收】 2009年省政府将南昌县列入重点建设生态县，2011年11月，南昌县省级生态县创建工作顺利通过验收，成为全市首个通过验收的省级生态县。截至2011年12月，南昌县已有国家级生态乡镇1个，省级生态乡镇12个，国家级生态村1个，省级生态村7个，市级生态村20个。省级绿色学校1所，市级绿色学校5所，省级绿色社区1个。成为名符其实的昌南生态宜居城。

【通过多种形式大力宣传环境保护】 2011年，南昌县环保局共上报各类工作信息200余条，并分别在《江西日报》、《南昌日报》等报刊上发表文章10篇，同时在2011年5月20日的中国环境报上以专版的形式发表文章宣传南昌县环保工作。通过多种形式的大力宣传，进一步增强公众环境忧患意识和保护环境的责任感，收到良好的社会效果。

表86 **南昌县环保局2011年领导班子成员名单表**

姓名	性别	出生年月	籍贯	职务
罗　松	男	1963.1	江西南昌	党组书记、局长
程泽汝	男	1972.11	江西南昌	副局长
万卫国	男	1971.11	江西南昌	副局长
赵国栋	男	1977.12	江西南昌	小蓝分局局长
祝　斌	男	1977.1	江西南昌	办公室主任

（主笔：乐玮芳　审稿：罗云浩）

气　象

【概况】 2011年，县气象局在县委、县政府和市气象局的正确领导下，紧紧围绕气象业务工作和县委、县政府中心工作，立足气候异常，切实做好气象为社会经济发展服务工作。气象现代化手段进一步得到提升，农业气象服务体系和农村气象防灾减灾体系进一步得到完善。

【为领导决策提供气象服务】 2011年1～5月，降水量只有299.9毫米，降水量之少，为有资料记录以来历史同期第一位。进入6月，旱涝急转，先后出现了4次强降水天气过程，县气象局及时启动气象应急预案，全力做好强降水预报预警服务工作。通过气象情况反映、电视采访、手机短信、电子显示屏、网站等及时发布预报、预警信息，提请各地加强防范强降水带来的短时内涝。县气象局及时组织专家联盟，深入到受灾乡镇，开展面对面服务，指导农民开展灾后自救。

【开展乡村气象服务专项建设任务】 2011年，承担了中国气象局乡村气象服务专项建设试点任务，主要任务是：构建结构科学、布局合理、功能先进的县、乡、村三级农业气象服务体系；完善适合南昌县实际的农村应急减灾组织体系；建立覆盖面广的农村气象预警信息发布网络；构建县、乡、村、户4级有效联动的农村气象灾害防御体系；强化和涉农、涉灾部门及农民专业合作组织等重点服务对象的联动与合作；建立乡镇气象信息服务站和农民专业合作社、村级气象信息服务点。

【开展抗旱人工增雨作业】 2011年1～4月上旬，降水量为169.7毫米，比历年偏少265.4毫米，特别是3月21日～4月10日降水量只有23.6毫米，比历年同期偏少137.4毫米，比去年偏少116.5毫米。

县气象局按照县委、县政府的要求，加强预测和预报工作，抓住4月15～16日天气过程，在蒋巷、南新、塔城开展5次人工增雨作业，作业区域普降中到大雨，对缓解上述乡镇春旱起到积极作用。

【为农业生产提供气象服务】 2011年，共制作并发布乡村气象服务专题农业气象信息80期，农作物气象产量预报6期，春播天气预报1期；为种养大户、农民专业合作社及蔬菜基地提供专题农业气象服务、关键农时生产建议、转折性天气预报、灾害性天气预报等短信18条，73653人/次受益。

【完成气象信息服务站、点建设】 与县农业局密切合作，依托南昌县农业技术推广服务体系，在全县16个乡镇完成乡镇气象信息服务站建设，为各站安装南昌县乡镇农业气象服务平台，并为有条件的站安装气象灾害预警信息发布电子显示屏，充分发挥乡镇、村、合作社技术人员在农业生产第一线，直接服务农民的作用，将气象为“三农”服务有机地纳入到全县为农服务体系中。在南昌县武阳镇广丰村、黄马乡赣抚原优质稻种植专业合作社建立2个气象信息服务点，安装了气象灾害预警信息发布电子显示屏和大喇叭。

【建立县、乡、村三级气象灾害防御组织】 2011年，南昌县政府成立南昌县气象灾害防御指挥部，各乡（镇）、小蓝经开区、银三角管委会有分管气象工作的领导和气象协理员，各行政村有气象信息员，建立县、乡、村三级气象灾害防御组织和气象信息员队伍。建立乡镇通知到村气象灾害防御负责人的双向预警信息传递机制和村级通知到户的预警信息传递机制。

【完成南昌县气象灾害防御规划编写】 2011年,组织技术力量,完成《南昌县气象灾害防御规划》(以下简称《规划》)的编写,南昌县政府以南政办发〔2011〕85号文,向全县各乡、镇人民政府、各开发区(新区)、银三角管委会、县政府各有关部门下发。《规划》系统地描述了南昌县气象灾害防御现状及存在的问题;分析南昌县主要气象灾害及其次生灾害特征;根据南昌县历年气象资料和周边县气象资料,对南昌县主要气象灾害做出风险区划;从非工程性措施和工程性措施,阐述气象灾害防御措施的建立;从组织体系、防御制度、应急处置、教育与培训等几方面,论述了气象灾害防御管理的组成与建立;对气象灾害评估与恢复重建和保障措施进行了论述。

【完成南昌县农业气候区划和农业气象灾害风险区划】 为加强气象为粮食安全生产提供保障服务,2011年,制作完成南昌县农业气候区划和农业气象灾害风险区划,从技术角度,分析了对水稻生产有危害的早稻"小满寒"和晚稻"寒露风"灾害风险在南昌县的分布情况。农业气象灾害风险区划图在各气象信息服务站张贴,为农民开展水稻生产提供帮助。

【成立专家联盟】 2011年,县气象局加强与涉农、涉灾、农业生产基地、农民专业合作社、种养大户的合作,成立由气象、粮油、植保、蔬菜、水务专家组成的农业技术专家联盟和由农业生产基地、农民专业合作社、种养大户组成的专家技术队伍,并在2011年乡村气象服务产品制作、农业气象灾害大田调查、指导农民规范化生产中,发挥了极大的作用。

【初步建立到乡村的气象灾害预警信息发布系统】 2011年,在县委、县政府的高度重视和各乡镇的密切配合下,县气象局在乡镇气象信息站、龙头企业、农民专业合作社、乡镇重要服务窗口、行政村安装25个气象灾害预警信息发布电子显示屏,在60个行政村安装气象灾害预警信息发布大喇叭。初步建立到乡村的气象灾害预警信息发布体系。

【开展物联网技术在大棚蔬菜生产应用】 2011年,围绕南昌县建设南昌市蔬菜基地,县气象局联合县农业局、江西信息应用职业技术学院,在江西鑫和源绿色农业开发有限公司(全国蔬菜标准园创建单位)开展物联网技术在大棚蔬菜生产应用建设。建设内容包括大棚蔬菜生产精准化管理系统、专家诊断服务系统平台、公共服务平台和电子商务交易平台。安装大棚小气候自动监测设备,监测数据与农业部门共享。农业部门通过查阅数据,在蔬菜关键发育期以及灾害可能发生的时候对全县的大棚进行生产指导。用户通过数据查询,结合专家系统,进行蔬菜生产管理和灾害防御工作,从而提高蔬菜的产量和品质,增强蔬菜在市场的竞争力。

【科研学术取得较好成绩】 2011年,国家科技部(气象)行业专项"长江中下游高产优质双季稻主要农业气象灾害指标试验研究",项目顺利进行,开展了双季早稻春季低温和高温逼熟两种主要农业气象灾害指标观测试验,对江西省双季早稻春季低温和高温逼熟灾害指标进行修订。发表科技论文3篇。

【加强党风廉政建设】 2011年1月14日上午,按照南昌县纪律检查委员会文件精神,县气象局组织全体干部职工收看反腐倡廉电教片《土地之殇》。2011年3月15日为贯彻落实中央纪委十七届六中全会精神和全国气象局长会议、全国气象部门党风廉政建设工作会议精神,认真执行党风廉政建设责任制,市气象局与县气象局签订党风廉政建设责任书,明确党风廉政建设责任人,责任内容和责任追究。2011年6月10日,县气象局组织全体干部职工认真学习《反腐倡廉警示录(三)》,开展警示教育活动。通过学习,教育广大干部职工遵纪守法、廉洁自律,切实发挥了警示教育的作用。

【开展"七城会"气象应急保障服务】 按照市气象局的部署,携带移动气象监测设备,先后参加现场气象应急服务5次,为"七城会"赛场提供气象保障服务。

【开展防雷安全检查】 3月23日~4月30日,配合南昌县人大常委会对《南昌市防雷减灾条例》的实施进行执法检查;5月6日,省气象局和省安监局联合组成的防雷安全督查组,深入江西平安房地产开发有限公司南昌平安象湖风情楼盘、中石化江西南昌石油支公司及小蓝加油站,督查防雷安全工作。

【防灾应急演练】 2011年5月12日,省气象局、省政府应急办、市气象局及县气象局联合在武阳镇大仪村举行一场农村雷电灾害应急演练。这次应急演进一步加强了农村防雷减灾和广大村民应对雷电灾害的能力,检验了气象部门应对由强雷电天气引起的突发安全事件的机制及能力。

表87 **2011年南昌县气象局领导班子成员名单**

姓名	性别	出生年月	籍贯	职务
张文红	男	1963.10	湖南	局长
吴高学	男	1965.12	江西瑞昌	副局长
胡逢喜	女	1963.12	江西高安	监察员

(主笔:张崇华 审稿:张文红)

对外合作·进出口贸易

招商引资

【概况】 南昌县商务局2010年5月组建，为正科级行政单位。办公室、国内贸易办公室、市场运行秩序科、商贸服务管理科、外资管理科、外经外贸科为内设科室。县商务局主要职责为贯彻执行国家、省、市有关国内外贸易、国际经济合作、利用外资、市场流通工作的法律、法规和方针政策；拟定年度商务运行调控目标和措施并组织实施；负责推进流通产业结构调整；会同有关部门协调、指导全社会商品流通活动，整顿和规范市场秩序；促进城乡市场发展；承担组织实施重要消费品市场调控和重要生产资料流通管理的责任；促进贸易增长方式转变；牵头拟定服务贸易发展规划并开展相关工作；负责涉及世贸组织规则的相关工作；负责指导、协调、管理利用外资工作；负责对外经济合作工作；承担县人民政府交办的其他事务。

【招商成果】 2011年，南昌县实际利用外资和现汇进资总量继续双双列全省100个县（市、区）第一。新批外资项目15个，合同外资1.0194亿美元，全市排名第四，同比增长0.56%；实际利用外资35014万美元，全市排名第三，同比增长11.78%；现汇进资8993万美元，全市排名第三；外贸出口总量66257万美元，全市排名第四，同比增长53.62%；实际利用内资85.1亿元，全市排名第1，同比增长14.83%；其中5000万元以上工业项目52.81亿元，全市排名第一，同比增长31.7%。

【产业招商】 县商务局把招商引资工作放在突出位置，举全局之力，引八方资金，抓早抓实，抓出成效。2011年全县共签约项目56个，其中外资项目7个，亿元以上重大项目25个。2011年以来，在主动赴北京、上海、广州、深圳、中山、苏州等地进行拓展招商的同时，先后组织参加了“2011年江西（香港）招商引资活动周”、第二届世界低碳与生态经济大会暨技术博览会、中博会、泛珠三角经济合作贸易博览会、上海汽车零部件产业推介会、广东招商引资推介会、重大重点项目签约活动等11场省、市大型招商引资活动，签约项目8个，实现合同内资金额约80亿元、实现合同外资金额约9000万美元，小分队外出招商共120批次，其中主要领导小分队外出招商65批次，分管领导小分队外出招商32批次，其他领导外出招商28批次，洽谈项目50余个，发放招商项目资料4000余份。

【招商成果】 2011年以来，西湖电缆集团、广东商会、辽宁商会、浙江商会、日中投资促进会北京事务所、亚洲富源投资集团、亚洲锦鹏投资集团、家乐福、人人乐、觉夫集团（香港）有限公司、深圳市富安娜家居用品有限公司、建华管桩集团等100家企业共计200余人先后到南昌县对汽车零部件、食品生产、轻纺服装、旅游、商业综合开发等项目合作事宜进行了洽谈、考察，取得了预期的效果。9月份接待“泛珠会”、“赣台会”、“世界低碳大会”、“绿博会”等来我县考察的组团客商；全年共接待客商及上级部门500余人次。

【企业服务】 在全省县区内率先举办了南昌县首届出口信用保险论坛，10家外贸企业加入出口信用保险，有效破解了外贸企业有单不敢接的难题；成功协调处理武藏野搬迁、庞大汽贸集团投诉拆迁事项2件，有效化解了矛盾，维护了南昌县投资环境；为益海嘉里码头项目立项多次前往省、市发改委、港航局协调。

先后组织了重大重点外资外贸企业座谈会、全县出口信用保险论坛、“改革与发展”外汇管理专题宣讲会；加强了与各进出口企业的联系和沟通，做到及时将市外经贸委下发的各项扶持政策及优惠条件转发给各企业，同时将各企业反馈的问题上报至省、市外经贸委。县商务局对全县2010年出口创汇100万美元以上、参加了国内外有影响力展销会、现汇进资500万美元以上共计28家企业兑现了外资外贸扶持资金416.09万元。2011年，县商务局共争取省、市外资外贸企业的扶持奖励补贴资金600万元。

【服务外包】 服务外包是一种没有资源消耗且能源消耗只有普通产业1/10甚至1%的绿色产业。2011年南昌县服务外包一改2010年项目少、业务总额少的状况，出现了新的起色、新的面貌。2011年，全县新增服务外包企业达16家，新增从业人数1500人，其中新增受训人数750人，接包合同签约金额9000万美元，接包合同执行金额6160万美元，其中离岸接包合同执行金额3080万美元，企业新增认证数量1个。

【自身建设】 2011年以来，先后重新修订县商务局《项目首问负责制等10项工作制度》和《二〇一一年目标管理考评细则》;组织了全局招商业务知识竞赛等活动,为全面提高干部职工的专业化素质和业务工作能力奠定了基础;组织了全体机关干部围绕"工业地产"精心准备,召开工作研讨会。会议围绕主题、敞开心扉,进行了深入的交流与探讨;成功举办了全县招商引资干部培训班。

为宣传南昌县的招商环境、形象和成果,积极利用网络这一宣传媒体,指定专人负责网络运行安全及信息维护,每周定期维护更新网站内容,定期投稿南昌县信息,2011 年来在政府网站和政府公开信息网站上公布各类信息 180 余条累计 1000 余条信息,编发《招商简讯》24 期累计 94 期,做好了年鉴工作,为客商和群众团体及时掌握县商务局的工作动态、全方位准确宣传县商务局的工作业绩和展示形象发挥了重要作用。做好与省、市商务部门的汇报沟通工作。全力争取省、市外资外贸企业的专项补贴资金 600 万元,积极完成省、市商务部门布置的各项工作,提升了我县开放型经济发展水平。

做好对乡镇、开发区(新区)、银三角等单位招商办的指导工作。充分发挥部门职能作用,有效指导服务全县各单位的招商工作,为落户县内所有招商企业做好服务。

做好与县国土、财政、城建、环保、行政服务中心、工商、税务、质监等兄弟职能部门的协调工作,全力为企业做好服务、营造良好的投资环境。

做好与落户南昌县招商引资企业的联络服务工作。定期走访,了解企业建设、生产、销售情况,帮助企业解决生产经营过程中遇到的困难。

进出口贸易

【概况】　2011 年,南昌县规模以上工业企业主要进出口商品有医药产品、纺织服装类产品、水产品、工艺品等,主要进出口单位有江西国药有限责任公司、江西三鑫医疗器械集团有限公司、江西广宥鞋业有限公司、江西永通鞋业有限公司、江西省欣隆纺织有限公司、江西海浩鄱阳湖水产有限公司、南昌克拉夫特木雕制品有限公司等。

【江西国药有限责任公司】　江西国药有限责任公司(原江西国药厂)创建于 1955 年,现为国家大一型及国家二级企业,是中国医药工业百强企业和全国中成药工业国有重点企业(五十强)之一,拥有外贸进出口自主权。

该公司具有雄厚的医药工业实力,现有各类专业技术人员 700 余人,其中高级技术人员 50 人,专职技术人员占职工总数的 30%,固定资产 15437 万元,占地面积 35 万平方米,建筑面积 18.2 万平方米,固定资产设备 3300 余台,其中发酵设备总容积 2100 立方米,公司水电汽冷冻等供给公用系统已配套成龙,其规模在江西省医药行业中雄居首位。

公司下设 3 个全资子公司、2 个中外合资控股公司(金水宝制药公司和金水康药业公司)、6 个生产车间、2 个辅助车间,设有药物研究所、质监技术生产设备技改等处室。产品现有品种 140 余个,主要产品有发酵虫草菌粉(Cs-4)、盐酸林可霉素、盐酸土霉素、十三碳二元酸等原料药,以及中成药(片剂、胶囊剂、针剂、丸剂、糖浆剂、颗粒剂等)、西药制剂等。

该公司坚持质量第一的宗旨,产品严格按"GMP"要求、国家和国际标准(BP98 版 USP24 版)组织生产,产品质量好、信誉高,在国内外市场具有很强的竞争能力,现有 2 个国家银质产品、3 个部优产品、8 个省优产品。

【江西三鑫医疗器械集团有限公司】　江西三鑫医疗器械集团有限公司是以一次性使用无菌医疗器械为主业,集开发、生产、营销为一体的企业集团,创建于 1997 年 3 月,是江西省同行业首家成立集团的、国家定点的生产企业。集团总部地处江西南昌小蓝经济开发区,占地面积达 21 万平方米,现有员工 2000 余人,集团及所辖公司的注册资本逾 1.2 亿元。产品覆盖了全国 80% 的市场,50% 以上的产品出口到全球 30 多个国家和地区。

该集团始终坚持"依法管理、质量第一,让用户满意"的质量方针。依据 ISO 标准建立了质量管理体系,1999 年在全国同行中率先通过欧盟 CE 认证;全省首家通过中国 CMD 认证;2006 年荣获中国著名品牌、中国名优产品、中国 AAA 级"重质量、守信用企业"等称号,被中国统计协会入选"中国民营 500 强企业"和中国工商经济年度百优企业。

表 88　**2011 年南昌县主要进出口商品名单**

序号	品名
1	汽车
2	医疗器械
3	制衣

续表 88

序号	品名
4	运动鞋
5	皮具
6	农副产品
7	纺织服装
8	金属加工
9	电子产品
10	水产品
11	农副产品
12	中药材

开发园区建设

小蓝经济开发区

【概况】 2002年3月，小蓝经济开发区建设正式启动。2006年3月，开发区成为省级开发区，同年，工业总产值和主营业务收入双超100亿元，成为全省第一个过“双百亿”的省级开发区；2008年成为江西省汽车零部件产业基地；2009年成为江西省食品产业基地；2010年成为全省首批生态工业园区；2011年成为江西省生物医药产业基地。开发区党工委荣获“全省优秀基层党组织”荣誉称号。

截至2011年年底，开发区签约企业562家，投产企业407家，在建企业66家，其中规模以上工业企业133家。美国福特、伟世通、李尔内饰、可口可乐、百事可乐、上海宝钢、中粮集团、天纳克等9家世界500强企业，福建达利、天津宝迪、人民电器等国内外知名企业均在这里投资、落户，是江西省内世界500强企业最集中的开发区。

【经济总量进一步做大】 2011年，完成工业总产值412亿元，同比增长38.4%；主营业务收入403亿元，同比增长36.7%；规上工业增加值96.8亿元，累计可比价增长20.57%；固投完成139亿元，同比增长5%；税收20.8亿元。

【产业规模进一步增强】 2011年，引进项目32个，其中重点重大项目(投资5000万元以上)15个，亿元以上项目9个，签约总额近24亿元。涉及汽车零部件产业项目15个，签约总额6.5亿元，包括投资2.6亿元的江西龚杏投资发展有限责任公司产业基地项目、投资2亿元的厦门昇鑫电子有限公司LED等电子产品生产项目、总投资1200万美元的年产20万台汽车电器电子产品研发与生产项目、总投资1600万美元的年产30万台套汽车排放控制系统研发与生产项目、总投资3000万元的年产500万件汽车发动机挺柱生产项目、总投资2000万美元的小松工程机械设备更新制造项目等。

【进一步增质提效地推进项目建设】 2011年，秉承工业项目以“签约项目早开工、开工项目早投产、投产项目早见效”以及基础设施项目以早投入使用为标准，成立开发区重大重点项目推进指挥部，实行“日调度、周例会、月小结、年交账”制，全力实施区内2011年县40个重大工业项目和15个重大基础设施项目的推进工作。全年新增投产项目14家，开工项目34家。特别是汽车、食品两大主导产业依托省汽车零部件产业基地和食品产业基地两大平台，不断壮大。汽车产业签约项目89家，在建项目20家，投产项目58家。

【大力完善公共设施】 2011年，完成《江西省汽车零部件产业基地概念规划》和《小蓝开发区公共设施完善规划》，规划了富山大道商务大衔、汽车城商贸区、玉湖及金湖综合开发项目建设。完成金沙三路、银湖二路、莲安路等路面硬化3.3公里，完成直方数控、华电能源、新东力、改装厂等项目移沙造地土方量约87万立方米，完成银湖二路、金沙三路、莲安路、成安路等排水管道10.7公里，完成金沙二路、银湖二路、达利电力专线等10千伏电力线路13.6公里，完成富山三路、M东路、金沙二路、汽车大道等燃气管道18.8公里，完成富山一路、金沙一路等弱电管网5.6公里，完成小蓝大道、银湖二路等市政供水管网1.2公里，完成总投资约3.2亿元。

【对土地进行转型升级】 2011年，从土地重组、项目嫁接、规范租赁等方面入手，加快低效、闲置厂房及用地的整体利用效益。首先在2010年重组的基础上，2011年又加大了重组力度，认定闲置土地2宗，面积3公顷，通过法院追缴土地出让金1宗；其次依据《江西南昌小蓝经济开发区关于清理闲置厂房及规范出租厂房的工作规程》，对区内私自出房、土地等行为进行了规范整治，2011年与聚宏制衣等10家企业签订了三方协议；再是引进南昌珠峰工贸有限公司等4家企业进行项目嫁接，提升了原入园企业的竞争力。

【深入推进民生事业】 为切实解决城中村农民的安全用水、就业、扶贫救助及发展集体经济等多方面问题，全面提升广大百姓的幸福指数，2011年，投资800万元完成柏林、雄溪、柏岗村给水工程，霞山、玉沙、沥山、邓埠村给水工程正逐步推进；举办专场招聘会5场，累计安排区内农民就业7000余人；办理新农保13819人，为60岁以上老人发放农保卡3098张；发放农村、城镇低保累计200余万元，发放大病医疗救助18余万元；受理农民家电下乡申报件461件次，补贴资金10余万元；先后拨付粮食直补、良种补贴资金139余万元，涉及农户3070户。同时，合理利用村庄周边边角废料地建设厂房、仓库，出租给开发区企业。邓埠、虎山、柏林等村已经建成出租，为村里带来非常可观的收入，如邓埠村每年就有150万元的租金收入。开发区未发生一起赴市、省、京上访事件。

【进一步唱响小蓝品牌】 2011年，累计接待全国政协副主席阿不来提·阿不都热西提、黄孟复等上级领导、客商等视察、来访217批次3986人次；《人民日报》、《江西日报》、江西电视台等主要媒体230余次报道开发区，其中《人民日报》10月25日头版头条评价小蓝经开区为“江西省以绿色崛起探索进位赶超的缩影”。与此同时，加大对名牌企业、知名商标的申报工作。有江西制药有限责任公司等11家企业商标被评为2011年度江西著名商标，有南昌亚洲啤酒有限公司等4家企业产品获2011年度江西省名牌产品。

表89 **2011年小蓝经济开发区科级及以上干部名单**

姓名	性别	出生年月	参加工作时间	文化程度	身份	职务
徐海波	男	1967.3			中共党员	县委常委、开发区党工委书记
李广祥	男	1962.9	1982.8	大学本科	中共党员	党工委副书记、管委会主任
陈怡辉	男	1976.3	1998.9	研究生	中共党员	党工委副书记、管委会副主任
蔡进彰	男	1963.7	1979.9	大专	中共党员	党工委委员、管委会副主任(兼)
黄赏辉	男	1974.11	1997.1	大学本科	中共党员	党工委委员、南昌县台办主任（兼）
向盛国	男	1969.2	1993.2	本科	中共党员	党工委委员、管委会副主任
喻元华	男	1974.2	1992.1	大专	中共党员	党工委委员、主任助理
黄　波	男	1973.2	1995.12	研究生	中共党员	党工委委员、主任助理
徐　胜	男	1974.1	1996.12	本科	中共党员	党工委委员、人武部长
陈　奋	男	1980.1	2002.8	本科	中共党员	南昌县农场管理中心主任
张炭喜	男	1970.2	1989.11	研究生	中共党员	综合办公室主任
胡剑武	男	1975.2	1993.11	本科	中共党员	规划建设局局长
赵辉华	男	1974.2	1994.11	本科	中共党员	社会事业发展局局长
卢志红	女	1977.9	2000.7	研究生	中共党员	财政局局长
李红平	女	1977.5	1996.7	本科	中共党员	招商局局长
王　鹏	男	1976.2	1998.8	本科	中共党员	经发局局长
吴光宇	男	1978.1	1999.7	本科	中共党员	经发局党支部书记
谌战平	男	1980.11	1999.7	本科	中共党员	维稳信息督查员

表90 **2011年小蓝经济开发区各村“两委”人员情况**

村名	姓名	职务	性别	出生年月	政治面貌
邓埠村	陈德宝	书记	男	1960.6	中共党员
	陈　辉	副书记、主任	男	1974.11	中共党员
沥山村	毛讨和	书记	男	1967.11	中共党员
	毛衍明	副书记、主任	男	1964.3	中共党员
柏林村	罗丑生	书记	男	1952.8	中共党员
	罗林平	副书记、主任	男	1966.6	中共党员
柏岗村	王国全	书记	男	1955.3	中共党员
	熊万云	副书记、主任	男	1974.11	中共党员
玉沙村	吴建新	第一书记	男	1958年12月	中共党员
	邓仁贵	书记	男	1972.1	中共党员
	宗辉强	副书记、主任	男	1976.6	中共党员

续表 90

村名	姓名	职务	性别	出生年月	政治面貌
雄溪村	徐学文	书记	男	1976.12	中共党员
	刘建华	副书记、主任	男	1957.9	中共党员
虎山村	殷谷泉	书记、主任	男	1964.11	中共党员
霞山村	詹国平	书记	男	1975.6	中共党员
	梅国顺	副书记、主任	男	1965.7	中共党员
唐村	吴建新	书记	男	1958.12	中共党员
	唐新平	主任、支部委员	男	1969.2	中共党员
岗前村	龚润泉	书记	男	1957.4	中共党员
	胡小平	副书记、主任	男	1956.9	中共党员
塔田村	卢小林	书记	男	1959.5	中共党员
	卢强华	副书记、主任	男	1963.11	中共党员

(主笔:陶　林　审稿:张炭喜)

向塘省级开发区

【概况】 向塘开发区设立于1999年4月20日,是经江西省人民政府批准设立的省级开发区,规划面积23.6平方公里,向塘开发区管理委员会为南昌县人民政府派出的副县级机构,与向塘镇实行"区镇合一"的管理体制。

2011年,开发区积极策应"鄱阳湖生态经济区"建设,园区各项建设有长足的发展,产业布局日趋合理,基础设施不断完善,经济实力显著提升。大力推进星城大道、向西大道、工业大道、莲溪大道、丽湖大道、教育大道、南都大道等路网建设,新修道路16公里,"八路二桥"建设基本完成,外接国道,内接新老城区的"四纵三横"主路网体系已然成形。城区面积由4平方公里拓展到13.5平方公里。

2011年,南昌县人民政府与国家投资物流有限公司、江西省投资集团公司三方共同签订兴建向塘铁路——公路枢纽型物流园区开发建设项目的战略合作框架协议,标志着开发区进入一个新的发展阶段。向塘开发区将以物流基地建设为核心,依托京九铁路、向莆铁路、高速公路、国道和城市大道便利的交通条件,建成衔接铁路和公路的综合性大型物流枢纽,为全力打造服务江西、辐射中部、联通全国的铁路——公路枢纽型物流基地而努力奋斗。

2011年,开发区始终坚持以大物流、大发展为导向,以发展为第一要务,着力实现与小蓝开发区、银三角实现南北互动、错位发展,以推进江西向塘铁路——公路枢纽型物流基地项目为核心,通过物流业促进商贸业,以商贸业带动加工业的发展,着力推进经济提速财政增速,财政收入继2008年突破亿元大关之后,再次突破两亿元大关,顺利实现三年"翻一番"。2011年,全镇完成财政总收入达2.1亿元,比上年净增6663万元,同比增长46.2%,增幅创历史新高;工业总产值实现41.1亿元,同比增长15.45%;工业增加值10.27亿元,同比增长16.12%;第三产业实现25.1亿元,同比增长6.2%;农业总产值实现12.16亿元,同比增长9.75%;农民人均纯收入达8886元,同比增长18.23%。

【签订向塘物流基地的战略合作框架协议】 2011年,向塘开发区围绕主导产业进行重点招商,与国家投资开发公司和省投资集团公司三方共同签订向塘物流基地的战略合作框架协议,可以通过国家投资开发公司和省投资集团公司这样的大型国有企业的资金流、信息流等优势广挖资源,围绕铁路货场及物流基地进行产业链招商,引进大型国有企业到向塘投资,推动地方经济的发展。

【充分利用本地闲置资源招商】 由于闲置资源与新开发土地相比,节省基础建设成本,缩短建厂周期,不仅可以让本地企业"起死回生",还便于外地客商"轻装上阵",6月,奇佳(农资)物流中心一期项目竣工开业,奇佳(农资)物流中心建设有大型仓储基地,加上铁路专线、土地等稀有资源,通过企业以商招商,吸引宁波天鸿集团与其合作共同投资建设奇佳国际物流港项目,双方已经签订投资合作协议,此项目不仅充分利用了原有项目的存量资源,又为项目增添了新的投资活力。

【建设台商创业园】 总投资5000万美元的香港上市公司皇朝家私项目在中博会上签约,征地拆迁工作已顺利完成,正在进行土方工程。2011年,被授予省"台商创业园"的称号,数家台资企业集中入驻,其中总投资500万美元的台湾屏荣食品已正式投产;总投资2.2亿元的物资循环利用基地已注册并纳税;总投资8亿元的奇佳(农资)物流中心项目一期工程已经竣工开业,全面建成后将成为全国中部地区最大的(农资)交易及物流中心;总投资8亿元的南昌国际商贸城首期项目——江西昌南钢城已开始营业,二期室内钢材库项目也已开工建设,2012年初将投入使用。2011年12月1日,国家投资开发公司、省投资集团公司和县政府正式签订战略框架合作协议,拟投资50亿元建设向塘物流基地,标志着向塘物流基地建设进入了一个大的发展框架。此外,香港嘉里物流、长运集团物流港、国投能源公司、福州港务集团、福建八方物流、宁波天鸿集团、省物资储运公司等一批在洽谈项目,将陆续进驻向塘。

【江西向塘铁路——公路枢纽型物流基地项目取得重大突破】 向塘所具有的独特的区位优势使向塘建设物流基地具有得天独厚的条件。向塘作为南昌的南大门，地处南昌南部，距市中心仅25公里，交通便利，素以中国南方最大的交通枢纽重镇而闻名全国。京九、浙赣、皖赣和正在兴建的向莆铁路、杭长线交汇境内，境内的向西编组站为全国第二大货运编组站，再加上南昌南货场即将整体搬迁至向塘，向塘在中国铁路——公路交通网络中的枢纽地位将更加突出。尤其是向莆铁路的建设，使向塘成为连接江西至出海港口2/3的车程，向塘即将成为江西省重要的内陆港，使得向塘发展物流产业的优势日益突显。同时，105、320、316三条国道和温厚高速穿境而过，使得向塘不仅是全国重要的铁路枢纽，还是全国铁路与公路网络的交汇地。向塘独特的区位优势使其成为江西乃至整个中部地区"承东启西、南北贯通"战略要地。

向塘建设物流基地的提法由来已久，2007年省人民政府与铁道部召开省部联席会议，在省部会议纪要中首次提到"向塘铁路物流基地"，2008年向塘物流基地在省政府工作报告中首次体现，由此向塘纳入全省战略，随后，向塘开启物流基地内道路等交通基础设施的全面建设。2010年省政府工作报告中再次提出"继续推进南昌向塘铁路公路枢纽型物流基地建设"，至此，向塘建设物流基地在全省有了明确的战略定位；2010年10月10日，南昌铁路局与南昌县政府正式签订"江西向塘铁路——公路枢纽型物流基地配套铁路货场建设合作协议书"，明确青云谱南昌南货场整体搬迁至向塘，并以技改项目形式对向塘货场项目予以立项；同年，向塘物流基地"四纵三横"的内循环交通网络逐步成型。2011年12月1日，江西向塘铁路——公路枢纽型物流基地项目在县委、县政府的大力支持下，南昌县人民政府与国投物流投资有限公司、江西省投资集团公司三方签订了战略合作框架协议，由三方投资成立合资公司，在南昌县向塘镇投资兴建向塘铁路——公路枢纽型物流园区开发建设项目，项目总投资50亿元，致力于将向塘铁路——公路枢纽型物流园区打造成为江西省乃至全国重要的现代综合物流基地。至此，向塘铁路——公路枢纽型物流基地建设进入一个新的发展阶段。

【向塘铁路货场项目】 铁路货场是建设向塘物流基地的生命线工程，没有铁路货场就没有物流基地，同样，没有物流基地就没有向塘的发展。向塘铁路货场项目在县委、县政府的大力支持下，开发区多次与南昌铁路局沟通协商，2011年3月28日，南昌铁路局就新建向塘货场工程以技改项目立项，按照专业化、规模化的原则，新建向塘货场预留进一步发展条件，主要工程内容为：货场走行线约2公里，怕湿、笨重兼散堆货物线各1条等。10月24日，南昌铁路局分别向省政府、省发改委函请将江西向塘铁路—公路枢纽型物流基地向塘货场项目列为省重大重点项目。拟建的向塘货场项目用地约86.7公顷，按近期600万吨、中期1200万吨、远期2000万吨的货运能力进行规划，项目建成后将承担江西乃至整个华东地区铁路物流业务的周转。与此同时，南昌铁路局委托中铁上海院南昌铁路勘测设计院编制了新建向塘综合性货场可研报告。项目正式立项之后，铁路货场预计可在2013年正式投入运营。

【香港皇朝家私项目】 香港皇朝家俬集团是一家集专业研发设计、生产制造、全球销售与售后服务于一体的香港上市品牌家具企业。该公司拟在向塘建设香港皇朝家俬江西生产基地项目，项目建设规模为年产板式家具42000套，红木、实木家具6万件，沙发4万套，床垫10万张。该项目占地约44公顷，其中一期用地约20公顷，位于向塘镇向西大道以南、工业大道东西两侧，其中一期建设用地位于工业大道西侧。总建筑面积24.8万平方米，项目总投资5000万美元，注册资金1500万美元。项目达标投产后预计销售收入不低于5亿元，税利2000万元。项目签约以来，开发区，镇党委、政府高度重视，项目进展顺利。2011年3月29日，省环保厅正式下发该项目的环评批复。7月完成项目的修建性详细规划，12月30日，省国土厅下发项目的建设用地批复。以此同时，项目征地拆迁工作已经结束，正在进行填沙工程，开工前的各项准备工作全面就绪。

【和信发再生资源回收利用基地项目】 江西和信发实业有限公司是一家经营废旧物资业务的企业，于2011年1月在向塘征用土地13公顷，投资2.2亿元建设再生资源回收利用基地项目，建成之后预计全年回收并销售废钢铁25万吨左右，实现销售额在9亿元，上交增值税1.2亿元左右。2011年南昌市被列为商务部再生资源回收利用体系建设试点城市之一，按照商务部对试点城市再生资源回收利用体系规范性建设的要求，省、市、县商务主管部门一致确认将江西和信发实业有限公司列为南昌市再生资源回收利用体系建设的龙头企业之一,公司于2011年3月份正式在向塘纳税,截至年底,共缴纳税收6000多万元,为向塘经济发展作出了积极贡献。市政府以及市商贸部门高度重视该项目进展,2011年11月8日,副市长张根水在南昌县就再生资源回收利用体系进行调研并召开专题会议研究。项目已近完成土地预审,征地拆迁工作已全面启动。

【南昌国际商贸城——江西昌南钢城】 江西昌南钢城,是由南昌银三角国际商贸城有限公司投资兴建的一家规范性的大型钢材现货交易市场。公司成立于2011年,坐落于发展前景广阔的南昌南大门向塘开发区。

2011年6月21日,南昌国际商贸城——江西昌南钢城试营业。昌南钢城市场规划占地21公顷,总投资约8亿元,它将以高水平的规划设计,现代化的仓储加工,全新的经营理念,全力打造一个年吞吐量300万吨、年交易额100亿元的专业市场。一期建设投资约3亿元,经营面积达5万平方米,可容纳近200户钢材经营商。现已入驻商户达130余家,预计年交易额可达30亿元。

2011年11月19日,南昌国际商贸城——昌南钢城二期工程正式开工建设,预计投资5亿元,将建设包含电子地磅、室外行车及堆场、1万平方米钢材室内库、3万平方米营业房、商务中心等配套附属工程,以及电子交易平台、融资担保平台等一系列增值服务配套设施。所有配套工程完工后,项目招商规模预计可达到500户,年营业可增加至50亿元以上。届时江西昌南钢城必将成为南昌市乃至江西省内规模大、起点高、配套全、功能完善的钢材交易集散中心。

【安居工程建设全面启动】 为了加速推进江西向塘铁路——公路枢纽型物流基地、香港皇朝家私等重大重点项目启动建设,提前做好重大重点项目的征地拆迁安置工作,在县委、县政府的大力支持下,开发区全面启动了南店村、丁坊村等两宗农民安居房建设程序。按照城镇建设的要求,坚持高标准,提前规划、提前建设安居小区,实现拆迁安置"房等人"。2011年,南店、丁坊两村多次召开村小组、村民代表大会,商议安居房建设选址、初步规划设计等问题,并形成初步意见,农民安居房建设已经进入报批程序。

表91 **2011年向塘镇开发区领导名单**

姓名	性别	出生年月	籍贯	现任职务	备注
黄志清	男	1965.1.1	江西南昌	向塘开发区主任	
李青文	男	1968.12.1	江西南昌	向塘开发区党工委副书记、副主任	2011年5月12日开始任职
李建新	男	1969.11.1	江西南昌	向塘开发区副主任	2011年5月12日开始任职
杨友根	男	1957.7.1	江西南昌	向塘开发区副主任	
闵宇雷	男	1965.7.1	江西南昌	向塘开发区副主任	
樊庆华	男	1977.6.1	江西南昌	向塘开发区副主任	
杨绍全	男	1979.1.1	江西南昌	向塘开发区副主任	
唐险峰	男	1958.11.1	江西南昌	向塘开发区主任助理	
衷艳娟	女	1979.9.1	江西南昌	向塘开发区维稳信息督查员	2011年5月12日开始任职

银三角管委会

【概况】 银三角位于美丽富饶的昌南大地,两塘(莲塘和向塘)之间,东起棠墅港,西到南昌县莲塘排渍道,南接规划中的浙赣快速客运线,北临南昌莲武路,区域面积3040公顷。银三角管委会前身为原英雄经济开发区银三角管理处,2010年4月底成建制划归南昌县管辖,2010年7月,正式更名为银三角管委会,2010年9月,银三角第一届党工委、管委会班子成立,银三角地区从此进入了一个全新的发展阶段。

银三角下辖八个行政村及一个居委会,及省良种场、省种鸡场、省民星企业集团等企事业单位10余家。区域内人口2.5万余人。党支部14个,党员384人。区域内水、陆、空立体交通网络全面覆盖,人流、物流、信息流畅通无阻。105、316、320国道及南外环、南莲路在区内交汇,京九线、向莆线纵贯全境,并建有铁路专运线,未来还将建设地铁3号线,6小时即可直达上海、广州、武汉等周边9个城市,构筑起涵盖中国1/3人口、1/2经济总量的6小时经济圈。

银三角区域现拥有以创造美观、舒适、大方、健康、便捷、公平、经济、实用的高品质居住环境为代表的恒大绿洲项目;以打造主题乐园、休闲庄园、旅游小镇、商业设施与配套为代表的南昌茵梦湖旅游度假区项目;以谋求新鲜、便宜、舒适、便利,专业服务、领导商圈,成为值得信赖的大卖场为代表的大润发项目;以围绕小蓝经济开发区制造业基地,研发生产水产品、生物添加剂,建立高新技术产业孵化基地为代表的南昌海大生物制药项目,并拥有毛主席三次榻临的绿色休闲胜地—翠林高尔夫度假酒店(八二八宾馆),这一切无不体现着银三角“商贸服务、旅游休闲、创意文化”的产业发展思路和“生态之都、田园之城、幸福港湾”的城市发展定位。

2011 年,银三角地区实现固定资产投资 3998 万元;社会消费品零售总额 4300 万元;新增规模以上工业企业 2 户;实际利用外资 800 万美元;现汇进资 168 万美元;实际利用内资 5.6 亿元。

【综合实力在拼搏中强势攀升】 2011 年,银三角始终坚持发展为第一要务,高起点定目标,超常规发展,经济运行质量明显提高。一是财政收入,进一步突破。全区以占全县 1.7% 的面积、2.5% 的人口,在 2011 年全年完成总税收超 2.43 亿元,其中一般预算实现收入约 1.68 亿元。在原有基础上新增两家规模以上工业企业,分别是江西天佳实业有限公司和南昌兴智铸造有限公司,为区域内加强饲料加工、材料铸造提供源动力。二是农民收入,年均增幅突破 16.5%。全区农业总产值达到 7253 元,农民人均收入达 8048 元,比 2010 年增长 19.6%。三是固定资产,再度提升。2011 年度完成固定资产投资 0.40 亿元,完成县下达指标的 120%。四是招商引资,势头更加强劲。全年共洽谈企业 20 余家,取得有效招商信息 10 余条,广东碧桂园集团、常州新城投资集团、江西博能实业集团等一批上市企业、神钢建设(中日合资)、红星美凯龙、庞大汽贸等全球有影响的企业都表达了投资意向。实际利用外资 800 万美元,现汇进资 168 万美元;实际利用内资 5.6 亿元。外资进资取得“零”的突破。五是村集体经济实力,不断发展壮大。辖区的敷林村、浒南村,在 4 月建立农业专业合作社,为农村资金的运转提供有效的运行平台,加快了对农业项目的资金周转速度,加快了项目的顺利建设。

【三产项目快速稳步推进】 南昌茵梦湖国际旅游度假项目,是省重大重点项目,2011 年,已完成一期项目共征地 93 公顷,10.7 公顷存量用地的挂牌出让工作。主题公园的建设已全面铺开。大润发超市项目,作为全县第一家外资超市,也顺利开张营业,截至 12 月中旬,总营业额超 5000 万。恒大超五星级酒店,投资 10 亿元,已基本建成封顶。

【规划建设项目全面铺开】 2011 年,辖区分区规划通过专家初审,总体规划文本待县规划委员会审核,明确定位区域发展方向。城中村改造,改造方案的初步规划设计、立项、地质勘探及规划设计招投标已完成。该项目将为加快新型城镇化建设、提升城市品位、促进集约用地利用,统筹城乡发展打好坚实基础。启动“灵堂”建设项目,一期 1 栋建设已完成项目立项,并启动附着物的清点和开具招标函告工作。市政道路建设,主要是莲塘大道拓宽改造工程,莲塘大道的施工图设计已完成,即将进入前期施工阶段。良种场还建房建设,项目二期已于 2011 年 8 月 22 日开工,完成了 1#、9# 楼三层楼面建筑,将有效解决茵梦湖项目中红旗分场的被拆迁的职工安置房问题。村级危桥改造,其中蛟溪桥、敷林桥、春溪桥 3 座危桥的改造项目已开始施工建设,其余两座的正进行设计方案修改中。垃圾中转站建设,项目正在进行土方建设。

【农村建设项目稳固推进】 2011 年,农房审批及监管方面,已对 24 户农村危房进行审批,并按规定签订建房承诺书,并严格监管动工进度。新农村建设方面,完成浒南村、春溪村、敷林村、蛟溪村 4 个村 6 个点的新农村建设。共建设村内其他道路 1540 米,修建排水沟 2370 米,新建化粪池 134 个,改建化粪池 43 个,新增绿化种树 3800 余株,新建体育休闲类设施 7 处,在有条件的居民点安装路灯,修建活动场所和活动中心,有效的改善了农村居民的生活条件。小型工程建设方面,完成辖区沟渠内的清淤工程,蛟溪村门塘清淤整治工程,敷林村 1、2 组新农村建设工程,万湖村万坊还建房内的辅助工程,万湖村沙窝健身器材休闲平台工程,横岗村村委会办公楼整修工程等。

【党的建设在创优中强势推进】 2011 年,一是做好党的思想宣传。建党 90 周年期间,组织所有党员干部专题学习胡锦涛总书记在全国“七一”表彰大会上的重要讲话精神,切实加强干部群众的理论素质;在银河城广场树立以“加快建设银三角,无缝对接大昌南”为主题的大型宣传牌,提高区域发展知誉度;协调做好茵梦湖国际、恒大绿洲等辖区内企业宣传,为企业提供有效商业宣传。在互联网络,初步建立银三角工作宣传网站,开拓全区向全县,乃至全国的宣传市场。二是党员干部发展。党员干部发展是党建工作的核心,辖区内共有党员 398 名,其中本年度发展预备党员 15 名,党建工作正处良好态势。三是非公企业党组织建设。为凝聚企业党员干部,做好政企联动促发展,在茵梦湖项目上建立了党支部,党员干部作为一面旗帜,加快重点项目的建设;在敷林村规模超 13.3 公顷的芦笋基地项目上,积极发展党员带头致富,切实在区域内树立一项新型农业产业化建设的“产学研”一体化的典范,项目中的 4 名党员干部,作为技术骨干,不断吸纳更多群众投入产业的开发当中来,已走出新形势下农村党建工作的新路子。四是“四三二一”工程有效开展。作为处理党群干群和谐的重要抓手,在农村新党员发展的问题上,在村支部委员会换届选举问题上,在村委会项目建设问题上,各村的四类代表们都参与其中,提供了群众基础,确保党工委、管委会做出正确的决策,创造了一番“大和谐”的景象。五是共青团建设。共青团作为党员干部的后备力量,发挥年轻干部深入困难农民家庭中开展帮扶服务工作,号召年轻干部参观黄马生态园建设学习活动,鼓励年轻干部参加拔河、篮球等体育运动,有效的激发年轻干部的青春活力。六是机关干部队伍建设。在银三角 7 次体制变更下,年轻干部的严重缺乏,成为制约区域发展的一个重要瓶颈,在县委、县政府的领导下,先后选调 9 位年轻干部,并通过全县招聘考试方式,确定招聘 3 位专业干部参与经济建设中来,机关效能逐步得以发挥。

【社会稳定在创建中强势促进】 2011 年,银三角实施“三加强”、“四到位”、“全动员”社会综合治理创新管理理念,建立综治、信访、司法“三位一体”联动,主要领导亲自抓、分管领导具体抓、党政领导共同抓、全区齐抓共管的工作格局。

全年共调处民事纠纷28起,成功率100%,未发生重大刑事案件和治安(行政)案件,接待受理来信来访153件(含重访在内),办结率92%,使用维稳资金57.08万元,尤其是处理好了省良种场、省种鸡场、民星集团职工的各项事业中的不稳定问题。

【民生事业在推进中强势保障。】2011年,坚持经济社会与社会协调发展,不断完善社会保障,加强各项安全,确保社会稳定,人民幸福安康。一是在帮扶救助方面做到"有难必帮"。全区发放城镇低保43.2136万元,农村低保43.4641万元,农村五保32.5136万元。二是在新农保参保方面做到"全力发动"。16~60周岁以下人员参保人员由原有的4230人上升至5113人,应参保人员参保率达96%,共收缴参保金109.14万元。三是在民政救灾方面做到"雪中送炭"。在发生的灾情期间,做好现场并拍照取证工作,对受灾群众发放生活补助9万元,为老百姓减轻了自然灾害的带来的经济负担,为其恢复生产赢得时间。四是在大病医疗救助保障方面"应保尽保"。共下拨医疗救助资金20.6893万元;医疗保障上在各村委会的卫生所设立门诊补助,共计补助资金12.1019万元;在新型农村合作医疗的优惠政策基础上,发放二次救助金18万余元。五是在粮食种植补贴方面"阳光操作",全区完成粮食种植面积的核实共1687户,其中早稻种植面积483.8公顷、晚稻526.5公顷,累计发放直补资金125.232万元。

【计划生育工作稳步推进】 2011年,全区出生196人,出生率14.72%,计生率81.12%,完成结扎120例,人流21例,引产4例,上环160例,节育率达93%,结扎率达53.59%,上环率达31.88%,药具使用率达7.61%;社会抚养费征收46.26万元,完成了县下达银三角的四术总任务,圆满完成两例"两非"查处任务,计生服务水平上一台阶;独生子女助学方面,落实中考加分12人,阳光助学10人,办理0~6周岁爱心保险209人,减免农医参保费200人,14周岁以上大龄独生子女办理风险保险193人。

【农产品生产、开发力促增收】 2011年,开展农技推广工作,推出早稻优质品种"禾盛10号"、"两优287"、嘉育"948"和晚稻优质品种"926"、"黄华占",全年粮食总产量782万公斤,年增产20%。做好政策性水稻保险,对全区1066.7公顷水稻栽种面积进行投保,解决了种植户后顾之忧。做好农机补贴宣传,已有13户农户购买了大、中、小型旋耕机、小型插秧机等,享受到国家补贴。同时,加强畜产品安全的监管,杜绝猪瘟疫、猪蓝耳弱、猪口蹄疫、牛口蹄疫、禽流感等疫情的发生。并对全区的养猪场、饲料厂、配料加工厂等40余户进行监控和突击检查和长效宣传工作,有效遏制违禁产品的销售,确保全区畜产品质量安全和群众畜产品消费安全。

【举办机关干部业务知识培训班】2011年11月26日,银三角管委会举办全体机关干部业务知识培训班,县检察院检察长张振川和县人事劳动和社会保障局的负责人应邀授课。张振川等围绕以《预防职务犯罪的思考》、《论江西在中部崛起的条件与对策》、《感悟人生、把握人生》等专题,以一个个鲜明的事例讲述了作为一名机关干部应如何以良好的精神状态、过硬的工作作风和必备的业务能力做好本职工作,使参训人员深受启发和教育。大家一致认为,通过参加培训,提高了认识,开阔了视野,增长了才干,表示要把此次培训中学到的知识融入到自己的实际工作中去,为银三角的经济社会事业快速发展而努力奋斗。

表92 **2011年银三角管委会党政领导班子成员名单**

姓名	性别	出生年月	籍贯	职务	备注
周来华	男	1976.1	江西南昌	党工委书记	任至2011年9月
闵员根	男	1969.2	江西南昌	党工委书记	2011年9月调任
李慎欢	男	1972.1	江西南昌	管委会主任	任至2011年5月
刘文君	男	1970.5	江西南昌	党工委副书记	
徐志强	男	1971.3	江西南昌	党工委副书记、纪工委书记	
郭国强	男	1977.8	江西萍乡	党工委副书记、副主任	
闵素虹	女	1977.7	江西南昌	党工委委员、副主任	
田云华	男	1976.2	江西南昌	党工委委员、副主任	
喻广辉	男	1959.8	江西南昌	党工委委员、副主任	
刘光平	男	1968.3	江西南昌	党工委委员、武装部部长	
朱进安	男	1961.1	江西景德镇	副主任	
章会玲	女	1975.9	江西南昌	维稳信息员	

表93 **2011年银三角管委会村委会(总支)书记、村委会主任任职情况**

村委会	姓名	性别	出生年月	职务
棠左村	万菊水	男	1966.1	村支部书记
棠左村	江小勇	男	1973.3	村主任
蛟溪村	喻银泉	男	1965.11	村支部书记
蛟溪村	喻尊保	男	1969.6	村主任
涂家村	涂木泉	男	1950.2	村支部书记
涂家村	涂勇强	男	1961.9	村主任
敷林村	喻性华	男	1961.11	村支部书记
敷林村	喻　亮	男	1976.1	村主任
浒南村	吴三毛	男	1964.7	村支部书记
浒南村	吴国柱	男	1967.9	村主任
横岗村	涂金泉	男	1962.6	村支部书记
横岗村	涂华波	男	1973.2	村主任
万湖村	姚永平	男	1957.1	村支部书记
万湖村	万小羊	男	1956.8	村主任
春溪村	伍水明	男	1959.7	村支部书记
春溪村	杨诚弟	男	1968.1	村主任

（主笔:黄振中　审稿:袁　诚）

财政·税收

财 政

【概况】 2011年，南昌县财政系统深入贯彻科学发展观，紧紧围绕“建设赣鄱第一县、拼争全国五十强”的战略目标，大力推进“新型工业化标志区、新型城镇化试验区、新型农业产业化示范区、低碳生态经济先行区”建设，积极组织收入，努力培植财源，优化支出结构，深入推进改革，不断强化监管，全县财政收入实现了强劲增长的态势，圆满完成了年度财政工作的各项目标和任务，为实现南昌县的超常发展、进位赶超提供了坚实的财力保障。

得益于全县经济的快速增长和项目建设的大力推进，全县财政收入也保持较快稳定的增长态势，2011年南昌县财政总收入完成454978万元，同比增收98454万元，增长27.61%；全县一般预算收入完成258785万元，同比增收64963万元，增长33.52%；全县一般预算支出完成457038万元，增长45.2%。财政总收入和一般预算收入继续双双位居全省100个县(市、区)第一，成为全省首个财政总收入超40亿元、一般预算收入超20亿元的县(市)区。

在加强业务工作的同时，全县财政干部始终坚持以人为本，切实加强思想政治工作，积极开展挂点帮扶活动，扎实开展“创先争优”、“发展提升年”等活动，进一步密切党群干群关系，取得良好效果。南昌县财政局继续在被评为县、市文明单位的基础上，被省委、省政府授予“全省文明单位”，2011年度荣获省政府“财政收入三年翻番奖”，全省财政惠农补贴资金“一卡通”发放工作先进单位、全省财政监督工作先进单位，全市防洪保安金征收工作先进单位、全市县区财政局目标管理考核先进单位、全市乡镇财政工作先进单位，被县委县政府授予全面先进单位，全县社会治安综合治理先进集体、全县优化投资发展环境和效能建设先进单位、全县五五普法工作先进单位、全县发展提升年活动先进单位、全县政协工作先进单位等荣誉称号。向塘镇财政所被评为全省乡镇财政工作先进单位，南新、幽兰、蒋巷等3个财政所被评为全市乡镇财政工作先进财政所，幽兰镇财政所被评为全市文明单位等等。

【乡镇财政收入增长迅猛】 南昌县各乡镇认真贯彻落实全县第十二次党代会精神，把做大总量、做优质量作为壮大乡镇财政目标，加快乡镇经济发展速度，努力实现进位赶超、跨越发展。2011年全县16个乡镇财政总收入累计完成115107万元，同比增长25.0%，乡镇一般预算收入累计完成63782万元，同比增长16.9%。从总量上看：16个乡镇财政总收入和地方一般预算收入全部超千万元，其中莲塘镇财政总收入达到4.01亿元，向塘财政总收入达到2.11亿元；从增幅上看：16个乡镇财政总收入全部实现两位数增长，增幅最高的向塘镇达46.2%，武阳镇、幽兰镇、富山乡超30%以上增幅，分别为42.2%、32.7%、31.2%；从完成奋斗目标上看：16个乡镇全部完成全年年初所定奋斗目标。

【倾力扶持企业发展】 一是扩大扶持专项资金的规模。2011年全年累计拨付各类扶持企业发展专项资金40545万元，其中：兑现货运物流产业奖励资金21000万元，扶持江铃集团8000万元，拨付科技发展专项资金3600万元。财政专项资金的投入、引导、撬动，有力的促进了全县重大产业项目建设和产业结构升级。二是保障重大重点项目资金。2011年共拨付重大重点项目资金8.2亿元，有力推动了县政府确立的138个重大重点项目建设。三是加强贷款贴息和融资担保工作。2011年全县共拨付贷款贴息资金2423.7万元，其中：扶持企业贴息资金1112万元，产业化龙头企业贴息资金344.5万元，小额担保贷款贴息资金500.5万元。同时积极发挥担保公司平台作用，2011年为全县中小企业提供担保贷款累计达1.07亿元，有力促进了全县中小企业加快发展。

【加大教育文化事业投入】 2011年，对全县义务教育阶段学生全部免除学杂费、免费提供教科书，对家庭经济困难学生给予资助，贫困家庭学生高考入学补助232.5万元，补助465人；公办学校高中阶段贫困家庭学生补助402.9万元，补助2686人。加大对教育基础设施建设的投入，安排7975万元用于学校基础设施建设和长效管理，莲塘三中新校区建设工程已全面竣工，莲塘四小一期工程完成，莲塘三小工程接近尾声，2011年全县教育支出达82744万元。同时积极支持文化事业的发展，2011年安排180万元用于农村健身场所建设，400万元用于文物保护、文化建设、大型文化纪念活动的开展及博物馆、文化馆、图书馆免费向公众开放。

【支持医疗卫生事业发展】 2011年，

加强城乡医疗救助和重大疾病防治等工作，县妇幼保健院改扩建工程竣工投入使用，县医院门诊医技综合大楼主体封顶，县中医院新院建设正式启动，累积新建、改建乡镇卫生院18所，村卫生所255所；新型农村合作医疗补助33.9万人次、金额达2.88亿元，筹资水平由每人每年30元提至150元；国家基本药物制度在全县乡镇卫生院铺开，2011年全县医疗卫生支出达41491万元，看病难、看病贵问题得到初步缓解。

【重视社会保障】 2011年，南昌县顺利成为全国第二批城镇居民养老保险试点县，新农保工作全面铺开，2011年参保人数达56万人，全年共下拨资金6520万元；城镇低保标准从每月150元提高到260元，全县享受城镇居民低保对象19439人，已下拨资金4731万元；农村低保标准从最初的每月80元提高到120元，农村享受低保人员35427人，下拨资金4658万元。2011年全县财政投入社会保障资金40137万元，有力促进了社会和谐。同时大力加强保障性住房建设。2011年，全县新建廉租住房710套、面积达5.8万平方米，投入资金6376万元；已完成棚户区拆迁1602户、面积达14万平方米，棚户区改造新建1602套、面积达15.1万平方米，投入资金2000万元；发放城镇保障性住房补贴676万元，1475户居民享受到城镇保障性住房补贴。

【充分落实强农惠农政策】 2011年，一是积极支持农村基础设施建设。2011年全县财政投入5379万元用于支持新农村建设(其中县本级投入2600万元)，投入7719万元用于农田水利建设(其中县本级投入5509万元)。二是落实农业生产补贴。补贴范围扩大，补贴标准提高，并通过"一卡通"方式及时足额入户到人。2011年全县发放种粮直补2221.2万元、水稻良种补贴2966.88万元、农资综合直补10014.4万元，农机补贴2704万元，调动了农民生产积极性，促进了粮食等大宗农产品的持续增长。三是以"一事一议"财政奖补政策推进村级公益事业建设。2011年全县共拨付"一事一议"财政奖补资金790.8万元，完成113个行政村的村级公益事业"一事一议"项目138个。四是积极推进扶贫工作。2011年，县本级财政投入扶贫资金100万元，争取中央、省、市三级扶贫资金376万元，确保扶贫重点村基本完成"三通"目标(通水、通电、通电话)。五是努力扩大和促进农村消费。2011年，全县农民累计购买家电下乡产品77408台，摩托车下乡产品2016辆，共计兑付补贴资金2635.6万元。

【大力保障交通运输】 2011年，撤除了银三角甲、乙收费站，9座改渡建桥项目主体工程基本完工，城东客运站开工建设。全力支持向莆铁路、京九铁路电气化改造、杭长客运专线、德昌高速公路等项目建设，共征地3937亩，拆迁房屋约32万平方米。累计改造桥梁96座，新建客运站16个，开通城市公交线路37条；硬化农村公路1024公里，公路总里程达3360.7公里，实现了100%行政村和43%自然村通水泥公路。

【深入推进财政体制改革】 2011年，一是完善部门预算改革。将预算外收入纳入预算管理，实行统筹安排；将全县所有县直单位纳入部门预算编制范围，深化以定员定额为主的基本支出管理，建立了行政事业单位公用经费预算定额标准体系。二是深入推进国库集中支付改革纵深发展。县本级已实现财政专户全部归口财政国库部门管理，确定财政国库管理机构是唯一持有和管理财政专户的职能部门，有效解决了账务分散的问题，方便了内控制度推行及监督检查的开展，加强了内部的相互制约，切实保障财政资金安全高效运行。清理整顿县直预算单位银行账户，对不符合文件要求的财政专户进行了撤并，对所有预算单位开展公务卡结算改革，增强了财政监控能力。同时，按照省财政厅的要求，全县已于2011年11月1日运行乡镇财政资金国库集中支付改革。三是推进县乡财政体制改革。按照"保障运转、事权统一、分类考核、激励发展"的原则，实行"划分范围、核定收支、收入上解、保障基本、分类考核、超收分成"的乡镇财政管理体制，充分调动乡镇发展地方经济的积极性。四是切实规范非税收入管理。全面推行财政票据电子化管理改革，坚持依法征收、源头控收、以票管收，通过技术手段，加强非税收入监控。

【不断强化财政监督管理】 一是实现财政资金运行全程监管。2011年初，全县开展财政专户全面清查工作，将财政专户从2010年底的200个(其中县本级73个，乡镇127个)清理到108个(其中县本级保留专户28个，乡镇保留专户80个)，全面实现省政府提出的财政专户县区不突破35个的目标。2011年在全县范围内全面开展财政资金安全管理自查和核查工作，对财政专户进行重新摸底统计并登记造册，并与代理银行进行上门对账，确保财政专户账表相符、账实相符。同时结合财政局内部监督检查，全面启动财政性资金的自查和内审工作，并组织对各乡镇的自查情况开展督查，局机关和乡镇完善相关的内控管理制度，积极推进绩效评价工作。二是加强政府采购监管。南昌县财政局认真落实政府采购"阳光工程"，强化政府采购信息公开披露制度，规范政府采购操作程序,扩大政府采购规模和范围,提高政府采购效率。2011年,南昌县在省市政府采购网上公告达200余次,列全市第一,全年政府采购规模7326万元,节约政府资金1028万元,节约率12.31%。三是完善政府投资评审管理。南昌县财政局于2011年7月成立了财政投资评审中心,通过规范委托评审制度,全面加强对政府投(融)资基本建设项目的投资评审工作,加强对基本建设项目的财务监管,凡是有财政性资金投入的建设项目,全部依规定对工程决算进行了审核。全年累计审核工程112个,审减金额6610万元。

【突出廉政建设】 2011年,一是大力打造学习型组织。南昌县财政局以党组中心组学习为龙头,印发《南昌县财政局关于印发机关工作人员学习制度的通知》,建立了每月两个工作日集中学习的制度,以读书会、报告会、研讨会、课题调研、干部理论学习等形式,开展了形式多样、生动活泼的学习教育活动。二是日常强化职业道德教育。通过各种直观的、生动的、具有强烈感染力的各项活动和有效载体,切实加强党风廉政建设。剖析鄱阳县“2·11”等案件,将“爱岗敬业、公正执法、诚信服务、廉洁奉公”的财税职业道德基本要求,渗透进财税人员的思想中。三是开展廉政主题教育。2011年7月至9月,参与省、市财政系统开展的“学准则、守准则,廉洁自律、为民理财”主题教育活动,通过开展廉政讲座、案例剖析会、演讲比赛等多种形式,廉政宣传的参与度和自觉度进一步提高。四是庆祝建党90周年活动开展热烈。南昌县财政局开展了“六个一”活动庆祝建党90周年——看一本红书《亲历党的90年》;观一场红色电影《建党伟业》;上一次党课;重温一次入党宣誓词;集中开展一次党员帮扶;举办一场文艺活动,2011年6月26日,南昌县财政局举办“唱红歌·颂党恩·跟党走”文艺演出及评比活动,局机关各科室和各乡镇财政所精心准备了红歌合唱、独唱、诗朗诵等27个节目。局机关全体干部职工、离退休人员和各乡镇财政所长共146人参与演出。通过重温红色经典,广大干部进一步坚定了理想信念,树立了正确的权力观、地位观、人生观。

【打造阳光财政】 2011年,一是做好财政宣传报道工作。按照《南昌县财政局宣传工作奖惩办法》,不断加大工作力度,及时兑现奖惩,极大地调动了局机关各科、室、所、中心和乡镇财政所抓宣传、促工作的积极性。2011年度,在《审计与理财》、《江西财政研究》等刊物上发表长篇调研报告4篇,在《南昌财政》、《南昌县信息》等刊物上刊登信息简讯30条,在各级报刊、电台、网站等介质上发表38篇,制作宣传展板13块,悬挂宣传横幅33条,面向社会广泛宣传财政工作,极大提升了财政的形象。二是做好政务信息公开工作。做到及时规范编制信息公开年度报告,对信息的保密性、真实性、政策性、合法性和时效性交付审核完毕后定期报送,及时更新,增强信息公开主动性、实效性和便民性,积极做好信息公开工作。2011年度南昌县财政局主动公开信息148条,其中:概况信息6条、法规文件信息86条、发展规划信息11条、工作动态信息24条、人事信息4条、财经信息10条、行政执法信息7条。通过强化宣传和政务公开,方便群众查阅财政信息,进一步促进了依法行政、依法理财,提高了财政工作的透明度。

【开展主题教育活动】 2011年,一是全方位开展创先争优活动。对外公开承诺,在制定实施方案的同时,就加强自身建设、为民办实事等做出明确承诺,把开展创先争优活动与“讲党性、重品行、做表率”活动有机结合起来,切实加强廉政建设,改进机关作风;对内开展学习教育活动,通过在全局上下设立党员先锋岗、推选党员之星等活动,为机关干部树立榜样,用身边的事教育身边的人,行程学先进、赶先进、当先进的浓厚氛围;对下开展基层走访活动,领导带头深入基层走访群众,切实解决群众急需解决的几件事,局机关建立“民情台账”,凡是下基层的干部都要对走访情况如实记录,定时对照验收,确保台账中的问题逐一落实到位。二是扎实开展发展提升年活动。在广泛征求意见、充分研究讨论的基础上,结合实际制定了《南昌县财政局机关和全县财政系统发展提升年活动实施方案》,明确了活动的目标、重点、步骤和要求,向社会公布,并加强督促落实。三是开展机关效能建设活动。不断创新机制,提高机关工作人员能力,提高机关工作效率。通过抓住关键、在作风建设上下工夫,创新机制、在保障制度上下工夫,注重实效、在服务群众服务经济发展上下工夫,整个财政系统的工作效率大为提高。通过开展主题活动,全县财政工作形成了权责明晰、行为规范、运转协调、工作高效的运作机制,机关政务环境不断优化,服务效能不断增强,进一步营造了“效率·温馨”的机关氛围,进一步塑造了“心系群众、财政为民”的良好形象。

【开展文明创建活动】 2011年,一是积极开展文明创建活动。积极开展创建文明单位、军民共建、拥军优属、挂点村帮建等活动,开展社会公益活动,成立了志愿者突击队,志愿者人数占全局总人数的25%,平均年龄32岁,队员精干,作风扎实,年均开展扶贫济困、扶弱助残、帮老助幼、社区服务等社会公益服务5次。积极响应中国文明网开展的“我推荐我评议身边好人”和“学雷锋、在行动”等各项活动,鼓励干部职工踊跃投稿,热情评选。二是抓学习、强实力。2011年,南昌县财政局组织财政干部开展了多种多样的培训学习:“金财工程”应用支撑平台、国库集中支付延伸到乡镇业务操作培训班、票据电子化培训、会计继续教育、乡镇归并账户管理、一卡通、家电下乡、信息工作培训等,通过综合运用授课、讨论、考核、撰写心得、实践操作等手段,干部职工丰富了理论素养,更新了业务技术,优化了知识结构,能够做到理论联系实际,把财税工作做好、做实,把财税事业不断推向前进。三是抓规范、强服务。树立服务观念,继续完善政务公开、简化办事程序、提高办事效率;完善服务体系,建立健全了学习、工作、考勤、考评等40余条规章制度,做到以规范的制度来管理人,全面提升财政服务的水平。

表94 **2011年南昌县财政局领导班子成员名单序号**

序号	姓名	性别	出生年月	籍贯	职务	备注
1	危桂椿	男	1965.3.1	江西南昌	财政局局长	
2	姜润根	男	1957.9.1	江西南昌	局党组书记	2011年10月调出
3	陈　峥	女	1969.8.1	河南商丘	副局长	
4	王金安	男	1960.9.1	江西南昌	副局长	
5	丁世典	男	1964.12.1	江西南昌	副局长	
6	涂国华	男	1977.2.1	江西南昌	副局长	
7	吴　晶	女	1970.6.1	江西南昌	国库集中收付核算中心主任	
8	万　坤	男	1968.2.1	江西南昌	财政收费管理中心主任	
9	熊　文	男	1978.11.1	江西南昌	办公室主任	

（主笔:熊　文、周　阳　审稿:丁世典）

国家税务

【概况】 2011年,南昌县国家税务系统不断提高依法行政水平、服务大局能力、科学管理水平、干部队伍素质,高标准完成了各项税收工作任务,为实现昌南率先崛起、拼争全国"百强县,文明城"作出了应有的贡献。南昌县国税局坚持以组织收入工作为中心,积极推进依法治税,切实提升征管质量,大力加强税源管理,重点优化纳税服务,税收收入工作得以稳步推进,税收呈现又好又快的增长势头。2011年南昌县国税务局组织入库税款210982万元,比上年177715万元,增加33267万元,增长18.72%,入库税款首次突破20亿元大关。其中:增值税入库114108万元,比上年同期103269万元,同比增长10.49%;消费税入库28985万元,比上年同期25297万元,增长14.58%;企业所得税入库64010万元,比上年同期45201万元,增长41.61%;个人所得税入库35万元,比上年同期88万元,下降60.23%。

【上级领导走访慰问】 2011年1月19日,江西省国家税局副局长汤志水、所得税处处长吴晨阳、南昌市国税局局长曾光辉、副局长王宝军在省局人事处邵世清、市局人事处洪锦平等的陪同下,深入南昌县国家税务局亲切看望慰问征收一线国税干部职工、困难户和离退休老同志,代表省市局党组向他们致以亲切的慰问和新春的祝福,带来党和政府的温暖与关怀。

【举行离退休干部新春座谈会】 2011年1月21日上午,南昌县国家税务局召开离退休老干部迎新春座谈会。座谈会上,南昌县国家税务局党组书记、局长万日新发表讲话,表达对全体老干部新春的良好祝愿。同时他还向全体离退休老干部通报2010年度全县国税系统的工作情况和2011年度国税工作的总体思路。老干部们在听了万局长的讲话后踊跃发言,对南昌县国税取得的长足进步表达了喜悦之心。

【共庆2011年春节联欢】 2011年1月25日下午,南昌县国家税务局在桂花村大酒店举行新春联欢会。南昌县国家税务局领导与干部职工欢聚一堂,共贺新春。联欢会上,各单位人员表演了精彩的节目,充满了喜庆、祥和。

【工作会议定目标】 2011年1月30日上午,南昌县国家税务局在五楼会议室召开全体干部职工参加的全县国税工作会议,根据县局的工作部署,2011年全县国税工作的总体要求是:以邓小平理论和"三个代表"重要思想为指导,以科学发展观统领国税工作全局,以开展"税收管理年"活动为载体,围绕"抓收入促增长、抓发展促后劲、保稳定促和谐"的工作思路,深入推进依法治税,落实税收政策,加强税收征管,优化纳税服务,提升队伍素质,确保各项国税工作取得新突破,为南昌县"加快建设赣鄱第一县、奋力拼争全国五十强"作出应有的贡献。主要任务:一是强化依法治税,进一步优化税收环。二是落实结构性减税政策,进一步支持地方经济发展。三是加强税收征管,进一步提升税收收入质量。四是优化纳税服务,进一步提高纳税人满意度。五是加强队伍建设,进一步提高干部综合素质。

【春训工作获得圆满成功】 2011年2月10日至2月15日,南昌县国家税务局在五楼会议室认真组织收听收看省局、市局春季培训视频会。南昌县国家税务局局长万日新,副局长龚南平、龚荣保、万保林、周庆、邹红海及各国税分局、稽查局、机关各科室全体干部职工参加视频会议。此次春训工作获得圆满成功。一是形式丰富。注重学习的多样性,坚持正面理论灌输与反面警示相结合,坚持集中学习与分散学习相结合,坚持传统方式与现代手段相结合。二是方法得体。建立学习激励机制,坚持学用结合,倡导终身学习观念,强化动力效应,共振效应和导向效应。三是注重效果。完善各部门领导负责制,严格学习纪律和制度,落实进场签到和会中点名制,加强领导巡视检查,确保全员额、全时效、全内容落实。最后是加强交流,认真总结。春训过程中,开辟信息专栏,交流学习体会,推广春训中的好做法、好经验,注重特色,突出亮点,以促进春训工作获得圆满成功。

【召开数据及征管质量专题会议】 2011年2月25日,南昌县国家税务局召开数据及征管质量专题会议。副局长龚荣保通报了2010年12月份及2010年全年的数据及征管质量扣分情况,并从部门协调不力、领导重视不够、工作人员责任心不强等方面深入细致地剖析了造成征管数据质量工作落后的原因。副局长龚南平指出,征管数据质量工作是一项中心工作,税源管理部门应成立此项工作的专门机构,定期进行数据分析,及早发现问题,把问题消灭在萌芽状态,并提出相应的整改措施和工作建议。最后,局长万日新作出重要指示,要求各部门认识上要有高度、做事上要扎实,不要强调客观原因,提出2011年征管数据工作的总体目标:"保四争三",要求各部门协调要有力,职责要明确,要有解决问题的能力,建立考核征管数据质量管理机制,促进征管数据质量工作的提升。

【召开考核测评暨巡视回访大会】 2011年3月2日上午,南昌市国家税务局副局长吴自立在南昌市国税局教育处处长彭正蓉等人陪同下,对南昌县国家税务局领导班子和班子成员进行考核测评暨巡视回访。参加会议的有局长新万日,副局长龚南平、龚荣保、万保林、周庆、邹红海,县局机关、稽查局全体人员及各税务分局主要负责人。南昌市国家税务局副局长吴自立做大会动员报告。吴自立紧紧围绕南昌市国税局"一个注重、两个提升、三个深化"的工作思路,阐述了大会的意义及目的。南昌县国税局局长万日新做述职述廉报告。

【开展纳税服务需求调查活动】 2011年3月3日 全县国家税系统开展纳税服务需求调查活动,不断丰富服务内容、优化服务平台、改进服务方式,减轻纳税人办税负担,维护纳税人合法权益,提升纳税人的满意度和税法遵从度,构建和谐征纳关系。

【举办党史知识专题讲座】 2011年4月1日,南昌县国家税务局邀请江西省委党校党史党建部副主任卢文华博士作"学习中共党史,保持和发展先进性"党史知识专题讲座。参加专题讲座的有局长万日新、副局长龚南平、龚荣保、万保林、周庆、邹红海,县局机关、稽查局全体人员及各税务分局主要负责人。讲座结束后主持人邹红海要求全体党员提高爱党之情,要常怀忧党之心,恪尽兴党之责,明晰党员的义务和责任,强化创先进性党组织、争当优秀共产党员的自觉意识,在推动国税事业科学发展上展示先进性,在促进和谐国税建设中彰显凝聚力。

【领导深入企业一线调研】 2011年4月26日,南昌市国家税务局副局长陈国富在市局征管处处长秦平,南昌县国税局副局长龚荣保、邹红海等人陪同下赴江西江铃李尔内饰系统有限公司进行调研。其间陈国富等人认真听取了纳税人的情况汇报,并实地到该企业生产车间了解情况。在肯定南昌县征管工作的同时对2011年税收行业管理及纳税评估工作提出了更高的要求。

【关注入党积极分子成长】 2011年4月29日上午,南昌县国家税务局召开"学习党章明方向,坚定信念跟党走"座谈会,入党积极分子及青年团员们一一畅谈了自己的成长经历、各自岗位上的工作学习情况以及加入党组织的迫切愿望,表示要刻苦学习,立足本职工作,以更加扎实的工作作风为南昌县国税局的发展作出积极贡献,在实践中接受党组织的考验,争取早日加入党组织,成为各自岗位上的中坚骨干力量。

【组织党史知识考试】 2011年5月28日上午,南昌县国家税务局组织全体在职人员开展建党90周年党史知识竞赛考试。

【荣获先进表彰】 南昌县国家税务局荣获"2010年全县千人评议作风效能"活动先进单位,南昌县国家税务局税政法规科长科罗贤辕、收入核算科科长樊新华和税源管理科科长陈立杏3人荣获民主评议百名优秀科长。

【举办歌咏、诗歌朗诵比赛】 2011年6月28日,南昌县国家税务局举办纪念建党90周年"唱响红歌,永跟党走"歌咏、诗歌朗诵比赛。

【获得先进荣誉】 2011年6月30日,南昌县国家税务局机关党委被南昌县直属机关工委授予"先进党组织"称号,闵志良、涂苏凤两人分别被南昌县县委、县直机关工委授予"优秀共产党员"称号。

【召开党组中心组理论学习(扩大)会】 南昌县国家税务局于2011年7月12日至2011年7月14日召开党组中心组理论学习(扩大)会,会上,局长万日新对"发扬党的优良传统、加强机关作风建设"讨论活动进行点评,要求全县国税系统干部职工深入查找自身在作风建设方面存在的问题，继承和发扬党的优良传统，克服不足、改进作风，在新的起点上，以更高的标准，实现更大的跨越，全面形成“比、学、赶、帮、超”的良好氛围，力争各项工作名列前茅，积极推进和谐南昌县国税建设。副局长龚荣保就继续做好税收数据和征管质量工作、加强办税服务厅星级升级建设、优化纳税服务和加强基层党建等工作进行了安排和部署；副局长万保林就加强法纪教育、加强党风廉政建设、加强纳税评估工作、做好楼宇经济专项清理工作、继续完善粮食加工行业税收管理的“一局一品”工作和做好干部职工思想政治工作进行了安排部署和强调，提出具体的要求；副局长周庆就2011年上半年组织税收收入工作和财务经费执行情况进行了通报，并就超标认定一般纳税人、加强零负申报管理工作、加强再生资源企业税收管理、加强非居民企业所得税管理、加强出口退税管理工作和加强税收票证安全管理工作提出了具体要求。

【召开转业退伍军人座谈会】 2011年7月28日，南昌县国家税务局在召开转业退伍军人座谈会，庆祝“八一”建军节。座谈会上，副局长万保林和大家一道畅谈了中国人民解放军创建以来辉煌的发展史，共话建党90周年以来取得的伟大成就，并勉励全体转业退伍军人要继续保持和发扬部队的优良传统，积极在本职工作岗位上有所作为，为国税事业又好又快的发展作出自己的贡献。

【县领导走访南昌县国税局】 2011年8月3日南昌县县委常委、常务副县长杨斯莅临南昌县国家税务局看望国税干部，对国税工作表示充分肯定，并提出三点要求：一是胸怀南昌，立足莲塘，克服困难，多想办法，找到解决困难的突破点。二是坚守工作，着重大局，保持速度和进度。三是科学征管，参与发展，为政府决策提供参谋。

【举办防伪税控网上抄报税系统培训班活动】 2011年9月1日，南昌县国家税务局在五楼会议室举办第三期增值税抄报税系防伪税控网上统培训班，邀请南昌航天信息公司授课，培训纳税人100名。

【市国税局局长曾光辉等人到蒋巷分局视察指导工作】 2011年10月18日上午，南昌市国家税务局局长曾光辉、副局长朱忠恩在市局办公室主任傅鸿强的陪同下到蒋巷分局视察指导工作。在视察新办公楼、办税厅、职工食堂后，曾光辉对县国税局“快乐工作、快乐生活”理念给予了充分肯定，要求干部职工破解困难，做好新形式下国税工作；鼓励干部职工爱岗敬业，促进国税事业健康发展。

【召开民主生活会】 2011年10月20日，南昌县国家税务局召开以“坚持以人为本执政为民理念发扬密切联系群众优良作风”为主题的领导班子民主生活会，会前，南昌县国家税务局领导班子成员按照上级有关规定和要求，认真组织集中学习，通过内部办公网向干部职工通报民主生活会主题和2010年度民主生活会整改措施落实情况。同时，充分发扬民主，广泛深入地征求干部职工对领导班子、领导干部和上年度民主生活会整改措施落实情况的意见，并开展谈心交心活动。

【召开专题会议】 2011年11月8日，南昌县国家税务局在四楼会议室召开专题会议，讨论南昌市国税局《关于进一步加强普通发票管理的意见》的修改建议，副局长万保林分析了普通发票管理中存在的问题，并就进一步加强发票管理工作和当前急需做的工作提出四点要求：一是要增强发票管理的风险防范意识和强化普通发票的监控管理；二是各税源管理单位及相关部门对所有的通用机打发票要进行全面清理；三是对增值税一般纳税人领用普通发票不符合规定的进行全面清理；四是要清理注销沙石行业纳税人。

【组织法律知识考试】 2011年12月20日，南昌县国家税务局组织全县国税系统干部职工参加2011年全市公民法律知识考试。重点普及法律法规知识，包括刑法、人民调解法、社会保险法、村民委员会组织法、邮政法、江西省人大常委会关于进一步加强法制宣传教育的决议。

【召开纪律作风整治活动动员大会】 2011年12月29日上午，南昌县国家税务局在五楼会议室召开全体干部职工参加的纪律作风整治活动动员大会，会上，局长万日新作了《强化纪律改进作风推动全县国税事业迈上新台阶》的动员报告，万日新充分肯定了近几年来在纪律作风方面取得的成绩，从近期发来发生的多起被举报和投诉的人和事以及企业违规填开普通发票等事件，分析个别干部职工在纪律作风方面不检点的现象和原因，强调开展纪律作风整治活动的重要现实意义。万日新指出，开展纪律作风整治活动重点是转变思想观念、解决现实问题、强化纪律作风、完善制度建设和推动国税工作，在社会上树立良好的国税形象。万日新要求各单位加强对纪律作风整治的领导，紧密联系工作实际，强化思想政治教育工作，加强和改进干部纪律作风建设，推动全县国税事业迈上新台阶。

表95 **2011年江西省南昌县国家税务局领导班子成员名单**

姓名	性别	出生年月	籍贯	职务	备注
万日新	男	1959.12.1	江西南昌	局长	
龚南平	男	1962.6.1	江西南昌	副局长	
龚荣保	男	1964.11.1	江西南昌	副局长	
万保林	男	1958.11.1	江西南昌	副局长	2011年7月调回

续表95

姓名	性别	出生年月	籍贯	职务	备注
周　庆	男	1965.10.1	江西南昌	副局长	
邹红海	女	1967.10.1	江西丰城	副局长	

(主笔:黄大欢　审稿:龚南平)

地方税务

【概况】 2011年,南昌县地方税务局以县域经济发展为支撑,以拼争全国50强为动力,以依法治税为主题,以信息管税为依托,紧紧围绕组织收入这个中心,努力做好组织收入、纳税服务、依法治税、队伍建设4篇文章,圆满完成全年各项工作任务。2011年,全县地税组织入库税收19.79亿元,同比增收4.27亿元,增长27.5%,其中地方税收收入16.48亿元,同比增收4.17亿元,增长33.8%,超额完成了市局、县政府下达的年计划数,地方税收总额连续第八年名列全省县(市、区)首位,组织地税收入和一般预算收入均创新高。

2011年,南昌县地方税务局办税服务厅荣获全国"巾帼文明岗"称号,连续第4次获得省级文明单位称号,荣获2011年度全县特约人员工作先进单位,廉政文化示范点通过市纪委验收成为全市反腐倡廉教育基地,在全市地税系统唱红歌活动比赛中荣获团体第二名。在省局组织的纳税人需求及满意度测评排名中,南昌县地方税务局位列全市地税系统第二名。县局有10篇调研论文在省局和市局网站发表,1篇入围市局二等奖评选,1篇入围市局一等奖评选,1篇被推荐参加全省地税系统论文评选,1篇被省监察学会评为2011年度优秀调研论文二等奖。2011年荣获全省地税系统征管业务技能竞赛第2名的市局代表队9名参赛队员中,有4名来自南昌县地方税务局。该局信息管税工作经验在全省征管工作会上被作为典型推广。

【省地税"两业"税收管理系统在南昌县地税局试点】 2011年4月1日,江西省地税"两业"税收管理系统南昌试点动员大会在南昌县桂花村大酒店召开。省地税局巡视员余木来,副巡视员、南昌市地税局党组书记、局长朱文保,省局处室负责人,南昌市地税局党组副书记、副局长郭峰参加会议。担任试点任务的南昌县地方税务局副局长邓远峰宣读了《南昌县地方税务局关于不动产及建安行业税收管理系统上线试点实施方案》。南昌县局党组书记、局长马云南在试点动员会上作表态发言。江西省地方税务局巡视员余木来在试点动员会上作了重要讲话。

【南昌市纪委检查组到南昌县地税局检查指导】 2011年9月27日,南昌市纪委检查组在南昌县纪委副书记熊水玉的陪同下,莅临南昌县地方税务局,就廉政准则的贯彻执行情况进行了专项检查。座谈会上,南昌县局纪检组长涂平贵从廉政准则的学习宣传、贯彻执行、积极落实党风廉政建设责任制、开展反腐倡廉教育、通过信息化手段加强廉政监督等方面向检查组详细汇报南昌县地方税务局贯彻落实廉政准则的情况。随后,检查组现场查阅了相关资料,并就如何更有效的贯彻落实廉政准则,如何创新开展党风廉政建设工作与县局人员进行了讨论和交流。检查结束后,熊水玉对南昌县地方税务局贯彻落实廉政准则的情况和党风廉政建设工作给予了充分肯定。

【佛山市高明区地税局赴南昌县地税局考察学习】 2011年8月2日,广东省佛山市高明区地税局局长梁铬强一行16人莅临考察学习。县地税局局长马云南向高明区地税局介绍了南昌县地方税务局自行开发的税源管理平台软件近几年来的运行情况和江西省地税局"两业"系统征管软件在南昌县局试点情况,并就软件运行过程中出现的问题及该局解决措施进行了重点介绍。同时,现场边讲解边演示了税源管理软件的操作流程。随后,高明区地税局一行还前往该局办税服务厅进行了参观。

【积极强化税收收入分析预测】 2011年,为确保全年收入任务圆满完成,南昌县地方税务局每月组织各分局和业务科室负责人对下一阶段的税收形势进行全面预测,从经济因素、政策性因素等方面,对全县各行业进行对比、预测,重点分析重点行业、重点税源形势,查找征收薄弱环节,为税收收入调度工作提供了翔实的数据参考,全面掌控税源情况,收入预测准确率达到96%以上。

【有效提升信息管税水平】 2011年,南昌县地方税务局依托自行开发的税源管理平台,强化对纳税人的登记基础信息、生产经营信息、财务信息、项目登记信息、申报征收信息等一系列信息的采集,实现了税源监控的信息化、科学化和精细化。通过此套软件,税源预测更加准确,税源管理更加透明,重点行业监控和"两业"税收更加周密,有效防止了税款流失和管理员办税不廉行为发生。

【积极推行分类管理改革】 2011年,南昌县地方税务局积极推行税收管理员工作事项分类管理改革,通过流程控制,风险防范,在基层管理分局内建立起各个岗位之间相互衔接和相互监督的征管工作机制,打破行业、地域税源管理的传统,将长期以来实行"人对户"的集权式管理转化为"人对事、事对户"的分权式管理,将税源管理工作按不同事项和税收业务的流程进行分类,由相应的税源管理小组进行处理,实现了由分户管理向分类管理的转变。经验典型上报总局,《中国税务报》对该局分类管理工作进行了长篇报道。

【有效加强货运行业征管】 2011年,

随着物流产业集聚效应的突显，小蓝工业园区的物流市场日益成熟。南昌县地方税务局通过强化对货运企业的税收指导，先后为17户企业做好自开票资格认定的服务工作，督促企业建帐建制，搞好财务核算，做好纳税辅导，为企业的良性竞争和规范发展出谋划策，有效促进了南昌县运输行业的发展。南昌县交通运输业全年入库税收2.5亿元，同比增长247.5%。

【全面推进土地增值税清理】 2011年，南昌县地方税务局成立8个检查组，通过组织稽查能手，吸纳有资质的中介机构进行鉴证等有效措施对全县18户房地产企业进行土地增值税清算。在借鉴兄弟单位检查方法的同时，该局采取比较法（即比较相同建设时期不同的房地产企业之间建安成本，比较房地产企业建安成本与南昌市建筑安装工程经济指标）和核定整体税负率法两种方法，成功解决了建安成本难以查实的问题。2011年，入库土地增值税8120万元，同比增长33.1%。

【不断扩大重点税源监控范围】 2011年，南昌县地方税务局在巩固原有重点税源监控的基础上，不断规范和扩大重点税源、重点行业的监控。严格按省、市局的要求，整理和填报重点税源企业监控管理信息，重点监控范围由2010年的112户扩大至132户。通过开展宏观分析，及时掌握税源发展变化趋势，有效促进了全县地税收入均衡入库和高质量的持续稳定快速增长。2011年，入库重点税源税款11.23亿元，占全县税收收入的66.3%，同比增收2.61亿元，增长30.3%。

【有效强化企业所得税汇算清缴】 2011年，为做好2010年度的地方各税清算检查工作，南昌县地方税务局认真制定了关于对2010年度地方各税清算的检查方案，细化工作要求，明确检查重点、要点及各个阶段的工作，为地方各税清算工作的有效开展确定了目标和方向，并要求汇缴时查找平时征管中存在的薄弱环节，提出整改意见。对于市局反馈给该局的问题认真查找原因，提出整改报告，从而使整个工作能及时、全面、高质量完成。

【积极提升纳税服务水平】 2011年，南昌县地方税务局积极开展纳税服务体验日活动，深化“同城通办”和网上办税，推行邮寄申报、刷卡缴税；扎实推进地税门户网站、“12366”纳税服务热线和税收管理信息系统三网合一的综合服务平台建设；进一步优化审批流程，减少审批环节，简并表证单书，切实减轻纳税人办税负担；加强纳税服务考核评价，健全纳税人和第三方评议评价制度，定期开展服务质量评价和纳税服务满意度测评活动，加强沟通与交流，创优纳税服务环境，不断提高社会满意度和纳税遵从度，为南昌地税纳税服务的“四最”品牌增添了亮色。

【有效强化税法宣传辅导】 2011年，南昌县地方税务局针对许多物业公司对装饰装修业税收代征代缴协议不清楚的问题，将装饰装修业税收政策知识印制成通俗易懂的宣传册，由税管员向全县各物业公司进行发放，并当面进行业务辅导；结合税收宣传月活动，在乘车和旅游人流量较大的昌南客运站和黄马凤凰沟开展了税收宣传活动，接受纳税人咨询300余人次，发放宣传册1000余份；将税收政策带入县政府举办的全县法制宣传日启动仪式现场，发放新个人所得税法、个人交易住房纳税指南等税收宣传资料1000余份，现场共接受群众关于房屋租赁、再就业、二手房交易等涉税咨询100余人次；多次召开纳税服务调研座谈会，与纳税人零距离接触，了解纳税人需要，促进征纳关系的和谐。全年共征集纳税人意见建议300余条，为南昌县地方税务局改进纳税服务提供了导向。

【全面落实税收优惠政策】 2011年，南昌县地方税务局以扶植和促进企业发展、促进民生为出发点，通过多项举措，依法用足、用好、用活税收优惠政策，取得显著成效。为提高起征点后享受优惠政策的城镇居民、农村个人免征地方税收22.5万余元；为140户下岗失业人员从事个体经营户减免地方税收近25万元；为江西汇仁药业有限公司审批财产损失税前扣除130万余元；为南昌希望饲料有限公司的地震灾区来赣务工人员减免个人所得税5.3万余元；为12户困难企业提交上级局审批减免土地使用税966万余元；为两户减免房产税47万余元。

【切实加强税收专项检查】 2011年，南昌县地方税务局按照省、市局的统一部署，全面开展了税收专项检查工作，先后对非上市公司的股权交易项目、房地产及建筑安装项目、小蓝开发区企业土地使用税、交通运输业、餐饮业和物业公司等开展专项检查活动10余次，全年共检查纳税人22户，入库地方各税、滞纳金共计482万元。同时，加大了涉税举报、协查案件的查处力度，对群众举报案件做到“事事有着落，件件有回音”，全年共受理举报案件3件，查补入库税款2.2万元。

【有效强化纳税评估】 2011年，南昌县地方税务局根据税源管理平台中的行业税负分析和专门的税收分析，对筛选出的明显低于行业税负的纳税人实行了纳税评估，全年涉及税款2000余万元，在强化税源管理的同时，又为纳税人提供了补征的机会，使纳税人避免以后被处罚。全年共稽查纳税人38户，补税684万元，加收滞纳金105万，罚款21.1万元，除稽查外共处罚纳税人45户，罚款1.25万元，均无一提出复议或者诉讼。

【不断提高税收调查质量】 2011年，对2010年度营业税纳税人进行税收调查，将调查工作的要求及本年度调查注意事项及时进行整理并下发给被调查单位及分局调查联络员。选择有条件的企业推广使用税收调查软件的企业版，继续由企业完成数据录入审核工作，将调查数据的“机审”关口前移，大力减轻分局的调查工作强度，也有效减轻了企业负担。在数据审核时坚持电脑审核与人工审核相结合，层层把关。全年调查企业92户，其中抽样调查户20户，重点调查企业72户。调查户交纳的营业税占2010年营业税入库税款的65.68%，各行业指标均达到市局的要求，确保了样本的可靠性和调查数据的代表性和说服力。

【积极查处发票违法行为】 2011年，

南昌县地方税务局坚持“打防并举、突出重点、标本兼治、综合治理”的方针,深入推进打击发票违法犯罪活动。主动上门与市、县工商局、公安局经侦大队取得联系,建立了双方在信息共享、行动配合的工作机制。已有2件有关假发票的案件正在与县公安局经侦大队的合作办案中。同时,将纳税单位和个人发票使用情况检查与行业税收专项检查、区域税收专项整治、重点税源企业检查、专案检查工作一同布置、一同组织、一同进行,做到查账必查票、查案必查票、查税必查票。全年共对25户纳税单位进行了检查,并查处违法企业5户,查处非法发票870份,罚款5万多元。

【积极防范执法风险】 2011年,南昌县地方税务局在日常税收执法中,根据征管业务系统的预警和税源管理平台的数据分析,及时提醒各管理分局和管理员在税收管理中出现的问题,督促其进行整改完善,加强对税收执法工作的审核。通过深入开展分事项管理改革,变过去一人管户各事统管为多人分事项管理,基础信息管理、分析审核、评估(检查)不同岗位之间形成了相互促进、相互监督的关系,使工作透明度加强,消除了过去管理员个人的“责任田”现象,税收管理员的廉政意识和风险控制能力进一步加强。

【不断丰富廉政教育形式】 2011,南昌县地方税务局大力开展反腐倡廉警示教育,组织干部职工观看警示教育片、参观警示教育基地等活动,强化教育的针对性和感染力。修建了廉政文化阅览室,购置了300多册廉政书籍供地税干部借阅。在办公楼前、家属院落设置廉政文化宣传栏,在办公室走廊、楼梯悬挂廉政格言宣传画,在办公电脑上安装县局设计的廉政屏保。向干部家属发放“家庭助廉承诺书”,发挥亲情监督的作用,从源头上构筑起一道预防和抵制腐败的家庭防线。把开展警示教育与风险岗位廉能管理工作有机结合起来,不断提高干部拒腐防变的主观能动性。

【有效提高干部素质】 2011年,南昌县地方税务局积极完善自主择学机制,在大规模培训干部的基本培训内容范围内,确定相应门类的课程提供干部自主学习,进一步落实在职自学制度,实行“学时累计制”,将干部学习培训折合成学时,进行学时学分登记;采取多种形式,适时加强对干部职工的业务培训工作,举办培训班18期,参训人数达852人次;积极发挥地税信息化技术和网络的作用,构建网络教育平台,开展干部远程教育培训。按照省市局要求,组织选送多名局领导、分局、科室骨干人才到高等院校进修培训。通过教育培训,干部职工的综合素质得到显著提高。目前全局大专及以上学历人数有130人,占干部总数的84%。本科及以上学历人数有105人,占全局干部总数的67.3%,一名干部获得软件设计师证书。

表96 **2011年南昌县财政局领导班子成员名单**

姓名	性别	出生年月	籍贯	职务
马云南	男	1964.7	河北	局长
黄菊根	男	1957.11	江西南昌	副局长
钟明泉	男	1963.2	江西南昌	副局长
涂平贵	男	1970.12	江西南昌	副局长

(审稿:胡仲林　主笔:曾清媛)

经济管理与监督

经济体制改革与宏观经济管理

【概况】 2011年是"十二五"规划开局之年,也是县乡村三级换届之年。当年,县委、县政府团结带领全县广大干部群众,紧紧围绕"拼争全国五十强县市、建设现代化综合新城"的战略目标,全力实施经济大发展、城乡大变样、社会大和谐三大工程,以调整产业结构、促进产业优化升级为突破口,加快转变经济发展方式。顺利完成年初的各项目标任务,开创了全县经济社会发展的崭新局面。2011年,南昌县财政总收入在全省率先跨越40亿元台阶,达到45.5亿元,地方一般预算收入率先跨越25亿元台阶,达到25.9亿元,分别同比增长27.6%和33.5%,两项指标连续两年稳居全省100个县(市、区)第一。实际利用外资3.5亿美元,现汇进资8993万美元,两项指标以及农业总产值、市级以上龙头企业数量等十余项指标位列全省第一,县域经济综合实力继续领跑全省。外贸出口6.5亿美元,实际利用内资86亿元,均列全市第一;固定资产投资完成341.1亿元,同比增长26%,总量占全市1/6;地区生产总值、规模以上工业增加值分别完成384.3亿元、110.3亿元,分别同比增长15.3%、20.2%,总量均占全市1/7,全面完成了市委、市政府下达的19项指标任务。全社会消费品零售总额完成71.1亿元,城镇在岗职工年平均工资达26988元,农民人均年纯收入8621元,分别同比增长18.6%、16.5%和11.2%。跻身全国百强县第82位,前移4位,连续四年进位赶超。

2011年,南昌县发改委先后荣获2011年全市发展和改革工作先进单位、南昌县全面先进单位(二等奖)、南昌县重大重点项目推进工作先进单位、全县发展提升年活动先进单位、政府信息公开先进单位、全县"百千万"内设机构测评活动先进单位、全县纪检监察执法监察工作先进单位等荣誉。

【加强经济形势分析】 2011年,针对国际经济持续低迷,对出口企业、房地产、招商引资等影响较大的情况,为应对危机的深化和蔓延,县发改委一方面加大对经济运行的监测,形成经济运行情况分析报告,及时掌握经济运行的动向,发现问题提出合理化建议供领导决策参考。另一方面是加强专题调研,围绕全县经济发展的重点、难点开展调查研究。开展应对国际经济持续低迷、出口引资环境日益趋紧,促进县域经济健康平稳发展,全县2012年重大项目梳理储备和项目库管理及对策分析等课题的调研。

【抓好规划】 2011年,全省鄱阳湖生态经济区规划和全市"山江湖"综合开发战略的实施,为南昌县加快融入大南昌提供了难得的发展机遇,按照产业对接、项目对接、政策对接的要求,先后完成了鄱阳湖生态经济区18个专项规划的对接、项目对接。南昌县重大支撑项目规划、南昌县农村初中校舍工程、农村卫生服务体系建设(二期)规划等工作。圆满完成《南昌县国民经济和社会发展第"十二个"五年规划纲要》编制工作。完善政策法规。为了进一步规范政府投资项目管理,提高政府投资效益和科学决策水平,南昌县发展和改革委员会充分借鉴南昌市和其他地区的成熟做法,进一步研究制定《南昌县项目库建设管理暂行办法(草)》、《南昌县政府投资项目初步设计和概算管理办法》、《南昌县政府投资工程建设项目施工招标投标暂行办法》等操作规范。

【抓好前期促对接】 2011年,经申报,南昌县共有江铃新动力汽车制造有限公司"三天"系列商用车和相关新能源汽车技改项目、江西江铃汽车集团改装车有限公司年产4.8万辆各类改装车及相关新能源车生产项目、江西江铃专用车辆厂轻中重型专用车及汽车零部件生产项目、泰豪集团有限公司南昌国际动漫产业园一期、江西富润家具有限公司香港皇朝家私江西生产基地建设、南昌市鄱阳湖农牧渔产业发展有限公司6万吨水产品加工共6个项目进入了江西省第40次重大项目调度会。江西省农机大市场(三期)项目进入了全省第41次重大项目调度会,共争取省级重大项目用地指标2648亩。江西国鸿绿色食品有限公司肉类食品安全检测及研发技术中心建设、江西煌上煌集团食品股份有限公司食品质量安全检验与研发工程技术中心、江西玉恒实业有限公司2万吨蔬菜冷藏保鲜与加工技术改造3个项目获得江西省2011年产业振兴和技术改造专项资金共550万元。江西飞尚科技有限公司结构响应智能传感器及安全监测设备产业化项目获得2011年电子信息产业和振兴和技术改造专项资金150万元,

上级项目和资金支持对拉动南昌县经济和社会事业发展具有十分重要的作用,积极主动加强与上级发改部

门的联系、沟通,汇报工作,赢得重视。及时掌握国家投资动向,有针对性地选择一批前期工作较完善,基本具备实施条件的项目上报。2011 年争取到上级扶持项目及资金主要包括:教育项目建设资金 760 万元,卫生项目建设资金 462 万元 ,计生项目建设资金 20 万元,“120”急救体系建设项目已申报,投资计划近期将下达,农村公路及基础设施补助项目 33 个,争取资金 2993 万元等。

【主动服务项目建设】 2011 年,一是加强全县重大重点项目协调工作。作为全国经济欠发达地区加快重大重点项目建设是打基础、蓄势能、促跨越的重要抓手。围绕“拼争全国五十强县市、建设现代化综合新城”的发展要求,精心组织论证筛选一批项目,经过几轮协调,按项目的重要性、实施的可行性原则,按照政府投资项目和产业项目两大类,细化计划建成、续建、计划新开工、预备类别梳理汇总。原则上按照政府投资项目逐一梳理,工业项目 1 亿元以上,服务业项目 5000 万元以上,基农村水项目 3000 万元以上的要求,认真梳理全县重大重点项目。

二是做好国家重点工程的协调工作。全县铁路建设办公室和西气东输建设协调办公室设在南昌县发展和改革委员会,南昌县发展和改革委员会把国家重点工程建设作为一项政治任务来抓,集中调配人力全力以赴抓好征地拆迁的协调工作,向蒲铁路、京九铁路电气化改造、沪昆铁路客运专线、西气东输工程等重大项目进展顺利。

【主动把好审批关】 2011 年,随着南昌县实施工业化核心战略和大开放主战略的步伐加快,投资拉动经济增长的作用越来越明显。在此背景下,县发改委牢牢把握国家产业政策。一是对破坏生态、环境污染严重的项目不批,低水平建设、重复投资的项目不批,不符合规划、未通过环评、未取得土地预审意见书的项目不批。二是深入贯彻国家投资体制改革精神,严格按照《江西省企业投资项目备案办法》、《江西省企业投资项目核准暂行办法》和《江西省外商投资项目核准暂行管理办法》等相关规定,在材料齐全的情况下,三个工作日内完成项目的审批,节省企业时间,提高办事效率。三是加大项目初步设计和概算审查工作力度。四是做好全县招投标核准及监督管理工作。

表 97　**2011 年南昌县发展和改革委员会领导班子成员名单**

姓名	性别	出生年月	籍贯	职务
谢大反	男	1963. 5. 1	江西南昌	主任
朱新民	男	1962. 12. 1	江西南昌	党组书记
陶宣华	男	1905. 5. 16	江西南昌	副主任
张成军	男	1960. 8. 1	江西南昌	副主任
刘志刚	男	1971. 2. 1	江西南昌	副主任
游南志	男	1966. 7. 1	江西南昌	总经济师
汪国胜	男	1957. 2. 1	江西南昌	党组成员
熊传印	男	1956. 10. 1	江西南昌	党组成员物价局副局长
熊　飚	男	1958. 8. 1	江西南昌	党组成员物价局副局长
李寿良	男	1964. 7. 1	江西南昌	党组成员物价局副局长

(主笔:龚吉龙　审稿:谢大反)

工商行政管理

【概况】 2011 年,南昌县工商局在南昌县委、县政府和市工商局的正确领导下,以深入开展发展提升年活动为契机,以机制创新为动力、以绩效考核为支撑,策应“拼争全国五十强县市,建设现代化综合新城”战略定位,牢牢把握稳中求进工作主基调,切实转变职能、理顺关系、优化结构、完善职责体系,创新效能建设载体,将学习型党组织建设与推进中心工作紧密结合起来,把“巩固、发展、创新、提高”实践成果转化为工作的思路、解决问题的本领、改进工作的措施、促进事业发展的动力,牢固树立以人为本、服务优先理念,加大宣传工作力度、丰富知识储备、弘扬红盾精神、提高队伍形象,努力做到服务、监管、执法、维权“四个统一”,圆满完成各项工作任务。被各类媒体采用稿 223 篇,其中国家级媒体采用稿 22 篇、省级媒体采用稿 136 篇、市级媒体采用稿 65 篇。获市工商局流通环节食品安全监管工作先进单位、信息化练兵团体第二名。被南昌县委、县政府授予千人评议作风效能活动先进单位,获南昌县直机关工委先进党组织。

【大服务促大发展】 2011 年,站在“江西第一”高度,以加快经济发展为中心、以企业增量提质为主线,总揽“科学发展、进位赶超、绿色崛起”全局,立足登记、监管、服务职能,改革注册登记方式,规范登记程序、降低准入门槛,致力构建新兴产业倍增、服务业提速、传统产业升级“三大服务机制”,为做大做强工业、做精做优农业、做好做出三产出力,全力推进工业

3月份县工商局开展了酒类专项整治，并向群众讲解部分酒类防假冒知识。

集群化、农业产业化、三产特色化，实现“首府首县”向“江西第一县”的蜕变。前三季度，全县完成工业增加值125.2亿元，同比增长14.6%；1～10月财政总收入完成37.6亿元，同比增长31.6%；地方一般预算收入完成21亿元，同比增长41.5%。财政总收入和地方一般预算收入继续列居全省首位。莲塘、东升、向塘3乡镇挺进“亿元镇”，乡镇税收收入破亿元。在第十一届全国县域经济基本竞争力百强县（市）排名中，南昌县连续四届跻身排名榜，连续三届实现进位赶超，由第十届全国县域经济百强县（市）排名86位跃升至第82位，前移4位。

告别招商而招商模式的小蓝经济开区，聚焦重点企业、重点产业和资源优势，推动大投入、大建设、大发展，规划汽车整车生产用地333.33公顷、汽车零部件生产用地200公顷、汽车商贸开发用地133.33公顷，集聚汽车及零部件企业88家，拥有江铃股份、江铃控股、江铃新动力等整车生产企业5家，美国福特、李尔内饰、韦世通、上海宝钢等世界500强汽车零部件企业88家和国内领军企业相继落户，园区汽车产业配套能力大为提升，形成“江西汽车看南昌，南昌汽车看小蓝”的品牌效应，成为南昌五大战略产业起步最早、产值最大的千亿元产业基地。生物医药产业26家、电机电器企业12家、轻纺服装企业37家，对全县经济发展的贡献率明显提高，成为“质量兴县”、名牌战略推进的核心企业。可口可乐、百事可乐、亚洲啤酒、煌上煌、福建达利等世界500强和国内领军企业相继落户，集聚食品饮料企业69家。至年底，落户小蓝经济开发区企业562家，其中投产企业353家、在建企业209家；入驻世界500强企业9家，规模以上工业企业126家；工业总产值和主营业务收入分别突破300亿元大关，其中汽车零部件产业实现工业总产值55.5亿元，主营业务收入56.8亿元，食品饮料产业实现工业总产值44.9亿元，主营业务收入40.1亿元。

得益多重政策措施，传统农业迈向生产规模化、产业多元化、营销规模化、服务专业化、技术新型化轨道。全年，全县粮食产量达到82.4万吨，蔬菜截至10月产出55.8吨，上半年生猪、家禽出栏分别达56.78万头、915.9万羽，水产品起水量达到5.4万吨，粮食总产、生猪饲养量、水产品起水量均位居全省县区第二，家禽饲养量位居全省县区第三。规模以上种养基地和生态小区发展到594个，其中66.66公顷以上种养基地10个。市级以上农业龙头企业发展到108家，其中年销售收入超10亿元的10家、超亿元的17家。拥有“鄱湖”牌黄鳝、“昌碧”牌大米、“皇禽”牌酱鸭等国家绿色（有机）食品品牌13个，农业龙头企业产品注册商标124个，农民人均年收入达7400元，连续5年平均保持10%以上增速。

【注册企业增量提质】 2011年，擦亮窗口，强化企业主体地位，立足“登记、监管、服务”三大职能，突出经济转型升级着力点，实施项目带动，推进咨询服务“一网通”、登记年检“一站通”、审查标准“一城通”、核准发照“一岗通”、照后延伸“一表通”，为各类市场主体安全、合法、快速进入市场提供良好的环境。

县工商局大力培育和发展市场主体，全县各类企业、个体工商户、农民专业合作社的登记注册数量和资金实现了大幅增长。不断创新服务发展的机制和方法，严格遵循《公司登记管理条例》规定的30个工作日为限，积极推行企业法人开业登记注册5个工作日完成，法人分支机构开业登记4个工作日完成，变更登记3个工作日完成，注销登记、名称预先核准2个工作日完成。对于个别特殊情况的，实行特事特办、急事急办，在1个工作日完成。这种工作方式推行后，极大地提高了工作效能和服务效率。至年底，新增有限公司773户，同比增长16%，新增注册资本172126万元，同比增长－18%；设立分公司73户、营业单位22户，新增企业法人5户，同比增长18%，新增注册资金3820万

10月县工商局召开查处取缔无证无照经营工作会议，落实无照查处工作责任

元,同比增长15%。

以信息化为手段,设立文明窗口,启动网上年检工作措施。针对园区聚集产业集团企业及分支机构,提供上门年检,预约年检和“团体”年检,使企业足不出户即可办理年检手续。全县应检内资公司588户、内资分公司150户、内资企业法人191户、内资非法人企业224户,实检1100户,年检率95.4%;应检私营公司1349户、私营分公司202户,实检1400户,年检率90.2%。规范“文明窗口”设置,在南昌县办证大厅设置办理企业注册登记窗口,为未年检企业限期补办年检564户。

9月份县工商局开展的夏季食品安全检查

【商标战略促品牌聚集发展】 2011年,以“品牌带动特色农业集群发展”的工作思路,着力打造“一品一村”,培育多点支撑,登门入户提醒涉农企业、种植养殖大户和农民专业合作社及时注册商标,走自主创牌之路。根据地名和商品特点,积极帮助申请者设计商标,制定农产品品牌,为农民申请注册商标提供查询、申报注册等服务。建立企业联系制度,积极推荐南昌市知名商标、江西省著名商标,加大中国驰名商标培育工作力度。沟通小蓝工业园管委会,第一时间将申报省著名商标、市知名商标信息通过管委会内网传送园区企业,走访企业1208户。

年初,县工商局设立打击侵犯知识产权和制售假冒伪劣商品专项行动领导小组,下发《南昌县打击侵犯知识产权和制售假冒伪劣商品专项行动实施方案》,启动打击侵犯知识产权和制售假冒伪劣商品专项行动。2月16日起,县工商局与莲塘分局、八一分局、小兰分局出动执法人员20余人,深入县城百货大楼、洪客隆、昌南家居博览中心、喜临门建材广场等商场、超市和小兰工业园区企业现场宣传检查。截至10月,出动执法人员1085人次,检查经营主体1310户,检查批发零售市场、集贸市场等各类市场145个次,整治重点区域26处,查处商标侵权和制售假冒伪劣商品案58件,罚没款金额51.9万元。

5月16日,启动注册商标,驰名、著名、知名商标企业调查走访活动。陪同省市和国家局商标局商标工作负责人员现场指导江西国鸿集团有限公司创建驰名商标。其间,出动工商人员156人次,走访驰名、著名、知名商标企业12家,摸底调查注册商标1000条件,走访率达到100%,实地填写江西省注册商标调查统计表、著名商标企业调查问卷,撰写南昌县商标调研报告1份。

至年底,全县有效注册商标1427件,其中新增农产品注册商标222件;新认定省著名商标16件、市知名商标14件,推荐申报市知名商标9件。全县拥有中国驰名商标3件、省著名商标49件、市知名商标14件,其中小蓝经济开发区拥有省著名商标32件,占全县著名商标总数的65.31%。

脱颖而出的农产品品牌给现代农业带来新契机,为农民增收致富带来实实在在经济效益,许多农民借助申请注册的商标,完成从农户到老板的“身份转换”。“稻香园”商标米粉,每公斤卖到8.6元,产品销往北京、上海等大城市;“水岗洲”商标辣椒包装成礼品盒,每千克卖到10元,价格将近翻番;以“瑶湖”品牌为代表的水产品畅销沿海地区,以“仙丹”品牌为代表的味蛋叫响全国,以“国鸿”、“煌上煌”为代表的肉类产品远销海外;南昌县青岚农产品有限公司注册商标产品进入商场、超市,价格大幅度增长,33.33公顷果蔬实现产值2000多万元。

【个私经济步入发展快车道】 2011年,根植“发展才是硬道理,服务才是新举措”理念,推行个体工商户分层分类管理改革,将无前置许可、登记注册事项审批权下放基层分局,统一设立创业绿色通道,创新快审快批工作机制,为创业人员提供“一站式”服务,提高个体工商户营业执照当场发照率。年初,制定个体工商户和私营企业年检工作进程推进表,验照个体户11509户,验照率达89%。

由“重管理轻服务”向“服务管理并举”转变,打造绿色通道。将工商行政管理作为护航个体私营经济发展的重要手段,把热情服务作为扶持个体私营经济发展的一项民生工程,切实在管理中体现服务,在服务中实施管理。县工商局将行政审批事项集中办公,实行“一站式”、“一条龙”服务,简化办事程序,降低登记办照成本,维护公平竞争秩序,让广大个体私营业户乘上安全顺畅的“直通车”。

抓住粮食增产、农民增收、农业增效核心环节,聚焦农业农村,发展富民产业,加大强农惠农富农政策扶持力度,推进县域经济、民营经济和劳务经济共同兴旺。全年,新增个体工商户1826户,同比增长44%,新增从业人员2758人,同比增长36%,新增资金数额2176万元,同比增长26.9%。至年底,全县登记个体工商户13065户,从业人员27143人,注册资本20865万元。新增农民专业合作社124户,同比增长122%,出资总额42951.2万元,同比增长113%。至年底,全县登

5月县工商局对市场检查中收缴的青蛙放生

记农民专业合作社637户，出资额累计181979万元，成员累计12586人，形成黄鳝之乡、养鸭之乡、藜蒿之乡、苗木之乡“一乡一品”产业格局，南昌县金乔村花卉苗木）、武阳镇南坊村（莲藕）跻身全国一村一品示范村镇。

印发《南昌县工商行政管理局关于开展清理取缔无照经营工作专项整治工作方案》，召开查处取缔无证无照经营长效工作联席会议，集中力量清理检查无照经营行为，取缔无照经营125户，责令整改599户，补发营业执照385户，查处无照经营案件39件，罚款40.07万元。

【食品安全监管迈上新台阶】 2011年初，制订《南昌县工商局流通领导域食品安全监管应急控制预案》和年度食品抽检计划，落实监管责任，完善制度措施，规划检测程序，深入开展重点食品品种、重点区域和重点场所食品经营专项整治整顿，抽检各类食品2112批次，合格率99.9%，送市工商局消保局检测食品560次，合格率96%。

开展重点场所食品安全专项整治。针对食用农产品和食品集中交易市场、农村“食品专业村”、城乡结合部、“城中村”、工地、中小学校园及周边等重点场所，开展食品安全风险隐患排查治理，重点清理、取缔制售有毒有害食品的“黑作坊”、“黑窝点”，依法查处从非正规渠道进货的食品经营单位。全面排查并严厉惩处“地沟油”、“瘦肉精”、利用病死畜禽加工食品等违法犯罪活动。加强农村义务教育营养改善计划实施过程中的食品安全监管，深入排查治理中小学食堂及校园周边食品生产经营单位的食品安全隐患。通过重点场所专项治理，进一步整顿规范小作坊、小摊贩、小餐饮单位等薄弱部位的食品生产经营行为。

春节、“五一”、国庆等节日食品安全专项整治，出动执法人员258人次，检查经营主体967户次，抽检调味品、食用油、咸蛋、皮蛋、粽子等食品50余批次，合格率98%。以超市、食杂店为重点，清查问题乳粉专项行动，出动执法人员182人次，检查乳粉经营户660户次，未发现问题乳粉。整治地沟油专项行动，出动执法人员人员188人次，检查经营主体320户，未发现销售地沟油违法行为。

【红盾护农助推绿色崛起】 2011年，落实《农业生产资料市场监督管理办法》规定，强化产业富民政策扶持力度。截至11月，建立“一村一品”专业村106个，家禽饲养量突破2552万羽，网箱养鳝规模达7.3万箱、无公害蔬菜种植面积达17666.67公顷。拥有市级以上龙头企业108家，其中国家级2家、省级23家、市级83家，有效使用绿色（有机）食品标志的企业有12家，有机、绿色和无公害农产品有203个，绿色食品原料标准化生产基地面积达56266.67公顷。

为切实履行职责，县工商局认真及省市工商局有关文件要求，认真做好各项制度的落实。疏通农商对接渠道，完善农商对接服务体系，培育壮大农商对接流通主体，健全农资商品索证索票制度，积极引导农资经营者建立健全自律机制和内部管理制度，确保农资经营者建立健全并执行索证索票、进销货台账制度；严格审验供货商的经营资格，详细验明有关质量合格证明和标识，对农资的购进、储存和销售全程规范管理；统一印制进（销）货台账252本、产品销售单1800本，散发农资市场监管宣传资料1000份，建立农资示范户17户。

基层分局以规范市场准入为重点，积极开展市场巡查，发放红盾护农提示卡，公示农资购买注意事项、投诉和举报电话，编织农商对接“连心网”。全年，全县登记农资经营户219户（公司191户、个体28户）。共出动执法人员2000人次，检查农资经营主体216户，抽检送样化肥76批次，其中不合格8批次，合格率达89%；抽检农药9批次、农机3批次，办理涉农案件19件，罚没全额35.59万元。

【创新社会管理机制】 按照市工商局行政执法工作要点和专项整治工作部署，6月1日~10月31日，重拳出击，深入开展打击传销专项整治行动，捣毁传销窝点110个，清查传销集聚场所5个，教育遣散传销人员1251人，解救被困人员189人，移送县公安局传销大案1起，冻结传销资金300余万元，45人被刑事拘留，传销头目9人被行政拘留。

深入开展广告专项整治，严厉打击虚假违法广告。2011年1~6月份开展了打击“医托”专项整治行动，在南昌县人民医院，南昌县中医院张贴了公告，公布“医托”投诉电话，在主要街道悬挂了打击“医托”的 横副标语。大张旗鼓的开展打击“医托”专项整治行动。3~11月份，开展了医疗广告专项行动，全县共出动执法人员482人次，检查医疗机构和设计、制作、代理发布医疗广告的经营户43户。10月份开展清理整顿部分商品滥用“特供”、“专供”标识专项行动。县工商局共出动执法人员48人次，检查生产经营主体135户，检查商场、超市、集贸市场，批发零售市场等各类销售场所13个次，检查广告38条。对检查中发现的大润发莲塘店五粮液酒打有商标名称为“特供专用酒”作下架处理。至年底，清理部分商品滥用特供、专供标识和非法涉及低俗不良广告,查处各类虚假违法广告案件116件,罚没金额150万元。

揭露和曝光严重侵害消费者合法权益行为。7月5日,县消协受理湖北黄岗市黄梅县消费者张先生投诉,他于2010年上半年购买了江西某某旋耕机有限公司生产的某某型秸秆切碎机,当年6月10日在林地使用拖拉机挂带作业工作时,不慎被不明物体击中右眼,造成张先生右眼球破裂伤残,住院治疗化去医疗费34000多元,经医疗机构鉴定为七级伤残的人身伤害。在随后与秸秆切碎机厂家的多次交涉中,张先生提出医疗费,后续治疗、误工费、精神损失等10万元的赔偿诉求。借助媒体披露损害消费者不合法行为是《中华人民共和国消费者权益保护法》赋予消协的职能。全年共向省内各家媒体披露损害消费者权益的不法行为45篇。至年底,共受理、调解消费者投诉51起,调解结案51起,接受消费者上门、来电等咨询2400余人次,支持消费者向法院起诉及相关部门申诉的1件,为消费者挽回经济损失30余万元。

2月份县工商局举办了反传销宣讲活动

【效能建设强基础】 2011年,以"发展提升年"活动为契机,制订《开展发展提升年活动实施方案》,召开动员大会,设置创业服务年活动专栏,将创先争优活动融入工商实际,全面提升干部职工思想认识,提高工商机关办事效率和服务水平,创优发展环境。在县工商局一楼大厅设置机关党支部创先争优党员承诺公示栏和机关党支部"富民兴赣我先行"党员承诺公示栏",在基层分局办公场所设立效能投诉举报箱12个,营造创建氛围。

把创先争优活动融入到工商实际工作中去,切实做到"三个结合":与建设学习型党组织紧密结合:以学促建,让学习活动更有方向;与加强各基层组织建设紧密结合:紧紧围绕"四定"承诺法开展新一轮公开承诺,充分发挥党组织的战斗堡垒作用;与加强全局党员队伍假设紧密结合:提高党员履职责任感,进一步增强县工商局的创造力、凝聚力和战斗力。

按照"政治坚定、公正清廉、纪律严明、业务精通、作风优良"要求,加强班子建设,重视纪检监察信访举报桥梁纽带作,及时办理举报和上级交办事项,及时纠正和处理工商工作人员滥用职权、以权谋私、失职渎职的行为。受理群众来电、来信、来访5件,办结率100%。注册局局长长李军、公平交易局长邓忠南被县委、县政府评为民主评议百名科长工作优秀科长。

7月南昌县工商局蒋巷分局接受市局绩效考核工作组检查

【绩效考核扎实推进】 2011年,在市工商局的统一部署下,县工商局以"阳光操作、常态管理、科技运用、成果兑现"为原则,借助绩效考核平台,不断加强基层分局规范化建设,提高监管效能。2011年,按照"以德为先、突出工作业绩、注重群众公认、运用信息技术"的原则,致力解决基层分局、机关科室干什么、怎么干的问题,建立机关与基层良性互动机制,确保机关全体人员思想统一、认识到位。

通过落实"五个到位":组织领导到位、宣传培训到位、服务保障到位、奖惩兑现到位、检查督导到位,县工商局绩效考核工作取得了可喜的成绩。首先,基层工作人员的工作服务的热情比以前高了,团队协作更和谐了;其次,辖区内经营主体亮证亮照率由59%提升到97%,"12315"调解率由70.6%提升到97.9%,食品信息备案率由69%上升到84%,食品抽检合格率由84.7%上升为97.1%,农资产品检测合格率由68.5%上升为82.7%,违法广告由19%下降为17%,三无食品由11%下降为9%,整个工商监管效能得到很大提高;再次,县工商局还取得2010年度全市工商系统绩效考核县城组第一名的好成绩,其中蒋巷分局连续第三、第四季度位列第一名,有2个分局进入全市94个基层分局的前8名。

2011年，县工商局又把绩效考核延伸到机关科室，实现了绩效考核全方位覆盖，形成了上下齐心协力抓考核、一心一意谋发展的喜人局面。成立绩效考核领导小组，将机关绩效考核和基层绩效考核工作共同作为“一把手”工程，同部署、同落实；结合市工商局的绩效考核方案制定了《南昌县机关（事业单位）人员绩效考核工作实施方案》，将考核指标明确到各科室，量化到人；邀请绩效考核专家对工作人员进行分期分批分组培训，让机关每个工作人员都能较好掌握考核系统各项操作要点，便于操作。

表98　**2011年南昌县工商局领导班子成员名单**

姓名	性别	出生年月	籍贯	职务
廖晓青	男	1962.2	江西新建	局长
刘仁贵	男	1960.6	江西南昌	副局长
王　斌	男	1964.5	江西南昌	副局长
熊国龙	男	1970.5	江西南昌	副局长
刘　磊	男	1970.10	江西南昌	纪检组长
李洪斌	女	1983.10	江西南昌	副局长

（罗星星）

国土资源管理

【概况】　南昌县国土资源局前身为南昌县土地管理局，1988年7月成立，2002年9月，撤销南昌县土地管理局、南昌县地质矿产局，合并成立南昌县国土资源局。

2011年，南昌县国土资源局在县委、县政府和市国土资源局的正确领导下，紧紧围绕为全县“拼争全国五十强县市，建设现代化综合新城”目标，按照“保发展，保红线”的总体要求，以建立土地监管长效机制为突破口，统筹保障发展与保护资源的关系，积极主动服务，严格规范管理，依法行政，着力破解土地供应保障、耕地占补平衡、闲置土地处置、违法违规用地处理、农村土地管理等难题，为全县经济社会发展提供坚实的资源保障。

【机构设置】　南昌县国土资源局机关内设办公室（信息中心、财审科、人事科）、地籍管理科、土地利用科、政策法规科、规划科、耕地保护科、矿产科、纪检监察室8个职能科室，土地执法监察大队、土地交易中心、土地整理开发中心、土地储备中心、土地测量队、收益金管理所5个局属事业单位，小蓝、向塘、银三角3个分局，莲塘、八一、蒋巷、泾口、广福、幽兰、三江、东新8个国土资源中心所。

【土地资源概况】　根据第二次全国土地调查工作最新统计数据显示，2011年，全县土地总面积181070.1公顷，其中耕地87646.13公顷，园地1065.29公顷，林地2795.62公顷，草地1064.03公顷，城镇村及工矿用地23774.95公顷，交通运输用地4244.72公顷，水域及水利设施用地59762.22公顷，其他用地717.14公顷。

【国土资源规划管理】　为促进全县土地资源可持续利用，加强土地利用用途管制，严格基本农田保护，提高新一轮土地利用总体规划的可操作性，2011年，县局积极开展科学修编，邀请专家技术评审组就（2006～2020年）乡级土地利用总体规划对乡镇进行了规划评审，对已经批准的规划与“二调”对接情况进行了论证评审；严格按照填报制度及上级业务主管部门的要求，及时准确、如实定期上报各类统计报表；为确保全县经济发展用地需求，按照国家关于加强土地管理和调控的一系列规定和文件要求，南昌县国土资源局努力争取新增建设用地指标，2011年，共组织报批建设用地57个批次，总面积825.1262公顷，建设用地批准26批次，总面积702.6779公顷。同时，严格把关、切实做好非农建设项目用地预审，2011年共预审项目用地54个，预审面积513.7108公顷；努力完成耕地占补平衡任务，异地调入233.68公顷，现已使用116.4282公顷，节余113.5104公顷。切实做到项目用地有位置，土地用途要合法，耕地占补能平衡。

【耕地保护】　耕地保护工作对保障国家粮食生产安全，维护社会稳定，促进经济社会可持续发展具有十分重要的意义。2011年，南昌县国土资源局围绕全县经济社会可持续发展这一中心，认真贯彻落实“十分珍惜和合理利用土地，切实保护耕地”的基本国策，坚持“保护与发展”并重的方针，通过加强领导、完善制度、强化措施、落实责任，全力做好了保“红线”工作。一是严格落实耕地占补平衡制度。全年新增建设用地占用耕地面积4927亩，按照“占一补一”的原则，做到了占补平衡。二是严格落实耕地保护责任制。耕地保护工作第一次纳入了年度综合目标考评内容，县、乡、村层层签订了耕地保护目标责任状。三是对2006年至2010年耕地保护目标履行情况进行了自查，修缮和补立了基本农田保护标志牌，设置耕地保护永久性宣传标语，制作了耕地保护宣传片。四是严格打击违法占用耕地行为。全年违法占用耕地面积122亩，均立案严肃查处到位，同时拆除违法占用耕地建筑物15620平方米。五是城乡建设用地增减挂钩试点成效明显。完成2009年泾口、黄马等项目区拆旧复垦验收工作;有力推进2010年项目,项目实际新增耕地1327.69亩,抵消1000.23亩建设用地周转指标;2011年,积极申报2个全县增减挂钩试点项目区,拆旧建新实施面积达1981.84亩。六是以建设促保护,全年验收土地整治项目新增耕地3237.85亩;全年立项土地整治项目54个(含土地整理、土地开发、城乡建设用地增减挂钩试点),通过项目实施,可新增耕地8000多亩,并将有效提高耕地质量及耕作水平。2011年末,县本级实际保有耕地面积118.5万亩,超额完成了市政府下达的110.27万亩的耕地保有量目标;规划基本农田保护面积87.48万亩,全县基本农田上图面积108万亩。

【土地利用管理】　2011年,严格落实了国家、省、市政府关于促进节约集约用地的实施意见,广泛宣传节约集约用地新政策,提高全民的依法、节约、合理用地意识。一是加大土地供应力度。2011年,全县共审批土地160宗(其中招拍挂108宗,划拨40宗,协议出让12宗),面积8715.2989亩,出让价款13.7038亿元。二是加强地价管理。发挥城镇基准地价在土地市场和土地资产管理中的重要作用,完成了南昌县城区土地定级与基准地价更新工作。三是认真做好农民建房的审查报批。实地抽查,2011年共审批农民建房占用宅基地2027户,占地330.67亩(包括改建、新建、扩建)。四是加强土地利用宏观调控。科学制订《南昌县2011年国有建设用地计划》;完成了南昌县城区土地定级与基准地价更新工作;加大土地收购储备力度,2011年共收储土地6宗,土地面积2023.7635亩。共有收储土地37宗,土地面积7196.194亩,为政府融资6.4亿元,确保了国有土地资产保值增值。五是加强供地和供后土地监管。逐宗核查了2006年1月至今的供地情况;加大了闲置土地处置力度,认真梳理全县2003年以来批准和供应的国有建设用地,清理出的34宗闲置土地中,其中已依法收回6宗国有土地使用权,面积343.5亩。进一步缓解了供地压力,提高建设用地的土地使用效益,最大了限度地发挥土地资源的利用效率。

【地籍管理】　继续以第二次土地调查为重点,加强土地登记规范化建设,强化服务意识,各项工作全面有序展开。一是坚持搞好第二次土地调查工作。2011年,二调办对本县级的城镇地籍调查进行了自检。7月在南新乡程湖村委会进行了村小组集体土地确权登记试点工作,11月在蒋巷镇玉丰村开展了"三权登记"(宅基地使用权,农村集体所有权,农村集体建设用地使用权确权)发证试点工作,继续进行批次申报准备(图件以及土地面积分类表)工作;二是继续做好农村宅基地的登记发证工作。严格把好关口,提高服务水平,2011年共完成宅基地发证1600户。三是认真抓好城镇住房用地登记发证工作。加强宣传,增强了各住户的办证意识,简化办事手续,并对办证大户实行现场办公。办理城镇用地登记发证2951户,进一步提升了登记发证率。四是不断加强地籍规范化建设,提高土地登记质量。认真把好权属审核关,建立和完善了土地登记的工作制度,严格土地登记的程序。土地登记有专门对外服务办公场地,实行政策、程序、收费"三公开"。2011年共完成单位土地登记发证488宗。五是切实抓好土地权属纠纷调处。结合第二次土地调查积极参与介入土地权属纠纷的调处,努力做到"为政府分忧,为百姓解难"。2011年共调解土地纠纷18起,参加调解协商56次,维护了土地权利人的合法权益,促进了社会的和谐稳定。

【土地开发整理】　2011年,南昌县将农村土地整治项目列入重大重点一产项目,加快实施土地开发整理工作,保障了土地整治工作快速、有序推进。一是农村土地整治示范建设稳步开展。按照3年农村土地整治规划,2011年南昌县农村土地整治示范项目涉及2010年项目12个,2011年项目24个。为切实推进土地整治示范建设,安排专人常驻项目施工各标段,对项目施工全程督导。2011年度14个整理项目经省国土资源厅下达立项批复后,分26个标段组织了项目工程招投标,确定了各个标段的施工单位,市国土局已对全县项目确定监理单位,即将组织开工建设;2011年10个土地开发项目正在开展立项前的相关程序。二是小面积土地开发项目进展顺利。完成了2010年度县政府立项的50个小面积土地开发项目验收及报部备案工作,为南昌县争取耕地占补平衡指标1910.16亩;积极同各乡镇共同努力挖掘后备资源,做好2011年项目立项前的审查、申报及组织专家实地踏勘认证等工作,目前,各乡镇上报小面积开发项目共44个,开发规模约2000亩,已立项16个项目,其他项目正在报县政府立项。三是市级投资立项土地整理有序推进。配合县农业综合开发办申报了蒋巷镇、黄马乡和市五星垦殖场约3万亩大型农业综合开发土地整理项目,建设基本农田面积2.1万亩,计划新增耕地0.05万亩。市国土局已对三个项目下达了立项批复,目前正在积极配合各乡(镇、场)组织对项目工程的招投标工作,待确定施工单位后将组织开工建设。

【国土执法监察】　2011年,严格落实执法监察动态巡查机制,建立健全"防范在前、发现及时、制止有效、查处到位"的执法监察工作机制,强化日常土地利用动态监管。一是加大巡查力度,有效遏制违法萌芽状态。责任到人,明确了动态巡查职责,分片包干,增强了动态巡查的主动性。三级联动,加强县、乡(镇)、村动态巡查网络建设,把违法建设用地、违章搭建列入县工程领域专项督查工作。公布国土资源违法行为举报电话,充分发挥全社会参与管理和监督的作用。重点巡查,对城乡建设规划区、城乡结合部、基本农田保护区、各类开发区(园区)、各砖瓦厂等违法行为易发区重点巡查。2011年动态巡查共230天,巡查190人次,巡查单位及个人用地50宗,涉及土地面积近600亩,下发《责令停止土地违法行为通知书》79份,及时制止46宗违法用地于萌芽状态。二是加大查处力度,有力震慑于违法用地行为。严格落实问责制,违法用地案件查处到位。2011年共立案查处违法用地案件43宗,查处违法用地面积477.33亩,结案率97.67%,上缴国库罚没款200余万元。移送公安机关立案侦查1宗,刑事拘留1人,移送县监察局处理20宗,党纪政纪处分20人次，申请法院强制执行5宗，达到了“查处一案、震慑一方，处理一人、教育一片”的效果；执法专项行动拆除到位。开展了对蒋巷镇非法建房、向塘镇和岗上镇交界处的违法用地和广福镇国道两边的违法用地3次大型专项行动，共拆除违章建筑13起，面积达15620平方米。三是加大整治力度，圆满完成了卫片执法检查。2010年度南昌县卫片执法检查监测图斑442个（107宗地），监测面积为6459.7亩，其中违法用地图斑28个（20宗地），面积189.7亩，涉及耕地128.7亩。南昌县国土资源局把土地卫片执法检查作为土地执法监察的头等大事来抓，依法立案查处20宗违法用地，强制拆除违法用地2宗，20人次受到党纪政纪处分，目前已全部结案，自查清理后违法占用耕地比例为5.21%，通过上级部门核查，圆满地完成了卫片执法检查工作任务。

【国土信访工作】 2011年，信访稳定工作形势进一步好转，创新健全了信访工作机制。一是构建土地信访内部工作大格局。将涉土信访作为“一把手”工程，层层签订信访工作责任状，形成统一领导、上下联动、各科室协同办理、齐抓共管的信访工作格局。实施信访首问责任制、领导下访约访和包案制度、信访责任追究制度等，全面落实信访工作责任制，严格考核。二是应案施策，化解矛盾纠纷措施到位。积极谋划，整合信访工作资源，有力调处化解重大、疑难的信访件。三是实行领导包案，有效化解重信重访问题。对国土资源信访积案实行“六包”制度（即包调查、包处理、包督办、包结案、包息访息诉、包稳定）。充分听取信访人的诉求，找准信访问题症结所在，加强稳控工作，做到化解矛盾解事与解气相结合、解难与解结相结合，切实为群众排忧解难。四是情法并用，加大信访调处力度。做细工作，及时调处信访；加强巡查，及时制止违法行为。2011年南昌县国土资源局共受理来信45件，其中省转办30件、市局转办10件、县局自办5件。全部回复，回复率为100%，调解土地纠纷18起，有力地保障了全县社会大局稳定。

【国土纪检监察工作】 2011年，南昌县国土资源局结合国土部“两整治一改革”专项行动，积极推进信息公开和诚信体系建设，扎实开展国土系统惩防体系建设工作。一是廉政风险防控能力增强。围绕审批、登记、执法监察等环节存在或潜在的廉政风险进行认真自查。对查找出的全局44个廉政风险点进行分类评估，针对不同风险点，建立起了事前预防、事中监控、事后处置风险管理机制。二是整纪纠风行动深入开展。统一思想，提高认识；强化领导，高位推进；强化责任，搞好自查整改；健全完善制度，形成长效机制，真正把专项行动的成效体现到促进“两整治一改革”、“发展提升年”、“项目落实年”活动和各项工作上。三是发展提升活动保障有力。把推进重大产业项目建设管理工作列入重要议事日程，层层建立目标管理责任制、工作考核奖励机制，明确了推进重大产业项目建设管理的工作目标、工作任务、责任分工和工作要求，使全县国土系统在政风行风建设上有新的提高，在国土资源管理上有新的成效。

【矿产资源管理】 2011年，对全县83家砖瓦厂取土情况进行拉网式排查，详细摸清了家底，对全县14个有采矿许可证的砖瓦厂采矿权标识牌设立情况进行逐个检查，并拍照存档；全面完成南昌县2010年度矿产开发利用年度检查工作，年检率和合格率均为100%；对南昌县2006年9月至2011年2月以来，矿产资源补偿费、采矿权价款征收管理工作进行自查，并将自查结果上报市局。2011年共征收采矿权价款54577元，采矿权使用费6500元，资源补偿费37000元。

【夯实国土资源基础业务工作】 大力夯实基础业务，有效促进国土资源管理工作上水平、上台阶，有力推动国土资源事业健康持久地发展。

1. 夯实基础，提高信息技术保障能力。积极推进建设用地预审系统、建设用地报批系统、土地供应管理系统、网上交易的应用；积极开展办公自动化系统建设，及时更新维护门户网站，确保网络安全和信息交流；每月制订《南昌县国土工作简报》，重点宣传报道基层工作动态和热点工作，得到县领导的充分肯定；改善局机关办公条件，大力推进信息平台建设，为全面提升信息化水平奠定坚实的基础。

2. 广泛宣传，提高依法用地法律意识。深入开展“4·22”地球日、“6·25”土地日、6月全国土地宣传月、“12·4”法制日等宣传活动，通过印制宣传材料、出动宣传车、张贴宣传横幅、黑板报展览等多种形式开展宣传工作，全年共出动宣传车12辆，制作宣传版面60余块，制作宣传栏10个，发放宣传资料18000余份，悬挂宣传标语25条，宣传专刊3期，电台广播2期，送法下乡1期，接受广大职工群众法律法规咨询达800余人次。同时将宣传工作贯穿国土资源管理日常工作，提高了广大干群的国土资源法律法规意识，促进了土地管理各项工作的顺利开展。

3. 高度重视，加大地灾防治宣传排查。编制了《南昌县2011年度地质灾害防治方案》，落实好政府防灾的主体责任，并获县政府批准公布；加大对地质灾害隐患点的防灾宣传和隐患排查工作，建立了汛期地质灾害值班巡查机制，落实了责任主体，确保人民群众的生命财产安全。

4. 严格管理，依法行政水平全面提升。严格按照法定权限和程序行使权力、履行职责，对国家明令禁止的行政行为，绝不突破，切实增强全系统依法行政的能力；进一步完善行政审批事项，规范和严格执行审批，行政执法程序做到按程序、按规定、依法依规办事，做到以人为本，规范审批，文明执法；开展了依法行政公开制度，行政许可方面通过县法制办的案件评审，依法处理了2期行政复议案件，得到了圆满答复。

5. 政务公开，机关效能建设显著加强。细化岗位职责和工作要求，完善行政执法责任制度和责任追究制度；加强对行政审批事项的监管，最大限度地减少行政审批随意性和暗箱操作行为；简化行政审批和办事程序，改进服务方式，落实首问负责制和限时办结制，提高工作效率，自觉维护国土资源部门形象。

表 99 **2011 年南昌县国土资源局领导班子成员名单**

姓名	性别	出生年月	职务	籍贯
熊晓毛	男	1956.8	党组书记、局长	江西南昌
周丽萍	女	1966.12	党组成员、副局长	江西南昌
刘国华	男	1964.8	党组成员、副局长	江西南昌
李慎文	男	1967.1	党组成员、副局长	江西南昌
蔡保华	男	1977.8	党组成员、纪检组长	江西南昌
鄢　斌	男	1968.1	党组成员、副局长	江西南昌
胡七毛	男	1966.5	党组成员、总规划师	江西南昌

(主笔:刘　瑶　审稿:熊晓毛)

行政审批与服务

【概况】 2011 年,县行政服务中心(以下简称“中心”)以“高效、便民、规范、廉洁”的服务宗旨,认真履行“管理、监督、协调、服务”职能,不断创新服务理念,拓宽服务领域,增强服务功能,竭力为南昌县经济社会发展提供优质、高效的服务。

全年中心共征收政府性基金及基本建设项目行政事业性收费 16.4 亿元,大厅各窗口办理审批、各类便民服务事项 16270 件,办结 16270 件,办结率 100%,其中网上审批 10324 件。新增投资与建设项目 81 个,新增内资企业 704 户。2011 年,中心工作得到市、县政府的充分肯定,在全市办证系统工作评比中,荣获南昌市“最佳文明办证中心”。南昌县“优化投资发展环境和效能建设先进单位”。南昌县妇女儿童工作先进单位。

【深化行政审批制度改革】 2011 年,中心按照“职能归并、事项进驻、人员进驻、规范收费、窗口授权、严格管理”六个到位的要求,中心会同县政府办、县监察局、县编办等单位,开展“两集中、三到位”(实现部门行政审批职能向一个科室集中,部门的审批服务科向县行政服务中心集中,整体建制进驻县政务服务中心,并做到审批服务项目进驻到位,窗口人员到位,单位对窗口授权到位,下同)改革工作“回头看”活动,督促各单位新增事项 32 项,加派人员 9 名,增设窗口 2 个,对进驻人员和事项,统一实行“首席代表制”和“行政委托制”,确保单位和项目“真集中、真到位”,使行政效能进一步提高。

【完善网上行政审批】 截至 2011 年底,网上审批和电子监察系统已正式开通运行一年多,中心与各部门配合不断的完善网上行政审批。一是抓好网上行政审批平台与各部门之间的数据对接。与各部门积极进行沟通协调,对本身有业务审批系统的部门(含垂直管理部门)通过技术手段进行数据交换,实现对接;对无业务审批系统的部门,直接使用中心的网上行政审批平台,促进了政府信息资源的共享。目前共有 22 个部门通过各种办法,实现数据对接。二是对网上行政审批平台和电子监察系统进行二期开发,使之功能更完善,操作更便捷。将所有行政审批事项逐步纳入统一平台,实现办理内容、办理状态、办理结果百分百可在网上查询,部分事项直接在网上申报。服务对象通过行政服务中心门户网站“网上办事”栏目进行网上申报,窗口部门通过网上审批平台对申请事项进行网上预审。

【强化电子监察系统建设】 2011 年,中心采取四大措施强化电子监察系统的建设。一是实时监控。通过安装“电子眼”,对窗口工作人员上岗、工作作风、工作纪律、服务态度等方面的情况进行实时监控。二是预警纠错。运用电子监察平台与中心 28 个窗口的行政审批业务系统直接对接,自动实时采集每一项行政审批办理过程的信息,实行同步全程监控。对行政审批超时限、违规收费、违反审批程序、违反政务公开规定、对符合条件的申请人不予批准等违规行为,分别发出“黄灯”和“红灯”预警信号,并通知相关责任人,督促承办人尽快办理或限时纠正。三是绩效评估。根据量化标准,对各部门、各岗位的行政效能进行打分、考核和排名,考评结果每月在内网上向各级领导和社会公布,接受群众监督。四是信息服务。系统可以向各级领导、各部门和群众提供行政审批信息,可以随时查询各类事项的实施情况和办理结果。

【依托政务平台加强政务服务】 2011 年下半年,以全省政务公开现场行会为契机,全面提升了服务水平。一是加强硬件建设。借全省政务公开现场会 9 月在南昌县召开之际,中心加大了政务公开的硬件建设(增加了彩色 LED 屏、电视液显、完善了政务公开查阅室功能),还进一步完善并落实政府信息公开工作机制和制度规范,不断完善政府信息公开发布体系,政务公开、办事公开示范体系,政务公开监督考评体系等三大体系,确保信息发布及时有效,行政过程阳光透明。先后出台了政府信息主动公开机制、依申请公开机制、保密审查制度、信息发布协调制度、责任追究制度、监督检查制度、年度报告制度等工作制度,形成了规范健全的制度体系。对本部门工作职责、工作内容、办事流程、服务标准等全面公开,专人管理,实时更新、统计、上报信息量等,使信息公开成为一项常态工作。成功对接了中心网上审批系统与财政博思收费系统,实现网上审批、收费一体化,方便客商和群众办事，提高了办事效率。网上审批办件量由原来的不足300件提升到4000多件。二是强化中心管理。制定了《南昌县行政服务中心八项工作制度》和《南昌县行政服务系统标准化应用手册》，做到窗口工作人员人手一份。要求各窗口将工作流程、收费标准、收费依据、工作制度以及本窗口单位分管领导、窗口人员姓名、职务、服务热线电话等事项进行了公开。各窗口人员做到服务热情、言行文明规范。同时严格考勤考核。从3月份开始，实行中心领导带班和干部值班制度。每天对各窗口人员通过指纹机实行四次考勤，每月将各窗口人员考勤情况通过《简报》通报到各窗口单位。

【绿色通道服务】 一是突出“绿色通道”服务重点。2011年，“绿色通道”窗口共办理投资项目16件。二是加快“绿色通道”办理速度。中心设立“绿色通道”受理窗口，对符合条件的项目实行全过程、全方位、全天候的优质服务。窗口统一受理，首问负责，使用“绿色通道”专用档案袋，实行专人负责，全程陪同，优先办理，对基本条件具备、主要申报材料齐全的项目实行即时办理。三是实行全程跟踪服务。建立项目审批跟踪服务情况台账。服务台账包括项目基本情况、项目审批进度情况、服务对象对职能部门评议情况和职能部门项目审批情况汇总四个方面。定期进行电话回访和上门回访，发现问题及时帮助协调解决。每季度对全县重点项目进展情况、跟踪服务情况和项目审批过程中出现的带有普遍性的问题进行汇总分析，不断完善审批流程，提高服务质量。

【积极推进招投标改革】 2011年，公共资源交易中心为建立制度体系、实现规范操作。重点从三个层面建立和完善了公共资源交易制度体系，一是立足规范交易，出台《南昌县公共资源交易管理办法》，制定了《县、乡镇公共资源项目交易的监督规则》，完善了建设工程招投标、政府采购、国有土地出让及产权交易操作流程；二是立足强化监督，制定了《信息发布暂行规定》、《评委守则》、《评标区管理规定》、《评标会议纪律》、《开标会场纪律》、《投诉处理办法》等规章制度；三是立足内部管理，制定了机关学习、财务管理、安全保卫、清洁卫生、服务标准和工作人员廉政“十不准”等管理制度。这些制度的建立和完善，有效地维护了南昌县公共资源交易市场秩序，规范了监督人员、评标人员和中心工作人员的行为。

建立监管体系，规范交易行为。主要从三个层面加强对公共资源交易的监管。一是从领导层面加强领导小组办公室监管。建立了联席会议和日常业务运作协调制度，通过定期召开会议，研究疑难问题，协调重大事项，确保平台规范运行。二是从业务层面加强各职能部门监管。县发改委、财政、城建设、国土、交通、水利等相关行政监督部门依据国家法律、法规和政策规定，认真履行行业管理和监督职能，督促有关项目依法进行交易。三是从操作层面加强纪检监察机关监管。县纪检监察对公共资源交易行为实行全过程监察，通过开展廉政监察、执法监察和效能监察，确保公共资源交易严格按程序操作、规范运行。四是从技术层面加强公共资源交易行为的监督。通过在行政服务中心增设效能监察窗口、设立门禁系统、添置电子监控、通信屏蔽设备、公开举报电话、设立举报箱等方式，监督、受理和查处公共资源交易和小型工程招投标过程中的违法违纪问题。同时积极采用计算机辅助评标和电子化招标、投标系统，进一步规范房屋建筑和市政基础设施工程施工招投标活动，增加透明度和公正性，防止围标，串标。

【积极开展创先争优活动】 2011年，一是加强机关党建工作。制定下发了《2011年行政服务中心党建工作意见》，做好党员培训、发展工作，开展党建工作系列活动，切实增强中心全体党员的责任感和使命感。设立了党总支，增设了两个支部，充分发挥党支部的战斗堡垒作用。二是结合主题活动，注重创先争优实践特色。中心坚持把开展创先争优与“爱岗敬业比奉献，为民服务当先锋”主题紧密结合，以“三亮三比三评”为载体，以党组织和党员为主导，全面开展创先争优活动充分发挥党组织的战斗堡垒作用、领导干部的骨干带头作用和党员的先锋模范作用，努力把服务窗口建成优化发展环境的示范窗口、服务人民群众的便民窗口、展示精神风貌的形象窗口，让群众切身感受到创先争优活动带来的变化，真正得到实惠。三是党员亮牌服务，发挥先锋模范带头作用。为了充分发挥中心党员们的先锋模范和带头作用，进一步提高服务质量，提升窗口形象，中心在窗口工作人员台面上增设党员标识，树立了一名党员一面旗帜的光辉形象，真正做到“亮身份、树形象、做表率”，使党员的优质服务成为中心的一道靓丽风景。在年底的考核评比中，评出了6名优秀共产党员，有力地推动了活动的深入开展。

表100 **2011年南昌县行政服务中心领导班子成员名单**

姓名	性 别	出生年月	籍 贯	职务
危志钢	女	1972.1.1	江西瑞金	南昌县行政服务中心主任
王才林	男	1975.10.1	江西南昌	南昌县行政服务中心副主任 兼南昌县公共资源交易中心主任
揭绮斐	女	1982.5.1	江西南昌	南昌县行政服务中心副主任

（主笔：黄嘉怡 审稿：杨 敏）

质量技术监督

【概况】 2011年,南昌县质监局以服务地方经济发展为已任,突出服务企业这一主题,转变质监工作理念,牢固树立执政为民,服务为企的思想,开拓创新、求真务实,不断提高工作质量和服务水平,切实加强服务,努力优化经济发展环境,促进县域经济发展。

【大力实施“质量兴县”战略】 2011年,南昌县紧紧围绕“科学发展、进位赶超、绿色崛起”这一主题,以保障民生为根本目标,坚定不移地推进新型工业化、新型城镇化、新型农业产业化建设,大力实施“质量兴县”战略,通过夯实企业质量管理基础,实施名牌战略,规范市场经济秩序,全县经济社会始始终保持又好又快发展的良好势头,不仅推动了从农业大县到工业强县的转变,更实现了从“首府首县”向“江西第一县”的蜕变。

通过质量兴县、质量立县,名牌战略的实施,已经成为拉动全县经济发展的重要支柱,南昌县共获得中国驰名商标3件,省著名商标35件,南昌知名商标38件,创江西名牌产品16个,南昌名牌20个,名牌产品涵盖10多个行业。可口可乐、百事可乐、上海宝钢、江铃汽车股份、泰豪科技、南昌亚啤、达利集团、益海嘉里金龙鱼等一批世界500强和国内行业领军企业相继落户并投产,对全县经济发展的贡献率明显提高,成为南昌县“质量兴县”的核心企业,抓名牌的推进,为南昌县强劲的发展势头提供了有力的保证。

2005年至2011年,南昌县把提高产品质量纳入国民经济和社会发展规划,将质量兴县纳入县政府日常工作运行轨道,融入全县经济发展实践之中,不断加快“质量兴县”步伐,积极推动产业结构优化升级,县政府及时督促检查和评价各乡镇、各部门的质量兴县工作落实情况,积极开创以政府为主导、企业为主体、实施名牌发展战略为目标的质量兴县工作的良好局面,加强重点实验室建设,促进全县由数量经济向质量经济、品牌经济的转变和跨越。以小蓝经济开发区为重点区域,开展“质量兴园”活动,坚持走“以质取胜、名牌带动、重点突破、整体提高”的品牌发展之路,促进小蓝经济开发区走质量效益型和新型工业化道路,大力调整和优化产业结构,为实施质量强县、工业强县战略、做强核心支柱产业、培育战略新兴产业奠定坚实的基础,进一步提高经济运行质量。县质监局积极利用“3·15”、质量月、世界标准日等有利时机,开展质量和安全年活动,大力宣传有关质量法律法规,动员社会力量参与质量监督管理,增强全社会的质量法制意识,营造良好的社会舆论氛围。

【组织机构代码窗口服务小分队下乡办证受欢迎】 2011年8月10日,县质监局组织机构代码窗口服务小分队,深入南昌县偏远乡镇黄马乡现场提供年审组织机构代码证服务,这也是2011年,县质监局组织的第五次下到基层乡镇办理机构代码证年审服务,大大提高了机构代码证年检率,受到基层服务单位的热烈欢迎。

为适应南昌县经济日益发展的实际,打造建设服务形政府,更好的服务地方经济又好又快发展,县质监局机构代码服务工作人员转变作风,变“坐等办证”为“下乡送证”,深入基层乡镇,设点为未办组织机构代码证的基层村委会、企事业单位现场服务。进一步规范代码管理工作,提高数据库存质量,让基层乡镇村少跑腿,集中精力抓好管理与服务,有效减少了客户往返次数,提高了办事效率,真正把组织机构代码的年检、换发证、产品执行标准和生产许可证办理咨询等一系列质监工作的服务送到基层。通过对个别超期未年检的单位进行代码知识及代码法规的讲解,提高了基层单位办理机构代码的自觉性和主动性,以一流的服务态度和服务质量赢得乡镇政府和基层企事业单位的高度称赞。

【参加南昌县综合应急救援实战演练】 8月15日上午,江西省应急救援工作推进现场会在南昌县举行,与会全体代表观摩了在小蓝经济开发区举行的南昌县综合应急救援实战演练,县质监局与全县19个应急联动单位一道参加应急救援演练,协助开展特种设备应急救援工作,有效提升应对特种设备突发事件的能力。此次演练模拟小蓝经济开发区某企业发生液化气罐泄漏为背景,以开展现场救援、消除事故隐患、防止事态发生扩大为主线,县质监局接到事故报告后立即启动全县特种设备事故应急救援预案,县质监、消防、城建、安监等多单位联动,迅速采取疏散周边群众、设立警戒线、切断气源、电源、冷却防爆等措施,整个救援现场紧张有序,救援人员按个人分工到位,参演部门和人员反应迅速,在统一指挥下,消除了特种设备的隐患,演练取得了圆满成功。

通过此次演练,有效提高了县质监局特种设备突发事故处置能力,为今后特种设备突发事故处置提供了“第一手”资料和宝贵经验。同时还锻炼了质监部门及企业对特种设备事故应急救援的实战能力,进一步增强了企业预防特种设备事故的安全意识,为保障全县特种设备安全运和全县经济社会发展起到了保驾护航的作用。

【严把食品生产环节质量安全关】 随着社会的发展和人类文明的进步,人民生活水平的不断提高。食品质量安全始终是广大群众关注的重点、热点问题。

2011年,县质监局始终将保障食品质量安全作为工作重点。2011年初,结合南昌县实际,县质监局突出食品质量安全的源头控制,认真贯彻落实食品安全法及其实施条例,严把市场准入关,深入开展专项整治活动。

南昌县食品加工原料丰富,造就了南昌县食品加工大县的地位,促成一大批食品生产加工企业的产生。经普查,全县现有食品生产加工获证企业294家,其中正常生产210家,季节性食品生产企业20余家,其中大部分为中小企业。主要产品为大米、蛋制品、肉制品、婴幼儿食品、饮料等,产品附加值低、整体生产力水平不高。2011年,县质监局共出动执法人员450人次,突出重点区域、重点产品,有针对性地开展食品安全集中整治。一是深入开展食品安全专项整治工作。加强食品质量安全专项监督检查工作,先后开展元旦、春节、全国“两会”、端午、中秋等重要节假日和“七城会”期间的食品安全专项整治;突出重点产品，开展了婴幼儿食品、肉制品、蛋制品、夏季食品、乳制品、大米等专项检查，重点查处滥用食品添加剂和使用非食品原料加工食品的违法行动。二是认真实施巡查工作。根据年初制定的巡查计划，深入企业生产现场，从原辅料进厂把关、生产过程质量控制、产品出厂检验等各个环节进行监督检查。三是切实落实企业主体责任。2011年，县质监局组织召开了全县食品企业会议，认真贯彻学习国家食品安全法律法规和政策，明确2011年的工作目标和任务。县质监局还出资3万余元为企业免费制作《致全县食品生产企业的一封信》、《食品生产加工质量安全承诺书》、《十项制度》以及《实行"一档二书十六项纪录一报告"管理》四块制度牌，并要求企业悬挂上墙，切实落实企业主体责任。四是认真开展产品抽检工作。结合专项整治行动，加强重点产品的监督抽检工作，对蛋制品、大米、肉制品、婴幼儿食品等产品进行监督抽检。五是加强与政府和部门的沟通协调工作。县质监局的食品安全监管工作在县食安办的统一领导下，加强与各部门的协调联动，形成监管合力。2011年，在县食安办的统一指挥下，各部门联合执法端掉1个米粉加工小作坊和2个"地沟油"黑窝点。六是加大宣传，营造氛围。通过多形式多途径开展食品质量安全工作的宣传，普及食品安全法制和有关安全知识，不断强化企业食品质量安全第一责任意识，引导消费者树立正确的消费观念，提高广大群众食品识假辨伪能力和应急自救能力，营造良好氛围。

【开展特种设备安全"三进"宣传活动】 为进一步提高特种设备生产、使用单位和人员的安全意识，提高特种设备安全管理人员的业务水平，2011年，县质监局组织特种设备工作人员，深入企业、学校、社区开展特种设备安全"三进"宣传活动，把特种设备安全宣传教育工作向纵深推进，深受企业干部职工、学校师生和社区居民的好评。

此次特种设备安全"三进"宣传活动，主要是针对企业使用的起重机械、压力容器、压力管道；社区居民使用的液化石油气钢瓶；中小学生经常接触的大型商场电梯、大型游乐设施等特种设备的安全知识进行宣传。在富煌钢结构有限公司，特种设备工作人员集中向操作人员、管理人员讲解起重机械以及气瓶等特种设备的基本要求和日常维护知识，将法规规范宣贯与业务技能培训相结合，在生产一线帮助企业完善安全管理，指导特种设备作业人员规范特种设备使用规程，现场讲解特种设备常见故障的排除方法。在莲塘镇澄湖北路社区，工作人员向广大居民讲解了如何安全使用液化气瓶、乘坐电梯，以及应急救援措施等，并散发有关特种设备安全的宣传资料，进一步提高了居民的安全意识。在莲塘二小开展特种设备安全知识进校园讲座，邀请特种设备工程师向师生门讲解特种设备安全知识，让学生们了解瓶装液化石油气的安全使用，乘坐电梯、大型游乐设施、客运索道等基本常识、注意事项及应急处置措施，形成从小认识特种设备，关注特种设备安全的良好氛围，切实提高了学生们的自我保护能力。

县质监局通过开展特种设备安全"三进"宣传活动，进一步提高了作业人员安全操作技能，有效增强了企业、群众的特种设备的安全意识，有效提升了全县特种设备安全监察工作的质量，从而促进全县特种设备安全持续、稳定发展。

【开展"质量月"现场宣传咨询服务活动】 9月29日上午，县质监局联合县工信委、总工会、工商联、城建局、团县委、文化广播电视旅游局、教体局、工商局8个等部门在莲塘维也纳广场举办了以"建设质量强国，共创美好生活"为主题的2011年"质量月"现场宣传咨询服务活动。由此拉开了全县"质量月"活动的序幕。

在"质量月"宣传咨询服务活动现场，紧扣"建设质量强国、共创美好生活"的主题，采取悬挂彩虹门、标语，设置展板、发放宣传资料、接受现场咨询、进行免费检测、受理质量投诉举报、邀请南昌县10家知名企业展示名优产品等多种形式，宣传质量相关法律法规，普及质量相关知识，县质监局等各部门分别设立了产品质量咨询台和投诉台，就市民普遍关心的产品质量问题进行现场解答，活动现场发放产品质量法、《特种设备安全监察条例》、《质监知识宣传册》以及安全消费、产品选购等方面的宣传材料共3000余份。活动现场针对老百姓关注的食品安全以及热点难点问题，各职能部门根据工作职能逐一进行了解答。通过活动，进一步提高了全社会对质量工作的认识，以及对假昌伪劣产品真假的鉴别能力，提升了全民质量安全意识，努力营造政府重视质量、企业追求质量、社会崇尚质量、人人关注质量的良好氛围。

表101　**2011年南昌县质量技术监督局领导班子成员名单**

姓名	性别	出生年月	籍贯	职务
罗中凯	男	1974.9	江西南昌市	党组书记、局长
陈文甸	男	1965.1	江西南昌县	党组成员、副局长
刘　勃	男	1969.11	河南省	党组成员、副局长
徐剑锋	男	1974.4	江西丰城市	党组成员、副局长
万美珍	男	1963.11	江西南昌县	党组成员、纪检组长

（主笔：吴　馗　审稿：孙俊刚）

安全生产监督管理

【概况】 2011年,南昌县安全生产工作坚持“安全第一,预防为主,综合治理”的方针,围绕继续深化“安全生产年”活动的要求,以确保建党90周年和“七城会”活动期间安全生产为目标,以开展大检查、大整顿工作为抓手,不断夯实安全生产工作的基层和基础,加大隐患排查和治理力度,强化全民安全意识,确保了全县安全生产态势的平稳。

2011年,全县共发生各类安全生产事故236起,伤46人,死亡49人。其中发生生产经营性事故2起,重伤1人,死亡2人。发生道路交通事故53起,死亡47人,伤45人。发生火灾事故181起,经济损失1045万元。各类事故死亡人数均没有突破市政府下达的控制指标。

2011年,南昌县人民政府获得市人民政府“安全生产先进单位”,南昌县安全生产监督管理局获得市人民政府“安全生产先进集体”的光荣称号。

【严格落实目标管理和指标控制】 3月24日,召开全县安全生产工作会议,下发《2011年全县安全生产工作要点》,会议总结了“十一五”期间及2010年全县安全生产工作,安排部署“十二五”期间及2011年安全生产工作,表彰了2010年安全生产先进单位、监管先进单位以及先进个人,下发2011年安全生产责任状,确定全县安全生产工作目标和任务。将安全生产事故控制指标分解到各个有关部门,严格实行指标控制。

【春节期间烟花爆竹专项整治】 为了进一步规范南昌县烟花爆竹经营市场秩序,严厉打击烟花爆竹领域的各种非法行为,消除烟花爆竹安全隐患,确保全县人民度过一个平安祥和的春节。2011年1月19日,南昌县召开由安监局、公安局、城管局、公安消防大队及供销社等部门参加的春节期间烟花爆竹经营安全专项整治工作会,明确春节期间清理占道非法经营烟花爆竹行为和打击非法运输、储存等工作重点。副县长涂莉华强调,与会单位要各司其职、密切配合,使专项整治工作取得明显效果,为构建“平安昌南”、“和谐昌南”创造安全环境。春节期间,南昌县组织对烟花爆竹市场进行了安全大检查。执法人员对烟花爆竹仓库内外安全距离、消防设施配备、通风及防盗等措施的落实情况进行了全面检查,并要求仓管人员要时刻绷紧安全生产这根弦,做到警钟长鸣;在烟花爆竹经营(零售)点,执法人员重点检查了进货渠道、存放限量、消防器材配备、安全警示标志张贴及应急处置措施等情况,并要求经营点通过正规的进货渠道进货,做到合法经营。1月26日至2月2日南昌县政府组织安监局、供销社、治安大队、城管等部门开展联合执法,对县城莲塘的烟花爆竹经营点进行了现场检查,确保人民群众度过一个祥和、平安的新春佳节。

【全面落实企业安全生产主体责任】 根据国务院和省政府关于加强企业安全生产工作的通知精神以及相关重点工作分工方案,2011年,县政府办公室下发《关于进一步加强安全生产重点工作分工方案》,明确了各级政府、有关部门和单位对68项安全生产工作的职责和目标。组织高危行业和重点企业负责人学习《国务院关于进一步加强企业安全生产工作的通知》精神,督促企业严格落实制定完善规章制度、机构设置和人员配置、安全生产管理、技术保障、物质保障、隐患排查治理和职业危害防治、预警机制、资金投入、教育培训、事故报告和应急救援方面的责任。督促落实安全生产监管主体责任,深化细化安全生产目标责任制考核内容。切实加强对安全控制指标落实情况的监督、检查、考核,通过激励和约束机制。

【开展安全生产大检查专项督查】 为全面落实市县安全生产工作紧急会议精神,督促各地、各职能部门及时有效地开展好安全生产大检查工作,维护全县安全稳定的大好环境,根据县领导要求,县安委会组织5个督查组于4月20日至4月25日,对各乡镇、小蓝经开区、银三角管委会和县安委会负有具体安全监管职能的部门,共计40个单位开展安全生产大检查进行专项督查。为督促各乡镇,各部门及时贯彻落实8月11日全县安全生产工作紧急会议精神,认真吸取“8·8”武藏野储罐爆燃事故教训,为七城会顺利召开创造一个良好的安全生产环境,南昌县于8月22日至26日开展了安全生产大检查专项督查。这次督查从县政府办、县安监局等5个单位抽调人员,组成5个督查组分别对各乡镇、开发区、县安委会有关部门共40个单位进行了督查。从督查结果看,各乡镇、各单位都能认真贯彻县安全生产会议精神,认真开展安全生产大检查,及时治理安全隐患。

【安全生产教育培训】 为进一步加强危化品和烟花爆竹零售经营人员素质,提高安全意识和责任意识,南昌县安监局于3月分别组织了全县危化品安全培训和烟花爆竹安全知识培训,培训人员达380人次。危化品培训邀请专家授课,详细讲解危险化学品经营的安全知识,烟花爆竹培训对烟花爆竹经营知识和消防等知识进行了授课。培训结束后,培训人员进行安全知识考核。考核合格人员获得安全生产培训合格证书。

【开展安全生产宣传教育活动】 2011年以来,陆续开展“烟花爆竹集中整治日”、“道路交通安全日”“农机安全宣传日”、“水上交通安全日”、“建筑安全日”、“安全生产知识咨询日”、“燃气安全日”、“特种设备宣传教育日”、“学校安全教育日”、“职业卫生健康教育日”“消防安全日”、“食品安全日”等活动,省市有关领导亲自参与南昌县的水上交通、建筑安全日、职业卫生健康教育日活动,使安全宣传活动贯穿全年,有效调动了全社会广泛参与安全生产工作的主动性和积极性。安全生产月活动中,着重突出企业安全生产管理工作的宣传,县电视台分别对九木堂实业有限公司、海螺水泥有限公司、江西一建幸福时光项目部、中建十三局一公司等企业进行连续报道,宣传企业安全生产成功经验,引导企业提升安全生产水平;着重突出全社会安全生产知识的宣传,以“安全责任,重在落实”为主题,通过多种形式及途径,宣传安全生产法律法规、安全技术、安全管理和应急知识，努力扩大活动影响，使活动贴近实际、贴近群众、贴近生产，增强活动的吸引力和感染力，使社会公众愿意参与到安全生产月活动中。着重突出营造舆论氛围，通过县电视台滚动播放安全宣传标语，通过手机播发安全生产短信，开展安全咨询和免费送书活动，组织参加省安监局的集体宣誓活动，组织创作安全生产歌词活动等，营造了浓厚的安全生产氛围，组织业务骨干参加全市安监系统业务竞赛。

【开展安全生产“打非治违”行动】 2011年，根据国务院安委会和省市安委会的统一部署，县安委会组织各职能部门按照各自职责，认真开展了“打非治违”专项行动。全县共出动排查人员7850余人次，排查生产经营单位8127家（次）。发现各类隐患2113处，督促整改各类隐患2079处，取缔关停生产经营单位88家。

【职业健康工作深入开展】 6月13日，江西省职业健康“三下乡”活动（职业健康法律法规、科技、文化三下乡）在南昌县小蓝经开区中粮可口可乐饮料（江西）有限公司隆重举行，本次活动安排了职业健康宣传资料发放、职业健康知识讲座、职业危害因素现场检测和员工职业健康体检等丰富的内容。现场共发放职业健康知识手册1000余册，职业健康宣传挂图200余份。此次活动的开展，对宣传职业健康法律法规，促进企业落实主体责任，营造社会各界关心关注职业健康工作的良好氛围，具有重要的意义。10月9日，南昌市安监局、南昌县安监局在南昌制药厂开展了职业卫生宣传日活动，来自经开区企业的员工100多人参加了活动。在活动现场，向各企业代表提供职业健康监管工作现场咨询，宣传职业健康知识，解答疑难问题，发放宣传资料，并安排企业职工参观以职业病防治为主的宣传展板，展示并介绍职业健康防护用品的使用方法，对作业场所危害因素进行检测。配合卫生部门进行职业健康状况调查。督促相关企业进行了职业危害申报工作。12月15日，国家安全监管总局、卫生部、人力资源社会保障部、全国总工会等四部门联合组织督查组对南昌县职业病防治工作进行了督查。督查组听取了南昌县政府的工作汇报，分别检查了南昌县卫生监督所和武藏野化学（中国）有限公司，现场查阅了相关文件和资料。督查组对全县开展的职业健康状况调查工作和企业职业病防治的主体责任落实情况进行了详细了解，对南昌县今后职业病防治工作提出更高要求，并对今后进一步加强职业病防治工作提出了指导意见。

【加强“七城会”期间安全生产检查】 2011年，针对“七城会”及国庆节期间人流、物流、车流集中，各项安全生产工作时间紧、任务重、要求高的情况，按照市委会文件精神，南昌县及时部署，狠抓落实，9月底前高危企业填写《“七城会”期间企业安全生产承诺书》，对企业安全隐患自查自纠工作、重大危险源的监控以及应急保障工作作出承诺，共收到企业安全生产承诺书717份。“七城会”期间，实行24小时值班和领导带班制度，确保信息畅通，及时处置和报告突发事件。在此期间，加大安全检查力度，重点检查烟花爆竹、建筑施工、道路交通和水上交通、燃气、消防等行业的安全生产情况，做到隐患尽早发现、及时整改，确保了全县“七城会”期间的安全。

表102 **2011年南昌县安全生产监督管理局领导班子成员**

姓名	性别	出生年月	籍贯	职务
喻竹如	男	1963.1.1	江西省南昌县	党组书记、局长
饶振军	男	1962.11.1	江西省南昌县	党组成员、副局长
万文鹏	男	1968.2.1	江西省南昌县	党组成员、主任科员
胡春仁	男	1975.3.1	江西省南昌县	党组成员、副局长
胡卿印	男	1962.9.1	江西省南昌县	维稳信息员

（主笔：王志毅　审稿：喻竹如）

食品药品监督

【概况】 2011年,南昌县食品药品监督管理局积极践行食品药品科学监管理念,以确保人民群众饮食用药安全为目标,认真履行食品药品安全监管职责,深入开展食品药品专项整治行动。2011年,围绕群众反映强烈的食品安全问题,开展"食品非法添加和滥用食品添加剂"、"塑化剂"、"食用油和餐厨废弃油脂"、"酒类"、"食品调味剂"、"学校(幼儿园)食堂"等一系列食品安全专项整治12次,完成"五一"、端午节、国庆节、中秋节、中高考和党代会、"两会"、农运会等重点时节和重大活动保障13次,全年共出动食品执法人员1300人次,检查各类餐饮服务单位658家,保健食品经营单位36家,抽验食品87批次,查处餐饮服务环节食品违法案件13起,责令整改102家,受理餐饮服务许可申请94件,全部按时办结,发放各类宣传资料7500余册。始终保持打假治劣高压态势,深入开展药品医疗器械专项整治,严厉打击制售假劣药品、无证经营和违反GMP、GSP等违法违规行为。2011年,南昌县食品药品监督管理局共出动药品执法人员790余人次,检查涉药涉械单位276家,责令整改42家,查办药品医疗器械违法案件18起,查处罚没金额2万元以上的大案要案2起。2011年全县未发生一起重特大食品药品安全事故,有效保障了广大人民群众的饮食用药安全。

【成立食品化妆品监督所】 ?2011年4月29日,南昌县卫生局、县食品药品监督管理局相关职责交接暨县食品化妆品监督所成立揭牌仪式举行。

交接仪式强调,全县食品安全监管职能顺利交接后,相关部门应尽快进入角色,确保食品安全各项工作正常开展;新成立的县食品化妆品监督所要迅速进入角色,不断尝试和探索新思路、新方法、新手段,以新的理念开创工作新局面;各有关部门要以此次食品安全监管职能调整为新的起点,从维护人民群众的饮食健康和生命安全的高度出发,履行好自身的职责,以更有力的措施、更扎实的工作,为保障全县人民群众饮食安全和全县经济社会发展做出更大贡献。

随着县卫生局和县食品监督管理局食品安全监管职能正式交接,县卫生局承担起食品安全综合监管、组织协调和依法查处食品安全重大事故的职责;新成立的县食品化妆品监督所,受县食品药品监督管理局的委托承担餐饮业等食品安全和保健品、化妆品监督管理职能。

【南昌县食品药品监督管理局荣获市级文明单位荣誉称号】 2011年,南昌县食品药品监督管理局荣获"2009~2010年度南昌市文明单位"荣誉称号。

南昌县食品药品监督管理局坚持以科学发展观为统领,在努力抓好食品药品监管工作的同时,注重把精神文明建设融入业务工作之中,以文明创建促进工作开展。一是加强组织领导,建立精神文明创建工作机制,做到精神文明建设工作与业务工作同布置、同督促、同检查。二是建立健全规章制度,扎实推进效能建设和机关作风建设,切实提高工作质量和工作效率。三是加强机关内部文明建设,对办公场所进行净化、绿化、美化和亮化,改善办公条件,树立文明机关的良好形象。四是积极探索食药监文化建设,通过加强干部队伍的培训教育和开展形式多样的主题实践活动,凝聚人心,提振精神,激发干部职工"想干事、干成事、干好事"的工作热情。

【首次对药品零售企业实行约请谈话】 2011年1月4日,南昌县食品药品监督管理局局召集在前一阶段明查暗访中出现违规行为的5家药品零售企业负责人及质量负责人进行约请谈话。谈话由局主要负责人主持,分管领导及办案人员参加,采取面对面的形式进行。谈话对每家药店存在的共性问题和个性问题进行了通报,对存在的严重问题进行了讲解,明确了整改措施和整改期限,特别是对质量负责人、药师不在岗、处方药不凭医师处方销售以及擅自发布违法药品广告等问题要求各药店做到思想重视、行动迅速、整改到位。

约请谈话是南昌县食品药品监督管理局为贯彻以人为本,实现人性化监管的重要措施之一。谈话在重申法律、法规严肃要求的同时,对于及时了解掌握被监管人的思想动态、听取被监管人的意见、维护被监管人的合法权益和消除被监管人认识误区、化解监管与被监管矛盾具有积极意义,对创建和谐的执法环境、规范市场经营秩序有着较好的推进作用。

【启动"安全用药月"活动】 2011年9月1日上午,南昌县局在县城澄碧湖广场举行"安全用药宣传月"活动启动仪式。副县长伍曦、该局全体干部职工、部分企业代表参加了启动仪式。该局采取设置展板、发放宣传材料、开展用药咨询、假劣药品展示等多种形式开展现场咨询活动,拉开了为期一个月集中宣传的序幕。

2011年全国安全用药宣传月的主题是“谨防网络欺诈销售假药”，活动口号是“安全用药，健康生活”。下一阶段，该局将会举行各种形式的宣传，使宣传活动深入基层，深入街道、社区、学校、医院、工地、农村集贸市场；组织开展电台等媒体访谈节目；在电视台播放公益广告等形式，提高社会关注度，保证市民能够合理使用药品。同时，还将进一步加强药品市场整治，加强对药品生产、经营和使用单位的监督管理，从源头上保证药品质量；加强稽查力度，对容易出现问题的重点地区、重点环节进行整治，营造人民群众饮食用药安全的良好环境。

【开展学校食堂安全整治行动】 2011年，南昌县食品药品监督管理局在全县范围内开展了幼儿园、学校食堂食品安全专项整治行动。此次专项整治以幼儿园、农村中学、大中专院校为重点，共检查幼儿园食堂37家、中学食堂31家、大中专院校食堂14家，出动执法车辆67辆次，出动执法人员236人次，发放宣传画册500余份，签订食品安全承诺书86份。在检查中，发现的部分学校存在食品原料采购索证索票和登记制度落实不到位，从业人员无健康证明，食堂布局流程不合理，餐具清洗消毒措施落实不完善，餐具保洁设施、“三防”设施不健全等问题。对存在问题的单位，县食品药品监督管理局采取现场指导、发放登记本、组织医疗机构上门体检等措施，不断规范学校食堂餐饮服务行为，同时下发了责令改正通知书，要求其限期整改，对个别存在违法行为的单位，还依法进行了立案查处。通过此次专项整治，切实增强了学校（幼儿园）对食品安全工作的责任意识，提高了学校食品安全管理水平，有效遏制了食物中毒事件的发生。

【加强重点时节和重大活动食品安全保障】 2011年，南昌县食品药品监督管理局开展“五一”、端午节、国庆节、中秋节、中高考和党代会、“两会”、农运会期间食品安全专项整治和执法检查，共检查餐饮单位102家，对承接重大活动的餐饮服务单位指定2名以上食品监督员现场跟踪监督，严格执行食品48小时留样制度，保障了重点时节和重大活动期间餐饮消费环节食品安全。

【开展食用油和餐厨废弃油脂专项整治】 2011年，南昌县食品药品监督管理局开展食用油和餐厨废弃油脂专项整治行动。按照“从重、从严、从速”的原则，做到食用油来源明，餐厨废弃油脂去向清，严厉打击和防范“地沟油”流入餐饮服务环节。在专项整治行动中，对违法违规采购使用食用油的餐饮单位立案3起，收集并备案餐饮服务单位食用油“三证”104套、餐厨废弃油脂回收合同104份。

【开展食品安全专项整治“百日”行动】 2011年，南昌县食品药品监督管理局利用2012年春节前一百天的时间，开展餐饮服务环节食品安全专项整治，以餐饮酒店、火锅店、小餐馆、排档、学校食堂、工地食堂等为重点，严厉查处各类违法行为，行动开展以来共检查餐饮服务单位125家，立案6起，下发责令改正通知书47份，进一步规范了全县餐饮服务行业。

表103 2011年南昌县食品药品监督管理局领导班子成员

姓名	性别	籍贯	出生年月	职务
吴保华	男	江西省南昌县	1969.6	局长、党组书记
虞晓春	男	江西省南昌县	1966.11	副局长、党组成员
涂海浪	男	江西省安义县	1965.8	副局长、党组成员
谢　洁	女	江西省于都县	1980.3	副局长、党组成员

（主笔：吴小荣　审稿：谢　洁）

价格管理

【概况】 2011年，南昌县物价局坚持以科学发展观为指导，紧紧围绕县域经济又好又快发展的要求，认真履行部门职责，不断加强价格调控，深化价格改革，大力整顿和规范市场秩序，积极疏导价格矛盾，加强民生价格监管，为县域经济发展发挥了积极作用。

【科学治价】 南昌县物价局始终以价格法律法规为准绳，建立了科学的政府定价机制，力求做到进位不越位、到位不缺位，实现了政府定价由静态到动态、由封闭向开放的转变，提高政府价格决策的科学性和民主性。

一是强化成本监审，合理定价。按照“成本是基础、质量是关键”的基本原则，南昌县物价局严格履行成本监审工作程序，依法开展成本调查监审工作，做到既对经营者负责，又对消费者负责。2011年根据联熹污水处理有限公司的申请，南昌县物价局适时对该公司污水处理成本进行了成本监审，为上级价格主管部门合理污水处理费标准提供了翔实的数据资料。

二是完善价格听证制度，集体定价。在20111年的所有调定价、费事项中明确要求，严格执行集体审价，不搞“一言堂”，杜绝“人情价”、“关系价”，最大限度地减少个人对定调价的“影响力”。在调（定）价过程中，认真执行价格听证制度，广泛征求群众意见和建议，让他们参与到定价中来，由被动接受变为主动参与，增加透明度，提高公信力。

【加强收费管理】 2011年南昌县物价局会同南昌县财政局通过广泛宣传、统筹安排，历时一个多月，及时完成了全县的行政事业和经营服务收费年审、换证及数据的统计上报工作。同时,对被审验单位财务管理上存在的问题,提出了合理的意见和建议,提高了收费单位对年审工作的认识,2011年全县应审行政事业单位91个,已审91个,年审率100%。通过对收费项目和项目梳理,重新公布了南昌县行政事业单位收费目录,进一步规范了收费行为,加强了收费管理,有效扼制了乱收费现象,为减轻农民和企业负担、促进全县经济健康发展、构建和谐社会发挥了积极作用。

【增强价格调控能力】 2011年,针对物价上涨过快的局面,南昌县物价局积极应对,深入乡镇、市场调研,及时掌握价格动态,为领导科学决策提供了有价值的参考。

1. 为及时反映市场价格动态,防止价格出现异常波动,南昌县物价局定期组织监测人员对100多个重要商品开展了价格监测工作,并通过县电视台,对南昌县6个乡镇的农贸市场农副产品价格行情每周实行定期播放,有效地保持促进了南昌县市场价格基本稳定。

2. 为贯彻执行中央关于"扩内需、保增长、调结构、惠民生"的一系列方针政策,南昌县物价局增强了价格监测预警工作,2011年定期编印《南昌县价格监测简报》8期,并及时报送上级物价部门和县委、县人大、县政府、县政协,并发送至乡镇和县有关部门,为领导和有关部门适时掌握市场粮食、化肥、饲料等价格变化情况,实施宏观管理提供价格信息服务。

3. 为及时、准确了解城乡低收入群众生活状况,客观反映价格上涨对低收入群众生活带来的影响,南昌县物价局在城乡低保户中选择10户低保户开展了低收入群体生活消费支出情况调查,为政府制定低收入群体生活补贴积累数据和提供决策依据。

4. 按照国家发改委要求,南昌县物价局及时开展了"农户存粮情况调查"、"农户购买农资情况调查"、"生猪市场调查",为国家制定农业政策提供了翔实的资料。

5. 2011年3~5月,连续3个月价格指数超过3%,为切实解决物价上涨给城乡困难群众造成的实际困难,南昌县物价局及时启动了《社会救助和保障标准与物价上涨挂钩联动机制》,经请示县政府同意,运用价格调节基金一次性对南昌县低收入群体发放价格补贴1979349元。

【加强价费监管】 2011年,南昌县物价局大力整顿和规范市场价格秩序,为维护群众利益,促进南昌县经济和社会发展发挥了积极作用。

1. 2011年,电力、石油、药品价格均有所调整,为坚决贯彻落实国家、省、市调价政策,南昌县物价局在及时转发上级价格主管部门文件通知的同时,积极组织人员,对相关单位价格执行情况进行了巡查,确保了各项调价政策落实到位。对上级价格主管部门下发的药品调价文件,南昌县物价局及时复印分送各相关单位贯彻执行。

2. 按照国家、省发改委及南昌市物价局的的工作部署,南昌县物价局认真开展了涉农涉企收费专项检查,在检查中,南昌县物价局对个别单位自立项目、超标准收费、不执行规定价格擅自涨价等,以及不执行涉农收费公示制度、不按规定明码标价规定执行的问题进行了查处,维护了广大消费者的合法权益。

3. 南昌县城客运票价在2011年上半年有异动情况,少数线路存在不同程度的涨价行为。南昌县物价局及时组织对县城内客运票价进行了明查暗访,并就县城客运票价执行情况展开突击检查。通过检查,进一步规范了经营者的价格行为,切实维护了客运线路的票价稳定,努力为人民群众营造了安心、放心的乘车环境。

4. 开展春运客运票价监管,一是安排专人值守"12358"价格举报电话,受理旅客投诉,对举报的问题及时查处。二是组织人员到客运经营单位,检查春运客运票价明码标价执行情况。三是配合县春运工作领导小组对春运进行督查,为加大春运票价监管力度,维护春运秩序,受到了政府领导好评,群众感到比较满意。

5. 按照上级价格主管部门的要求,南昌县物价局对全县范围内商品房销售开展了明码标价专项检查,有效的遏制了一些商品房不标价、乱标价、信息不透明、价格欺诈等违价行为,为建立和维护公开、公正、透明的房地产市场价格秩序,保护消费者合法权益作出了积极贡献。

6. 加强对节假日及特定时期市场价格的监管。定期或不定期对农贸市场、大型超市等进行市场价格(特别是农产品价格)巡查,查处囤积居奇、哄抬物价、串通涨价、变相提价,不按规定明码标价等违法行为。

7. 继续以"12358"价格举报平台为服务百姓,充分发挥价格举报工作了解社情民意,服务社会,联系群众,为民排忧解难,化解矛盾纠纷的"窗口"、"纽带"、"桥梁"的作用,坚持"热情受理、快速办理、妥善处理"原则,及时查处群众举报投诉的乱加价、乱收费行为,有效化解社会矛盾。2011年,南昌县物价局通过群众来电、来访及上级交办和部门转办等渠道和途

径,共受理了价格政策咨询、违法行为举报20多件,涉及加油站、交通、物业管理、电力、停车收费、医药、教育、有线电视等部门和行业,办结案件20件,办结率100%。

【提升价格服务水平】 2011年,南昌县物价局积极拓展价格服务领域,不断提升价格服务水平,南昌县物价局按照"服务司法、服务政府、服务社会、服务系统"要求,依法开展价格认证各项工作,共受理业务总量为340余件,标的总额为3000余万元,其中刑事案件280件,法院委托的车辆定损29起,县拆迁办和县城建指挥部等委托的拆迁项目以及其他单位的资产处置等资产评估28起,有力地支持了全县司法、行政执法及地方经济的健康发展。

【加强价格调节基金征管】 为加强政府宏观调控能力,妥善应对可能出现的价格异常波动,南昌县物价局认真抓好价格调节基金征收工作,2011年,南昌县物价局共征收价格调节基金1000余万元,为政府平抑物价,稳定市场提供了有力保障。

【继续推进价格公共服务】 为充分发挥社会价格监督作用,南昌县物价局分别开展多形式的公共服务活动:一是开展"价格服务进农户"活动,二是开展"价格服务进社区"活动,三是开展"价格服务进医院"活动,四是开展"价格服务进商场"活动,五是开展"价格服务进学校"活动,六是开展"价格服务进企业"活动,七是开展"价格服务进景区"活动,八是开展价格诚信工作。

【加强队伍建设】 2011年,南昌县物价局坚持以人为本,努力打造一支思想好、业务精、作风硬的合格的价格队伍。以学习型机关建设为载体,以思想政治建设为基础,以能力建设为重点,建立健全了机关管理、勤政廉政、学习、工作、依法行政、服务承诺等各项制度,做到有章可循、依章管理,形成了用制度管人、靠制度办事的机制,从机制上解决了干部职工不作为、乱作为、纪律涣散的问题,激发了干部职工爱岗敬业、干事创业的积极性,树立了物价部门新形象。

统计管理

【概况】 南昌县统计局是主管全县统计和国民经济核算的工作部门,正科级建制,内设一室四科一队(办公室、统计一科、统计二科、统计三科、综合核算科、经济调查队)。至2011年底,有干部、职工41人。其中:退养1人,退休6人。

2011年,全县统计工作在县委、县政府的正确领导和上级统计部门的具体指导下,认真贯彻中共十七大、十七届四中全会和省市统计工作会议精神,以科学发展观统领统计工作全局,按照县委、县政府的工作部署,围绕县委、县政府"拼争全国五十强县市、建设现代化综合新城"发展战略,积极进取,狠抓落实,圆满完成了各项工作任务。

【统计数据】 统计部门是本行政区域内统计工作的综合协调和管理部门,统揽全社会的数据,高质量的统计数据是统计工作的生命线。2011年,为确保统计数据能客观真实地反映全县经济社会发展状况,重点做到:一是确保源头数据真实性。及时、全面、准确地完成上级统计部门布置的各种月、季报和年报的上报任务。针对部分专业报表时间紧、工作量大、质量要求高的特点,采取请到县里开、联合部门开、深入基层开等不同方式,多层面召开专业会议,坚持以会代训,明确制度要求,密切指标关联,做到早部署、细比对、勤沟通,扎实推进各专业报表工作。在全面及时完成常规性专业报表的同时,督促专业人员逐项分析排查存在的突出问题,强化核算意识和审核衔接,确保数据来源的真实性。二是确保基层基础规范化。对乡镇和企业如何加强统计工作、抓好规范化管理提出具体要求。致力于建立规范的统计台账制度,不断加强和完善基层企事业单位的基础工作,通过不定期指导检查,促进乡(镇)村和开发区及在统企业建立健全原始记录,力求做到基层单位上报的统计报表与统计台账数据相符,确保数出有据。

【统计服务】 为党政领导服务,为经济发展服务,为社会公众服务是统计工作的重中之重。2011年,统计部门充分发挥统计信息在经济社会运行中"监测器"和"晴雨表"作用,增强服务意识,主动超前服务,健全统计服务体系,拓宽统计咨询服务面,统计服务水平不断提升。

一是充分发挥统计信息主渠道作用,把丰富的统计信息资源整合好、开发好、管理好,为党政领导的决策和管理,为社会公众提供更多更好的服务。全局共撰写统计信息73条,其中被省局网站采用21条;编制《昌南统计》17期,受到了县、乡领导的好评;向社会各界提供统计信息服务计120余人次。

二是紧紧围绕县委、县政府关注的问题,开展调查研究。2011年,县委、县政府制定"拼争全国五十强县市、建设现代化综合新城"发展战略,南昌县统计局及时撰写《南昌县拼争全国五十强的分析与思考》的调研文章,得到县委、县政府领导的好评。

三是精心编制党政领导和社会公众需要的统计资料。每月12日前编印《南昌县综合统计月报》报送给县委、县政府领导及相关主管部门,及时编印《年度统计提要本》,精心编制《南昌县情》、《南昌县统计资料》和《南昌县统计年鉴》发送给县四大家领导,受到领导的好评。

【普查、调查】 2011年,随着"周期性"普查制度的建立,普查工作成为统计部门中心工作,在高质量完成各种报表任务的同时,圆满完成了各项普查和调查任务。

一是高质量完成全国大城市月度劳动力调查。全国大城市月度劳动力调查是国家为掌握劳动力资源,了解劳动力就业情况进行的一项常规调查。2011年在南昌县莲塘镇、三江镇进行,由于各级政府重视,调查人员认真负责,调查工作进展顺利。

二是圆满完成第六次全国人口普查后续工作。

三是第六次人口普查长表与死亡表数据审核和录入处理工作顺利结束。

四是"两员"经费补贴及时发放

到位。

五是户主姓名底册录入和普查小区建筑物数字化工作圆满完成。

六是全面完成1‰人口抽样调查和全国宗教信仰调查工作

根据国家、省市统一部署,在南昌县进行了1‰人口抽样调查,涉及莲塘、向塘等8个乡镇12个调查小区。全县聘请调查员、指导员30余人,对调查户进行逐户调查,取得了翔实的人口资料,全面完成了上级布置的调查任务。

根据国家统计局统一安排,南昌县进行全国宗教信仰调查,在南昌县向塘、东新等9个乡镇和银三角管委会中的16个村(居委会)进行。经过大家的共同努力,顺利完成了全国宗教信仰调查。

【统计执法】 依法治统,依法兴统是统计工作发展的必由之路,具体做到四个狠抓:

一是狠抓统计普法,营造统计工作的良好环境。加强统计法制建设,普法宣传教育是基础,普法宣传声势越大,教育越广泛深入,依法统计的干扰及统计执法的阻力就越小。2011年,切实加强对管统计、做统计、用统计等重点对象的培训教育;充分利用广播、电视、标语、发放宣传资料等多种形式宣传统计法律法规,大造舆论声势。使各项大型统计调查家喻户晓,使统计法律法规深入人心,为全县统计工作的开展营造了良好的环境。

二是狠抓统计执法,维护统计部门威信。执法是统计法制建设的重点和难点,同时也是提高统计数据质量的有力保证。为了突破这一难点,2011年,南昌县统计局坚持狠抓统计执法这一重点不动摇,切实加大执法力度,坚持有案必查,违法必究的原则,采取过硬的、来实的、动起真的举措,依法查处统计违法案件,逐步改变了人们心目中统计法是"软法"、"豆腐法"的错误看法,有力地维护了统计法律的尊严与权威,有效地提高了统计数据质量。

三是狠抓法制建设,规范统计工作管理。大力倡导"持证上岗,上岗有证"和"依法统计,依法行政"的工作机制。南昌县统计局认真组织了2011年统计从业资格考试和全县统计人员继续教育工作,有92人报名参加从业资格考试,全部考试合格取得统计从业资格证书,报考人数和合格人数系全省之最。并通过以会代训的形式,充分利用召开各种报表会、统计工作会与普查工作会议的有利时机,培训统计员;积极组织广大统计工作者报名参加统计职称考试。通过一系列的培训,我县统计人员综合素质、专业技能得到明显提高,统计法制观念也得到了进一步加强。

【统计队伍】 2011年,县统计局以组织开展统计人员持证上岗,统计继续教育,统计从业资格,统计"五五"普法,计算机操作技能等培训为载体,使全县统计队伍整体素质有了进一步提高,确保统计队伍不散,统计工作不乱,统计信息不断,为统计数据质量提供了科学保证。一是县统计局以"开展提升服务年活动"和"创先争优活动中'兴赣富民我先行'党员承诺活动"为契机,大力弘扬统计队伍的艰苦创业、无私奉献和与时俱进精神,全面提高干部职工的整体素质,十分注重加强把政治理论学习作为第一要务,认真解决统计人员在思想、工作作风方面存在的问题,切实提高政治理论水平和政策应用水平。二是加大统计培训力度,全面提高统计人员的业务水平,特别是提高应用现代技术进行统计的能力。

表104 **2011年南昌县统计局领导班子成员名单**

姓名	性别	出生年月	籍贯	职务
胡渔文	男	1963.9	江西省南昌县	党组书记、局长
姚建军	男	1965.9	江西省南昌县	党组副书记、副局长
钟心文	男	1961.9	江西省南昌县	党组成员、副局长
张水仔	男	1963.7	南昌市高新开发区	党组成员、副局长
万红斌	男	1966.4	江西省南昌县	党组成员、主任科员

(主笔:刘　欢　审稿:胡渔文)

审计管理

【概况】 2011年,南昌县审计局根据全省审计工作会议精神和县政府安排,按照"保重点、求实效"的原则,以服务发展为中心,共完成审计项目65个,查出违规及管理不规范金额12196万元,上缴财政金额3743万元,归还原渠道金额208万元,核减政府投资工程支出金额2933万元,提供审计信息稿件被上级机关采用42篇,其中省级18篇、市级11篇、县级13篇,较好地发挥了审计"免疫系统"功能,为促进县域经济社会持续平稳健康发展提供了强有力的审计支持。先后被评为南昌市审计业务工作先进单位(一等奖),全县先进基层党组织,机关效能建设工作先进单位,纠风工作先进单位,"千人评议作风效能"工作先进单位等。

【做深预算执行审计】 2011年,按照财政审计大格局的要求,以预算执行审计为龙头,统筹安排各项专业审计和部门审计,坚持把预算编制的科学性合理性、预算收入筹集管理、预算资金分配使用、财政转移支付等作为重要关注点,并对12个县直部门预算执行情况进行审计,对事关民生利益的政策性水稻保险资金、污水处理补贴、商业流通资金、农村公路桥梁项目资金、泵站改造资金、水利血防项目资金、土地增减挂复垦工程项目资金、中小企业发展资金等专项资金和政府性债务进行审计和审计调查,共查出各类违规及管理不规范金额6270万元,对查出来的问题进行认真处理,并向县人大常委会的审计工作报告中提出加强财政管理6条意见建议,进一步促进了财政规范管理。

【做优经济责任审计】 2011年,依据县委组织部委托,对5个县直单位主要负责人进行离任审计、对16个乡镇31名党政"一把手"任期经济责任进行审计,围绕强化对权力运行的监督制约,促进依法履行职责,对政策执行、主要经济指标完成、财政财务收支的真实合法效益、重大经济事项的决策实施、债权债务和遵守有关廉政规定等情况进行审计和评价,取得较好效果。尤其是对乡镇党政主要领导的审计中,在时间紧、任务重的情况下,集中全局审计力量,组织5个审计组,采取报送审计与就地审计相结合方法,加班加点,按时完成任务,为县委在乡镇党政班子换届中任用干部提供了决策依据。

【做大政府投资审计】 2011年,围绕促进建设资金安全有效使用和提高投资效益,积极开展政府投资审计工作,按照《南昌县固定资产投资审计办法》有关规定,先后对36个县财政局评审后的300万元以上政府投资工程建设项目进行决算审计,送审金额47738万元,审定金额44805万元,审计核减金额2933万元;受县发改委委托对7个概预算项目进行审计,送审金额10118.7万元,审定金额8874.1万元,核减金额1244.6万元。同时对审计中发现未严格执行国家基本建设程序、资金使用效率不高、概预算编报不规范等问题提出整改意见和建议,发挥了审计在投资领域的重要作用。

【做好交办事项审计】 2011年,根据县委、县政府领导交办,对莲塘大道改造工程、县停车场土方工程、县"三看"经费、2010年防汛经费和莲塘镇小蓝村、王家村、彭家村、定岗村财务收支情况进行审计或审计调查,并积极配合南昌县项目重组工作,及时派出审计组对重组企业的费用成本及工程量进行核实,依法出具审计报告,审计结果得到有效利用。

【做实审计自身建设】 2011年,深入开展创先争优、发展提升年、"一看二比三争当、建功昌南我先行"和向杨善洲同志学习等主题实践活动,大力推进学习型机关与学习型党组织建设,服务发展大局意识、责任意识进一步增强,全局上下干事创业氛围进一步浓厚。深入开展风险岗位廉能管理,认真落实"一岗双责"党风廉政建设责任制,严格执行廉洁自律规定和"八不准"审计纪律,审计行为进一步规范,审计形象进一步提升。大力推进审计信息化建设,按照"金审"工程二期项目建设内容进度要求,顺利完成审计会商系统建设工作,审计管理水平进一步提高。积极争取县委、县政府领导重视,成立"南昌县固定资产投资审计中心",解决10个事业编制,向社会公开招录投资审计专业人员,开展业务培训,为开展投资审计提供人才支撑,为缓解人少事多矛盾提供了人力保障。

【审计工作会议】 2011年12月28日,南昌县审计局召开工作会议,在总结全年工作的基础上,针对存在问题,围绕服务县域经济社会发展大局,研究制定2012年审计工作计划,并为规范审计执法行为,提升审计服务质量水平,严明审计纪律和责任,防范审计风险,制定目标考核办法,力求量化、精细化管理,实行层级负责制,对局长、分管副局长、科室、审计组职责做了明确规定。建立健全综合绩效考评体系,坚持以实绩论优劣,以务实促发展,以结果为导向,把考评结果作为干部选拔任用、奖优罚劣重要依据,以营造良好发展环境,激发干部职工创先争优、奋发向上积极性、主动性,凝聚力量智慧,提升审计服务质量和能力。

表105 **2011年南昌县审计局领导班子成员名单**

姓名	性别	出生年月	籍贯	职务	备注
彭银凤	男	1962.11	南昌市高新区	局党组书记、局长	
章国平	男	1965.1	南昌县	副局长	
徐建文	男	1962.6	南昌县	副局长	9月转任

续表105

姓　名	性　别	出生年月	籍　贯	职　务	备　注
柯小鹰	女	1964.12	武宁县	副局长	
李　明	男	1962.9	南昌县	副局长	
吴　刚	男	1972.5	奉新县	副局长	12月任
揭荣庭	男	1958.9	南昌县	副科级党组成员	

（主笔：许西梭　审稿：章国平）

鄱阳湖渔政管理

【概况】　南昌县湖管局全称为江西省鄱阳湖管理局南昌县分局，与江西省渔政管理局南昌县分局合署办公，实行两块牌子，一套人马的管理办法。主要负责南昌县圩堤外湖的渔政管理。办公地点位于南昌县莲塘镇向阳路488号。内设办公室、渔政股、船检股。2011年，全局深入开展发展提升年活动，认真推动创业服务不断深入，极大的增强了全体渔政干部职工为渔民服务的积极性。大家团结协作，攻坚克难，保障了南昌县鄱阳湖区渔业的发展，确保了湖区社会稳定。

【发展提升年活动】　2011年是开展发展提升年的第一年，也是巩固机关效能建设成果的关键年。南昌县湖管局按照江西省农业厅、江西省鄱阳湖渔政局和南昌县县委、县政府的要求，高度重视发展提升年工作，加强领导，精心组织，紧紧围绕发展提升年活动的总体要求，认真贯彻落实科学发展观，推动发展提升年活动的深入开展。成立了发展提升年活动领导小组，明确分工，落实责任制，制定了《南昌县湖管局发展提升年活动实施方案》，将活动的内容及具体工作进行了详尽的部署；组织大家学习了省委办公厅省政府办公厅印发的《江西省开展发展提升年活动实施方案》、江西省农业厅印发的《全省农业系统开展发展提升年活动实施方案》和南昌县委、县政府办公室印发的《南昌县开展发展提升年活动实施方案》；建立了严考核、硬约束、重激励的工作推进机制，对活动中落实到位的，效果突出的、思维创新的个人进行宣传，并予以表彰。

【渔业法律法规和安全生产宣传】　2011年，南昌县湖管局拓宽渔业法律法规宣传渠道，加大宣传力度，通过分发宣传资料、悬挂横幅和张贴标语等形式，深入湖区大力宣传《中华人民共和国渔业法》、《渔业船舶检验条例》、《水生野生动物保护实施条例》等法律法规，特别是在春季禁渔等重要时间段深入湖区，上船入户进行普法宣传和安全生产宣传，通过深入宣传，湖区渔民的法制观念有了进一步的提高，安全生产意识进一步提升，夯实了创建平安湖区和“平安渔业示范县”的基础。

【春季禁渔工作】　2011年3月20日至6月20日是鄱阳湖第十个春季禁渔期。由于禁渔期间江西出现历史上罕见的大旱，湖区水位异常低下，且持续时间长，执法船艇根本无法下湖开展执法检查，给湖区禁渔管理工作带来了巨大困难。在南昌县春季禁渔工作领导小组的正确领导下，南昌县湖管局拓宽春季禁渔宣传面，编辑《禁渔工作简报》，多次组织沿湖有关渔业村(队)渔民召开座谈会，大力营造浓厚的禁渔工作氛围。同时加大陆上查处力度，特别是增强与南昌县公安局水上公安分局的联合执法力度，多次采取有效的岸上堵方式，有效地遏制了禁渔期间陆上贩运禁渔区渔获物的行为，维护了湖区良好的禁渔秩序，基本实现了“江湖无渔船、水中无网具、市场无禁区渔”的目标，禁渔工作取得了较好的成绩，省、市、县电视台对南昌县禁渔工作进行了跟踪宣传报道。春禁期间，据统计，禁渔期间，共查获违规电捕鱼6次、非法偷运禁渔区渔获物8起、拨除并焚烧定置网35部。

【人工增殖放流】　2011年，南昌县湖管局继续加大人工增殖放流力度，通过招标形式采购“四大家鱼”优质鱼苗1200万尾及冬片苗种250公斤，经江西省水科所专业人员检验检疫后于6月20日、6月21日分两批在湖区赣江中支南新乡码头成功放流，社会各界和湖区广大渔民群众踊跃参与，新闻媒体跟踪报道了放流实况。此次放流活动对于历经大旱的湖区来说，在恢复渔业资源方面起了“及时雨”的作用，为增殖渔业资源提供了有力的保障。2011年11月底，南昌县湖管局在南昌县鄱阳湖区开展了一次湖区渔业资源状况调查，调查结果表明，虽然湖区渔业资源没有出现明显增长的势头，但有效的避免了因干旱带来的渔业资源总量迅速下滑局面的出现，用事实证明了人工增殖放流对湖区渔业资源修复具有积极的作用。

【机动捕捞渔船渔业柴油补贴发放工作】　按照国家政策要求，2011年发放2010年的渔船柴油补贴资金，共分两次发放，由于之前已经为渔民办理了“一卡通”，2011年发放工作较为迅速，补贴资金到账后，立即将补贴资金及时足额发放到合乎条件的渔民手中。

【机动捕捞渔船修复补贴发放工作】　2011年，鄱阳湖区出现大旱，按照江西省财政厅、江西省农业厅联合印发的《关于拔付2011年农业生产救灾资金的通知》(赣财农〔2011〕88号)文件和南昌县县委、县政府有关会议精神，南昌县湖管局负责2011年全县机动捕捞渔船修复补贴资金的发放工作。对此，按照上级部门要求，拟定发放方案，制定发放程序，本着公开、透明的发放原则，及早将渔船修复补贴资金发放到渔民手中。9月底,119.5万元渔船修复补贴资金已经全部以南昌县信用社“一卡通”的形式发放完毕,在很大程度上减少了渔民的灾害损失。

【打击非法捕捞专项整治行动】 2011年,鄱阳湖受旱灾影响巨大,渔业资源锐减,非法捕捞现象有所抬头,为有效整治南昌县鄱阳湖区渔业捕捞秩序,打击非法捕捞,南昌县湖管局按照江西省鄱阳湖渔政局《关于在鄱阳湖区开展非法捕捞作业专项整治行动的通知》(赣鄱渔政字〔2011〕38号)要求,从9月开始在南昌县鄱阳湖区开展了一次打击非法捕捞作业专项整治行动。12月,按照江西省农业厅《鄱阳湖区开展打击非法捕捞专项执法行动方案》的部署,在南昌县鄱阳湖区再次开展了一次打击非法捕捞专项执法行动,有效地促进了南昌县鄱阳湖区捕捞秩序的正常化。据统计,截至12月底,通过专项整治行动的有力开展,渔民群众主动拨除定置网18部。

【调处渔业纠纷】 为有效维护湖区稳定,南昌县湖管局采取“以防为主,防调结合”的工作思路,努力消除不利于湖区稳定的隐患,2011年3月,蒋巷镇五丰村罗家自然村与五丰村城头万家自然村因二三水湖围堰问题产生纠纷,南昌县湖管局得知情况后,立即派出渔政人员,到实地调查了解情况,并配合南昌县蒋巷镇党委、政府做好调解工作。经过了解和协商,当即同该镇领导作出如下决定:张家山洲围堰无条件推平恢复原状,原二三水湖的围堰也一并推平,其推平围堰的费用开支由蒋巷镇负担。几天后,此围堰得以顺利被推平,双方均无异议,纠纷得到圆满解决。

【渔业互助保险】 2011年,南昌县湖区共有1104艘渔船办理了渔民人身平安互助保险,在实现了100%续险的基础上,南昌县湖管局引导船主办理同船劳力互助保险,实现100%上险,切实保障了渔船船主及同船劳力的人身安全。全年共为蒋巷、塔城、幽兰等乡(镇)受伤渔民办理赔付案件5起,赔付金额近3万余元,减轻了受伤渔民的医疗压力。

统计调查

【概况】 国家统计局南昌县调查队成立于2007年10月,其前身为1984年7月成立的南昌县农村社会经济调查队,现为参照公务员法管理的正科级事业单位,编制9人,退休1人,在职人员共7名,临时工2人,其中队长1名,副队长、副主任科员各1名。全队工作以抽样调查为主,对抽中的调查网点进行独立的统计调查,数据详实,信息丰富,是研究社会经济发展不可或缺的重要部门。

2011年,经过全体人员的共同努力,南昌县调查队全面及时地完成了上级布置的各项工作任务,为省、市、县地方领导的决策提供了实实在在的数字依据,并取得了一定的成绩。获得了“全国农村抽样调查样本轮换工作的先进单位”和“全省调查系统先进集体”称号。在具体业务工作上,我队农业调查、农村住户调查等5个专业获得了省调查总队的表彰。

【高度重视粮食产量大县抽样调查试点工作】 2011年,根据国务院和国家统计局的安排,南昌县被列入县级粮食产量抽样调查试点县,为此我们高度重视,强化组织领导,制定有效方案,组织力量深入基层,积极开展现场调查。通过全体队员努力,南昌县试点工作进展顺利,达到了预期目的。

【积极开展创建文明单位活动】 南昌县调查队成立以来,在重视统计调查工作的同时,积极开展创建文明单位活动,始终坚持把创建活动作为促进统计调查事业科学发展的全局性重要工作来抓。经过过全体队员的不懈努力,南昌县调查队被南昌市委、市政府授予南昌县2009~2010年度文明单位荣誉称号(洪发〔2011〕11号)。

【搞好专项调查工作】 2011年,南昌县调查队完成了“全省组织工作满意度”等专项调查工作。各项调查工作都精心组织,认真学习调查方案,实地上户进行调查访问,及时汇总问卷和撰写相关分析材料,调查顺利并圆满完成相关工作。

【做好统计法制建设工作】 2011年,南昌县调查队制定法制工作要点,全年完成法制工作流程、报表清理、数据质量检查、基层基础建设、统计法律法规学习宣传等工作。多次组织全体干部学习统计法和《统计违法违纪行为处分规定》,通过学习,全队进一步增强了法制意识和法制知识,提高了法制素质和执法水平。

【加强统计分析服务工作】 2011年,南昌县调查队紧紧地围绕中心工作,积极开展调查研究,对经济工作的热点难点问题进行有针对性的研究,对全县的经济情况进行有效监督。当年,南昌县调查队共撰写分析研究报告11篇、编发重大信息21篇,先后有30多篇被省调查总队内网采用。通过做好统计信息分析工作,南昌县调查队充分发挥了统计的服务咨询作用,进一步满足了各级领导对统计信息的需求,为指导经济发展提供了可靠的依据。

表106　**2011年国家统计局南昌县调查队**

姓名	性别	出生年月	籍贯	职务
熊小林	男	1963.1	南昌县	队长
刘烈根	男	1963.9	南昌县	副队长
姜慧文	男	1969.9	南昌县	委员

(主笔:吴文平　审稿:熊小林)

社会管理与服务

人口和计划生育

【概况】 2011年，南昌县人口和计划生育工作围绕“保先进、上水平”的总目标，以稳定低生育水平，提高出生人口素质为中心，继续巩固“一升三降”成果，抓重点、破难点，全面建立“依法管理、优质服务、政策推动、综合治理”的新机制，通过全县上下的共同努力，取得了较好的成绩。2010年10月至2011年9月，南昌县出生人口13761人，年度出生率为13.85‰，自增率8.64‰。其中计划内出生10651人，计划生育率为78.29%；年度出生人口性别比为113.15，比2010年有明显下降。全年未发生计划生育恶性案件和进京或越级上访案件，生育政策落实得到有效推进。

2011年，加强组织领导，落实计划生育目标管理责任制。坚持党政一把手亲自抓、负总责，强化对人口计生工作的领导，坚决执行计划生育“一票否决”制度。2011年作为换届年，南昌县严格把好计生关，明确要求村“两委”干部选举、换届干部提拔、先进评审等必须严格进行计划生育审查，规范审查程序。

2011年，狠抓四大工作，实行计划生育综合治理。加强对党员干部、公职人员与富人违法生育的查处工作。2011年，南昌县立案查办党员干部、公职人员违法生育案件8起，开除公职1人；查办富人违法生育案件19起，征收社会抚养费达191.445万元。同时抓好干部职工环孕检工作；严厉查处“两非”案件，切实加强性别比整治工作。2011年度共查实“两非”案件35例，处理涉案人员39人，行政罚款30万元；强力推进长效节育措施落实工作。全县长效节育措施完成17994例，其中二女户结扎527例，四术总量超额完成目标任务；进一步加大了社会抚养费征收工作力度。

2011年，深化利导建设，着力打造惠民计生。南昌县始终坚持把利益导向建设作为人口计生最大的民生工程来抓。认真落实好农村部分计生家庭奖励扶助、爱心保险、中考优惠加分等上级规定政策。2011年，南昌县确定奖扶对象1485人，发放扶助金106.92万元；特别扶助对象129人，发放扶助金29.808万元，全面落实了计划生育奖励扶助政策。为全县4911户0~6周岁独生子女及农村二女户子女办理“爱心保险”，投保金额达14.733万元，给予农村196个计生家庭子女享受中考加分的政策，为198户农村计生家庭办理了计划生育补充养老保险，投保金额为59.4万元，落实“绿色养老”对象652户，发放一次性补助共计32.6万元；全面兑现南昌县高考成才奖、中考直升制度、建房补助制度等“三位一体”的惠民政策。2011年度，为全县25名符合奖励条件的女孩发放“高考成才奖”3.2万元；全县共有22名女孩享受中考直升制度，有52户手续齐全的农村计生家庭享受改建房补助制度，落实补助金52万元；扩大国家“新农合”扶助人群。南昌县在对农村不再生育的独女家庭和已实行绝育措施二女家庭成员办理国家“新农合”的基础上，拓展到对农村一男户家庭给予“新农合”扶助。2011年共有6760户17600人符合补助条件，补助金额达105.6万元；开展计生家庭春节走访慰问活动。春节期间，县人口计生委组成19个春节慰问组，深入乡村走访慰问困难计生家庭，走访人数达1000户，发放奖扶金达30多万元。2011年全县本级计生利导政策共计投入经费

1560万元，为打造南昌县“惠民计生”提供了强大的财力保障。

2011年，强化宣传教育，积极营造良好计生氛围。开展节假日宣传服务活动，进一步提高育龄群众对计划生育方针、政策等知识的知晓率。2011年，南昌县累计完成人口计生工作新闻供稿18篇，其中江西卫视用稿1篇，鄱阳湖人口科学发展高峰论坛8篇，有力地宣传了南昌县的人口计生工作。

2011年，夯实基层基础，为人口计生工作持续健康发展提供保障。加强基层工作检查力度。采取不打招呼、不定期的抽样调查方式，建立奖惩机制，严肃查处漏报、瞒报、错报现象；加强业务培训，提高队伍素质。举办各种形式业务培训班，及时对出生统计、宣传、协会、政策法规、药具等业务进行详细地讲解授课，使村级计生专干业务水平有了较大提高。

2011年，创新工作机制，完善流动人口计划生育管理服务工作。加强了信息建设，做好流动人口全员信息统计工作和国家、省信息平台运用工作；密切区域协作，做好流动人口计生“一盘棋”工作。开展了“爱在流动”系列活动，抓好了流动人口便民维权。

【开展争做“五星党员”活动】 2011年，全县人口计生系统通过开展党员争当“学习之星、创新之星、服务之星、文明之星、爱岗之星”活动，充分发挥典型引路作用，营造“比学赶超”的浓厚氛围，振奋全系统党员干部队伍的精神面貌，通过活动进一步增强机关党组织的号召力、凝聚力。通过活动的开展，积极发现、培养和树立“五星党员”干部，注重发掘发现长年工作在第一线典型人物，充分宣扬他们干事创业、服务群众的敬业精神，展示人口计生系统先进人物的亮丽风采。

【隆重举行“三下乡”宣传服务暨2010年度计生家庭奖励扶助金发放活动仪式】 元月14日，全县“三下乡”宣传服务暨2010年度计生家庭奖励扶助金发放活动仪式在县人口计生委隆重举行。县委常委、农工部长魏根金，市人口计生委副主任黄立发等出席仪式。全县65名符合奖扶政策的计划生育家庭接受了计划生育奖励扶助。本次活动发放“高考成才”、“阳光助学”、“建房补助”和“计生困难户补助”奖励扶助金累计达12.88万元。

【南昌市慰问组到南昌县走访慰问计生困难户】 1月28日，南昌市政协副主席龙国英一行在市人口计生委副主任万朋的陪同下到南昌县，代表市委、市政府赴南昌县银三角管委会万湖村对计生家庭进行慰问。龙国英等深入到一女不再生育家庭宋云波家中，向宋云波夫妇致以亲切的慰问和春节的祝福，感谢他们为人口和计划生育事业作出的贡献，表示党和政府不会忘记他们，并为他们送上了慰问金。

【召开人口计生工作座谈会】 1月29日，南昌县召开人口计生工作座谈会。会上学习了《2011年南昌县人口和计划生育工作目标管理考核评分方案》和《关于进一步落实人口和计划生育“一票否决”制度的实施办法（讨论稿）》，并就两份文件的内容进行讨论。与会人员各抒己见，为文件的完善和实施提出大量切实可行的意见和建议。各乡镇计生办主任、县计生服务站站长、县计生执法大队队长、委机关科室以上干部参加了会议。

【举办人口计生系统迎春茶话会】 1月29日，全县人口计生系统迎春茶话会在县人口计生委大会议室举办。全县人口计生系统的干部职工及家属、离退休老干部等参加了此次茶话会。县人口计生委党组书记、主任丁学善致新年贺辞。他在致辞中说，过去的一年，全县人口计生系统广大干部职工，围绕县委、县政府的工作目标，按照机关要求，尽职守责、团结协作、艰苦努力、勤于奉献，做了大量工作，推进了全县人口计生工作措施落实，较好地完成年度各项工作任务，甩掉了全省落后的帽子，挤进全市先进行列。新的一年，人口计生工作的任务依然艰巨。稳定低生育水平，优化人口结构等系列工作要靠机关全体人员去奉献、去努力。希望在新的一年里全体计生工作者再接再厉，取得更大的成绩。

【积极开展“送温暖，心连心”结对帮扶活动】 2011年，县人口计生委组成19个春节慰问组，深入乡村走访慰问困难计生家庭。各慰问组每到一户都送上节日慰问金、宣传资料等，并详细了解他们的生产、生活等方面的情况及困难，叮嘱他们继续支持和宣传党和国家的计划生育基本国策，鼓励他们树立信心，克服目前的困难，早日摆脱贫困或病痛，过上好日子。据统计，本次春节前走访慰问活动，县、乡、村三级共走访1000多户计生家庭，发放慰问金30余万元。

【省、市人口计生委领导到南昌县进行调研】 2月13日上午，省人口计生委政策法规处副处长龚玉民在市人口计生委副主任黄立发、政策法规处处长郭如的陪同下，到南昌县就人口和计划生育利益导向工作进行专题调研。县人口计生委主要领导、部分乡镇乡镇长、计生办主任等共计20余人参加调研座谈会。

【召开全县社会抚养费征收工作调度会】 2月25日，南昌县召开社会抚养费征收工作调度会。会议听取各乡镇元月以来人口计生工作开展情况的汇报，对2011年工作进行调度。会议要求，为做好人口和计划生育第十二个五年规划首初之年的工作，各乡镇要严格按照《南昌县社会抚养费征收管理实施办法》规定要求，确定推进措施、制定实施方案，按照分工落实、责任到人的原则，以高度负责的精神，真抓实干，确保社会抚养费征收管理工作顺利推进。

【市人口计生委就“绿色养老”工作到南昌县调研】 3月1日上午，市人口计生委副主任黄立发、办公室副主任郭如等一行3人到南昌县，就“绿色养老”工作进行调研。南昌县向塘、黄马等7个乡镇的分管领导、计生办主任、村级计生专干、二女户代表及委机关班子成员、相关科室干部等参加了调研座谈会。

【召开全县人口计生工作会议】 4月2日，全县人口计生工作会议召开。会议传达市人口计生工作会议精神，总结2010年度全县人口计生工作情况,表彰2010年度人口和计生工作先进乡镇、先进单位和先进个人,部署2011年度人口计生工作任务。县长陈匡辉分别向各乡镇下发任务书。县委书记肖玉文强调:2010年南昌县的人口计生工作甩掉了后进县的帽子,跃居全市先进行列,成绩令人欣慰。2011年是南昌县"建设赣鄱第一县,拼争全国五十强"的关键一年,也是实施"十二五"规划的开局之年,做好2011年的人口计生工作,意义十分重大。全县各级、各部门要站在全局和政治的高度,统一思想、坚定信心、开拓进取,开展好2011年人口计生工作。具体做到"三要":即利导机制要强化、难点工作要突破、工作举措要加强。县长陈匡辉指出,当前工作要做到三个到位:一是思想认识到位;二是人员责任到位;三是工作落实到位。县委常委程雷佬在报告中明确,2011年南昌县人口计生工作的目标是:继续巩固"一升三降"成果,狠抓社会抚养费征收,党员干部、公职人员、名人富人违法生育案件查处,"两非"案件查办三大难点工作,抓好长效节育措施落实、利导政策兑现两项重点工作到位,全面完成年度人口计生工作任务,实现全省排位再次前移的目标。

【召开全县行政机关、企事业单位干部职工环孕检工作动员会】 4月19日,全县行政机关、企事业单位干部职工环孕检工作动员大会召开。县委常委程雷佬在讲话中指出,2011年的全县干部职工环孕检工作,要继续发扬成绩、克服不足。重点做到:一、提高认识,加强重视;二、加强领导,齐抓共管;三、落实责任,务求实效;四、严格督查,重点考核。县委常委、农工部长魏根金就此项工作的开展强调三个要点:即要高度重视,工作要认真研究、要求要落实到位。

【开展综合治理出生人口性别比暨打击"两非"政策宣传月活动】 4月20日起,南昌县在全县范围内开展为期一个月的综合治理出生人口性别比暨打击"两非"政策宣传月活动。为确保活动效果,南昌县制定"四项措施"严厉打击"两非"行为,进一步优化女孩安全、健康成长的社会环境。加强领导。各级党政要从人口社会经济和谐发展战略高度,充分认识严厉打击"两非"的紧迫性,切实加强领导、抓紧抓实、加大打击力度,务求取得实实在在的工作成效。大力宣传。各相关部门按照部署和要求,通过新闻媒体、悬挂标语、发放资料、文艺汇演等多种形式,广泛宣传关爱女孩行动和先进事迹,推广典型经验,树立优质服务窗口;宣传综合治理出生人口性别比的重大意义,曝光打击"两非"典型案例,在全县社会营造关爱女孩,严打"两非"行为的浓厚舆论氛围。精心组织。各级各单位和人口与计划生育部门要加强协调,通力协作,明确严打"两非"专项整治工作的领导,责任人,建立经常性的工作联系和信息交流制度,认真落实婴儿出生、引产、婴儿死亡性别信息反馈制度,堵塞管理漏洞;设立举报电话和举报信箱并在社会公开,发动群众监督检举;人口与计划生育部门要对生育过程的跟踪服务与管理情况进行排查,深挖案源,对涉及"两非"行为的人和事,一经查实,要依法严格处理到位。搞好督查。各单位在整治工作中,要坚持依法行政、依法办事、严格把握政策界线,确保专项整治工作健康有序的开展。活动过程中,县人口与计划生育领导小组负责对此次活动的指导、督促和检查,适时听取各单位工作汇报,通报各单位工作进展情况。

【召开乡镇计生办主任和统计员会议】 4月26日,南昌县召开乡镇计生办主任和统计员会。会议听取各乡镇2011年1月以后社会抚养费征收情况汇报,分析了当前全县人口计生工作形势,部署2011年度人口计生工作任务,并就《江西省2011年度人口和计划生育工作目标管理考核评估方案》及《全省2011年度目标管理考核指标评分细则》进行了学习座谈。

【举办2011年度村(居)计生专干业务培训班】 5月4日,南昌县2011年度村(居)计生专干业务培训在县委党校开班。培训班分两期举办,为期三天。全县各乡镇计生主任、村(居)计生专干、委机关全体干部等共计300余人参加此次培训。此次培训旨在强化村(居)计生专干的工作能力,重点就统计、法规、利导、流动人口、技术服务和药具管理等工作在村级的操作规范进行详细的讲解。培训结束后组织闭卷考试,并对考试成绩进行排位和通报,对不合格的计生专干实行末位淘汰。

【开展送科技下乡暨生殖健康咨询服务活动】 5月18日,南昌县在澄碧湖广场开展送技术服务下乡暨生殖健康咨询服务活动。活动出动宣传服务车,悬挂宣传横幅,发放各类宣传品、宣传单562份,发放避孕套383盒,口服避孕药33份;为1029人免费进行生殖健康检查,接受群众咨询589人次,测量血压671人。

【认真学习市委常委刘建洋讲话精神】 5月20日,南昌县召开乡镇计生办主任会议,学习市委常委刘建洋在全市综合治理出生人口性别比打击"两非"暨党员干部和富人违法生育查处工作调度会上的讲话精神,并对2011年人口和计划生育重点工作进行部署。会议要求,要准确把握讲话精神实质,并认真抓好贯彻执行。各级乡镇党委、政府和相关部门要统一思想认识,把出生人口性别比综合治理和严肃查处党员干部、富人违法生育作为2011年人口计生工作的重点,进一步增强责任感和紧迫感;一定要站在落实科学发展观、落实基本国策和对子孙后代负责的战略高度,互动联动、真抓实干、攻坚克难,把人口计生工作抓得更好、更有成效,为全县经济的发展构建和谐的人口环境。

【冈上镇红五月计生技术服务活动成效显著】 冈上镇新任党政领导切实把人口计生工作放在工作的首位,坚持严管理、强推进,在抓落实上下工夫。从5月19日开始,开展计划生育技术服务月活动。活动围绕年度人口计生工作目标任务,重在避孕节育措施落实和社会抚养费征收推进两大工作上抓落实。下达工作任务,制定严格的奖惩措施,成立以党委书记任组长,镇长及分管领导任副组长的活动领导小组。实行工作三天一小结,一周一调度。新任镇党委书记黄华明每次在调度会上要求,镇村两级必须切实负起工作责任,不能敷衍塞责,要狠抓工作落实,努力改变工作被动局面,切实推进工作上水平。

【进一步强化打击“两非”工作举措】 2011年,为进一步加强全县综合治理出生人口性别比,加大打击“两非”工作力度,县委、县政府高度重视,不断强化工作措施。一是成立“关爱女孩”综合治理出生人口性别比工作领导小组。全县打击“两非”工作任务重,工作量大,县委、县政府成立由县长陈匡辉亲自任组长的南昌县“关爱女孩”综合治理出生人口性别比工作领导小组。成员单位有县纪检监察、县法院、县检察院、县公安局、县人口计生委、县卫生局、县药监局等部门主要领导。二是成立查办“两非”案件专案组。由县纪检监察牵头,并由副书记提任专案组组长,人口计生委主任担任副组长,抽调纪检监察、县法院、县检察院、县公安局、县人口计生委、县卫生局、县药监局有办案经验的同志为专案组办案人员。三是加大经费投入。县委、县政府决定拿出专项启动资金,用于办案经费、办案车辆调配、办案人员奖励及补助等,保证专案组开展工作后运转正常。

【副县长吴文卫调研人口计生工作】 6月21日,副县长吴文卫一行到县人口计生委,就人口计生工作进行专题调研,召开调研座谈会。吴文卫听取了县人口计生委主任丁学善对上半年人口计生工作开展情况、工作思路及下一步工作计划的汇报,和与会人员一起分析南昌县的人口计生工作形势。吴文卫指出,现在流动人口多,政策透明度强,人口计生工作管理难度大,执法要求严格。做好人口计生工作需要大家下硬工夫、真工夫、苦工夫。他要求:要进一步坚定信心,迎难而上,抓紧、抓实、抓好工作开展;要进一步加强计划生育政策法规的宣传,使依法生育观念深入人心;要进一步加强工作协作,不断强化社会抚养费征收工作,齐心协力完成人口计生各项工作任务。

【召开社会抚养费征收暨“两非”案件查办工作调度会】 6月29日,全县社会抚养费征收暨“两非”案件查办工作调度会召开。县委常委、农工部长魏根金主持会议,县委常委程雷佬作重要讲话。会议肯定了上一阶段所做工作,指出工作中存在的不足,对下一阶段人口计生工作的开展明确了要求。泾口乡、向塘镇分别就社会抚养费征收和“两非”案件查办工作进行经验介绍。程雷佬代表县委县政府对下一步工作开展提了四点要求:一是认清形势、统一思想,二是加强领导、落实责任,三是突出重点、明确任务,四是强化措施、严格奖惩。县委常委、农工部长魏根金作了简短讲话,他提出三点建议:一是算时间,二是强措施,三是出效果。

【召开省市人口计生工作考评方案研讨会】 6月29日,南昌县召开省市人口计生工作考评方案研讨会举行。会上组织学习了省人口计生委印发的《2011年度人口计生工作目标管理考核评估方案》并对一些细节问题进行解释,对下一步各乡镇开展工作提出建议。全体参会人员针对考评方案进行了集中讨论。

【县领导看望县“两非”专案组】 8月1日上午,县委常委程雷佬、副县长吴文卫前往南昌县打击“两非”专案组办公驻地,看望慰问专案组的工作人员,关心专案组的办案条件。在听取专案组的工作汇报后,同专案组一道分析“两非”案情,进一步明确下一阶段工作目标。县委常委程雷佬要求专案组安心工作,圆满完成“两非”工作任务。同时要求专案组把各成员在打击“两非”工作中优异表现及时反馈给县领导和其所在单位的主要领导。

【召开全县人口计生重点工作调度会】 8月3日上午,全县人口计生重点工作调度会在武阳镇召开。会议通报了全县近期人口计生工作情况,对各乡镇下一步工作提出要求。武阳镇介绍了社会抚养费征收工作经验。各乡镇领导就社会抚养费征收与“两非”案件查办作表态发言,明确了工作时间要求。县委常委程雷佬对全县人口计生工作提了四点要求:一是统一思想、提高认识,增强做好人口计生工作的紧迫感;二是加强领导,落实责任,形成齐抓共管的局面;三是强化措施,严格奖惩,坚决落实人口计生“一票否决”;四是抓住重点、明确任务,确保交上一份满意的答卷。

【武阳镇计划生育大抓月活动成效显著】 7月15日开始,武阳镇开展为期一个月的计划生育大抓活动,活动坚持“四项措施”,重点抓好社会抚养费征收工作落实,坚定完成市、县下达任务的信心不动摇,统一思想,摸清底数,坚持做到征收标准不降,征收对象不漏。找准两个突破口。一是干部带头,从镇村干部亲属中寻找突破口;二是做好个案,争取县计生委和法院的大力支持,通过“非诉”执行寻找突破口。制定三项政策。一是把计划生育大抓月活动同村级干部换届挂钩,以此作为考察干部的一个依据;二是把计划生育大抓月活动同镇党政班子成员、蹲点干部的奖金福利挂钩,量化打分,按得分比例计算年终奖金福利;三是把计划生育大抓月活动同镇村干部责任追究挂钩,奖罚分明。对没有按进度完成任务的党政班子成员在大会上通报批评,村书记、主任书面通报批评;对全面完成工作任务前三名的村,按完成先后进行相应奖励。加强四个层面的调度。一是加强计划生育分管领导对村计生专干的调度;二是加强镇长对村书记、主任的调度;三是加强党委书记对镇党政班子成员的调度;四是对进度缓慢、工作不力的村,由书记、镇长、分管领导、蹲点领导召开村干部会,现场调度。

【召开全县人口计生业务工作会议】 9月7日,全县人口计生业务工作会议召开。会议传达全市人口计生工作形势分析会议精神,就南昌县当前人口计生工作形势进行分析,并就全县人口计生各项业务工作的开展进行安排与部署。会议强调,当前南昌县的人口计生工作形势不容乐观,存在着诸多问题和漏洞,各乡镇要认清形势,统筹安排工作,算好时间账和任务账公顷,在有限的时间内对相关的资料和数据加以完善,将相关的业务工作加以推进,为迎接省市检查做好充分的准备。

【全市人口计生委主任会议在南昌县召开】 10月17日,全市人口计生委主任会议在南昌县召开。会上,市人口计生委主任任美清就工作进行强调,市人口计生委副主任万鹏通报2011年度主要工作数据,市人口计生委领导就各自分管工作进行分析与部署,各县区汇报了2011年主要工作完成情况和下步工作打算。任美清作三点强调:一要认清形势,提高认识,切实增强工作的责任感和紧迫感;二要高度重视,围绕重点,切实推动目标任务全面完成;三要确保年度目标任务完成。任美清要求:2011年度人口计生工作已经结束,马上到来的年终目标考核既是对过去一年工作的检验,也是谋划和开展新一年工作的基础,希望各县区结合此次检查和自身工作实际,针对薄弱环节,认真分析总结,立足当前,科学谋划新一年的计生工作,推动全市人口计生工作更好的发展。

【安排部署年度迎检工作】 10月24日,南昌县召开计生办主任会议,安排部署2011年度迎检工作。会议传达全市人口计生委主任会议精神,分析了全县人口和计划生育各项指标完成情况,会议要求各乡镇要以PIS数据为依据,对各项资料进行核对并加以完善;要结合本乡镇工作的实际情况做好摸底工作,同时加强对村级工作的指导;各乡镇之间要互相学习、互相帮助,并对照各自工作查漏补缺,力争考核出好成绩。

【南昌县为14~24周岁大龄独生子女办理意外伤害保险】 2011年,南昌县投入10万元资金,为全县3452名14~24周岁农村大龄独生子女办理意外伤害保险。

【召开乡镇计生办主任工作会议】 12月15日,南昌县召开乡镇计生办主任工作会议。会议传达全市人口计生委主任会议精神,听取了乡镇计生办主任关于2012年人口计生工作打算,并就2011年度省级目标考核情况进行通报与分析。会议明确了2012年度南昌县人口计生工作思路:一、抓基层、打基础,切实解决人口和计划生育工作"村梗组"问题;二、抓重点、促难点,切实提高全县人口计生工作水平;三、抓投入、创亮点,切实提升人口和计划生育服务质量。

表107 **2011年南昌县人口计生委领导班子成员名单**

姓　名	性　别	出生年月	籍　贯	职　务
丁学善	男	1964.11	江西南昌	党组书记、主任
于荣华	男	1965.11	江西南昌	副主任
范建平	男	1959.9	江西南昌	副主任
唐爱民	男	1973.9	江西南昌	副主任
魏瑞华	男	1956.11	江西南昌	党组成员

(主笔:张军伟　审稿:丁学善　张济鹏)

劳动和社会保障

【概况】 2011年,南昌县人力资源和社会保障局坚持以"三个代表"重要思想和科学发展观为指导,以深入开展"创先争优"活动为契机,以经济发展为主线,扎实推进人才强县战略,加强机构编制管理,不断统筹城乡就业,进一步完善社会保障体系,继续推动劳动关系和谐稳定,全面促进了全县社会经济平稳快速发展。

【多途径促进就业】 2011年,一是抓好政策宣传工作,通过县电视台、社区宣传栏、印发就业政策宣传册等多种形式,深入开展就业再就业政策宣传活动,共印发用工信息、就业政策等宣传资料30000余份。并在劳动和社会保障服务中心一楼大厅设立就业政策宣传栏和业务流程图,宣传就业政策,方便失业人员能够随时了解政策动态。二是做实台账,为开展就业工作打下坚实基础。为建立健全农村劳动力市场建设,推进城乡一体化,确保城乡劳动力实现充分就业,建立和完善县、乡、村三级劳动保障平台和劳动力资源台账,并进行动态更新,为开展就业工作打下坚实的基础。三是积极开展就业援助活动,多途径拓宽就业渠道。2011年1月至4月,在全县范围内开展以"送政策、送岗位、送服务、送温暖"为主题的春风行动暨就业援助月活动;在县城莲塘先后举办大型专场招聘会2场,在各乡镇累计举办专场招聘会34场,参加应聘人数4000余人;5月9日至5月15日联合举办以"为高校毕业生求职建立通道,为民营企业吸纳人才搭建平台"为主题的民营企业招聘周活动,招聘周期间共有43家县内工业园企业参加招聘,提供岗位2560余个,参加招聘周活动应聘人员达1800余人;9月1日至9月30日在全县范围内开展高校毕业生就业服务月活动,11月28日至12月2日在全县范围内开展高校毕业生就业服务周活动,先后在县城莲塘举办大型专场招聘会2场,参加求职应聘人数1400余人,并对2011届以及往届离校未就业高校毕业生、各类基层就业项目服务期满高校毕业生进行了全县调查摸底,建立相关工作台账,录入微机,实行动态管理,进行跟踪服务。四是不定期开展送岗下乡活动。县人力资源服务中心每次组织县内工业园企业5至6家,将岗位送到乡(镇)村(社区),每月送岗下乡2~3次。2011年,共送岗下乡21次,提供用工岗位3000余个,参加求职应聘人员5600余人。

【充分发挥实训基地培训优势】 2011年,一是整合培训资源,保障培训质量。组织多家企业和培训机构参加全县职业技能培训工作，为用工企业与培训机构开展联合培训搭建沟通的桥梁，已初步形成以县实训基地、县职业高中、江西新源教育学校、阳关学校为载体的职业技能培训体系，并进一步加强校企合作，积极组织4家培训机构对全县工业园区企业开展转移就业培训和技能提升培训。培训专业涉及缝纫、制鞋、冷饮制作、机械维修、计算机调试、玻璃钢生产工艺、锅炉辅机检修等专业。二是按照“开办申请、过程检查、结业审核、评估验收”四项准则，并加强职业培训监管，确保培训实效。2011年，共组织开展各类就业创业培训6454人次，完成全年目标任务的112.4%；组织开展省内工业园区定向培训5850人次，完成全年目标任务的111%（其中：组织开展创业培训510人次，完成全年目标任务的121.4%）；组织开展国企改革转岗职工技能提升培训200人次，完成全年目标任务的100%。三是组织开展在岗职工技能提升培训234人次，完全全年目标任务的234%；开展2011年度新聘人员岗前培训，共75人，其中教育系统新聘教师培训35人，机关事业单位人员40人。为提高全县各系统专业技术人员的整体素质，培训继续教育4352人，计算机应用能力培训4316人。

【进一步加大小额贷款工作力度】 2011年，一是加大政策宣传力度。共印发5000份《南昌县小额担保贷款办事指南》分发到各乡镇进行广泛宣传，并利用新闻媒体、报纸、标语等多种形式进行宣传。二是建立健全各项管理机制。制定《南昌县小额担保贷款实施办法》和《南昌县小额担保贷款操作流程》，从制度上保证小额担保贷款的发放与回收工作正常开展。三是建立激励机制。对乡镇劳保所完成小额贷款发放和回收任务与奖惩挂钩，做到奖罚分明，极大地调动了各乡镇（开发区）劳保所工作的积极性。四是全力打造小额担保贷款“绿色通道”建设。2011年6月，南昌县小额担保贷款中心完成“绿色通道”建设。从小额贷款办理流程、工作人员行为规范、服务质量和基础管理等进行公开，增加透明度，同时为广大创业人员提供了更加便利、快捷、优质、高效的服务。

【养老保险工作】 2011年，一是积极开展未参保城镇小集体企业职工参保工作。南昌县社保部门认真贯彻落实赣府厅发〔2011〕38号文件精神，2011年11月初正式开展小集体人员参保缴费工作，并制定工作进度表，按时间、分步骤有序进行，同时，为提高经办人员的业务水平，组织全县劳保所所长及业务经办人员参加业务培训班，抽调业务骨干到增设经办窗口，实现审档、缴费、办理退休手续一站式服务，为缴费人员提供快捷服务。二是多措并举，全力推进社会保险扩面工作。通过下达目标任务，将全年目标任务层层分解，并建立奖惩制度；加强部门联合，积极与劳动监察和法院等职能部门，对园区百余家企业下发稽核通知书，并加大对小蓝开发区企业及其他未参保企业的扩覆力度。三是狠抓落实，严把社会保险基金征缴“三关”，严把缴费工资审核关，2011年对全县800余家企事业单位进行缴费工资调整审核，认真细致做好基数调整，确保数据准确录入，杜绝漏报少报现象；严把清欠关，认真做好阅档测算工作，确保欠费和协保人员经费进账，共收缴改制企业欠费和协保人员递增补差费3000万元；把好缴费关，对正常缴费的企业，确保按月及时托收，争取基金尽快“颗粒归仓”，并制定宣传手册，进一步为灵活就业人员参保缴费提供优质服务。四是落实政策，认真开展社会保险其他经办工作。积极做好离退休人员生存资格认证、养老保险关系转移接续、养老保险系统上线调试工作和特殊群体参保及改办工作。

【医疗保险工作】 2011年，一是抓重点、突难点，完善信息化建设。为了方便参保群众就医，开通城镇居民医保就医“一卡通”网络系统，实现刷卡就医，医疗费用由定点医院与县医保局结算；为了让全县城镇居民参保缴费更加方便、快捷，积极与省市农业银行沟通、协商，共同开发农行对接代缴医保费的网络系统，实现全县居民可持医保卡，在全市范围内各农业银行网点自行刷卡缴费。二是固基础、求发展，力推学生参保。2011年8月，会同县财政、教育部门召开推进会，正式启动学生参保工作惠民工程，并确定每年9～10月为中小学生、幼儿下一年度参保缴费期。2011年南昌县中小学生、幼儿在校统一办理的参保人数为26654人，创历年以来的新记录。三是定方案、抓落实，操作具体得当。城镇职工医保：对全县正常运转的企业进行调查摸底；针对各个企业不同的情况，核准缴费基数，要求企业将医保基金的支出列入生产成本，同时，下发下一年度的续保缴费通知书，通知各参保单位在规定的时间内及时缴费续保。2011年南昌县民营企业职工参保人数同比增长12%。城镇居民医保：继续加大城镇居民医保政策宣传力度，在县电视台反复播放有关政策和续保缴费通知，到各居委会张贴、散发续保缴费通知单，发放一万余条手机短信通知；让居民们对政策了解详细并及时续保缴费。

【工伤和生育保险工作】 2011年，一是切实加强有针对性的政策宣传工作，以非公企业、建筑等高风险行业和外来务工人员等风险相对集中的人群作为工伤保险扩覆的重点，切实化解参保企业、参保人群的工伤风险。二是在扩覆的同时，强化工伤生育保险的基础管理工作，不断规范待遇支付程序，建立大额工伤案例和疑难案例集体分析审核制度，确保基金合理支付，维护参保职工的权益。

【失业保险工作】 2011年，一是结合社会保险法的实施，加大失业保险的宣传力度，提高失业保险的社会知名度。二是针对就业结构变化的新趋势，把扩面的重点放在小蓝工业园区的企业及其他民营企业的职工参保上，促进更多人员参加失业保险。三是深入参保单位，上门服务，不厌其烦，对个别“钉子户”依法提起诉讼，确保失业保险基金征缴工作顺利推进。

【新型农村社会养老保险工作】 2011年，一是出台《关于印发南昌县2011年度农村社会养老保险征缴考核奖惩办法的通知》文件。下达征缴目标任务，并建立考核奖惩办法。二是建立审核责任制，确保基金安全。

明确责任,保障不出现冒领、重复领取情况。三是督查考核,确保任务完成。南昌县社保部门人员多次到乡镇督促工作进展情况,每月召开一次工作调度会,及时通报各乡镇和相关部门工作进展情况,对好的经验和做法及时推广、交流;对工作不力、进展缓慢的进行通报批评,推动试点工作顺利进行。四是全力做好档案建立工作。对全县参保人员缴费信息、档案进行审查、核对和整理归档和录入工作,截至2011年12月,已基本完成46万余人参保档案的复审和录入,其中参保缴费人员档案建立381114人,领取基础养老金人员档案建立82103人,建档率达到100%。五是创新方法,确保养老金发放到位。南昌县社保部门与县农业银行沟通协调,投入资金,在全县布放320余台支付通,让农民在家门口就能取到养老金,有效避免虚领、冒领情况。

【城镇居民社会养老保险工作】 2011年,经省委、省政府批准南昌县被列为第一批城镇居民社会养老保险工作试点县,并于2011年9月正式启动城镇居民社会养老保险工作。为推动试点工作顺利开展,南昌县社保部门积极开展以下工作:一是把握政策,深入调查,确保城镇适龄居民参保全覆盖。对全县城镇户籍人口总数、年龄结构层次进行调查摸底工作,组织各劳保所和各村协管员进村入户调查摸底,着重对各乡镇60周岁以上的人员情况进行认真填写、核对,做到村不漏户、户不漏人,并定期摸底调查情况进行通报。已完成城居保信息调查摸底工作,共录入19万名城镇户籍人口信息。二是强化学习培训,提高业务经办人员工作能力。南昌县社保部门组织召开城镇居民社会养老保险政策业务培训会,提升各级工作人员的政策水平和业务能力。三是为确保城镇居民社会养老保险这项惠民政策落到实处,南昌县组织各乡镇、开发区(新区)、银三角通过挂标语横幅、张贴通告、发放宣传单、流动宣传车广播、设立政策咨询台等多种形式,全方位、深层次进行新农保政策宣传,广泛动员农民群众参保。活动期间,全县共悬挂宣传横幅300余条,张贴政策公告2000余份,发放宣传手册10余万册,出动流动宣传车12辆,现场咨询接待2.5万余人次,有效推动了城镇居民社会养老保险工作的顺利开展。

【劳动争议仲裁工作】 2011年,南昌县以制度建设为重点,以强化监督为手段,确保劳动仲裁公平公正。一是坚持公开审理制度,对所有不涉及个人隐私和国家秘密的劳动争议仲裁案件都公开审理、允许旁听,公开接受社会监督;二是坚持庭审考核,制定并实施案件审理考核和当事人信息反馈制度,对每一起案件的审理都确定明确的责任人,在庭审程序、法律实用、质量效率和言行规范进行严格要求,有力地保证了仲裁结果的公平公正。全年共处理劳动争议案件280余起,其中立案受理278起(案外调解20余起)。立案受理的278起劳动争议案件中,撤诉20起,调解19起,裁决222起,已审理结案261起,其余案件于12月底结案,并保证每年98%以上的结案率;为劳动者讨回经济损失总额200多万元,其中追回劳动报酬约40万元、工伤待遇150多万元、经济补偿5万多元,为170多位劳动者补缴社会基本养老保险。

【劳动保障监察工作】 2011年,一是积极扩大书面审查范围,摸清审核用工情况。在书面审查中,坚持把检查与服务相结合、执法与规范相结合,认真指导和帮助企业依法签订劳动合同、完善规章制度,提高企业依法用工、依法管理的能力。全年共审查各类企业273家,涉及职工2.48万余人。二是加大执法专项检查工作力度,营造和谐用工环境。开展劳动保障权益保护、清理整顿人力资源市场秩序专项检查、劳动合同签订、工资支付、技术工种从业人员持证上岗及社会保险扩面等专项监察和检查,使劳动用工得以进一步规范化,净化了南昌县的劳动用工环境。三是切实推进两网化建设,全面提升监察管理水平,建立劳动保障监察网格化管理信息系统,实时采集和监控网格内用人单位劳动合同、工资支付、劳动条件、社会保险等方面的信息及情况,形成相关的用人单位及劳动用工情况的数据。四是积极做好社会保险法宣传工作。通过发放资料、现场解答咨询、悬挂标语、流动车宣传、电视网络宣传、开办培训班等形式全方位、广覆盖的宣传活动,把社会保险法宣传到基层,宣传到各乡镇、各企业和广大人民群众中去,引导各类用人单位和人民群众自觉依法履行参加社会保险义务,保障公民的各项社会保险权益,使这部法律得到切实有效的贯彻实施。

【开展"创先争优"活动】 2011年,一是强化学习,在组织党员干部认真学好党章、党史的基础上,下工夫学习与劳动保障工作紧密相关的新政策、新知识,与工作实际相关的业务知识,全力提高全局广大党员干部贯彻与执行政策、分析处理问题和依法行政的能力。二是以效能建设为契机,建立健全各项管理制度,强化内部管理,进一步提高窗口单位的对外服务质量;以创先争优活动为契机,进一步增强党组织的创造力、凝聚力和战斗力,增强党员的荣誉感、使命感,促进整体功能发挥,推动全局重点工作的顺利开展。

【加强机关自身建设】 2011年,一是为进一步提高全体干部职工业务素质和服务水平,在全系统组织开展业务知识竞赛,对参赛人员进行评分并实行奖励机制。二是全面开展"窗口、科室"作风建设评比活动,完善"考勤管理制度"。三是以建党90周年主题活动为契机,组织开展唱红歌、讲故事、强体质、扬正气系列活动。通过一系列活动的开展,在提高业务素质、服务水平和工作效率,转变工作作风等方面都取得一定成效,既丰富干部职工的业余生活,营造健康向上的工作氛围,也激发全体干部职工奋发向上,团结奋进的精神,同时也增强人保系统的凝聚力和战斗力。

(主笔:朱珍珍　审稿:吴　奕)

民政事业

【概况】 2011年,南昌县民政局,先后获得江西省社会救助工作先进县、江西省民政系统信访维稳工作先进县、江西省电脑福利彩票销售千万元明星县、南昌市民政工作先进单位、南昌县发展提升年活动先进单位等荣誉称号。

【开展南昌县第八届村(居)民委员会换届选举】 南昌县第八届村(居)民委员会换届选举工作,自2011年10月份开始至2012年2月结束。

南昌县参加村级换届选举的共16个乡镇,小蓝经济开发区、银三角管委会、263个行政村。为搞好全县第八届村(居)民委员会换届选举工作,确定蒋巷镇玉丰村、泾口乡创业村、武阳镇前进村为"自荐直选"试点村。截至2012年2月尚有南新乡大港村、武阳镇安前村未完成选举任务,完成率占全县村委会的99%。村级换届选举共登记参加选举的村民54.6813万人,参加选举的村民52.6068万人。参选率达96.2%。共选出新一届村委会成员1001人。其中村主任260人(含女性3人),副主任274人(含女性18人),委员467人(含女性173人),村主任兼村党支部书记的26人,比上届多6人。村委会成员兼村党组织成员的408人,比上届多202人。新当选的村委会成员年纪轻、有文化、懂经济、善管理、热心为民服务、为民办事。具有较强的组织能力和工作能力,在政治面貌、年龄结构、文化结构比上届更好,整体素质有了明显提高。

政治面貌有较大变化。在选出的村委会成员1001人中有中共党员890人,占村委成员总数的88.91%。

年龄结构趋向合理化。在选出的村委会成员中年龄在30岁以下的45人,31岁至40岁的278人,41岁至50岁的507人,51岁至60岁的169人,60岁以上的2人。平均年龄42岁。

大幅度地提高了文化程度。在选出的村委会成员中具有本科文化程度的27人,大学专科文化程度的143人,高中文化程度的380人,初中文化程度的439人,小学文化程度的12人。

南昌县参加社区居委会换届选举的共50个,社区居委会,共有选民6.8038万人,共有参加选举的选民6.4005万人。选举率达94%,在50个社区居委会,采取居民代表选举的有12个社区居委会,占社区居委会总数的24%,采取户代表选举的有15个社区居委会,占社区居委会总数的30%,采取直接选举的有23个社区居委会,占社区总数的46%,通过选举选出社区居委会成员178人,其中主任49人、副主任61人、委员68人。在社区居委会成员中大学本科文化程度的4人、大学专科文化程度的30人,高中文化程度的114人,初中以下文化程度的30人。年龄在30岁以下的11人,31岁至40岁的57人,41岁至50岁的87人,51岁至60岁的21人,60岁以上的2人。通过全县第八届村(居)委会换届选举,一批年纪轻、文化高、懂经济、善管理优秀人才进入了村(居)民委员会班子,为发展南昌县农村经济,促进社会稳定,构建和谐社会,为建设新农村奠定了良好的基础。

【启动乡镇区域界线勘定】 根据省、市安排,南昌县从2010年底开始启动乡镇区域界线勘定工作,成立乡镇勘界工作领导小组,县政府分管民政工作的副县长任组长,县民政局长、县政府办公室副主任任副组长,县公安局、县财政局、县国土资源局、县城乡规划建设局、县水务局、县林业局、县民政局等部门负责人为成员。领导小组下设办公室。南昌县人民政府制定了《南昌县乡镇勘界工作总体实施方案》(南政办发〔2010〕20号文件,对全县乡镇区域界线勘察定阶段,分步骤,用三年的时间完成。2011年完成任务的80%。2012年底全面完成714公里、36条乡镇级行政区域界线15个交汇点的任务。县财政按每公里1000元拨给工作经费,组织8人参加业务培训,聘请测绘人员,购买地形图,复印每条边界线的工作草图,落实界桩制作,收集有关资料等,2011年全县36条边界线已有29条界线确定并贯通,对贯通界线确定了界桩埋设点。

【实施孤儿养育基本生活补助】 根据省民政厅、省财政厅《关于发放孤儿基本生活费的通知》(赣民发〔2011〕6号)文件精神,从2010年1月起发放孤儿养育基本生活补助。经过县、乡(镇)村(居)调查核实,填写《江西省孤儿基本生活费申报审批表》及有关材料,经研究上报南昌市民政局审批,全县有享受对象1332人,城镇散居孤儿每人每月570元,农村散居孤儿每人每月400元;残疾孤儿在享受补助标准的基础上,每人每月再增加100元。2011年7月29日南昌市人民政府办公厅《关于加强孤儿保障工作的实施意见》(洪府厅发〔2011〕92号)文件精神。提高孤儿补助标准,城镇散居孤儿每人每月600元,农村散居孤儿每人每月500元,散居残疾孤儿在享受补助的基础上,再增加100元。

【成立慈善义工南昌县分会】 2011年1月25日召开南昌县慈善义工分会成立暨第一届会员代表大会,选举产生南昌县义工分会第一届理事会理事36人,其中会长1人,副会长1人,秘书长1人,理事33人。通过《南昌县慈善义工分会章程》、《南昌县慈善义工管理办法(试行)》等文件,105名同志参加了南昌县第一届慈善义工分会会员代表大会。

【落实部分农村籍退役士兵发放老年生活补助】 根据江西省民政厅《关于确保落实部分农村籍退役士兵发放老年生活补助政策的通知》(赣民字〔2011〕81号)文件精神,南昌县民政局召开专门会议,进行部署,对享受对象,享受金额,开展调查,认真做好申报核查和审批工作。全县共有1757人享受补助。

【实行遗体免费火化】 根据南昌市人民政府关于印发《南昌市遗体免费火化工作实施办法的通知》(洪府发〔2011〕24号)文件,县政府2011年12月13日下发《南昌县遗体免费火化工作实施办法的通知》(南政发〔2011〕19号)文件,对2011年8月1日以后死亡人员,具有南昌县户籍的城乡居民(享受丧葬补助费的人员除外),去世后遗体在殡仪馆火化和公安机关开具允许火化证明的无名尸体,按照规定予以免遗体接运费、普通火化炉火化费、三天以内(含三天)的遗体冷藏费。

【提高城乡居民最低生活保障标准】

根据南昌市政府办公厅《关于提高我市城乡居民最低生活保障标准的通

知》（洪府厅发〔2011〕92 号）文件精神，2011 年 5 月 19 日南昌县人民政府办公室下发《关于提高我县城乡居民最低生活保障标准的通知》（南政办字〔2011〕15 号），从 2011 年 1 月 1 日起提高城市居民最低生活保障标准，每人每月提高 50 元，即由 260 元提高到 310 元，提高农村最低生活保障标准，每人每月提高 50 元，即 120 元提高到 170 元。

【发放城乡困难群众价格补贴】　根据南昌市人民政府办公厅《关于同意启动社会救助和保障标准与物价上涨挂钩联动机制发放价格补贴的批复》（洪府厅字〔2011〕415 号）文件精神，经县政府常务会议研究同意，对全县低收入群体发放 2011 年 3～5 月（共 3 个月）的一次性价格补贴。发放补贴对象，城乡低保对象，农村五保供养对象，重点优抚对象和领取失业保险金人员。补贴标准，城镇低保户每人每月补贴 16 元，农村低保户每人每月补贴 9 元，农村五保户集中供养人员每人每月补贴 16 元，分散供养人员每人每月补贴 8 元

【开展城乡低保资金发放专项治理“回头看”活动】　2011 年 4 月 14 日，南昌县民政局制定《开展城乡低保资金发放专项治理“回头看”活动实施方案》（南民字〔2011〕29 号）文件，成立领导小组，召开动员会，制定“回头看”工作推进表，开展自查自纠和交叉检查，落实整改，通过“回头看”取消城市低保享受人数 158 人，农村低保享受人数 1345 人。

【与乡镇民政办公室签订 2011 年度城乡低保责任书】　为进一步落实县民政局、县财政局、县监察局《关于实行城市居民最低生活保障工作责任制及责任追究的暂行规定》，2011 年 8 月 30 日，南昌县民政局与全县 16 个乡镇、小蓝经济开发区、银三角管委会社发局负责人签订城乡低保责任书。

【启用南昌县民政局低保年审专用章】　为进一步加强城乡低保规范化管理，简化换证手续，减轻县、乡镇工作压力，从 2011 年 1 月起，南昌县民政局为全县 20 个发放低保证的单位刊刻“南昌县民政局低保年审专用章”，发给各乡镇（含小蓝经济开发区、省蚕茶研究所、南昌市五星垦殖场、银三角管委会社发局），并在印章上进行编号，用于城乡低保年度（半年度）审核之用。证件有效期为 3 年，年（半）审核一次，未经审核和加盖“南昌县民政局低保年审专用章”的低保证自动作废。

【城乡低保动态管理】　2011 年，在全县启动新的一轮城乡低保动态管理，南昌县民政局先后下发《关于进一步做好城乡低保动态管理工作的通知和补充通知》（南民字〔2011〕46 号）（南民字〔2011〕83 号）文件，全县将以 2011 年 6 月享受城乡低保人数为依据，作为动态管理参评基数，本年度内完成动态管理率 20% 的乡镇，县民政局给予奖励现金 3000 元，完成动态管理率 15% 的乡镇，县民政局给奖励现金 2500 元。通过动态管理清理低保户后不再新增享受城乡低保对象的，每取消一人，县民政局另奖 100 元，同时减少一个低保基数，通过年终审核统计，完成动态管理率达到比例的有 12 个乡镇，共发放态管理奖金 2.8 万元。

【进一步完善城乡困难群众医疗救助制度】　为进一步简化城乡医疗救助程序，适度提高城乡医疗救助覆盖面和救助标准，南昌县民政局、南昌县财政局、南昌县卫生局、南昌县人力资源和社会保障局转发市民政局等四家《关于进一步完善城乡困难群众医疗救助制度的实施意见》（南民字〔2011〕53 号）文件，就享受医疗救助对象、医疗救助内容、医疗救助程序作了进一步的完善。

医疗救助对象。城乡医疗救助实行，属地管理，救助对象为具有当地户口的村五保对象；城乡低保对象；城乡低保边缘户；新增四类对象；城乡孤儿；城乡贫困家庭儿童；城镇特殊困难群体；县政府认定的其他特殊困难对象，共 8 种。

医疗救助内容。医疗救助对象享受资助参加城镇居民基本医疗保险或新型农村合作医疗（统称“基本医疗保险”），门诊医疗救助，住院医疗救助，大病医疗救助和优惠医疗五种方式。即资助参保参合，门诊医疗救助，住院医疗救助，大病医疗救助，优惠医疗救助等。

医疗救助程序。实行同步结算救助，在全面搞好同步结算的基础上实行，门诊救助，住院救助等无论是哪种对象申报医疗救助都必须凭证办理。2011 年共给予医疗救助 7381 人次，发放资金 2081.3 万元。

【资助农村困难户重（修）建住房】　根据江西省财政厅《关于安排 2011 年农村困难群众住房保障补助经费的通知》（赣财社〔2010〕296 号、191 号）文件精神，对全县 142 户低保困难户重（修）建住房，其中重建户 103 户，修建户 31 户。县民政局于 2011 年 12 月 6 日至 9 日组织 5 个组检查验收组，深入乡镇检查验收。南昌县财政局，南昌县民政局于 2011 年 12 月 26 日下发《关于下达 2011 年农村困难群众住房保障补助经费的通知》（南财社〔2011〕65 号）文件，下拨资金 141.9 万元。其中建房款 138.8 万元，维修款 31 万元。

【发放鄱阳湖旱区渔民生活救助资金】　为保障鄱阳湖旱区受灾渔民的基本生活，江西省财政厅，江西省民政厅下发《关于下拨鄱阳湖旱区受灾渔民生活救助资金的通知》（赣财社〔2011〕113 号）文件，下拨受灾渔民生活救助资金 472.8 万元。用于救助持有效渔业捕捞许可证的鄱阳湖区捕捞渔民；有捕捞场所、捕捞经历和捕捞渔船的鄱阳湖区捕捞渔民（国家公职人民不列入此次救助范围）。补助标准为，没有田地的每人补助 300 元，有田地的每人补助 200 元。为做好这项工作，南昌县民政局，江西省鄱阳湖管理局南昌县分局开展了调查，确定享受鄱阳湖旱区受灾渔民生活救助对象。并及时下拨了旱区受灾渔民生活救助资金 472.8 万元。

【举办汛前灾害应急管理员培训班】　为进一步贯彻落实有关减灾救灾政策，提高灾害管理水平，加强综合协调能力和应急保障能力，南昌县民政局于 2011 年 7 月 11 日和 8 月 28 日，分别在莲塘洁惠花园宾馆和县委党校举办灾害信息员培训班，参加培训班的

全县各乡镇民政办公室主任,灾害信息员共36人。

【遭受自然灾害情况】 2011年,南昌县先后遭遇旱灾、洪涝、风雹、低温、冷冻等自然灾害,受灾人口28.5万人,农作物受灾面积13600公顷,倒塌房屋95间,损坏房屋391间,因灾死亡3人,直接经济损失11004.46万元。

【提高20世纪60年代精简退职老弱残职工生活救济标准】 为切实保障和改善20世纪60年代精简退职老弱残职工生活问题。根据南昌市民政局、南昌市财政局《关于做好2011年社会救助提标提补工作的通知》(洪民字〔2011〕21号)文件精神,从2011年1月起,在2010年救济标准基础上每人每月提高20元,确保城市救济水平每人每月达到245元,农村救济水平每人每月达到206元。

【为大中型水库移民后期扶持发放应急补助资金】 为帮助大中型水库移民解决困难,2011年,先后下拨移民解困项目资金55.7万元,主要用于帮助移民村和移民户改造排水沟、维修路面以及维修住房等。

【继续发放农村离任"两老"人员补助】 2011年,对已享受农村离任的村党支部书记、村主任"两老"人员进行核查,对已死亡和新增人员进行逐个查对。全县共有767人享受补助,每人每月200元。

【为老年人服务】 2011年,在莲塘镇体育馆社区居委会建立居家养老示范中心。县民政局发下《关于在莲塘镇体育馆社区建立居家养老示范中心的通知》(南民字〔2011〕17号)文件。办理老年人优待证和70周岁以上老年人免费乘座市内公共汽车。从2011年6月8日起至6月15日,在南昌县莲塘镇人民政府办证窗集中办理70周岁以上老年证,全年共办乘车优惠卡5180个和办理老年人优待证5973人,其中70周岁以上的4343个,60周岁以上1630个。为百岁长寿老人发放补贴,共25人,每人每月200元。

【社区居委会工作】 为进一步规范全县50个社区居委会的工作,激励先进,鞭策后进。2011年6月,县民政局下发《南昌县社区居委会工作考核评比方案》(南民字〔2011〕48号)文件,同时南昌县财政局,南昌县民政局于2011年8月下发《关于下达2011年居委会人员工作补贴补助资金的通知》(南财社〔2011〕37号)文件,按文件规定标准发给居委会主任(书记)74人,每人每月150元。副主任65人,每人每月130元。工作人员91人,,每人每月110元,计230人,发放资金共35.472万元。

【成立南昌社会福利院】 2011年,兴建南昌县社会福利院,第一期主体工程建设、装修全面完成,总建筑面积7333.4平方米,建有1幢综合性办公用房和2幢老年住宅楼。为尽快投入使用,经报呈南昌市编委同意,成立南昌县社会福利院,南昌县机构编制委员会于2011年3月30日下发《关于成立南昌县社会福利院批复》(南编发〔2011〕6号)文件。为南昌县民政局下属副科级事业单位,核定副科级职数1名,全额拨款事业编制4名,已调进1名。南昌县社会福利院主要职责:负责收养城镇"三无"人员,孤老、孤残、孤儿、弃婴,为他们提供管理与服务,为走失儿童实行托管,面向社会提供有偿的老人托养服务。

【创建精品农村社区】 为了积极开展创建精品农村社区活动,根据江西省民政厅《关于继续开展创建精品农村社区的通知》(赣民字〔2011〕152号)文件精神。南昌县塘南镇渡口村新农村社区、蒋巷镇柏岗山村大应老年农村社区、塔城乡北洲村湾里农村社区、幽兰镇马游村马游新村社区、广福镇万洲村万洲农村社区、岗上镇安仁村安仁农村社区等6个村级农村社区被江西省民政厅命名为全省精品农村社区。

【启动首届"南昌慈善日"活动】 10月,县委办公室、县政府办公室印发《南昌县开展首届"南昌慈善日"活动实施方案的通知》(南办字〔2011〕58号)文件。从2011年10月18日起开始启动。召开了动员会、开展宣传活动、进行集中捐赠、开展救助活动。发放救助款10万余元,制作20只捐赠箱,开展"慈善一日捐"活动,共捐款14.23万元。

【销售社会福利彩票】 为了充分发挥和调动销售社会福利彩票工作积极性,全面完成2011年社会福利彩票销售任务,3月11日,南昌县民政局下发《2011年福利彩票发行销售工作实施意见》(南民字〔2011〕20号)文件,提出了彩票销售任务。建立奖罚机制。实行投注站点月奖励。年奖励、管理干部奖励、以及对未完成任务站点实行惩罚等。截至2011年底,全县福利彩票销售完成2700万元。

【举行"福彩公益行.走进南昌县"资助金发放仪式】 2011年4月29日上午,南昌县民政局在县综合办公大楼院内隆重举行"福彩公益行.走进南昌县"资助金发放仪式,对全县33名生活特别困难的老党员、老支书、孤儿以及患重大疾病的患者进行资助。在受资助对象中,有离任的村支书、有30年以上党龄的老党员,还有父母双亡的孤儿和患白血病、尿毒症等重大疾病的患者,每人发给3000元的资助金,共发放9万元。

【提高义务兵家庭及重点优抚对象优待金】 2011年,提高义务兵家庭及重点优抚对象优待金。农村义务兵,按照上年度农民人均纯收入的70%确定每人每年优待5180元,比2010年优待4600元,增长580元。进疆义务兵,每人每年优待1.036万元。进藏义务兵,每人每年优待1.554万元,比2010年优待1.38万元,增长1740元。城镇义务兵,按照上年度城镇职工平均工资的30%,确定每人每年优待7429元,比2010年优待6638元,增长791元。征集的应届大学专科学历毕业生,在现行优待标准基础上提高20%,每人每年优待8699元,比2010年优待7966元增长733元;应届本科学历毕业生义务兵优待金在现行标准基础上提高30%,每人每年优待9424元,比2010年优待8629元,增长795元。2011年,共有1221名享受优待,全年优待金596.1138万元。

【抓解“三难”工作】 为解决优抚对象住房、治病,生活困难,2011年1月27日,南昌县民政局下发《关于下拨重点优抚对象工作(修)建住房补助资金的通知》(南民字〔2011〕9号)为4户重点优抚对象建房补助资金2.5万元。发放治病医疗补助14.89万元。2011年南昌县民政局下发《关于对全县重点优抚对象进行健康体检的通知》(南民字〔2011〕80号)文件,从2011年10月17日至11月10日,对享受定期抚恤补助的“三属”对象,在乡复员军人、残疾军人、带病回乡退伍军人、十四类参战退役人员和涉核退役人员等,发放优抚对象生活补贴23.92万元,发放各项定抚定补经费506.7513万元。节日对“十四类”参战参试703人发放生活补助经费314.234万元,慰问金28万元。

【进一步加强敬老院管理】 根据2011年8月,南昌市人民政府下发的《关于进一步规范农村敬老院管理与服务工作的意见的通知》(洪府发〔2011〕31号)文件,县人民政府办公室下发的《关于印发进一步加强全县农村五保供养和敬老院管理工作的补充意见的通知》(南政办发〔2012〕1号)文件精神,就五保供养对象每月零用钱、衣被购置、医疗待迁、护理费、敬老院工作人员工资待遇及补贴、安装呼叫器等6个问题进行补充。每月零用钱,由每人每月30元调整为50元。衣被,由县民政局、县财政局统一购置,确保有两套衣服,做到冬有盖被、垫被、床单,夏有凉席。医疗,在敬老院的五保对象购置常用药品费用由每人每年不低于120元调整为每人每年不低于150元。护理费,对生活不能自理的五保对象护理费以全县当年五保对象人数为基数,100人以下每人每年500元,100~1000人每人每年300元,1000人以上的按每人每年30元的标准执行。工资,敬老院长由不低于800元调整为不低于1000元;其他工作人员月工资由不低于700元调整为不低于800元。安装呼叫器,每所敬老院要配备应急呼叫系统,在敬老院居住的老人房间都有安装呼叫器。

【创建星级敬老院】 根据南昌市人民政府办公厅转发市民政局、市财政局《南昌市农村星级敬老院评定及奖励办法(试行)》的通知(洪府厅发〔2010〕144号)文件精神,南昌县民政局向南昌市民政局呈报《关于我县开展敬老院创建活动规划的报告》(南民字〔2011〕13号),按照上级要求,提出分期分批逐步在全县乡镇创建三星级敬老院7个、四星级敬老院5个、五星级敬老院1个。经过多方努力,2011年11月16日,南昌市民政局命名表彰南昌县武阳镇、向塘镇两所敬老院为五星级敬老院,塔城乡、黄马乡、幽兰镇三所敬老院为四星级敬老院。

表108 **2011年南昌县民政局领导班子成员名单**

姓 名	性 别	出生年月	籍 贯	职 务	备 注
万春火	男	1957.2	江西省南昌市高新技术开发区	党组书记、局长	
熊旺根	男	1964.5	江西省南昌县幽兰镇	党组成员、副局长	享受正科级
万义民	男	1960.2	江西省南昌县南新乡	党组成员、副局长	
赵秋生	男	1964.10	江西省南昌市高新技术开发区	党组成员、副局长	
徐志强	男	1971.7	江西省南昌市高新技术开发区	党组成员、副局长	
王志强	男	1970.1	江西省南昌县向塘镇	党组成员、副局长	主任科员

(主笔:陈春琪 审稿:万义民)

乡 镇 概 况

莲塘镇

【概况】 2011年，莲塘镇全面贯彻落实科学发展观，强力推进城市建设，积极创新社会管理，推动了全镇经济持续快速发展。镇财政收入4.01亿元（其中国税完成2.04亿元，地税完成1.97亿元），较上年增长19.7%。农民人均纯收入9443元，较上年增长14.6%，净增1203元。工业企业落户莲塘累计103家，其中规模以上企业9家，完成规模以上工业产值13.23亿元，实现规模以上工业增加值4.13亿元，增幅10%，初步形成了棉纺针织、机械制造、化工建材、农副产品加工等特色产业。完成固定资产投资65.89亿元。村级集体经济实力显著增强，全镇集体经济年收入100万以上的村有5个。招商引资在量增的基础上追求质优，结合"三产（第三产业，下同）富镇"的战略，重点引进三产项目。2011年再添2个项目，其中力帆汽车4S店项目投资2000万元，人人乐超市项目投资额5500万元。产业结构日趋优化。全镇第一、第二、第三产业结构比为3.9∶26.2∶69.9，形成了传统服务业、商贸流通业、房产建筑业和休闲娱乐业四大支柱行业，经济发展整体水平再上一个新台阶。

【路网框架基本形成】 2011年，莲塘镇按照"一年建，两年变，三年见成效"的思路，在巩固提高城区第一圈层建设效果的基础上，着力将建设重点投入到第二圈层（即东起京九线，西至南高路，北起城北路，南至城南路，面积12平方公里）的城市建设。莲塘区域内着力推进重大重点项目107个（含中小城镇建设项目30个），包括市政项目27个，公建项目42个，商业项目25个，开发项目13个。在前期项目征地拆迁工作基本完成的基础上，落户项目陆续动工建设。其中新建莲西大道北段（城北路至梅湖南路）、康莲路东段、溪南路、康莲路西段、澄湖东路（澄湖北大道至小蓝南路）、幸福路等道路以及河滨路南段道路排水、小蓝南路西段道路排水等设施；困扰多年的城市核心区域断头路已全面打通，"五纵五横"的大路网框架已基本形成，东、南、西、北、中的城市框架日趋成形。

【公建项目进展顺利】 2011年，全镇公建项目共推进了县人防指挥中心、莲塘河防汛治涝工程、莲塘三小、莲塘九小、莲塘二中科技实验楼、县中医院整体搬迁、县人民医院门诊医技大楼、110千伏斗梧龙线改造工程（电缆下地部分）和澄碧湖公园北苑改造工程等民生配套类项目10个，共涉及投资额4.6亿元。

【第三产业项目加速推进】 2011年，莲塘镇一大批三产项目快速推进，金瀚丽晶酒店、澄湖国际街区一期、华润苏果超市和爱丁堡商业街一期等第三产业类项目陆续封顶，共涉及投资额7.77亿元。其中，金瀚丽晶酒店、澄湖国际街区一期这两个项目投资额均在3亿元以上。金翰丽晶酒店总投资3亿元，占地面积54亩，主要兴建四星级酒店。澄湖国际街区一期总投资3.6亿元，占地面积200亩，主要兴建商业街及商品房。华润苏果超市位于永通澄湖国际街区内，总投资8600万元，营业面积2万平方米；爱丁堡商业街一期定位为中国传统文化和传统工艺产品交易的集散地，建成后营业面积3万平方米。此外，玺悦城、月星家居、盛汇城市广场、中飞国际酒店、江铃国际大厦及江铃汽车4S店等项目正在加速推进。

【新农村建设项目相继完成】 2011年，镇、村两级共配套资金260多万元，莲塘村、王家村、斗门村、街上村等4个新农村建设点相继完成，实现改水改厕100%，道路通户100%的"双百"目标。各新村点都按照农村清洁工程要求，配备了专职的保洁员，落实长效管理制度。新农村建设呈现出"八有"特点：即有机构、有方案、有宣传、有突击行动、有资金投入、有专人管理、有长效机制、有阶段成果。

【创新环境卫生管理机制】 2011年，县委、县政府部署城市管理重心下移工作，莲塘镇更新思路、制定方案、积极对接。首先，专门成立环境卫生管理所（简称环卫所，下同），专职管理县城莲塘环境卫生工作，实行网络化管理。其次，接纳县城管局市政所移交的保洁员316人，绿化人员35名，接纳县环卫所移交的保洁养护人员88名，合计439人，顺利完成交接过渡工作。

【创新社区管理机制】 首先，全新调整社区（居委会）布局。全镇新成立3个社区（居委会）（即王家社区、昌南客运站社区、澄湖北路社区），并对现有12个社区居委会管辖区域进行了科学调整，使社区布局更加合理，管理更加科学，服务更加健全。斗柏路社区荣获江西省"绿色社区"光荣称号，被评为"十大和谐社区"之一。召开了10多次城管工作移交协调会，全力配合县城管委、城管局做好城市管理下移交接工作。其次，完善社区服务机制。全镇成立了楼栋长民生服务队，成为联系居民、活跃社区的桥梁和纽带；成立"群众工作室"，开展矛盾纠纷调解和信息排查工作；发放"民情联系卡"，走门入户为群众排困解难；建立党员"五个一"服务机制，即当好一名联络员、带好一幢居民楼、帮好一个困难户、出好一个金点子、做好一件社区事，鼓励党员干部和志愿者参与社会管理，服务社会居民，共创社区和谐。

【创新流动人口管理机制】　县城莲塘流动人口多，管理难度大。2011年，该镇各社区建立了"一表双卡"制度，通过流动人员登记表、出租人员登记卡和育龄妇女信息卡，加强流动人口摸排登记，强化出租屋管理，将流动人员管理纳入规范化轨道。"七城会"期间，全镇对各村(居委会)区域内出租房屋进行拉网排查，建立相应台账，共登记出租屋3077户、流动人员9269人，端掉传销窝点22个，做到了对外来人口底数清、情况明，有效预防了重大刑事案件的发生。

【控制违法违章建筑】　2011年，镇政府成立城市管理办公室，制定《莲塘镇强化查处违章建筑实施方案》，加大违章建筑控制查处力度。通过"定路段、定岗位、定人员、定职责"的"四定"方针，做到"三个明确"，即明确职责，明确范围，明确奖罚。2011年，全镇共查处违章建筑95幢次，拆除违章建筑8123平方米，查处率达98%。

【社会保障实现新突破】　一是民生资金投入有新突破。2011年，用于民政"一卡通"的惠民资金为4045万元，占全年财政支出50.3%。全镇发放城镇居民医保卡17637张，办理2012年度城镇居民参保23996人；到2011年末，全镇有享受农村养老金对象2624人，比上年增长21%。二是社会救助体系建设有新突破。城乡低保在动态管理下实现"应保尽保"，全镇累计发放城市低保金2400万元，比上年增加400万元，发放农村低保金175万元，比上年增长27.8%。残疾人事业得到更多关注，医疗救助水平大幅提升，全镇下拨医疗救助金171.18万元，救助539人次，有效缓解了困难群体看病难问题。三是农村合作医疗工作有新突破。2011年，全镇住院共补助6161人次，补助金额644万元，比上年增长24%，其中获万元以上补助117户，全年资金使用率99%；全镇参合农民25766人，参合率达94%。

【社会和谐呈现新局面】　一是推进"六五"普法(全国第六个五年普法规划，下同)。以"学法律、讲权利、讲义务、讲责任"为主题，建立5支队伍(专职普法员队伍、矛盾调解员队伍、法制宣传员队伍、基层信息员队伍、社会治安员队伍)，切实推进"六五"法制宣传教育和依法治镇工作。2011年，莲塘镇被市委、市政府授予"五五法制宣传教育和依法治理工作先进乡镇"。二是强化校车安全检查。莲塘镇由派出所、中心小学联合交警队组成联合工作组，明确了3个工作重点：重点检查幼儿园、重点检查车辆、重点审核司机资质，对全镇55个幼儿园、9所小学进行了全面检查。三是深化"打黑除恶"。2011年，莲塘镇加强"扫黄打非"、打击毒品犯罪力度，加强对学校、网吧和事故多发地段进行规范和整顿，加强对烟花鞭炮、道路交通、农机、消防及燃气市场等重点领域、重点行业的专项整治。全年共破获各类刑事案件213起，抓获各类犯罪嫌疑人279名，追捕网上逃犯126人。四是做好矛盾调处。为了化解社会矛盾，创建平安莲塘，创新与强化"带案下访、坐诊接访、主动寻访"的"三访机制"。一年来，全镇干部主动对本镇9个村，12个居委会的2100余户，3万余人进行了走访，全年解决矛盾纠纷521件，帮助解决失地农民就业127人，慰问困难群众1380人，救助困难家庭70户。为了做好信访工作，该镇落实"一把手"总负责制度，实行"谁主管、谁负责"与"属地管理原则"，重点信访案件实行领导包案制度、完善党政领导接待日制度，把信访工作落到实处。

【服务能力实现新提升】　一是以"双考制度"(考勤、考评)为抓手，目标管理制度更加健全。2011年，莲塘镇全面完善"双述双评"(镇属各单位向镇领导班子述职，向机关干部述职；接受镇领导班子考评，接受机关干部打分)机制，同时结合月度考评打分，全程测评过程公开、公平、公正，考评结果既体现了个人能力和业绩评价，也体现了协调工作、交办工作、挂点工作、分管工作的综合评价，使目标管理制度更加科学。二是以"月度审计"为抓手，基层财务管理更加科学。对基层组织每月开展一次专项审计和例行审计工作，重点对各村的财务收支、农民负担、有关单位的经济责任和镇领导安排的其他审计项目进行审计，审计的结果纳入目标考评。三是以"星级服务"为抓手，便民服务理念更加深刻。2011年，先后花20万元全新改建公共资源交易站，增添电子办公设备，完善投标、评标机制；更新便民惠民服务中心、劳动就业服务大厅和信访调处大厅硬件设施，进行爱岗敬业宣传活动和工作作风整顿。全年共接待党务、农医、农技、就业、社保等服务37万多人次，完成招投标项目11个，总预算金额328万元，节约资金10.65万元。

【教育设施进一步完善】　2011年，启动莲塘九小建设项目、莲塘八小二期建设筹备工作，莲塘七中教学大楼投入使用，中小学校危房清理改造工作全面启动，全镇中、小学硬件基础设施得到完善。

【卫生工作进一步提升】　莲塘镇卫生院业务大楼建设完成，成为全县卫生设施最完善的乡镇卫生院。2011年，生育率和人口出生率均控制在计划之内，全年共出生1374人，出生率为13.02‰。比去年下降1.06‰。同比性别比为111.06，完成四术2203例；成立计生稽查队，依法征收并上缴社会抚养费324万元，办结城镇超生案18起；全年奖励独生子女14对，为461对独生子女办理了0～6岁平安保险。

【文化生活进一步丰富】　每周一期的《澄湖社区》电视节目越办越精彩；开设280平方米的报刊阅览室，订阅报刊100多种；全新装修360平方米的乒乓球活动室，先后举办“保惠杯”等一系列乒乓球比赛活动；建党90周年之际，举办“建党90周年歌舞晚会”、“巾帼绽放美丽，岗位再建新功”等大型文艺汇演以及青春沙龙、才女大赛、“百姓舞台”、第三届乡村歌会、“社区群众才艺展演”等活动，丰富了群众文化生活。

表109 **2011年莲塘镇党政领导班子成员名单**

姓　名	性　别	出生年月	籍　贯	职　务	备　注
陈伟峰	男	1969.6	南昌县	党委书记	
涂秀清	男	1966.8	南昌县	党委副书记、镇长	任职至5月
黄凤金	男	1972.11	南昌县	党委副书记、镇长（5月任），人大主席（任至5月）	
郭朝辉	男	1971.1	进贤县	党委委员、人大主席	5月任职
黄元新	男	1970.7	南昌县	党委副书记	
余　宇	男	1977.10	南昌县	党委副书记、纪委书记	5月任职
熊国保	男	1973.11	南昌县	党委委员、副镇长	任职至5月
郑雪花	女	1964.12	南昌县	党委委员、副镇长	
陈晓鸿	男	1969.11	南昌县	党委委员、副镇长	5月任职
曾国华	男	1972.2	南昌县	党委委员、武装部长	5月任职
姚福庭	男	1963.1	南昌县	党委委员、斗门村党支部书记	
王国平	男	1961.4	南昌县	党委委员、王家村党支部书记	
万晓晖	男	1972.12	南昌县	副镇长	
李美龙	男	1978.5	南昌县	副镇长	5月任职
徐水金	男	1957.10	南昌县	副科级干部、墨山村党支部书记	
李茂利	男	1973.6	南昌县	副科级维稳信息员	
胡　兵	男	1979.11	南昌县	副科级维稳信息员	5月任职

表110 **2011年莲塘镇各村委会党支部（总支）书记、村委会主任任职情况**

村委会	姓　名	性别	出生年月	职　务	备　注
莲塘村	揭平根	男	1965.8	书记、主任	
斗门村	姚福庭	男	1963.1	书记	
斗门村	姚国平	男	1953.12	主任	任职至12月

续表 110

村委会	姓　名	性别	出生年月	职　务	备　注
斗门村	徐良平	男	1971. 5	主任	12 月任职
王家村	王国平	男	1961. 4	书记	
王家村	王润水	男	1961. 9	主任	
彭家村	彭水平	男	1955. 12	书记	
彭家村	彭建国	男	1961. 2	主任	
小蓝村	罗国金	男	1962. 6	书记	任职至 12 月
小蓝村	罗荣平	男	1973. 11	主任	12 月当选为书记、主任
定岗村	李上保	男	1968. 11	书记	
定岗村	衷美云	女	1962. 9	主任	
街上村	公春林	男	1965. 2	书记	
街上村	杜育强	男	1974. 9	主任	
埂头村	姚热根	男	1963. 5	书记	
埂头村	万华水	男	1965. 10	主任	
墨山村	徐水金	男	1957. 1	书记	
墨山村	姚公元	男	1952. 9	主任	任职至 12 月
墨山村	邓定标	男	1967. 11	主任	12 月任职

(主笔:肖万件　审稿:万　靓)

向塘镇

【概况】　向塘镇区域面积 146. 3 平方公里,辖 19 个村委会,10 个居委会,总人口 15 万人,城镇人口 8 万人,有驻镇中央、省、市单位 33 家。

2011 年,面对国内宏观政策的影响,面对竞相发展的区域竞争压力,面对自身转型升级的严峻挑战,向塘镇坚持以科学发展观统领全局,以"物流启动、基础完善、项目带动、财政增速"为主题,谋发展、破难题、重民生、促和谐,较好地完成了全年既定的各项目标任务,为"十二五"规划发展奠定了良好开局。

2011 年,向塘镇财政收入继 2008 年突破亿元大关之后,再次突破 2 亿元大关,顺利实现三年"翻一番"。当年,全镇完成财政总收入达 2. 1 亿元,比上年净增 6663 万元,同比增长 46. 2%,增幅创历史新高;工业总产值实现 41. 1 亿元,同比增长 15. 45%;工业增加值 10. 27 亿元,同比增长 16. 12%;第三产业实现 25. 1 亿元,同比增长 6. 2%;农业总产值实现 12. 16 亿元,同比增长 9. 75%。农民人均纯收入达 8886 元,同比增长 18. 23%。

【向塘物流基地建设迈出实质性步伐】　2011 年,江西向塘铁路——公路枢纽型物流基地项目取得重大突破,青云谱货场搬迁已成定局;2011 年 5 月 11 日,南昌市政府就青云谱南昌南货场用地变性工作召开协调会,用地变性工作全面启动;12 月 1 日,南昌县人民政府与国投物流投资有限公司、江西省投资集团三方战略框架协议的正式签订,标志着向塘铁路——公路枢纽型物流基地建设进入一个新的发展阶段;12 月 8 日,省委常委、常务副省长凌成兴批示同意将江西向塘铁路——公路枢纽型物流基地向塘铁路货场列为全省重大重点项目;随着项目的正式立项,向塘物流基地建设终于迈出实质性步伐,同时南昌铁路局也已完成《新建向塘综合性货场初步设计》,下一步将启动征地拆迁及铁路货场的全面建设。

【村"两委"换届工作圆满完成】　2011 年,为做好向塘镇基层组织换届选举工作,镇党委坚持以依法选举、选准人建好班子为主线,紧紧围绕如何在推进民主进程中加强党的领导、如何解决村"两委"换届选举中存在的各种问题、如何引导村民依法推优选准带头人等 3 个现实问题,正确引导民意,稳步推进,按上级的有关精神和要求完成了新一届村委会的换届选举工作,村党组织换届选举也进行顺利。换届全面结束后,全镇党支部书记、村主任"一肩挑"的村达到 3 个,占总数的 15%;实现村"两委"交叉任职 100% 的村达到 19 个,交叉任职比例达到 31. 2%;村两委班子平均职数将达到 6. 3 个,全镇共有 22 名妇女干部选进村"两委"班子。总结做法，主要是：采取"四抓"（一是抓机构，切实加强领导；二是抓重点，实行分类指导；三是抓调控，及时掌握动态；四是抓制度，实行责任追究），严把"两关"（一是严把依法办事关，二是严把民主权利关），强调"一引、两控、三比较"、做好"三提前"（"一引"：即引导群众选准带头人。"两控"：一是控制宗族、宗派等势力干预换届选举；二是控制特殊群体对换届选举的影响。"三比较"：一是党委对候选人进行比较；二是候选人进行自我比较；三是选民对候选人进行比较。"三提前"一是提前宣传发动；二是提前调查摸底。三是提前教育培训）。

【全面完成18个新农村建设点工作】 2011年，向塘镇有18个新农村建设点，共962户，镇政府紧紧围绕省市县关于新农村建设的部署，充分结合全镇实际情况，按照"生产发展、生活富裕、乡风文明、村容整洁、管理民主"的方针。以三清、三改、三化（划）和三绿一处理为目标，科学规划，示范带动，积极推进，18个新村建设点工作全部完成，为确保各个新农村建设点整治建设工作更加规范，有序实施，镇政府不定期就改水、改厕、改路及环境卫生长效保洁制度情况进行专项督查指导。当年，全镇18个村点共完成改水946户，改水率98.3%；改厕928户，改厕率96.4%；改路，硬化村庄主道及巷道8400米，改路率为98%。

【加强建设标点整治指导】 2011年，各村委会高度重视新农村建设工作，把此项工作作为村委会村工作中的重点任务来抓，强化责任、落实措施，安排得力班子成员分管，定期研究部署新农村建设点的工作，深入现场指导项目整治，有力地促进了"三清三改三化（划）"和"三绿一处理"工程的建设。做得好的有山背村、黄堂村、辜坊村、高田村、沙谭村、剑霞村、璜溪村等。

【有序开展"三改"工作】 2011年，向塘镇"三改"（改水、改厕、改路）工作有序开展。各村点均能充分认识到"三改"工作对于市、县督查和检查验收的重要性，把关系到农民切身利益的改水、改厕和改路列为村点整治的首要环节。黄堂村上涂小组，山背村，南店村邓家、沙谭村、荆山等多数村组织专门队伍对"三格式"化粪池进行了统一施工，标准高、质量好、不仅提高了改水改改厕的使用率，而且有效改善了农民生活条件。

【统筹推进村点整治工作】 2011年，向塘镇统筹推进村点整治，效果凸显。在推进"三改"工作之前立足村庄实际，详细规划排水设施和路网管线的交错融合，统筹推进"三改"建设项目，有效避免了因生活污水无处可排导致村庄环境依旧脏、乱、差等现象，实现污水可排、道路好走、环境整洁的新村面貌。高田上坊村小组、西洛洲上小组、黄堂上涂小组、辜坊村聂家等村点打造标准较高，在完成"三改"的任务之后，有的村安装了路灯，修建了活动场所和活动中心。

【抓好新农村建设长效管理】 2011年，向塘镇重视保洁，提前抓好长效管理。各村能够高度重视村点的保洁工作，在完成"三改"工作之后，能及时配备保洁设施，每户1～2个拉圾桶，每村1个保洁员、1辆人力垃圾清运车，基本建立起了"户集、村收"运行机制，为实现村点生活垃圾专人收集、定点倾倒、日产日清、无害处理的目标奠定了基础。

【着力推进基础设施建设】 2011年，银三角收费甲、乙两站彻底拆除，向塘、银三角、莲塘一体化进程不断加快。全力遏制杭南长铁路线、国道两旁等多处违章建筑，集中组织全镇机关干部"拆违"专项行动3次，2011年共出动人员千余人次，拆除各类违章建筑60余处，15000多平方米。交通主干道建设取得最后攻坚的效果，向西大道、星城大道已全线贯通，至此，"八路二桥"路网体系全面建成。继续推进实施道路绿化、村庄绿化、城镇绿化、园区绿化、基地绿化"五大工程"，"森林城乡、花园南昌"建设取得实效。与此同时，对城区破损道路进行修复改造、对街道垃圾箱进行更换、加强街道清扫保洁，改善了村镇卫生环境，全面提升了城镇形象，获得全市2011年乡镇集镇环境卫生整治工作一等奖。

【计划生育工作稳步推进】 2011年是"十二五"规划的起步年，为了认真贯彻落实中央和省市精神，确保全镇人口和计划生育目标实现，2011年，向塘镇紧紧围绕县委、县政府制定的人口计划生育目标责任要求。针对全镇实际强化责任，细化措施，狠抓落实，全镇计生率82%，性别比110，已完成结扎378例、落实二女户结扎21例、人流133例、引产70例、完成"两非"5例。（1）在全面完成人口计生工作的各项目标任务，完成省市、县、考核目标里"规定动作"的同时，千方百计稳定低生育水平，综合治理出生人口性别比偏高问题。（2）在完成"规定动作"的基础上，结合实际做好"自选动作"，打造"一地一品"，争取"一地多品"，打造"向塘计生服务所"成为省级优质服务所，"婚育新风进万家"小区打造，以点带面，促进工作整体上水平、上档次。打造特色亮点，突出利益导向机制建设、生育文明建设、优质服务建设、流动人口机制建设等。选准一到几个方面坚持不懈地抓下去，力求抓出成效，扩大影响，形成品牌，坚持和倡导创先争优奋发有为的风气，对品牌建设成果各项工作创经验，争取省市县考核加分，资金倾斜、政策扶持等方面给予奖励，不断提升品牌质量，扩大品牌影响。完善利益导向机制，加大奖励扶助力度。落实"一、二女户建房、新农合、独生子女及二女户、农村合作、高考成才及优秀女孩奖励"。要狠抓社会抚养费强制征收，联合县人口稽查大队、县法院，加强执行力度，严格按县文件要求依法征收社会抚养费。保持严打"两非"高居态势，完成县下达的重要硬性任务。当前，要以综合改革为抓手深入推进人口计生工作长效机制建设。把各项工作放在全面整体推进中进行分析，搞好统筹谋划做到思想上统一，工作上统筹，力量上统合，资源上统配，扎实推进人口计生队伍建设，努力建设一支素质高、业务强、作风正、形象好的计生队伍。

【"民生工程"有效实施】 2011年，向塘镇民政工作以"应保尽保、按标施保、分层分类救助"为核心，以双拥优抚工作和敬老院建设为重点,基本上达到上级民政部门的工作要求。按照保民生的要求,圆满完成上级赋予的工作任务,其中城乡低保动态管理、医疗救助、农村五保、敬老院建设等各项工作在全县属于领先水平,敬老院被省民政厅评为“五星级”敬老院。同时,不断完善双拥优抚工作,特别是“十四类”参战退役人员的身份认定及待遇落实工作,加强自然灾害应急救助工作,积极做好向塘镇与周边7个乡镇的勘界工作。

【新型城乡社会养老保险扎实推进】 2011年,全镇新增就业2380人,完成目标任务100%;安置下岗失业人员就业862人,完成任务100.23%,其中“4050”人员就业139人,完成任务102.21%;组织劳务输出5780人,完成任务100%,转移农村劳动力1070人,其中省内转移804人,完成任务100.5%;职业介绍补贴1070人,完成任务187.72%;办理小额担保贷款113户,发放金额565万元,完成任务数217.46%;失业登记证2671个;办理享受失业保险437人,收缴失业保险费2.6万余元,发放失业救济金507人计215.04万元。新型农村社会养老保险方面。2011年农村居民参加养老保险人数39605人,参保达到全镇应参保人数的95%,收缴保费489.77万元;发放60岁以上老人养老金7970人,发放金额569.86万元。

省委常委、省委组织部部长莫建成,省委常委、南昌市市委书记王文涛到向塘镇视察工作。

表111 **2011年莲塘镇党政领导班子成员名单**

姓　名	性　别	出生年月	籍　贯	现任职务	备　注
黄志清	男	1965.1	江西省南昌县	向塘镇党委书记	任职至5月
闵员根	男	1969.2	江西省南昌县	向塘镇党委副书记、镇长	任职至5月
涂相鸿	男	1967.12	江西省南昌县	人大主席团主席	任职至5月
肖友平	男	1966.12	江西省南昌县	向塘镇党委副书记	
李青文	男	1968.12	江西省南昌县	向塘镇党委副书记、纪委书记	任职至5月
李建新	男	1969.11	江西省南昌县	向塘镇党委委员、常务副镇长	任职至5月
肖　巍	男	1974.7	江西省南昌县	向塘镇党委委员、副镇长	任职至5月
刘仁坤	男	1966.1	江西省南昌县	向塘镇党委委员	
饶承亮	男	1978.8	江西省南昌县	向塘镇党委委员、武装部部长	任职至5月
熊江波	女	1978.1	江西省南昌县	向塘镇党委委员	任职至5月
赵长仁	男	1971.5	江西省南昌县	向塘镇副镇长	任职至5月
骆建国	男	1973.5	江西省南昌县	向塘镇副镇长	任职至5月
李志华	男	1973.9	江西省南昌县	向塘镇司法所所长	
李　海	男	1975.5	江西省南昌县	维稳信息员	任职至3月
朱　里	女	1986.8	江西省南昌县	镇长助理	
李　宏	男	1963.9	江西省南昌县	向塘镇派出所所长	
万仁瑶	男	1962.12	江西省南昌县	杨村派出所所长	
王光华	男	1968.12	江西省南昌县	向塘镇党委书记	5月任职

续表 111

姓　名	性　别	出生年月	籍　贯	现任职务	备　注
涂相鸿	男	1967. 12	江西省南昌县	向塘镇党委副书记、镇长	5 月任职
肖友平	男	1966. 12	江西省南昌县	人大主席团主席	5 月任职
肖　巍	男	1974. 7	江西省南昌县	向塘镇党委副书记、纪委书记	5 月任职
喻　磊	男	1982. 3	江西省南昌县	向塘镇党委副书记	5 月任职
饶承亮	男	1978. 8	江西省南昌县	向塘镇党委委员、常务副镇长	5 月任职
黄成城	男	1973. 3	江西省南昌县	向塘镇党委委员、副镇长	5 月任职
刘仁坤	男	1966. 1	江西省南昌县	向塘镇党委委员	5 月任职
赵长仁	男	1971. 5	江西省南昌县	向塘镇党委委员	5 月任职
骆建国	男	1973. 5	江西省南昌县	向塘镇党委委员、武装部长	5 月任职
胡敏芳	女	1980. 11	南昌市东湖区	向塘镇副镇长	5 月任职
杨纪国	男	1977. 9	江西省南昌县	向塘镇副镇长	5 月任职
李志华	男	1973. 9	江西省南昌县	向塘镇司法所所长	
罗光华	男	1974. 1	江西省南昌县	向塘镇维稳信息督查员	5 月任职
朱　里	女	1986. 8	江西省南昌县	镇长助理	
李　宏	男	1963. 9	江西省南昌县	向塘镇派出所所长	
万仁瑶	男	1962. 12	江西省南昌县	杨村派出所所长	

表 112　**2011 年向塘镇村委会支部(总支)书记、村委会主任任职情况**

村委会	姓　名	性　别	出生年月	现任职务	任现职时间	备　注
剑霞村	万金秀	女	1950. 5	村书记	1979. 10	任职至 11 月
	李志华	男	1973. 9	总支第一书记	2011. 11	11 月任职
	刘根如	男	1961. 11	副书记、村主任	2004. 1	
南店村	王任忠	男	1957. 8	村书记	2008. 12	
	李细保	男	1956. 8	村主任	2002. 12	
璜　溪	万细田	男	1960. 3	村书记、村主任	2010. 11	
合　气	万建如	男	1954. 10	村书记	2004. 10	
	何人可	男	1966. 10	村主任	2005. 11	
黄堂村	涂金水	男	1967. 8	村书记	2005. 1	
	衷建平	男	1971. 2	村主任	2005. 1	
西洛村	罗木生	男	1957. 7	村书记、村主任	2008. 12	
梁西村	梁兵兵	男	1970. 11	村书记	2008. 11	
	黎桂保	男	1964. 7	副书记、村主任	2008. 11	
高田村	蔡联庚	男	1952. 1	村书记	1983. 7	任职至 11 月
	万志勇	男	1976. 8	村书记	2011. 11	11 月任职
	刘保明	男	1963. 11	村主任	1999. 12	
河头村	熊海珍	男	1963. 2	村书记	2008. 12	
	龚耀龙	男	1965. 8	村主任	2008. 12	

续表112

村委会	姓　名	性　别	出生年月	现任职务	任现职时间	备　注
黄山村	龚循斌	男	1964.11	村书记	2008.12	
	余国龙	男	1965.9	村主任	2011.11	11月任职
棠墅村	彭香平	男	1957.7	村书记	2008.1	
	万保弟	男	1966.1	村主任	2008.1	
浃溪村	熊贵根	男	1963.9	村书记	1997.5	
	余细保	男	1956.10	村主任	2009.12	
山背村	赵文庆	男	1964.12	村书记	2008.11	
	毛凌云	男	1978.11	村主任	2011.11	11月任职
向塘村	邬玉成	男	1955.1	村书记	2007.3	任职至11月
	詹　斌	男	1968.2	总支第一书记	2011.12	镇下派
沙潭村	李鹏华	男	1970.11	村书记	2008.3	
	黄寿保	男	1954.9	村主任	1998.10	
丁坊村	杨月标	男	1964.9	村书记	2001.1	
	熊先福	男	1962.6	村主任	2009.1	
辜坊村	聂小春	男	1966.1	村书记	2005.12	
	魏国友	男	1964.3	村主任	2005.12	
新村村	罗新华	男	1961.9	村书记	2008.12	
	胡菊根	男	1965.1	村主任	2008.12	
荆山村	舒堂运	男	1954.10	村书记	2008.12	任职至11月
	何兴兵	男	1972.7	村书记	2011.11	11月任职
蔬菜村	龚火金	男	1952.9	村书记、村主任	1987.7	
综合场	杨金泉	男	1950.5	支部书记	1997.12	任职至3月
	杨贤文	男	1972.2	支部书记	2011.3	11月任职
居管办	王宝珍	女	1957.2	主任	1999.12	

（主笔：邓　军　审稿：黄志清　王光华　涂相鸿　肖　巍　赵长仁　万赣临）

蒋巷镇

【概况】 2011年，蒋巷镇加快实施农业现代化、集镇城市化两大战略，推进"现代农业示范园区，统筹城乡一体化发展试验区、鄱阳湖生态经济先行区"建设，实现了经济实力增强，镇村魅力提升，生态良性发展，社会平稳和谐。

财政收入持续攀升。2011年，全镇实现财政收入4511.8万元。占全年任务的110%，同比增长27.71%，实现固定资产投资5.31亿元，同比增长28%，农民人均纯收入8588元，同比增长15、56%。

环境整治有序推进，按照规划先行，产业推动，科学分布、滚动发展要求和"一园、一带、一中心、八区"总体布局，大力推进拆违、控违、镇村规划建设、管理"四个一体化"，累计拆除违章建筑8500平方米，修订、完善了城镇建设(2011～2020年)总体规划，建设生态新农村示范点17个，通过政府主导，全民参与方式，新城区面貌翻新，老城区魅力提升。集镇格局发生可喜变化。

农业生态良性发展，以加快现代农业发展为着力点，2011年，全镇投入200多万元资金，兴建改造函、闸12座，改造中小型泵站12座，安排60万元资金，对易家河7条全长31170米渠道清淤，完成土方量44.8万立方米，投入1000余万元，完成五房矶、玉丰村外坡塌方整险，安排立项资金320万元，打造了一批绿色生态村。在完成省、市、县"一大四小"任务同时，构建富有生态特色的"森林城乡、生态蒋巷"。

社会事业不断进步。在全面推进义务教育经费保障机制，全部免除学杂费同时，投入400万元兴建蒋巷二中食堂工程，为70名贫困小学生发放助残津贴3万元,为50名初中生发放生活补助5万元,为独生子女,二女户发放抚慰金18.65万元,发放农村低保456.26万元,城镇低保184.8万元,各类社会救助补贴20737万元,新农保563.80万元,报销新型合作医疗费1407.63万元。公安机关侦破刑事案件32起,刑拘犯罪嫌疑人34人,拘捕网上逃犯19人,查处治安案件172起,治安拘留违法人员24人,调处各类纠纷160起,保障了一方稳定和经济建设顺利进行。

【农业部人事劳动局局长潘学峰一行到蒋巷镇考察现代农业工作】 2月22日上午,农业部人事劳动局局长潘学峰,省农业厅厅长王惠忠,水利厅副厅长张文捷,市委党委刘建华、副市长张根水,县长陈匡辉,县委常委、农工部长魏根金,副县长程雷佬一同到蒋巷镇考察现代农业工作。享有江南渔米之乡盛誉的蒋巷镇现代农业发展替代了传统和常规农业。现代农业示范园区春华秋实,已经形成1个国家级、6个省级、13个市级农业产业化龙头企业,打造有机绿色品牌44个,建立农民专业合作社37个。10万亩绿色水稻种植基地,20万羽蛋鸭,20万头生猪,万箱鳝鱼养殖基地,万亩蔬菜种植基地,千亩水面垂钓,千亩花卉,苗木基地星罗棋布,竞相争艳。

【五房矶堤坝整险工程竣工验收】 6月,总投资1256万元五房矶堤坝整险工程通过竣工验收。由江西省政府投资50%,南昌市、县政府投资各占25%的五房矶整险工程,共完成抛石6.2万立方米,抛架1.4万个,整治长度400米。经过工程建设单位南昌县水利局,施工单位南昌县水建公司,监理单位江西省水建监理公司为期半年的精心施工和通力协作如期竣工。使危及堤坝防汛安全的险段得到彻底的根治。

【畲洪区拆旧复垦工程进展顺利】 为保障畲洪区内滨江队传统渔民住房安全。蒋巷镇运用城乡建设用地增减挂政策。2010年10月份开始启动建安区安置点和拆旧复垦工程。建安区安置点占地面积0.7公顷。兴建住宅楼四幢,每幢四层,共100套,可安置渔民500人。经过为期10个月施工,7月22日,国土资源部土地整理中心范树印,全国政协委员、环保部中国环境监测办公室副主任、土地监察专员温香彩,住房和城乡建设司、规划师印亚男,地籍师权属处安新辉一行对试点工作进行调研,安置点建设工程进展顺利和复垦工作得到充分认可。

【农村卫生体制改革成效显著】 4月1日,国家发改委副主任孙志刚在蒋巷镇中心卫生院实地考察了农村卫生体制改革,南昌市市长陈俊卿、县长陈匡辉陪同。农村卫生体制改革使蒋巷镇77309人得到实惠,参保率达到93.75%,新农合筹资标准每人每年240元,其中个人筹资由30元提高到50元。

【王文涛视察、指导蒋巷镇现代农业和防讯抗旱工作】 5月31日,省委常委、市委书记王文涛,市委常委凌学仁、刘建洋一行在蒋巷镇国鸿集团、国旺公司、西舍电排站、五丰圩视察现代农业,指导防污抗旱工作,县委书记肖玉文、县长陈匡辉等陪同。

【中国共产党蒋巷镇四次代表大会胜利召开】 5月28日,中共蒋巷镇第四届四次代表大会胜利召开,县政协副主席李信谆参加会议。大会选举产生新一届委员会。殷红光当选党委书记,袁军当选党委副书记,涂义平当选党委副书记、纪委书记,龚全印当选党委副书记。县委常委、纪委书记熊运浪主持召开了蒋巷镇新一届领导班子成员就职大会。

【"农家乐"发展带动农家富】 2011年,随着旅游观光、休闲农业的不断发展,蒋巷镇借助得天独厚的区位优势,引进湖光山舍休闲农业二期,鄱阳湖公司、城开建设集团等农家乐项目,规模以上"农家乐"经营体发展到10个,全镇旅游收入突破亿元关,既满足了城乡人民的娱乐需求,同时也充实了农家的钱袋。

【工业发展取得重大突破】 2011年,全镇规模以上企业发展到8家,实现工业增加值6.75亿元,同比增长30.5%,实际利用外资200万美元,内资2.26亿元,其他各项经济指标持续增长。工业发展取得重大突破,为蒋巷镇发展、进位赶超提供了强有力的经济支撑。

【蒋巷联圩堤顶公路全线贯通】 2011年,完成堤顶公路硬化43公里。截至年底,全镇96公里圩堤实现全线贯通。

【全镇村(居)两委班子换届选举工作圆满完成】 2011年,蒋巷镇村(居)党组和第八届村(居)民委员会换届选举工作严格按照职数要求和村(居)民意愿、法定程序,依法进行了换届选举。新班子调整书记5人,占20.78%,主任4人,占22%。

表113 2011年蒋巷镇党政领导班子成员名单

姓 名	性 别	出生年月	籍 贯	现任职务	备 注
谢大反	男	1963.5	南昌县	党委书记	任职至5月
殷红光	男	1970.10	南昌县	党委书记	5月任职
黄华明	男	1968.11	南昌县	党委副书记、镇长	任职至5月
袁 军	男	1968.1	南昌县	党委副书记、镇长	5月任职
胡叶林	男	1968.3	南昌县	人大主席	任职至5月
周志诚	男	1968.11	进贤县	人大主席	5月任职

续表 113

姓　名	性　别	出生年月	籍　贯	现任职务	备　注
涂义平	男	1970. 5	南昌县	党委副书记、纪检书记	
龚全印	男	1966	南昌县	党委副书记	5 月任职
黄　翔	男	1979. 10	南昌县	党委委员、副镇长	
刘凤楠	男	1970	南昌县	党委委员、副镇长(5 月任)	
万小伙	男	1967. 10	南昌县	党委委员	
应维敏	男	1967. 10	南昌县	党委委员、人武部长	
何　英	女	1975. 9	南昌县	党委委员	5 月任职
杨　玮	男	1965. 1	南昌县	副镇长	
应晓勇	男	1974. 9	南昌县	副镇长	5 月任职
魏小宇	男	1984. 4	江西吉安市	镇长助理	任职至 5 月
李桂根	男	1976. 7	南昌县	维稳督查员	5 月任职

表 114　**2011 年蒋巷镇村(居)级主要干部任职情况**

村委会	姓　名	性别	出生年月	职　务	备　注
胜利村	刘小荣	男	1952. 11	支部书记	
胜利村	刘件水	男	1959. 7	主任	
五丰村	刘细华	男	1959. 11	总支书记	
五丰村	万仁福	男	1969. 1	主任	
立新村	刘小荣	男	1952. 11	总支书记	
立新村	刘冬子	男	1956. 9	主任	
联圩村	刘献华	男	1957. 3	总支书记	
联圩村	刘献就	男	1964. 4	主任	
三洞村	刘友生	男	1954. 8	总支书记	
三洞村	刘帅龙	男	1966. 1	主任	
滁北村	龚端保	男	1966. 9	总支书记、主任	
山尾村	肖加金	男	1963. 2	总支书记	
山尾村	樊国基	男	1964. 3	主任	
蒋巷村	徐国亮	男	1956. 1	总支书记	
白岸村	徐红云	男	1957. 7	支部书记	
白岸村	涂小华	男	1967. 4	主任	
北望村	涂小毛	男	1958. 8	支部书记、主任	
柏岗山村	应宗保	男	1969. 9	总支书记	5 月任职
柏岗山村	应少凡	男	1958. 11	主任	
洲头村	卢国平	男	1966. 2	总支书记	
叶楼村	谢存志	男	1963. 1	总支书记	
叶楼村	熊毛根	男	1967. 9	主任	
高梧村	陶长根	男	1956. 2	总支书记	
高梧村	刘花保	男	1968. 11	主任	
埠上村	腾毛崽	男	1963. 9	总支书记	
埠上村	黄晓鹏	男	1954. 4	主任	
河边村	应恰子	男	1953. 1	总支书记	
河边村	应孔义	男	1960. 9	主任	
玉丰村	刘细华	男	1959. 11	支部书记、主任	
居委会	李嘉荣	男	1958. 12	支部书记、主任	

(主笔:李根友　审稿:涂义平)

幽兰镇

【概况】 幽兰镇地处南昌东郊，鄱阳湖畔，东面与进贤县相邻，距离南昌市中心20公里，县城莲塘15公里，昌北机场32公里，乐温高速贯穿南北，昌南大道在此连接，南淶公路穿境而过，又是上溯赣抚，下达鄱湖，通达长江的水系要冲。现在的幽兰镇是2001年由渡头乡与幽兰镇合并而成，全镇管辖村委会28个，居委会1个，园艺场1个，有自然村212个，共23320户、7.6万人，全镇行政区域面积110平方公里，其中耕地面积4333公顷。

境内延绵起伏、古树参天的马游山因朱元璋与陈友谅大战鄱阳湖时在此游牧战马而得名，山上风景优美、瓜果飘香，山下的青岚湖碧波荡漾、鱼肥水美；乾隆皇帝御笔书名的佛教圣地东禅寺、夜宿过的龙华寺和东汉名家解晋亲笔题写“龙津烟云”的龙津庵，寺庵晨钟暮鼓、历史悠久；省级文物保护单位姜家湖的明朝皇妃墓和罗舍的贞节牌坊，古迹传承记忆、独具韵味，人文与自然景观有机融合。

2011年，幽兰镇政府积极培植税源，强化征管，对落户小蓝工业园的企业税收不放松；对镇内的中小企业及零星税收建立台账，做到应收尽收。全镇财政收入首次跨越2500万台阶，达到2503.8万元，同比增长32.7%，其中国税完成839.4万元，地税完成1664.4万元，分别同比增长48.2%和26.1%；地方一般预算收入完成1715.5万元，同比增长25.4%；固定资产投资完成2.45亿元，同比增长16.7%；工业总产值完成33.88亿元，工业增加值完成10.65亿元，均比去年增长11%；农业总产值达到5.97亿元，农民人均年纯收入达到8369元，分别增长17%和13%。

【王文涛参加昌南大道东延工程开工典礼】 12月1日上午，省委常委、市委书记王文涛到幽兰镇参加昌南大道东延工程（罗谢公路至幽兰立交）开工典礼，市人大常委会主任蔡社宝，市政协主席卢晓健，市委常委、副市长刘建洋，市委常委凌学仁等参加，县委副书记、县长陈匡辉，县委副书记王小文，县委常委、副县长钱洁等陪同。

【新农村建设呈现新亮点】 2011年，幽兰镇点线面结合重点打造环高速、环连接线、环南淶公路、环芳溪湖、环集镇村组的新农村亮点，硬化村组主干道3.1公里，村内干道4.5公里，修建排水沟7.6公里，高标准、高质量地完成改水532户，改厕532所，新建休闲场所12处，修建花坛116个，新装路灯89盏。10月，全县新农村建设现场推进会在幽兰召开，东田田环作为亮点接受领导参观，此后黄坊姜家、园艺场朱家自然村作为示范点分别接受省、市农工部检查，均得到检查组一致好评。

【“一大四小”工程有力推进】 2011年，幽兰镇投资521万元大力实施通道绿化、村庄绿化、基地绿化工程，绿化面积6784亩，高速公路绿化长9.86公里，主干道绿化长20.3公里，村道绿化长6公里，总植树42.7万余株，形成了以乐温高速公路幽兰连接线为中心的造林绿化亮点。11月，全省造林绿化“一大四小”工程建设流动现场巡查组到幽兰参观幽兰出入口集景观效益、生态效益和社会效益于一体的通道绿化工程，上级领导给予了充分肯定，被评为市县绿化造林先进单位。

【教育资源得到优化】 2011年，幽兰镇投资200多万元，推进杨树、罗舍村小教学大楼、幽兰中学教职工宿舍大楼建设，极大的改善了教学条件；对东田、涂村、青塘、灌溪、新荣和涂洲等村小教学资源进行合理整合，其高年级学生就近至幽兰一小、二小上学，有效节约教学成本，提升了教学质量。

【文化旅游成效显著】 2011年，幽兰镇投资24万元，推进8个“农家书屋”建设；安装有线电视1800多户，安排文化下乡资金11.8万余元，组织电影下乡348场次，戏曲13场次；投资1.2万元，广泛开展农村自办活动，极大的丰富了广大群众的文化生活。

【保障事业加速发展】 2011年，幽兰镇新型农村合作医疗和新型农村社会养老保险得到全面推广，低保覆盖人群逐年增加，群众幸福指数不断提高。全镇新农合参合人数6.5万人，参合率达95%，报销8032人次，报销金额达1024.9万元；新农保参保人数3.2万人，参合率达90%，领取养老金人员9406人，累计发放养老金827万元；城镇低保补助标准从每月260元提高到310元，农村低保补助标准从120元提高到170元。

【交通运输实现突破】 2011年，总投资约10.8亿元的昌南大道东延工程已正式动工，幽兰段全长约1.3公里，征地16.7公顷，拆迁房屋2000平方米，迁坟203座，拆除电排站1个，预计2013年12月全面竣工，实现与福银高速在幽兰立交的对接。

【计生工作常抓不懈】 2011年，幽兰

镇完成社会抚养费征收480万元,共落实"四术"手术1470例,超额完成县下达任务。

【青岚食品有限公司供港蔬菜基地迈上新台阶】 幽兰镇青岚食品有限公司供港蔬菜基地占地面积近153公顷,分布在东联和南湖两个行政村,主要种植原产自荷兰的土豆和保健蔬菜,并获得国家出入境检疫出口证,年供港蔬菜可达7000吨,有效带动周边农民增收。

【全省首个蛋鸭笼养基地——玉林兴农牧蛋鸭基地投入使用】 投资近3000万元的玉林兴农牧科技有限公司江陂蛋鸭养殖基地位于幽兰镇江陂村,租用土地11公顷,饲养规模达7万羽,拥有大型全自动加料、喂料、捡蛋设备和全自动饮水系统,每只鸭每年可节约10%的饲料,增加产蛋20余枚。2011年,该基地生产的鸡鸭蛋和肉鸡肉鸭成为"七城会"特供农产品,唱响了农产品品牌。

表115 **2011年幽兰镇党政领导班子成员任职情况**

姓　名	性　别	出生年月	籍　贯	职　　务	备　注
殷红光	男	1970.1	南昌县	党委书记	任职至6月
高新卿	男	1972.12	南昌县	党委书记(6月任),党委副书记、镇长(任至6月)	
赵协冲	男	1967.8	南昌县	党委副书记、镇长	6月任职
樊华乔	男	1967.3	南昌县	人大主席	6月任职
李长春	男	1965.4	南昌县	人大主席	任职至6月
李用斌	男	1972.5	南昌县	党委副书记、纪委书记(6月任),党委委员、常务副镇长(任至6月)	
刘远辉	男	1972.12	南昌县	党委副书记(6月任),党委委员、副镇长(任至6月)	
傅根金	男	1963.7	南昌县	党委副书记	任至6月
万荣春	男	1970.11	南昌县	党委委员、常务副镇长(6月任),党委委员(任至6月)	
徐崇健	男	1972.5	南昌县	党委委员、副镇长(6月任),党委委员(任至6月)	
李存弟	男	1974.4	南昌县	党委委员、武装部长	6月任职
陈　文	男	1973.5	南昌县	党委委员(6月任),副镇长(任至6月)	
毛　杰	男	1986.6	南昌县	党委委员	6月开始任职
周新萍	男	1982.4	南昌县	副镇长	6月开始任职
吴浩亮	男	1981.6	南昌县	副镇长	6月任职
刘元学	男	1973.8	南昌县	副镇长	任职至6月
李同乐	男	1975.11	南昌县	维稳信息员	6月任职
徐和春	男	1975.5	南昌县	维稳信息员	任职至6月
胡德环	男	1963.11	南昌县	司法所长	

表116 **2011年幽兰镇村级主要干部任职情况表**

村委会	姓　名	性别	出生年月	职　务	备　注
竹林村	章平德	男	1955.11	村支部书记	
	章顺国	男	1957.11	村委会主任	

续表 116

村委会	姓　名	性别	出生年月	职　务	备　注
牌坊村	熊金平	男	1970. 11	村支部书记	
	熊文斌	男	1969. 12	村委会主任	
涂村村	涂仁燕	男	1963. 4	村支部书记	
	章俊兰	男	1952. 1	村委会主任	
胡陶村	胡炳凡	男	1955. 11	村支部书记	
	陶细水	男	1954. 10	村委会主任	
厚田村	万柳根	男	1963. 3	村支部书记	
	邓建华	男	1964. 3	村委会主任	
杨树村	龚金平	男	1966. 11	村支部书记	
	涂仁保	男	1968. 4	村委会主任	
流芳村	刘宗仁	男	1964. 5	村支部书记	
	刘水英	男	1954. 8	村委会主任	
东田村	刘元学(兼)	男	1973. 8	村支部书记	任至 6 月份
	万海林	男	1961. 10	村委会主任	任至 6 月份
	万海林	男	1961. 10	村支部书记、村委会主任	6 月开始任职
南山村	李应发	男	1962. 8	村支部书记	
	李清军	男	1973. 11	村委会主任	
幽兰村	涂相平	男	1963. 12	村支部书记	
	罗小印	男	1968. 3	村委会主任	
枫林村	万承新	男	1967. 2	村支部书记	
	丁学付	男	1973. 11	村委会主任	
少城村	樊火金	男	1957. 1	村支部书记	
	郑爱国	男	1968. 2	村委会主任	
新庄村	黄三保	男	1954. 1	村支部书记	
	陶国友	男	1958. 11	村委会主任	
南湖村	万正根	男	1961. 1	村支部书记	
	万　韧	男	1968. 2	村委会主任	
园艺场	邓建国	男	1964. 6	场支部书记	
	万建华	男	1971. 5	场长	
马游村	邓水印	男	1957. 5	村支部书记	
	邓木岚	男	1958. 9	村委会主任	
渡头村	李三毛	男	1955. 11	村支部书记	
	李水明	男	1963. 6	村委会主任	
新荣村	万良友	男	1953. 1	村支部书记	
	万志华	男	1968. 2	村委会主任	

续表 116

村委会	姓　名	性别	出生年月	职　务	备　注
东联村	涂国民	男	1964.2	村支部书记	
	涂相勇	男	1972.8	村委会主任	
黄坊村	黄　新	男	1970.11	村支部书记	
	姜先瑞	男	1966.1	村委会主任	
潭林村	辛根水	男	1964.1	村支部书记、村委会主任	
罗舍村	魏运虎	男	1969.2	村支部书记	任至10月份
	毛　杰(兼)	男	1986.6	村支部书记	10月份任职
	魏永平	男	1969.5	村委会主任	
涂洲村	涂序红	男	1954.12	村支部书记	
	涂相记	男	1955.10	村委会主任	
灌溪村	万金生	男	1959.11	村支部书记、村委会主任	
田坪村	熊新华	男	1968.8	村支部书记	
	罗云其	男	1962.10	村委会主任	
亭山村	熊荣金	男	1965.11	村党总支书记	
	龚明耀	男	1966.12	村委会主任	
桃岭村	龚大泡	男	1962.6	村支部书记	
	李福孙	男	1962.6	村委会主任	
江陂村	高至安	男	1959.12	村支部书记	
	高国云	男	1967.11	村委会主任	

(主　笔:李　辉　审稿人:刘远辉)

塘南镇

【概况】 2011年,塘南镇下辖23个行政村,2个居委会(柘林街、新联街),220个自然村,17001户,69817人,其中农业人口15758户,57243人。塘南镇党委下辖党总支11个,党支部36个,共有党员1939人,其中女党员210人。

2011年,面对多种挑战和多重压力,全镇上下积极应对各种不利因素,紧扣加快突破发展、促进社会和谐两大主题,按照“对接南昌航空产业城,建设综合商贸服务区”的总体思路,延续了经济社会平稳发展的良好势头,走出切合该镇实情形势的发展之路。

2011年,全镇实现工农业总产值11.6亿元,同比增长5.1%;财政收入2105.16万元,同比增长19%;全社会固定资产投资4.26亿元,同比增长39%;农村居民人均纯收入7910元,同比增长16%。2011年,全镇地税任务数为1620万元,完成1646万元;国税任务数为436万元,完成446万元。全镇财政税收工作初步扭转“吃财政饭”的局面,取得了来之不易的成绩。

2011年,全镇粮食播种面积达到15147公顷,同比增长4.1%;粮食总产量10.48万吨,亩均增长32公斤;有种粮大户36家,新增11家。整建制推进了高产示范片区创建,蔡家核心栽培区得到农业部和省农业厅的大力支持。

2011年,塘南镇先后荣获全市农业农村工作先进乡镇、信访工作先进乡镇、三八红旗集体、扶贫开发工作先进乡镇等荣誉称号,荣获全县维稳工作先进集体、宗教工作先进单位、民政工作先进单位等荣誉称号,蔡家村荣获全国扶贫开发工作先进村,田万村荣获全市文明村等荣誉称号,塘南镇荣获全县全面先进单位二等奖。

【推进项目建设】 2011年,全镇围绕经济发展和社会民生两大方面推进17个项目的建设,包括柘林街改造、和丰综合大市场、食品站改造,工办商住楼、德昌高速损毁道路修复和中南加油站等,兼顾保护与发展,对土地资源进行增量扩充和存量盘活。其中柘林街老路、堤顶公路、德昌高速损毁道路等6条主干道(共计20公里)改(扩)建、新联幼儿园修复等项目基本完工。落实镇党委在“一看二比三争当”(看清发展态势、比拼赶超动能、争当十大先锋)活动中承诺重点解决的民生工程。

【夯实农业基础】 2011年,全镇粮食

播种面积达到15147公顷，同比增长4.1%；粮食总产量10.48万吨，亩均增长32公斤；有种粮大户36家，新增11家。整建制推进了高产示范片区创建，蔡家核心栽培区得到农业部和省农业厅的大力支持。

【继续加大农业基础设施建设力度】 2011年，全镇总计投入1713万元用于农田改造，其中：新图村标准农田建设153万元，西河村小型农田基本建设、沟渠护坡460万元，北联村万亩农业综合开发1100万元。另外，塘南、富盛、新图、红星等村硬化道路13.5公里，沟渠清淤4900米。不断提高农田水利建设水平，共计投入1187.8万元用于水利建设，其中堤顶公路硬化工程总长3.4公里，完成投资160万元；血防(外洪护坡)工程长7.1公里，完成投资630万元；修复5座电站，投资41万元；大沟清淤工程长约30000米，投资40万元；和丰沟渠护坡长3000米，投资110万元；外洪圩堤除杂工程投资6.8万元。

【进一步鼓励合作社的创建】 2011年，全镇进一步鼓励合作社的创建。截至2011年底全镇有农民专业合作社50家，比2010年增加12家，其中新联皇禽肉鸭养殖专业合作社获农业部重点扶持。蔡家蔬菜基地不断发展壮大，顺利成为“七城会”蔬菜特供基地。

【开展美化集镇形象建设】 2011年下半年，镇政府投资450万元对柘林街道路进行了全面改造，摊铺沥青1.7公里，新装路灯57盏，对集镇主干道进行了绿化和亮化；投资30万元对柘林街沿街建筑物进行了“洗脸、刮胡子”工程，统一粉刷了外墙漆，进一步美化了集镇形象；启动了老农贸市场改造工程，通过市场化运作对原棚户区妥善进行了拆迁安置；投资40多万元对水产品大市场下水道进行了改造。

【启动15个新农村点建设工作】 2011年，全镇共启动15个新农村点建设工作，已完成进村道路硬化7600米，补栽村道树1万多棵，规划建立垃圾屋(池)15座，拆除违章搭建1.8万平方米，清理污泥、垃圾1.2万余立方米，整治村民房520栋共计6.2万平方米，修建村前门塘12口，安装路灯260盏，改水兼改厕290户，推广太阳能和户用沼气池洁净能源290户，修建下水道6300米，建设活动场所10座。全镇7个村进行无害化改厕190只，全部达标完成三格式化粪池指标。2011年，全镇完成了4个市级重点村庄和1个集镇的植树造林任务，总投资140万元，植树8万多株；种植血防林6万余株。

【集中整治、专项治理违章建筑】 为了集中整治、专项治理违章建筑，2011年12月26日镇党委、政府组织公安、国土、城建、城管等部门和全体机关干部100余人，配合大型装载机对全镇6处违章建筑进行强制拆除，拆除面积达3600平方米，其中：厂房4处，3300平方米，民房2处，300平方米，有效地保护了耕地、改善了城镇面貌。

【进一步夯实教育基础】 2011年，认真执行九年义务教育经费保障机制，严格落实生均公用经费，按时足额发放教师工资(包括阳光工资)；继续改善办学条件，和丰文杰希望小学已经竣工，篁山希望小学大楼顺利封顶，新联二小教学大楼正在建设，并为塘南二中争取了学生宿舍改造资金；2011年，全镇中小学入学率达到100%，无辍学现象；乡村文化生活进一步丰富，已在石岗村、近港村等7个村建立了“农家书屋”。

【做实民政工作】 2011年，全镇发放城市低保金109.8万元，发放农村低保金353.1万元，发放五保对象资金78.1万元；发放老复员军人(烈属)补助金8.5万元，因公牺牲家属各类补助金已全部足额发放到位；发放救灾资金66万元，发放困难户建房补助14.9万元；发放优抚对象3~5月份物价补贴1万元，城乡低保户3~5月份物价补贴10.5万元；发放医疗救助金93.4万元，发放孤儿救助金71.1万元；截至2011年12月底，全镇共办理结婚登记495对，补领结婚证211对。

【加强劳动保障工作】 2011年，全镇劳务输出6100人，新增农村劳动力转移人数1296人；解决小集体返集未安置人员210人，介绍大、中专毕业生到小蓝工业园培训、务工380人；发放小额创业贷款220万元；社保扩幅55人，新农保参保33800人，100%完成任务，60岁以上老人领取生活养老金做到了全面覆盖。

【抓好党建工作】 贯彻党员发展新思路，2011年，全镇发展新党员52人，其中女党员14人，占新发展党员总数的26.9%；35岁以下党员16人，占30.8%；高中及以上文化程度党员33人，占63.5%，进一步优化了党员队伍的年龄结构和文化层次。加强党费收缴管理工作，2011年，全镇缴纳党费党员数1971人，收缴党费46146.16元，已全部上缴组织部，程序进一步规范、手续进一步完备。发挥党员远程教育效用，督促各站点消除零点击率和提高点击率，24个站点中有18个站点能够正常收看，剩下5个问题站点正在联系电信部门进行维修整改。

【成功举行村党组织(居委会)换届选举】 2011年11月，全镇成功进行了村党组织换届选举，在1971名党员中，参加选举的党员有1703名，党员参选率达86.4%。25个村(居)党组织换届后共产生支部委员104名，其中书记25名，专职副书记17名，女性委员7名，平均年龄46岁。此次选举公推直选居委会1个，有1个村实现了书记、主任一肩挑，两委(村委、支委)交叉任职46名，支委成员连选连任94名；有1名大学生村官进入村党支部，任支部副书记，25个村党组织均一次性选举成功。

2011年12月，全镇村(居)委会换届选举顺利进行，各村选民总数46886名，其中参选选民41299名，参选率88.1%。此次换届共选举产生第八届村(居)委会成员97人，其中主任25人、副主任27人、委员45人。1个居委会公推直选出主任、副主任、委员各1名。

【第三届乡村歌会在塘南镇隆重举行】 2011年7月1日，一场以“富民兴赣我先行，我为党旗添光彩”为主题的庆祝建党九十周年文艺汇演暨第三届乡村歌会在塘南镇影剧院隆重举行。文艺汇演在塘南镇党政领导的大合唱《没有共产党就没有新中国》中拉开序幕,歌伴舞、独唱、合唱、广场舞、笛子独奏、原生态演唱纷纷登场——塘南人民通过形式多样的表演赞美党、拥护党、歌唱党,表达了对党由衷的热爱。全镇1000多名党员群众观看了这场表演,现场气氛热烈。

【承办全市农田水利建设现场会】2011年10月25日,全市水利工程建设暨高标准农田建设推进工作现场会在塘南镇隆重召开。会议由市政府副秘书长王肇赣主持,市政府副市长朱志群出席会议并作重要讲话,省水利厅文林副厅长、省农业厅徐金星总经济师出席会议并作指导发言。各县区、开发区分管领导,市县农业、水利、发改、财政、国土、农发办有关负责人,部分重点乡镇的主要领及市直垦殖场有关负责人共计100余人参加会议。与会代表观摩了塘南镇水利工程建设和高标准农田建设现场,了解了塘南镇水利和标准农田建设情况。

2010年10月至2011年10月,全镇累计投入资金3102.8万元用于水利建设,实施饮水和农田水利等9大工程。“十一五”期间,全镇先后推进了蔡家、联合、西联、新图等4个行政村标准良田建设,建设面积575公顷,已完成475公顷,项目建设总投资为1052.5万元,截至2011年10月,共完成项目总投资899.5万元,完成计划的85.5%。所做出的努力和所取得的成绩得到了市县领导的高度评价。

塘南镇蔡家蔬菜基地全貌

表117 **2011年塘南镇党政领导班子成员名单**

姓名	性别	出生年月	籍贯	职务	备注
章运新	男	1964.11	江西省南昌市	党委书记	任职至5月
邓保华	男	1978.10	江西省南昌市	党委书记(5月任),党委副书记、镇长(任至5月)	
梅杰	男	1969.3	江西省南昌市	党委副书记、镇长	5月任职
喻美林	男	1968.12	江西省南昌市	人大主席	
熊斌	男	1966.8	江西省南昌市	党委副书记	
应孔亮	男	1964.1	江西省南昌市	党委副书记	
李国林	男	1959.9	江西省南昌市	党委委员、常务副镇长(任至5月),主任科员(10月任)	
刘贵福	男	1971.12	江西省南昌市	党委委员、常务副镇长(5月任),党委委员、副镇长(任至5月)	
肖慎兵	男	1971.10	江西省南昌市	党委委员、副镇长(5月任),党委委员(任至5月)	
罗俊	男	1975.6	江西省南昌市	党委委员	

续表 117

姓名	性别	出生年月	籍贯	职务	备注
徐海茂	男	1971.12	江西省南昌市	党委委员、武装部长	
樊梦华	女	1973.3	江西省南昌市	党委委员(5 月任),副镇长(任至 5 月)	
应　勤	男	1972.10	江西省南昌市	副镇长	
饶淑明	男	1975.6	江西省南昌市	副镇长	5 月任职
陈本华	男	1978.10	江西省南昌市	司法所长	任职至 5 月
吴剑刚	男	1980.4	江西省南昌市	维稳信息员	任职至 5 月
陶展鹏	男	1976.2	江西省南昌市	维稳信息员	5 月任职

表 118　**2011 年塘南镇村委会支部(总支)书记、村委会主任任职情况表**

村委会	姓名	性别	出生年月	职务	备注
塘南村	陈爱国	男	1952.10	支部书记	任至 3 月
塘南村	罗文保	男	1963.10	支部书记	11 月起任
塘南村	张应根	男	1953.7	村主任	任至 12 月
塘南村	陈　烈	男	1978.6	村主任	12 月起任
蔡家村	陈水龙	男	1954.5	支部书记	
蔡家村	陈生应	男	1952.11	村主任	
田万村	田福顺	男	1970.8	支部书记	
田万村	陶鸿成	男	1964.12	村主任	任至 2010 年 12 月
田万村	田金国	男	1960.11	村主任	1 月起任
富盛村	谢悦金	男	1952.8	支部书记	任至 11 月
富盛村	黄小良	男	1974.12	支部书记	11 月起任
富盛村	黄小良	男	1974.12	村主任	任至 11 月
富盛村	胡应花	女	1960.9	村主任	11 月起任
近港村	熊细香	男	1951.8	支部书记	任至 11 月
近港村	陶洪发	男	1964.12	支部书记	11 月起任
近港村	陶洪发	男	1964.12	村主任	任至 9 月
近港村	熊长安	男	1962.8	村主任	9 月起任
石岗村	陶国平	男	1963.8	支部书记	
石岗村	陶件仁	男	1963.11	村主任	
渡口村	肖慎兵	男	1971.10	支部书记	任至 3 月
渡口村	胡小保	男	1973.8	支部书记	3 月起任
渡口村	胡小保	男	1973.8	村主任	任至 3 月
渡口村	胡三印	男	1967.9	村主任	3 月起任
协成村	肖玉国	男	1958.11	支部书记	
协成村	肖柳树	男	1964.2	村主任	
张溪村	张华仔	男	1966.10	支部书记	
张溪村	李慎民	男	1971.2	村主任	

续表118

村委会	姓　名	性别	出生年月	职　务	备　注
篁山村	李栋塔	男	1959.10	支部书记	
篁山村	李应华	男	1961.9	村主任	
西河村	李社会	男	1954.12	支部书记	
西河村	李慎红	男	1973.1	村主任	
西联村	李项生	男	1959.12	支部书记	
西联村	胡海龙	男	1973.1	村主任	
民主村	李小华	男	1967.11	支部书记	
民主村	李美春	男	1959.12	村主任	
联合村	陶展鹏	男	1976.2	支部书记	任至5月
联合村	张国印	男	1977.8	支部书记	5月起任
联合村	李思新	男	1956.9	村主任	
港头村	魏国荣	男	1957.10	支部书记	
港头村	李慎福	男	1964.2	村主任	
梓溪村	舒凤泉	男	1956.6	支部书记	
梓溪村	舒长龙	男	1958.8	村主任	
北联村	黄九根	男	1951.9	支部书记	任至10月
北联村	胡剑英	男	1973.9	支部书记	10月起任
北联村	胡剑英	男	1973.9	村主任	任至10月
北联村	黄同富	男	1960.2	村主任	10月起任
和丰村	李慎保	男	1961.11	支部书记	
和丰村	李会龙	男	1967.7	村主任	
北星村	张小林	男	1960.3	支部书记	
北星村	黄文光	男	1969.7	村主任	
红星村	胡九妹	男	1956.9	支部书记	
红星村	李慎根	男	1963.3	村主任	
新联村	樊细老	男	1952.5	支部书记	任至2月
新联村	龚小梅	女	1969.12	支部书记	2月起任
新联村	龚小梅	女	1969.12	村主任	任至2月
新联村	万小荣	男	1974.5	村主任	12月起任
新光村	高菊根	男	1957.9	支部书记兼村主任	11月起不再兼村主任
新光村	高至忠	男	1968.10	村主任	11月起任
新图村	刘小塘	男	1962.4	支部书记	任至10月
新图村	姜生木	男	1951.3	村主任	10月起任支部书记兼村主任

（主笔：刘　弢　审稿：罗　俊）

武阳镇

【概况】 南昌县武阳镇位于赣江支流抚河东岸。地处南昌县城东部,东接南昌县塔城乡,南连进贤县架桥镇,西靠南昌县向塘镇、八一乡,北近南昌县幽兰镇、渡头乡。距南昌县城8千米,距省会南昌22千米。镇人民政府驻武阳伍坊杨村,电话区号0791,邮政编码330219。镇区现辖16个村委会,2个居委会,98个村小组,115个自然村,总户数11085户,48435人,其中农业人口44433人,非农业人口4002人,总人口中男性25663人,女性22772人。镇区总面积60.1平方千米,其中陆地59.2平方千米,水域1.8平方千米,人口密度为每平方千米896.3人。全镇耕地面积3397公顷,人均0.9亩,全部为水浇地,以种植水稻为主,镇域属平原区,地势呈南高北低、东高西低,平均海拔28米,气候四季分明,春夏雨量充沛,秋季温和凉爽,冬季少雪较冷,霜期不长,一年四季光照充足,年平均气温17.50℃。镇区属清河水系,河滩沙石较多,沙石储量达2.8亿立方米,地下水资源利用量125.8万立方米。

全镇现有党总支7个,党支部31个,党员1412人,其中农村党员962人,女党员198人。

全镇现有幼儿园8所,小学15所,教职工323人,中学1所,教职工208人。

武阳镇历史悠久,有1300多年的历史,境内环境优美,素有“鱼米之乡、建材基地”美称。且地域优越,文化底蕴深厚,人文景观众多。据史料记载和有关专家考证,世界文学巨匠“曹雪芹祖籍地”、汉代古墓群、唐代真贤寺、唐王李世民之弟李元婴之墓“滕王墓”、明代“九仙祠”、清代“原本堂”、近代“天主堂”以及风光秀丽水域面积达306.7公顷的“芳溪湖”等10多个人文景点分布境内。镇区基础设施完善,有城乡结合部人流区位优势,有历史文化底蕴市场潜值优势,有省市小城镇建设地缘分布优势,有国家环鄱阳湖发展战略整体规划核心点优势。

2011年,武阳镇围绕建设“工业配套型、农业城郊型、三产文化型”的综合实力强镇这一目标,认真抓好“传统产业转型升级,社会管理全面创新”两个重点,强力推进“一园一区一片”三大建设。全镇经济社会发展势头良好,形势喜人,并圆满完成了镇四届人大一次会议确定的主要目标任务,为全面实施“十二五”规划开了一个好局。

【整体经济增速稳中趋快】 2011年,武阳镇党委、政府一是坚持念好“四字”经,即讲究一个“新”字,以新思维、新方式、新举措、新产业加速经济发展;突出一个“高”字,以高起点、高定位、高科技、高效益支撑经济发展;注重一个“低”字,以低能源、低消耗、低排放、低碳量产业引领经济发展;着眼一个“大”字,以大手笔、大项目、大工程、大投入助推经济发展。二是创新搭建“三个平台”,即融资平台、服务平台、创业平台,按照镇域产业布局和生产力布局,在“一园多基地”实现产业发展配套集群,大力发展镇域经济。2011年全镇工业生产总值达到21.6亿,与2010年同比增长20%,农业生产总值达到2.98亿元,与2010年同比增长7%;财政收入完成2.98亿元,其中国税完成872万元,地税完成427.6亿万元,分别与2010年同比增长42%、66%和31%,其中一般预算收入完成1483.6万元,与2010年同比增长34%;农民人均收入达到8619元,与2010年同比增长18%;固定资产投资完成1.62亿元,超额完成县委、县政府下达任务。

【重大重点项目扎实推进】 2011年,武阳镇党委、政府一是坚持开展“重大重点项目突破年”活动。二是坚持推行三大理性招商:即在产业选择上创新,注重现有企业扩股增资及产品体系的优化升级,延长产业链。在企业选择上创新,吸纳科技含量高、产品配套性强、市场销售网络广、管理规范先进、品牌性强的企业落户。在项目选择上创新,考察对方资金实力、项目落户后实际到位资金、项目建成后产品能否达产达标。三是坚持项目带动,为企业发展拓展空间。2011年全镇拥有中小企业94家,规模以上企业6家,实现实际利用内资2.5亿元,已完成全年任务114%,即将落户和正在跟踪的各类重大重点项目有32个,其中投资1.2亿元的洋浦香料香精项目,投资1.5亿元的中亚保温材料项目,投资1亿元的双帝电线电缆和佛山剑桥包装印刷等4个中小项目即将陆续签约落户武阳。

【创业园区建设全面启动】 2011年,按照县委、县政府打造武阳中小企业创业园的总体规划,武阳镇借举全县之力,一是全力抓好移内造地工程;二是认真落实土地增减挂;三是实施小土地开发项目,将更多的土地置换成工业用地;四是创建“三个平台”,即融资平台,依托经济户口信息化管理系统建立企业信用档案库和信用公示、信用等级评分制度,设立民营及中小企业基建投资,固定资产投资项目的适当奖励和补贴。服务平台:成立企业办证便捷、企业落户全程、创优经济环境,对处经济接洽等四个服务中心,发展各类社会中介组织。创业平台:按照产业布局和生产力布局,在“一园多基地”实现产业发展配套集群。目前创业园区一期7.5平方千米的控制性详规已全面完成,移沙造地工程、基础设施建设等前期准备工作基本就绪,各地的中小企业老总正纷纷聚焦武阳投资兴厂,规模型的创业园形成在望。

【粮食生产持续快速增长】 2011年,武阳镇一是在通过全力做好水稻良种普及工作的同时,狠抓科技兴农和发展各类农业企业。2011年全镇粮食总产达到3.98亿公斤,与上年同比增长13%,蔬菜产量达到1.8万吨,生猪饲养量达到208万头,其中种母猪发展到4200余头,与上年同比增长15%,家禽饲养发展到17.8万羽,与上年同比增长18%,以鑫和源为龙头的省级、市级农业企业发展到4家,鑫和源的“鑫瑞牌”绿色无公害蔬菜和“田园牌”禽蛋加工系列产品获得省级名优产品,其产品远销国内外。二是千方百计自筹资金和争取上级资金360多万元推进10个新农村示范点。三是争取上级支持资金1300万元,完成三分等沟渠清淤工程,芳溪湖培方工程,北坊圩堤整险工程,长乐圩堤清草除杂工程,内涝外洪、涵管枧闸工程和堤顶公路硬化工程。四是开展镇域环境卫生整治、河道采沙专项治理和县乡主干道环境监管工作。五是强力推进“一大四小”、“森林城乡、花园南昌”造林绿化工程。2011年全镇造林绿化1330亩,植树1.3万棵,重点打造了鑫和源绿化单位1个,精心建设了龚万、赤岗、黄陂岗绿化村庄3个,推进了蕉湖、保丰、广丰3个村的滩涂造林绿化工程。认真抓好了新莲塔线风景林和全镇村前屋后绿化工作。2011年鑫和源绿色农业开发有限公司被县评为农业产业化经营先进单位,镇环境卫生整治工作荣获市级二等奖,前进龚万村新农村建设示范点多次受到市县领导好评,市县造林绿化现场会两次在武阳召开,2011年被县委、县政府评为粮食生产先进乡镇。

【平安创建效应增强】 2011年,武阳镇党委、政府一是抓好远程教育、思想道德教育、“六五”普法教育、廉政教育的同时,开展消防、交通、安全生产、维稳“五进”活动(即进机关、进村组、进社区、进企业、进学校)、严打专项整治活动、平安创建活动、创先争优活动。二是建立和完善了“领导接访、群众工作综合协调、社情民意收集、分析判断、事前预防和化解矛盾、信访问题每月通报、处置突发事件工作、领导干部群众工作绩效考核等七项机制。通过一年来的四大教育、四项活动和完善七项机制,不仅强化了群众工作,而且最大限度地增加了全镇和谐因素。2011年全镇共破获刑事案件14起,处理人犯3人,行政拘留9人,追捕网上逃犯9人,清网率达到100%,妥善调解有关婚姻和民事32起。全镇共受理和解决各类信访案件86起,化解长期未决涉法涉诉信访积案3起,处置违纪案件3起,排查和化解消防交通、安全生产隐患32起,实现安全生产零事故。2011年武阳派出所连续3年被评为市县先进派出所,被县评为全国性追逃“清网行动”先进单位。镇综治办被县评为综治先进单位。

【创新文化载体】 2011年,武阳镇利用农村文化活动中心等场所,经常性和节假日开展丰富多彩健康向上的“唱红歌、歌舞赛”等文体活动,用先进文化占领农村阵地,推进农村精神文明建设。2011年,全镇有村级文化活动中心16处,有各类文化专业户32户,有各类图书室18个,藏有各类书籍3210册,镇村歌舞赛进行2次,南昌武阳曹雪革祖籍研究会已经成立,镇文化站被县评为先进单位。

【抚助弱势群体】 2011年,武阳镇享受城镇最低生活保障户有346户,人数526人,医疗救助55人次,民政部门资助参加合作医疗非农业户有15人次,农业户53人次,享受农村最低生活保障户有1447户,人数2274人,国家抚恤、补助各类优抚对象62人。镇敬老院有床位100张,收养农村五保人员36人,镇敬老院被定为省级五星级农村敬老院;全镇接受社会各界捐款12万余元,参加新型农村社会养老保险达2.45万人,参保率达到95%。

【提升镇村班子公信力和执行力】 2011年,武阳镇党委、政府为提升镇村班子公信力、执行力,着重抓好了七个方面工作。一是抓班子。班子强不强,关键在班长。针对镇情,结合镇、村级换届,对村级班子进行重点考核,共调整5名村级支部书记,5名村主任,将一批年富力强、发展潜力大、群众普遍公认的能人推上村支书、村主任的岗位,村支部的凝聚力、向心力明显增强。二是抓队伍。好党员能成为群众身边的一面旗帜,好干部能成为一根标杆,起到很好的带头示范作用,为调动基层党员干部的积极性,镇党委先后出台《武阳镇村组干部考核管理办法》、《武阳镇基层党组和党员考核评比办法》,使农村基层党员干部学有目标,干有奔头。三是抓作风。镇党委把镇村党员干部的作风建设作为事业成败的关键来抓,制作“便民服务卡”,将镇班子成员、镇机关中层干部手机号码写在卡上,发至农民手中,碰到困难和问题可直接打书记、镇长等干部的电话,实行把问题在一线解决,矛盾在一线调处,作风在一线转变的一线工作法等特色工作,推动全镇经济社会的快速发展。四是抓载体。镇党委结合工作实际,在镇村级党支部和党员干部中开展“三讲三比三评”主题教育活动,即:讲大局、比支部战斗力强不强,评创五个先进支部;讲责任,比干部作风实不实,评创“十佳干部”;讲表率,比党员作风发挥好不好,评创“十佳”党员。通过讲、比、评活动,讲出了正气,比出了斗志,评出了干劲,全镇上下形成了人人力争上游、个个创先争优的良好氛围。五是抓学习。学习是一种政治要求,是工作要求,镇党委在狠抓加强理论学习的同时,加强对经济、科技、法律等各方面的知识学习,不断增加镇村党员干部知识储备,提高综合素质和工作能力。六是抓廉政。镇党委主要是抓镇村党员干部通过学习廉政准则、中央省市县领导有关党风廉政讲话等,过好“五关”,把握“六慎”,清清白白为官,老老实实做人。“五关”即:力戒腐庸,过好政治关。力戒贪馋,过好金钱关。力戒奢侈,过好生活关。力戒私欲,过好家庭关。力戒懒惰,过好律己关。“六慎”即:一是慎权,确保权力在阳光下运行;二是慎思,遇事谨慎思考,审时度势;三是慎行,洁身自好,决不越轨;四是慎独,加强自我监督,独善其身;五是慎小,从点滴做起,一尘不染;六是慎交,时刻紧绷正确交友这根弦。七是抓效能。通过实施党委、政府出台的《效能管理办法》,较好地解决了全镇机关作风方面存在的问题。

表119 **2011年武阳镇党政领导班子成员名单(一)**

姓名	性别	出生年月	籍贯	职务	备注
龚润水	男	1963.12.27	江西南昌	党委书记	任职至5月,(下同)
万茂文	男	1966.11.26	江西南昌	党委副书记、镇长	

续表 119

姓　名	性　别	出生年月	籍　贯	职　务	备　注
黄跃根	男	1967. 1. 31	江西南昌	人大主席	
周国彪	男	1966. 7. 16	江西南昌	党委副书记、纪委书记	
陈绍平	男	1976. 1. 18	江西南昌	党委副书记	
龚　振	男	1967. 10. 1	江西南昌	党委委员、副镇长	
刘文华	男	1970. 6. 7	江西南昌	党委委员、副镇长	
喻友平	男	1969. 11. 24	江西南昌	党委委员	
张志平	男	1972. 6. 29	江西南昌	党委委员、武装部长	
熊小龙	男	1976. 7. 24	江西南昌	党委委员	
龙　华	女	1971. 10. 14	江西南昌	副镇长	
张　鹏	男	1969. 9. 1	江西南昌	副镇长	
胡武平	男	1973. 5. 5	江西南昌	维稳信息员	

表 120　**2011 年武阳镇党政领导班子成员名单(二)**

姓　名	性　别	出生年月	籍　贯	职　务	备　注
万茂文	男	1967. 11	江西南昌	党委书记	5 月任职,(下同)
谭水明	男	1966. 6	江西南昌	党委副书记、镇长	
周国彪	男	1966. 7	江西南昌	人大主席	
陈绍平	男	1976. 1	江西南昌	党委副书记、纪委书记	
万　毅	男	1975. 8	江西南昌	党委副书记	
张志平	男	1972. 7	江西南昌	党委委员、副镇长	
熊小龙	男	1976. 7	江西南昌	党委委员、副镇长	
龙　华	女	1971. 10	江西南昌	党委委员	
张　鹏	男	1969. 9	江西南昌	党委委员	
徐和春	男	1975. 5	江西南昌	党委委员、武装部长	
徐永钢	男	1981. 4	江西南昌	副镇长	
余海屯	男	1967. 2	江西南昌	副镇长	
万　准	男	1980. 6	江西南昌	维稳信息员	

表 121　**2011 年武阳镇村支部(总支)书记、村委会主任任职情况表**

村委会	姓　名	性别	出生年月	职　务
广丰村	陈云平	男	1971. 9. 1	书记
	刘小毛	男	1966. 1. 9	主任
徐桥村	陈贵保	男	1966. 2. 2	书记
	徐良清	男	1968. 7. 26	主任
泗洪村	赵小云	男	1964. 1. 17	书记
	李武军	男	1954. 3. 2	主任

续表 121

村委会	姓　名	性别	出生年月	职　务
安前村	张凤平	男	1957. 10. 15	书记
	张方群	男	1957. 9. 17	主任
保丰村	骆建鹏	男	1964. 10. 2	书记
	骆国莲	男	1964. 9. 20	主任
楞上村	黄国民	男	1956. 9. 19	书记
	张爱民	男	1966. 1. 5	主任
前进村	钱小华	男	1958. 10. 13	书记兼主任
武阳村	万三保	男	1967. 11. 5	书记
	杨华会	男	1963. 2. 21	主任
南坊村	万水平	男	1966. 3. 18	书记
	万国友	男	1970. 10. 15	主任
大仪村	万云和	男	1963. 11. 16	书记
	杨承红	男	1967. 2. 7	主任
朱坊村	朱顺春	男	1958. 4. 19	书记
	朱建云	男	1964. 10. 25	主任
蕉湖村	邱福高	男	1971. 7. 3	书记
	伍凤平	男	1962. 2. 28	主任
付家村	付登海	男	1960. 12. 1	书记
	付友辉	男	1954. 4. 5	主任
西游村	万云平	男	1961. 4. 17	书记
	万勇华	男	1966. 7. 25	主任
荏港村	樊根保	男	1950. 10. 24	书记
	李国珍	男	1958. 11. 29	主任
郭上村	钟万金	男	1957. 2. 21	书记
	钟省辉	男	1961. 5. 27	主任

(主笔:杨任仁　审稿:陈绍平　龙　华)

冈上镇

【概况】 2011 年,冈上镇以科学发展观为统领,深入贯彻落实十七届六中全会精神及县委十二届二次全会精神,确定“工业强镇、农业稳镇、旅游活镇、商贸兴镇、和谐立镇”的发展思路,紧紧抓住一个目标(拼争全县经济发展一类乡镇,建设现代化商贸旅游强镇),打造两大基地(小蓝汽车城补充基地、向塘物流园辐射基地),突出三条主线(优化产业结构、做实民生事业、构筑和谐社会),打造四个特色区(瓜山工业集中区、近郊蔬菜种植供应区、生态旅游休闲区、城市功能拓展区),主动对接融入昌南组团,完善基础设施,规范基本建设,奋力挺进全县经济发展一类乡镇,加快建设现代化商贸旅游强镇,经济社会各项事业取得显著发展。

经济发展　2011 年,全镇财政收入完成 2060 万元,比 2010 年增长 20%,其中地税完成 1550 万元,国税完成 510 万元。境内金融机构各类存款余额 2.48 亿元,比年初增长 0.30 亿元;各项贷款余额 1.68 亿元,比年初增长 0.13 亿元。

项目推进　2011 年,投资 3000 万元的杨市线正式通车;盘活资金 3000 万元的 5 公顷兴农土地复垦工作有序进行;开通投资 180 万元的兴农大桥;杭南长铁路征地拆迁工作已经基本完成,共征地 7.3 公顷,拆迁

60000平方米(其中主体房30000平方米),迁坟120穴;全长10500米、征地26.7公顷的西气东输(冈上段)正在扫尾;投资400万元内湖大桥已经通车;投资350万元万冈公路重修规划已经做好,已报市局审批;金沙大道征地拆迁工作已经全面完成,共征地21公顷。

招商引资 2011年,成功引进注册资金1亿元的中康基金管理股份有限公司、注册资金6000万元江西鲁班建筑工程有限公司、注册资金500万元中康安保管理公司、注册资金1000万元的江西屹致装饰工程公司、注册资金500万元的江西九日实业有限公司等5家企业,年纳税可达500万元以上。

农业农村 2011年,积极发挥"兴农鹅鸭市场"、"东坛养殖基地"的主导作用,建立购销基地,为培育引进特色明显、竞争力强、辐射带动突出的产业化龙头企业打下了良好的基础。全面推进新农村建设,高标准建设7个新农村示范点。发挥垃圾中转站和清洁屋的功能,巩固了45个新农村村点、国道、主干道和集镇的垃圾处理的成果。

民生民利 2011年,以杨市线升级改造为契机,积极争取上级各种扶持资金,对杨市线两侧进行绿化、美化和亮化。完成了冈上城镇总体规划和教授新街详细规划。广大老百姓反映最为强烈的、困扰群众出行难的公交问题得到全面解决,当年,南昌市通往冈上的公交每日有20车次,基本解决了人民群众出行难题。投资3000万元的吉力自来水一期安全饮水工作已经基本完成,实现日供水量1万吨,基本解决了万舍、冈上和市汊3条街道的饮水问题,下一步将积极推进二期饮水工程,争取覆盖全镇各村(居)委会,全面解决冈上群众饮水问题。投资100多万的合山小学教学楼已经投入使用,农村的孩子也能在宽敞明亮的教室接受优质教育。

医疗卫生 2011年,全镇有医疗卫生机构1个,门诊部(所)15个;有床位110张,每万人拥有病床22.7张。专业卫生人员110名,其中执业医师22人,执业助理医师10人,注册护士78人。2011年医疗机构(门诊部以上)完成诊疗4.26万人次。农村安全饮用水普及率30%,农村卫生厕所普及率10%。大力推进城镇居民基本医疗保险制度建设,12个村的村民基本上参加新型农村合作医疗,参保率95.6%。

文化教育 2011年,大力开展群众性文体活动,举办第三届"和谐乡村颂党恩"乡村歌会。大力发展教育事业,2011年末有幼儿园10所,小学12所,小学适龄儿童入学率100%;初中1所。初中适龄人口入学率、小升初升学率、九年义务教育覆盖率均达100%。合山和曲湖小学的教师安居工程已经接近尾声。投资15万元的冈一中沼气厕所即将投入使用。为优化教育网点布局,对冈二中进行撤并。举办了高考考取一本和中考考取莲一中的优秀学子座谈会,并发放奖金,鼓励他们继续努力学习。

社会治理 2010年,冈上镇深入推进社会治安防控体系建设,完善镇村组三级维稳网络组织,强化"一岗双责"责任制。

【冈上镇为35名贫困学子发放奖学金】 冈上镇素有"才子之乡"、"文化之乡"美誉。为发扬冈上镇尊师重教的优良传统,激励全镇学子,2010年,冈上镇制定出台了对优秀中高考生奖励办法,并将其列入每年的财政预算。在此次奖学金发放仪式上,冈上镇对2名高考录取全国重点大学的学子每人发放奖学金6000元,对21名高考录取一本(包括保送)以上学子每人发放奖学金2000元,对12名中考录取重点高中(包括保送)以上的学子每人发放奖学金1000元。

【积极推进安全饮水工作】 2010年,为使全镇人民喝上放心的自来水,冈上镇积极引进投资3000万元吉力自来水公司投资建设自来水,,5月,供水主管网全部铺设完毕,完全解决了冈上人民饮水难问题。

【杨市公路通车】 2011年底杨市线二级公路顺利通车,标志着全镇通公交,同时还开通了南昌至冈上(市汊)、冈上(兴农)的公交车,极大地方便了群众的出行,有力促进镇域经济的发展和人民群众的生产生活。

【冈上司法所组织社区服刑人员参加公益性劳动】 2011年10月,冈上司法所组织辖区内11名社区服刑人员来到敬老院,为该院清扫垃圾,擦洗玻璃,通过近3个小时的劳动,敬老院的环境焕然一新,老人们非常感动,服刑对象也从劳动中体验到改造的乐趣。2011年以来,冈上司法所依托社区矫正劳动基地积极开展各项公益劳动活动,帮助矫正对象转变心态,改过自新,早日融入社会。

【建立刑释解教人员生活救助基金】 2011年,为使刑释解教人员顺利走上新生之路,有效预防和减少重新违法犯罪,维护社会和谐稳定,冈上镇从镇财政资金中拨出10000元,建立刑释解教人员生活救助基金,由镇财政开设专户,专款专用,以解决刑释解教人员的实际生活困难。以下四类刑释解教人员可以申请基金救助:一是无直系亲属、无固定居所的刑释解教人员;二是失去劳动能力且直系亲属丧失部分劳动能力的刑释解教人员;三是在服刑期间有重大疾病的刑释解教人员;四是其他特殊情况需要救助的刑释解教人员。上述四类刑释解教人员由本人提出申请,经镇司法所核实,分管领导审核后,报请镇政府主要领导审批后发放救助款。

【冈上镇三届人大五次会议顺利召开】 2011年3月15日,冈上镇三届人大五次会议在镇计生办会议楼隆重召开。会议确定"工业强镇、农业稳镇、特色活镇、旅游兴镇"的发展思路,紧紧抓住一个目标("富民强镇"目标),做好两篇文章(经济转型、城镇做靓),突出三条主线(产业优化、民生工程、社会稳定),打造四个特色区(工业集中区、近郊蔬菜种植供应区、生态旅游休闲区、城市功能拓展区),积极融入鄱阳湖生态经济区建设及"山江湖"综合开发战略,策应昌南组团开发,以经济建设为中心保稳定,以提高机关效能服务大局促和谐,促进全镇经济社会科学、和谐、持续稳定发展。

表 122

2011 年冈上镇党政领导班子成员名单(一)

姓　名	性　别	出生年月	籍　贯	职　务	备　注
王光华	男	1968. 12	江西南昌	党委书记	任职至 5 月(下同)
熊衍云	男	1974. 11	江西南昌	党委副书记、镇长	
郑美华	女	1966. 10	江西南昌	人民代表大会主席	
张仁根	男	1970. 10	江西南昌	党委副书记兼镇纪委书记	
肖　军	男	1974. 5	江西南昌	党委副书记	
张　庆	男	1970. 1	河北文安	党委副书记	挂职
黄寿根	男	1966. 12	江西南昌	党委委员、副镇长	
邓件根	男	1969. 6	江西南昌	党委委员	
晏建新	男	1974. 10	江西南昌	党委委员	
罗健平	男	1971. 11	江西南昌	党委委员、武装部长	
刘　晖	男	1971. 9	江西南昌	副镇长	
黄道刚	男	1968. 3	江西南昌	副镇长	
饶站平	男	1975. 4	江西南昌	维稳信息督查员	
张鹏程	男	1984. 4	江西南昌	镇长助理	

表 123

2011 年冈上镇党政领导班子成员名单(二)

姓　名	性　别	出生年月	籍　贯	职　务	备　注
黄华明	男	1968. 1	江西南昌	党委书记	5 月任职(下同)
郑美华	女	1966. 10	江西南昌	镇长	
张仁根	男	1970. 10	江西南昌	人民代表大会主席	
肖　军	男	1974. 5	江西南昌	党委副书记兼镇纪委书记	
黄寿根	男	1966. 12	江西南昌	党委副书记	
邓件根	男	1969. 6	江西南昌	党委委员、副镇长	
晏建新	男	1974. 10	江西南昌	党委委员、副镇长	
罗健平	男	1971. 11	江西南昌	党委委员、武装部长	
刘　晖	男	1971. 9	江西南昌	党委委员	
黄道刚	男	1968. 3	江西南昌	党委委员	
章春虎	男	1977. 7	江西南昌	副镇长	
魏松林	男	1985. 8	江西南昌	副镇长	
饶站平	男	1975. 4	江西南昌	维稳信息督查员	
张鹏程	男	1984. 4	江西南昌	镇长助理	

表 124

2011 年冈上镇村委会支部(总支)书记、村委会主任任职情况表

村委会	姓　名	性别	出生年月	职　务	备　注
长湖村	徐顺龙	男	1963. 8	书记	
长湖村	王良华	男	1966. 2	主任	
安仁村	万小平	男	1961. 1	书记	

续表 124

村委会	姓　名	性别	出生年月	职　务	备　注
安仁村	涂强斌	男	1974.10	主任	
万舍村	喻火生	男	1949	书记	
万舍村	黄云根	男	1969.4	主任	
东坛村	熊木珍	女	1962.6	书记	
东坛村	熊国成	男	1964.1	主任	
晋安村	闵淑辉	男		书记	兼任
晋安村	龚润泉	男		主任	
黄台村	刘秋水	男	1954.6	书记	
黄台村	刘　俊	男	1978.4	主任	
曲湖村	涂国民	男	1956.9	书记	
曲湖村	李小新	男	1971.9	主任	
合山村	李小毛	男	1966.9	书记	
合山村	李水龙	男	1962.12	主任	
兴农村	罗冬平	男	1947.10	书记	
兴农村	梁在辉	男	1958.12	主任	
石湖村	熊平红	男	1963.11	书记	
石湖村	熊平红	男	1963.11	主任	兼任
冈上村	熊国华	男	1965.12	书记	
冈上村	雷南龙	男	1964.3	主任	
蚕石村	涂明球	男	1960.7	书记	
蚕石村	吴芳平	男		主任	

（主笔：余中正　审稿：张鹏程）

广福镇

【概况】　广福镇位于江西省中北部赣抚平原，地处南昌县最南端，是南昌市的南大门，距南昌市36公里。南与丰城市接壤，北临航道（向塘飞机场），东依青丰山，西傍赣江。全镇面积63平方公里，辖14个村委会，2个居委会，总人口3.83万人。京九铁路、浙赣铁路、向莆铁路穿境而过，105国道贯穿南北与温厚高速立交。铁路、公路、水路、航空四通八达，交通区位优势凸显。镇政府座落在广福老街，地里座标为北纬28.3621度，东经115.914度。

广福春秋属楚地，西汉始属南昌县，民国元年属省管辖，民国21年6月起属第一行政区，至1949年6月15日属南昌专区管辖，1975年10月设立广福人民公社，1984年5月撤社设乡，1995年10月撤乡设镇至今。

广福历史悠久，自然资源丰富，生态环境优美，誉称为“福地”。自清朝道光年间设墟后，商贾云集，故冠名为“广福”。广福境内大部分为平源，地势是南高北低，缓慢倾斜，海拔在17.4米～42.3米，属亚热带季风大陆性气候，四季分明，光照充足，气候温和，雨量充沛。广福依山傍水，境内航道水渠纵横交错，河港湖泊星罗棋布，属典型的江南鱼米之乡。

广福人才辈出，文化底蕴深厚，家官乡贤遍布全国各地，历代仁人志士名扬天下。辖区内不但有南昌县十大旅游景点之一“唐永王古墓”和香火鼎盛的千年古刹“海慧寺”，还有集垂钓、休闲、餐饮、娱乐为一体的龙成山庄、清水湾和永木黎古村等景点，旅游事业蓬勃发展。

【经济发展再上新台阶】　2011年，广福镇大力实施“经济转型升级、社会管理创新”两大战略，围绕“生态主镇、工业强镇、旅游富镇、农业兴镇”四大重点工作，突出盘活资源，做大经济总量，调整产业结构，大力保障和改善民生。2011年，广福镇实现财政收入1933万元，比上年增长15%，实现一般性预算收入1367万元，社会固定投资达9689万元，同比增长15%，限额以下社会消费品零售总额达到1.443亿元，农民人均收入8614元，比上年增长18.14%，净增1323元，规模以上工业增加值实现600万元，工业投资额完成3800万元,实际利用内资达1.2亿元,新增企业2户,经济态势保持好中有快、稳中有势、后发有力的稳健特点。

【继续实施国家粮食丰产科技工程】 2011年,广福镇认真落实国家各项强农惠农政策,因势利导发展特色产业,努力推动农业产业向精细化、规模化、科学化方向发展,继续实施国家粮食丰产科技工程,建设优质水稻示范区,50亩高产攻关田,5000亩核心试验区和1000亩高产示范区,为广福镇粮食高产、丰产提供有力的技术支撑。对广福周边的粮食产量也起到较强的辐射作用。

【加大防汛抗旱工作投入】 2011年,广福镇为防汛抗旱工作投入资金26万元,以确保全镇生命财产安全,农民增产增收。启动了南昌县赣抚平原总干一支一斗整治工程项目,能增加农田收效灌溉面积3000亩以上,且投资200万元用于小型泵站。为沙港电排站和南溪湖站更换设备、整修河道及涵闸检修、沙漳渠道胡家龙排渍道等渠道清淤,这些基础设施的建设更好解决周边农村农民的农业生产。

【打造新农村建设十个新村点】 2011年,围绕“生产发展、生活宽裕、乡风文明、村容整洁、管理民主”的目标,以三清三改三化、森林城乡、花园南昌、造林绿化为主要内容,重点打造了北头黄岗西、广福龚家和万洲五组等十个新村点,农村人居环境得到了极大改善,并获得全市农村环境整治工程三等奖。2011年广福镇开展了新一轮农村土地整治工作,项目工程预算额总计5000余万元,整治面积达1666公顷,已经完成60%。

【招商引资再创新成效】 2011年,广福镇招商引资立足本镇实际,围绕“实干立镇、产业兴镇、创新活镇、商贸强镇”的思路,优化投资环境,全面实施“走出去、引进来”,强力推进招商引资。改变过去旧的观念,完成从“引资”到“选资”、“全民招商”到“专业招商”、“数量招商”向“质量招商”、从“政策招商”向“服务招商”的转变,这一系列转变都顺应了时代发展的需要。通过工作的优化,到镇考察的客商达到20余批次,已签订招商引资意向书8个,投资总额1.2亿元,已有港昌制衣公司、力创新型建材公司等多个招商引资企业正式落户广福镇,到位资金6000多万元。在谈项目还有自来水公司、纸箱厂,时机一成即可落户。此外,广福镇还采取围墙内的企业管,围墙外的政府办的方法,紧紧抓住每个机遇,紧扣每个环节,全程跟踪服务,实实在在地把企业引进来、办起来、稳住来、发展好。

【民生工程惠及乡民】 2011年,广福镇城市低保参保对象254人,全年发放低保金66.54万元,农村低保对象1399人,全年发放低保金179.4万元。新型农村社会养老保险参保人数达到18171人,参保金额199.5万元。2011年城镇新增就业人数135人,完成下岗失业人员就业人数53人,4050人员就业10人,新增转移农村劳动力670人,省内转移就业人数455人,跨省劳力输出3138人。农村和城镇社会保险工作方面,农村居民参保人数18176人,缴费金额199.55万元。农村领取基础养老金(60岁以上)人数3720人。城镇居民参保人数43人,城镇居民缴费金额12100元,城镇居民领取基础养老金(60岁以上)22人。2011年办理小集体参保30人,改办12人。城镇居民医疗保险工作参保人数达550人,报销50人次,报销金额8万余元。为进城务工人员创业提供小额贷款315万元。新型农村合作医疗参保人数34516人,参合率为94.73%,报销人次7718人次,报销金额749.51万元,被评为南昌县先进乡镇农医办。2011年广福镇共发放粮食直补资金580万元,家电下乡补贴资金196万元;汽车、摩托车补贴资金18万元,小额创业贷款260万元,“一事一议”补助91.5万元。

【做好城乡建设用地增减挂钩】 2011年,广福镇可复垦耕地8.2公顷,为农村农民增收增加了后劲,为国家增加城镇建设用地8.2公顷,实现集约用地。

【教育事业成效显著】 2011年,广福镇不断创新教育教学模式,全面推行素质教育,2011年广福两所中学录取重点高中人数名列全县前茅,广福一中罗婷同学以总等级分满分90分的成绩列全县第一;广福二中李玲慧同学荣获江西省“三好学生”光荣称号;广福二中罗顺、熊玲两位同学获全国英语能力竞赛一等奖;广福一中江金发参加全国化学竞赛获全国二等奖,参加物理竞赛获江西省一等奖;广福一中王涵潇同学参加英语听力竞赛获江西省一等奖;广福一中罗婷同学获省二等奖;广福二中肖辉、姜童两位同学在新蕾杯征文《走进生命深处》中获省级二等奖,获市级一、二、三等奖的举不胜举。广福二中万六指校长获南昌市“五一”劳动奖章,罗银如老师获南昌市优秀教育工作者称号。广福二中获江西省“依法治校示范校”,获南昌市素质教育示范校。广福中心小学荣获南昌市文明单位、江西省教育系统提升质量年活动“先进单位”,涌现出了一大批默默无闻、爱岗拼搏、敬业奉献的优秀教师。

【村“两委”换届大局平稳】 广福镇第八届村(居)民换届选举工作自2011年10月31日正式开始,各项工作结合广福镇实际情况,采取了统一部署、分步实施、整体推进的工作方法,按照“先党内后党外”的原则坚持两推一选,即党员推选、群众推选,党员选举产生党组织班子成员,全镇共有党员1220名,参选党员1037名,选举产生新出任党支部书记5名,续任书记9名,副书记28名,委员24名(其中女副书记4名,女委员7名),胜利完成党内选举。尔后紧接着成立了广福镇第八届村委会换届选举工作指导小组,推选村民选举委员会,下发《换届选举工作手册》70本,印发《选举办法》、《村委会成员候选人资格条件》,批转《广福镇第八届村委会换届选举工作实施方案》,并于2011年11月6日召开全镇第八届村委会换届选举动员大会,制定和下发选举工作日程安排,提出要求,明确职责,落实任务,举办培训班,参训人员1780余人。

在整个换届选举工作中,广福镇有始至终按照法律的规定,严格依法办事,充分尊重民意,使选举工作得以胜利执行。全镇14个村委会都完成换届选举工作,共有选民24627人,参选人数24503人，参选率99.5%，一次性选举成功。这次村委会换届选举共选出干部64名，其中村委主任14人，副主任21人，委员29人(含妇女成员14人)，最大年龄59岁，最小年龄26岁，平均年龄41岁。通过这次换届选举，广福镇村委会班子成员更加年轻化、知识化，结构比较合理，符合上级配备村干部的要求，达到预期的目的，为全镇农村经济发展、带领广大群众致富奔小康奠定了良好的基础。

【社会治安综合治理工作扎实有效】 2011年，广福镇社会治安综合治理工作牢牢把握"预防为主、打防结合、群防群治、专群结合"的方针，从源头着手认真开展排查、调解、帮教、禁毒严打、反邪教等工作，积极推进社会治安综合治理各项工作措施的落实。在切实加大严打力度的同时，扎实开展"校园周边环境、铁路沿线废除旧金属收购站点、农村道路交通安全"等专项整治活动。根据公安机关统一部署，在辖区内开展了"春季攻势"、"清网行动"和"亮剑行动"，有效打击违法犯罪活动。2011年共破获刑事案件18起，查处各类治安行政案件38件，刑事拘留8人，抓获网上逃犯8人，逮捕5人，行政处罚19人次，其中行政拘留5人，有效地维护社会公平正义。司法行政积极开展矛盾纠纷排查、调处工作，全年共排查矛盾纠纷28件，调处26起，调解成功率93%。切实做好两劳回籍人员的安置帮教和社区矫正。2011年刑释人员接受、并安置帮教8人，矫正服刑人员19名，其中缓刑14名，剥夺政治权利5名，矫正对象未出现漏管、脱管现象。

表125　**2011年广福镇党政领导班子成员名单**

姓　名	性　别	出生年月	籍　贯	职　务
刘仕福	男	1962.12	江西·南昌	党委书记
黄花云	女	1966.11	江西·南昌	镇　长
罗斌翔	男	1967.3	江西·南昌	人大主席
姚　铁	男	1968.2	江西·南昌	党委副书记
张　伟	男	1983.6	江西·南昌	党委副书记
刘本清	男	1970.2	江西·南昌	常务副镇长
罗　印	男	1974.9	江西·南昌	党委委员
李绍辉	男	1977.1	江西·南昌	党委委员、副镇长
胡久平	男	1970.12	江西·南昌	党委委员
李明华	男	1975.9	江西·南昌	党委委员、武装部长
黄　明	男	1981.5	江西·南昌	副镇长
张　健	男	1972.10	江西·南昌	副镇长
李昌红	男	1972.7	江西·南昌	司法所长
万美兰	女	1980.11	江西·南昌	维稳信息员

表126　**2011年广福镇村委会支部(总支)书记、村委会主任任职情况**

村委会	姓　名	性别	出生年月	职　务
宋洲村	刘大荣	男	1954.11	支部书记、主任
荷山村	肖细毛	男	1961.4	支部书记
荷山村	万建平	男	1963.2	村主任
万洲村	万本兴	男	1953.1	支部书记
万洲村	万国有	男	1954.8	村主任
木山村	张建飞	男	1979.8	支部书记
木山村	龚文亮	男	1966.11	村主任
北头村	罗建林	男	1953.7	支部书记
北头村	罗春华	男	1967.9	村主任

续表 126

村委会	姓　名	性别	出生年月	职　务
吴石村	吴木根	男	1953.4	支部书记
吴石村	周高志	男	1960.8	村主任
官塘村	张国青	男	1967.12	支部书记、主任
沙港村	晏雨国	男	1968.1	支部书记
沙港村	万志林	男	1974.4	村主任
潭岗村	周　智	男	1958.3	支部书记
潭岗村	胡爱保	男	1963.1	村主任
板湖村	万金荣	男	1964.11	支部书记
板湖村	杨兴洪	男	1952.11	村主任
江家村	赵新保	男	1972.1	支部书记
江家村	江协良	男	1956.3	村主任
漳溪村	郭朝友	男	1958.7	支部书记
漳溪村	姜　艺	男	1976.11	村主任
广福村	龚国清	男	1953.6	支部书记
广福村	李小告	男	1976.1	村主任
南溪村	陈金根	男	1955.11	支部书记
南溪村	陈秀花	女	1965.8	村主任
广福居委会	周　智	男	1958.3	支部书记
广福居委会	李春兰	女	1968.2	村主任

(主笔:周　智　审稿:刘仕福)

三江镇

【概况】　三江镇位于省城南昌市南面,处于南昌、丰城、进贤、临川4县交界之处,区位优越,交通发达,西距105国道13公里,东离316国道12公里,距省会南昌市40公里,京九铁路、向莆铁路穿镇而过,设有三级货运站。农业以蔬菜、荸荠、水稻为主,副业以畜禽饲养和水产养殖为主,工业以食品加工、医疗器械为主,第三产业以商贸、农副产品集散为主。三江镇是全省为数不多的千年古镇,宋代文豪陈守中曾题赞"秀挹三江"。由于境内水系发达,水运交通便利,自古就是商贾云集、贸易活跃之地,"豫章古都,挹秀三江,物华天宝,人杰地灵,山青水绿,千年集贸,财达三江"便是当时的真实写照。

2011年,三江镇紧紧围绕"把三江建设成为服务全省、辐射全国的重要农副产品集散地和经济发达、生态优美、富裕文明、宜居宜业的中心城镇"的基本思路,全面落实科学发展观,坚持以人为本,大力弘扬求真务实精神,积极服从服务好全县发展大局,全镇经济和社会各项事业取得了长足进步,人民群众生活水平不断提高。

2011年全镇财政总收入完成3086.8万元,同比增长25.8%;地方一般预算收入完成1672.8万元,同比增长11.7%;全镇农民年均纯收入达8797元,同比增长16.7%;全社会消费品零售总额完成11259万元,同比增长14%;全社会固定资产投资完成29313万元,同比增长4.7%,规模以上工业增加值实现1.7亿元,同比增长23.2%。

【工业发展形势喜人】　2011年,三鑫科技继续保持良好发展势头,实现税收2095万元,同比增长37.7%,并被市政府列为拟上市重点扶持企业,其投资8000余万元的三江基地征地改扩建项目正逐步推进。昌泰建筑、顺发米业、吉茂制衣、酱菜制品等企业发展态势良好。

【重点工程有序推进】　2011年,向莆铁路拆迁争取的6公里沿线道路改移项目的征地拆迁及修建工作已全面完成。渡改桥——岭西大桥南引道工程设计变更工作顺利完成,建设资金争取到位,立项建设工作正有序进行。投资2.1亿元的鄱湖二期第六个单项工程已争取到位,一期工程即将进入招投标程序,届时,三江镇圩堤将进行全面护坡,堤顶公路全线畅通。深入推进东庄、源溪、山下的土地整理项目,建设面积430公顷,完成率达80%。稳步推进2.7公顷的岗坊村岗前村小组土地小面积开发项目,已进入招投标程序。大力推行土地增减挂项目，完成7.5公顷土地增减挂的立项报批程序。基本完成东余农民安居点的建设。

【基础设施不断完善】 2011年，投资2222万元的秀挹（王家）大桥项目顺利竣工通车，交通网络得到优化；完善了秀挹大桥、三江中学及5所小学的交通安全设施建设；抓好新农村建设整治点7个，绿化主干道3.2公里，绿化村庄28个，新建垃圾池18个，进一步推进农村垃圾处理工程；投入18万元进行大型沟渠清淤6万立方米，投入15万元进行沟渠护坡整治3.2千米，投入45万元翻建涵管枧闸7座，投入2000万元完成三江联圩应急防渗处理工程，鄱湖二期青丰山左堤房屋拆迁及安置工作基本完成，积极协调做好了向莆铁路、京九右线沿线水利排灌设施工程的建设，基础设施不断完善，农业生产条件不断提高。

【现代农业加快提升】 2011年，生猪饲养量7.87万头，出栏4.96万头；市场蔬菜交易量50余万吨、交易额4.95亿元；蔬菜专业合作社13家，农村经纪人3200余人，绿色无公害农产品26个，有机水产品2个，规模以上“农家乐”经营体3家并成效初显。三江源蔬菜生产标准示范园和洪洲渔业被“七城会”组委会评为特供基地，为“七城会”提供无公害农产品11个，有机水产品1个，为全镇农业产业品牌化起到良好的示范带动作用，全镇农业产业化水平不断提高。

【民生事业有新动作】 2011年，民生投入持续增长。镇财政用于社保、就业、教育、医疗卫生等民生支出预算达1299万元，增长11.2%。受理家电下乡9375件，兑付补贴293万元，发放惠农补贴资金328万元。完善社会保障体系，2011年，累计发放低保金188.8万元，优抚事业专项资金43.68万元，孤儿基本生活保障19.8万元，各项补贴13.5万元，大病救助资金18.65万元；投入20万元完成农村危房改造20户。大力做好就业再就业工作，城镇新增就业212人，实现新增转移农村劳动力700人，发放小额贷款350万元，还款率100%，全镇新农保参保率达98%，劳动保障工作得到上级的认可，被评为南昌市劳动保障先进单位。新农合参合率达93.47%，报销2618人次，报销金额299万元。

【文教事业有新进步】 2011年，三江镇深化文化体育广播事业建设，成功举办建党90周年“迎国庆”文艺晚会、乡村歌会、昌南书香周等活动。后万村被省政府命名为省级历史文化名村，多方协调，积极争取县文化建设资金71万元，对后万古村古居进行了保护修复。促进义务教育均衡发展，巩固“普九”成果，适龄儿童入学率达到100%。整合教育资源，不断完善教育基础设施，优化教育网点布局，严格落实九年义务教育政策，建立中小学校舍维修改造长效机制，发展教育事业。32名学子在中考中考入县重点中学。成功举办了“蔡冠深教育奖励基金第十五次、万修元教育奖励基金第五次颁奖，‘爱心’教育助学金第五次”颁奖典礼，奖励资助金额10.45万元。

【社会总体和谐稳定】 2011年，镇治安部门加大巡逻力度，对镇区内流动人口进行摸查造册，加强流动人口管理服务工作，预防和控制流动人口违法犯罪。加强社会治安形势分析评估和预警预测，保持对犯罪行为的高压态势，开展反偷盗、禁赌博等活动，黄赌毒违法犯罪活动有所减少。安全生产管理预防为主，紧抓不懈。重大节日前对学校、网吧、企业等重点单位进行安全生产检查，确保人民群众生产生活安全。加强食品、药品和饮食卫生监督管理，对“地沟油”生产和流通环节开展大排查和整治活动。深入开展全民国防教育、民兵整组和预备役工作，扎实做好“双拥”、优抚安置工作，圆满完成年度征兵任务。

【政府建设不断加强】 2011年，镇政府自觉接受镇人大监督，广泛听取人大代表和社会各界人士的建议意见，共办结人大代表建议意见9件。实施重大投资项目可行性事先报告制，政务公开进一步落实。招投标工作规范运行，完成项目招标4个，金额124万元，节约资金4万元。强化行政监察和审计监督，惩治和预防腐败体系进一步完善。

表127 **2011年三江镇党政领导班子成员名单**

姓　名	性　别	出生年月	籍　贯	职　务	备　注
邓小军	男	1968.6	江西南昌县	党委书记	任职至5月
邹文惠	男	1968.1	江西南昌县	党委书记（5月任），党委副书记、镇长（任至5月）	
李　婷	女	1976.11	江西南昌县	党委副书记、镇长	5月任职
杨木林	男	1968.2	江西南昌县	人大主席	任职至5月
邓必亭	男	1968.7	江西南昌县	人大主席	5月任职
游同南	男	1976.2	江西南昌县	党委副书记、纪委书记	
蔡　军	男	1968.12	江西南昌县	党委委员、常务副镇长	
蔡保平	男	1964.4	江西南昌县	党委委员、副镇长	

续表 127

姓 名	性 别	出生年月	籍 贯	职 务	备 注
闵卫国	男	1974.10	江西南昌县	党委委员、人武部长	
胡武平	男	1973.6	江西南昌县	党委委员	
蔡 春	女	1971.2	江西南昌县	副镇长	任职至5月
姚 文	男	1979.1	江西南昌县	副镇长	
罗光华	男	1974.1	江西南昌县	县维稳信息督察员	任职至5月
万德辉	男	1976.6	江西南昌县	县维稳信息督察员	

表 128

2011 年三江镇村(居)主要干部任职表

村(居)委会	姓 名	性别	出生年月	职 务	备 注
三江村	王水泉	男	1951.12	总支书记	
	王金平	男	1964.9	村委会主任	
汗塘村	余连水	男	1951.10	总支书记	
	万海金	男	1966.11	村委会主任	
徐罗村	舒俊辉	男	1971.6	总支书记	
	陈玉山	男	1962.6	村委会主任	
岗坊村	万国平	男	1962.6	支部书记	
	章龙如	男	1962.8	村委会主任	
源溪村	徐仔则	男	1961.3	支部书记	
	万良喜	男	1975.12	村委会主任	
竹山村	刘国保	男	1957.5	支部书记	
	罗发荣	男	1955.1	村委会主任	
	曾勇志	男	1969.8	支部书记	12月任职
	李生则	男	1962.1	村委会主任	12月任职
东庄村	王银根	男	1963.7	支部书记、村委会主任	
松林村	余凤眼	男	1963.8	支部书记	
	余志平	男	1963.10	支部书记	12月任职
	刘细蝉	男	1970.11	村委会主任	
山下村	刘群德	男	1972.5	支部书记	
	刘平亚	男	1972.10	村委会主任	
居委会联合支部	周香根	男	1956.6	支部书记	
乌龙街居委会主任	朱冬保	男	1969.12	乌龙街居委会主任	
新街居委会主任	邹树平	男	1966.6	新街居委会主任	

(主笔:黄 坚 审稿人:邓必亭)

泾口乡

【概况】 2011年，是泾口乡实施“十二五”规划的第一年，也是新一届政府全面履行职责的第一年。一年来，全乡上下深入贯彻落实科学发展观，以经济建设为中心，以“发展提升年”活动为契机，团结奋斗，真抓实干，圆满完成了各项工作任务。

经济发展 2011年，全乡社会生产总值完成28.8亿元，按可比价格计算，比上年增长20%。其中一产产值6.7亿元，二产产值13亿元，三产产值9.1亿元。三次产业比由28.1:42.9:29调整为23.2:45.1:31.6，工业主导地位更趋稳固。财政收入完成1560.3万元，增长15.1%。其中国税完成284.69万元，地税完成1275.6万元；全乡农民人均收入8135元，比上年增长16.6%。城镇居民人均可支配收入和农民人均纯收入分别增长8%和10%，固定资产投资12000万元，全面完成县委、县政府下达的经济指标任务。

交通建设 2011年，公路投资金额为历年之最，道路交通建设取得重大突破。一是投资1680万元修建39.6公里的外洪堤顶公路，全乡长达50公里的外洪堤顶公路全线贯通。二是修建了部分自然村水泥公路，总长达7公里。三是投资10多万元整修因建德昌高速损坏的后房至康庄、北湖至小莲、北山至东阳及泾口街至水阁的公路，确保全乡交通运输畅通。

环境整治 2011年，启动泾口街道规划、整治、改造工作，对部分损坏的路面进行翻修。开展城乡国省道环境整治等活动，成绩历次排列在全市农村乡镇前列。加大乡村环境治理力度，重点地段得到有效治理，组织对违章建筑强行拆除的专项活动。

网络通讯 2011年，加大农村信息网络工作力度，农村通讯工程得到强力推进。

产业结构 2011年，推广超级水稻等农村实用技术，粮食总产达到2.17亿公斤，连续实现丰产丰收。新发展蔬菜、林果、畜禽养殖等特色产业比重增大。

基础设施 2011年，完成5座大型电排站改造扫尾工程，正在施工小型提灌站建设9座，新增有效灌溉面积826.7公顷。植树造林40公顷，农村面貌明显改观。加强与上级业务部门沟通，积极争取省、市、县农业开发项目，开工投资达1200万元大浦333.3公顷高标准农田示范点项目建设。投资220万元的大沙湖内圩加固工程、一些小型函管枧闸和圩堤应急防渗、除杂等项工程相继完工。

农村环境 2011年，扎实推进新农村建设，新开工的14个新农村示范点顺利验收，改水改厕3750个已基本完成。全乡80%以上行政村建立卫生保洁长效机制，村容村貌持续改善。疫区14个村淘汰耕牛2344多头，全省鄱阳湖南岸片区血吸虫病综合防治现场会在泾口乡顺利召开。

民生工程 2011年，启动总投资2242万元泾口万吨水厂建设工程，主体工程已经完工，2012年内将为全乡部分群众提供安全卫生水。

教育工作 2011年，投资650万元的东风寄宿制学校和投资160万元的大浦村小学建设开始施工，创试“3122”工程，中小学教育资源整合收到明显成效，得到县委、县政府主要领导肯定，并在全县介绍经验。对贫困中小学生发放扶助金，连续第五年颁发优秀高考学子奖金。

就业保障 2011年，就业形势总体平稳。完善就业服务体系，建立劳动资源台账，加大就业帮扶力度，农村劳动力转移就业12000人，其中赴外省就业人数6289人，省内就业和季节性人数5000人，国外务工人员32多人，城镇新增就业人员141人。发放小额贷款680万元，支持扶助136个个体企业发展生产。

社会保障 2011年，继续完善社会保障体系，全乡农村低保2856人，发放低保金356.2万元；城镇低保435人，发放低保金130.7万元；发放医疗救助和大病救助资金119.98万元，发放临时救助资金80.6万元。妥善解决未参加城镇小集体企业职工参加城镇企业职工基本养老保险42人，全乡已有6906名60岁以上的老人领取每月55元的基本养老金。参加新型农村养老保险达28341人，投保金额420.37万元，参保率达到80%，全乡57993人参加新型农村合作医疗，报销医药费1117.9万元，基本实现老有所养，防止因病返贫现象发生。

惠农资金 2011年，全乡通过“一卡通”存折发放农资综合补贴等共计3817万元，积极争取上级部门支持，“一事一议”专项补助210.3万元、新农村建设资金280万元。

【召开泾口乡第十一届人民代表大会第五次会议】 3月15日至16日，泾口乡第十一届人民代表大会第五次会议举行，会议的任务是：听取和审议乡人民政府工作报告；听取和审议乡人大主席团工作报告；审议泾口乡2010年财政决算和2011年财政预算（草案）的报告（书面）；审议民政工作报告（书面）；通过议案审查委员会关于议案的审查报告；通过四项工作报告的决议。

【召开泾口乡第十二次党代会】 5月27日，中国共产党泾口乡第十二次代表大会在乡政府三楼会议室举行，出席会议的正式代表共136名，会议的任务是：听取和审议党委工作报告；听取和审议纪委工作报告；选举新一届党的委员会；选举新的一届纪律检查委员会。会议选举熊衍云为泾口乡党委书记；黄炳峰、李勇峰、邓江涛为副书记；李飞雕、龚寿平、姜绍辉、舒特印、黄莲花为党委委员。选举邓江涛为泾口乡纪委书记；涂凯为纪委副书记；李明柱、樊志坚、李水弟为纪委委员。

【建立村级工作责任目标考评办法】 从7月开始，对各行政村工作进行逐月考评，实行量化管理，考评内容涉及社会稳定、村镇建设、计划生育、农村农业生产、社会事务及民生工作、党群工作、乡党委政府交办的工作等方面。

【开展“一看二比三争当，建功泾口我先行”主题实践活动】 2011年，在全乡创先争优活动中开展以“看清态势、比拼赶超动能、争当十大先锋”为主要内容的“一看二比三争当，建功泾口我先行”主题实践活动，以增强各级党组织和广大党员的发展意识、大局意识、争先意识，激发“进位赶超、超常发展、建功泾口”的内在动力,自觉投身到“特色农业名乡、招商引资强乡、劳力就业大乡、平安和谐富乡”的伟大实践。

【表彰2010年度创先争优先进个人】 7月1日,泾口乡举行会议,隆重表彰在2010年度创先争优活动中取得突出成绩的35名优秀党务工作者和90名优秀共产党员。

【选举产生新一届村级党组织和第八届村(居)民委员会】 2011年,在乡党委、政府的领导下,各村依法推选村(居)民选举委员会,认真做好参加选举的村(居)民登记工作,依法提名候选人和组织投票选举,产生新一届的村级党组织和村(居)民委员会。

【淘汰耕牛专项活动圆满完成】 从8月初开始,泾口乡对鄱阳湖南岸片区血吸虫综合防治示范区的14个行政村开展淘汰耕牛专项活动,仅用一个月共淘汰耕牛2344头,占任务的100%。

【招商引资工作迈上新台阶】 2011年,全年实际利用内资1.5亿元,出口创汇50万美元,新引进制造业及加工业项目4个:江西鼎宸节能材料有限公司、南昌金溪农产品有限公司、南昌维美制衣公司、江西鹏威实业公司。其中已开工建设项目3个,已投产项目2个。

【召开泾口乡第十二届人民代表大会第一次会议】 5月30日至31日,泾口乡第十二届人民代表大会第一次会议在乡政府三楼会议室举行,会议的任务是:听取乡人民政府工作报告;听取乡人大主席团工作报告;听取2010年及2011年1~4月财政预算执行情况的报告(书面);听取民政工作报告(书面);通过本次大会选举办法;选举泾口乡人民代表大会主席、泾口乡人民政府乡长,副乡长。会议选举李挺为泾口乡人民代表大会主席,黄炳峰为泾口乡人民政府乡长,李飞雕、龚寿平、涂凯、陈纯为泾口乡人民政府副乡长。

【核查党龄40年以上农村老党员人数】 2010年底,全乡党龄40年以上农村老党员人数为166人。按县委组织部要求,泾口乡党委组织人员对全乡23个行政村的农村老党员进行调查摸底。经认真核查,2011年,全乡新增31人,死亡17人。至2011年底,全乡党龄40年以上农村老党员人数为180人。

【农业生产取得新进展】 泾口乡是农业大乡,以粮食生产为主。2011年粮食种植面积15132.5公顷,产量108719.5吨。其中早稻6440公顷,产量43470吨;中稻383公顷,产量3447吨;晚稻8215公顷,产量11612.5吨。当年农业总产值29912万元,同比增长8%,达到县平均增长水平,为推动全乡经济发展打下坚实的基础。

【畜牧业生产健康发展】 2011年,全乡畜牧业生产情况为:生猪存栏4.54万头,出栏7.78万头;家禽存笼108.9万羽,出笼182.53万羽;牛存栏330头,出栏2344头;肉类总产量9303吨,禽蛋总产量6827吨,能繁母猪870头。

【关心下一代工作成效显著】 2011年,泾口乡关工委在全乡广大青少年中开展一次“学党史、颂党恩、跟党走”的大型活动。先后进行两次宣讲,并同中心小学收集学生作文90篇,编辑成庆祝建党90周年优秀作文选,书名叫《雨露》。还多方筹集资金,给50名特困学生每人发放资助费200元。

表129 **2011年泾口乡党政领导班子成员名单(一)**

姓 名	性 别	出生年月	籍 贯	职 务	备 注
饶发全	男	1967.12	江西南昌	党委书记	任职至5月(下同)
万汉平	男	1973.11	江西南昌	党委副书记、乡长	
李 挺	男	1972.8	江西南昌	人大主席	
樊华乔	男	1967.7	江西南昌	党委副书记、纪检书记	
万贻山	男	1967.2	江西南昌	党委副书记	
李飞雕	男	1972.1	江西南昌	党委委员、副乡长	
陈晓鸿	男	1969.1	江西南昌	党委委员、副乡长	
龚寿平	男	1961.11	江西南昌	党委委员	
姜绍辉	男	1969.10	江西南昌	党委委员	
舒特印	男	1963.2	江西南昌	党委委员、人武部长	
黄莲花	女	1970.1	江西余江	副乡长	
张 伟	男	1983.6	江西南昌	副乡长	
罗柏亮	男	1972.7	江西南昌	派出所所长	
吴耀清	男	1969.10	江西南昌	司法所所长	
胡良胜	男	1981.5	江西南昌	维稳信息员	

表 130

2011 年泾口乡党政领导班子成员名单(二)

姓　名	性　别	出生年月	籍　贯	职　务	备　注
熊衍云	男	1974. 11	江西南昌	党委书记	5 月任职(下同)
黄炳峰	男	1967. 11	江西南昌	党委副书记、乡长	
李　挺	男	1970. 9	江西南昌	人大主席	
李勇峰	男	1970. 10	江西南昌	党委副书记	
邓江涛	男	1977. 1	江西南昌	党委副书记、纪委书记	
李飞雕	男	1972. 1	江西南昌	党委委员、副乡长	
龚寿平	男	1961. 11	江西南昌	党委委员、副乡长	
姜绍辉	男	1969. 10	江西南昌	党委委员	
舒特印	男	1963. 2	江西南昌	党委委员、人武部长	
黄莲花	女	1970. 1	江西余江	党委委员	
涂　凯	女	1974. 10	江西南昌	副乡长	
陈　纯	男	1984. 10	江西丰城	副乡长	
罗柏亮	男	1972. 7	江西南昌	派出所所长	
吴耀清	男	1969. 10	江西南昌	司法所所长	
樊福胜	男	1974. 9	江西南昌	维稳信息员	

表 131

2011 年泾口乡村级(居委会)主要干部任职表

村(居)委会	姓　名	性别	出生年月	职　务	备　注
水阁村	邓保文	男	1958. 10	书记	11 月任职
	涂金保	男	1964. 2	主任	
大浦村	樊小凡	男	1963. 4	书记	11 月任职
大沙村	姜建华	男	1955. 12	书记	
	姜根标	男	1956. 7	主任	12 月任职
沙湖村	李富春	男	1965. 10	书记	11 月任职
杨芳村	胡细眼	男	1949. 2	书记	
	胡著件	男	1957. 12	主任	
岗背村	邓江涛	男	1977. 1	书记	11 月任职,乡党委副书记、纪委书记兼
	万里明	男	1968. 11	主任	12 月任职
泾口村	李顺平	男	1964. 11	书记	
	李元宵	男	1971. 2	主任	

表 132

泾口乡 2011 年村级(居委会)主要干部任职表

村(居)委会	姓　名	性别	出生年月	职　务	备　注
后房村	陈毛崽	男	1964. 10	书记、主任	12 月任职
泥湾村	陈晓武	男	1965. 10	书记	
	陈光华	男	1964. 9	主任	

续表 132

村(居)委会	姓　名	性别	出生年月	职　务	备　注
康庄村	舒宏华	男	1961.2	书记	
	涂相友	男	1968.3	主任	12月任职
小莲村	陶红卫	男	1970.7	书记	11月任职
东岗村	夏有理	男	1966.6	书记	
	樊旺保	男	1972.10	主任	
北湖村	李勇峰	男	1970.10	书记	11月任职,乡党委副书记兼
辕门村	樊火文	男	1969.1	书记	
	樊友根	男	1966.12	主任	
北山村	樊建平	男	1963.4	书记	
	樊自仁	男	1953.12	主任	
东湖村	樊三宝	男	1967.12	书记	
	舒卫华	男	1967.3	主任	
山头村	李龙凡	男	1964.10	书记	
	吕小罕	男	1965.3	主任	12月任职
东莲村	樊玲兰	女	1962.10	书记	
	樊印文	男	1968.9	主任	
创业村	万青云	男	1957.9	书记	
	刘建国	男	1960.3	主任	
东阳村	李春林	男	1956.2	书记	
	李胜高	男	1963.2	主任	
东风村	姜迪洪	男	1973.5	书记	
	姜建新	男	1970.11	主任	
东方村	邹建华	男	1960.11	书记	
	邓居煌	男	1955.10	主任	
东升村	李利奎	男	1957.8	书记	
	李红平	男	1968.1	主任	
居委会	陈夏苟	男	1957.6	书记	

(主笔:肖顺阳　审核:熊衍云　邓江涛)

南新乡

【概况】　南新乡位于江西南昌县东北部,地处鄱阳湖畔,三面环水,东靠成新农场,西濒赣江,北至赣江北支的新建县,面积96.8平方公里,人口约为6.32万,辖2个居委会,21个行政村,465个自然村。南新乡地势平坦,土地肥沃,四季分明,雨水充沛,全乡绿树成荫,路旁、宅旁绿化、田园化植树已呈一道独特的风景线,春、夏、秋、冬芳香四溢,桂花、茶花、桃花、荷花等花系在不同季节竞相开放,空气清新自然,水质清澈无污染,气候宜人。南新乡圩堤有耕地8000公顷,可养水面1333.3公顷,草洲近666.7公顷,丰富的水、草资源为该乡发展特种养殖提供了得天独厚的条件,素有“江南鱼米之乡”的美称，同时也是农业部、江西省认证的无公害养殖基地。

2011年，全乡上下紧紧围绕“拼争全省百强乡镇”的战略目标，以“三个代表”重要思想为指导，深入学习实践科学发展观，认真贯彻落实中共十七届四中五中全会精神，以“求真务实、开拓创新”为主线，全力实施经济大发展，城乡大变样、社会大和谐三大工程，经济社会继续保持又好又快发展势头，实现了“十二五”规划开门红。2011年，南新乡荣获县农业农村工作先进单位，县维护稳定工作先进集体，县信访工作“三无”乡镇，县重大重点项目先进单位和县全面先进单位等荣誉称号。

2011年，全乡固定资产投资完成3.84亿元，同比增长6.53%；全乡财税收入完成2016.2万元，首次突破2000万元大关（其中国税完成476.6万元，超12.6万元；地税完成1539.6万元，超9.6万元），同比增长17.67%；一般预算收入完成1479.7万元，超15.7万元；招商引资完成内资2.2亿元。全乡农民人均纯收入达到8476元，较上年同期净增1246元，同比增长17.2%。经济实力明显增强。

【园区建设初见成效】 2011年，南新滨江集中工业园正式被县委、县政府定为南昌县“一区二园”发展新型工业的主战场。南新滨江集中工业园面积6.5平方公里，其中核心区2平方公里，南新乡坚持做到高起点、高标准规划建设南新滨江集中工业园，一是园区“三通”（通水、通电、通路）基本实现。二是重点项目持续推进：占地28公顷，投资5亿元的世界500强企业益海嘉里一期大米加工项目已于2011年5月正式投产，并开始调试米糠油加工项目，小包装油和精炼油项目可研已通过，进入筹建阶段；占地27公顷投资5亿元的全国最大的管桩企业——建华管桩项目一期地下35000延米桩基及地面路网硬化工程全部完工，地上厂房和办公大楼项目建设招投标已经完成，即将全面建设；投资3亿元，占地17公顷的江西中技建业有限公司已经签约；年产60万立方米混凝土、30万吨干粉砂浆、20万平方米轻质隔墙板，占地4公顷、投资1.06亿元的南昌高胜建材有限公司项目，县招商引资领导小组已同意落户。至2011年底南新滨江集中工业园已呈现出“实力板块”发展态势。

【基础设施不断完善】 为尽快改善基础设施，惠及民生，按照项目推进责任到人，倒排时间进度要求，做到一个项目，一个班子成员，一支队伍，全力推进。2011年，共争取上级财政在南新乡总投资达2亿元，且各个项目进展顺利：一是在楼前村、山上村、周坊村等3个村总投资1500万元的高标准农田建设示范工程项目全面开工；二是在程湖、范湖、建新、丰洲、九联、塘头、南新等7个村总投资5000万元的农村土地整理项目进展顺利；三是国家投资1400万元的鄱阳湖二期防洪工程第六个单项南新联圩除险加固工程顺利实施；四是投资2500万元的新西公路建设工程有序推进；五是投资6300万元的110千伏南新变电站建设土方和围墙全部完成，主体建设即将进行；六是投资700万元的1万伏建华管桩双回线路建设工程顺利推进；七是投资1700万元的楼前大桥主体工程全面竣工，可以通行；八是投资120余万元的大沟清淤和小型泵站改造工程即将完工，涵闸工程正顺利实施；九是投资600万元的堤顶公路硬化工程全部竣工。

【“三农”工作持续推进】 2011年南新乡借助现有的优势农产品资源，进一步扩大了种植业基地规模，百亩以上种粮大户达60户，大力扶持养殖专业户，抓好江西鄱湖野生动物养殖有限公司基地改扩建的项目申报工作，引进南昌县和盛牧农业发展有限公司集中连片种植13公顷山药蔬菜基地，兴建大港野鸭加工厂，创新“农户+合作社”、“农户+公司”等多种运营方式。创建全县土地流转服务示范点，进一步加大农村土地流转力度，鼓励各种资本参与农业产业化经营开发，新发展“农家乐”3家，实现农民增收、农业增效。争取到2011年一事一议项目资金54.5万元，引导15个村申报了2011年“一事一议”项目17个。按照“本地化经营，本土化管护”的原则，扎实开展“森林城乡、花园南昌”建设，绿化通道10.05公里，绿化生态村庄8个，绿化重点村庄47个，进一步打响了生态南新、秀美南新这一标志性名片，改善了农民居住环境。

【社会稳定不断巩固】 2011年南新乡坚持用群众工作统揽信访工作，充分整合群众工作资源，大力拓展信访服务领域，积极完善社会治安综合治理工作机制，成功调处44起矛盾纠纷，巩固了全乡稳定大局。坚持领导干部下行接访、带案下访及周末约访制度，进一步畅通了群众利益诉求渠道，对重点人员实行包案负责、一对一的盯访机制，最大限度减少了不稳定因素。高度重视群众来信来访工作，正确对待群众诉求，合理的合理解决，部分合理的部分解决，不合理的坚决不解决，蛮横无理的打击解决，及时妥善处理了一些热点、难点的信访问题。严格执行安全场所的定期检查制度，重点开展对学校、幼儿园、个体诊所、网吧、集贸市场和车站、渡口的集中整治工作，及时发现问题并处理问题11个，有效排除了安全隐患。全面启动了“六五”普法工作，全乡干群法制观念和法律意识得到进一步的加强。坚持依法打击各种违法犯罪活动，开展出租房和外来人口登记工作，刑事案件得到了有效遏制，治安案件同比下降43%，公众安全感和幸福感得到进一步提升，切实实现了大综治、大发展。

【计生工作实现排位前移】 2011年，乡党委、政府花大力气抓计生工作，共完成四大手术任务1122例，社会抚养费征收超历史，征收347万元，完成两非案件1例，完成名人富人超生违纪征收社会抚养费1例，上级计生主管部门下达的各项任务落到实处，多次迎接市县验收并受到好评，年终考核全县计划生育实现排位前移。

【多举措发展教育事业】 2011年南新乡实施教育先行的方针，秉着再穷不能穷教育，再苦不能苦孩子的原则，积极发展义务教育。切实按照上级要求，对全乡的D类危房进行全面拆除，保障了全乡师生安全。9月，一次性购置5000余套学生课桌，改善了学生学习条件。争取上级资金，兴建南新小学、南新中学食堂，改造少年宫学生活动场所,着力改善全乡教学条件。兴建了南川、友好、大港等村小教师公寓,切实改善教师生活环境。

【开通南新至县城直达公交车】 南新乡党委、政府响应群众呼声,经过与市交通公司多次协商,2011 年 8 月 29 日,市公交公司同意在南新增开一辆直达莲塘大客车,每天来回两班,早上 7 点整从南新发车,8 点半到达莲塘老火车站。上午 9 点整从莲塘老火车站返回。下午 2 点整又从南新发车,3 点半到达莲塘,4 点整再返回。开通南新至县城莲塘的直达公交车,解决了南新群众到县城难的一大难题。

【顺利完成乡党委换届】 2011 年 5 月 27 日,南新乡在乡政府二楼会议室召开中共南新乡第十一次代表大会,原县委常委、农工部部长魏根金亲临大会指导。大会以提高素质、完善结构,增强活力,强化领导班子执政能力建设为目标,听取和审查上一届党委工作报告和纪委工作报告,选举中共南新乡第十一届委员会和新一届纪律检查委员会。参加此次大会正式代表 132 名,代表全乡 1569 名中共正式党员,按照差额的选举办法选举出新一届党委班子和纪委班子。

【乡十二届人大一次会议胜利召开】 2011 年 5 月 30 日,南新乡在乡政府二楼会议室召开南新乡第十二届人民代表大会第一次会议,县人大常委会副主任王三毛亲临大会指导,参加大会的正式代表有 78 名。上午主要审议和听取政府工作报告、人大主席团报告及 2010 年财政预算执行情况和 2011 年财政预算的报告,下午选举出新一届政府班子。

【加强"一事一议"监督】 2011 年南新乡有 15 个行政村申报"一事一议"筹资筹劳项目,在 9 月下旬相继召开 2011 年"一事一议"筹资筹劳项目申报村民代表大会。全乡 17 个"一事一议"项目争取到上级资金 54.5 万元。为推进该项工作的顺利开展,乡人大办组织人大代表到现场监督,加强对专项资金的监督力度,不断创新监督方式,采取现场监督、拍照存档等措施,确保了"一事一议"筹资筹劳项目落到实处,较好地避免了虚报、套用"一事一议"专项资金的现象发生,17 个项目全部通过上级有关部门的验收。

【严肃村级换届纪律】 2011 年 11 月,南新乡研究并印发《南新乡村(居)党组织和第八届村(居)民委员会选举工作实施方案》,提出不准拉票贿选、不准干扰破坏、不准私分钱物、不准诬告诽谤、不准打击报复"五不准"纪律,并将事前教育、事中督查与事后考核有机结合起来。换届前,抓好换届纪律的学习,筑牢广大党员干部遵守换届纪律的思想防线;换届中,加强对执行换届纪律情况的全过程监督,切实把好干部的廉政关;换届后,组织对换届风气进行考核。同时,由乡纪委牵头,组织人大办、审计所、经管站对全乡 21 个村和 2 个居委会全面开展村干部经济责任审计工作,切实强化村级财务的监督和管理,杜绝了借换届之机突击花钱、滥发奖金、私自处置集体财产等情况的发生。乡纪委在村级组织换届选举中,坚持"有报必查"、"露头就打"的原则,做到发现一起,严查一起,通报一起,充分发挥纪检监察职能,把严肃换届纪律贯穿工作全过程,积极营造风清气正的换届选举环境,有力地推动了村级组织换届选举工作的顺利进行。

【村容镇貌整治工作做到"五有"】 2011 年,南新乡加强村容镇貌整治工作,整治工作已经覆盖到了 2006 ~ 2011 年新农村建设点及县乡主干道 100 米范围内的所有村庄,并基本做到每户 1 个垃圾桶,每 30 ~ 50 户标准配备 1 名专职保洁员和 1 辆人力垃圾清运车,100 户以下建造 1 个垃圾池,购买了专门保洁工具,相应的长效管理机制已逐步健全。每天保洁员对村内主要道路进行清扫并将每户垃圾桶内的垃圾收集运至垃圾池,每月清运垃圾 120 余吨。2011 年全乡共投入经费 40 余万元,建立垃圾中转站 1 座,购买小型机运垃圾清运车 2 辆,人力垃圾清运车 116 辆,户用垃圾桶 4258 只,街道垃圾桶 30 个,建设垃圾池 95 个,拆除建章建筑和各类废弃大棚 52 余处,乡镇村庄、集镇、乡主干道基本做到了"五有":即有专职人员管理、有保洁制度、有保洁人员、有保洁清运工具、有远离主干道及村庄的垃圾倾倒场所。环境面貌基本达到"五无":即无乱堆乱放、无乱吊乱挂、无垃圾乱扔、无粪便外溢、无卫生死角。

【大力实施农业综合开发工作】 2011 年,南新乡在上级主管部门的大力支持和帮助下,启动实施 2011 年姜加湖农业综合开发高标准建设示范项目,项目总投资 1816 万元,其中财政投资 1719 万元,自筹资金 97 万元,计划开发任务是:建设高标准农田 667 公顷,渠道衬砌 72.465 千米,新建机耕桥 15 座,小型灌溉电站 7 座,井灌站 6 座,渡槽 7 座,修筑机耕路 43799 千米,疏竣渠道 6.5 千米,田间涵 2073 座,土地平整 546 公顷。到年底,各项工程在有序实施中,有六个单项工程全面完成。具体做法:一、科学合理制定方案和向上级申报。二、精心组织,确保工程质量和进度。三、强化项目管理,保障项目顺利实施。通过实施农业综合开发,实现了农田排灌畅通,稳产高产,美化了农村环境,农田基本实现"田成方,树成行,路相通,渠相连",促进水资源的合理利用和生态环境的良性循环;通过植树造林,稻田保护性栽培,提、蓄、防渗等配套工程措施的落实,使土不下岭,水不乱流,改善土壤结构,实现节约用水。

【南新粮农喜获殊荣】 2011 年 12 月 26 日,全国粮食生产表彰奖励大会在北京人民大会堂举行,这是国家首次以国务院名义召开粮食生产表彰奖励大会。会议由中共中央政治局委员、国务院副总理回良玉主持,中共中央政治局常委、国务院总理温家宝出席大会。从全国粮食生产表彰奖励大会上传来喜讯,南新乡种粮大户刘国毛获"全国种粮售粮大户"荣誉称号。

表 133

2011 年南新乡党政领导班子成员名单(一)

姓　名	性　别	出生年月	籍　贯	职　务	备　注
仇海泉	男	1973. 3	南昌县三江镇	党委书记	任职至 5 月(下同)
彭苏龙	男	1965. 12	高新区昌东镇	乡长	
龚三员	男	1964. 11	南昌县八一乡	人大主席	
舒宏华	男	1961. 11	南昌县三江镇	党委副书记、纪委书记	
王　波	男	1982. 6	南昌县莲塘镇	党委副书记	
傅洪明	男	1966. 8	南昌县三江镇	常务副乡长	
万顺平	男	1964. 2	南昌县幽兰镇	党委委员、副乡长	
刘小红	男	1969. 11	南昌县蒋巷镇	党委委员	
熊友庚	男	1969. 11	南昌县南新乡	党委委员、人武部长	
胡建林	男	1966. 3	南昌县莲塘镇	党委委员	
万永兰	女	1975. 12	南昌县向塘镇	副乡长	
胡铁平	男	1963. 4	南昌县幽兰镇	副乡长	
谭华平	男	1976. 10	南昌县幽兰镇	维稳信息员	
张长华	男	1966. 9	南昌县八一乡	司法所所长	
邹燕琴	女	1984. 10	江西省余干县	乡长助理	

表 134

2011 年南新乡党政领导班子成员名单(二)

姓　名	性　别	出生年月	籍　贯	职　务	备　注
彭苏龙	男	1965. 12	高新区昌东镇	党委书记	5 月任职(下同)
舒斯华	男	1972. 8	南昌县泾口乡	党委副书记、乡长	
龚三员	男	1964. 11	南昌县八一乡	人大主席	
舒宏华	男	1961. 11	南昌县三江镇	党委副书记、纪委书记	
王　波	男	1982. 6	南昌县莲塘镇	党委副书记	
万顺平	男	1964. 2	南昌县幽兰镇	党委委员、常务副乡长	
刘小红	男	1969. 11	南昌县蒋巷镇	党委委员、副乡长	
熊友庚	男	1969. 11	南昌县南新乡	党委委员、人武部长	
胡建林	男	1967. 3	南昌县莲塘镇	党委委员	
陈本华	男	1978. 10	南昌县塘南镇	党委委员	
张学芸	女	1968. 12	南昌市昌东镇	副乡长	
肖衍跃	男	1982. 9	遂川县中石乡	副乡长	
谭华平	男	1976. 10	南昌县幽兰镇	维稳信息员	
张长华	男	1966. 9	南昌县八一乡	司法所所长	
邹燕琴	女	1984. 10	江西省余干县	乡长助理	

表 135

2011 年南新乡村(总)支部书记、村委会主任任职情况

村委会	姓　名	性别	出生年月	职　务	备　注
山上村	龚绵堂	男	1941. 11	支部书记	
	龚鲜明	男	1964. 1	村委会主任	
楼前村	刘长子	男	1952. 11	支部书记	
	刘水生	男	1956. 7	村委会主任	

续表 135

村委会	姓　名	性别	出生年月	职　务	备　注
南新村	刘大水	男	1954.6	支部书记	
	刘华文	男	1957.10	村委会主任	
塘头村	郭水泉	男	1961.6	支部书记	
	刘学兵	男	1969.8	村委会主任	
九联村	李永平	男	1978.5	支部书记	
	杨毓昆	男	1949.8	村委会主任	
范湖村	刘河南	男	1947.12	支部书记	
	李八里	男	1955.11	村委会主任	
程湖村	李祥儒	男	1953.6	支部书记	行政聘干下派
	杨细水	男	1963.5	村委会主任	
建新村	陈以照	男	1960.7	支部书记	
	陈立长	男	1966.7	村委会主任	2011年12月当选
丰洲村	刘件苟	男	1948.11	支部书记	
	刘晓荣	男	1959.10	村委会主任	
潭口村	罗嗣辉	男	1957.8	支部书记	乡一般干部下派
	罗远来	男	1959.10	村委会主任	
团结村	罗小老	男	1962.1	村总支书记	
	罗玉华	男	1968.12	村委会主任	2011年12月当选
大港村	周玉龙	男	1956.11	村总支负责人	行政聘干下派
爱民村	徐高华	男	1955.10	村总支书记	
	徐建强	男	1964.5	村委会主任	2011年12月当选
芳洲村	陈冬生	男	1962.10	支部书记	
	邱林凤	男	1956.5	村委会主任	
友好村	聂才根	男	1975.4	支部书记	
	聂发文	男	1972.1	村委会主任	
东邺村	李红桃	男	1954.1	支部书记	
	李茂河	男	1957.12	村委会主任	
西江村	李义猴	男	1969.1	支部书记	
	李水根	男	1962.10	村委会主任	
新洲村	杨仁海	男	1954.10	村总支书记	
	李道根	男	1955.12	村委会主任	2011年12月当选
黄渡村	徐国金	男	1964.5	村总支书记	
	魏国保	男	1969.12	村委会主任	
中徐村	徐玉皇	男	1960.2	支部书记	
	徐晓毛	男	1962.6	村委会主任	
周坊村	徐万根	男	1967.11	支部书记	
	熊友金	男	1968.3	村委会主任	

(主笔:易秋良　审稿:陈本华)

八一乡

【概况】 2011年,八一乡广大党员干部和人民群众紧紧围绕"对接大南昌、融入大昌南,建设商贸服务综合实力强乡"的奋斗目标,全力推进经济社会平稳较快发展,全面完成了年初制定的各项目标任务。

财政增长实现了新跨越。2011年,全乡实现财政收入6045万元,比上年增加887万元,同比增长17.2%。地方财政一般预算收入实现3278.48万元,同比增长8.11%。农民人均收入实现8870元,同比增长15.5%。财税任务超额完成。

亿元项目方阵形成新雏形。2011年,推进鸿城大市场(商务部万村千乡市场工程项目)、金仕成2亿元项目建设,跟踪全国200强江铃控股、瑞圣特电子科技和昌宏汽车(含货运物流)3个亿元项目,构建起全乡亿元项目的新雏形。全乡实际利用内资2.3亿元,外资500万美元,出口创汇1100万美元。同时加强建筑建材、针织塑编、饲料生产、食品饮料、仓储物流、休闲娱乐6个产业集群的服务推进和巩固发展,全面壮大了财税贡献力。

市县重点工程建设得到推进。一是昌南大道东延工程,征地拆迁工作基本完成。二是胡华村大堤加高加固工程基本结束。特别是胡华大堤加高加宽工程2日内迁坟1000余座,被有关领导称为"胡华速度"。

产业化发展拓宽了新渠道。2011年,全乡实现生猪养殖17万头,家禽150万羽,禽蛋4970吨,水产4960吨,四大传统支柱产业发展创造历史最好水平。产业化特色经营迈出新步伐,农业合作社发展到37家,环球食品、中华皮蛋、洪泰蛋品等30多家深加工企业稳步壮大,产业链加粗拉长,提升了市场化、组织化的产业功能,增强了市场经营效益。

事业发展出现新进展。2011年,以和谐发展为内核,以"规范管理、科学治理"为抓手,突出依法治乡。土地管理方面,完成入村、入厂、入户形式的房屋普查工作,建立农房档案(含拍照图片)。实行职能部门实地勘查、党委政府联审会议落实的终审机制。城管中队对全乡农房建设实行日巡月查,党委政府高压整治、铁拳拆违,实现了换届以后违法建筑的"零记录"。计生工作方面,强化季度大抓、公职人员环孕检、征收社会抚养费和电子化计生信息管理,确保全乡低生育水平。节育措施落实率达到96.42%。征收社会抚养费210万元,超额完成县指导性任务。民政工作方面,强化城乡民生覆盖。全乡普通家庭低保、参战人员低保发放370万元;医疗救助和孤儿生活补助等,总计金额达到460多万元,受惠群众3500多人。新农村建设方面,推进莲谢路,莲塔线美化、绿化、净化和34个新农村示范村建设,进一步规范了农村垃圾处理。

依法治乡开创了新局面。2011年,实行不定期召开乡村两级综治会议,共同排查不稳定因素,增强稳定基础,做到大事不出乡、小事不出村。开展金盾行动、清网行动,城中村清查等专项行动,强化维稳手段。对突发事件,乡村两级密切配合,及时有为,成功处置,维护了全乡和谐稳定。2011年8月,在短短一个月的时间内,突发事件8起,7死2伤,由于乡村两级统筹调度得当,工作细致耐心,8起事件都得到了及时、平稳的处理。

【余欣荣两次到八一乡】 2011年,时任江西省委常委、市委书记的余欣荣先后两次到八一乡看望干部群众。

2011年1月10日上午,余欣荣带着省委、省政府的关怀和问候,到八一乡敬老院看望老人,向老人们提前送上新春祝福。余欣荣走进敬老院食堂,揭开锅盖了解老人们的伙食情况,并与他们促膝交谈、共话家常。

2011年3月7日夜晚,余欣荣与市委常委、组织部长杨人平,市委常委、市委秘书长凌学仁等在县委书记肖玉文等陪同下再次到八一乡新坊村参加民情夜访理事会活动。村民们一共反映了修路、建房、治污、保洁等8个问题,余欣荣对村民反映的问题,逐一提出如何解决的建议,受到群众好评。

【八一乡党政班子举行换届】 2011年是县乡党政班子换届之年,5月12日,县委常委、组织部长王小文到八一乡宣布新一届党政班子成员名单。

【八一乡召开中共第十三次代表大会】 5月27日,中共八一乡第十三次代表大会圆满完成各项议程胜利闭幕。县委常委、组织部长王小文到会指导并发表讲话,127名来自全乡各条战线的党员代表和32名列席代表参加会议。

会议首先听取涂秀清代表八一乡第十二届党委所作的工作报告。熊敏代表上一届纪委作工作报告。大会按照程序审议通过上一届党委及纪委的工作报告,选举产生中共八一乡第十三届委员会、新一届纪律检查委员会。经过投票选举,涂秀清、万汉平、李飞、黄若影、熊敏、罗志军、李爱华、胡友兵、刘立根等9人当选为中共八一乡第十三届委员会委员,熊敏、陈华勇、黄小琼、吴海珍、刘令根等5人当选为新一届纪委委员;经过十三届党委一次会议投票选举,涂秀清当选为新一届党委书记,万汉平、黄若影、熊敏当选为副书记;经过新一届纪委一次会议投票选举,熊敏当选为新一届纪委书记、陈华勇当选为专职副书记。

【八一乡召开第十二届人大第一次会议】 5月30、31日,八一乡召开第十二届人大第一次会议。会议共有六项议程:一是听取和审议八一乡人民政府工作报告;二是听取审议八一乡人大主席团工作报告;三是听取和审议八一乡2010年财政预算执行情况和2011年1~3月财政预算执行情况的报告;四是听取和审议八一乡民政工作报告;五是选举乡人大主席、乡人民政府乡长、副乡长;六是其他事项。大会选举万汉平为八一乡人民政府乡长,罗志军、李爱华、罗致为副乡长。

【召开庆祝中国共产党成立90周年暨表彰大会】 2011年6月28日上午,八一乡在县会展中心召开"庆祝建党九十周年暨表彰大会",共有近1000名党员参加了大会,这也是近年来召开的一次参加人数最多党员大会。会议由乡党委副书记、乡长万汉平主持。会议共有六项议程:一是县委常委、组织部长王小文作重要讲话;二是乡党委副书记、纪委书记熊敏宣读表彰决定;三是大会颁布奖;四是新党员入党宣誓;五是先进集体和先进个人代表发言;六是乡党委书记涂秀清作重要讲话。

【妥善处理"8·25"事件】　8月25日上午8点,八一村党支部副书记公淑堂到村委会。有群众向他反映,八农渠(属赣抚平原灌溉水系)莲溪村堤段堤漏水很严重。因为八农渠是八一村、五星村333公顷稻田抗旱灌溉唯一的主干渠,当时又正是抗旱的高峰期。公淑堂立即与村支书周艳生、村主任何水清以及刘建军、魏良军五名村干部,步行1公里路,到漏水堤段察看现场。由于有水泥护坡和水泥路面遮挡,堤身内部的塌陷无法察看。当公淑堂三人蹲下察看之际,水泥堤面突然断裂,公淑堂三人先后跌落堤底。跌在最里面的何水清头上鼓包,背部、手部大面积擦伤,跌在靠南外面一点的周艳生身体和头部砸伤,跌在中间的公淑堂被两边砸下来的两块1米多长水泥块连砸带夹卡在了中间,不得动弹

周艳生和何水清自己爬起来,赶紧上前给公淑堂帮忙。由于水泥板太重,推不开更搬不动。刘建军在向乡领导、派出所、"120"急救中心打电话后,立即和魏良军一齐下到水里,四个人花了九牛二虎之力,才把夹住公淑堂的水泥块移开。派出所副所长梅茂华等三名民警赶到后,冒着可能再次塌方的危险,与大家一起把公淑堂抬上堤面,用从旁边的菜农处借来一块床板,把公淑堂抬上了赶到现场的急救车,送县医院急救。

乡党委书记涂秀清、乡长万汉平在得知情况后,及时向县委、县政府作了汇报,并向医院表示要不惜一切代价尽快救人。由于公淑堂内脏伤情太重,脾脏破裂大出血,无法挽回其生命,不幸因公殉职。公淑堂因公殉职后,涂秀清当即在县医院召开党委紧急会议,成立三个工作小组。一是家属安抚小组,由党委副书记熊敏、武装部长胡友兵、副乡长刘立根负责。处理公淑堂善后事宜,做好安抚家属工作,解决临时遇到的困难等。二是险情排查与整改小组,由人大主席李飞、副乡长李爱华负责。对八农渠进行危情排查,提出整改措施并负责整改到位,防止发生二次事故。三是事故稳控小组,由副书记黄若影、派出所长罗国龙负责。应急处理各方面可能发生的突发情况,及时维护掌握治安秩序等。至2011年底,该事件已得到妥善处理。

【举行村"两委"换届选举】　2011年是村级换届之年,按照县委办公室、县政府办公室《关于认真做好全县村(居)党组织和第八届村(居)民委员会选举工作的实施意见》(南办字〔2011〕68号)文件精神,八一乡于11月3日召开全乡村"两委"换届选举工作会,就换届选举工作的意义、流程、要求和方法进行认真学习,同时,就选举工作的全面开展作出了具体部署。为了保证选举工作顺利,乡党委政府还采取了四项举措:一是调查摸底。全面了解现任村"两委"年龄、文化、性别结构及致富能力。二是成立机构。分别成立村党组织换届选举领导小组和村委会换届指导小组,加强对换届工作的指导、监督和协调。制定了实施方案并下发到每个村和相关单位、部门。三是学习宣传。认真学习有关法律法规和各级文件精神。同时,通过标语、专栏、横幅等多种形式进行宣传,使换届选举家喻户晓。四是财务审计。严格按照市五个部门联合下发的文件精神积极配合县有关部门对全乡各村进行了财务审计。至2011年底,村"两委"换届工作基本结束,2012年新一届村"两委"班子将全面履职。

【鸿城大市场】　鸿城大市场即江西平兰诚信贸易有限公司(商务部"万村千乡"市场工程落户南昌县的一个项目),该项目落户八一乡板联村,集流配送中心、仓储、批发、零售为一体。项目容积率为0.8,建筑密度为40%,绿地率为15%。其中物流中心占地约21亩,建筑面积为6103平方米;综合批发市场一期占地约53亩,建筑面积为33279平方米,预计一期将有297户商铺,以及230间柜台式铺面。其综合批发市场正式命名为"鸿城大市场"。该市场是以面向农村地区,为广大农民朋友日常生活提供便利,主要定位为批发日用百货消费品,其主要商品有食品、服装、电子产品等一系列生活必须品。市场的建成能够有效的缓解南昌县老城区的交通拥堵状况。

项目建成后能够很好的缓解就业压力,预计可提供就业岗位5000个,同时对地方财政的增长起到促进作用。

【海湾农庄】　海湾农庄是南昌海湾实业有限公司下属的研发基地,主要从事休闲观光农业及与其相关的产品开发与研究。

农庄占地面积1000余亩,拥有员工70人,2011年10月15日开业,目前已建成休闲宾馆和规模较大的饮食农家饭庄,并致力于打造都市人旅游、采摘、饮食、休闲、娱乐为一体的现代绿色农业服务体系。

农庄注册资金500万元,2011年被南昌市农业产业化领导小组认定为农业产业化市级龙头企业。同年,公司实现收入3468万元,净利润657万元。

【江西巨仁科技集团有限公司】
2011年综合销售收入55426万元,上交各种税金120万元(其中饲料行类属免税范围)。

【江西昌南建设工程集团】　2011年实现总产值30.6亿元,上交税金744万元。

【江西南方·南昌南方水泥有限公司】　2011年完成产值33007.95万元,上交税金2764.071万元。

【江西伟梦饲料厂】　2011年生产销售收入2.2亿元,上交税金11万元。

【江西春天彩印包装有限公司】
2011年产值855.3398万元,上交税金15.2872万元。

表 136

2011 年八一乡党政领导班子成员名单

姓　名	性　别	出生年月	籍　贯	职　　务	备　注
罗木平	男	1966.3	江西南昌	党委书记	任职至 5 月
涂秀清	男	1966.8	江西南昌	党委书记	5 月任职
李　鑫	男	1980.4	江西南昌	党委副书记、乡长	任职至 1 月
万汉平	男	1973.11	江西南昌	党委副书记、乡长	5 月任职
赵协冲	男	1967.8	江西南昌	人大主席	任职至 5 月
李　飞	男	1968.3	江西南昌	人大主席、党委委员(5 月任)， 党委副书记、纪委书记(任至 5 月)	
黄若影	男	1969.9	江西南昌	党委副书记	
熊　敏	女	1977.10	江西南昌	党委副书记、纪委书记(5 月任)， 党委委员(任至 5 月)	
余　宇	男	1977.10	江西南昌	党委委员、副乡长	任职至 5 月
罗志军	男	1974.5	江西南昌	党委委员、副乡长	5 月任职
高建国	男	1960.8	江西南昌	党委委员、副乡长	任职至 5 月
李爱华	男	1966.6	江西南昌	党委委员、副乡长	5 月任职
刘　伟	男	1978.12	江西南昌	党委委员	任职至 5 月
胡友兵	男	1971.11	江西南昌	党委委员、武装部长	
刘立根	男	1975.6	江西南昌	党委委员(5 月任)， 副乡长(任至 5 月)	
刘光平	男	1968.3	江西南昌	副乡长	任职至 5 月
罗　致	男	1968.12	江西南昌	副乡长	5 月任职
曾　晋	男	1984.1	江西南昌	乡长助理(副科)	5 月任职
姜学斌	男	1984.3	江西南昌	乡长助理(副科)	任职至 5 月
孙裕红	男	1978.9	江西南昌	维稳信息员(副科)	
黄幼平	男	1969.4	江西南昌	司法所长(副科)	

表137 **2011年八一乡村支部(总支)书记、村委会主任任职情况表**

村委会	姓　名	性别	出生年月	职　务
甫下村	涂火生	男	1948.7	村支部书记
甫下村	涂年华	男	1956.12	村委会主任
后曲村	章美兰	女	1959.2	村支部书记
后曲村	杨小明	男	1966.2	村委会主任
淡溪村	姜忠平	男	1962.10	村支部书记
淡溪村	姜伏平	男	1967.7	村委会主任
新坊村	姜国伟	男	1979.8	村总支书记兼村委会主任
院前村	魏和金	男	1958.6	村支部书记
院前村	徐海华	男	1973.11	村委会主任
大昌村	万银龙	男	1951.8	村总支书记
大昌村	万树生	男	1960.11	村委会主任
涂埠村	魏水菊	男	1964.11	村支部书记
涂埠村	魏银泉	男	1959.3	村委会主任
八一村	周艳生	男	1951.11	村支部书记
八一村	何水清	男	1954.6	村委会主任
五星村	罗秋林	男	1972.9	村支部书记
五星村	邓大红	男	1972.10	村委会主任
莲溪村	熊老堂	男	1951.11	村支部书记
莲溪村	万秋根	男	1965.8	村委会主任
胡华村	胡建平	男	1956.4	村支部书记
胡华村	胡宋江	男	1964.4	村委会主任
板联村	龚水根	男	1961.1	村支部书记兼村委会主任
南江村	陈国平	男	1961.1	村支部书记
南江村	陈绍堂	男	1963.6	村委会主任
南邓村	邓国平	男	1967.11	村支部书记
南邓村	邓三根	男	1964.1	村委会主任
钱溪村	章中平	男	1964.5	村支部书记
钱溪村	章志刚	男	1973.10	村委会主任

(主笔:罗春华　审稿:熊　敏　陈宝良)

黄马乡

【概况】 2011年,是黄马乡实施“十二五”规划的开局之年,也是乡、村两级党政组织的换届之年。一年来,在县委、县政府的正确领导下,坚持以科学发展观为统领,认真学习、贯彻县委十二届全委会和县人大、县政协两会精神,始终坚持“旅游强乡、产业富民”的发展战略,围绕江西现代农业示范园建设,以加快基础设施建设为重点,抓项目、扩投资、创和谐,实现了经济工作和社会事业又好又快地发展。

经济指标 2011年,全乡财政总收入完成1587万元,同比增长17.2%,其中国税完成581.93万元,同比增长15.37%,地税完成1005万元,增长19%;地方财政一般预算收入完成1029.75万元,同比增长10.8%,其中国税146.61万元,同比增长17%,地税883.14万元,同比增长19%;社会固定资产投资1.7亿元,同比增长11%;规模以上工业增加值7400万元,同比增长13.9%。

“三农”工作 认真贯彻落实国家强农惠农政策,2011年共发放粮食直补资金483万元,农机补贴60万元。针对乡域内农田出现不同程度的干旱,积极开展抗旱救灾工作,保证了2133公顷农田丰产丰收,全年粮食产量30534吨,比上年增加了4949吨,全乡蔬菜种植683公顷,其中大棚蔬菜63公顷,畜禽产业稳步提升,生猪存栏3.2万头,家禽41.2万羽。农民人均纯收入8418元,比上年增长17%。

项目推进 坚持项目带动战略,2011年强势推进了一批打基础,管长远的战略性重大重点项目。投资2800万元的蓝园大道三期工程2.086公里,于2011年8月底竣工通车。连接进贤县文港镇、丰城市袁渡镇和南昌县三江镇的跨盱江、箭江的东文、东垣、秀挹、岭西4座大桥于年度内全部完工。完成投资362万元的南徐堤除险加固工程,投资84.4万元的中州圩堤硬化工程。争取项目资金总计671.32万元,分别进行了南徐堤堤后压浸工程,南安、徐家等村共24座山塘改造工程,南安堤、抚支右堤等18座涵闸维修工程,傅家垅、北岸排山洪等沟渠6万立方米清淤工程和罗渡、岭前村2座电排站检修工程等。总投资2000万元的黄马农业综合示范园总面积146公顷。一期40公顷年度内已投入生产。总投资321万元,位于徐家村傅垅片区的南昌市农业综合开发土地整理项目,年底完成任务过半。

乡村建设 小城镇建设按照《黄马乡城镇建设规划》等规划性文件稳步推进。高度重视防控违章建筑工作,牢固树立“先审批,后建设”的观念。2011年全乡共拆除违章建筑近千平方米,复垦耕地2公顷。集镇管理方面,充实环境整治队伍,制定相应规章制度,对街道进行全天候管理,垃圾实行日清、日扫、日运,保证了街面的清洁,得到市委农工部,市农村清洁工程办公室的好评。新农村建设方面,倾力打造华标村华标组,徐家村新庙下组等10个新农村点,年度内已全部通过验收。新农村点内因地制宜设有农民健身运动场,农家书屋等,绿化、美化、亮化工程也搞起来了。大大改善了村民的生产,生活环境。

社会事业 社会保障方面,2011年共发放5.3万元救灾资金,救灾户数377户;城乡低保对象1348户,1790人,月发放低保金额22.26万元;发放小额贷款810万元,劳务输出6421人,新增城镇就业161人,转移农村富余劳动力627人;推进农村危房改造工作,共审批23户,建筑面积1656平方米;白虎岭林场职工危旧房改造工程已破土动工,规划用地2.35公顷,建房222套。文化教育方面,完成涂洪、罗渡、郭埠、冯家、上洛五村的农家书屋建设工作,举办了迎新春和建党90周年等庆祝活动,开展一系列如演讲、歌咏、球类、棋牌等形式多样的文体比赛,丰富了民众的文化生活;全面拆除中小学D类危房,保障少年儿童在健康安全的环境中茁壮成长;2011年小学适龄儿童入学率,小升初升学率,九年义务教育覆盖率均达100%;年度内中考有20人考入县重点中学莲塘一中。医疗卫生方面,3.04万人参加新型农村合作医疗,参保率96.34%,补助金额342万元,其中获万元以上补助的有112人;食品安全工作受到广泛重视,公共卫生服务保障水平进一步提高。计划生育方面,全乡各项指标均达到上级部门下达的目标值,政策符合率81.6%;出生人数449人,出生率13.46‰。信访工作和安全生产方面,周绕“创建平安黄马,打造和谐两江”的工作思路,以群众工作统揽信访稳定,以和谐发展助推综治工作,把视角和触角深入群众,把矛盾处理在萌芽状态,营造和谐稳定的社会环境,2011年,全乡未发生重大群体性事件、安全生产事故、自然灾害和重大刑事事件。

组织建设 2011年是乡村两级党政组织的换届之年。按照县委的精心部署,黄马乡乡村党政组织,认真贯彻执行中央提出的“5个严禁、17个不准,5个一律”和省委提出的“10个严禁”等换届纪律要求,在全乡营造风清气正的换届环境。以2011年5月28日中共黄马乡第十三次代表大会,2011年5月29日黄马乡第十二届人民代表大会第一次会议胜利召开为标志,黄马乡党委、政府、人大新一届领导班子已经产生。全乡13个行政村新一届的党支部(总支部)班子于2011年11月,新一届的村委会班子于2011年12月相继产生,为黄马经济和社会事业的发展,推进江西现代生态农业示范园建设和新农村建设,奠定了坚实的组织保障。

2011年,黄马乡先后获得全市森林防火先进单位、全县社会治安综合治理工作先进单位、全县农业农村工作先进单位、全县旅游工作目标考核先进单位等荣誉称号,在全县三级干部会议目标综合考评中获得全面先进二等奖的好成绩。

【成功举办第四届樱花节、第三届桂花节】 为期32天的第四届樱花节于2011年4月20日上午在江西(黄马)现代生态示范园凤凰沟风景区隆重开幕;为期16天的第三届桂花节也于2011年9月24日上午在第四届樱花节同一地点拉开了帷幕。“两节”共接待游客65余万人次。凭借这块自然优美的生态环境,打造出春赏花、夏揽胜、秋品果、冬观景的四季都有看点的南昌都市的后花园。随着樱花节、桂花节的不断唱响,去黄马观樱赏桂已成为南昌市民最想去的地方。以国家AAA级凤凰沟风景区为龙头的黄马旅游休闲产业已初步形成。

【对计划生育家庭发放慰问金】 2011年2月2日上午,黄马乡元旦、春节期间计划生育家庭慰问金发放仪式,在黄马乡文化广场举行,全乡33户计生家庭,每户均得到300元的慰问金。县计生委主任丁学善、副主任唐爱民以及黄马乡党政主要领导出席慰问金发放仪式,并亲自向计生家庭发放慰问金。2011年,黄马乡执行严格的计划生育奖惩制度,对计生家庭实施优惠措施,对个别生活困难的计生家庭,进行力度较大的帮扶,激发群众自觉实行计划生育的积极性。对违规超生者,坚决按规定征收社会抚养费。对乡、村干部,也与各自计生工作任务完成情况纳入年度考核,实施奖惩。

【丰林村党总支荣获“全国党建知识竞赛先进集体奖”】 2011年7月上旬,黄马乡丰林村党总支荣获“全国党建知识竞赛先进集体奖”。该奖项由中宣部党建杂志社,时事报告杂志社,思想政治工作研究杂志社共同举办的全国党建知识竞赛活动中产生。这是江西省唯一获此殊荣的基层组织。丰林村党总支2011年有57名正式党员,2名预备党员,3个党支部,8个党小组。丰林村不但建有党员活动之家,农家书屋,还建立党员远程教育网,购置了电脑、电视、VCD等电子电器设备,藏书达2000多册。

【抗旱工作成效明显】 2011年8月间,当地持续高温干旱,黄马乡官田村王家塘、鳝鱼塘两座水库蓄水严重不足,140公顷水稻和其他农作物面临绝收。黄马乡党委、政府召开乡村组三级动员大会,确定“双线引水”抗旱方针,明确乡村干部各自责任和任务。投入大功率抽水机6台,挖机1台,同徐罗供电所沟通,借调变压器2台。此次抗旱共有党员群众160余人主动参与。截至8月21日晚,共挖水渠5公里,140公顷水稻已全面实现供水,预计挽回直接经常损失294万元。

【打造新农村建设的特色和亮点】 2011年,黄马乡完成华标村华标组、徐家村新庙下组等10个自然村(组)的新农村建设。至此,全乡已完成的新农村建设点达到72个,占全乡自然村(组)158个的45.6%。自2006年起建设新农村示范点的6年来,黄马乡乡村两级党政组织,因地制宜,高标准规划,打造新农村建设的特色和亮点:一是对依山傍水的村庄,如南安村的桐树组、华标村的华标组、徐家村新庙下组、上洛村的李家组等,注重依山就势,傍水成形,将山、水、村、路融为一体,整体规划,一体建设。二是对周边有果林,蔬菜,花卉苗木产业的村庄,如徐家村的李向组、涂洪村的车上组,邹家组、东边村的敖上组等,按照一个果(菜)园一个景点,一片园林一个景区的模式,着力打造一批生态果业、无公害蔬菜、花卉苗木产业新村。三是突出文物保护与开发并重,以古民居(如涂洪村介冈组)、古树木(如徐家村傅垅组)、古建筑(如白城村东牌头组)等历史文物为主体,着力打造一批“主题文化新村”。

【南昌县专业森林消防队入驻新营房】 担负着白虎岭林场1087公顷生态防护林任务的南昌县专业森林消防队,成立于2007年9月,有10名人员编制,营房驻扎在白虎岭林场场部。为了适应森林消防工作的需要,2011年人员编制由10名扩充至20名,同时争取到上级资金140万元,在原白虎岭林场学校的空置校园内,翻新维护了新营房,全新购置了队员办工,生活设备,添置了消防器材和运兵车辆部等设备,为20名队员购买了医疗保险,社会养老保险和重大伤亡保险。2011年9月26日,该消防队入驻整修一新的新营房。

【白虎岭林场职工危旧房改造项目开工建设】 2011年12月12日,白虎岭林场职工危旧房改造项目举行开工典礼。县人大常委会副主任江振国,县农业投资有限公司董事长王树卫及黄马乡党政班子成员出席开工典礼仪式。该项目经省林业厅、省发改委、省住房和城乡建设厅共同批准立项,委托南昌县现代农业投资发展有限公司作为业主,负责对整个项目实施管理运作。项目用地23533平方米,建筑面积26390平方米,以三层住宅加一层储藏间及人字屋顶为主项目。总投资约2371万元,其中中央补助222万元,省财政配套补助222万元,市、县财政配套补助155.4万元,林场职工个人出资1771.6万元。该项目已于2011年10月底开始平整场地,2012年6月底完成项目建设。项目建成后,将彻底改善白虎岭林场222户职工住宿条件。

表138 **2011年黄马乡党政领导班子成员名单表**

姓　名	性　别	出生年月	籍　贯	职　　务	备　注
江振国	男	1964.1	江西省进贤县	党委书记	任职至5月
刘　玉	男	1968.2	江西省南昌县	党委书记(5月任),党委副书记、乡长(任至5月)	
黄晓瓶	男	1978.4	江西省南昌县	党委副书记、乡长	5月任职
徐春辉	男	1963.2	江西省南昌县	人大主席	任职至5月
朱　兵	男	1975.11	江西省南昌县	人大主席	5月任职
龚芦花	女	1976.1	江西省南昌县	党委副书记	任职至5月
龚　振	男	1967.10	江西省南昌县	党委副书记、纪委书记	5月任职
胡宏华	男	1967.1	江西省南昌县	党委副书记(5月任),党委委员、副乡长(任至5月)	
李勇峰	男	1970.1	江西省南昌县	党委委员、副乡长	任职至5月
蔡厚华	男	1979.8	江西省南昌县	党委委员、副乡长	5月任职
李　阳	男	1973.11	江西省南昌县	党委委员、副乡长(5月任),党委委员、武装部长(任至5月)	

续表 138

姓　名	性　别	出生年月	籍　贯	职　　务	备　注
胡　斌	男	1967. 3	江西省南昌县	党委委员	任职至 5 月
万任平	男	1971. 12	江西省南昌县	党委委员(5 月任),副乡长(任至 5 月)	
刘小如	男	1972. 7	江西省南昌县	党委委员	5 月任职
吴剑刚	男	1980. 4	江西省南昌县	党委委员、武装部长	5 月任职
刘小如	男	1972. 7	江西省南昌县	副乡长	任职至 5 月
陈文件	男	1968. 9	江西省南昌县	副乡长	5 月任职
周赤平	女	1983. 12	江西省安福县	副乡长	5 月任职
罗来辉	男	1975. 4	江西省南昌县	维稳信息督查员	
万金彪	男	1969. 5	江西省南昌县	派出所所长	
肖　凡	男	1979. 10	江西省南昌县	司法所所长	

表 139　**2011 年黄马乡村委会支部(总支)书记、村委会主任任职情况表**

村委会	姓　名	性别	出生年月	职　务	备　注
官田村	吴新明	男	1966. 8	书记	任职至 11 月
	吴林平	男	1966. 3	书记	11 月任职
	廖秋明	男	1962. 7	主任	
丰林村	裴柏平	男	1967. 4	书记	
	傅培祥	男	1963. 8	主任	
东边村	李桃德	男	1955. 6	书记	
	吴跃平	男	1967. 12	主任	
白城村	章国泉	男	1954. 7	书记	任职至 11 月
	章副刚	男	1972. 4	书记(11 月任),主任(任至 12 月)	职
	章永光	男	1969. 4	主任	12 月任职
南安村	朱源水	男	1958. 4	书记	
	雷冬贵	男	1966. 1	主任	
徐家村	许雷勇	男	1957. 11	书记	任职至 11 月
	黄美林	男	1968. 11	书记(11 月任),主任(任至 12 月)	
	朱华清	男	1960. 1	主任	12 月任职
冯家村	张憨根	男	1952. 7	书记	任职至 11 月
	朱凤民	男	1967. 9	书记(11 月任),主任(任至 12 月)	
	詹万水	男	1970. 2	主任	12 月任职
郭埠村	钟根保	男	1961. 8	书记	
	李兰平	男	1958. 6	主任	

续表 139

村委会	姓 名	性别	出生年月	职 务	备 注
上洛村	卢春根	男	1960.2	书记	
	杜木生	男	1964.4	主任	
岭前村	万 庚	男	1965.12	书记	任职至11月
	万昌宗	男	1962.4	书记	11月任职
	闵雨平	男	1961.7	主任	
华标村	余海屯	男	1967.2	书记	任职至5月
	李海保	男	1967.8	书记	11月任职
	廖建新	男	1971.2	主任	
涂洪村	邹小华	男	1971.4	书记	
	闵根方	男	1962.1	主任	
罗渡村	万小平	男	1977.1	书记	
	李金平	男	1968.4	主任	

(主笔:朱先勇 审稿:周赤平)

塔城乡

【概况】 2011年,塔城乡以科学发展观为统领,紧紧围绕建设"平安、和谐、生态、文明"四个塔城的奋斗目标,以更快的速度,更强的力度,更高的要求和更实的举措,凝心聚力搞建设,坚定不移谋发展,全力开创塔城乡各项工作新局面,成功实现了"十二五"规划开门红。

主要经济指标 2011年,塔城乡成功战胜了春夏干旱、旱涝急转等自然灾害的严峻考验,全年财政收入按县计划应完成1691万元,实际完成1863万元,净增172万元,同比增长29%;一般预算收入按县计划应完成1228万元,实际完成1296万元,净增68万元,同比增长21%;农民人均纯收入全年达到7677元,比2010年净增1173元,增长18%。经济发展继续保持"一路高歌",发展的竞争力不断提高。

工业发展 2011年,江西中南建工集团公司、欣隆纺织公司、稻香园公司"三驾马车"作为塔城乡税收、工业增加值、主营业务收入等主要指标增幅的"晴雨表",成功克服了房地产交易疲软和欧债危机的不利影响,江西中南建工集团公司与江铃汽车股份公司等国内知名企业一起被评为全县纳税先进企业;欣隆纺织公司与江铃进出口有限责任公司等省内4家大牌出口导向型企业一起被评为全县出口创汇型先进企业。工业核心地位日益凸显。

乡村面貌 2011年,塔城乡投资47万元安装太阳能路灯88盏,投资近30万元对老街农贸市场、湖陂农贸市场进行改造。新推进新农村建设点11个,打造市级综合示范村—湖陂魏家自然村。新成立环卫所,确保人力、物力、财力三到位,切实抓好莲塔线、水岚洲中心公路沿线和村庄的环境卫生整治。全年绿化种树7万余棵,加快乡村绿化进程。强化违章搭建控制源头工作,加大控违拆违工作力度,农村建房乱搭乱建的现象得到有效遏制,提升了乡村品位。

"三农"工作 2011年,塔城乡突出抓好东游、塔城、闸上三村土地整治面积480公顷目标任务,加快实施进度,加强监管,确保施工环境。启动芳湖沿莲塔线20公顷有机蔬菜地建设、鑫茂生态农业休闲园完成园区道路硬化等第一期基础设施建设。2011年全乡新开挖沟渠5000余米,湖陂段堤顶公路土方工程已完工,完成庙下、北坊、刘家、东边塘、南山5座排水闸修复工程,长乐北坊圩堤土方工程正在施工,水岚洲联圩除险加固工程正在勘测设计中,湖陂段堤顶公路硬化工程即将开工建设,为农业可持续发展提供了保障。

环境整治工作扎实推进 2011年,塔城乡加强小城镇建设,制定并完善规范城镇管理工作制度。实施街道亮化工程,乡政府斥资40余万元,在主要街道安装新型太阳能路灯80余盏。街道整治加大力度,对乡农贸市场进行维修,街道市场面貌焕然一新。街道集贸市场店面的旧招牌由城管统一拆除,并重新统一规划制作新招牌,彻底改变了街道脏、乱、差、小的局面,促进集镇的繁荣活跃。同时,加强道路基础设施建设,完成湖陂段堤顶公路加高加固土方工程;完成主要街道的路面维修工程;南洲村老村委会至新居的路面硬化工程正在建设。

社会事业 2011年,塔城乡坚持以民为本、以民为先,切实办好顺民意、解民忧、惠民生的实事。社会保障方面,全乡共发放各类保障资金计4801143元,保障各类对象约2600人,救助各类对象约870人。为稳定一方保障一方奠定了扎实的基础。启动新型农村社会养老保险工作,提高城镇和农村居民最低保障标准,医保低保实现"应保尽保",帮扶救助"有难必帮"。斥资8万元加强敬老院硬件设施建设,新建连接长廊和排水沟等工程。第八届村（居）委会换届选举工作进展顺利。交通运输方面，长1.1千米，宽5米，总投资45万元廖巷通水岚洲堤顶公路已建成通车。文化教育方面，文化站装修工程已全面结束。湖陂小学教职工宿舍、塔城中学食堂、塔城中心小学综合楼完成规划设计。计划生育方面，查实“两非”案件2例，二女户结扎完成10例。信访和社会稳定方面，坚持用群众工作统揽信访工作，整合群众工作资源，拓展信访服务领域，着力构建“党委领导、政府负责、社会协同、公众参与”的社会管理格局，保持了社会和谐稳定。

【加快新农村建设】 2011年，结合南昌县列为全国城乡统筹综合改革示范县机遇，塔城乡致力打造以水岚洲为特色的新农村综合示范区建设，推进以整村改造为内容的新农村建设。全乡共推进11个新农村建设点，共完成改路9000余米，修建排水沟8300余米，改水改厕500余户，绿化种树4100余棵，新农村建设全面完成任务，农村面貌焕然一新。

【全面加强劳动保障建设】 2011年，塔城乡参加就业培训300余人，帮助农村富余劳动力转移工作达2900余人，为农民及下岗失业人员创业办理免息小额贷款110余万元，新农保试点工作进展顺利，已办理农民养老保险16905人，为农民办理领取养老金5000余人。进一步完善了农村五保、低保制度，做到农村居民病有所医、老有所养。

【战胜旱情灾害，确保早稻面积】 2011年上半年，遭遇了自1953年以来从未出现过的特大旱情，塔城乡的两条主要农业灌溉用水的抚河及青岚湖几乎断流。为解决农业灌溉用水，战胜旱情灾害，塔城乡新开挖沟渠6条，总长度达5000余米，购置抗旱用抽水机25台，确保了全乡早稻栽插面积不受灾害影响，取得抗旱斗争的胜利。

【启动太阳能路灯街道亮化工程】 为节约能源、降低消耗、提倡低碳经济，为美化亮化街道环境，2011年7月，塔城乡斥资40余万元在主要街道及塔城大桥上安装太阳能路灯，在全县率先启动太阳能路灯街道亮化工程。方便了群众夜间出行，街道面貌焕然一新。

【大力建设敬老院基础设施】 塔城乡敬老院新建不久，基础设施建设还不够完善，院内排水不通畅，宿舍离活动中心距离较远，且中途无遮挡，老年人出行极为不便。2011年8月，塔城乡斥资8万余元，加大对敬老院基础设施建设的力度，在院内新建连接长廊和排水沟等工程，为老年人提供一个安定舒适的环境，充分体现了党和政府对老年人的关爱。

【塔城乡获得全省首张基质无土栽培有机产品证书】 塔城乡青岚现代农业有限公司将自己获国家专利的“简易高效基质无土栽培”技术，成功地推广运用到有机果蔬的生产中，填补了国内无土栽培有机果蔬的空白。2011年，基质无土栽培有机果蔬经农业部绿色食品定点监测中心检测，达到有机食品标准，成功获得国家权威部门颁发的有机产品认证证书，是江西省获得的第一张基质无土栽培有机产品证书。

【塔城乡扎实做好城镇居民基本医疗保险工作】 2011年，塔城乡积极实施扩大参保范围、缩短报销等待期限、提高住院报销比例、提高分娩报销最高限额、扩大特殊病种的范围、新增大病补充医疗保险、新增70岁以上老人参保的优惠待遇等十项利好政策。当年共办理城镇居民基本医疗保险505人，70岁以上老人25人。帮助142名“三类”（低保、重点优抚对象、失业的各类参战人员）居民免费办理医疗保险，全乡报销药费10万余元，上交医保费超过2.5万元，有效地解决了城镇困难群众“看病贵、看病难”的问题。

【稻香园公司】 南昌稻香园公司总部位于塔城乡塔城街，坐落在风景秀丽的鄱阳湖边清岚湖畔。建有3万余平方米的大型现代化调味品生产车间，拥有7条先进生产线和完善的产品质量检测设施，建有1333.3公顷农副产品种植基地，现有员工146名，其中食品工程师2名，技师6名，拥有固定资产1000多万元。经过多年的不断开拓与创新，生产规模逐年壮大，经济效益连年翻番，公司已成为年销售额达4000多万元的大型民营企业。稻香园公司被评为“江西省农业产业化龙头企业”，“江西省调味品协会副会长单位”，“稻香园”商标被评为“江西省著名商标”。

公司主营豆豉、直条米粉两大系列产品。稻香园豆豉生产基地位于塔城、莲西两地，2009年公司投资500万元对豆豉传统生产工艺进行了工业化生产技术改造，2010年已竣工投产。该项目属国内同行首创，使生产条件及产品质量有一个质的飞跃。2010年又投资300万元强化产品研发能力和对厂区环境进行了大的改造。作为江西风味豆豉的杰出代表，产品畅销全国，并荣获“南昌名牌”产品称号，2010年还被评为“赣鄱十宝”、“塔城豆豉制作工艺”，2010年入选“江西省非物质文化遗产保护项目”。

直条米粉生产基地位于横岗，是基于充分利用南昌县丰富早米资源建立起来的，由于引进了国内先进设备和坚持了优质高效理念，产品质量在同行始终保持领先水平，产品主供出口和国内大型商超。“稻香园直条米粉”2010年获“江西省放心粮油产品”。

为加快公司发展，打造稻香园食品生产基地，公司目前正致力于产品的延伸，努力提高产品附加值，并与南昌大学进行了紧密合作，坚定地向做优做强，打造独具地方特色的食品生产基地目标不断进取。

表 140

2011 年塔城乡党政班子成员名单(一)

姓 名	性 别	职 务	备 注
高道荣	男	党委书记	任职至 5 月(下同)
胡朝辉	男	党委副书记、乡长	
谢 斌	男	人大主席	
孙 扬	男	党委副书记、纪检书记	
丁来平	男	党委副书记	
李红林	男	常务副乡长、党委委员	
罗志军	男	党委委员、人武部长	
胡水保	男	党委委员	
罗建宏	男	党委委员	
魏小妙	女	党委委员	
文小文	男	副乡长	
章苏敏	男	副乡长	
徐 平	男	维稳信息员	
黄国宝	男	司法所所长	
况正午	男	派出所所长	

表 141

2011 年塔城乡党政班子成员名单(二)

姓 名	性 别	职 务	备 注
胡朝辉	男	党委书记	5 月任职(下同)
谢 斌	男	党委副书记、乡长	
万 勇	男	人大主席	
孙 扬	男	党委副书记、纪检书记	
闵忠生	男	党委副书记	
李红林	男	党委委员、副乡长	
胡水保	男	党委委员、副乡长	
罗建宏	男	党委委员、人武部长	
文小文	男	党委委员	
章苏敏	男	党委委员	
曾艳芳	女	副乡长	
辜江华	男	副乡长	
刘厚林	男	维稳信息员	
黄国宝	男	司法所所长	
况正午	男	派出所所长	

(主笔:魏水林　审稿:章苏敏)

富山乡

【概况】 随着小蓝经济开发区“南拓”全面推进和江西汽车城的打造，富山乡已成为名副其实的全县招商引资前沿阵地和重大项目的主战场。2011年完成地区生产总值6.47亿元，同比增长24.7%。其中：第一产业增加值1.41亿元，第二产业增加值4.24亿元，第三产业增加值0.79亿元。固定资产投资额实际达到31984万元。财政总收入完成3046万元，同比增长31.2%。全乡一般预算收入完成2080万元，同比增长27.2%。农民人均纯收入达到8928元，同比增长19%。

【推进“一集镇三前沿三边缘”建设】 2011年，富山乡依托园区南拓，对全乡产业结构进行重新布局，即“一集镇三前沿三边缘”。具体是：富山为“一集镇”。主要是加强集镇管理，完善服务功能，发展现代化服务业和劳务输出，呈现“繁荣板块”。张坊、东亘、三山为“三前沿”。功能定位是主动服务开发区，融入昌南组团，推进重点项目，强力落实征地拆迁，强势控制违章搭建，呈现“开发板块”。清湖、滩上、若冈为“三边缘”。主要定位是大力发展蔬菜、水产、农家乐等城郊型农业，提高农业效益，呈现“特色板块”。城郊型农业初具规模，特色产业面积达万亩，形成以莲富、姚富公路为主轴的种养带。帮助富兴蔬菜有限公司打通了对接园区的路网，协调做好了三山蔬菜瓜果专业合作社基地搬迁土地流转过程中的难题，解决基地建设过程中遇到的困难和问题，为基地的做大做强提供了服务。

【做好征地、拆迁工作】 2011年，富山乡聘请专业技术人员对全乡7个行政村、46个自然村、5000多户农民建房等生活基础设施的现状进行全方位拍摄，做好第一手影像资料归档整理，确保每村每户每栋建筑物和农户生活设施在影像中不遗漏，确保资料签字登记得到群众的支持与理解，建立村自查、城管中队巡查、蹲点领导包村督察的工作机制，确保拆迁区域无违章建筑。共拆除查处违章建筑达2000多平方米。全面完成了江铃汽车改装厂和福耀玻璃等重大项目的征地工作，特别是福耀玻璃，仅用了7个工作日就完成了土地丈量和附着物清点工作。

【实行招商引资、招商选资、招商引税“三结合”】 2011年，富山乡牢固树立“大项目带动大建设，大建设推动大发展”的理念。把乡村局部规划与园区总体规划相对接，将局部发展与全面发展相对接，全力推进招商引资。坚持第一、二、三产业并重，内外资并举，把招商引资与招商选资、招商引税结合起来，努力在项目规模和引资水平上争取新突破。正在签约的项目有投资超亿元的江西恒裕汽车配件和南昌市鹏发实业两个重大项目。加强现有企业的走访和服务，切实解决企业在发展过程中遇见的困难和问题，帮助南昌永祺科技发展有限公司新建了富祺水泥公路。该企业截至2011年9月，完成投资4000万元，可达产值1.5亿元，利税1000万元。

【大力推进民生幸福工程】 2011年，富山乡以项目推进、工业发展为契机，大力推进民生幸福工程，让群众共享改革发展成果。完成东亘、张坊村失地农民安居地填土方招投标工程，其中张坊村失地农民安居房正在建设。完成了若冈小学重建工程，合并两个教学点，最大限度实现教学资源共享。启动富山文化活动中心、敬老院美化、东山闸管理房重建工程。修建富祺路、周家自然村水泥公路，极大地改善了人民群众的生产生活条件。完成农村社保和农房保险的调查摸底工作，建章立制，明确人员，加强非物质文化遗产挖掘和保护工作。抓好鄱阳湖生态示范村选点工作。正在重点推进省人大打造的东亘星光新农村鄱阳湖生态示范点，并把它作为全省生态村标准打造。

【承办全县乡镇第十八届老年人体育运动会】 2011年4月2日，富山乡承办全县乡镇第十八届老年人体育运动会。来自莲塘、向塘、蒋巷等18个乡镇老年体协的82位老年运动员参加了跳棋、柔力球、半副麻将、扑克、投篮5个项目的比赛，据悉，本届老年人运动会最大年龄为83岁。

【傅世平一行到富山乡考察调研】 2011年6月15日上午，省人大常委会副秘书长、办公厅主任傅世平，机关党委专职副书记周建华一行冒着倾盆大雨，到富山乡东亘星光新农村示范点考察调研。

【奖励考入大学的学生】 2011年9月15日，为激励莘莘学子，在全社会营造重视教育、关心教育、支持教育的良好氛围，富山乡在财政预算十分紧张的情况下，挤出资金对全乡8名考入一本大学的学生进行表彰，其中，奖励重点大学的大学生每位1500元现金，一本大学的大学生每位1000元。

【省、市人大代表调研富山乡学前教育发展情况】 2011年10月28日上午，由省人大常委会原副主任万学文、市人大常委会副主任罗慧芬、市人大常委会副主任申少平带队的省、市人大代表一行，共30余人组成的调研考察团，对该乡学前教育发展情况进行专项调研。市政府办公厅副主任梁超伟，县长陈匡辉，县人大常委会主任胡小明，县委常委、宣传部部长周仁斌，副县长伍曦，县教体局书记孙小九等陪同调研。

【东亘星光生态示范村农民文化娱乐中心举行开工仪式】 2011年12月21日上午，富山乡东亘星光生态示范村农民文化娱乐中心举行开工仪式，省人大常委会副巡视员王光前，省人大常委会机关党委副书记周建华，县人大常委会主任胡小明，县人大常委会副主任王三毛、江振国等出席开工仪式。

【调解平息争沙械斗】 2011年5月16日上午，新建县厚田乡大屋村村干部带领近百名村民，手持鱼叉、装载机、铳等设备，准备与等候在沙洲上南昌县滩上村挖沙机业主发生械斗，俨然一场古代冷兵器战争的架势。由于双方领导以及南昌县水上分局、水政及时介入，对两村村民展开思想工作，暂时平息了两边的怒火，事态得到了有效的控制。

【举办以“强素质、当表率，我为富山增光彩”为主题的演讲比赛】 2011年1月13日，为深入推进创先争优活动，富山乡举办以“强素质、当表率，我为富山增光彩”为主题的演讲比赛。来自全乡的22名选手通过抽签确定出场顺序，比赛评委团由县委组织部、县妇联、团县委领导组成。经过激烈角逐，共有10名党员干部分别获得特等奖和一、二、三等奖。

【召开欢庆元宵联谊会】 2011年2月17日上午，新春伊始，富山乡在桂花村召开欢庆元宵联谊会。南昌市副市长罗慧芬，县政协副主席张军、副主席李植，县公安局政委周鲁庆等人参加联谊会。联谊会节目丰富多彩，洋溢着欢快祥和，积极向上的氛围。在为期半天的联谊会中，富山乡团拜会、振兴家乡经济恳谈会和三级干部表彰会相互穿插。此次联谊会“三会合一”，成为该乡精文简会、转变作风的具体体现。

【中共富山乡第十三次代表大会胜利召开】 2011年5月28日，中共富山乡第十三次代表大会胜利召开，来自全乡各行各业的118名正式代表、59名列席人员参加会议，县委常委、小蓝开发区党工委书记徐海波等领导亲临指导。

【召开富山乡第十二届人民代表大会第一次会议】 2011年5月30日至31日，富山乡召开第十二届人民代表大会第一次会议。本次会议应到代表67名，实到代表65名。乡人大代表涵盖了工业园所在六个行政村，体现了代表的广泛性。会议邀请了不是代表的村支书、部门负责人和机关全体干部列席了此次会议，副县长、公安局局长张增和等领导亲临指导。

【组织党员干部观看史诗宣传电影片】 2011年6月26日，在迎接建党90周年之际，富山乡精心组织，在确保安全前提下，按单位分时间段、分批次，组织全乡867名党员干部，在莲塘永乐影城观看电影史诗巨制《建党伟业》和《魅力富山》宣传片，回顾建党历史，感受老一辈革命家为国献身的革命情怀，宣传家乡，激发广大党员干部充分发挥先锋模范作用，积极投身建设家乡的热情。

【行政村“两委”换届选举工作圆满完成】 从2011年11月7日动员大会开始到12月15日止，富山乡7个行政村“两委”换届选举工作圆满完成，产生了新一届村“两委”班子，前后历时仅38天。换届选举工作秩序井然，没有出现任何扰乱选举的现象，没有发生一起因选举造成的人访、信访事件。新老班子交接顺利，实现了平稳过渡。

表142　**2011年富山乡党政领导班子成员名单(一)**

姓　名	性　别	出生年月	籍　贯	职　　务	备　注
龚晓荣	男	1965.2	江西南昌	党委书记、乡长(任至5月)	任职至5月(下同)
袁　军	男	1968.1	江西南昌	人大主席	
万华林	男	1973.10	江西南昌	党委副书记、纪检书记	
何建国	男	1971.12	江西南昌	党委委员、副乡长	
李国华	男	1969.1	江西南昌	党委委员、副乡长	
罗建平	男	1975.10	江西南昌	党委委员、武装部长	
李爱华	男	1966.6	江西南昌	党委委员	
胡永俊	男	1966.10	江西南昌	党委委员	
李九梅	女	1972.10	江西南昌	副乡长	
邓水国	男	1979.10	江西南昌	维稳信息员	
吴丽花	女	1968.5	江西南昌	司法所所长	
胡　波	女	1985.10	江西南昌	乡长助理	

表143　**2011年富山乡党政班子成员名单(二)**

姓　名	性　别	出生年月	籍　贯	职　　务	备　注
龚晓荣	男	1965.2	江西南昌	党委书记	5月任职(下同)
伍有其	男	1968.11	江西南昌	乡长	
万华林	男	1973.10	江西南昌	人大主席	
何建国	男	1971.12	江西南昌	党委副书记、纪委书记	

续表 143

姓　名	性　别	出生年月	籍　贯	职　　务	备　注
李国华	男	1969.1	江西南昌	党委委员、副乡长	
罗建平	男	1975.10	江西南昌	党委委员、副乡长	
刘　伟	男	1978.12	江西南昌	党委委员、武装部长	
胡永俊	男	1966.10	江西南昌	党委委员	
蔡　春	女	1971.2	江西南昌	副乡长	
邓水国	男	1979.1	江西南昌	维稳信息员	
宗国友	男	1967.6	江西南昌	派出所所长	
吴丽花	女	1968.5	江西南昌	司法所所长	
胡　波	女	1985.1	江西新余	乡长助理	

表 144　**2011 年富山乡村委会支部(总支)书记、村委会主任任职情况**

村委会	姓　名	性别	出生年月	职　务
张坊村	康玉明	男	1968.2	书记
	康玉明	男	1968.2	主任
三山村	熊友生	男	1957.7	书记
	熊小毛	男	1955.1	主任
富山村	喻长根	男	1966.11	书记
	喻小弟	男	1970.12	主任
东亘村	罗国保	男	1960.6	书记
	罗清华	男	1972.11	书记
	刘尿生	男	1975.1	主任
清湖村	殷洪泉	男	1963.1	书记
	殷三连	男	1956.1	主任
滩上村	喻　云	男	1976.7	书记
	姚爱文	男	1968.1	主任
若冈村	谭程民	男	1967.1	书记
	戴献金	男	1968.1	主任

（主笔：魏文金　审稿：万华林）

昌南新城(东新乡)

【概况】 2011 年，昌南新城、东新乡坚持以科学发展观为统领，紧紧围绕建设“宜居新城、商贸新城、文明新城、幸福新城”的工作目标，大力推进经济大发展，城乡大变样，社会大和谐三大工程。励精图治，开拓创新，务实奋进抓好各项工作的落实，圆满地完成了乡十二届人大一次会议确定的主要目标任务，保持了经济持续发展，社会和谐进步的良好态势。

2011 年，完成地方生产总值 19.5 亿元，同比增长 22%；完成固定资产投资 12.8 亿元，同比增长 20.7%；完成财政总收入 1.93 亿元，同比增长 24%；一般预算收入 1.28 亿元，同比增长 18.5%；农民年人均纯收入 8842 元，同比增长 20%。完成合同外资 2000 万美元，实际到位外资 1000 万美元，均超额完成了县下达任务。乡域经济综合实力连续四年保持全县第一方阵前 2 名。

【路网建设有序推进】 2011 年，重点加快路网建设，着力推进抚生路、东莲路、象湖路、银湖大道等 4 条主干道及芳湖路、桃花东路等 6 条次干道建设，在建道路总里程 33 公里。目前上述 10 条路已完成硬化 82%，完成人行道板铺设70%,其中诚信路、诚义路、桃花东路已竣工并通过了验收。预计2012年8月底上述10条路可全面竣工通车。到时昌南新城、东新乡范围内路网可全部贯通。

【电力供应不断增强】 2011年,接通芳华输电线路,暂时缓解了金沙大道沿线楼盘居民用电供需矛盾。启动了东新220千伏和象湖110千伏变电站建设,预计2012年8月底可竣工并投入使用。建成后基本能够满足昌南新城居民用电需求。

【公交线路逐步增加】 2011年推进了昌南新城公交线路加密工作,新开通了昌南新城至南昌的218B和25路两条公交线路,增加了212和241两条公交线路的班次。至2011年末共开通公交汽车线路5条,有效缓解了辖区内居民出行难问题。

【市政管理不断强化】 2011年,强化昌南新城公用事业管理所的职能作用,对八月湖路、抚生路、东莲路、象湖路、芳湖路、芳华路的保洁、路灯和园林养护,实行托管,实现了昌南新城市政管理全履盖。完成昌南新城过渡菜市场建设,于9月13日顺利搬迁,同时取缔了海嘉路"马路市场"。启动居住主题公园综合市场建设,预计2012年下半年完工,投入运营。

【小商品城正式营业】 2011年,推进南昌小商品城一期26.7公顷30万平方米商铺建设。南昌小商品城已于2011年5月21日举办开业庆典,江西省政协副主席刘晓庄,江西省政协常委、省社科院院长汪玉奇,南昌市委常委、常务副市长赵东亮,南昌县委书记肖玉文,县长陈匡辉。浙江金华市委副书记黄锦朝,永康市委常委、常务副市长陈美蓉,浙江中月集团总裁俞朝忠等出席庆典仪式。

【坚持开展奖学助学】 2011年,举办第四届奖学助学活动,对6名考取一本院校,9名考取二本院校,17名考入省重点高中莲塘一中的本乡学子,分别各奖励了5000元、4000元、2000元。这次奖学助学活动得到南昌小商品城的大力支持。

【文化建设品位提升】 2011年,开展"我为拼争全国50强添光彩"演讲比赛等多种形式的文艺活动,全面完成了村级农家书屋建设布点工作。大洲村农家书屋建设被市级文化主管部门授予"五星级"示范农家书屋荣誉称号,极大地丰富了百姓的精神文化生活。

文学创作方面,乡文广站长万建平创作的诗歌《中国象棋》在香港出版的《情诗季刊》杂志上发表;组诗《诗歌里的中国》在南昌市文联、作协主办的2011年谷雨诗会上荣获二等奖;诗歌《仰望天空》获市人防60周年征文一等奖;组诗《湿地歌谣》获江西省鄱阳湖诗歌征文优秀奖,并被江西人民广播电台录制播放;与伍目连合作完成的歌曲《梦中的黄马》、《你的未来我们开创——银三角之歌》先后在江西新闻广播(每周金曲)栏目播放;与山东曲作者郑连叶合作的歌曲《梦幻三爪仑》获靖安县三爪仑旅游征歌活动优秀奖。出版了诗集《在俗世中沦落》。

【民政社保惠及民生】 对城乡低保金发放进行了专项治理,取消了不符合条件的低保户,2011年重新办理农村低保455户,城镇低保90户,发放低保金及调标金158.9万元。积极申报常补与非常补对象,努力解决低保人员的医疗救助;为"十四类"参战人员、在乡复员军人、义务兵发放补助金和优待金27.2万元;为受灾群众、孤寡老人、重症病人、重症残疾人等发放救灾资金7.9万元。

【征地拆迁公平公正】 2011年,坚持做到一支队伍操作,一把尺子丈量,一个标准补偿,并把结果在各村张榜公示,接受群众监督。2011年,共征用土地108.5公顷,拆除各类房屋107栋,拆除面积21639.83平方米。

【安置房建设遍地开花】 2011年,大力推进农民安居工程建设,高标准打造安居精品,在建安居房达32.4万平方米,大洲村安居工程一期二批已竣工,即将分配到拆迁户;小洲、东岳两村安居工程一期已全部封顶,河下安居工程已开工建设,利用安居工程正在加紧报建。

【创新管理促进稳定】 2011年,在全市率先组建乡级群众工作站,开通视频接访,群众信访诉求得到一站式服务,当年,群众反映的67个问题全部得到解决。开展流动人口普查和打黑除恶活动,提高了群众公共安全感。

表145 **2011年昌南新城党政领导班子成员名单**

姓　名	性　别	出生年月	籍　贯	职　　务	备　注
张东林	男	1968.10	江西宁都	党工委书记	任职至5月
陶亿国	男	1975.10	南昌县	党工委副书记、管委会主任	任职至5月
姚建军	男	1965.9.26	南昌县	党工委副书记、常务副主任	任职至5月
章金华	男	1974.5	南昌县	党工委副书记常务副主任(5月任),工委委员、副主任(任至5月)	
王孟俊	男	1965.4	南昌县	党工委委员副主任	5月任职
魏小妙	女	1976.1	南昌县	党工委委员	11月任职
陶　然	男	1981.11	南昌县	副主任	5月任职
舒　辉	男	1972.10	南昌县	维稳信息督导员	5月任职

表 146

2011 年东新乡党政领导班子成员名单

姓　名	性　别	出生年月	籍　贯	职　务	备　注
张东林	男	1968. 10	江西宁都	党委书记	任职至 5 月
仇海泉	男	1973. 3	南昌县	党委书记	5 月任职
陶亿国	男	1975. 10	南昌县	党委副书记、乡长	任职至 5 月
李慎欢	男	1972. 10	南昌县	党委副书记、乡长	5 月任职
谭水明	男	1966. 6	南昌县	人大主席	任职至 5 月
龚芦花	女	1976. 1	南昌县	人大主席	5 月任职
姚建军	男	1965. 9. 26	南昌县	党委副书记	任职至 5 月
何　峰	男	1968. 1	南昌县	党委副书记纪委书记	
章金华	男	1974. 5	南昌县	常务副乡长	任职至 5 月
李春权	男	1967. 12	南昌县	党委委员常务副乡长(5 月任),党委委员、副乡长(任至 5 月)	
徐　航	男	1970. 8	南昌县	党委委员副乡长(5 月任),党委委员(任至 5 月)	
王孟俊	男	1965. 4	南昌县	党委委员、武装部长	任职至 5 月
喻仁峰	男	1973. 5	南昌县	党委委员(5 月任),副乡长(任至 5 月)	
刘元学	男	1973. 8	南昌县	党委委员武装部长	5 月任职
张　强	男	1981. 2	南昌县	副乡长	5 月任职
邓小鹏	男	1963. 12	南昌县	维稳信息督导员	

表 147

2011 年东新乡村委会支部(总支)书记、村委会主任任职情况表

村委会	姓　名	性别	出生年月	职　务
大洲村	邓三元	男	1947. 4	书记
小洲村	杨长华	男	1965. 9	书记
	胡春件	男	1966. 2	主任
东岳村	邓三芽	男	1960. 6	书记
	邓必春	男	1973. 9	主任
利用村	蒋任保	男	1952. 7	书记
	蒋永平	男	1969. 11	主任
河下村	万保水	男	1948. 6	书记
	文冬莲	女	1960. 12	主任
石岐村	万在龙	男	1964. 2	第一书记
	万国建	男	1975. 7	书记、主任

表 148

2011 年昌南新城社区书记、主任任职情况表

社　区	姓　名	性别	出生年月	职　务
抚西社区	涂长茂	男	1963. 3. 25	书记
	邓小明	男	1968. 1. 3	主任
象南社区	邓小勇	男	1968. 1. 9	书记
	邓全杏	男	1963. 3. 12	主任
象北社区	胡保华	男	1970. 6	书记
	邓小勇	男	1969. 10. 8	主任

(主笔:万建平　审稿人:邓小鹏)

附　　录

先进人物

表 149

2011 年南昌县获省部级单位表彰的先进个人名单

姓　名	工作单位	奖项名称	颁奖部门	颁奖时间
张国印	塘南镇农技站	全省粮食生产工作先进个人	江西省人民政府	
李国平	向塘镇	全国“十一五”教育科研先进工作者	国家教育部	2011. 7
刘文强	县人大	江西省第二十届“宣传人民代表大会制度好新闻”评选三等奖	江西省人大常委会江西省新闻工作者协会	2011. 7
李大跃	中国电信股份有限公司南昌县分公司	2011 年度授予“电信集团公司优秀工会积极分子”称号	中国电信集团工会委员会	

表 150

2011 年南昌县获市厅级单位表彰的先进个人名单

姓　名	工作单位	奖项名称	颁奖部门	颁奖时间
万赣临	向塘镇	第六次全国人口普查“先进集体”	江西省人民政府第六次人口普查领导小组江西省统计局	2011. 9
李玉文	刑侦大队向塘中队	南昌市优秀共产党员	南昌市市委	2011. 12
舒泉荣	向塘镇	2011 年度南昌市人民法院“优秀法官”	南昌市中级人民法院	2012. 1
周勇军	向塘派出所	消防工作先进个人	市委、市政府	2011
李玉文	刑侦大队向塘中队	优秀共产党员	市委、市政府	2011
万水华	县公安局	个人二等功	省公安厅	2011
田福顺	田万村	南昌市优秀人民调解员	南昌市人民政府	2012. 1
田福顺	田万村	全省“五五”普法教育工作先进个人	江西省普法教育工作领导小组	2011. 6
万跃萍	渡口村	省优秀计生专干	江西省计划生育委员会	2011
胡应花	富盛村	南昌市人口和计划生育工作先进个人	中共南昌市委员会南昌市人民政府	2011. 3
龚小梅	新联村	江西省三八红旗手	江西省妇女联合会	2012. 1
胡小明	县人大	2011 年度优秀通讯员	江西省人大常委会办公厅《时代主人》编辑室	2011. 11

续表 150

姓　名	工作单位	奖项名称	颁奖部门	颁奖时间
万耀华	县人大	2010 年度优秀通讯报道组长	南昌市人大常委会	2011. 3
万耀华	县人大	2010 年度优秀通讯员	全国人民代表报社	2011. 10
刘文强	县人大	南昌市 2010 年度“宣传人民代表大会制度好新闻”评选二等奖	南昌市人大常委会	2011. 7
胡凌根	南昌县公路运输局	2010 年德昌高速公路工程建设先进个人	江西省高速公路建设领导小组	
王旭焰	南昌县公路运输局	2011 全省道路运输行政执法人员培训“优秀学员”	江西省公路运输管理局	
孙祥军	南昌县公路运输局	2011 全省道路运输行政执法人员培训“优秀学员”	江西省公路运输管理局	
陈红成	中国电信股份有限公司南昌县分公司	2010 ~ 2011 年度“江西电信优秀党务工作者”	中国电信股份有限公司江西分公司党组	
喻　辉	中国电信股份有限公司南昌县分公司	2011 年度“江西电信优秀农村营业部主任”	中国电信股份有限公司江西分公司	
龚　琴	中国电信股份有限公司南昌县分公司	2011 年度“江西电信全业务发展优秀网格片区经理”奖	中国电信股份有限公司江西分公司	
张火根	中国电信股份有限公司南昌县分公司	2011 年度“江西电信全业务发展营销能手”奖	中国电信股份有限公司江西分公司	
万全保	中国电信股份有限公司南昌县分公司	2011 年度江西电信全业务经营省级人才	中国电信股份有限公司江西分公司	
游　祺	中国电信股份有限公司南昌县分公司	2010 ~ 2011 年度“江西电信优秀共产党员”	中国电信股份有限公司江西分公司党组	
崇福林	南昌县科技局	省科技成果与技术市场管理工作先进个人	省科技厅	2012. 4
钟　婕	南昌县科技局、人防办	全省人防系统通讯报道先进个人	省人防办	2012. 1
梅红强	南昌县地方税务局稽查分局	江西省地税局先进个人	江西省地税局	
刘国毛	南新乡南新村	全国种粮大户	国务院	2011. 12. 26

表 151

2011 年度南昌市五一劳动奖章获奖者名单

序号	姓　名	工作单位	职　务
1	张国新	天纳克同泰(大连)排气系统有限公司南昌分公司	主任
2	陈　新	江西小松工程机械有限公司行政部	部长
3	杜建平	南昌县地方税务局	副主任
4	李　军	江西省南昌县工商行政管理局	干部
5	邹泰晖	南昌旋耕机厂有限责任公司	销售总经理
6	万德清	南昌县财政局	科长
7	万六指	南昌县广福第二中学	书记、校长
8	李龙萍	江西鑫源房地产开发有限公司	开发部经理
9	张绍华	南昌县城管局东新中队	中队长
10	李青文	向塘开发区	党工委副书记、副主任
11	张　捍	江西林生堂医药连锁有限公司	总经理

表 152

2011 年度南昌市五一劳动奖状名单

姓　名	工作单位	奖项名称	颁奖部门	颁奖时间
王碧君	南昌县地方税务局监察室	南昌市五一劳动奖章	南昌市总工会	

先进单位

表 153

2011 年南昌县获省部级以上表彰的先进单位

获奖单位	奖项名称	颁奖部门	颁奖时间
南昌县民政局	全省双拥模范县	中共江西省委、江西省人民政府、江西省军区	2010.12（补 2010 年）
蔡家村	全国扶贫开发先进集体	国务院扶贫开发领导小组	2011
南昌县	“2009～2010 年度全国科技进步先进县(区)”	科技部	2011.11

表 154

2011 年南昌县获市厅级以上表彰的先进单位

获奖单位	奖项名称	颁奖部门	颁奖时间
向塘镇人民政府	江西十大最具竞争力重点镇	江西省电视台公共频道江西省广播电台都市频率江西省广播电视“今视网”网站人民日报社《民生周刊》江西站	2011.12
向塘镇统计站	第六次全国人口普查“先进集体”	江西省人民政府第六次人口普查领导小组江西省统计局	2011.9
向塘镇环卫所	2011 年度全市乡镇环境卫生整治工作“一等奖”	南昌市委办公厅南昌市人民政府办公厅	2011.12
向塘镇农技站	2011 年基层农业推广先进乡镇综合站	江西省农业厅	2012.1
向塘镇财政所	2011 年度全省乡镇财政科学化精细管理工作优胜单位	江西省财政厅	2011.12
南昌县县公安局	先进集体	市委、市政府	2011
小蓝经开区派出所	先进集体	市委、市政府	2011
南昌县公安局	集体二等功	省公安厅	2011
南昌县民政局	全省社会救助工作先进县	江西省民政厅	2011.12
南昌县民政局	全省民政系统信访维稳工作先进县	江西省民政厅	2011.12
南昌县民政局	全省电脑福利彩票销售千万元明星县	江西省福利彩票发行中心	2011.12
八一乡莲溪村	2011 年全省“妇女之家”示范村	省妇联	2012.3
渡口村	“十一五”全省基层残联组织规范化建设先进村(社区)	江西省人民政府残疾人工作委员会	2011.1
南昌县畜牧水产局	2011 年度防控重大动物疫病工作先进单位	江西省防重指挥部	2012.1
南昌县畜牧水产局	全省畜牧业信息宣传先进单位	江西省畜牧兽医局	2012.2
南昌县人大常委会	2011 年度宣传发行先进单位	江西省人大常委会办公厅《时代主人》编辑室	2011.11

续表 154

获奖单位	奖项名称	颁奖部门	颁奖时间
南昌县人大常委会	2010 年度全市人大系统通讯报道先进单位	南昌市人大常委会	2011. 5
南昌县保密局	保密工作先进集体	省委保密委办公室 省保密局	2012. 3
中共南昌县委机要局	密码工作先进单位	省委机要局	2012. 3
德昌高速南昌县段征地拆迁工作领导小组办公室	2010 年度德昌高速公路工程建设先进单位	江西省高速公路建设领导小组	
南昌县港航管理所	2010 年度省港航工作目标管理先进集体	江西省港航管理局	
南昌县公路运输管理所	全省 2011 年优秀行政执法案卷评选许可类二等奖	江西省人民政府法制办公室	
南昌县塔城交通运输管理站	南昌市 2009 ~2010 年度文明单位	中共南昌市委、南昌市人民政府	
南昌县科技局	全省科技工作先进单位	省科技厅	2011. 12
南昌县	全省科技富民强县专项行动先进县(区)	省科技厅、财政厅	2011. 5
南昌县人防办	2011 年度全省县级人防先进单位	省人防办、民防局	2012. 1

重 要 文 献

县委重要文件

南发〔2011〕1 号

中共南昌县委
关于印发《关于加强领导干部作风建设的若干规定(试行)》的通知

各乡镇党委,各开发区(新区)、银三角党工委,县委各部门、县直各单位党委(党组):

《关于加强领导干部作风建设的若干规定(试行)》已经县委常委会研究同意,现印发给你们,请认真贯彻执行。

中共南昌县委

2011 年 1 月 1 日

关于加强领导干部作风建设的若干规定(试行)

为贯彻落实十七届四中、五中全会精神和省、市委要求,扎实推进全县创先争优活动,努力营造风清气正的社会环境和心齐气顺的工作环境,为我县"创先争优加快建设赣鄱第一县、进位赶超奋力拼争全国五十强"提供更加扎实的作风和纪律保障,经县委研究,特制定和重申如下规定。

一、深化学习

1. 强化理论学习。积极参加单位党委(党组)中心组理论学习,深入学习党的路线、方针、政策和中国特色社会主义理论体系以及市场经济、科技、金融、法律、现代管理等方面知识,每年阅读 10 万字以上理论书籍,做 1 万字以上读书笔记。

2. 开展调查研究。紧密结合鄱阳湖生态经济区建设、"山江湖"综合开发战略以及建设赣鄱第一县、拼争全国五十强,推动"四区"建设的实际,深入基层,深入实践,开展调查研究,每年至少形成 1 篇有情况、有分析、有对策、有质量的调研报告。

3. 剖析典型案例。针对特定而典型的事例、问题或工作,运用理论知识和实践经验进行剖析、反思、总结,提炼出具有面上指导意义的经验、教训、对策,每年至少完成 1 篇案例分析。

4. 撰写心得体会。认真学习中央和省委省政府、市委市政府、县委县政府重要文件和领导讲话精神,将学习成果转化为看待问题的立场,内化为认识问题的观点,升华为解决问题的方法,每年至少撰写 1 篇心得体会文章。

二、推动工作

5. 确保政令畅通。严格执行县委、县政府的决议决定和决策部署,坚决做到个人服从组织、下级服从上级。尤其今年是县、乡换届之年,各级领导干部尤其是单位主要负责人要带头讲党性、守纪律、顾大局、作表率,务必做到《中央纪委、中央组织部关于严肃换届纪律保证换届风清气正的通知》提出"5 个严禁、17 个不准和 5 个一律"的换届纪律要求。

6. 做好本职工作。重点落实"四区"建设以及"森林城乡、花园南昌"建设、"千名干部下基层、民情夜访促和谐"活动以及新型农村社会养老保险、县乡换届、冬修水利、信访维稳等工作,做到令行禁止、执行到位,落到实处、收到实效。

7. 提高工作效能。坚决杜绝以下行为:①上班时间上网炒股、聊天、玩电脑游戏;②"吃、拿、卡、要、报"以及粗暴执法;③不作为、慢作为、乱作为;④巧立名目变相收费、搭车收费和乱检查、乱摊派、乱评比、乱培训;⑤向企业强行推销产品或提供有偿服务,增加企业负担;⑥门难进、脸难看、话难听、事难办;⑦被企业和服务对象投诉,经调查属实的其他行为。

8. 维护社会稳定。全面实行定期接访、包案下访、排查处访和首问负责制度,及时解决群众合理诉求,不得拖延、推诿、扯皮。认真落实维稳信息报送制度，重大紧急事项在第一时间上报县委、县政府，不得迟报、漏报，更不准瞒报、压着不报。及时建立突发事件应急预案，发生重大群体突发性事件，单位“一把手”和分管领导要亲临一线，靠前指挥，妥善处置。

三、守住底线

9. 严格执行《廉政准则》。将《中国共产党党员领导干部廉洁从政若干准则》规定的“八个严禁、五十二个不准”作为廉洁从政的“高压线”，既严格要求自己，又管好自己的家属、亲友和身边的工作人员。

10. 认真执行下基层纪律。切实做到“七不准”：①不准在解决基层困难、调处矛盾纠纷中优亲厚友；②不准收受基层馈赠的土特产和违规购买土特产；③不准参与任何形式的赌博活动；④不准参加用公款支付的高档消费娱乐、健身活动；⑤不准大吃大喝，除招商引资外，县内同级或上下级之间工作日午餐严禁饮酒；⑥不准包办代替，强迫命令基层违法违规办事；⑦不准无故请假离岗。

11. 认真执行考勤登记制度。按时上下班，不得迟到、早退、中途脱岗或长期离岗。工作时间外出开会、办事或因故请假需悬挂“去向牌”。

12. 认真执行请销假制度。主要负责同志外出必须书面向县委报告，讲明时间、地点、理由，经批准后方能离开。班子成员尤其是主要领导必须保证手机 24 小时畅通。

13. 认真执行值班制度。乡镇要坚持党政领导带班、24 小时值班制度。除昌南组团控规区（莲塘镇、向塘镇、东新乡、小蓝经开区、银三角管委会）和八一乡外，其他乡镇的党政领导干部严禁“走读”。

14. 认真执行会议制度。严格遵守会议纪律，单位召开会议的时间与上级召开会议的时间有冲突的，必须服从上级会议安排，未经允许不准缺席或请人代会。

15. 认真执行出国（境）审批制度。因公、因私出国（境）的，报请县委、县政府主要领导批准，按照有关规定办理审批手续。

16. 认真执行各类培训审批制度。为提升业务工作水平，确需组织相关人员进行培训的，必须按照有关规定报请县分管领导同意，并经相关部门审批；严禁借培训之名，组织参训人员用公款出外旅游。

四、从严考核

17. 确定考核标准。年终，县委组织对全县各单位作风建设进行评议考核，县委各部门、县直各单位考核以专业、敬业、廉洁为标准，各乡镇、开发区（新区）、银三角考核以工作精细、遇事担当和干净干事为标准。评议考核结果在全县进行通报。

18. 强化监督检查。县委办、县政府办负责对重点工作执行落实情况进行监督检查，县纪委、县委组织部、县委宣传部负责对干部作风情况进行监督检查，对先进典型进行通报表扬，对落后典型进行媒体曝光。

19. 落实奖励措施。对工作任务完成好、评议考核结果优秀的单位，对单位领导班子成员采取奖励措施。①所撰写的调研报告、案例分析或心得体会文章在上级媒体发表，或在《南昌县信息》刊登、县委、县政府领导作出批示的，给予通报表扬；②单位全面工作被上级评为先进，或单位有 2 项或以上单项工作被上级评为先进的，对单位“一把手”给予通报表扬，单位单项工作被上级评为先进的，对单位分管领导给予通报表扬，并在干部年度考核中拟定为优秀等次参加综评；③在作风评议考核中排名前三位的，对单位进行通报表彰，并作为领导班子成员评先评优、培养教育、选拔任用的重要依据。

20. 严肃责任追究。视情节轻重，对违规行为分别给予警告、通报批评、责令书面检查、诫勉教育、效能告诫、组织处理直至纪律处分，并一律取消评先评优资格。①违反换届纪律“五个严禁、十七个不准”的，给予组织处理和纪律处分，并按照党风廉政建设责任制的规定，严肃追究主要负责人和分管领导的责任；②因工作失职造成重大损失，或对群众合理诉求未及时解决造成严重影响和后果的，进行通报批评，并按照党风廉政建设责任制的规定，严肃追究主要负责人和分管领导的责任；③年度内未完成学习任务，或未按要求撰写调研报告、案例分析或心得体会文章的，进行通报批评；④未执行考勤登记、请销假制度，擅自脱岗的，给予诫勉教育处分，长期离岗的，给予效能告诫处分，并责令书面检查；⑤手机没有保持 24 小时开机的，30 分钟内拨打两次电话未通，发现一次进行警告，两次进行通报批评，三次以上给予诫勉教育处分，并责令书面检查；⑥违反会议纪律，或乡镇干部“走读”的，进行通报批评，并给予诫勉教育处分；⑦用公款出国（境）旅游及相关违纪行为，按照中央纪委《用公款出国（境）旅游及相关违纪行为适用〈中国共产党纪律处分条例〉若干问题的解释》的有关规定给予纪律处分；⑧单位工作人员违反机关效能规定的，给予单位分管领导诫勉教育处分，累计 2 人（次）的，给予单位分管领导效能告诫处分；单位班子成员违反机关效能规定，或单位工作人员违反机关效能规定累计 3 人（次）的，给予单位“一把手”效能告诫处分；⑨在作风建设评议考核中排名倒数三位的，除对单位进行通报批评外，给予单位“一把手”效能告诫处分；⑩对及时发现并主动纠正错误、未造成损失或不良后果的，可从轻、减轻或者免予责任追究。

五、违反本规定，需进行问责的，分别由县委办、县纪委、县委组织部、县委宣传部负责实施。

六、本规定适用于全县科级领导干部。

七、本规定由县纪委、县委组织部、县委宣传部负责解释。

八、本规定自发文之日起施行。

南发〔2011〕2号

中共南昌县委常务委员会议事决策规则(试行)

(中共南昌县委常委会议2011年1月19日通过)

为进一步提高县委常委会议事决策的科学化、民主化、规范化和透明化水平,根据《中国共产党章程》、《中国共产党地方委员会工作条例(试行)》、《中共中央关于加强和改进新形势下党的建设若干重大问题的决定》、《中共江西省委关于党委(党组)实施"三重一大"事项集体决策制度的若干意见》、《省纪委、省委组织部关于规范县委权力公开透明运行的意见(试行)》以及《中共南昌市委常务委员会工作规则(试行)》等有关规定,结合南昌县实际,制定本规则。

一、议事决策的原则

1. 坚持正确的政治方向原则。坚持以马列主义、毛泽东思想、邓小平理论和"三个代表"重要思想为指导,深入贯彻落实科学发展观,自觉维护党中央的权威,在思想上、政治上、行动上与党中央保持高度一致。

2. 坚持遵守党章和国家法律原则。严格依法办事,尊重客观规律,重大决策广泛征求意见,提高决策质量、效率和水平,实现决策的规范化、制度化和程序化。

3. 坚持解放思想、实事求是、与时俱进原则。坚决贯彻落实党的基本路线、方针、政策和省、市工作部署,紧密结合南昌县实际,创造性地开展工作。

4. 坚持党的群众路线原则。自觉践行全心全意为人民服务的宗旨,实行一切为了群众、一切依靠群众,从群众来、到群众中去的群众路线,做到立党为公、执政为民。

5. 坚持正确处理"五大关系"原则。统筹政治、经济、文化、社会协调发展,从战略层面上正确处理好经济社会发展与党的建设的平衡关系,经济发展与社会发展的战略关系,工业化、城镇化和农业产业化之间的互动关系、经济文明与生态文明的辩证关系、发展和稳定的依存关系,把促进经济发展、保持政治安定、维护社会和谐作为决策的前提和基础。

6. 坚持总揽全局、协调各方原则。充分发挥党委的领导核心作用,集中精力管大局、议大事、把方向、出思路、定政策、用干部,积极支持人大、政府、政协以及人民团体履行自己的职责。县委通过县人大常委会党组、县政府党组和县政协党组实施领导发挥核心领导作用,包括通过法定程序把县委的意见转化为政策、政令并付诸实施。县委不代替县政府作出具体行政决定,形成的决议、意见不直接作为具体行政行为的依据;县委对政府依法行政适时提出意见和建议,并在重大问题上通过常委会集体行使好否决权。

7. 坚持党的民主集中制原则,贯彻集体领导和个人分工负责相结合的制度。凡属常委会职责范围内决定的事项,必须严格执行规定程序,由常委会集体讨论决定。

县委常委会委员直接对县委常委常委会负责,积极参与集体领导,并对分管的工作全面负责,切实履行好各自职责。

县委常委会委员要增强大局意识,团结意识,互相信任,互相支持,互相配合,互相监督,自觉维护县委常委会工作"一盘棋",坚决维护县委领导集体的权威。

县委常委会委员之间要加强沟通。凡属分工负责范围内的重大事项,都要及时向县委书记或县委常委会报告;需要其他县委常委会委员了解的事项,要采取适当的方式及时沟通。

县委常委会委员在县委常委会上讨论重大问题要充分发表意见,县委常委会对不同意见应当认真考虑,如果发生较大分歧,难以形成统一意见,除紧急情况外,应暂缓作出决定。县委常委会集体一旦作出决定,县委常委会委员必须坚决执行,如有不同意见可以保留,也可以向上级组织报告,但不得发表同集体决定相反的意见,不得在行动上违背集体决定。

县委书记负责组织县委常委会活动,协调县委常委会委员的工作。县委常委会委员要支持书记的工作,自觉接受书记对自己工作的指导、督促和检查。

二、议事决策的范围

8. 学习传达中央和省、市重要会议、重要文件、重大决策部署和上级领导同志重要讲话、重要指示精神,并结合南昌县实际研究贯彻落实意见。

9. 讨论决定召开县党代表大会、县党代表会议和县委全委会及其他重要会议的有关事项;检查会议决定的贯彻落实情况。

10. 研究决定全县经济发展和经济体制改革有关重大问题。包括总体思路和目标、重要方针政策和举措、年度计划安排等。研究决定全县经济社会发展五年规划和年度发展计划及重大投资项目。研究财政预决算方案及重大收支计划调整等重大问题。

11. 研究决定全县政治建设和政治体制改革有关重大问题,包括基层民主政治建设、基层政权建设、行政体制改革和干部人事制度改革、组织机构的设置调整及编制调整方案等重大问题。

12. 研究决定全县文化建设和文化体制改革有关重大问题,包括宣传思想工作、精神文明建设、文化事业、科技教育改革与发展等重大问题。

13. 研究决定全县社会建设、构建和谐昌南等重大决策部署,包括经济与社会协调发展、社会事业发展、改善民生、社会保障体系建设、社会建设与管理、法制建设、政法稳定工作、促进人与自然协调发展等重大问题。

14. 研究决定全县党的建设和干部人才队伍建设等有关重大问题,包括党的思想建设、组织建设、作风建设、制度建设、反腐倡廉建设以及统一战线建设;按照干部管理权限和规定的程序，推荐、提名、任免干部；研究对科级领导班子和领导干部的考核、奖惩等重大问题。

15. 研究决定全县开放型经济发展总体规划、推进新型工业化进程等重大问题。

16. 研究决定全县城市建设管理总体规划、推进新型城市化进程等重大问题。

17. 研究决定全县“三农”工作总体规划、推进新型农业产业化进程等重大问题。

18. 研究审定县委年度工作要点、县委重要文件和县委领导同志代表县委所作的重要报告、讲话；讨论研究县人代会上的县政府工作报告。

19. 研究县人大常委会党组、县政府党组、县政协党组、县纪委、县人武部党委和各乡镇党委、县委各部门、人民团体、县直各单位党组织以及县各项工作推进领导小组等请示县委决定的重大事项。

20. 研究其他应由县委常委会决定的事项。

三、议事决策的程序

21. 县委常委会一般每半月召开一次，遇有重要情况可随时召开，必要时可召开县委常委扩大会议。县委常委会议和县委常委扩大会议召开的具体时间由县委书记确定，并由县委书记召集并主持。县委书记因故不能出席时，可依排序委托县委副书记召开并主持。

22. 县委常委会议题一般由县委各常委、县人大常委会党组、县政府党组、县政协党组分别提出。议题提出后，由县委办公室汇总报县委常委审核，形成县委常委会建议方案，报县委书记审定。确定后，由县委办公室通知议题承办部门、汇报人做好准备。县委常委会召开的时间、地点、议题一般应提前通知出席和列席人员，会议有关材料应同时送达出席会议人员。特殊原因或不宜提前送达的，可在会场分发。

23. 县委常委会讨论决定重大问题，事前要进行充分酝酿。可先由县委书记和有关常委进行酝酿，也可由县委书记委托有关常委进行酝酿。对事关全县经济社会发展重大问题或涉及多个部门的议题，必要时要提供两个及以上可作比较的方案供会议讨论。

涉及干部人事任免事项，要按照《党政领导干部选拔任用工作条例》，在民主推荐、考察的基础上，经书记与副书记、分管组织、纪检等工作的常委共同酝酿后向常委会提名，为常委会决定干部任免做准备。

涉及受表彰的先进集体、先进个人的议题，主汇报单位应附有县纪委（监察局）、综合治理、人口和计生部门的意见。表彰奖励副科级以上干部还应附县委组织部意见；以县委、县政府名义表彰奖励的，县政府应先提出意见。

涉及机构、编制方面的议题，一般由县委组织部、县编办提交；涉及财政、经费方面的议题，一般由县财政局提交。其他部门提交的议题如涉及机构编制、人员经费等方面的内容按程序会前与组织、人事、编制、财政部门沟通协调，并附相关部门意见。

涉及提交县委常委会审议的重要文件、重要讲话方面的议题，一般先送县委办公室有关科室审定把关，报经县委、政府分管领导、主要领导审阅后，再提交县委常委会审议。

24. 县委常委会议题不搞临时动议，每次提交讨论的议题要适量，以保证参加会议的县委常委有足够的时间发表意见、研究讨论。

25. 县委常委会必须有半数以上常委到会方可举行，讨论干部问题时必须有三分之二以上常委到会。常委因故不能参加会议，要提前向县委书记请假，并告知会议服务人员。对研究讨论议题的意见，可用书面形式表达。但书面表达的意见在表决时不计入票数。

26. 县委常委会研究决定问题时，赞成者超过应到会常委的半数为通过。

县委常委会讨论决定多个事项，应逐项进行；推荐、提名干部和决定干部任免、奖惩事项，应逐个进行。表决可根据讨论事项的不同内容，分别采取口头、举手、无记名投票或记名投票方式。

27. 对应由县委常委会决定的事项，因情况紧急来不及召开县委常委会时，县委书记可商有关常委临机处置，事后应及时向常委会报告。

四、议事决策的出席和列席人员

28. 出席人员：县委常委。

29. 列席人员：县人大常委会主任、县政协主席。

讨论县人大、县政府、县政协和人民团体的议题，县人大、县政府、县政协和人民团体有关领导同志列席。县委常委议军会议，人武部有关负责同志列席。

根据议题需要，有关部门和乡镇的负责同志可列席会议，或邀请部分县委委员、党代表列席会议。需要报道时，县电视台派记者列席。

与会人员要严格遵守保密纪律，不得向外泄露应当保密的内容和讨论情况，违者要严肃追究责任。

五、议事决策的事项落实

30. 县委常委会议定事项，由常委按分工负责抓好落实。县委书记对组织实施工作负总责，县委办公室负责督办和报告落实情况，并在一定范围内通报。对县委常委会作出的决策进行重大调整或变更，由县委常委会决定。

附件一：中共南昌县委职权目录

附件二：中共南昌县委权力运行流程图

中共南昌县委

2011年1月20日

南发〔2011〕5号

中共南昌县委　南昌县人民政府
关于印发《南昌县2011年社会治安综合治理工作意见》的通知

各乡镇党委、乡镇人民政府,各开发区(新区)、银三角党工委、管委会,县委各部门,县直各单位:

经县委、县政府研究同意,现将《南昌县2011年社会治安综合治理工作意见》印发给你们,请认真贯彻执行。

附:南昌县2011年社会治安综合治理工作意见

中共南昌县委
南昌县人民政府
2011年3月16日

南昌县2011年社会治安综合治理工作意见

2011年全县社会治安综合治理工作的主要任务是:认真贯彻落实中央、省、市政法工作会议精神,围绕“加快建设赣鄱第一县,奋力拼争全国五十强”总体目标,牢牢把握最大限度激发社会活力、最大限度增加和谐因素、最大限度减少不和谐因素的总要求,以深化三项重点工作为着力点,全面推动社会治安综合治理创新发展,为“十二五”时期经济社会又好又快发展营造和谐稳定的社会环境。

一、进一步抓好矛盾纠纷排查调处社会管理创新工作

(一)努力在矛盾纠纷排查化解上取得新突破。各级、各部门必须从维护人民群众利益出发,把解决利益诉求问题作为工作重点。形成科学有效的利益协调机制、诉求表达机制、矛盾调处机制、权益保障机制,从而更加有效地推进社会矛盾化解,切实维护群众的合法权益。

1. 着力构建社会矛盾大排查大调解工作格局。一是把排查化解社会矛盾纳入各级、各部门的总体工作部署,作为“一把手”工程来抓,充分发挥政治优势,真正建立起党政主导、部门各司其责、社会广泛参与、多种手段并用的大排查大调解工作体系;二是有效整合政法、综治、信访和有关行政职能部门及工会、共青团、妇联组织的调解资源和力量,建立矛盾纠纷联排联调的大排查大调解工作平台;三是进一步加强县、乡镇、村(居)之间的沟通联系,形成上下贯通、条块结合的调处联动工作格局,形成排查调处组织领导和行政管理部门与司法部门在调解、执行等工作环节中的联动机制;四是在医患纠纷、劳资纠纷、征地拆迁、环境污染、交通事故、安全生产、食品药品安全、消费者权益保护、物业管理等矛盾纠纷相对集中多发领域普遍建立专业调解组织。

2. 着力完善人民调解、行政调解、司法调解联调联动的衔接机制。一是贯彻《人民调解法》,深化人民调解,不断拓展人民调解工作领域,充实人民调解力量;二是全面推开行政调解,在负有化解矛盾纠纷职能的所有行政部门建立排查调处组织,使各部门职能范围内的矛盾得到有效化解;三是有效运用“三调联动”的形式化解调处各类重大矛盾纠纷。

3. 着力完善和提高社会矛盾预防预警机制。一是进一步完善社会稳定风险评估制度。对重大决策、重大项目立项审批等,务必按照“谁主管、谁负责”、“谁决策、谁负责”、“谁审批、谁负责”的原则进行风险评估,既看要不要干,又看能不能干,最大限度地防止和减少因决策失误引发矛盾纠纷,真正把党和人民利益放在最高位置,真正把维护稳定的第一责任落到实处;二是进一步加强以改善民生为重点的社会建设,从源头上预防和减少社会矛盾;三是进一步改进工作的方式方法。通过工作例会、干部下访、深入基层调查研究、群众评议会、网络舆情、公布联系电话、发放宣传册、设立矛盾纠纷排查提示栏等方式方法,畅通社情民意渠道,做深做细做实群众工作,使群众冤屈有处诉、意见有处提,合法权益得到保障;四是进一步规范执法行为,集中整治执法不公正、不文明和不作为、乱作为等群众反映强烈的问题,提高执法公信力,防止因执法问题引发矛盾纠纷、影响社会稳定。

(二)努力在社会管理创新上取得新突破。各级、各部门必须认真按照省综治委《全省社会管理创新综合试点指导意见》和市综治委《南昌市社会管理创新实施意见》的要求,结合区域工作实际,制定区域社会管理创新试点工作实施意见,确定社会管理创新试点单位。县综治委适时总结推广一批社会管理创新试点经验。为此,着力抓好以下几项工作:

1. 扎实做好特殊人群的管理帮教工作。一是进一步做好刑释解教人员的安置帮教工作,建立衔接机制,实现监所与社会无缝对接;继续抓好过渡性安置帮教基地建设,实现刑释解教人员安置帮教一体化。二是进一步做好社区矫正工作,规范工作程序,健全工作机制,加强对监外执行罪犯的监督管理,防止脱管漏管。三是进一步做好肇事肇祸精神病人收治管控工作,完善综治部门牵头,卫生部门为主,公安、民政、财政等部门衔接配合的肇事肇祸精神病人收治管控机制,努力实现应收尽收、应控尽控、应保尽保。四是进一步做好特殊青少年群体的帮教工作。加强对闲散青少年、流浪青少年、农村留守儿童、服刑在教人员子女、未成年人等特殊青少年群体的教育、管理和服务;重点抓好全县预防违法犯罪工作基地建设,以基地的孵化、辐射作用影响带动全县特殊青少年群体的帮教工作。

2. 扎实做好流动人口管理和服务工作。按照“公平对待、服务至上、合理引导、完善管理”的方针,进一步深化流动人口管理服务工作;建立健全实有人口管理体制,成立专

门办事机构，建立专职协管队伍，创新管理模式，积极探索“以证管人、以房管人、以业管人”的服务管理新路子；大力推动流动人口基本公共服务均等化，促进流动人口尽快融入当地社会；进一步加强以出租屋为重点的流动人口落脚点管理，提高管理效能，减少治安和安全隐患。

3. 扎实做好对“两新组织”的常态监管工作。按照培育，发展与监督管理并重的原则，建立健全相关部门密切配合的常态监管机制，把“两新”组织纳入依法有序管理之中，明确新经济组织管理和服务员工的社会责任，推动新社会组织健康有序发展。按照国务院《社会团体登记管理条例》有关精神，制定相应的管理规定和制度，并在深化对新社会组织规律性认识的基础上加强法律法规建设，做到既为社会组织提供良好的服务，又严格依法规范新社会组织从事所登记的各项活动，坚决防止一些社会组织打着“维权”旗号从事非法活动。

4. 扎实做好互联网“虚拟社会”的综合管理工作。进一步完善虚拟人口信息数据库，虚拟社会数据库，摸清底数，掌握管理的主动权；要加强对互联网“虚拟社会”的管理，健全网上舆论引导机制，推进网络警察、网评队伍和网络安全信息员队伍建设，完善网上舆情监测研判和快速反应机制。

二、进一步开展重点地区和突出治安问题集中专项整治行动

（一）抓好严打专项斗争，始终保持对各类犯罪分子的高压态势。必须紧紧抓住影响群众生命财产安全的突出治安问题，持续不断地组织开展严打专项行动，把打击锋芒始终对准严重刑事犯罪，依法严厉打击黑恶势力犯罪、严重暴力犯罪、拐卖妇女儿童违法犯罪活动，严厉打击抢劫、抢夺、盗窃等多发性侵财犯罪，打击盗窃破坏“三电”设施等违法犯罪活动，打击非法集资、制假贩假、网络诈骗、非法传销等涉众型违法犯罪活动，深入开展“扫黄打非”工作，加大禁娼、禁赌、禁毒工作力度。

（二）抓好城乡结合部、“城中村”等社会治安重点地区和突出治安问题排查整治。必须加强社会治安形势分析研判，建立社会治安重点地区和突出治安问题排查整治长效机制，及时排查确定一批治安重点地区和突出治安问题，实行警示和挂牌督办，限期整改到位，迅速改变城乡结合部、“城中村”等群众安全感较低的问题。

（三）抓好公共安全工作，为发展大局创造良好的安全环境。必须牢固树立“安全第一、生命至上”的理念，建立健全常态化、精细化的公共安全监管机制，毫不放松地抓好涉及公共安全的交通运输、消防安全管理和产品质量、食品、药品、特种设备安全以及安全生产综合监管；加强对枪支弹药及易燃易爆、剧毒和放射性等危险物品的管理，及时消除各种安全隐患，有效预防和减少公共安全事故。要深入开展安全宣传教育，动员社会力量参与安全防范和隐患排查，督促落实安全主体责任，增强群众自防自救能力，把公共安全工作建立在广泛的群众基础之上。要加大公共安全事故责任查究力度，依法严肃查办公共安全案件，形成法律的强大震慑效应，促进安全自律和安全生产。

（四）抓好铁路重点区段和站点的治安整治，确保铁路运输畅通。必须建立健全涉路治安整治工作长效机制，定期组织开展铁路沿线治安突出问题排查，适时组织开展专项打击涉铁犯罪活动，整治涉铁突出治安问题。不断研究探索适应新时期下护路联防工作模式，确保我县境内铁路安全畅通。

（五）抓好各种特殊场所的整治，不断优化治安环境。必须进一步加大娱乐休闲场所、公共复杂场所、网吧和音像市场整治力度，依法查处违规经营活动；进一步加大学校、幼儿园、医院、宾馆、旅社等场所及周边治安整治力度，防止恶性案件发生；进一步加大对工业园区、风景旅游区、重点项目建设区域治安整治力度，不断优化治安环境，为经济发展提供保障和服务。

三、进一步抓好社会治安防控体系和平安创建工作

（一）积极推进“天网工程”建设。必须大力推进“天网工程”建设，努力提高治安防控科技含量；加强“天网工程”的日常管理和维护，充分发挥其在社会治安防控方面的实有效能；同时，逐步将全县各部门、各单位投资建设的视频监控系统纳入全县“天网工程”体系，形成更加严密的治安防控网络。

（二）积极推进专职治安巡防队伍为主的群防群治队伍建设。必须把加强和改进专职治安巡防队伍的建设作为今年综治工作的一项重要任务抓紧抓实，6 月份要按照新的要求基本建设到位。要进一步加强保安队伍、治安信息员、平安建设志愿者、综治特派员等群防群治队伍建设，定期组织业务、法律培训，并不断规范管理。

（三）积极推进平安创建工作。必须继续深化平安乡镇、平安村（居）、平安家庭、平安单位、平安学校、平安企业、平安集贸市场、平安宾馆旅社、平安金融商贸服务网点、平安边界及铁路沿线等“十创”活动，进一步拓展平安创建覆盖面；要按照《南昌市基层创安工作动态管理办法》抓好平安创建和动态管理工作，不断巩固平安创建的成果。县直各部门（单位）在抓好自身内部和谐平安创建的同时，认真开展帮创一个村（居）的“一帮一”平安创建活动，共同推动和谐平安创建全面推进。

四、进一步抓好综治基层基础建设

（一）扎实抓好基层工作队伍建设。各级、各部门必须挑选一批敢于并善于化解社会矛盾和熟悉社会管理的能手进入基层领导班子，切实发挥基层党组织稳定一方的核心作用；加强公安派出所、人民法庭、司法所建设，切实把政治素质好、执法能力强的政法干警充实到基层，充实到一线单位，筑牢基层维护社会稳定的第一道防线。

（二）扎实抓好基层综治干部职级待遇的提高。一是必须按照省综治办、省委组织部、省编办、省人力资源和社会保障厅、省民政厅、省财政厅《关于进一步加强社会治安综合治理的意见》（赣综治办〔2010〕34 号）和市综治办、市委组织部、市编办、市人力资源和社会保障局、市民政局、市财政局《关于进一步加强社会治安综合治理的意见》（洪综治办〔2010〕6 号）的要求，进一步加强各乡镇、各开发区（新区）、银三角管委会综治委（办）建设，切实配强各乡镇、各开发区（新区）、银三角管委会综治办副科级专职副主任，配齐专职综治干部；各乡镇、各开发区（新区）、银三角管委会专职综治干部参照“其他信访工作人员”岗位津贴标准落实岗位津贴；二是必须重点抓好村（居）和企事业单位等

综治工作室建设,在村(居)委会增设综治工作室专职主任,专门负责村(居)综治工作,并落实报酬。

(三)扎实抓好乡镇和谐平安联创中心建设。必须进一步整合基层力量,明确工作任务,充实工作内容,创新服务方式,完善“五联”运行机制,使和谐平安联创中心成为基层综治工作的大平台,成为基层平安建设的有效载体。要注重抓点带面,打造表彰一批立得住、叫得响的创建示范点。

(四)扎实抓好综治各项工作制度的落实。必须进一步完善综治工作目标管理制、领导责任制、一票否决制、通报讲评制、要情报告制、抄告督办制、工作例会制等制度,并按照各项制度的要求抓好落实,不断规范综治日常基层工作制度,推动综治基层基础工作的不断发展。

五、进一步抓好综治宣传、教育培训和理论研究工作

(一)切实强化综治宣传的组织工作。必须不断加强与宣传部门和主要媒体的协作配合,建立行之有效综治宣传机制,充分运用各种新闻媒体,不断加大综治工作宣传声势,把握正确舆论导向,注重舆论引导的社会效果。

(二)切实强化综治工作的宣传力度。必须健全集中宣传与经常性宣传相结合的综治宣传工作机制,利用各种有利时机开展多种形式的综治宣传活动。今年,要充分利用中共中央、国务院和全国人大《关于加强社会治安综合治理的决定》颁发20周年的有利契机,结合三月份综治宣传月等时机,大张旗鼓地开展综治宣传活动,大力宣传全县综治工作20年来取得的新经验、新成绩以及开展和谐平安创建的各项新举措、新做法;大力宣传全县综治战线的典型事例和先进分子;大力宣传全县见义勇为先进事迹和先进人物,弘扬见义勇为精神,通过开展各种宣传活动,不断提高人民群众对社会治安综合治理工作的知晓率,最大限度地调动社会各界和广大人民群众支持、参与综治工作。

(三)切实强化综治干部培训工作。各级、各部门必须要按照市综治委的要求和今年综治工作的特点,采取多种形式加强对综治干部的培训,通过培训,努力提高综治干部的素质。

(四)切实强化综治理论研究工作。各乡镇、各开发区(新区)、银三角管委会、各部门要结合综治工作实践,加强综治工作的理论研究,重点研究加强社会管理、化解社会矛盾、健全综治工作机制等课题,力争使我县有更多的综治理论研究成果在全市、全省乃至全国综治工作动态刊物上刊登,在全市、全省乃至全国综治工作会议上介绍经验和做法,努力谋求全县综治工作不断创新和发展。

南发〔2011〕15号

中共南昌县委
关于印发《推进学习型党组织建设的实施意见》的通知

各乡镇党委、各开发区(新区)、银三角党工委、县委各部门、县直各单位:

《关于推进学习型党组织建设的实施意见》已经县委同意,现印发给你们,请认真贯彻执行。

中共南昌县委

2011年4月28日

关于推进学习型党组织建设的实施意见

为深入贯彻落实全面贯彻党的十七大和十七届三中、四中、五中全会以及省委十二届十四次全会、市委九届十一次全会和县委十一届九次全会精神,根据中共中央办公厅印发的《关于推进学习型党组织建设的意见》(中办发〔2009〕44号)、《中共江西省委关于推进学习型党组织建设的实施意见》(赣发〔2010〕6号)和《中共南昌市委关于推进学习型党组织建设的实施意见》(洪发〔2010〕21号)文件精神,结合南昌县实际,现就推进学习型党组织建设提出如下意见。

一、总体要求

把各级党组织建设成为学习型党组织,是建设马克思主义学习型政党的基础工程,也是我县落实“四区”建设、实现“加快建设赣鄱第一县、奋力拼争全国五十强”战略目标的内在要求。全县各级党组织要高举中国特色社会主义伟大旗帜,坚持以邓小平理论和“三个代表”重要思想为指导,深入贯彻落实科学发展观,紧紧围绕全县工作大局,按照科学理论武装、具有世界眼光、善于把握规律、富有创新精神的要求,以提高全体党员思想政治水平和业务能力为目标,坚持解放思想、实事求是、与时俱进,发扬理论联系实际的马克思主义学风,认认真真向书本学习、向实践学习、向群众学习,做到学用结合、学以致用,立足实际、务求实效,使党员的学习能力不断提升、知识素养不断提高、先锋模范作用充分发挥,使党组织的创造力、凝聚力、战斗力不断增强,使本地区本部门本单位的工作不断上水平。

二、基本目标

1. 学习型党组织创建实现全覆盖。到2013年,县、乡镇、村(社区)“三级联创”体系和党委、党支部、党小组、党员“四级联动”体系基本建成。学习型党组织创建面达到100%,党员干部参与面达到90%。

2. 党组织集中学习活动形成常态。县、乡镇党委及其所属党组织,每年开展集中学习活动不少于12次。村社党

支部，每年开展集中学习活动不少于10次。

3. 党员的自主学习活动扎实有效。领导干部每年精读各类书籍6~8本，科级以上领导干部每年下基层调研不少于60天，每年亲自撰写2篇以上调研报告。党政机关其他党员干部每年精读各类书籍4~6本，下基层调研学习不少于30天，撰写调研报告不少于1篇。

三、主要原则

4. 解放思想、与时俱进。深入贯彻党的思想路线，准确把握世情、国情、党情、县情，坚持用发展着的马克思主义指导新的实践。按照体现时代性、把握规律性、富于创造性的要求，积极拓展学习的内容、途径、渠道，不断创新组织学习的思路、办法和机制。

5. 围绕中心、服务大局。始终着眼于科学发展这一中心任务，坚持围绕发展抓学习，抓好学习促发展，教育引导党员干部把思想和行动统一到实现南昌县新的发展目标和战略上来，努力形成促进我县又好又快发展的强大推动力。

6. 学以致用、务求实效。坚持立足实际，把加强学习与转变经济发展方式、推动科学发展、促进社会和谐紧密结合起来，与推动本地区本部门本单位的具体工作结合起来，把学习成果转化为运用科学理论、知识和方法分析解决实际问题的能力，增强发展意识，理清发展思路，破解发展难题，在实践中深化学习，在学习中促进发展。

7. 分类指导、整体推进。根据所在单位特点、党组织设置及其职能等实际情况，加强分类指导和管理，实行一级抓一级、一级带一级，以点带片、以线联面，发挥典型示范、带动和辐射作用，区分对象、突出重点，分阶段推进学习型党组织建设活动。

四、学习内容

8. 深入学习中国特色社会主义理论体系。认真学习马克思列宁主义、毛泽东思想、邓小平理论、“三个代表”重要思想和科学发展观，认真研读经典原著，全面系统、完整准确地学习掌握中国特色社会主义理论体系的重大意义、时代背景、实践基础和历史地位，深刻领会贯穿其中的马克思主义立场、观点、方法，不断增强学习贯彻中国特色社会主义理论体系的自觉性和坚定性。继续巩固深入学习实践科学发展观活动成果，推动学习实践向深度和广度发展。

9. 深入学习践行社会主义核心价值体系。引导广大党员干部增强政治敏锐性和政治鉴别力，树立远大的理想信念，增强发展信心，带头弘扬以爱国主义为核心的民族精神和以改革创新为核心的时代精神，带头弘扬井冈山精神、八一精神，带头弘扬“大气开放、诚信图强”南昌城市精神，自觉践行社会主义荣辱观，培养高尚道德情操和健康生活情趣，保持昂扬奋发的精神状态。

10. 深入学习中央和省委、市委、县委重大决策部署。深入学习和贯彻执行党的基本路线方针政策，深刻领会党中央、国务院出台的有关转方式、调结构、促发展的一系列重大决策，重点学习省委、市委关于“科学发展、进位赶超、绿色崛起”和“两篇文章”建设的内涵实质和总体要求，深刻认识我县在鄱阳湖生态经济区建设中的地位、作用和发展方向，进一步解放思想，转变观念，增进共识，坚定不移地推进我县“四区”建设，朝着“加快建设赣鄱第一县，奋力拼争全国五十强”目标加速迅跑。

11. 深入学习总结实践中的成功经验。坚持理论联系实际，深入基层一线开展调查研究，虚心向群众请教，不断总结人民群众创造的新做法新经验。学习借鉴其他地区和部门的好做法好经验，不断丰富和拓展本地区本部门改革发展的思路和办法。坚持学以致用，多学习、多实践、多总结、多思考，在推动实际问题的解决中深化规律性认识，在不断总结经验中提高决策能力和执政水平。

12. 广泛学习现代化建设所必需的各方面知识。着眼于开阔视野、扩大知识面、完善知识结构，广泛学习现代化建设所需要的经济、政治、文化、科技、法律、社会等各方面知识，广泛学习哲学、历史和优秀传统文化，学习现代市场经济、现代国际关系、现代社会管理和现代信息技术等方面知识。结合岗位特点和技能要求，加强知识和技能更新培训，努力成为本领域本行业的行家里手。

五、推进措施

13. 健全学习制度。认真贯彻落实中共南昌市委《关于进一步完善党委（党组、工委）中心组学习制度的意见》（洪发〔2008〕27号）精神，健全党组织集体学习制度，领导班子集中学习每个月不少于1次，每年不少于12次，并对学习记录和全体党员干部集体学习情况进行收集整理和归类建档。进一步巩固完善全县“四个一”理论学习制度，科级以上干部每年阅读10万字以上理论书籍，做1万字以上读书笔记，完成1篇高质量调研报告，撰写1篇有观点、有深度、有操作性的学习体会文章。建立健全干部培训和党员轮训制度，科级以上党政领导干部参加脱产培训每年在100学时以上。建立健全调查研究制度，科级以上党政领导干部要经常深入基层，有针对性地开展调查研究，亲自撰写调研报告。建立健全学习情况交流制度，县委每年至少开展一次中心组学习经验交流活动，各基层党组织每年至少举行一次党员学习交流汇报活动。建立健全学习成果转化制度，坚持理论联系实际，积极开展党的理论创新成果转化应用案例评选活动，促进学习教育成果及时运用于党委和政府决策中。建立健全“讲学”、“述学”、“评学”、“考学”和奖惩制度，把“四学”作为领导班子和领导干部工作考核的重要内容，把“学习力”作为综合考核评价领导班子和选拔任用干部的重要依据之一。

14. 创新学习形式。适应时代发展要求，不断改进学习方法、创新学习形式、拓宽学习渠道，进一步提升学习质量，增强学习效果。不断丰富完善工作抓手，组织各种形式的主题教育活动，充分运用论坛、讲座、报告会以及读书活动、知识竞赛、技能比赛、参观考察等广大党员干部喜闻乐见的形式开展学习教育活动，增强活动的吸引力，扩大覆盖面与参与度。加强和改进个人自学，倡导学习工作化、工作学习化，积极鼓励支持党员、干部参加各种形式的成人教育、函授教育、网络教育，不断优化知识结构，提高综合素质。充分运用现代科技手段，不断改进组织学习的方法和手段，构建技术先进、覆盖广泛的学习平台和知识传播体系。

15. 拓展学习阵地。充分发挥县委党校和各基层党校在党员教育、干部培训中的主渠道、主阵地作用，努力改进培训方法，提高培训质量。充分利用好爱国主义教育基地、社区文化中心、文化广场、乡镇综合文化站、农家书屋等基层宣传文化阵地和学习教育阵地，形成覆盖全县各级党组织和全体党员、干部终身学习的服务平台。

16. 丰富活动载体。设计多层次、宽领域、重实效的各种活动载体,寓学习于活动之中,吸引广大党员和干部群众积极参与,在活动中潜移默化地树立全新的学习理念,体验学习的乐趣,实现学习目标。

一是开展社会宣传活动。在县电视台、县政府网开设"学习型党组织建设"专题,创办"学习型党组织巡礼"、"学习型党员干部风采"等栏目,推出大型采访报道活动,宣传全县各级党组织推进学习型党组织建设的新经验新举措新成效;以建设学习型组织、学习型社会为主题,在全县重要的公共场所、交通要道设置一批构思精巧、创意独特、主题鲜明的户外公益宣传广告。

二是开展主题教育实践活动。围绕"科学发展、进位赶超、绿色崛起"这一主题,精心组织好一年一度的主题教育实践活动。在党政机关,深入开展"唱红歌长精神、读经典强素养、讲故事树榜样、传箴言净心灵"的"唱读讲传"活动。把"唱读讲传"活动作为建设学习型党组织的有效途径,按照内容具体化、形式生动化、主体群众化、机制常态化的"四化"要求,进一步创新活动内容和形式,不断增强活动的吸引力、感染力和影响力;在县城,深入推进文化信息资源共享工程和社区文化中心建设工程,积极开展科教、文体、法律、卫生"四进社区"活动,广泛开展学习型楼院、学习型家庭、学习型居民创建(评)活动;在农村,大力推进农村电影放映工程、乡镇综合文化站建设和农家书屋建设等公共文化服务工程,积极开展"科技、卫生、文化"三下乡活动。加大就业创业引导和培训工作力度,深入推进全民创业培训工程。

三是开展论坛宣讲活动。围绕县委县政府中心工作及群众关心的热点问题,举办一系列讲座、论坛、报告会、理论研讨会;整合各类资源,继续搞好"昌南论坛",有计划地邀请中央、省、市领导、专家学者、文化名家和企业名流来我县作主题报告;积极开展"百课下基层"、"书记讲党课"等系列活动。

四是开展读书教育活动。广泛开展"全民读书"活动,落实中宣部、中组部有关要求,分期分批向全县党员干部推荐学习书目;确定每月第一个周末为全县机关"读书日",每年定期举办一届"昌南书香节",在基层全面开展"与书为友"读书交流活动;在南昌县政府网开设"理教在线"频道,建立全县党员干部"悦读博客群";充分利用新闻媒体、宣传橱窗、活动展板等开展读书心得体会文章评比、展示活动。

五是开展评选表彰活动。每两年一届,组织开展全县"十佳学习型领导班子"和"十佳学习型党员干部"评选表彰活动;每三年一届,组织开展党的创新理论学习成果转化应用案例评选活动;在基层广泛开展我推荐"我心中的先进党组织"、"我身边的优秀共产党员"群众性创评活动;适时召开全县学习型党组织建设活动表彰大会,表彰一批建设学习型党组织先进单位。

六、组织领导

17. 建立领导机构。全县各级党委(党组)要把推进学习型党组织建设摆在突出位置,纳入重要工作日程,切实抓紧抓好。县委成立建设学习型党组织领导小组,组长由县委书记担任,县委副书记和县委组织部、县委宣传部主要领导任副组长,县直有关单位主要负责同志为成员。领导小组下设办公室,办公室设在县委宣传部。全县各乡镇各部门各单位要建立相应的组织机构,形成分工明确、各负其责的工作格局。各级党组织主要负责人要认真履行第一责任人的职责,对所在单位的学习型党组织建设工作全面负责、全程负责。

18. 制订规划方案。各乡镇各部门各单位要根据县委的要求,结合工作实际和自身特点,按照分层分类推进的原则,制订切实可行的学习规划和实施方案,提出具有操作性的措施要求,明确学习重点,把学习型党组织建设落到实处。要特别抓好特色学习型党组织建设,着力推进学习型机关、学习型企业、学习型社区、学习型村镇、学习型单位和学习型班组建设,在全社会形成良好的学习风气。

19. 建立保障机制。各级党委(党组)要通过加大经费支持、政策支持等措施,保护和激发基层建设学习型党组织的积极性和创造性。财政等有关部门要保障学习培训经费,建立稳定的经费投入机制,加强培训阵地、文化设施、学习场所的软硬件建设,为党员学习教育创造良好条件。各级党组织安排的党员学习教育培训经费应向农村、社区和其他有困难的基层党组织倾斜,努力推进基层的学习型党组织建设。

20. 强化检查考核。全县各级党组织要结合本单位实际建立切实可行的党员学分管理制度。党委宣传、组织部门要会同其他相关部门定期对下级党组织推进学习型党组织建设的情况进行督促检查,针对存在的问题和不足,提出加强和改进的具体要求。各级党组织应在每年1月底前向上级党委宣传、组织部门专题报送上一年度学习情况总结和本年度学习计划。全县各乡镇、开发区和县直机关学习型党组织建设的督导检查由县委督学组负责。县委农工部、县工信委、县民政局、县教育局、县卫生局等业务主管部门党委(党组)要加强对所属学校、医院、非公经济组织、新社会组织党组织开展学习型党组织建设活动的督促检查。县直各部门、各单位党委(党组)要切实履行职责,认真抓好所属企事业单位学习型党组织建设活动的开展。督导检查要坚持求真务实、跟踪问效。

21. 加大宣传力度。大力树立、宣传学习型党组织建设先进集体和先进个人典型,发挥先进典型的示范导向作用。县电视台、县政府网网站等新闻传媒要通过开辟专栏、增设专题、热点访谈等形式,加强对学习型党组织建设活动的宣传,及时介绍和推广基层建设学习型党组织的好做法、好经验,营造良好的舆论氛围。

附:南昌县建设学习型党组织先进单位考评细则

南昌县建设学习型党组织先进单位考评细则

（机关类）

表 155

		考核内容	评分标准	分值	考评得分	备注
组织领导方面15分	1	(1)成立相应工作机构,明确职责; (2)建立学习小组,形成科学的学习网络。	无工作机构扣3分,无网络扣2分	5		
	2	(1)制定了建设学习型党组织规划和年度计划; (2)围绕问题建立学习研讨团队小组,有学习研讨计划; (3)党员个人有学习计划。	每少一项扣1.5分,扣完为止	4		
	3	(1)每年至少召开一次全员性学习动员促进会; (2)每季度至少在领导办公例会上进行阶段总结和再部署一次。	无动员会扣2分,总结部署未达标扣1分	3		
	4	(1)制定参加建设学习型党组织先进单位考评的具体措施办法。	无考评办法扣2分	2		
	5	(1)党组织学习活动有原始记录。	无记录扣1分,少一次扣0.1分	1		
制度建设方面25分	6	建立学习目标管理机制—— (1)把建设学习型党组织工作列入党组织年度工作目标; (2)制定适合岗位要求的学习模式,建立岗位知识结构模型; (3)每半年对小组团队学习情况指导一次; (4)党小组每半年对党员学习情况督查一次。	未列入年度工作目标扣2分,无结构模型扣2分,其他少一项扣1分,扣完为止	5		
	7	建立考核激励机制—— (1)建立党组织每年一次的述学和评学制度,并从党员领导干部向普通党员逐步推开; (2)重视学历教育,党员学历层次有提高,重视学习成效的运用,并与奖励、晋升挂钩。	少一项扣3分	6		
	8	建立互动学习长效机制—— (1)建立健全党组织集体学习制度,领导班子要定期务虚; (2)建立健全培训制度,科学安排岗前培训、业务培训、晋职培训、理论培训等,领导干部每年脱产培训不少于110学时; (3)建立健全调查研究制度,领导干部到基层调研每年不少于90天,每年撰写1至2篇调研报告; (4)建立健全党员个人自学制度,强化党员的日常学习; (5)建立健全学习成果转化制度,促进学习教育成果及时运用于工作推进中。	少一项扣2分,扣完为止	9		
	9	建立工作保障机制—— (1)有学习场所和阅览室,有较丰富的理论与业务类书籍; (2)有现代化的学习设备,满足电化教育的要求; (3)学习培训经费有保障,专款专用。	少一项扣1分	3		
	10	结合单位实际创新学习机制—— (1)积极采用互动式学习、研究式学习、共享式学习等形式。	无新机制扣2分	2		

续表155

		考核内容	评分标准	分值	考评得分	备注
载体建设方面20分	11	(1)党委(党组)理论中心组学习落实到位,把领导班子建设成为学习型领导班子; (2)主要负责人每年给基层党员作学习报告不少于一次; (3)带头执行"学习日"、"学习周"制度。	少一项扣2分	6		
	12	(1)科级干部"四个一"理论学习规范经常; (2)依靠基层党校积极开展党课教育,每季度至少进行一次; (3)以党支部为单位每两个月开展一次党员读书交流会; (4)党员个人积极参加各类学习型组织的学习,在建设学习型城市中发挥表率作用。	少一项扣1分,扣完为止	3		
	13	(1)学习形式活泼丰富,加强和改进专题宣讲讲座、报告会、专题电视片、主题教育等学习教育方式; (2)鼓励和支持各种形式的成人教育、函授教育、网络教育; (3)运用学习讲坛、读书会、知识竞赛、技能比赛、参观考察等广大党员喜闻乐见的手段; (4)借助运用重大政策出台、重大活动开展、重大节庆日纪念日等开展主题教育活动,每半年至少开展一次活动。	少一项扣1分	4		
	14	(1)分级分层、分期分批开展党员集中轮训工作,其中:机关、国有企业和事业单位党组织班子成员每年不少于40学时,一般党员和新党员每年不少于24学时;非公经济组织和新社会组织党员及流动党员、下岗失业职工党员等基层党员不少于16学时。	培训不符合要求扣3分	3		
	15	(1)编印、购买相关学习型党组织学习资料。	无学习资料扣4分	4		
学习效果方面40分	16	着眼事业发展与推进工作—— (1)在围绕中心、服务大局上打开思路、形成共识; (2)理论学习成果进入决策,化为政策,形成工作举措,产生实际效果; (3)研究新情况新问题,在化解突出矛盾、破解发展难题、维护大局稳定上取得新成效; (4)创新能力增强,创新成果显著; (5)工作在省市部门中走在前列,在全县考核中走在前列。	少一项扣4分	20		
	17	着眼实现和维护人民群众的根本利益和具体利益—— (1)单位普通干部职工的合法权益得到有效维护; (2)践行为民服务宗旨,加大机关效能建设,实现机关高效运转; (3)加大改善民生力度,出台改善民生举措; (4)关注本单位困难职工,群众满意度上升,无重大信访事件; (5)联系群众效果好,结对帮扶特困家庭,每年能解决实际困难; (6)党员积极参加社会公益活动,每年至少一次。	少一项扣2分,扣完为止	10		
	18	着眼推动党的建设—— (1)党组织每个成员每年至少形成1篇有一定价值的理论文章或调研文章; (2)主要领导文章在省级以上媒体刊发或获奖; (3)开展机关党建"三提升两争创"活动、创先争优活动,设立党员先锋岗、党员示范窗口,切实改进机关作风; (4)加强反腐倡廉建设,增强党的意识、宗旨意识、执政意识、大局意识、责任意识,讲党性、重品行、作表率,党员形象明显上升,领导班子无违法违纪现象。	少一项扣3分,扣完为止	10		

南昌县建设学习型党组织先进单位考评细则

表 156

（开发区、新区类）

		考 核 内 容	评分标准	分值	考评得分	备注
组织领导方面15分	1	(1)成立相应工作机构,明确职责; (2)建立学习小组,形成科学的学习网络。	无工作机构扣3分,无网络扣2分	5		
	2	(1)制定建设学习型党组织规划和年度计划,有共同愿景; (2)围绕问题建立学习研讨团队小组,有学习研讨计划; (3)党员个人有学习计划和愿景目标,并与党组织的计划和愿景目标相一致。	每少一项扣1.5分,扣完为止	4		
	3	(1)每年至少召开一次全员性学习动员促进会; (2)每季度至少在领导办公例会上进行阶段总结和再部署一次。	无动员会扣2分,总结部署未达标扣1分	3		
	4	(1)制定参加建设学习型党组织先进单位考评的具体措施办法。	无考评办法扣2分	2		
	5	(1)党组织学习活动有原始记录。	无记录扣1分,少1次扣0.1分	1		
制度建设方面25分	6	建立学习目标管理机制—— (1)把建设学习型党组织工作列入党组织年度工作目标; (2)制定适合岗位要求的学习模式,建立岗位知识结构模型; (3)每半年对小组团队学习情况指导一次; (4)党小组每半年对党员学习情况督查一次。	未列入年度工作目标扣2分,无结构模型扣2分,其他少一项扣1分,扣完为止	5		
	7	建立考核激励机制—— (1)建立党组织每年一次的述学和评学制度,并从党员领导干部向普通党员逐步推开; (2)重视学历教育,党员学历层次有提高,重视学习成效的运用,并与奖励、晋升挂钩。	少一项扣3分	6		
	8	建立互动学习长效机制—— (1)建立健全党组织集体学习制度,领导班子要定期务虚; (2)建立健全培训制度,科学安排岗前培训、业务培训、晋职培训、理论培训等,领导干部每年脱产培训不少于110学时; (3)建立健全调查研究制度,领导干部到基层调研每年不少于60天,每年撰写1至2篇调研报告; (4)建立健全党员个人自学制度,强化党员干部的日常学习; (5)建立健全学习成果转化制度,促进学习教育成果及时运用于党委和政府决策中。	少一项扣2分,扣完为止	9		
	9	建立工作保障机制—— (1)有学习场所和阅览室,有丰富的理论与业务类书籍; (2)有现代化的学习设备,满足电化教育的要求; (3)学习培训经费有保障,专款专用。	少一项扣1分	3		
	10	结合单位实际创新学习机制—— (1)积极采用互动式学习、研究式学习、共享式学习等形式。	无新机制扣2分	2		

续表 156

		考 核 内 容	评分标准	分值	考评得分	备注
载体建设方面20分	11	(1)党委(工委)中心组学习落实到位,把领导班子建设成为学习型领导班子; (2)主要负责人每年给基层党员作学习报告、讲党课不少于一次; (3)带头执行"学习日"、"学习周"制度。	少一项扣2分	6		
	12	(1)科级干部"四个一"理论学习规范经常; (2)依靠基层党校积极开展党课教育,每季度至少进行一次; (3)以党支部为单位每两个月开展一次党员读书交流会; (4)党员个人积极参加各类学习型组织的学习,在建设学习型城市中发挥表率作用。	少一项扣1分,扣完为止	3		
	13	(1)学习形式活泼丰富,加强和改进专题宣讲讲座、报告会、专题电视片、主题教育等学习教育方式; (2)鼓励和支持各种形式的成人教育、函授教育、网络教育; (3)运用学习讲座、读书会、知识竞赛、技能比赛、参观考察等广大党员喜闻乐见的手段; (4)借助运用重大政策出台、重大活动开展、重大节庆日纪念日等开展主题教育活动,每半年至少开展一次活动。	少一项扣1分	4		
	14	(1)分级分层、分期分批开展党员集中轮训工作,其中:机关、国有企业和事业单位党组织班子成员每年不少于40学时,一般党员和新党员每年不少于24学时;非公经济组织和新社会组织党员及流动党员、下岗失业职工党员等基层党员不少于16学时。	培训不符合要求扣3分	3		
	15	编印、购买相关学习型党组织学习资料。	无学习资料扣4分	4		
学习效果方面40分	16	着眼事业发展与推进工作—— (1)通过理论学习开阔视野、打开思路,转变观念、形成共识; (2)理论学习成果进入决策,化为政策,形成发展战略和工作举措,产生实际效果; (3)研究新情况新问题,在化解突出矛盾、破解发展难题、维护大局稳定上取得新成效; (4)创新能力增强,创新成果显著; (5)工作在省市走在前列,在全县考核中走在前列。	少一项扣4分	20		
	17	着眼实现和维护人民群众的根本利益和具体利益—— (1)加大改善民生力度,出台改善民生举措,在实现、维护、发展人民群众根本利益上取得新成效; (2)解决人民群众最关心、最直接、最现实的问题,群众满意度上升,群众信访问题得到妥善处理; (3)联系群众效果好,结对帮扶特困家庭,每年能解决实际困难; (4)党员积极参加社会公益活动,每年至少一次。	少一项扣3分,扣完为止	10		
	18	着眼推动党的建设—— (1)党组织每个成员每年至少形成1篇有一定价值的理论文章或调研文章; (2)主要领导文章在省级以上媒体刊发或获奖; (3)不断探索发挥党的领导核心作用、党组织战斗堡垒作用、党员先锋模范作用的有效途径,创先争优活动成效明显; (4)加强反腐倡廉建设,增强党的意识、宗旨意识、执政意识、大局意识、责任意识,讲党性、重品行、作表率,党员形象明显上升,党委(工委)领导班子无违法违纪现象。	少一项扣3分,扣完为止	10		

南昌县建设学习型党组织先进单位考评细则

表 157

（乡镇类）

		考 核 内 容	评分标准	分值	考评得分	备注
组织领导方面15分	1	(1)成立相应工作机构,明确职责; (2)建立学习小组,形成科学的学习网络。	无工作机构扣3分,无网络扣2分	5		
	2	(1)制定建设学习型党组织规划和年度计划,有共同愿景; (2)围绕问题建立学习研讨团队小组,有学习研讨计划; (3)党员个人有学习计划和愿景目标,并与党组织的计划和愿景目标相一致。	无规划和年度计划扣2分,其他少一项扣1分	4		
	3	(1)每年至少召开一次全员性学习动员促进会; (2)每季度至少在领导办公例会上进行阶段总结和再部署一次。	无促进会扣2分,总结部署未达标扣1分	3		
	4	(1)制定参加建设学习型党组织先进单位考评的具体措施办法。	无考评办法扣2分	2		
	5	(1)党组织学习活动有原始记录。	无记录扣1分	1		
制度建设方面25分	6	建立学习目标管理机制—— (1)把建设学习型党组织工作列入党委年度工作目标; (2)制定适合岗位要求的学习模式,建立岗位知识结构模型; (3)每半年对小组团队学习情况指导一次; (4)党小组每半年对党员学习情况督查一次。	未列入年度工作目标扣2分,无结构模型扣2分,其他少一项扣1分,扣完为止	5		
	7	建立考核激励机制—— (1)建立党组织每年一次的述学和评学制度,并从党员领导干部向普通党员逐步推开; (2)重视学历教育,党员学历层次有提高,重视学习成效的运用,并与奖励、晋升挂钩。	少一项扣3分	6		
	8	建立互动学习长效机制—— (1)建立健全党组织集体学习制度,领导班子要定期务虚; (2)建立健全培训制度,科学安排岗前培训、业务培训、晋职培训、理论培训等; (3)建立健全调查研究制度,领导干部每年撰写1至2篇调研报告; (4)建立健全党员个人自学制度,强化党员干部的日常学习; (5)建立健全学习成果转化制度,促进学习教育成果及时运用到工作中。	少一项扣2分,扣完为止	9		
	9	建立工作保障机制—— (1)有乡镇文化综合站,有较丰富的理论书籍与业务类书籍; (2)有现代化的学习设备,满足电化教育的要求; (3)学习培训经费有保障,专款专用。	少一项扣1分	3		
	10	结合单位实际创新学习机制—— (1)积极采用互动式学习、研究式学习、共享式学习等形式。	无新机制扣2分	2		

续表157

		考核内容	评分标准	分值	考评得分	备注
载体建设方面20分	11	(1)党委班子学习落实到位,把领导班子建设成为学习型领导班子; (2)主要负责人每年给党员干部作学习报告不少于一次; (3)带头执行"学习日"、"学习周"制度。	少一项扣2分	6		
	12	(1)依靠基层党校积极开展党课教育,每季度至少进行一次; (2)以党支部为单位每两个月开展一次党员读书交流会; (3)党员个人积极参加各类学习型组织的学习,在建设学习型社会中发挥表率作用。	少一项扣1分	3		
	13	(1)学习形式活泼丰富,加强和改进专题宣讲讲座、报告会、专题电视片、主题教育等学习教育方式; (2)鼓励和支持各种形式的成人教育、函授教育、网络教育; (3)运用学习讲坛、读书会、知识竞赛、技能比赛、参观考察等广大党员喜闻乐见的手段; (4)借助运用重大政策出台、重大活动开展、重大节庆日纪念日等开展主题教育活动,每半年至少开展一次活动。	少一项扣1分	4		
	14	(1)分级分层、分期分批开展党员集中轮训工作,其中:机关、国有企业和事业单位党组织班子成员每年不少于40学时,一般党员和新党员每年不少于24学时;非公经济组织和新社会组织党员及流动党员、下岗失业职工党员等基层党员不少于16学时。	培训不符合要求扣3分	3		
	15	编印、购买相关学习型党组织学习资料。	无学习资料扣4分	4		
学习效果方面40分	16	着眼事业发展与推进工作—— (1)通过理论学习开阔视野、打开思路,转变观念、形成共识; (2)理论学习成果进入决策,化为政策,形成发展战略和工作举措,产生实际效果; (3)研究新情况新问题,在化解突出矛盾、破解发展难题、维护大局稳定上取得新成效; (4)创新能力增强,创新成果显著; (5)工作在全县排名中位于前列。	少一项扣4分	20		
	17	着眼实现和维护人民群众的根本利益和具体利益—— (1)加大改善民生力度,出台改善民生举措,在实现、维护、发展人民群众根本利益上取得新成效; (2)解决人民群众最关心、最直接、最现实的问题,群众满意度上升,群众信访问题得到妥善处理; (3)联系群众效果好,结对帮扶特困家庭,每年能解决实际困难; (4)党员积极参加社会公益活动,每年至少一次。	少一项扣3分,扣完为止	10		
	18	着眼推动党的建设—— (1)党组织领导班子每个成员每年至少形成1篇有一定价值的理论文章或调研文章; (2)不断探索发挥党的领导核心作用、党组织战斗堡垒作用、党员先锋模范作用的有效途径,创先争优活动成效明显; (3)加强反腐倡廉建设,增强党的意识、宗旨意识、执政意识、大局意识、责任意识,讲党性、重品行、作表率,党员形象明显上升,领导班子成员无违法违纪现象。	少一项扣4分,扣完为止	10		

南昌县建设学习型党组织先进单位考评细则

表 158

（学校、医院等事业单位类）

		考 核 内 容	评分标准	分值	考评得分	备注
组织领导方面15分	1	(1)成立相应工作机构,明确职责; (2)建立学习小组,形成科学的学习网络。	无工作机构扣3分,无网络扣2分	5		
	2	(1)制定建设学习型党组织规划和年度计划,有共同愿景; (2)围绕问题建立学习研讨团队小组,有学习研讨计划; (3)党员个人有学习计划和愿景目标,并与党组织的计划和愿景目标相一致。	每少一项扣1.5分,扣完为止	4		
	3	(1)每年至少召开一次全员性学习动员促进会; (2)每季度至少在领导办公例会上进行阶段总结和再部署一次。	无动员会扣2分,总结部署未达标扣1分	3		
	4	(1)制定参加建设学习型党组织先进单位考评的具体措施办法。	无考评办法扣2分	2		
	5	(1)党组织学习活动有原始记录。	无记录扣1分,少一次扣0.1分	1		
制度建设方面25分	6	建立学习目标管理机制—— (1)把建设学习型党组织工作列入党组织年度工作目标; (2)制定适合岗位要求的学习模式,建立岗位知识结构模型; (3)每半年对小组团队学习情况指导一次; (4)党小组每半年对党员学习情况督查一次。	未列入年度工作目标扣2分,无结构模型扣2分,其他少一项扣1分,扣完为止	5		
	7	建立考核激励机制—— (1)建立党组织每年一次的述学和评学制度,并从党员领导干部向普通党员逐步推开; (2)重视学历教育,党员学历层次有提高,重视学习成效的运用,并与奖励、晋升挂钩。	少一项扣3分	6		
	8	建立互动学习长效机制—— (1)建立健全党组织集体学习制度,领导班子要定期务虚; (2)建立健全培训制度,科学安排岗前培训、业务培训、晋职培训、理论培训等; (3)建立健全调查研究制度,领导干部到基层调研每年不少于60天,每年撰写1至2篇调研报告; (4)建立健全党员个人自学制度,强化党员干部的日常学习; (5)建立健全学习成果转化制度,促进学习教育成果及时运用于党委和政府决策中。	少一项扣2分,扣完为止	9		
	9	建立工作保障机制—— (1)有学习场所和阅览室,有一定量的理论与业务类书籍; (2)有现代化的学习设备,满足电化教育的要求; (3)学习培训经费有保障,专款专用。	少一项扣1分	3		
	10	结合单位实际创新学习机制—— (1)积极采用互动式学习、研究式学习、共享式学习等形式。	无新机制扣2分	2		

续表 158

		考核内容	评分标准	分值	考评得分	备注
载体建设方面20分	11	(1)党组织领导班子学习落实到位,把领导班子建设成为学习型领导班子; (2)主要负责人每年给单位党员干部作学习报告不少于一次; (3)带头执行"学习日"、"学习周"制度。	少一项扣2分	6		
	12	(1)依靠基层党校积极开展党课教育,每季度至少进行一次; (2)以党支部为单位每两个月开展一次党员读书交流会; (3)党员个人积极参加各类学习型组织的学习,在建设学习型城市中发挥表率作用。	少一项扣1分	3		
	13	(1)学习形式活泼丰富,加强和改进专题宣讲讲座、报告会、专题电视片、主题教育等学习教育方式; (2)鼓励和支持各种形式的成人教育、函授教育、网络教育; (3)运用学习讲坛、读书会、知识竞赛、技能比赛、参观考察等广大党员喜闻乐见的手段; (4)借助运用重大政策出台、重大活动开展、重大节庆日纪念日等开展主题教育活动,每半年至少开展一次活动。	少一项扣1分	4		
	14	(1)分级分层、分期分批开展党员集中轮训工作,其中:事业单位党组织班子成员每年不少于40学时,一般党员和新党员每年不少于24学时。	培训不符合要求扣3分	3		
	15	(1)编印、订阅学习型党组织学习资料。	无学习资料扣4分	4		
学习效果方面40分	16	着眼事业发展与推进工作—— (1)通过理论学习开阔视野、打开思路,转变观念、形成共识; (2)理论学习成果进入决策,化为政策,形成工作举措,产生实际效果; (3)研究新情况新问题,在化解突出矛盾、破解发展难题上取得新成效; (4)创新能力增强,创新成果显著; (5)工作在同行业中走在前列。	少一项扣2分	10		
	17	着眼实现和维护人民群众的根本利益和具体利益—— (1)加大服务力度,出台服务群众的实际举措,在便民、为民上取得新成效; (2)职业道德教育效果明显,群众满意度上升,群众投诉得到妥善处理; (3)联系群众效果好,结对帮扶特困家庭,每年能解决实际困难; (4)党员积极参加社会公益活动,每年至少一次。	前两项,少一项扣7分;后两项,少一项,扣3分	20		
	18	着眼推动党的建设—— (1)党组织每个班子成员每年至少形成1篇有一定价值的理论文章或调研文章; (2)不断探索发挥党的领导核心作用、党组织战斗堡垒作用、党员先锋模范作用的有效途径,创先争优活动成效明显; (3)加强反腐倡廉建设,增强党的意识、宗旨意识、执政意识、大局意识、责任意识,讲党性、重品行、作表率,党员形象明显上升,领导班子成员无违法违纪现象。	少一项扣4分,扣完为止	10		

南昌县建设学习型党组织先进单位考评细则

（非公经济和新社会组织类）

表 159

		考　核　内　容	评分标准	分值	考评得分	备注
组织领导方面15分	1	(1)成立相应工作机构,明确职责; (2)建立学习小组,形成科学的学习网络。	无工作机构扣3分,无网络扣2分	5		
	2	(1)制定建设学习型党组织规划和年度计划,有共同愿景; (2)围绕问题建立学习研讨团队小组,有学习研讨计划; (3)党员个人有学习计划和愿景目标,并与党组织的计划和愿景目标相一致。	少一项扣1.5分,扣完为止	4		
	3	(1)每年至少召开一次全体党员参加的学习交流会; (2)每季度在党组织活动会议上进行阶段总结和再部署。	无学习交流会扣2分,无总结部署扣1分	3		
	4	(1)制定参加建设学习型党组织先进单位考评的具体措施办法。	无考评办法扣2分	2		
	5	(1)党组织学习活动有原始记录。	无记录扣1分,少一次扣0.1分	1		
制度建设方面25分	6	建立学习目标管理机制—— (1)把建设学习型党组织工作列入党组织年度工作目标; (2)制定适合岗位要求的学习模式,建立岗位知识结构模型; (3)每半年对工作小组团队学习情况指导一次; (4)党小组每半年对党员学习情况督查一次。	未列入年度工作目标扣2分,无结构模型扣2分,其他少一项扣1分,扣完为止	5		
	7	建立考核激励机制—— (1)建立党组织每年一次的述学和评学制度,并从党员向员工逐步推开; (2)重视学历教育,党员学历层次有提高,重视学习成效的运用,并与奖励、晋升挂钩。	少一项扣3分	6		
	8	建立互动学习长效机制—— (1)建立健全党组织集体学习制度; (2)建立健全培训制度,科学安排岗前培训、业务培训、晋职培训、理论培训等; (3)建立健全调查研究制度,鼓励干部职工群众围绕单位发展撰写调研报告,提出建设性意见; (4)建立健全党员个人自学制度,强化党员干部的日常学习; (5)建立健全学习成果转化制度,促进学习教育成果及时运用到单位发展中。	少一项扣2分,扣完为止	9		
	9	建立工作保障机制—— (1)有学习场所和阅览室,有一定的理论和业务类书籍; (2)有现代化的学习设备,满足电化教育的要求; (3)学习培训经费有保障,专款专用。	少一项扣1分	3		
	10	结合单位实际创新学习机制—— (1)积极采用互动式学习、研究式学习、共享式学习等形式。	无新机制扣2分	2		

续表 159

<table>
<tr><th></th><th colspan="2">考 核 内 容</th><th>评分标准</th><th>分值</th><th>考评得分</th><th>备注</th></tr>
<tr><td rowspan="5">载体建设方面20分</td><td>11</td><td>(1)单位党组织班子学习落实到位,把领导班子建设成为学习型领导班子;
(2)主要负责人每年给基层党员作学习报告不少于一次;
(3)带头执行“学习日”、“学习周”制度。</td><td>少一项扣2分</td><td>6</td><td></td><td rowspan="5"></td></tr>
<tr><td>12</td><td>(1)建有基层党校积极开展党课教育,每季度至少进行一次;
(2)以党支部为单位每两个月开展一次党员读书交流会;
(3)党员个人积极参加各类学习型组织的学习,在建设学习型城市中发挥表率作用。</td><td>少一项扣1分</td><td>3</td><td></td></tr>
<tr><td>13</td><td>(1)学习形式活泼丰富,加强和改进专题宣讲讲座、报告会、专题电视片、主题教育等学习教育方式;
(2)鼓励和支持各种形式的成人教育、函授教育、网络教育;
(3)运用学习讲坛、读书会、知识竞赛、技能比赛、参观考察等广大党员喜闻乐见的手段;
(4)借助运用重大政策出台、重大活动开展、重大节庆日纪念日等开展主题教育活动,每半年至少开展一次活动。</td><td>少一项扣1分</td><td>4</td><td></td></tr>
<tr><td>14</td><td>(1)分级分层、分期分批开展党员集中轮训工作,其中:非公经济组织和新社会组织党建指导员、新党员每年不少于24学时,其他党员每年不少于16学时。</td><td>培训不符合要求扣3分</td><td>3</td><td></td></tr>
<tr><td>15</td><td>(1)编印、订阅学习型党组织学习资料。</td><td>无学习资料扣4分</td><td>4</td><td></td></tr>
<tr><td rowspan="3">学习效果方面40分</td><td>16</td><td>着眼促进非公经济健康发展——
(1)制定组织长远发展规划;
(2)组织发展的目标得到普遍认同,形成共同愿景;
(3)解决生产经营中的问题和困难,在化解突出矛盾、破解发展难题上取得新成效;
(4)创新能力增强,创新成果显著;
(5)模范地遵纪守法,依法纳税,社会形象良好。</td><td>少一项扣4分</td><td>20</td><td></td><td rowspan="3"></td></tr>
<tr><td>17</td><td>着眼实现和维护职工群众的根本利益和具体利益——
(1)劳动保障法律法规执行良好,职工权益能有效维护;
(2)实现和谐稳定,没有重大突出事故;
(3)联系群众效果好,结对帮扶特困职工家庭,能解决实际困难;
(4)党员积极参加社会公益活动,每年至少一次。</td><td>少一项扣3分,扣完为止</td><td>10</td><td></td></tr>
<tr><td>18</td><td>着眼推动党的建设——
(1)党组织领导每年至少形成1篇有一定价值的理论文章或调研文章;
(2)党组织比作用,争创先进基层党组织;
(3)党员比形象,争当优秀共产党员;
(4)企业主比境界,争做开明企业主;
(5)加强反腐倡廉建设;
(6)全面实行“党群工作一体化”工作机制。</td><td>少一项扣2分,扣完为止</td><td>10</td><td></td></tr>
</table>

南昌县建设学习型党组织先进单位考评细则

表160

（社区、行政村类）

		考核内容	评分标准	分值	考评得分	备注
组织领导方面15分	1	(1)成立相应工作机构,明确职责; (2)建立学习小组,形成科学的学习网络。	少一项扣3分	6		
	2	(1)制定建设学习型党组织规划和年度计划,有共同愿景; (2)组织成立学习小组,每个小组有学习计划。	少一项扣2分	4		
	3	(1)以某种形式至少召开一次学习型社区建设动员会。	无动员会扣3分	3		
	4	(1)党组织学习活动有原始记录。	无记录扣2分,少一次扣0.2分	2		
队伍建设方面20分	5	(1)组成有专职、兼职与志愿者相结合的社区文化和社区教育工作者队伍。	未组建队伍扣5分	5		
	6	(1)村、居干部学习落实到位,成为表率; (2)主要负责人每年作学习报告不少于一次; (3)带头执行"学习日"、"学习周"制度。	少一项扣2分	6		
	7	(1)离退休老干部、转复员军人等组成的革命传统教育的宣传队伍; (2)各类学校的教员、党员干部组成的政治理论宣传队伍; (3)有文艺专长和一技之长的村居民组成的兴趣小组的指导员队伍。	少一项扣3分	9		
阵地建设方面20分	8	(1)有农家书屋、市民学校、书报阅览室、健身房、文化娱乐室等活动场所; (2)阅览室具有一定规模的书报刊物。	有活动场所得3分,书报刊物有一定规模得2分	5		
	9	(1)有阅报栏、科普宣传栏、宣传橱窗、黑板报、电教设备和电脑等; (2)阅报栏每日更新,宣传橱窗、黑板报学习内容至少每月更新。	有第一项得3分,有第二项得2分	5		
	10	(1)有老年人协会、学校,组织老年人开展书画、棋类、健身。	没有该项,扣2分	2		
	11	(1)设立社区再就业培训中心,组织下岗职工开展再就业培训。	没有该项,扣3分	3		
	12	(1)开办社区家长学校,组织学习电脑、科普、家居、卫生保健等知识。	没有该项,扣2分	2		
	13	(1)建立社区青少年之家,开展兴趣小组、电脑培训、夏令营。	没有该项,扣3分	3		
活动开展方面25分	14	(1)体系较完善,根据特点涵盖了党员教育、学前教育、科普教育、外语教育、政治理论教育、健康教育、法制教育、计生教育、安全教育、老年人教育、青少年教育、流动人口教育等学习体系。	少一项扣1分,扣完为止	5		
	15	(1)文化、科技、法律、卫生"四进社区"活动和文化、科技、卫生"三下乡"活动有序开展。	没有该项,扣2分	2		

续表160

		考 核 内 容	评分标准	分值	考评得分	备注
	16	(1)开展党员集中轮训工作,党组织书记每年不少于40学时,一般党员和新党员每年不少于24学时;非公经济组织和新社会组织党员及流动党员、下岗失业职工党员等基层党员不少于16学时; (2)培训推广"菜单式"选学模式,将创业就业技能培训纳入集中轮训,每一党员掌握1门以上技术技能。	培训不符合要求扣4分	4		
	17	(1)积极开展学习型楼院、学习型家庭、学习型居民创建活动。	没有该项,扣3分	3		
	18	(1)各类兴趣小组、活动小组活动开展经常有序。	没有该项,扣3分	3		
	19	(1)围绕重大政策出台、重大活动开展、重大节庆日纪念日等开展主题教育实践活动。	没有该项,扣2分	2		
	20	(1)订阅学习型党组织学习资料; (2)编印内部学习、宣传、交流资料。	少一项扣3分	6		
学习效果方面20分	21	推进社区、村委会工作方面—— (1)干部开阔视野、打开思路,转变观念、形成共识; (2)研究新情况新问题,社区在不断拓展服务居民新途径、村委会在推动村级经济发展上取得新成效; (3)培养社区情感、社区凝聚力、社区责任感和归属感; (4)创新能力增强,创新成果显著; (5)工作在全县考核中走在前列。	少一项扣2分	8		
	22	服务群众方面—— (1)积极构建服务村(居)民平台,畅通渠道,村(居)民合法权益得到有效维护; (2)构建矛盾化解机制,社区调解、帮教工作经常有效,群众满意度上升,未发生重大信访事件; (3)构建帮扶机制,关爱弱势群体,能解决实际困难,共享和谐生活; (4)党员干部积极参加社会公益活动,每年至少一次。	少一项扣2分	6		
	23	推动党的建设方面—— (1)党的领导核心作用、党组织战斗堡垒作用、党员先锋模范作用得到有效发挥,创先争优活动成效明显; (2)村、社区基层党组织活动场所"五个之家"建设成效明显; (3)农村党员致富能手、村干部"双带两服务"活动成效明显; (4)开展党员示范楼院、党员示范户、党员志愿服务、党员先锋评价等活动。	少一项扣2分,扣完为止	6		

南发〔2011〕16 号

中共南昌县委南昌县人民政府
关于用群众工作统揽信访工作的实施方案

各乡镇党委、乡镇人民政府，各开发区（新区）、银三角党工委、管委会，县委各部门，县直各单位：

为进一步密切党群干群关系，建立健全党和政府主导的维护群众权益机制，开创新时期群众工作新局面，根据省信访局工作部署，结合我县实际，现就用群众工作统揽信访工作提出如下实施方案。

一、指导思想。深入贯彻科学发展观，认真落实中央和省市关于群众工作的部署，把握和研究新形势下群众工作的新特点新要求，强化群众工作理念，创新机制体制，把信访工作作为群众工作的抓手，探索和完善信访工作制度和工作职能，充分整合与群众利益密切相关的职能部门资源，形成做好信访和群众工作的强大合力，不断提高运用群众工作手段处理信访问题的能力和水平，最大限度增加和谐因素，最大限度减少不和谐因素。

二、机构设置。按照“统一机构设置、统一格局布置”的要求，实现县、乡、村、组一盘棋，使我县群众工作网络建设更加规范化、标准化。

（一）县委群众工作部、县政府信访局

成立中共南昌县委群众工作部（以下简称群工部），同时保留县政府信访局（以下简称信访局），群工部与信访局合署办公，两块牌子一套人马。群工部（局）下设两个中心六个科室，两个中心即人民群众来访接待中心、视频接访中心。六个科室即办公室、接访科、办信督查科、县长手机信箱及网上信访工作室、信访秩序维护科、法律服务室。六个科室中，抽调5名与日常群众信访事项紧密相联的职能局（办）同志，常驻接访科，联合接访，抽调的职能局（办），视信访工作任务需要，每半年更换调整一次；抽调5名公安干警常驻信访秩序科，维持县党政机关正常工作秩序；抽调5名律师，周一至周五每天一人常驻法律服务室，接待处理群众涉法涉诉信访事项。抽调的15名同志，享受原单位工资福利待遇，抽调期间享受信访津贴，由群工部（局）拨付。

（二）乡镇群众工作站

各乡镇、开发区（新区）、银三角管委会设置群众工作站，分管信访稳定工作的党委（工委）副书记任站长，整合信访办、综治办、司法所、便民服务中心、民情夜访理事会等资源，办理本辖区群众信访工作。

（三）村（居）委会群众工作室

村（居）委会设置群众工作室，党（总）支部书记任主任。群众工作室下设人民来信来访接待调处室，从本村老党员、老干部、老模范、老教师、老退伍军人中聘请3～5人担任群众工作调解员，接待调处本村群众信访事项。

（四）村（社区）小组群众工作点

村（社区）小组设置群众工作点，聘请1～2名群众工作信息员，快速发现矛盾纠纷，及时向村（居）委会群众工作室反馈预警信息。

三、工作职能

（一）县群众工作部（局）

1. 贯彻落实党的群众路线和中央、省、市关于群众信访工作的决策和部署；

2. 组织学习党和国家的方针政策、法律法规、科学文化、专业技能等方面的知识，用科学发展宣传、组织、教育、引导、服务群众；

3. 受理群众诉求和上级交办的信访案件，及时向有关乡镇、部门、单位交办、督办；对重点信访问题参与协调处理；

4. 督促、检查、指导各乡镇、各部门、各单位群众信访工作的开展；

5. 收集社情民意，定期分析群众信访工作，及时向县委、县政府提供有关群众信访工作建议；

6. 每月召开群众工作部部长办公会，研究、分析群众信访工作形势，推动解决重点疑难复杂信访问题；每月召开群众工作站站长会，总结部署群众信访工作；

7. 对各乡镇、各部门、各单位开展群众信访工作情况定期进行检查考核，及时总结、宣传、推广各乡镇、各部门、各单位群众信访工作的先进典型和做法，推动全县群众信访工作不断深入开展；

8. 承办县委、县政府和上级部门交办的群众信访案件及其他工作任务。

（二）乡镇群众工作站

1. 宣传党和国家的方针政策、法律法规、科学文化、专业技能等方面的知识；

2. 切实履行宣传、组织、教育、引导、服务、团结群众的职责，充分调动群众的积极性和创造性；

3. 积极开展干部进村入户，收集社情民意，畅通信访渠道，听取群众诉求，理顺群众情绪，化解群众矛盾；

4. 受理、承办、协调、处理群众诉求，向群众反馈处理情况，督促、检查、指导各村（居）委会开展群众工作；

5. 每周召开群众工作例会，分析群众工作形势，排查矛盾纠纷，总结和部署群众工作，及时向党委、政府提供有关群众工作建议；

6. 承办县群众工作部（局）和乡镇党委、政府交办的其他群众工作任务。

（三）村（居）委会群众工作室

1. 宣传党和国家的方针政策、法律法规、科学文化、专业技能等方面的知识；

2. 加强基层民主政治建设，尊重群众意愿，落实党员首议、村务公开、民主理事等各项制度；

3. 接待群众来访，受理群众诉求，掌握群众思想动态，及时排查、梳理、化解矛盾纠纷；

4. 及时向村(居)党支部、村(居)委会汇报群众反映的情况和问题;

5. 落实上级党委、政府和群众工作站交办的其他工作任务。

(四)村(社区)小组群众工作点

1. 宣传党和国家的方针政策,法律法规,依法搞好村民自治;

2. 收集民情民意,了解群众思想动态,化解矛盾纠纷;

3. 解决群众生产生活中的实际困难和问题;

4. 向群众工作室汇报群众反映的情况和问题,及时向群众反馈情况;

5. 落实上级党委、政府和群众工作室交办的其他工作任务。

四、场所建设

群工部、站、室、点按照"六有"(即有场所、有牌子、有人员、有制度、有经费、有考核)的标准和要求抓好群众工作网络建设,保证四级网络正常开展工作所需条件,群工部(局)软硬件标准按省市要求及我县实际需要执行,乡镇群众工作软硬件标准参照乡镇便民服务中心规范化建设要求执行。

五、长效机制

(一)进一步建立健全群众工作综合协调机制。各乡镇、各开发区(新区)、银三角、各部门、各单位要在县委、县政府的统一领导下,建立以党的基层组织为核心,社会各阶层广泛参与的协调配合机制,形成做好群众工作的整体合力。各部门要根据业务分工,明确各自的群众工作职责。县处理信访突出问题及群体性事件联席会议要充分发挥综合指导协调作用,每季度定期分析研究疑难复杂信访问题;县群众工作部(局)要充分发挥部门的职能作用,每月定期召开部务会议和群众工作例会,通报群众工作开展情况,分析全县群众工作形势,梳理重点群众信访问题,研究解决有关重点信访案件。各乡镇、各部门、各单位要加强组织协调,整合管理资源,做到同部署、同落实、同检查,形成强大合力。

(二)进一步建立健全社情民意收集分析研判机制。进一步抓好县群众工作部(局)、乡镇群众工作站、村(居)委会群众工作室、村(社区)小组群众工作点四级网络建设,健全完善信息报送系统,确保信息对称。在县、乡、村建立矛盾纠纷信息报告制度,重大、敏感信息及时报告上级党委、政府,特别是对涉及可能引发大规模集体上访和群体性事件的苗头性、倾向性问题的信息,必须按规定及时报告,不得迟报、漏报和瞒报。要综合开发利用信访信息资源,进一步提高分析研判水平,增强预见性和针对性,超前做好化解工作,牢牢把握工作主动权。

(三)进一步建立健全事前预防的矛盾化解机制。各乡镇、各部门、各单位要有重点分步骤地组织推进矛盾排查化解工作,把群众工作的重心从事中受理和事后处理转移到事前预防上来,建立健全"统一领导、分级负责,集中梳理、归口办理,责任明确、措施到位"的矛盾纠纷排查化解工作机制。坚持调解优先原则,进一步健全人民调解、行政调解、仲裁调解、司法调解衔接联动机制。加强调解组织建设,不断探索建立社会化、专业化、行业化、区域化调解组织体系。坚持日常排查、定期排查、专项排查和重要敏感集中排查相结合,形成重大矛盾纠纷及时全面预警机制。对排查出的矛盾纠纷,要按照"属地管理"、"谁主管、谁负责"和"一岗双责"的原则,采取坚决措施,做到预警在先,苗头问题早化解;教育在先,重点对象早转化;控制在先,敏感问题早防范;调解在先,矛盾纠纷早处理,切实把问题解决在基层,把矛盾化解在萌芽状态。突出抓好人民群众来访接待场所建设,综合运用教育、协商、调解、疏导、听证等办法,有针对性地推进信访积案化解工作,促进案结事了。

(四)进一步建立健全领导干部分类接访机制。各乡镇、各开发区(新区)、银三角、各部门、各单位要充分重视密切群众感情,倾听群众意见,了解群众愿望,关心群众疾苦,及时为群众排忧解难。要进一步完善领导干部分类接访制度,县四套班子领导每日轮流在接访中心接待群众来访,群众工作部(局)要通过电视、公示栏等媒介和发放便民服务卡,设置领导干部分类接访公示栏等形式,公开接访领导干部姓名、职务、分管工作、办公电话、陪访人员职务以及接访的时间、地点、形式等,方便群众有针对性反映诉求;乡镇和县直部门、单位每个工作日要安排一名领导接待群众来访。群众重要来信来访,各级各部门主要领导要亲自阅批接待,抓好督促落实。同时,深入推行领导包案制度,对重点疑难复杂信访问题,按照"一个案子、一名领导、一套方案、一支队伍、一抓到底"的要求,逐一落实领导包案。

(五)进一步建立健全处置突发事件和群体性事件工作机制。各乡镇、各开发区(新区)、银三角、各部门、各单位要切实加强社会舆情的分析研判,认真增强群众工作的预见性、主动性,努力从源头上减少群体性事件的发生。要进一步健全工作预案,一旦发生突发事件和重大群体性事件,相关乡镇、部门、单位主要负责人要靠前指挥,全面掌握事态发展状况,准确把握群众的心理和情绪,做好疏导和化解工作,尽快平息事态。切实加强部门之间的协调联动,建立有关信息通报制度,有针对性地采取措施,及时稳控现场局面。进一步健全突发公共事件新闻报道应急机制,完善新闻发言人制度,加强网上舆论引导,第一时间发布权威信息,妥善回应社会关切,赢得群众理解和支持。

(六)进一步建立健全领导干部群众工作绩效考核机制。将群众工作作为考核领导干部政绩、评价整体工作、评选综合先进单位的重要依据,纳入绩效考核的重要内容,组织人事部门在提拔使用干部时,要听取群众工作部(局)的意见。群众工作部(局)要按照科学、全面、操作性强的要求,围绕"一岗双责"、"进村入户"及落实制度、工作开展等方面,严格"民主测评、分别座谈、实地查看、形成材料"的程序,建好干部群众工作绩效档案,对年度考核成绩优秀的,要予以表彰奖励;对成绩落后的,将视情况分别予以通报批评、黄牌警告、纳入重点管理,促其尽快扭转被动局面。

(七)进一步建立健全信访问题每月通报制度。县联席会议办公室对各乡镇、各部门、各单位的来县访、越级访、领导包案、信访问题办理、责任落实等情况实际每月通报。同时,对各乡镇、各部门、各单位的越级访情况每月进行一次排位,对连续三次排位倒数第一、第二的乡镇、部门或单位,由县委、县政府主要领导对其党政正职进行诫勉谈话。

中共南昌县委

南昌县人民政府

2011年5月9日

南发〔2011〕25号

中共南昌县委　南昌县人民政府
关于印发关于加快推进现代农业示范区建设的实施意见的通知

各乡镇党委、乡镇人民政府，各开发区（新区）、银三角党工委、管委会，县委各部门，县直各单位：

《关于加快推进现代农业示范区建设的实施意见》已经2011年9月20日县委常委会研究同意，现印发给你们，请结合实际，认真贯彻落实。

中共南昌县委
南昌县人民政府
2011年10月28日

关于加快推进现代农业示范区建设的实施意见

为贯彻落实县十二次党代会和县十五届人大一次会议精神，加快推进现代农业示范区（以下简称"示范区"）建设，加快我县农业转型升级，提高农业现代化水平，促进我县农业和农村经济快速发展，特提出如下实施意见。

一、重要意义

近年来，我县现代农业发展取得明显成效，2010年被农业部认定为首批51个国家现代农业示范区之一，为我县现代农业发展带来了新的机遇、注入了新的活力。推进示范区建设，是深入贯彻落实中央提出的在工业化、城镇化深入发展中同步推进农业现代化重大战略决策的具体行动，也是县第十二次党代会作出的一项重大战略决策，对于进一步改善我县农业基础设施，优化农业产业布局，推广现代农业技术，培育农业经营主体，完善生产经营机制，拓展农业功能，转变农业发展方式，缓解农业发展资源、环境、土地等压力，全面提高农业综合生产能力、抗风险能力、市场竞争能力，构建以工促农、以城带乡、城乡互动相融的统筹城乡发展新格局，具有十分重要的意义。

二、指导思想和目标任务

（一）指导思想。坚持以科学发展观为指导，依托我县农业生态优势、资源优势、产业比较优势和区位优势，以鄱阳湖生态经济区建设为契机，以"农业增效、农民增收"为目标，以"一带两园三区"建设为抓手，高起点、高标准、高质量地推进示范区建设，力争通过5年的不懈努力，使我县成为设施装备优良、技术模式先进、产品优质安全、管理服务高效的现代农业先行区，促进我县农业转型升级和现代农业发展。打造一批规模以上种养示范基地（小区）、农业产业化龙头企业、农民专业合作社示范社、特色农业品牌和在全省有示范作用的农业园区，为"拼争全国五十强县市、建设现代化综合新城"作出更多新的贡献。

（二）目标任务。到"十二五"末，全县农业增加值超过64亿元，农民人均纯收入达到13600元，年均递增13%以上，农业经济效益大幅提高；主导产业规模稳步增长，粮食年生产能力提升到90万吨以上；规模化生产水平稳步提高，农业基础设施明显改善，农业科技水平显著提高，农业机械化水平实现重大突破，产业化组织化迈出新步伐，农产品质量安全水平不断提升，品牌建设取得新进展，节约型农业发展取得新进步，全面提升农业的专业化、规模化、标准化、机械化和产业化水平，力争在全省率先基本实现农业现代化。

（三）基本原则。坚持把粮食和主要"菜篮子"产品生产作为首要任务。加强基本农田保护力度，建设农业基础设施，着力提高粮食综合生产能力，增强主要"菜篮子"产品供给能力，为保障国家粮食安全和"菜篮子"安全多作贡献。

坚持以绿色发展为前提。把资源承载能力、生态环境容量作为经济发展的重要依据，发展生态高效农业，严格控制面源污染，保护生态环境。

坚持政府推动，多元参与相结合。加大政策和资金扶持力度，引导和带动各类主体积极参与现代农业建设。发挥农民的积极性和创造性，鼓励支持龙头企业与农户、农民专业合作组织等主体间开展多形式、多渠道的联合与合作，形成发展现代农业发展的合力。

坚持机制创新和科技应用为根本动力。在保持农村土地承包关系稳定并长久不变的前提下，着力提高家庭经营的集约化水平和统一经营的组织化程度。强化农业技术集成应用，不断突破制约现代农业发展的技术瓶颈。

三、重点工作

（一）加强基础设施建设。统筹实施骨干水利、基本农田、良种繁育和农技推广、农业机械化、农产品加工物流等重大工程，按照田间设施齐备、服务体系健全、配套条件完善的要求，巩固提升全国重要商品粮生产基地地位，为现代农业发展奠定坚实的基础。把水利放在加强农业基础设施建设的重要位置，大力加强以水利为重点的农业基础设施建设，建立水利投入稳定增长机制；加强与中央部委、省、市的联系，把握投资方面及重点，积极争取上级对我县水利建设的支持，强化水行政执法手段，实行最严格的水资源管理制度；加大农业综合开发、土地整理和标准农田建设力度；不断夯实现代农业示范区建设和发展的基础。

（二）完善公共服务体系。健全和加强农业防灾减灾、重大动物疫病防控、植物保护、防汛抗旱、森林防火及渔业安全互助保障体系建设。加强和完善农产品质量安全检验检测网络体系，加强农业信息网站基础设施建设，扩大农业信息网站和通信设施发布农产品供求动态信息覆盖范围，搞好农产品市场需求信息与农产品生产基地或农户对接服务。加快推进农业机械化发展,重点支持水稻插秧机械、植保机械和蔬菜大棚微型机械发展。加强和完善防汛抗旱预案体系建设,完善水情、雨情、汛情的预警、预测、预报系统建设和防汛抗旱指挥系统建设,提高防汛抗旱应急能力。加快推进农业气象服务体系建设,做好气象灾害监测预警及信息发布工作,增强气象为特色生态农业、设施农业、农业产业化龙头企业、农民专业合作社的服务能力,开展多种形式的乡村防灾减灾科普宣传活动,增强农民的防灾减灾意识和自救互救能力。继续完善政策性农业保险服务,扩大农业保险险种和范围,提高农业抗风险能力。加强和完善现代农业发展的人才支撑体系建设,大力培养农业技术推广骨干人才、农村实用人才带头人和农村生产型、经营型、技能服务型人才,大力发展农业职业免费教育,着力培育一大批种养业能手、农机作业能手、科技带头人等新型农民,提升农村人才专业能力,提高农村劳动力素质,优化农村人才成长环境。

(三)健全产业化经营体系。集中力量扶持一批龙头企业和农民专业合作经济组织,强化质量和品牌建设,延伸农业产业链条,提高农民组织化程度。通过龙头企业带动、合作组织连接、批发市场辐射、特色品牌促动等形式,提升农业产业化发展水平。积极引导农业种养大户、农民专业合作社、农业龙头企业等参与示范区建设。广泛推行以订单为纽带的“农业龙头企业 + 农民专业合作社 + 基地 + 农户”的产业化经营方式。努力提升农业龙头企业带动农户增收能力,县财政农业产业化资金重点支持规模大、发展前景好、带动能力强的龙头企业,重点支持粮食深加工、肉制品加工、水禽屠宰加工、水产品精深加工型的企业做大做强。大力实施品牌化经营战略,鼓励示范区经营主体打造自有农产品品牌,抓好有机食品、绿色食品、无公害农产品的培育和认证。坚持把农产品安全摆在更加突出的位置,抓好农产品安全整治执法,大力推行农业标准化生产,全面提升农产品质量安全保障能力。继续加强农民专业合作社建设,切实保护合作社的合法权益,规范合作社的发展,提升合作社的示范带动能力。注重产业联动发展,科学合理发展休闲观光农业,努力挖掘“农家乐”经营体在发展特色农业、增加农民收入等方面的带动作用,加大资金和政策扶持力度,促进一批“农家乐”经营体发展壮大。

(四)提升产业发展水平。进一步巩固和完善“2 + 4”产业布局,在稳定粮食和生猪等主要农产品生产能力的基础上,按照高产、优质、高效、生态、安全的要求,加快培育发展生态种养基地和示范园区,进一步做强做大蔬菜、水禽、特种水产、苗木等特色产业,重点打造环南昌绿色蔬菜产业带,蒋巷、黄马两个现代农业示范园,优质水稻主产区、生猪标准化规范养殖区、水禽水产健康养殖集中区,加快推进特色产业基地壮大规模;集中精力打造一批示范点(种养基地、种养大户、龙头企业、农民合作社、“农家乐”经营体和农产品品牌等)、三条示范线(蒋巷中心公路沿线、莲塔线和320国道至黄马线)和两大示范片(蒋巷现代农业示范园和黄马“两江”生态农业走廊),着力探索建设芳溪湖优美新村示范片;大力抓好“一村一品”示范点的培育和建设,努力提升“一村一品”发展水平。按照稳定面积、强化设施、提升科技、主攻单产的要求,进一步加强粮食生产基础设施建设,稳定扩大粮食播种面积。按照优化布局,提高标准化水平,扩大规模养殖的要求,进一步巩固全国生猪调出大县地位。

(五)加快农村土地有序流转。按照“依法、自愿、有偿”原则,引导示范区内农民以转包、出租、互换、转让、股份合作、托管等形式流转土地承包经营权,提高示范区规模经营水平。着力构建县、乡镇、村三级土地流转管理服务平台,完善农村土地流转市场,建立健全农村土地纠纷调解仲裁体系,开展流转登记、政策咨询、信息发布、组织竞价等服务,搞好土地流转与项目的对接,促进农村土地承包经营权的流转,提高未充分利用的农用地流转率,发展规模经营,为农业重大重点项目建设用地以及特色产业基地培育和发展提供服务。

(六)抓好农村生态环境建设。继续推进新农村村点整治建设,围绕建设生态社区型新农村,以“三绿一处理”和“三化(划)三改一习惯”为主要内容,每年抓好170个左右新农村村点的整治建设;继续推进农村垃圾处理工程,围绕“户集、村收、乡(镇)压缩、县处理”的运作模式,进一步加强农村垃圾处理基础设施建设,逐步完善农村垃圾“收集、运输、处理”体系,建立健全农村环境卫生长效管理机制;继续抓好“森林城乡、花园南昌”工程建设,巩固、提升造林绿化水平,逐步改善农村生态环境;继续深入开展县乡主干道路环境综合整治,加强对动物粪便、生产废水废气、生活垃圾污水等污染的防治工作,逐步将生活污水处理系统延伸到乡镇;继续加大对农业投入品监管力度,整顿和规范农业投入品市场,严厉查处以高毒、高残留农药为重点的违法违规经营行为,加强对种子、饲料、农药、化肥、兽(渔)药等企业监管,强化企业质量安全责任,规范农资准入制、实施违禁农资三不准制(不准卖、不准买、不准用),减少化学肥料投入使用,合理选用矿物、生物源安全农药,减少化学农药使用量;努力通过推广“水肥一体化、病虫害生物防治”等技术,保护乡村水源和环境,有效控制农业面源污染,建立健全农业面源污染监测预警体系。

四、推进措施

(一)加强组织领导。要把示范区建设作为加快农业转型升级、统筹城乡协调发展、推进城乡一体化进程的重要举措,切实加强组织领导。县里成立由县政府主要领导任组长、县分管领导任副组长,县相关部门负责人为成员的示范区建设领导小组(具体名单附后),并建立示范区建设联席会议制度。领导小组下设办公室,具体负责示范区建设组织、协调和管理。各乡镇(开发区、新区、银三角)也要建立相应的组织机构,明确职责分工,落实工作责任,形成完备的领导体系和责任体系。

(二)加强部门协作。示范区建设是一项系统工程,要形成多部门齐抓共管、社会力量广泛参与的工作机制。县发改部门要将示范区建设列入“十二五”重点项目建设计划;县财政部门要进一步加大投入,整合资金,重点扶持示范区建设;县农口各部门要切实加强对示范区建设的指导、管理和服务;县国土资源部门要落实示范区建设及配套服务设施的农业用地政策;县科技部门要积极支持示范区建设的科技开发;县城建规划、县环保、县供电、县交通运输、县金融等有关部门要紧密配合、各司其职、形成合力,支持示范区建设。

（三）加大资金投入。要按照“总量持续增加，比例稳步提高”的要求，建立稳定的农业投入增长机制，确保“财政对农业的投入增长不低于一般性财政收入的增长比例”；要在财政资金的引领下，积极整合各类支农资金，统筹用于示范区建设，同时要激励外资、工商资本和其他社会资本投资示范区建设；要着力完善南昌县现代农业投资发展有限公司融资、聚资、引资、投资功能，支持其通过直接、间接融资方式，撬动、吸引金融及社会资金投资示范区重大重点项目建设。要全面落实强农惠农政策，抓好粮食直补、良种补贴、农机具购置补贴和农资综合直补资金的发放，确保各项惠农政策落到实处。要积极对接鄱阳湖生态经济区规划，抓好项目策划和包装，跑部进厅，积极争取上级农业农村重大资金和项目支持。

南发〔2011〕26号

中共南昌县委　南昌县人民政府
关于印发南昌县“十二五”期间依法治县规划的通知

各乡镇党委、人民政府，各开发区（新区）、银三角党工委、管委会，县委各部门，县直各单位，中央、省、市驻县各企、事业单位：

《南昌县“十二五”期间依法治县规划》已经县委、县政府研究同意，现印发给你们，请结合实际，认真组织实施。

中共南昌县委
南昌县人民政府
2011年10月31日

南昌县“十二五”期间
依法治县规划

为进一步贯彻实施依法治国基本方略，依据全国、全省“六五”普法规划和《南昌市“十二五”期间依法治市规划》（洪发〔2011〕19号）的要求，结合我县实际，制定本规划。

一、指导思想

高举中国特色社会主义伟大旗帜，以邓小平理论、“三个代表”重要思想和科学发展观为指导，以建设法治政府和推进公正司法为重点，以深化“三项重点工作”为突破口，践行社会主义法治理念，通过依法执政、依法行政、公正司法、普法教育、强化监督等途径，继续推进依法治县建设进程，为我县深化改革开放、加快转变经济增长方式，全面实现“拼争全国五十强县市，建设现代化综合新城”宏伟战略目标和顺利实施经济社会发展“十二五”规划提供坚实的法治保障。

二、基本原则

（一）坚持党的领导。党的领导是实施依法治县的根本保证，县委对全县依法治县工作实行统一领导，各级党组织对本部门、本单位的依法治理工作实施具体领导，确保依法治县规划的全面落实。

（二）坚持服务经济社会发展大局。围绕“十二五”时期经济社会发展的目标任务，积极开展依法治县工作，实现法治建设与经济建设、政治建设、文化建设、社会建设、生态建设有机结合，依法保障和促进全县经济社会科学发展。

（三）坚持以人为本。立足于人的全面发展，充分尊重和保障人权，使人民群众依法行使选举权、知情权、参与权和监督权等各项民主权利；坚持人民当家作主，依法保障其广泛参与国家的政治事务、经济（文化）事业和社会事务管理。

（四）坚持在全社会树立宪法和法律权威。牢固树立宪法和法律观念，依法规范公共权力，依法管理经济社会各项事务，依法促进社会矛盾化解、社会管理创新和公正廉洁执法。

（五）坚持法治教育与法治实践相结合。广泛开展法制宣传教育，坚持学用结合、普治并重，全面推进地方、行业、基层依法治理，大力开展法治县创建活动，整体推进依法治县。

三、总体目标

通过深入开展法治县创建活动、深入推进依法治县和法制宣传教育，科学执政、民主执政、依法执政水平进一步提高；依法行政能力进一步增强，法治政府基本建立；“三项重点工作”进一步深化，社会更加和谐稳定；公民法律素质进一步提升，全社会自觉学法守法用法氛围更加浓厚。到2015年，全县有98%以上的公民普遍接受法制教育，98%以上的乡镇（开发区）、部门和基层单位达到或基本达到依法治理工作目标，96%以上的行政村、社区达到或基本达到“民主法治村（社区）”建设标准，实现更高层次上的“三个百分比”目标。

四、主要任务

（一）切实提高各级党委依法执政能力，推进民主法治建设

1. 切实发挥各级党委的领导核心作用。按照“总揽全局、协调各方”的原则，规范党委与同级人大、政府、政协的关系，支持人大及其常委会依法行使监督、人事任免和决定重大事项等职权；支持政府依法行政；支持政协围绕团结和民主两大主题履行职能，推进政治协商、民主监督、参政议政法制化、规范化、程序化；支持司法机关公正司法；支持工会、共青团、妇联等人民团体依照法律和各自章程开展工作，参与社会管理和公共服务；动员和组织人民群众依法管理国家和社会事务，管理经济和文化事业。

2. 切实加强各级党组织建设。围绕全面提高各级党组织执政能力,进一步加强思想、组织、作风和制度建设,不断提高党员干部的思想政治素质和业务能力,把各级领导班子建设成为坚强领导集体;进一步健全党的领导制度和工作机制,认真贯彻民主集中制,改革和完善决策机制,提高决策水平。

3. 切实提高各级领导干部法律素质。进一步健全并落实党委(党组)理论学习中心组集体学法、法制讲座、法制培训、法律知识考试考核以及领导干部讲法等制度,落实每年不少于4次全县副科级以上领导干部法制讲座、领导干部讲法制课、领导干部年终考法述法等制度,推进领导干部学法用法经常化、制度化;党员干部特别是领导干部要牢固树立社会主义法治理念,带头学法守法用法,进一步提高依法执政、依法决策、依法办事能力。

(二)全面推进依法行政,进一步加强法治政府建设

1. 深化行政审批制度改革。加快政府职能转变,进一步减少和规范行政审批,提高行政效率,增强社会管理和公共服务的能力,推动基本公共服务均等化。严格执行重大行政决策程序规定,进一步规范行政决策程序,完善公众参与、专家咨询、风险评估、合法性审查和集体讨论决定的决策机制,推进决策科学化、民主化、制度化。推行重大行政决策实施情况后评价制度。

2. 推进行政执法体制改革。深入推行行政执法责任制,健全行政执法的公示听证、信息公开、评议考核及过错责任追究等制度,完善便民高效、制约有效的行政执法程序,提高行政执法能力。

3. 加强政府工作监督机制建设。深入推进政务公开、信息公开,加大阳光政务建设力度,增强公共政策制定的透明度和公众参与度。加强诚信制度建设,强化政府法律顾问工作,建立健全依法行政报告制度,各乡镇政府、各开发区(新区)、银三角管委会每年向本级人大常委会和县政府报告依法行政工作,县政府部门每年向县政府报告依法行政工作。到2015年,全县基本实现建设法治政府的目标。

(三)深入推进公正司法,维护社会公平正义

1. 积极稳妥地推进司法体制和工作机制改革。努力建设公正高效权威的社会主义司法制度,不断增强司法工作的公信力、权威性,提高人民群众的满意度。规范法官自由裁量权的行使,促进上下级法院裁判标准统一。深入开展量刑规范化试点工作,探索推进量刑制度改革。严格执行案件审理期限制度,积极探索繁简分流和速裁机制,积极推行轻微刑事案件快速审理制度,提高司法效率,降低诉讼成本。建立健全执行威慑联动长效机制,制裁违法规避执行行为。

2. 积极推进司法为民工作。加强公安、检察、法院业务建设,依法严厉打击各种危害国家安全和社会稳定的刑事犯罪活动,积极查办和预防职务犯罪。加强依法独立公正行使审判权、检察权的保障机制建设。进一步拓展和规范法律服务,完善包括律师、公证、基层法律服务、仲裁、司法鉴定在内的法律服务体系。完善法律援助和司法救助制度,健全司法为民长效机制。

3. 积极加强司法机关监督制约机制建设。大力推进审判公开、执行公开、检务公开、警务公开、所务公开,增强司法透明度。建立完善司法工作质量和效能的社会评价体系,接受社会监督,切实维护人民群众的司法知情权、参与权和监督权,保障人民群众的合法权益。检察机关要认真履行法律监督职能,依法监督审判机关、侦查机关、执法活动,确保公正司法和严格执法。

(四)深入开展普法教育,促进法治社会建设

1. 深入开展以宪法为重点内容的全民普法教育。抓好"六五"普法规划实施,扎实开展全民法制宣传教育。深入学习宣传宪法和国家基本法律、学习宣传社会主义法治理念、学习宣传促进经济发展的相关法律法规、学习宣传保障和改善民生的相关法律法规、学习宣传促进鄱阳湖生态经济区建设和实施"山江湖"综合开发战略的法律法规、学习宣传促进社会管理创新的法律法规、学习宣传有关国防建设方面的法律法规,不断提高公民社会主义法治理念和法律素质。

2. 突出抓好以领导干部为龙头的重点对象法制教育。针对领导干部、公务员、青少年、企业经营管理人员和农民等五类重点对象学法用法工作的不同特点和需求,进一步活跃法制教育的形式和载体,结合法律进机关、进乡村、进社区、进学校、进企业、进单位活动,点面结合,分类指导,多形式、多途径开展重点对象的法制教育,不断增强普法教育工作的针对性和实效性。

3. 广泛组织主题普法教育活动。围绕党委、政府中心工作,利用法制宣传月(周、日)以及法律颁布实施纪念日等重要时节,广泛组织开展"12·4"法制宣传日等面向社会的各种主题普法宣传教育活动。充分运用公共文化服务设施阵地,积极开展群众性法治文化活动,鼓励法治作品创作与宣传,大力繁荣法治文化,推进法治文化建设。开展模范法制工作者和模范基层执法单位评选活动。

(五)强化对权力的制约和监督,增强监督实效

1. 进一步加强监督体系建设。建立健全决策权、执行权、监督权既相互制约又相互协调的权力结构和运行机制,把党内监督、人大监督、行政监督、司法监督、政协民主监督、群众监督、舆论监督有机结合起来,形成纵向联动、横向配合的监督机制。

2. 进一步加强人大、政府、政协、司法监督工作。县人大及其常委会要综合运用听取专项工作报告、执法检查、询问和质询等形式开展监督,确保法律法规有效实施。各级政府要建立和推行依法行政考核制度,加强政府内部层级监督和审计、监察等专项监督。支持政协和各民主党派履行监督职能。强化司法监督,健全完善司法救济功能,依法保障公民诉讼权利,维护司法公正。

3. 进一步加强社会监督。积极发挥人民团体、社会公众、新闻舆论监督的作用,畅通各种监督渠道,确保监督的广泛性和有效性,增强监督实效。

(六)深化民主法治创建活动,推进各项事业依法治理

1. 全面推进法治县创建活动。进一步贯彻实施县委印发《法治县建设纲要》(南发〔2009〕10号)、县委、县政府关于《开展法治县、法治乡镇(开发区)创建活动的实施意见》(南发〔2009〕11号)、县人大常委会关于《建设法治县的决议》,不断深化法县、乡镇(开发区)创建活动。开展法治乡镇(开发区)、法治机关(单位)创建工作先进单位评选

活动，适时表彰命名一批法治乡镇（开发区）、法治机关（单位）创建工作先进，推动法治创建工作深入发展。

2. 全面推进民主法治示范村（社区）创建活动。健全基层党组织领导的充满活力的城乡基层群众自治机制，实现政府行政与基层群众自治有效衔接和良性互动，完善民主选举、民主决策、民主管理、民主监督程序，健全村（居）务公开、财务公开、民主理财、民主评议村（居）干部等各项制度，深化民主法治示范村（社区）创建工作。

3. 全面推进行业法治创建活动。完善以职工代表大会为基本形式的企事业单位民主管理制度，开展诚信守法企业创建工作。积极实施行业依法治理工程，着重抓好依法行政示范单位、依法治校示范学校、学法用法示范单位等创建工作，提高行业民主法治建设水平。

（七）深入推进“三项重点工作”，大力加强和谐平安昌南建设

1. 积极化解社会矛盾。推进人民调解与司法调解、行政调解、行业调解等的有效衔接，建立化解矛盾纠纷多元联动机制，把社会矛盾化解在基层、化解在萌芽状态，最大限度增加和谐因素、最大限度减少不和谐因素。

2. 依法加强和创新社会管理。完善党委领导、政府负责、社会协同、公众参与的社会管理格局，加强社会管理法律、体制、能力建设，提高社会管理科学化水平，确保社会既充满活力又和谐稳定。规范突发事件应对机制和责任追究制度。创新流动人口、社会组织和虚拟社会管理。创新安置帮教工作，全面推进社区矫正。

3. 深化和谐平安创建活动。完善“打防管控”工作网络，整治社会治安重点地区和突出治安问题；深入开展综治信访维稳体系建设，建立健全社会稳定风险评估和社情民意调查机制，完善工作平台，强化长效机制，建设和谐平安昌南。强化对执法权、司法权的监督制约，确保公正廉洁执法，维护人民群众权益，促进社会公平正义。

五、组织保障

（一）加强组织领导。各级党（工）委、政府（管委会）要把依法治县工作摆上重要议事日程，党（工）委主要负责同志为依法治县工作第一责任人，分管领导具体负责。各级依法治理暨法治创建领导小组要发挥职能作用，定期召开会议，研究解决重大问题。要认真落实县委依法治县暨法治县创建领导小组办公室和法治县创建工作各协调指导办公室统筹协调、分工协作的工作制度，加强县级机关在法治创建中的组织、推动、督导和示范作用，进一步加大法治建设的舆论宣传力度，构建工作机制，增强工作合力。

（二）严格考核、奖惩。依法治县暨法治县创建工作领导小组及其办公室要根据依法治县总体目标和县委《法治县建设纲要》明确的总体目标，确定各个时期、各个阶段依法治县和法治县创建工作任务和要求，细化分解到各乡镇、各开发区（新区）、银三角、各部门、各单位。各乡镇、各开发区（新区）、银三角、各部门、各单位每年至少一次向县委法治县创建工作领导小组报告工作。继续推行对“十二五”期间依法治县规划实施情况进行年度考核、阶段性检查和专项督查制度，继续把法治县创建工作列入年度全县综合目标管理考评。在“十二五”期间，实行一年一考评、中期一初评、五年一总评，对工作成绩突出的部门（单位）和个人给予表彰、奖励，对工作任务完成差或不达标的部门（单位），视情实施“限期整改”、“黄牌警告”，以确保依法治县工作、法治县创建工作的有效实施。

（三）强化保障措施。要切实加大对依法治县、法治县创建工作的保障，根据工作任务及需要，依法治县、依法治乡镇（开发区）、依法治村（街道）工作经费要由各级政府纳入同级财政预算予以保障，并根据经济社会发展逐步增加；各部门、各单位要根据工作任务需要安排专项经费；要及时解决依法治理、法治创建工作所需工作人员、办公设施、宣传设备、交通工具等方面的困难，确保依法治理、法治创建工作有人干事、有钱办事、按章理事。

各部门、各单位要根据规划，结合实际，分别制定相应的规划意见，精心组织实施。并将规划报县普法教育工作领导小组办公室备案。

通　知

南字〔2011〕26号

中共南昌县委　南昌县人民政府
关于组织实施2011年南昌县重大重点项目的通知

各乡镇党委、人民政府，各开发区（新区）、银三角党工委、管委会，县委各部门，县直各单位，中央、省、市驻县企事业单位：

项目是发展的基础，是最终的落脚点。只有统筹推进一批事关我县经济社会发展的重大重点项目，以重点带动全面，才能不断扩大总量、优化结构、提高效益，才能拉动经济持续增长、财政增收、收入提高，才能提高城市的影响力、带动力和竞争力，才能推动全局工作扎实有效开展。根据国家产业政策、投资方向和投资重点，今年，县委、县政府决定实施139个、总投资达286.53亿元的重大重点项目。请认真组织实施，并切实做好以下工作：

一、各乡镇、各开发区（新区）、银三角、各部门和各单位要把重大重点项目建设作为率先发展的第一要务和重要载体，摆在各项工作的首要位置，时刻放在心上、拿在手上、体现在行动上，做到“落户项目抓开工，新上项目抓进度，续建项目抓竣工”。要不等不靠、不推不拖，自我加压，落实责任，明确目标任务和时限要求，始终不渝地抓好落实，确保重大重点项目顺利实施。

二、建立分指挥长、挂点县领导、责任部门、项目办“四位一体”的项目责任制度。各级责任领导要深入一线,了解情况,督促指导,千方百计解决项目建设过程中的困难和问题。

三、宣传部门及各乡镇、各开发区(新区)、银三角、各部门、各单位要充分发挥新闻媒体作用,积极做好宣传工作,切实增强全社会加快重大重点项目建设重要性、必要性和紧迫性认识;及时宣传典型经验、先进单位和个人,发挥榜样的作用。加强新闻舆论监督,对阻碍重点建设的典型事件,及时予以曝光。努力营造一个人人关心重大重点项目建设、人人支持重大重点项目建设的良好环境。

四、县重大重点项目推进办公室和督查办公室要切实加强协调调度,不定期组织督查通报,完善考核机制。

附件:2011 年南昌县重大重点项目推进表

中共南昌县委
南昌县人民政府
2011 年 10 月 24 日

2011 年南昌县重大重点项目推进表

表 161　　2011 年 10 月　　单位:万元

序号	项目名称	挂点县领导	责任单位	责任人	总投资	开、竣工时间	建设规模及主要内容	目前进展情况	推进要求
项目总数:139 个,总投资:2865337.58 万元									
一、一产项目(15 个,投资 71423.23 万元)指挥长:程雷佬　副指挥长:吴文卫　牵头单位及负责人:县委农工部胡德金									
1	新农村建设点	程雷佬	县委农工部 各乡镇新农村村点	胡德金 胡叶林	3769.8	2011 年 3 月 ~ 2012 年 3 月	对全县 183 个新农村建设点以“三清六改四普及”、“三绿一处理”和“三化(划)三改一习惯”整治为主要内容。	183 个村点已启动规划编制和整治建设工作,完成改水 5408 户、改水率 68.2%;完成改厕 4861 户,改厕率 61.3%,改厕使用户数 3013 户,使用率 62%;硬化进村路 15.1 公里,村内道路 28.9 公里,村内其他道路 28 公里;修建排水沟 24.1 公里。	春节前完成三改,3 月前完成扫尾工作。
2	南昌县农村饮水安全工程	程雷佬	县水务局	杨宇华 李争林 余云安	1474.35	2011 年 10 月 10 日 ~ 2012 年 2 月 15 日	解决武阳镇、冈山镇、八一乡 29487 农村人口饮水不安全问题,项目建设内容为管网延伸。	已完成土方开挖及回填 21000 立方米、砼 128 立方米、给水管道铺设 15600 米	年底完成总投入的 56%,明年 2 月竣工
3	鄱阳湖区第六个单项南新联圩除险加固工程	程雷佬	县水务局	杨宇华 罗小平 罗爱华	2825	2011 年 9 月 28 日 ~ 2012 年 4 月 30 日	除险加固桩号 45 + 000 – 47 + 000;48 + 100 – 57 + 000;项目建设主要内容为:堤身土方、混泥土护坡、抛石固脚。	施工单位已进场施工,目前正在清基及整坡	年底完成总投入的 46%。明年 4 月竣工

续表 161

序号	项目名称	挂点县领导	责任单位	责任人	总投资	开、竣工时间	建设规模及主要内容	目前进展情况	推进要求
4	2011年南昌县小型农田水利重点县建设工程	程雷佬	县水务局	杨宇华 高云飞	3562.5	2011年11月~2012年3月底	涉及塘南、泾口、武阳、八一、幽兰等乡镇共40个行政村,有效改善9.03万亩农田农业灌溉用水问题;项目建设内容为渠道改造、更新改造泵站、土方工程、预制砼、砌石等。	正在组织招投标工作	年底完成总投入的42%,力争3月竣工。
5	江西省国旺公司南沙湖标准化水产健康养殖示范基地改造	李信谆	县畜牧水产局蒋巷镇八一乡	李家跃 胡新兰 袁　军 万汉平	1400	2011年10月中旬~2012年3月底	4000亩标准化鱼池改造、清淤、护坡、进排水设施改造,池塘护坡等	向省财政厅、农业厅提高设计,待批复	10月批复,11月开工建设,力争明年3月完工。
6	2010年新增千亿斤粮食生产能力规划田间工程	吴文卫	县农业局武阳镇 幽兰镇 泾口乡 塘南镇	章运新 谭水明 赵协冲 黄炳锋 梅　杰	1000	2011年11月~2012年3月	分布在武阳镇、幽兰镇、塘南镇、泾口乡;建设内容为:电排站一座、沟渠69.69千米,排水渠5.85千米、涵管2929座、机耕道29.91千米等田间设施。	已签合同	2011年11月1日全面动工,2012年3月31日竣工
7	2011年中央支持现代农业标准粮田建设项目	吴文卫	县农业局 泾口乡	章运新 黄炳锋	1200	2011年12月~2012年3月	在泾口乡建设高标准农田示范区5000亩。	勘测设计阶段	设计方案完成,10月下旬送省厅专家评审,11月份招投标,12月份项目开工,2012年3月底全面竣工。
8	南昌县2011年农业综合开发高标准农田建设示范项目	吴文卫	县开发办南新乡 蒋巷镇	邓小军 夏　勇 舒斯华 袁　军	2325	2011年10月24日~2012年3月31日	建设高标准农田1.81万亩。新建电灌站9座,新打机电井6眼,架设输电线路4.2公里,开挖疏浚渠道57.8公里,衬砌渠道110.6公里,建设渠系建筑物673座,修建机耕路51.8公里,营造防护林0.11万亩。	目前,组织工程施工招投标工作,预计10月24日开工。	1.12月31日前完成机耕路、沟渠挖填和电灌站、机耕桥基础等土方工程施工任务; 2.2012年1月31日前完成电灌站、机耕桥主体工程,以及部分沟渠衬砌及配套的涵闸等建筑物的修建任务; 3.2012年2月完成沟渠衬砌及配套的涵闸等工程,同时完成机耕路的砂卵石面层铺设任务; 4.2012年3月31日前田间工程基本完成 5.2012年3月上旬完成农田防护林的栽种任务。

续表 161

序号	项目名称	挂点县领导	责任单位	责任人	总投资	开、竣工时间	建设规模及主要内容	目前进展情况	推进要求
9	2010年县农村土地整理工程	吴文卫	县国土局	熊晓毛 周丽萍 王树卫	15626	2011年2月~2012年元月	2010年农村土地整理工程面积8.33万亩,共6个子项目,19个施工标段。主要内容有农田平整,新建和维修田间道、生产路,新建和维修农田水利工程等。	因受农田耕作季节影响,各标段均在做预制件等工作中,预计10月中下旬将陆续开始进场再次开工。	年底前19个标段完成总量86%,明年元月完工。
10	2011年县农村土地整理工程	吴文卫	县国土局	熊晓毛 周丽萍 王树卫	18680	2011年11月~2013年4月	2011年农村土地整理工程面积9.26万亩,共分14个项目,等待省级立项批复,省财政预算批复。	已提交省国土厅和财政厅审核投资规模。	已提交省国土厅和财政厅审核投资规模,批复招投标后,争取11月开工
11	2010年城乡建设用地增减挂钩试点	吴文卫	县国土局	熊晓毛 周丽萍	12380.6	2011年10月~2012年10月	整治土地1017.01亩,主要有拆旧区建筑物拆除、土地复垦。	除市五星垦殖场项目区拆旧未结束外,其他乡(镇)已基本结束,正在着手进行土地复垦工作。	已完成立项,待批复
12	南昌县客运站(城东)	钱 洁	县交通局	罗木平 姜建国 胡凌根 傅根金	1400	2012年2月~2012年12月	占地约35亩,站房面积约2600平方米,日发送旅客3000人次以上,包括站房、场地、给排水工程及幸福路拓宽正在进行设计。	正在进行设计	1. 2012年2月底前,申请质量监督、办理施工许可、施工单位进场、工程正式开工。 2. 2012年7月底,完成场地地下管网及土方工程。 3. 2012年10月底,完成站房主体工程及装修。 4. 2012年12月底,完成场地表层铺地,绿化,幸福路拓宽路面等。
13	莲塘至姚湾、新坊至茌港、五星至沙潭通乡公路建设	钱 洁	县交通局	罗木平 姜建国 胡凌根 周凯平	4200	2011年10月~2012年10月	按公路三级标准改造、总长度15公里	10月11日开标	1. 2011年10月底,申请质量监督,办理施工许可,施工单位进场,工程正式开工; 2. 2012年5月底,完成路基土方、边沟、涵管枧闸、防护工程及桥梁下部构造、板梁预制; 3. 2012年9月底,完成桥梁上部构造、水泥砼路面; 4. 2012年10月底,完成标志标线和减速带的设置,路肩土方。

续表 161

序号	项目名称	挂点县领导	责任单位	责任人	总投资	开、竣工时间	建设规模及主要内容	目前进展情况	推进要求
14	市级重点危桥改造(泾口大桥、黄家桥)	邓炳根	县交通局	罗木平 姜建国 周凯平 杨木林	720	2012年3月~2012年10月	县道危桥改造2座,其中:重建桥梁1座,计30延米;维修桥梁1座,计284.8延米。	已完成设审,正在修改施工图设计。	1.2012年3月底前,申请质量监督,办理施工许可,施工单位进场,工程正式开工; 2.2012年7月底,完成路桥梁下部构造、板梁预制; 3.2012年10月底,完成桥梁上部构造。
15	县危桥改造(9座县道桥梁)	钱　洁	县交通局	罗木平 姜建国 周凯平 杨木林	860	2012年3月~2012年10月	改造县道危桥9座,其中重建桥梁1座,计10.5延米;维修桥梁8座,计516.4延米。	新武大桥已完成设计和立项,10月11日开标。其他8座桥正在选择设计单位进行设计。	1.2012年3月底前,申请质量监督,办理施工许可,施工单位进场,工程正式开工; 2.2012年7月底,完成路桥梁下部构造、板梁预制; 3.2012年10月底,完成桥梁上部构造。
二、二产项目(44个,投资1767343万元)									
(一)小蓝经济开发区工业项目(40个)指挥长:徐海波　副指挥长:刘光荣　牵头单位及负责人:小蓝经济开发区李广祥									
1	江西直方数控动力有限公司	徐海波	小蓝开发区	李广祥	300000	2010年6月~2013年6月	该项目占地419亩,主要建设内容为车用电喷系统研发与生产,全部达产后实现产值100亿元、利税20亿元。	精加工车间装修、约300平方米的精加工室投产,具备年产两万套的生产能力。油泵实验室投入使用,职工宿舍内部装修基本完成。	1.10月~12月完成倒班宿舍装修等; 2.12月正式批量生产。
2	江铃控股有限公司二期	徐海波	小蓝开发区	李广祥	200000	2011年12月~2013年	涂装、焊装车间	开工前期准备工作	1.10月份厂房基础开挖,预计11月份完工焊装、涂装厂房基础; 2.11月厂房立柱吊装; 3.12月总装厂房基础开挖,焊装、涂装厂房封顶。
3	江铃股份有限公司整车生产项目	徐海波	小蓝开发区	李广祥	200000	2008年7月~2013年5月	该项目总投资20亿,用地面积约2000亩,将形成年产轻型客车、SUV等30万辆以上。全部达产后可实现年销售收入300亿元,税收15亿元,建成后将是一个世界级水平的标准工厂。	A6/C4线冲压车间厂房主体完工,正在进行设备基的施工,焊装车间和总装车间正在进行钢构厂房的屋面施工,涂装正在进行厂房基础施工,试车跑道正在进行桩基工程。	1.2011.10~2011.12完成焊装车间、总装车间厂房建设; 2.2011.10~2012.2完成涂装车间厂房建设

续表 161

序号	项目名称	挂点县领导	责任单位	责任人	总投资	开、竣工时间	建设规模及主要内容	目前进展情况	推进要求
4	南昌宝迪农业科技有限公司	李木旺	小蓝开发区	李广祥	120000	2010年3月~2011年12月	该项目总投资12亿元,主要从事肉制品、副产品的精深加工及动物蛋白制品的精深加工,全部建成后实现年销售收入45亿元,年实现税收4000万元左右。该项目已于2010年3月动工建设。	屠宰车间设备已经安装等待国外专家进场指导调试,1栋办公楼在装修及外墙亮化工程。宰鸡车间主体即将完工,深加工车间已经封顶,恩比车间本月底主体完工,5栋宿舍楼已经完成,具备入住条件,1栋仓库封顶,完成部分厂区绿化。	1.10月完成食堂装修、屠宰车间设备安装、11月试产; 2.10月~12月份完成宰鸡车间、深加工车间、恩彼车间、锅炉房、待宰圈、办公楼、仓库、氨机房、宿舍土建工程及设备安装,准备试产。
5	南昌国际动漫产业园项目	黄连科	小蓝开发区	李广祥	120000	2010年10月~2013年12月	南昌国际动漫产业园项目包括动漫产业区、动漫教育培训区、综合配套服务区等功能区,总占地约1900亩,总建筑面积约90万平方米,总投资约12亿元。宿舍、教学楼、办公楼等建设。	一期1栋办公楼、1栋餐饮中心,8栋宿舍,4栋教学楼框架在建。	10月~12月完成宿舍建设、办公楼及餐饮中心完成外装修并开始内装修、教学楼主体完工,运动场完成基础。
6	南昌达利食品有限公司	李 植	小蓝开发区	李广祥	100000	2010年11月~2011年12月	该项目总投资10亿元,主要建设"达利园""和其正"等全系列饮料生产基地,项目建成后将实现年产25万吨饮料生产规模,产值10亿元以上,实现税收8000万元。	目前厂房主体等已经完成,正在外墙粉刷以及内部装修,开始安装设备。	1.10月完成办公楼、宿舍装修并开始安装设备; 2.11月完成厂区管网建设; 3.12月开始试产。
7	南昌江铃新动力汽车制造有限公司	徐海波	小蓝开发区	李广祥	100000	2011年~2014年12月	建设年产7万辆天运经济型轻卡、3万辆天牛经济型皮卡和1万辆天鹿客车生产基地,厂房、办公楼建设	正在进行基础承台施工,已开始进行钢构厂房的吊装。	1.2011.10~2012.6完成招标工作; 2.2011.10~2014.10完成土建工程。
8	旭宇光电(江西)有限公司	徐海波	小蓝开发区	李广祥	65520	2011年6月~2011年12月	租赁厂房,在我县建设LED光电子产业园,2012年底形成年产50万套户外产品及300万套室内产品的生产能力;2015年打造成光电产业链上、中游核心研发及太阳能光伏产业链生产基地。	已完成公司注册,并已进资200万港币,租赁于小蓝投资公司的标准厂房正在装修,预计年底投产。	11月底~2012年2月厂房装修

续表 161

序号	项目名称	挂点县领导	责任单位	责任人	总投资	开、竣工时间	建设规模及主要内容	目前进展情况	推进要求
9	江铃汽车集团改装车厂	徐海波	小蓝开发区	李广祥	50100	2010年11月～2012年12月	该项目总投资5亿元，占地474亩，主要用于改装车新厂区建设。	一期两栋钢构厂房已完工，另外三栋钢构厂房正在施工。	2011.10～2012.10完成二期建设。
10	江西江铃专用车辆厂	徐海波	小蓝开发区	李广祥	50000	2011年5月～2013年12月	江铃集团轻中重型专用车及汽车零部件生产项目，厂房、办公楼建设。	正进行钢构厂房吊装施工。	1.2011年10月～11月底完成焊装厂房施工并开始安装设备，至2012年2月安装结束； 2.2011年11月底～2012年5月开始涂装车间施工。
11	江西斯麟国际电缆股份有限公司	刘光荣	小蓝开发区	李广祥	35000	2011年5月～2012年7月	新型铝合金导体及弧形联锁铠装电缆制品，厂房、办公楼建设。	钢构厂房主体基本完工。	1.2011.10～2012.12完成宿舍楼建设； 2.2011.10～2012.2完成办公楼、食堂建设； 3.10月～12月完成设备安装调试、开始试产。
12	江西晨达科技有限公司	刘光荣	小蓝开发区	李广祥	28000	2011年7月～2014年12月	该项目总投资2.8亿元，位于银湖二路以北、金沙二路以东，面积224亩，主要生产液晶电视。	1栋办公楼、2栋厂房主体框架在建。	1.10月～12月1号楼建成投入使用； 2.3号厂房建成并投产。
13	江西鼎恒实业有限公司	江振国	小蓝开发区	李广祥	23800	2010年8月～2012年6月	澳洲盛美汽车轮胎生产及数码彩印，厂房、办公楼建设。	一栋办公楼，二栋宿舍、一栋食堂基本建完，一号钢构厂房已经投产，二期主体框架正在施工。	2011.10～2011.12完成五栋钢构厂房、三栋混泥土厂房建设。
14	昆山铭励精密五金项目	胡金华	小蓝开发区	李广祥	20000	2010年5月～2012年6月	年产100亿件消费类电子、汽车等行业之精密五金及塑胶组件项目，厂房、办公楼建设。	3栋车间投产，4栋车间装修，1栋车间安装调试设备，待环评通过后投产。	1.10月～12月完成4栋车间装修及设备安装调试，开始试产。
15	江西护理学院	刘光荣	小蓝开发区	李广祥	20000	2010年12月～2012年9月(一期)	学校，教室、办公楼建设。	一期6栋实验大楼主体框架在建、3栋教学大楼主体框架在建、1个食堂已经封顶、10栋学生宿舍主体框架在建，11月将全部封顶。	1.10月完成一期主体工程85%； 2.11月完成全部主体工程； 3.装修施工开始。
16	江铃有色压铸有限公司	熊　鹰	小蓝开发区	李广祥	15430(一期5000)	2010年3月～2015年12月	建设年产铝合金铸件7500吨生产基地及物流、仓库配套等，厂房、办公楼建设。	一栋钢构厂房已建完，一栋熔炼车间厂房已建完，厂区内道路已硬化，绿化基本完工，正在进行设备调试。	1.10月完成厂房装修； 2.11月设备安装调试； 3.12月开始试生产。

续表 161

序号	项目名称	挂点县领导	责任单位	责任人	总投资	开、竣工时间	建设规模及主要内容	目前进展情况	推进要求
17	江西恒运实业有限公司	刘光荣	小蓝开发区	李广祥	13050	2010年11月~2012年12月	总部大楼	1栋写字楼主体框架在建。	2011.10 ~ 2012.8月完成2号写字楼建设。
18	江西立鼎光电	刘光荣	小蓝开发区	李广祥	13000	2011年11月~2012年11月	镜头镜片生产,厂房、办公楼。	开工前期工作,预计2011年11月开工。	1.10月份完成开工前期手续; 2.11月、12月开始厂房建设及土建施工。
19	南昌亨特工业有限公司	刘光荣	小蓝开发区	李广祥	13000	2011年3月~2012年8月	锅炉生产,厂房、办公楼。	1栋钢结构厂房在建	2011.10 ~ 2012.5完成厂房建设。
20	南昌大众制冰有限公司	陈秀梅	小蓝开发区	李广祥	12000	2010年10月~2012年12月	年产10万吨冰淇淋、雪糕,厂房、办公楼建设。	1栋车间主体建完,在装修及硬化路面,冷库已投入使用,二期年底开工建设。	2011.10 ~ 2012.2完成1栋厂房、1栋仓库的建设。
21	苏州吴越塑料工业有限公司	徐海波	小蓝开发区	李广祥	10500	2010年11月~2011年12月	仪表台、保险杠、门护板等20万套,厂房、办公楼建设。	钢构厂房、办公楼主体完工,装配车间框架三层全部完工。	1.10月~11月完成装配车间、生活配套楼装修等; 2.12月完成涂装车间设备安装调试。
22	小蓝丰溢实业发展有限公司	刘光荣	小蓝开发区	李广祥	10000	2010年11月~2014年12月	厂房、办公楼	已建7栋厂房	2011年10月至2012年7月开始厂房建设。
23	南昌市硲德实业有限责任公司	李木旺	小蓝开发区	李广祥	10000(一期4433万元)	2011年5月~2012年2月	人民币纸币塑料包装箱生产基地(一期),厂房、办公楼建设。	1号厂房封顶2号副主厂房封顶、食堂封顶,10月1号进设备2号辅助厂房装修铺水电管道。	1.10月1号厂房装修,11月设备开始安装; 2.12月道路路灯安装; 3.10月~12月完成2号辅助厂房及食堂施工。
24	八王寺	刘光荣	小蓝开发区	李广祥	8000	2010年9月~2011年12月	主导产品水,厂房、办公楼建设。	2栋钢结构厂房建完	1.10月份完成设备安装; 2.11月~12月办理好生产所需相关手续,开始试产。
25	协和二期	徐海波	小蓝开发区	李广祥	8000	2011年8月~2013年12月	汽车配件生产,厂房。	开工前期准备工作	1.2011.10月完成招标并开始厂房施工,预计2012年2月完成。
26	江铃联发实业	徐海波	小蓝开发区	李广祥	8000	2011年9月~2012年8月	2栋厂房、1栋办公楼、1栋综合楼	基础开挖	1.2011.9 ~ 2012.4一号厂房施工; 2.2011.11 ~ 2012.5二号厂房施工; 3.2011.12 ~ 2012.5宿舍楼、办公楼及食堂施工。

续表 161

序号	项目名称	挂点县领导	责任单位	责任人	总投资	开、竣工时间	建设规模及主要内容	目前进展情况	推进要求
27	江西盛强实业发展有限公司	徐海波	小蓝开发区	李广祥	7500	2010年11月～2012年4月（一期）	半挂车及车厢改造1000辆，重型汽车底盘件5000吨，厂房、办公楼建设。	1栋钢构厂房主体完工，另一栋厂房正在进行施工。	1.10月份开始3号车间土建施工；2.11月、12月开始附属设施施工。
28	江西巨荣生物技术有限公司	刘光荣	小蓝开发区	李广祥	7000	2011年2月～2012年8月	生物制品生产项目，厂房、办公楼建设。	厂房主体在建，办公楼在建。	10月～12月完成厂房、办公楼等的主体框架建设并开始装修。
29	江铃李尔内饰件厂	徐海波	小蓝开发区	李广祥	7000	2011年1月～2011年12月	汽车座椅/年产15万套，厂房、办公楼建设。	一栋钢构厂房主体已完工，设备正在进行调试中，二期厂房建设正在设计中。	1.10月，二期厂房设计启动；2.11月～12月中旬完成二期厂房报建、二期设备采购；3.12月下旬～2012.8二期厂房主体完工。
30	江西仁新铜业有限公司	刘光荣	小蓝开发区	李广祥	6233	2010年10月～2011年11月	铜配件，厂房2栋、办公楼建设。	办公楼已全部建完，正在进行装修，1号厂房已建完，正进行内部装修。	1.10月完成办公楼及厂房装修；2.11月～12月开始安装设备并试产。
31	江西华讯实业有限公司	徐海波	小蓝开发区	李广祥	6000	2010年12月～2011年12月	年产100万套汽车非标产品，厂房、办公楼建设。	一栋钢构厂房全部完工，设备陆续进场，综合楼和办公楼的基础完工，办公楼二楼完工。	10月至12月完成厂区道路及水电公用工程、联合厂房、办公楼、综合楼，开始试产。
32	南昌久耐汽车离合器有限公司	徐海波	小蓝开发区	李广祥	6000	2010年12月～2012年12月	离合器、厂房、办公楼建设	正在进行钢构厂房吊装施工	2011年10月～2012年6月完成厂房建设。
33	智强实业	徐海波	小蓝开发区	李广祥	6000	2010年9月～2012年12月	汽车配件、厂房、办公楼	厂房装修	1.10月～11月完成厂房装修、设备开始安装；2.12月份试生产。
34	江西奇泰包装有限公司	王三毛	小蓝开发区	李广祥	6000	2011年10月～2013年10月	4栋厂房、1栋办公楼、1栋宿舍	正在办理报建手续，预计十月中旬将开工建设。	1.10月完成开工前期工作并建围墙；2.11月份开始厂房、宿舍、办公楼打桩及开挖；3.12月份开始主体框架建设。
35	南昌通联科技发展有限公司	刘光荣	小蓝开发区	李广祥	5200	2011年4月～2012年1月	厂房、办公楼、宿舍	已建2栋厂房、1栋办公楼。	10月～12月完成厂房装修。

续表 161

序号	项目名称	挂点县领导	责任单位	责任人	总投资	开、竣工时间	建设规模及主要内容	目前进展情况	推进要求
36	联强国际	刘光荣	小蓝开发区	李广祥	5100	2011年1月3日签约,建设周期一年	项目用地22.52亩建设,江西区域高端电子产品的运筹中心。	已完成公司注册,已取得土地指标,等待土地运作领导小组开会讨论。	年底通过土地运作会,完成招拍挂。
37	江西省欧泰诗汽车部件有限公司	徐海波	小蓝开发区	李广祥	5000	2010年12月~2012年6月	刹车片,厂房、办公楼建设。	正在进行钢构厂房吊装施工	10月~12月完成厂房建设。
38	江西亲飞实业有限公司	刘光荣	小蓝开发区	李广祥	5000	2011年3月~2012年5月	年产10万台家用洗衣机,厂房、办公楼建设。	正进行厂房施工	1.10月~12月4栋厂房封顶; 2.2011.10~2012.8完成办公楼、宿舍建设。
39	江西省鑫圣投资有限责任公司	刘光荣	小蓝开发区	李广祥	5000	2011年2月~2012年12月	钢丝网护坡生产项目,厂房、办公楼建设。	1栋厂房已建完投产,办公楼即将动工建设。	1.10月完成办公楼建设手续; 2.11月~2012年10月完成办公楼建设。
40	经纬铜业	刘光荣	小蓝开发区	李广祥	5000	2011年3月~2012年3月	铜加工,厂房、办公楼。	厂房建设	10月~12月完成厂房建设。
(二)其他区域工业项目(4个)指挥长:涂莉华 副总指挥长:熊明泉、黄志清 牵头单位及负责人:县工信委饶发全									
1	南昌建华管桩有限公司	熊明泉	南新乡	舒斯华	31910	2011年9月~2012年8月	项目占地400亩,其中项目一期占地200亩,建设厂房、办公楼、职工倒班宿舍、食堂、锅炉房等,建筑面积29398平方米。购买国内外先进生产设备,建设预应力混凝土管桩生产线,形成年产400万米预应力混凝土管桩的生产规模。	项目已完成注册、环评、能评、土地权证、土方招投标、规划设计方案、土地平整,目前正在进行基础桩基和道路修建工作。	抓紧道路修建和基础修建工作。
2	益海嘉里(南昌)粮油有限公司	熊明泉	南新乡	舒斯华	60000	2011年12月~2012年6月	二期建设日产750吨小包装食用油生产线,800吨精炼油厂和扩建18000吨储油设施。	二期项目正在进行项目报批、设备选型等工作。	尽快完成项目报批手续。
3	香港皇朝傢俬有限公司	黄志清	向塘镇	涂相鸿	5000万美元	2011年5月~2012年6月	建设年产10万张床垫、5万套板式家具和5万套实木家具生产基地。	项目已完成注册、环评、能评、土地预审、土方招投标和规划设计方案。	抓紧项目拆迁,进场施工。
4	筹建武阳中小企业创业园和南新滨江工业园	邓炳根 涂莉华 熊明泉	县工信委武阳镇南新乡	万茂文 彭苏龙 涂秀清	启动武阳创业园核心区建设,完成5000万元基础设施投入,吸引2~3个重大项目落户园区	2011年~2014年	建设5平方公里的武阳中小企业创业园和2平方公里的南新滨江工业园。	10月6日召开了园区筹建会议,研究决定成立武阳创业园和南新滨江工业园筹建工作推进小组,支持和鼓励园区建设的若干意见已基本修改完善。	加快"两园"筹建进度,启动园区详规编制和前期建设资金筹措。

续表 161

序号	项目名称	挂点县领导	责任单位	责任人	总投资	开、竣工时间	建设规模及主要内容	目前进展情况	推进要求
三、三产项目(20个,投资769781.86万元)指挥长:杨保根 副指挥长:钱洁 牵头单位及负责人:县商务局万仁辉									
1	玺悦城	杨保根	莲塘镇	黄凤金 余 宇	39000	2011年8月~2013年12月	项目座落于莲塘镇澄湖东路以东,占地62.39亩,规划建筑面积11.2万平方米,是一个汇集购物、餐饮、休闲、娱乐等复合功能于一体的高档都市生活的城市综合体。其中:商业面积7.3万平方米,总部大楼面积1.5万平方米。	1. 土地权属证已取得; 2. 已完成报建; 3.8月份已开工; 4. 正在做地下基础工程。	1.2011年10月底完成地下土方清理运输; 2.2011年12月底完成地下基础建设工程,达到正负零; 3.2012年10月主体竣工,12月底开张营业。
2	月星家居	杨保根	莲塘镇	黄凤金 李美龙	150000	2011年8月~2013年12月	项目座落于莲塘镇原金屋装饰城内,占地面积90亩,商业总建筑面积20万平方米。项目建成后,预计年销售额可达20亿元。	1. 土地已变性; 2. 已办理施工许可证; 3. 正在做护坡及正式开工前的各项准备工作。	1.2011年10月开工; 2.2011年12月底完成地下基础工程,达到正负零; 3.2012年6月底完成主体工程; 4.2012年底开张营业。
3	茵梦湖国际旅游度假区	杨保根	银三角	闵员根 徐志强	300000	2011年8月~	项目座落于银三角开发区105国道以西,占地面积约3300亩,集住宅、主题乐园、休闲庄园、湿地公园、主题酒店、休闲商业(奥特莱斯)等功能为一体。其中商业面积10万平方米,项目分五期建设,建成后预计游客数量每年将达180万人次,新增利税8.5亿元	1. 一期的161亩用地已取得; 2. 省国土厅已下达项目一期用地指标884亩; 3. 省国土厅已通过项目二期400亩用地的预审; 4.900余亩的水域及土地改造与整理,门户景观区形象初步形成; 5. 乐园的初期入园广场和项目区域内主干道路基建设已基本完成。	1.2011年10月争取一期1020亩用地上土地运作会; 2.2012年5月门户景观区主体景观基本建成; 3.2012年底乐园项目基本建成。
4	江西农机大市场二期	杨保根	小蓝开发区	李广祥 陈怡辉	11000	2011年6月~2011年12月	项目座落于小蓝开发区汽车大道以南,农机大市场一期以西,占地面积100亩,商业面积6.7万平方米。	1. 土地权属证已取得; 2.2011年6月已开工; 3. 三栋商铺已封顶。	1.2011年10月份再开工3栋; 2.2011年底完成全部共9栋主体竣工; 3.2012年初,二期全面开业。
5	金翰丽晶酒店	杨保根	莲塘镇	黄凤金 黄元新	30000	2010年10月~2012年12月	项目座落于莲塘镇澄湖北路以北,占地面积47亩,建成后集接待大型会议、餐饮、住宿、休闲、健身、娱乐功能为一体的四星级酒店,酒店总建筑面积3.2万平方米。	1. 土地权属证已取得; 2.2010年10月开工建设; 3. 主体已封顶。	1.2011年11月底完成内墙工程; 2.2011年底完成外装修; 3.2012年3月份完成内装修,年底开始营业。

续表 161

序号	项目名称	挂点县领导	责任单位	责任人	总投资	开、竣工时间	建设规模及主要内容	目前进展情况	推进要求
6	盛汇城市广场	钱洁	莲塘镇	黄凤金 万晓辉	35000	2011年11月~2013年11月	项目座落于莲塘镇迎宾大道以东,澄湖北路以南,占地34亩,商业总建筑面积8.8万平米。项目规划兴建一个融大型超市、餐饮、办公、酒店等多种业态为一体的城市商业综合体。	1. 土地权属证已取得; 2. 已完成场地平整; 3. 设计方案已通过专家评审; 4. 完成施工单位的选择和确定,已做好开工前的准备。	1. 争取2011年11月通过规划委员会; 2. 2011年12月底完成报建手续; 3. 2012年元月开工建设。
7	平兰诚信物流配送中心	钱洁	八一乡	万汉平 曾晋	13000	2011年8月~2012年12月	项目座落于八一乡莲塔线以南,占地面积74亩,商业面积3.9万平方米。为商务部指定的万村千乡市场工程配送中心,分二期进行,建设内容主要有物流配中心和商品批发市场等综合商业业态。	1. 土地权属证已取得; 2. 已通过规划委员会; 3. 施工许可证正在办理中; 4. 土地已完成平整,开工前的准备已完成。	1. 2011年10月底完成报建; 2. 2011年11月底主体工程开工; 3. 2011年12月底完成树木迁移,自来水、污水管网的协调工作; 4. 2012年6月份主体完工。
8	江铃国际大厦及江铃汽车4S店	钱洁	莲塘镇	黄凤金 万晓辉	6000	2011年9月~2011年12月	项目座落于迎宾大道以东,莲垦路以北,占地面积26亩,用于江铃核心企业集中办公,兴建江铃汽车4S店,商业面积正在调整。	1. 土地权属证已取得; 2. 已完成通平; 3. 4S店正在做钢构; 4. 总部办公楼需要变更设计。	1. 争取2011年10月份通过县调整容积率有关会议; 2. 2011年11月份争取完成变更设计; 3. 2011年底前完成4S店主体工程; 4. 2012年初江铃国际大厦开工建设。
9	华润万家超市	钱洁	莲塘镇	黄凤金 曾国华	8000	2010年11月~2012年6月	项目座落于莲塘镇澄湖北路以北,澄湖西路以东,建筑面积2万平方米。	1. 土地权属证已取得; 2. 2010年10月开工建设; 3. 目前超市主体已封顶。	1. 2012年2月开始装修; 2. 争取2012年6月营业。
10	中飞国际酒店	钱洁	莲塘镇	黄凤金 余宇	10000	2011年8月~2013年12月	项目座落于莲塘镇墨山立交桥以东,占地面积30亩,酒店建成后集会议、餐饮、娱乐等功能为一体。其中,酒店面积8000平方米,游泳馆面积2000平方米。	1. 土地权属证已取得; 2. 已通过规划委员会; 3. 2011年8月已开工建设,正在做人防和主体基础。	1. 2011年11月底完成地面以下基础建设; 2. 2011年12月底达到正负零以上; 3. 2013年8月底完成酒店主体建设。

续表 161

序号	项目名称	挂点县领导	责任单位	责任人	总投资	开、竣工时间	建设规模及主要内容	目前进展情况	推进要求
11	尚南云顶江西大酒店	钱洁	小蓝开发区	李广祥 陈怡辉	15000	待开工	项目座落于迎宾大道以西，总建筑面积共约18000平方米，其中12000平方米为酒店，6000平方米为高档写字楼及公寓酒店。	1. 土地权属证已取得； 2. 第一次土地运作会已同意提高容积率，补交差价； 3. 2010年12月10日已由县国土部门提交评估报告至县政府明确补交土地出让金数额； 4. 设计已通过专家评审； 5. 开工前的准备工作已完成。	1. 2011年10月份争取上土地运作会； 2. 2011年12月份完成报建； 3. 2012年初开工建设。
12	省交通规划设计院	钱洁	昌南新城	李慎欢 王孟俊	50000	2011年8月～2013年8月	项目座落于昌南新城清水湾楼盘内，占地面积150亩，建筑面积14万平米。	1. 报建手续已完成； 2. 正在打地下桩机。	1. 2011年10月份完成打桩； 2. 2012年元月完成人防、地下停车场的开挖建设； 3. 2013年6月完成主体。
13	华宇大酒店	钱洁	小蓝开发区	李广祥 陈怡辉	23000	待开工	项目座落于迎宾大道以西、富山大道以北，占地20.67亩，兴建四星级酒店和商住开发，商业面积2.5万平方米。	1. 土地权属证已取得； 2. 正在做项目初设方案。	1. 2011年11月完成设计方案； 2. 争取2011年12月底通过规划委员会； 3. 2012年元月完成报建； 4. 2012年3月开工建设； 5. 2012年年底酒店主体完工。
14	南昌县再生资源集散市场	黄志清	向塘镇	涂相鸿 李建新	22000	待开工	项目座落于向塘镇，占地200亩，预计全年回收并销售废钢铁25万吨左右，实现销售额在9亿元，上交增值税1.2亿元左右。	1. 该项目已在向塘注册，已纳税； 2. 土地通过预审； 3. 该项目列入商务部再生资源回收利用体系建设试点项目。	1. 2011年10月以县政府名义上报争取用地指标； 2. 争取2011年底通过土地运作会； 3. 2011年12月底做好项目设计。
15	向塘国际商贸城二期	黄志清	向塘镇	涂相鸿 闵宇雷	3000	2011年10月～2012年1月	项目座落于向塘316国道旁，兴建“江西昌南钢城”项目的配套硬件设施“2万平方米钢材室内库”的单体建设。	1. 一期301亩用地于2005年3月取得； 2. 已建成商业面积5万平方米； 3. 二期200亩用地已获得，正在报建。	1. 2011年10月中上旬二期全面开工建设； 2. 2012年元月二期全面竣工。
16	向塘物流基地～(铁路货场)	黄志清	向塘镇	涂相鸿 李青文	30000	待开工	项目座落于向塘镇，依托南昌南货场的搬迁，建设大型铁路物流基地。	1. 已完成项目立项； 2. 完成1300亩项目用地的规划设计。	1. 以县政府名义争取列入省政府重大重点项目； 2. 2011年底争取拿到用地指标； 3. 2012年6月启动安居工程建设。

续表 161

序号	项目名称	挂点县领导	责任单位	责任人	总投资	开、竣工时间	建设规模及主要内容	目前进展情况	推进要求
17	东新220kV输变电工程	杨保根	县供电局	李承烈 李志勇	11920	2011年8月~2012年7月	新建东新220千伏变电站、220千伏斗门—前湖线破口接入东新变线路。	目前(变电站部分)完成了建设场地的平整,土建桩基基础准备施工;(线路部分)完成了输电线路的设计交底和现场勘测。	2012年7月全面竣工。
18	象湖110千伏输变电工程	杨保根	县供电局	李承烈 李志勇	4830	2011年10月~2012年7月	本期新建50兆伏安变压器2台,110千伏出线2回,10千伏24个出线间隔,配套建设4回,双回路架设线路4.2千米。	该工程的"三通一平"、土地证办理和建设贷款贴息等前期准备工作已全部到位,目前正在加紧敦促设计单位出施工设计。	1. 2011年10月中旬完成围墙和三通一平; 2. 2011年11月完成招投标; 3. 2011年12月施工单位进场施工。
19	斗梧线改造	杨保根	县供电局	李承烈 杨 勇	3600	2011年3月~2011年11月	架设铁塔41基,220线路同塔架设。	已完成38基塔基,还有3基塔基未完成	力争2011年11月底全面完工。
20	2011年县城网改造迎峰度夏工程	杨保根	县供电局	李承烈 李志勇	4431.86	2011年6月~2011年10月	新建10千伏线路6.52千米,改造10千伏线路12.46千米,新建配电台区17台,改造配电台区14台,改造低压线路31千米。	已完成10千伏线路新建(改造)13.29千米,完成配电台区新建(改造)16台,完成低压线路改造7.6千米,完成投资共计2846.15万元;完成率83%。	2011年12月中旬全面完工。
四、基础设施项目(60个,约投资256789.49万元)(一)莲塘镇、向塘镇、银三角及其他区域基础设施项目和社会事业项目(27个)指挥长:杨斯 副指挥长:伍 曦 牵头单位及负责人:县城建局陈 皓,县卫生局龚润水									
1	澄碧湖公园北苑改造工程	杨 斯 刘廷爱	县城建局	陈绍福 徐援越	4000	2011年3月~2012年3月	澄碧湖北苑美化、雕塑及亮化	目前该工程施工进度已完成整个工程量的45%左右;澄碧湖公园北区文化长廊、中心广场、(堆叠土地形)绿化场地等主要构筑物土方工程部分总体效果雏形基本形成,水莲台建设、文化长廊雕刻有待上级部门确定。	1. 绿化工程12月底前完成; 2. 景观桥11月底前完成下部结构; 3. 七彩莲拱11月底前完成; 4. 滴水池主体工程12月底前完成。
2	澄湖东路(澄湖北大道至小蓝南路)	杨 斯	县城建局	陈绍福	1116	2010年7月~2011年10月	澄湖东路全长1022米,路幅宽40米,建设内容包括:道路、排水、路沿石、人行道。	车行道、慢车道硬化施工已基本完成,正在进行人行道铺贴等扫尾工作。	10月底前全面竣工。
3	澄湖东路北段道路排水	杨 斯	县城建局	陈绍福	1265	2010年10月~2011年12月	澄湖东路北段全长870米,路幅宽40米,车行道宽20米,绿化宽4米,人行道宽6米。	已完成路面硬化工作,正在进行绿化带内土方施工。	1. 11月中旬完成人行道板铺设; 2. 12月底前工程竣工。

续表 161

序号	项目名称	挂点县领导	责任单位	责任人	总投资	开、竣工时间	建设规模及主要内容	目前进展情况	推进要求
4	河滨路北段道路排水	杨　斯	县城建局	陈绍福	608	2010年10月~2011年12月	河滨路北段全长850米，路幅宽20米，车行道宽9米，绿化带宽5.5米。	排水工程已完成，正在进行道路路基土方平整。	1.11月中旬完成路面硬化；2.12月底工程竣工。
5	河滨路南段道路排水	杨　斯	县城建局	陈绍福	500	2010年10月~2011年11月	河滨路南段全长420米，路幅宽20米，车行道宽9米，绿化带宽5.5米。	已完成车行道路面硬化，正在进行人行道施工。	待县供电公司斗梧龙线迁改完成后，剩余工程可在一个月内全面竣工。
6	康莲路东段	杨　斯	县城建局	杨国辉	665	2010年10月~2011年12月	康莲路东段全长1000米，路幅宽30米，车行道宽16米，绿化带宽3米，人行道宽4米。	路面硬化工作基本结束，正在进行人行道施工。	1.11月底前完成人行道板铺设；2.12月底工程竣工。
7	莲西大道南段	杨　斯	县城建局	陈林华	668	2010年7月~2011年12月	莲西大道南段全长577米，路幅宽40米，车行道宽20米，绿化带宽6米，人行道宽4米。	车行道已通车，正在进行人行道施工。	1.11月中旬完成人行道板铺设；2.12月底工程竣工。
8	小蓝北路西段	黄连科	县城建局	杨国辉	1154	2009年7月~2011年12月	小蓝北路西段全长约1150米，路幅宽41米，建设内容包括：道路、排水、路沿石、人行道。	路面硬化工作已完成，正在进行人行道土方施工。	1.11月底前完成人行道铺设；2.12月底前工程竣工。
9	定岗一路排水箱涵	黄连科	县城建局	章小华	500	2006年底开工	修建2×1.5米及3.4米×3米排水箱涵总长约980米。	该工程于2006年开始修建，因定岗村一栋平房拆迁未到位停工至今。已修建排水箱涵约680米。受泰然雅居建设影响，拆除了约400米箱涵，目前康城及定岗村积水无法正常排放。施工单位不能进行工程结算。	
10	幸福路	姜润根	县城建局	陈绍福	625	2010年10月开工	长约800米，路幅宽15米，车行道宽7米，人行道各宽4米。	排水工程已完成，但道路北段原水泥厂一职工搭建的房屋未拆除，阻碍工程推进，需县工信委领导加大工作力度。	
11	金沙大道南延项目	胡小明	县城投公司	胡永平	28800	2010~2013.1	全长11.7公里，宽40米。	下水道埋设已经完成70%，正在进行2座桥梁的施工准备，正在进行路基防土包封的施工准备。	路基完成约在2012年1月完成，桥梁约在2012年12月完成，全路段交付约在2013年1月。

续表161

序号	项目名称	挂点县领导	责任单位	责任人	总投资	开、竣工时间	建设规模及主要内容	目前进展情况	推进要求
12	澄碧湖大厦	王三毛	县城投公司	谢中保	29700	2010～2012年8月	占地90亩,总建筑面积48500平方米。	现已完成主体结构,获市级结构优良。目前正在进行外墙干挂花岗岩和幕墙、铝合金窗的外墙装饰。内装方案已基本确定,即将进入施工阶段。	2011年11月份开始内部装修,2012年8月份完成。
13	县人防指挥中心	陈秀梅	县城投公司	谢中保	10000	2011年2月～2013年2月	该项目占地面积25.2亩,总建筑面积14400平方米,其中地上面积12200平方米,建设内容包括人防应急救援指挥中心、培训中心及景观绿化等。	A#、D#现已完成主体结构,B#地下室已经完成,C#已完成二层楼面的浇筑。即将进入B#地上结构C#二层以上主体结构的浇筑。	2011年11月完成主体工程,12月开始内部装修,2013年1月完成。
14	县廉租房二期(2010年、2011年)	吴克芳	县房管局	张　亮	13000	2010年10月～2012年6月	该项目位于莲西大道以西,城南路以北,占地面积99.6亩,总建筑面积约97714米,共24栋1665套,户型二室一厅。	7栋顶层楼面施工,1栋六层墙体施工,1栋五层楼面施工,1栋九层楼面施工,2栋二层楼面施工,5栋基础施工。	2010年廉租房年底主体完工,2011年廉租房年底完成八层主体。
15	锦绣江南综合市场	张　军	县物业中心	刘宗云			该项目位于城南路以北、锦绣江南小区以南,建设用地36亩。	已出具用地红线图和规划条件。	
16	定岗农贸市场	康　健	莲塘镇	郭朝辉			该项目位于振兴大道以南、蓝新路以东,建设用地30.18亩。	已出具用地红线图和规划条件。	
17	大湖之都人人乐超市	万德珍	莲塘镇	郭朝辉	18000	2011年11月～2012年7月	该项目位于振兴大道以北、大湖之都小区内,建设用地74亩,建筑面积39470平方米。	规划设计方案正在公示中,预计10月底可启动建设。	
18	梦里水乡大卖场	李木旺	莲塘镇	余　宇	4000	2009年10月～2012年5月	该项目位于莲西大道以东、澄湖北大道以南,建筑面积5000平方米。	主体已完工	

续表 161

序号	项目名称	挂点县领导	责任单位	责任人	总投资	开、竣工时间	建设规模及主要内容	目前进展情况	推进要求
19	莲塘辖区5处公厕、垃圾压缩站	胡　炜	莲塘镇	李美龙		2011年10月～2012年8月	该项目共分为5个子项目:一是位于澄湖东路污水提升泵站南侧公厕、垃圾压缩站;二是位于莲垦一路南侧的馨雅北苑小区配套垃圾转运站;三是位于开发路北侧、莲西大道东侧的城北市场公厕、垃圾压缩站;四是位于莲塘大道东侧的爱丁堡商业街配套公厕、垃圾压缩站;五是位于莲西大道西侧,小蓝物流用地北侧的公厕、垃圾转运站。		
20	省良种场还建房二期工程	刘东平	银三角	田云华	2600	2011年7月～2012年7月	总建筑面积2.3万平方米。	已开工建设1#、9#楼。	2012年7月完工
21	向塘西大道全线贯通工程	黄志清	向塘镇	李建新	1700	2009年8月～2011年12月	全长2348米,路幅宽29米,其中车行道宽14米,两测绿化带各宽3米,两侧非机动车道各宽4.5米。	目前已完成路基土方、碎石基层、排水及K0+000～K1+700路面硬化。	该工程力争于2011年12月前全面完工。
22	县医院门诊医技综合大楼建设工程	樊方平	县卫生局	李荣金	5800		新建12层综合大楼,总建筑面积为21000平方米,其中1～4楼为门诊部,5～9楼为住院部,10～12楼为行政办公。	主体工程已完工,正在内部装修,医疗、落电工程正在发改委论证。	
23	县中医院整体搬迁项目工程	樊方平	县卫生局	李晓蝉	11500	2010年3月～2012年12月	占地50亩,总建筑面积为30533平方米,其中西医门诊大楼3层、建筑面积3390平方米,中医门诊、医技办公大楼5层、建筑面积7650平方米,住院大楼9层、建筑面积17333平方米,食堂大楼4层、建筑面积2160平方米,并开展项目绿化、污水处理等附属工程建设。	中医门诊、西医门诊、食堂大楼完成一层建设,住院大楼完成五层建设。	
24	莲塘卫生院综合大楼建设工程	万德珍	县卫生局	贺小华	1350	2009年10月～2012年1月	在原有土地基础上新建11层综合大楼,总建设面积为6500平方米。	主体已完工,正在内部装修。	

续表 161

序号	项目名称	挂点县领导	责任单位	责任人	总投资	开、竣工时间	建设规模及主要内容	目前进展情况	推进要求
25	职业高中实训楼	伍　曦	县教体局	石林根	624	2011 年 3 月～2011 年 12 月	建设面积 5400 平方米,建设技能培训房。	主体完工	加快资金拨付,确保 2012 年 2 月投入使用
26	县公安消防大队莲东消防站	李　荣	县消防大队	孙苏华	1713.58	2011 年 12 月～2012 年 11 月	建设规模:总占地面积 20 亩,总建筑面积 10684 平方米,其中中队及食堂 3304 平方米,建筑层数为四层,门卫及训练塔 380 平方米,训练塔层数为六层,大队及培训中心 7000 平方米,建筑层数为四层。建设内容:分为大、中队办公楼、训练塔、风雨球场、室外游泳池、市政设施(塑胶跑道)、园林绿化、围墙。	2008 年 11 月已完成选址,由大队垫付 60 万元完成征地,2011 年 7 月 18 日县常委会通过建设。	
27	南昌县白虎岭林场危旧房改造	江振国	县农投公司 黄马乡	王树卫 刘小如	2371	2011 年 10 月～2012 年 6 月	项目用地约 33.297 亩,其中建设用地 24.3 亩,用于林场 222 户危旧房改造。	已完成征地拆迁、土地平整工作,正在进行项目设计、施工招投标工作。	1.10 月 10 日前由县国土局办好第一期 24.3 亩项目土地使用权证; 2.10 月 12 日前由县农投公司组织设计招投标,确定设计单位; 3.10 月 13 日前由县林业局协助到省、市林业部门办理 20 亩“林转非”手续 4.10 月 20 日前由县城建局、县房管局、县设计院完成项目详规设计及评审和施工图纸设计及评审,办理项目规划许可证与施工许可证; 5.10 月 21 日前由县发改委完成立项及批复项目概算; 6.10 月 20 日到 11 月 10 日由县农投公司组织完成施工及其监理招投标工作; 7.10 月 30 日前县国土局负责办好第二期项目土地手续; 8.11 月 13 日施工单位进场施工,2012 年 6 月底完工。

续表 161

序号	项目名称	挂点县领导	责任单位	责任人	总投资	开、竣工时间	建设规模及主要内容	目前进展情况	推进要求
(二)小蓝经济开发区、昌南新城基础设施项目(33个)指挥长:叶保平 副指挥长:李荣 牵头单位及负责人:小蓝经济开发区李广祥,昌南新城仇海泉									
1	莲安路(动漫学院—金沙大道)	叶保平	小蓝开发区	陈奋 艾青	1600	2011年4月~2012年12月	全长约1.4公里、宽24米,建设内容包含路基、路面、排水、排污、人行道等。	路基及排水排污完成800米,路面硬化完成400米。	2011年度计划完成800米路基、路面及排水。
2	成安路(银湖一路—汇仁大道)	胡金华	小蓝开发区	陈奋 艾青	1000	2011年3月~2012年12月	全长约1公里、宽24米,建设内容包含路基、路面、排水、排污、人行道等。	排水排污管道完成650米、路基填土基本完成。	2011年度计划完成1公里的路基及排水。
3	银湖二路延伸(金沙二路—抚河)	李荣	小蓝开发区	张绍平	3000	2009年3月~2012年12月	全长约2.5公里、宽30米,建设内容包含路基、路面、排水、排污、人行道等。	路基及排水完成了2公里,路面完成1公里,道路水稳层完成1公里。	2011年度计划完成金沙三路以西约1公里的路基、路面及排水。
4	汇仁大道延伸(金沙二路—抚河)	李成星	小蓝开发区	喻元华 杨毓道	2100	2008年12月~2012年12月	全长约2.5公里、宽40米,建设内容包含路基、路面、排水、排污、人行道等。	完成了1000米的路基、路面及排水。	2011年度计划完成金沙三路以西约500米的路基及排水。
5	金沙三路(小蓝大道—汇仁大道)	叶保平	小蓝开发区	喻元华 张绍平	2000	2009年12月~2011年12月	长1.6公里、宽30米、路基、路面、排水、排污、人行道等。	路基及排水排污管道已完工;道路碎石层基本完成,路面硬化完成50%。	2011年度计划完成整个路基、排水及路面。
6	小蓝大道污水泵站(含设备采购)	李荣	小蓝开发区	喻元华	1000	2010年7月~2011年12月	土建、设备安装等。	泵房土建主体工程完工,设备安装完成70%。	2011年度计划全面竣工。
7	小蓝大道延伸(金沙二路—金沙四路)	李成星	小蓝开发区	张绍平	1350	2008年12月~2012年12月	全长约1.8公里、宽40米,建设内容包含路基、路面、排水、排污、人行道等。	完成了1000米的路基、路面及排水。	2011年度计划完成与金沙三路交叉口路面及跨渠雨污管铺设。
8	交通设施	叶保平	小蓝开发区	向盛国 胡剑武	500	2011年10月~2011年12月	汇仁大道、金沙二路等8个路口的交通信号灯及电子警察安装、标识标线等。	8个路口的交通信号灯安装完毕、标识标线完成施工,正在安装电子警察。	2011年度计划全面完成。
9	振铃东路北段(振铃南路—迎富大道)	李荣	小蓝开发区	蔡进彰 赵辉华	500	2011年9月~2012年8月	全长约0.5公里、宽32米,建设内容包含路基、路面、排水、排污、人行道等。	1. 主道路:已完成路基清表清淤及填土450米。2. 便道:已完成350米便道填土及砖渣层摊铺。	2011年度计划完成0.5公里路基、排水及福耀玻璃便道工程。

续表161

序号	项目名称	挂点县领导	责任单位	责任人	总投资	开、竣工时间	建设规模及主要内容	目前进展情况	推进要求
10	福耀玻璃地块填土工程	李成星	小蓝开发区	蔡进彰 赵辉华	1450	2011年11月~2012年8月	土方量约47万立方米,包括购置沙土源、运输、平整等。	已完成土地预审、立项等前期工作,正在组织公开招标。	2011年度计划完成征地拆迁、招标等前期工作。
11	青啤以南地块移沙造地	叶保平	小蓝开发区	喻元华	2500	2010年8月~2011年12月	土方量约85万立方米,包括购置沙土源、运输、平整等。	已完成填土量约70万立方米。	2011年度计划完成15万立方米填土量(全面竣工)。
12	新动力等项目地块移沙造地	李　荣	小蓝开发区	蔡进彰 赵辉华	2400	2011年4月~2012年12月	土方量约78.5万立方米,包括购置沙土源、运输、平整等。	已完成填土量约25万立方米。	2011年度计划完成30万立方米填土量(基本满足新动力及改装厂项目一期建设需要)。
13	柏林变电站扩容工程	李成星	小蓝开发区	向盛国 胡剑武	1500	2011年10月~2012年3月	柏林变电站安装2#主变工程,建设内容包括物质采购、设备安装、调试等。	已完成可研等前期工作,正在做好设备物资采购及设计等工作。	2011年度计划完成设计及设备物资采购工作。
14	达利电力专线工程	叶保平	小蓝开发区	向盛国 胡剑武	1400	2011年9月~2011年12月	自柏林变至达利公司10千伏电力专线工程,建设内容包括电缆敷设、钢杆塔基础及线路架设等。	已完成电缆管道铺设及50%塔基础开挖。	2011年度计划全面竣工。
15	污水处理厂(二期)	李　荣	小蓝开发区	向盛国 赵辉华 赵国栋	12000	2011年11月~2012年12月	日处理能力为5万吨,土建、设备安装、调试运行等。	已完成招商及特许经营许可协议签订,完成初步设计编制。	2011年度计划完成招商、可研、初设、施工图设计等前期工作并动工建设。
16	县交管大队业务用房和机动车检测中心	李　荣	县交警大队	刘　啸	3000	2010年10月~2013年3月	该项目占地46.8亩,主要建设内容为机动车检测中心和业务用房,建设面积1.7万平方米。	已办理土地使用证,已进行地质勘查和建设设计,已办理项目立项,进行了公开招标,项目于10月15日正式开工,正在进行基础建设	1.2011年年底完成工程基础建设。 2.2012年完成主体工程建设。 3.2013年3月份完成装修工程。
17	桃花东路(芳湖路—东莲路)	李成星	昌南新城	章金华 邓小鹏	6800	2010年1月~2012年12月	道路全长约4000米,路幅宽30米,其中:车行道宽8×2米,两侧绿化带各3米,人行道各宽4米。	道路硬化已基本全面完成,正在对路沿石和人行道的铺设和安装。	完成道路硬化、人行道、桥梁工程

续表 161

序号	项目名称	挂点县领导	责任单位	责任人	总投资	开、竣工时间	建设规模及主要内容	目前进展情况	推进要求
18	银湖大道延伸(抚河故道—赣江大堤)	叶保平	昌南新城	李春权	5352.5	2010年7年~2012年12月	道路全长约2831.859米,路幅宽40米,其中两侧绿化带各宽6米,两侧车行道各宽10米,两侧人行道各宽4米。	路基填沙基本完成,完成雨污水管、大部分水稳已完成,正在施工路面硬化,桥梁完成桩基和承台。	1. 完成2.3千米路面硬化,人行道板、绿化、亮化、路缘石安装。 2. 桥:完成桥桩基,桥台、桥盖梁,后张法预制空心板梁。 3. 完成箱涵2座。 4. 完成0.42千米路基清淤、填砂、黄土包封、碎石、水稳、雨污水管安装。
19	象湖四路(滨江路—抚生路)	李　荣	昌南新城	喻仁峰 陶　然	1440	2010年1月~2012年12月	道路全长约1160.285米,路幅宽30米,其中两侧绿化带各宽3米,两侧车行道各宽8米,两侧人行道各宽4米。	道路硬化完成,人行道和路沿石已完成50%。	全面完成道路硬化、人行道、亮化、绿化工程。
20	抚生路(象湖四路—银湖二路)	李成星	昌南新城	何　峰	4796.3	2010年7年~2012年12月	道路全长约5160米,路幅宽36米,其中两侧绿化带各宽2.5米,两侧车行道各宽8米,两侧非机动车道各宽3.5米,两侧人行道各宽4米。	雨污水管道铺设基本完成,道路硬化已完成800米,其余的道路路基已基本完成。	2500米雨污管道与路基填沙,1900米水泥稳层铺设,1600米主车道硬化,700米非机动车道路硬化,700米人行道板铺设。
21	抚生西路(芳湖路—银湖二路)	叶保平	昌南新城	喻仁峰 邓小鹏	5845	2010年1月~2012年12月	道路全长约4706.15米,路幅宽30米,其中两侧绿化带各宽3米,两侧车行道各宽8米,两侧人行道各宽4米。	填方已完成,雨污水管道已全面完成,大部分已经完成水稳铺筑,已完成80%路面硬化。	完成4.2千米道路硬化、人行道、1座桥梁。
22	东莲路西延(桃花东路—滨江路)	李　荣	昌南新城	李春权	8490.5	2010年7年~2012年12月	道路全长约3627.595米,路幅宽46米,其中:车行道宽12×2米,中央绿化带8米,两侧绿化带各2米,人行道各宽5米。	雨污管道及路基填方已完成,完成黄土包封、部分碎石及水稳,桥梁已完成约90%。	完成路基、排水工程(未拆迁部分除外)完成路面硬化1.6千米。
23	诚义路(芳华路—东莲路)	李成星	昌南新城	喻仁峰 陶　然	1806	2010年1月~2012年6月	长1700米、宽30米,道路排水、绿化、亮化。	已完成投资2661万元。	全面完成道路硬化、人行道、亮化、绿化工程。
24	诚信路(芳华路—河滨路)	叶保平	昌南新城	章金华 邓小鹏	1740	2010年1月~2012年6月	长1270米、宽30米,道路排水、绿化、亮化。	已完成投资约2148万元	全面完成道路硬化、人行道、亮化、绿化工程。

续表 161

序号	项目名称	挂点县领导	责任单位	责任人	总投资	开、竣工时间	建设规模及主要内容	目前进展情况	推进要求
25	象湖路(桃花东路—赣东大堤)	李荣	昌南新城	王孟俊	9058	2010年7年~2012年12月	道路全长约3605.078米,路幅宽40米,其中两侧绿化带各宽3.5米,两侧车行道各宽8米,两侧非机动车道各宽4.5米,两侧人行道各宽4米。	基本完成雨污管道及路基填方,已完成桥梁的全面支模工作,一座箱涵已完成两段的浇筑。	1. 排水管道完成90%; 2. 道路完成至水稳层(约2900米); 3. 桥梁主体全部完工。
26	芳湖路(利嘉路—赣江大堤)	李成星	昌南新城	章金华 陶然	9634	2010年1月~2012年12	长5100米、宽30米,主要建设道路、排水、箱涵、桥梁、绿化、亮化。	完成填方,完成2000米路面硬化和人行道板的安装,两座和一座箱涵座桥已全面完成,其余的已完成黄土包封。	完成3.3千米道路硬化、人行道、2座桥梁及1座箱涵。
27	小洲安居工程一期	李植	昌南新城	章金华 张强	3240	2010年3月~	框架六层,建筑面积44240.07平方米	20#、21#、28#、29#、38#、39#楼基本完工,8#、30#、31#、32#、41#、43#楼主体完工,42#楼屋面在建。	1. 20#、21#、28#、29#、38#、39#全部完工;2. 8#、30#、31#、32#、41#、43#、42#主体完成,完成外贴。
28	东岳安居工程一期一标段	伍目连	昌南新城	章金华 喻仁峰	4379.47	2010年8月~	框架六层,建筑面积45037平方米。	1#楼:二层柱、楼梯、三层楼面模板安装,2#、10#、11#:一层柱、楼梯、二层楼面砼浇筑,3#、6#、7#、8#楼破桩头,4#、5#楼基础承台、地梁砼浇筑。	1#、2#、3#、4#、5#、10#、11#主体结构完成及砌完墙体。
29	东岳安居工程一期二标段	伍目连	昌南新城	章金华 舒辉	4529.14	2010年11月~	框架六层,建筑面积51939平方米。	12#楼完成承台、21#-26#完成基础,16#、17#、19#楼完成五层,18#完成四层、13#完成一层、20#完成三层。	1. 14#~20#完成主体完工; 2. 12#-13#,21#~26#完成三层楼面浇筑。
30	大洲安居工程一期第二批	熊鹰	昌南新城	章金华 陶然	6119	2009年8月~	框架六层一标段建筑面积43643平方米,二标段建筑面积35695平方米。	已完工,正在办理竣工验收手续。	竣工验收
31	保集半岛超市型菜场	杨楼锐	昌南新城	章金华	3000	2011年11月~2012年12月	该项目位于象湖路以西、诚义路以西,建筑面积5800平方米。	已完成规划设计方案报批工作,正在报建中,预计11月底可启动建设。	
32	南昌居住主题公园农贸市场	刘廷爱	昌南新城	章金华	1000	2011年8月~2012年12月	该项目位于八月湖路以南、利嘉路以东,建筑面积3300平方米。	正在建设。	

续表 161

序号	项目名称	挂点县领导	责任单位	责任人	总投资	开、竣工时间	建设规模及主要内容	目前进展情况	推进要求
33	昌南新城辖区6处公厕、垃圾转运站	胡 炜	昌南新城	魏小妙		2011年10月~2012年8月	该项目共分为6个子项目：一是位于景观明渠北侧、金沙大道西侧、奥林匹克花园南侧的公厕；二是位于东莲路南侧、莲塘三中景观明渠北侧的公厕、垃圾转运站；三是位于八月湖路北侧、金沙二路西侧（公共绿地内）的公厕、垃圾转运站；四是位于象湖路北侧、诚义路东侧力高国际城小区配套的公厕、垃圾站；五是位于芳湖路南侧的丰源淳和小区配套公厕；六是位于诚义路两侧的保集半岛小区配套公厕、垃圾运站。		

南发〔2011〕27号

中共南昌县委　南昌县人民政府关于转发南昌县普法教育工作领导小组关于在全县公民中开展法制宣传教育的第六个五年规划的通知

各乡镇党委、人民政府，各开发区（新区）、银三角党工委、管委会，县委各部门，县直各单位，中央、省、市驻县各企、事业单位：

县普法教育工作领导小组《关于在全县公民中开展法制宣传教育的第六个五年规划》已经县委、县政府研究同意，现转发给你们，请认真贯彻执行。

中共南昌县委
南昌县人民政府
2011年10月31日

南昌县普法教育工作领导小组关于在全县公民中开展法制宣传教育的第六个五年规划

根据党中央、国务院、省委、省政府、市委、市政府的部署，按照全国、全省、全市关于在公民中开展法制宣传教育的第六个五年规划要求，结合我县实际，制定本规划。

一、指导思想、主要目标和工作原则

（一）指导思想

高举中国特色社会主义伟大旗帜，以邓小平理论和“三个代表”重要思想为指导，深入贯彻落实科学发展观，围绕“十二五”时期经济社会发展的目标任务，适应建设社会主义法治国家的时代要求，在县委、县政府的领导下，动员和依靠全社会力量，继续在全县公民中组织实施法制宣传教育第六个五年规划，深入推进依法治理和法治创建，大力弘扬法治精神，努力形成自觉学法守法用法的社会氛围，为我县深化改革开放、加快转变经济增长拼争全国五十强县市，建设现代化综合新城”宏伟目标战略目标提供坚强的法治保障，为全面实现科学发展和顺利实施经济社会发展“十二五”规划营造良好的法治环境。

（二）主要目标

通过深入扎实的组织实施法制宣传教育第六个五年规划,进一步宣传普及宪法和国家基本法律知识,不断增强全民法律意识和法律素质;进一步加强社会主义法治文化建设,不断浓厚全社会自觉学法守法用法氛围;进一步推进各项事业依法治理,不断夯实依法治县的实践基础;进一步深化法治县创建,不断提高全社会法治化管理水平;进一步开展法治乡镇(开发区)、法治单位(部门)创建,学法用法示范单位(机关)创建,"民主法治示范村(社区)"创建活动,不断提升地方、行业、基层法治建设水平。到2015年,全县有98%以上的适龄公民普遍接受法制教育,98%以上的乡镇(开发区)、部门和基层单位达到或基本达到依法治理工作目标,96%以上的行政村、社区达到或基本达到"民主法治村(社区)"建设标准,实现更高层次上的"三个百分比"目标。

(三)工作原则

1. 坚持围绕中心,服务大局。紧紧围绕县委、县政府中心工作,按照"十二五"时期我县经济社会发展的总体要求,深入开展法制宣传教育,服务科学发展,服务改革开放,服务社会建设,服务保障和改善民生,服务维护社会和谐稳定。

2. 坚持以人为本,服务群众。着眼于满足群众的实际法律需求,运用群众喜闻乐见的形式,开展法制宣传教育,在法制宣传中服务群众,把法制宣传教育的过程变成做群众工作的过程,实现好、维护好、发展好最广大人民的根本利益。

3. 坚持分类指导,注重实效。根据不同地区、不同行业、不同对象和不同时期的特点,确定法制宣传教育的重点内容,采取切实可行的方法,增强工作的针对性和实效性。

4. 坚持学用结合,普治并举。坚持法制宣传教育与社会主义核心价值体系教育相结合、与公民意识教育相结合、与法治实践相结合,坚持学法用法相结合,全面推进各项事业依法治理,大力开展法治创建活动,整体推进依法治县。

5. 坚持与时俱进,创新发展。积极研究和把握法制宣传教育工作规律,探索法制宣传教育工作的有效方式和途径,创新工作理念,改进工作方式,拓展工作领域,完善工作机制,体现法制宣传教育的时代性、规律性和创造性。

二、主要任务

(一)深入学习宣传宪法和国家基本法律。突出抓好宪法学习宣传,广泛宣传宪法的基本内容和基本原则,进一步增强公民宪法意识,在全社会形成崇尚宪法、遵守宪法、维护宪法的良好氛围;加强国家基本法律制度、中国特色社会主义法律体系和依法治国基本方略的学习宣传,加强公民意识教育,引导全体公民牢固树立党的领导、人民当家作主和依法治国有机统一的观念,牢固树立国家一切权力属于人民的观念,牢固树立权利与义务相统一的观念。

(二)深入学习宣传中国特色社会主义法律体系。目前,一个立足中国国情和实际、适应改革开放和社会主义现代化建设需要、集中体现党和人民意志的中国特色社会主义法律体系已经形成,国家经济、政治、文化、社会和生态文明建设的各个方面已实现有法可依。要通过加强宣传普及和舆论引导,向全民广泛宣传中国特色社会主义法律体系,并作为各级党校教育培训的重要内容,重点宣传中国特色社会主义法律体系形成的重要意义、基本经验及其基本构成、基本特征,在全社会树立"有法可依、有法必依、执法必严、违法必究"的信念,推动国家法律的有效实施。

(三)深入学习宣传社会主义法治理念。在广大党员干部特别是领导干部中着力开展社会主义法治理念教育,切实提高党员干部的政治意识、大局意识和民主法治意识,牢固树立依法治国、执法为民、公平正义、服务大局、党的领导理念,带头依法办事、依法行政、依法决策,做学法用法的表率。

(四)深入学习宣传促进经济发展的相关法律法规。学习宣传国家基本经济制度和有关深化改革开放、完善社会主义市场经济体制、推进国有企业改革、发展非公有制经济等法律法规,促进经济发展方式加快转变;学习宣传农村基本经营制度和有关农村土地管理、土地承包、耕地保护、林权改革、农业开发、城乡统筹、农村民主管理等法律法规,促进社会主义新农村建设;学习宣传推进科技进步、加强自主创新、人才教育培养、知识产权保护;促进我县核心竞争力不断提升;学习宣传财政、税收、金融、投资、招商引资、贸易物流、交通运输等相关法律法规,促进我县打造区域性金融、商贸、物流"三个中心"建设不断取得成效。

(五)深入学习宣传保障和改善民生的相关法律法规。学习宣传收入分配、社会保障、医疗卫生、社会救助等法律法规,促进社会保障体系建设;学习宣传劳动就业、劳动争议等法律法规,促进和谐劳动关系建立;学习宣传房屋拆迁、土地征用、承包土地流转、国有企业改制等法律法规,维护人民群众合法权益;学习宣传安全生产、食品药品安全、抗灾救灾、公共卫生等法律法规,保障群众生命财产安全;学习宣传维护妇女、儿童、老年人、残疾人权益等法律法规,维护弱势群体合法权益;学习宣传《国际人道法》、《红十字会法》,促进社会公平正义、和谐。

(六)深入学习宣传促进鄱阳湖生态经济区建设和实施"山江湖"综合开发战略的法律法规。学习宣传国务院和省委、省政府、市委、市政府关于鄱阳湖生态经济区建设的战略决策和总体要求,学习宣传县委、县政府关于实施"山江湖"综合开发战略的具体部署,进一步提高对实施"山江湖"综合开发是我县全面推进鄱阳湖生态经济区建设的具体实践和关键措施的认识,准确把握"山江湖"综合开发战略的功能定位和产业定位;学习宣传有关生态文明、环境保护、节能减排、资源能源集约利用和发展低碳经济等政策法律,进一步营造依法保护和优化鄱阳湖生态环境,把我县建设成为全国低碳经济示范县。

(七)深入学习宣传促进社会管理创新的法律法规。加强有关维护国家安全、社会稳定、民族团结等法律法规的学习宣传,服务和促进社会和谐稳定;加强有关社会治安综合治理、流动人口服务和管理、突发事件应急处置以及社会管理与公共服务、公共秩序等法律法规的学习宣传,提升社会管理水平;加强有关新闻出版、广播影视、文化文艺、网络电信管理等法律法规的学习宣传,促进文化市场规范发展;加强有关维权、信访、投诉、调解以及刑事、民事、行政诉讼等法律法规的学习宣传,引导公民依法按程序表达利益诉求、解决矛盾纠纷;加强公正廉洁执法、公正司法教育,维护社会公平正义。

（八）深入推进社会主义法治文化建设。社会主义法治文化是社会主义先进文化的重要组成部分，培育法治文化是法制宣传教育工作的一项重要任务。在法制宣传教育工作中，要更加注重法治文化传播、法治精神弘扬，促进遵守法律、崇尚法律、维护法律权威的氛围在全社会进一步形成。开展丰富多彩的法治文化活动，使法制宣传教育与群众文化生活相结合，丰富法治文化活动载体和形式。积极引导法治文化产品创作和推广，增加产品数量，提高产品质量，推动出精品、创品牌，满足人民群众对法治文化产品的需求。发挥法制主题公园在法治文化建设中的资源优势，探索建设法治文化教育基地。

（九）深入推进依法治理。坚持以法治创建活动为抓手，大力推进“法治县”创建工作。深入贯彻《中共南昌县委关于印发〈法治县建设纲要〉的通知》（南发〔2009〕10号），《中共南昌县委、南昌县人民政府关于开展法治县、法治乡镇（开发区）创建活动的实施意见》（南发〔2009〕11号），县人大常委会《关于建设法治县的决议》，进一步深化法治县、法治乡镇（开发区）、法治部门（单位）创建活动，总结推广经验，健全完善制度，不断提高法治创建水平。广泛开展学法用法示范单位（机关）创建活动，开展农村、城镇社区、学校、企业等基层法治创建活动，夯实法治县建设基础，推进行业、基层依法治理，促进民主法治建设。

（十）深入推进国防教育。国防教育是建设和巩固国防的基础，是增强民族凝聚力、提高全民素质的重要途径。深入贯彻《国防教育法》，充分运用广播、电视、网络等大众媒体，采取开展演讲比赛、举办军民联欢晚会等多种形式进行国防教育。坚持每年开展革命电影展播月活动；坚持在县广播电视台开辟国防教育专栏，在政府网站开通“国防时空专栏”；坚持在“八一”建军节期间，举办一场军民联欢晚会，组织一次地方党政领导过军事日活动，进行实弹射击和国防教育，强化领导干部国防观念；坚持每年组织国防教育宣讲员到县城中小学开展国防教育、宣讲国防知识；坚持每年“国防教育日“在县城商业街设置一个国防教育宣传站，运用国防知识图片展板和散发国防知识宣传单开展国防教育宣传。通过一系列活动，找准贯彻落实的着力点，促进南昌县国防教育工作步入规范化、经常化、法制化轨道。

三、普法对象和要求

法制宣传教育的对象是一切有接受教育能力的公民。要重点加强对领导干部、公务员、青少年、企业经营管理人员和农民的法制宣传教育。

（一）进一步加强领导干部学法用法。健全完善并落实党委（党组）理论学习中心组集体学法、政府常务会议会前学法、法制讲座、法制培训、法律知识考试考核以及领导干部讲法等制度，落实每年不少于4次全县副科级以上领导干部法制讲座、县领导干部讲法制课、领导干部年终考法述法等制度；把法制教育纳入领导干部理论学习规划，纳入各级党校教学课程；逐步扩大领导干部任职前法律知识考试考核适用范围，把学法用法情况作为领导干部年度考评和选拔任用的一项重要依据，推进领导干部学法用法经常化、制度化。深化宪法和国家基本法律学习，进一步提高各级领导干部依法行政、依法决策的意识和能力。

（二）进一步加强公务员学法用法。贯彻落实国务院《全面推进依法行政实施纲要》和《关于加强法治政府建设的意见》的要求，以提高依法行政和依法履职能力为重点，继续推进公务员学法用法。坚持落实公务员学法制度，保证公务员每年学法时间不少于40学时；坚持落实公务员法制培训制度，定期开展专门法律知识轮训、新颁布法律法规专题培训和履行职务相关的专门法律法规知识学习；坚持落实法律知识考试考核制度，组织实施每年全县法律知识统一考试，把有关法律知识作为国家机关录用公务员考试和公务员持证上岗考试的重要内容，把学法用法考试考核情况作为公务员任职晋升的重要依据。

（三）进一步加强青少年法制宣传教育。根据青少年特点和接受能力，有针对性地开展法制宣传教育，引导青少年从小树立法治意识，养成遵纪守法的行为习惯。健全完善学校、家庭、社会“三位一体”的工作格局，全面推进青少年法制宣传教育。完善学校法制教育的内容与体系，发挥课堂法制教育主渠道作用，确保中小学校法制教育计划、课时、教材、师资“四落实”；积极开辟第二课堂，广泛开展适合青少年特点的法制宣传教育和实践活动，不断改进和创新“红铃铛普法”、“模拟法庭”、“忏悔之声”现身说法等青少年法制教育形式，激发青少年学法用法的积极性；充分利用社会教育资源，建立多种形式的青少年法制教育基地，重视运用互联网等现代传媒，发挥中小学校法制副校长、法制辅导员作用，结合校园周边环境综合治理，加强青少年权益保护、预防和减少青少年违法犯罪等有关法律法规宣传教育，加强社会闲散青少年、留守儿童等特殊青少年群体法制宣传教育。

（四）进一步加强企业经营管理人员法制宣传教育。加强社会主义市场经济和与企业经营管理相关的法律法规宣传教育，进一步增强企业经营管理人员诚信守法、依法经营、依法办事的观念。落实企业经营管理人员法制培训制度，把法制培训纳入各类企业负责人培训内容；推进企业经营管理人员学法用法考试考核工作，把依法决策、依法经营、依法管理作为考核企业经营管理人员的重要依据。进一步完善企业法律顾问制度，依托企业内部法律事务室、调解组织等推进依法治企工作。利用企业已有的墙报、专栏、内部刊物、内部电视、网络等，开展职工法制宣传教育，引导职工遵纪守法，依法维护合法权益。加强个体、私营、外资等非公有制企业经营管理人员和新经济、新社会组织管理人员法制宣传教育，提高依法管理、依法办事能力。

（五）进一步加强农民及农民工法制宣传教育。根据农村特点和农民群众现实需要，广泛宣传与农民及农民工生产生活相关的法律法规，引导农民依法参与村民自治和其他社会管理活动，提高参与民主选举、民主决策、民主管理和民主监督的能力。加强村“两委”干部法制培训，提高依法管理基层事务和防范、处理矛盾纠纷的能力。开展农村“法律明白人”教育培训，提高农村“法律明白人”队伍法律素质，发挥“法律明白人”在开展农村法制宣传、法律咨询和化解矛盾中的作用。加强农民工法制宣传教育，采取灵活多样的形式，深入农民工集中居住地、工作场所等主要活动区域，开展法治文化活动；发挥农民工法制学校等法制教育基地的作用，强化用工单位法制宣传教育的责任，切实把农民工法制教育落到实处，不断增强农民工遵纪守法意识和依法维权、依法经营、依法办事能力。

四、工作方法和措施

(一)积极组织主题普法宣传教育活动。围绕全县“十二五”时期经济社会发展的总体要求,服务党委、政府中心工作,利用法制宣传月(周、日)以及法律颁布实施纪念日等重要时节,广泛组织开展面向社会的各种主题普法宣传教育活动;充分发挥“12·4”法制宣传日的品牌效应,做大、做实以宣传宪法为核心的“12·4”法制宣传日系列活动,进一步扩大法制宣传教育的社会影响。

(二)不断深化“法律六进”工作。立足提高公务员社会主义法治理念,深化“法律进机关”,不断增强依法管理和服务社会的能力;立足服务农村经济发展和社会稳定,深化“法律进乡村”,促进社会主义新农村建设;立足推进社会管理创新,深化“法律进社区”,提高社区自治和服务功能;立足培育青少年法律素养和道德情操,深化“法律进学校”,促进青少年健康成长;立足建立现代企业制度,深化“法律进企业”,提高企业核心竞争力和依法防范风险的能力;立足促进法治化管理,深化“法律进单位”,营造良好的社会法治氛围。

(三)深入推进法治创建活动。注重通过普法教育引导法治实践,在法治实践中加强普法教育,普治并举,整体推进。积极推进法治县、法治乡镇(开发区)、法治部门(单位)创建工作,认真总结推广试点工作经验,不断完善法治创建工作组织实施机制、考核评估体系等;积极开展学法用法示范机关、单位、企业、学校等创建活动,深入推进“民主法治示范村(社区)”创建工作。

(四)继续参与全市“双十模”评选活动。认真总结“五五”普法期间全县开展“双十模”(10名模范法制工作者和10个模范基层执法单位)评选活动的经验,积极参与全市开展“双十模”评选活动;在“六五”普法期间,每年全市评选表彰全市10名模范基层法制工作者和10个模范基层执法单位,由市委、市政府授予荣誉称号,个人享受市劳模待遇;充分发挥好我县“双十模”等普法依法治理典型的示范、辐射、引领作用,营造普法依法治理工作创先争优的良好氛围。

(五)继续推进法制宣传教育阵地建设。不断完善法制宣传长廊、法制宣传栏(橱窗)、公益广告牌等城乡公共场所法制宣传教育设施,努力建设县普法主题广场(公园)、户外电子显示屏等大型普法园地,从今年8月份在县电视台开辟《与法同行》栏目。各乡镇、各开发区(新区)、银三角要分别打造一至二个普法主题广场;加强协调,加大投入,办好普法专栏、普法网站等;探索利用手机快报、网络电视、移动多媒体等新兴传媒手段开展法制宣传教育,推动政府网站及门户网站加大法制宣传力度。

(六)大力加强法制宣传教育队伍建设。着眼于开展“六五”普法教育工作的新需求,进一步加强法制宣传教育队伍建设,按照普法对象与普法工作者100:1的比例,配齐配强法制宣传员;进一步加强各级普法办建设,各乡镇、各开发区(新区)、银三角普法办工作人员应不少于2人,各部门、各单位普法办按工作需要至少配备1名普法专干;进一步充实各级普法讲师团、普法志愿者、法治新闻工作者、法治文艺工作者等社会普法教育工作者队伍,积极发挥执法、司法人员和律师、公证、法律援助工作者在执法办案工作中的法制宣传教育作用。建立健全定期培训和管理制度,不断提高法制宣传教育队伍的政治业务素质和组织指导能力。

(七)围绕县委、县政府中心工作,着力做好有关社会治安、维稳、信访有关法律法规宣传普及工作。对相关工作人员积极组织培训在重要工作场所(县信访局,各乡镇、各开发区(新区)、银三角信访办,医院、交警部门等)及人群密集(集贸市场、广场等)地方设立法律资料发放点,促使群众依法办事、合法诉求自身权益。县财政给予支持,各乡镇(开发区)、各单位、部门积极参与,予以协助。

五、工作步骤和安排

本规划从2011年开始实施,到2015年结束。分为三个阶段。

(一)宣传发动阶段:2011年上半年。各乡镇、各开发区(新区)、银三角、各部门、各单位要根据本规划,研究制定本地、本部门、本单位五年普法规划,做好宣传、发动和组织工作。各乡镇、各开发区(新区)、银三角、各部门、各单位的“六五”普法规划,报县普法教育工作领导小组办公室备案。

(二)组织实施阶段:2011年下半年至2015年上半年。依据本规划和全县年度工作计划,各乡镇、各开发区(新区)、银三角、各部门、各单位要结合实际,制定年度计划,做到每年工作部署及时、任务明确、措施有力、督导到位、效果显著,确保“六五”普法规划全面贯彻落实。2013年开展中期检查督导和表彰。

(三)检查验收阶段:2015年下半年。各部门、各单位普法依法治理工作领导小组按照本规划确定的目标、任务和要求,组织对“六五”普法规划实施情况自下而上进行全面总结验收,对先进集体和个人进行表彰。

六、组织领导和保障

(一)加强组织领导,落实工作责任。进一步完善党委领导、人大政协监督、政府组织实施、各部门(单位)齐抓共管、全社会共同参与的普法教育领导体制和运行机制;建立健全各级普法依法治理工作领导小组,完善领导小组定期会议、听取汇报、开展督察等制度,领导小组办公室日常工作由政府司法行政部门承担。党委、政府要把“六五”普法教育纳入当地国民经济和社会发展规划,纳入党委、政府目标管理;人大、政协要加强对普法教育工作的监督检查,促进法制宣传教育工作落实;宣传部门、司法行政部门和领导小组办公室要履行普法教育主管机关的工作职责,具体负责组织、协调、指导和检查“六五”普法规划的实施工作;各领导小组成员单位要发挥部门职能优势,支持、配合普法教育工作的开展;各级专业法主管部门要按照“谁执法谁普法”的原则,在抓好本部门普法教育工作的同时,积极开展面向社会的法制宣传教育;各类新闻媒体和文艺团体要主动承担公益性法制宣传教育责任,各类社会组织和公民要积极参与、支持法制宣传教育工作。要实行普法教育工作条块结合、以块为主的属地管理原则,各级各类条管单位要服从当地党委、政府普法教育工作主管部门的指导、检查。

(二)完善考评体系,强化工作考核。进一步修改完善《南昌县普法依法治县工作奖惩暂行办法》、《南昌县普法依法治县工作责任追究暂行办法》、《南昌县“六五”普法依法治县工作考评暂行办法》等规范性文件，建立健全普法依法治理目标管理、任务落实、组织保障、工作成效等考核评估指标体系，不断推进法制宣传教育工作制度化、规范化建设；继续推行对“六五”普法规划实施情况进行年度考核、阶段性检查和专项督查制度，在“六五”普法期间，实行一年一考评、中期一初评、五年一总评，将考评结果与奖励措施挂钩，确保普法教育工作内容和效果落实。

（三）明确经费标准，保障工作开展。进一步强化普法依法治理经费保障，把普法依法治理经费列入各级政府年度财政预算，所需经费县级按年人均不少于1元、乡镇、开发区（新区）、银三角按年人均不少于1.5元核定，在确保专款专用的同时，根据工作需要和经济发展情况，做到逐步增长；县直各部门、各单位要根据普法依法治理工作任务安排相应专项经费，做到实报实销，保证普法依法治理工作顺利开展。

南发〔2011〕28号

中共南昌县委南昌县人民政府关于印发关于加快南昌县水务改革发展的实施意见的通知

各乡镇党委、人民政府，各开发区（新区）、银三角党工委、管委会，县委各部门，县直各单位：

《关于加快南昌县水务改革发展的实施意见》已经县委、县政府研究同意，现印发给你们，请遵照执行。

中共南昌县委
南昌县人民政府
2011年11月2日

关于加快南昌县水务改革发展的实施意见

根据中共中央、国务院《关于加快水利改革发展的决定》（中发〔2011〕1号）、中央水利工作会议精神及省委、省政府《关于加快我省水利改革发展的实施意见》和市委、市政府《关于加快水务改革发展的实施意见》的要求，结合我县实际，特制订如下实施意见。

一、目的意义

水利是现代农业建设不可或缺的首要条件，是经济社会发展不可替代的基础支撑，是生态环境改善不可分割的保障系统，具有很强的公益性、基础性、战略性。水利改革发展事关农业农村发展，事关经济社会发展全局，事关防洪安全、供水安全、粮食安全、生态安全。加快水务改革发展，对于实现全县“拼争全国五十强县市，建设现代化综合新城”的奋斗目标意义重大。

二、指导思想

全面贯彻市委第十次党代会和县委第十二次党代会议精神，以邓小平理论和“三个代表”重要思想为指导，深入贯彻落实科学发展观，坚持科学治水、依法治水、合力兴水，坚持建管并重，把水利作为全县基础设施建设的优先领域，把农田水利作为农村基础设施建设的重点任务，把严格水资源管理作为加快经济发展方式转变的战略举措，把优化水资源配置作为工业化、城镇化和农业现代化“三化”统筹的重要支撑，突出加强薄弱环节建设，大力发展民生水利，不断深化水务改革，加快建设节水型社会，促进水利可持续发展。

三、目标任务

力争通过5～10年的努力，从根本上扭转水利建设明显滞后的局面，基本建成五大水利保障体系，为全县经济社会又好又快发展，为我县拼争全国五十强县市，建设现代化综合新城提供强大的水务支撑。

防洪抗旱减灾体系：到2020年，外洪圩堤防洪标准达到设计规划标准；县城莲塘及小蓝经济开发区、昌南新城防洪标准达到50年一遇，排涝标准达到20年一遇，撤消象湖滞渍区；黄湖蓄滞洪区分蓄洪容量达2.87亿立方米。兴建抗旱水源工程，提高水量调蓄能力，城乡生活用水、生产用水基本有保障，防洪抗旱减灾工作的非工程措施进一步加强。

民生水利保障体系：“十二五”期间，改善灌区灌溉面积15万亩，恢复及新增灌溉面积5万亩，农田灌溉水利用系数达到0.55。到2020年城乡居民饮用水安全得到保障，实现农村自来水全覆盖，全县农村人口全部喝上放心水。

水资源合理配置和科学利用体系：节水型社会初见成效，2015年全县用水总量控制在8.6亿立方米，万元GDP、万元工业增加值用水量分别控制在90立方米/万元以内和75立方米/万元以内；城镇污水处理率达80%以上，污水处理回用率提高至14.5%；地下水用量控制在0.2亿立方米以内。到2020年，全县用水总量控制在10亿立方米，万元GDP、万元工业增加值用水量分别控制在68立方米/万元以内和66立方米/万元以内；城镇污水处理率超过92%，污水处理回用率提高至17%。

水资源保护和河湖健康体系：水生态建设全面加强，到2015年，全县水环境一级功能区达标率达到85%以上，水质常年稳定在Ⅲ类以上，主要江、河、湖、库水功能区水质达标。黄马、冈上、富山小流域水土流失得到有效治理。“十二五”期间，水土流失综合治理面积、生态修复面积均达到30.53平方公里以上。

水务管理和科学发展制度体系：水利投入稳定增长机制进一步完善，水利工程良性运行机制基本建立，最严格的水资源管理制度全面落实,水务一体化管理体制逐步完善,乡镇水利服务能力明显提升,水利行业能力和公共服务能力显著增强。

四、主要措施

(一)突出薄弱环节,加强城乡水务基础设施建设

1. 大兴农田水利基本建设。全面推进农田灌溉“润田工程”,“十二五”期间完成赣抚平原大型灌区续建配套与节水改造。到2020年,基本完成新南灌区南新、蒋巷片区续建配套与节水改造;完成塘南镇双星灌区、三新灌区及泾口乡永泉站、义务岭站、小莲站五座中型灌区节水改造;完成东山门水库等19座小型灌区节水改造;完成508座30KW以上小型灌溉排水泵站更新改造;加快推进小型农田水利重点县建设,加强灌区末级渠系建设和田间工程配套,促进旱涝保收高标准农田建设;健全农田水利基本建设新机制,大幅增加农田水利基本建设投入。

2. 加快防洪治涝工程建设。到2020年,全面完成总投资8.15亿元的鄱阳湖区二期防洪工程第六个单项工程;实施江河干、支流整治工程,完成5万亩以下外洪圩堤除险加固工程,抚支右堤、天王渡总干防洪堤、水岚洲堤、南徐堤四条圩堤防洪标准达20年一遇。实施完成黄湖蓄滞洪区内隔离、转移路桥等安全项目建设,撤消象湖滞渍区。以昌南组团规划区为重点,加强县城莲塘及小蓝经济开发区、昌南新城防洪排涝体系建设,强堤固岸,清淤疏浚,连通水系,象湖联圩防洪标准达50年一遇,排涝标准达20年一遇。全面提高芳溪湖堤、大沙湖堤、赣抚航道、友谊渠等内涝圩堤治涝水平,整治农村灌溉排涝水系内围垦、水面种养现象,提高农村灌溉排涝能力。

3. 加快安全饮水工程建设。到2013年,全面解决规划内31.65万农村人口的饮水安全问题,继续推进南新、幽兰、塘南、武阳、泾口、黄马等千吨万人规模以上饮水安全工程建设,“十二五”期间全县农村自来水普及率超过80%。落实建设与管护主体,明晰产权,加强建后管理,建立长效管理投机制,确保发挥工程效益。优先安排农村自来水工程建设用地,认真贯彻落实上级有关建设、运行税收优惠补贴政策。农村供水用电执行农业排灌用电价格,免收工程电力设备增容费。

4. 加快小型水库除险加固工程建设。2015年前全面完成西山门水库等14座小二型病险水库除险加固,实施病险山塘整治工程。到2020年,建成黄马东山门省级水利风景区,全面完成山塘整治任务。

5. 加快病险水闸除险加固工程建设。实施病险水闸除险加固工程,到2015年完成程家池闸、瑶湖闸中型水闸除险加固。到2020年,基本完成906座小型病险水闸除险加固任务。

6. 加快推进水资源配置工程建设。加强工程性缺水问题研究,编制完成全县水资源配置项目规划。推进城区应急水源工程建设,加强对以赣江东新段、赣抚平原总干渠以及抚河故道(谢埠河)为重点的饮用水源保护工程建设。新建一批抗旱水源工程,重点解决非赣抚平原灌区的滨湖地区的抗旱问题,建设蒋巷高梧提灌站、南新会龙摆提灌站等灌溉设施。支持农民兴建小水窖、小水池、小塘坝、小泵站、小水渠等“五小水利”设施建设,提高雨洪资源利用和水资源调蓄能力。统筹中水利用,推广污水处理回用,城市环境、工业冷却用水等应当尽可能使用再生水。

7. 加快实施城市排水设施改造工程。编制完成县城城市排水规划,对城市排水、排涝管网进行全面清淤改造和维修整治,新建一批污水收集管网和城市污水泵站除臭装置,建设城区排水、节水及污水处理信息平台和电子指挥调度监控系统。加快生活污水处理厂和工业污水处理厂的管网建设,强化运行监督管理工作,保证进水浓度和出水水质达标;建设污泥集中处置工程,避免污泥造成二次污染。新建城区中水管网系统,对城区主要水体实施截污工程建设,实现雨污分流。

8. 加快防汛抗旱应急管理能力建设。健全防汛抗旱统一指挥、分级负责、部门协作、反应迅速、协调有序、运转高效的应急管理机制。建设现代化防汛抗旱指挥中心,完善防汛抗旱信息自动化系统建设,提高防汛抗旱管理水平。健全应急抢险物资储备体系,加强防汛抗旱设施设备及物资的配备和储备。建立应对持续、特大干旱和突发水安全事件的水源储备制度。建立健全现代化的气象、水文信息采集、传输、处理及预报会商体系,在重点防洪堤段科学合理增设水文观测点。

(二)坚持依法治水,加大水务各项管理力度

1. 强化水土保持和水生态保护。抓好黄马、冈上、富山小流域水土保持综合治理,加强城市水土保持流失治理,继续推广生态自我修复。强化水土保持执法力度,落实水土保持“三同时”制度,水土保持方案作为开发建设项目的前置条件,纳入行政服务中心联合审批服务体系。加强饮用水源保护,取缔排污口和近岸污染源,强化入河排污口审批管理和建设项目环境影响评价制度。加快以莲塘河整治为重点的城市水环境建设,打造一河两岸生态工业区。按照“谁受益、谁补偿”的原则,对破坏水土保持、水功能区等水生态环境服务功能和水源涵养功能以及建设项目占用湿地、水域和水利工程设施的单位和个人征收补偿费,用于水生态环境补偿。

2. 加大农村水环境整治力度。加强农村地区环境保护,制定与新农村建设、城乡一体化和生态环境保护相协调的农村水环境综合整治方案,实施污水管网和沟渠、氧化塘、污水净化池、等建设工程,推进农村地区生活污水简易处理,大力开展农村水环境整治。禁止水库化肥养鱼,倡导生态健康养殖模式。严格控制江湖水库周边规模养殖活动,加大规模化养殖污染治理力度,禁止养殖污染物向江湖直接排放。到2020年,基本实现农村沟渠门塘疏浚、水系连通,防洪、灌溉及排涝能力明显增强,农村生活环境明显改善。

3. 强化河湖水域管理。建立健全河湖管理体系,实行“河湖蓝线”管理制度,全面推行河道管理“河长制”,严格河湖水域管理,落实占用补偿措施。岸线开发利用必须符合防洪规划、水功能区管理要求,明确开发利用控制条件和保护措施,维护水利工程安全和能力。加强河湖水域岸线管理,提高河湖疏导和调蓄洪水能力。严格实行河湖管理范围内建设项目审批、防洪影响评价和水工程建设规划同意书制度。建立健全堤防安全责任制度、巡防管理和安全责任追究制。加强河道采砂管理,严厉打击非法采砂行为。

加强水政执法队伍建设,将其纳入全额拨款事业单位管理,执法经费由县财政予以保障。进一步完善水资源保护和水污染防治协调机制。

（三）实行最严格的水资源管理制度

1. 实行用水总量控制制度。到2013年底,建立并实行全县用水总量控制指标体系,到2015年,全县用水总量控制在8.6亿元立方米以内。将水资源论证、防洪影响评价、水土保持方案审批等审批事项纳入县重大产业项目绿色通道系统。未通过水资源论证、防洪影响评价和水土保持方案审批的建设项目,投资主管部门一律不得审批或核准。实行水资源区域限批制度,对取用水总量已达到或超过控制指标的地区,暂停审批建设项目新增取水;对取用水总量接近控制指标的地区,限制审批新增取水。启动工业园区、重大产业布局和城市总体规划等水资源论证工作。严格地下水管理和保护,强化水资源统一调度,协调好生活、生产和生态环境用水。

2. 实行用水效率控制制度。制订完成全省工业、城镇生活和农业灌溉用水的定额,严格限制在水资源不足地区建设高耗水工业项目。凡达不到用水定额标准的新上生产建设项目,一律不得批准兴建。加大农业、工业节水改造,加强计划用水、节约用水管理,对日取用水达到5万吨以上的重点取用水户实行重点监控。落实节水"三同时"制度,加强节水方案和节水设施的竣工验收工作。大力推进节水型社会建设,加强节水宣传,建立节约用水的长效体制和机制,提高水资源的利用效率和效益。

3. 实行水(环境)功能区限制纳污制度。确立水(环境)功能区限制纳污红线,从严核定水(环境)功能区水域纳污总量。2011年完成全县水域纳污能力测算,研究制订分区限制排污总量控制方案,逐步实现水(环境)功能区达标和限制排污总量双控制。严格控制高消耗、高污染、资源型及水污染项目的建设,强化入河排污口审批管理和建设项目环境影响评价制度。对排污量超过水(环境)功能区纳污总量的地区,限制审批新增取水和主要污染物建设项目。加强水(环境)功能区和重点排污口的监督管理,建立水质监测评价体系,完善监测预警和监督管理制度。完善主要江河行政区界断面及饮用水水源地的水质监测站网建设。

（四）强化政策保障,深化水务一体化管理体制改革

1. 加大公共财政对水务的投入。争取中央及省、市对我县水利的投入,力争今后10年全社会年平均水利投入比2010年高出一倍。发挥政府在水利建设中的主导作用,县财政对水务工程的年度投入比例不低于县财政总收入的3%,并逐年增长。强化政策性投入,保证县、乡两级财政分别从土地出让收益中提取10%用于农田水利建设,用于上级投资水利项目的县级资金配套和县级水利项目建设。整合以工代赈、新增千亿斤粮食基地建设、农业综合开发、扶贫开发等专项资金,统筹用于农田水利设施建设。建立县财政水务工程前期工作专项基金,从2011年起,按上年度水务建设投资总额的3%安排,主要用于全县水务发展规划和工程建设的前期工作。县财政每年从征收的城市建设维护税中按25%比例切块,用于城市防洪排涝和水务工程建设管护。自2011年起,征收的城市污水处理费纳入水利建设基金,专门用于城市污水处理设施建设和管护。

2. 足额征收水务规费。完善《南昌县水利建设基金筹集和使用管理办法》,延长征收年限至2020年,并拓宽来源渠道,在2011年底前全面开征。继续征收防洪保安资金,并纳入水利建设基金管理。进一步落实水资源有偿使用制度,征收标准达到省里规定标准。加强水土保持补偿费、河道滩地临时占用费、河道砂石资源费、城市污水处理费等水务规费征收管理,不得擅自减免,严禁截留挪用水资源费。尽快开征河道工程修建维护管理费。

3. 深化水务管理体制改革。深化水利工程管理体制改革,增加工程管理单位的管理经费,切实做到管、养分离。组建万亩以上圩堤、中型灌区、大型泵站专管机构,落实人员编制和经费。健全乡镇服务体系,组建乡镇水务管理站,可与乡镇防办合署办公,经费纳入县级财政预算;建立村级水管员制度,每个行政村设立1名兼职水管员,并适当给予补贴,所需经费列入乡镇财政预算予以保障。健全小型水利工程管理制度,推进农村小型水利工程产权改革,明晰所有权和使用权,对公益性小型水利工程维修养护经费给予补助,鼓励农民投资自建,充分调动社会各界兴修水利的积极性。大力发展农民自愿的用水户协会组织,对用水户协会社团登记费予以减免,按用水户协会管理渠系的长度,县财政每年给予1~2万元补助,鼓励农民用水户协会建设管理自用小型农田水利工程。加大水价改革力度,充分发挥水价调节作用,工业和服务业用水要逐步实行超额累进加价制度,合理调整城市居民生活用水价格,稳步推进阶梯式水价制度;推进农业水价综合改革,农业灌排工程运行管理费用由县乡财政适当补助。进一步落实水利工程确权划界工作,2012年底前完成确权划界发证任务。

五、组织保障

1. 落实各级党委和政府责任。县、乡党委政府要站在经济社会发展和战略的全局高度,切实加强和改进对水务工作的领导,及时研究和解决水务改革发展中的突出问题;实行防汛抗旱、饮水安全保障、水资源管理、水库安全管理、河道采砂管理行政首长负责制,实行农田水利建设和小农水工程管护县长负责制。将水利建设和改革纳入国民经济和社会发展规划,建立行政领导任期水利工作目标责任制。发改部门要把水务改革发展纳入经济社会发展总体规划,组织编制水务发展中长期规划和年度指导性计划。发改、财政、水务等部门要加大对水利投资计划执行和项目实施情况的监督检查力度,财政部门要按照《预算法》的要求抓好水利资金预算执行的监督管理,国土资源部门要优先保证国家及省、市、县重点水利工程的新增建设用地计划指标,指导项目单位及时办理工程建设用地报批手续。

2. 强化目标管理考核。2011年起,县委、县政府要把水利改革发展纳入对乡镇(开发区、银三角)综合目标管理考核指标体系。要对水利投入、建设、管理、改革等各项水利工作任务落实情况、进行督查和考核,考核结果作为干部综合考核评价的重要依据。要开展多种形式的"水利建设"竞赛活动,建立以"比规模、比实干、比投入、比成效"为主要内容的评比激励机制,每年一季度对上年水利建设任务完成情况、资金投入情况等进行检查考核和兑现奖惩,对先进乡镇、先进村、先进个人予以表彰和奖励,并将考核情

况作为安排建设项目、下达补助资金的重要依据。加强水利专项资金监督管理,强化财政、审计、纪检监察部门的监督检查责任。

3. 加强水利人才队伍建设。要合理增加水务部门行政编制和全额拨款事业编制,用于引进专业技术人才,满足水务一体化增加职能的需要。加大对水利类专业本科以上毕业生的招聘和考录力度,确保每座中型水利工程至少有2名大专以上水利专业人才;乡镇水管单位也要有计划招聘和考录水利专业毕业生,2012年每个乡镇水务站至少招录一名水利专业大中专毕业生。要加强在职水务人员的教育培训,定期选派骨干人员到省水利厅、市水务局跟班学习,争取省水利厅选派专家到我县挂职帮助工作,全面提高我县水务建设与管理水平。

4. 营造全社会办水利浓厚氛围。宣传部门及各类新闻媒体要把水利纳入公益性宣传范围,大力宣传水利公益性,增强全民水患意识、节水意识、水资源保护意识和水土保持意识,广泛动员全社会力量参与水利建设,营造全社会齐心办水利的浓厚氛围。县、乡两级财政要加大一事一议奖补力度,以奖代补、多筹多补、多干多补,充分调动农民、农民用水户协会兴修农田水利的积极性。对自愿投资支持水利建设的社会团体、企业,县乡两级政府和有关部门,要给予积极支持、充分肯定和适当的奖励。

南发〔2011〕29号

中共南昌县委　南昌县人民政府关于印发《南昌县中长期教育改革和发展规划纲要(2010~2020年)》的通知

各乡镇党委、乡镇人民政府,各开发区(新区)、银三角党工委、管委会,县委各部门,县直各单位:

现将《南昌县中长期教育改革和发展规划纲要(2010~2020年)》(以下简称《教育规划纲要》)印发给你们,请结合实际认真贯彻执行。

中共南昌县委
南昌县人民政府
2011年11月1日

南昌县中长期教育改革和发展规划纲要(2010~2020年)

目　录

南昌县中长期教育改革和发展规划纲要（2010～2020年）

为建立健全我县现代国民教育体系和终身教育体系，引领南昌县教育事业持续健康协调发展，根据国家和省、市《中长期教育改革和发展规划纲要（2010～2020年）》，结合我县实际，编制本规划纲要如下：

序　言

百年大计，教育为本。教育是民族振兴、社会进步的基石，是提高国民素质、促进人的全面发展的根本途径。优先发展教育，提高教育现代化水平，对促进南昌县经济社会发展具有决定性意义。

“十一五”期间，我县明确提出了打造“学在昌南”教育品牌的奋斗目标，并推出了一系列优先发展教育的重大举措，助推南昌县教育事业跨越式发展。学前教育初具规模，义务教育均衡发展，高中教育优质发展，成人教育有序发展；教育队伍不断优化，教育质量稳步提升，教育投入逐年提高，教育环境逐步改善，教育功能日趋完善，教育结构更加合理。

当前，我县“四区建设”全面推进，昌南组团城市化大发展框架迅速拉开，经济社会发展进入了一个新的阶段。未来一个时期，随着我县“拚争全国五十强县市、建设现代化综合新城”战略目标的实施，“经济大发展、城乡大变样、社会大和谐”等三大工程的推进，对教育提出了新的任务和要求，迫切需要以更大的决心和力度推动教育科学发展。

教育是百业之基，教育事业利泽千秋、惠济后世。各级党委、政府必须进一步增强使命感、责任感、紧迫感，始终坚持把教育摆在优先发展的战略地位，把教育发展列入当地经济社会总体发展规划，以改革创新为动力，以促进公平为重点，以提高质量为核心，努力实现昌南教育事业新的飞跃，为南昌县经济社会发展作出更大贡献。

一、总体战略

（一）指导思想

高举中国特色社会主义伟大旗帜，以邓小平理论和“三个代表”重要思想为指导，深入贯彻落实科学发展观，实施“科教兴县、人才强县”战略，优先发展教育，完善现代教育体系，办好人民满意教育，建设人力资源强县，基本实现教育均衡化、现代化，为我县百强进位、建设现代化综合新城提供人才保障和智力支持。

全面贯彻党的教育方针，坚持教育为社会主义现代化建设服务，为人民服务，与生产劳动和社会实践相结合，培养德智体美全面发展的社会主义建设者和接班人。

全面推进教育事业科学发展，把握教育发展阶段性特征，坚持以人为本，遵循教育规律，面向社会需求，优化结构布局，提高教育现代化水平。

加强学校文化力、制度力、创新力、凝聚力、执行力、公信力、师生亲和力、廉政免疫力、维稳关注力、安全保障力建设，鼓励办出特色，形成充满活力的现代学校制度，真正唱响“学在昌南”品牌。

（二）工作方针

推进南昌县教育改革和发展，必须全面贯彻“优先发展、育人为本、改革创新、促进公平、提高质量”的工作方针，突出重点，分类指导，整体推进。

把教育摆在优先发展的战略地位。教育优先发展是党和国家提出并长期坚持的一项重大方针。各级党委和政府要把优先发展教育作为贯彻落实科学发展观的一项基本要求，切实保证经济社会发展规划优先安排教育发展，财政资金优先保障教育投入，公共资源优先满足教育和人力资源开发需要。充分调动全社会关心支持教育的积极性，共同担负起培育下一代的责任，为青少年健康成长创造良好环境。完善体制和政策，鼓励社会力量兴办教育，不断扩大社会资源对教育的投入。

把育人为本作为教育工作的根本要求。人力资源是经济社会发展的第一资源，教育是开发人力资源的主要途径。要以学生为主体，以教师为主导，充分发挥学生的主动性，把促进学生健康成长作为学校一切工作的出发点和落脚点。关心每个学生，促进每个学生主动地、生动活泼地发展，尊重教育规律和学生身心发展规律，为每个学生提供适合的教育，努力培养造就高素质劳动者和拔尖创新人才。

把改革创新作为教育发展的强大动力。教育要发展，根本靠改革。要以体制机制改革为重点，鼓励乡镇和学校大胆探索和试验，加快重要领域和关键环节改革步伐。创新人才培养体制、办学体制、教育管理体制，改革质量评价和考试招生制度，改革教学内容、方法、手段，建设现代学校制度。加快解决经济社会发展对高质量多样化人才需要与教育培养能力不足的矛盾、人民群众期盼良好教育与教育资源相对短缺的矛盾、增强教育活力与体制机制约束的矛盾，为教育事业持续健康发展提供强大动力。

把促进公平作为基本教育政策。教育公平是社会公平的重要基础。教育公平的关键是机会公平，基本要求是保障公民依法享有受教育的权利，重点是促进义务教育均衡发展和扶持困难群体，根本措施是合理配置教育资源，向农村边远地区倾斜，加快缩小教育差距。教育公平的主要责任在政府，全社会要共同促进教育公平。

把提高质量作为教育改革发展的核心任务。树立科学的质量观，把促进人的全面发展、适应社会需要作为衡量教育质量的根本标准。树立以提高质量为核心的教育发展观，注重教育内涵发展，鼓励学校办出特色、办出水平，出名师，育英才。建立以提高教育质量为导向的管理制度和工作机制，把教育资源配置和学校工作重点集中到强化教学环节、提高教育质量上来。加强教师队伍建设，提高教师整体素质。

（三）战略目标

到2020年，教育发展主要指标走在全省前列，率先实现教育现代化，率先建立适应社会主义市场经济的教育体系，率先建成学习型社会和人力资源强县，真正唱响“学在昌南”品牌。

实现更高水平的普及教育。基本普及学前教育，学前三年毛入园率达到86%；巩固提高九年义务教育水平，巩固率达到97%；普及高中阶段教育，毛入学率达到93%；高等教育大众化水平进一步提高，毛入学率达到45%；扫除青壮年文盲。

形成惠及全民的公平教育。坚持教育的公益性和普惠性，保障公民依法享有接受良好教育的机会。建成覆盖城乡的基本公共教育服务体系，逐步实现基本公共教育服务均等化，缩小城乡差距。努力办好每一所学校，教好每一个学生，不让一个学生因家庭经济困难而失学。切实解决进城务工人员子女平等接受义务教育问题。保障残疾人受教育权利。

提供更加丰富的优质教育。教育质量整体提升，教育现代化水平明显提高。教师队伍素质明显提升，优质教育资源总量不断扩大，更好满足人民群众接受高质量教育的需求。学生思想道德素质、科学文化素质和健康素质明显提高。

构建体系完备的终身教育。学历教育和非学历教育协调发展，职业教育和普通教育相互沟通，职前教育和职后教育有机融合，学校教育和社区教育有效衔接。继续教育参与率大幅提升，从业人员继续教育年参与率达到60%以上。现代国民教育体系更加完善，终身教育体系基本形成。

健全充满活力的教育体制。进一步解放思想，更新观念，深化改革，提高教育开放水平，全面形成与社会主义市场经济体制和全面建设小康社会目标相适应的充满活力、富有效率、更加开放、有利于科学发展的教育体制机制。

（四）战略主题

坚持以人为本。全面实施素质教育是教育改革发展的战略主题，是贯彻党的教育方针的时代要求，其核心是解决好培养什么人、怎样培养人的重大问题，重点是面向全体学生、促进学生全面发展，工作着力点是增强学生的社会责任感，提高学生勇于探索的创新精神和善于解决问题的实际能力。

坚持德育为先。立德树人，把社会主义核心价值体系融入国民教育全过程。加强马克思主义中国化最新成果教育，引导学生形成正确的世界观、人生观、价值观；加强理想信念教育和道德教育，坚定学生对中国共产党领导、社会主义制度的信念和信心；加强以爱国主义为核心的民族精神和以改革创新为核心的时代精神教育；加强社会主义荣辱观教育，培养学生团结互助、诚实守信、遵纪守法、艰苦奋斗的良好品质。加强公民意识教育，树立社会主义民主法治、自由平等、公平正义理念，培养社会主义合格公民。

坚持能力为重。优化知识结构，丰富社会实践，强化能力培养。着力提高学生的学习能力、实践能力、创新能力，教育学生学会知识技能，学会动手动脑，学会生存生活，学会做人做事，促进学生主动适应社会，开创美好未来。

坚持全面发展。全面加强和改进德育、智育、体育、美育。坚持文化知识学习与思想品德修养的统一、理论学习与社会实践的统一、全面发展与个性发展的统一。加强体育，牢固树立健康第一的思想，确保学生体育课程和课余活动时间，提高体育教学质量；加强心理健康教育，促进学生身心健康、体魄强健、意志坚强；加强美育，培养学生良好的审美情趣和人文素养；加强劳动教育，培养学生热爱劳动、热爱劳动人民的情感。重视安全教育、生命教育、心理健康教育、国防教育、可持续发展教育。促进德育、智育、体育、美育有机融合，提高学生综合素质，使学生成为德智体美全面发展的社会主义建设者和接班人。

教育事业发展主要目标

主要指标		2010年	2015年	2020年
学前教育	在园人数(万人)	2.4	3.6	3.8
	学前三年毛入学率	60.2%	80%	86%
小学	在校生数(万人)	8.02	8.03	8.02
	巩固率	98%	98%	99%
初中	在校生数(万人)	4.01	4.015	4.01
	巩固率	95%	96%	97%
高中阶段	在校生数(万人)	3.81	3.854	3.89
	毛入学率	86%	90%	93%
中职教育	在校生数	8703	9600	15000
高等教育毛入学率		31%	38%	45%

注：高中阶段教育在校生数含中等职业教育在校生数

二、发展任务

（五）学前教育

提高学前教育普及水平。学前教育对幼儿身心健康、习惯养成、智力发展具有重要意义。建立政府主导、社会参与、公办民办并举的办园体制，构建普惠的学前教育公共服务体系和早期教育服务网络，提高学前教育普及水平和教育教学质量。2015年以前，每个乡镇至少建设一所达标的公办中心幼儿园，并发挥其对村幼儿园的示范指导作用。到2020年，普及二年学前教育，基本普及三年学前教育，学前三年毛入园率县城达96%，乡镇所在地达86%以上，农村达83%以上。

明确学前教育政府职责。把学前教育纳入经济社会发展规划和城镇发展规划、新农村建设规划，统筹规划幼儿园建设。大力发展公办幼儿园，鼓励公办幼儿园举办分园或合作办园，积极扶持民办幼儿园。政府加大学前教育投入，设立学前教育专项资金。完善学前教育成本合理分担机制，分类制定幼儿园收费标准和管理办法，建立贫困家庭学前儿童入园资助制度，着力保证留守儿童入园。探索以财政性经费补助、税费减免、建园用地优先、公派教师、购买服务等形式支持企事业单位、社区、乡村和其他社会力量举办幼儿园。

提升学前教育保教质量。制定学前教育办园标准，加强学前教育管理，严格办园审批程序，规范办园行为。遵循幼儿身心发展规律，坚持科学保教方法，保障幼儿快乐健康成长。加强学前教育保教队伍建设，保障幼儿园教师编制，提高保教人员待遇，完善幼儿教师培养培训渠道，鼓励示范幼儿园结对帮扶乡村幼儿园培养、培训保教人员。强化对幼儿园保教工作的指导，防止和纠正幼儿教育“小学化”倾向。加强学前教育科学研究，建立和完善学前教育保教质量指导和评估体系，提高学前教育保教质量。

重点发展农村学前教育。加大对农村地区学前教育的扶持力度，采取多种形式新建、改扩建幼儿园。鼓励利用中小学布局调整富余的教学资源举办幼儿园（班）或在农村小学设学前教育班。完善乡村学前教育管理模式，发挥乡镇中心幼儿园对村幼儿园的示范指导作用，探索乡镇中心幼儿园或人口相对集中、管理规范的片区幼儿园举办分园（点）。

（六）义务教育

巩固义务教育普及成果。义务教育是国家依法统一实施、所有适龄儿童少年必须接受的教育，具有强制性、免费性和普及性，是教育工作的重中之重。完善"以县为主"、"县乡（镇）共建"的教育管理制度，积极推进九年一贯制学校、乡镇小学中心校、农村寄宿制学校建设，有效配置农村教育资源，建立适应城乡发展需要的义务教育格局，合理规划学校布局。到2020年，撤并约200所村级小学，建设50所具有一定学生规模的农村小学，每个乡镇集中办好一所初级中学，具备建设九年一贯制、寄宿制学校条件成熟的全部建设完成，规划建设好昌南新城、银三角新区教育园区。小学和初中的入学率继续保持100%，巩固率分别达到98%和96%。

推进义务教育均衡发展。均衡发展是义务教育的战略性任务。保障义务教育均衡发展，关键是均衡配置教师、设备、图书、校舍等资源。

缩小校际差距。积极推进义务教育学校标准化建设，加强薄弱学校改造。着力提高师资水平，实行县域内教师、校长交流制度。逐步提高优质普通高中均衡生招生指标，禁止义务教育阶段设置重点学校和重点班。探索建立以优质学校为主体的教育共同体，推动县域内优质学校帮助扶持薄弱学校。

缩小城乡差距。建立城乡一体化义务教育发展机制，在财政拨款、学校建设、教师配置、教育技术装备等方面向农村倾斜。在推进昌南新城、银三角新区教育园区建设的同时，适应新型城镇化和新农村建设的需要，加快推进九年一贯制学校、乡镇小学中心校、农村寄宿制学校和乡镇初中建设，改善保留的村级小学、教学点的办学条件，方便学生就近入学。

提升义务教育办学质量。建立全县义务教育质量基本标准和监测制度。健全义务教育质量保障机制、目标管理制度。严格执行义务教育课程标准，深化课程和教学方法改革，创新教学模式和教学手段，逐步推行小班教学。配齐音乐、体育、美术和信息技术等学科教师和卫生保健人员，开足开好规定课程。重视师生语言文字的规范意识和应用水平的提高，大力推广普通话教学，使用规范汉字。切实减轻学生过重的课业负担，形成实施素质教育的导向机制。

（七）高中阶段教育

加快普及高中阶段教育。高中阶段教育是学生个性形成、自主发展的关键时期，对提高国民素质和培养创新人才具有特殊意义。根据经济社会发展需求，坚持以政府投入为主统筹高中阶段教育资源，完善高中学校布局和结构，合理确定普通高中和中等职业学校招生比例，中等职业教育与普通高中在校生的比例大体相当。到2020年，高中阶段教育毛入学率达到93%，全民受教育年限提高到12年。

提高普通高中教育质量。深入推进普通高中课程改革，全面落实课程方案，保证学生全面完成国家规定的文理等各门课程的学习，完善技术、音体美等课程的设施设备。注重基础知识和基本能力培养，重视人文教育和科学教育，积极开展研究性学习、社区服务和社会实践，全面提高普通高中学生综合素质。建立学生发展指导制度，加强对学生心理、学业、就业等多方面的指导。加强教育科学研究，建立健全教育教学质量监控和评价体系，探索提高学校教育教学质量的新方法和新途径，全面提高普通高中教育质量。

推动普通高中特色办学。增强普通高中自主发展能力，鼓励高中学校发挥传统文化和学科优势，探索多样化办学模式，推动普通高中多样化发展，满足不同潜质学生的发展需要，推动普通高中多样化和特色化发展。

（八）职业教育

提升职业教育发展能力。发展职业教育是推动经济发展、促进就业、改善民生、解决"三农"问题的重要途径，必须摆在更加突出的位置。职业教育要面向人人、面向社会，着力培养学生的职业道德、职业技能和就业创业能力。到2020年，建成一个省级、三个市级骨干专业，争创一所国家级重点中等职业学校，培养一支"双师型"教师队伍，打造省级示范性职业教育中心，建立适应南昌县经济发展方式转变和经济结构调整要求，职业教育与普通教育互通融合、适合终身教育需要的开放性现代职业教育体系。

创新职业教育办学模式。建立健全政府主导、行业指导、企业参与的办学机制，创新技能型人才培养模式，完善弹性学制、"学分银行"制度，实行工学结合、工学交替、顶岗实习、"订单式"培养等办学模式。加快推进产业对接专业、企业对接育人、岗位对接课程、车间对接基地、技术能手对接教师、用人单位对接评价、生产对接科研、工种对接培训、厂长对接校长等"九个"校企全面对接，鼓励行业企业参与职业教育管理与评估，促进职业教育与产业发展相衔接，与社会需求相适应。

营造职业教育发展氛围。把发展职业教育作为经济社会发展的重要基础和教育事业的战略重点，切实完善相关支持政策，提高职业教育吸引力。实施助学政策。完善中等职业教育国家助学金制度、贫困学生资助制度，逐步实行中等职业教育免费制度。拓宽升学渠道。结合高考制度改革，力推"三校生"（普通中专、职业高中、技工学校就读的学生）对口升入高职院校深造。完善就业制度。积极推进职业教育学历证书和职业资格证书"双证书"制度，推进职业教育专业课程内容和职业标准相衔接。完善就业准入制度，严格执行"先培训、后就业"、"先培训、后上岗"的规定，引导和规范公民接受职业教育。强化舆论引导。以县域内工业园区企业为载体，提高技能型人才的社会地位和待遇，加大对有突出贡献高技能人才的宣传表彰力度。健全职业技能竞赛制度。积极引导社会树立正确的人才观、求学观、择业观和成才观，形成尊重劳动、重视技能、行行出状元的良好氛围。

（九）成人教育

加快发展继续教育。更新继续教育观念，加大投入力度，构建以职教中心为龙头，以农村初职班为基础，各职能部门相互配合的县、乡(镇)、村三级继续教育网络，建设以卫星、教育电视和互联网为载体的远程开放式教育及公共教育服务平台，提高全民平均受教育年限。每年培养农村新增和剩余劳动力3万人次，培训城镇在职职工2万人次，培训下岗失业人员1万人次，95%以上未升学的农村初高中毕业生受到职业培训，全县青壮年文盲率控制0.2%以下。

完善继续教育机制。政府成立跨部门的继续教育协调机构，统筹指导继续教育发展。建立职前与职后教育相互融合、学历与非学历教育协调发展、灵活开放的继续教育机制，教育行政部门会同人力资源和社会保障部门统筹指导继续教育发展。推进继续教育与工作考核、岗位聘用、职务(职称)评聘、职业注册等人事管理制度的衔接。完善培训补贴政策，鼓励个人多种形式接受继续教育。推进学习型社区、和学习型家庭创建工作。开展全民学习活动周、全民读书活动月等活动，营造继续教育良好氛围。

构建终身教育体系。调动全社会发展继续教育的积极性，充分发挥学校教育、社区教育、现代远程教育、家庭教育、农村教育、老年教育、妇女教育的作用，积极开展各种与群众社会生活、休闲娱乐、文化体育、医疗保健密切相关、灵活多样的教育活动，构建社会化、信息化、覆盖城乡的继续教育网络。使学习逐步成为公民普遍的生活方式，基本形成全民学习、终身学习的学习型社会。

分。

(十)特殊教育

提高特殊教育惠及程度。特殊教育是促进残疾人全面发展、帮助残疾人更好地融入社会的基本途径。各级政府要加快发展特殊教育，全社会要关心支持特殊教育。进一步建设好县特殊教育学校，乡镇中小学要积极创造条件接收残疾人入学，不断扩大随班就读和普通学校特教班规模，加快发展残疾人高中阶段教育，大力推进残疾人职业教育，逐步完善残疾人职业教育与培训体系。到2020年，力争残疾儿童入学率达到98.5%以上，满足残疾人高中阶段教育需求。

健全特殊教育保障机制。加大对特殊教育的投入力度，到2020年，义务教育阶段特殊教育学校生均公用经费标准达到普通初中生均公用经费标准的6倍以上。逐步提高义务教育阶段特殊教育学校家庭经济困难的残疾寄宿生生活补助标准。积极筹措社会资金，支持特殊教育发展。加强特殊教育教师队伍建设，努力提高从事特殊教育工作教职工的社会地位和生活待遇。在优秀教师表彰中提高特殊教育教师比例。逐步实施残疾学生高中阶段免费教育。

(十一)民办教育

健全民办教育扶持政策。依法落实民办学校、学生、教师与公办学校、学生、教师平等的法律地位，保障民办学校办学自主权。建立完善民办学校教师社会保险制度、人事代理等制度。健全财政对民办教育的扶持政策。民办学校学生享受与公办学校学生同样的助学政策。

依法加强民办教育管理。教育行政部门要切实加强民办教育的统筹、规划和管理工作，依法加强对民办学校办学行为监督检查。规范民办学校法人登记，健全民办学校审批、变更、重组和退出机制，推动教育资源优化配置。充分发挥民办学校党组织的作用，落实民办学校教职工参与民主管理、民主监督的权利。依法建立民办学校财务、会计、资产管理和审计制度，确保民办学校收取的费用主要用于教育教学活动和改善办学条件。

提升民办教育办学水平。对民办教育的功能、类型、层次、结构等进行合理定位，促进民办学校加强内涵建设。支持民办学校利用自身资源为社会提供综合服务。支持民办学校创新体制、机制和育人模式，提高质量和办出特色。支持民办幼儿园提供优质特色保教服务，支持民办中小学特色办学。健全民办学校质量评估监控体系，加强对民办教育的评估。

三、体制改革

(十二)教育教学改革

更新培养观念。树立多样化人才观念和全面发展观念，尊重个人选择，鼓励个性发展，面向全体学生，促进学生成长成才，为终身学习，持续发展奠定基础。创新人才培养模式，改革教育质量评价和人才评价制度。

创新培养模式。创新教育教学方法，注重学思结合、知行统一、因材施教，关注学生特点和个性差异，倡导启发式、探究式、讨论式、参与式教学。重视科学实验、生产劳动和社会实践教学环节，推进学校、家庭、社会紧密结合，形成多种渠道、多种形式的人才培养模式。积极推进课程改革，鼓励开发适合学生成长的校本教材和活动课程，培养学生兴趣爱好，发展学生优势潜能。

改革评价机制。完善教育质量评价制度，科学制定学校和学生评价标准，探索政府、学校、家长、学生及社会各方面参与质量评价的方式方法。进一步推进考试招生制度改革，坚持义务教育阶段学生实施综合素质评价和就近入学，继续实施并扩大优质高中招生指标均衡分配初中学校的政策和中职学校自主招生、注册入学的招生制度，建立多样化教育质量评价标准，形成以质量和特色为主要内容的学校评价机制。

(十三)办学体制改革

明确体制改革目标。坚持教育公益性原则，以增强学校办学活力、满足人民群众多层次、多样化需求为目的，构建政府主导、社会参与、主体多元、形式多样的办学格局，促进公办学校和民办学校有序竞争，共同发展。

深化公办学校体制改革。探索公办学校办学模式改革，以扩大优质教育资源和扶持薄弱学校为重点，选择部分非义务教育学校通过公办民助、委托管理、合作办学、组建教育集团或教育共同体等形式联合办学。鼓励优质教育资源采用团队管理、联盟发展等方式扶持和改造薄弱学校，增强公办学校办学活力。

促进民办教育健康发展。扶持和引导民办教育发展，将民办教育纳入教育发展总体规划，对民办教育的功能、类型、层次、结构和比例进行科学合理定位。鼓励和引导社会力量以适应社会需求和市场调节为原则，重点发展学前教育、高中阶段教育和教育培训服务。加强对民办学校的监督和管理，完善社会公众参与民办学校管理与监督机制，探索营利性和非营利性民办学校分类管理办法，提升民办学校社会信誉和办学效益。

（十四）管理体制改革

落实政府职责。明确政府职责，加大政府对各类教育的规划和管理力度，合理确定各级各类学校办学条件、教师编制和经费保障，健全“以县为主”“县乡（镇）共建”的教育管理体制。乡镇政府、居委会、村委会负责依法组织适龄儿童、少年入学和防止辍学，维护学校的治安、安全和正常教学秩序。教育行政部门在教育资源配置等方面注意加强与乡镇政府的沟通，尊重乡村的意见，发挥乡村发展教育的积极性。健全政府统筹、行业参与、社会支持的职业教育管理体制，调动行业企业参与办学的积极性。

转变政府职能。以转变政府职能和简政放权为重点，建立健全政事分开，权责明确，统筹协调，规范有序的教育管理体制，提高公共教育服务水平。建立和健全公共教育服务体系，综合应用、拨款、规划、信息服务、政策指导和必要的行政措施，改变直接管理学校的单一方式，减少行政干预。规范决策程序，重大政策出台前公开讨论，充分听取群众意见。完善教育监测评价体系和问责制度，加强教育监督检查，积极发挥行业协会、专业机构、中介组织在教育公共治理中的作用，提高教育管理的科学性和有效性。

（十五）人事制度改革

加强学校编制管理。根据省市人民政府制定的编制标准和管理规定，按照规范、优化、高效、精简的原则，科学核定和保障中小学教职工编制。根据教育事业发展规划、生源变化和学校布局调整等情况定期调整中小学教职工编制，实行学校编制动态管理。合理设定一定比例的弹性编制，专项用于学校保安、生活老师和公派援教等保障和服务岗位。

推动用人制度改革。严格执行教师准入制度和教师公开招聘制度，实行教育系统在岗人员分类管理，规范按需设岗、竞聘上岗、以岗定酬、科学考核、合同管理等用人环节。推动职业学校教师管理制度改革，探索定额包干制度，采取政府出资的办法，鼓励职业学校面向社会公开招聘工程技术人员、专业人才和能工巧匠担任专业教师。通过定向培养、合作培训等方式，为农村偏远学校、幼儿园引进教师。完善校长任职资格标准、校长聘任制和定期交流制度，探索校长职级制管理办法和公推公选中小学校领导干部制度。探索完善教师转岗退出机制，引导和规范教师在区域和学校间有序流动。

推进分配制度改革。依法保证教师平均工资水平不低于当地公务员的平均工资水平，并逐步提高。加强学校岗位管理，合理设定学校教学和行政岗位，进一步推进学校分配制度改革，充分发挥绩效工资的激励和导向作用。按照省市教育人事部门的要求，科学制订中小学校绩效工资考核办法，根据教师管理、工勤技能等岗位的不同特点，实行分类考核，落实到人，做到科学、客观、公平、公正。完善农村艰苦边远地区教师津贴补贴发放标准，建设农村艰苦边远地区学校教师周转房，鼓励有条件的学校对拔尖人才、学科带头人、中青年骨干教师设立特殊岗位津贴。

（十六）建设现代学校制度

推进政校分开、管办分离。改进管理方式，完善监管机制，推进依法行政、依法治教、依法治校，建立学校依法自主办学、自主管理，民主监督、社会参与的现代学校制度。建立政府指导、行业企业和社会中介参与、学校自主办学的中等职业学校合作治理制度。完善民办学校法人治理结构，规范民办学校内部管理制度，督促民办学校依法规范董（理）事会运行方式和决策程序，理顺学校董（理）事会与校行政的关系，确保校长依法行使教育教学和行政管理权。

完善中小学管理制度。健全中小学和中等职业学校校长负责制，完善校长任职条件和任用管理办法，校长任用归口教育行政部门，构建校长负责、党组织发挥政治核心作用、教职工代表大会和工会参与管理与监督的管理制度。完善科学民主的决策机制，推进校务公开，实行校务会议制度、教职工代表大会制度，建立中小学家长委员会，不断提升学校管理的科学化、民主化和规范化水平。

四、保障措施

（十七）加强教师队伍建设

实施人才强教战略。教育大计，教师为本。必须把教师队伍建设放在更加重要的位置，提高教师地位，维护教师权益，改善教师待遇，使教师成为受人尊重的职业。严格教师资质，提升教师素质，在全社会形成尊师重教的良好风尚，打造一支师德高尚，业务精湛，结构合理，充满活力的高素质教师队伍，造就一批教书育人楷模、教学名师和学科领军人才。

加强师德师风建设。坚持把师德师风建设摆在教师队伍建设的首位，加强教师职业理想和职业道德教育，增强广大教师的责任感和使命感。引导教师把教书育人作为毕生的事业追求，自觉担负起教书育人的神圣职责。教师要关爱学生，严谨笃学，淡泊名利，自尊自律，以人格魅力和学识魅力教育感染学生，以平等态度对待学生，以高尚情操陶冶学生，做学生的良师益友和健康成长的指导者与引路人。严格教师从业准则及师德考核办法，将师德表现作为教师考核、聘用和评价的首要内容和表彰奖励的重要依据。

提高教师业务水平。强化教师专业技能训练和实践能力培养，运用现代教育手段和方法，整体提升教师业务素质。以农村教师为重点，创新农村教师补充机制，完善制度政策，吸引更多优秀人才从教。完善教师培训制度，抓好教师继续教育培训基地建设，将培训经费列入政府预算，坚持面向全员、突出骨干、倾斜农村的原则，实行每五年一周期的教师和校（园）长全员培训。以“双师型”教师为重点，大力加强中等职业学校教师队伍建设，依托相关高等学校和行业、企业，共建“双师型”教师培养培训基地，完善教师定期到企业实践制度，培育造就一批“双师型”骨干教师、“职教名师”和“职教名校长”。

（十八）保障教育经费投入

加大教育投入力度。教育投入是教育事业的物质基础。加大教育投入，优化财政支出结构，把教育作为财政支出的重点领域予以优先保障，确保到2012年财政性教育经费支出占全县生产总值的比例达到4%，并稳定增长。

严格按照《教育法》等法律法规的规定，年初预算和预算执行中的超收入分配中要体现法定增长要求，保证教育事业财政拨款增长高于财政经常性收入增长，并使按在校生人数平均的教育费用逐步增长，保证教师工资和学生人均公用经费逐步增长。

依照国家的规定，按增值税、营业税、消费税的3%足额征收教育费附加,专项用于教育事业。从2010年起,按增值税、营业税、消费税的2%足额征收地方教育费附加,专项用于均衡发展城乡义务教育。

依法落实城市维护建设税中应足额划出10%至15%用于教育事业的规定。积极拓宽财政性教育经费渠道,土地出让收入、地方彩票留成的公益金应按排一定的比例用于教育。

充分调动全社会办教育积极性,扩大社会资源进入教育途径,多渠道增加教育投入,鼓励和引导社会力量捐资、出资办学。完善非义务教育培养成本分担机制,根据经济发展状况、培养成本和群众承受能力,合理调整学费标准。探索在学校设立基金的有效方式,接受社会捐赠。探索企事业组织、社会团体和其他社会组织结对帮扶学校的有效办法,支持学校建设。

完善教育投入机制。义务教育全面纳入财政保障范围,实行各级政府根据职责共同负担,县政府负责统筹落实的投入体制。非义务教育以政府投入为主、受教育者合理分担、其他多种渠道筹措经费的投入机制。进一步加大对农村边远地区教育发展的支持力度,加强关键领域和薄弱环节,解决突出问题。

健全学生资助体系。建立和完善各级各类学校家庭经济困难学生资助体系。逐步对农村家庭经济困难和城镇低保家庭子女接受学前教育予以资助。提高农村义务教育家庭经济困难寄宿生生活补助标准,建立以国家助学金为主体,学校减免学费等为补充,社会力量积极参与的普通高中学校家庭经济困难学生资助政策。逐步实施残疾学生高中阶段免费教育。完善中等职业学校国家助学金和免学费政策。按国家要求运行好县学生资助管理中心,推进生源地信用助学贷款政策的落实,做到应贷尽贷。

建立奖学助学教育专项资金。以建立县奖学助学教育专项资金为平台,奖优助学,进一步促进南昌县教育事业发展。学校积极联系名人、名企、家官贤士,向其介绍昌南教育事业的发展、宣传资助教育事业的功绩,政府部门要大力支持奖学助学教育专项资金建设,争取国内外各界人士和各级组织款于县奖学助学教育专项资金。

加强教育经费管理。坚持依法理财,运行好县教育财务教育财务核算中心,切实加强教育经费管理,提高经费使用效益。建立科学化、精细化预算管理机制,科学编制预算,提高预算执行效率。强化重大项目建设和经费使用全过程审计,确保经费使用规范、安全。加强学校财务会计制度建设。加强学校国有资产管理,建立健全学校国有资产配置、使用、处置制度,防止国有资产流失,提高使用效益。坚持勤俭办学,严禁铺张浪费,建设节约型学校。

(十九)提高教育信息化水平

加快信息技术基础设施建设。按照政府主导、分级负责、多渠道投入的原则,切实加大教育信息技术基础设施投入,将建设和维护资金纳入县本级财政预算。依托教育省域网和教育城域网,大力促进数字化校园建设,推进中小学信息技术装备标准化配备,重点加强农村学校信息技术基础设施建设。到2020年,建成覆盖城乡各级各类学校的教育信息化体系,全县中小学基本实现"班班通"。

加快教育信息技术普及应用。按国家课程标准开齐开足信息技术课程,全面普及信息技术教育,大力推进信息技术在教学过程中的普遍应用,促进信息技术与学科课程的整合。重视信息技术教育教学研究,推进数字化教学改革。加强教育信息技术人才队伍建设,明确岗位职数,配齐信息技术人员,重点支持对农村学校信息技术教师和管理人员的培训。加大电子政务应用力度,进一步推进无纸化办公在教育系统中的广泛应用。加强教育网站建设,充分发挥县教育门户网站的作用。

(二十)全面推进依法治教

依法行政依法治校。认真贯彻国家教育方针、政策、严格执行教育体育法律法规和各项规章制度,加强教体系统党风廉政建设和行风建设,坚决查处违法违纪和违规行为,切实提高人民群众对教育的满意程度。深入开展普法教育,创新特色普法形式。全面构建规避教育风险管理体系,切实维护学校、教师、学生合法权益。进一步加强对各级各类学校办学行为的指导、监督和评估,加强教育行政执法力度,积极推进政务公开、校务公开,帮助学校完善管理制度,提高管理水平,促进教体事业持续健康快速发展。

优化教育发展环境。全面落实教育法律法规,为教育改革和发展创造良好社会环境。充分调动会社会关心和支持教育的积极性,共同担负起培育下一代的责任。把握舆论导向,营造有利于教育改革发展的良好氛围。维护学校办学秩序,坚决制止向学校乱收费、乱检查及各种形式的摊派,改善学校发展外部环境。依法加强网络、音像、书刊等管理,净化未成年人成长环境。引领和鼓励社会各界转变教育观、成才观和用人观,支持教育改革创新,形成既生动活泼又规范有序、共同推动教育事业科学发展的生动局面。

五、重大项目

围绕我县教育改革发展目标,以促进教育公平、提高教育质量为宗旨,增强可持续发展能力,组织实施一批重大项目。重大项目在县委、县政府的领导下,根据统筹规划、分步实施、试点先行、动态调整的原则组织推进,力求在薄弱环节和关键领域取得重大进展。

(二十一)义务教育标准化学校建设工程

认真落实《南昌市人民政府推进区域内义务教育均衡发展行动计划实施方案》,健全城乡一体化的义务教育发展机制,努力缩小城乡之间、区域之间、校际之间教育差距。加快推进中小学校舍安全工程,集中改造与加固各类危房56万平方米,实现城乡中小学安全达标。加大资金统筹力度,组织实施中小学寄宿制学校建设、九年一贯制学校改扩建、片区中心校建设、农村教师周转房建设、薄弱学校升级改造,改善学校办学条件和师生生活条件。按照义务教育标准化学校要求,改善中小学办学条件,完善中小学教育教学装备和体育活动设施。

(二十二)学前教育普及工程

以扩容增量为重点,推进学前教育普及工程。启动实施学前教育十年行动计划,加大投入,扩容增量,逐步实现每个乡镇至少要有1所公办示范幼儿园和一批规范的民办幼儿园。推进幼儿园达标建设,改善现有公办幼儿园办学条件,落实编制、师资、经费等基础保障,到2020年至少要有5所省级示范幼儿园。重点支持农村幼儿园发展,鼓励多种形式利用教育网点布局调整闲置的村小举办幼儿园,逐步实现“一村一园”，着力解决入园难、入园贵的问题。

（二十三）普通高中优质资源发展工程

完善现有普通高中尤其是省重点建设高中和一般普通高中的师资、场馆、设施、装备和器材，全面提升普通高中办学条件和教学水平。鼓励特色办学、优质办学，以莲塘三中入驻昌南新城为契机，推动普通高中优质化发展，扩大省重点高中的供给能力，到2020年，达到3所省重点高中。鼓励省重点高中通过联办、资源共享等多种形式带动和扶持一般普通高中，让80%的学生享受到优质普通高中资源。

（二十四）职业教育基础能力建设工程

优化职业教育资源配置，建设好县职业教育中心。在昌南新城规建南昌县第二职业高级中学，通过教育园区带动，使普通高中教育和职业教育同步发展，形成均衡态势。积极培育职业教育特色专业，打造1所品牌学校和3个在全市有影响力的品牌专业，重点建设1个综合性实训基地。积极探索农村女子职业教育“春蕾计划”、“一村三师”等创新培养模式和职业教育服务区域经济的新举措。规划并推动职业教育园区建设，组建职业教育集团，吸纳更多的高职院校入驻南昌县办学。鼓励多种形式引进和培养“双师型”教师。

（二十五）中小学网点布局调整工程

整合农村中小学教育资源，做大做强乡镇中心学校，采取建设片区中心校、初中兼并周边村小建九年一贯制学校等方式，撤并一批规模小、办学效益差的村级小学。原则上一个乡镇保留一所初中，到2020年基本实现义务教育标准化办学目标，彻底消除危房隐患。

（二十六）城镇新区教育网点配套工程

推进县城中心城区、昌南新城和银三角新区教育网点配套。按照《南昌市城市中小学校用地保护规定》及《南昌市城市普通中小学校办学条件（试行）》配套和建设学校。

（二十七）教师队伍素质提高工程

教育大计，教师为本。以教育培训为基础，推进教师队伍素质提高工程。加强师德建设，强化教师职业理想和职业道德教育，并将师德表现作为教师考核、聘任（聘用）和评价的首要内容。以县教师进修学校为依托，建立健全骨干教师培训和教师全员培训制度。完善教育科研专门机构，加强教育科研网络建设，加大教育科研投入，以教育科研促进学校内涵发展和教师专业发展。综合应用校本培训、远程教育、选送进修等形式，推进教师专业化发展，提升教师队伍的学历层次和整体素质。采取定向培养、集中培训、送教下乡等方式，重点推进农村教师和幼儿园教师的培养培训。鼓励多种形式引进和培养职业教育“双师型”教师。实施“名师名校长”培养计划，打造一批在全市、全省有影响的学校管理人才和学科领军人物。

（二十八）素质教育推进工程

以“四个一”素质教育工程（说好一口标准的普通话，中学生并能说一口流利的英语；写一手优美的硬笔字或毛笔字；用好一个键盘；唱好一首《孝亲敬老歌》）为抓手，实施素质教育推进工程。以中华民族传统美德和革命传统教育为重点，以日常行为规范和文明习惯养成教育为主要内容，以社会实践活动为载体，充分发挥德育课的主阵地作用，切实加强未成年人思想道德教育，打造一批德育示范校和素质教育示范校。结合青少年学生身心和社会主义的教育，扎实推进法制宣传教育和国防教育。实施教育部提出的“2+1”项目和体育、艺术教育“四个一”工程，促进中小学生综合素质全面提高。建设2个青少年校外活动中心，每个乡（镇）、开发区（新区）、银三角各建1所以上“乡村学校少年宫”，建立若干个劳动实践场所，支持学校建立心理咨询室，在全县普及心理健康教育。

实施“特长发展”奠基工程。以义务教育为重点，以创年级特长为抓手，围绕音乐、美术、体育、科技、劳技科目特色，分年级分类别统一实施，全县中小学素质教育达到“一个年级一品牌”“一个班级一特色”“一个学生一特长”。

（二十九）学校软实力夯实工程

加强学校文化力、制度力、执行力、凝聚力、创新力、师生亲和力、社会公信力、廉政免疫力、维稳关注力、安全保障力等“十个软实力”建设，提升学校办学内涵，打造“一校一品”的校园特色。推进学校文化形态建设，弘扬和培育民族文化、历史文化、制度文化。加快学校文化的创新与发展，组织实施科技节、体育节、艺术节、教学节、主题教育活动、社会实践活动，活跃学生社团，多种形式推进学校文化发展。

（三十）教育信息化建设工程

以提高教育现代化水平为方向，推进教育信息化建设工程。着眼于应用实践，加快组建教育信息服务平台，实施“班班通”工程和农村中小学现代现代教育工程，实现村完小以上学校网络全覆盖。鼓励县城学校和企事业单位对口支援农村学校信息化建设，多渠道完善农村学校信息化装备条件。征地20亩，兴建现代教育技术中心。加快网络资源的开发利用，组建教育教学资源中心和无纸化办公平台，普及信息技术教育，推进中小学现代教育技术示范校建设。

（三十一）心理健康教育工程

顺应基础教育课程改革和中小学心理健康教育需要，在全县各中小学建立心理健康咨询室，强力推进我县中小学心理健康教育工作。采取脱产集中培训与分散自学相结合的方式，全面培训心理健康教师，聘请省内心理咨询的专家和学者为心理健康教师讲学，为各乡镇中学、中心小学、县直各学校至少培养1名心理健康教师，确保心理健康教育顺利开展。

（三十二）留守儿童教育工程

启动农村留守儿童校外托管工程，调研指导探索托管机构准入制度，动员企业、个人、社会组织建立农村留守儿童托管机构。实施乡镇少年宫建设工程、社区儿童之家建设工程、网上家长学校建设工程、留守儿童信息管理库建设工程、关爱留守儿童志愿者队伍建设工程。以乡镇为单位，建立关爱留守儿童工作机构，完善关爱留守儿童相关制度，形成“党政主导、部门联动、家庭配合、社会参与”的留守儿童长效管理关爱机制，确保全县留守儿童“学业有教、监护有人、生活有助、健康有保、安全有护”。

六、组织实施

（三十三）加强组织领导

加强和改善对教育工作的领导。各级党委和政府要以邓小平理论和“三个代表”重要思想为指导，深入贯彻落实科学发展观，把推动教育事业优先发展、科学发展作为重要职责,健全领导体制和决策机制,及时研究解决教育改革发展的重大问题和群众关心的热点问题。

维护教育系统和谐稳定。加强和改进学校思想政治工作,加强校园文化建设,深入开展平安校园、文明校园、绿色校园、和谐校园创建活动。重视解决好师生员工的实际困难和问题。完善矛盾纠纷排查化解机制,完善学校突发事件应急管理机制,妥善处置各种事端。建立健全安全保卫制度和工作机制,完善人防、物防和技防措施。加强校园和周边环境治安综合治理,为师生创造安定有序、和谐融洽、充满活力的工作、学习、生活环境。

(三十四)明确实施责任

本规划纲要是我县21世纪教育事业发展的第一个中长期规划纲要,是指导我县教育事业发展的纲要性文件。贯彻实施规划纲要是各级党委、政府的重要职责,必须建立健全实施机制,加强统筹协调,精心组织实施,确保各项任务落到实处。

本规划纲要的实施在县委、县政府的领导下,成立由县委、县政府领导牵头,各有关部门主要领导参加的规划纲要推进领导小组,明确目标任务,落实责任分工。各乡镇党委、政府,各开发区(新区)、银三角党工委、管委会要围绕本规划纲要确定的战略目标、主要任务、体制改革和重大项目等提出本地区实施的具体方案和措施,分阶段、分步骤组织实施。各相关部门特别是发展改革、教育、财政、人力资源和社会保障等综合管理部门要密切合作,按照规划纲要的部署和要求,抓紧研究制定切实可行,操作性强的配套政策,尽快出台实施,确保各项目标实现。

(三十五)加强考核监督

完善评估制度,开展监测评估和跟踪检查,全面分析检查实施效果及各项政策措施落实情况,及时总结、推广好的经验和做法。

建立一把手负总责的问责机制,把对本纲要的实施作为主要领导干部任职考核指标,对执行不力人员要予以批评并追究责任。

充分发挥各级人大、政协的监督作用,积极听取社会各界的建议和意见,自觉接受同级人大、政协及社会各界的监督检查。

(三十六)广泛宣传动员

广泛宣传党的教育方针政策,广泛宣传优先发展教育、建设人力资源强县的重要性和紧迫性,广泛宣传规划纲要的重大意义和主要内容,动员全县各级党委、政府和社会各界进一步关心支持教育事业的改革和发展,为规划纲要的实施创造良好社会环境和舆论氛围。

南发〔2011〕31号

中共南昌县委员会
关于印发《“三重一大”事项决策实施办法(试行)》的通知

各乡镇党委,开发区(新区)、银三角党工委,县委各部门、县直各单位党组织:

《中共南昌县委“三重一大”事项决策实施办法(试行)》已经县委研究通过,现予以印发。

中共南昌县委员会

2011年11月19日

中共南昌县委关于“三重一大”事项决策实施办法(试行)

为进一步规范县委重大事项决策、重要人事任免、重大项目安排及大额度资金使用情况(简称“三重一大”事项)的运行程序,进一步规范领导班子的集体决策行为,增强决策的民主性,提高决策的科学性,根据有关法律法规和《中共南昌县委权力公开透明运行工作实施方案》要求,结合我县实际,制定本实施办法。

一、“三重一大”事项决策的原则

“三重一大”事项决策必须坚持民主集中制的原则。凡属县委常委会职责范围的“三重一大”事项必须坚持集体领导、民主集中、个别酝酿、会议决定的原则进行决策,确保依法决策、民主决策、科学决策。

二、“三重一大”事项决策的内容

(一)重大事项决策。“重大事项决策”包括:党和国家的路线、方针、政策,以及上级党委、政府的会议和文件精神的贯彻和落实;国民经济和社会发展中长期规划、年度发展计划,宏观调控和改革开放的重大措施、重要政策;年度财政预算(草案)的制定及重大调整;地方财政管理体制调整;重要工作制度、管理办法等规章制度的制定、修改、变更及废止;重大公共应急预案的制度和调整;土地征用、房屋拆迁、劳动就业、社会保障、教育卫生等方面的重大事项;国有资产处置,基层民主政治建设等以及其他需要县委集体研究决策的事关全局性、方向性、战略性的重大事项。

(二)重要人事任免及其他重要人事工作。“重要人事任免及其他重要人事工作”决策包括:科级干部的选拔任用、纪律处分和组织处理;公开招考(聘)工作人员;后备干部的推荐及管理;机构、编制的变动;人才引进、使用政策的确定;推荐申报县级以上综合类先进个人或先进集体,以及末位淘汰人选的确定。

(三)重大项目安排。“重大项目安排”决策包括:一、二、三产业中列入国家、省、市年度计划的重点建设项目及国家一段时期内政策性重点建设项目;县委、县政府确定的农、林、水、能源、交通、通信等基础设施及重要原材料基础产业和支柱产业项目;城建、环保和生态环境治理项目;科技、教育、文化、卫生、体育、商贸、旅游、安全等涉及社会发展的基础建设项目;带动行业技术进步的高新技术产业项目;促进县域经济发展的扶贫攻坚项目;利用外资、国家专项资金项目。

(四)大额度资金使用。"大额度资金使用"决策主要包括:1. 预算外单项追加50万元以上的资金使用事项;2. 需要以国有资产(资源)作为抵押的1000万元以上大额度贷款和融资事项;3. 本级可自行安排的200万元以上大额度上级专项资金使用的事项;4. 使用100万元以上较大额度政府资金处置经济和社会矛盾纠纷的事项。

三、"三重一大"事项决策程序及要求

(一)会议主持。凡属研究决策"三重一大"事项的常委会议一般由县委书记召集并主持。如遇特殊情况可以由书记委托副书记召开并主持,会议结束后副书记应立即将会议研究的情况向书记汇报。

(二)参会人员。出席人员:全体县委常委。

研究重大事项决策、重大项目安排及大额度资金使用情况列席人员:县人大、政协主要负责人,议题相关单位主要负责人。

研究重要人事工作列席人员:县人大、政协主要负责人,县纪委、县委组织部相关负责人。

召开县委常委(扩大)会议,列席人员扩大到相关县领导,乡镇、开发区(新区)党政主要负责人,县直相关部门主要负责人,应邀旁听人员。

讨论决定"三重一大"事项时,必须有三分之二以上常委到会。在涉及到与会人员的近亲属时,相关人员应当回避。常委因故不能出席的,需向主持人请假,如对会议的内容有意见或建议可在会前以书面形式提出。

(三)议事程序。所有"三重一大"事项在提交县委常委会决策前,必须按照层级负责原则,由议题提请部门根据有关政策、规定、程序和全县经济社会发展情况,进行全面考察调研。必要时,可以采取听证会、论证会或社会公示等形式,大范围、多层面、高密度征求社会各方面的意见和建议。在深入调研的基础上,确定事项工作目标和具体方案,经有关会议讨论研究后,提交常委会议讨论决定。

县委常委会会议的召开时间、议题,一般应在会议召开2天前通知到各常委,除讨论干部议题和需要保密的相关材料外,会议有关材料一般应同时送达。

县委常委会讨论决定问题时,严格实行县委书记末位表态制(受书记委托由副书记主持召开会议的,主持会议的副书记末位表态)。需表决的事项,应提请会议表决。研究"三重一大"事项的会议要有详细的会议记录,并形成会议决议或印发会议纪要。

(四)公开公布。凡经过县委常委会议研究决定的"三重一大"事项除依法应当保密的事项外,重大事项决策内容、依据、过程和结果,都要通过县委权力公开透明运行网、县人民政府网、县电视台、公示栏"二网一台一栏"等媒介及时向社会公开,切实保障党员群众的知情权、参与权、表达权和监督权。

(五)决策执行。"三重一大"事项决策执行实行后评价制度和决策责任制,按照"谁决策、谁负责"的原则,实现权责一致。重大事项决策作出后,相关执行部门应当根据各自职责,全面、及时、准确地贯彻执行。

四、监督检查与责任追究

(一)监督检查。"三重一大"事项监督检查工作,实行县委统一领导,党政齐抓共管,部门各负其责,依靠群众参与的领导体制和工作机制。县纪委监察局承担"三重一大"事项实施的日常监督工作,坚持依纪依法、客观公正的原则,对"三重一大"事项实施执行情况进行事前、事中、事后全过程监督检查。按照"决策程序依法规范、决策过程民主公开、决策结果科学公正"的要求,对"三重一大"事项决策、执行、结果三个关键环节进行重点监督检查。

建立联系会议制度。在县委、县政府的统一领导下,由县纪委监察局牵头,组织、发改、财政、建设、规划、农业、交通、国资监督、国土资源和审计等有关部门参加,定期或不定期召开联席会议,及时分析、研究"三重一大"事项的监管问题,并组织实施对"三重一大"事项的监督检查工作。

(二)责任追究。对县委作出"三重一大"重要决策不执行、部分执行、变相执行或推诿执行的,严格按照党风廉政建设责任制规定追究有关单位领导和相关人员责任;对执行不力造成重大失误的,按照中央《关于实行党政领导干部问责的暂行规定》严格问责;在执行"三重一大"事项决策过程中,发生违纪违法行为的,根据《中国共产党纪律处分条例》、《行政监察法》、《国家公务员处分条例》等法律法规,追究单位主要领导和有关责任人的纪律责任,属违法犯罪的,由司法部门追究法律责任。

五、附则

(一)各乡镇、各单位参照本实施办法的要求,根据各自实际,制定本单位"三重一大"事项实施细则及相关制度。

(二)本实施办法由县委权力公开透明运行领导小组办公室解释,自印发之日执行。

南发〔2011〕32号

中共南昌县委员会
关于印发《中共南昌县委议事规则(试行)》的通知

各乡镇党委,开发区(新区)、银三角党工委,县委各部门、县直各单位党组织:

《中共南昌县委议事规则(试行)》已经县委第29次常委会议研究通过,现予以印发。

中共南昌县委员会

2011年11月21日

中共南昌县委议事规则(试行)

为了更好地坚持民主集中制原则,不断增强县委集体领导效能,充分发挥县委总揽全局、协调各方的领导核心作用,提高县委决策的制度化、规范化和科学化水平,根据《中国共产党章程》、《中国共产党地方委员会工作条例(试行)》、《中共中央关于进一步完善地方党委领导班子配备改革后工作机制的意见》和《中共江西省委常务委员会工作规则(试行)》、《中共江西省委办公厅印发〈关于党委(党组)实施"三重一大"事项集体决策制度的若干意见(试行)〉的通知》、《省纪委、省委组织部关于规范县委权力公开透明运行的意见(试行)》及《中共南昌市委议事规则(试行)》有关规定,结合我县实际,制定本规则。

一、县委议事的基本原则

县委是全县的领导核心,对全县经济建设、政治建设、文化建设、社会建设、生态文明建设和党的建设等各方面的工作实行全面领导。县委议事决策遵循如下基本原则:

(一)集体领导原则。认真落实民主集中制,坚持集体领导、民主集中、个别酝酿、会议决定的原则,凡属重大事项,均须提交常委会或全委会决定,充分发挥集体领导作用。落实常委会向全委会报告工作制度,常委会每年向全委会专题报告一至两次。

(二)党内民主原则。完善党内民主决策机制,不断提高科学决策、民主决策、依法决策水平。加强党委决策咨询工作,对重大问题进行前瞻性、对策性研究,广泛听取党员、群众和基层干部的意见,注意发挥咨询研究机构、专家学者、社会听证在决策中的作用,不断增强决策的科学性。

(三)科学分工原则。根据全县经济社会发展和党的建设工作需要,结合各常委工作经历、专业特长等实际情况,合理确定各常委职责分工,做到党委职责不漏项、党政工作相协调。

(四)权责统一原则。全面落实常委分工负责制,各常委对分管范围内的事项,正确行使权力,切实履行职责,积极主动、大胆负责地开展工作。坚持权责对等的要求,工作中出现失误,分管常委要负领导责任。

(五)协调高效原则。规范常委会、全委会议事规则和决策程序,建立健全酝酿讨论、汇报沟通、联络协调等方面的规章制度,增强各常委的全局意识,做到分工不分家,确保县委各项工作规范高效运转。

二、县委议事的范围和规则

(一)县委全委会

1. 县委全委会的议事范围

县委全委会在县党代表大会闭会期间是全县党组织的领导机关,执行中央、省委、市委的指示和县党代表大会的决议,领导全县工作,其议事范围是:

(1)对全县的经济建设、政治建设、文化建设、社会建设、生态文明建设、党的建设及其他涉及全局性的重大问题作出决策。

(2)制定贯彻执行中央、省委、市委和县党代表大会决议、决定的措施。

(3)听取和审议常委会的工作报告,听取和审议常委会授权有关党组(党委)的工作报告,对常委会及其成员的工作进行监督和评议。

(4)决定召开县党代表大会或县党代表会议,向其负责并报告工作,接受其监督。

(5)选举县委常委和书记、副书记;通过县纪律检查委员会全体会议选举产生的县纪委常委和县纪委书记、副书记。

(6)酝酿重要人事安排;向有关方面推荐重要干部。

(7)各乡镇党政领导班子正职拟任人选,由县委常委会提名,县委全委会审议并以无记名投票表决方式作出决定。

(8)审议递补县委委员,决定对县委委员、候补委员给予撤销党内职务、留党察看或开除党籍的处分。

(9)对县委常委会提请决定的问题或必须由县委全委会决定的其他重要问题作出决策。

2. 县委全委会会议制度

(1)县委全委会每年至少召开两次。遇有重要情况可随时召开。

(2)县委全委会由县委常委会召集并主持。

(3)县委全委会必须有三分之二以上委员到会方能举行。县委委员、候补委员因故不能参加会议,应在会前以书面形式向县委常委会请假,并经书记或受书记委托的副书记同意。请假的县委委员、候补委员的意见,可用书面形式向县委全委会表达,但不列为有效表决。全委会讨论干部任免时,涉及与会人员本人及其亲属的,本人必须回避;表决时,参加投票。

(4)县委全委会进行表决时,以赞成票超过应到会委员人数的半数为通过。表决可根据讨论事项的不同内容,分别采取举手、无记名投票、记名投票或其他方式。会议决定多个事项的，应逐项表决。

(5)根据工作需要，县委常委会可确定有关人员列席县委全委会。

(6)对县委委员、候补委员给予撤销党内职务、留党察看或开除党籍的处分决定，必须由全委会三分之二以上的委员同意，并报市委批准。在特殊情况下，可先由常委会作出处理决定，待召开全委会时予以追认。

3. 县委全委会议题的提出和确定

(1)县委全委会的议题由县委常委会讨论确定。县委委员可以提出议题建议，由县委办公室主任统筹协调后报县委书记审定，然后提交县委常委会讨论。

(2)县委全委会的议题应适当集中。为了集中讨论所要决策的重大问题，需要讨论的阶段性工作报告，可采取书面形式提交。

(3)确定县委全委会的议题前，一般应征询县委委员的意见。议题确定后，一般在会议召开5天前通知到各委员，会议材料一般应同时送达。

4. 县委全委会决策的原则和程序

(1)县委全委会讨论决定问题，要在充分酝酿协商的基础上，由集体讨论决定。委员们在集体讨论决定问题时，应畅所欲言，充分发表个人意见。

(2)县委全委会讨论决定问题时，必须执行少数服从多数的原则。对少数人的不同意见应认真考虑。如对重要问题发生争论，双方人数接近，除在紧急情况下必须按多数意见执行外，应当暂缓作出决定，待进一步调查研究、交换意见后，下次再表决，在特殊情况下也可将争论情况向市委报告，请示裁决。

(3)县委全委会对重大问题的决策，一般按下列程序进行：

常委会确定议题后，应责成有关方面进行深入的调查研究。在调查研究的基础上提出方案。有的问题应提出两个以上可供比较的方案。

方案提出后，一般应征求县人大、县政府、县政协和下级党组织、人民团体、民主党派及有关方面的意见，有的应组织专家、学者进行分析论证，作出评估。

由县委常委会充分讨论提出审议意见，提交全委会进行审议表决。

(4)县委全委会的情况，可视情在党内通报或对外公布。

(二)县委常委会

1. 县委常委会的议事范围

县委常委会在县委全委会闭会期间，行使委员会职权，执行中央、省委、市委的决定和指示以及全委会的决议，主持日常工作。其议事范围是：

(1)传达、学习和组织实施中央、省委、市委的决定、指示以及县委全委会的决议。

(2)召集县委全委会，提出议题建议并向全委会报告工作；对应由全委会决定的事项事先进行审议和提出意见。

(3)对全县的经济建设、政治建设、文化建设、社会建设、生态文明建设和党的建设等方面工作中的重要事项，如有关本县经济和社会发展规划、计划的建议，重大立法事项，有关政府预算的建议，重大工程和重要项目安排，大额度资金的使用，重要民生问题和社会稳定事项，重要人事任免，县委管理的干部严重违纪问题的处理，县属国家机关、人民团体、经济组织、文化组织和其他非党组织的领导机关中的党组织请示的重大问题等作出决定。

(4)讨论决定全县党的思想建设、组织建设、作风建设、制度建设和纪律检查工作的重要部署、重大事项。

(5)按照干部管理权限和规定的程序，负责推荐、提名、任免、奖惩。负责教育和监督干部。审议副科级以上机构的设置和变动。

(6)讨论决定有关重要的先进评选、表彰、奖励、处分事项。

(7)以县委名义向上级党组织请示、报告工作，向所属党组织发布指示、通知、通报，制定以县委名义发出的其他重要文件。

(8)对必须由常委会决定的其他重要问题作出决定。

2. 县委常委会会议制度

(1)县委常委会会议一般每月至少召开两次，原则上在每月10日、20日收集议题，每月中旬、下旬召开，如遇重要情况可随时召开。县委常委个人安排的会议或活动与县委常委会会议时间冲突，应服从县委常委会会议。

(2)县委常委会会议由县委书记召集并主持。县委书记不能参加会议时，可依排序委托副书记召集并主持。

(3)县委常委会会议召开的时间、议题，一般应在会议召开2天前通知各常委，会议有关材料(除特殊情况外)一般应同时送达。

(4)县委常委会会议的参加人员为县委各常委。列席人员为县人大常委会党组书记、县政协党组书记。根据需要，会议主持人可确定其他相关人员列席某些议题。列席会议的部门和单位的人员原则上为主要负责人。

(5)县委常委会会议必须有半数以上常委到会方能举行。讨论干部问题时，应有三分之二以上常委到会方能举行。常委因故不能参加会议，应在会前向书记或受书记委托召集并主持会议的副书记请假，也可由县委办公室主任代为请假，对所讨论的问题如有意见，可用书面形式表达。

(6)县委常委会会议研究决定问题时，应在充分讨论的基础上进行表决，表决可根据讨论事项的不同内容，分别采取口头、举手、无记名投票或记名投票方式。赞成票超过应到会常委的半数为通过。未到会常委的书面意见不能计入票数。会议决定多个事项时，应逐项表决。

(7)县委常委会会议应有专人记录，决定事项应编发会议纪要。

3. 县委常委会会议议题的提出和确定

(1)县委常委可提出议题，县纪委、县委各部门及群众团体提出的议题须经分管常委同意，县人大常委会、县政府、县政协提出的议题，由其党组确定。

(2)各方面提出的议题，由县委办公室汇总，经县委办公室主任统筹提出安排意见后，报县委书记或由书记委托副书记审定。会议议程确定后，一般不再增加议题，因特殊情况确需紧急提交会议研究的，须经县委书记批准。对提交县委常委会会议讨论的重大问题或其他需要酝酿的问题，经县委书记同意后，必要时可先提请县委书记碰头会酝酿、沟通和讨论。凡提交的议题涉及多个部门的,先由分管的县委常委牵头协调,提出建议方案,以便县委常委会会议讨论。

(3)凡县委常委按照分工可以决定的事项,县政府在职责范围内可以决定的事项,不提交县委常委会会议讨论。县委常委会会议原则上不研究县直部门(组织人事编制部门除外)提出的机构编制、领导职数、干部级别问题,一般不研究各单位提出的建设项目、经费等具体问题。凡要求解决机构编制、领导职数、干部级别、建设项目和经费等问题,应向相关职能部门申报,按程序办理。特殊情况确需提交县委常委会会议研究的,须报县委书记批准。

(4)上级党组织的重要会议、重要文件和重要指示精神应按规定及时在县委常委会会议上传达学习;上级党委各部门召开的会议精神可在县委书记碰头会上传达或将会议文件送县委书记和其他县委常委传阅。

(5)重大问题可作专题讨论,讨论前应作充分准备。

4. 县委常委会会议讨论文件的准备和报送

(1)县委办公室根据会议安排,及时通知有关单位准备讨论文件和有关政策、法律依据。

(2)提交县委常委会会议讨论的文件,主报部门事先应进行深入调查研究和分析论证,并进行必要协调沟通。讨论的文件应主题明确、内容准确,所提的意见和建议要具体可行。对协调后有关部门仍不能取得一致意见的问题,应如实反映各方观点并表明主报部门的倾向性意见。

(3)提交县委常委会会议讨论的文件应提前按正常行文程序送县委办公室,经县委书记审定后列入会议材料。凡属重大问题的讨论文件一般应在县委常委会会议召开5天前送达县委办公室(因特殊情况临时确定的议题除外)。有关干部任免、奖惩和机构设置、调整及案件方面的议题,可只报送议题,由有关部门在会上直接发材料(相关材料会前须经县委书记审定)。

(4)县委办公室在收集讨论文件后应统一装袋并及时呈送各常委。

5. 县委常委会会议的讨论和决策

(1)县委常委会会议讨论的议题先由分管领导或有关单位负责人作简要汇报。县委常委在讨论议题时要畅所欲言,充分发表个人意见。既要关心自己的分管工作,也要对全局性的工作主动提出意见和建议。凡属重大原则问题,赞成什么、反对什么,每个常委都应有鲜明的态度。讨论后,由会议主持人集中讨论意见,提出决定方案或意见,提请会议表决。讨论干部任免时,涉及与会人员本人及其亲属的,本人必须回避;表决时,参加投票。

(2)重大问题的决策应经过下列程序:

在调查研究的基础上提出方案。有的问题应提出两个以上可供比较的方案。

方案提出后,一般应征求人大、政府、政协和下级党组织、人民团体、民主党派及有关方面的意见,有的应组织专家、学者进行分析论证,作出评估,对与群众利益密切相关的重大事项,还应实行公示、听证制度。

召开县委常委会会议进行讨论表决,决策过程应由专人记录备案。

(3)常委个人对集体作出的决定如有不同意见,在坚决执行的前提下,也可以向上级党组织报告。对重要问题意见不一致,双方人数接近,除在紧急情况下必须按多数意见执行外,应当暂缓作出决定,待进一步调查研究、酝酿成熟后,提交下次常委会会议讨论决定。在特殊情况下也可将争论情况向市委报告,请示裁决。

(4)对重大突发事件和紧急情况,来不及召开常委会会议的,县委书记碰头会或书记、副书记、常委可临机处置,但事后应及时向常委会报告。

6. 会议纪要和决定事项文件的制发

(1)县委常委会会议结束后,由县委办公室起草常委会会议纪要。县委常委会会议纪要分送县委常委,抄送县人大常委会党组、县政府党组、县政协党组和县委有关部门及县直有关单位党组(党委)。必要时可根据会议精神制发《县委常委会会议决定事项通知》。关于干部任免和少数暂不宜公开的事项,可不发纪要。

(2)县委常委会会议纪要及根据常委会决定下发的抄告、批复等文件,由县委书记或书记委托副书记签发,也可授权县委办公室主任签发。

(3)经县委常委会会议讨论通过的以县委名义上报或下发的文件,由县委书记或书记委托副书记签发;以县委、县政府名义上报或下发的文件,由县委书记、县长签发。

(4)县委常委会会议讨论研究的有关事项,要根据工作需要在县属媒体及时报道。

(三)县委书记碰头会

1. 县委书记碰头会的议事范围

县委书记碰头会是县委的议事机构,不是决策机构,不决定重大问题。其议事范围是:

(1)根据党的路线、方针、政策和县委全委会、常委会的安排,对涉及全县工作的重要事项进行研究并提出意见,提交县委常委会审议决定。

(2)涉及干部人事任免事项,由书记与副书记、分管组织、纪检等工作的常委共同酝酿讨论后提交县委常委会审议、决定。

(3)对县委常委会决定事项的组织实施进行协调。

(4)根据常委会的决定,对县委的近期重要工作作出具体安排。

(5)交流日常工作,通报有关情况,协调重大工作、重要会议和重大活动的安排。

(6)研究处置某些突发性重大事件。

2. 县委书记碰头会会议制度

(1)县委书记碰头会一般每周召开一次,必要时可根据情况随时召开。

(2)县委书记碰头会县委书记、副书记出席,县委办公室主任除涉及干部人事任免事项外出席,其他常委在议题涉及自身分管工作时出席。必要时可由会议主持人根据会议内容和工作需要确定有关方面负责人列席。

(3)县委书记碰头会由县委书记召集并主持。书记不能出席会议时可依排序委托副书记召集并主持。

(4)对重大突发事件和紧急情况,来不及召开常委会会议时,县委书记碰头会可临机处置,事后应及时向常委会报告。

(5)县委书记碰头会讨论的工作、酝酿的事项、形成的意见，应由专人记录备案。可根据需要编发会议纪要，作为通报工作的形式，分送县委常委和县委有关部门、县直有关单位党组（党委）。

（四）其他会议

1. 县委专题会。县委专题会是县委就重大专项工作听取汇报、协调问题、推动落实时召开的会议。县委专题会一般由县委书记召集并主持，也可委托副书记或常委召集和主持。协调有关工作和事宜时，可安排有关部门和单位负责人参加。讨论确定的事项可形成县委专题会会议纪要，报县委书记审签。专题会由重大专项工作的牵头部门组织，并报县委办公室同意。

2. 县委常委民主生活会。根据中纪委、中组部《关于改进县以上党和国家机关党员领导干部民主生活会的若干意见》，县委常委每年召开一次民主生活会。县委常委民主生活会的议题根据上级部署和实际情况确定。会前，应通过多种途径征求下级党组织的意见建议。县委常委民主生活会由县委书记主持，书记不能参加会议时，可委托副书记主持。对民主生活会检查和反映出来的问题，应制定改进措施，切实加以解决。需上级党组织帮助解决的，应及时报告。县委常委民主生活会由县纪委、县委组织部组织。

3. 县委理论学习中心组学习会。坚持集中学习和自学相结合的原则，一般每季度安排一次集中学习。学习会由县委书记主持，县委理论学习中心组成员参加。可根据学习内容，扩大参加人员范围。学习内容由县委宣传部提出，县委书记审定；学习会由县委宣传部组织。

4. 县委工作通报会。根据工作需要，按照有关规定，就上级重要指示精神、县委重大决策和重要人事安排等内容，向副县级以上离退休老同志通报情况，也可视情扩大参加人员范围。会议由县委书记或副书记主持召开，也可委托有关常委主持召开。通报会由县委老干部局组织。

5. 民主协商会。根据工作需要，就全县经济社会发展重大问题和重要人事安排，与各民主党派、工商联负责人、无党派代表人士等进行通报协商。会议由县委书记或副书记主持召开，也可委托分管常委主持召开。协商会由县委统战部组织。

6. 县委议军会。按照党管武装的原则，每年召开一次县委议军会，研究解决全县武装工作、国防建设中的重大问题。会议由县委书记或副书记主持召开。议军会由县人民武装部组织，并与县委办公室衔接。

三、县委决策的落实和监督

（一）县委全委会作出的重大决策由县委常委会组织实施。县委常委会会议决定的事项，由县委书记负总责，县委各常委按照分工负责落实并抓好督促检查。对决策进行重大调整或变更，应重新按照本规则规定的程序集体讨论决定。任何人无权擅自改变集体的决定、决议。

（二）受县委常委会委托，县委办公室应将会议研究提出的各项措施分解落实到具体的责任单位和责任人，并提出落实的时限，县委督查室对落实情况要及时跟踪督办。各承办单位必须将决策执行和工作进展情况，及时向县委书记和县委常委会报告，并在一定范围内通报。

（三）会议通过的决议和文件，凡可以传达的，经批准，应及时传达到规定的范围。宜于公布的决议和文件，经批准后，可通过新闻媒介及时公布。对应该保密的会议内容和讨论情况，与会人员必须严守秘密，不得泄露。

四、附则

（一）本规则自下发之日起实行。以往规定与本规则不一致的，按本规则执行。

（二）本规则由县委常委会负责解释。

南办发〔2011〕46号

县委办公室县政府办公室
关于印发《南昌县重大重点项目推进工作意见》的通知

各乡镇党委、人民政府，各开发区（新区）、银三角党工委、管委会，县委各部门，县直各单位，中央、省、市驻县企事业单位：

《南昌县重大重点项目推进工作意见》已经县委、县政府研究同意，现印发给你们，请认真遵照执行。

中共南昌县委办公室
南昌县人民政府办公室
2011年9月30日

南昌县重大重点项目
推进工作意见

根据县委办、县政府办印发的《关于贯彻落实市委全会精神集中精力高效推进当前工作的实施方案》（南办发〔2011〕35号）要求，为真抓实干促项目，形成合力抓项目，全面推进重大重点项目建设，实现全县经济社会更好更快发展，特提出本工作意见。

一、工作目标

按照“责任落实到位、组织落实到位、督查落实到位”的要求，切实加强对全县重大重点项目的推进、调度、督查工作，在保证全县重大重点项目进度质量的前提下，力促全县重大重点项目早开工、早投产、早见效。

二、组织领导

为推进全县重大重点项目建设，成立县重大重点项目推进总指挥部（另行发文），由县委、县政府主要领导分别任第一总指挥长、总指挥长，县人大、县政协主要领导任总顾问，相关县委、县政府领导任副总指挥长，相关职能部门负责人为成员。总指挥部下设6个分指挥部和2个办公室,其中县重大重点项目推进办公室配备专职干部6人。具体负责项目的调度、协调、推进、督查、考核和通报等工作。

三、工作原则

坚持项目建设促进经济发展的原则,建立健全长效的项目推进工作机制,全面掌握项目信息,加强工作调度,重点协调解决项目推进工作中存在的问题,加大项目督查,形成专人推进、相互协作、齐抓共管、责任落实的项目推进工作局面。

四、工作职责

全县重大重点项目总指挥部主要负责推进三个方面的工作:一是县委、县政府确定的重大重点项目。各个项目是否明确了落户、开工、达到形象进度以及竣工的相关时间要求;是否明确了责任领导和项目推进机制,推进力度和效果如何;是否采取得力措施,项目是否按照预定的时间要求收到预期效果,未按期达到预定目标的项目其原因是什么、责任怎么区分。二是县委、县政府交办的事宜。各责任乡镇、服务部门和项目单位,是否按照会议确定的事项要求和时间节点落实了相关工作,是否及时将落实情况反馈县重点办。三是乡镇、开发区等单位的项目建设情况。是否结合本地发展要求和实际,确定了一批重点项目;是否对自身确定的重点项目采取了得力有效措施。具体为:

1. 抓对接促落户。督查各乡镇,开发区(新区)、银三角和县直相关部门是否集中时间、集中精力,积极开展"走出去、请进来"活动;是否采取各种方式搞好项目洽谈对接,使信息项目尽快对接、意向项目尽快洽谈、洽谈项目尽快签约落户;促落户项目年内落户率是否达到100%,未按预定时间落户项目的原因是什么。

项目正式签约落户的时间以工商注册登记的时间为准。

2. 抓前期促开工。全面督查是否落实重大重点项目责任领导和相关问题的解决措施;是否每月都对项目前期推进过程中的主要问题进行协调解决;是否每月都进行"三个一批"调度,即"每月项目前期工作完成一批,征地拆迁启动一批,项目正式开工一批";是否每月分别按照项目行业、项目属地对项目开工情况进行通报;项目是否都按照预定时间开工,未按期开工的原因是什么。

重大重点项目新建项目年内开工率力争达到100%。开工的项目标准:一是有项目施工图纸;二是有工程招投标合同;三是现场有一定规模的施工队伍和施工设施、设备。

3. 抓协调促竣工。是否在每个项目建设地点显著位置竖立面积不小于2平方米的工程进度倒计时公示牌,建设单位明确竣工日期、责任领导和责任部门;是否强化项目建设涉及问题的协调调度,限期解决影响项目进度的各类问题,杜绝一切形式的拖拉扯皮现象,坚决治理项目实施环境;项目是否按时竣工,未按时竣工的原因是什么。

完工项目的认定标准:一是产业项目必须设备安装完毕;二是房屋土建工程必须建设主体封顶;三是其他项目必须形象进度到位、实际效果到位。

4. 抓服务促进度。是否每个项目都"四有":有相关科级领导为责任领导、有按月度明确的项目推进时间节点和形象进度目标、有一支专门的协调服务队伍、有项目完工的时间目标和责任;项目业主单位是否以保证工程进度和工程质量为中心落实责任;主管部门是否以日常调度和监督为中心落实责任;审批服务部门是否以优质、高效服务为中心落实责任,县直其他相关服务部门是否主动服务、热情服务、及时服务、高效服务,是否切实履行职责,真正为项目推进解决实际问题,并给予有效指导,工作成效是否明显,是否廉洁自律,是否为服务对象廉洁办事;责任领导是否以实现项目建设目标为中心落实责任,形成"责任共担、项目共推"的工作格局。

5. 督查县领导现场办公会确定的其他事项落实工作。对于县领导现场办公会确定的各个事项,各责任乡镇、主管部门和项目单位,是否按照会议确定的事项要求和时限要求抓好落实,并及时将落实情况反馈县重点办,县重点办汇总后及时向县领导报告。

6. 及时通报重大重点项目洽谈、签约、开工、投产等方面的信息,以便领导准确把握、指导项目工作。

7. 负责重大重点项目调度事宜,并抓好项目督促落实工作。

五、调度机制

坚持每周一调度、半月一交账公顼、每月一小结的原则,建立分级负责的项目推进协调平台,及时协调项目实施过程中的审批、用地、用电、用工、融资、运输等方面的问题。

1. 每周一调度。建立项目推进情况周调度制度。县重点办每周对全县的重大重点项目进行调度分析,研究分析项目建设情况包括工程进度及存在问题,提出下一步工作措施和建议,并协调处理相关问题。

2. 半月一交账公顼。建立项目推进进度半月交账公顼制度。县重点办每半个月将全县重大重点项目的推进情况进行汇总,在县委、县政府主要领导主持召开的交账公顼会上进行通报。

3. 每月一小结。建立项目推进情况月小结制度。县重点办通过前期的调度和通报,将项目推进过程中存在的问题和困难,以及解决的方法或建议等进行汇总,并形成项目推进情况小结,上报总指挥部。

六、工作要求

1. 加强领导,认真负责。要充分认识全县重大重点项目推进工作的重要性、紧迫性,高度重视,切实加强组织领导。各分指挥部指挥长要按照县重大重点项目推进办公室的部署,根据责任分工和项目时间节点,调度推进好责任范围内的项目。各项目挂点县领导要服从分指挥部指挥长的指挥调度,亲临一线,尽职尽责,解决问题,抓好落实,推进项目。

2. 周密部署,务求实效。各责任单位及项目涉及单位要按照工作意见,周密部署,明确工作重点,细化工作内容,深入工地,深入一线,全面把握项目信息,对推进工作中发现的重大问题,及时协调相关职能部门予以解决。对协调处理不了的,要及时提请参与项目推进的挂点县领导及各分指挥部指挥长协调解决。

3. 遵守纪律,廉洁自律。县重点办和督查办工作人员要认真履行工作职责,主动高效服务;不干预企业的正常生产经营活动,不干预有关单位的正常工作;不得"索、拿、卡、要、吃、请",公开公正工作。

南昌县乡镇领导班子换届工作实施方案

根据中共南昌市委组织部《关于做好乡镇领导班子换届工作的通知》(洪组通〔2011〕4号)文件精神，经县委研究，全县乡镇领导班子换届于2011年一季度进行。为确保这次乡镇领导班子换届工作圆满成功，结合我县实际，特制定方案如下：

一、指导思想

坚持以邓小平理论和“三个代表”重要思想为指导，深入贯彻落实科学发展观，按照党的十七大和十七届四中、五中全会精神，遵循《党章》、法律法规的有关规定，以提高素质、完善结构、增强活力，强化乡镇领导班子执政能力建设为目标，坚持民主、公开、竞争、择优的用人方针，坚持德才兼备、以德为先的用人标准，坚持注重业绩、注重公认的用人方式，注重从基层一线选拔干部，把政治上靠得住、工作上有本事、作风上过得硬、人民群众信得过的优秀干部选拔到乡镇领导班子中来，努力把我县乡镇领导班子建设成为坚定贯彻党在农村基层的路线方针政策、善于领导本地经济发展、促进农村基层社会和谐稳定的坚强领导集体，为加快建设赣鄱第一县，奋力拼争全国五十强的奋斗目标提供坚强的基层组织保证。

二、基本原则

坚持德才兼备的原则，树立正确的用人导向，坚持把干部的德放在首要位置，注重选拔政治坚定、勤政廉政、群众公认的优秀干部进领导班子，把乡镇领导班子建设成为坚强的领导集体；坚持服务科学发展，注重选拔自觉贯彻落实科学发展观、坚持又好又快发展、改革创新、锐意进取、工作实绩突出的干部；坚持重视基层导向，注重选拔具有基层领导和工作经历，贴近群众、关注民生、善于做群众工作的优秀干部，特别是选拔在条件艰苦、工作困难地方努力工作，求真务实、埋头苦干、默默奉献、不事张扬、注重打基础的干部。使选拔出来的干部组织放心、群众满意，让能干事者有机会、干成事者有舞台，不让老实人吃亏，不让投机钻营者得利。

三、时间安排

全县乡镇领导班子换届工作于2011年1月开始至4月底结束，共分为四个时间段进行。

四、方法步骤

按照市委的统一部署，这次全县乡镇领导班子换届工作，分四个阶段进行。

(一)动员阶段(1月上旬～3月上旬)

前期筹备是组织好乡镇领导班子换届的一个重要环节，对于平稳、有序的做好乡镇领导班子换届工作起着十分重要的作用，要重点抓好以下四项重点工作。

1. 成立领导小组。县委研究成立全县乡镇领导班子换届工作领导小组，加强对换届工作的领导。

2. 制定实施方案。在全市县乡换届动员会结束后，及时向县委汇报全市关于乡镇领导班子换届工作的会议精神，并结合全县实际，制定指导性好、操作性强的乡镇领导班子换届工作实施方案和工作日程安排。

3. 实施任期审计。根据乡镇领导班子换届的要求，县委组织部及时委托县审计局对乡镇党委书记、乡镇长进行任期经济责任审计。

4. 开好工作布置会。准备好相关资料，及时向全县各级领导干部传达上级关于乡镇领导班子换届的工作会议精神，并通过以会带训的形式，培训相关人员，全面布置下一步乡镇领导班子换届相关工作。

(二)考察阶段(3月上旬～3月下旬)

换届考察是选干部、配班子的基础工作，是建设坚强领导班子和高素质干部队伍的重要环节，是确保换届人事安排取得成功的关键。这一阶段，主要抓好以下几个方面的工作。

1. 制定考察方案。按照市委组织部的要求，拟定全县乡镇领导班子换届考察工作方案，确定考察的内容、程序和方式，并及时上报市委组织部备案审核。

2. 实施考察工作。通知各单位做好迎接考察的准备工作，及时对全县乡镇领导班子、县直机关领导班子及其成员、全县维稳信息员进行考察，了解科级领导班子和干部的表现，听取其个人意愿，推荐拟提拔进入乡镇领导班子的人选。

3. 酝酿初步人选。及时对新提名人选进行差额考察，并摸清现有乡镇领导班子成员的基本结构，按照市委关于乡镇领导班子配备的要求，酝酿班子配备初步人选名单。

4. 整理材料上报。按照市委组织部的要求，将相关材料上报市委组织部审核，待市委组织部答复后，再履行其他程序。

(三)选举阶段(4月上旬～4月下旬)

大会选举关系整个乡镇领导班子换届的成败，要切实加强和改进对换届选举工作的领导，做到既要重点推进，也要善于做好结合文章，注重把充分发扬民主与实现组织意图相结合、依法办事与加强选举监督相结合，扎实有序推进乡镇领导班子换届选举工作。这个阶段重点把握以下几项工作。

1. 代表选举。根据代表名额分配的原则，按照结构比例，产生出席县乡代表大会的代表。

2. 批复候选人。及时汇总乡镇上报的召开大会和候选人的请示，并按照相关程序，及时印发相关批复。

3. 召开大会。及时选派人员，下到乡镇指导、监督各乡镇筹备换届选举大会的情况，参与选举整个过程，并及时将选举情况上报县委组织部。

(四)总结阶段(4月下旬)

上述三个阶段工作基本结束后，各乡镇可以根据县委的整体安排部署，及时整理换届过程中的相关资料，并形成总结上报县委组织部。

五、政策规定

(一)领导班子职数

乡镇党委、人大、政府领导班子职数，本着精简、高效的原则，在不超过上次换届规定职数的基础上，在向塘镇减少一个副镇长的职数。具体情况为：

(1)乡镇党委班子职数：向塘镇、莲塘镇、蒋巷镇、幽兰镇、塘南镇、武阳镇、冈上镇、广福镇、泾口乡、南新乡、八一乡、黄马乡、塔城乡设党委委员9名,正副书记4名(含政府正职);三江镇、富山乡、东新乡设党委委员7名,正副书记3名(含政府正职)。

(2)乡镇人大班子职数:全县各乡镇统一设人大主席1名。

(3)乡镇政府班子职数:莲塘镇、向塘镇、蒋巷镇、幽兰镇、塘南镇、武阳镇、冈上镇、广福镇、泾口乡、南新乡、八一乡、黄马乡、塔城乡设正副乡镇长5名;三江镇、富山乡、东新乡设正副乡长4名。

挂职干部不占领导班子职数,不参加乡镇领导班子换届选举,待选举结束后,再按法律和有关程序办理任职手续。

(二)换届年龄界限

乡镇党委、人大、政府领导班子成员的提名年龄界限为:继续提名年龄原则上不超过50周岁,新提名年龄不超过45周岁。提名年龄的计算截止时间,为2011年3月。

乡镇在职的副科级领导班子成员,任副科级领导职务达到二届以上的时间,此次换届没有超过继续提名年龄的,本人自愿的,经考察,符合任职条件的可以提任主任科员,此政策仅为换届一次性政策。

(三)领导班子结构

从实现加快"四区"建设的目标出发,着力优化乡镇领导班子年龄结构、知识和专业结构,注重党政正职的合理搭配,优势互补,确保换届后的乡镇领导班子的综合素质明显提高,整体功能明显增强。

(1)保持领导班子合理的年龄结构,做好年轻干部的选配工作。统筹把握领导班子中不同年龄层次干部配备比例,既要加大选拔优秀年轻干部力度,又要注意发挥各年龄段干部的作用,防止领导干部任职年龄层层递减。换届时,乡镇领导班子的年龄结构,要形成合理比例,乡镇党政正职以35岁至50岁的干部为主体,适当保留一部分富有经验、工作得力的50岁左右的干部,注重选拔35岁以下的优秀年轻干部,全县原则上配备不少于2名30岁左右的乡镇党政正职,每个乡镇党政领导班子中,原则上配备不少于1名30岁左右的干部。

(2)改善领导班子的经历、专业和知识结构。拓宽选人用人渠道,注重从基层一线选拔干部进乡镇领导班子。认真贯彻上级有关政策精神,选拔一批优秀乡镇事业编制干部、村党组织书记、大学生"村官"进乡镇领导班子。幽兰镇副镇长、武阳镇副镇长两个职位分别面向优秀乡镇事业编制干部、村党组织书记在全县范围内公开选拔。南新乡副乡长、泾口乡副乡长、黄马乡副乡长三个职位面向大学生"村官"在全市范围内进行公开选拔。新提拔的乡镇领导班子成员尤其是党政正职,要具有大学专科以上学历。同时,注重形成党政班子成员尤其是党政正职的合理搭配,在性格、气质、专业、年龄等方面做到优势互补,形成合力。

(3)注重培养选拔女干部。全县原则上要选配1名女干部担任乡镇党政正职。每个乡镇党政班子中,至少要配备1名女干部。

六、重点把握的问题

(一)选优配强乡镇党政正职。按照中央和省、市委对重要岗位干部重点管理的要求,认真贯彻执行中央《关于加强乡镇党委书记队伍建设的意见》等文件精神,进一步选优配强乡镇党政正职。严格把握选人用人标准和条件,注重选拔思想政治素质好,大局意识强,坚持民主集中制,热爱农村工作,善于抓班子带队伍,善于推动农村经济社会发展,善于同农民打交道,善于做群众工作,能较好的处理农村复杂问题,带头实干,品行端正,清正廉洁,群众威信高的干部。乡镇党政正职人选,一般应具有乡镇工作经历,优先从具有乡镇领导干部任职经历的人员中选拔。

(二)充分发扬民主。要切实发扬民主,做到以党内民主带队人民民主。

1. 强化党代表大会的民主决策作用。党代表大会召开前,要征求同级本届代表和下届代表对党委、纪委工作报告的意见。党代表大会召开期间,要组织代表认真审议党委、纪委工作报告,改进审议方式,让代表充分讨论,发表意见。认真做好代表提案的受理和答复工作。

2. 改进和完善代表产生办法。要按照党代表大会代表任期制的要求,注重从具有较强议事能力和联系群众能力、带头创先争优的党员中产生代表。要改善代表结构,注意推荐农民和专业技术人员中的先进模范人物;基层一线代表比例一般不低于30%。党代表大会代表与人大代表一般不交叉。扩大代表候选人推荐和考察过程中的民主,代表产生要充分听取广大党员群众、基层党组织的意见和纪检等有关部门的意见。代表候选人预备人选应在一定范围内进行公示。代表选举的差额比例不低于22%。

3. 扩大党代表大会选举中的民主。在召开党代会过程中,要按照党内有关规定,科学制定选举办法。选举时,除书记、副书记候选人外,党委领导班子成员候选人按姓氏笔画排序。改进候选人介绍方式,充实介绍内容,可采取组织候选人与选举人见面、书面述职、回答提问等方式,增进选举人对候选人的了解。适当提高党委委员差额比例,乡镇党委委员差额比例不低于20%。改进选举方式,乡镇应不通过预选,一次选举产生党委委员。进一步改进和规范投票方式,创造有利于代表充分表达意愿的环境和条件,切实保障代表的民主权利。

4. 扩大在人大、政府领导班子换届中的民主。在召开人代会过程中,要做好人大代表选举工作,进一步优化人大代表结构。要尊重和保障人大代表的民主权利,为代表真实表达选举意愿创造必要的环境和条件。要通过扩大推荐、考察、酝酿、提名和大会选举等各个环节的民主,使换届人事安排具有广泛和坚实的民意基础。要坚持差额选举制度,进一步完善代表联合提名方法,把代表联名人选与组织考察的人选有机结合起来。人大代表依法联名提出的候选人与主席团提名的候选人具有平等的法律地位。要改进工作方式,善于运用法律程序解决换届选举工作中的问题。要尊重依法选举的结果。

(三)推进干部人事制度改革。坚持民主、公开、竞争、择优的方针,努力提高选人用人公信度。对新一届乡镇领导班子成员人选进行全额定向推荐,对现任乡镇领导班子成员进行民主测评、民主评议,对新提名人选实行差额考察。按照省委组织部《关于规范干部选拔任用提名工作的通知》(赣组字〔2010〕69号)的有关要求,在这次换届时,如果进行二次会议推荐,将采用乡镇党委扩大会署名推荐的办法产生换届拟提拔人选。在开展乡镇换届考察中，要结合我县实际，探索实行符合科学发展观要求的考核评价办法。坚持并完善考察预告、考察对象公示、差额考察、延伸考察等制度，增加考察工作透明度和准确性，针对乡镇工作内容贴近基层、贴近群众的特点，积极探索并运用好民意调查的考核手段。坚持干部能上能下，现班子成员在全额定向推荐中推荐票未过半数或在民主测评中优秀称职票不满三分之二以及不称职票超过三分之一，经组织考察不宜继续担任原职务的，不再提名；对没有完成任期目标的，不能继续安排在乡镇领导班子中任职，更不能提拔重用；对工作起色不大，长期闹不团结，没有凝聚力和战斗力，群众反映强烈的班子，要采取果断措施予以调整。

（四）加大干部交流力度。通盘考虑、统筹安排换届交流工作，重点是主要领导干部、关键岗位干部、有培养前途的优秀年轻干部以及因工作需要交流的干部。交流的重点是：(1)同一职位任职满10年或同一职位连续任满两届的干部必须交流；(2)在同一职位任职5年以上或同一地党政班子中任职连续满两届的，应有计划地交流；(3)新提拔进党政领导班子的人选，一般实行易地任职。交流的干部一般要提前到位，以利于换届选举。同一乡镇的党政正职一般不同时进行交流。在加大干部交流力度的同时，认真执行党政领导干部职务任期有关规定，保持班子的相对稳定和本地干部与交流干部的适当比例。

（五）巩固领导班子配备改革成果。按照深化乡镇机构改革的要求，以明确权责为重点，完善乡镇领导体制和工作运行机制，各乡镇除政府正职外，党委委员与政府副职一般交叉任职两名，增强党委总揽全局、协调各方的能力。同时，按照市委《关于进一步加强和改进人大工作的意见》（洪发〔2010〕11号）文件要求，配备好乡镇人大主席团主席，安排1名乡镇人大主席团主席进乡镇党委班子。

七、切实加强对换届工作的领导

换届工作任务艰巨、责任重大，时间要求严格，政策性强，各乡镇党委必须高度重视，切实加强领导，把思想统一到中央和省、市、县委的精神上来，确保乡镇领导班子换届工作的顺利进行。

（一）精心筹划，周密部署。各乡镇党委必须高度重视，把换届工作摆上重要日程，党委主要领导同志要负起责任，切实加强领导；组织部门要把换届工作作为当前中心任务，全力以赴、及早谋划。要在党委的统一领导下成立换届工作机构，挑选政治可靠、业务熟悉、作风过硬的同志参加。要统筹考虑、周密部署，精心制定实施方案，确保换届工作的有序、健康、平稳开展。

（二）严格依法遵章办事。要按照《地方组织法》、《选举法》、《公务员法》、《党章》、《选举暂行条例》以及省、市、县委的有关规定，认真做好人事安排和换届选举工作。要发挥好大会党组织和人大代表中共产党员的作用，教育党员干部自觉带头依法遵章办事。要实事求是地做好人事安排说明，使人大代表更好地理解和支持党委的主张。

（三）严肃换届工作纪律。要把匡正换届风气作为换届工作的一项重要任务来抓，着力营造风清气正的换届环境。要严明纪律、警示在先、全程监督、综合治理、惩防并举、严格问责，以最坚决的态度和最有力的措施同用人上不正之风进行战斗，用铁的纪律保证换届工作的顺利进行。坚持教育在先、预防在先，增强广大党员干部特别是领导干部纪律观念，筑牢纪律防线。要认真落实中央“五个严禁”、十七个不准、五个一律”和省委“十个严禁”的规定，加大监督检查力度。要畅通举报渠道，及时受理反映换届纪律的问题，坚决查处换届中的违规违纪行为；对顶风违纪的，要从快从严、重点查办。对查处的案件，要及时予以通报，以儆效尤。县委将适时派出督查组，对乡镇换届工作进行督促检查，对换届风气进行民主测评。换届风气不好、查处不力的，要严肃追究党委和有关部门主要领导的责任。

（四）做好思想政治工作。各乡镇要认真做好换届中干部的思想政治工作，教育引导广大干部讲政治、讲党性、顾大局、守纪律，正确对待个人进退留转，正确对待选举结果，自觉服从组织安排。要关心和爱护干部，普遍开展谈心交心活动，保护和调动干部的积极性。要尊重、关心将要退下来的老同志，要求他们站好最后一班岗，共同把换届工作做好。对落选的同志，要及时谈话，鼓励他们不要背包袱，继续为党和人民努力工作。

（五）坚持正确舆论导向。换届工作期间，要大力宣传本乡镇经济社会发展和党的建设所取得的成就，大力宣传在创先争优活动中涌现出来的先进基层党组织和优秀共产党员典型，为换届创造良好的舆论氛围。换届工作中，要关注舆情，防止炒作，对苗头性问题早预防、早教育、早处理。对一些把握不准又比较敏感的问题，要及时向上级部门汇报沟通。

对在乡镇领导班子换届工作中遇到的重大问题，各乡镇党委要及时向县委及县委组织部报告，以确保整个乡镇领导班子换届工作的顺利进行。换届工作结束后，各乡镇要及时上报选举结果和乡镇领导班子换届工作总结。

中共南昌县委

2011年1月30日

县政府重要文件

南政发〔2011〕9号

南昌县人民政府印发
关于南昌县城镇居民社会养老保险试点实施方案的通知

各乡、镇人民政府,各开发区(新区)、银三角管委会,县政府各部门:

《南昌县城镇居民社会养老保险试点实施方案》已经省人力资源和社会保障厅批复,现印发给你们,请认真贯彻执行。

二〇一一年九月八日

南昌县城镇居民社会养老保险试点实施方案

为进一步完善我县城镇居民社会保障体系,建立完善的社会养老保险制度,真正实现城镇居民"老有所养"的社会保障目标,根据《国务院关于开展城镇居民社会养老保险试点的指导意见》(国发〔2011〕18号)和《关于批复江西省2011年新型农村和城镇居民社会养老保险试点县名单的通知》(人社部发〔2011〕78号)及《江西省人民政府关于印发江西省城镇居民社会养老保险试点实施办法的通知》(赣府发〔2011〕18号)等文件精神,我县城镇居民社会养老保险(以下简称城保)试点启动时间定为2011年7月1日,结合我县实际,制定本实施方案。

一、指导思想

以邓小平理论和"三个代表"重要思想为指导,深入贯彻落实科学发展观,按照加快建立覆盖城乡居民社会保障体系的要求,逐步解决城镇无养老保障居民的老有所养问题。

二、基本原则

城镇居民养老保险试点的基本原则是:保基本、广覆盖、有弹性、可持续。从城镇居民的实际情况出发,低水平起步,筹资标准和待遇标准要与经济发展及各方面承受能力相适应;个人(家庭)和政府合理分担责任,权利与义务相对应;政府主导和居民自愿相结合,引导城镇居民普遍参保。

三、目标任务

建立个人缴费、政府补贴相结合的城镇居民养老保险制度,实行社会统筹和个人账户相结合,与家庭养老、社会救助、社会福利等其他社会保障政策相配套,保障城镇居民老年基本生活。2011年7月1日启动试点工作,2012年基本实现城镇居民养老保险制度全覆盖。

四、参保政策

(一)参保范围

凡具有本县行政区域内城镇户籍、年满16周岁(不含在校学生)、未纳入行政事业单位编制管理和不符合职工基本养老保险参保条件的城镇非从业居民,可以在户籍地自愿参加城镇居民养老保险。

(二)基金筹集

城镇居民养老保险基金主要由个人缴费和政府补贴构成。

1. 个人缴费。城镇居民养老保险费采取按年缴费的方式缴纳,参加城镇居民养老保险的城镇居民应当按规定缴纳养老保险费。缴费标准设为每年100元、200元、300元、400元、500元、600元、700元、800元、900元、1000元十个基本档次,并增设一个浮动档,每年缴费最高不超过2000元,(浮动档缴费以百元的倍数增加)。参保人自主选择档次缴费,多缴多得。政府将依据经济发展水平和城镇居民人均可支配收入增长等情况适时调整缴费档次。

2. 政府补贴。政府对符合待遇领取条件的参保人全额支付城镇居民养老保险基础养老金,其中中央财政对我县按中央确定的基础养老金标准给予全额补助(即每人每月55元)。

省、县财政对参保人缴费给予每人每年30元的基本补贴,所需资金由省、县财政按6:4负担。对选择较高档次标准缴费的,给予适当补贴。对参保人缴费的补贴标准从缴费100元补贴30元起步,每增加一个缴费档次多补贴5元,即缴费200元,财政补贴35元,缴费300元,财政补贴40元,依此类推,缴费1000元以上(含1000元)的,财政补贴75元。其中:对200元至500元档次的超基本补贴30元的缴费补贴所需资金全部由县财政负担;对600元至1000元以上(含1000元)档次的超基本补贴30元的缴费补贴所需资金由省、县财政按2:8负担。

3. 对城镇1~2级重度残疾人,由省、县财政为其代缴最低标准的养老保险费每人每年100元,代缴资金由省、县财政按6:4负担。

4. 鼓励其他经济组织、社会组织和个人为参保人缴费提供资助。

(三)建立个人账户

县农村社会养老保险事业管理局(以下简称农保局)为每个参保人员建立终身记录的养老保险个人账户。个人缴费、地方人民政府对参保人的缴费补贴及其他来源的缴费资助,全部记入个人账户。个人账户储存额目前每年参考中国人民银行公布的金融机构人民币一年期存款利率计息。

(四)养老金待遇

养老金待遇由基础养老金和个人账户养老金组成，支付终生。

基础养老金标准为每人每月55元，由中央财政补贴。个人账户养老金的月计发标准为个人账户全部储存额除以139（与现行城镇职工基本养老保险个人账户养老保险计发系数相同）。参保人员死亡，个人账户中的资金余额（含政府补贴），可以依法继承。

（五）养老金待遇领取条件

参加了城镇居民养老保险的城镇居民，年满60周岁，符合以下条件下的，可按月领取养老金。

1. 城保制度实施时，已年满60周岁及以上的城镇户籍老人、未享受城镇职工基本养老保险待遇以及国家规定的其他养老待遇的，本人不用缴费，可直接领取每月55元基础养老金，鼓励和引导城镇居民养老保险待遇领取人员的子女按规定参保缴费。

2. 城保制度实施时，距领取年龄不足15年的，应按年缴费，也允许补缴，累计缴费年限不超过15年，补缴部分按照城保制度实施时的标准享受政府补贴；城保制度实施时，距领取年龄超过15年的，应按年缴费，累计缴费不少于15年。应按年缴费而中断的，允许补缴中断年度的缴费，补缴中断的年限不享受政府补贴。

为鼓励中青年城镇居民积极参保、长期缴费，参保人员缴费年限超过15年的，在规定的基础养老金基础上，缴费时间每超过一年，每月增加1元基础养老金金。

3. 城保制度实施时，距领取年龄不足15年的应参保而未参保人员，在其达到领取养老金年龄时（即年满60周岁），应从城保制度实施时足额补缴保险费（含利息），在其缴清的次月起享受城保养老金。

4. 参保人员在缴费期间死亡的，个人账户的资金余额一次性退给其法定继承人或指定受益人。参保人在领取养老金期间死亡的，从其死亡的次月起停发养老金，将其个人账户本息余额一次性退给其法定继承人或指定受益人，同时支付丧葬补助金。城保制度实施时未参保缴费直接领取基础养老金的、年满60周岁及以上的城镇居民，在领取养老金期间死亡的，一次性支付300元丧葬补助金；参加了城保缴费的参保人在领取养老金期间死亡的，缴费年限在1~5年的，一次性支付500元丧葬补助金；缴费年限在6~10年，一次性支付800元丧葬补助金；缴费年限在11~15年，一次性支付1000元丧葬补助金；缴费年限在15年以上的，支付1200元丧葬补助金。冒领已死亡人员养老金的，一经发现，依法追回冒领的养老金，并取消丧葬补助金待遇。

（六）待遇调整

根据中央、省相关政策规定，结合我县实际，适时调整我县城保基础养老金的最低标准。

（七）制度衔接

城镇居民养老保险与新农保合并实施。妥善做好城保与其他社会保障政策制度的配套衔接工作，原已规定的政策继续执行，待人力资源和社会保障部与财政部出台新规定后，按新规定执行。

（八）基金管理

建立健全城镇居民养老保险基金财务会计制度。按国家的相关规定，城镇居民养老保险基金纳入社会保障基金财政专户，实行收支两条线管理，单独记账、核算，按有关规定实现保值增值。试点阶段，城镇居民养老保险基金以县级为统筹单位，实行预决算制度。县人力资源和社会保障部门要会同县财政部门编制城保基金年度收支预算，报县人民政府批准后执行，并将年度决算表报上级主管部门审核。

（九）基金监督

县人力资源和社会保障行政部门要切实履行城保基金的监管职责，制定完善城保各项业务管理规章制度，规范业务程序，建立健全内控制度和基金稽核制度，对基金的筹集、上解、划拨、发放进行监控和定期检查，并定期核算城保基金筹集和支付信息，做到公开透明，加强社会监督。财政、审计、监察部门按各自职责实施监督，严禁挤占挪用，确保基金安全。城保经办机构和居委会每年对参保人缴费和待遇领取资格进行公示，接受群众监督。每年定期开展领取养老金待遇人员生存状况认证工作，未参加生状况认证的，暂停发放养老金，待其通过生存状况认证后再续发养老金。

（十）法律责任

1. 城保经办机构或行政机关及其工作人员，违反本办法有关规定的，由人力资源和社会保障部门或上级行政机关责令限期改正；情节严重的，按照管理权限，对主要负责人或直接负责人给予行政处分；构成犯罪的，移送司法机关依法追究刑事责任。

2. 通过伪造有关证件或其他手段多领、冒领养老保险待遇的人员，由人力资源和社会保障行政部门追回多领、冒领的养老保险待遇。构成犯罪的，移送司法机关依法追究刑事责任。

3. 对多领、冒领养老保险待遇的人员，县人力资源和社会保障部门要制作行政处理决定书。当事人对行政处理决定不服的，可依法申请复议或提起诉讼；拒不执行行政处理决定、既不申请复议又不起诉的，由县人力资源和社会保障部门申请人民法院强制执行。

五、实施步骤

为了积极推动城镇居民社会养老保险试点工作顺利实施，确保按期完成试点任务，根据我县实际，城镇居民社会养老保险试点工作分四个阶段实施。

（一）第一阶段：筹备阶段（2011年7月28日至2011年8月30日）

1. 成立机构。县政府成立南昌县新型农村和城镇居民社会养老保险试点工作领导小组（以下简称试点工作领导小组），试点工作领导小组下设办公室，办公室设在县人力资源和社会保障局，各乡镇要迅速成立相应的新型农村和城镇居民社会养老保险试点工作领导小组，并及时增加乡镇劳动保障事务所（以下简称劳保所）从事城保工作的专职人员。

2. 调查摸底。以户为单位，进行详细的调查摸底，摸清60周岁以上老年人家庭，与其有供养关系的子女人数。以居委会为单位进行人口统计，统计每个居委会的城镇人口数、适合参保条件的、已满16周岁至未满60周岁的城镇人口数，经乡镇劳保所汇总后，报县农保局建立基本信息数据库。

3. 制定方案。通过调查摸底、研究分析,按照上级有关文件精神,结合我县实际,制定出切实可行的实施方案。

(二)第二阶段:发动阶段(2011年9月1日至2011年9月30日)

1. 召开动员大会。召开全县城保试点工作动员大会,由县政府与各乡镇、开发区(新区)、银三角签订《目标责任状》,各乡镇、开发区(新区)、银三角管委会相应召开动员大会。

2. 宣传发动。充分利用广播、电视、墙报、条幅、标语、发放宣传单多种宣传形式,广泛宣传城保的意义和目的,使城保政策家喻户晓,人人皆知,充分调动城镇居民支持、参与城保的积极性,营造浓厚的社会氛围。

3. 组织培训。由试点工作领导小组办公室牵头,组织对乡镇劳保务所工作人员、各居(村)委会工作人员、劳动保障协管员等业务经办人员的业务培训,使其熟练掌握试点工作相关政策和操作方法,明确任务和责任。

(三)第三阶段:组织实施阶段(2011年10月1日至2012年12月31日)

1. 参保缴费。参保人持本人户口簿、有效身份证原件等相关材料统一到居(村)委会办理缴费手续,居委会审核无误后代收参保人保险费,按缴费标准给参保人开具全县统一印制的缴费凭证,并在规定的时间内将代收的保险费统一存入指定银行的缴费账公顷户。保险费在银行进账公顷后,居(村)委会将参保人员缴费档案交乡镇劳保所复核,乡镇劳保所将本乡镇参保人员材料核对汇总后录入城保信息系统,并将参保人资料报县农保局办理《南昌县城镇居民社会养老保险缴费证》,给参保人建立个人账公顷户。

2. 张榜公示。各乡、镇劳保所、居(村)委会在其管辖范围内对符合参保条件的城镇居民、符合领取基础养老金年满60周岁的城镇居民进行张榜公布,接受群众监督。

3. 基础养老金的领取。对年满60周岁,符合领取基础养老金条件的城镇居民,由本人持相关证件到居(村)委会申请办理领取手续,居(村)委会将申领人材料报乡镇劳保所审核,乡镇劳保所审核后报县农保局办理《城镇居民社会保险养老金领取证》,通过指定银行办理社会化发放(即以存折的形式)基础养老金。

(四)第四阶段:总结阶段(2013年元月1日至2013年元月31日)

试点工作领导小组对城保的基金使用和管理情况进行检查,同时开展民意调查,规范城保经办机构的服务行为,适时召开全县试点工作总结会,总结成绩、交流经验、查找问题,完善试点工作,为继续做好城保试点工作打下坚实的基础。

六、保障措施

推行城镇居民社会养老保险试点工作是惠及全县城镇居民的"民生工程",启动前各项工作任务十分艰巨,各地、各部门要高度重视,统筹兼顾,密切配合,通力协作,确保圆满完成试点任务。

(一)加强领导

县政府将城镇居民社会养老保险工作列入对各乡镇、开发区(新区)、银三角、各有关部门年度绩效考核内容,实行年度考核。各乡镇政府、开发区(新区)、银三角管委会将城保工作列为本地经济社会发展和年度工作计划,负责本地区城保工作的宣传动员和参保的组织实施工作,实行年度目标考核。各乡镇政府,各开发区(新区)、银三角管委会主要领导对本辖区城保工作负总责,其他领导分片包干,并落实专门的业务人员具体负责。

(二)明确责任

各乡镇政府、各开发区(新区)、银三角管委会是城镇居民社会养老保险基金征缴的责任主体,人保、财政部门是基金运作的责任主体,纪检、监察、审计部门是监督主体。县农保局要切实加强对城镇居民社会养老保险工作的业务指导和协调,加强乡镇劳保所的管理,健全完善各项规章制度,规范工作程序,及时解决工作中存在的新情况新问题,为县委、县政府当好参谋;财政部门要搞好养老保险缴费补贴资金预算和拨付,以及城保专项工作经费预算安排;审计部门要定期对城镇居民社会养老保险基金的收支和管理情况进行审计,确保专款专用;公安部门负责按户籍提供城镇居民家庭成员人数和基本情况;县金融机构负责城保基金管理,应确保基金增值保值以及协助县农保局负责汇集征缴的保费、发放养老金;宣传、文广部门要充分发挥舆论导向作用,大张旗鼓地做好宣传工作;残联要做好城镇户籍重度残疾人的认定工作;民政、农业、计生、统计等其他各相关部门要各司其职、密切配合,积极支持配合做好城镇居民社会养老保险试点工作。

(三)经费保障

1. 县、乡两级政府要安排专项资金用于启动城保试点工作,安排落实城保信息网络系统建设、宣传动员、城镇户籍人口信息录入、业务培训、印刷品印制等开展城保工作所需要的工作经费,确保城保工作顺利启动。

2. 县本级城保业务经办机构工作经费由县财政每年年初按全县应参保人数每人每年1.5元的标准列入财政预算,专款专用。

3. 各乡镇、开发区(新区)、银三角按每年本地区应参保人数每人每年1元的标准列入财政预算,并由县财政直接划入县农保局工作经费专户,实行全县统一管理,由县农保局根据目标任务的完成情况,按一定比例拨付到乡镇劳保所。

(四)人员保障

加强各级城保经办机构工作人员队伍建设,县农保局增加专职工作人员从事城保工作,每个乡镇劳保所要配备专职人员从事城保工作,其中莲塘镇和向塘镇因城镇人口比率大,须配备3名专职工作人员,其他乡镇按每2000名应参保人员配1名工作人员专职从事城保工作。

(五)严格考核

各地、各有关部门要充分认识试点工作的重要性、艰巨性、复杂性,精心组织,规范实施,严格考核。县政府将对行动迅速、措施得力,按时完成征缴任务的乡镇进行通报表扬并给予奖励;对工作不重视,不能按期完成征缴任务的乡镇进行通报批评,确保我县城保试点工作顺利推进。

七、本实施方案自2011年7月1日起施行,由县人力资源和社会保障局负责解释。

南政发〔2011〕16号

南昌县人民政府关于印发关于加强南昌县2011年度农田水利基本建设实施方案的通知

各乡、镇人民政府，各开发区（新区）、银三角管委会，县政府各有关部门：

《关于加强南昌县2011年度农田水利基本建设实施方案》已经2011年10月24日县委常委会研究通过，现印发给你们，请遵照执行。

二〇一一年十一月一日

关于加强南昌县2011年度农田水利基本建设实施方案

为认真贯彻落实中共中央、国务院《关于加快水利改革发展的决定》（中发〔2011〕1号）和省委、省政府《关于加快我省水利改革发展的实施意见》（赣发〔2011〕10号）文件精神，按照省、市水利部门的工作部署和总体工作要求，结合我县实际，特制订本实施方案。

一、指导思想

坚持科学发展观，全面贯彻落实省、市相关会议和县委第十二次党代会议精神，把农田水利作为水利基础设施建设的重点任务，突出加强薄弱环节建设，大力发展民生水利，提高水利保障能力，提高农业综合生产能力，改善农村生产、生活条件及生态环境，确保明年防汛安全和抗旱减灾工作需要，为实现“拼争全国五十强县市，建设现代化综合新城”战略目标提供强大水利支撑。

二、今冬明春建设重点

按照省、市水利部门的工作部署，针对我县农田水利基本建设的薄弱环节和防汛抗旱过程中暴露出的问题，结合人大代表建议和政协委员提案，按照先急后缓原则，今冬明春全县农田水利基本建设重点抓好13项工程，完成总投资18498.7947万元。

（一）上级投资项目，共七项（概算总投资12717.35万元）

1. 小农水重点县建设项目：加快推进2010年度小农水重点县建设项目的单位工程验收工作，组织实施总投资为3560万元的塘南镇、幽兰镇、武阳镇、八一乡、泾口乡等乡镇的渠道护坡整治工程。

2. 农村安全饮水工程：全面完成2010年度投资4266.2万元，解决8.9224万农村人口安全饮水的计划任务的同时，实施2011年度投资1474.35万元、解决2.9487万农村人口安全饮水的农村人口安全饮水工程。

3. 鄱阳湖二期防洪工程第六个单项工程：南新联圩除险加固工程，总投资2825万元。其中，国家投入资金1345万元。

4. 蒋巷五房矶应急抢险工程：加快完成工程扫尾及验收工作。总投资1256万元，上级投资942万元。

5. 中小河流域除险加固工程：加快完成投资2400多万元的莲塘河防洪治涝工程扫尾工作，完成清淤土方5万方工程。

6. 水利血防护坡工程：继续完成鄱阳湖区重点控制疫区幽兰镇、武阳镇等水利血防护坡、护岸工程，完成工程投资502万元。

7. 赣抚平原灌区续建配套工程：组织实施赣抚平原灌区续建配套工程，完成工程投资700万元。

（二）县级投资项目，共六项（概算总投资5781.4447万元，其中：工程5345.7632万元，压占435.6815万元）

1. 防洪整险工程（投资概算2942.6015万元，其中压占435.6815万元）：

⑴南新联圩腰子塘险段加固整治，南新乡腰子塘险段塌坡（桩号20+600-20+840）长度240米，需抛块石工程量1.05万方，投资160万元。

⑵蒋巷联圩玉丰村外坡塌方整险，蒋巷镇玉丰（桩号52+250-52+350）长度100米，需砼护坡工程量422.4立方，土方1.2528万方，石方工程量384立方，投资49.32万元；

蒋巷联圩玉丰严家堤段（桩号55+200-56+370）整险，填塘固基整治长度1170米，土方量25万方，投资275万元。

⑶长乐联圩北防洪堤堤后压浸，武阳镇段压浸（桩号1+000-2+885中）长度475米，需土方量2.775万方，石方125立方，投资65.8875万元，其中压占4.3875万元。塔城乡段压浸（桩号3+420-4+450）长度1.030千米，需土方量5.7万方，石方1.425万方，投资127.905万元，其中压占13.905万元。

（4）南徐堤堤后压浸，黄马乡段吹填（桩号1+600-3+600）长度2千米，土方量21万方，投资237万元，其中压占27万元。

（5）象湖联圩加固，冈上镇段整险（桩号6+550-18+580中）长度11040米，土方量35.2万方，投资938.22万元。其中，压占234.22万元。富山乡段整险（桩号18+580-27+475）长度8895米，土方量34万方，投资833.739万元。其中，压占153.739万元。

（6）莲塘河东龚村边外塌坡整治，塌坡长60米，土方工程量300立方，沙回填工程量0.405万方，砼护坡工程量

181.2 立方,投资 80 万元。

(7)棠左联圩银三角段(桩号 26+200-26+380)填塘固基整治长度 180 米,土方量 1.62 万方,投资 34.83 万元。其中,压占 2.43 万元。

(8)塘南蔡家险段砼护坡工程:桩号 24+810-25+500,长 690 米,投资 140.7 万元。

2. 中小型泵站改造工程(投资 1131.25 万元):重点改造 63 座水毁中小型泵站(具体任务详见附表 1)。

3. 涵管枧闸维修工程(投资 546.5832 万元):重点维修 125 座水毁涵枧闸(具体任务详见附表 2)。

4. 内涝治理工程(投资概算 801.01 万元)

(1)大沙湖砼护坡整治堤线长 3.95 公里,土方量 2.005 万方,石方量 1486 立方,砼工程量 2632 立方,投资 258.44 万元。其中,幽兰镇长度 1.5 公里,土方量 1650 立方,石方量 160 立方,砼 558 立方,投资 44.63 万元。泾口乡长度 2.21 公里,土方量 1.84 万方,石方量 0.1326 万方,砼工程量 2044 立方,投资 211.81 万元。

(2)芳溪湖砼护坡整治堤线长度 4.24 公里,土方量 0.6029 万方,砼工程量 0.5519 万方,投资 313.51 万元。其中,武阳镇长度 2.0 公里,土方量 0.5049 万方,砼量 0.4013 万方,投资 190.37 元;塔城乡长度 0.24 公里,砼工程量 390 立方,投资 34.12 万元;幽兰镇长度 2.0 公里,土方量 980 立方,石方量 325 立方,砼工程量 1116 立方,投资 89.02 万元。

(3)红旗联圩沙港河牛屎湖段护坡整险,塘南镇护坡整险长度 650 米,土方量 1.2233 万方,砼工程量 806 立方,投资 68.61 万元。

(4)黄马乡山塘除险加固共 23 处整治,投资 94 万元。

(5)银三角渠道整治,棠左村段渠道衬砌长 850 米,土方量 680 立方,砼工程量 868.87 立方,投资 28.49 万元。

(6)东新乡河下村内涝沟渠砼护坡整治长 500 米,砼工程量 0.013 万方,投资 7.96 万元。

(7)幽兰镇三斗渠道整治工程全长 6147 米,计划总投资 30 万元。其中,清淤工程 10 万元,桥涵闸维修工程 20 万元。

5. 大型沟渠清淤工程(县财政补助 360 万元):重点对全县大型沟渠进行彻底清理整治(具体任务详见附表 3)。

6. 除杂清障工程:由各乡、镇(开发区、银三角)负责制定长效管理机制并落实经费,对防洪责任堤段堤身上的高标植物和违章建筑物进行清除,确保不再发生新的违法搭建和葬坟现象,以利于汛期查险、排险,并将除杂清障方案报送至县防办备案。

三、时间安排

省委、省政府已召开全省水利工作会议,对农田水利基本建设进行了动员部署,各乡、镇(开发区、银三角)要早部署、早安排、早落实、早动工,确保各项任务在 2012 年 4 月 1 日前全面完成。

四、主要措施

(一)强化领导,落实责任。农田水利基本建设工作实行“县防总统一领导,分指挥部督导检查,乡镇组织实施”的工作机制,各级党委、政府要切实加强对该项工作的组织领导。

1. 强化领导。成立南昌县农田水利基本建设领导小组,由县委副书记、县长陈匡辉担任组长,县委常委、县委农工部长程雷佬、县政府副县长吴文卫担任副组长,县委宣传部、县监察局、县财政局、县发改委、县水务局、县审计局等有关部门以及各乡、镇(开发区、银三角)的负责人为领导小组成员。领导小组下设办公室,办公室设在县水务局,由杨宇华同志兼任办公室主任。领导小组办公室下设 5 个工程督导验收组:

第一组:防洪整险工程督导验收组,由县水务局罗小平任组长,县发改委委、县财政局、县监察局、县审计局各 1 人,县水务局 2 人任成员;

第二组:内涝治理工程督导验收组,由县水务局高云飞任组长,县发改委、县财政局、县监察局、县审计局各 1 人,县水务局 2 人任成员;

第三组:中小型泵站改造工程督导验收组,由县水务局罗爱华任组长,县财政局、县监察局、县审计局各 1 人,县水务局 2 人任成员;

第四组:涵管枧闸维修工程督导验收组,由县水务局余云安任组长,县财政局、县监察局、县审计局各 1 人,县水务局 2 人任成员;

第五组:除杂清障督导验收组,由县监察局王宇任组长,县财政局、县监察局、县审计局、县水务局各 1 人任成员。

2. 强化责任。各乡镇(开发区、银三角)作为农田水利基本建设工作的责任主体,要形成“主要领导亲自抓、分管领导具体抓、班子成员配合共同抓”的工作局面,在县防总和所在分指挥部的领导下,做好工程项目的规划、设计及实施工作。

3. 强化配合。县委宣传部、县监察局、县发改委、县财政局、县审计局、县水务局等有关部门要密切配合,全力投入今冬明春农田水利基本建设工作。

(二)整合资金,加大投入。县、乡两级政府要加强政府主导性投入,县、乡两级财政要从土地出让金收益中提取 10% 用于农田水利建设,特别是各乡、镇(开发区、银三角)作为农田水利基本建设的投入主体,要千方百计筹措资金,以确保按质按量完成工程任务。在资金基本用途不变、管理渠道不变的前提下,整合水利、农业、农业综合开发等各项资金,捆绑用于农田水利基本建设。鼓励群众自愿投资投劳兴建农田水利设施,充分调动社会各界兴修水利的积极性。

(三)强化管理,推进项目。要严格执行工程项目“四制”,即“项目法人负责制、招标承包制、工程建设监理制和合同管理制”,确保工程建设进度和质量,把农田水利工程建设成为“民心工程”、“效益工程”和“廉洁工程”。要加强招投标管理。要通过各种方式完善招投标办法,加强资金控制,做到工程完成一批,验收一批,资金拨付一批,充分发挥投资效益。大型沟渠清淤由乡镇统一实施,县财政局与县水务局共同组织验收。要强化进度管理。实行重点工程“一周一调度”、“一周一通报”的推进机制,及时解决项目推进中的难题。要加强质量管理。在加强工程“四制”管理的同时,积极聘请“党员监督员”、“农民义务监督员”,让农民群众参与工程质量的监督,高标准、严要求,确保农田水利基本建设优质高效。要运用“一事一议”政策。各乡镇要按照“一事一议”的要求，依法组织农民自愿投工投劳和以资代劳，兴修农田水利设施。要落实民办公助、以奖代补政策，鼓励民间资本投资建设小型农田水利设施，要积极组织和依托农民用水户协会，探索“公建公管”、“公建民管”和“民建民管”等多种形式落实管护责任和措施。

（四）大力宣传，营造氛围。要充分发挥新闻媒体的宣传作用，利用大好时机，大造水利建设声势。各相关单位领导要切实改进工作作风，坚持做深入细致的工作，调动农民大干水利的积极性，总结和推广农田水利基本建设中的好做法、好经验。

其他重要文献

南昌县人大常委会工作报告

——2012年2月4日在南昌县第十五届人民代表大会第二次会议上

南昌县人大常委会主任　胡小明

各位代表：

现在，我受县十五届人大常委会的委托，向大会报告工作，请予审议。

换届以来的工作回顾

2011年，是“十二五”时期的开局之年，也是县乡领导班子和村级组织的换届之年，面对经济发展的巨大压力和民主政治建设的重大任务，全县上下在中共南昌县委的坚强领导下，以高度的政治责任感和历史使命感，顺利完成了换届选举的各项任务，在着力加强换届后各级领导班子建设的同时，紧紧围绕县十二次党代会提出的“拼争全国五十强县市、建设现代化综合新城”的总体目标，迅速把工作的重心转移到推动经济社会发展的伟大实践中来，凝心聚力、开拓奋进，圆满完成了年初确定的各项工作任务，取得了全县财政总收入和地方一般预算收入双双大幅领跑全省的骄人业绩。新一届人大常委会坚持围绕中心、服务大局、依法履职，为开创换届之年的工作新局作出了积极贡献。

一、把握新形势，牢固树立服务大局意识

在把南昌打造成为带动全省经济发展的核心增长极的宏伟事业中，南昌县作为“首府首县”，首当其冲、责无旁贷。在新的起点上要实现“超常发展、进位赶超”，人大同样须有义不容辞的担当。

强力支持和参与重大重点项目建设。重大重点项目建设对于拉动经济增长、增强发展后劲具有举足轻重的作用，是我县实现持续又好又快发展的重要载体和有力支撑。常委会把推动重大重点项目建设作为促进全县经济社会发展首要而紧迫的任务，集中听取了县政府关于重大重点项目推进情况的专项工作报告，实地视察了江铃股份整车生产项目、江西农机大市场二期、达利食品、东新220KV输变电工程、县中医院整体搬迁工程、县人防指挥中心、新农村建设、县廉租房二期等重大重点项目建设情况。针对项目建设进度、项目用地与征地拆迁、项目报建及宣传工作方面存在的问题，提出了提高思想认识、落实领导责任，加大工作力度、合力推进项目，强化服务意识、优化发展环境，坚持正确引导、加大宣传力度的建议。与此同时，常委会领导身体力行、主动参与，全力推进所挂点的金沙大道南延、澄碧湖大厦、江铃有色压铸、昆山铭励精密五金、白虎岭林场危旧房改造、南昌国际动漫产业园、宝迪农业科技等重大重点项目建设，并取得积极成效，有的项目即将完工，有的项目正在扎实推进之中。

强力推动和保障宏观经济平稳运行。加强对计划和财政预算执行情况的监督是保证经济平稳运行的有效手段。面对世界经济增长放缓，国际贸易增速回落，中央不断加强和深化宏观调控，紧缩信贷、稳定物价、控制通胀的情势，实现全县经济平稳较快发展的难度不断增大。常委会及时听取审议了全县2010年县本级财政决算、预算超收收入安排使用情况的报告，依法审查批准了2010年度县本级财政决算。针对预算编制、预算监管、财政收支、财务管理方面存在的不足，提出了进一步完善预算编制、规范预算执行、坚持依法理财、积极探索县乡财政体制改革、逐步化解乡镇财政困境的意见建议。同时听取审议了2010年度县本级财政预算执行和其他财政收支的审计工作报告，对预算收入、税收征管、政府投资性项目招投标、项目决算、政府债务、乡镇经济责任审计方面反映出的问题，提出了要加强预算的审计监督、强化对重点项目和专项资金审计、高度关注资金使用效益、加大督促力度增强审计整改工作实效的意见，为全县经济的平稳健康运行提供了有力保障。审议并原则通过了《南昌县总体规划（2008～2030）》，为加速我县城区与南昌市区的对接，实现县域经济社会的长远发展、科学发展奠定了重要基础。

二、顺应新要求，牢固树立民主法治意识

民主法治与公平正义是时代发展和社会进步的必然要求。常委会深入贯彻依法治国方略，注重法制宣传教育，大力督促和支持“一府两院”依法行政、公正司法，努力为全县经济社会发展创造良好的法治环境。

大力推进法制教育。普法工作是法治建设的重要内容。常委会听取审议了全县“五五”普法规划实施情况和“六五”普法工作情况的报告,依法作出了《关于进一步加强“六五”普法法制宣传教育的决议(2011～2015)》,强调要提高普法宣传的针对性和实效性,要突出加强农民工和流动人口法制教育,消除普法盲点,不断提高全民法律意识。同时注重在日常信访工作中开展法制宣传,在受理来信来访中,既着力帮助解决实际问题,又注重引导群众依法维权,促使一批重复信访和缠访案件得到有效化解,取得了良好的社会效果。

切实强化司法监督。司法监督是人大监督工作的重要组成部分,是维护社会公平正义的重要途径。常委会听取审议了县人民法院关于审判监督工作报告,提出要加强队伍建设,创新工作方式方法,充分发挥监督职能,依法开展审判监督工作。听取审议了县人民检察院关于反渎职侵权工作报告,针对工作中存在的宣传不广泛和案件发现难、取证难、处理难、阻力大“三难一大”等问题,提出了要加大宣传力度、拓宽案源渠道、建立工作长效机制等建议。面对近年来流动人口快速增长给城市管理、社会治安等方面带来的巨大压力,听取审议了县政府关于流动人口管理工作报告,建议政府职能部门要进一步加强工作创新,探索流动人口管理工作的新路子,加强部门协作,建立流动人口管理工作的长效机制。组织常委会驻会组成人员对县看守所进行了视察,要求相关管理部门坚决杜绝超期羁押、牢头狱霸等现象的发生,维护被监管人员的合法权益。

依法行使任免职权。坚持党管干部与人大依法任免相统一的原则,任免国家机关工作人员27人次。在对新一届政府22名组成人员的任命中,坚持了任前法律知识考试、报告拟任职思考与打算、常委会组成人员票决等制度,并举行了隆重的颁发任命书仪式,有效增强了被任命人员的人大意识、法律意识和宗旨意识。积极推进基层民主政治建设,针对村级换届选举工作中存在的问题和不足,强调要加强法律法规宣传、严格依法办事、保证选民自由行使选举权和充分享受被选举权,有力保障了村(居)委会换届选举顺利进行。

三、筑牢新基础,牢固树立代表主体意识

人大代表是国家权力机关的主体,代表工作是人大工作的重要依托和基础。针对代表工作面临的新情况和新问题,常委会将支持、规范和保障代表依法履职作为代表工作的重点。

重学习,提高代表履职能力。围绕代表履职要求,以培训促学习,提高代表履职能力。组织开展了全县人大代表集中培训,邀请省、市人大的专家、领导来县授课。组织部分市人大代表参加了南昌市人大代表履职培训班。通过以会代训、印发代表履职手册等办法加强了代表学习培训。组织常委会驻会代表在闭会期间开展业务学习,编印《人大简讯》专刊,专题传达了市人大常委会领导在有关会议上和来我县调研时的重要讲话精神,着力提高新一届人大代表对人大制度和人大工作的认识与理解。

优服务,发挥代表主体作用。依托代表小组活动平台,认真组织代表开展调查研究、执法检查、专题视察等活动,发挥代表在闭会期间的作用。在组织代表小组活动时,注意发挥企业界代表在代表小组活动中的专业优势,组织企业家代表交流企业转型升级的先进经验,就应对危机、加快发展、构建和谐等问题进行研讨,向政府提出相关建议。不断创新代表小组活动形式,规范活动内容,丰富活动方式,引导代表针对新农村建设、全县重大重点项目建设、民生工程、教育发展、水利建设等热点难点问题提出建议意见,推动了相关工作的开展。

严督办,确保代表建议办结。在代表建议督办工作中,通过常委会领导联系重点建议督办、人大各工委牵头对口督办、不满意件发回重办、主办单位与人大代表当面沟通办理、听取审议关于办理工作的专项报告等措施,形成了县人大常委会、常委会各工作委员会、主办单位、人大代表四位一体的督办工作体系,加强了对代表建议的重点督办、全程督办和跟踪督办,切实提高了面商率、解决率、满意率和办理实效。县十四届人大五次会议期间收到的54件代表建议、批评和意见,经过承办单位的积极努力,已全部办理完毕,其中关于投入资金恢复市汊古码头、尽快解决农网改造遗留问题、抓紧出台汽车集中区详细规划及拆迁安置方案等建议意见,通过与代表的深入沟通,取得了很好的办理效果。

四、展示新形象,牢固树立开拓创新意识

常委会在人大系统中广泛深入地开展了“创先争优”活动,有效地提升了人大机关和人大干部的履职能力和工作水平。

强化学习培训,努力提高自身素质。把加强学习、提高素质放在自身建设的突出位置,坚持学习为先、学以致用、学有所成,努力创建“学习型”机关。组织常委会组成人员和机关干部深入学习中央及省、市、县委有关会议精神,并结合人大工作实际开展讨论,力求把思想统一到县委重要部署上来,把行动贯穿于促进科学发展的工作中去。先后组织机关干部参加了全国地方人大干部培训班、全省人大干部培训班、市委党校领导干部培训班等学习培训,认真学习了宪法、代表法、监督法等法律法规,以及人大业务知识和当代经济科技知识,通过各种形式的学习培训,常委会组成人员和机关干部的法律知识水平和依法履职能力有了新的提高,为从事人大工作充实和丰富了专业知识,奠定了工作基础。

加强作风建设,提高服务保障水平。常委会组成人员和机关委办深入基层、深入一线,做好挂点帮扶工作,密切同基层和人民群众的联系。进一步建立完善了常委会和机关的各项工作制度,规范了工作程序,提高了办文、办会、办事的效率。加强调查研究,围绕人民群众关注的社会热点、难点问题,开展深入调研,形成15篇调研报告,为县委、政府工作决策提供了有力的参考。

注重宣传交流,逐步扩大社会影响。继续在县电视台开播《人大之窗》栏目,大力宣传人大工作和代表依法履职的先进事迹;认真办好常委会会刊和《人大简讯》,人大召开的重要会议、举办的重大活动、开展的主要工作,做到了电视上有画面,刊物上有文字,网络上有消息。去年,在市级以上新闻媒体刊发稿件400余篇。多篇稿件在省、市人大好新闻评比中获奖,人大宣传工作继续走在全市乃至全省前列。加强人大工作的横向交流,共接待来县学习考察交流的全国兄弟县(市)区人大20余批(次),既达到了相

互学习的目的,又提升了我县的在外知名度。

加强工作指导,促进县乡同步发展。建立了联系指导乡镇人大工作制度,明确常委会领导牵头、各委办分片联系3~4个乡镇,帮助和指导乡镇人大开好人大会议,开展视察、执法检查、评议基层站所等工作。坚持乡镇人大主席列席县人大常委会会议制度。在常委会的指导帮助下,各乡镇人大围绕乡镇的中心工作,积极推动地方经济和社会发展,较好地发挥了乡镇人大的职能作用。

各位代表、同志们,新一届县人大常委会履新半年,各项工作进展顺利并取得成效,这得益于县委的坚强领导,得益于"一府两院"的密切配合,得益于全体代表的共同努力,得益于乡镇人大的积极协作,同时也离不开全县社会各界和人民群众的鼎力支持,在此,我谨代表县人大常委会表示衷心地感谢!

与此同时,我们也深深感到,时代的发展与社会的进步,对人大工作和从事人大工作的同志提出了越来越高的要求。人大如何在推动经济社会发展方面体现更大作为,在促进民主法治进步方面发挥更大作用,在改善人民群众福祉方面拓展更大空间,在维护社会公平正义方面承担更大责任,需要我们在今后的工作中深入研究、创新求进。

2012 年的主要任务

2012 年,是南昌县实施"十二五"规划承上启下的重要一年,是县乡换届后新一届领导班子精诚团结、合力奋进的发力之年,也是加速拼争全国五十强县市,奋力建设现代化综合新城的关键之年。县人大常委会 2012 年工作总的指导思想是:坚持以科学发展观为指导,全面贯彻党的十七届六中全会、县十二次党代会和县委十二届二次全会精神,紧紧围绕全县工作大局,进一步解放思想、务实奋进,积极助力构建南昌打造核心增长极的重要战略支点,以更加优异的成绩迎接党的十八大胜利召开。

一、围绕中心,牢牢把握人大工作政治方向

牢固树立党的观念和大局意识,把人大工作始终置于县委的领导之下,努力发挥地方国家权力机关在推动科学发展全局中的重要作用。

始终坚持党的领导这一根本原则。坚持围绕县委的中心工作和决策部署,认真贯彻党的路线方针和政策,及时通过人大法定程序把党的主张变成全县人民的共同意志。坚持党管干部和人大依法任免干部相统一的原则,把贯彻县委意图、实现人民当家作主和严格依法办事统一起来。坚持实行重要工作和重大问题向县委请示报告制度,注重发挥人大常委会党组的政治核心作用,依法行使重大事项决定权。

始终坚持服务大局这一根本方向。要紧紧围绕全县发展大局,推动结构调整和产业升级,着力促进经济转型,努力实现经济社会又好又快发展。当前要紧紧围绕我县"拼争全国五十强县市、建设现代化综合新城"的目标,把推动发展作为人大工作的重要任务,综合运用监督形式,督促带有全局性、普遍性、倾向性问题得到解决,积极发挥人大在推动全县经济和社会建设中的重要作用。

始终坚持以人为本这一根本理念。深入了解民情、充分反映民意、广泛集中民智,与人民群众保持血肉关系,实现好、维护好、发展好最广大人民的根本利益,这是人大工作保持旺盛生命力的源泉。要充分发挥密切联系群众的优势,坚持以群众需求为导向,以群众满意为目标,把推动解决群众最关心、最直接、最现实的利益问题作为常委会重要工作,不断提升人民群众的幸福感。进一步加强和改进人大信访工作,积极化解人民内部矛盾,切实维护社会和谐稳定。

二、把握重点,不断提高监督工作总体实效

坚持议大事、抓重点、求实效,紧紧围绕"十二五"规划确定的目标任务和县委的各项决策部署,找准人大工作切入点,努力在加大监督力度、提高监督水平、增强监督实效上下工夫,促进和支持"一府两院"依法行政、公正司法。

在监督的内容上,突出一个"重"字。坚持把关系改革发展稳定和群众切身利益、社会普遍关注的重大问题作为监督的重点,有针对性地开展工作监督。在促进经济社会发展方面,重点围绕重大重点项目建设、城区三产配套、教育均衡发展、繁荣文化事业、乡镇财政体制改革试运行等情况开展工作监督;在推动民生改善方面,重点围绕工业化、城镇化进程中房屋征收拆迁及失地农民安置、农村无序建房、城市化发展中社会管理创新等方面的问题进行深入调研,开展专项工作监督;在强化司法监督方面,重点听取审议社区矫正、民事行政检察工作,深入开展法制教育宣传,促进法律法规在我县的贯彻实施,维护司法公正,为社会健康发展提供良好的法制环境。

在监督的形式上,突出一个"活"字。通过开展调查研究、审议专项工作报告、执法检查、视察等方式,不断完善监督工作程序,做到精心选题、认真议题、合力破题。对常委会作出的决议、决定以及提出的审议意见落实情况开展跟踪检查,督促其依法及时改进,维护人大工作和法律的权威。同时,做好向社会公开工作,保障人大代表和人民群众的知情权,进一步扩大公民有序政治参与。

在监督的效果上,突出一个"实"字。坚持勇于探索,大胆实践,促使监督工作由程序性向实质性转变,变事后监督为全程监督,把事前介入、事中参与、事后检查作为监督工作的重要环节,做到环环相连、步步紧扣,着力促进有关方面建立解决问题的长效机制,实现法律效果与社会效果的统一。

三、突出主体,充分发挥人大代表积极作用

牢固树立常委会对代表负责、受代表监督、为代表服务、让代表满意的观念,进一步加强和改进代表工作,充分发挥代表的主体作用。

赋予代表活动新内容,进一步加强代表履职的引导。继续坚持常委会联系代表的各项制度,畅通常委会与代表的联系渠道,发挥代表在闭会期间的履职作用。认真分析我县人大代表从事行业不同、专业各异的特点优势,探索按专业建立代表活动小组的新形式,引导代表有针对性地参与有关活动,提出现实性强、可行性强、操作性强的建议。进一步完善代表活动制度,创新代表活动形式,提高代表联系选民的广泛性和深入性,增强代表小组活动的积极性和实效性。积极开展代表下村、进社区访民情等活动,扩大代表向选民述职的范围,强化代表"人民选我当代表、我当代表为人民"的民本意识。

畅通代表工作新渠道,进一步拓宽知情知政的视野。不断扩大代表对常委会工作的参与,积极组织代表参加常委会开展的视察、执法检查、调研等活动,邀请代表列席常委会会议,为代表依法履行职责、参与管理国家事务搭建平台,拓宽知情知政渠道。组织常委会组成人员走访人大代表,听取代表对人大常委会和"一府两院"工作的意见建议,了解代表的生产生活情况,尽力帮助代表解决一些实际困难。积极为代表提供信息服务,坚持为代表征订《时代主人》等人大报刊、资料,为代表提供知情知政的有效载体。

探索建议督办新措施,进一步增强建议办理的实效。继续改进代表建议办理工作,组织代表参与建议督办,及时了解建议办理进展情况。在强化对代表撰写建议指导的同时,重点加强建议承办大户和代表不满意件的督办和跟踪落实工作,注重征询代表对建议答复的意见,切实提高代表建议办理的落实率和满意率。着手改进闭会期间代表建议的交办方法,对一些具体事务性的建议,组织代表与相关部门面对面沟通,提高办理质量,加快办理进度。创新开展代表建议办理工作满意度测评、积极探索对代表建议交办结果进行公示,增强代表建议办理工作的透明度,让人大代表和社会各界参与监督,以更加务实的刚性举措,努力推动一批事关全局和民生大计的代表建议意见办理落实到位。

四、强化内功,努力提升依法履职能力水平

坚持以科学发展观统领人大工作,进一步加强常委会及机关思想建设、制度建设和作风建设,努力提高依法履行职责的能力和水平。

大力加强思想建设。常委会及其机关要把弘扬"务实"精神作为思想建设的主旋律,进一步巩固深化创先争优活动成果,坚持理论学习和法制讲座制度,继续邀请有关专家学者作专题讲课,提高学习的针对性和实效性。切实把思想统一到中央、省、市委和县委对形势分析判断和对工作的总体部署上来,进一步增强大局意识、法制意识、民本意识和责任意识,不断提高政治业务素质和依法履职能力,为开创人大工作新局面奠定坚实的思想基础。

更加注重作风建设。坚持问政于民、问需于民、问计于民,围绕项目推进、招商引资、城市建设、服务业发展、社会主义新农村建设等方面的重点问题和重点工作,"沉下去"深入调研,"广开门"征求意见,切实提高常委会审议决定问题的质量和水平。以"处处讲素质、事事求有为"为目的要求,切实抓好机关效能建设和干部队伍建设,大力营造风清气正、团结和谐、奋发有为的机关工作作风,不断提高机关工作效率、服务水平和干部队伍的整体素质。

加快推进制度建设。不断完善常委会的各项规章制度,规范行使监督权、重大事项决定权和人事任免权的操作程序,做到有法可依、有章可循。注重发挥常委会集体作用,建立健全在常委会及其主任会议领导下,各工作委员会既有分工、又有合作,运转协调、和谐有序的良好工作机制。与此同时,进一步完善人大机关各项制度,推动人大工作制度化、规范化。

广泛开展宣传交流。充分利用好《人大简讯》和《人大之窗》电视专栏等宣传渠道,加强对人民代表大会制度优越性、我县人大工作动态和人大代表履职先进事迹的宣传,适时召开全县人大工作理论研讨会。进一步深化对乡镇人大工作的指导,坚持和完善乡镇人大主席列席常委会会议制度,不定期召开乡镇人大工作座谈会,指导乡镇人大依法开展工作,推动全县人大工作整体水平的提升。积极扩大对外联系和交往,学习借鉴外地人大工作的先进经验,广泛宣传我县经济社会建设取得的新成就,进一步扩大我县的知名度和影响力。

各位代表,当前我县正处于加快发展的关键时期。我们的前景光明而美好,我们的责任重大而光荣。让我们以科学发展观为统领,在县委的坚强领导下,携手并肩,以更加解放的思想、更加创新的精神、更加务实的态度,咬定发展不放松,坚持发展不动摇,加快发展不停步,不断开创人大工作的新局面,为努力构建南昌打造核心增长极的重要战略支点而不懈奋斗,以更加优异成绩迎接党的十八大胜利召开。

政协南昌县第十一届委员会常务委员会工作报告

(2012年2月2日在政协南昌县第十一届委员会第二次会议上)

县政协副主席　刘廷爱

各位委员、各位同志:

我受政协南昌县第十一届委员会常务委员会的委托,向大会作工作报告,请予审议,并请列席会议的同志提出意见。

换届以来的工作回顾

2011年7月完成换届工作以来,在中共南昌县委的正确领导下,新一届政协常委会高举中国特色社会主义伟大旗帜,坚持以邓小平理论和"三个代表"重要思想为指导,以科学发展观为统领,深入贯彻落实党的十七大及十七届历次全会精神,牢牢把握团结和民主两大主题,团结带领政协各组成单位、全体政协委员和社会各界人士,紧紧围绕全县"十二五"规划开局之年的各项任务和"拼争全国五十强县市、建设现代化综合新城"的奋斗目标,求真务实,开拓创新,认真履行政治协商、民主监督、参政议政职能,使新一届政协工作呈现出新的面貌,各项工作取得了新的成绩。

一、围绕中心，服务大局，多层次开展协商议政

政治协商是人民政协的首要职能。新一届政协常委会紧紧围绕县委、县政府的中心工作，紧紧抓住事关全县经济社会发展大局的重大问题，积极主动开展多层次的协商议政活动，为促进党委、政府科学民主决策发挥了积极作用。

（一）注重整体协商。充分利用全体会议的平台，广泛开展整体协商。十一届一次会议期间，委员们以高度的政治责任感和参政议政热情，协商讨论政协常委会“两个”报告和“一府两院”工作报告及其他报告。县委、县政府主要领导及相关领导积极参加小组讨论活动，面对面交流，零距离沟通，使广大委员的真知灼见、智慧火花得以充分迸发，一些善意批评、合理主张得以充分表达，营造了“平等民主、开诚布公、生动活泼”的协商氛围。会后，我们及时将协商意见建议整理报送党委、政府，促成了相关问题的解决。

（二）突出专题协商。突出常委会议专题协商的重要功能，着重就县委、县政府提出的重大课题和委员关注、群众关心的热点问题进行协商议政。换届以来，县政协常委会议重点围绕教育改革和电力供应等重大课题进行了专题协商。协商中，常委们发言踊跃，坦诚中肯，分别提出了许多建设性的意见建议。坚持并完善了邀请县委、县政府领导和相关部门负责同志与政协常委共同协商的制度，先后听取了县重大重点项目推进情况通报、提案办理情况通报以及教育、城建、供电等部门的工作情况通报，并及时提出意见和建议，做到通报情况、知情明政与建言献策相结合，取得良好成效。

（三）深化重点协商。深化主席会议重点协商的积极作用，着重选取党委、政府的重大决策及经济社会生活中的重大问题进行协商讨论。十一届一次主席会议就交通道路建设改造开展重点协商，集思广益，共同探讨，提出建议，形成了《关于对莲谢线三南线广三公路进行升级改造和抚生路进行产权置换的建议》的主席建议案，呈送县委、县政府后，得到了县委郭毅书记的充分肯定，部分建议已纳入了县委、县政府的相关决策中。

二、拓宽渠道，注重实效，多形式推进民主监督

民主监督是人民政协的重要职能之一，也是人民监督的重要组成部分。新一届政协常委会寓民主监督于履行职能的全过程，积极探索民主监督的有效途径，组织委员通过提案、社情民意、特邀监督等形式，着力提升监督层面，拓宽监督空间，增强监督实效，使政协工作体现了利为民所谋的要求。

（一）狠抓提案办理落实。十届五次会议以来，共收到委员提案135件，经审查立案99件。由于特殊原因，这些提案换届前一直未交办。为确保政协工作的延续性和实效性，十一届一次会议未安排委员提出新的提案，我们继续加大了对十届五次会议以来提案的办理力度。在提案办理过程中，通过重点提案县政协领导分工督办，重要提案专委会调研督办，热点提案委员视察督办等形式，密切与提案承办单位、提案者的联系，做好提案办理情况的跟踪，逐步实现提案办理由答复型向落实型转变。到目前为止，所有提案已办结，绝大部分委员对提案办理情况表示满意或基本满意。提案中涉及的许多项目建议，均得到了较好地落实。

（二）积极反映社情民意。收集和反映社情民意，是政协委员联系群众、关注民生、为民履职的基本方法，也是密切党和政府与群众血肉联系的重要途径。我们坚持抓基层、打基础，把收集和反映社情民意工作作为政协工作的重点来抓，要求政协各专委会、委员活动小组和全体政协委员，深入基层，深入群众，把群众所盼所想所议所需，及时收集反映到党委政府和有关部门的视听之中，推进了党委政府的科学民主决策，促进了县有关职能部门关注民生、改进工作。换届以来，共收集社情民意信息80余条，经梳理后向上级政协和党委政府及有关部门报送60余条，社情民意工作的监督实效更加明显。

（三）强化委员监督评议。选派委员参与监督是人民政协履行民主监督职能的重要抓手，也是促进相关单位工作的重要手段。为此，我们进一步加强了监督员的选派、管理工作，注重选派政治素质好、熟悉相关部门工作的委员，接受有关部门邀请作为监督员。换届以来，政协委员通过担任行风评议员、特邀监督员、听证会代表，积极参与有关部门的工作检查、评议、听证、座谈等活动，使委员参与民主监督的领域不断拓宽，监督作用进一步发挥，促进了行风建设，增强了民主监督的效力和社会影响力。

三、突出重点，主动参与，多方位积极参政议政

参政议政是人民政协履行职能的重要形式。新一届政协常委会始终坚持把促进发展、改善民生作为参政议政的重点，通过开展视察调研、参与服务中心等方式，切实为促进科学发展，解决好人民群众最关心、最直接、最现实的利益问题献计出力。

（一）调查研究集民智。我们把调查研究作为履行职能的基础工作，抓住全县经济社会发展中的突出问题，本着突出重点、促进工作的原则，先后对“县城及周边区域义务教育网点布局”、“全县电力供应存在的问题及对策”等课题进行了专题调研。调研中，注重从县情出发，将调研课题与发展大局相结合、将调研方式与征集民意相结合、将调研成果与实际转化相结合，形成的2份调研报告报送县委、县政府后，受到了县领导的高度重视。《关于县城及周边区域义务教育网点布局的调研报告》系统地分析了县城及周边区域义务教育网点布局存在问题的原因，分别针对老城区、昌南新城、小蓝经开区、银三角新区、莲塘镇、县城周边其他区域的教育布点提出了操作性较强的意见建议；《关于南昌县电力供应存在的问题及对策的调研报告》客观地反映了我县电力供应存在的具体问题，提出了我县近期和“十二五”期间电力建设重点。

（二）专题视察建真言。我们按照县委、县政府阶段性重点工作安排，对水利工程建设、重大重点项目推进等工作，深入开展专题视察，建真言，献良策，鼓实劲，出实招，促进了县委、县政府重大决策部署的贯彻落实。2011年11月，为紧扣全县发展的中心，我们组织政协常委实地视察了茵梦湖国际旅游度假区、恒大绿洲、江铃股份二期、莲塘三中等重大重点项目，深入了解项目进展情况。在认真听取全县重大重点项目建设情况通报后，常委们围绕重大重点工程建设中遇到的难题以及如何更好地推动工程建设积极建言献策、竭诚尽智。

（三）参与中心出实力。根据县委的统一部署，县政协

领导挂点负责全县26个重大重点项目建设,直接参与全县中心工作。在项目推进过程中,政协领导积极参与,主动协调,经常深入项目建设一线,掌握项目进度,及时了解和解决工作中存在的实际困难和问题,为项目顺利推进做出了积极的贡献。2011年12月7日,县委、县政府在八一乡胡华村召开了胡华圩堤加高加固工程现场会,标志着该工程的顺利开工。此项目是在县政协邓炳根主席的亲自指挥和调度下,经过多方努力,在较短时间内开工建设的一项民心工程。工程竣工后,不但提高了该圩堤的防汛排涝能力,而且将有效地带动周边区域经济社会的发展。

(四)献策牵线促发展。市政协在全市开展“加速发展献一策、推进项目牵一线”活动以来,我们及时进行了部署,专门成立了活动领导小组,下发了活动方案,动员和发动广大委员围绕“两大目标”、“三大工程”、“三十五个课题”积极献策牵线。县委郭毅书记高度重视此项活动,指示要发挥政协人才库、智囊团的优势,为南昌县的经济和社会发展建诤言、献良策、牵好线。目前,已陆续收到委员献策126条,牵线项目1个,并分别报送县委、县政府。

四、把握主题,凝聚力量,多途径增进社会和谐

团结和民主是政协工作的两大主题,新一届政协常委会充分发挥自身优势,把团结各界、凝聚人心的工作摆在突出位置,坚持多交流、多沟通、多商量、多联谊,为我县营造团结和谐稳定的局面发挥了作用。

(一)全力维护社会和谐稳定。我们通过走访、座谈、会议等形式,向全体委员及其所在的界别群众积极宣传党的方针政策和县委、县政府的重大决策部署,努力使党和政府的主张得到广大人民群众的理解、拥护和支持;充分发挥人民政协优势,多层次、广角度反映不同阶层、不同界别、不同群众的愿望呼声和利益诉求,反映影响社会稳定的苗头性问题,为县委、县政府及时了解民情民意,妥善解决矛盾纠纷提供服务,不断巩固和发展我县安定团结的政治局面。在挂乡包村工作中,先后为挂点的泾口乡岗背村争取到小学建设、电网改造、农村公路建设、二干护坡和“一事一议”补助等项目。

(二)积极开展交流联谊活动。我们积极开展政协之间的交流联谊活动,认真配合省、市政协在我县开展的各类专题调研视察活动5次,热情接待省内、外兄弟县(区)政协来我县参观考察8批次,组织3批次政协委员赴外地学习考察,促进了相互间的学习交流。

(三)切实加强信息宣传工作。密切同新闻单位的联系与合作,通过在电视、报刊上开辟专栏及时报道政协会议、调研视察、委员风采。换届后,先后在上级相关报刊、杂志上发表各类文章54篇,其中国家级上稿2篇、省级上稿36篇,市级上稿16篇,编发《政协简讯》5期、《建议与思考》3期,增进了社会各界对政协工作的了解,扩大了政协的社会影响力。

(四)认真做好史料征集工作。重视发挥政协文史资料“存史、资政、团结、育人”的积极作用,认真做好省政协《名人故居博览(江西篇)》、《江西楹联大全》、《一湖清水——鄱阳湖》三个协作课题史料的征集工作,并推荐政协机关3名同志担任省政协文史资料征集员。

五、夯实基础,增强活力,多举措加强自身建设

加强自身建设是贯彻落实中共中央关于加强人民政协工作意见的要求,是不断推进人民政协履行职能的制度化、规范化和程序化建设的要求。新一届政协常委会坚持把加强自身建设作为夯实政协工作的基础,采取有效措施,提高了队伍的整体素质。

(一)加强领导班子建设。我们始终把班子思想建设摆在重要的位置,坚持政治理论教育,常委会成员牢固树立了大局意识、责任意识,能够自觉把县委的重大决策和部署融入政协的全部工作中,始终与县委在政治上同向、思想上同心、行动上同步。加强班子的作风建设和党风廉政建设,发挥领导班子在统揽政协工作全局、协调各方和围绕中心、服务大局中的作用,形成了大力倡导求真、求实、求精和贴近中心、贴近实际、贴近群众的工作作风,形成了合作共事、团结民主、坦诚相待、团结各界的良好风尚。

(二)加强委员队伍建设。在认真搞好委员学习培训的基础上,通过组织委员参加视察调研、外出考察学习等形式,不断丰富委员的学习内容,拓宽委员学习视野,提升委员素质,增强了履职能力;注重委员管理体制机制的完善,不断强化委员的责任意识,提高了委员履行职能的自觉性、主动性和积极性;建立了委员工作台账制度,对每个委员的参会、调研、视察、提案、反映社情民意等工作情况进行登记,为开展优秀提案、优秀政协委员等评选活动提供依据,进一步调动了广大委员参政议政的积极性和主动性。

(三)加强机关效能建设。按照建设学习型、效能型、服务型、创新型、廉洁型机关的要求,在政协机关党员干部中大力弘扬脚踏实地、求真务实之风,淡泊名利、敬业奉献之风,加强机关干部队伍建设,不断提升机关干部思想道德和业务素质,增强了做好工作的责任感、使命感。以强化组织管理、明确工作任务、健全机关工作制度等形式,不断增强专委会工作活力。以制度建设为抓手,结合新形势对政协工作的新要求,对各项规章制度进行修订完善,使政协工作有规可依、有范可守、有序可循,推进了履行职能的制度化、规范化、程序化建设。

各位委员、各位同志,换届以来,县政协常委会创新工作思路,认真履行职能,各项工作取得了较大的进步。成绩的取得,是县委正确领导和县政府大力支持的结果,也是全县各部门、各乡镇(开发区、新区)和社会各界积极配合的结果,更是全体政协委员共同努力的结果。借此机会,我代表县政协常委会,向关心、支持政协工作的各位领导、各位同志和社会各界人士,向全体政协委员,表示衷心的感谢!

在肯定工作成绩的同时,还应该清醒地看到政协工作与县委的要求,与人民群众的期望相比,还存在差距和不足。主要有:新形势下如何推动工作创新,需要深入研究;如何进一步增强民主监督的实效,需要不断探索;如何进一步提升机关的服务水平,需要逐步改进,等等。同时,我们也真诚地希望各位委员对常委会的工作提出意见建议,共同推动我县政协工作迈上新的台阶。

2012年工作任务

2012年是我县实施“十二五”规划承上启下的攻坚之年,也是新一届政协工作全面推进的一年。在新的一年里,县政协常委会工作的总体思路是:以中国特色社会主义理

论体系为指导，牢固树立和落实科学发展观，认真贯彻落实党的十七大和十七届历次全会精神，按照县委十二届二次全体（扩大）会议提出的任务和要求，围绕全县中心工作以及“十二五”规划的贯彻实施，把握团结民主两大主题，切实履行政治协商、民主监督、参政议政职能，充分发挥协调关系、汇集力量、建言献策、服务大局作用，为构建南昌打造核心增长极的重要战略支点，迈出拼争全国五十强县市、建设现代化综合新城的坚实步伐作出新的贡献，以优异成绩迎接党的十八大胜利召开。

根据上述总体要求，重点做好四个方面的工作：

一、以加强学习为动力，不断开创政协工作的新局面

我们要结合政协工作实际，认真组织政协各参加单位、机关干部和全体政协委员，深入学习党的十七大及十七届六中全会精神，学习省、市、县党代会和县委十二届二次全体（扩大）会议精神，学习《中共中央关于加强人民政协工作的意见》、政协章程等有关人民政协理论，学习党和国家的路线、方针、政策、法律、法规以及现代科学知识、社会管理理论，全面提升履行职能的能力和水平，适应新时期、新形势、新任务对政协工作的新要求，全面开创我县政协工作的新局面。

二、以促进发展为中心，努力实现履行职能的新作为

我们要把履行政协职能的着力点放在积极协助县委、县政府以战略的眼光谋划我县新的发展上，放在对又好又快发展、统筹协调发展的思考上。一是要围绕县委、政府中心工作，拓展全委会议整体协商、主席会议重点协商、常委会议专题协商等协商平台，在委员和决策者之间架设沟通桥梁，畅通联系渠道，完善协商反馈机制，让各个方面、不同层次的意见都能得到充分发表，为党政决策的科学化、民主化提供参考。二是要通过委员提案、政协建议案、反映社情民意和政协视察等行之有效的民主监督方式、方法，就决策执行过程中的相关事宜积极参政、善于议政。三是要紧扣党政工作中心、社会发展大局和百姓关注热点，重点就“加快向塘地区的发展”等课题深入调查研究，积极建言献策，努力促进经济社会全面协调发展。

三、以社会和谐为目标，积极营造团结民主的新环境

我们要把政协组织的优势作为履行职能、有为有位的第一资源，把凝心聚力、构建和谐作为政协的根本任务。一要发挥兼容并蓄的优势，为凝聚人心尽责。发挥政治上的包容性和组织上的广泛性，在搭建平台、完善机制上，积极为各民主党派、无党派人士和有关人民团体履行职能创造条件，充分发扬平等议事、体谅包容的优良传统，努力在政协内部营造融洽、和谐、民主的氛围。二要发挥联系广泛优势，为化解矛盾出力。我们要围绕群众思想上的、认识上的“困惑点”，各种矛盾的“易发点”，主动协助县委、县政府做好释疑解惑、理顺情绪、化解矛盾、鼓舞士气的工作，为减少阻力，增加动力、形成合力尽职尽责。三要发挥位置超脱优势，为维护社会公平公正服务。要大力弘扬人文关怀精神，坚决以维护和实现最广大人民群众的根本利益为出发点，积极为建立公平合理的利益协调机制建言献策，认真反映和协调各阶层的利益诉求，让发展的成果真正惠及广大群众。

四、以“三化”建设为基础，着力提高自身建设的新水平

我们要继续推进政协履行职能的制度化、规范化、程序化建设，努力形成规范有序的工作机制，提高工作实效。要进一步完善界别活动的工作机制，有计划地组织开展有界别特色的活动，充分调动各界别委员参政议政的积极性，努力使政协的各种界别活动更加经常、更加规范、更加有效。要切实发挥政协委员在履行职能中的主体作用，进一步完善委员的教育、培训和管理机制，积极为委员履行职能创造条件，尊重和依法保护委员的民主权利，不断提高委员的综合素质和参政议政能力。要进一步发挥各专门委员会在履行职能中的基础作用，努力创新专委会工作方式，开拓工作思路，完善工作机制，加强党政部门的对口工作联系，联合开展视察、调研和监督活动，不断提高工作水平。要进一步加强政协机关建设，以创建“学习型、服务型、高效型、廉洁型、节约型”机关为目标，积极推进政协机关的思想、组织、作风和效能建设，确保政协机关工作高效有序运行。

各位委员、各位同志，新的历史时期对人民政协提出了新的要求，也为政协工作展现了更为广阔的天地。让我们更加紧密地团结在以胡锦涛同志为总书记的党中央周围，高举中国特色社会主义伟大旗帜，深入贯彻落实科学发展观，在中共南昌县委的坚强领导下，解放思想、锐意创新、同心同德、群策群力，不断开创政协工作新局面，为构建南昌打造核心增长极的重要战略支点，迈出拼争全国五十强县市、建设现代化综合新城的坚实步伐而努力奋斗，以优异成绩迎接党的十八大胜利召开！

南昌县人民法院工作报告

——2012年2月4日在南昌县第十五届人民代表大会第二次会议上

南昌县人民法院院长 李红刚

各位代表:

现在,我代表南昌县人民法院向大会报告工作,请予审议,并请其他列席会议的同志提出意见。

2011年工作回顾

2011年,县法院在县委的坚强领导,县人大的有力监督,县政府、县政协的大力支持和上级法院的悉心指导下,以党的十七大和十七届五中、六中全会精神为指引,深入贯彻落实科学发展观,始终坚持"三个至上"指导思想和"从严治院、公信立院、科技强院"工作方针,积极践行"为大局服务,为人民司法"工作主题,深入推进三项重点工作,为全县经济社会又好又快发展提供了优质的司法保障和服务,各项工作取得了新进展和新成绩。

一、围绕中心,服务大局,维护和谐稳定

我院紧紧围绕县委、县政府"拼争全国五十强县市,建设现代化综合新城"的战略目标,全面加强审判执行工作。2011年,我院共受理各类案件3438件,同比增长20.76%,审执结2988件,同比增长22.91%,其中,受理审理案件2629件,审结2421件,审结率92.09%;受理执行案件809件,执结567件,执结率70.09%。

扎实开展刑事审判工作,维护社会稳定。全年共受理各类刑事案件379件,审结378件,结案率99.74%。一是坚持"严打"方针不动摇,始终把打击锋芒指向"两抢一盗"、毒品、聚众斗殴、寻衅滋事、非法传销等严重危害社会治安和影响社会稳定的刑事犯罪。二是切实贯彻宽严相济的刑事政策,准确把握宽严尺度。为支持公安部门开展的"清网"行动,我院对在"清网"行动中投案自首的61名被告人,均依法从宽处罚,取得了良好的社会效果。三是坚持对未成年罪犯实施特殊司法关怀。对判处非监禁刑的未成年罪犯,逐人建立跟踪回访档案和综合矫治方案,进行定期回访。2011年5月,未成年犯戴某因沉迷于网吧而引发犯抢劫罪,被判处有期徒刑2年4个月,缓刑3年,我院根据《〈刑法〉修正案(八)》的有关规定,依法发出了首份禁止令,禁止其在缓刑考验期限内进入营业性网吧,有效地防止其重新犯罪。

精心开展民商事审判工作,维护社会和谐。全年共受理民商事案件1760件,审结1684件,结案率90.68%,其中,调解、撤诉结案961件,调撤率57.07%。一是努力提高审判效率。扩大简易程序适用范围,提高诉讼进度,加强审限管理,对民商事案件的审理期限实行全程跟踪监督,严防审限超期。二是牢固树立和谐司法理念。加大民商事案件调解力度,坚持"调解优先,调判结合"的民事审判原则,充分发挥诉讼调解网络和司法协理员的积极作用,努力从根本上化解矛盾。三是加大能动司法力度。加强与社会各界人大代表的联络,认真倾听他们的意见建议和司法需求,同时,对在审理过程中发现的问题,及时提出司法建议,全年共向行政机关、企事业单位等提出司法建议52条。

稳妥开展行政审判工作,促进依法行政。全年共受理各类行政案件211件,其中审理案件14件,审结13件,结案率92.3%。土地、环保、计生等非诉行政执行案件197件,经审查全部裁定准予执行。一是积极探索行政案件协调处理机制,妥善化解行政争议。在已审结的行政案件中协调撤诉的有8件,撤诉率61.54%。二是及时受理和审查各类非诉行政执行案件,促进依法行政。三是积极做好疏导和协调工作,及时化解矛盾,减少社会不稳定因素,既保障行政工作的顺利开展,又注意维护人民群众的合法权益。

大力开展执行工作,维护司法权威。全年共新收执行案件809件,执结567件(含终结程序),执结率70.09%。一是树立和谐执行的司法理念并贯穿于执行工作全过程。全年自动履行、和解执行的案件占到了56.05%。二是积极开展反规避执行专项活动,坚决依法打击"老赖"。全年共查封、扣押、冻结被执行人财产2630余万元,对56名被执行人进行了司法拘留,依法保护当事人的合法权益,维护了司法权威。三是探索建立执行回访机制,进一步增进了法院与申请人、被执行人之间的相互理解,缓解涉执信访压力。

积极开展信访接待工作,维护民利民生。全年共收到上级转办信访件17件,群众来信268件,做到了件件有答复,事事有回音。我院始终把涉法涉诉信访工作摆在重要位置,切实维护民利民生。一是坚持院长接待制。坚持实行每周二院长接待日制度,全年接待147人次,对群众来访反映的问题,本着"及时、就地、疏通、指导"的原则化解矛盾,尽可能方便信访人,避免重复越级上访。二是定期排查,集中交办,及时有效解决群众诉求。三是开展信访案件质量评查工作,依法纠错,维护司法公正,维护社会稳定。

二、以人为本,司法为民,保障群众权益

我院不断完善各项便民、利民措施,改进工作作风,切实把司法便民、利民的具体措施贯穿到法院工作之中,保障群众的合法利益,让司法成为方便群众、服务发展、促进和谐的"助推器"。

开展文明窗口建设,进一步完善服务功能。我院积极按照省高院"六统一"的标准,完善了立案窗口设施,优化了立案窗口布局,实行"立案一站式"服务。自2010年在全市法院系统率先开通网上立案功能以来,一直致力于完善网上立案的功效,使其能充分方便当事人,提高诉讼效率,节约诉讼成本。全年网上立案数达161件,为当事人节

省差旅费上万元。

加强巡回审判工作,进一步方便群众诉讼。我院将婚姻家庭、邻里纠纷、民间借贷等典型案件作为巡回审判的重点,通过现场开庭、现场调解、现场解答群众咨询等方式,使巡回审判活动成为方便群众诉讼、开展法制宣传教育、普及法律知识的重要载体。全院7个人民法庭设立巡回审判点14个,全年共开展巡回审判42次。

强化司法救助工作,进一步彰显司法关怀。我院在审判执行中立足民生,通过为残疾人、孤寡老人、下岗工人、农民工等困难、弱势群体开通诉讼"绿色通道",为经济确有困难的当事人缓、减、免交诉讼费,为生活确有困难的刑事案件被害人、申请执行人提供司法救助,落实司法对弱势群体的人性化关怀。全年为21名经济困难的当事人发放司法救助款34.85万元。

拓宽民意沟通渠道,进一步回应群众期待。我院不断拓宽民意沟通渠道,不但在媒体上公布了民意沟通电子信箱、监督电话,还组织干警大走访,全年共组织68名干警走访、回访当事人200余人。为进一步拉近司法与群众的距离,提高法院的亲和力和公信力,我院于2011年5月19日举办了首届"公众开放日"活动,社会各界20余人受邀参加了此次活动。

三、加强管理,提高素质,抓好队伍建设

我院充分利用各种主题教育活动的契机,加强队伍建设,提高法官素质,增强干警在新形势下做好审执工作的自觉性和责任感。

加强作风建设,树立法院良好形象。大力开展形式多样的教育活动,教育全院干警牢固树立"公正、廉洁、为民"核心价值观,引领干警的人生追求、价值取向和职业道德观念,使"为大局服务,为人民司法"工作主题变成审判实践中的自觉行动。认真组织干警学习法官礼仪规范,落实司法礼仪的具体要求,不断提升法官司法礼仪修养,树立法院和法官的良好形象。

加强主题教育,提高法官综合素质。深入开展"发扬传统,坚定信念,执法为民"等一系列主题教育实践活动和建党90周年宣传教育活动,积极组织法官参加市法院组织的"唱响红歌"比赛。持续开展向詹红荔同志学习的活动,要求党员干部结合詹红荔先进事迹进行理想信念、宗旨观再教育。通过各种教育实践活动的开展,干警宗旨意识明显增强,工作作风明显转变,工作成效明显提升。

加强内部监督,确保队伍清正廉洁。认真贯彻执行党风廉政建设责任制的规定,按照一级抓一级,层层抓落实的要求,院长与部门负责人、部门负责人与部门干警逐一签订党风廉政建设责任书,形成了党风廉政建设院长主抓、中层联动、全院干警参与的工作格局。同时,积极开展纠风工作大检查,由纪检部门牵头深入法院工作的重点环节和重要岗位,围绕树立行业新风、优化执法环境、维护群众利益的目标开展纠风工作。

加强陪审员工作,促进司法公开公正。加强对人民陪审员的指导工作,进一步提高人民陪审员的履职能力;加强与人民陪审员的交流,听取他们的意见和建议,进一步拓展人民陪审员的监督职能;加强人民陪审员的制度建设,进一步完善人民陪审员的长效管理机制。全年共邀请人民陪审员参加陪审的案件300余件,有效发挥了人民群众参与司法、监督司法的重要作用。

四、夯实基础,保障有力,加强基础建设

我院把基础建设作为全院工作的根基,坚持从实际出发,认真解决基础建设中面临的问题。

加强信息化建设,提升审判科技含量。我院全面开通了上可联接省高院,下可联接派出法庭的四级专网,进一步提高了工作效率。依托网络平台,大力推广网上立案、远程审判等信息化应用。6月30日,最高法院通过全国法院专网远程视频系统,在我院视频会议室对犯强奸、故意杀人罪被判处死刑的被告人涂某进行了远程提审,这次远程视频提审,在南昌地区尚属首例。

加强安保工作,保障法院运转顺畅。我院定期召开安全形势分析会,对法院安全保卫工作进行排查,对存在的问题进行及时整改。每季度、重大活动及节假日前必须召开院务会,部署安全保卫工作,进一步强化干警的安全防范意识。对干警及家属私家车进行登记并发放出入证,确保机关大院的安全。修建了刑事审判专用通道,旁听人员一律走专用通道,实现了办公区域与审判场所的隔离。

加强装备建设,提高司法工作效率。我院为加强物质装备建设,更新了部分车辆,购置了复印机、传真机、打印机、扫描仪等设备;为加强法警大队物质装备建设,先后为法警大队购置了安检门两台、X光机一台等,专门的法警训练基地也将在近期内开工建设。物质装备的进一步完善,极大的调动了干警的工作积极性,提高了工作效率,确保了法院审判工作的顺利开展。

五、开拓进取,亮点纷呈,促进科学发展

我院以争创全国优秀法院为奋斗目标,不断开拓进取,积极争先创优,多项工作取得了新成绩。

刑事审判有新作为。我院积极参与县委政法委组织的打击非法传销专项行动,加大了对非法传销刑事案件的打击力度,先后对86名被告人给予刑事处罚,其中对1名被告人判处有期徒刑十一年,赔偿损失15.4万元,并邀请南昌县电视台对非法传销案件的审理情况进行了电视报导,引起了较大的社会反响,也加深了人民群众对非法传销危害性的认识。

诉前调解有新成效。我院整合诉讼调解、人民调解和行政调解优势,积极探索构建以诉讼调解为主导的"三调联动"机制,使案件调解、撤诉率稳步提升,全年调撤结案969件,同比增长21.3%。积极探索建立诉前纠纷调解机制,减轻办案压力,促进社会和谐稳定。全年共诉前调解化解纠纷100余件。积极推进巡回调解,加强诉讼调解与人民调解、行政调解的有机衔接,就地、及时、有效地解决各类矛盾纠纷。另外,依法确认人民调解组织的调解协议的法律效力,将司法为民精神落到实处。

宣传调研有新突破。我院制定了《信息调研宣传工作考评及奖惩办法》,极大的调动了全院干警的写作积极性。全年共发表国家级论文5篇、宣传报道1篇;省级论文39篇、宣传报道451篇。在我院向上级法院报送的信息中,被省高院采用7篇,被市中院采用43篇。其中,一篇论文荣获全国法院系统第二十三届学术讨论会优秀奖,一篇论文被收录入《董必武法学思想研究文集》,一篇论文荣获全省

法院系统第二十届学术讨论会三等奖,一篇宣传报道被中国法院网采用。

法警建设有新提升。我院以最高院开展的"司法警察岗位大练兵活动"为契机,全面加强司法警察的政治、业务、体能素质。今年10月,我院法警大队作为江西省基层法院的唯一代表接受最高院考核组的考核,考核组对我院法警大队"岗位大练兵"的开展情况给予了高度的评价。为此,省高院为法警大队荣记集体二等功。通过加强法警大队建设,全面提升了我院司法警察的综合素质,为审判执行工作提供了有力的警务保障。

一年来,我院自觉把法院各项工作置于人大、政协和人民群众的强有力的监督之下,通过工作报告、报送法院简报等形式汇报我院工作情况。对涉及我县经济建设大局的案件、涉及民生的重大疑难复杂案件,以及涉及稳控的敏感性案件,及时向县委、人大请示报告,求得重视和支持,确保法院工作始终保持正确的政治方向。

各位代表,我院2011年的工作得到了社会各界和上级的肯定,连续两届被省高院评为全省优秀法院,连续四年被市中院评为全市优秀法院,法警大队被省高院荣记集体二等功,小蓝法庭被省高院评为全省优秀人民法庭,一批干警被评为省、市、县先进工作者。我们深知,这些成绩的取得,利益于县委的领导和重视、县人大及其常委会和各位代表的监督和关心以及县政府、县政协和社会各界的支持和帮助。在此,我代表全院干警向各位代表和社会各界表示衷心的感谢!

在总结成绩的同时,我们也清醒地认识到,法院工作离党和人民的要求还有差距,还存在很多困难和不足。主要是:一是在我县经济社会跨越式发展的今天,法院司法服务大局的意识和水平有待进一步提升;二是社会矛盾不断聚集于法院,案件数量增长过快,法院长期处于超负荷工作状态;三是新类型案件层出不穷,人民群众的司法需求日益增长,法官的司法能力还有待进一步提高;四是我院审判、办公大楼布局不合理,不能满足现代化审判工作的需要,影响了审判工作效率。对此,我们将努力加以解决,同时,也恳请各位代表予以关注、关心和支持。

2012年工作打算

各位代表,在南昌县第十二次党代会上,郭毅书记提出:围绕一个目标,实施两大战略,推进三项工程,全力开辟"拼争全国五十强县市、建设现代化综合新城"历史新征程。围绕县委、县政府提出的工作目标,面对新形势、新任务、新要求,县法院2012年的工作总体思路是:认真贯彻党的十七届五中、六中全会,省、市、县三级党代会精神,紧紧围绕县委、县政府工作大局,以深入推进三项重点工作为主线,以争创全国优秀法院为目标,全面加强审判执行工作和自身建设,深化服务,能动司法,主动作为,积极承担社会责任,为全县"十二五"规划的顺利实施提供优质的司法保障和服务。

一、以公平正义为目标,强化依法履职,在服务大局上有新作为

依法严厉打击严重危害社会治安和社会稳定的犯罪案件,准确把握宽严相济刑事政策,积极参与社会治安综合治理。妥善调处交通事故、医患纠纷、劳动争议、民工工资等涉民生案件,维护社会和谐,妥善处理我县在招商引资、加快现代化综合新城建设进程中的拆迁案件,确保县委、县政府中心工作有序开展,为企业的发展提供全方位的法律服务。注重运用协调的方式化解行政争议,进一步加强与行政机关的沟通,促进行政机关的规范化、法治化建设。充分运用法律赋予的强制执行措施,依法制裁"躲、逃、赖"和"钉子户",维护法律权威,注重执行和解,坚持人性化执行,加强对弱势群体的保护,维护当事人的合法权益。

二、以为民司法为抓手,强化服务意识,在改善民生上有新举措

继续深化"人民法官为人民"活动,不断满足群众的新期待、新要求。继续推行假日法庭、预约法庭、巡回审判、网上立案等便民措施,方便群众诉讼。进一步强化对弱势群体的保护,认真做好诉讼费的减、免、缓、退工作,规范、高效地做好执行救助专项资金的发放工作。继续推行法官进基层制度,加强法院与基层组织的联系。创新完善司法惠民、利民、安民、护民的各项措施,让老百姓真心感受到司法带来的便捷,感受到利益得到依法保护带来的愉悦,不断提升全县人民公众安全感指数。

三、以能力建设为重点,强化教育管理,在队伍建设上有新成效

围绕拼争全国优秀法院的工作目标,以增强司法能力、服务能动司法为重点,坚持不懈的抓好队伍建设。进一步加强思想政治教育,完善干警思想政治教育考核办法和学习教育培训制度。进一步加强司法能力建设,主动向先进法院学习,加强与兄弟法院交流,提升审判质量,增强审判人员化解社会矛盾、做好群众工作和实现案结事了人和的能力。进一步加强党风廉政建设,认真落实中央政法委"四个一律"和最高人民法院"五个严禁"的规定,切实提高防腐拒变能力。进一步加强法院文化建设,促进法院队伍整体形象的进一步提升。

四、以落实监督为重心,强化监督意识,在司法公开上有新进展

增强服务全县工作大局的自觉性,认真贯彻县委、县政府制定的指导思想、发展战略和奋斗目标。坚持重大问题及时向县委报告,自觉把法院工作置于县委的正确领导下,把坚持党的领导与依法独立行使审判权有机统一起来,把执行县委决策与执行国家法律有机统一起来。自觉接受人大代表对法院工作的监督,牢固树立"监督就是理解,监督就是支持"的理念,争取人大代表对法院工作的充分理解和大力支持。进一步增强法院工作的透明度,继续举办"公众开放日"活动,邀请社会各界观摩庭审,自觉接受社会各界的监督,扩大法院工作的社会影响力。

各位代表,2012年是实施"十二五"规划的提升之年,也是我县实现"拼争全国五十强县市,建设现代化综合新城"战略目标的关键之年。在新的发展阶段,人民法院保障改革、促进发展、维护稳定的责任更加重大。前进的道路充满挑战,创业的历程异常艰辛。在我县全面建设现代化综合新城的征途中,县法院全体干警将以更加清晰的思路、更加坚定的信心、更加高涨的热情和更加昂扬的斗志,不断

开拓进取，不断争先创优，为南昌县的经济更加繁荣、政治更加稳定、人民更加富裕、社会更加和谐做出新的更大的贡献！

附件：

南昌县人民法院工作报告用语说明

1. 反规避执行专项活动：是旨在通过制定、落实相关司法解释及规范性文件，建立相关配套措施，以被执行人财产申报制度和财产调查制度的完善为着力点，以追查被执行人财产为手段，以严厉打击拒执罪犯罪活动为国家强制力后盾，力求最大限度地保护申请执行人的合法权益，树立司法权威，维护法律尊严，改善执行环境，建立长效机制，在全社会形成自觉履行生效法律文书的良好氛围，推动执行工作长远健康发展。

2. 六统一标准：是省高院提出的人民法院立案信访窗口建设的六项标准，即统一窗口名称、统一外观标识、统一功能设置、统一装备配置、统一文明用语、统一工作制度。

3. 司法核心价值观：2010年3月，在第十一届全国人民代表大会第三次会议上，最高人民法院院长王胜俊提出了公正、廉洁、为民的司法核心价值观。最高人民法院于2010年8月5日公布了《关于进一步加强人民法院文化建设的意见》，以正式文件的形式将公正、廉洁、为民的司法核心价值观确立下来。

4. 四个一律：在2010年12月召开的全国政法工作会议上，周永康同志提出：政法干警接受当事人及其委托律师吃请、娱乐、财物的，一律停止执行职务；利用职权插手案件办理影响公正执法、滥用职权侵犯当事人合法权益的，一律调离执法岗位；徇私枉法、贪赃枉法的，一律清除出政法队伍；构成犯罪的，一律依法追究刑事责任。

南昌县人民检察院工作报告

——2012年2月4日在南昌县第十五届人民代表大会第二次会议上

南昌县人民检察院检察长　张振川

各位代表：

现在，我代表县人民检察院向大会报告工作，请予审议，并请各位政协委员和列席会议的同志提出意见。

2011年检察工作简要回顾

2011年，县检察院在县委和上级检察院的正确领导下，在县人大及其常委会的有力监督下，在县政府、县政协和社会各界的关心支持下，紧紧围绕全县经济发展大局，以科学发展观为统领，深入贯彻县委十二次党代会、县十五届人大一次会议精神，深入推进三项重点工作，严格履行检察职能，为社会的和谐稳定和我县经济发展做出了应有贡献。

一、坚持主动服务大局，助推县域经济发展

营造浓厚的经济发展氛围。一是在执法办案中，坚持把犯罪与改革创新过程中的失误严格区别开来，努力保护我县干部开拓创新的积极性。二是围绕服务小蓝经济开发区发展，我院积极与开发区党委联系沟通，在园区设立小蓝经济开发区检察工作站和检察联络员，为园区打造国家级开发区及国家级生态工业园区提供近距离的司法保障。三是围绕重大项目服务年活动，制定了我院《开展重大项目建设服务年活动实施方案》，对县内国家重大投资、重点工程项目加大监督力度。如我院对投资额1498万元的莲塘河防洪治涝工程进行了专项预防，取得良好效果。

切实服务群众和保障民生。一是依法解决群众合理诉求。继续开展检察官进村（居）活动，集中开展信访积案排查，对4件信访积案实行领导包案制。积极拓宽群众诉求渠道，创新建立检察官预约接访机制。二是积极发挥执法办案在保障民生中的作用。在2010年查办低保领域的职务犯罪案件基础上，2011年，我院加大了对危害食品安全等侵犯民生民利的职务犯罪案件查办力度。一年来，配合省检察院初查了涉及“瘦肉精”案件；对发生在武阳镇“地沟油”案件中对食品安全负有监管职责的责任人员以涉嫌玩忽职守罪进行了立案查处；通过办案成功取缔了武阳镇一不符合卫生标准，非法生产果汁水作坊；对一涉及农村医保问题的贪污犯罪进行了依法查办。

积极维护社会治安稳定。一是强化社会治安综合治理。积极开展举报宣传周活动，共受理群众来信来访59件，检察长接待25件。办理群众申诉案件2件，办理刑事赔偿案件1件。制定我院《涉检信访突发事件应急办法》，全年妥善处理群体性上访5件。二是积极做好各级两会、党代会及城运会期间的安全稳定工作。通过深入群众，积极引导群众合理表达诉求，为重大会议及节庆的顺利召开和举行营造了稳定的社会环境。三是深入推进社会管理创新。加强行政执法监督，共监督国土、烟草等部门及时向公安机关移交刑事立案4件4人；坚持检察长与在押人员谈话制度，检察长与在押人员谈话176人次；加强对社区矫正监督工作，对全县社区矫正交接情况进行了现场监督和调研。

二、突出执法办案力度，促进勤政廉政建设

严肃查办各类职务犯罪。全年，我院共立案侦查各类职务犯罪案件10件15人，其中大案以上7件12人。反贪部门立案8件13人，其中贪污案2件5人，受贿案4件5人，侦结7件8人；渎检部门立案2件2人，为滥用职权案

和玩忽职守案件,侦结4件5人。重点查处了涉农职务犯罪案件,立查发生在涉农工程项目建设中的贪污受贿类案件6件8人,如立查了在政府投资南新乡旋风湖渠道衬砌工程上的行贿受贿窝串案件,2名科级干部被立查,取得较强的社会反响。

积极强化措施预防职务犯罪。一是在投资规模大、带动能力强、关系发展大局的重大建设项目上,积极开展职务犯罪同步预防工作,不断推进社会管理创新。二是专门成立了以检察长为首的预防宣讲队伍,检察长亲自授课。全年,共开展法制专题讲座10次、法制宣传3次,授教育人数达3000余人。三是推行重点项目、重大工程建设的廉洁准入制度。与县水利、电力、建筑等部门协商,针对重大工程项目建设,对各投标者进行行贿犯罪档案查询,对有行贿犯罪记录的单位和个人取消其投标资格。共受理行贿犯罪档案查询44个单位88人,未发现有违法犯罪记录。四是积极帮助有关单位和部门堵塞管理漏洞,共发放检察建议4份,全部被采纳。

三、强化宽严相济理念,维护社会和谐稳定

坚持保持对刑事犯罪的高压态势。共受理提请审查批捕的各类刑事犯罪353件618人,批准逮捕301件536人;共受理移送审查起诉的各类刑事犯罪485件714人,向法院提起公诉409件590人。一是牢固树立公共安全意识,批准逮捕危害公共安全犯罪案件32件34人,提起公诉50件51人。二是严厉打击各种严重暴力犯罪和多发性侵财犯罪,批准逮捕此类犯罪案件239件428人,提起公诉259件387人,人民群众的安全感进一步增强。三是依法打击经济领域犯罪,共批准逮捕破坏社会主义市场经济秩序犯罪14件29人,提起公诉8件9人。

认真贯彻宽严相济的刑事政策。一是全面推行快速办理轻微刑事案件工作机制,积极探索当事人达成和解的刑事案件处理办法。与县司法局联合制定《关于建立"检调对接"工作机制的实施办法》,积极调解轻微刑事案件过程中的各类矛盾纠纷。二是继续坚持不捕、不诉说理机制。共对81人决定不批准逮捕、对47人决定不起诉,不捕和不诉案件全部实行答疑说理。三是设立在校学生和未成年刑事案件专人办理机制。2011年,共办理未成年人犯罪30件40人。

四、强化诉讼监督工作,维护社会公平正义

加强刑事立案、刑事侦查监督。共办理立案监督案件16件19人;依法追捕犯罪嫌疑人26人、纠正漏诉88人;提前介入、引导侦查案件22件。如通过立案监督成功督促公安机关抓获了生产毒辣椒犯罪嫌疑人;对本县一生产销售"地沟油"案件提前介入,在受案第二天便作出批捕决定,做到快速批捕。在侦查监督工作中,采取建立侦查监督台账方式,将侦查监督工作融入日常工作中,依照制度化的诉讼监督规程,对侦查工作中的违法事项进行个案纠正和专项纠正。

加强刑事、民事审判监督。提请市检察院刑事抗诉5件,法院改判3件;全面开展了量刑建议工作,共向法院发出量刑建议案件264件,法院采纳率达90%以上。加强民事行政审判监督,开展违法审判调查1件,开展民行执行监督6件,开展民事支持起诉被法院采纳1件。

加强刑罚执行监督。认真开展了对看守所留所服刑人员和监外执行罪犯脱管、漏管专项检察,与监管单位召开联席会议12次,在监管场所开展安全检察5次,开展违禁物品专项检察活动5次,提出书面或口头检察建议69次,采取"联络单"的方式督促、协助看守所消除安全隐患4起。

五、加强自身能力建设,提升法律监督水平

抓好检察队伍建设。一是巩固去年开展的各类主题教育活动成果,以积极开展"发扬传统、坚定信念、执法为民"主题教育和评选"季度之星"活动为契机,加强干警的法制、职业道德和廉洁自律教育。二是通过积极开展"维护人民群众合法权益,解决反映强烈突出问题"专项检查活动,进一步提升检察执法公信力。三是强化检察业务知识学习,不断提升干警专业技术水平。共组织干警参加全国、省、市各类业务培训22人次。加大信息宣传工作力度,共发表调研文章23篇,信息被上级检察机关采用80余篇,宣传上稿40余篇。

夯实基层基础工作。一是严格规范执法。严格落实讯问犯罪嫌疑人全程同步录音录像和"一案三卡"制度。全年完成同步录音录像工作50次,强化警务保障工作,确保了无办案安全责任事故。二是切实发挥办公室后勤保障中心的重要作用,实现了办公大楼物业化管理,进一步完善财务、食堂、车辆、档案管理等制度。三是加大信息化建设。确保办公信息化电子平台的应用,加强案件数据的录入和统计,加大了对信息化设备保密工作的硬件设施投入和保密自查工作,确保了无泄密事件发生。

六、坚持服从党的领导,接受人大和社会监督

坚持服务和依靠党的领导。坚持党的领导是社会主义法治理念的核心内容之一,是发展检察事业、保证检察职能作用充分发挥的根本政治保障。一年来,我院坚持牢固树立服务大局意识,坚决与县委保持高度一致,检察工作中的重大问题、重要工作部署都及时向党委请示报告,自觉争取党的领导和支持。2011年1月,全市检察长会议召开后,我院及时将会议精神及贯彻意见向县委主要领导汇报,县委主要领导专门批示要求有关部门支持我院队伍和装备建设。

自觉接受人大和社会监督。积极拓宽渠道、完善制度,进一步增强接受人大监督的自觉性,检察工作的重要事项及时向人大常委会报告。主动加强与人大代表、政协委员的联系,在全县范围内共选择了除党政主要领导以外的110名人大代表和政协委员,由院党组成员分别联系,虚心听取他们的批评、意见和建议。2月和7月,检察长分别在县第十四届人大五次会议和第十五届人大一次会议上作了人大工作报告。12月,我院就渎职侵权检察工作向县人大常委会作了专项报告。认真落实特约检察员制度和人民监督员制度,切实做好了人民监督员的选任和联系协调工作,共接受人民监督员监督拟撤案、不起诉案件8件。

各位代表!检察工作取得的成绩,凝聚了我院全体干警善谋实干、创新奋进的辛勤汗水,更离不开县委、上级检察院的正确领导和县人大及其常委会的有效监督,离不开县政府、政协和社会各界以及广大人民群众的关心、帮助和支持。在此,我谨代表县人民检察院表示衷心的感谢!

在看到成绩的同时，我们也清醒地认识到工作中还存在一些问题和困难，主要表现在：一是争先创优意识不强，工作定位不高；二是突破案件能力不够，自侦工作有待加强；三是分析和解决矛盾纠纷等问题能力方面有欠缺，需要进一步创新和改进工作方法；四是干警长期在同岗位工作，存在懈怠、自满情绪，需要进一步加强队伍建设和管理。

对此，我们已高度重视，并积极争取县委、人大、政府和政协等各方面的继续关心和支持，认真加以克服和解决。

2012 年县检察工作打算

2012 年是将南昌打造成全省核心增长极的起始之年，是实施“十二五”规划承上启下的重要一年，是实现我县“拼争全国五十强县市，建设现代化综合新城”的关键之年，也是县检察工作争先创优、勇创一流的起始之年。我院将高举中国特色社会主义伟大旗帜，以邓小平理论和“三个代表”重要思想为指导，深入贯彻落实科学发展观，紧紧围绕经济社会发展大局，坚持“六观”和“六个有机统一”，以执法办案为中心，以深化三项重点工作为着力点，以开展政法干警核心价值教育实践活动为保障，以营造和谐稳定的社会环境迎接党的十八大胜利召开为目标，强化法律监督、强化自身监督、强化队伍建设，全面提升检察工作水平，为服务南昌打造核心增长极，为实现我县“拼争全国五十强县市，建设现代化综合新城”的奋斗目标作出新的贡献。

一、牢固树立大局意识，为服务我县经济社会快速发展做出积极贡献

1. 全力服务和保障我县经济平稳快速发展。不断强化执法办案的大局意识，不断完善服务大局的各项措施。要充分发挥驻小蓝工业园区检察工作站、驻向塘检察室的职能作用，重点服务工业园区快速高效发展；依法查办发生在重点投资领域、资金密集型行业、垄断程度高等行业的职务犯罪案件；对县重大重点项目、重大投资，及时介入，提前预防，建立经常性的联系制度，将服务重大重点项目建设作为常态工作，营造好的发展环境。

2. 积极服务和保障以改善民生为重点的社会建设。要严肃查办和积极预防教育、医疗、征地拆迁、安全生产、社会保障等重点民生领域的职务犯罪；着力保障城市建设，突出抓好重大交通、水利等基础设施建设过程中的职务犯罪查办和预防，切实做好涉及城市建设的矛盾纠纷化解工作；要加强涉农检察工作，深入开展集中查办涉农惠民领域贪污贿赂犯罪案件专项工作；要深入开展法制宣传，认真组织经验丰富的检察官参加市检察院组织开展的预防犯罪“双百工程”，有效预防各种违法犯罪活动；要加强和落实联系群众、服务群众、引导群众的长效机制建设。

3. 积极服务和保障社会主义文化建设。认真贯彻落实党的十七届六中全会精神，为推进文化改革发展、建设文化大县强县提供有力保障。要配合有关部门进一步深入开展“扫黄打非”等专项行动，依法查办和积极预防文化领域职务犯罪；要促进诚信建设和社会公共道德建设，加大对见义勇为、扶危济困、扶弱助残等行为的司法保护力度；要推进廉政文化和法治文化建设。

二、深化三项重点工作，为党的十八大胜利召开营造和谐稳定的社会环境

1. 切实维护国家安全和社会稳定。坚决打击危害国家安全和社会公共安全的犯罪活动；深入推进打黑除恶专项斗争，依法严厉打击垄断经营、强揽工程、破坏经济秩序和涉足民生领域、强占各类市场的黑恶势力；依法严厉打击严重暴力犯罪、多发性侵财犯罪及“黄赌毒”等犯罪，不断增强人民群众安全感。

2. 积极预防和减少社会矛盾。强化矛盾纠纷源头治理，全面推行执法办案风险评估预警机制，主动做好隐患排查、风险防范和矛盾化解工作，落实检调对接、法律文书说理、刑事申诉案件公开审查、刑事被害人救助等制度，及时妥善化解进入检察环节的矛盾纠纷。加大涉检信访工作的力度，扎实推进涉检积案领导包案制度，做到限期处理，息诉罢访。

3. 积极有效参与社会管理创新。加强对监外执行和社区矫正的法律监督，防止和纠正脱管漏管；积极参与对未成年人的司法保护，试点对涉罪未成年人捕、诉、监、访一体化。顺应上级检察机关的要求，实行未成年人犯罪案件附条件不起诉等制度；打击利用网络实施的各种犯罪；充分发挥检察建议的警示、预防、督促、规范等作用，积极推动完善社会管理制度。

4. 不断加强自身公正廉洁执法。要深入开展廉洁从检教育，认真落实党风廉政责任制；加大检务督察力度，严肃查处检察人员违法违纪案件；加强人民监督员工作和特约检察员工作，积极邀请人大代表、政协委员视察检察工作，深化“检务公开”各项措施；按照上级检察机关的要求，及时将案管中心建设提上日程，不断提升业务管理集约化水平和内部制约力度。

三、以检察业务工作为中心，不断加强和改进法律监督工作

1. 继续抓牢批捕、起诉工作。要认真落实全省检察机关侦监工作座谈会、全省检察机关公诉工作会议精神，不断提高批捕、起诉工作质量；认真落实“两个证据规定”，严格证据的收集、固定、审查、判断和运用；完善贯彻宽严相济刑事政策的工作机制；建立常态化的批捕、起诉案件质量评查机制，定期开展案件质量评查和专项检查，严格错捕、错诉的认定和责任追究。

2. 不断加强和改进办案工作。在确保办案质量的前提下，采取有效措施，使办案数量达到一定规模。院党组要高度重视办案工作，院领导要靠前指挥，带头办案；突出办案重点，重点查办发生在领导机关和领导干部中的案件，权力集中部门和岗位的案件，重大安全生产事故、食品药品安全事件、群体性事件涉及的案件，以及为黑恶势力充当“保护伞”的案件；要进一步加大查办渎职侵权犯罪工作力度；要进一步规范侦查活动，坚决防止办案安全事故发生；要推进侦查一体化机制建设，进一步加强侦查装备现代化建设。

3. 切实加强和改进诉讼监督工作。要认真落实省人大常委会《关于加强检察机关对诉讼活动的法律监督工作的决议》的各项要求，着力解决人民群众反映强烈的执法不严、司法不公等问题；积极创新法律监督方式，坚持日常监督与专项检察相结合，全面监督与重点监督相结合，实体监督与程序监督并重；大力加强民事行政检察工作；加强刑罚执行监督。工作中，注重各种监督手段的综合运用和有

效衔接,注重加强与有关部门的沟通协调。

四、高举争先创优大旗,不断提高自身法律监督能力

1. 不断加强队伍专业化建设。要扎实有效开展政法干警核心价值观教育实践活动;探索建立符合司法规律和县检察工作实际的检察人员管理机制,完成干部轮岗工作,启动并全面开展“治庸治懒”提升机关效能活动;要积极开展富有实效的专业培训和岗位技能培训,注重实际工作能力的训练和培养,不断提高检察队伍专业素质水平;要结合实际,进一步研究和落实吸引、留住人才和稳定检察业务骨干的具体措施,把“从优待检”落到实处;要充分发挥廉政风险防控机制作用,加强内部监督与人大、政协等外部监督相结合,促进自身廉洁执法。

2. 不断夯实基层基础工作。要认真贯彻落实《十二五时期南昌检察工作发展规划》文件和市检察院徐胜平检察长对2012年检察工作任务提出的“十个要”精神,坚定信念,振奋精神,树立强烈的争创意识,掀起争先创优的热潮,努力实现县检察工作在全市乃至全省检察机关位列先进行列。要着力加快科技强检步伐,认真贯彻最高人民检察院《“十二五”时期科技强检规划纲要》文件精神,全面推进检察技术基础平台、信息化应用、办案辅助、安全保密、科学标准“五个体系”建设;要强化规范管理,认真梳理和完善各项管理制度,着力提高检务保障水平。要全面落实上级院关于加强检察文化建设的工作部署,增强南昌县检察文化软实力,为我县检察工作勇争先进作出文化方面的新贡献。

各位代表,县人民检察院将认真贯彻本次大会的决议,开拓创新、锐意进取、争先创优、扎实工作,为实现我县“拼争全国五十强县市、建设现代化综合新城”的奋斗目标作出更大贡献。

附件:

南昌县人民检察院工作报告用语说明

1. 小蓝经济开发区检察工作站:2011年下半年,经请示县委同意,在小蓝经济开发区设立检察工作站。该站以县检察院民事行政科为主干,以其工作职能和知识专长,为园区企业提供更直接、更有效的法律服务,同时行使控告申诉科的部分职能,方便园区公民对职务案件的举报。

2. 检察官预约接访机制:2011年3月开始,上访群众可以通过预约电话079185786800和079185722000预约包括县检察院检察长在内的7名检察官中的任何一人接访。

3.《关于建立“检调对接”工作机制的实施办法》:为深入推进三项重点工作,充分发挥检察机关在化解社会矛盾和构建社会主义和谐社会中的职能作用,更好地发挥人民调解工作的优势,2011年12月,由县检察院联合县司法局制定,主要用于调解轻微刑事案件、民事申诉案件过程中的各类矛盾纠纷的工作机制。

4. 侦查监督工作台账:为更好地履行诉讼监督职能,县检察院对在侦查监督工作中发现的一系列侦查违法犯罪或不规范行为,建立《侦查监督工作台账》,并分级别处理,以规范侦查行为,强化侦查机关的内部管理。自实行该台账制度以来,我县公安机关的侦查行为明显得以规范,监督效果明显。

5. 人民监督员制度:最高人民检察院按照中央关于推进司法体制改革的部署和要求,在检察机关查办职务犯罪特定环节上设立的社会监督机制。主要对检察机关办理直接受理立案侦查案件的包括应当立案而不立案或者不应当立案而立案等7种情形进行监督,其中拟撤销案件和拟不起诉的职务犯罪案件,检察机关自侦办案部门必须提请人民监督员监督。2011年3月底,南昌市人民检察院在全市选任了17位人民监督员,其中我县1人。

6. 预防犯罪“双百工程”:为推动建立社会化预防工作格局,南昌市人民检察院今年将组织100名检察官作为宣讲人员,深入机关、企业、学校等开展100场预防犯罪讲座。

7. 案管中心:一站式办案服务平台,集检察业务受理、信访接待、案件查询多功能于一身,通过该中心统一受理、移送案件、分案至承办人,形成案件进出、分配的总枢纽,使多头调控、管理分散转为集中管理,促进了资源利用率的提高。今年1月,在全市检察长会议上,南昌市检察院要求有条件的基层检察院全部成立“案件管理中心”。

8.《十二五时期南昌检察工作发展规划》:由南昌市检察院近期制定完成,即将下发。主要绘就了南昌检察工作五年的发展蓝图,通篇贯穿了争先创优的思想,蕴含着奋发进取的精神,提出了南昌检察工作要与省会城市地位相适应,争创全省一流业绩,引领全省检察工作的奋斗目标。

9.“十个要”:在今年1月9日全市检察长会议上,南昌市人民检察院党组书记、检察长徐胜平为了更加清晰准确地理解和把握2012年的全市检察工作任务,对今年工作的要求概括为:形势要认清,目标要咬定,任务要明确,措施要扎实,重点要突出,操作要快新,考评要科学,奖惩要严格,形象要提升,底线要确保。

南昌县2011年国民经济和社会发展计划执行情况与2012年国民经济和社会发展计划草案的报告(书面)

——2012年2月3日在南昌县第十五届人民代表大会第二次会议上

南昌县发展和改革委员会主任　谢大反

各位代表:

我受县人民政府委托,向大会报告2011年国民经济和社会发展计划执行情况与2012国民经济和社会发展计划草案,请予审议,并请各位政协委员和其他列席会议人员提出意见。

一、2011年国民经济和社会发展计划执行情况

2011年是"十二五"规划开局之年,是实施"两大战略",推进"三项工程"的起始之年。一年以来,面对极为复杂的国内外发展环境,面对春夏连旱、旱涝急转的灾害考验,县委、县政府坚持以科学发展观为主题,以转变发展方式为主线,狠抓重大项目建设,狠抓民生改善,全县经济社会呈现速度快、结构优、效益好、惠民生、促和谐的良好局面,圆满完成了年初确定的主要目标任务,为"拼争全国五十强县市、建设现代化综合新城"奠定了坚实的发展基础。

(一)经济保持平稳较快增长。2011年,全县实现地区生产总值384.3亿元,较上年同期增长(下同)15.1%。从三大产业看,一产完成增加值40.3亿元,增长5.1%,二产完成增加值254.3亿元,增长11.6%,三产完成增加值89.7亿元,增长32.3%,三次产业比为10.5∶ 66.2∶ 23.3。从三大需求看,协调性进一步增强。在重大项目战略的带动下,2011年,完成固定资产投资341.1亿元,增长26%。全年共推进计划总投资286.4亿元的重大重点项目138项。其中江铃李尔内饰、南昌达利、农机大市场二期、莲塘河改造等项目基本竣工,江铃控股二期、直方数控、国际动漫产业园、金翰丽晶酒店、中医院整体搬迁等一批重大重点项目强力推进。国家出台的一系列促进消费的政策,拉动了城乡居民消费升级,汽车、家电、家俱、建筑装潢等成为新的消费热点。2011年,全县实现社会消费品零售总额71.1亿元,增长18.6%。虽然世界主要经济体复苏缓慢,欧债危机进一步恶化,外需持续疲软,但我县对外贸易仍取得了较好的成绩,全年完成出口总额6.5亿美元,增长50.7%。

(二)经济质量和效益稳步提升。财政收入保持较快增长。2011年,全县完成财政总收入45.5亿元,增长27.6%,地方财政一般预算收入完成25.9亿元,增长33.5%,总量均位列全省第一。工业经济保持健康快速发展。2011年,全县规上工业企业新增23家,总户数达到199家。规上工业完成主营业务收入460亿元,增长42.5%,完成工业增加值110.3亿元,增长20.2%,实现利税32.5亿元,增长50%。城乡居民收入保持较快增长。城镇在岗职工年平均工资26988元,增长11.2%;农民人均年纯收入8621元,增长16.5%。

(三)园区发展加快提速。小蓝经开区围绕"大投入、大创新、大提升"的工作思路,平台承载能力不断增强,产业集聚能力不断增强。集中开工了总投资超50亿元的江铃集团11个项目,已形成5个整车项目、83个零部件项目的汽车产业城。福耀玻璃、江西龚杏投资、厦门昇鑫、联强国际等一批重大项目成功落户,区内落户企业达到558家,投产企业406家。区内全年完成工业投资118亿元,完成工业总产值405亿元,增长38%,主营业务收入400亿元,增长37%,税收11.3亿元(不含江铃股份),增长50%。乡镇立足自身条件和基础,形成特色鲜明的发展平台。向塘依托铁路大动脉,大力发展物流业,物流基地已列入市十大服务业重点项目,并正在积极申报省重大项目。武阳中小企业创业园和南新滨江工业园的筹建工作正在高位推动,必将成为我县经济发展新的增长极。

(四)城乡面貌大改善。突出抓好了市政基础设施建设。实施了站前路改造、小蓝北路西段、澄湖东路北段、城北路、五一路桥等一批基础设施项目,提升了县城承载能力。突出抓好了市容市貌改观。对主干道、社区路灯进行了改造,推进了"千辆自行车进昌南"二期工程,开通了新能源空调车,开展了货车乱停乱放等市容整治活动。突出抓好了城市繁荣。大润发超市开张营业,玺悦城、月星家居、永通商业街、汽车4S店等一批城市三产项目加快推进。突出抓好了生态环境建设。深入开展农村垃圾处理工程,基本完善了农村主干道、村点及集镇垃圾处理,15座压缩式垃圾中转站正常运转,新购人力垃圾清运车705辆。开展了生态昌南创建,启动实施了工业污水处理厂二期工程,省级生态县创建通过验收,全县已有国家级生态乡镇1个,省级生态乡镇12个,国家级生态村1个,省级生态村7个,省级绿色学校1所,省级绿色社区1个。

(五)"三农"工作取得新成效。主要农产品生产能力提升。全县粮食生产实现九连增,总产达到101.99万吨,成为全省3个年产粮食过20亿斤的产粮大县之一;蔬菜播面27.16万亩,产量70.01万吨,增长3.1%;生猪出栏117.54万头,增长2.2%;家禽出笼2424.31万羽,增长2.8%;水产品起水量12.76万吨,增长4.1%。产业基地发展壮大。鸭子、黄鳝、无公害蔬菜、苗木等特色种养基地发展加快,我县3个蔬菜基地、6个畜禽水产品基地成为"七城会"期间的特供基地。龙头企业发展壮大,带动力进一步增强。全县市级以上龙头企业达到108家,其中国家级

4家,省级25家,年销售收入超10亿元企业4家,超5亿元企业6家,超亿元企业16家。休闲观光农业加快发展,全县规模以上“农家乐”经营体发展到20家。新农村建设扎实推进,以“三改三绿一处理”为主要内容,突出抓好了181个村点改水、改厕、改路和庭院、村旁、村道绿化工作,完成改水7374户,改厕7136户,各类道路221.3公里,排水沟72公里,栽种各类树木2.8万株。

(六)改革开放增添新动力。坚持以改革促开放,以开放促发展。主动出击抓招商。先后组织参加了江西香港招商引资活动周、第二届世界低碳与生态经济大会、上海汽车零部件产业推介会、广东招商引资推介会等11场大型招商引资活动,派出小分队外出招商120余批次。2011年,全县新批外资企业15家,完成合同外资4.02亿美元;实际利用外资3.5亿美元,增长12.2%,其中现汇进资8993万美元;实际利用内资85亿元,增长15.9%,其中5000万元以上工业项目进资52.76亿元,增长31.56%。改革稳步推进。完成了非工业七大系统国有企业改革工作,医药卫生体制改革三年任务基本完成,稳步推进了县乡财政体制、农垦系统企业、行政审批制度、企业一套表统计、基层农技体系等多项改革。创新能力进一步增强,科技创新体系建设不断完善。金融创新取得成果,各类银行、小额贷款公司和融资性担保公司发展到20家。

(七)民生和社会事业得到加强。按照“公共服务均衡化、民生工程普惠化”原则,加大民生投入,十大民生工程和涉及群众切身利益的60件实事基本得到落实,广大群众的满意度、幸福感和安全感提升。社会事业全面发展,教育优先发展落到实处。义务教育投入大幅增加,实现了生均经费、免费教科书补助、困难寄宿生补助、农村校舍维修改造单价“四提高”。大力推进了中小学校舍安全工程、农村寄宿制学校建设工程、教师周转房工程等项目。卫生事业不断巩固提高。基本药物制度覆盖全县18所乡镇卫生院,药品实行零差率销售。新型农村合作医疗农民参合率达95.94%,人均筹资标准提高到230元。公共卫生服务实现均等化,基层卫生服务体系建设得到加强,县医院医技综合楼、县中医院整体搬迁、莲塘卫生院综合楼等一批项目顺利实施。文化实现大发展大繁荣。公共文化体系覆盖面扩大,基本完成了县乡村三级公共文化信息资源共享,建设了176家农家书屋,有线电视网络行政村覆盖率100%。群众性文化活动有声有色,先后举办了首届“幸福澄湖”系列群众文体活动、第二届昌南书香周、第三届乡村歌会、红学研究交流会等一系列大型文化活动。积极开展送戏、送电影、送书下乡活动。群众性体育活动稳步发展,成功承办了省第七届农民运动会、市龙狮邀请赛,开展了送健身器材下乡等活动。人口和计划生育工作扎实开展,加大了“两非”案件打击力度,人口自然增长率为8.65‰。

在看到成绩的同时,我们必须保持清醒的认识,我县经济社会发展仍有一些困难和问题,主要表现在:经济总量不够大,发展速度不够快;产业结构失衡,服务业发展相对缓慢;各类要素成本上升,融资难度进一步加大;节能减排形势严峻,倒逼机制正在形成;不和谐、不稳定因素较多,社会管理面临诸多难题等等。所有这些都需要我们在工作中认真研究分析,采取切实可行的办法,积极应对和妥善解决。

二、2012年全县经济社会发展预期目标和主要任务

2012年是迎接党的十八大胜利召开之年,是实施“十二五”规划承上启下的重要之年,是我县强力推进大聚焦、大创新、大发展之年。做好2012年经济社会工作,对努力构建南昌打造核心增长极的重要战略支点,早日实现“拼争全国五十强县市、建设现代化综合新城”的奋斗目标具有十分重要的意义。

今年全县国民经济和社会发展的主要预期目标是:

——地区生产总值增长13%;

——财政总收入增长18%,

其中:地方财政一般预算收入增长18%;

——工业增加值增长16%,

其中:规模以上工业增加值增长18%;

——全社会固定资产投资增长26%;

——社会消费品零售总额增长16%;

——实际利用外资增长12%,

实际利用内资增长12%,

出口创汇增长14%;

——农民人均年纯收入增长13%,

城镇在岗职工年平均工资增长12%;

——城镇登记失业率控制在4%以内;

——人口自然增长率控制在9‰以内;

——单位生产总值能耗比上年下降3%,

化学需氧量比上年下降1.5%。

要实现上述目标,需要着力抓好以下几方面工作:

(一)围绕调结构、转方式,推进县域经济大发展

以科学发展观为主题,以加快转变经济发展方式为主线,加速推进产业转型升级,加快培育新的经济增长点。

1. 着力推进新型工业化。一是完善工业布局调整。以省政府对省级开发区实施扩区和调整区位政策为契机,实现“一区多园”的构想,为将来可持续发展留足空间。同时,加快编制小蓝经开区扩区和调整区位可行性研究报告,明确范围、功能定位、发展路径等。武阳中小企业创业园、南新滨江工业园要尽快编制产业发展规划、土地利用规划、控制性建设规划,同时,加快基础设施建设完善,搭建好企业落户平台。二是培育战略性支柱产业。围绕打造“千亿产业”和“千亿园区”,聚焦政策、资源,加大扶持汽车及零部件、食品饮料、生物医药三大产业力度,重点推进以江铃股份30万辆整车、江铃控股等为龙头的汽车城建设,以南昌达利、中粮可口可乐、天津宝迪、煌上煌等企业为龙头的食品饮料基地建设,以江西汇仁、江西制药等企业为龙头的生物医药基地建设。三是改造提升传统优势产业。利用信息化、高新技术和适用技术对纺织、建材、机电等传统优势产业进行改造,促进提档次、上规模、增效益。四是强化节能减排力度。加强政策引导,严控“两高一资”项目,实施节能改造,循环示范工程等,将节能减排目标任务纳入考核评价体系。

2. 着力推进服务业发展。扩大内需最大的产业支撑是服务业,要围绕不断提高服务业占GDP比重的目标,按照“城内大商场、城郊大市场、城外大物流”的布局思路,进一步完善服务业发展规划,科学引导产业布局。一是加快推进向塘铁路—公路枢纽型物流基地建设,重点做好物流

基地发展规划编制,货场建设报批,国投物流、江投集团等重大物流企业签约落户等工作,尽快形成服务江西、辐射中部、连接海港的区域性物流中心。二是打造半小时城郊生态休闲旅游,重点推进以茵梦湖国际旅游度假区为龙头的银三角都市型休闲旅游区,以凤凰沟景区、湖光山舍等为龙头的黄马、蒋巷乡村生态旅游基地,尽快建设成为全省休闲农业与乡村旅游示范县。三是推进专业市场、特色街、大卖场的建设和改造,积极鼓励文化、体育、家政、养老等服务消费

3. 着力推进农业现代化。一是加强农田水利基础设施建设、农业综合开发、土地整治等工程建设,提高农业综合生产能力,增强防灾减灾能力。二是推进农业产业化发展,大力培育壮大种粮大户、规模特种种、养基地、农民专业合作社、农业龙头企业等经营实体,促进农业生产规模化、集约化发展,不断提高农业生产的比较效益。三是打造亮点。主攻黄马现代生态农业示范园、蒋巷现代农业示范园两大平台建设,完善配套设施,突出主打产业,提升辐射带动力。四是推进新农村建设,以"三清三改三化(划)"和"三绿一处理"为主要内容,大力实施"森林城乡、花园南昌"建设工程、新农村建设村点整治工程、农村垃圾处理工程、县乡主干道沿线环境整治工程,推动生产发展、生活富裕,带动乡风文明,促进民主管理。

(二)围绕大投入,大建设,推进城乡大变样

当前,我县处于工业化中期阶段,发展面临的主要问题仍是投入不足,总量偏小。因此要牢牢把握投入是关键,建设是基础,发展是根本的要求。

1. 强化项目支撑。一是加快推进一批重大产业项目的建设。围绕打造汽车城,重点推进江铃股份30万辆整车、江铃控股二期、直方数控等整车及零部件项目的建设;围绕繁荣城市产业,重点推进金翰丽晶、玺悦城、月星家居、中飞国际酒店、华润超市等三产项目建设;围绕提升农业产业化水平,重点推进6万吨水产品冷链物流加工配送、塔城有机果蔬高效基质栽培示范基地等项目建设。二是加快推进一批重大基础设施项目建设。围绕昌南组团建设,完善"五纵十三横"道路网络,重点推进莲塘大道南段改造、小蓝南路东延、振兴大道改造等工程;围绕提升小蓝经开区产业承载水平,重点推进迎富大道及明渠(迎宾大道—桃花路)、汽车城3000亩项目用地填土等项目;围绕加强电力保障,重点推进象湖、南新110千伏输变电工程、220千伏蒋巷输变电工程等项目;围绕提升农业综合生产能力,重点推进小农水重点县项目工程、鄱阳湖区第六个单项南新联圩除险加固工程、现代农业标准粮田建设工程等项目。三是加快推进一批重大民生工程和社会事业项目建设。加大保障性安居工程建设,重点推进廉租房、拆迁安置房、农村困难群众危房改造等;着力改善群众生活条件,重点推进农村安全饮水工程,新农村村点建设工程等项目建设;加强健康城市建设,重点推进县卫生监督所、县中医院整体搬迁工程、县医院综合大楼、县游泳中心等项目建设;加大教育投入,重点推进县特殊教育学校改扩建工程、莲塘一小教学楼及塑胶田径运动场工程、莲塘五中综合楼改建工程等项目;

2. 强化要素保障。一是多方筹集建设资金。紧盯重点项目、重点企业,通过招商引资;加强银企合作,通过银行融资;做强城投等平台,通过平台融资;加强企业孵化上市培育、申报,通过资本市场融资;紧扣国家、省、市政策,争取上级项目资金;集中力量办大事,用好县级财政资金;放开法律未禁领域,吸纳社会资金。二是加强土地供应。抓紧小蓝经开区扩区和调整区位申报,留足发展空间;加大土地储备力度,支持重大项目建设;积极推进城乡建设用地增减挂试点工作,确保占补平衡;继续推进"腾笼换鸟",清理供而未用,用而未尽的闲置土地。

3. 强化城市管理水平提升。深入推进"森林城乡、花园南昌"建设,大力开展文明县城创建活动。突出重点,加强专项整治,重点开展市容环境整治、违章建筑清理。进一步深化城市管理体制,实施重心下移,属地管理的有效方法。完善城市管理目标责任制,建立健全城市管理社会参与、舆论引导监督机制。

(三)围绕强改革、增活力,推进对外大开放

坚持改革开放是解放思想、消除机制体制障碍的要求,是激发发展活力和动力,促进可持续发展的要求。

1. 扩大对外开放水平。一是在招大引强上下工夫。紧盯重点地区,瞄准东部沿海发达地区,港、澳、台、日、韩等地区开展招商。紧盯重大产业,重点围绕汽车及零部件、食品饮料、生物医药、电机电器等支柱产业开展产业链招商。紧盯重大企业,重点围绕世界500强、国内200强、央企、行业领军企业开展招商。二是在创新招商举措上下工夫。抓好重大投资项目库建设,策划包装一批大项目、好项目;充分利用泛珠会、赣台经贸研讨会、中博会、香港招商周等活动,依托小蓝经开区、向塘物流基地、乡镇中小企业创业园等平台,开展以商招商、网络招商、会展招商、专题招商。三是在优化发展环境上下工夫。环境是经济发展的基础,环境也是生产力,要以加强效能建设为突破口,牢固树立服务大局、服务群众、服务企业的意识,坚持按经济规律办事、按政策制度办事、按实事求是原则办事,大力提升机关效能、行政效能。

2. 稳步推进各项改革。着力推进重点领域和关键环节的改革。着力抓好先行先试,力争在全国农村改革试验区、全省统筹城乡发展试点县,全省县域经济发展综合改革试点上取得突破;继续深化医药卫生体制改革,深入实施国家基本药物制度,范围扩大到村卫生室,做好基层医疗卫生机构债务清理化解工作,积极推进公立医院改革;全面推进县乡财政体制、企业一套表统计、农垦和粮食系统企业改革;积极推进文化体制改革,促进县域文化大发展大繁荣;有序推进教育体制,投融资体制,行政审批制度等改革。

(四)围绕均等化、普惠化,推进社会大和谐

保障和改善民生,让人民群众共享改革发展的成果,是做好各项工作的根本要求和落脚点,提升服务水平,创新社会管理,是促进社会大和谐的内在要求。

1. 抓好民生工程建设。继续加大民生投入,当年新增安排7亿元用于民生建设,集中力量办好涉及群众切身利益的69件实事。加大就业创业扶持力度,购买公益性岗位,扩大小额担保贷款规模。提高社会保障和救助水平,提高企业退休人员基本养老金,扩大低保覆盖面,加大对弱势群体的救助。

2. 抓好社会事业建设。坚持教育优先发展,巩固义务

教育普及成果,推进教育资源合理配置,优化教育网点布局调整,深入推进教育园区,教师周转房工程、学前教育、中小学校舍改造等工程的建设。抓好"健康昌南"建设,提高城乡居民健康水平,推进县中医院、卫监所、县食品药品安全综合检测中心、乡镇卫生院等建设。大力发展文化事业,着力推进县采茶剧团、昌南新城工人文化宫、乡镇文化站、农家书屋和广播电视村村通工程等项目的建设,不断丰富人民群众的文化生活。

3. 抓好社会管理创新。要用群众工作统领信访工作,探索切实可行的接访机制,深入开展民情家访,用好下派机关干部,做到问题早发现、矛盾早解决。积极探索街道居委会、社区实施社会管理的新路子。切实加强社会治安综合管理,加大侵财、侵权行为打击力度。抓好环境保护、食品安全、生产安全管理工作,使人民群众生活更美好,社会更和谐。

各位代表!回顾过去,我们满怀喜悦;展望未来,我们豪情壮志。让我们围绕"拼争全国五十强县市、建设现代化综合新城"的奋斗目标,开拓进取、锐意创新、勇立潮头、争当标兵,以优异的成绩迎接党的十八大胜利召开!

关于南昌县2011年财政预算执行情况和2012年财政预算草案的报告

2012年2月3日在南昌县第十五届人民代表大会第二次会议上

南昌县财政局局长　危桂椿

各位代表:

我受县人民政府委托,向大会报告2011年南昌县财政预算执行情况和2012年财政预算(草案),请予审议,并请各位政协委员和其他列席会议的同志提出意见。

一、2011年财政预算执行情况

2011年,全县财政系统在县委、县政府的正确领导下,在县人大及其常委会、县政协的监督指导下,始终坚持以科学发展观为统领,紧紧围绕"拼争全国五十强县市、建设现代化综合新城"的战略目标,大力推进"经济大发展、城乡大变样、社会大和谐"三大工程,积极组织收入,努力培植财源,优化支出结构,深入推进改革,不断强化监管,全县财政收入实现了较快的增长,圆满完成了县十四届人大五次会议确定的财政目标任务。2011年,全县财政收支预算执行情况良好,实现了收支平衡。

(一)全县财政收支执行情况

1. 全县财政收入情况

根据财政收支报表反映,2011年全县财政总收入完成45.5亿元,同口径比上年增加9.8亿元,增长27.6%,在全省率先突破40亿元大关。扣除上缴中央和省市收入19.6亿元后,全县一般预算收入完成25.9亿元,同口径比上年增加6.9亿元,完成十四届人大五次会议批准预算的115.6%,增长36.3%。财政总收入和一般预算收入均实现了"三年翻番"的目标,并继续双双稳居全省100个县(市、区)第一。全县财政总收入主要项目完成情况是:

税收收入412975万元,增长25.1%,其中:增值税111878万元,增长12.2%;消费税28985万元,增长14.6%;营业税103229万元,增长28.5%;企业所得税94978万元,增长49.1%;个人所得税11099万元,增长43.3%;城市建设维护税8691万元,增长61.4%;契税、耕地占用税两税29030万元,与上年基本持平;非税收入42003万元,增长59.4%,其中:罚没收入10702万元,行政事业性收费19556万元。

2. 全县财政支出情况

2011年,全县一般预算支出完成457103万元,比上年实际(下同)增长46.6%。全县财政支出主要项目是:

教育支出79475万元,增长56%;科学技术支出4585万元,增长25.1%;农林水事务支出58536万元,增长22.1%;文化体育与传媒支出4224万元,增长9.4%;社会保障和就业支出40140万元,增长27%;医疗卫生支出41491万元,增长28.9%;公共安全支出14299万元,增长12.3%;一般公共服务支出44469万元,增长39%;环境保护支出2905万元,下降27.5%;城乡社区事务支出58223万元,增长64.8%;交通运输支出15185万元,增长43.4%;资源勘探电力信息等事务37644万元,增长72.4%;商业服务业等事务4655万元,下降28.5%;国土资源气象等事务3117万元,增长123.4%;住房保障支出14421万元,增长257.5%;其他支出32733万元,增长181.5%。

按可比口径计算,教育、科技、农林水事务等三项支出增幅均高于财政经常性收入增幅,达到法定增长要求。

3. 全县政府性基金收支情况

2011年,全县政府性基金收入完成146915万元,增长17.9%;2011年,全县政府性基金支出完成146116万元,增长22.6%。

(二)县本级财政收支执行情况

1. 县本级财政收入情况

2011年,县本级财政总收入完成339871万元,完成十四届人大五次会议批准预算的106.3%,比上年实际增收75424万元,增长28.5%。县本级一般预算收入完成194612万元,完成十四届人大五次会议批准预算的118.4%,比上年实际增收59106万元,增长43.6%。县本级财政总收入主要项目完成情况是:

税收收入299552万元,增长25.2%,其中:工商各税收入270539万元,增长28.7%;契税、耕地占用税两税29013万元,与上年基本持平;非税收入40319万元,增长60.3%,其中:罚没收入10700万元,行政事业性收费19556万元。

2. 县本级财政支出情况

2011年,县本级一般预算支出完成381993万元,比上年实际(下同)增长52.8%。县本级财政支出主要项目是:

教育支出57390万元,增长105.7%;科学技术支出4543万元,增长26.3%;农林水事务支出41944万元,增长16.8%;文化体育与传媒支出3900万元,增长11.3%;社会保障和就业支出36932万元,增长34.8%;医疗卫生支出36748万元,增长27%;公共安全支出13670万元,增长12.2%;一般公共服务支出25983万元,增长30.3%;环境保护支出2685万元,下降30.9%;城乡社区事务支出55839万元,增长67.1%;交通运输支出11818万元,增长37.7%;资源勘探电力信息等事务35384万元,增长73.6%;商业服务业等事务4535万元,下降30.3%;国土资源气象等事务3086万元,增长124.4%;住房保障支出14406万元,增长257.8%;其他支出32137万元,增长192.2%。

3. 县本级财政收支平衡情况

按照现行财政体制及市对我县的结算办法,2011年县本级一般预算收入194612万元,加上税收返还补助4752万元,上级补助收入30819万元,所得税基数返还563万元,上级追加指标121313万元,下级上解收入34648万元,地方债券收入581万元,调入资金8960万元,上年结余63299万元,县本级共有可分配财力459547万元。县本级一般预算支出381993万元,加上上解支出19129万元,支出总计401122万元,收支相抵,年终滚存结余58425万元,其中:结转下年支出57905万元,净结余520万元。

2011年县本级基金收入146915万元,加上上级对我县补助收入2490万元,上年结余收入31765万元,基金收入总计181170万元。县本级基金支出145898万元,加上上解上级支出198万元,支出合计146096万元。收支相抵,年终滚存结余35074万元。

根据年终报表测算,2011年,县本级和各乡镇当年实现了财政收支平衡。详细数据待市财政局批复我县2011年财政收支决算后,再向县人大常委会作专题汇报。

二、2011年的财政工作

各位代表:2011年是"十二五"规划的起始之年,全县财政系统认真贯彻落实县委、县政府关于财政工作的决策部署,凝心聚力,真抓实干,开拓进取,财政收入跨上了新台阶,支持发展取得了新成效,财政改革开创了新局面,财政管理实现了新提升,圆满地完成了全年目标任务。

一年来,我们重点抓了以下几项工作:1. 狠抓收入保增长。我们采取多种措施,积极抓收入,努力保增收。一是及时分解落实收入任务,明确收入征管责任;二是坚持每月对财政收入分析调度,健全国税、地税、财政以及其他收入征管部门的协调配合机制,确保财政收入及时足额入库;三是完善重点税源监控体系,加强与税务部门、重点税源企业的沟通协调,主动做好服务工作,防止重点税源企业税收大起大落;四是积极开展全县财政收入普查工作,对全县税源情况进行摸排,加强对乡镇协税护税工作指导,堵塞税收征管漏洞。2. 突出项目促建设。紧紧围绕县委、县政府提出的"三大工程"建设,积极促进产业结构升级。一是进一步扩大扶持企业发展专项资金规模,完善财政扶持政策,全年累计拨付各类扶持企业发展专项资金40545万元,其中:兑现货运物流产业奖励资金21000万元,扶持江铃集团8000万元,拨付科技发展专项资金3600万元。财政专项资金的投入、引导、撬动,有力的促进了我县重大产业项目建设和产业结构升级;二是全方位多渠道筹集资金,加大向上争取资金的力度,努力确保重大重点项目资金需求,全年共拨付重大重点项目资金8.2亿元,有力推动了县政府确立的138个重大重点项目建设;三是加强融资运作,充分发挥县信用担保公司平台作用,全年为全县中小企业提供担保贷款累计达1.07亿元,有力促进了全县中小企业加快发展。3. 财政支农助发展。我们始终坚持统筹城乡发展,紧紧围绕农业增产、农民增收和农村发展,大力实施农业强县战略。一是认真落实好各项强农惠农富农政策,完善和强化良种补贴、农资综合补贴和粮食直补政策,增加农机具购置补贴规模,全年累计拨付良种补贴资金2967万元,农资综合补贴资金10014万元,粮食直补资金2524万元,农机购置补贴资金2700万元,大大增加了农民收入,提高了农民种粮的积极性;二是大力推进农业产业化,围绕"一带"—环南昌绿色蔬菜产业带,"两园"—蒋巷现代农业示范园和黄马现代生态农业示范园,安排专项资金1400万元,用于重点扶持一批效益好、辐射带动强的农业产业化龙头企业和"一村一品"专业村,提高农业的规模化、集约化水平;三是农村基础设施进一步完善,全年累计投入3000万元用于支持农村交通基础设施建设,投入3100万元用于农田水利建设,投入580万元用于莲塘河改造工程建设,投入1644万元用于全县堤顶公路硬化工程,投入3218万元用于农村土地整治,投入2000万元用于县乡主干道及村庄绿化工程,等等,这些工程的建设,使农村人居环境得到了优化。4. 优化支出惠民生。把保障和改善民生摆在更加突出的位置,进一步加大对民生工程的投入。截至2011年底,全县累计拨付民生工程各级资金达12.5亿元,占财政总支出的27.3%,全县民生保障水平得到了较好的巩固完善提高。一是教育投入进一步加大,用于教育方面的支出达41029万元,教育经费得到有效保障,确保了教育优先发展;二是社会保障体系更加健全,用于社会保障和就业方面的支出达35031万元,覆盖城乡所有居民的基本养老保险制度初步建立,用于医疗保障方面的支出达26858万元,医疗卫生服务体系日趋完善;三是保障性安居工程扎实推进,用于住房保障方面的支出达14406万元,1665套廉租房二期建设完成主体工程,400户农村困难群众危房改造全面完工;四是继续实施家电下乡、摩托车下乡、家电以旧换新的财政补贴,累计拨付补贴资金2596万元,有力的拉动了农村消费市场增长。5. 加强管理上水平。稳步推进财政改革步伐,不断加强财政管理。一是充分准备,积极调研,着手调整县乡财政体制,按照保障运转、事权统一、分类考核、激励发展等原则,实行以"划分范围、核定收支、收入上解、保障基本、分类考核、超收分成"为主要内容的新的乡镇财政管理体制;二是部门预算改革不断深化,将除教育收费外的预算外收入全部纳入预算管理;三是国库集中支付改革深入推进,我县被确立为全省13个推行乡镇财政国库集中支付制度试点县,取消了各乡镇账户,乡镇各项财政资金均通过国库集中支付;四是巩固政府采购“管采分离”体制,不断扩大政府采购规模,全年累计发生政府采购资金7326万元,节约资金1028万元,节支率12.3%;五是财政投资评审工作扎实推进,全年共完成评审工程项目111个,送审投资额80447万元,审减资金6610万元,审减率8.2%;六是加快财政信息化建设,“金财工程”应用支撑大平台在我县试点上线运行,实现了财政资金网上运行和网上监管;七是积极开展财政账户清理整顿工作,全县共撤并财政专户57个,撤并率达67%,专户统管率达100%。

各位代表,2011年全县财政工作取得了突出的成绩,这是县委、县政府正确领导的结果,是县人大及其常委会、县政协监督支持的结果,是全县财税干部共同努力和社会各界大力支持的结果。在肯定成绩的同时,我们也清醒地看到,当前我县财政运行中还存在着一些亟待解决的矛盾和问题:一是与“全国五十强”县市相比,我县经济总量仍然偏小,进位赶超的压力很大;二是城乡发展不平衡,乡镇加快发展压力较大;三是城市建设、民生领域资金需求越来越大,但受财力限制,收支矛盾比较突出;四是财政管理还不够精细化,资金使用绩效仍不够理想,等等。对于这些问题,我们将广泛听取各位代表的意见和建议,认真研究,通过进一步深化改革和加快发展,切实加以解决。

三、2012年财政预算(草案)

根据对今年经济形势的分析,按照中央、省、市、县对经济工作的总体部署,2012年全县财政工作的指导思想是:以邓小平理论和“三个代表”重要思想为指导,坚持以科学发展观统领全局,深入贯彻县委十二届二次全会精神,以转变经济发展方式为主线,以鄱阳湖生态经济区建设为引领,以“拼争全国五十强县市、建设现代化综合新城”为战略目标,继续实施积极的财政政策,努力促进经济平稳较快发展;进一步优化支出结构,大力保障和改善民生;深化财政改革,创新体制机制;坚持依法理财,加强财政科学化精细化管理,为我县科学发展、进位赶超做出新的贡献。

(一)2012年全县财政总预算安排情况

根据上述指导思想,依据我县2012年国民经济和社会发展计划,2012年全县财政总收入预算安排53.7亿元,比上年实际增长18%;全县一般预算收入预算安排30.6亿元,比上年实际增长18%。按照现行财政体制测算,全县一般预算收入加上税收返还、上级财政各项转移支付补助、专项补助收入等,减专项上解上级支出,全县一般预算支出预算安排32亿元,比上年预算数增长29.3%,当年预算收支平衡。按同口径测算,教育、科技、支农三项支出均达到财政经常性收入的增长,达到法定要求。

(二)2012年县本级财政预算安排情况

1. 县本级财政收入预算情况

2012年,县本级财政总收入预算安排410000万元,比上年实际(下同)增长20.6%。县本级一般预算收入预算安排235300万元,增长20.9%。县本级一般预算收入主要项目安排情况是:

税收收入188782万元,增长22.7%,其中:增值税17096万元,增长71.7%;营业税91349万元,增长39.7%;企业所得税21933万元,增长15.1%;个人所得税1800万元,下降38.8%;城市建设维护税7570万元,增长17.4%;契税、耕地占用税30000万元,增长3.4%;房产税1615万元,与上年持平;印花税1520万元,增长9.2%;城镇土地使用税7361万元,下降5.2%;土地增值税7658万元,下降18.6%。非税收入46518万元,增长17.4%,其中:罚没收入11000万元,增长2.8%;行政事业性收费25000万元,增长27.8%;排污费1000万元,增长6.4%。

2. 县本级一般预算支出预算情况

县本级地方财政一般预算收入,加上中央、省税收返还收入、中央、省、市各项转移支付补助、专项补助收入和乡镇上解收入等,减专项上解上级支出、乡镇税收返还支出、乡镇转移支付补助和专项补助支出等,2012年,县本级预算可用财力约为31亿元,县本级一般预算支出预算安排30.9亿元,比上年县人代会批准的预算数(下同)增长60.3%,预算收支平衡。主要支出项目安排情况是:

一般公共服务支出24180万元,增长34.3%(其中:人口与计划生育事务1640万元,增长4.1%);公共安全支出12800万元,增长6.2%;教育支出49630万元,增长195%;科学技术支出3550万元,增长16.5%;文化体育与传媒支出3820万元,增长3.6%;社会保障和就业支出10720万元,增长60.1%;医疗卫生支出19000万元,增长92.9%;环境保护支出3500万元,增长12.5%;城乡社区事务支出84520万元,增长17.6%;农林水事务支出18380万元,增长45.5%;交通运输支出35000万元,增长194.5%;资源勘探电力信息等事务支出6300万元,增长67.2%;商业服务业等事务支出540万元,下降61.5%;其他支出34330万元,增长113.1%,其中:预备费安排6000万元。

3. 县本级基金收支预算情况

2012年,县本级基金预算收入安排62400万元,同比下降15.8%。根据基金收入预算安排情况和基金使用的有关规定,2012年,县本级基金预算支出安排62396万元,同比下降15.8%。

基金预算收支平衡,略有结余。

四、坚定信心,开拓进取,确保完成2012年财政预算收支任务

2012年是我县大力推进“经济大发展、城乡大变样、社会大和谐”三大工程建设的关键一年,做好今年的财政工作,对促进全县经济社会又好又快发展具有重要的意义。我们将在县委、县政府的正确领导下,进一步增强责任感和紧迫感,积极应对各种挑战,抢抓机遇,开拓创新,确保圆满完成2012年财政预算收支任务。根据县委、县政府对财政工作的要求,我们将着重抓好以下工作:

(一)落实积极财政政策,加快转变经济发展方式

充分发挥积极财政政策在支撑发展方面的作用,推动经济增长方式转变。一是支持产业结构升级。综合利用财政贴息、以奖代补等手段,大力扶持优势产业,重点扶持汽车及零部件、食品饮料、生物医药等支柱产业发展壮大;培育壮大新能源、新材料等新兴产业;推动服务业发展,加大旅游、文化产业的支持力度。二是支持企业加快发展。积极整合财政资金,扩大扶持企业发展专项资金规模,加大对

企业发展的支持力度，激发企业发展活力。同时，积极落实好增值税、营业税起征点提高等支持企业发展的各项政策。三是扩大消费需求。继续实行家电、摩托车下乡政策，不断完善农村现代流通服务体系和商贸流通体系，扩大农村消费市场。

（二）统筹城乡协调发展，大力支持农业农村建设

积极争取上级专项资金，加大财政投入，大力支持全县重大项目建设。一是加强资金整合力度，重点支持“一区”—小蓝经开区，“两园”—武阳中小企业创业园和南新滨江工业集中园建设；二是创新投融资机制，增强投融资平台融资能力，筹集更多资金用于城市基础设施建设，加快昌南组团开发；三是加大“三农”投入，积极推进农业产业化，大力发展“环南昌绿色蔬菜产业带”、“蒋巷现代农业示范园”和“黄马现代生态农业示范园”建设，推动中心城镇发展；四是整合财政支农资金，大力推进新农村建设，加强以水利为重点的农业基础设施建设，完善农业防灾减灾、动物疫病防控、防汛防害等保障体系。

（三）切实优化支出结构，加快推进和谐社会建设

坚持以人为本、民生优先，切实加大财政保障力度，让城乡居民分享到更多改革发展成果。县财政在连续五年实施民生工程基础上，继续加大投入，筹集各类财政资金总量达17亿元，主要用于就业和创业、社会保险、社会救助、医疗保障、教育文化体育等社会事业、住房保障、农业农村、环境改造和公共安全等八个方面建设。一是大力支持教育事业发展，重点支持学前教育、提高中小学生均公用经费、提高义务教育贫困寄宿生生活补贴、教育基础设施建设等方面，确保教育优先发展；二是加大水利事业投入，将水利作为民生工程投入的重点领域，多渠道筹集资金，积极支持农田水利、水利基础设施等薄弱环节项目建设；三是加大社会保障、医疗卫生、文化、体育、计划生育、保障性住房等方面的投入，促进社会事业全面发展。

（四）深化财政各项改革，大力推动科学精细管理

创新财政体制机制，进一步提高财政管理水平。一是继续完善县乡财政管理体制，细化新体制的具体操作办法，完善新体制的相关配套措施；二是深入推进部门预算改革，细化预算编制内容，抓紧建立健全预算编制与预算执行、结转和结余资金管理、行政事业单位国有资产管理等有机结合的管理机制；三是大力推进国库集中支付制度改革，实现会计集中核算向国库集中支付转轨，同时，全面推行公务卡制度改革，确保所有财政性资金全部实行国库集中支付；四是完善重大项目预算事前评审机制，逐步将财政评审纳入预算管理环节；五是继续完善“金财工程”应用支撑大平台建设，优化大平台业务运转流程，提高运行效率；六是稳步推进财政预决算公开工作，认真做好“三公经费”和行政经费支出公开的各项准备工作。

（五）强化财政监督检查，不断提升财政运行水平

牢固树立“大监督”的理念，不断建立和完善内控机制。一是巩固“小金库”防治成果，健全财政资金监管长效机制；二是积极开展乡镇税收收入、财政专项资金落实情况等检查工作，规范财政运行，维护财经秩序；三是认真执行政府债务统计制度，加强政府债务监控，防范债务风险；四是推进预算绩效管理，逐步建立覆盖所有财政性资金，贯穿预算编制、执行、监督全过程的预算绩效管理体系；五是大力开展厉行节约工作，认真落实党政机关厉行节约的各项要求，同时，大力压缩一般性支出，集中财力促发展、保民生。

各位代表：完成2012年的财政预算目标任务光荣而艰巨。我们将在县委、县政府的正确领导下，在县人大及其常委会、县政协的监督支持下，认真贯彻落实本次会议的各项决议，千方百计做强财政实力，一心一意促进经济发展，开拓创新，攻坚克难，努力开创我县财政改革与发展的新局面，为实现“拼争全国五十强县市、建设现代化综合新城”战略目标而努力奋斗！

南昌县 2011 年国民经济和社会发展统计公报

南昌县统计局

2011 年,全县上下紧紧围绕县委、县政府提出的“拼争全国五十强县市、建设现代化综合新城”的战略目标,以科学发展观为指导,积极实施经济转型升级和社会管理创新两大战略,全力推进“经济大发展、城乡大变样、社会大和谐”三大工程,全县经济保持了平稳较快发展,各项社会事业取得新进步,实现了“十二五”时期的良好开局。

一、综合

初步核算,全县实现地区生产总值(GDP)384.3 亿元,按可比价格计算,比上年增长 15.1%。其中:第一产业增加值 40.3 亿元,增长 5.1%;第二产业增加值 254.3 亿元,增长 11.6%;第三产业增加值 89.7 亿元,增长 32.3%;三次产业结构比由上年的 12.1:66.9:21.0 调整为 10.5:66.2:23.3。

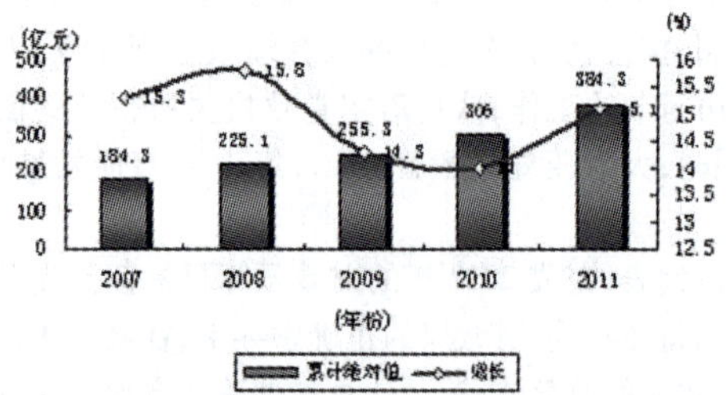

图 1　2007~2011 年地区生产总值及增长速度

全年财政收入累计完成 45.5 亿元,同比增收 9.85 亿元,增长 27.6%;地方一般预算收入累计完成 25.9 亿元,同比增收 6.9 亿元,增长 33.5%。财政收入、地方一般预算收入首次双双居全省 100 个县(市区)第一。税收收入占财政收入的比重为 90.8%,财政收入占 GDP 的比重为 11.8%。

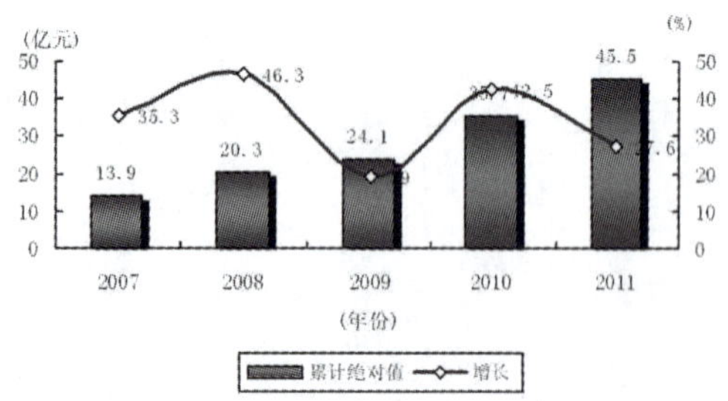

图 2　2007~2011 年财政收入及增长速度

二、农业

全年农业总产值 68.8 亿元,增长 6.4%,剔除价格因素,实际增长 4.0%。实现增加值 40.3 亿元,增长 5.1%,其中,种植业实现增加值 17.8 亿元,增长 9%;林业实现增加值 0.2 亿元,增长 3.8%;牧业实现增加值 14.7 亿元,增长 2.5%;渔业实现增加值 6.9 亿元,增长 1.4%;农林牧渔服务业实现增加值 0.69 亿元,增长 2.5%。

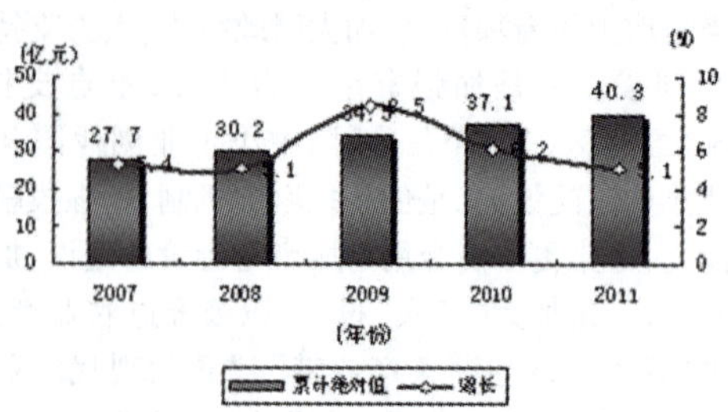

图 3　2007~2011 年农业增加值及增长速度

全年粮食播种面积 14.53 万公顷;蔬菜播种面积 1.31 万公顷;油料播种面积 1.03 万公顷。

全年粮食产量 100.02 万吨。其中,早稻产量 44.12 万吨;双季晚稻产量 52.97 万吨。

全年蔬菜产量 52.25 万吨,比上年增加 9709 吨,增产 1.9%。油料产量 1.26 万吨,比上年增加 1359 吨,增产 12.1%。

全年肉类总产量 13.08 万吨,增长 1.6%。其中,猪肉产量 9.79 万吨,增长 1.2%;牛肉产量 1950 吨,增长 5.1%。生猪年末存栏 67.85 万头,增长 0.5%;生猪出栏 116.38 万头,增长 1.2%。家禽出笼 2400.89 万羽,增长 1.9%。禽蛋产量 10.36 万吨,增长 6.1%。

全年水产品产量 12.66 万吨,增长 3.3%。其中,养殖水产品产量 10.97 万吨,增长 6.4%;捕捞水产品产量 1.69 万吨,下降 13.0%。

2011 年,全县共有市级以上龙头企业 108 家。其中,国家级 4 家(新增 2 家),省级 25 家。一村一品专业村 96 个,有效使用绿色(有机)食品标志企业 14 家,绿色食品标志产品 138 个,全县种植业获无公害农产品认证的企业 23 家,申报认定的无公害产地 23 个,有效期内的无公害农产品 83 个。

三、工业和建筑业

全年全部工业增加值 199.2 亿元,比上年增长 15.8%,占全县经济总量比重 51.8%,比上年提高 1.2 个百分点。工业拉动经济增长 8 个百分点,工业对经济增长的贡献率 52.8%。其中,规模以上工业实现增加值 110.3 亿元,增长 20.2%。规模以上工业增加值,分注册类型看:国有及国有控股企业下降 3.24%,股份制企业增长 25.97%,外商及港澳台商投资企业增长 27.18%,私营企业增长 48.26%;分五大行业看:食品饮料业累计实现增加值 22.3 亿元,增长 40.3%,轻纺服装业累计实现增加值 10.9 亿元,增长 26.7%,医药医器业累计实现增加值 16.3 亿元,增长 8.7%,汽车汽配业累计实现增加值 12.3 亿元,增长 14.2%,电机电器业累计实现增加值 6.6 亿元,增长 103.7%。全县工业用电量 87185 万千瓦,增长 16.2%。

全年规模以上工业主营业务收入 465.1 亿元,增长

42.4%;利税37.6亿元,增长76%;利润23.5亿元,增长83.8%;产品产销率98.5%;规模以上工业企业户数182家,新增6家。全员劳动生产率19.16万元/人,同比回落13.05%;反映工业经济效益整体水平的综合指数为268.2%,比上年提高37.2个百分点。

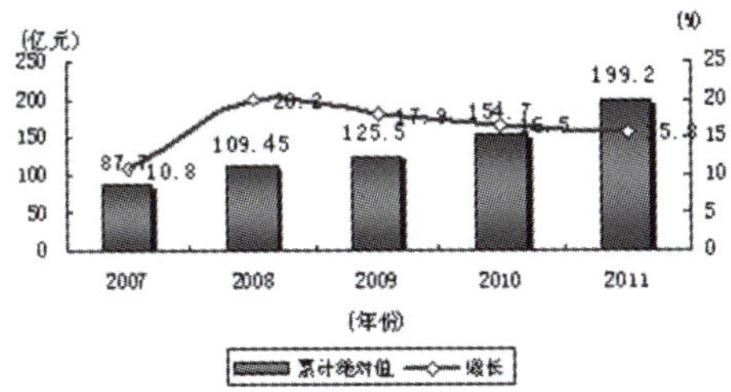

图4 2007~2011年工业增加值及增长速度

表1 2011年规模以上企业主要工业产品产量及其增长速度

产品名称	单 位	产 量	增减(%)
大米	万吨	31.8	28.6
配混合饲料	万吨	37.8	35.3
汽车	辆	13043	-7.3
水泥	万吨	221.8	-3.3
中成药	万吨	1.5	-8.9
棉纱	吨	12463	61.6
塑料制品	吨	1647	-4.7
服装	万件	2633	61.1
棉布	万米	2984	25.0

年末小蓝经开区落户企业559家,其中投产407家,在建66家。从业人员5.3万人,增长14.1%,完成基础设施投入3.4亿元,增长1.1%。小蓝经开区内规模以上工业企业134家,实现工业总产值400.6亿元,增长39.4%;实现主营业务收入393.8亿元,增长38.4%;实现利润20.3亿元,增长86.8%。

全年全社会建筑业实现增加值55.1亿元,下降1.5%。2011年全县资质以上建筑业企业42家,实现总产值134.1亿元,增长21.5%。

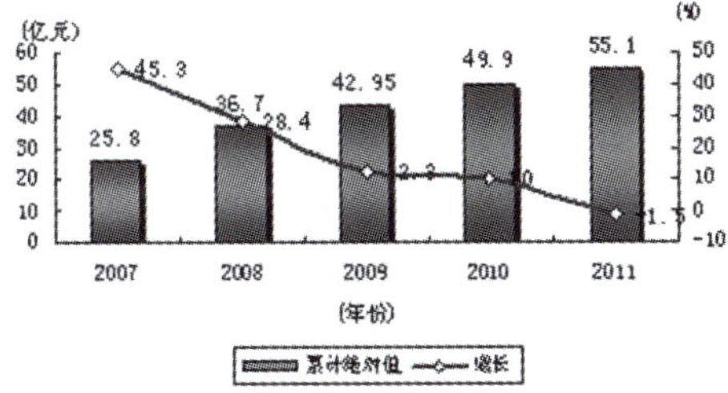

图5 2007~2011年建筑业增加值及增长速度

四、固定资产投资

全年全社会固定资产投资完成341.1亿元,增长26%。其中,城镇固定资产投资310.6亿元,增长24.7%。从产业构成看,第一产业完成投资4.6亿元,下降12.7%;第二产业完成投资181.1亿元,增长32.7%;第三产业完成投资155.3亿元,增长20.5%。全年共完成工业投资177.7亿元,占投资总量的52.1%,增长30.1%。从本年到位资金来源看,累计到位资金390.9亿元,比去年增加17.3亿元,增长24.6%。其中,自筹资金240.5亿元,增长40.5%,占全部资金来源的61.5%。

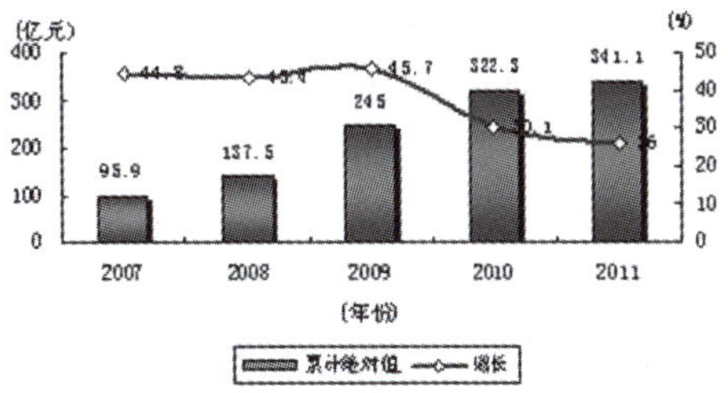

图6 2007~2011年固定资产投资及增长速度

五、国内贸易

全年社会消费品零售总额完成71.1亿元,增长18.6%。分地域看,城镇消费品零售额完成57亿元,增长17.3%,其中:城区消费品零售额完成8.5亿元,增长10.2%;乡村消费品零售额完成14.1亿元,增长20.4%。分行业看,批发和零售业零售额完成61.7亿元,增长18.5%;餐饮业零售额完成9.4亿元,增长24.4%。全年累计销售家电下乡产品77479台,发放补贴资金2.18亿元。

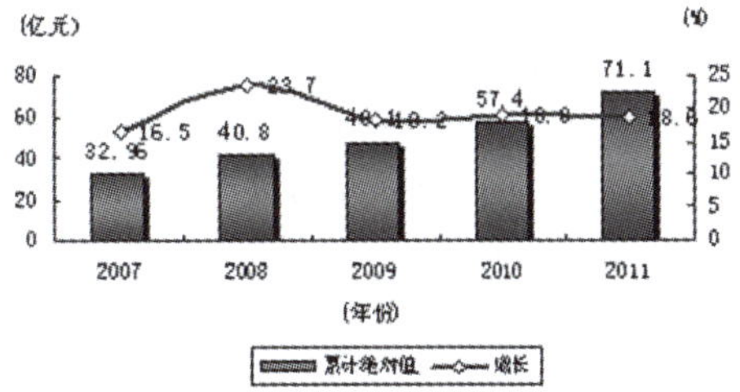

图7 2007~2011年社会消费品零售总额及增长速度

六、对外经济

全年共签约项目58个,新批外商投资企业15家。其中外资项目5个,签约资金1.65亿美元,千万美元以上项目3个;内资项目53个,签约资金99.25亿元,其中5000万元以上项目39个,签约资金95.05亿元,亿元以上内资项目21个,签约资金83.9亿元。合同外资4亿美元,增长0.6%;实际利用外资3.5亿美元,增长11.8%;实际利用内资85.1亿元,比上年同期净增11亿元,增长14.8%;5000万元以上工业项目进资52.8亿元,增长31.7%;出口创汇6.6亿美元,增长53.6%。

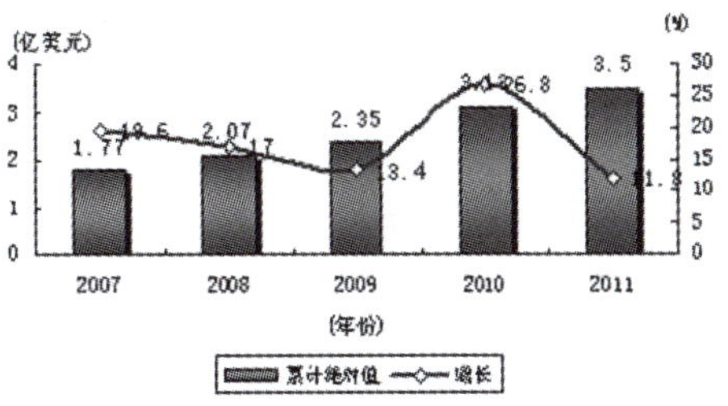

图8 2007~2011年实际利用外资及增长速度

七、交通和邮电

全年交通运输、仓储和邮政业实现增加值10.8亿元,增长6.9%。全县公路通车里程3460.44公里;境内桥梁215座,内河航运航道里程298公里。2011年实现客运周转量23.8亿人公里/年,货运周转量33.6亿吨公里/年。

全年完成邮政业务总量2672.05万元,增长17.7%,发送包裹2.38万件,特快专递3.81万件。电信固定电话年末用户14.3万户。固定电话普及率达到14.2部/百人,电信3G用户5万户,电信宽带用户4.3万户。年末全县手机用户总数达到46.6万户。

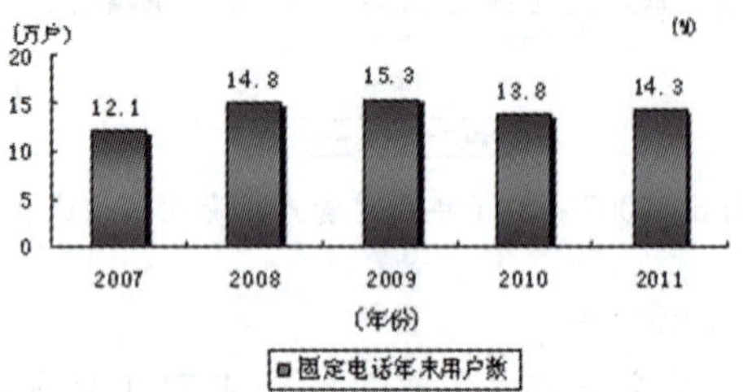

图9 2007~2011年全县固定电话年末用户数

八、金融

年末全县金融机构人民币存款余额255.3亿元,比年初增加60.5亿元。其中,城乡居民储蓄存款144.5亿元,比年初增加25.6亿元。金融机构人民币贷款余额155.4亿元,比年初增加34.2亿元。其中,中长期贷款80.8亿元,比年初增加10.6亿元。金融机构实现利润总额4.19亿元,增长32.6%;上交税金6798万元,增长45.54%。金融机构不良贷款率2.0%,较上年同期下降2.5个百分点。

2011年金融机构人民币存贷款及其增长速度

表2 单位:万元

指 标	年末数	比上年末增长(%)
各项存款余额	255.3	31.1
其中:单位存款	102.8	50.8
城乡居民储蓄存款	144.5	21.5
各项贷款余额	155.4	28.3
其中:短期贷款	74.3	46.7
中长期贷款	80.8	15.1

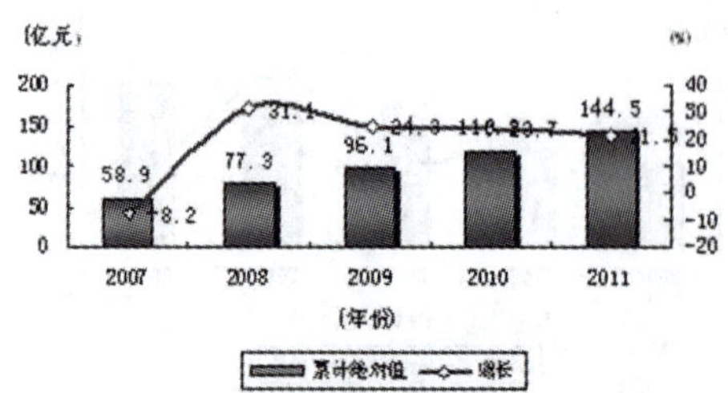

图10 2007~2011年城乡居民人民币储蓄存款余额及增长速度

九、文化、卫生和教育

年末全县共有民间剧团8个,文化馆1个,乡镇文化站16个,公共图书馆1个,博物馆1个,电影院16个。全年送戏下乡186余场,送电影下乡4000余场,送书下乡1万册。年末有线电视用户8万户;广播电视覆盖率为98.5%;新建、改建塔城、八一等乡镇综合文化站4个,农家书屋发展到176家,在全省率先实现了城乡电视和电影数字化建设。

年末全县共有卫生机构26个,其中医院4个,妇幼保健院1个,专科疾病防治院1个,疾病预防控制中心1个,卫生监督所1个,乡镇卫生院19个。卫生技术人员1551人,其中执业医师和执业助理医师580人,注册护士557人,药师155人。医院和卫生院床位1106张。乡镇卫生院床位496张,卫生技术人员869人。参合农民74.29万人,参合率达到95.94%,居民健康档案建设达标。

全年全县高中招生6151人,在校生16191人,毕业生3872人。全县初中招生13288人,在校生39936人,毕业生13039人。小学招生14638人,在校生78655人,毕业生12886人。特殊教育在校生61人。幼儿园在园幼儿24415人。

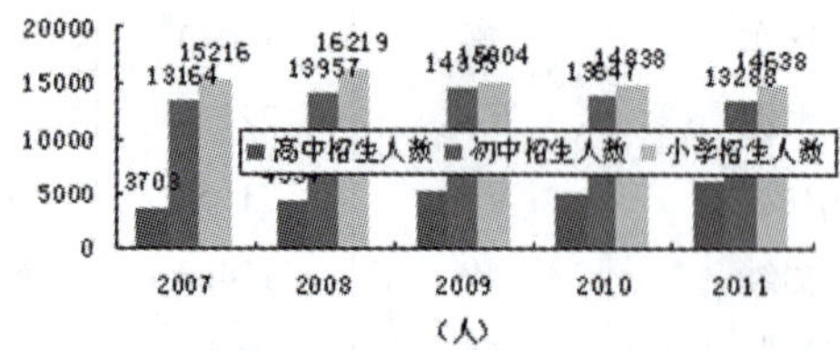

图11 2007~2011年全县中小学生招生人数

十、人口、人民生活和社会保障

年末全县总人口为1008684人,比上年末增加9800人。全年出生人口13761人,出生率为13.85‰;死亡人口4775人,死亡率为4.81‰;自然增长率为9.04‰。出生人口男女性别比为113.15:100。

2011年人口数及其构成

表3 单位:人

指 标	年末数	比重(%)
全县总人口	1008684	100
其中:城镇	192356	19.1
乡村	816294	80.9
未落户	34	0
其中:男性	530313	52.6
女性	478371	47.4
其中:18岁以下	240779	23.9
18~60岁	620257	61.5
60岁以上	147648	14.6

年末全县城镇在岗职工年平均工资26988元,增长

11.4%。据抽样调查显示，全年全县农村居民人均纯收入8621元，与去年同期相比增加1221元，增长16.5%。农村居民家庭食品消费支出占家庭消费总支出的比重（恩格尔系数）为44.5%，较上年同期下降1.4个百分点。

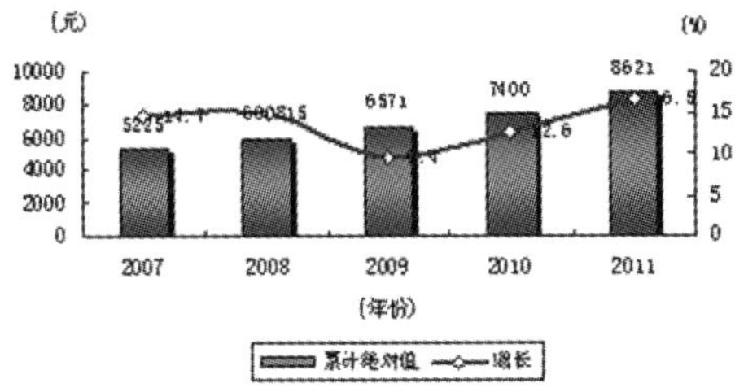

图12　2007~2011年农村居民人均纯收入及增长速度

2011年，全县用于教育、医疗卫生、社会保障与就业等方面的财政支出累计达16.11亿元，比上年多支出4.63亿元，增长40.4%。新增安排6750万元，总量达10亿元，重点推进的8个方面61件民生工程基本完成。启动了城镇居民社会养老保险试点县工作，新型农村社会养老保险参保率达92%；养老、失业、工伤、生育和医疗等社会保险覆盖面不断扩大。新增城镇就业人员和转移农村劳动力近2万人，“零就业家庭”安置率达100%，发放小额贷款1.2亿元。全年累计向城镇低保7146户1.72万人发放资金4317万元；累计向农村低保2.12万户3.54万人发放资金5091万元；累计向农村医疗救助4552人救助资金1657万元；累计向城镇医疗救助1803人救助资金370万元。

注：

1. 本公报中数据均为初步统计数。

2. 部分数据因四舍五入的原因，存在着与分项合计不等的情况。

3. 国内生产总值、各产业增加值绝对数按现价计算，增长速度按不变价格计算。

4. 从2011年开始，纳入规模以上工业统计范围的工业企业起点标准从年主营业务收入500万元提高到2000万元。

5. 从2011年开始，固定资产投资统计的起点标准从计划总投资50万元提高到500万元，因此2011年全社会固定资产投资绝对数与2010年不可比，但比上年增速是按可比口径计算的。

6. 从2010年起，社会消费品零售总额统计采用新的分组，即将经营单位所在地分组由“市”、“县”、“县以下”改为“城镇”、“乡村”；取消按行业分组。

资料来源：本公报中财政数据来自县财政局；农业龙头企业数据来自县委农工部；小蓝经开区数据来自小蓝经开区；金融数据来自县人民行；对外经济数据来自县商务局；户籍人口数据来自县公安局；出生、死亡数据来自县人口计生委；公路里程、桥梁、公路运输数据来自县交通运输局；邮政业务总量数据来自县邮政局；通信数据来自县电信、县移动、县联通公司；艺术表演团体、公共图书馆、文化站、广播电视数据来自县文广局；卫生、新农合数据来自县卫生局；教育、体育数据来自县教体局；城镇新增就业、社会保障数据来自县人力资源社会保障局；低保、医疗救助数据来自县民政局；农村居民人均纯收入来自国家统计局南昌县调查队；其他数据均来自县统计局。